Alice Salomon
Ausgewählte Schriften in drei Bänden

Alice Salomon

Frauenemanzipation und soziale Verantwortung

Ausgewählte Schriften
Band 1: 1896 – 1908

Herausgegeben von Adriane Feustel

Luchterhand

Die Deutsche Bibliothek – CIP-Einheitsaufnahme

Salomon, Alice:
Frauenemanzipation und soziale Verantwortung :
ausgewählte Schriften ; [Veröffentlichung des
Forschungsschwerpunktes »Theoriegeschichte Sozialer Arbeit«
an der Alice-Salomon-Fachhochschule für Sozialarbeit
und Sozialpädagogik Berlin] /
Alice Salomon. Hrsg. von Adriane Feustel
unter Mitarb. von Edith Bauer. –
Neuwied ; Kriftel ; Berlin : Luchterhand
ISBN 3-472-03013-5

Bd. 1. 1896 – 1908. – 1997

Veröffentlichung des Forschungsschwerpunktes »Theoriegeschichte sozialer Arbeit« an der Alice-Salomon-Fachhochschule für Sozialarbeit und Sozialpädagogik Berlin, herausgegeben von Christine Labonté-Roset und Adriane Feustel unter Mitarbeit von Edith Bauer

Satz: Andreas Kuhn, Berlin
Druck: Wilhelm & Adam, Heusenstamm
Buchbinder: Fikentscher, Darmstadt
Printed in Germany, November 1997

♾ Gedruckt auf säurefreiem, alterungsbeständigem und chlorfreiem Papier

Inhalt

1896

Das Kaiser- und Kaiserin-Friedrich-Kinderheim in Bornstedt 3

1899

Jeannette Schwerin 7

Kinderarbeit in Fabriken 17

Frauenklubs 28

Der Schutz der Frau und des Hauses 32

1900

Frauenbewegung und gesetzlicher Arbeiterinnenschutz 36

Weibliche Gewerbeinspektion in Preußen 43

Die Kellnerinnenfrage auf dem Fachkongreß der Gastwirts-Gehilfen 46

Die Kunst, Enquêten zu machen 50

Waisenpflegerinnen 58

Klubs und Erholungsheime für jugendliche Arbeiter 64

1901

Die Frauenfrage auf dem Kongreß deutscher Strafanstaltsbeamter 71

Walter Besant und die Volksheim-Bewegung 75

Settlementsbewegung und Gruppen für soziale Hilfsarbeit 79

Der Volkspalast in Ost-London 86

Frauen in der communalen Armenpflege Deutschlands 90

Die englische Frauen-Genossenschaftsgilde 94

Frauenarbeit in Preußen 99

Wie wird die Frau durch das Vereinsleben für das öffentliche Leben erzogen? 104

1902

Soziale Hilfsthätigkeit 109

Was die Konfektionsarbeiter von der Gesetzgebung fordern 122

Zur Verteidigung der Arbeiterschutzgesetze 130

Konsumentenmoral 138

Frauenarbeit und Kinderarbeit 142

Die vorgeschrittensten Arbeiterschutzgesetze der Welt 147

Die Reform des Berliner Armenwesens 152

Das Problem der Mutterschaftsversicherung 157

Die weibliche Gewerbeinspektion in Deutschland 171

1903

Der Schutz der Kinder vor Mißhandlung 184

Zur Geschichte der Frauenbildung 190

Politik und Frauenbewegung 195

Wissenschaftliche Bildung und soziale Frauenarbeit 202

1904

Was die Mädchen- und Frauengruppen für soziale Hilfsarbeit für ihre Mitglieder bedeuten! 208

Crimmitschau! 212

Crimmitschau 218

Der Internationale Frauenkongress 228

Sozialdemokratie und Frauenbewegung 233

Arbeitsverhältnisse in den Schokoladenfabriken 241

1905

Ausbildung zur sozialen Hilfsarbeit 243

Zum sozialen Frieden 247

Die Entfaltung der Persönlichkeit und die sozialen Pflichten der Frau 253

Soziale Arbeit und persönliches Glück 261

Die Bekämpfung der Säuglingssterblichkeit 268

1906

Die Ursachen der ungleichen Entlohnung von Männer- und Frauenarbeit 280

Wir und die Heimarbeiterinnen 297

Home, sweet home! 300

Was lehrt die Heimarbeit-Ausstellung? 304

Die Forderung der Frau 309

Antwort an Fräulein Emily Altschul 315

Die soziale Bedeutung der unehelichen Mutterschaft 318

Die Frauenfrage auf dem Lande 330

Gleicher Lohn für gleiche Leistung 344

1907

Gesundheitsfürsorge für Arbeiterinnen 349

Die Arbeiterinnenfrage – eine Frauenfrage 357

Frauenforderungen zum sozialpolitischen Programm des deutschen Reichstags 361

1908

Die soziale Ausbildung in der „Frauenschule“ 373

Die Entwicklung der Theorie der Frauenbewegung 393

Mütter und Töchter 437

Frauen als Arbeitgeberinnen 451

Was sollen wir mit unseren Töchtern anfangen? 455

Der Kampf gegen die Animierkneipen 459

Mutterschutz und Mutterschaftsversicherung 462

Zur Eröffnung der Sozialen Frauenschule 480

Anhang

Nachwort 489

Lebensdaten 513

Bibliographie 1896 - 1908 518

Editorische Notiz 531

Erläuterungen 533

Register

Personen 609

Orte 612

Sachwörter 614

Wer in der Literatur, die sich auf die Gestaltung des Gemeinschaftslebens bezieht, nicht nur einen Niederschlag der Sitten sieht, wer die Formen des gesellschaftlichen Lebens nicht nur als notwendiges Ergebnis der wirtschaftlichen Verhältnisse betrachtet, sondern glaubt, daß Menschen die Geschichte machen, daß ihre Zielsetzung, ihre Willensentschließung das eigene und das Schicksal anderer bestimmt, der muß in der Literatur zur Frauenfrage eine Triebkraft für die Umgestaltung der Familie und der Gesellschaft erkennen.

Alice Salomon

Das Kaiser- und Kaiserin-Friedrich-Kinderheim in Bornstedt*

Vor kurzem ging eine Notiz durch die Tagesblätter, die in lakonischer Kürze mitteilte, daß eine Arbeiterfrau wegen fahrlässiger Tötung auf der Anklagebank erscheinen mußte, weil eins ihrer Kinder während ihrer Abwesenheit in ein Waschfaß gefallen und den davongetragenen Verletzungen erlegen war. Eine rechtschaffene Frau, die ihrer Berufsarbeit nachgeht, da der Erwerb des Mannes nicht hinreicht, um den Lebensunterhalt der Familie zu bestreiten, eine Mutter, die ihr Kind ebenso liebt, wie jede Frau, die in der glücklichen Lage ist, ihr Kind selbst beaufsichtigen zu können oder es beaufsichtigen zu lassen, und die den Verlust des Kindes ebenso schmerzlich betrauert, wie diese es thun würde, eine solche Frau soll den Tod ihres Kindes vor dem Richter verantworten! – Und von dem Urteil, von der persönlichen Auffassung dieses Richters hängt die Freiheit, die ganze zukünftige Existenz der Frau ab, die ohne Schuld an all diesem Unglück ist.

Ohne Schuld! Denn wo sollen all die Kinder bleiben, deren Mütter Beschäftigung außer dem Hause suchen müssen, weil sie eben keine andre Arbeit finden? Wer nimmt sich in Berlin der kleinen Weltbürger an, die noch in keinen Kindergarten, keine Kinder-Verwahranstalt aufgenommen werden können, weil sie zu klein sind und deshalb doppelt der Fürsorge bedürfen? Wie oft hört man von Arbeiterfrauen die Klage, daß sie die Kinder unversorgt zu Hause lassen oder womöglich mit zur Arbeit nehmen müssen, weil in der ganzen Gegend keine Krippe ist. Und diese Klage ist leider nur zu berechtigt. Es klingt fast unglaublich, daß in Berlin, wo doch so viel für die Armenpflege gethan wird, nur drei Krippen bestehen, während Paris deren einundfünfzig besitzt. Sollten sich nicht Mittel und Wege finden lassen, um von privater Seite helfend einzugreifen, wenn nur das notwendige Interesse in den Kreisen vorhanden wäre, die in der Lage sind zu helfen? Vielleicht kann die Beschreibung einer kleinen Musteranstalt, die sich in der Nähe von Berlin befindet, dazu beitragen, das Interesse für unser Krippenwesen zu erhöhen. Mich hat jene traurige Gerichtsverhandlung eigentlich zu dem Besuch der Anstalt veranlaßt; vielleicht würden nun meine Mitteilungen einen der Leser der „Frau" veranlassen, der Frage näher zu treten. Darum will ich berichten, was ich im Kaiser- und Kaiserin-Friedrich-Kinderheim in Bornstedt gesehen habe.

Wenn man die Bornstedter Chaussee vom Orangeriegebäude in Sanssouci nach Norden verfolgt, erblickt man bald das malerisch gelegene Gut Bornstedt, die Musterwirtschaft der Kaiserin Friedrich, die von der ehemaligen Kronprinzessin selbst bewirtschaftet wurde, am Eingange des gleichnamigen Dorfes liegend. Musterhaft, wie die Ökonomie des Gutes sein soll, ist auch eine Einrichtung, die

* Die Frau, 4. Jg., Nr. 3, Dez. 1896, S. 179-182

bei Gelegenheit der silbernen Hochzeit des Kronprinzenpaares von diesem zum Wohl der Gutsangehörigen geschaffen worden ist, nämlich die Einrichtung des Kaiser-Friedrich-Kinderheims. Das Heim verbindet eine Krippe mit einer Klein-Kinderverwahranstalt und giebt dadurch den Arbeiterfrauen der beiden Dörfer Bornim und Bornstedt Gelegenheit, alle Kinder, die einer Beaufsichtigung bedürfen, während sie selbst ihrer Berufsarbeit nachgehen, vor Verwahrlosung, Unreinlichkeit, Verkrüppelung und Unglücksfällen aller Art, die ihnen in den Händen unverständiger Pfleger zustoßen könnten, zu bewahren. Gewiß, eine große Erleichterung und Wohlthat für die arbeitsame und wirklich unterstützungswürdige Volksklasse. Die Anstalt ist im Jahre 1883 gegründet, steht aber erst seit 8 Jahren unter der Leitung von Schwestern. Die aus dem Betriebe entstehenden Kosten werden teils aus den Zinsen eines von der Kaiserin Friedrich gestifteten Kapitals, teils aus Einkünften des Gutes Bornstedt, teils aus der Kaiserin-Friedrich-Stiftung gedeckt. Einen etwa ungedeckt bleibenden Rest deckt die Kaiserin Friedrich aus ihrer Privatschatulle. Die inneren Angelegenheiten der Anstalt unterstehen der Kontrolle eines Spezialkomitees, dem als Ehrenmitglied auch Frau Henriette Schrader und Frau Hedwig Heyl angehören. Außer der Schwester, welche die Leitung der Anstalt inne hat, ist eine Kindergärtnerin, ein Kindermädchen und ein Dienstmädchen in dem Hause. Schwester Toni, die jetzige Leiterin der Anstalt, ist seit zwei Jahren dort; die Kindergärtnerin seit sechs Jahren. Die Anstalt ist augenblicklich von 30 Zöglingen besucht, einer verhältnismäßig niedrigen Zahl, die sich daraus erklärt, daß im vergangenen Sommer die Sterblichkeit der Kinder in den beiden Dörfern durch stetige Epidemien eine sehr große war. Der Besuch variiert sonst zwischen 38 und 66 Kindern. Aufgenommen werden Kinder vom Säuglingsalter bis zum 8. Lebensjahr etwa; trotzdem die größeren Kinder eigentlich nicht mehr in solche Anstalt gehören, beaufsichtigen die Schwestern solche schulpflichtigen Kinder, deren Mütter sie in der schulfreien Zeit nicht nachmittags allein in ihrer Wohnung lassen wollen und können. Die Kinder werden großenteils schon morgens um 5 Uhr in die Anstalt gebracht und bleiben den Tag über da, bis die Eltern von der Arbeit kommen. Jedes Kind bezahlt täglich 5 Pfennige; ist durch Arbeitslosigkeit oder Krankheit des Familienoberhauptes eine Familie in großer Not, so wird auch dieser geringe Betrag den Leuten erlassen.

Um ein kleines Bild von dem Leben in der Anstalt zu geben, muß ich zuerst das Gebäude beschreiben, das wohl den Ansprüchen eines jeden Arztes und Hygienikers genügt. Die Anstalt befindet sich in einem alten Bauernhaus, das renoviert worden ist und einen schönen Anbau mit hohen, hellen Räumen erhalten hat. Das Haus ist einstöckig mit zwei aufgesetzten Giebeln. Im untern Stockwerk befindet sich an einem Vorplatz ein geräumiges, helles Zimmer, das zur Aufnahme der Säuglinge dient. Der Aufenthaltsraum für die Säuglinge und die Kinder, die noch nicht laufen können, enthält mehrere kleine Bettstellen; der nötigen Sauberkeit wegen dürfen die Kinder nicht in den Wagen und Betten der Eltern in der Anstalt liegen bleiben. Außerdem findet sich dort eine Badewanne, in der jedes Kind des Morgens gebadet wird, wenn es in die Anstalt kommt. Dann werden die Kinder in die sauberen Bettchen gelegt; die größeren werden an kleine Tische und Stühle gesetzt, die sie vor dem Fallen schützen. Eine Glasthür führt von dem Zimmer auf eine große gedeckte Veranda, auf der im Sommer alle Kinderwagen stehen, damit die Kinder den ganzen Tag im Freien sein können. Augenblicklich sind in dieser Station vier Kinder von etwa einem Jahr; diese werden unter Aufsicht der Schwester von dem Kindermädchen besorgt.

An diesen Raum stößt das Schul- und Eßzimmer, das nur Tische und Bänke enthält und durch viele bunte Bilder an den Wänden, die dem Anschauungsunterricht dienen, sehr freundlich gemacht wird. Hier verbringen die Kinder die Stunden, die den Fröbelschen Beschäftigungen gewidmet werden. Die Kaiserin legt hohen Wert auf die pädagogische Leitung, die im Sinne des Pestalozzi-Fröbelhauses gehandhabt wird und durch eine dort gebildete Kraft.

Von diesem Zimmer gelangt man durch ein zweites Entree, in dem die Tassen und Näpfe der Kinder aufbewahrt werden, in den neuen Teil des Hauses, in dem ein herrlicher, großer Saal für die Spiele der Kinder und ihre Turnübungen eingerichtet ist. Hier können sie sich nach Herzenslust tummeln und austoben; hier ist Platz für die Kleinen, die ihre ersten Gehversuche machen wollen, für die Drei- und Vierjährigen, die hier ihre krummen Beinchen grade laufen wollen, und für die sogenannten „Großen", die nach den Klängen des allbekannten Kinderliedes die kleinen Füße nach allen Regeln der Kunst aufsetzen; denn

„Wer am besten schreiten kann,
Diesen stellen wir voran,
Denn er soll uns führen."

Und bei diesen Worten sucht jeder dem andern voller Ehrgeiz den ersten Platz streitig zu machen.

Außer diesen Räumen und der Küche enthält das untere Stockwerk ein gemeinsames Eß- und Wohnzimmer für die Schwestern und die Kindergärtnerin, in dem sich auch die Apotheke der Gemeindeschwester (die noch neben der leitenden Schwester im Hause lebt) und eine kleine Bibliothek befinden; dann noch die beiden Zimmer der Schwester Toni. Im oberen Stockwerk fand ich in einem Giebel das Zimmer der Kindergärtnerin und ein Mädchenzimmer, im andern die Zimmer der Gemeindeschwester, eine Plätt- und Spindenstube, in der ein dreiteiliger Wäscheschrank Wirtschafts- und Küchenwäsche und die Schürzen und Kittel, die alle Kinder in der Anstalt tragen müssen, enthält. Eine große, luftige Speisekammer, die mit Vorräten aller Art gefüllt war, gab mir die Gewißheit, daß die kleinen Magen jederzeit befriedigt werden.

Die Kinder, die schon zu Haus gefrühstückt haben, bringen ihr zweites Frühstück mit, erhalten aber um 11 Uhr ein reichliches Mittagbrot und nachmittags Kaffee und Milch. Das Mittagbrot besteht entweder aus Suppe, Fleisch und Gemüse zusammen gekocht, oder aus einem andern nahrhaften Gericht. Als ich die

Anstalt besuchte, gab es Milchreis; und daß es den Kindern gut schmeckte, sah man an der Geschwindigkeit, mit der die Näpfe geleert wurden. Die Kinder ließen sich kaum Zeit, das kurze Tischgebet zu Ende zu sprechen, bei dem Wort „Amen" war mancher kleine Mund schon gefüllt; und die andern Kinder griffen a tempo nach den Löffeln, als ob sie die Zeit nicht erwarten könnten.

Die Tageseinteilung im Kinderheim ist folgende: Während sich die Kinder des Morgens versammeln, können sie frei herumspielen bis zum zweiten Frühstück. Dann haben sie täglich eine Stunde lang Unterricht in den Fröbelschen Beschäftigungen und eine Stunde lang üben sie Bewegungs-, Kreis- und Singspiele. Eine Einrichtung gefiel mir besonders gut, vielleicht, weil sie am meisten an die Wartung, die Kinder in der Familie haben, erinnert. Alle Kinder werden nach Tisch gewaschen und zum Schlafen hingelegt. Das ist doch gewiß etwas, was sonst nur die Mütter, die in der glücklichen Lage sind, Pflege und Wartung ihrer Kinder nicht Fremden überlassen zu müssen, ihren Kindern bieten können. Die dazu getroffene Einrichtung ist eine ganz eigenartige. Neben dem Saal befindet sich ein großes Zimmer, in dem fünf ungeheuer breite, ganz niedrige Bettstellen stehen, die eigens zu diesem Zweck konstruiert worden sind, und die mit weichen Matratzen versehen sind. Auf diese werden die Kinder nebeneinander hingelegt, und hier können sich all die müden kleinen Glieder, die so früh schon aus den Federn mußten, für ein paar Stunden ausstrecken; der Schlaf schließt bald die Augen zu, und vielleicht läßt sie ein schöner Traum die Erfüllung all der Weihnachtswünsche sehen, die die kleinen Herzen erfüllen. Diese Stunden verbreiten dann Ruhe über das ganze Haus und geben den Leiterinnen der Anstalt, die eine sehr anstrengende und schwere Aufgabe haben müssen, Zeit und Ruhe, um sich für den Nachmittag zu kräftigen, an dem sie die Kleinen abwechselnd zu leichten Haus- und Gartenarbeiten anhalten, bis die Stunde schlägt, an der eines nach dem andern das Haus verläßt, in dem es Jahr aus, Jahr ein schöne, fröhliche Stunden verbringt.

Die Anstalt ist so besonders zweckmäßig und nützlich, weil sie Zöglinge, die der Aufsicht bedürfen, annimmt, gleichviel, in welchem Alter sie sich befinden; gute Erfolge können gar nicht ausbleiben, wo den Kindern von ihren ersten Lebensmonaten an, bis sie zu einer gewissen Selbständigkeit gekommen sind, mütterliche Pflege und ein gesundes Unterkommen geboten wird. Das Kaiser Friedrich-Kinderheim hat überdies nicht wie andre Kleinkinderbewahranstalten vorzugsweise den Zweck, die Kinder vor Schaden zu bewahren, sondern macht es sich zur Aufgabe, eine naturgemäße geistige Entwicklung des Kindes durch Erziehung zur Arbeit und Selbstthätigkeit anzubahnen. Auf das warmherzigste tritt die Kaiserin Friedrich in persönlichem Schalten und Walten für die Entwicklung der Anstalt ein. Sie kümmert sich um alles; besonders die Weihnachtsfeste, an denen sie wie eine treue Mutter für die Kinder sorgt und unter ihnen weilt, müssen ihnen tief im Gedächtnis bleiben. Und wenn auch die Eltern nicht immer empfinden und verstehen mögen, welcher Segen von diesem Werk der Nächstenliebe ausgeht: in den Kinderherzen wird sicher der Samen aufgehen, den gute Menschen in sie hineingelegt haben.

Jeannette Schwerin*

Streu nur in Gottes Namen
Des Herzens Reichtum aus;
Vielleicht aus all dem Samen
Wächst doch ein Blütenstrauß.

Wenn alle, welche durch gemeinsame Arbeiten und Interessen das Glück gehabt haben, Jeannette Schwerin zu kennen oder ihr nahe zu stehen, in diesem Augenblicke tiefster Trauer für die deutsche Frauenbewegung den Wunsch empfinden und ausdrücken, eine geschlossenere Darstellung ihres Lebensganges zu erhalten, als die Tagesblätter zu geben imstande sind, so sprechen sie damit eine wohlberechtigte Bitte aus.

Aber die, welche diesem Wunsche nachkommen könnten und denen diese Pflicht zufällt, stehen in den Reihen derer, die nicht nur durch Beziehungen der Arbeit, sondern auch der Freundschaft, Liebe und Hingebung mit Frau Schwerin verbunden waren. Zu dem Verlust um die unersetzliche Führerin, der alle gemeinsam trifft, und zu der Trauer, die von allen gemeinsam empfunden wird, gesellt sich bei ihnen ein persönlicher Schmerz, das Gefühl, dessen beraubt zu sein, was das Leben so reich gestaltete. Die Wunde ist noch zu tief und zu frisch, um einen ungetrübten Blick über das Leben zuzulassen, das uns so teuer war, um in scharf präzisierten Umrissen den Einfluß ihres Schaffens auf den engeren und weiteren Kreis ihrer Umgebung, den Erfolg ihres rastlosen Strebens und Wirkens für die Frauenbewegung und die Menschheitsbewegung schildern zu lassen.

Einer späteren Zeit muß es vorbehalten bleiben, ein *umfassenderes* Bild ihrer Persönlichkeit zu geben, das dem Wesen und Sein dieser einzigartigen Frau, dem tieferen, dauernden Inhalt ihres Strebens und Schaffens vollständiger gerecht wird. Diese Zeilen können nur einen kurzen Überblick über den äußeren Lebensgang und die äußeren Entwicklungsphasen dieser Frau bringen, deren letzte Kräfte diesen Blättern gewidmet wurden, durch welche sie hoffte, wirksam für die Befreiung der Frau auf allen Lebensgebieten eintreten zu können. Durch die Zeitung

* Centralblatt des Bundes deutscher Frauenvereine, 1. Jg., Nr. 10, 15. Aug. 1899, S. 73-77

wollte sie das *Leitmotiv ihres Lebens*, nicht nur sich, sondern mit dem *eigenen Leben* auch der *Gesamtheit* zu leben, auf die Bundesvereine übertragen, damit ein jeder Verein, welcher Thätigkeit er sich auch widme, durch seine Pflichterfüllung nicht nur seinem *individuellen Zwecke,* sondern auch dem *Ganzen* dienen lerne. –

Jeannette Abarbanell ist am 21. November 1852 in Berlin geboren. Ihr Vater war ein angesehener Arzt, der mit hervorragenden Verstandes- und Gemütskräften begabt war; Lauterkeit des Charakters, eine glühende Freiheits- und Gerechtigkeitsliebe zeichneten ihn aus. Seine Interessensphäre war nicht durch seinen Berufskreis begrenzt; die Eindrücke, die er als junger Arzt in Schlesien aufnahm, wohin er durch die Regierung zur Hilfeleistung bei der dortigen Hungertyphus-Epidemie geschickt worden war, haben sowohl auf seine wie seiner Familie Weltanschauungen in entscheidender Weise nachgewirkt. Er beteiligte sich an der Gründung des Berliner Handwerker-Vereins, dessen Leiter er bis zu seinem Tode blieb.

Der Reichtum der Veranlagung, welcher Jeannette Abarbanell schon als Kind auszeichnete, dürfte ihr vom Vater, der einem alten, an hervorragenden Familienmitgliedern reichen Geschlecht entstammte, überkommen sein. Der Einfluß, den des Vaters Persönlichkeit auf sie ausübte, ist ein starker, bis in ihre letzten Lebensjahre reichender gewesen, trotzdem sie den Vater schon als vierzehnjähriges Mädchen verlor.

Auch die feinsinnige Mutter, die nach dem frühzeitigen Tode des Gatten fast ausschließlich der Erziehung ihrer Kinder lebte, hat sie mit Planmäßigkeit und Absicht gelehrt, sich *selbst* zu entwickeln in der Schule des Denkens und Handelns unter eigener Verantwortung.

Jeannette war in ihrer geistigen Entwicklung andern Kindern um Jahre voraus. Als vierjähriges Kind konnte sie fließend lesen, ohne systematischen Unterricht genossen zu haben. Als sie sieben Jahre alt war, benutzte sie die Zeit, in der man sie unbeaufsichtigt ließ, um des Vaters Bücherschrank die Schiller'schen Gedichte zu entlehnen und diese wahllos auswendig zu lernen. So überraschte sie ihre Mutter eines Tages mit der Deklamation der „Kindesmörderin", als sie von Gästen des elterlichen Hauses aufgefordert wurde, ein Gedicht aufzusagen. Die Schule, in der sie durch ihre Leistungen gleichfalls hervortrat, sagte dem tiefer dringenden Blick des heranwachsenden Mädchens nicht sehr zu. Auf den Rat ihres Lehrers, Dr. Goldbeck, verließ sie die erste Klasse vorzeitig, um sich an der Hand der Ratschläge, die dieser – von Frau Schwerin als klassisch bezeichnete – Pädagog ihr gab, selbständig fortzubilden. Einen geregelten Privatunterricht hat sie den Wünschen ihrer Mutter entsprechend nie genossen. Sie arbeitete jahrelang für sich, stand aber in dauerndem regsten Verkehr mit Goldbeck, der ihre Arbeiten und ihren Studiengang mit wärmstem Interesse für die begabte Schülerin vollständig leitete. Sie las nur, was er ihr gab, und fertigte Auszüge an oder schrieb ein Urteil über das Gelesene für ihn nieder. Diese Gewohnheit, mit der Feder in der Hand zu lesen, ist ihr geblieben und hat wohl viel dazu beigetragen, die klassische Beherrschung des Wortes bei ihr zu entwickeln, die später ihren Vorträgen jenen bekannten Zauber verlieh.

Wenn sie auch in diesen Jahren schon von der Mutter dazu angehalten wurde, dem tief in ihrem Wesen wurzelnden Trieb der Hilfsbereitschaft auch außerhalb des engen häuslichen Rahmens Rechnung zu tragen, so hat sie in späterer Zeit doch diese Art der Bethätigung unter den Armen mit der ihr eigenen scharfen Selbstkritik oft als höchst primitiv, ja gedankenlos bezeichnet. Ihre Richtung war damals eine rein wissenschaftliche, vorzugsweise schöngeistige. Ihr Elternhaus war der Mittelpunkt eines geistig hochstehenden Kreises junger Menschen; gemeinsame Interessen und Arbeiten verbanden sie mit ihren intimsten Freunden, deren eine, Caroline Michaelis, die später als Sprachforscherin bekannt geworden ist, dauernd in innigsten freundschaftlichen Beziehungen mit ihr blieb, während die andere, Helene Lange, zwar später für Jahre durch das Leben von ihr getrennt wurde, um sich endlich bei der Gründung des Bundes deutscher Frauenvereine mit ihr wiederzufinden und die Jugendfreundschaft in veredelter, vertiefter Form wieder aufzunehmen.

Aus diesen glücklichen inneren und äußeren Verhältnissen heraus, aus diesem Kreis ernster und doch froher junger Freunde verheiratete Jeannette Abarbanell sich, kaum zwanzigjährig, mit Dr. Ernst Schwerin, um, nachdem ihre Arbeiten bis dahin vorwiegend Selbstzweck gewesen, nun all das, was eine glückliche Jugend sie hatte empfangen lassen, ihrem eigenen Kreise, der sich immer weiter gestaltete, mitzuteilen. Sie hat es verstanden, selbst in den letzten Jahren ihres Lebens, in den Zeiten, in denen für den Außenstehenden ihre ganze Kraft, ihr Denken und Empfinden in ihrer öffentlichen Thätigkeit aufzugehen schien, ihrer Familie, ihrem engsten Kreis das Heim mit dem ganzen Reichtum ihres Herzens zu erfüllen und auszugestalten, und mit ihrem feinsten Empfinden für die Bedürfnisse ihrer Umgebung in der Befriedigung jedes kleinsten, selbst unausgesprochenen Wunsches der Ihrigen eine Pflicht zu sehen, deren stete, getreue Erfüllung nur ihre Selbstlosigkeit und Willensstärke möglich machte.

In den ersten Jahren ihrer Ehe, in denen sie durch die Kränklichkeit ihres einzigen Kindes, sowie durch die Pflichten, welche der ärztliche Beruf ihres Mannes für sie mit sich brachte, viel ans Haus gefesselt war, eignete sie sich durch systematisches Studium von Werken der Geistesheroen verschiedenster Zeiten und Länder einen Wissensschatz und eine harmonische Bildung an, die ihrem Geist den universellen Stempel aufdrückte, der sie für ihre öffentliche Thätigkeit so hervorragend geeignet machte. Das Interesse für den Beruf ihres Mannes schärfte ihren Blick für die realen Verhältnisse des Lebens, die ihr bei ihrem bisherigen Bildungsgang nicht sehr nahe gelegen hatten; seine humanistische Bildung lenkte ihre Aufmerksamkeit auf Gebiete, mit denen sie sich weniger beschäftigt hatte, besonders auf das Studium der Geschichte. Auch begann sie sich der Nationalökonomie zuzuwenden, die ihr in späteren Jahren dazu verhalf, ihre Schaffensfreudigkeit in breite Bahnen zu lenken und ihr Wirken vom Haus auf die Gemeinde und die Welt zu übertragen. Den reichen Schatz ihres Gemüts verausgabte sie in dieser Periode ihres Lebens in der Pflege zahlloser innigster freundschaftlicher Beziehungen, in denen sie gewöhnlich der gebende Teil war.

Erst 1892, als der Sohn herangewachsen war und ein Teil ihrer Kräfte dadurch brach gelegt wurde, hat sie ihre *öffentliche Thätigkeit* begonnen.

Die Gründung der *„Deutschen Gesellschaft für Ethische Kultur"*, an der sich das Schwerin'sche Ehepaar beteiligte, bewog sie, ihre bisherige Abneigung gegen das Vereinsleben zu überwinden. Als durchaus religiös veranlagte Natur hatte das Trennende einer an Konfessionen gebundenen Religion sie immer nach einem Ausgleich suchen lassen. Als geborene Jüdin hielt sie die Religion ihrer Väter unendlich hoch, hatte aber trotzdem viel Verständnis für ein reines, edles Christentum. In der Verfolgung ethischer Bestrebungen glaubte sie ein Bindeglied, eine Brücke zu finden, welche die durch konfessionelle Unduldsamkeit gerissene Kluft überbrücken könnte, und welche den Interessenkreis des einzelnen, der in unserer Zeit schwerer wirtschaftlicher Kämpfe allzusehr von idealen Gesichtspunkten abgezogen wird, wieder auf höhere und sittliche Leitmotive für das Denken und Handeln lenken könnte. Mit Enthusiasmus und Feuereifer schloß sie sich der neuen Gesellschaft an, in der sie bald einer der führenden Geister wurde. Durch ihre Wahl zur 2. Vorsitzenden wurde das auch nach außen zum Ausdruck gebracht.

Dieser Zeitpunkt bedeutete für sie den Beginn eines neuen, inhaltreichen Lebensabschnitts; ihre geniale Veranlagung fand in dieser Gesellschaft das Ventil, durch welches der Schatz ihrer Ideen und Gedanken zu Thaten und Werken ausströmen konnte. In jener Zeit, im Februar 1893, schrieb sie an einen Freund:

„Durch die Deutsche Gesellschaft für Ethische Kultur hat sich mir ein neues Feld der Bethätigung erschlossen, auf dem ich mich wohl fühle, weil es meiner Begabung entspricht, und weil man mir mit Sympathie und Vertrauen entgegenkommt. Was dort von mir verlangt wird, leiste ich so ohne jede Anstrengung, so mühelos, daß ich selbst keinen Wert darauf legen kann."

Ihrem durchaus praktischen Sinn entsprang der Wunsch, die ethischen Ideen und Grundsätze nicht nur aufzunehmen, durchzudenken und einem kleinen Kreise ähnlich Gesinnter zu vermitteln, sondern sie auch in die That zu übertragen. Bald nach der Gründung der Gesellschaft setzte sie einen Plan zur Gründung einer Auskunftsstelle für Wohlfahrtseinrichtungen auseinander, der von ihr in Gemeinschaft mit andern Mitgliedern der Gesellschaft sofort in die Hand genommen und zur Ausführung gebracht wurde. Im Frühjahr 1893 wurde diese *„Auskunftsstelle der Deutschen Gesellschaft für Ethische Kultur"* eröffnet, die, von sozial-ethischen Gesichtspunkten ausgehend, eine *Reform der Armenpflege* anstrebte. Frau Schwerin glaubte, daß es bei der Fülle der Berliner Wohlfahrtseinrichtungen sowohl für den Hilfesuchenden wie für den Hilfespendenden fast unmöglich sei, diejenige Behörde oder Anstalt aufzufinden, die für jeden besonderen Fall der Bedürftigkeit geeignet, und die nach ihren besonderen Statuten zum Eingreifen berechtigt sei. Ein von ihr sorgfältig gesammeltes und systematisch geordnetes Material über die bedeutenderen Wohlfahrtseinrichtungen Berlins bildete die Grundlage für das später von ihren Mitarbeitern herausgegebene „Auskunftsbuch“ über die Wohlfahrtseinrichtungen Berlins, welches kürzlich in 2. Auflage erschien und ähnliche Arbeiten in anderen Städten angeregt hat. Hierauf basierte auch die *Raterteilung in der Auskunftsstelle*, die jedoch bald erkennen ließ, daß in vielen Fällen gründliche Recherchen und in manchen eine längere freundnachbarliche Fürsorge zur Ergänzung der Auskunftserteilung notwendig sei.

Mit einem Kreise selbstloser Mitarbeiter, die Frau Schwerins Ideen voll erfaßten und die ihr Verehrung und Zuneigung entgegenbrachten, baute sie ihr Werk aus, welches das Vertrauen weiterer Kreise gewann. Ihm haben die moderneren Wohlfahrtsbestrebungen Berlins fraglos einen Teil ihrer Impulse und Methoden zu verdanken.

Der durch Frau Schwerins Vater mitbegründete *„Berliner Handwerker-Verein“*, welcher seit Jahren von ihrem Gatten geleitet wird und an dessen Ausgestaltung sie stets verständnisvoll mitgearbeitet hat, lehrte sie den Wert der *Volksbildungs-Bewegung* kennen, an der sie sich durch ihre Mitwirkung bei der von der Deutschen Gesellschaft für Ethische Kultur ausgehenden Begründung der *ersten öffentlichen Lesehalle* in Berlin beteiligte. Sie ist Vorsitzende des Lesehallen-Komitees gewesen, bis ihre Kränklichkeit sie nötigte, das Amt niederzulegen.

Als im Herbst 1893 die *„Mädchen- und Frauengruppen für soziale Hilfsarbeit“* gegründet wurden, um Frauen der besitzenden Stände zur Pflichterfüllung im Dienste der Gesamtheit heranzuziehen und sie dafür tüchtig zu machen, trat Frau Schwerin auf das Bitten einiger Freunde in das Komitee ein. Zuerst beteiligte sie sich nur zögernd an den Arbeiten dieser Vereinigung, in voller Erkenntnis der Gefahr, die aus einer etwaigen dilettantischen Arbeit junger Mädchen auf diesem Gebiet erwachsen könnte. Ihre pädagogischen Talente überwanden diese Schwierigkeiten; sie verwendete einen großen Teil ihrer Zeit auf den theoretischen Unterricht in der Armen- und Wohlfahrtspflege und auf die Schulung der Mitglieder, mit denen sie so weit wie möglich in persönlichen Verkehr trat. Hier hielt sie im Winter 1894 ihren ersten *Vortragskursus* über *„Frauenpflichten im Haus und in der Gemeinde“*, der eine begeisterte Schar von Anhängerinnen um sie versammelte. Ähnliche Kurse über *„Armen- und Wohlfahrtspflege“* hat sie in den folgenden Jahren in verschiedenen Kreisen und Anstalten abgehalten.

Später übernahm sie die *Leitung der „Gruppen“* als *Vorsitzende,* und als solche hat sie dem stets wachsenden Kreis der Mitglieder ihr soziales Empfinden und ihren sozialen Geist einzuprägen versucht. So zögernd sie ursprünglich an diese Organisation herangetreten war, so sehr beglückte dieselbe sie in den letzten Jahren. Der *Verkehr mit der Jugend,* welcher sich ihr hier bot, war ihr *Lebensbedürfnis;* die Möglichkeit, *Anlagen* und *Kräfte zu entwickeln* und *zu befruchten, ihre größte Freude*. So streute sie in diesem Kreise ihres Herzens Reichtum aus, so erzog sie sich eine Reihe von Helferinnen zu einer geschulten Schar, aus der heraus sich bereits Manche, angeregt durch die Ideenfülle der Führerin, zu selbständigem Schaffen gedrängt sah. So versuchte sie, was *in ihr lebte,* durch den Verkehr mit der Jugend *neu zu gestalten.*

„Auf Menschen zu hören, ihren feinsten Seelenbedürfnissen entgegen zu kommen und sie durch die Atmosphäre der Sympathie, in die sie sich versetzt fühlen, zu fördern, so gestalte ich, so bilde ich Menschen und halte mich an Schillers Wort:

Jedwedem zieht er seine Kraft hervor
Die eigentümliche und zieht sie groß.
Läßt jeden ganz das bleiben, was er ist."

So schrieb sie einst über dieses Verhältnis zu ihren Schülerinnen nieder.

Ein Wunsch, dessen Erfüllung sie leider nur in schwachen Anfängen erleben durfte, war es, Vereinigungen nach dem Muster dieser „Gruppen" in allen Teilen des Landes entstehen zu sehen; glaubte sie doch, daß nur durch die Heranziehung und richtige Schulung der Jugend die Zukunft all der idealen Bestrebungen gesichert werden könnte, die sie mit ganzem Kopf und ganzem Herzen verfolgte.

Aus der Fülle der Vereine auf dem engeren Gebiet der Armen- und Wohlfahrtspflege, denen sie ihr Interesse zuwendete, wie des Vereins für häusliche Gesundheitspflege und des Komitees für Ferienkolonien, in welche beide sie schon durch ihre Mutter eingeführt war, muß der *„Verein zur Förderung der Blumenpflege unter den Schulkindern"*, der ihrer Anregung sein Entstehen verdankt, und die *„Hauspflege"* des Berliner Frauenvereins hervorgehoben werden, die gleichfalls aus ihrer Initiative, nach dem Beispiel eines in Frankfurt a.M. bestehenden Vereins, hervorgegangen ist. Auch hier zeigte sich von neuem, was die Überzeugungskraft ihrer wohldurchdachten Ideen und ihr glänzendes Organisationstalent zu vollbringen imstande waren. Aus kleinen Anfängen entwickelte sich in kürzester Zeit ein lebensfähiger, in Plan und Ausführung mustergültiger Verein, der einem dringenden Bedürfnis entspricht. –

Die Bethätigung auf diesen verschiedenen Gebieten der Armenpflege und sozialer Fürsorge führten Frau Schwerin weiter zur *Frauenfrage.*

Bei der Ausübung der Armenpflege, die sich bei ihr auf ein Studium der historischen Entwicklung der Systeme der Armenpflege stützte, erkannte sie die *Ungerechtigkeit der Gesetze,* welche den *Frauen,* die den Wunsch und die Fähigkeit haben zu helfen, die *Ämter in der Gemeinde* vorenthält, welche der Hilfeleistung dienen. Sie begriff nicht, warum man die Frauen immer wieder auf das Gebiet privater, inoffizieller Liebesthätigkeit, deren Fehler sie nur zu gut kannte, beschränkte, und ihnen *die Möglichkeit nahm, wirksame Hilfe, mit der Autorität des Gesetzes ausgestattet, zu bringen,* während man hilfsbedürftige Frauen und Kinder auf die Hilfe von Männern verwies, die ihre Bedürfnisse nicht richtig beurteilen können.

Auf der andern Seite wurde ihr aber auch durch ihre praktische Arbeit unter den Armen der Blick auf die Ungerechtigkeiten und Härten eröffnet, die das

Familienrecht enthält. Was in ihren Kreisen selten oder weniger scharf zum Ausdruck kam, die Rechtlosigkeit der Frau dem Manne gegenüber, traf sie hier auf Schritt und Tritt an. Immer wieder erregte es sie furchtbar, wenn sie einer Frau, die vom Manne brutalisiert wurde, nicht helfen konnte, weil das *Gesetz nur allzu oft in den Fällen versagt, in denen sein Schutz begehrt wird.*

Diese Erfahrungen veranlaßten sie, mit der ihr eigenen Energie für die Neubelebung des Gedankens, *den Frauen die Teilnahme an der öffentlichen Armenpflege zu gestatten*, einzutreten. Ihrer lebhaften Propaganda durch Wort und Schrift, ihrem zielbewußten Eintreten für diese Idee und ihrer feinen, überzeugenden Begründung dieser Forderung bei jeder möglichen Gelegenheit ist es gelungen, dem Gedanken in den weitesten Kreisen Deutschlands unter Frauen und Männern Freunde zu erwerben, die in vielen Städten bereits die Umsetzung des Gedankens in die That herbeigeführt haben.

So wurde sie durch diese Arbeit auch für die *rechtlichen Fragen der Frauenbewegung* gewonnen, und eine Studienreise nach England, die sie im Sommer 1894 unternahm, um die dortigen Wohlfahrtsbestrebungen kennen zu lernen, trug dazu bei, sie auch von der *Berechtigung der Forderung nach politischer Gleichstellung der Geschlechter zu überzeugen.*

Sie lernte in England die führenden Frauen der Stimmrechts-Bewegung kennen und sah die Erfolge ihrer unermüdlichen Arbeiten. Seit jener Zeit hat sie nicht nur *den Gedanken an die politische Gleichberechtigung als Endziel der Frauenbewegung bis zu Ende durchgedacht, sondern ihn auch,* wo es ihr nötig oder nützlich erschien, *ausgesprochen. Mit Planmäßigkeit und Bewußtsein hat sie seit jener Zeit für diejenigen Arbeitsgebiete ihre Hauptkraft eingesetzt, in denen sie den besten Weg zu erkennen glaubte, um uns diesem Ziele näher zu bringen.* –

Bei der Gründung des *„Bundes Deutscher Frauenvereine"* im Jahre 1894 war sie zugegen und seitdem nahm sie eine führende Stellung in der *Berliner,* später auch in der *Deutschen Frauenbewegung* ein. Sie war jahrelang Vorstandsmitglied des Vereins *„Frauenwohl"* und zweite Vorsitzende des *„Berliner Frauenvereins"*. Auf der Generalversammlung des *„Bundes Deutscher Frauenvereine"* 1896 in Cassel wurde sie in den *Vorstand* des Bundes gewählt, für den sie seither mit Hingebung gearbeitet hat. An den Arbeiten des *Berliner Internationalen Frauenkongresses* 1896 beteiligte sie sich als *Komiteemitglied*; ihr geschicktes, taktvolles, feines Auftreten in allen schwierigen und kritischen Momenten gewann ihr damals die Herzen im Sturm; ihr schlichtes, so unendlich bescheidenes Wesen wird weit über die Grenzen Deutschlands hinaus Allen unvergeßlich bleiben, die an dem Kongreß teilgenommen haben.

Ihre Aufgabe in der Frauenbewegung sah sie darin, mit ihrer milden, versöhnlichen Art einen *Ausgleich,* ein Verbindungsglied *zwischen den verschiedenen Richtungen und Strömungen in der Bewegung zu erstreben oder zu schaf-*

fen, und diese ethischen Bemühungen machten sie der Bewegung und dem Bunde vor allen andern Frauen so *wertvoll*, und leider auch so *unersetzlich*.

In politischer Beziehung wünschte sie die Frauenbewegung von jeder Parteirichtung fern zu halten. Die Bewegung kann nach ihrer Ansicht nur dann ein neues sittliches Moment in die Entwicklungsgeschichte der Menschheit hineintragen, wenn sie fern von jedem Parteigetriebe die Forderungen *der Achtung vor unserm Geschlecht und der Gerechtigkeit* vertritt. *Das* war ihr *einziges* Programm! *Selbständig und frei wollte sie sein und sich nur durch den kategorischen Imperativ eines erweiterten und vertieften sozialen Pflichtgefühls gebunden halten.*

Durch diese Ansicht wurde auch ihre Stellungnahme zur sozialdemokratischen Frauenbewegung, mit der sie durch ihr thätiges Interesse für die Arbeiterinnenfrage in den letzten Jahren öfter in Berührung kam, bestimmt. Sie betonte immer von neuem, die Vertreterinnen der Frauenbewegung dürfen sich nicht in einen Kampf als Klasse einlassen.

„Frauen gegen Frauen, Mütter gegen Mütter, welch eine Episode wäre das in dem Drama der Frauenbewegung!"

Es kam ihr nur darauf an, unbeirrt von der Polemik der Parteiungen, in *ruhiger, positiver Arbeit auf den Arbeitsfeldern, die allen Frauen gemeinsam sind, etwas zu leisten*. Sie glaubte, die in Arbeit Verbundenen würden sich schon schätzen lernen.

Sie hat sich in dieser Hoffnung nicht getäuscht. Es ist ihr gelungen, sich auch von sozialdemokratischer Seite wenigstens eine *persönliche Wertschätzung* zu erringen. Auch die, welche in einem andern Lager um Befreiung kämpfen, haben sie als „Arbeiterin" im besten Sinne des Wortes schätzen und ihr redliches Bemühen und ernstes Wollen würdigen gelernt.

Die Arbeitsgebiete, die nach ihrer Ansicht allen Frauen gemeinsam sind, hat sie mit klarem Verständnis für soziale Reformen in Angriff genommen. Schon in den ersten Jahren ihrer gemeinnützigen Thätigkeit versuchte sie, von der „Auskunftsstelle" aus die *gewerbliche Kinderarbeit* zu bekämpfen. Damals im Juni 1894 lehnte die Berliner Schuldeputation ihren Antrag ab, in den Schulen Erhebungen über Art und Umfang der gewerblichen Beschäftigung von Kindern machen zu dürfen. Doch ist ihre Anregung auf fruchtbaren Boden gefallen. Die deutsche Lehrerschaft hat den Gedanken aufgegriffen und den Widerstand der Behörden längst besiegt.-

Gründliches Studium der wirtschaftlichen Verhältnisse der arbeitenden Frauen, zu dessen Vertiefung Frau Schwerin im Winter 1896 nationalökonomische Vorlesungen an der Berliner Universität aufsuchte, veranlaßten sie dann, für die *Einführung weiblicher Gewerbeinspektoren* in thatkräftiger Weise einzutreten. Nur in strengster Durchführung der Arbeiterschutzgesetze erblickte sie eine Möglichkeit für die arbeitenden Frauen, Zeit und Kraft zu gewinnen, um neben dem vom Staat gewährleisteten Schutz, neben die Staatshilfe die Selbsthilfe stellen zu können, die *Berufsorganisation*, durch die allein sie den Kampf um ihre Lebenshaltung aufnehmen können. Sie selbst war seit Jahren *Mitglied einer Gewerkschaft* und hielt, so oft sich ihr die Gelegenheit dazu bot, Vorträge in Gewerkvereinen und Gewerkschaften. An dem *Konfektionsstreik* von 1896 nahm sie thätigsten Anteil und versuchte auch in ihren Kreisen Freunde dafür zu gewinnen. Sie ging dabei von dem Gedanken aus, daß der wirtschaftliche und sittliche Mensch Eins sei, daß deshalb für Jeden menschenwürdige wirtschaftliche Bedingungen geschaffen werden müssen, und daß gerade *die Frauen berufen sind, diesen ethischen Grundgedanken auf der ganzen Linie moderner Entwicklung zur Geltung zu bringen*. So sah sie die Frauenbewegung zwar in allen ihren Teilgebieten als von *wirtschaftlichen Momenten ausgehend*, aber doch vorzugsweise als eine *ethische Bewegung* an!

Im „Bund deutscher Frauenvereine" gehörte sie seit Jahren der Kommission für weibliche Gewerbeinspektion an; sie richtete mehrmals in Berlin *Kurse zur Ausbildung von Inspektorinnen* ein und regte in München dazu an. Ihrer lebhaften Propaganda, ihren Versuchen und Petitionen bei Behörden und Regierungen, den klaren, durchdachten Vorträgen über dies Thema, die sie in verschiedenen Städten hielt, ist ein Teil des endlichen Erfolges sicherlich zuzuschreiben. Auch auf dem Internationalen Arbeiterschutz-Kongreß in Zürich 1897 vertrat sie im Namen des „Bundes" diese Forderung. Im Jahre 1898 übernahm sie den *Vorsitz* dieser Bundeskommission, die auf ihren Wunsch zu einer *Kommission für Arbeiterinnenschutz* erweitert wurde. Sie hat versucht, durch diese Kommission in den verschiedenen Bundesvereinen Anregung zur Untersuchung der wirtschaftlichen Lage der Arbeiterinnen in einzelnen Gewerben zu geben, da sie in Sachkenntnis die Grundbedingung zur Erlangung sozialpolitischer Gesichtspunkte für die grossen sozialen Kämpfe unserer Zeit erblickte.

Zu all dieser praktischen Reformarbeit gesellte sich in den letzten Jahren noch eine lebhafte *Agitationsthätigkeit*. Sie hielt Vorträge über die verschiedenen Themen ihrer Arbeitsgebiete, über *„die geschichtliche Entwicklung und die Systeme der Armenpflege"*, über die *„Stellung der Frau in der öffentlichen Armenpflege"*, über *„Kinder- und Arbeiterinnenschutz"*, über *„Gewerbeinspektion"*, *„Berufsorganisation"*, *„Frauenbewegung"* u.s.w.

Außer in den *Berliner* Frauenvereinen, Arbeitervereinen und Bezirksvereinen, in welch letzteren sie vielfach als erste Frau sprach, hielt sie in den letzten drei Jahren Vorträge in Dresden, Stuttgart, Bremen, Hamburg, Amsterdam, Köln, Kassel, Mannheim, Heidelberg, Bonn, Nürnberg, München, Frankfurt a.M., Frankfurt a.O., Breslau, Schweidnitz, Rostock u.a.m. Wohin sie kam, gewann sie durch ihre reichbegabte Natur, durch ihre gefestigte, harmonische Persönlichkeit und ihr schlichtes Wesen den größten Einfluß auf Männer und Frauen.

Auch in einer Reihe von *Aufsätzen*, welche in den Zeitschriften „Frau", „Frauenbewegung", „Ethische Kultur" erschienen sind, hat sie für ihre Ideen gewirkt; doch legte sie selbst keinen sehr großen Wert auf ihre schriftstellerische Thätigkeit, wohl weil sie unbewußt empfand, daß der Zauber ihrer Persönlichkeit, daß ihre einfache, selbstverständliche Art des *Vortrages* stets eine so zündende Wirkung auf ihre Zuhörer ausübte, *daß hier die ganze Fülle ihrer Begabung am besten zum Ausdruck kam*. Wenige Monate vor ihrem Tode noch gründete sie das „*Centralblatt des Bundes deutscher Frauenvereine*"; den Leitmotiven, die sie dazu veranlaßten, hat sie in Nr. 1 der Zeitung *selbst* Ausdruck gegeben, sodaß ein nochmaliges Eingehen auf diese ungerechtfertigt erscheinen müßte. Ihre letzten Kräfte, ihre letzten Gedanken haben diesem Blatte gehört!

Wenige Tage, nachdem ihr die Nachricht von ihrer Wahl zur Schatzmeisterin des „Internationalen Frauenbundes" gebracht worden, hat die schleichende Krankheit, die seit Jahren das Leben dieser äußerlich so zarten und doch so kraftvollen, willensstarken Persönlichkeit bedrohte, sie hinweggerafft.

Nun haben wir auf dem sommerlich blühenden Friedhof gelassen, was sterblich an ihr war; auf dem Gemeindefriedhof in Friedrichsfelde, *der*, was sie so lange erstrebte, wenn sie die Härten des Armenbegräbnisses bekämpfte, *im Tode ausgleicht, was das Leben getrennt hat*; der eine Ruhestätte für jeden bietet, den Armen und den Reichen, für Menschen aller Konfessionen und aller Geistesrichtungen; der dem Verbrecher einen Platz einräumt neben dem Menschen, der von der Höhe einer sittlichen Weltanschauung durch sein Leben veredelnd und versittlichend auf weiteste Kreise gewirkt hat.

Wird ihr Geist lebendig bleiben? Wird der veredelnde, sittliche Einfluß, den sie auf den Kreis ihrer Mitarbeiter und Anhänger ausgeübt hat, wird der Samen, den sie aus dem Reichtum ihres Herzens und Verstandes ausgestreut hat, Blüten und Früchte tragen?

Mit banger Trauer stellen sich heut wohl Alle, die Teil an der Frauenbewegung, an der Menschheitsbewegung und der ethischen Bewegung nehmen, diese Fragen, und die *Verpflichtung*, ihren Geist lebendig zu erhalten, fällt *Allen denen* zu, die je das Glück gehabt haben, in Gemeinschaft mit Frau Schwerin streben zu dürfen, ihr nahe zu treten.

„Je reiner und edler etwas in unserer Natur ist, desto mehr geht's aus sich heraus, entsagt seinen engen Schranken, wird *mitteilend, unendlich, ewig*."

Sie hat mitgeteilt, gegeben, mit dem Pfund gewuchert, das ihr anvertraut war; ihr feines Gefühl für alles, was andere niederdrückt oder erhebt, die in ihr verkörperte Potenzierung sozialen Empfindens hat ihren Mitarbeitern, Anhängern, Schülern und Freunden Momente und Stunden höchsten Glücksempfindens geschaffen:

„Sie hat im Leben Liebe gesäet;
Sie soll im Tode Liebe ernten."

Kinderarbeit in Fabriken*

Frau Stevens, Fabrikinspektorin im Staate Illinois, berichtet in einem Vortrag über „Die Gefahren der Kinderarbeit" folgendes:

„In der Weltausstellung in Chicago war eine Gruppe des Bildhauers Gelert zu sehen, deren Sujet allgemeine Aufmerksamkeit erregte. Es scheint danach in einzelnen Teilen Englands Sitte zu sein, daß bei Bedarf von Hilfskräften die Werkführer großer Fabriken ein Fenster öffnen und so viel Marken herauswerfen, als Arbeiter gebraucht werden. Den Kampf um einen solchen Arbeitsschein hat Gelert in seiner Gruppe, die ‚Ein Kampf um Arbeit' benannt ist, dargestellt:

Die Hauptfigur in der Mitte der Gruppe ist der glückliche Arbeiter, der einen Schein erobert hat. Er schwingt frohlockend den Schein hoch über seinem Kopf, blickt aber abwehrend auf einen schwächlichen, alten Mann zu seiner Linken, der sich an den Sieger anzuklammern versucht und ihn bittet, ihm die Arbeitsgelegenheit zu überlassen. Rechts von ihm versucht ein Jüngling, ihm den Schein zu entreißen; augenscheinlich ist es ihm weniger um die Arbeitsgelegenheit zu thun, als darum, seine Kraft in dem Kampf zu erproben. Durch das Ringen der drei Männer ist eine Frau zu Boden, unter ihre achtlosen Füße, geworfen worden; in dieser gefährlichen Lage versucht sie mit aller ihr zu Gebote stehenden Kraft, das kleine Kind neben sich zu schützen, das bei jedem Fußtritt, der sie trifft, in Lebensgefahr ist. Ein etwas größerer Junge bemüht sich, an dem Mann, der den Schein hält, heraufzuklettern; auf seinem Gesicht spiegelt sich der hungrige Ausdruck des alten Mannes, die ganze List und Roheit des Jünglings, die Hoffnungslosigkeit des Weibes!

Die Gruppe illustriert in treffender Weise die Lage der heutigen Lohnarbeiter in der ganzen Welt. Man braucht keine Weltausstellung zu besuchen, um bildlich dargestellt zu sehen, was man in bitterem Ernst überall in der Stadt der Weltausstellung, in jeder anderen Großstadt sehen kann – Männer, die um Arbeit bitten und keine bekommen können oder die sie wie eine Gabe der Mildthätigkeit zuerteilt erhalten, während Frauen und Kinder täglich zehn Stunden lang von Unternehmern beschäftigt werden, die sich gegen ein Gesetz auflehnen, das diese zehn Stunden auf acht reduziert hat.

Die Fabrikinspektoren wissen, daß die Kinderarbeit einer der Faktoren ist, mit denen die Industriefürsten bei Aufstellung der Produktionskosten rechnen, daß die Anstellung von Kindern trotz aller Maßregeln zur Unterdrückung derselben zunimmt. Um der Kinderarbeit willen entstehen breite Straßen; Fabrikpaläste werden mit verbesserten Maschinen ausgestattet, die nur eine Entfaltung des höchsten Genies zu schaffen imstande ist, und die Zahl der arbeitslosen Erwachsenen

* Die Frau, 7. Jg., Nr. 1, Okt. 1899, S. 11-19

wächst in geometrischem Verhältnis zu der Zahl der zauberkräftigen Maschinen, die von Kinderhand bedient werden können!"

Diese Worte der amerikanischen Fabrikinspektorin können als Charakteristik für die Verhältnisse großer Industriestädte weit über die Grenzen ihres Landes, ihres Weltteils hinaus gelten. Auch in Deutschland werden ganze Industrien durch Kinderarbeit gehalten; auch in Deutschland nimmt die Beschäftigung von Kindern in Fabriken stetig zu, trotzdem die deutsche Arbeiterschutz-Gesetzgebung zu den weitgehendsten in Bezug auf Einschränkung und Erschwerung der Kinderarbeit gehört. Während in England Kinder unter 11 Jahren nicht in Fabriken beschäftigt werden dürfen, in Frankreich, Belgien und Rußland die Berechtigung zur Fabrikarbeit mit dem 12. Jahre beginnt, bestimmt die Reichs-Gewerbe-Ordnung für Deutschland (§ 135), daß Kinder unter 13 Jahren in Fabriken nicht beschäftigt werden dürfen, und im Alter von 13 bis 14 Jahren nur 6 Stunden täglich, und auch nur dann, wenn sie nicht mehr zum Besuch der Volksschule verpflichtet sind. Kinder im Alter von 14 bis 16 Jahren heißen in der Reichs-Gewerbe-Ordnung „junge Leute". Ihre Beschäftigung in Fabriken unterliegt gewissen Beschränkungen; so darf die Arbeitszeit die Dauer von 10 Stunden täglich nicht überschreiten. Für „Kinder" und „junge Leute", die in der Gewerbe-Ordnung unter der Bezeichnung „jugendliche Arbeiter" zusammengefaßt werden, ist Nachtarbeit verboten; ferner müssen bestimmte Pausen innerhalb der Arbeitszeit innegehalten werden. Eine der Bestimmungen, die, seit sie in Kraft getreten ist, besonders vielen Anfeindungen ausgesetzt war, verlangt, daß Arbeitgeber, die jugendliche Arbeiter in Fabriken beschäftigen wollen, der Ortspolizeibehörde davon schriftlich Anzeige machen, mit Angabe der Fabrik, der Wochentage, an denen die Beschäftigung stattfinden soll, des Beginns und Endes der Arbeitszeit und der Pausen, sowie der Art der Beschäftigung. Der Arbeitgeber hat ferner dafür zu sorgen, daß in den Fabrikräumen, in denen jugendliche Arbeiter beschäftigt werden, an einer in die Augen fallenden Stelle ein Verzeichnis der jugendlichen Arbeiter unter Angabe ihrer Arbeitstage, sowie des Beginns und Schlusses ihrer Arbeitszeit und der Pausen ausgehängt ist.

Bei einer solchen Reihe von Ausnahmebestimmungen für jugendliche Arbeiter, die hier nur kurz angedeutet werden konnten, lag allerdings die Vermutung nahe, daß die Zahl der in deutschen Fabriken beschäftigten Kinder sehr zurückgehen würde. Leider hat sich diese Vermutung nicht bewahrheitet; vielmehr hat der Erfolg dieser Bestimmungen bisher nur darin bestanden, daß große, leistungsfähige Fabrikanten allerdings vollständig von der Einstellung jugendlicher Arbeiter wegen der damit verbundenen Mühewaltung Abstand genommen haben. Die geringere Nachfrage nach Kinderhänden hat daher das Angebot noch wohlfeiler gemacht, und kleine, wenig zahlungsfähige Unternehmungen mit schlechteren hygienischen Einrichtungen, längerer Arbeitszeit und geringerem Lohn haben allmählich die vorhandenen jugendlichen Arbeitskräfte absorbiert.

So berichtet das letzte Vierteljahrsheft zur Statistik des Deutschen Reichs über die Steigerung der in Fabriken beschäftigten jugendlichen Arbeiter im Jahre 1897, daß die Zahl der Fabriken, in denen solche Arbeiter beschäftigt werden, von 40.333 im Jahre 1896 auf 43.593 im Jahre 1897 angewachsen ist. An Kindern unter 14 Jahren wurden 1897 in diesen Fabriken beschäftigt 6.151 gegen 5.312 im Jahre 1896; die Zahl der jungen Leute von 14 bis 16 Jahren wuchs von 239.584 im Jahre 1896 auf 259.790, so daß die Gesamtzahl der in Fabriken beschäftigten jugendlichen Arbeiter im Alter von 13 bis 16 Jahren in dem Berichtsjahr 265.721 gegen 244.860 im Jahre 1896 beträgt. Es ist also eine Zunahme von 12 Prozent zu verzeichnen. Auch der Bericht der Gewerbeaufsichtsbeamten vom Jahre 1897 weist mehrfach darauf hin, daß die Arbeitgeber in den gesetzlichen Schutzvorschriften kein so wesentliches Hindernis für die Beschäftigung jugendlicher Arbeiter mehr zu erblicken scheinen.

Diese trocknen Zahlen beweisen, daß unser Gesetz in seiner bisherigen Fassung nicht imstande ist, die Fabrikarbeit von Kindern in ausreichender Weise einzuschränken. Wenn es auch nicht verkannt werden darf, daß die Reichs-Gewerbe-Ordnung die in Fabriken beschäftigten Kinder vor den maßlosesten Ausbeutungen schützt, so bleiben die Kinder bei einer 6 resp. 10stündigen Fabrikarbeit doch so großen Gefahren und schweren Schädigungen in körperlicher und geistiger Beziehung ausgesetzt, daß es durchaus unwirtschaftlich sein würde, nicht für einen weiteren Ausbau der Gesetzgebung einzutreten und die Zahl der Kinder weiter anwachsen zu lassen, die ihres natürlichen Rechts auf die Möglichkeit körperlichen Wachstums und geistiger Ausbildung beraubt sind.

Die Gefahren, denen das erwerbende Kind ausgesetzt ist, sind mannigfaltig: plötzlicher oder frühzeitiger Tod, Verstümmelung und Invalidität, dauerndes Siechtum und sittliche Verderbnis; manchmal möchte man glauben, daß die Kinder am besten daran sind, die das erstgenannnte Los trifft, denn damit findet das Elend des Kindes wenigstens ein Ende. Durch die zu frühzeitige und zu lange dauernde Arbeit wird der jugendliche Organismus im Wachstum gehemmt und geschwächt; Intellekt und Moral werden durch die Umgebung in nachteiliger Weise beeinflußt. Die *Entschädigung* für diesen Aufwand an Kraft und Gesundheit besteht durchschnittlich in einem Lohn von 7 bis 11 Pf. pro Stunde (4 bis 7 Mark wöchentlich), ein Verdienst, der noch nicht einmal hinreicht, um den notdürftigen Lebensunterhalt eines Kindes zu bestreiten. So kann es wohl kaum einem Zweifel unterliegen, daß nicht nur Staat und Gesellschaft, sondern auch die Eltern der arbeitenden Kinder selbst das lebhafteste Interesse daran haben, die Jugend und damit die zukünftige Generation vor diesen schädlichen Einflüssen und Gefahren zu schützen.

In ausgezeichneter Weise haben einige amerikanische Fabrikinspektorinnen verstanden, nicht nur die bestehenden Mißstände auf diesem Gebiet aufzudekken, sondern auch durch ihre Beobachtungen und ihre scharf präzisierten Vorschläge auf die gesetzgebenden Körperschaften einzuwirken und zur treibenden

Kraft für die stetige Entwicklung und den Ausbau der Arbeiterschutzgesetze, insbesondere in Bezug auf die Fabrikarbeit der Kinder, zu werden.

Zu einem Zeitpunkt, an dem auch in einzelnen Teilen des Deutschen Reichs Frauen als Gewerbeaufsichtsbeamte eingeführt worden sind und sich dadurch den Frauen eine Möglichkeit eröffnet, in stärkerem Maße als bisher an den Bestrebungen zum Schutze der arbeitenden Kinder Teil zu nehmen, dürfte ein Einblick in die Arbeiten der amerikanischen Frauen zur Verbesserung dieser Gesetze von Interesse sein, umsomehr, als die gesetzlichen Bestimmungen einzelner amerikanischer Staaten in vielen Punkten mit der deutschen Gesetzgebung übereinstimmen. Unter den zahlreichen Arbeiten und Berichten über die Gefahren von Kinderarbeit, die von amerikanischen Inspektorinnen in den letzten Jahren verfaßt worden sind, verdient ein Bericht, den die bereits oben erwähnte Mrs. Stevens, Inspektionsassistentin in Illinois, bei einer Jahresversammlung von Fabrikinspektoren gegeben hat, besondere Beachtung, weil Mrs. Stevens nicht nur über persönliche Beobachtungen, sondern über eigene Erlebnisse als Arbeiterin berichten kann. Wenngleich sie noch nicht lange als Inspektorin thätig ist, so ist sie doch mehr als 30 Jahre, seit ihrem 13. Jahre, Lohnarbeiterin gewesen, und so verknüpft sie in ihrem Vortrag, der hier in einem kurzen Auszug wiedergegeben werden soll, in fesselnder Weise das, was sie als arbeitendes Kind selbst empfunden hat, mit den Beobachtungen, die sie später als Mitglied einer Gewerkschaft und endlich als Inspektorin bei ihren Untersuchungen über das Problem der Kinderarbeit gemacht hat. So schildert sie aus ihren eigenen Erlebnissen und Erfahrungen heraus die Gefahren und Schicksale, denen das arbeitende Kind entgegengeht, Tod und Verstümmelung, Krankheit und Siechtum, intellektuelle Schädigung und moralische Verkommenheit!

„Eine meiner frühesten Erinnerungen aus meinem Erwerbs- und Berufsleben", so berichtet Mrs. Stevens, „ist ein mir unvergeßlich bleibender Schmerz, die Erinnerung an das lachende Gesicht einer Freundin, das sich plötzlich zu einem Ausdruck des Entsetzens verzerrte, als sie durch einen Fehltritt in die Öffnung eines Aufzugs geriet, um fünf Stockwerke tiefer zu Tode zerschmettert anzukommen. Das ist 31 Jahre her und ereignete sich in einer Baumwollspinnerei in New-Hampshire, aber auch heute noch kann ich bei meinen Inspektionen unvergitterte Aufzugsöffnungen finden. Wer kann die Zahl derer ermessen, die auf diese Weise ihren Tod gefunden haben? Aber Anlage und Schutz der Aufzüge ist bei uns noch immer nicht durch Gesetz und Inspektion geregelt, und wenn das endlich geschehen wird, werden die Unternehmer sich über Einmischung von Staat und Gemeinde in ihre Rechte, in ihre persönliche Freiheit beklagen.

Ich war eben vierzehn Jahre alt geworden, als ich die Gefährlichkeit der Maschinen an eigener Person kennen lernen sollte, und meine verstümmelte rechte Hand wird mich, so lange ich lebe, daran mahnen. Ich war Arbeiterin in einer Weberei und machte hinter und unter meinem Webstuhl rein, während er im Gange war; die Webstühle gingen 10 Stunden täglich, und hätte ich den meinigen zu einer Zeit reinigen wollen, in der die Maschinen still standen, so hätte ich meine Arbeitszeit noch verlängern und vor halb sieben in die Fabrik kommen müssen. Der Abfall, den ich zum Reinigen benutzte, setzte sich zwischen den Zähnen eines Rades fest, und meine Hand wurde mit erfaßt. Das unterbrach den Gang des Webstuhls für einige Minuten und meine Erwerbsfähigkeit für viele Wochen. Ich verlor einen Finger, und eine Zeit physischen Leidens und noch größerer seelischer Qual folgte, denn ich fürchtete, den Gebrauch der Hand, auf der meine Erwerbsthätigkeit beruhte, einzubüßen. Erst wenn ich vergessen kann, wie heimatlos, krank und unglücklich ich mich in jenen Wochen der Angst und Qual fühlte, *dann* und nicht eher werde ich aufhören, für die Abschaffung der Kinderarbeit einzutreten und zu arbeiten!

Es giebt kaum eine Maschine, an der Kinder arbeiten können, ohne daß ihr Leben und ihre Gesundheit gefährdet wird. Man sagt oft, was ich auch vor wenigen Tagen erst wieder in einer Druckerei hören mußte, Unfälle kämen nur vor, weil Kinder unvorsichtig sind. Das ist eher eine Belastung als eine Entschuldigung für das Unrecht, das man den Kindern thut. Wir berauben die Kindheit ihres größten Vorrechts, wenn wir aus Kindern vorsichtige, achtsame alte Männer und Frauen machen, und darum sollte kein Kind unter 16 Jahren an Maschinen beschäftigt werden, die durch Dampf oder Elektrizität getrieben werden.

Die Beschäftigungsarten, die der Gesundheit der Kinder nachteilig sind, sind unzählige. In Chicago besorgen Kinder fast ausschließlich das Vergolden von Rahmen, und ihre Finger werden dadurch nach kurzer Zeit so steif, daß es für die Arbeitgeber vorteilhaft ist, sie nach kurzer Frist zu entlassen, um neue einzustellen und zu ruinieren. Es giebt hier eine Firma mit einem so hohen Prozentsatz kostspieliger Unfälle bei Kindern, daß sie seit einiger Zeit Verträge mit den Eltern oder Vormündern der Kinder abschließt, durch die sie sich der Verantwortung und der Kosten für etwaige Unfälle entledigt. Wir finden Kinder, die langsam vor heißen Öfen dahinschwinden, Kinder, die durch die Beschäftigung mit Arsenik oder giftigen Farben zu Grunde gehen. Wir treffen Knaben, die taub geworden sind, weil sie in Räumen arbeiteten, in denen Metall gehämmert wird, Mädchen, die Maschinen mit den Füßen treiben oder deren Beschäftigung sie zwingt, täglich zehn Stunden zu stehen und die sich dadurch unheilbare Leiden zugezogen haben; Leiden und Krankheiten, die ein lebenslängliches Martyrium bedeuten und den Verlust der Krone des Frauenlebens, der Kraft, gesunde Kinder zu erzeugen, mit sich bringen.

Eine der größten und bedenklichsten Gefahren für das Kind, die Gefahr, Moral und gute Sitten durch das Fabrikleben einzubüßen, ist eng mit der Frage verknüpft: *Was soll später aus den Kindern werden?*

Wenn es auch wahr ist, daß nicht alle gut erzogenen Menschen gut sind und daß man häufig unter unerzogenen Menschen die besten Sitten und trefflichsten Charaktereigenschaften findet, so ist es doch zweifellos ebenso wahr, daß die Volksschule eine Einrichtung für die Entwicklung und Erziehung der Jugend ist, welche die Aussichten, daß die Kinder von „heute" gute Bürger von „morgen" sein werden, unendlich vergrößert. Aber das System der Kinderarbeit in Fabriken und das System der Volksschule in unserer Republik werden sich niemals miteinander vertragen.

Eine unserer Fabrikinspektorinnen sprach kürzlich in einem Vortrag ihr Bedauern über die Unwissenheit der arbeitenden Kinder aus, und als Beispiel für den Grad der Unwissenheit führte sie an, daß viele dieser Kinder noch nie etwas von unserem Freiheitskrieg gehört haben. Ich sah kürzlich einen griechischen Knaben zwischen 16 und 17 Jahren, der schon fast drei Jahre auf seiner Arbeitsstelle war und nur seine Muttersprache sprechen und überhaupt nicht schreiben konnte. ‚Das ist ein kluger Junge, ein heller Kopf', sagte der Werkführer zu mir. – Um so schlimmer für den Arbeitgeber und für uns alle, daß der Junge bei all seiner Klugheit weder englisch sprechen noch schreiben und lesen kann. Was für einen Wähler wird er in vier Jahren abgeben? – Es erübrigt sich wohl zu fragen, ob dieser Junge je etwas vom Freiheitskrieg gehört hat. Augenscheinlich ist ihm noch manche andre, viel nützlichere und notwendigere Kenntnis für immer verschlossen! Der enge Gesichtskreis dieser Kinder, der einem auffällt, sowie man mit ihnen spricht, ist geradezu erschreckend. Viele wissen nicht einmal, wann und wo sie geboren sind, wie ihre Eltern heißen, was ein Geburtstag ist oder ob sie je einen gehabt haben. Manche können selbst mit Hilfe von Papier und Bleistift ihr Alter nicht herausrechnen; andre können nicht einmal ihren eigenen Namen leserlich niederschreiben.

Es wird häufig behauptet, daß Abend- und Fortbildungsschulen den arbeitenden Kindern ausreichende Gelegenheit zum Unterricht bieten. Aber Abendschulen sind geradezu eine Qual und eine Grausamkeit für ein Kind, das seine Tagesarbeit geleistet hat. In X. besteht eine Abendschule für die in der dortigen Glasindustrie beschäftigten Knaben. Diese Kinder, von denen viele noch nicht 14 Jahre alt sind, laufen täglich etwa 75 bis 80 englische Meilen, um für die älteren Arbeiter das Material herbeizubringen und die fertige Ware fortzuschaffen. Erwachsene Männer sind bei dem Hin- und Herlaufen zusammengebrochen. Kleine Kinder halten es aus – aber auf Kosten ihrer Zukunft.

Der Unterricht in der Abendschule ist für diese Knaben, ja für jedes Kind, das den ganzen Tag, die ganze Woche arbeitet, eine Farce! Das einzige Mittel, unsern Kindern die Grundlage einer gesunden Erziehung zu geben, besteht darin, *sie von der Lohnarbeit bis zum 16. Jahr fern zu halten und sie so lange zur Schule zu schicken.*

Für jedes Kind, das den Tag und häufig auch noch die Abendstunden fern von Haus und Schule verbringen muß, giebt es naturgemäß mannigfache Gelegenheit, die unmoralischen Seiten des gesellschaftlichen Lebens kennen zu lernen. Das Laster geht zu den Stunden auf den Straßen umher, in denen unsre Knaben und Mädchen von der Arbeit heimgehen, und der übermüdete Körper ist dann gerade in der richtigen Verfassung, um Neigung für eine Lebensweise zu spüren, in der *Arbeit keine* Rolle spielt. Der Einfluß der Umgebung und Gesellschaft, die demoralisierende Wirkung steter Beobachtung des Lasters tritt ihnen zu solchen Zeiten auf dem harten Pfad ehrlicher Arbeit entgegen, deren fühlbarer Erfolg zunächst nur in schmerzenden Gliedmaßen, armseligen Existenzen und einem Lohn besteht, der kaum für den notwendigsten Lebensunterhalt ausreicht.

Von großer Tragweite für die Zukunft des Kindes sind auch die Folgen der Arbeit, die bereits bei Gelegenheit der gesundheitsgefährlichen Beschäftigungen erwähnt wurden. Aber *keine* Beschäftigung, der Kinder unter 16 Jahren regelmässig nachgehen, läßt die Hoffnung zu, daß aus den Knaben dereinst kräftige Männer werden; es giebt kaum eine Beschäftigung, welche die Mädchen nicht untauglich macht, dereinst den Pflichten der Frau, der Mutter, in vollem Umfange nachzukommen. Ich habe die Folgen des Maschinennähens für junge Mädchen schon erwähnt. Eine andre Arbeit, der Mädchen in ausgedehntem Maße nachgehen, ist nach meiner Überzeugung ebenso schädlich, wenn nicht noch schlimmer, und das ist die Arbeit in Cigarrenfabriken.

Ich hatte in einer benachbarten Stadt lange Jahre Gelegenheit, Cigarrenarbeiterinnen zu beobachten. Gewöhnlich sahen sie schwächlich aus, und ich hörte viele Klagen über ihren Gesundheitszustand. Wenn eine sich verheiratete, freute ich mich deshalb stets, daß sie die Arbeit aufgeben konnte; aber nur bis ich später hörte, daß, wenn eine von ihnen überhaupt ein Kind zur Welt brachte, dies tot geboren wurde. Heut ist es in der medizinischen Welt eine anerkannte Thatsache, daß Frauen, die in ihrer Jugend in Tabakgeschäften gearbeitet haben, gewöhnlich unfruchtbar bleiben. Besser noch, als wenn schwächliche Kinder zu einem Leben dauernden Siechtums geboren werden; aber welche Anklage bleibt das trotzdem für unsere Civilisation!

Kürzlich widmete der Staat Ohio seinen großen Männern eine Statuengruppe, deren Inschrift lautete: ‚Dies sind meine Juwelen!' Ich dachte an diese verkommenen und an die zu früh geborenen toten Kinder, die *auch* dem Staat gehören. – Solang solche Kontraste aufzuweisen sind, hat ein Staat noch keine Ursache, sich zu rühmen."

An diese Ausführungen knüpft Mrs. Stevens eine Schilderung der in Illinois bestehenden Gesetze zum Schutz der Kinderarbeit, die in großen Zügen mit den deutschen übereinstimmen, in einigen Punkten etwas weiter gehen, in anderen dagegen hinter den deutschen Verordnungen zurückbleiben. So ist das Minimalalter, das die Berechtigung zur Anstellung in Fabriken giebt, dort auf 14 Jahre (gegen 13 Jahre in Deutschland) heraufgesetzt. Für Kinder unter 16 Jahren müssen die Unternehmer wie bei uns Listen führen, Verzeichnisse mit Namen, Alter u.s.w. in den Arbeitsräumen anbringen; ferner müssen die Kinder jederzeit aus der Arbeit entlassen werden, wenn diese kein ärztliches Attest über ihre körperliche Befähigung für die von ihnen geleistete Arbeit beibringen können. Dagegen fehlen Schutzbestimmungen für Fabrikationszweige, die mit besonderen Gefahren für Gesundheit und Sittlichkeit der jugendlichen Arbeiter verknüpft sind, wie sie für Deutschland durch den Paragraphen 139a der Reichs-Gewerbeordnung gegeben sind. Nach diesem Paragraphen ist der Bundesrat ermächtigt, die Verwendung von Arbeiterinnen, *sowie von jugendlichen Arbeitern* für solche Fabrikationszweige gänzlich zu untersagen oder von besonderen Bedingungen abhängig zu machen. So sind denn auch eine ganze Reihe von Beschränkungen ergangen, insbesondere für Walz- und Hammerwerke (1.2.95), für Drahtziehereien mit Wasserbetrieb (11.3.92), für Glashütten (11.3.92), für Cichorienfabriken (17.3.92), für Steinkohlenbergwerke (1.2.95), für Zink- und Bleierzbergwerke und Kokereien (24.3.92), für Rohzuckerfabriken und Zuckerraffinerien (24.3.92), für Hechelräume (29.4.92), für Bleifarben- und Bleizuckerfabriken (8.7.93), für Anlagen zur Anfertigung von Cigarren (8.7.93), für Gummiwarenfabriken (21.7.88), für Ziegeleien (27.4.93), für Spinnereien (8.12.93). Diese Beschränkungen oder Schutzvorschriften schließen im großen und ganzen die jugendlichen Arbeiter von der Beschäftigung in denjenigen Betriebsabteilungen aus, die als gesundheitsgefährlich anerkannt sind. Es ist zu hoffen, daß der Bundesrat diese Bestimmungen auf eine ganze Reihe andrer schädlicher Fabrikationszweige ausdehnen wird.

Inwieweit aber die vorhandenen Schutzbestimmungen thatsächlich durchgeführt werden und inwieweit sie nur auf dem Papier stehen, ist schwer festzustellen, solange die unzureichende Zahl der Gewerbeinspektoren die Ausführung der Gesetzesvorschriften unsicher läßt. Nach dem Bericht der Gewerbeinspektoren vom Jahre 1897 wurden durchschnittlich im Deutschen Reiche nur 30 Prozent der in das Revisions-Register eingetragenen Betriebe revidiert; in Bayern, wo auch ein großer Teil der handwerksmäßigen Betriebe mit eingetragen ist, sogar nur 8,7 Prozent! Was nützen aber die besten Gesetze, wenn keine Garantie für ihre Durchführung gegeben ist, und gerade in diesem Punkte sind uns die Vereinigten Staaten weit überlegen. Ein verhältnismäßig großer Stab von Gewerbeaufsichtsbeamten und deren vorzüglich ausgearbeitetes und durchgebildetes System der Listenführung über die besichtigten Fabriken und die dort beschäftigten Kinder gewährleistet eine strenge Durchführung der Gesetzesvorschriften. Es ermöglicht den Inspektoren genau zu verfolgen, wie oft die Kinder ihre Stellung wechseln, auch die Zahl der Personalveränderungen in den Arbeitsstätten festzustellen. Das hat zu der überraschenden Beobachtung geführt, daß die arbeitenden Kinder ein wahres Wanderleben führen. Mrs. Stevens führt hierfür ein typisches Beispiel an:

„Am 22. August besuchte ich eine Zuckerwarenfabrik und fand dort 80 Kinder unter 16 Jahren. Für 63 lagen Bescheinigungen über ihr Alter vor, von denen 43 in Ordnung waren; 20 waren wertlos, weil sie nicht vorschriftsmäßig ausgefertig waren. Die 43 giltigen Atteste stempelte ich ab; 17 Kinder, die keine Scheine vorweisen konnten, wurden nach Haus geschickt, und die 20 unvollständigen Bescheinigungen wurden den Kindern mit der Weisung zurückgegeben, sie bis zum nächsten Tage ordnungsgemäß ausfüllen zu lassen. Am 8. September besichtigte eine andere Inspektorin die Fabrik und fand 71 Kinder bei der Arbeit mit 65 vorliegenden Attesten. Nur eins davon trug den Stempel meiner letzten Inspektion, die 14 Tage vorher stattgefunden hatte. Die 70 Kinder waren also seitdem neu eingestellt und mit einer einzigen Ausnahme hatten all die Kinder, die ich dort gefunden hatte, ihre Atteste genommen und waren andre Arbeit suchend davongegangen. In derselben Fabrik fand ein dritter Inspektor am 11. September, also nur 3 Tage später, 199 Kinder und natürlich neue Listen, so daß wieder eine vollständige Veränderung unserer Register notwendig war.

Solche Erfahrungen lassen uns hoffen, daß die Mühe, welche die Arbeitgeber mit dem Führen der Verzeichnisse und Listen haben, sie zur Anstellung anderer Arbeitskräfte führen wird. Der oben erwähnte Zuckerwarenfabrikant sucht thatsächlich jetzt schon Mädchen über 16 Jahre. Er wird so viele finden, wie er nur beschäftigen kann, aber er wird sie nicht zu 4° cent (16 Pf.) pro Stunde, dem Durchschnittslohn der in diesem Gewerbe arbeitenden Kinder, bekommen.

Dieser ewige Wechsel der Kinder ist ein Zeichen der verderblichen Bedingungen, unter denen sie leiden und die sorgsam von all denen geprüft werden sollten, die für die Lohnarbeit der Kinder eintreten. Es zeugt von einem vollständigen Verkennen der Verhältnisse, wenn Leute von dem Vorteil sprechen, der Kindern aus einer ‚*regelmäßigen Beschäftigung*', aus ‚der *Möglichkeit, ein Gewerbe zu erlernen*', erwächst. Die Stellungen, in denen Kinder ein Gewerbe erlernen, sind Ausnahmen; solche Fabriken, in denen durch herdenweise Anstellung von Kindern ein Vermögen gewonnen wird, sind die Stätten, wo wir die Kinder am häufigsten bei der Arbeit treffen.

Wir können mit Recht fragen, was denn ein Kind lernen kann, das heute in einer Fabrik, morgen in einer anderen mit andrer Branche arbeitet, das eine Woche Bonbons einwickelt und in der nächsten Bilderrahmen vergoldet. Es ist augenfällig, daß die Arbeits- und Lohnbedingungen in diesen Fabriken so unbefriedigend sind, daß die Anstellung stets nur als Notbehelf angesehen wird. Die nächste Stellung ist dann nicht besser, und so folgt ein Wechsel dem andern.

Darum lernen die Kinder statt eines Gewerbes in den großen Fabriken, in denen ihre Arbeit die Grundlage für die Reichtümer von Handelsgesellschaften bildet, Unbeständigkeit, Verschwendungssucht und die Neigung, ein leichtsinniges Spiel mit dem Zufall zu treiben. Kein Wunder, daß sich jedes Jahr die Zahl der ungelernten Arbeiter durch solche Leute vermehrt, die nichts gut zu arbeiten verstehen, die keine Handgeschicklichkeit besitzen, die sie in den Stand setzt, Arbeiten zu verrichten, die einen Menschen ernähren können. So wächst die Zahl derer, die selbst in Zeiten eines industriellen Aufschwungs am Rande des Verderbens stehen und die bei dem ersten wirtschaftlichen Schwanken in den Abgrund des Pauperismus fallen."

Auf Grund dieser ungenügenden Resultate eines der besten und weitgehendsten Gesetze zum Schutz der Kinderarbeit und im Interesse der Wohlfahrt der heranwachsenden Generation stellen die amerikanischen Inspektorinnen das *unbedingte Verbot der Lohnarbeit von Kindern unter 16 Jahren* als erstrebenswertes Endziel auf. Den Schlüssel zu der Frage der Kinderarbeit sehen sie im *Zwang zum Schulbesuch bis zum 16. Jahre;* die Schule soll durch alle Klassen einen Handfertigkeits-Unterricht und in den letzten zwei Schuljahren technischen Unterricht in einem Handwerk mitumfassen. Ferner macht sie die Lösung des Problems von der Gewährung einer ausreichenden Unterstützung an arme Kinder (resp. deren Eltern) abhängig, damit die Kinder nicht durch Not und Mangel zur Lohnarbeit gezwungen und der Schule ferngehalten werden. Erst dann kann die Volksschule ihre Aufgaben erfüllen; sie wird nicht nur vom Volk erhalten, sondern auch für jedes Kind des Volkes zugänglich sein. Wenn aber erst jedes Kind in einer solchen Schule sein muß, kann man sich auch gegen die *Heimarbeit* der Kinder in den großen Städten einigermaßen schützen.

Diese Forderungen zeigen, warum in so ausführlicher Weise auf amerikanische Verhältnisse eingegangen worden ist; sind doch alle diese Forderungen auch in Deutschland in keinem einzigen Punkt erfüllt. Ein Vergleich der Gesetze beider Staaten beweist, daß die Verhältnisse bei uns zwar teilweise anders, aber keineswegs besser liegen als in den Vereinigten Staaten, und deshalb werden auch hier alle, die an sozialen Reformen auf dem Gebiet der Kinderarbeit mitarbeiten wollen, zur Erkenntnis der von den amerikanischen Inspektorinnen aufgestellten Ziele gelangen müssen.

Auch bei uns ist die Zahl der lohnarbeitenden Kinder erschreckend groß; die Schwierigkeiten, die sich wegen geistiger und körperlicher Mängel bei der Unterbringung 14-16jähriger Kinder in Lehr- und Arbeitsstellen ergeben, sind allgemein bekannt. Wohlwollende und mitleidige Menschen, Kinderfreunde, haben Wohlfahrtsvereine und Anstalten ins Leben gerufen, um diesen Mißständen abzuhelfen; sie können aber nicht künstlich dem kindlichen Organismus entsprechende Arbeitsgelegenheiten schaffen, wo solche das Bedürfnis nicht schafft; sie können selbst durch die sorgsamste Pflege nicht in kurzer Zeit ausgleichen, was in Jahren durch ungesunde Lebensbedingungen, durch ungenügende Ernährung verfehlt worden ist; sie können die Eindrücke nicht verwischen, die unbeaufsichtigte und verwahrloste Kinder auf der Straße, durch die Umgebung bei frühzeitiger Fabrikarbeit oder sonstiger Lohnarbeit gewonnen haben. Wohl können solche privaten Veranstaltungen die Existenzbedingungen einiger weniger Kinder besser gestalten, sie kräftigen, ihnen eine Ausbildung gewähren und sie in lohnenden Berufen unterbringen, aber sie können niemals verhüten, daß die Arbeiterschutzgesetze in ihrer heutigen Gestalt die Lage der arbeitenden Kinder im allgemeinen verschlimmern, anstatt sie zu verbessern.

Indem die Gesetzgebung für *einige Arten* von gewerblichen Unternehmungen, für Fabriken und Werkstätten, Bedingungen an die Anstellung von Kindern knüpft, durch welche die aus der Beschäftigung erwachsende körperliche, sittliche und intellektuelle Schädigung um etwas geringer wird, erschwert sie die Anstellung der Kinder, ohne sie zu unterbinden. Sie treibt damit die Kinder in die kleinsten und wenig zahlungsfähigen Betriebe, die auf billige Arbeitskräfte angewiesen sind und sich deshalb diesen Bedingungen unterwerfen müssen; sie treibt sie in die Heimarbeit und in diejenigen gewerblichen Berufsarbeiten, die noch jedes gesetzlichen Schutzes entbehren und der Kinderausbeutung daher einen günstigen Boden bieten. Auch wir müssen deshalb zunächst *Ausdehnung der Gesetze zum Schutz der Kinder* und *der Gewerbeaufsicht auf alle Arten der gewerblichen Thätigkeit* fordern, denn nur auf diese Weise kann eine Gewähr für eine in körperlicher und geistiger Beziehung gesundheitsgemäße Erziehung der Jugend gegeben werden.

Die notwendigste Ergänzung solcher Bestimmungen besteht aber in der *Verlängerung der Schulpflicht* oder in der Einführung obligatorischer Fortbildungsschulen in den Tagesstunden, was ja in der Praxis gleichbedeutend wäre. In diesen letzten Schuljahren müßte besonderes Gewicht auf die Ausbildung der Handgeschicklichkeit als Grundlage jeder gewerblichen Thätigkeit gelegt werden; jedes Mädchen müßte vom 14. bis zum 16. Lebensjahr am Koch- und Haushaltungs-Unterricht Teil nehmen, jeder Knabe müßte die Anfangsgründe eines Handwerks erlernen, zu dem Neigung und Veranlagung ihn tauglich erscheinen lassen. Wie notwendig daneben noch die Fortsetzung des wissenschaftlichen Unterrichts über das 14. Lebensjahr hinaus ist, beweist wohl der Umstand, daß nur ein kleiner Teil aller Kinder das in den Volksschulen vorgeschriebene Pensum absolviert; so hatten z.B. in Berlin nach den Berichten der städtischen Schuldeputation 1897/98 38 Prozent der die Gemeindeschulen verlassenden Kinder die 1. Klasse nicht erreicht, 12 Prozent waren nicht einmal bis zur 2. Klasse gekommen, die sie unter normalen Verhältnissen mit 10 Jahren hätten erreichen müssen.

In den „reformatory" und „industrial schools", sowie in den Barnardo'schen Anstalten in England hat man den Versuch gemacht, die Kinder die Hälfte des Tages bei wissenschaftlichem Unterricht, die andre Hälfte in Werkstätten anzuleiten und ihnen durch diese geteilte Unterrichtsart eine Grundlage für ihren späteren Beruf zu geben.

Will man der Jugend eine derartige *längere* Schul- und Ausbildungszeit gewähren, so wird eine *Reform der Armenpflege* angestrebt werden müssen. Die Gemeinden müßten alsdann all den Witwen, den eheverlassenen und geschiedenen Frauen, allen, die der öffentlichen Armenpflege anheimfallen und die heute bei den allgemein üblichen, unzureichenden Unterstützungssätzen gezwungen sind, die Kinder so früh wie möglich zur Erwerbsthätigkeit heranzuziehen, die Möglichkeit eröffnen, für ihre Kinder sorgen und eintreten zu können, bis deren körperliche und geistige Kräfte soweit entwickelt sind, daß sie in einem Beruf etwas zu lernen und zu leisten imstande sind.

Nur wenn die Gesetzgebung auf dem Gebiet des Arbeiterschutzes Hand in Hand arbeitet mit der Gesetzgebung auf dem Gebiet des Unterrichtswesens und der Armenpflege, um 14- bis 15jährige Kinder der Lohnarbeit fern zu halten, nur dann können die Ursachen beseitigt werden, deren Symptome heute vielfach bekämpft werden. Wenn die Gesetzgeber und die Männer der Verwaltung, die heute 14- und 15jährige Kinder „*jugendliche Arbeiter*" nennen, an ihre eigene Kinderzeit zurückdenken, wenn sie ihre eigenen 14jährigen Kinder betrachten und sich vorstellen, wie hilflos diese den Gefahren des Erwerbslebens gegenüber stehen würden, müssen sie dann nicht erkennen, daß nur der weitgehendste Schutz aller Kinder die kommende Generation zu schützen imstande ist?

Amerikanische Frauen haben das erkannt und haben versucht, Wandel zu schaffen; mögen die deutschen Frauen, denen sich langsam Einfluß auf Gesetzgebung und Verwaltung eröffnet, ihnen nicht nachstehen.

Frauenklubs*

Die wirtschaftlichen Umwälzungen unserer Zeit, welche die Frauen aller Stände in das Erwerbsleben stellten, haben unter den Frauen Bedürfnisse erzeugt, die früheren Jahrhunderten fremd waren. Zu diesen modernen Bedürfnissen der Frau gehört der Klub, eine den modernen Verhältnissen angepaßte *gemeinsame* Häuslichkeit für alle, die sich *allein* eine solche nicht schaffen können oder wollen.

Die vielen alleinstehenden berufsthätigen Frauen, die losgelöst von der Familie den Existenzkampf aufgenommen haben, seit der Tantenberuf seine Geltung verloren hat, sind meist gezwungen, einen Teil ihrer Zeit für die Besorgung ihrer Wirtschaft aufzuwenden. Während all die verschiedenartigen Verrichtungen, die in 100 kleinen Haushaltungen notwendig sind, weit besser und billiger für *einen* großen Haushalt von einigen wenigen Personen, die eine spezialisierte Ausbildung und technische Fertigkeiten auf dem Gebiet der Wirtschaftsführung haben, ausgeführt würden, quälen sich heut 100 Frauen in *100 verschiedenen Häuslichkeiten* mit der mangelhaften Verrichtung der Wirtschaftsfunktionen.

Der Gedanke, daß diese Form der Produktion wenig zeitgemäß und durchaus unwirtschaftlich ist, daß die Produktionskraft der Welt sich erheblich steigern würde, wenn all diese Frauen ihre ganze Zeit und Kraft auf andere Beschäftigungen verwenden könnten, für die sie geeigneter sind, und daß eine genossenschaftliche Form der Wirtschaftsführung für den Einzelnen behaglichere Bedingungen schaffen könne, das sind die *wirtschaftlichen* Grundlagen der Klub-Idee. In diesem Sinn, als Ersatz des Einzel-Haushalts, kann der Klub als die zukünftige Form

* Centralblatt des Bundes deutscher Frauenvereine, 1. Jg., Nr. 16, 15. Nov. 1899, S. 124-126

der Wirtschaftsführung angesehen werden; in Amerika und England beginnt der „resident-club" sich einzubürgern, und auch bei uns dürfte die Dienstbotenbewegung eine Entwicklung der Haushaltsführung herbeiführen, in der an die Stelle des Dienstmädchens, das für eine einzige Person oder Familie kochen, waschen, plätten, Stiefel putzen und Zimmer reinigen soll, die Arbeiterin tritt, welche für die Mitglieder des Klubs, der großen Wirtschaftsfamilie oder Genossenschaft, *eine* dieser Funktionen übernimmt. Aber nur durch allmälige Gewöhnung, nur durch schrittweises Vorgehen wird sich die deutsche Frau dazu entschließen, die alten Lebensformen aufzugeben; nur der Zwang der wirtschaftlichen Verhältnisse wird sie dazu führen, die Fesseln abzustreifen, welche die überkommenen Gewohnheiten für die moderne, im Erwerbsleben stehende Frau geworden sind.

Als ein Übergangsstadium, das auch bei uns zum „resident-club", zu der Wirtschaftsgenossenschaft führen wird, hat der *gesellige Frauenklub* in den letzten Jahren auch in Deutschland Eingang gefunden, der Klub, der, auf genossenschaftlicher Grundlage beruhend, einer Anzahl von Frauen gemeinsame Wohnräume und Gelegenheit zu gemeinsamer Geselligkeit bieten soll. Das Merkmal dieser geselligen oder *sozialen* Klubs, wie man sie in ihrer Heimat Amerika und in England vielfach bezeichnet, besteht darin, daß sie nicht aus philanthropischen Impulsen, aus altruistischen Beweggründen hervorgehen, sondern das Resultat des kameradschaftlichen Gefühls sind, welches als bedeutsames Zeichen unserer Zeit die Frauen aller Stände erfaßt, und sie dazu führt, sich zur Verfolgung gemeinsamer Ziele zusammen zu schließen.

Die Anforderungen, die an solchen Klub gestellt werden müssen, sind recht vielseitige. Neben behaglichen Räumen, guter Verpflegung, reichhaltiger Bibliothek soll der Klub dem Einen Gelegenheit zum Ausruhen, zu ungestörter Erholung, dem Andern Gelegenheit zu Geselligkeit, zu geistiger Anregung geben. Während man in Privatgesellschaft gezwungen ist, sich mit den Anwesenden bekannt zu machen, während man einem Verein jahrelang angehören kann, ohne den andern Mitgliedern näher zu treten, soll im Klub einerseits niemand gezwungen sein, seinen Nachbarn zu kennen, sofern er das nicht wünscht; andererseits soll aber jeder soviel Bekanntschaften anknüpfen können, wie ihm angenehm sind. Um all diesen Bedürfnissen Rechnung tragen zu können, muß der Klub wie ein kleiner Staat regiert werden, aber wie eine Republik, wie eine Demokratie. Wunsch und Wille jedes Einzelnen muß zum Ausdruck kommen, denn alle sind gleichberechtigte und gleichverpflichtete Glieder der Gesamtheit, und der Wille der Majorität allein hat zu entscheiden.

Die Bedeutung solcher sozialen Klubs, bei denen das wirtschaftliche Moment noch nicht in den Vordergrund tritt, liegt in dem Unterschied zwischen dem Frauen*klub* und dem Frauen*verein*, in dem Fortschritt der sozialen Ideen, welche der Klub dem Verein gegenüber verkörpert. Während ein Frauenverein in der Regel nur *einen* Zweck verfolgt, sei das nun ein politischer oder wirtschaftlicher, geselliger oder philanthropischer, sei es selbst der Zweck, die Befreiung der Frau auf allen Lebensgebieten herbeizuführen, während ein Verein daher nur die Frauen zusammenführen kann, die seinem besonderen Zweck ihr Interesse zuwenden, kann und soll der Klub Frauen aller Berufs- und Interessenkreise vereinigen, ihnen Gelegenheit zu gegenseitiger Anregung, zum Gedankenaustausch schaffen, Beziehungen zwischen Frauen verschiedener Gesellschaftskreise herstellen und den Gedanken an die Interessengemeinschaft *aller* Frauen dokumentieren. Durch die Verbreitung dieses Gedankens, dieser Idee wird das Klubwesen auch der Frauenbewegung dienen. Es wird die Frauen, deren Gemeinsinn unter der anstrengenden, aufreibenden Berufsarbeit gelitten hat, lehren, daß sie durch den Verkehr mit Anderen ebenso sehr ihre eigene geistige Entwicklung fördern, wie zum intellektuellen Fortschritt der Andern beitragen. Sie werden lernen, aus einem freien Meinungsaustausch, in dem sich die entgegengesetztesten Welt- und Lebensanschauungen gegenüber treten, Nutzen zu ziehen, nicht starr und ohne Zweifel an anerzogenen oder einmal gewonnenen Ansichten fest zu halten, und so wird die Überzeugungskraft großer Ideen, wie die Idee von der Befreiung der Frau, in den Klubs einen günstigen Nährboden finden.

Von Anhängerinnen der Frauenbewegung ist die Behauptung aufgestellt worden, daß Frauenklubs, die in erster Linie der Unterhaltung gewidmet sind, uns von dem Ziel entfernen werden, dem alle Frauenvereinigungen zustreben sollten, nämlich von dem Ziel, Zustände zu schaffen, Zeiten herbeizuführen, in denen nicht mehr die eine Hälfte der Menschheit sich zur Verteidigung ihrer Rechte zusammenschließen muß. Wenn wir die Trennung der Schulen, der Berufe nach dem Geschlecht bekämpfen, sollten wir nicht künstlich eine Trennung der Geselligkeit herbeiführen. Solche Auffassungen dürften auf eine mangelhafte Kenntnis der Entwicklung des Klubwesens zurückzuführen sein, auf den weitverbreiteten Irrtum, daß der Frauenklub eine gedankenlose Nachahmung des Männerklubs sei, der zumeist einer bestimmten Berufs- oder Gesellschaftsklasse zur Geselligkeit, zum Spiel dient und der oft der Entwicklung von häßlichen Leidenschaften Vorschub geleistet hat. Sie beruhen ferner auf einer vollständigen Verkennung der sozialen Idee, die dem Frauenklub zu Grunde liegt, der Idee, daß auch der Klub zum wirtschaftlichen und intellektuellen Fortschritt der Frau beitragen kann. Auch die Frauen, die heute ihre Zeit und Kraft für die Gründung von Frauenklubs einsetzen, wissen, daß Frauenklubs nur Etappen auf dem Weg zu jenen besseren Klubs der Zukunft darstellen, in denen Männer und Frauen gemeinsam für die Verwirklichung der höchsten Menschheitsideale eintreten werden. Mögen die Interessen der Frauen aller Klassen gemeinsam sein, auch die Interessen von Männern und Frauen sind unlösbar mit einander verbunden. Was für die Verbesserung des Frauenloses gut ist, wird dem Mann keinen Schaden bringen; und was für den Mann wahrhaft notwendig ist, kann nicht im Widerstreit mit den Interessen der Frau stehen. Darum werden auch die Frauenklubs dazu beitragen, das große Gesetz der sozialen Einheit zur Erfüllung zu bringen, den sozialen Frieden herbeizuführen.

Beachtenswerter als diese Behauptung ist der oft gemachte Einwand, unsere Zeit sei für die Frauenklubs noch nicht reif. Diejenigen, welche diesen Standpunkt vertreten, im übrigen aber die Klubidee für wertvoll halten, müßten eigentlich die eifrigsten Förderer, womöglich Gründer der Klubs werden. Denn besser als durch Wort und Schrift kann man die Zeitgenossen durch die That für wertvolle Neuerungen gewinnen, für wichtige Reformen reif machen. Nur wenn den Frauen Gelegenheit geboten wird, die Annehmlichkeiten des Klublebens kennen zu lernen, kann in weiten Kreisen Sinn und Verständnis dafür geweckt werden.

Daß aber diese Vorsichtigen die Überzeugungskraft der Idee unterschätzen, kann durch ein Beispiel bewiesen werden. Nachdem auf Anregung von Frau von Witt, welche das Verdienst eines Pioniers der Klubidee in Deutschland für sich in Anspruch nehmen kann, der erste deutsche Frauenklub vor 1° Jahren in Berlin gegründet wurde, - ein vor mehreren Jahren vom Lettehaus gemachter Versuch, einen Klub einzurichten, wurde nach kurzer Zeit wieder aufgegeben, da die Räume des Lettehauses anderweitig gebraucht wurden, - ging vor kurzem die Mitteilung durch die Presse, daß ein zweiter geselliger Klub in Berlin eröffnet werden soll, der besonders den Interessen der alleinstehenden, berufsthätigen Frauen Rechnung trägt. Infolge dieser Notiz liefen im Laufe von 3 Wochen 350 Mitgliedsanmeldungen von Lehrerinnen, Handelsangestellten, studierten Frauen, Künstlerinnen, Direktricen u.s.w. ein, ein Resultat, dessen sich wohl kaum irgend ein Verein bisher rühmen konnte.

Diese Thatsache dürfte wohl als ein Sieg der Idee angesehen werden, als ein Zeichen, daß unsere *moderne Zeit* auch für *moderne Bestrebungen reif* ist! Ihre Mitglieder zu modernen Frauen zu erziehen, welche die Aufgaben erkennen und erfassen, die unsere Zeit uns darbringt, den Gemeinsinn zu fördern und dadurch zum allgemeinen gesellschaftlichen Fortschritt beizutragen, das sind die großen, bedeutsamen Ziele und Aufgaben, denen die Frauenklubs zustreben müssen.

Der Schutz der Frau und des Hauses*

Unter der Flagge „*Schutz des Hauses und der Familie*“ ist die Centrumspartei seit längerer Zeit bemüht, ein Verbot der Fabrikarbeit verheirateter Frauen herbeizuführen. Auf diese lebhaften Bemühungen sind die Erhebungen zurückzuführen, welche auf Anordnung der Regierung die Gewerbeaufsichtsbeamten in allen deutschen Staaten über die Ursachen und die Wirkungen der Fabrikarbeit verheirateter Frauen anstellen sollen. Bald nach dem Bekanntwerden dieser Maßnahme, von der allgemein angenommen wurde, daß sie der Vorbote einer Gesetzesvorlage sei, für welche die Erhebungen und die Äußerungen der Inspektoren über die Zweckmäßigkeit einer etwaigen Arbeitsbeschränkung zur Grundlage dienen sollten, hat die Presse sowohl die Thatsache der Erhebung wie die Art der Ausführung einer scharfen Kritik unterzogen. Namentlich die Systemlosigkeit der Fragebogen in den Einzelstaaten gab allgemein zu Klagen Anlaß. Trotzdem oder vielleicht gerade um der mangelhaften Technik dieser Enquête willen wurde das Resultat derselben in weitesten Kreisen mit Spannung erwartet. Ist doch jedem, der an ähnlichen Enquêten mitgearbeitet hat, nicht nur bekannt, wie unsagbar schwer es ist, überhaupt präcise und wahrheitsgetreue Angaben zu erhalten, sondern auch, wie schwierig es ist, allgemeine Schlußfolgerungen aus den (selbst bei gleicher Fragestellung) in jedem einzelnen Fall verschiedenen Antworten zu ziehen. Die Frage: „wünschen Sie eine gute oder eine schlechte Auskunft?“ ist in den Augen der Befragten häufig zu lesen, und die Unsicherheit, mit der die Auskünfte gegeben werden, deutet an, wie oft diese Frage ihnen auf den Lippen schwebt.

Welche allgemeinen Gesichtspunkte würde nun die große, über ganz Deutschland verbreitete, aber nicht einheitlich geregelte Enquête ergeben?

Es mußte bei allen, die Interesse für die Arbeiterinnenfrage haben, nach diesen Maßregeln großes Erstaunen erregen, als in den letzten Oktobertagen die Mitteilung durch die Tagesblätter ging, das Reichsamt des Innern sei zur Zeit mit der Ausarbeitung eines Gesetzentwurfs beschäftigt, welcher die Regelung der Beschäftigung verheirateter Frauen in Fabriken betrifft.

Eine eingehende Würdigung des Entwurfs in Absicht und Ausführung, sowie Stellungnahme zu demselben muß der Zeit nach seiner Veröffentlichung vorbehalten bleiben. Immerhin bedarf schon jetzt die Thatsache der Vorbereitung des Entwurfs der Erwähnung und Beachtung; muß es doch dem gewöhnlichen Sterblichen, der fern von dem grünen Tisch lebt, an dem die Gesetze gemacht werden, dem einfachen Laienverstand unerfindlich bleiben, in welchem Verhältnis die noch lange nicht abgeschlossenen, von der Regierung angeordneten Erhebungen zu dem vom Reichsamt des Innern ausgearbeiteten Gesetzentwurf stehen. Das Mate-

* Centralblatt des Bundes deutscher Frauenvereine, 1. Jg., Nr. 17, 1. Dez. 1899, S. 133-135

rial, welches für das Gesetz beabsichtigt war, dürfte erst vorliegen, wenn der Entwurf längst erledigt ist; und wird dann das Resultat beider miteinander übereinstimmen?

Es stand und steht noch zu hoffen, daß die Ergebnisse der Erhebungen die Frauen vor einem Gesetz, *vor einem „Schutz“ bewahren, der zur „Beschränkung“ wird*. Diejenigen Gewerbeinspektoren, die in täglicher Berührung mit dem praktischen Leben stehen, die auch ohne besondere Enquêten ein Urteil über Ursachen und Wirkungen der Fabrikarbeit verheirateter Frauen haben dürften, haben oft genug in ihren Berichten hervorgehoben, daß die Frau nur in die Fabrik geht, wenn die eiserne Notwendigkeit sie dazu zwingt. Darum müssen diese reaktionären Bestrebungen der Centrumspartei im Interesse der arbeitenden Frauen immer wieder nachdrücklich und energisch zurückgewiesen werden; denn sie zielen auf eine Beeinträchtigung ihrer ökonomischen Unabhängigkeit ab. Unter den heutigen wirtschaftlichen Verhältnissen bedeutet das Herausdrängen der Frau aus der Fabrik nicht ein Hineindrängen der Frau ins Haus; denn es kann die Ursachen nicht beseitigen, welche die Frau zwingen, Haus und Kinder zu verlassen. Es giebt Tausende von Frauen, die sich und häufig auch ihre Kinder ernähren müssen: für die Witwe, die geschiedene oder eheverlassene Frau, für die Frau, deren Mann krank ist, und auch für die Frau, deren Mann nicht genug für den Unterhalt der Familie verdient (eine leider nur allzu häufige Thatsache), für all diese bleibt die Fabrikarbeit häufig der einzige Ausweg, da sie gewöhnlich bei kürzerer Ausbildungszeit einen höheren Lohn bringt als andere Arbeitsarten.

Den andern Frauen, bei denen von einer Häuslichkeit und von einem Familienleben noch die Rede sein kann, deren Mann die Familie *auskömmlich* ernähren kann, denen braucht man die Fabrikarbeit nicht zu verbieten; denn die gehen nicht in die Fabrik. Die Frau aber, die für sich und ihre Kinder den Lebensunterhalt herbeischaffen muß, die darf vom Arbeitsmarkt in keiner Weise verdrängt werden, durch keine Maßregel und durch kein Gesetz; mögen diese nun aus Rücksicht auf die Konkurrenz der Frau oder aus sozialen Motiven hervorgehen.

Die gesetzliche Beschränkung der Fabrikarbeit verheirateter Frauen würde aber einer Verdrängung von einem (und nicht vom schlechtesten) Teile des Arbeitsmarktes gleichkommen. Zu der Konkurrenz zwischen Mann und Frau würde sich für die verheiratete Arbeiterin noch die Konkurrenz zwischen verheirateter und unverheirateter Frau gesellen; und in dem Wettkampf ums Brot, in welchem der verheirateten Frau ohnedies durch die Natur schwierigere Bedingungen gestellt sind, würde sie, wenn auch noch das Gesetz ihr einen Hemmschuh anlegt, unter der doppelten Last in den meisten Fällen zweifellos unterliegen müssen.

Wenn sich durch scheinbar „schützende Beschränkungen“, durch eine „Regelung ihrer Arbeit“, wie der technische Ausdruck lautet, die Thüren der Fabrik für die verheiratete Arbeiterin geschlossen haben sollten, dann bliebe ihr nur noch die Heimarbeit übrig. Nicht zu ihrem Besten! nicht zum Besten der Volksgesundheit! nicht zum „Schutz des Hauses und der Familie“! Es bleibt ihr die weit längere, ganz unbegrenzte Arbeitszeit, schlechtere Arbeitsbedingungen und der geringere Arbeitslohn! Und der unter solchen Gesetzen und Gesetzentwürfen heranwachsenden Generation leisten gerade die, welche die Familie in einer Form bewahren und beschützen wollen, die heut keine Geltung mehr hat, Vorschub, um sie von der vom Staat sanktionierten Ehe und Familiengründung fern zu halten.

Als auf dem internationalen Arbeiterschutzkongreß in Zürich (1897) die Meinungen der Klerikalen und der übrigen Anwesenden, namentlich der sozialdemokratischen Arbeitervertreter, in diesem Punkt schroff aufeinanderplatzten, als die Wogen der Erregung so hoch gingen, wie bei keinem andern Beratungsgegenstand, da zog sich wie ein roter Faden durch die Äußerungen aller derer, die selbst aus den Kreisen der Lohnarbeiter hervorgegangen sind, die Forderung: *Nicht Verbot der Fabrikarbeit*, sondern *Regelung und Schutz der Hausindustrie.* Unvergeßlich muß all denen, die an den Verhandlungen teilgenommen haben, neben vielen andern glanzvollen Episoden des Tages die Rede des österreichischen sozialdemokratischen Abgeordneten *Pernerstorffer* bleiben, der, selbst der Sohn einer Heimarbeiterin, das Leben in einer Familie, in der die Mutter sich als Heimarbeiterin abmüht, in krasseren, glühenderen Farben schilderte, als je eine Frau das gethan hat: Wie die Heimarbeiterin keinen Gedanken, keinen Blick für ihre Kinder übrig hat, wie die nervöse, hastende Anspannung nie und nimmer von ihr weicht, wie es keine Stunde, ja keinen *Augenblick* der Ruhe für sie giebt, weder bei Tage noch bei Nacht, und wie der Haushalt verkommt und die Kinder verwahrlosen, wie ein schlimmeres Verkommen und Verwahrlosen garnicht erdacht werden kann.

Die Regelung dieser Zustände, die seit Jahren verlangt wird, von Männern und Frauen, von Arbeitern und Gelehrten, von Produzenten und Konsumenten, von den Frauen aller Parteien und Richtungen, ist von der Regierung noch nicht in Angriff genommen worden. Das Material für ein solches Gesetz braucht nicht erst durch Regierungsenquêten beschafft zu werden. Es liegt bereits vor in zahlreichen vorzüglichen Arbeiten, die auch den zuständigen Behörden bekannt sein dürften. In den letzten Tagen ist das einschlägige Material erst wieder durch die Veröffentlichung des 85. Bandes der Schriften des Vereins für Sozialpolitik vermehrt worden, der sich mit der Hausindustrie der Frauen in Berlin befaßt. Der reichhaltige Inhalt des Bandes, der im einzelnen viel interessante Mitteilungen enthält, kann die bekannte Thatsache nur wieder bestätigen, daß die Mißstände in Hausindustrie und Heimarbeit dringend der Abhilfe bedürfen, daß die traurigsten Ausbeutungsmöglichkeiten, welche die moderne Industrie hervorgebracht hat, nur auf gesetzlichem Wege beseitigt werden können.

Die bürgerliche Frauenbewegung wie die Arbeiterinnenbewegung, die sich im Rahmen der sozialdemokratischen Partei vollzieht, haben eine Reihe von Forderungen zum Schutz der Arbeiterin auf ihr Programm gesetzt, die noch immer der Erfüllung harren. Dazu gehört unter anderem auch eine Erweiterung der geltenden Gesetze zum Schutz der Fabrikarbeiterin (aber nicht der *verheirateten* Arbeiterin allein), vor allem soweit der Wöchnerinnenschutz in Betracht kommt, Ausdehnung der bestehenden Gesetze auf die Hausindustrie, Einführung weiblicher Gewerbeaufsichtsbeamten u.s.w.

Die Gewährung all dieser Forderungen würde den Zwecken, welchen die Regierungsenquête und der Gesetzentwurf, der im Reichsamt des Innern vorbereitet wird, verfolgen, *thatsächlich* dienen. Aber wenn selbst diese beiden Maßnahmen uns nichts Anderes und nichts Schlechteres als einen erweiterten Wöchnerinnenschutz bringen sollten, den die Fragebögen verschiedener Staaten, z.B. von Elsaß-Lothringen und auch von Württemberg erhoffen lassen, selbst dann wird dieser vom Staat gewährleistete Schutz allein nicht wirksam gestaltet werden können. Das Gesetz, welches der Wahrung und Hebung der Volksgesundheit dienen soll, wird seinen Zweck verfehlen, solange der größte Teil der Arbeiterinnen seiner Errungenschaften nicht teilhaftig wird, solange jeder Raum zur Werkstatt werden kann, die keinem Gesetz untersteht. Die Forderung des Schutzes der Hausindustrie, welche in das Programm aller großen Frauenvereinigungen aufgenommen ist, wird nicht daraus verschwinden, bis sie erfüllt ist. Frauen werden fortfahren, Material zur Begründung ihrer Forderungen vorzubringen (auch der Band des Vereins für Sozialpolitik enthält mehrere Frauenarbeiten), und zu versuchen, Verständnis und Unterstützung dafür zu gewinnen.

Ein Schutz der Hausindustrie würde vor allem die Frauen treffen, würde besser als alle andern Maßnahmen die Frauen schützen und die Mütter. Und damit die Kinder und die Nation!

Frauenbewegung und gesetzlicher Arbeiterinnenschutz*

> *„Durch das Gesetz soll das Gleichgewicht zwischen zwei Waageschalen hergestellt werden, in deren eine die herrschende Macht des Reichtums ihr Schwert geworfen hat."* (Bridel)

Die Arbeiterinnenfrage steht in unlösbaren Beziehungen zu zwei großen sozialen Fragen: zur Arbeiterfrage und zur Frauenfrage, die wiederum beide durch ihre Entwicklung beeinflußt werden. In demselben Verhältnis wie die Arbeiterinnenfrage steht auch die Arbeiterinnenbewegung zur Arbeiterbewegung und zur Frauenbewegung. Aus ersterer ist sie hervorgegangen; mit ihr verbunden, in ihr enthalten, verkörpert sie eine Klassenbewegung; sie kämpft gemeinsam mit der Arbeiterbewegung für gemeinsame Interessen, für die Eroberung wirtschaftlicher und politischer Macht für die Arbeiterklasse. – Fäden ganz anderer Art verbinden die Arbeiterinnenbewegung mit der Frauenbewegung; heute sind die Fäden noch so lose, daß sie nicht stets, nicht jedem erkennbar sind. Es ist sogar manchmal von Arbeiterinnen behauptet worden, ihre Bewegung habe überhaupt nichts mit der Frauenbewegung zu thun; sie habe mit ihr keine Berührungspunkte. Je weiter die Arbeiterinnenbewegung sich entwickelt, äußerlich und innerlich, desto mehr werden die Verkettungen zwischen Arbeiterinnenbewegung und Frauenbewegung hervortreten, desto mehr wird es sich zeigen, daß diese Bewegung nicht nur Klassen-, sondern auch Geschlechtsbewegung ist. Schon jetzt entfalten die Anhängerinnen der Bewegung eine lebhafte Agitation für die Forderungen, die innerhalb ihrer Klasse den eigenartigen Bedürfnissen des weiblichen Geschlechtes Rechnung tragen sollen, in erster Linie für den gesetzlichen Arbeiterinnenschutz. Damit ist zunächst der Beweis geliefert, daß auch die Anhängerinnen der Arbeiterinnenbewegung die Notwendigkeit einer besonderen Vertretung der besonderen Fraueninteressen durch Frauen innerhalb ihrer Nur-Klassenbewegung anerkennen, ebenso wie die Erkenntnis der Notwendigkeit einer Vertretung der Fraueninteressen in Gesetzgebung und Verwaltung eine der Grundlagen der bürgerlichen Frauenbewegung gebildet hat. Hier wie dort gewinnt die Überzeugung immer mehr Boden, daß die Gleichberechtigung der Geschlechter auf wirtschaftlichem und rechtlichem, auf sittlichem und sozialem Gebiet nicht auf Grund einer Gleichartigkeit, sondern auf Grund der Gleichwertigkeit der Geschlechter errungen werden muß. Die Forderung nach besonderem gesetzlichen Schutz der Arbeiterinnen entspringt diesem Glauben an die Ungleichartigkeit, an die verschiedenartigen Bedürfnisse von Mann und Frau, und deshalb ist sie als der Beginn einer Geschlechtsbewegung anzusehen. Ob diese nun im Rahmen einer Klassenbewegung

* Die Frau, 7. Jg., Nr. 4, Jan. 1900, S. 212-216

zum Ziele führen kann, ob die Gleichberechtigung der Geschlechter, die *im Prinzip* von der sozialdemokratischen Arbeiterbewegung anerkannt wird, auch dann in die Wirklichkeit übertragen werden dürfte, wenn es der Partei gelänge, die politische und wirtschaftliche Macht zu erringen, das läßt sich mit Sicherheit nicht voraussagen. Man mag das glauben, man mag von der Richtigkeit der Theorie, des Systems überzeugt sein - die Beweise, die greifbaren Formen dafür fehlen, und darum kann nur die Zukunft zeigen, ob die Arbeiterinnenbewegung sich mehr zur Geschlechtsbewegung auswachsen muß oder ob sie im Rahmen der Klassenbewegung stehen bleiben kann.

Außer der Thatsache, daß die Arbeiterinnenbewegung neben der Klassenbewegung auch eine Geschlechtsbewegung zu werden beginnt, müssen die Verkettungen, welche die Arbeiterinnenbewegung mit der Frauenbewegung verknüpfen, noch unter einem andern Gesichtswinkel betrachtet werden. Gerade der Punkt, der gewöhnlich als Beweis für die Verschiedenartigkeit der beiden Bewegungen dient, läßt auch eine Parallele zu. Wenn das Recht auf Arbeit, auf Erwerb und damit die ökonomische Unabhängigkeit der Frau der arbeitenden Klassen ihr auch längst und stillschweigend zuerkannt worden ist, ehe die bürgerlichen Frauen zum Bewußtsein ihrer wirtschaftlichen Abhängigkeit vom Mann und von der Familie erwacht waren, wenn daher eine der Hauptforderungen der bürgerlichen Frau, die Befreiung auf wirtschaftlichem Gebiet, für die arbeitende Frau in Bezug auf Befreiung *vom Mann* nicht in Betracht kommt, so lassen doch gerade die tiefinnersten Motive, welche die bürgerliche Frau zu diesem Kampf drängen, einen Vergleich zwischen der Geschlechts- und Klassenbewegung zu. Beide versuchen die Sklaverei zu durchbrechen, die aus der ökonomischen Abhängigkeit entsteht, aus der Abhängigkeit vom Mann und der Familie auf der einen, vom Unternehmer und Kapitalisten auf der andern Seite. Bei allem Trennenden doch etwas Gemeinsames, ein gemeinsamer Grundakkord! Über alles Trennende hinweg führt nun dieses Gemeinsame, so gering es auch manchmal eingeschätzt werden mag, dazu, daß die beiden Bewegungen sich mit einander beschäftigen müssen, die Arbeiterinnenbewegung mit einzelnen Forderungen der Frauenbewegung, die Frauenbewegung mit einzelnen Forderungen der Arbeiterinnenbewegung.

Die Gesichtspunkte der Klassen- und der Geschlechtsbewegung können aber und müssen sogar manchmal zu einer verschiedenartigen Stellungnahme und Bewertung einzelnen Forderungen gegenüber führen. Zu einem besonders scharf kontrastierenden Ausdruck gelangten diese verschiedenartigen Gesichtspunkte bei Gelegenheit des letzten internationalen Frauenkongresses (London, Juni 1899) in der Sektionssitzung für *Arbeiterinnenschutzgesetze*. Hier standen sich zwei Anschauungen schroff, anscheinend unüberbrückbar gegenüber: die der absoluten Freunde und die der absoluten Gegner des Arbeiterinnenschutzes. Die einen verlangten Erweiterung und Ausdehnung der bestehenden Gesetze, die andern erklärten sich überhaupt gegen jeden Schutz, gegen jedes Gesetz, das nicht beide Geschlechter in der gleichen Weise trifft.

Da diese Meinungsverschiedenheiten in weiten Frauen- und Arbeiterkreisen Interesse erregt haben, dürfte eine kurze Erörterung der Frage, inwieweit die Freunde, inwieweit die Gegner des Arbeiterinnenschutzes recht haben, angebracht sein.

Es ist leicht erklärlich, warum gerade auf einem internationalen Kongreß die Diskussion eine größere Bedeutung annahm, als in nationalen oder lokalen Versammlungen. Da die Gesetzgebung der verschiedenen Länder die Frage des Arbeiter- und des Arbeiterinnenschutzes verschiedenartig geregelt hat, ist eine einheitliche, internationale Stellungnahme zu der Frage zunächst kaum zu erzielen. Die Vertreter der verschiedenen Länder gingen von verschiedenen Voraussetzungen und Erfahrungen aus und konnten deshalb zu keinen einheitlichen Schlußfolgerungen gelangen. Während zum Beispiel die Regierungen von England und Frankreich sich gegenüber den Forderungen nach einer Regelung der Arbeitszeit erwachsener *männlicher* Arbeiter grundsätzlich ablehnend verhalten, ist in Deutschland neben einer Reihe hygienischer und anderer Bestimmungen für alle Arbeiter durch die Reichs-Gewerbeordnung auch eine solche Regelung für Gewerbe vorgesehen, in denen durch ein Übermaß von Arbeit die Gesundheit der Arbeiter bedroht ist. Seit von dieser Möglichkeit durch die Verordnung zur Festsetzung der Arbeitszeit aller in Bäckereien und Konditoreien beschäftigten Arbeiter Gebrauch gemacht worden ist, ist in Deutschland die Unterscheidung zwischen Frauen und Kindern als gesetzlich geschützten oder bei Festsetzung ihres Arbeitsverhältnisses beschränkten Personen einerseits, und den erwachsenen männlichen Arbeitern als freien Kontrahenten andererseits nicht nur prinzipiell, sondern auch praktisch durchbrochen. Damit ist der Unterschied, den die Behandlung der Frage in Deutschland und in England erfahren muß, gekennzeichnet. Der deutschen Gesetzgebung liegen andere Gedanken und Anschauungen zu Grunde, als der englischen und französischen, weitgehendere Gesichtspunkte für die Notwendigkeit einer Regelung des Arbeitsverhältnisses für alle Arbeiter ohne Rücksicht auf Alter und Geschlecht.

Welche Bedeutung haben nun die in London vorgebrachten Ansichten für unsere Verhältnisse? Die Freunde des Arbeiterinnenschutzes begründeten und begründen auch bei uns ihre Forderungen mit der Notwendigkeit, Leben und Gesundheit der Frau in ihrer besonderen Eigenschaft als Mutter, als Quelle der kommenden Geschlechter zu schützen. Es ist durchaus im Interesse des Staates, den physiologischen Eigenschaften der Frau bei einer Gesetzgebung Rechnung zu tragen, die in erster Linie eine Gesetzgebung zur Hebung und Wahrung der Volksgesundheit ist. Außerdem sind aber bei der Zusammensetzung unsrer Volksvertretung solche Gesetze unschwer zu erreichen, während Gesetze zum Schutze aller Arbeiter auf eine Mehrheit nicht rechnen können. Der gesetzliche Frauenschutz bedingt aber in der praktischen Anwendung durch die Natur unserer Produktionsverhältnisse, namentlich des Fabrikbetriebs, die Ausdehnung auf die männlichen

Arbeiter, auch wenn das Gesetz sie nicht vorgeschrieben hat, und deshalb ist das Eintreten für einen weitgehenden gesetzlichen Schutz der Frauen das beste Mittel, um auch den männlichen Arbeiter vor ungünstigen Arbeitsbedingungen zu schützen.

Die Entwicklung der deutschen Arbeiterschutzgesetzgebung hat allerdings den Beweis erbracht, daß die Frauenschutzgesetze im Stande sind, die Regierung und die öffentliche Meinung von der Möglichkeit und Wirksamkeit einer allgemeinen, weitergehenden Regelung aller Arbeitsverhältnisse zu überzeugen und sie allmählich herbeizuführen; den Beweis, daß sie nur ein Glied in der Entwicklungskette einer weitgehenden allgemeinen Arbeitsregelung bedeuten. Dieser Beweis, der die Befürwortung des Arbeiterinnenschutzes rechtfertigt, entkräftet aber keineswegs die Einwendungen der Gegner, die da behaupten, daß die ökonomische Unabhängigkeit der Frauen durch jede Beschränkung ihrer Freiheit dem Arbeitsmarkt gegenüber bedroht sei, daß die Frauen durch solche Schutzgesetze aus den besser bezahlten Industrien verdrängt würden und daß deshalb alle besonderen Schutzgesetze für Frauen als *Beschränkungen* im eigenen Interesse der Frauen zu bekämpfen seien. Außerdem wird noch vorgebracht, daß die Frauen, welche die Hand ausstrecken, um gleiche Rechte im Staat zu erlangen wie der Mann, keine Vorrechte fordern dürfen. Dieser Punkt wird weiter unten bei Besprechung des Wöchnerinnenschutzes noch erörtert werden müssen; er bedeutet ein so vollständiges Verkennen des sozialen Wertes der Mutterschaft, daß diese Anschauung bei Frauen geradezu unbegreiflich ist.

Bedeutungsvoller ist der Einwand, daß die Frauen bei besonderen Schutzgesetzen schwerer Arbeit finden und aus den besser bezahlten Berufszweigen gedrängt werden könnten. Wenn die Frauen in England einen derartigen Prozeß thatsächlich ziffernmäßig nachweisen können, dann haben sie allerdings ein gutes Recht, sich gegen einen Schutz zu wehren, der zur Beschränkung wird. In Deutschland kann ein solcher Beweis aber nicht geführt werden; es kann vielleicht gezeigt werden, daß die Gesetzesbestimmungen zum Schutz der Arbeiterin vielfach auf die Männer mit angewendet werden müssen, daß sie oft das Maß von Schutz nicht überschreiten, das die Männer sich selbst durch bessere Organisationen längst zu verschaffen gewußt haben, leider auch, daß sie noch oft umgangen werden; jedenfalls sind all diese Gesetze nur als eine der Opposition abgerungene Abschlagszahlung anzusehen, die der Vermehrung der Frauenarbeit in allen, auch in den besser bezahlten Industriezweigen keinen Einhalt gethan hat. Aus den beiden letzten Berufszählungen von 1882 und 1895 geht hervor, daß die Zahl der Industriearbeiterinnen sich auch nach dem Inkrafttreten der letzten Gewerbeordnungsnovelle erheblich gesteigert hat. Von 1.509.167 stieg sie auf 2.339.325. Die Fabrikarbeiterinnen, auf welche die Schutzgesetze hauptsächlich Anwendung finden, haben sich im Jahr 1896 um 42.127 vermehrt, und zwar auch in den besser bezahlten Industriezweigen; teilweise in einem höheren Prozentsatz als die männlichen Arbeiter. Der Grund für diese vermehrte Beschäftigung von Frauen trotz der daraus hervorgehenden Beschränkung des Arbeitgebers ist unschwer zu erkennen. Ganz abgesehen von der besonderen Geeignetheit von Frauen für bestimmte Berufszweige und Verrichtungen ist er in der ungleichen Bewertung und Entlohnung der Männer- und der Frauenarbeit zu suchen. In dieser Beziehung liegen die Verhältnisse bei uns, wo nur ganz schwache Organisationsansätze von Seiten der Frauen bestehen, wohl noch schlimmer als anderwärts; in einzelnen Teilen Deutschlands, in Danzig und Königsberg z.B., wird die *gelernte weibliche Arbeit* mit der *Hälfte* des ortsüblichen Tagelohns der *ungelernten männlichen Arbeit* bezahlt. Solchen Thatsachen gegenüber könnten die Schutzgesetze für Frauen noch nach allen Richtungen hin erweitert werden, ohne daß die Frauen auf dem Gebiet der Industriearbeit die Konkurrenz der Männer zu befürchten haben; sie werden sich sogar voraussichtlich noch für geraume Zeit den Titel der „Schmutzkonkurrentin des Mannes" gefallen lassen müssen. Diesen Zuständen gegenüber wird die Organisation einzugreifen haben; diese allein kann verhindern, daß die Frau auf Grund ihrer geringeren Bedürfnisse zum Schaden der Gesellschaft die gleiche Arbeit wie der Mann für den halben Lohn thut; erst wenn die Forderung „gleicher Lohn für gleiche Leistung" nicht mehr Postulat, sondern Erfüllung ist, kann eine Teilung der Arbeit sich herausbilden, die nicht durch Gesetze und Behörden vorgeschrieben ist, sondern sich auf Grund spezieller Geeignetheit der Individuen und der Geschlechter von selbst vollzieht; erst dann werden sich die Aufgaben der Arbeiterschutzgesetzgebung anders gestalten! Um solche Zeiten herbeizuführen, muß aber im Interesse der arbeitenden Frauen allen übrigen Forderungen nach Erweiterung, Ausdehnung und genauester Durchführung der Arbeiterinnenschutzgesetze voran das Verlangen nach *voller Vereins- und Versammlungsfreiheit* immer wieder ausgesprochen werden.

Nach diesen Auseinandersetzungen könnte es nun scheinen, als ob unsern deutschen Verhältnissen, unserem gesetzlichen Arbeiterinnenschutz gegenüber die Gegnerschaft eine ganz unbegründete und ungerechtfertigte wäre. Immerhin darf man sich doch nicht verhehlen, daß auch unter dem Wort „Schutz" mancherlei geboten werden kann, was thatsächlich einer weitgehenden „Beschränkung" der Frauen gleichkäme, daß ein falscher Schutz zum Fluch für die Arbeiterin statt zum Segen werden kann. Solche zur Vorsicht mahnenden Betrachtungen, die eine in gewissen Grenzen gehaltene Gegnerschaft gerechtfertigt erscheinen lassen, werden durch eine Forderung hervorgerufen, die von den christlich-sozialen Parteien der verschiedensten Länder aufgestellt worden ist und in Deutschland bedauerlicher Weise durch die Centrumspartei eine kraftvolle Vertretung gefunden hat. Es handelt sich um die Forderung eines *Verbots der Fabrikarbeit verheirateter Frauen*. Es ist kaum zu glauben, daß ein solches Verlangen in weiten Kreisen Anhänger finden konnte; muß es doch jedem, der auch nur eine oberflächliche Fühlung mit den arbeitenden Volksklassen hat, klar sein, welche unabsehbaren sittlichen und wirtschaftlichen Schädigungen für das gesamte Volksleben aus solchen Maßregeln entstehen müßten. Zu begreifen ist die Forderung nur, wenn man sich klar macht, daß in unsrer Zeit die Vertreter zweier Weltanschauungen sich schroff gegenüber stehen; die, welche an alten, überlebten Daseinsformen festhalten, die Welt in sie zurück *zwingen* wollen, und die, welche an eine Entwicklung alles Seins und damit an einen unaufhaltsamen Fortschritt auf allen Lebensgebieten glauben. Aber die, welche durch solch ein reaktionäres Verbot die Familienbande und -Beziehungen stärken und vertiefen wollen, verkennen, daß die Fesselung der Frau ans Haus, ein Verbot der Arbeit für Tausende, *heute* grade die Gefahr herbeiführen würde, die sie fürchten, die sie durch solches Gesetz beseitigen wollen: eine vollständige soziale Umwälzung! Sie übersehen, daß die Mißstände, die heute mit der industriellen Frauenarbeit zusammenhängen, wohl Begleiterscheinungen der heutigen ungeregelten Produktionsverhältnisse, der übermäßig angestrengten Frauenkraft sind, aber nicht Folgeerscheinungen der Frauenarbeit überhaupt; daß man diese Mißstände nicht dadurch beseitigen kann, daß man an Stelle der 11stündigen Fabrikarbeit die 16stündige Heimarbeit stellt, daß man aus dem Haus, welches man schützen will, eine Werkstatt macht, die selbst des allergeringsten und dürftigsten Schutzes entbehrt. Im Namen höchster Sittlichkeit verlangen die Frauen das Recht auf Arbeit; nur die Erwerbsarbeit kann die wirtschaftliche Grundlage für die soziale Befreiung der Frauen abgeben.

Spurlos ist der Konflikt, der Kampf der Pflichten zwischen Familie und Beruf an der Frau nicht vorüber gegangen; aber die Generation, die unter diesen Kämpfen erwachsen ist, die Frau, die sich innerlich oft wund gerieben hat an der Vielseitigkeit der Aufgaben, an der doppelten Arbeitslast, die ist sich ihrer Menschenrechte bewußt geworden. Sie fordert ihren vollen Anteil an der Menschheitsarbeit; sie wird nicht aufgeben, was sie so schwer errungen hat!

Aus solchen Gefühlen und Empfindungen heraus haben Frauen gegen derartige sogenannte Schutzbestimmungen angekämpft mit gutem, vollem Recht! Lehren uns doch solche Forderungen, daß es für die Gesamtheit dessen, was mit Arbeiterinnenschutz bezeichnet wird, ein definitives „für" oder „wider" überhaupt nicht geben kann, sondern daß in jedem Einzelfall, überall wo es sich um Erweiterung oder Änderung eines Gesetzes handelt, aus dem Abwägen des „für" und „wider" die Entscheidung nach den besonderen Bedingungen und Umständen gefällt werden muß. Allgemeine und für immer giltige Prinzipien lassen sich auf diesem Gebiet nicht aufstellen; gerade die Centrumsbewegung beweist, daß die *unbedingten Freunde* des Arbeiterinnenschutzes ebenso wenig im Recht sind wie die *unbedingten Gegner*, und daß eine richtige Handlungsweise auch hier die Mitte zwischen beiden Extremen zu halten hat.

Überall dagegen, wo das Gesetz nur die physiologischen Eigenschaften der Frau zur Grundlage nimmt, wo es sich nur um einen Schutz der Frau als Mutter handelt, da braucht und da darf von einem „Abwägen" nicht die Rede sein, da ist ein Bekämpfen des Gesetzes durch Frauen unbegreiflich. Es ist nicht möglich, hier ausführlich auf die Interessen *der Frau und des Staates* einzugehen, die für solchen Schutz sprechen, die einen weitgehenden Wöchnerinnenschutz notwendig und wünschenswert erscheinen lassen. Das jetzt bestehende Verbot der Beschäftigung von Wöchnerinnen für 4-6 Wochen in Fabriken und Werkstätten (§ 137 der R.G.O.) ist unzureichend, vor allen Dingen, weil der Segen dieser Bestimmung nur einem Prozentsatz der gewerblichen Arbeiterinnen zu teil wird. Die Erweiterung dieses Gesetzes muß angestrebt werden; zur Ergänzung aber ist ein zum Lebensunterhalt ausreichender Ersatz für den ausfallenden Lohn notwendig, der weit über die geringe Unterstützung hinausgeht, die heute den Wöchnerinnen von den Krankenkassen gezahlt wird. Die Begründung für diese Forderung ist kurz: der Staat ist verpflichtet, der Frau gesunde Bedingungen zu schaffen, um das zu thun, was eben nur die Frau für den Staat thun kann; sie für die Zeit pekuniär sicher zu stellen, in der sie nicht nur ihrem Manne ein Kind zur Welt bringt, sondern auch dem Staat einen Bürger schenkt, der zum allgemeinen sozialen Fortschritt beitragen soll.

Wenn Frauen gegen einen gut organisierten Schutz der Mutter ankämpfen, so beweisen sie damit einen Mangel an Verständnis für die sozialen Aufgaben unserer Zeit; so beweisen sie, daß sie den wirklichen Wert ihrer Thätigkeit für die Welt nicht von großen Gesichtspunkten aus beurteilen können. Jahrhundertelang war die Mutterschaft als einziger Beruf der Frau in den Vordergrund ihres Wesens und Seins gestellt, aber die Mutterschaft wurde bewertet nach ihrer Beziehung zu einem Individuum, nicht nach ihrer Beziehung zum Gemeinwesen, zum Staat. Das hat die Frauen vergessen lassen, daß sie auch in ihrer Thätigkeit als Mütter einen wesentlichen Teil der Steuer zur Deckung der sozialen Bedürfnisse trugen; daß der gesellschaftliche Wert der Mutterschaft vom Staat anerkannt, als Teil der Frauenarbeit für die Gesellschaft, wenn auch nicht als einziger oder ausschließlicher Beruf der Frau angesehen und behandelt werden muß. Nur wenn es sozial empfindenden Frauen gelingt, weiteste Kreise mit der Überzeugung zu durchdringen, daß die Mutterschaft ein Bürger-Schaffen bedeutet, nur wenn sie auf Grund dieser Anschauung einen weitgehenden Schutz der Mutter herbeiführen können, nur dann kann das Problem gelöst werden, eine Aussöhnung, einen Ausgleich herbeizuführen zwischen der Thätigkeit der Frau als Mutter, der Erfüllung der Mutterpflichten und den neuen Entfaltungsmöglichkeiten der Frau zu wirtschaftlicher Unabhängigkeit und sozialer Gleichberechtigung.

Weibliche Gewerbeinspektion in Preußen*

Im November 1894 ersuchte der Bund deutscher Frauenvereine die Regierungen der deutschen Bundesstaaten in einer Petition,

„eine Gewerbeaufsichtsbehörde zu schaffen, welche dem eigensten Wesen des Weibes mit Verständnis gegenübersteht und durch ihr Geschlecht besser befähigt ist, den speziellen körperlichen und sittlichen Eigenschaften Rechnung zu tragen, als es auch dem einsichtigsten Manne mit bestem Willen möglich sein wird. Es unterblieb bisher, obgleich Gesundheit und Leben, ja die sittliche Grundlage der ganzen Lebensführung, nicht nur der Arbeiterin, sondern der künftigen Generationen in Frage kommt."

Langsam nur hat sich seitdem die Überzeugung von der Berechtigung dieser Forderung, die übrigens schon vor 25 Jahren vom Verein für Sozialpolitik vertreten wurde und mit der Zeit Anhänger in verschiedenen politischen Parteien gefunden hat, in Deutschland verbreitet.

Während die weibliche Gewerbeaufsicht in andern Kulturländern (Frankreich, England, Australien, Nordamerika) als gefestigter Besitz angesehen wird und zu einem vollzähligen Glied in der Kette der angewandten Arbeiterschutzgesetze geworden ist, haben sich die Regierungen der deutschen Staaten nur allmählich zu tastenden Versuchen auf diesem Gebiet entschlossen.

Bis zum Jahre 1898 stand in Deutschland auch die Aufsicht über die Gesetzesbestimmungen, welche Leben und Gesundheit der Arbeiterin in ihrer besonderen Eigentümlichkeit als Mutter schützen wollen, ausschließlich einem männlichen Aufsichtspersonal zu. Damals betrug die Zahl der in Fabriken und der Gewerbeaufsicht unterstehenden Werkstätten beschäftigten Frauen 764.548, eine Zahl, der gegenüber die Billigkeit und Gerechtigkeit der Forderung nach Berücksichtigung der weiblichen Interessen nicht mehr bestritten werden konnte.

Zu den 301 männlichen Gewerbeaufsichtsbeamten des Deutschen Reiches wurden im Jahre 1898 4 Frauen berufen, zwei in Bayern und zwei in Hessen. Nachdem über die Thätigkeit dieser ersten weiblichen Gewerbeaufsichtsbeamten befriedigende Berichte vorlagen, haben sich auch eine Reihe anderer deutscher Bundesstaaten zur Anstellung von Inspektions-Assistentinnen entschlossen, und soweit die Anstellung noch nicht erfolgt ist, liegen wenigstens Beschlüsse darüber vor. So darf also ein *Versuch* wenigstens in Württemberg, Reuß, Baden, Sachsen-Altenburg u.a. als gesichert gelten. Einen wachsenden, dringlichen, von allen Kreisen der Bevölkerung vertretenen Wunsch will nun endlich auch die preußische Regierung erfüllen. *In dem preußischen Etat ist für das zu Ostern 1900 beginnen-*

* Centralblatt des Bundes deutscher Frauenvereine, 1. Jg., Nr. 21, 21. Febr. 1900, S. 167-168

de Etatsjahr eine Summe für die Besoldung von zwei weiblichen Gewerbeinspektions-Assistenten vorgesehen.

Wir können uns dieses schließlichen Erfolges freuen, der den verständnisvollen Bemühungen von Frauen aller Parteien, nicht zum wenigsten dem unermüdlichen Wirken von Jeanette Schwerin zuzuschreiben ist. Aber unsere Freude ist keine uneingeschränkte, und neben dem Erreichten dürfen wir das Unerreichte nicht vergessen. Die schüchterne Form der Eingliederung von Frauen, der schwache Versuch, der gemacht werden soll, ist noch zu weit entfernt von der fest umschriebenen, würdigen Stellung, welche man den Fabrikinspektorinnen anderer Länder geboten hat, welche auch wir zu erstreben haben.

Ein in so engen Grenzen gehaltener Versuch ist nicht ohne Gefahr, denn sein Gelingen oder Mißglücken dürfte für die weitere Stellungnahme der maßgebenden Behörden nicht nur in Preußen, sondern auch in Deutschland nicht ohne Einfluß sein. Die Anforderungen aber, welche an den Fabrikinspektor oder an die Fabrikinspektorin gestellt werden müssen, sind so umfassende, wie kaum in einem andern Beruf, und selbst bei einer größeren Zahl von Angestellten werden sich immer nur wenige finden, die diesen Anforderungen nach allen Richtungen gerecht werden können. Die Beamtin muß eine feste Gesundheit haben, um der Unbill der Witterung und den gesundheitsschädlichen Einflüssen schlecht gelüfteter Fabrikräume Trotz bieten zu können. Sie darf nicht zu jung und nicht zu alt sein. Sie muß Kenntnis der einschlägigen Gesetzesbestimmungen mit einem bestimmten Maß hygienischen Wissens und mit Verständnis der Bedürfnisse und der Lage der Arbeiterinnen vereinigen. Güte, Takt und Höflichkeit sind unentbehrliche Eigenschaften, denn der Verkehr mit Arbeitgebern und Arbeitnehmern, ihre Zwischenstellung bringt sie in die schwierigsten Situationen. Sie soll den Interessen zweier entgegengesetzter Parteien Rechnung tragen, und wird sich nur durch starke Energie und strenge Unparteilichkeit Achtung und Vertrauen erringen können. Ein weiter Blick, Geduld bei kleinen, anscheinend unbedeutenden Aufgaben, Mut, und vor allen Dingen ein unabhängiger, durchaus rechtlicher Charakter, das alles sind Eigenschaften, welche die Inspektorin vereinigen sollte.

Es steht zu hoffen, daß die preußische Regierung nicht der leider so weit verbreiteten Ansicht huldigt, daß „mit dem Amt auch der Verstand kommt", sondern daß sie von den Bewerberinnen einen *Befähigungsnachweis* für das verantwortliche Amt fordert. Nur dadurch kann eine Gewähr dafür gegeben werden, daß nicht ganz ungeeignete Elemente den Gegnern jedes Fortschritts eine Handhabe bieten.

In England hat sich die anzustellende Inspektorin einem Examen zu unterwerfen, in dem von ihr verlangt wird: Lesen, Schreiben, Rechnen, englischer Aufsatz und Kenntnis der einschlägigen Gesetzesbestimmungen. Sie darf nicht unter 21 und nicht über 40 Jahre alt sein. In Frankreich wird von den anzustellenden Inspektorinnen bei einer Prüfung neben Beherrschung des schriftlichen Ausdrucks der französischen Sprache verlangt: Kenntnis der Arbeiterschutzgesetzgebung, der

Gewerbehygiene und Unfallverhütung, sowie der einschlägigen strafgesetzlichen Bestimmungen. Ferner ist erforderlich: ein ärztliches Gesundheitsattest, guter Leumund, französische Staatsangehörigkeit und ein Alter nicht unter 26 und nicht über 40 Jahren.

Die in deutschen Staaten bisher angestellten weiblichen Gewerbeinspektionsassistenten haben sich einem derartigen Examen nicht zu unterziehen gehabt; auch in Bezug auf die von ihnen geforderten Kenntnisse sind so hohe Anforderungen nicht gestellt worden.

Trotzdem hat der Bund deutscher Frauenvereine es sich angelegen sein lassen, eine Anzahl von Frauen in der Kenntnis der Gewerbeordnung, der Gewerbehygiene und des Staats- und Verwaltungsrechtes auszubilden, damit die Berufung von Frauen zu dem Amt der Gewerbeaufsicht die deutsche Frauenwelt nicht unvorbereitet treffe, damit die deutsche Frau den Beweis liefern könne, daß sie ihren Geschlechtsgenossinnen im Auslande an Leistungsfähigkeit und Tüchtigkeit nicht nachstehe. Diese Kurse haben dazu beigetragen, das Interesse an dem Beruf der Gewerbeinspektorin in weitesten Kreisen zu erwecken, und so wird es an Bewerbungen für das Amt nicht fehlen.

Trotzdem die pekuniäre Lage der Inspektorin keine besonders glänzende sein wird (es werden 2.400 Mk. für die Besoldung einer solchen ausgesetzt) und der Beruf angestrengteste und anspruchsloseste Arbeit erfordert, ist es wahrscheinlich, daß die Fähigsten in den Wettbewerb um diese Stellung eintreten werden; handelt es sich doch um keine ausgetretene Bahn, und verantwortliche, exponierte Stellungen sind bei uns bisher stets den begabten Frauen verlockend gewesen. Da den deutschen Frauen kein Einfluß auf die Wahl der beiden preußischen Inspektorinnen zusteht, bleibt ihnen nichts übrig als zu hoffen und zu wünschen, daß die Wahl auf solche Frauen fallen möge, die durch ihr *Können* und *Wollen* dem Buchstaben des Gesetzes im Leben Geltung verschaffen und dadurch auf den Ausbau der Arbeiterschutzgesetzgebung Einfluß nehmen werden, die mit dem ganzen Ernst und der ganzen Hingabe, die seine schweren Aufgaben erfordern, in das Amt eintreten – für die die soziale Frage die Frage des Lebens geworden ist.

Die Kellnerinnenfrage auf dem Fachkongreß der Gastwirts-Gehilfen*

In den Tagen vom 6.-9. März fand in Berlin der erste Fachkongreß der Gastwirts-Gehilfen Deutschlands statt, der vornehmlich zu dem Zweck einberufen war, um Stellung zu den in Aussicht stehenden gesetzlichen Maßnahmen zu Gunsten des Arbeiterschutzes im Gastwirtsgewerbe zu nehmen. Die Reichskommission für Arbeiterstatistik hat nach sechsjährigen Untersuchungen über die Arbeitsverhältnisse im Gastwirtsgewerbe dem Bundesrat Vorschläge zur Regelung derselben gemacht, die so unzureichend sind, daß der gegenwärtige Ausbeutungszustand geradezu gesetzlich sanktioniert würde, wenn diese Vorschläge zum Gesetz erhoben würden. So gehört z.B. die Einführung eines *16stündigen Maximalarbeitstages* zu diesen Vorschlägen; das wäre ein Arbeitstag, wie er in keinem andern Gewerbe mehr existiert.

Um die Öffentlichkeit, den Reichstag und die Regierung von der Notwendigkeit einer Erweiterung dieser Gesetzesvorschläge zu überzeugen, hatten sich die Gastwirts-Gehilfen der verschiedensten Parteirichtungen, hatten sich Vertreter von Kellner-, Küchenpersonal- und Hoteldiener-Vereinigungen aus allen Teilen Deutschlands zu diesem Kongreß eingefunden; nur die Frauen fehlten unter den Kongreßmitgliedern, trotzdem auch die Kellnerinnenfrage zur Beratung stand.

Wie überall da, wo *Frauenangelegenheiten von Männern allein beraten werden*, von einer allgemeinen, verständnisvollen Interessenvertretung der Frauen nicht die Rede sein kann, so waren auch die Verhandlungen über die Kellnerinnenfrage auf dem Kellnerkongreß nicht auf den Grundton gestimmt, den Kellnerinnen zur Verbesserung ihrer Lage zu helfen. Vielmehr wurde die *Kellnerinnenfrage* von der Mehrheit der Delegierten nur unter dem Gesichtspunkte behandelt, wie diese Frage im *Interesse der Kellner* zu lösen sei, und so nahm der Kongreß trotz der warmen und verständigen Worte einiger vorgeschrittener, sozial-politisch geschulter Delegierten Resolutionen an, die nicht viel anderes bezwecken, als die Unterdrückung und Abschaffung der unbequemen weiblichen Konkurrenz.

Wenn nun auch die großen Mißstände, die namentlich in einzelnen Teilen unseres Landes im Kellnerinnengewerbe herrschen, nicht zu verkennen sind, so ist es doch wohl richtiger, Versuche zur *Beseitigung der Mißstände* zu machen, als Versuche *zur Beseitigung eines Gewerbes*, in dem heute 46.000 Frauen im Deutschen Reiche Beschäftigung finden. Es ist bedauerlich, daß dieser Standpunkt nur von einer Minorität der Delegierten vertreten wurde. Hoffentlich werden die wenigen Frauen, die als Gäste diesen Verhandlungen beiwohnten und als solche

* Centralblatt des Bundes deutscher Frauenvereine, 1. Jg., Nr. 24, 15. März 1900, S. 193-194

dort nicht das Wort ergreifen durften, Gelegenheit nehmen, öffentlich für Reformen im Kellnerinnenstand einzutreten, nachdem die Kongreßverhandlungen bewiesen haben, daß die Kellnerinnen von ihren männlichen Kollegen wenig Förderung bei derartigen Bestrebungen zu erwarten haben.

Den Kongreß-Verhandlungen über die Kellnerinnenfrage lagen folgende Anträge zu Grunde:

1a) Daß, um der gesamten Menschheit moralisch und sittlich gerecht zu werden, weibliches Personal, welches direkt mit dem Publikum (Gästen) in Verbindung steht, von abends 10 Uhr bis morgens 8 Uhr diese Räume nicht betreten dürfe; b) daß jugendliche Arbeiter und Lehrlinge in Wirtschaften mit weiblicher Bedienung nicht beschäftigt werden dürfen; c) daß Kellnerinnen unter 25 Jahren nicht anzustellen sind; d) daß Lokale mit weiblicher Bedienung um 10 Uhr abends zu schließen sind.

Ref. D. Gutmann, Leipzig

2. Im Hinblick auf die niedere soziale Stellung der Kellnerin scheint es vom Standpunkt des Gastwirtsgehilfen geboten, der bedrängten und garnicht organisierten Arbeiterin im Gastwirts-Gewerbe helfend beizutreten.

Es ist ein thatsächlicher Irrtum, das Kellnerinnen-Unwesen den Trägern des Namens zuzuschreiben und ein bedauerliches Vorurteil, die Kellnerin als Konkurrentin des Gastwirtsgehilfen hinzustellen. So sind es wohl auch nicht ethische Gründe, welche eine große Zahl der Kollegenschaft veranlaßt, die „Kellnerin-Frage" nicht ruhen zu lassen.

Weil die Kellnerin in den meisten Fällen ihrer Position nicht nur zum Auftragen der Speisen und Getränke bedienstet, sondern namentlich zum Animieren der Gäste und Mittrinken durch ihren Arbeitgeber gezwungen wird und dadurch der Existenz des letzteren nur zu oft ihre Gesundheit und Unbescholtenheit opfern muß, darum ist es unsere Pflicht, die wirklichen Ursachen des gastgewerblichen Krebsschadens möglichst zu beseitigen und Abhilfe zu schaffen. *Eine Verkürzung der Polizeistunde in den Wirtschaften mit weiblicher Bedienung durch die Landesbehörden hat nach den Verhandlungen vor der Komm. f. Arb.-Stat.* (17. bis 21. Nov. 1898) *nicht wesentlich gefruchtet* und so halten wir folgende Grundbestimmungen für notwendig:

Die im Gastwirts-Gewerbe und ähnlichen Betrieben beschäftigten Kellnerinnen oder solche weiblichen Dienstpersonen, welche in unmittelbarem Verkehr mit dem Publikum (Gästen) stehen, dürfen nicht unter dem 18. Lebensjahre beschäftigt werden. Die tägliche Arbeitszeit darf 10 Stunden nicht überdauern und hat in der Zeit von 10 Uhr abends bis 8 Uhr morgens gänzlich und allgemein zu ruhen. Jugendliche Arbeiter und Lehrlinge dürfen in Wirtschaften mit weiblicher Bedienung nicht beschäftigt werden.

G. Staake, Berlin

3. Im ganzen Deutschen Reiche wolle man darauf dringen, *daß die Bedienung mit weiblichem Personal aufhört*, denn allerhand Bedenken, speziell die

der Unzucht, sprechen hier mit. Deshalb eignet sich weibliches Personal nicht zur Bedienung der Gäste.
Kongreß-Ausschuß, Frankfurt a.M.

4. Die Kellnerinnen-Frage bedarf einer Regelung, zum mindesten ist anzustreben, daß für Wirtschaften mit Kellnerinnenbedienung die Polizeistunde auf 11 Uhr gesetzlich festgesetzt wird.
Öffentliche Versammlung in Würzburg

5. Kellnerinnen unter 21 Jahren dürfen nicht beschäftigt werden.
R. Rüdiger, Zwickau

6. *Um dem Kellnerinnen-Unwesen energisch zu steuern, beantragen wir, die Polizeistunde für derartige Animierkneipen auf 9 Uhr festzusetzen und Stellung der Kellnerinnen unter sittenpolizeiliche Kontrolle.*
Öffentliche Versammlung, Posen

7. Der Kongreß-Ausschuß möge bei der Regierung dahin vorstellig werden, daß auf öffentlichen Festen (Schützenfesten etc.) keine Kellnerinnen zur Bedienung herangezogen werden dürfen.
Hannover

Wer beim Lesen der Anträge noch nicht zu der Überzeugung gekommen war, daß diese mit wenigen Ausnahmen *der Konkurrenzfurcht* entsprungen waren, der mußte durch die Diskussion darüber belehrt werden; denn die meisten Anträge zielen geradewegs auf Abschaffung des Kellnerinnengewerbes oder Abschaffung der Restaurants mit weiblicher Bedienung ab. Wenn der erste Referent betonte, daß häufig Studenten und Offiziere in Zivil, welche Kneipen mit Damenbedienung aufsuchen, durch die Kellnerinnen *verführt und umstrickt* werden, so mußte das diejenigen ganz eigenartig berühren, die in der Erwartung zum Kongreß gekommen waren, daß über den Schutz der Kellnerinnen beraten werden sollte, nicht über den Schutz von Studenten und Offizieren. Bedauerlicherweise wurde in der Debatte über diesen Punkt die Frage nicht berührt, ob nicht auch manchmal die Kellnerinnen die Verführten sind! Vielfach wurde ganz unverhohlen die Meinung ausgesprochen, daß *die Existenz von Kellnerinnen überhaupt nicht nötig sei;* es wurde darüber geklagt, daß in einzelnen süddeutschen, namentlich in bayrischen Städten nur noch Frauen im Gastwirtsgewerbe angestellt werden; daß die Kellnerin besser gestellt sei als ihr männlicher Kollege, weil die Gäste sich über schlechte weibliche Bedienung niemals beklagen, und daß aus diesen Gründen die Konkurrenz der Frauen zu bekämpfen sei. Ein anderer Redner erklärte, daß Frauen in Lokalen überhaupt nichts zu suchen haben; daß es keine Dienstmädchen mehr gäbe, weil die Frauen sich jetzt in Berufe hineindrängen, die ihnen nicht zukommen. Dazu gehöre auch der Kellnerberuf, für den ja die Männer da wären. Kneipen, die ohne weibliche Bedienung nicht auskommen können, sind nicht wert zu existieren. Deshalb könnten Kellner nicht mit Kellnerinnen Hand in Hand gehen, sondern müßten jedes Zusammengehen ablehnen! Der aus Hannover vorliegende Antrag, auf ein Verbot der Beschäftigung von Kellnerinnen bei Schützenfesten hinzuwirken, wurde gleichfalls mit der Konkurrenz motiviert, die den Lohnkellnern aus der Thätigkeit der Frauen erwächst. Allerdings wurde noch hinzugefügt, daß der Ton bei derartigen Volksfesten leicht ausarte und der gute Ruf der deutschen Frau verloren gehen könne, wenn sie bei derartigen Ausschreitungen beteiligt sei. Überhaupt erweckte der Kongreß vielfach den Anschein, als ob ein männlicher Sittlichkeitsverein über die Unsittlichkeit der Frauen zu Gericht sitze. Selbst wenn die Verhältnisse im Kellnerinnengewerbe in einzelnen Teilen unseres Landes so traurig sind, wie der Referent aus Posen sie darstellte, so ist das noch kein Grund, für sämtliche 46.000 Kellnerinnen Deutschlands (unter denen sich übrigens 1.000 über 60 Jahre alte befinden) Stellung unter sittenpolizeiliche Kontrolle zu verlangen. Wenn auch in Posen auf 75.000 Einwohner bereits 52 „Räuberhöhlen oder Weiberwirtschaften", wie der Referent sich ausdrückte, kommen; wenn er sich auch „dafür bedankt, eine Kellnerin als Gastwirtsgehilfin anzusehen" und sie nur den Mädchen gleich stellt, „die in der Nacht ihr Brot auf der Straße verdienen", wenn er auch glaubt, daß der Zuzug zahlreicher Hautärzte in Posen auf das Kellnerinnenunwesen zurückzuführen sei, so muß doch entschieden Verwahrung dagegen eingelegt werden, wenn er seine persönlichen Erfahrungen verallgemeinert und behauptet, daß nur solche Mädchen Kellnerinnen werden, die zu faul sind, um etwas anderes zu thun, oder die etwas auf dem Kerbholz haben!

Der von einem einsichtsvolleren Redner ausgesprochene Wunsch, den Antrag aus Posen mit *Entrüstung* abzulehnen, fand leider keine allgemeine Zustimmung; ebensowenig gelang es, für sein Verlangen, alle aus Konkurrenzneid hervorgehenden Anträge fallen zu lassen und für eine gesetzliche Verkürzung der Arbeitszeit, für Unterstützung der Organisationsversuche der Kellnerinnen einzutreten, eine Mehrheit zu erlangen. Seine sehr vorgeschrittene Ansicht in Bezug auf die Frauenfrage, die Ansicht, *daß der Mann sich in allen Berufen die Konkurrenz der Frau gefallen lassen müsse,* fand auf dem Kellnerkongreß ebensowenig Zustimmung, wie derartige Ansichten bisher auf den Fachkongressen und Verbandstagen anderer Berufszweige bei den Männern Zustimmung gefunden haben. Die sehr guten Ausführungen des Korreferenten Herrn *Staake* - Berlin, welcher den zweiten Antrag begründete, trafen wohl den Kern des Kellnerinnenelends. Er legte dar, daß die Schäden dieses Berufs mehr an den Arbeitgebern als an den Arbeiterinnen liegen, und daß man versuchen müsse, die Kellnerin durch gesetzlichen Schutz zu einer gleichberechtigten und ebenbürtigen Kollegin im Gastwirtsgewerbe zu machen. Seine praktischen Vorschläge dürften aber leider auch nicht allgemein durchführbar sein. Welchen Sturm der Meinungen sein teilweise treffliches Referat hervorrief, geht daraus hervor, daß sich sofort 19 Redner zum Wort meldeten. Die Versammlung schien aber selbst zu empfinden, daß bei einer so unerquicklichen Debatte, bei der zwei entgegengesetze Meinungen sich schroff gegenüberstanden, weder eine Klärung der Ansichten, noch eine Förderung der Kongreßarbeiten erzielt werden dürfte; denn fortwährend wurden Anträge auf Schluß der Debatte gestellt. Einem solchen Antrag wurde denn auch nach mehrstündigen Erörterungen Folge gegeben und es wurde mit 34 gegen 32 Stimmen der fast unglaubliche Antrag angenommen, *die sämtlichen vorgeschlagenen Resolutionen* (die ja zum Teil einander entgegensetzte Tendenzen haben) *der Redaktionskommission zur Verarbeitung in eine Resolution zu übergeben!*

Wie sich die Kommission dieser unmöglichen Aufgabe entledigen wird, ist belanglos. *Thatsache* ist, daß trotz der sehr würdigen Haltung einer Minorität der Delegierten, die zu wiederholten Malen darauf hinwies, daß jeder Mensch eine Existenzberechtigung habe, daß man doch schließlich nicht „alle Frauenzimmer brotlos machen oder aufhängen könne", und daß die Frau sich sehr wohl zum Kellnerinnenberuf eigne, die Versammlung sich nicht dazu entschließen konnte, bei den Beschlüssen den Konkurrenzstandpunkt fallen zu lassen. Die Mahnung des Reichstagsabgeordneten *Molkenbuhr* war leider vergeblich, daß die notwendige Einigkeit zur Erreichung wirtschaftlicher Vorteile erschwert würde, wenn die Männer sich den Frauen feindlich gegenüber stellen, daß mit der Verbesserung der wirtschaftlichen Lage der Kellnerin auch das sittliche Niveau dieses Standes gehoben werden dürfte. Seine Worte: „*Was würden Sie sagen, wenn die Kellnerinnen sich versammeln würden, um über die Sittlichkeit der Kellner zu Gericht zu sitzen!*" machten keinen ausschlaggebenden Eindruck auf die Versammlung.

Möchten sie wenigsten die Kellnerinnen veranlassen, sich zu versammeln, um selbst ihr Los in die Hand zu nehmen und über etwaige Maßregeln zur Hebung ihres Standes zu beraten, nachdem der Kongreß der Gastwirtsgehilfen ihnen gezeigt hat, daß sie fürs erste von Seiten ihrer männlichen Kollegen eine Wahrnehmung und Vertretung ihrer Interessen nicht zu erwarten haben.

Die Kunst, Enquêten zu machen*

Im Mittelpunkt moderner sozialer Umwälzung steht das Bestreben, durch gesetzlichen Schutz und durch Organisation die Lage der arbeitenden Klassen zu verbessern. Für jeden, der an diesen Bestrebungen teilnimmt, ist die intime Kenntnis der Entwicklung und der Lage der Industrie, der Lebensbedingungen der Arbeiter, der Methoden und Erfolge von Berufsorganisationen unentbehrlichste Vorausset-

* Centralblatt des Bundes deutscher Frauenvereine, 2. Jg., Nr. 2, 15. April 1900, S. 10-11

zung. Eine Reihe sociologischer Untersuchungen, an denen sich auch Frauen in hervorragender Weise beteiligt haben, bieten die Grundlage, auf der diese Kenntnisse erworben werden können, eine Grundlage, die beständig erweitert werden muß. Handelt es sich doch bei diesen sociologischen Untersuchungen um ein verhältnismäßig wenig bearbeitetes Gebiet, um eine beständig fließende Materie, die immerwährendes Weiterarbeiten und Untersuchen notwendig macht; denn der Erfolg eines jeden gesellschaftlichen Thuns, mag es vom Staatsmann, vom Philantropen, vom Arbeiter oder vom Unternehmer ausgehen, hängt davon ab, daß es den thatsächlichen Verhältnissen angepaßt ist, den Thatsachen, wie sie sind, wie sie durch wissenschaftliche Untersuchungen festgestellt werden können, nicht aber den Verhältnissen, wie sie sich im Interesse oder Parteistandpunkt des Handelnden widerspiegeln. Aus diesem Grunde ist zu wünschen, daß sich das Interesse weitester Kreise solchen sociologischen Forschungen, solchen Enquêten zuwende, daß auch die Anhängerinnen der Frauenbewegung nicht nur auf die Kenntnis der Forschungen anderer ein bewußtes Handeln in sozialpolitischen Dingen aufbauen, sondern auch schaffend und forschend dazu beitragen, eine möglichst große Summe wissenschaftlicher Wahrheiten der Allgemeinheit zugänglich zu machen.

Die Kunst, sociologische Untersuchungen anzustellen, ist in England besonders hoch entwickelt, und man ist bereits dazu gekommen, die *Methoden der Enquêten* zu einem besonderen Unterrichts- und Lehrgegenstand zu machen. So las z.B. an der Londoner Schule für Nationalökonomie kürzlich Prof. Hewins ein 10stündiges Kolleg über „Methods of Investigation", und verschiedene große nationalökonomische Forscher haben zum Nutzen aller, die sich mit solchen Enquêten beschäftigen wollen, in ihren Werken die Untersuchungsmethoden festgelegt und bekannt gemacht, die sie bei langjährigen Arbeiten schließlich als die besten und nützlichsten erkannt haben.

Da es in Deutschland an derartigen Veröffentlichungen noch fehlt, soll der Versuch gemacht werden, die Aufmerksamkeit der Leser dieses Blattes durch einige Mitteilungen auf die wertvollsten der englischen Arbeiten zu lenken und sie zu einem Studium derselben anzuregen.

Die nützlichsten Ratschläge auch für kleinere Arbeiten, z.B. für die Untersuchung der Lage der Arbeiterinnen eines bestimmten Ortes und eines fest abgegrenzten kleinen Industriezweiges – wie sie für Frauenvereine in erster Linie in Betracht kommt – werden naturgemäß diejenigen Menschen geben können, die sich am intensivsten und längsten mit Enquêten und Forschungen im großen Stil beschäftigt haben. Unter diesen sind vor allen anderen, die uns ihre Erfahrungen und Methoden zugänglich gemacht haben, Charles Booth und das Ehepaar Webb zu nennen. Das Werk von Charles Booth, in dem er eine Fülle von Material über Gewinnung und Verarbeitung von Nachrichten giebt, sein „Life and Labour of the People in London" (Verlag: Macmillan and Co., London and New York

1892) ist wohl überhaupt die umfangreichste Arbeit über die Lage der arbeitenden Klassen, das Ergebnis der umfangreichsten Enquête, die je von einem Forscher angestellt worden ist. Namentlich der erste Band des großen Werkes sollte von jedem gelesen werden, der eine Enquête zu unternehmen beabsichtigt, da die Arbeit mancherlei Anregungen enthält, wie Hilfspersonal für die Handlangerdienste bei derartigen Untersuchungen zu gewinnen ist, in wie verschiedenartiger Weise Material angeordnet werden kann etc. Die Arbeit von Booth befaßt sich mit den Lebensbedingungen und Beschäftigungsarten der Menschen in ganz London, und er hat die Resultate seiner Erforschungen sowohl nach Stadtteilen als nach Beschäftigungsarten verarbeitet. Sein Zweck war, zu zeigen, in welchem Zahlenverhältnis Armut und Elend zu auskömmlichen Verhältnissen und Wohlstand stehen, und die allgemeinen Verhältnisse zu schildern, unter denen diese verschiedenen Klassen leben. Er hat die gesammelten Thatsachen ohne Voreingenommenheit und Parteilichkeit zusammengestellt und weist wiederholt darauf hin, wie notwendig es ist, solche Arbeiten ohne bestimmten Zweck, nicht mit der Absicht, vorgefaßte Meinungen bestätigt zu finden, zu unternehmen. Allerdings ist er der Ansicht, daß es in zweifelhaften Fällen besser ist, zu „dunkel“ als zu „hell“ zu malen, nicht etwa, weil er selbst ein Pessimist ist, sondern um die Möglichkeit zu vermeiden, daß die Notstände unterschätzt werden, mit denen die Gesellschaft sich auseinander zu setzen hat. Auf Grund seiner Untersuchungen teilt Booth die Bevölkerung von Ost-London in 8 Klassen ein:

a. Die niedrigste Klasse der gelegentlichen Arbeiter, Vagabunden und Halb-Verbrecher 1˘ %
b. Gelegenheitsarbeiter - „sehr arm“ 11˘ %
c. Saisonarbeiter 8 % — zusammen
d. Leute mit kleinem regelmäßigen Verdienst 14° % — die „Armen“
e. Leute mit regelmäßigem, allgemein üblichen Verdienst - über der Armutsgrenze 42° %
f. Besser bezahlte Arbeiter 13° %
g. Niedrige Mittelklasse 4 %
h. Höhere Mittelklasse 5 %

Den Wert solcher Forschungsresultate, dieser Zahlen charakterisiert Booth folgendermaßen:

„Selbst Zahlen kann man von 2 Gesichtspunkten aus betrachten, und ganz verschiedene Eindrücke können aus den gleichen Thatsachen gezogen werden. Man kann anscheinend mit Recht behaupten, daß es garnicht so sehr schlecht bestellt sei, wenn nur ein Zehntel der Bevölkerung eines Stadtteils, der so von Armut heimgesucht wird wie Ost-London, als ‚sehr arm‘ zu bezeichnen ist. Wenn wir uns aber die 100.000 Individuen, die 20.000 Familien vergegenwärtigen, die ein so trostloses Leben führen; und wenn wir uns klar machen, daß zu diesen noch doppelt so viele kommen, die zwar nicht gerade Hunger leiden, aber auch nichts als das Unentbehrliche ihr eigen nennen, dann muß uns das Bild mit Entsetzen erfüllen. Der Unterschied zwischen diesen beiden Gesichtspunkten, zwischen dem relativen und dem absoluten genügt allein schon, um den Unterschied zwischen Pessimismus und Optimismus hervorzubringen. Um ein richtiges Urteil zu fällen, müssen wir uns stets beide Seiten vor Augen führen: die Summen nicht vergessen, wenn wir von den Prozenten sprechen, und die Prozente nicht, wenn wir an die Summen denken. Das letztere ist natürlich schwer für diejenigen, deren tägliche Erlebnisse oder deren lebhafte Gedanken ihnen die Sorgen und Kümmernisse des individuellen Lebens dieser Armen stets in Erinnerung bringen. Sie werden es immer ablehnen, die glücklichen Stunden dieser Klasse, ja selbst derselben Menschen mit in Betracht zu ziehen, und sie ihrem Elend gegenüber in die Waagschale zu werfen. Um wieviel weniger können sie sich entschließen, die anderen Klassen mit in ihre Berechnungen aufzunehmen, die sich gegenüberstehenden Zahlen zu addieren und zufrieden ein günstiges Vergleichs-Resultat daraus zu ziehen. In der Rechenkunst mit ‚Elend' können sie nur addieren und multiplizieren, nicht subtrahieren und dividieren. *In einem solchen intensiven Gefühl, nicht in statistischen Zahlen liegt die Kraft verborgen, welche die Welt bewegt. Aber durch die statistischen Zahlen muß die Kraft geleitet werden, wenn sie die Welt recht bewegen soll.*"

Mit diesen Worten schildert Booth den Wert der Enquêten, mit diesen Worten zeigt er den Standpunkt an, den der Forschende einzunehmen hat, weist er die Wege, um Folgerungen aus dem gesammelten Material ziehen zu können. Und damit berührt er wohl überhaupt den schwierigsten Punkt dieser Aufgaben, der von allen Forschern gleichermaßen anerkannt wird.

So spricht sich auch das Ehepaar Webb in seiner Anleitung zu Enquêten, die im Vorwort von „Industrial Democracy" (von Sidney und Beatrice Webb) gegeben ist, über die Eigenschaften, welche sociologischen Forschern zum Erfolg verhelfen können, folgendermaßen aus:

„Intelligente, hart arbeitende und gewissenhafte Forscher, die sich mit bestimmt abgegrenzten Teilen der sozialen Organisation beschäftigen, werden unter Anwendung der richtigen Methoden sicherlich Monographien von wissenschaftlichem Werte hervorbringen. Ob sie aus den Thatsachen *eine neue Generalisation gewinnen werden,* die auf andere Thatsachen Anwendung findet - d.h. ob sie ein neues wissenschaftliches Gesetz entdecken, wird davon abhängen, ob sie die *seltene Verbindung von Einsicht und Erfindungsgeist mit der Fähigkeit, dauernd und intensiv zu denken,* besitzen."

Das Ehepaar Webb, dessen Werke „History of Trade Unionism" und „Industrial Democracy" das Ergebnis jahrelanger persönlicher Forschungen sind, empfiehlt das Zusammenarbeiten einer eng verbundenen Gruppe von Personen bei sociologischen Untersuchungen, da die verschiedenen Mitglieder einander durch fortwährende Kritik von Vorurteilen befreien, vor unvollständigen Beobachtungen und falschen Schlüssen bewahren. Die Gefahren und Schwierigkeiten solcher

Gruppenarbeit, die mir nur in ganz besonderen Ausnahmefällen überwindbar scheinen, werden aber auch von den Webbs anerkannt. Sie äußern sich darüber: „Wofern nicht alle Mitglieder solcher Gruppe in enger persönlicher Verbindung miteinander stehen, nach *einem Willen* und *Ziel* sich bewegen und einander an Ausbildung und Fähigkeit wenigstens soweit gewachsen sind, daß sie die Vorzüge und Fähigkeiten des einzelnen zu verstehen vermögen, muß das Resultat ihrer gemeinsamen Arbeit verwischte Umrisse aufweisen und kann nur von geringem Werte sein."

Mitarbeiter zu finden, die diesen Anforderungen gerecht werden, ist eine der wichtigsten Aufgaben jeden Forschers, von deren glücklicher Lösung der Erfolg seiner Arbeiten großenteils abhängen wird. Namentlich bei Forschungen, die bestimmte Verhältnisse in verschiedenen Landesteilen feststellen wollen, ist es durchaus notwendig, daß man gleichzeitig eine Reihe gleichmäßig tüchtiger geschulter Kräfte für die Untersuchungen an verschiedene Orte entsenden kann. Daß dazu auch große Geldmittel gehören, liegt auf der Hand. Sidney und Beatrice Webb warnen eindringlich davor, an die Behandlung großer Arbeitsgebiete heranzugehen, wenn es an der pekuniären Fundierung des Unternehmens fehlt. Sie glauben, daß eine zweckentsprechende Bearbeitung von Fragen, wie etwa „die Verwaltungskontrolle des Handels mit geistigen Getränken" oder „das Verhältnis zwischen lokaler und zentraler Verwaltung" oder „die Lage der Frauenarbeit in der Industrie" eine Ausgabe von 20.000 Mk. für Reisen, Materialbeschaffung und gelegentliche Ausgaben aller Art erfordert. Wenn solche Summen auch nur für Arbeiten auf breitester Grundlage benötigt werden, so werden doch auch kleine und kleinste Enquêten ohne Kosten nicht auszuführen sein. Das kann man sich leicht vergegenwärtigen, wenn man den Gang der Arbeiten bei einer Enquête verfolgt.

[II.]*

Zuerst gilt es für den Forscher, sich alles zu beschaffen, was über den von ihm zu bearbeitenden Gegenstand bereits veröffentlicht ist. Das ist nicht immer leicht, da die nach Gegenständen geordneten Kataloge der großen Bibliotheken gewöhnlich sehr mangelhaft sind. Wertvolle Hinweise auf diesbezügliche Literatur sind im „Conradschen Handwörterbuch" und in „Schmollers Jahrbüchern" zu finden. Webbs empfehlen auch das Studium der Verhandlungen der Parlamentskommissionen. Jedenfalls erhält man durch die Lektüre einige vorläufige Ideen, wie man den Stoff für die Einzeluntersuchungen einzuteilen hat.

Für die eigentliche Untersuchung giebt es drei gute Werkzeuge: die Urkunde, die persönliche Beobachtung und das Interview. Webbs nennen die *Urkunde* das

* Centralblatt des Bundes deutscher Frauenvereine, 2. Jg., Nr. 3, 1. Mai 1900, S. 18-19

unentbehrlichste Mittel. „Der wesentliche Unterschied der Urkunde von der Litteratur über einen Gegenstand liegt in dem Unbeabsichtigten ihres Zeugnisses. Daher liefern Kassenberichte, Protokolle privater Versammlungen, innere Statistiken, Satzungen und Berichte von Gesellschaften aller Art ein unschätzbares Material, aus dem der Forscher nicht nur für die Erkenntnis der Verfassung und Taktik einer Organisation, sondern auch für die ihrer Motive und Ziele viel gewinnen kann. In der Benutzung der Urkunde besitzt die Sociologie eine Untersuchungsmethode, die sie für die Unfähigkeit, die Methode des bewußten Experiments anzuwenden, in gewisser Ausdehnung entschädigt. Wir glauben, daß die Sammlungen von Urkunden für den Sociologen der Zukunft das sein werden, was die Sammlungen von Fossilien oder Skeletten für den Zoologen sind; die Bibliotheken werden seine Museen sein."

Allgemeine Ratschläge oder Regeln für die Auffindung von Urkunden lassen sich natürlich nicht aufstellen. Doch dürfte es sich in jedem Falle neben der Benutzung von Bibliotheken empfehlen, mit etwa bestehenden Organisationen, z.B. Krankenkassen und dergl. in Verbindung zu treten, um möglichst von ihnen urkundliches Material zu gewinnen. Über die Methode *der persönlichen Beobachtung* äußern sich Webbs etwa folgendermaßen:

„Unter der Methode der persönlichen Beobachtung verstehen wir die andauernde Beobachtung eines bestimmten Kreises von Menschen in ihren Handlungen und Motiven und zwar von einen Standpunkte *innerhalb* des Mechanismus aus. Die Schwierigkeit besteht für den Forscher darin, sich einen solchen Beobachtungsposten zu verschaffen, ohne durch seine Anwesenheit den normalen Verlauf der Ereignisse zu ändern. Hierbei ist die persönliche Teilnahme an einer sozialen Organisation für wissenschaftliche Untersuchungen von Vorteil. Der Eisenbahndirektor, das Mitglied einer Verwaltung oder der Beamte eines Gewerbevereins würden, wenn sie ausgebildete Forscher wären, sich in einer unvergleichlich günstigen Lage für die genaue Beschreibung der thatsächlichen Verfassung und Wirksamkeit ihrer Organisation befinden. Der außerhalb der Organisation stehende Forscher, der diese Methode anzuwenden wünscht, ist in der Praxis auf eine oder zwei Möglichkeiten beschränkt. Er kann in die soziale Klasse oder Organisation eintreten und die Beschäftigung ausüben, die er zu studieren wünscht. So fand die Verfasserin es von großem Nutzen, in verschiedenen Stadien der Untersuchung nacheinander Miete-Einnehmerin und Schneiderin zu werden und als Arbeiterin in Familien der Arbeiterklasse zu wohnen, während der Verfasser aus seiner thätigen Zugehörigkeit zu demokratischen Organisationen und aus seiner persönlichen Teilnahme an der Verwaltung in verschiedenen Departements großen Vorteil gezogen hat. An Stelle solcher thätigen Teilnahme kann der Forscher die Bekanntschaft und das Vertrauen von Personen und Organisationen gewinnen, um sich dadurch das Vorrecht des Zutritts zu ihren Betrieben, Büreaus und privaten Versammlungen zu erringen. Wo es sich um derartige passive Beobachtungen handelt, erscheint uns die Frau für sociologische Untersuchungen besonders geeignet, nicht nur weil sie daran gewöhnt ist, Motive stillschweigend zu beobachten, sondern auch weil sie dort leicht Zutritt und Vertrauen gewinnt, wo dieses dem Manne als dem möglichen kaufmännischen Konkurrenten und politischen Gegner instinktiv verweigert wird. Natürlich darf der Beobachter die Bedeutung dessen, was er gesehen, nicht überschätzen, die Thatsachen nicht ohne Weiteres verallgemeinern, sondern sie der Bestätigung und Prüfung durch eine erschöpfende Untersuchung der Urkunden oder durch weiterreichende Methode des Interviews unterwerfen."

Über die Methode des *Interviews* soll nur ein kurzer Auszug aus den Webbschen Ausführungen hier wiedergegeben werden.

„Unter dem Interview als einem Werkzeug sociologischer Forschung verstehen wir etwas mehr als die vorläufigen Unterhaltungen und freundschaftlichen Zusammenkünfte, durch die man sich Urkunden erwirbt und Gelegenheit zu persönlichen Beobachtungen von Vorgängen verschafft. Das Interview im wissenschaftlichen Sinne ist die geschulte Befragung eines sachverständigen Zeugen über die Thatsachen seiner persönlichen Erfahrung. Die eigentliche Aufgabe des Interviews besteht darin, Thatsachen festzustellen, die die interviewte Person selbst gesehen oder erlebt hat. Der sachverständige Interviewer wird beim Befragen manches mitanhören müssen, was kein Beweismaterial ist, wie persönliche Ansichten, Traditionen und Berichte vom Hörensagen, da der Zeuge keinem Zwange untersteht, und er wird, wie der Arzt am Krankenbett, ohne Weiteres allen Voraussetzungen und Verallgemeinerungen seines Patienten zustimmen und sein Detektiv-Talent benutzen, um durch ein taktvolles Kreuzverhör das Körnchen Wahrheit aus dem Scheffel Gefühl, Egoismus und Theorie herauszulesen. Der volle Vorteil des Interviews kommt erst in den letzten Stadien der Untersuchung zur Geltung, wenn der Forscher in seiner Analyse soweit fortgeschritten ist, *daß er genau weiß, was er zu fragen hat.*

Es giebt noch eine weitergehende Anwendung des Interviews, durch die der qualitativen Analyse ein quantitativer Wert gegeben werden kann. Sobald einmal der Forscher einige typische Beispiele selbst untersucht, und sobald er gefunden hat, welches von ihren augenfälligen Attributen für ihn von Bedeutung ist, dann kann er oft eine erschöpfende Kenntnis davon, wie die Attribute verteilt sind, durch die *Methode des Interviews im Großen* gewinnen. Die glänzendste und erfolgreichste Anwendung dieser Methode war die Art und Weise, in der Mr. Charles Booth alle Recherchenten der Schulbehörde (School Board Visitors) für die Untersuchungen im Osten Londons benutzte. Nachdem er durch die Methode der persönlichen Beobachtungen bestimmte augenfällige Kennzeichen entdeckt hatte, die mit einer wissenschaftlichen Klassifikation der Bevölkerung des Ostendes zusammenfielen, war er imstande, durch Interviews mit Hilfe einiger Hundert Personen bestimmte Einzelheiten über die Lage einer Million Einwohner zu erhalten."

Überall, wo es sich darum handelt, die Verhältnisse einer großen Anzahl

Personen zu prüfen, wie bei Enquêten über die Lage der Arbeiter in einem bestimmten Industriezweig, muß diese Methode „des Interviews im Großen" sich als ganz unentbehrlich erweisen. Bekanntlich wird sie auch von Behörden zum Zweck derartiger Ermittelungen vielfach angewendet. Für den Forscher, der diese Methode benutzen will, handelt es sich vor allen Dingen darum, daß er durch Lektüre, durch Urkunden und persönliche Beobachtung zuerst selbst sachverständig inbezug auf den Gegenstand der Untersuchung wird, damit er die Merkmale, um deren Feststellung es sich in dem besonderen Falle handeln muß, in scharf präzisierten Fragen festlegen kann. Bei der Ausarbeitung eines Fragebogens, der für die Vernehmung der Zeugen bestimmt ist, wird zu unterscheiden sein, ob der Fragebogen den Zeugen (also evtl. den Arbeitern) selbst zugeht und von ihnen ausgefüllt wird, oder ob der Forscher resp. sein geschultes Hilfspersonal die Zeugen befragt und das Ergebnis des Interviews persönlich in die Fragebogen einträgt. In ersterem Fall muß der Fragebogen sehr einfach gehalten sein: wenige präzise Fragen, die an die Intelligenz, Einsicht und den guten Willen des Zeugen keine großen Anforderungen stellen, da man sonst Gefahr läuft, ein ungenügend ausgefülltes Material zurückzuerhalten, das zur Verarbeitung unter bestimmten Gesichtspunkten unbrauchbar ist. Allerdings wird man auf diese Weise mit nicht allzuviel Mühe die Befragung einer großen Zeugenzahl ermöglichen. Stehen dem Forscher aber Hilfskräfte zur Verfügung, die mit dem Befragen vieler Zeugen betraut werden können, die Verständnis für die Aufgabe haben, dann kann der Fragebogen viel ausführlicher sein und die Beantwortung kann ein viel exakteres, feiner ausgeführtes Bild der Verhältnisse widerspiegeln: Wo eine so große Schar von Helfern, wie Booth sie in den Recherchenten der Schulbehörde fand, nicht zu gewinnen ist, hilft man sich am besten dadurch, daß man die freiwilligen unbesoldeten Hilfskräfte durch einige besoldete Recherchenten ergänzt. Dazu kann man, wenn es sich um Feststellung der Bedingungen in bestimmten Industriezweigen handelt, mit großem Erfolg intelligente Arbeiter oder Arbeiterinnen der betreffenden Arbeitsgebiete anstellen; sie haben vor andern Recherchenten die intime Kenntnis der Verhältnisse voraus, und sie begegnen bei ihren Standesgenossen einem geringeren Mißtrauen.

Von allen Mitarbeitern aber, gleichviel ob sie besoldet oder unbesoldet, beruflich oder freiwillig thätig sind, muß volle Hingabe der Persönlichkeit für die Arbeit verlangt werden, denn ohne diese kann alles Wissen und alle Begabung zu keinem Erfolg führen.

Waisenpflegerinnen*

Die Agitation der Frauenvereine behufs Zulassung der Frauen zum Amt der Waisenpflegerin hat in den letzten Monaten einen bedeutenden Umfang angenommen. Auf den letztjährigen Frauentagen wurden diesbezügliche Vorträge gehalten (über die Thätigkeit der Frauen bei der Beaufsichtigung des Zieh- und Kostkinderwesens, über „Kommunale Ämter der Frau" etc.), und die Generalversammlung des Landesvereins Preußischer Volksschullehrerinnen, die im April in Berlin tagte, beschäftigte sich in eingehender Beratung mit dem Thema: „Die Volksschullehrerin als *Waisenpflegerin*". Auch die Vereinsberichte in den Frauenzeitungen haben im Laufe des Winters zahlreiche Veranstaltungen, die der Einführung der Frauen in die Waisenpflege dienen, bekannt gemacht.

Dieses in jüngster Zeit so besonders lebhafte Eintreten der Vereine für einen alten Programmpunkt der Frauenbewegung ist wohl neben einem verstärkten Gefühl sozialer Verpflichtung auf zwei Momente zurückzuführen: Erstens bricht sich der Gedanke unter den Anhängerinnen der Frauenbewegung immer mehr Bahn, daß sich die Frauen nur durch unermüdliche Arbeit, getreue Pflichterfüllung im Dienste des Gemeinwohls allgemeines Vertrauen erwerben können, daß nur eine *offizielle Bethätigung in der Gemeinde* ihnen schließlich auch den Weg zu der Ausübung von Pflichten und Rechten im *Staat* bahnen wird. Zweitens aber dürfte diese intensive Propaganda auf den anscheinend sehr weit verbreiteten Irrtum zurückzuführen sein, daß erst das neue Bürgerliche Gesetzbuch den Frauen das Recht einräumt, Waisenpflegerin zu werden. (Es scheint vielfach das Amt der Waisenpflegerin mit dem der Vormünderin, das allerdings den Frauen durch das Bürgerliche Gesetzbuch in größerem Umfange eröffnet worden ist, nicht streng auseinander gehalten zu werden.)

Thatsächlich haben Frauen auch unter den bisherigen Gesetzen das Amt der Waisenpflegerin ausüben können und auch in einigen Orten ausgeübt. Die Befugnisse, die ihnen zu diesem Zweck von der Gemeindeverwaltung eingeräumt wurden, waren in den einzelnen Städten verschiedenartig begrenzt. Es dürfte deshalb zu einer Zeit, in der sich die Frauen allerorten um die Zulassung zu diesem Amt bemühen, wohl angebracht sein, sie mit den verschiedenen Systemen und Organisationen der Waisenverwaltungen bekannt zu machen, in die sie eingegliedert zu werden verlangen, und die auch nach dem Bürgerlichen Gesetzbuch weiter bestehen bleiben dürften, da dieses keinerlei Anlaß bietet, die Praxis der Waisenpflege in Bezug auf die Rechtsvorschriften zu ändern.

Die Fürsorge für Waisen ist im Bürgerlichen Gesetzbuch verschiedenartigen Organen zuerteilt:

* Centralblatt des Bundes deutscher Frauenvereine, 2. Jg., Nr. 9, 1. Aug. 1900, S.65-67

1. dem Vormund resp. der Vormünderin und

2. dem Vormundschaftsgericht, dem die Oberaufsicht über die Vormünder zugewiesen ist. Ferner den *Gemeindewaisenräten,* die als Hilfsorgane der Obervormundschaft gedacht sind, die als solche die *unmittelbare Aufsicht* über *Vormünder* und *Mündel,* insbesondere soweit es sich um die persönliche Fürsorge für die Mündel handelt, zu übernehmen haben.

Die Organisation des Gemeindewaisenrats, des eigentlichen Organs der Waisenpflege, der für die Zulassung der Frauen als Waisenpflegerinnen in Betracht kommt, ist den Landesgesetzgebungen überlassen.

Diese lassen nun den Gemeinden für die Schaffung dieser Verwaltungsorgane weiten Spielraum. So bestimmt das preußische Ausführungsgesetz (Art. 77):

§ 1. „Für jede Gemeinde oder für örtlich abzugrenzende Gemeindeteile sind ein oder mehrere Gemeindemitglieder als *Gemeindewaisenrat* zu bestellen; für benachbarte Gemeindebezirke können dieselben Personen bestellt werden. Das Amt eines Waisenrats ist ein *unentgeltliches Gemeindeamt.*

Durch *Beschluß der Gemeindebehörde* können die dem Gemeindewaisenrat obliegenden Verrichtungen besonderen Abteilungen oder schon *bestehenden Organen der Gemeindeverwaltung* übertragen werden."

„Die bisherigen Waisenräte bleiben im Amte."

§ 2. *„Zur Unterstützung des Gemeindewaisenrats können Frauen, die hierzu bereit sind, als Waisenpflegerinnen widerruflich bestellt werden.* Die Zuständigkeit für die Bestellung bestimmt sich nach den für die Bestellung der Waisenräte maßgebenden Vorschriften.

Die Waisenpflegerinnen haben unter der Leitung des Gemeindewaisenrats bei der Beaufsichtigung der im Kindesalter stehenden Mündel und bei der Überwachung weiblicher Mündel mitzuwirken."

Das Sächsische Ausführungsgesetz bestimmt nur (§ 41):

„Die Einrichtung des Gemeindewaisenrats wird durch *Verordnung* bestimmt."

Ähnlich lose sind die Vorschriften in Hessen; dagegen giebt Bayern ausführliche Vorschriften in seinem Ausführungsgesetz. Für die Zuziehung der Frauen kommt Art. 98 in Betracht:

„Der Gemeindewaisenrat *ist befugt,* Frauen, welche hierzu bereit sind, als *Waisenpflegerinnen in widerruflicher Weise aufzustellen."*

Die Waisenpflegerinnen haben unter Leitung des Gemeindewaisenrats bei der Beaufsichtigung der im Kindesalter stehenden Mündel und bei der Überwachung weiblicher Mündel mitzuwirken.

Am günstigsten für die Mitarbeit der Frauen liegen die Verhältnisse in Baden, wo nur solche Personen von dem Amt eines Gemeindewaisenrats ausgeschlossen sind, welche nach §§ 1780 und 1781 des Bürgerlichen Gesetzbuches nicht zum Vormund bestellt werden können. Damit ist die Zulassung der Frauen zu dem Amt des Gemeindewaisenrats - nicht nur als Helferin - ausgesprochen.

Wie wird sich nun in der Praxis die Mitarbeit der Frauen an der kommunalen Waisenpflege auf Grund dieser Bestimmungen in den verschiedenen deutschen Staaten und in verschiedenen Ortschaften gestalten?

Nach wie vor bleibt es den Gemeindebehörden überlassen, über die Verwendung von Frauen zu beschließen und gegebenen Falles deren Machtbefugnisse nach ihrem Ermessen enger oder weiter abzugrenzen. Namentlich die preußische Bestimmung, daß die dem Gemeindewaisenrat obliegenden Verrichtungen auch schon bestehenden Organen der Gemeindeverwaltung übertragen werden können, lassen die Möglichkeit offen, daß die Waisenpflege den Organen der Armenverwaltung mitübertragen wird, eine Gepflogenheit, die bisher vielfach üblich war. Damit kann aber die Thätigkeit der Frauen in der Waisenpflege von ihrer Zulassung zur Armenpflege abhängig gemacht werden; und ganz abgesehen davon, daß diese vielleicht an manchen Orten noch schwerer durchzusetzen sein wird, bietet diese Art der Zuziehung von Frauen den Gegnern die beste Handhabe, die Befugnisse der Armen- und Waisenpflegerinnen eng zu begrenzen, sie nur zu untergeordneten Hilfskräften zu machen, die etwa nur in Gemeinschaft mit einem männlichen Pfleger einen Fall übernehmen, an den Sitzungen der Pfleger überhaupt nicht oder nur mit beratender, nicht mit entscheidender Stimme teilnehmen.

Eine solche Art der Zulassung würde aber den Frauen die Möglichkeit einer wirksamen Hilfeleistung mindestens sehr erschweren, vielleicht sogar unmöglich machen. Wenn das Gesetz resp. die Gemeindeverordnung ihnen keine Autorität verleiht, werden sie ihren Pfleglingen und deren Pflegeeltern gegenüber wenig durchsetzen und erreichen können. Wenn ihnen die Teilnahme an den Sitzungen der anderen Pflegeorgane vorenthalten wird, stehen sie isoliert in ihrer Arbeit und verlieren die Möglichkeit, aus den Berichten und Verhandlungen ihrer Arbeitsgenossen zu lernen. Wenn ihnen in Angelegenheiten ihrer Schutzbefohlenen keine mitentscheidende Stimme zusteht (z.B. bei der Bemessung der Pflegegelder), so besitzen sie keinen Einfluß, um die so dringend notwendigen Reformen herbeiführen zu helfen; und wenn ihnen keine verantwortliche Stellung eingeräumt wird, so wird sich auch das Verantwortlichkeitsgefühl nur schwerer bei den Frauen entwickeln können.

Aus diesen Gründen ist es Pflicht und Aufgabe der Frauenvereine, auf eine würdige Stellung der Waisenpflegerinnen hinzuwirken und bei der eventuellen Reorganisation örtlicher Waisenverwaltungen, bei der Schaffung neuer Geschäftsanweisungen für die Waisenräte (Instruktionen, Waisenordnungen und dergl.) den Gemeindebehörden diesbezügliche eingehende Vorschläge zu unterbreiten. Dabei wird es sich empfehlen, aus den bisherigen Versuchen mit der Einführung von Waisenpflegerinnen in deutschen Städten Nutzen zu ziehen. Diese bieten ein anschauliches Bild für die verschiedenen Möglichkeiten, die sich der Mitarbeit der Frauen eröffnen.

[II.]*

Am leichtesten hat sich die Anstellung von Waisenpflegerinnen in den Städten ermöglichen lassen, die eine von der Armenverwaltung getrennte Waisenverwaltung haben, und in diesen dürften auch die Bestimmungen des Bürgerlichen Gesetzbuches dazu beitragen, ihre Aufgaben für die Zukunft wenigstens in grossen Umrissen festzulegen, sofern Frauen überhaupt zugezogen werden. Die Zahl dieser Städte ist aber nur klein (Berlin, Beuthen, Charlottenburg, Hildesheim, Königsberg, Osnabrück, Posen, Potsdam); in der Regel dagegen sind die Armenbezirksvorsteher gleichzeitig Waisenräte, die Armenpfleger Waisenpfleger und die Waisenverwaltung (Waisenamt) wird zumeist aus einer Subkommission der Armendirektion (resp. Armendeputation) gebildet. Unter diesen Städten sind zu nennen: Breslau, Danzig, Erfurt, Frankfurt a.O., Greifswald, Hanau, Halle, Magdeburg, Merseburg, Münster i.W., Naumburg, Nordhausen, Remscheid, Spandau, Zeitz; ferner einige Orte, in denen auch diese zusammenfassende Einrichtung besteht, in denen aber besondere Anweisungen für die Thätigkeit in der Waisenpflege gegeben sind, nämlich: Barmen (Instruktion für den Waisenrat vom 2.2.1876); Bonn (Geschäftsordnung für Waisenräte vom 1.1.1898); Dortmund (Anweisung für Erledigung der Waisenratsangelegenheiten 1897); Duisburg (Instruktion für den Waisenrat 7.4.1881); Düsseldorf (Waisenordnung von 1.6.1897); Kiel (Instruktion für die Waisenvorsteher resp. Armenvorsteher und die Waisenpfleger resp. Armenpfleger vom 7.11.1897); Siegen (Instruktion vom 7.5.1895).

Auch in einigen dieser Städte ist es den Frauen gelungen, zur Mitwirkung an der Waisenpflege zugelassen zu werden, und zwar finden in diesen Fällen die verschiedenen Systeme, die bei der Zuziehung von Frauen zur öffentlichen Armenpflege vorkommen, auch für die Waisenpflege Anwendung; nämlich:

a. Eingliederung der Frauen mit gleichen Rechten und Pflichten wie die männlichen Pfleger.

b. Zuziehung der Frauen zu einer ergänzenden Thätigkeit (d.h. Übergabe eines bestimmten Arbeitsgebietes, etwa Beaufsichtigung der Ziehkinder, an die Frauen, oder Zuziehung der Frauen in einzelnen Fällen zur Unterstützung des männlichen Pflegers; Ausschluß der Frauen von den gemeinsamen Sitzungen und Beratungen der Pfleger, oder Zulassung mit beratender, nicht entscheidender Stimme);

c. Herstellung einer geregelten Verbindung zwischen den männlichen Organen der öffentlichen Waisenpflege und den Frauenvereinen als Vertretern weiblicher Hilfsthätigkeit.

Neben diesen beiden Gruppen von Städten, in deren einer die Waisenpflege ein getrenntes Verwaltungsgebiet ist und sich die Zulassung der Frauen als Wai-

* Centralblatt des Bundes deutscher Frauenvereine, 2. Jg., Nr. 10, 15. Aug. 1900, S. 75-76

senpflegerin verhältnismäßig einfach gestaltet, und in deren anderer die Organe der Armenverwaltung gleichzeitig Organe der Waisenverwaltung sind und in der sich die verschiedensten Formen der Zulassung von Frauen ermöglichen, muß noch eine dritte Form der Organisation genannt werden. In Köln, Schweidnitz und einigen andern Städten bildet das Waisenamt zwar eine besondere Abteilung der Gemeindeverwaltung, eine besondere Behörde; den *ausführenden* Organen der Armenverwaltung wird aber auch die Funktion der Waisenpflege mit übertragen. Auch in diesem Fall ist die Zuziehung der Frauen in verschiedener Form möglich; übrigens haben alle diese Städte besondere Anweisungen zur Regelung der Thätigkeit der Waisenpflege-Organe erlassen.

Eine Reihe von Waisenordnungen resp. Geschäftsanweisungen für die Armen- und Waisenpflege haben bereits seit einigen Jahren die Mitarbeit der Frauen bei der Pflege und Erziehung im Kindesalter stehender Minderjähriger, bei der Überwachung weiblicher Mündel und „allgemein bei solchen Zweigen der Pflege und Erziehung, die ihrer Natur nach innerhalb des Wirkungskreises weiblicher Thätigkeit liegen" im Prinzip als richtig und wünschenswert anerkannt, und in irgend einer Form ist dieses Prinzip dann auch in der Verwaltungspraxis angewendet worden.

So sind in Berlin, Charlottenburg, Köln, Königsberg, Dortmund, Merseburg, Posen und Potsdam Frauen zu Waisenpflegerinnen oder waisenrätlichen Helferinnen bestellt worden. In Posen liegt den Frauen außerdem die Beaufsichtigung der Ziehkinder ob. Nur zu dieser Thätigkeit werden die Frauen in Hamburg, Nürnberg, Worms und Leipzig herangezogen. In Frankfurt a.O. beteiligen sich die Frauen gleichfalls an der Waisenpflege und werden zu den Sitzungen des Waisenrats mit beratender Stimme zugelassen. Ganz neuerdings sind in Hannover 82 Frauen in die Waisenverwaltung eingegliedert worden.

Das Thätigkeitsfeld der Waisenpflegerinnen umfaßt die Prüfung der Familien, welche Pflegekinder zu sich nehmen wollen; fortlaufende Kontrolle der untergebrachten Kinder; Unterstützung derselben bei Wahl des Berufs; in manchen Städten Auszahlung der Pflegegelder und Entscheidung über die Bedürfnisfrage bei Anträgen um Einkleidung der Pfleglinge.

Am weitesten sind die Machtbefugnisse der waisenrätlichen Helferinnen in Posen, wo die Organisation der Waisenverwaltung überhaupt musterhaft ist. Die Lektüre des Regulativs für die städtische Waisendeputation und der Vorschriften für die waisenrätlichen Helferinnen kann als Grundlage für Anträge auf Zulassung der Frauen warm empfohlen werden. In § 2 dieser Vorschriften heißt es: Die Helferinnen sind Organe der Waisendeputation, haben die *Rechte und Pflichten* städtischer Ehrenbeamten und werden von dem Vorsitzenden der Deputation in einer Sitzung der letzteren verpflichtet. Sie haben die ihnen von der Deputation oder deren Vorsitzenden erteilten Aufträge zu erledigen und haben innerhalb dieser dritten Personen gegenüber *alle Befugnisse, welche das Gesetz dem Waisenrat zuweist.*

Auch in Charlottenburg trägt die Stellung der Waisenpflegerin einen durchaus offiziellen Charakter; dagegen finden wir in Dortmund nur die ergänzende Thätigkeit der Frauen, deren Begrenzung den männlichen Waisenräten und Waisenpflegern überlassen bleibt. Es heißt in der Dortmunder Geschäftsanweisung § 1 Abs. 4: Den Bezirksversammlungen ist *gestattet,* zur Unterstützung in ihren Geschäften Frauen sowie Geistliche und Ärzte hinzuzuziehen. Diese sind *erforderlichenfalls* zu den Sitzungen der Bezirksversammlungen einzuladen und wohnen denselben mit *beratender Stimme* bei.

Die Erfahrungen, die man mit der Mitarbeit der Frauen gemacht hat, sind überall gute; die Berichte klingen ausnahmslos anerkennend, namentlich da, wo den Frauen ein verantwortungsreiches Amt übertragen worden ist. So spricht sich namentlich der letzte Verwaltungsbericht der Stadt Posen sehr befriedigt über die Mitarbeit der Frauen aus, und immer wieder wird hervorgehoben, daß die Frauen ihre Pflichten gewissenhaft und mit klarem Verständnis für die Bedürfnisse ihrer Pfleglinge und der Armen- und Waisenverwaltungen erfüllen.

Wenn trotzdem die Zahl der Städte, welche die Frauen zur Waisenpflege herangezogen haben, noch verschwindend klein im Vergleich mit der Zahl derer ist, welche die Frauenkraft für den Gemeindedienst nicht nutzbar machen, so bleibt die Aufgabe für die Frauenvereine unverändert dringlich, für die Zulassung der Frauen zur Waisenpflege einzutreten und zu wirken.

Zu all den Gründen, auf die die Frauen ihr Verlangen um Zulassung stützen können, zu der Thatsache, daß sie als Steuerzahler ein gutes Recht haben, überall da vertreten zu sein, wo die Steuern zu gemeinnützigen Zwecken verwendet werden, können die Frauen für die Zulassung zur Waisenpflege noch geltend machen, daß die Frau für dieses Arbeitsgebiet *nicht nur ebenso gut, sondern besser geeignet sei* als der Mann.

Neben Umsicht, Takt, Gewissenhaftigkeit und Pflichttreue, die Vertretern beider Geschlechter in gleicher Weise eigen sein können, haben viele Frauen für die Thätigkeit in der Waisenpflege, bei der es sich oft um ein hilfreiches mütterliches Wirken handelt, die eigentümlichen weiblichen Kräfte und Fähigkeiten voraus, – das Gefühl der Mütterlichkeit, die Sorgfalt im Kleinsten, das feine Verständnis für die Bedürfnisse wie für das Seelenleben des Kindes – die durch die Ausübung der Waisenpflege auch bei mancher unverheirateten Frau zur schönsten Entfaltung und Verwertung kommen können.

Aber noch etwas anderes wird die Thätigkeit der Frauen auf diesem Gebiet für die nächste Zeit zulänglicher und wirksamer als Männerarbeit gestalten: Das *Ehrenamt,* das dem Mann nur allzuoft als *Last und Bürde* erscheint, dem sich begabte und tüchtige, in ihrem Beruf in Anspruch genommene Männer gern zu entziehen versuchen, wird auf Frauen selbst von hervorragender Begabung einen großen Reiz ausüben; sie werden es thatsächlich als *Ehre* betrachten, ihrer Gemeinde dienen zu können; hat man ihnen doch lange genug *sogar das Recht* vorenthalten, *Pflichten ausüben* zu dürfen. Sie werden sich Zeit und Mühe nehmen, um sich für das verantwortungsvolle Amt *vorzubereiten,* das Männer bisher allgemein *ohne Vorbildung* ausfüllen zu können glaubten. Die aus Mangel an Vorbildung oft ungenügende Befähigung vieler Männer wird bei ihnen nicht als Entschuldigung gelten, um mit unzureichender Vorbereitung in ein Amt hineinzugehen, daß die Frauen glauben, mit *vollem Recht für sich beanspruchen zu dürfen.*

Deshalb gehört zu dem Eintreten der Frauenvereine für die Zulassung zur Waisenpflege heute nicht *allein* das Aussprechen der Forderung. Hand in Hand damit muß die Vorbereitung zur Ausübung des Amtes gehen, die Vermittlung der notwendigen Kenntnisse, zu denen vor allen Dingen eine gründliche Belehrung in den Rechtsvorschriften und in den verschiedenen Systemen der Verwaltungspraxis gehört. Praktische Arbeit auf dem Gebiet privater Wohlfahrtspflege wird daneben unerläßlich sein. Wenn es der lebhaften Agitation und der Arbeit der Vereine gelingt, *so vorgebildeten Frauen* in allen Teilen des Landes die Waisenpflege als Arbeitsgebiet zu eröffnen, so ist die erste Etappe auf dem weiten und mühseligen Weg erreicht, der den Frauen Teilnahme an Verwaltung und Gesetzgebung zugänglich macht, ihnen die volle politische Gleichstellung mit dem Mann bringen soll. Ans Werk drum, damit das Amt uns nicht unvorbereitet treffe.

Klubs und Erholungsheime für jugendliche Arbeiter*

Die Fürsorge für Kinder im Alter von 14-16 Jahren ist in Deutschland erst in jüngster Zeit in breitere Bahnen gelenkt worden; die Gründung des „Freiwilligen Erziehungsbeirats für schulentlassene Waisen“, die im Jahre 1896 erfolgte, dürfte für diesen Zweig der Jugendfürsorge außerordentlich anregend und befruchtend gewirkt haben. Die zahlreichen Einrichtungen, die der traurigen Thatsache Rechnung tragen, daß nicht nur die Waisen, sondern auch die Kinder ganzer Bevölkerungsschichten ausreichende Fürsorge von Seiten ihrer Eltern entbehren müssen, und auf den Schutz von Staat, Gemeinde und Privatwohlthätigkeit angewiesen sind, bezogen sich bis vor Kurzem fast ausnahmslos auf Kinder im schulpflichtigen Alter. War das Kind der Schule entwachsen, hatte es das 14. Lebensjahr er-

* Die Jugendfürsorge, 1. Jg., Nr. 9, Sept. 1900, S. 534-541

reicht, das Alter, in dem die Kinder der besitzlosen Klassen einen Beruf zu ergreifen pflegen, so war es sich selbst überlassen; es galt nicht mehr als Kind; legt doch die Reichsgewerbeordnung solchen 14-16jährigen Kindern den Namen „jugendliche Arbeiter" bei.

Der „Freiwillige Erziehungsbeirat für schulentlassene Waisen", Lehrstellennachweise für schulentlassene Knaben und verschiedene andere Veranstaltungen geben der Überzeugung weiter Kreise Ausdruck, daß 14jährige Kinder doch noch Kinder sind - wenn sie sich auch in diesem jugendlichen Alter ihr Brot verdienen müssen -, die der Fürsorge der Gesellschaft noch in hohem Masse bedürfen. Soeben ist nun auch ein Centralverein zur Fürsorge für die schulentlassene Jugend gegründet worden, der gleichfalls *dieser* Überzeugung sein Entstehen verdankt. Zahlreiche Fortbildungsschulen und Haushaltungsschulen sind aus dem Gedanken hervorgegangen, daß für die Fortbildung und Ausbildung dieser Kinder noch gesorgt werden müsse. Die Notwendigkeit aber, für die Unterhaltung, das Vergnügen der jugendlichen Arbeiter Sorge zu tragen, das ganz naturgemäße Bedürfnis der Jugend für Zerstreuung nach der eintönigen ermüdenden Tagesarbeit in gesunde Bahnen zu lenken, ist in Deutschland bisher nur in vereinzelten Fällen erkannt worden. Die jugendlichen Arbeiter, die Kinder, die sich als Lehrlinge, als Laufburschen, als Fabrikarbeiter- und Arbeiterinnen ihren Unterhalt erwerben, sind keine gleichförmige Masse; ihre Bedürfnisse sind ihren individuellen Charakter- und Geisteseigenschaften entsprechend sehr verschiedenartig. Wie die Kinder der wohlhabenden Klassen haben auch sie den Wunsch, ihre Jugend und Jugendkraft zu genießen; ja vielleicht noch in stärkerem Masse als diese. Denn während der langen Arbeitszeit müssen sie ihre Lebensgeister krampfhaft unterdrücken: ihr Verlangen nach Genuß, Freude, Glück findet weder in der Arbeitsstätte noch in dem kümmerlichen, häufig auch sorgenvollen Heim irgend welche Befriedigung. Daß es aber Genuß, Freude, Glück giebt, oder wenigstens zahlreiche Dinge, die dem arbeitenden Kinde diese Empfindungen zu verheißen scheinen, das ist ihm nur allzu gut bekannt. Denn allabendlich, wenn es den Heimweg von der Arbeitsstätte antritt, fesseln die hellerleuchteten, glänzenden Schaufenster mit den verlockenden Auslagen sein Auge, erwecken sein Begehren. Und das Verlangen nach all den schönen Dingen, nach all den angekündigten Vergnügungen der Großstadt, die dem Kinde trotz eines arbeitsamen Lebens unerreichbar bleiben müssen, führen das übermüdete Kind nur allzu oft auf den Weg des Verderbens, des sittlichen Untergangs.

Um die Kinder vor diesen Gefahren zu behüten, versucht man in den englischen Großstädten ganz allgemein den Hang der Kinder, zweifelhaften Vergnügungen nachzugehen, durch Schaffung von Erholungsheimen und geselligen Klubs in gesunde Bahnen abzulenken.

Diese „working boy's clubs" und „working girl's clubs" sind außerordentlich zahlreich. In London hat sich ein Verband der Klubs für Mädchen gebildet, dem in kurzer Zeit 36 Klubs beigetreten sind; ein anderer Verband umfaßt 8

Mädchenklubs; außerdem bestehen in allen Stadtteilen derartige Anstalten für Knaben und Mädchen, die keinem größeren Verbande angehören. Die Einrichtung der Klubs geht meist von Vereinen aus, oder von den Leitern von Wohlfahrtsanstalten, die den Klub als Unterabteilung der Anstalt ins Leben rufen. Die Kosten, die durch solche Gründung entstehen, sind sehr geringe. Ein Raum, der in den Abendstunden nicht anderweitig gebraucht wird, ist gewöhnlich nicht schwer zu finden; eine kleine Bibliothek wird Jeder, der Interesse für die Sache hat, sich leicht aus den entbehrlichen Schätzen junger, wohlhabender Freunde zusammenstellen können. Hat man einen Schulraum, ein Bureau, etwa einen Raum eines Arbeitsnachweises für die Abendstunden zur Verfügung, so macht die Einrichtung nicht viel Sorge und Kosten; es handelt sich dann nur um Beschaffung und Unterbringung eines Schrankes, in dem man einige notwendige Gegenstände, etwas Geschirr, eine Theemaschine u.s.w., Bücher, Handarbeiten aufbewahrt, und um Anschaffung eines Klaviers, das allerdings für derartige Klubs und Heime ganz unentbehrlich ist. Ist man aber in der Lage, einen Raum zu mieten oder einen unbenutzten Raum in einem Fabrikgebäude oder dergl. zu bekommen, so macht die Einrichtung wohl immerhin etwas Kosten; das wird aber reichlich dadurch aufgewogen, daß man sich dann den Klub behaglich und wohnlich ausstatten kann. Einige bequeme Stühle, Bilder, Blumen tragen viel dazu bei, solchem Klub den Stempel der Häuslichkeit aufzudrücken.

Die Hauptschwierigkeit liegt darin, die Besucher oder Mitglieder dieser Klubs zu gewinnen, die jugendlichen Arbeiter mit der Einrichtung bekannt zu machen. Das geschieht in England zumeist durch Verteilung von Handzetteln in der Nachbarschaft des neu eröffneten Klubs, durch Plakate, durch Lehrer, Prediger, Armenpfleger. In vielen Klubs wird von vornherein ein bestimmter niedriger Mitgliedsbeitrag von den Besuchern gefordert, der zur Deckung der Unkosten beiträgt (etwa 5-20 Pfg. wöchentlich), und der in den Mitgliedern das Gefühl der Zugehörigkeit zum Klub erweckt. Andere verlangen nur eine kleine Bezahlung für verabreichte Mahlzeiten. Einzelne Klubs sind nur an ein oder zwei Abenden in der Woche geöffnet; wo ein eigener Raum vorhanden ist, öffnet man den Klub natürlich allabendlich; in kleineren Verhältnissen, oder wo man mit sehr beschränkten Mitteln wirtschaftet, wird der Raum manchmal für mehrere Klubs nutzbar gemacht, etwa an drei Abenden in der Woche für einen Mädchenklub, an den anderen Abenden für Knaben. Neben den kleinen Beiträgen der Mitglieder bildet eine gut geleitete Ökonomie, die auch Mittagbrot verabreicht, oft eine Einnahmequelle für diese Anstalten; ferner Unterrichtskurse, die an einigen Abenden stattfinden, an denen sich auch Nichtmitglieder beteiligen können, z.B. im Kochen, Nähen, Schneidern, Turnen, Singen, Zeichnen u.s.w. An den Abenden ohne Unterricht bemühen sich die Komitémitglieder oder Helfer und Helferinnen des Klubs durch zwanglose Unterhaltung, durch Musik, durch Vorträge für die Abwechslung und Zerstreuung der Mitglieder Sorge zu tragen. Zu kleinen Festlichkeiten, die öfter in den Klubs stattfinden, werden die Freunde der Mitglieder eingeladen, Aufführungen einstudiert; in jeder Weise versucht man, den Mitgliedern Vergnügungen zu bieten, die ihren Geschmack läutern, und die eine so starke Anziehungskraft ausüben, daß die jungen Leute sich nicht zu den Tanzlokalen und Singspielhallen zweifelhaften Charakters hingezogen fühlen. Einzelne Mädchenklubs laden selbst von Zeit zu Zeit einen befreundeten Klub junger Männer zu einem geselligen Abend ein, der häufig mit einem Tanz endigt; glaubt man doch gerade durch solche Veranstaltungen die Möglichkeit zur Pflege einer edlen Geselligkeit für die Jugend der Arbeiterklassen zu schaffen und jungen Mädchen und jungen Leuten Gelegenheit zu einem anständigen Verkehr miteinander zu geben. Solche Veranstaltungen sind natürlich nur möglich, wo es sich nicht mehr um 14-16jährige Kinder handelt, sondern wo diese bereits herangewachsen sind und sich von den neueren und jüngeren Mitgliedern zu einem „senior-club" losgelöst haben.

Die Gefahren, die allen ähnlichen Veranstaltungen und auch diesen Klubs nachgesagt werden können, sind nicht sehr groß. Der Haupteinwand, dem man öfter begegnet, ist der, daß die jungen Leute durch solche anziehenden Heime der elterlichen Häuslichkeit entfremdet und entzogen werden könnten. Wer die Verhältnisse der großstädtischen Arbeiterbevölkerung kennt, für den bedürfen derartige Ansichten kaum noch einer Widerlegung. Die jugendlichen Arbeiter, die keine oder eine sehr trostlose Häuslichkeit haben, die kein geordnetes erfreuliches Familienleben kennen, diejenigen, für die solche Klubs gegründet werden, verbringen ihre Abende auf keinen Fall „zu Hause", in der Schlafstelle. Für sie giebt es nicht die Wahl zwischen dem „Klub" und der „Häuslichkeit", sondern zwischen dem „Klub" und der „Straße", und daraus erklärt es sich auch, daß die Mütter der jungen Leute die Einrichtung der Klubs stets befürworten und als die beste Hilfe bezeichnen, die den jugendlichen Arbeitern zu teil werden kann. In England wird der segensreiche Einfluß dieser Einrichtungen allgemein anerkannt, und eine Gefängnisaufseherin in einer mittelgroßen englischen Stadt behauptet geradezu, daß die Zahl der jugendlichen Gefangenen dort beträchtlich zurückgegangen sei, seit Klubs und Erholungsheime in großer Zahl eingerichtet worden sind. Daß solche Klubs mit der Zeit zum Mittelpunkt zahlreicher Wohlfahrtsveranstaltungen für die jugendlichen Arbeiter werden können, liegt auf der Hand. Arbeitsnachweise, Schlafstellennachweise, Ferienkolonien, Leihbibliotheken, Versicherungen für Krankheitsfälle, sogar Sparkassen für Aussteuer und Einrichtung sind in verschiedenen Klubs ins Werk gesetzt worden. Daß diese Einrichtungen benutzt werden, beweisen die Scharen junger Arbeiterinnen, die sich alljährlich von ihren Klubersparnissen die Annehmlichkeit eines kurzen Landaufenthaltes ohne fremde Hilfe gestatten können. Daß auch die Aussteuer-Sparkasse ihren Zweck erfüllt, kann die Schreiberin dieser Zeilen aus eigener Anschauung berichten. Hat sie doch selbst schon an einer Klubhochzeit teilgenommen, die einem langjährigen Mitgliede von ihren Genossinnen bereitet wurde, und bei der sie auch in die Erfolge dieser Aussteuer-Sparkasse Einblick thun konnte. Ein Londoner Klub giebt sogar eine eigene Zeitung heraus, die monatlich erscheint und über die Vorgänge in einzelnen Klubs und die Entwicklung des Klublebens berichtet, um einen regen Meinungs- und Erfahrungsaustausch der Mitglieder und Helfer der Klubs herbeizuführen.

In Deutschland hat man bedauerlicherweise bisher nur wenig derartige Einrichtungen geschaffen, die doch im Verhältnis zu andern Wohlfahrtsanstalten mit einem sehr geringen Aufwand an Mitteln und Kräften einzurichten wären, und die an keinem Ort fehlen sollten. Wissen wir doch, welche schweren moralischen, gesundheitlichen und auch wirtschaftlichen Schäden unserer Jugend aus dem irregeleiteten Wunsch nach Vergnügen aus leichtem entnervenden Lebensgenuß erwachsen können, und welch einen Gewinn für sie anregende Beschäftigung und der Verkehr mit verständnisvollen, warmherzigen, gebildeten Menschen bedeutet.

Nur in Dresden ist aus einem Sonntagsverein für Fabrikarbeiterinnen ein solches Erholungsheim hervorgegangen; auch in Leipzig und Quedlinburg bestehen seit einigen Jahren ähnliche Einrichtungen. In Berlin sind Versuche nach dieser Richtung bis vor Kurzem nur von kirchlicher Seite gemacht worden, durch die Jünglings- und Jungfrauenvereine, welche auch die heranwachsende Jugend zu sammeln versuchen. Zur Errichtung von Klubs oder Erholungsheimen ist es aber erst in jüngster Zeit gekommen. Das erste Abendheim für Arbeiterinnen in Berlin ist im Oktober 1898 von einem kleinen Frauenkomité ins Leben gerufen worden (Vors. Fr. Elsa Strauss, Alexander-Ufer 1). Der Verein zur Fürsorge für die weibliche Jugend ist dann mit der Gründung von einigen weiteren Abendheimen gefolgt.

Die Erfahrungen, die in der kurzen Zeit in dem 1. Arbeiterinnenheim Berlins (Brückenstr. 8) gemacht worden sind, lassen wohl den Schluß zu, daß die vermehrte Einrichtung von solchen Klubs auch bei uns einem Bedürfnis entspricht. Aus den Kreisen der Gäste, die lebhaftestes Interesse an dem Bestehen des Heims bekunden, wurde von Anfang an der Wunsch laut, das Heim auch in den Mittagstunden zu öffnen, und seit Ostern 1899 ist diesem Verlangen Rechnung getragen worden. Die Zahl der Abendgäste betrug in 1˘ Jahren 4.027, die Zahl der Mittagsgäste in ∫ Jahren 8.724. Das Heim ist ganz nach der Art der englischen Klubs eingerichtet. Es bietet in sauberen, durchwärmten, hellen Räumen den Arbeiterinnen die Möglichkeit, sich zu erholen, sich bei anregender Lektüre oder Musik zu unterhalten, ihre Kleider auszubessern, Belehrung zu empfangen und gegen billiges Entgelt kräftige und schmackhafte Mahlzeiten einzunehmen. *Frei von jeder politischen oder religiösen Tendenz* ist ein Mittelpunkt zur Pflege der Geselligkeit unter den Arbeiterinnen geschaffen worden, der sie den Plätzen fernhält, an denen ihrer Gesundheit und Sittlichkeit Gefahr droht. Trotzdem das Heim jeder Arbeiterin offen steht, und kein Gast nach Namen, Stand, Konfession oder Parteirichtung gefragt wird, sind die Prophezeiungen, mit denen überängstliche und skeptische Freunde die Gründerinnen anfangs von dem Unternehmen zurück zu halten versuchten, nicht eingetroffen. Die Scharen wartender Kavaliere, die das

Haus belagern sollten, die unsittlichen Mädchen, die bessere Elemente vertreiben würden, sind nicht erschienen. Im Großen und Ganzen rekrutiert sich das Publikum sowohl aus sehr jungen Mädchen, die einen Anhalt, einen Ersatz für das Elternhaus suchen, wie aus älteren Alleinstehenden, die keinen Gefallen an dem Aufenthalt in Tanzlokalen finden. Wohl sind manche darunter, die in einem Jungfrauenverein nicht Aufnahme finden würden, wohl welche, die einen rauhen Ton, häßliche Gewohnheiten und leichten Sinn haben; aber sie haben die besseren Elemente *nicht* verscheucht; und nach den bisherigen Erfahrungen läßt sich nur sagen: Gerade diese darf solch Heim am wenigsten entbehren; gerade ihnen kann das Heim ein Halt werden; gerade sie finden im Verkehr mit andern Kameradinnen einen Stützpunkt.

Anfänglich wurde der Gedanke durchaus in den Vordergrund gestellt, daß das Heim ein Ort der *Erholung* sein sollte. Die Mädchen sollten nicht nach 11stündiger anstrengender Arbeit zu irgend einer belehrenden Beschäftigung gezwungen werden, trotzdem die Gründerinnen sich von vornherein darüber klar waren, daß Erholung und Unterhaltung, so wichtig und wertvoll sie auch im Leben der Arbeiterin sind, nicht die einzige Aufgabe eines solchen Heims bleiben dürfen. Sie waren überzeugt, daß der Bildungsdrang der Mädchen sie nach Belehrung verlangen lassen würde, sobald ihnen erst die äußeren Bedingungen geschaffen würden, unter denen eine systematische Belehrung überhaupt möglich ist. Die Ausbildungsmöglichkeiten sollten sich den Wünschen, Neigungen und Bedürfnissen der Arbeiterinnen anpassen; die Einrichtung derselben sollte aus dem Heim allmählig herauswachsen; und deshalb sollte in den ersten Monaten nur zwanglose Unterhaltung und Anregung geboten werden.

Die Maßnahme hat sich auch entschieden bewährt. Während die Mädchen sich in der ersten Zeit beim Essen bedienen ließen, und sich auch nicht ein Stück Brot aus der Küche selbst geholt hätten, fingen Einzelne bald an, Gefallen an kleinen Handreichungen in der Wirtschaft zu finden, sich von der Hausmutter in der Küche anleiten zu lassen, und ihr, wenn sie sehr beschäftigt war, zur Hand zu gehen. Schon im Frühjahr 1899 sprach eine Arbeiterin den Wunsch aus, für die erste Hilfe in Unglücksfällen ausgebildet zu werden. Es wurde ihr versprochen, einen Samariterkursus einzurichten, wenn zehn Mädchen daran Teil nehmen wollen. Wenige Tage darauf teilte sie mit, daß sich bereits 20 Mädchen zur Teilnahme gemeldet hatten.

Im Herbst wurde im Anschluß daran ein Kursus über Hygiene abgehalten, in dem über Wohnungs-, Kleidungshygiene u.s.w. gesprochen wurde. Nach Schluß dieses Kursus wurde auf allseitigen Wunsch der Dienstag Abend für Abhaltung von Vorträgen beibehalten. Es sind Vorträge litterarischen, naturwissenschaftlichen, kulturgeschichtlichen Inhalts und Vorträge über Arbeiterinnenfragen gehalten worden. Einmal wöchentlich findet unter Leitung einer Gesanglehrerin ein Gesangabend statt, an dem der Chorgesang gepflegt wird, und ein Abend in der Woche ist als Flick-, Näh- und Schneiderabend reserviert worden, an dem schon manch nützliches und hübsches Kleidungsstück angefertigt worden ist. Neben den Mädchen, die Belehrung suchen, kommen aber auch die, welche Unterhaltung und Vergnügen wünschen, nicht zu kurz. Abgesehen davon, daß es ja jedem Gast frei steht, ob er an dem Unterricht teilnehmen will, daß diejenigen, die keine Neigung dazu verspüren, plaudern, lesen oder musizieren können, ist für das Bedürfnis dieser Gäste auch durch zahlreiche Feste gesorgt worden. Es wurde das 25jährige Geschäftsjubiläum eines Stammgastes gefeiert, der 50jährige Geburtstag eines andern; 2 stimmungsvolle Weihnachtsabende (1898 u. 99), an denen etwa 25 ganz alleinstehende Mädchen sich zu frohem Festtagsschmaus um einen geschmückten Tannenbaum scharten, zu dessen Ausputz jede nach ihren Kräften und nach ihrem Geschick beigetragen hatte. Ferner 2 vergnügte Sylvesterabende, sowie das Stiftungsfest des Heims, das mit einer Aufführung der Mädchen eingeleitet wurde. Außer diesen Festen wurde alle 4-6 Wochen an einem Sonntag eine Gesellschaft gegeben, zu der die Stammgäste ihre weiblichen Bekannten feierlich einluden. Die Ökonomie hat sich durch die Einführung des Mittagessens (Ostern 1899) überraschend entwickelt und gehoben; das Essen ist dank den Bemühungen einer tüchtigen Hausmutter jederzeit gut, die Menüs abwechslungsreich, und trotz des sehr geringen Preises wird beim Verkauf des Essens ein kleiner Überschuß erzielt.

Wenn man sich nun zwar auch des Erfolges dieser schwachen Anfänge freuen kann, die an 3 oder 4 Stellen in dem großen Berlin und an 7 oder 8 Stellen in dem großen Deutschland gemacht worden sind, so muß man sich doch darüber klar sein, daß bisher nur von winzigen Versuchen auf diesem Gebiete gesprochen werden kann. Gänzlich mangelt es bei uns noch an derartigen Einrichtungen für Knaben, für Lehrlinge u.s.w., was wohl darauf zurückzuführen ist, *daß bei uns die jungen Männer der besitzenden Klassen noch wenig gewöhnt sind, ihre berufsfreie Zeit als freiwillige Helfer oder Leiter in den Dienst solcher Unternehmungen zu stellen,* die ohne derartige Hilfskräfte unmöglich sind. Aus ihren Kreisen muß die Initiative zur Gründung von Knabenklubs hervorgehen, sie müssen die geistigen Leiter derselben werden, wie die *jungen Mädchen der besitzenden Klassen die Arbeiterinnenklubs gründen und organisieren müssen.* Wenn die Jugend zur Jugend kommt, wenn ein junger Mensch dem andern entgegenkommt, um ihm zu helfen, um auszugleichen, wo der eine zu viel hat und wo es dem andern fehlt, dann kann gegenseitiges Verständnis und Vertrauen nicht ausbleiben.

Die Frauenfrage auf dem Kongreß deutscher Strafanstaltsbeamter*

Die deutschen Kongresse und Versammlungen stehen augenblicklich anscheinend unter dem Zeichen der Frauenbewegung. Was vor einem Jahrzehnt noch allgemeines Aufsehen erregt hätte, beginnt allmählich zu einer gewohnten Erscheinung zu werden. Die Männer der verschiedensten Berufskreise beschäftigen sich auf ihren Kongressen und Generalversammlungen mit der Frauenarbeit; mit der Frage der Zulassung der Frauen zu dem betreffenden Beruf oder ihrer Ausschließung davon. Den Ärzten, Apothekern, Armenpflegern sind nun auch die *Strafanstaltsbeamten* darin gefolgt.[1] War bei den ersten derartigen Verhandlungen vorwiegend die Furcht vor der Konkurrenz der Frauen maßgebend, kam nur langsam der Gesichtspunkt zur Geltung, daß die Interessen der Frauen von ihren Geschlechtsgenossinnen wahrgenommen werden sollten, so bricht sich nun endlich auch in Männerkreisen der Gedanke Bahn, daß dem Bedürfnis der Frauen nach vermehrten Erwerbsmöglichkeiten Rechnung getragen werden müsse.

In dankenswerter Weise wurde auch dieser Standpunkt auf dem Strafanstaltskongreß von dem Referenten über „die Frauenfrage" zum Ausdruck gebracht. Vielleicht ist er damit einen Schritt weiter gegangen als ein weiblicher Referent an seiner Stelle gegangen wäre, denn auf allen Gebieten sozialer Hilfsarbeit haben die Anhängerinnen der Frauenbewegung stets nur die Interessen der Hilfsbedürftigen als Maßstab für ihre Forderungen gelten lassen. Auch die Vorkämpferinnen für die Zulassung von Frauen zur Gefangenenpflege sind von dem Gedanken ausgegangen, daß die Fürsorgethätigkeit und die Beaufsichtigung der weiblichen Gefangenen die Mitarbeit der Frauen erfordere; sie sind sich stets bewußt gewesen, daß die Gefangenenpflege im Interesse der Gefangenen geschaffen worden ist, nicht im Interesse derer, denen aus der Pflegethätigkeit ein segensreicher Beruf erwachsen könnte.

Die Frage, inwieweit den Gefängnissen und den Gefangenen durch die Besetzung von Beamtenstellen mit Frauen gedient sei, stand denn auch im Mittelpunkt der Kongreßerörterungen. Sie führte zu lebhaften Auseinandersetzungen über die Befähigung der Frauen für höhere, verantwortungsvolle Posten, die einen für die Frauen immerhin günstigen Abschluß nahmen und in denen eine im allgemeinen verständnisvolle Würdigung der Frauenbewegung zum Ausdruck kam. Diesen Umstand werden die Frauenvereine bei ihren Bestrebungen um Zulassung zum Gefängnisdienst oder auch zur Gefängnismission zu nützen haben!

Auf der Tagesordnung des Kongresses stand u.a. das Thema: „Wäre es zweck-

* Die Frau, 8. Jg., Nr. 10, Juli 1901, S. 623-626
[1] Kongreß deutscher Strafanstaltsbeamter in Nürnberg, 31. Mai 1901

mäßig, in Anstalten für weibliche Gefangene, abgesehen vom Arzte und dem Geistlichen, ausschließlich weibliche Beamte anzustellen und einem männlichen höheren Gefängnisbeamten nur eine Art Oberaufsicht in denselben zu übertragen?" Der Referent, Strafanstaltsdirektor *Fliegenschmidt* - Wehlheiden (Kassel) führte dazu aus, daß die moderne Frauenbewegung, deren Berechtigung nicht zu bestreiten sei, den mittelbaren Anstoß zur Erörterung dieser Frage gegeben habe. Die volle Würdigung, die er der Frauenthätigkeit in der Gefangenenpflege entgegenbringt, geht aus seinem Bericht hervor, der in einem kurzen Auszug zur Kenntnis weiterer Frauenkreise gebracht werden soll.[2] Herr Fliegenschmidt erkennt an, daß die Beschäftigung mit der Lage der weiblichen Gefangenen in den Kreis der Frauenbestrebungen gehöre. Für die unteren Beamtenstellen im Strafhause sei die Frage der Zulassung weiblicher Beamter als erledigt zu betrachten, nachdem das preußische Ministerialreskript vom 11. April 1842 schon die Frauen als Aufseherinnen zuläßt. Inzwischen habe aber die Frauenbewegung ganz besonders die mittleren Gesellschaftsschichten des sogenannten gebildeten Mittelstandes ergriffen, bei dem das Beamtentum einen erheblichen Bruchteil ausmache. Die vormalige Ansicht, daß es unschicklich sei, sich selbständig zu machen und in irgendwelcher öffentlicher Stellung sich sein Brot selbst zu verdienen, habe man abgelegt und man strebe auch in diesen Kreisen nach einer Bethätigungsgelegenheit. Diese Bestrebungen erzielten ihre ersten Erfolge auf dem Schulgebiete, bei der Post, Eisenbahn, im Kaufmannsstande, und es sei daher im allgemeinen nicht recht ersichtlich, weshalb man mit der Verwertung der Frau im Strafanstaltsdienste bei der Stellung der Aufseherin beziehungsweise Oberaufseherin und Hausmutter Halt machen sollte. Sei die Frage nach der Leistungsfähigkeit auch noch nicht spruchreif, den Versuch zu machen habe man doch allen Anlaß in einer Zeit, da die Frauenbewegung mit unleugbarem Rechte eine würdige Lebensstellung und einen segensreichen Wirkungskreis für so viele zur Thatenlosigkeit, zu unwürdigem Nichtsthun verdammte Frauen verlange. Was die erziehlich-sittliche Seite der Frage anlange, so seien schon aus Anstandsgründen bei gewissen Funktionen (Aufnahme, Einkleidung, Baden, Krankenpflege, nächtliche Revisionen der Schlafsäle u.s.w.) weibliche Bedienstete zu fordern. Weiterhin sei wohl kein Streit darüber, daß auch um der sittlichen Hebung der Gefangenen willen die Aufsicht und Leitung durch Frauen geschehen müsse und endlich, daß zur richtigen Beurteilung des weiblichen Charakters (Gemütsleben, Nervenzustände, Schwangerschaft u.s.w.) auch der tüchtigste Direktor der Hilfe weiblicher Beamter bedürfe. Er erinnere nur daran, wie schwer es oft sei, wieviel Mühe es koste, eine Frau zu einem Bekenntnis ihrer Schuld zu veranlassen, und er stehe in dieser Beziehung auf dem Standpunkte, daß in vielen Dingen die Frau nur von der Frau verstanden werde, und daß man sich als Mann oft ganz vergeblich mühe, in Herz und Gemüt

[2] Der Bericht über diese Ausführungen ist dem Fränkischen Kurier entnommen.

der weiblichen Strafgefangenen einzudringen. Das bestätigen auch vielfach die Gefängnisgeistlichen. Weshalb solle man die auf diesem Gebiete thatsächlich vorhandene Überlegenheit der Frau leugnen und sie von der Mitwirkung hierbei ausschließen? (Beifall.) Unbestreitbar sei ferner, daß der Staat die Pflicht habe, die verhängte Strafe so zu vollziehen, daß Besserung möglich sei, und daß die ehrbare Frau auf das gefallene Weib auch in dieser Beziehung einen weit intensiveren Einfluß habe, als das je von Seite des Mannes möglich sei, in dessen Hand bisher die praktisch bedeutsamste Aufgabe der Strafe, an der Besserung der Gefangenen kräftig mitzuarbeiten, fast ganz allein liege. Eine besondere Frage sei noch, inwieweit der Mann nach dieser Richtung hin sittlich genügend gefestigt sei, um seiner erzieherischen Thätigkeit in ihrem ganzen Umfange gerecht zu werden. Mit diesen Zugeständnissen ergebe sich ganz von selbst die Frage, inwieweit die Frau auch in die leitenden Stellen einzurücken habe. Die Anschauungen hierüber seien noch sehr geteilt. Während ein Teil der Praktiker für die Oberbeamtenstellen der Verwaltung aus Gründen sittlicher Hebung und unter der Voraussetzung praktischer Brauchbarkeit Frauen allgemein zugelassen wissen will, mindestens aber als Wirtschaftsbeamtinnen, leugne die andere Seite das Bedürfnis des weiblichen Einflusses über die Unterbeamtenstellungen hinaus.

Am Schlusse seiner Ausführungen empfahl der Referent folgende Resolution: „In Weiberstrafanstalten sind die Stellen a) der Werkführer, Aufseher und Oberaufseher unbedingt mit weiblichen Beamten, b) der Expeditions-, Kassen- und Wirtschaftsbeamten, des Lehrers und des Arztes thunlichst mit weiblichen Beamten, c) der Wächter, Boten, Handwerker, des Geistlichen und des Direktors nur mit männlichen Beamten zu besetzen."

Da die praktische Ausführung der in der Resolution enthaltenen Vorschläge einen bedeutenden Fortschritt herbeiführen würde, können die Frauen wohl damit zufrieden sein; sind sie doch an langsames, schrittweises Vorrücken auf allen sich neu eröffnenden Arbeitsgebieten gewöhnt.

Als Erfolg der Frauenthätigkeit und der Frauenbewegung kann wohl aber die Opposition des Direktors der Hamburger Gefängnisanstalten, Hauptmann Dr. *Gennat*, angesehen werden, dem die Resolution zu eng gehalten schien. Er verlangt *die unbedingte Anstellung von Frauen für die Stellen des polizeilichen Unterpersonals, der Aufseherinnen, Oberaufseherinnen, Hausmütter, sowie thunlichste Besetzung aller anderen Stellen, soweit besondere Vorbildung erforderlich oder vorgeschrieben, mit Frauen, die diesen Nachweis führen können.* Auf Grund langjähriger Thätigkeit an einer mit 450 Frauen besetzten Anstalt tritt er für möglichst weitgehende Freigabe des Strafanstaltswesens für die Frauen ein, auch in Bezug auf die *Direktoratsstellen*, „die Frauen mindestens ebensogut ausfüllen würden wie Männer". Er sehe keinen Grund, der Frau derartige Stellen vorzuenthalten, „nachdem alle Behauptungen von der geistigen Inferiorität der Frau bisher unbewiesen geblieben, die Frau sich vielmehr in allen ihr freigegebenen Berufen bewährt" habe. – „Die Leitung muß der Frau in vollstem Umfange zustehen, also ohne daß etwa noch ein männlicher Direktor seine segnende Hand darüber hält."

Herr Direktor Gennat scheint mit seinen Forderungen aber denn doch den fortschrittlichen Sinn der Strafanstaltsbeamten überschätzt zu haben. Sein Vorschlag wurde zurückgewiesen. Man darf sich wohl fragen, wie es aufgenommen worden sein würde, wenn eine Frau den Antrag des Direktors Gennat in der Versammlung gestellt hätte. Ob man nicht „ohne Debatte" über ihren Antrag zur Tagesordnung übergegangen wäre! Der Mann, der Kollege, erregte, wenn auch heftigen, so doch wenigstens nur sachlichen Widerspruch, der allerdings zum Teil als unhaltbar zurückgewiesen werden konnte. Einer der Kongreßteilnehmer erklärte, daß es seinem Gefühl als Geistlichen und Angestellten widerstreben würde, eine Frau als Oberin über sich zu haben; andere hielten die Frau nicht für geeignet zur Besetzung des Direktorpostens, weil ihr die nötige physische Kraft fehlen dürfte. Nach längerer Debatte wurde schließlich die Resolution des Referenten, die allseitige Zustimmung fand, vom Kongreß angenommen, und mehr konnten die Frauen schließlich nicht erwarten. Immerhin haben diese Verhandlungen über die Frauenarbeit im Gefängniswesen – an denen keine Frau teilnahm und für die Interessen ihrer Geschlechtsgenossinnen eintreten konnte – auf dem Grundsatz gefußt, daß die Bedürfnisse der gefangenen Frau am besten von der Frau beurteilt werden können, daß zur Beaufsichtigung, Pflege und Besserung der weiblichen Strafgefangenen in weit größerem Umfange die Hilfe der Frau herangezogen werden müsse.

Wenn die Frauen nun auch einerseits gern und dankbar solch Eintreten für ihre Sache anerkennen werden, so dürfen sie doch andererseits nicht schweigen, wenn aus Unkenntnis oder Übelwollen ihre Arbeit in falschem Lichte dargestellt oder ohne weitere Begründung abfällig kritisiert wird. Leider ist auch auf dem Strafanstaltskongreß eine Äußerung gegen die Anhängerinnen der Frauenbewegung gefallen, die um so weniger unwidersprochen bleiben darf, als sie von einem Manne gethan wurde, der verschiedentlich Gelegenheit gehabt hat, mit Vertreterinnen der Bewegung gemeinsam und auch – so wie bekannt geworden ist – erfolgreich zu arbeiten. Nach den übereinstimmenden Berichten verschiedener Zeitungen (z.B. des Berliner Tageblatts und des Fränkischen Kuriers) trat Geh. Ober-Reg.-Rat *Krohne* – Berlin für eine umfassende Heranziehung der gebildeten Frauen zur Strafvollzugspflege ein. Unter „gebildeten Frauen" verstehe er natürlich jene Frauen, die wirtschaftlich, praktisch und sozial vorgebildet seien und die dabei alle jene Herzenstugenden besäßen, die für den Umgang mit Unglücklichen unbedingt nötig seien. *Dagegen möge Gott das Strafanstaltswesen vor dem Zuzug jener Frauen bewahren, die in der sogenannten „Frauenbewegung" ständen.* Können denn Anhängerinnen der Frauenbewegung nicht wirtschaftlich, praktisch und sozial vorgebildet sein, oder ist ein Mangel an Herzenstugenden eine Begleiterscheinung der Frauenbewegung? Sollte es Herrn Geheimrat Krohne nicht bekannt sein, daß die erste Erlaubnis, die der preußische Justizminister Frauen zur Ausübung der Gefängnismission gab (einer Aufgabe, die sich an Schwierigkeit sicherlich mit den Aufgaben des Gefängnisbeamten messen kann), der Kommission des Berliner Frauenvereins galt, eines Vereins, der durchaus „in der sogenannten Frauenbewegung steht", und daß diese Thätigkeit in Preußen fast ausschließlich von Frauenvereinen ausgeübt wird, die der Frauenbewegung angehören, ihr dienen, und durch sie für diese schwierige Arbeit gewonnen und begeistert worden sind?

Herr Geheimrat Krohne erkennt zwar an, daß man in preußischen Anstalten die besten Erfahrungen mit den angestellten Frauen gemacht hat; sollte er sich vergewissert haben, daß von diesen Frauen keine der Frauenbewegung nahe steht, durch sie auf den Beruf hingewiesen, durch freie Vereinsthätigkeit ihm zugeführt worden ist?

Die Anhängerinnen der Frauenbewegung verkennen gewiß nicht die großen Verdienste, die die innere Mission und der Evangelische Diakonieverein sich durch die Einrichtung von Ausbildungskursen für Gefängnisbeamtinnen erworben haben; aber diesen Kursen wird doch manche Anhängerin der Frauenbewegung zugeführt, deren *„soziales Empfinden"* durch die Bestrebungen geweckt worden ist, die *jeder* Art von Frauennot, der wirtschaftlichen, geistigen und sittlichen, Hilfe bringen sollen. Darum muß die oben angeführte Bemerkung zurückgewiesen werden.

Die Frauenbewegung fordert das Recht auf mühselige, verantwortungsvolle Thätigkeit, das Recht auf Hilfsarbeit an den Hilfsbedürftigsten. Was ihr davon die Gegenwart noch vorenthält, wird ihr die Zukunft gewähren.

Walter Besant und die Volksheim-Bewegung*

In lakonischer Kürze haben die Tagesblätter die Nachricht gebracht, daß Sir Walter Besant gestorben ist. „Der beliebte englische Romanschriftsteller, der merkwürdigerweise in Deutschland wenig bekannt geworden ist,"[1] berichten die Einen

* Centralblatt des Bundes deutscher Frauenvereine, 3. Jg., Nr. 7, 1. Juli 1901, S. 49-51

1 Seine Romane sind großenteils nicht übersetzt und daher leider nur einem Teil des deutschen Lesepublikums zugänglich.

von ihm; „der Volksbeglücker", so setzen Andere hinzu. Wie vielen Frauen durch Walter Besant der Weckruf ertönte, der sie der Arbeit für den „sozialen Frieden" zuführte, dürfte nicht festzustellen sein. Unzweifelhaft ist, daß er zu den glücklichen Naturen gehörte, die „ihre Zeit ebensogut zu begreifen wie zu ergreifen" imstande sind, daß er in seinen Romanen Wünsche, Forderungen, Pläne zum Ausdruck brachte, die dem Verständnis seiner Zeitgenossen angepaßt waren, für die er sie deshalb gewinnen konnte. Während die Gedanken eines Carlyle langsam ausreifen mußten, um von den breiten Massen des Volkes aufgegriffen und verstanden zu werden, während Männer wie er und Ruskin erst durch ihre Schüler zu den herrschenden und führenden Geistern einer *späteren* Epoche wurden, hat Walter Besant die Luftschlösser, die er in seinen sozialen Romanen baute, in massivem Stein und Erz ausführen sehen. Als Dichter mag man ihn mehr oder weniger hoch einschätzen; als sozialer Apostel hat er auf Kreise gewirkt und Menschen mit fortgerissen, die auf andere Weise von der Not und dem Ringen der Ärmsten kaum je etwas gehört hätten.

Nur ganz vereinzelt beginnen deutsche Schriftsteller, z.B. Clara Viebig in ihrem Roman „Das tägliche Brot", die Leiden der arbeitenden Frau und vor allem auch das Hungern und Dürsten der arbeitenden Klassen nach Wissen, Bildung und geistigen Genüssen den besitzenden Kreisen in ähnlicher Weise nahe zu bringen, wie Besant es durch seine Romane „The Children of Gibeon", „Katherine Regina", „All sorts and conditions of men" u.a. gethan hat.

„The Children of Gibeon", der Roman mit der märchenhaften Fabel, scheint beinahe zu dem Zweck geschrieben, die heranwachsende weibliche Jugend für die soziale Arbeit zu begeistern. Lady Eldridge hat bald nach der Geburt ihrer Tochter das gleichaltrige kleine Mädchen ihrer Waschfrau angenommen und beide Kinder gemeinsam erzogen. Die Mädchen wuchsen in dem Glauben auf, Geschwister zu sein, und erst zwanzigjährig erfahren sie, daß die eine von ihnen ein Kind aus dem Osten Londons ist. Valentine, die mit Bestimmtheit glaubt, daß *sie* das verpflanzte Reis sei, beschließt mit der Einwilligung Lady Eldridges, für drei Monate in die Verhältnisse zurückzukehren, aus denen sie zu entstammen meint. Unter den Näherinnen von Horton, in den slums, den verkommenden und verwahrlosten Gassen Ost-Londons versucht sie, sich eine Existenz zu schaffen, ihr Los mit dem menschenunwürdigen Dasein dieser Opfer des Schwitz-Systems zu verknüpfen. In glühenden Farben schildert Besant das wirtschaftliche und moralische Elend dieser Unglücklichen, aber auch die Verzweiflung und Empörung des Mädchens, das, in sorgenfreien Verhältnissen aufgewachsen, sich diesen fürchterlichen Zuständen plötzlich gegenüber gestellt sieht. Was Besant hier von der Not der arbeitenden Frau sagt und von der Pflicht der Besitzenden, *„sich selbst zu geben, nicht nur ihr Geld,"* gehört mit zu dem Ergreifendsten, was die moderne Litteratur auf diesem Gebiet aufzuweisen hat.

Eine andere, aber keine geringere Art von Frauenleid schildert Besant in „Katherine Regina", einem Seitenstück zu dem klassischen „Frauenschicksal" von

Elise Orzeszko. „Das Los des Mädchens aus guter Familie“, das plötzlich, durch Schicksalsschläge zum Broterwerb gezwungen, ohne Vorbereitung, ohne Berufsausbildung dem Kampf ums Dasein aufzunehmen versucht.

„Arbeiten habe ich nicht gelernt, ich habe doch eine *gute Erziehung* genossen,“ sagte mir kürzlich eine Frau, die sich nach dem Tode ihres Mannes um Hülfe zur Begründung einer Existenz bemühte, als ich sie fragte, was sie denn verstände und anzufangen gedächte. Das hoffnungslose Schicksal, das vergebliche Kämpfen und Mühen dieser Frauen, „die nicht zu arbeiten gelernt haben“, und als „höhere Tochter“ von allem *etwas*, aber nichts *ganz* verstehen, illustriert Besant an dem Beispiel seiner Katherine, die sich mit Erteilung von Privatunterricht durchzuschlagen versucht, dann durch unglückliche Zufälle arbeits- und schließlich auch obdachlos wird, da auch das Heim für alleinstehende Mädchen sie nicht mehr beherbergen kann, als ihre Mittel verbraucht sind. „Es ist eben keine Wohltätigkeitsanstalt.“ Der Roman Besants ist eine flammende Anklageschrift gegen die bisherige Mädchenerziehung.

Wenn die direkte Wirkung dieser beiden Tendenzschriften nicht zu konstatieren ist, weil sie sich naturgemäß der Statistik entzieht, so kann der praktische Erfolg von „All sorts and conditions of men“ kaum noch übersehen werden. Dies Buch hat den Anstoß zu einer kraftvollen und vielversprechenden Bewegung gegeben, die längst weit über Englands Grenzen hinaus Boden gewonnen hat. Die Volksheim-Bewegung, die gerade jetzt auch in Deutschland Boden zu fassen beginnt, ist Walter Besant zu unendlichem Dank verpflichtet. Was Politiker und Gelehrte durch wissenschaftliche Werke und populäre Vorträge nicht hatten bewirken können, das gelang Besant mit diesem Roman, nämlich die Opferwilligkeit seiner Mitbürger für *ideale Zwecke* auszulösen, für die Errichtung des ersten und bisher an Großartigkeit unübertroffenen Volksheims, das den arbeitenden Klassen Londons eine Stätte der Belehrung, der Erholung, der Freude geworden ist. Eine kurze Darstellung der Entstehung und des Wirkens von „People's Palace“ trägt vielleicht dazu bei, auch das Interesse der deutschen Frauen für die Volksheim-Bestrebungen zu wecken, deren aufstrebende Entwicklung in Deutschland wesentlich von ihrer Teilnahme beeinflußt werden könnte. Als Besant im Jahre 1882 „All sorts and conditions of men, an impossible story“ dem Publikum übergab, schrieb er in seiner Vorrede: „Meine Freunde und Berater haben mir gesagt, daß diese Geschichte unmöglich ist. Ich habe deshalb die Thatsache auf dem Titelblatt konstatiert, damit niemand sich beklagen kann, er sei getäuscht worden. *Aber ich für meine Person habe niemals begreifen können, warum sie unmöglich sein soll.*“

Das Unmögliche dieser Geschichte war, daß die Millionenerbin Angela Marsden Messenger nach glänzender Absolvierung ihrer Studien in Cambridge sich im Osten Londons, im berüchtigten Whitechapel niederläßt, um dort „allerlei Arten von Menschen“ kennen zu lernen, vor allem die Lebensbedingungen der Arbeiterfamilien, die in der Brauerei ihres Vaters und Großvaters ihre ganze Kraft für die

Anhäufung eben dieses unermeßlichen Vermögens eingesetzt hatten. Als Schneiderin tritt sie dort auf und dringt in die Verhältnisse der Arbeiterinnen ein, die oft von ihren Arbeitgebern so behandelt wurden, daß sie als Sklaven ein besseres Los gefunden hätten. Sie gründet eine Produktivgenossenschaft für Schneiderinnen und Näherinnen und schließlich auf Anregung eines ideenreichen Freundes einen „Palast der Freude", einen Volkspalast, in dem die arme Bevölkerung Ost-Londons zur Freude am Dasein, zum Lebensgenuß erweckt werden soll. Der Plan zu diesem „palace of delight" ist mit großer Liebe gezeichnet, bis in die intimsten Details ausgeführt. Pflege der Musik, des Theaters, der Gymnastik ist vorgesehen. Unterrichts- und Fortbildungsmöglichkeiten in Wissenschaft und Technik werden geboten; das Straßenviertel ist bezeichnet, in dem der Bau errichtet ist; genaue Bestimmungen über die Verwaltung sind gegeben, kurz: Besant ließ seine Romanfiguren einen Organisationsplan entwickeln und verwirklichen, wie er praktischer und großartiger von Berufsorganisatoren garnicht entworfen werden konnte. Er schilderte das geistige Elend dieser Volkskreise und die Notwendigkeit, ihr Leben durch edle Genüsse zu bereichern mit feinstem Verständnis für soziale Erscheinungen, in seiner eigentümlich packenden Weise, die den Leser mit fortreißen muß. Und der Erfolg war, daß bald nach dem Erscheinen des Buches ein Komitee zusammentrat, *um den Traum Besants in all' seinen Einzelheiten zu verwirklichen,* um den „Volkspalast" der Phantasie an eben jener Stelle aufzubauen, die Besant in seinem Roman bezeichnet hatte. Schon am 14. Mai 1887 wurde „People's Palace" von der Königin eröffnet, ein Volksheim, das seitdem Tausenden der Armen und Ärmsten in dem ehemals so verrufenen Whitechapel zu einer Stätte der Erholung und Belehrung geworden ist. Ein herrlicher Kuppelbau enthält die im Durchschnitt täglich von 1.000 Personen besuchte Bibliothek mit dem Lesesaal. Die im Festsaal allsonntäglich stattfindenden Orgelkonzerte zählen in der Regel etwa 5.000 Besucher. Ein großartiges Schwimmbad, Turnsäle, Spielplätze, seit kurzem auch eine ständige Gemäldeausstellung vervollständigen die Unterhaltungs- und Erholungsabteilung. Bedeutender noch ist der Volkspalast für die Veranstaltungen zu Bildungszwecken. Namentlich die technischen und kunstgewerblichen Klassen sind musterhaft eingerichtet und haben das geistige Niveau der dortigen Bevölkerung und deren Leistungsfähigkeit entschieden bedeutend gehoben. In Tagesklassen für junge Leute, die nach der Entlassung aus der Volksschule 1-3 Jahre auf ihre Ausbildung verwenden können, und in Abendklassen für Berufsthätige werden Mathematik, Naturwissenschaften, neuere Sprachen, Musik, Schneidern und Putzmachen gelehrt, Haushaltungs- und kunstgewerblicher Unterricht gegeben u.a.m. Die Abendklassen allein fassen über 5.000 Schüler und Schülerinnen. Ein Programm vom Sommersemester 1896 weist 39 kaufmännische und allgemeine Fortbildungsklassen auf, 7 Klassen für Schneidern und andere weibliche Erwerbsarten, 3 gewerbliche Klassen, 14 Klassen für Musik und 11 für Kunst und Kunstgewerbe. Außerdem umfaßt der naturwissenschaftliche Unterricht (Elektrizität, Chemie, Hygiene, Dampf und Dampfmaschine), sowie der

Unterricht in industriellen Berufen eine etwa ebenso große Zahl von Klassen. Neben studierten Lehrern für die theoretischen Fächer wirken in den Werkstätten technisch gebildete Lehrer. Für den Unterricht muß ein geringes Honorar entrichtet werden, doch sind für ganz Unbemittelte viele Freistellen vorgesehen. Die Verwaltung dieses in seiner Großartigkeit noch kaum erreichten Unternehmens liegt zum großen Teil in den Händen der Arbeiterbevölkerung selbst.

Von People's Palace ist die Anregung zur Gründung von Volksheimen in allen Ländern ausgegangen. Die Volksbildungs- und Volksunterhaltungsbestrebungen sind dadurch neu belebt worden, und immer größere Anhängerscharen werden dem Gedanken gewonnen, daß *„Bildung und Wissenschaft gleich dem Reichtum daseinsberechtigt nur durch die Pflichten sind, die sie zum allgemeinen Besten ihren Trägern auferlegen"*.[2] Die Arbeiterklasse verlangt heut nach höherer Bildung, nach Teilnahme an den modernen Kulturerrungenschaften, nicht nach Almosen und Wohlthätigkeit.

Die Bewegung, die Besant angeregt hat, wird fortbestehen, auch dann noch, wenn seine Romane vielleicht nicht mehr gelesen werden, sie gewinnt von Jahr zu Jahr weitere Ausdehnung. Überall regt und rührt man sich, um auch den arbeitenden Klassen, Männern und Frauen, ihren „Platz an der Sonne" zu sichern. Schwach und tastend sind noch die Versuche, die in Deutschland auf diesem Gebiete gemacht werden, und enge die Kreise, die die Bewegung bis jetzt gezogen hat. Möchte auch für uns ein Besant kommen, um sie weiter zu ziehen!

Settlementsbewegung und Gruppen für soziale Hilfsarbeit[*]

„Fürsorge" bedeutet eine sorgende, helfende, pflegerische Thätigkeit, nicht die alleinige Hergabe von Geldmitteln. Alle modernen Wohlfahrtsbestrebungen, alle sozialen Bestrebungen, die dem verbesserten Aufbau der Gesellschaft dienen sollen, gipfeln in einer solchen *persönlichen, verständnisvollen Fürsorgethätigkeit* für die Jugend, für Arme, für Kranke, für sittlich Gefährdete u.s.w., in einer Fürsorge, die nicht nur Symptome bekämpft, sondern deren Ursachen zu beseitigen strebt.

[2] Vgl. Schulze-Gaevernitz: Zum sozialen Frieden.

[*] Die Jugendfürsorge, 2. Jg., Nr. 8, Aug. 1901, S. 453-460

Wie aber jede Thätigkeit, jeder Beruf gelernt sein will, wie die Krankenpflegerin eine lange schwere Lehrzeit durchmachen muß, ehe sie mit leichter geschulter Hand physische Wunden verbinden kann, so werden auch Alle, die die moralischen, geistigen und wirtschaftlichen Schäden unseres Volkslebens lindern und bekämpfen wollen, einer Vorbereitung für diese Arbeit bedürfen. Bei dem Ernst der sozialen Aufgaben genügt der gute Wille, die volle Hingabe der Persönlichkeit, nicht; es sind vielmehr eine Reihe von Kenntnissen, Verständnis für die Lage und für die Bedürfnisse der arbeitenden Volksklassen, eine sorgfältige Durchbildung der Persönlichkeit notwendig, wenn erfolgreiche, soziale Hilfsarbeit geleistet werden soll.

Diese Überzeugung, die in früheren Zeiten durch die Gründungen der Evangelischen Diakonien und der Katholischen Ordensgenossenschaften zum Ausdruck gebracht wurde, ist in den letzten Jahrzehnten durch die hohen sozialen Lehren eines Kingsley, eines Ruskin neu belebt und in weite Kreise getragen worden. Ihrem Einfluß auf die englische Jugend ist das Entstehen der sogenannten *„Settlements-Bewegung“* zuzuschreiben, welcher alle moderneren sozialen Bestrebungen, auch die *„Mädchen- und Frauengruppen für soziale Hilfsarbeit“*, einen Teil ihrer Methoden und ihrer Impulse verdanken.

Unter *„Settlement“* (Niederlassung, Ansiedlung) versteht man die Gemeinschaften gebildeter Menschen, die sich in den Arbeitervierteln der großen englischen und amerikanischen Städte ein Heim gründen, um mitten unter der Arbeiterbevölkerung zu wohnen, eine genaue Kenntnis der Lage und der Bedürfnisse der arbeitenden Volkskreise zu gewinnen, und um schließlich auf Grund der dort gewonnenen Kenntnisse erfolgreich an der Hebung des Gemeinwohls mitarbeiten zu können.

In den sechziger und siebziger Jahren wurde dieser Gedanke von einigen Studenten in Oxford aufgegriffen und namentlich *Arnold Toynbee* verbreitete die Überzeugung, daß die Besitzenden erst die Arbeiter, ihr Leben und ihre Stellung kennen lernen müssen, wenn sie erfolgreich und mit klarem Verständnis für soziale Reformen eintreten wollen. Er besprach mit seinem Lehrer, dem Reverend Barnett, den Plan zur Gründung eines Settlements, das er sich als Universitätsniederlassung dachte. Nach seiner Meinung sollte jeder Student einige Zeit in solcher Ausbildungsanstalt für gemeinnützige Arbeit zubringen, um einerseits neben die theoretischen Kenntnisse, die ihm die Universität vermittelt hatte, auch die Kenntnisse von den Verhältnissen des praktischen Lebens zu setzen, andrerseits aber, um das Wissen, das ihm die höchsten Bildungsanstalten des Landes gegeben, in die Kreise zu tragen, denen diese Anstalten verschlossen bleiben.

Als 10 Jahre nach Toynbee's Tode, im Jahre 1885, von dessen Freunden ein solches Settlement nach seinen Plänen und Ideen eröffnet wurde, da erfüllte man nur einen Akt der Gerechtigkeit, eine Pflicht der Dankbarkeit, als man das Settlement ihm zu Ehren *„Toynbee-Hall“* benannte.

Toynbee-Hall ist ein schönes großes Haus in einem der schlechtesten Stadtteile Londons, in einer der Straßen, in denen bei Tage die Armut, bei Nacht das Verbrechen einhergeht. Es enthält eine Reihe von Wohn- und Schlafzimmern, die gegen einen mäßigen Pensionspreis an Männer vermietet werden, die sich für einen einjährigen Aufenthalt verpflichten und sich für ihre berufsfreie Zeit in den Dienst der Settlementsarbeit stellen. Der Gedanke, daß nur Studierte in Toynbee Hall aufgenommen werden sollten, ist längst fallen gelassen worden; es wohnen jetzt Männer der verschiedensten Berufskreise dort, die zumeist nur ihre Abendstunden für die Settlementsarbeit geben können: Ärzte, Lehrer, Kaufleute, Prediger u.s.w. Die Settlementsarbeit besteht in der Teilnahme an allen Wohlfahrtsbestrebungen des Stadtteils: in der Mitarbeit in Armenpflege-Vereinen, Gründung von Fortbildungsschulen, Ferienkolonien, Unterstützung von Arbeitervereinen, in der Teilnahme an der Universitäts-Ausdehnungsbewegung, an den Volksbildungsbestrebungen u.s.w. Die jüngeren Bewohner des Settlements werden durch die älteren in diese Arbeiten eingeführt, von ihnen angeleitet und unterwiesen. Viele, die längere Zeit im Settlement bleiben, kandidieren für die Ehrenämter in der Gemeindeverwaltung (Schulaufsicht, Armenpflege u.s.w.). Damit entsprechen sie einem großen Bedürfnis, da es in den Arbeitervierteln der englischen und amerikanischen Großstädte sehr schwer ist, Persönlichkeiten zu finden, die zur Übernahme solcher unbesoldeter Ehrenämter geeignet und geneigt sind.

Man nimmt an, daß jemand, der auch nur ein Jahr in solchem Settlement zugebracht hat, durch die dort gewonnenen Kenntnisse und Erfahrungen nicht nur jederzeit an die Erfüllung von Bürgerpflichten gemahnt werden dürfte, sondern auch diese Pflichten, die das moderne Gemeinwesen dem Bürger auferlegt, erfolgreich auszuüben imstande sein dürfte.

Diese Settlementsmethode ist von den englischen Frauen unverzüglich aufgenommen worden; glaubten doch namentlich die studierenden Frauen hier einen Weg zu erkennen, um sich die Kenntnisse anzueignen, die zur Ausübung kommunaler Pflichten unerläßlich sind. Bereits zwei Jahre nach der Eröffnung von Toynbee Hall wurde das erste Frauen Settlement in London (Southwark Blackfriars Road, Nelson Square) eröffnet. Ein Jahr später (1888) das erste Frauen-Settlement in Amerika und die Teilnahme der Frauen an der Settlementsbewegung hat seitdem eine überraschende Ausdehnung gewonnen. Dieser Aufschwung der Settlementsbewegung durch die Mitarbeit der Frauen ist wohl darauf zurückzuführen, daß es den Frauen vermöge der weiblichen Eigenart leichter als den Männern gelingt, freund-nachbarliche Beziehungen zur arbeitenden Bevölkerung anzuknüpfen. Das der Frau innewohnende mütterliche Gefühl und der echt weibliche Instinkt steter Hilfsbereitschaft bringt sie den Frauen der arbeitenden Volksklassen nahe, und die moderne großstädtische Arbeiterbevölkerung kommt eher einer Frau als einem Mann aus andern Gesellschaftskreisen mit Vertrauen entgegen, sie glaubt eher an ihre Uneigennützigkeit, weil man bei der Frau im allgemeinen weniger religiöse oder politische Beweggründe für ihr Entgegenkommen voraussetzt. Die Frauen-Settlements haben ihr Arbeitsgebiet hauptsächlich in der Armenpflege, in der Kinderfürsorge, in der Pflege und Erziehung gebrechlicher Kinder, in der Thätigkeit in Haushaltungsschulen und Arbeiterinnenklubs gefunden. Die Mitarbeiterinnen werden sorgfältig für die soziale Thätigkeit angeleitet; die praktische Arbeit der neu Eingetretenen vollzieht sich unter Leitung erfahrener Führerinnen. Daneben wird ein Unterricht in der Armengesetzgebung, in der Pädagogik, Hygiene, Volkswirtschaftslehre u.s.w. erteilt, der die praktische Arbeit in theoretischer Weise ergänzen soll. Die Resultate dieser Ausbildung sind ausgezeichnete; die Settlements sind thatsächlich zum Mittelpunkt der sozialen Bestrebungen in England und Amerika geworden; die Frauen, die daselbst ihre Ausbildung empfangen haben, sind vielfach zu Leiterinnen oder Sekretärinnen (sowohl für ehrenamtliche wie für besoldete Posten) der großen Armenpflege-Vereine und Wohlfahrtsanstalten berufen worden; man hat ihnen offizielle Ämter in der Gemeindeverwaltung (Schulaufsicht, Armenverwaltung) übertragen und sie zu der Fabrik- und Sanitätsinspektion herangezogen.

Die Erfolge der englischen und amerikanischen Settlementsbewegung haben auch in Deutschland zu Versuchen geführt, die soziale Arbeit der Frauen zu vertiefen und dem wachsenden Bedürfnis nach geschulten Kräften auf allen Gebieten der Fürsorgethätigkeit durch eine systematische Ausbildung zu entsprechen. Die nationalen Eigentümlichkeiten haben aber zu einer anderen Ausgestaltung dieser Bestrebungen führen müssen. Die vollständige Loslösung der Mädchen vom Elternhaus würde sich unter deutschen Familienverhältnissen nur selten ermöglichen lassen; auch mußte als Lebensprinzip derartiger Veranstaltungen in Deutschland zunächst die Gewinnung breiter Schichten der bürgerlichen Frauenwelt - nicht nur die Ausbildung eines kleinen Kreises alleinstehender oder unabhängiger Frauen - aufgestellt werden. Bei der Verfolgung solcher Ziele hat man unter Verzicht auf einen festen Mittelpunkt durch ein Anstaltshaus eine losere Organisationsform gewählt und versucht, kleinere Gruppen von Frauen und Mädchen in zwangloser Weise durch praktische Arbeit und theoretische Unterweisung unter Leitung erfahrener Kräfte in die soziale Arbeit einzuführen und sie dazu tüchtig zu machen.

Die erste derartige Vereinigung wurde im Jahre 1893 in Berlin unter dem Namen *„Mädchen- und Frauengruppen für soziale Hilfsarbeit“* gegründet. In den letzten Jahren sind ähnliche Gruppen in Wien, Bremen, Königsberg, Hamburg, Leipzig, Frankfurt a.M., Mannheim entstanden.

Die Berliner Vereinigung, die den anderen zum Muster gedient hat, bezweckt:

1. die Mädchen und Frauen, die sich sorgloser äußerer Lebensbedingungen erfreuen, mit der Not der ärmeren Volksklassen bekannt zu machen und sie zur *thatkräftigen* Unterstützung all der Wohlfahrtsunternehmungen heranzuziehen, die diese Not zu lindern bestrebt sind; zur Unterstützung nicht durch Geld, sondern durch eigene *persönliche Fürsorge.*

2. die Mädchen und Frauen, welche einem Beruf nachgehen, mit der Über-

zeugung zu erfüllen, daß auch die Frau als Bürgerin Pflichten im Gemeinwesen hat, und daß deshalb auch die berufsthätige Frau einen Teil ihrer freien Zeit zur Förderung des Gemeinwohls verwenden sollte.

3. den Mädchen und Frauen, die Wunsch und Willen haben zu helfen, Gelegenheit zu bieten, sich die zu einer wirksamen Hilfeleistung *notwendigen Kenntnisse* anzueignen.

Zur Erreichung dieser Zwecke hat das Komité der Mädchen- und Frauengruppen seit dem Jahre 1893 alljährlich ein *Verzeichnis von Wohlfahrtsanstalten und Vereinen in Berlin zusammengestellt, in denen freiwillige Hilfskräfte gebraucht werden.* Dazu gehören Anstalten zur Fürsorge von Kindern, die zeitweise den Schutz der Mutter entbehren müssen, wie *Krippen, Kindergärten* und *Horte*, die Kinder während der Tagesstunden aufnehmen, während deren die Mütter der Berufsarbeit außerhalb des eigenen Hauses nachgehen. In all diesen Anstalten werden stets freiwillige Helferinnen gesucht, die der angestellten Lehrerin oder Kindergärtnerin bei der Beaufsichtigung der ihr anvertrauten Kinderschar ein- oder mehrmals wöchentlich zur Hand gehen. In *Blindenanstalten* können Helferinnen durch regelmäßige Besuche (ein oder mehrere Male in der Woche) die Blinden in ihrer Erwerbsarbeit durch Diktieren von Schriften und Noten zum Druck in Blindenschrift unterstützen, oder ihnen durch Vorlesen und Musizieren wenigstens für einige Stunden ihr trauriges Dasein erhellen. Auch kann eine Fürsorgethätigkeit durch Besuche bei einzelnen Blinden in ihren Wohnungen ausgeübt werden. In den *Volksküchen* und in *Armenpflegevereinen* verschiedenster Art werden zahlreiche Helferinnen gewünscht. *Die Auskunftsstelle für Wohlfahrtseinrichtungen* (der Deutschen Gesellschaft für ethische Kultur) giebt unseren Mitgliedern Gelegenheit, zu hilfsbedürftigen Familien in freund-nachbarliche Beziehungen zu treten und ihnen mit Rat und That zur Seite zu stehen. Dem freiwilligen Erziehungsbeirat für schulentlassene Waisen sind die durch uns überwiesenen Mitarbeiterinnen bei der Unterbringung von Halbwaisen in Lehrstellen und bei der Aufsicht und Fürsorge für diese Kinder von großem Wert. Auch für das Gebiet der städtischen Armenpflege eröffnet sich die Aussicht auf Heranziehung weiblicher Kräfte zu pflegerischer Thätigkeit.

Diese sowie zahlreiche andere Anstalten und Vereine auf dem Gebiet der Wohlfahrtspflege haben mit Freuden den Mädchen und Frauen, die ihnen durch die Gruppen für soziale Hilfsarbeit zugeführt wurden, ihre Arbeitsgebiete eröffnet und sie der Leitung geschulter und erfahrener Kräfte übergeben; sind ihnen doch mit der Zeit manche wertvolle Mitarbeiterinnen dadurch gewonnen worden. Die Aufgabe der Gruppen aber besteht darin, die Mädchen und Frauen, die durch sie für die Teilnahme an diesen Bestrebungen gewonnen werden, bei der Auswahl desjenigen Teiles aus dem weitverzweigten Gebiet der Wohlfahrtspflege zu unterstützen, der ihren *Neigungen und Fähigkeiten am besten entspricht* und ihnen die notwendige Anleitung bei der praktischen Arbeit zu geben.

Die wechselseitige Vermittelung zwischen den Anstalten, die Hilfskräfte brauchen, und den Mädchen und Frauen, die Hilfe leisten können und wollen, ist einer der Grundgedanken, auf denen diese Organisation aufgebaut ist.

Daneben haben die Gruppen durch *Einrichtung von Vortragskursen aus der Gesetzeskunde, der Volkswirtschaftslehre, den Grundlehren der Armenpflege und der Kinderfürsorge* zum ersten Mal in Deutschland den Versuch gemacht, *die freiwillige Frauenarbeit in der Wohlfahrtspflege zu vertiefen, ein Verständnis für die Lage der arbeitenden Volksklassen herbeizuführen. Die Helferinnen sollen ihre kleinen und unbedeutenden Leistungen und Handlungen unter großen Gesichtspunkten betrachten lernen.*

In regelmäßigen Versammlungen der Helferinnen aus den einzelnen Arbeitszweigen oder Gruppen werden die durch praktische Arbeit und durch Vorträge erworbenen Kenntnisse und Erfahrungen in zwangloser Aussprache vertieft, die Eindrücke der jüngeren Mitarbeiterinnen durch die älteren geklärt. Bei allen Mitarbeiterinnen richtet sich der Umfang der Arbeit nach dem Maße der verfügbaren Zeit. Während für Einzelne die Teilnahme an diesen Bestrebungen zur Berufsarbeit geworden ist, der sie ihre ganze Zeit widmen, können Andere nur ein oder zwei Mal wöchentlich einige Stunden dafür geben. *Durch die Möglichkeit, sich nur für wenige Stunden in der Woche binden zu müssen, wird den weitesten Kreisen von Mädchen und Frauen die Mitarbeit an diesen Bestrebungen erleichtert.*

So viel oder so wenig die Einzelne aber im Rahmen dieser Vereinigung zu thun vermag, die eine Bedingung wird an die Mitgliedschaft geknüpft:

Die gewissenhafte, regelmässige und pünktliche Erfüllung der einmal übernommenen Arbeit.

Diese Bedingung, sowie die Verbindung von praktischer und theoretischer Anleitung haben dazu beigetragen, den Mitarbeiterinnen volles Verständnis für den Ernst der sozialen Aufgaben zu vermitteln. Wer da glaubt, in diesen Bestrebungen einen neuen Sport zu finden, der wird nach kurzer Zeit der Mitarbeit gewahr, daß an seine intellektuellen und moralischen Kräfte zu große Anforderungen gestellt werden. Solche Helferinnen bleiben gewöhnlich bald wieder fort. Die Schar derer aber, bei denen Sinn für ernste Pflichterfüllung im Dienste der Gesamtheit geweckt werden kann, wächst von Jahr zu Jahr, und so manche geschulte Kraft ist den verschiedenen Gebieten der Wohlfahrtspflege durch die Gruppen für soziale Hilfsarbeit zugeführt worden. Für Frauen, die sich berufsmässig in der sozialen Arbeit ausbilden wollen, ist ein geschlossener Jahreskursus eingerichtet worden.

Wenn auch die Zahl derer, die an diesen Bestrebungen Teil nimmt, noch klein ist im Vergleich zu der Zahl derer, deren die soziale Arbeit bedarf, so wird doch manches Sandkorn zum verbesserten Aufbau der menschlichen Gesellschaft getragen, so wird doch die soziale Not um etwas gemildert, so wird doch einiges zur

Überbrückung der Kluft zwischen Arm und Reich durch die Mitarbeit der Mädchen und Frauen der besitzenden Klasse beigetragen werden.

Neben dieser hinweisenden Bedeutung der sozialen Hilfsarbeit, neben ihrer Wirkung auf die gesellschaftlichen Zustände darf die Rückwirkung dieser Thätigkeit auf die Mädchen und Frauen der besitzenden Klassen nicht unbeachtet bleiben, nicht unterschätzt werden.

Die Mädchen und Frauen, die dafür gewonnen werden, ihre freie Zeit zu nutzbringender Arbeit im Dienste des Gemeinwohls zu verwerten, ihre bescheidenen Kräfte für die Verfolgung hoher Ziele, großer sozialer Aufgaben einzusetzen, werden auch für das eigene Leben aus dieser Arbeit Nutzen ziehen. Sie werden lernen, das, was ihnen ein günstiges Geschick an angenehmen und sorglosen Lebensbedingungen geboten hat, mit dem zu vergleichen, was anderen vorenthalten bleibt, was andere entbehren müssen. Sie werden bessere, zufriedenere, dankbarere Töchter sein, als Mädchen, deren Leben inhaltlos, deren Dasein unausgefüllt ist. Schlechtere Hausfrauen und Mütter werden die Mädchen sicherlich nicht werden, die gelernt haben, *außer* dem Hause Pflichten auszuüben; sie werden sie auch sicherlich im Hause getreulich erfüllen. Sie werden das Glück empfinden, das aus einer redlich erfüllten Pflicht, aus einer gewissenhaft ausgeführten Arbeit hervorgeht. Ihr Leben wird um so viel heller und glücklicher sein, um so viel reicher an Freuden und Genüssen, je mehr sie sich von dem Gedanken erfüllen lassen, daß ein jeder nach seinen Kräften dazu beitragen kann, die Aufgaben zu lösen, welche unsere Zeit uns darbringt, denn

„Das Gefühl, daß durch unsere Lebensarbeit die Welt zu einem glücklicheren Wohnort für die Menschheit geworden ist, als wie wir sie vorfanden, die kleine Summe sozialer Werke, die jeder Mensch hinter sich zurücklassen kann, ist ein weit edleres Ergebnis unserer Arbeit, als sechzig Jahre *unbegrenzten persönlichen Glücks*."

Der Volkspalast in Ost-London*

Die Volksheimbewegung, aus der neuerdings auch in Deutschland den Volksbildungsbestrebungen ein fester Stützpunkt zu erwachsen scheint, hat ihren Ausgangspunkt von der Gründung des Volkspalastes in Ost-London genommen. Diese erste und an Großartigkeit noch kaum erreichte Schöpfung hat allen späteren, ähnlichen Einrichtungen als Muster und Vorbild gedient; ihrer Ausdehnung und Entwicklung einstens nahe zu kommen, ist ein Ziel, dessen Erreichung den noch tastenden Versuchen auf deutschem Boden aufs Innigste zu wünschen ist. Stete Fühlung mit dem im Ausland Erreichten und Beachtung der dortigen weitgesteckten Ziele sind geeignet, auch die nationale Arbeit zu fördern und anzuregen. Das unmittelbare Studium solcher ausländischen Einrichtungen wird im allgemeinen wohl auf die *Führer* der Bewegung beschränkt bleiben; *weiten Kreisen* von Interessenten ein anschauliches Bild von den Arbeiten des englischen Volkspalastes zu geben, ist eine soeben erschienene Broschüre geeignet, „*Ein Handbuch und Führer durch People's Palace* mit Illustrationen und Rathschlägen für Schüler und deren Eltern.“ [1] Der kleine Band verdient auch von den deutschen Anhängern der Volksbildungsbestrebungen gelesen zu werden; ein kurzes Eingehen auf seinen Inhalt soll und kann nur auf die Lektüre hinweisen, nicht sie ersetzen.

Zur Begründung des Volkspalastes wirkten eine Reihe verschiedener Bestrebungen zusammen; alte Stiftungen, die Bildungszwecken dienten, wurden durch neue Sammlungen in den Jahren 1884-1887 ergänzt. Nicht unbedeutend für die Opferwilligkeit der Londoner Bürgerschaft blieb *Sir Walter Besant's* Roman: „All sorts and conditions of men an impossible story“, in dem er den Organisationsplan zur Errichtung eines „Palastes der Freude“ mit der reichen Phantasie des Dichters wie auch mit der praktischen und nüchternen Genauigkeit des Sozialreformers und Organisators zeichnete. Seine erschütternden Schilderungen der Verkommenheit und der geistigen Armuth der armen Bevölkerung Londons ergänzte er mit klar durchdachten Reformforderungen; durch das Buch trug der Dichter den Gedanken der Volksbildungsbestrebungen in Kreise, die dem Sozialreformer wohl unzugänglich waren. In der Vorrede begründete er den Titel damit, daß seine Freunde „die Geschichte von der Errichtung eines solchen Volkspalastes unmöglich und utopistisch fänden“; „ich für meine Person,“ so setzte er aber hinzu, „habe nie einsehen können, warum die Geschichte denn unmöglich sein und bleiben muß“. Die Thatsachen haben ihm Recht gegeben; am 14. Mai 1887 wurde der aus freien Beiträgen errichtete Volkspalast im Osten Londons von der

* Soziale Praxis, 10. Jg., Nr. 47, 22. Aug. 1901, Sp. 1200-1202

[1] Guide to the People's Palace. Being an Account of its Recreative Work and of the Educational Work of the East London Technical College. London, George Reynolds, 23. Stepney Green. E. 1900

Königin eröffnet; der Zweck der Gründung wurde damals folgendermaßen präzisiert:

„Zweck der Gründung ist, eine Anstalt zu schaffen, in der jeder Schüler die Möglichkeit findet, seine Bildung in Künsten und Wissenschaften durch den Besuch von technischen und gewerblichen Klassen, durch die Benutzung von Lesesälen und Bibliotheken bis zur höchsten Stufe zur vervollkommnen – ; kurz gesagt, daß der Palast eine Universität für Ost-London werde. Während aber einerseits solche Bildungsmöglichkeiten geschaffen wurden, wollte man auch dem Bedürfnis nach Unterhaltung und edlen Vergnügungen gerecht werden, und dem Zweck diente die Einrichtung eines Konzertsaales und Wintergartens, von Turnhallen, Schwimmbassins u.s.w.".

Später wurde noch eine ständige Gemäldegalerie, große Laboratorien und dergl. hinzugefügt: Alles ist für den Massenbesuch eingerichtet, in unendlichen Dimensionen und künstlerisch ausgestattet: das Schöne neben dem Nützlichen, wie denn der Palast dem ersten Programm getreu die Pflege geselliger Unterhaltung stets neben die Pflege der Volks*bildung* gestellt hat und die Eine die Andere ergänzend ausgestaltete.

Den Bildungsaufgaben des Volkspalastes ist ein festumschriebener Kreis gewiesen: sie haben in erster Linie den Bedürfnissen der höchst eigenartigen Bevölkerung der östlichen Londoner Stadttheile zu dienen, in deren Herzen der Gebäudekomplex errichtet ist. Sie sollen die heranwachsenden Generationen für die Bethätigung in den Berufsarten tüchtig machen, denen sie ihre Lebensarbeit zuwenden müssen, um dadurch sowohl dem einzelnen Arbeiter ein besseres Fortkommen zu sichern, als auch den Aufschwung der in jenen armen und dicht bevölkerten Stadttheilen betriebenen Industriezweige zu fördern. Als solche kommen hauptsächlich in Betracht: Konfektion, chemische Fabriken, Möbelfabrikation, Bauhandwerk, Schiffs- und Maschinenbau. Die Unterrichtsgegenstände, die im Volkspalast vorwiegend gepflegt werden, sind dementsprechend chemische, technische und kunstgewerbliche Fächer.

Die „technische Hochschule" – wie zusammenfassend die unterrichtenden Klassen des Volkspalastes genannt werden – zerfällt in zwei Hauptabteilungen: die Tagesschule für Schüler, die all ihre Zeit dem Studium widmen können, und die Abendschule für solche, die tagsüber der Berufsarbeit nachgehen, aber sich abends fortzubilden wünschen.

Der Kursus der Tagesschule umfaßt drei Jahre, er ist für 12-16jährige Knaben berechnet, die wenigstens die sechste Stufe der Volksschule erreicht haben. Er umfaßt Unterricht in Englisch, Französisch, Deutsch, Mathematik sowie Physik, Chemie, Geometrie bzw. Bau- oder Maschinenzeichnen in den ersten Semestern, ausschließlich Physik und Chemie bzw. Technik im letzten Schuljahr. Die jungen Leute, die den vollen Kursus absolviert haben, finden unter sehr günstigen Bedingungen Stellung bei Ingenieuren, in Baugeschäften und chemischen Fabriken; die Nachfrage nach Schülern des Volkspalastes ist weit größer als die Zahl der Schüler, und es dürfte kaum eine bedeutende Firma in der östlichen Hälfte Londons geben, in der keine ehemaligen Schüler der Anstalt in den Werkstätten und Bureaus zu finden sind.

Das Schulgeld beträgt 2 £ (40 M) jährlich, wofür alle Bücher, Schreibutensilien u.s.w. geliefert werden; um aber unbemittelten Knaben den Besuch der Schule zu erleichtern, sind Stipendienfonds (vom Londoner Grafschaftsrath, von Unternehmerverbänden u.s.w.) zur Verfügung gestellt worden, die mehr als der Hälfte der Schüler (ihre Zahl beträgt jetzt 380) zu Gute kommen. Dabei handelt es sich nicht nur um Erlaß des Schulgeldes, sondern zum Theil um beträchtliche Summen, die den Unterhalt der Schüler bestreiten sollen. Noch höher, bis zu 400 M jährlich, belaufen sich die Stipendien, die an besonders begabte Schüler nach Absolvirung der Tagesschule vertheilt werden, um ihnen noch eine weitere Durchbildung in ihrem Fach und den Eintritt in höhere Stellungen zu ermöglichen. Zu diesem Zweck sind seit 1897 noch Tagesklassen im Anschluß an die Tagesschule eingerichtet, die für weitere zwei bis drei Jahre praktischen Unterricht in Laboratorien und Werkstätten und theoretischen Unterricht für vorgeschrittene Schüler umfassen. Auf diese Weise ist es einzelnen Schülern, die außer dem Unterricht in der Volksschule nur den im Volkspalast genossen hatten, gelungen, sich erfolgreich an dem Wettbewerb um Preise resp. Stipendien der Oxford-Universität zu betheiligen. Es wird also hier die Forderung erfüllt, begabten und tüchtigen Kindern aus Arbeiterkreisen die Pforten der Universität zu öffnen und ihnen in vollem Umfang die Möglichkeit eines wissenschaftlichen Berufs zu gewähren. Bis in die Universität hinein können sie nicht nur freien Unterricht und freie Lehrmittel, sondern auch Mittel zum Unterhalt erlangen.

Ähnlich verhält es sich auch mit den Tagesklassen der Kunst- und kunstgewerblichen Schule des Volkspalastes, die begabten Schülern den Eintritt in die Kunstakademie ebnen.

Zwar nicht von größerer Bedeutung für den Einzelnen, so doch von größerer Ausdehnung ist die Abendschule des Volkspalastes, die der Fortbildung von im Berufe stehenden Männern und Frauen dient. Sie umfaßt folgende Abtheilungen: Vorbereitung für die Prüfungen an der Londoner Universität, Mathematik, Technik, Baufach, Physik, Elektricität, Chemie, Kunst und Kunstgewerbe, Handelsfächer, Sprachen, gewerbliche Fächer und Musik. Auch für diesen Unterricht sind zahlreiche Stipendien vorgesehen, und bei regelmäßigem Besuch ist auch von hier der Übergang in höhere Lehranstalten oder ein offizieller Bildungsabschluß möglich. Die Vorbereitung für die Universitätsprüfung (B.Sc.) ist namentlich für Lehrer werthvoll, denen der Besitz des Titels bei ihrem Fortkommen oft gute Dienste leistet: die technischen, naturwissenschaftlichen und kunstgewerblichen Abendklassen ertheilen wie die Tagesschule Unterricht an Anfänger und Vorgeschrittene und erreichen etwa dasselbe Ziel in etwas längerer Zeit. Die Theilnahme an den Abendklassen für Vorgeschrittene wird auch den aus der Tagesschule Entlassenen zur Weiterbildung empfohlen. Die gewerblichen Klassen umfassen Unterricht im

Zuschneiden (für Schneider), im Buchbinden, in der Schneiderei und Putzmacherei: die kaufmännischen Fächer sind außer fremden Sprachen Buchführung, Stenographie. Ferner finden Kurse zur Vorbereitung für den Post-, Telegraphen- und Kommunaldienst (in den Bureaus der Schulverwaltung u.s.w.) statt. Die Abendschule zählt zur Zeit etwa 150 Klassen, die den Angehörigen aller Berufskreise Fortbildungsmöglichkeiten erschließen. Alle sind stets gut besucht. Der Druck, der gerade auf den tüchtigsten Arbeitern am schwersten zu lasten pflegt: der Gedanke, jede Hoffnung für eine Aufwärtsentwicklung der Kinder aufgeben zu müssen, hat durch den Volkspalast im Osten Londons seine Geltung verloren.

In demselben großen Stil wie die Unterrichtsveranstaltungen werden die Volksunterhaltungen und Erholungsmöglichkeiten ausgeführt, die naturgemäß nicht nur für die heranwachsende Generation, sondern für die Gesammtbevölkerung der Gegend den geselligen Mittelpunkt bilden. Auch die Unterhaltungsbestrebungen des Volkspalastes können in zwei große Gruppen getheilt werden. Die eine umschließt die Unterhaltungen aller Art, die für das große Publikum offen stehen, und die sich hauptsächlich um den großen Kuppelsaal *(Queen's Hall)* gruppieren. Die Halle, die 2.500 Sitzplätze hat, besitzt eine prachtvolle Orgel, ein Podium, auf dem ein Orchester von 300 Personen Platz hat, und anschließend daran befindet sich ein herrlicher Wintergarten, der bei Konzerten und anderen größeren Veranstaltungen geöffnet wird. Montags, Donnerstags und Sonnabends finden in der Regel Konzerte oder Unterhaltungsabende statt, die sich namentlich Sonnabends eines großen Andranges erfreuen. Auch wird der Saal an Vereine oder Gesellschaften zur Veranstaltung von Konzerten oder Ausstellungen u. dergl. überlassen. In einem besonderen Gebäude finden regelmäßige Kunst- und Gewerbeausstellungen statt; ein 90 Fuß langes und 30 Fuß breites Schwimmbassin wird während des Sommers durchschnittlich von 1.000 Personen am Tag benutzt. Im Winter wird es zu einer zweiten Turnhalle (eine befindet sich im Schulgebäude) umgestaltet. Gärten und Spiel- und Turnplätze schließen sich an die Gebäude an. Die Bibliothek ist gleichfalls Jedermann zugänglich.

Die zweite Gruppe von Unterhaltungs- und Erholungsbestrebungen konzentrirt sich auf die Schüler des Volkspalastes, sie soll den unterrichtlichen Theil der Anstalt ergänzen, und denen, die sich fortbilden wollen, die nothwendige Erholung und Unterhaltung sichern. Zu dem Zweck ist ein Schülerverein gebildet worden, der Sektionen für Lawn-Tennis, Fußball, Cricket und andere Spiele und gymnastische Übungen eingerichtet hat. Bälle werden gelegentlich veranstaltet, zu denen die Schüler und Schülerinnen ihre Angehörigen und Freunde einladen, und an denen schon bis zu 400 Personen theilnahmen. Ferner bestehen Klubs und Vereine der Schüler einzelner Abtheilungen, der Ingenieure, der Architekten, litterarische und Diskutirklubs, ein Klub ehemaliger Schüler, Radler- und Schwimmvereine u.s.w. Eine besondere Schülerbibliothek und Gesellschaftsräume für Schüler und Schülerinnen stehen zu deren Verfügung. Mit Erlaubniß der Verwaltungsbeamten können dort Versammlungen und gesellige Schülerveranstaltungen stattfinden. An bestimmten Abenden sind die Räume für einzelne Klubs oder Schülerabtheilungen reservirt; Ausstellungen der Kunstschüler werden dort arrangirt und der Pflege der Musik wird ein breiter Raum gewidmet. Während der Sommerferien wird in der Regel ein zehntägiger Ausflug an das Meer gemacht, an dem jeder Schüler gegen Zahlung von 7 Sh. theilnehmen kann. Etwa 200 junge Leute haben alljährlich von dieser Gelegenheit Gebrauch gemacht.

So ist Licht und Wärme im Laufe der Jahre auf Tausende vom Volkspalast ausgestrahlt worden. Das Licht der Erkenntniß und die Wärme der Arbeitsfreudigkeit und eines edlen Lebensgenusses. Mit zielbewußtem Bemühen haben es die Leiter dieses ersten Volksheims verstanden, unter den schwierigen Verhältnissen Ost-Londons eine Stätte hoher Geisteskultur zu schaffen, die rohe, brutale Genußsucht der Bevölkerung zu bekämpfen und ihr dafür einen vertieften und verfeinerten Lebensinhalt zu bieten. In systematischer Weise fügt sich die Pflege des Guten und Schönen in die Darbietung des Nützlichen ein und das Arbeitsgebiet des Volkspalastes erweitert sich von Jahr zu Jahr in staunenerregender Weise. Den deutschen Arbeitern auf dem Gebiet der Volksbildungs- und Unterhaltungsbestrebungen erscheint wohl heut der Besitz einer so großartigen Anstalt noch wie ein Traum: eine solche Gründung, wie einst den Freunden Walter Besants, als „eine unmögliche Geschichte". Doch sollten sie ein solches Ideal nicht aus den Augen lassen, eingedenk dessen, daß wer Hohes erreichen will, das Höchste erstreben muß!

Frauen in der communalen Armenpflege Deutschlands*

Überall rühren sich die Communalverwaltungen, um die Frauen zur Ausübung der gesetzlichen Armenpflege heranzuziehen. Auch der *Wiener Magistrat* hat in seiner Sitzung vom 23. Mai einen Entwurf für die Reorganisation des Wiener Armenwesens gutgeheißen, der die Zulassung der Frauen zu dem Amte der Armenräthe vorsieht. In solchen Zeiten, in denen sich den Frauen neue sociale Arbeitsgebiete eröffnen, kann ein Rückblick auf den Kampf, der anderwärts um das *Recht* auf Ausübung dieser *Pflichten* geführt worden ist, nur das Verantwort-

* Dokumente der Frauen, 5. Bd., Nr. 12, 15. Sept. 1901, S. 333-337

lichkeitsgefühl verstärken; er kann versuchen, Kräfte zur Übernahme der für das Gemeinwohl so werthvollen Ämter auszulösen.

In der deutschen Frauenbewegung hat die Forderung auf Zulassung zur öffentlichen Armenpflege stets einen wichtigen Programmpunkt gebildet. Louise Otto-Peters, Auguste Schmidt, Mathilde Weber, Louise Büchner traten wiederholt dafür seit der Begründung des *Allgemeinen Deutschen Frauenvereins* ein. Auf der Generalversammlung des Vereines im Jahre 1873 betonte Henriette Goldschmidt nachdrücklich in einem Vortrag über *Rechte und Pflichten der Frauen in Staat und Gemeinde* die Nothwendigkeit weiblicher Mitarbeit an der öffentlichen Armenpflege. Auf der Generalversammlung des Jahres 1884 beleuchtete Auguste Schmidt die Forderung in einem Vortrage, und in den Neunzigerjahren trat Jeannette Schwerin als eifrigste Förderin der Sache durch mündliche und schriftliche Agitation in der deutschen Frauenbewegung hervor.

Dem weg- und zielbewußten Vorgehen dieser Frauen, ihrem bewährten Können auf dem Gebiet privater Liebesthätigkeit und ihrem gründlichen Studium des Armenwesens, seiner Geschichte und seiner Organisationsformen sind die endlichen Errungenschaften auf diesem Gebiete, sind die der Opposition allmälig abgewonnenen Zugeständnisse zuzuschreiben.

Um das Vorgehen dieser Frauen und die Begründung ihrer Forderungen zu erläutern, muß die deutsche Armengesetzgebung und -Verwaltung kurz skizzirt werden. Die öffentliche Armenpflege beruht auf dem Gesetz über die Freizügigkeit vom 1. November 1867 und auf dem Gesetz vom Unterstützungswohnsitz vom 6. Juni 1870. Diese bestimmen, daß jedem hilfsbedürftigen Deutschen der unentbehrliche Lebensunterhalt, Obdach und im Falle des Ablebens ein Begräbniß zu gewähren sei. Die dafür nothwendigen Mittel sind von der Gemeinde aufzubringen, in der der Bedürftige den Unterstützungswohnsitz besitzt[1], und die Gemeinden haben *geeignete Organe* mit der Ausführung des Gesetzes, mit der Vertheilung der öffentlichen Mittel an die Bedürftigen zu betrauen. In der Regel geschieht das durch die Wahl oder Ernennung von Ehrenbeamten; wenigstens in allen größeren deutschen Städten ist ein *ehrenamtliches System* der Armenverwaltung durchgeführt. Aufgabe dieser von der Stadtverwaltung (Magistrat und Stadtverordnetenversammlung) berufenen Beamten ist die Prüfung der Verhältnisse der Bedürftigen, Berichterstattung, Berathung und Beschlußfassung über die einzelnen Fälle im Collegium mit den anderen Beamten, respective Armenpflegern, Auszahlung der bewilligten Gelder und Controle über deren Verwendung, namentlich bei dauernd unterstützten Familien oder Personen.

Bei der Schwierigkeit, die in der Gewinnung zahlreicher für die Aufgabe der Armenpflege geeigneter Ehrenbeamten liegt, hat das öffentliche Armenwesen

[1] Der Unterstützungswohnsitz wird durch zweijährigen Aufenthalt an einem Ort erworben, wenn in der Zeit eine öffentliche Unterstützung nicht nothwendig gewesen ist.

Deutschlands besonders in großen Städten oft darunter gelitten, daß unbrauchbare Kräfte in die Reihen der Armenpfleger berufen wurden, Männer, deren geistige und moralische Fähigkeiten keine Gewähr für eine gewissenhafte Amtsführung boten. Es ist vorgekommen, daß Gastwirthe und Kleinkaufleute (Krämer), die ein solches Amt bekleideten, die Bedürftigen zur Abnahme von Waaren und Schnaps gegen Einbehaltung der Unterstützungsgelder veranlaßten, eine Art der Amtsführung, die den Bittstellern nicht zur Hilfe gereicht!

Solchen Mißständen gegenüber haben die Frauen mit ihren Forderungen eingesetzt. Den Stadtverwaltungen boten sie Gelegenheit, durch die brachliegende Kraft vieler Frauen die unzureichende Zahl geeigneter männlicher Beamter zu ergänzen. Ihre Forderungen wurden damit begründet, daß das Arbeitsgebiet der Armenpflege zumeist in der Besserung zerrütteter *häuslicher* Verhältnisse der Bedürftigen zu suchen sei und daß in Folge jahrhundertelanger Gewöhnung der Frau dieser Boden - das häusliche und hauswirthschaftliche Arbeitsfeld - heimischer sei als dem Manne. Daß die weitaus größere Hälfte aller Unterstützten aus Frauen besteht, und die *Wahrnehmung weiblicher Interessen* durch Frauen nur eine Forderung der Gerechtigkeit sei. Daß eine der wichtigsten Aufgaben des Armenwesens die Waisenpflege sei, bei der es sich ausschließlich um ein *mütterliches, erzieherisches Wirken* handelt. Daß viele Frauen ebenso gut wie Männer *Steuerzahler* sind und deshalb in der Behörde vertreten sein sollten, in der aus Steuern aufgebrachte Mittel zum allgemeinen Besten verausgabt werden. Daß Frauen als *Bürgerinnen* an dem Wohl und Wehe des Landes betheiligt sind und deshalb Rechte und Pflichten in der Gemeinde auszuüben haben.

Es hat jahrelanger Mühen, unendlicher Geduld und zähen Festhaltens an der Forderung bedurft, um alle die Einwände zu entkräften, die gegen die Mitarbeit der Frauen an der öffentlichen Armenpflege vorgebracht wurden. Je zwingender die Verhältnisse, je beweiskräftiger die Gründe der Fordernden wurden, desto lauter erhoben die Gegner der Frauenbewegung ihre Stimme. Besonders fiel die Weigerung der Armenpfleger gegen gemeinsame Arbeit mit Frauen ins Gewicht, die noch auf ihren vorgefaßten Meinungen, auf ihrem Widerstand beharrten, als die leitenden Factoren vieler Stadtverwaltungen (Magistratsbeamte, Stadträthe u.s.w.) sich der Berechtigung der von den Frauen vertretenen Wünsche nicht mehr verschließen konnten. Die in Strassburg im Jahre 1896 tagende, aus Fachleuten zusammengesetzte Generalversammlung des *„Deutschen Vereins für Armenpflege und Wohltätigkeit"*, dem die Leiter aller größeren deutschen Armenverwaltungen angehören, trat denn auch nach eingehender Erörterung der Frage unbedingt für die Mitarbeit der Frauen ein. Der preussische Städtetag schloß sich im Jahre 1901 diesem Vorgehen an. Trotzdem drohten - und drohen noch heut - die ausübenden Pflegeorgane mancher Städte mit Amtsniederlegung für den Fall, daß Frauen von den leitenden Behörden als Armenpflegerinnen bestellt werden. Doch sind solche Erscheinungen seit dem Eintreten der beiden genannten maßgebenden Körperschaften immerhin seltener geworden, und die Zuziehung der Frauen zu dieser communalen Aufgabe wird in einer Stadt nach der andern allmälig durchgeführt.

Gleiche Pflichten und gleiche Rechte mit den Männern haben die Frauen von Anbeginn ihrer Bemühungen für die Ausübung der Armenpflege gefordert. Den ersten - und für lange Jahre den einzigen - Versuch mit der Bewilligung dieser Forderung hat die Stadt Kassel gemacht, die schon im Jahre 1881 Frauen in organischer Weise in die öffentliche Armenpflege eingliederte und den männlichen und weiblichen Ehrenbeamten die gleichen, fest umschriebenen Aufgaben zuwies. Die Frauen haben dort stets zu vollster Zufriedenheit der vorgesetzten Behörde und mit vollster collegialischer Würdigung von Seiten der männlichen Pfleger ihres Amtes gewaltet; eine Vertreterin der Armenpflegerinnen wird auch zu den Sitzungen der vorgesetzten und leitenden Behörde, der Armendirection zugezogen. Erst Ende der Neunzigerjahre folgten dem Beispiel von Kassel noch Königsberg, Kolmar i.E., Erfurt, Posen, Stolp, Bremen, Mannheim, Bonn, Danzig, Köln, Charlottenburg und einige andere Orte. In Berlin liegt seit längerer Zeit ein gleicher Beschluß vor, doch wird seine Ausführung auf das Inkrafttreten der Reorganisation des dortigen Armenwesens verschoben, über dessen Zeitpunkt noch nichts bekannt geworden ist. Der Widerstand aus den Reihen der Armenpfleger ist dort noch in einzelnen Bezirken recht lebhaft.

In vielen anderen Städten hat man sich - wohl mehr durch den Mangel an männlichen Kräften als durch das Drängen der Frauen veranlaßt - zwar auch zur Zulassung der Frauen bei der Armenpflege entschlossen, und ihnen die gleichen *Pflichten* übertragen wie den Männern. Einen Theil der sonst mit dem Amte verbundenen Rechte hat man ihnen aber vorenthalten. In der Regel handelt es sich hiebei darum, daß die Frauen von der Theilnahme an den gemeinschaftlichen Sitzungen der Armenpfleger ausgeschlossen werden, in denen über die zu bewilligenden Unterstützungen berathen und beschlossen wird. Oder man hat sie auch zu den Sitzungen zugezogen, ihnen aber nur eine berathende, keine mitentscheidende Stimme zugebilligt. Der Einfluß der Frauen auf die Gestaltung der Armenpflege wird durch solche Maßregel entschieden vermindert; auch ist das geeignet, ihre Autorität den Hilfsbedürftigen gegenüber - und damit den Erfolg ihrer Bemühungen - wesentlich in Frage zu stellen. Verschiedentlich hat man den Frauen auch nur einzelne Aufgaben des Armenwesens, etwa die Beaufsichtigung der Kost- oder Waisenkinder übertragen. Trotzdem haben die Frauen wohlweislich auch unter solchen Bedingungen die Übernahme des Amtes nicht abgelehnt; sie betrachten es als Abschlagszahlung und sind der festen und begründeten Hoffnung, daß der gegenwärtige Zustand nur als Übergangsstadium anzusehen ist. Die Orte, in denen eine solche ergänzende Frauenthätigkeit in der öffentlichen Armenpflege eingeführt ist, sind: Elberfeld, Krefeld, Leipzig, Hamburg, Magdeburg, Siegen i.W., Nürnberg, Frankfurt a.M., Frankfurt a.O., Wiesbaden, Dortmund, Gotha, Kiel, Meiningen, Worms, Mainz u.A.m.

Die Erfahrungen, die man mit der Thätigkeit der Frauen in all diesen Städten gemacht hat, sind ohne Unterschied gut. Überall heben die städtischen Verwaltungsberichte hervor, daß die Armenpflegerinnen vollstes Verständniß für ihre Aufgaben gezeigt haben. – Das hat ihnen das Terrain erobert. Schritt für Schritt ist es vorwärts gegangen, und wenn auch heut noch in einzelnen Landestheilen Zurückhaltung geübt wird, so kann man doch nach der bisherigen Entwicklung der Sache, die sich fast nur in den letzten fünf Jahren vollzogen hat, getrost der Zukunft entgegensehen. Der „Sieg auf der ganzen Linie" ist nicht mehr fern.

Schwer Erkämpftes will aber auch gehalten, es will vielleicht sogar noch gegen neue Eingriffe vertheidigt sein. Das kann nun erfolgreich geschehen, wenn die Frauen sich allerorten zur Ausübung dieser Ämter vorbereiten; wenn sie sich durch Theorie und Praxis die Kenntnisse erwerben, die selbst dem besten Willen und wärmsten Herzen erst den rechten Weg weisen. Dann nur wird es den Frauen gelingen, das öffentliche Armenwesen von vielen Mißständen zu befreien, es mit neuen Impulsen zu durchdringen. Dann werden sie auch den Beweis erbringen, daß die Befreiung der Frau nicht nur dem Interesse der Frauen dient, daß Frauenarbeit Arbeit für die Menschheit bedeutet!

Die englische Frauen-Genossenschaftsgilde*

Die mangelnde Teilnahme der Frauen an der aufblühenden deutschen Genossenschaftsbewegung zeugt von Verständnislosigkeit für die Macht, die sie als Käuferinnen in Händen halten. Mit klarem Erkennen ihres Einflusses, mit größerer sozialpolitischer Einsicht, mit geschultem Blick und warmem Interesse für das öffentliche Leben haben die Frauen Englands in die hochentwickelte englische Genossenschaftsbewegung eingegriffen und sind zu ihren eifrigsten Förderern geworden. Die 1883 gegründete „Frauen-Genossenschaftsgilde", die zur Unterstützung der allgemeinen Genossenschaftsbewegung in England dient, ist das Muster eines propagandistischen Vereins; die besondere Frauenorganisation bezweckt nur, die Gleichgiltigkeit, die Unwissenheit und die Vorurteile der Frauen gegen moderne wirtschaftliche Bestrebungen zu bekämpfen und durch ihre Agitation die Frauen für die praktischen Zwecke der Genossenschaftsbewegung zu gewinnen. Ihr Erfolg bei diesem Bestreben sollte auch die deutschen Frauen ermutigen, die

* Centralblatt des Bundes deutscher Frauenvereine, 3. Jg., Nr. 12., 15. Sept. 1901, S. 91-92

Macht, die sie als Käuferinnen besitzen, auszunutzen und der Genossenschaftsbewegung ihre Aufmerksamkeit und ihre Unterstützung zuzuwenden. Ein kurzer Bericht über die englische Frauen-Genossenschaftsgilde soll auf den unermeßlichen Wert der Frauenarbeit auf diesem, wie auf allen Gebieten des öffentlichen Lebens hinweisen, er soll klarlegen, daß selbst die ausschließliche Beschränkung der Hausfrau auf die Führung und Leitung ihrer Wirtschaft ihr die Teilnahme an weiteren Interessen aufzwingt; daß ihr Einfluß und ihre Arbeit wohl im Hause anfangen - aber unter den wirtschaftlichen Verhältnissen unserer Zeit nicht daselbst enden kann.

Konsumgenossenschaften sind Vereinigungen von Konsumenten, die sich zur gemeinsamen und möglichst vorteilhaften Beschaffung von Gebrauchsgegenständen (Nahrungsmitteln, Kleidung, Möbeln u.s.w.) zusammenthun. Die Warenbeschaffung geschieht entweder durch Einkauf im großen oder auch durch die Errichtung eigener Werkstätten und Fabriken, die unter der Leitung und Verwaltung der Genossenschaftsmitglieder, also der Käufer, stehen. In jedem Fall aber kommt der Gewinn, der sich aus dem Verkauf im einzelnen ergiebt - sonst der Gewinn des Zwischenhandels - den einzelnen Mitgliedern zugute. In der Regel wird er in Gestalt einer Dividende an die Käufer im Verhältnis zu den von ihnen gemachten Einkäufen gezahlt. Die Konsumgenossenschaften bieten daher ihren Mitgliedern die Möglichkeit, gute Ware zu niedrigeren Preisen als anderwärts zu beziehen; sie können aber auch - und das ist ein in Deutschland noch viel zu wenig beachteter Faktor - für die Angestellten ihrer Bureaus und Verkaufsstellen - (eventl. bei eigenem Produktionsbetrieb auch für ihre Arbeiter und Arbeiterinnen) mustergiltige Arbeitsbedingungen schaffen. Durch Gewährung hoher Löhne bei kurzer Arbeitszeit können sie die Lebensverhältnisse ihrer Angestellten zu besseren und gesünderen als den allgemein üblichen machen und für weite Unternehmerkreise vorbildlich wirken.

Da der Einkauf der meisten Gebrauchsartikel vorwiegend Frauensache ist, haben die Frauen es also in der Hand, als organisierte Kundschaft den eigenen Haushalt in vorteilhafter Weise zu versorgen und außerdem auf die Herstellung der Ware einen gewichtigen Einfluß auszuüben, insbesondere auf die Arbeitsbedingungen ihrer in Handel und Industrie beschäftigten Geschlechtsgenossinnen. Und wie das Eintreten für allen sozialen Fortschritt ebenso sehr Frauen- wie Männersache ist, so ist es ganz besonders Pflicht der Frauen, die ökonomische Macht auszunutzen, die sie als vereinigte Kundinnen besitzen würden, die sie zum Guten oder zum Bösen anwenden können. Denn die Nachfrage und die Wünsche der Hauptkäufer - also der Frauen - entscheiden darüber, wie die zum Verkauf gestellte Ware beschaffen ist, bis zu einem gewissen Grade auch, wie sie hergestellt wird. Solange aber Frauen nichts von einem Schwitzsystem, von einer Gewerkschaftsbewegung oder von den Arbeits- und Lebensbedingungen der Arbeiterinnen wissen, werden sie auch als Käuferinnen ihren Einfluß nicht zu dem

Zweck geltend machen, gute Ware zu fordern, die unter gesunden Bedingungen hergestellt ist.

Um Verständnis für solche genossenschaftlichen Aufgaben zu erlangen, müssen die Frauen mit dem Wert derselben, mit volkswirtschaftlichen Verhältnissen vertraut gemacht werden. Eine Konsumgenossenschaft, die das außer Acht läßt, die den richtigen Einfluß der Frauen unterschätzt oder ihre Teilnahme nicht zu wecken weiß, wird nur auf eine langsame Entwickelung rechnen können. Unter solchen Gesichtspunkten wurde die englische Frauen-Genossenschaftsgilde 1883 gegründet; ihre Ziele wurden dahin präzisiert:

1) die Frauen für theoretisches Studium und praktische Teilnahme an der Genossenschaftsbewegung und anderen sozialen Aufgaben zu organisieren;

2) durch die Organisation der Frauen zu Genossenschaftlern die Bedingungen des häuslichen Lebens zu verbessern.

Die Organisation der Gilde ist eine höchst einfache angesichts ihrer großen Mitgliederzahl und ihrer Ausdehnung über das ganze Land. Sie setzt sich aus Zweigvereinen zusammen, deren Zahl nach dem letzten Jahresbericht 284 mit 13.000 Einzelmitglieder beträgt. Ein aus 7 Personen bestehender Hauptvorstand wird von der aus Delegierten der Zweigvereine gebildeten Generalversammlung gewählt. Die Verwaltung der Zweige ist durchaus selbständig und liegt in den Händen der Zweigvorstände. Zur Unterstützung kleinerer Zweige und zur gegenseitigen Anregung und engeren Verbindung dienen noch Sektionen und Distriktsverbände, die die Zweigvereine einzelner Länderteile zusammenfassen und regelmäßige Vierteljahresversammlungen abhalten. Mitglied eines Zweiges kann jede Frau werden, die selbst oder durch ihre Familie Mitglied eines Konsumvereins ist; der Mitgliedsbeitrag von 1-2 Mark jährlich wird in monatlichen oder vierteljährlichen Raten entrichtet. Die Zweigvereine zahlen einen kleinen Teil der Mitgliedsbeiträge an den Hauptverein. Die Zweige halten regelmäßige wöchentliche Versammlungen ab, in denen den Mitgliedern Belehrung und Unterhaltung geboten wird. Es werden Aufsätze aus dem Organ der englischen Konsumgenossenschaften, das eine besondere „Frauenecke" enthält, diskutiert. Vorträge über die Bedeutung des Genossenschaftswesens, über die Pflichten der Käufer, über die Pflichten der Mitglieder in Bezug auf Propaganda, sowie Kurse über Hygiene, erste Hilfe bei Unglücksfällen, Kindererziehung werden gehalten; Unterricht im Schneidern, in der Buchführung wird den Mitgliedern geboten. Weitere Gegenstände der Erörterung bilden die Arbeiterschutzgesetze, kommunale Einrichtungen, die Teilnahme der Frauen an der Verwaltung etc. Vom Hauptvorstand geht den Zweigen alljährlich eine Liste von empfehlenswerten Vorträgen zu, sowie von Broschüren, die sich zur Besprechung oder Verteilung eignen, ferner eine Anweisung für die Leitung der Versammlungen; auf Wunsch entsendet der Hauptvorstand auch Redner an die Zweigvereine. Großer Beliebtheit erfreuen sich auch Vorträge mit Lichtbildern, die die Geschichte des Genossenschaftswesens illustrieren, oder Abbildungen von Verkaufsstellen und Fabriken der Genossenschaften in den verschiedenen Landesteilen, von genossenschaftlich errichteten Arbeiterwohnungen im Vergleich zu anderen Wohnungen mit niedrigem Mietspreis und dergleichen zur Anschauung bringen. Gesellige Veranstaltungen sollen zur Gewinnung neuer Mitglieder anregen; in vielen Zweigen bestehen Abteilungen des Jugend-Genossenschaftsklubs, der die heranwachsende Jugend schon zum Verständnis der Genossenschaftsidee erziehen will, und der alljährlich Preise für die gute Bearbeitung genossenschaftlicher Fragen für seine Mitglieder aussetzt. Sehr geschickt ist die Organisation von Frageabenden, die in vielen Zweigen der Frauengilde abgehalten werden. Es sollen die Frauen dadurch in den Stand gesetzt werden, nicht nur durch Teilnahme an der Bewegung den eigenen Vorteil wahrzunehmen, sondern sich auch an den Verwaltungs- und Organisationsarbeiten, an den Distrikts- und Generalversammlungen zum allgemeinen Besten erfolgreich zu beteiligen und ihr Stimmrecht bei der Wahl der Genossenschafts-Verwaltungen in überlegter und verständnisvoller Weise auszuüben.

Durch die Wahl geeigneter Persönlichkeiten für die Leitung und Verwaltung der Konsumgenossenschaften wird am besten auf die Gewährung guter Bedingungen für die Angestellten hingewirkt; bestimmte diesbezügliche Anträge können bei den Generalversammlungen gestellt werden, und da die von den englischen Konsumgenossenschaften betriebenen Fabriken schon jetzt über 10.000 Arbeiter und Arbeiterinnen beschäftigen, kann der Einfluß der organisierten Kundschaft auf diese Verhältnisse als ein ganz bedeutender bezeichnet werden. Die Bildung der Frauengilde hat denn auch nach dieser Richtung außerordentlich anregend gewirkt. Die weiblichen Mitglieder der Genossenschaften, die meist an Zahl den männlichen gleichkommen, beginnen zu erkennen, daß die Zukunft der Bewegung von ihnen abhängt, daß sie als Käuferinnen über die Entwickelung der Verkaufsstelle zu entscheiden haben. Während die Frauen früher im allgemeinen wenig Gebrauch von ihrem Wahlrecht machten, steigt die Zahl der weiblichen Teilnehmer an den Versammlungen seit der Gründung der Gilde von Jahr zu Jahr. Die Ausübung des aktiven Wahlrechts hat auch dazu geführt, daß Frauen in die Verwaltungskörper der Genossenschaften gewählt wurden. Drei gehören dem Hauptvorstand an, 190 sind im letzten Jahr in die verschiedenen Verwaltungs- und Propagandasektionen gewählt worden. Am vorjährigen Kongreß nahmen 15, an den letzten Vierteljahrsversammlungen 26 Frauen als Delegierte von Konsumvereinen teil. Wie sehr sie Verständnis für die ethischen Aufgaben der Genossenschaftsbewegung zeigen, kann nur durch wenige Beispiele angedeutet werden. In Grantham verlangte der Zweig der Frauengilde, daß ein Schaufenster der dortigen Genossenschafts-Verkaufsstelle ausschließlich mit Waren dekoriert werden solle, die in den Produktionswerkstätten der Genossenschaft hergestellt würden. In einer anderen Verkaufsstelle, in der Korsetts auf Lager gehalten wurden, die gewöhnlich unter ungünstigen Bedingungen hergestellt werden, verlangte die Gilde Auskunft über die Herstellungsweise und die Arbeitslöhne und erhielt befriedigende Antwort. Wenn in der Verkaufsstelle in Exeter ein Artikel nicht gehalten wird oder nicht vorrätig ist, der in genossenschaftlichen Werkstätten fabriziert wird, gehen täglich 12 Frauen in den Laden und verlangen darnach, bis er angeschafft wird. Dreizehn Zweigvereine haben die Frage zur Diskussion gestellt, ob man nicht darauf dringen solle, daß nur solche Streichhölzer in den Genossenschaftsläden verkauft würden, die unter gesunden Bedingungen hergestellt sind. Die Gilde hat auch eine Parlamentssektion eingerichtet, die damit betraut ist, gegen schlechte Gesetzentwürfe durch Petitionen, durch Anregung zu Protestversammlungen und dergleichen vorzugehen, die für eine gesetzliche Regelung kürzerer Arbeitszeit und frühen Ladenschlusses eintritt und dem Parlament Erfahrungsmaterial aus anderen Ländern oder von privaten Versuchen vorzulegen hat. Seit drei Jahren hat die Gilde auch die Frage der *Wohnungsreform auf genossenschaftlicher Grundlage* aufgenommen und nach umfangreichen Vorarbeiten und längeren Beratungen ist auf der letzten Generalversammlung der Beschluß gefaßt worden, durch besondere Veranstaltungen dahin zu wirken, daß die Genossenschaftsbewegung auch den ärmsten Klassen zugänglich gemacht werde.

Der Einfluß der Frauengilde auf die Bewegung wird von den männlichen Genossenschaftlern, namentlich von ihren Führern, geradezu als ein „unbegrenzter" bezeichnet. Die Gilde hat dafür gesorgt, daß die Frauen nun aus dem kaufmännischen Unternehmen heraus die höchsten und besten Ideale des Genossenschaftswesens entwickeln und pflegen. Sie hat den arbeitenden Frauen Englands zu der Erkenntnis geholfen, daß die Mittel zur Verbesserung ihrer Lage zu einem großen Teil in ihren eigenen Händen liegen; sie hat die Frauen zu Unabhängigkeit, Selbstvertrauen und Gemeinsinn erzogen und zur Hilfsbereitschaft für die, die unter der Ausbeutung des Schwitzsystems zu kraftlos zur Selbsthilfe geworden sind und deren Horizont sich unter den elenden Lebensverhältnissen immer mehr verengt hat, „daß sie die Morgenröte der Freiheit nicht mehr über den Bergen erglühen sehen". So trägt die Gilde dazu bei, daß Olive Schreiners Traum sich mit der Zeit erfüllt: „Ich träumte, ich sah ein Land. Und auf den Hügeln gingen tapfere Frauen und tapfere Männer Hand in Hand. Und sie blickten einander in die Augen und fürchteten sich nicht. *Und ich sah Frauen, die auch einander die Hände reichten* ... Und ich fragte: Wann wird das geschehen? und erhielt die Antwort: In der Zukunft."

Frauenarbeit in Preußen*

Der Niedergang der deutschen Industrie, der wesentlich durch die Zollpolitik und die Unsicherheit in Bezug auf den Abschluß neuer Handelsverträge beeinflußt ist, macht sich bereits auf dem Arbeitsmarkt fühlbar und verringert nicht zum wenigsten die günstigeren Arbeitsmöglichkeiten für *Frauen*. Das geht aus den „*Jahres-Berichten der Königlich Preußischen Regierungs- und Gewerberäte und Bergbehörden für 1900*"[1] deutlich hervor. Während für die erste Hälfte des Berichtsjahres noch eine bedeutende Zunahme der industriellen Arbeiterschaft - auch des weiblichen Teiles - und eine steigende Lohntendenz zu konstatieren war, trat im Sommer und Herbst der Rückschlag ein, der für Frauen namentlich in der Textilindustrie, Arbeitslosigkeit oder verminderte Einnahme infolge von Betriebseinschränkungen mit sich brachte. In einigen Fabriken ruhte die Arbeit regelmäßig an zwei Wochentagen; in andern wurde nur bei Tageslicht gearbeitet. Das mangelnde Angebot von Arbeitskräften, über das in früheren Jahren oft geklagt wurde, hat nunmehr einem die Nachfrage weit übersteigenden Überschuß Platz gemacht. So heißt es in dem Bericht des Aufsichtsbeamten aus Frankfurt a.O.: „In der Textilindustrie waren im Herbst sehr viele Arbeiterinnen vorübergehend arbeitslos, und eine ganze Anzahl der als beschäftigt geführten Arbeiterinnen thatsächlich ohne Verdienst, da viele Arbeiter bei dem schlechten Geschäftsgange sehr lange auf neue Arbeit warten mußten. *Besonders Frauen wurden davon betroffen,* weil man im allgemeinen bei nötig werdenden Arbeiterentlassungen lieber die Arbeiterinnen als die leistungsfähigeren Arbeiter entläßt, und andrerseits die Frauen, welche ein Hauswesen zu besorgen haben, eine zeitweise Unterbrechung der Arbeit *innerhalb gewisser Grenzen* nicht ungern sehen, da sie dadurch Gelegenheit haben, sich ihrem Hauswesen zu widmen. *In diesem Jahre wurden allerdings diese Grenzen wesentlich überschritten.*" Nur aus wenigen Bezirken wird noch von einem Mangel an Arbeiterinnen berichtet; so aus Breslau, wo außerdem einige größere Spinnereien über eine Verschlechterung der unverheirateten weiblichen Arbeiterschaft klagten; sie führten das auf die Entstehung und Erweiterung großer Warenhäuser zurück, die die besseren Elemente als Hilfspersonal an sich ziehen. In einigen Industriezweigen blieb die Arbeitsgelegenheit für Frauen unvermindert, während sich für die höher entlohnten Arbeiter die geschäftliche Krise stark fühlbar machte. So wurden in den Zementfabriken des Regierungsbezirks Oppeln 420 erwachsene männliche Arbeiter entlassen, während alle Frauen ihre Arbeit behielten. Dabei wurden die Arbeiterinnen in gesundheitsschädlicher Weise vor den heißen Trocken- und Brennöfen beschäftigt, eine

* Die Frau, 9. Jg., Nr. 1, Okt. 1901, S. 50-53

[1] Mit Tabellen und Abbildungen. Amtliche Ausgabe, Berlin, R. v. Deckers Verlag 1901

Art der Arbeit, die in Preußen sonst nirgendwo von Frauen verrichtet wird. Hier zeigt sich deutlich, wie die Frau als *Lohndrückerin* - zum Schaden der Gesamtheit - auftritt, solange sie nicht mit den männlichen Arbeitsgenossen in leistungsfähigen Berufsorganisationen vereint ist.

Es ist deshalb mit Freuden zu begrüßen, daß hie und da das Solidaritätsgefühl der Arbeiterinnen zu erstarken beginnt, und daß die Berichte kleine, aber ermutigende Erfolge auf Grund *gemeinsamen Vorgehens* der Arbeiterinnen verzeichnen können. So haben die Textilarbeiterinnen des *Bergischen Landes* durch Beteiligung an einer Arbeitseinstellung zur Erkämpfung der *zehnstündigen Arbeitszeit* beigetragen. In *Eupen* traten von 72 Arbeiterinnen einer Zigarrenfabrik 50 in den Ausstand, weil einer Kollegin, die in Vertretung der Arbeiterschaft beschwerdeführend beim Arbeitgeber vorstellig geworden war, gekündigt wurde. Durch Arbeitseinstellung erzwangen die 300 Arbeiterinnen zweier *Harburger* Fischkonservenfabriken eine wesentliche *Erhöhung ihres Tagelohns*. Im *Magdeburger* Bezirk konnte ein Fabrikant, der wegen dringender Aufträge von der Behörde Erlaubnis zur Überschreitung der gesetzlichen Maximalarbeitszeit erhalten hatte, diese nicht ausnutzen, weil die Arbeiterinnen auf Veranlassung ihres Verbandes sich trotz der Aussicht auf größeren Verdienst weigerten, *länger als 11 Stunden* täglich zu arbeiten. Im vorhergehenden Jahre waren Arbeiterinnen einer andern Fabrik in derselben Weise vorgegangen, mit dem Erfolg, daß der Fabrikbesitzer in diesem Jahr die Erlaubnis zur Überarbeit nicht wieder nachsuchte. Man scheint also durch Mehreinstellung von Arbeiterinnen oder bessere Verteilung der Arbeit die Nachteile der Überarbeit ohne große Schwierigkeiten vermeiden zu können.

Daß trotz des Mangels an Arbeitsgelegenheit bei dem geschäftlichen Rückgang noch immer die Erlaubnis *zur Überarbeit* von so vielen Arbeitgebern nachgesucht wird, kann wohl auch mehr auf Gewohnheit als auf eine dringende Notwendigkeit zurückgeführt werden. So erklärten die Inhaber zweier Thorner Honigkuchenfabriken, denen eine früher erteilte Erlaubnis zur Überarbeit an den Sonnabenden vor Weihnachten in diesem Jahre vorenthalten wurde, daß ihnen Verluste irgendwelcher Art daraus nicht erwachsen seien, und daß die Stellung des Antrages *mehr aus Prinzip als aus Bedürfnis erfolgt sei*. Solche Fälle zeigen, daß die Anträge auf Bewilligung von Überarbeit von den Aufsichtsbeamten und Behörden gar nicht zu sorgfältig geprüft und nicht streng genug behandelt werden können. Wenn die Arbeiterinnen durch einmütiges Vorgehen sie darin unterstützen, wird sich wenigstens der elfstündige Maximalarbeitstag endlich im Volksbewußtsein als feststehende und unabänderliche Errungenschaft der Arbeiterinnen einbürgern.

Vielleicht nicht auf ein Prinzip, aber auf ein Gemisch von Gesetzesunkenntnis, von Mißachtung der Vorschriften, von Interesselosigkeit für die Arbeiter und rücksichtslosem Geschäftsegoismus sind die zahlreichen *Übertretungen der Schutzbestimmungen* für Arbeiterinnen zurückzuführen, die der Bericht aufweist.

Außer 1.426 Zuwiderhandlungen, die mehr formalen Charakter trugen, wurden von den Beamten 810 Übertretungen der Bestimmungen über die Dauer der Beschäftigung von Frauen, Nachtarbeit, Pausen u. dergl. ermittelt, die 5.394 Arbeiterinnen betrafen. Die Zuwiderhandlungen verteilten sich auf 1.879 Anlagen, hauptsächlich auf Ziegeleien, auf das Bekleidungs- und Reinigungsgewerbe, die Textilindustrie und die Industrie der Nahrungs- und Genußmittel. Die Gesetzesübertretungen waren teils so schwerer Art, daß die Schuldigen zu hohen Geldstrafen herangezogen wurden. So wurde der Direktor einer Zuckerfabrik wegen Verletzung von sechs Gesetzesbestimmungen zur Zahlung der ungewöhnlich hohen Strafe von 290 Mark verurteilt. Er hatte u.a. Arbeiterinnen des Sonntags, ferner bei gesundheitsgefährlichen, für Frauen verbotenen Arbeiten beschäftigt. *Eine Arbeiterin war 36 Stunden hintereinander von ihm beschäftigt worden!*

In einer Zigarrenfabrik fand der Inspektor während der gesetzlich vorgeschriebenen Mittagspause zehn erwachsene Arbeiterinnen *eingeschlossen*. Es stellte sich heraus, daß auf diese Weise die häufige Übertretung des Gesetzes vor dem Aufsichtsbeamten verheimlicht werden sollte.

In einer Zinkhütte waren Arbeiterinnen gegen ihren Willen für einen Schichtlohn von 75 Pfg. *zur gesetzwidrigen Nachtarbeit befohlen* worden.

Ein besonders krasser Fall der Umgehung des Verbots der Nachtbeschäftigung von Frauen teilt der Magdeburger Beamte mit. Er traf in einer Zuckerfabrik des Nachts vier Frauen beim Zunähen frisch gefüllter Zuckersäcke an. Die Frauen hatten in dieser Weise während der Kampagne mehrfach gearbeitet und waren sogar mit nur einstündiger Pause fast *24 Stunden hintereinander thätig gewesen*. Der Leiter des Betriebs gab zwar die Kenntnis dieser Beschäftigung zu, lehnte aber seine Verantwortlichkeit ab, weil die Frauen nicht von der Fabrik angestellt und bezahlt würden, sondern von den Männern, denen die Einsackung des Zukkers und die Vernähung der Säcke im ganzen übergeben sei. Der Beamte erkannte die Begründung nicht als stichhaltig an und hat gegen den Betriebsleiter Strafantrag gestellt, der noch nicht zur Verhandlung gekommen ist.

Im Erfurter Bezirk wurde die Direktion einer Konfektionsfirma bestraft, weil die Arbeiterinnen in gesetzwidriger Weise Sonnabend abends beschäftigt wurden. Der revidierende Beamte fand die Thüren zu den Arbeitssälen geschlossen und erhielt erst auf wiederholtes Klopfen Einlaß. Die Arbeiterinnen müssen also gut instruiert oder überwacht gewesen sein. Auch über unsittliche Zumutungen von Fabrikbeamten haben sich Arbeiterinnen zu beschweren gehabt.

Völlig unzureichend sind in einigen Bezirken noch die *Ankleide- und Waschräume* für die Frauen. In einer Lumpensortieranstalt in Hagen mußten die Arbeiterinnen sich in einer Gartenlaube umkleiden, die von allen Seiten der Nachbarschaft freien Einblick gewährte. Auf einer Ziegelei in Marienwerder beobachtete der Inspektor, wie bei Beginn der Mittagspause die Arbeiterinnen sich auf einem offenen Podium über dem Ringofen neben der Karrbahn wuschen und umkleideten. Anderwärts wurden für 25 Frauen nur zwei Waschbecken gefunden.

Durch die große Aufmerksamkeit einiger Gewerbeaufsichtsbeamten und durch ihre unausgesetzten Bemühungen ist vielfach aber das Verständnis der Arbeitgeber für solche Forderungen gestiegen, und die Beamten können berichten, daß in manchen Betrieben auf zweckmäßige Einrichtung und Unterhaltung dieser Räume besonderer Wert gelegt wird. Auch die zur *Verhütung von Krankheiten* von den Beamten empfohlenen Vorsichtsmaßregeln werden immer mehr eingeführt, so daß die Gewerbeinspektion durch hygienische Belehrung von Arbeitgebern und Arbeitnehmern zum wertvollsten Mitarbeiter an der Erhaltung und Stärkung der Volksgesundheit wird. Wie notwendig gerade dieser Zweig ihrer Thätigkeit ist, geht z.B. daraus hervor, daß in einer keramischen Druckerei, die erst neuerdings mit einer Vorrichtung zur Staubabsaugung versehen wurde, im Jahre 1900 von 57 meist weiblichen Arbeitern 26 die Hilfe der Krankenkasse wegen *Bleivergiftung* in Anspruch nahmen. Ein erschütternder Fall von Gesundheitsschädigung durch Unwissenheit und Unkenntnis der Betriebsgefahren ereignete sich in einer Zündholzfabrik des Cölner Bezirks. Ein neunzehnjähriges Mädchen hatte sich auf Weisung des Kassenarztes zwei Zähne ziehen lassen und war mit Erlaubnis und Wissen des Arztes und des Zahnarztes sofort wieder zur Arbeit gegangen. Nach achttägiger Beschäftigung stellten sich Anzeichen einer Nekrose-Erkrankung des Unterkiefers ein. Im Laufe der zehnmonatlichen Behandlung mußte der Unterkiefer in mehreren Operationen vollständig entfernt werden. Der Aufsichtsbeamte teilt dazu mit, daß keine Aussicht vorhanden ist, dem so schwer getroffenen Mädchen eine Entschädigung zu verschaffen, da sich kein Arzt bereit gefunden habe, die Beschränkung ihrer Erwerbsfähigkeit zu bescheinigen!

Ob auch die Bemühungen einer Rechtsschutzstelle in solchem Fall keinen Erfolg haben sollten?

Ohne Willen und ohne Wissen der Arbeitgeber - durch die Schuld der Arbeiterinnen oder der trostlosen Verhältnisse, die sie zu solchem Schritt treiben, scheint das Verbot der Beschäftigung von *Wöchnerinnen* manchmal umgangen zu werden. Mehrfach wird in den Berichten hervorgehoben, daß die Arbeitgeber jede Verantwortung in Bezug auf diese Verordnung neu eingetretenen Arbeiterinnen gegenüber ablehnen, da sie keine Kenntnis davon haben können, ob diese Wöchnerinnen sind. Die Niederkunft veranlaßt häufig nicht nur eine Unterbrechung, sondern ein Ausscheiden aus dem Arbeitsverhältnis, das später das Aufsuchen neuer Arbeitsgelegenheit erforderlich macht. Ein als arbeiterfreundlich bekannter Fabrikbesitzer erklärte, daß er aus Anstandsrücksichten nicht jeder neu in Beschäftigung tretenden Arbeiterin derartige Fragen vorlegen würde. Jedenfalls ist die Kontrolle über die Ausführung dieser Bestimmung sehr schwierig; sie ist fast allein in die Hand der betreffenden Arbeiterin gelegt. Eine Erhöhung der Krankenkassenleistung für diese Fälle wird am besten Notstände und Zwangslagen beseitigen, die zur Übertretung des Gesetzes Veranlassung geben könnten. Von seiten der Unternehmer wurde vielfach bekundet, daß sie einem verstärkten Wöchnerinnenschutz keine Schwierigkeiten entgegenstellen würden. Daß dieser Zweig des Arbeiterinnenschutzes in seiner Bedeutung gewürdigt wird, geht auch aus mehrfachen Errichtungen von *Wöchnerinnenheimen* hervor. So sind die Wohlfahrtseinrichtungen der Höchster Farbwerke durch ein Wöchnerinnenasyl bereichert worden, in dem die Frauen der Arbeiter und Aufseher während ihrer Entbindung und für die vom Anstaltsarzt noch als wünschenswert bezeichnete Zeit nach derselben Aufnahme und Verpflegung finden. Auch übernimmt die Firma $^2/_3$ der Kosten für die eventuell erforderliche Anstellung einer Hauspflegerin zur Vertretung der Hausfrau. Ähnliche Fürsorge wird in Elberfeld von den Farbenfabriken der Firma Fr. Bayer gewährt.

Nahe verwandt ist diesen Bestrebungen die immer mehr in Aufnahme kommende Errichtung von *Fabrikkrippen* und *Bewahranstalten*. Die größere Aufmerksamkeit, die in den letzten Jahren der Frauen-Fabrikarbeit geschenkt wurde, hat in weiten Kreisen der Erkenntnis Raum geschaffen, daß die Lohnarbeit verheirateter Frauen nicht mehr aus dem Wirtschaftsleben auszuschalten ist. Das Erfassen dieser Thatsache mußte zu lebhaftem Bemühen führen, die aus der Arbeit der Frau und Mutter für die heranwachsende Generation entstehenden Gefahren herabzumindern, den Arbeiterinnen einen Teil der Mutterpflichten abzunehmen. Wie notwendig das regere Eingreifen in dieser Richtung ist, geht aus dem Bericht des Liegnitzer Beamten hervor. Er traf in einer Glashütte Arbeiterinnen, die ihre kleinen Kinder mit zur Arbeitsstelle nahmen. „Mit Rücksicht auf die Gefährdung der Kleinen wurde dies untersagt. Jedoch konnte dem Antrage von mehreren Arbeiterinnen, ihre Kinder mitbringen zu dürfen, entsprochen werden, nachdem von den Arbeitgebern ein Teil des Arbeitsraumes zur Aufbewahrung der Kinderwagen und zum Aufenthalt der Kinder von den Arbeitsplätzen abgetrennt worden war."

Dies Maß der Fürsorge erscheint recht gering; erfreulicher sind die Berichte über Eröffnung von Fabrik-Bewahranstalten in Landeshut, Ober-Kauffung, Ruhrort, Düsseldorf, der Zementfabrik Hemmoor, des Stahlwerkes Hösch in Dortmund, sowie das steigende Interesse der Fabrikanten an der hauswirtschaftlichen Ausbildung der heranwachsenden weiblichen Jugend. *Haushaltungsschulen* und hauswirtschaftlicher Unterricht *für Fabrikarbeiterinnen* sind in Elbing, Herford, Barmen, Altwasser eingerichtet worden; zahlreicher noch haben sich Fabrikanten an den Bestrebungen beteiligt, Koch- und Haushaltungsunterricht mit der Volksschule zu verbinden oder unmittelbar daran zu knüpfen. Man arbeitet damit der wirtschaftlichen Untüchtigkeit der zukünftigen Arbeiterfrauen entgegen, da grossenteils die Schuld an der Zerrüttung des häuslichen Lebens in Arbeiterkreisen auf die zu früh einsetzende Fabrikarbeit der Mädchen und den damit verbundenen Mangel an hauswirtschaftlichen Kenntnissen zurückgeführt wird.

So erfreulich auch diese verschiedenen Wohlfahrtsbestrebungen wohlmeinender Unternehmer sind, so liegt ihr Wert doch hauptsächlich in der *Anregung, die sie leistungsfähigeren Körperschaften zu gleichem oder ähnlichem Thun geben*. Der Kreis, dem sie helfen können, ist zu klein; er wechselt auch zu schnell, als daß nachhaltige Wirkungen erzielt werden könnten. Wie viele von den 443.141 Fabrikarbeiterinnen Preußens, die der Bericht für 1900 nennt, mögen wohl Nutzen daraus gezogen haben?

Die Gewerbeaufsichtsbeamten sind in der Lage, nachdrücklicher als andere Sozialreformer durch ihre Berichte auf eine gerechte Würdigung solcher Bestrebungen und auf die notwendige Erweiterung kommunaler und staatlicher Fürsorgethätigkeit für die arbeitenden Klassen hinzuwirken, den Arbeitern den Weg zur Selbsthilfe zu bahnen und zu ebnen. Daß dabei die Bedürfnisse der arbeitenden Frauen in Zukunft mehr als bisher berücksichtigt werden dürften, dafür bietet die im Berichtsjahr endlich erfolgte Anstellung der beiden ersten *Assistentinnen* der preußischen Gewerbeinspektion eine Gewähr.

Wie wird die Frau durch das Vereinsleben für das öffentliche Leben erzogen?*

Die Anfänge eines Frauenvereinslebens, das über die Bethätigung in der Armen- und Krankenpflege hinausgehend sich andern Gebieten zuwandte, reichen in Deutschland nur bis in die sechziger Jahre des 19. Jahrhunderts zurück. Das Recht auf Arbeit, das Luise Otto für die Frauen forderte, galt in erster Linie der wirtschaftlichen und der geistigen Befreiung ihrer Geschlechtsgenossinnen. Lebensunterhalt und Lebensinhalt sollten die in jener Zeit allerwärts entstehenden Frauenerwerbs- und Bildungsvereine den Frauen gewähren. Erst die Frau, die wirtschaftlich selbständig durch neue Erwerbsmöglichkeiten in der Weltwirtschaft geworden war, und die durch Eröffnung höherer Bildungsstätten einen Einblick in gesellschaftliche Zusammenhänge und Bedürfnisse, [damit] einen größeren Gesichtskreis gewonnen hatte: sie erst konnte ihre Interessensphäre erweitern, ihrem Vereinsleben einen größeren Rahmen stecken, einen neuen reicheren Inhalt verleihen. *Sie konnte von der Bethätigung an den Frauenangelegenheiten zur Teilnahme an den allgemeinen öffentlichen Bestrebungen schreiten.*

Das Interesse der Frauen am öffentlichen Leben ist infolge der kurzen Zeitspanne der Emanzipationsbestrebungen noch auf eine kleine Zahl wirtschaftlich

* Centralblatt des Bundes deutscher Frauenvereine, 3. Jg., Nr. 16, 15. Nov. 1901, S. 121-123

und geistig Befreiter beschränkt; ihrer Teilnahme daran sind noch durch hemmende Gesetze enge Schranken gezogen. Trotz der *äußeren*, gesetzlichen Hindernisse, die der Mitarbeit der Frau im öffentlichen Leben vielfach noch im Wege stehen, bemühen sich vorgeschrittene Frauen, ihre Geschlechtsgenossinnen in den Vereinen für solche Bethätigung zu erziehen, die *inneren* Hindernisse mangelnden Interesses, ungenügender Kenntnisse aus dem Wege zu räumen. Nicht, weil sie glauben, daß den Frauen die Bahn frei gemacht wird, wenn sie „reif" für das öffentliche Leben geworden; steht doch jedem, auch manchem „unreifen" Mann die Teilnahme an den höchsten und wichtigsten Aufgaben des öffentlichen Lebens, an den politischen Aufgaben frei, während selbst die bedeutendste und kenntnisreichste Frau davon ausgeschlossen ist. Vielmehr das immer stärker hervortretende Verantwortlichkeitsgefühl der Frauen, ihr Wunsch nach einer ausreichenden Vorbereitung für Ämter und Aufgaben, die sie glauben, mit vollem Recht für sich beanspruchen zu dürfen, hat die Vereine dazu geführt, sich mit der Frage zu beschäftigen: „*Wie wird die Frau durch das Vereinsleben für das öffentliche Leben erzogen?*"

Zur Beantwortung dieser vom Verein für Fraueninteressen in München gestellten Frage muß eine *Definition des „öffentlichen Lebens"*, dieses fließenden Begriffs, gegeben werden, der die verschiedensten Auslegungsmöglichkeiten bei Gerichten und Verwaltungsorganen gefunden hat; alsdann müssen daraus die *Anforderungen und Eigenschaften* abgeleitet werden, die zur *Bethätigung auf diesem Gebiet* wünschenswert sind, um schließlich die *Mittel und Wege* bestimmen zu können, die die Vereine *zur Erreichung des angestrebten Zieles* anwenden und einschlagen müssen.

Das „*öffentliche Leben*" bezeichnet im Gegensatz zum häuslichen und Familienleben das Leben der *Gesamtheit,* der Gesellschaft, das Leben von Staat und Gemeinde mit den wechselseitigen Beziehungen der Menschen zu einander. Die Aufgaben des öffentlichen Lebens bestehen demnach darin, Gesetze zu schaffen oder fortzubilden, die diese Beziehungen regeln; Formen, in denen sich das Leben der Gesellschaft am zweckmäßigsten bewegt; Einrichtungen, die den Bedürfnissen der Gesamtheit oder deren einzelnen Gruppen entsprechen. Die Einwirkung auf diese Formen, Einrichtungen und Gesetze, die auszubilden die Aufgaben des öffentlichen Lebens ausmachen, kann auf zweierlei Art erfolgen: durch eine direkte, offizielle oder beamtete Bethätigung, und durch eine indirekte, inoffizielle Bethätigung. Die erstere, von der im allgemeinen die deutschen Frauen noch ausgeschlossen sind, besteht in der Ausübung des kommunalen und staatlichen Wahlrechts und in der Übernahme von Gemeinde- und Staatsämtern. Die indirekte Teilnahme an den Aufgaben des öffentlichen Lebens – für die gleichfalls den Frauen durch Gesetz und durch die Macht der Sitte und Gewohnheit enge Grenzen gezogen sind – vollzieht sich durch Beeinflussung der öffentlichen Meinung und der gesetzgebenden Körperschaften in Versammlungen und durch die

Presse, sowie durch private Gründung von Mustereinrichtungen im Dienste von Staat und Gemeinde.

Die Eigenschaft, die vor allem zur Ausübung einer offiziellen oder inoffiziellen Dienstbarkeit an der Gesamtheit, zur Regelung des allgemeinen gesellschaftlichen Lebens notwendig ist, besteht in einem stark entwickelten Gemeinsinn, der das Allgemeininteresse vor jedes Sonderinteresse, das Wohl der Gesamtheit über das Wohl des Einzelnen oder einer einzelnen Interessengruppe stellt; der auch im Kampf entgegengesetzter Meinungen das Gemeinsame betont, das Trennende zurückstellt. Das öffentliche Leben braucht Menschen, die selbst unter Verleugnung der kleinen persönlichen Interessen die eigene Person für die Gesamtheit, für eine große Sache einzusetzen gewillt sind. Dazu kommt noch, daß für die Teilnahme am öffentlichen Leben mit seinen Verwaltungsbehörden und gesetzgebenden Körperschaften, seinen Versammlungen und der Presse eine Reihe *technischer* Anforderungen gestellt werden müssen: ein bestimmtes Maß sozialpolitischer Kenntnisse, leichte Auffassungsgabe, Besonnenheit, Urteilsfähigkeit, Pflichttreue und Sorgfalt, Kenntnis der parlamentarischen Formen und möglichste Gewandtheit in der schriftlichen und mündlichen Beherrschung des Wortes.

Auch dem bestorganisierten Verein dürfte es schwer gelingen, diese Fülle von Eigenschaften bei *all* seinen Mitgliedern zu entwickeln; jedoch „wer *vieles* bringt, wird *manchem* etwas bringen", und eine planmäßige und bewußte Ausbildung dieser Fähigkeiten innerhalb der Frauenvereine wird selbständige Persönlichkeiten für das öffentliche Leben erziehen helfen.

Eine *solche Schulung* der Mitglieder kann nur erreicht werden, wenn die Vereine zwei Punkte in ihr Programm aufnehmen: Agitations- und Propagandathätigkeit auf der einen, praktische Arbeit auf der anderen Seite. Nicht das Eine oder das Andere, sondern das Eine neben dem Anderen. Sie müssen agitieren, um immer wieder neue Kräfte für die öffentlichen Interessen zu gewinnen, und sie müssen praktische Arbeitsgebiete in Angriff nehmen, um die Gewonnenen zu fesseln und zu halten.

Die *Agitationsarbeit* muß sich in öffentlichen und Vereinsversammlungen vollziehen, in denen nicht nur die besonderen Fraueninteressen, sondern alle allgemeinen Tagesfragen erörtert werden. Durch Vorträge und Diskussionen in den Versammlungen, durch die Lektüre, zu der die Teilnehmerinnen dabei angeregt werden, können diese sich *sozialpolitische Kenntnisse* aneignen, große gesellschaftliche Beziehungen, die Interessen der Gesamtheit erfassen lernen. Durch die Behandlung von Fragen aus den verschiedenen Gebieten menschlichen Wissens und Handelns wird die *Auffassungsgabe* der Frauen für Gegenstände, mit denen sie sich wenig oder gar nicht beschäftigt haben, geschärft; durch Referate und Korreferate von Vertretern verschiedener Richtungen oder Parteien, die namentlich für geschlossene Versammlungen zu einem ständigen Programmpunkt werden sollten, kann die *Urteilsfähigkeit* geschult und geweckt werden. Auch giebt es kein besseres Mittel, die Befangenheit und Zurückhaltung der Frauen vor dem „öffentlichen Aussprechen" ihrer Ansichten zu überwinden, als solche geschlossenen Vereinsveranstaltungen, in denen zwei Vertreter widerstreitender Meinungen sich auseinandersetzen und durch ihre Begründungen die Zuhörer zur Stellungnahme für den Einen oder Anderen zu veranlassen pflegen. Hier bietet sich auch Gelegenheit zur Aneignung *parlamentarischer Formen;* man lernt den Gegner ruhig anhören, seine Gründe prüfen - und unter Umständen auch: sich zu dessen Meinung bekennen.

Eine gute Vorsitzende hat es bei solchen Diskussionen mehr noch als sonst in der Hand, der Versammlung den Stempel ihres Geistes aufzudrücken, einen starken Einfluß auf die Gestaltung der Debatte auszuüben und den *Gemeinsinn bei den Mitgliedern zu stärken;* eine Möglichkeit, von der sie in vollstem Umfange Gebrauch machen sollte. Sie muß das Gemeinsame betonen, wenn die Referenten das Trennende auseinandergesetzt haben, muß die Ziele betonen, für die alle sich zu gemeinsamer Arbeit oder zu gleichartigem Streben zusammenfinden können. Entwickeln soll sie die Meinungen in der Versammlung, nicht *beherrschen!*

Um die beste und geeignetste Vorsitzende den Mitgliedern kenntlich zu machen, um nicht nur - wie bisher zumeist - alljährlich eine Scheinwahl vornehmen zu lassen, bei der die alte Zusammensetzung des Vorstands von neuem bestätigt wird, sollte der Vorsitz in den geschlossenen Vereinsversammlungen unter den Vereinsmitgliedern - mindestens aber unter den Vorstandsmitgliedern - abwechseln. Durch solche allgemeinere *Gewöhnung an die Leitung von Versammlungen* würde auch die Gefahr vermieden, unter der bisher so viele Vereine gelitten haben: daß ihre Existenzfähigkeit auf einer einzigen Person beruht, durch deren Austritt der Verein mangels anderer für die Leitung befähigter und geschulter Kräfte zum mindesten einer schweren Krise ausgesetzt wird. Wo nur *eine* geschulte und gewandte Kraft in neugegründeten oder jungen Vereinen vorhanden ist, sollte diese in den geschlossenen Vereinssitzungen als Nebenvorsitzende oder Beraterin der abwechselnd leitenden Vereinsmitglieder fungieren; etwa in der Art, wie die juristischen und parlamentarischen Beraterinnen es thun, die von einigen amerikanischen Vereinen bei großen Versammlungen mit der Aufgabe zugezogen werden, eventuelle Mißgriffe in der Geschäftsführung zu verhindern.

Die Leitung *öffentlicher* Versammlungen, die weniger der Schulung als der Anregung der alten Mitglieder und der Gewinnung neuer Anhängerinnen dienen, muß allerdings stets der Vereinsvorsitzenden vorbehalten bleiben. Durch die Werbe- und Agitationsarbeit, die diesen Versammlungen obliegt, bietet sich den Vereinsmitgliedern auch Gelegenheit, mit der Presse in Verbindung zu treten. Es ist Fühlung mit den Redakteuren und Mitarbeitern der lokalen Zeitungen zu suchen, um sie zur Entsendung von Berichterstattern in die Versammlungen zu veranlassen. Wo das nicht gelingt, müssen die Vereinsmitglieder eigene Berichte in die Blätter zu lancieren versuchen, um in den weiten Kreisen der ihren Bestrebungen Fernstehenden Kenntnis davon zu verbreiten. Durch solche Berichte und Mitteilungen in politischen Blättern und Fachzeitungen können die Frauen allmählich den *Einfluß in der Presse* erlangen, *der für die Vertretung jedweder öffentlicher Interessen nicht entbehrt werden kann.*

Um aber die Mitglieder, die ein Verein durch seine Propagandathätigkeit gewonnen hat, fesseln zu können, genügt die Veranstaltung von Versammlungen nicht. Frauen, die dem Vereinsleben lange Zeit ganz fern gestanden haben, wollen nicht nur allmonatlich oder allwöchentlich durch eine Einladung zu Vorträgen und Diskussionsabenden daran erinnert werden, daß sie Anhängerinnen der „Frauenbewegung" geworden sind. Der vorwiegend praktischen Veranlagung der Frauen entspringt der Wunsch, nicht nur von Frauenbewegung *reden* zu hören, sondern sie auch *mitzuleben*, zu schaffen und zu gestalten, um wenigstens an einem kleinen Punkt die Lage, die Lebensverhältnisse ihrer Geschlechtsgenossinnen zu bessern. *Ein praktisches Arbeitsgebiet* wenigstens sollte deshalb jeder Frauenverein in Angriff nehmen, um den thatenlustigen Mitgliedern ein Ventil zu öffnen, das ihrer Energie, Schaffensfreudigkeit, ihrem Eifer für die neue Sache und ihrer Thatkraft in nutzbringender Weise ein Bethätigungsfeld anweist.

Welche besonderen Aufgaben ein Verein dabei zuerst aufgreift, ist ohne Bedeutung. Von den lokalen Verhältnissen, von dem Entgegenkommen der Behörden wird es abhängen, ob die Vereinsmitglieder eine amtliche Thätigkeit, etwa die Beaufsichtigung der Ziehkinder, die Waisen- oder Armenpflege übernehmen können, oder sich mehr der privaten Veranstaltung von Rechtsschutzstellen, Arbeitsnachweisanstalten, Koch- und Haushaltungsschulen, Mädchenhorten und dergleichen zuwenden müssen. Für die Erziehung zur Bethätigung im öffentlichen Leben kommt nur in Betracht, daß den Frauen ein Arbeitsgebiet eröffnet wird, das sie beschäftigt und erfüllt, das eine innigere Verbindung unter den Vereinsmitgliedern herbeiführt, die Einzelne enger an den Verein kettet und eine Reihe von Eigenschaften bei den Frauen entwickelt, die die Erfüllung häuslicher Pflichten nicht in demselben Maße hervorzubringen pflegt. Ein stark ausgeprägtes *Verantwortlichkeitsgefühl*, die *Fähigkeit der Unterordnung* unter erfahrene Leiter, *der Einordnung* in die Reihen der gleichstrebenden Kolleginnen: das alles sind Eigenschaften, die sich bei praktischer Organisations- und Verwaltungsarbeit entwikkeln und *die für die Teilnahme am öffentlichen Leben von weittragender Bedeutung sind.*

„Allem Leben, allem Thun, aller Kunst muß das Handwerk vorangehen." Auch die Kunst der Teilnahme am öffentlichen Leben muß von den Frauen handwerksmäßig, d.h. so systematisch wie ein Handwerk erlernt werden. Das Vereinsleben soll und kann die Frau, die so lange vom öffentlichen Leben ferngehalten wurde, zur Teilnahme daran erziehen, wenn die Leiterinnen der Vereine sich dieser Aufgabe bewußt sind. Wer erziehen will, bedarf aber eines erziehungsfähigen und willigen Menschenmaterials. Nicht nur solchen Frauen, die zwar reich an Lebenserfahrung sind, deren beste Kraft aber bald verbraucht, deren Arbeitslust oft schon erschöpft ist, sondern auch den heranwachsenden Mädchen und jungen unerfahrenen Frauen sollten die Frauenvereine deshalb zum geistigen Mittelpunkt werden. Besondere, ihrer Interessensphäre angepaßte Veranstaltungen sollten dazu dienen, die Jugend für das Vereinsleben heranzuziehen. Der Jugend gehört die Zukunft, und nur wenn immer neue Kräfte in das Vereinsleben *Arbeitsfrische* und *-Freudigkeit*, *Enthusiasmus* und *Begeisterung* tragen, wenn Frauen, die noch nicht durch mannigfache Enttäuschungen entmutigt, durch Mißerfolge müde geworden sind, das Vereinsleben immer von neuem beleben: dann nur wird es den Frauen mit leuchtendem Optimismus gelingen, mit dem Glauben an ihre Sache, der allein Berge versetzen kann, auch die Hindernisse zu beseitigen, die heute noch durch Gesetz und Recht der vollen Bethätigung der Frau im öffentlichen Leben entgegenstehen.

Soziale Hilfsthätigkeit*

Fast zwei Menschenalter sind verflossen, seit *Disraeli* zur Kennzeichnung der ungeheuren Kluft, die seine reichen Zeitgenossen von den Armen trennte, den Ausspruch von den „zwei Nationen" that, „zwischen denen kein Verkehr und keine Sympathie bestand, die einander in ihrem Wollen, Denken und Fühlen so wenig wie die Bewohner verschiedener Zonen und verschiedener Planeten verstanden, die durch eine verschiedene Erziehung gebildet und eine verschiedene Nahrung ernährt wurden, die sich nach verschiedener Sitte richteten und über die nicht dieselben Gesetze geboten".

Schroff sind diese Worte, und trostlos scheinen die Zustände, die Disraeli schildern will. Trotzdem kann es dem aufmerksamen Beobachter der heutigen gesellschaftlichen Zustände nicht entgehen, daß das Wort von den zwei Nationen noch immer zutreffend ist. Der wirtschaftliche und kulturelle Notstand weiter Bevölkerungsschichten hat eine zunehmende Verbitterung in Arbeiterkreisen hervorgerufen, die nur allzu oft Neid und Mißgunst gegen jeden besser Gestellten in heller Flamme emporlodern läßt. Und diese Verbitterung ist von seiten der Besitzenden noch vielfach genährt worden: durch Mangel an Interesse und Verständnis für die Bedürfnisse jener Volkskreise, für die verschiedenartige Entwicklung ihres Rechts- und Moralgefühls und durch jeglichen Mangel an Verkehr mit ih-

* A. Salomon, Soziale Frauenpflichten, Berlin 1902, S. 11-37

nen. Namentlich in großstädtischen Verhältnissen tritt eine unüberbrückbar scheinende Kluft nicht nur zwischen Besitzenden und Nichtbesitzenden zu Tage, sondern auch - und das ist ein noch viel mehr zu bedauerndes Moment - zwischen gebildeten und ungebildeten Volksgenossen.

Im hastenden Getriebe der Großstadt gehen die Menschen aneinander vorüber und sehen nicht, wie eng das Wohl des Einzelnen mit dem Wohl der Gesamtheit verknüpft ist. Sie vergessen, daß es die Pflicht des Einzelnen ist, der Gesamtheit gegenüber ein Verantwortungsgefühl zu empfinden, und sie verkennen die Aufgabe, die jedem gestellt und eingeprägt werden sollte; die Aufgabe, die ihren besten Ausdruck in der Bejahung der uralten Bibelfrage findet: „Soll ich der Hüter meines Bruders sein?"

Den Mangel an sozialem Denken bezeichnet Carlyle als einen Fehler der Erziehung, und damit sind wohl auch die Ursachen dieser Verhältnisse richtig gekennzeichnet. Denn überall da, wo die Menschen durch ihre Erziehung und ihre Berufsarbeit Gelegenheit zum Verkehr mit anderen Volksschichten fanden, ist häufig Interesse für soziale Probleme, Verständnis für soziale Pflichten erwachsen. Und da unter den heutigen Verhältnissen kaum ein Beruf ausgeübt werden kann, ohne daß ein Stück sozialen Lebens sich in ihm abspiele, so haben Männer der verschiedensten Berufskreise - Juristen und Lehrer, Industrielle, Mediziner und Theologen - ihre sozialen Aufgaben erfaßt und sich bestrebt gezeigt, an ihrem Teile bei der Förderung des Gemeinwohls mitzuarbeiten.

Weit schlimmer als bei den Männern ist die Verkennung und Vernachlässigung sozialer Pflichten noch unter den Frauen der besitzenden Klassen, die noch viel zu wenig erkannt haben, wie sehr die Not der Zeit Wandel erheischt, die sich noch vielfach keine Berufsbildung und Berufsarbeit aneignen und daher wenig mit den arbeitenden Volkskreisen in Berührung kommen, und die vor allen Dingen durch ihre *Erziehung* den sozialen Problemen vollständig fern gehalten werden.

Die Legende von dem indischen Königssohn, von Gautama Buddha, berichtet, er sei in paradiesischen Fluren und Gärten auferzogen und fern gehalten worden von allem, was ihm Menschenleiden und -sorgen hätte erschließen können; es sei von seinem Vater ängstlich darüber gewacht worden, daß ihm nur die Kenntnis des Guten und Schönen und Wahren übermittelt würde. Diese Legende scheint ein Gleichnis für die Erziehung der „höheren Töchter" darzustellen. Denn so wie Gautama Buddha wachsen auch die Mädchen der besitzenden Klassen auf, im engen Rahmen des Hauses, dessen Mauern sie schützend umschließen und sie fern halten von dem heißen, erbitterten Kampf ums Dasein, der die Welt durchtobt. So lernen und erfahren auch sie nur, was Eltern und Erzieher als angemessen und notwendig für die Bildung dieser Mädchen erachten, und dazu gehört die Kenntnis der sozialen Klassengegensätze, dazu gehört die Kenntnis von Not und Elend *nicht*. Schule und Leben geben ihnen eine *einseitig* ästhetische Richtung. „So lernen sie die Schneehütten der Eskimos und die Wigwams der Indianer kennen und beschreiben; von den Arbeitsstätten und Wohngelassen zahlreicher Volksgenossen in ihrer nächsten Nähe wissen sie nichts."[1] So hören sie von den Gesetzgebern des alten Griechenlands und den Kriegen und Schlachten römischer Feldherrn; das höchste Kunstwerk aber bleibt ihnen fremd, das menschlicher Gemeinsinn hervorgebracht hat: der Staat, dem sie doch dereinst ihre Kinder schenken, erziehen und opfern müssen.

Die Pflichten aber, die eben dieser Staat den Frauen entgegenbringt, liegen so auf der Hand, daß die Erziehung der Mädchen unbedingt diesen Aufgaben angepaßt werden müßte. Denn überall, wo wir Mißständen begegnen - Mißständen auf wirtschaftlichem und sittlichem, rechtlichem und sozialem Gebiet -, überall da stehen Mädchen und Frauen in dichten Scharen, zahlreicher noch als Männer. Und die Mißstände, die diese Frauen treffen, können weder durch Reformen noch durch Gesetze beseitigt werden, die von Männern allein erdacht, von Männern allein ausgeführt werden; denn nur die Frau kann volles Verständnis für die Bedürfnisse, für die Eigenart des eigenen Geschlechts gewinnen. Darum kann die Mitarbeit der Frau im öffentlichen Leben heute nicht mehr entbehrt werden; darum fallen den Frauen Pflichten im Gemeinwesen zu, denen sie sich ohne Gefährdung des Gemeinwohls nicht länger entziehen können.

Sollen die Frauen aber zu einem Verständnis der gesellschaftlichen Zustände, zu einem Erfassen sozialer Pflichten erzogen werden, so muß die Mädchenbildung ein neues, ein soziales Bildungselement aufnehmen, damit die Frauen die Welt begreifen lernen, in der sie leben; damit sie die Sprache derer verstehen lernen, die in einem anderen gesellschaftlichen Kreis geboren sind; damit sie lernen, sich als *Bürgerinnen* zu fühlen, die sich voll bewußt sind, *daß sie für den Staat*, der ihnen Recht und Ordnung, Schutz und Sicherheit gewährleistet, *auch einen Teil ihrer Kräfte einzusetzen haben.*

Diese Erörterungen sind von dem Gedanken ausgegangen, daß die Not unserer Zeit Wandel erheischt, und daß namentlich die Frauen der besitzenden und gebildeten Volksschichten berufen und verpflichtet sind, an der Überbrückung sozialer Gegensätze mehr als bisher mitzuarbeiten; daß sie für eine solche Teilnahme an der sozialen Pflichterfüllung gewonnen und erzogen werden müßten.

Ehe auf die Wandlungen im Volksleben hingewiesen werden soll, die man von einer allgemeineren Erfüllung sozialer Pflichten durch die Frauen erhoffen kann, muß ein kurzer Rückblick das beleuchten, was von Frauen auf dem Gebiet sozialer Hilfsarbeit bereits geleistet worden ist; ferner müssen die Versuche geschildert werden, die zur Gewinnung und Schulung der Frauen für diese Bestrebungen unternommen worden sind.

Zur Kennzeichnung der bisherigen sozialen Wirksamkeit von Frauen muß

[1] Elisabeth Gnauck-Kühne

zunächst eine Definition des Begriffs der *sozialen Hilfsarbeit* gegeben werden.[2] Man versteht darunter alle Bestrebungen, die gesellschaftlichen Mißständen abhelfen sollen, die auf Förderung eines gesunden Volkslebens in körperlicher und geistiger Beziehung abzielen. Es handelt sich dabei also nicht um eine unbedeutende Hilfsthätigkeit bei großen sozialen Reformen, sondern um die Mitarbeit an diesen selbst. Auf dem Gedanken des Helfens und Heilens, um Einzelnen oder der Gesamtheit bessere Daseinsmöglichkeiten zu schaffen, beruht die soziale Hilfsarbeit. Sie umfaßt also neben der Armenpflege die Krankenpflege, alle Bestrebungen der Jugendfürsorge, die Gefangenenpflege, Volksbildungsbestrebungen, die Arbeiterinnenschutzversuche u. dgl. mehr. Sie umschließt - wie man zusammenfassend sagen kann - die Übertragung der Mutterliebe, des hilfreichen, warmherzigen Wirkens vom Haus auf die Gemeinde, auf die Welt.

Was Frauen auf diesem weitverzweigten Gebiet geleistet haben, kann hier nur durch wenige Namen angedeutet werden: durch den Namen einer Elisabeth Fry, die weit über die Grenzen ihres Vaterlandes hinaus den Anstoß zu einer Reform der Gefangenenpflege gegeben hat, die zuerst die Initiative zur Heranziehung der Frauen für den Dienst an den Gefangenen gab; durch den Namen einer Florence Nightingale, die als Mutter der modernen Krankenpflege zu nennen ist. Sie hat die ersten Ausbildungsanstalten für Krankenpflegerinnen errichtet und durch ihr geschultes Personal den Greueln und Mängeln der Kriegskrankenpflege im Krimkrieg ein Ende gemacht. Ferner ist Oktavia Hill zu nennen, die einen vollständigen Umschwung der Ideen auf dem Gebiet der Armenpflege herbeigeführt hat. Es ist an Francis Willard und Josephine Butler zu erinnern, die mit unerschütterlichem Mut, mit aufopferndster Hingabe den Kampf gegen menschliches Laster aufnahmen, sowie an die hervorragenden Leistungen von Frauen auf einem der schwierigsten Gebiete sozialer Arbeit, auf dem Gebiet des Arbeiterinnenschutzes. Die Organisationsversuche, Gesetzesvorschläge und Enquêten der Lady Dilke, Beatrice Webb und Florence Kelley haben auch auf diesem Arbeitsfeld den Nachweis für die Befähigung der Frauen erbracht.

Diesen hervorragenden Pionieren der sozialen Frauenarbeit in England und Amerika sind allerwärts, auch in Deutschland, neben vielen tüchtigen einige genial veranlagte Frauen gefolgt, die wie Amalie Sieveking, Lina Morgenstern, Henriette Goldschmidt, Jeannette Schwerin, Elisabeth Gnauck-Kühne neue Ideen und Impulse in die soziale Arbeit hineintrugen und begeisterte Anhängerinnen warben. Immerhin kann man nicht verkennen, daß die Zahl der Frauen, die ihnen folgen, noch verschwindend klein ist im Vergleich zu der Zahl derer, die der sozialen Frauenarbeit noch fern bleiben, im Vergleich zu der Zahl jener aber vor allen Dingen, deren die soziale Arbeit bedarf.

---

[2] Vgl. Handbuch der Frauenbewegung. W. Moesers Verlag, Berlin 1901, II. Teil

Die ersten Versuche, eine planmäßige Agitation zur Gewinnung und Schulung weiterer Frauenkreise für die Erfüllung sozialer Pflichten ins Werk zu setzen, sind auf englischem Boden entstanden, und da alle späteren, auch die deutschen Unternehmungen, sich an diese Vorbilder anlehnen, müssen zunächst diese höchst eigenartigen Bestrebungen geschildert werden, die unter dem Namen der *„Settlementsbewegung"* bekannt geworden sind.

Unter „Settlement" (Ansiedlung, Niederlassung) versteht man die Gemeinschaften gebildeter Menschen, die sich in den Arbeitervierteln der modernen Großstädte ansiedeln, um dort - unter den Arbeitern und Proletariern lebend - genaue Kenntnis der Lebensverhältnisse dieser Volkskreise zu erwerben, und um auf Grund dieser Kenntnisse erfolgreich mitarbeiten zu können an der Besserung der Lage der Arbeiter und an der Hebung des Gemeinwohls.

Dieser Gedanke - unter denen zu leben, denen man helfen will - ist so natürlich, daß sein Ursprung kaum festzustellen, so allgemein, daß seine Ausdehnung nicht zu übersehen ist. Haben doch zu allen Zeiten Priester und Missionare ihr Heim inmitten derer begründet, denen sie ihr Leben und ihre Arbeit widmeten.

Wodurch unterscheidet sich nun die Settlementsbewegung von jenen früheren Unternehmungen? Was thut sie, das jene nicht thun konnten, und was hat sie, das jene entbehrten?

Die Beantwortung dieser Fragen ist nicht leicht. Denn das Settlement erfordert weit mehr als eine Änderung der Methode; es verlangt - wie die Pioniere der Settlementsbewegung sagen - „eine Änderung des Gesichtskreises, der grundlegenden Prinzipien".

Nicht barmherzige Nächstenliebe, nicht philantrophisches Mitleid für Unglück, nicht der freundliche Wunsch, durch den eigenen Überfluß dem Mangel anderer abzuhelfen, sollen ausschließlich den Grundgedanken für diese Bewegung ausmachen, sondern Sinn und Verständnis für die gemeinsamen Interessen und die gemeinsamen Rechte aller Menschen sollen zur dauernden Triebkraft derer werden, die an den Bestrebungen der Settlements teilnehmen wollen. Das Settlement soll ein großer moderner Protest gegen die Ansicht sein, daß Reichtum oder Wohlstand allein Charaktere bilden; daß man einen hohen Platz auf der sozialen Stufenleiter einnehmen kann ohne Verpflichtungen gegen diejenigen, die zur Erlangung dieser Stufe behilflich waren; daß die Menschen von der Natur in Klassen geteilt sind, nicht durch das, was sie sind und was sie thun - sondern durch das, was sie haben.[3]

Nicht als Träger der *Armenpflege* im hergebrachten Sinn soll der Einzelne deshalb das Settlement aufsuchen, sondern als *Bürger*, der nach seinen Kräften

[3] Diese Ausführungen sind verschiedenen Berichten und Statuten von Settlements in England und Amerika entnommen.

an der Überbrückung sozialer Klassengegensätze mitarbeiten will, und es als Pflicht betrachtet, seine Kenntnisse und Kulturerrungenschaften zum Wohl der Gesamtheit zu verwerten. Es bleibt dabei ganz ohne Bedeutung, ob diese Anstalten auf religiöser und konfessioneller Grundlage beruhen oder nicht; in der Regel hängt das von der Person des Gründers oder Leiters des einzelnen Settlements ab, und so finden sich einzelne konfessionelle Gründungen neben solchen, die ausschließlich von sozial-ethischen Gesichtspunkten ausgehen. Das Charakteristische, das Merkmal der Settlements ist nur die Erkenntnis der gemeinsamen Interessen aller Menschen, das Erfassen *sozialen* Pflichtgefühls, das sie von allen früheren Wohlthätigkeitsanstalten unterscheidet, die allerdings über kurz oder lang diesen neuen Geist werden annehmen müssen, wenn auch nicht überall dieselbe Form, dieselben Methoden.–

Wenn man die Settlementsbewegung nach solchen Merkmalen abgrenzt, ist ihr Ursprung allerdings genau festzustellen. Es war eine Folge der hohen sozialen Lehren eines Kingsley und Ruskin, daß in den sechziger und siebziger Jahren einige Studenten in Oxford den Plan faßten, unter der arbeitenden Bevölkerung Londons ihr Heim aufzuschlagen. Leider war es den ersten Vorkämpfern, die diese Idee zur Ausführung brachten, nicht vergönnt, lange Zeit dafür einzutreten und zu wirken. Ein tückisches Schicksal raffte *Edward Deison* und *Arnold Toynbee* nach kurzen Jahren der Wirksamkeit dahin. Immerhin aber hatte diese kleine Zeitspanne genügt, um namentlich Arnold Toynbee zu einem glänzenden Führer sozialer Reformbestrebungen zu machen, um ihm eine leitende Stellung in der Arbeiterbewegung zu sichern. *Er hat als erster die Überzeugung in weite Kreise getragen, daß die Besitzenden erst die arbeitenden Klassen, deren Leben und deren Stellung kennen lernen müssen, ehe sie ihnen zu einer besseren Lebenshaltung und höherer Kultur verhelfen können, ehe sie mit klarem Verständnis und erfolgreich soziale Reformen in Angriff nehmen können.*

Mit seinem Lehrer, dem *Reverend Barnett* besprach er den Plan zur Gründung eines Settlements, das er sich als Universitätsniederlassung dachte. Nach seinen Ideen sollte sich jeder Student oder jeder Studierte eine Zeit lang dem praktischen Studium der Lebensverhältnisse hingeben, ehe er an seine berufliche Wirksamkeit herangeht. Als man zehn Jahre nach seinem Tode, 1885 seinen Plan zur Ausführung brachte, da erfüllten seine Freunde nur eine Pflicht der Dankbarkeit, einen Akt der Gerechtigkeit, als sie das Settlement ihm zu Ehren „Toynbee-Hall" benannten.

Toynbee-Hall ist ein stattliches Gebäude in einer der schlechtesten Straßen, in einem der ärmsten und elendsten Stadtteile Londons; dort, wo noch vor kurzem Jack der Aufschlitzer sein Wesen trieb; wo nicht nur gegen Armut und Elend, sondern auch gegen Laster und Verbrechen der Kampf aufgenommen werden mußte. Ursprünglich war Toynbee-Hall nur zur Aufnahme von Studenten bestimmt, doch wurden die Satzungen bald dahingeändert, daß es auch von Männern anderer Berufskreise bewohnt werden kann. Heut finden sich dort Kaufleute und

Ärzte, Lehrer und Pastoren, die gegen Zahlung eines Pensionspreises dort ihr Heim aufgeschlagen haben; sie müssen sich bei der Aufnahme zu einem mindestens einjährigen Aufenthalt verpflichten, können ihrer Berufsarbeit ungehindert nachgehen, müssen aber ihre freie Zeit - zumeist also die Abendstunden und die Sonntage - der Settlementsarbeit widmen. Diese besteht in der Teilnahme an allen Wohlfahrtsbestrebungen des Stadtteils, in der Erteilung von Unterricht in Klubs und Fortbildungsschulen, in der Organisation von Ferienkolonieen und Kinderhorten, in der Beteiligung an den Arbeiten der Wohlthätigkeitsvereine, in der Abhaltung von Vorträgen in Arbeitervereinen u.s.w. Ferner kandidieren die Settlementsbewohner für die Ehrenämter in der Gemeindeverwaltung (Schulaufsicht, öffentliche Armenpflege etc.), und damit entsprechen sie einem dringenden Bedürfnis, da in den armen Stadtteilen englischer und amerikanischer Großstädte nur selten Menschen zu finden sind, die zur Übernahme solcher Ehrenämter geeignet und geneigt sind. Es wird nun angenommen - und als Wirksamkeit und Erfolg des Settlements gerühmt -, daß jeder, der auch nur ein Jahr in solcher Anstalt verbracht hat, durch die daselbst gewonnenen Eindrücke und Erfahrungen in seinen Beziehungen zu den arbeitenden Klassen für immer beeinflußt, durch die dort erworbenen Kenntnisse jederzeit zum Erfassen sozialer Pflichten veranlaßt werden dürfte.

Was nun die Settlementsbewegung für die *Frauen* so besonders bedeutungsvoll macht, das ist, daß die Bewegung erst durch den Eintritt der Frauen zu voller Blüte und Ausdehnung gelangt ist, daß die Frauen unverzüglich diese Methode aufgenommen haben, um weitere Kreise für die Erfüllung sozialer Pflichten zu gewinnen und zu schulen. Haben doch namentlich die studierenden Frauen Englands erkannt, daß sich ihnen durch die Teilnahme an diesen Bestrebungen ein Weg zur Erlangung der Kenntnisse eröffnet, die zur Ausübung kommunaler Arbeit unerläßlich sind, und daß auf dem Boden der stillen und bescheidenen *kommunalen Pflichterfüllung* ihnen schließlich auch das Recht auf Ausübung offizieller Ämter im öffentlichen Leben zuerkannt werden wird.

Schon zwei Jahre nach der Eröffnung von Toynbee-Hall, im Jahre 1887, konnte in London das erste Frauensettlement errichtet werden; ein Jahr später folgte das erste derartige Heim in den amerikanischen Staaten, und seitdem haben sich diese Anstalten so schnell vermehrt, daß ihre Zahl bereits hundertundzwanzig bedeutend überschreitet. Von diesen ist weitaus die größte Hälfte von Frauen begründet, bewohnt und geleitet.

Dieser Erfolg der Frauenarbeit in der Settlementsbewegung darf im großen und ganzen wohl auf die besondere Eignung der Frau für die soziale Arbeit zurückgeführt werden. Vor allem gelingt es den Frauen viel leichter als Männern, freund-nachbarliche Beziehungen mit der umwohnenden Bevölkerung anzuknüpfen; das *Mütterliche*, die gemeinsamen Interessen *aller* Frauen bringen sie in den Weg hinein, und der echt weibliche Instinkt steter Hilfsbereitschaft unterstützt sie dabei. Auch entspricht es den Anlagen und der Gewöhnung der Frauen mehr, das Settlement zu einem geselligen Mittelpunkt für den ganzen Stadtteil zu gestalten, und es auch für die Bewohner und Mitarbeiter zu einem behaglichen Aufenthaltsort zu machen, zu einem Heim, das sie die Schwierigkeiten der Umgebung und ihrer Arbeit leichter ertragen läßt. Schließlich kommt noch dazu, daß die moderne großstädtische Arbeiterbevölkerung der Frau im allgemeinen mit geringerem Mißtrauen entgegentritt, leichter an ihre Uneigennützigkeit bei freundlichem Entgegenkommen glaubt als an die des Mannes aus bürgerlichen Kreisen, bei dem nur allzuleicht politische Beweggründe vorausgesetzt werden.

Der Gedanke, daß ein Settlement nur Universitätsniederlassung ist oder sein soll, ist auch von den englischen und amerikanischen Frauen längst aufgegeben worden, und die Anstalten haben sich auch den Frauen geöffnet, die keine akademische Bildung aufweisen können. Immerhin legen aber auch heut noch die Universitäten großen Wert darauf, daß möglichst viele studierte Frauen sich in einem Settlement zur Erfüllung sozialer Pflichten praktisch vorbereiten, daß gerade die Frauen, denen die höchsten Bildungsstätten des Landes offen stehen, die dort erworbenen Kenntnisse jenen zugänglich machen, denen diese Bildungsanstalten unter den heutigen sozialen Verhältnissen noch verschlossen sind.

Viele Universitäten haben aus diesem Grunde eigene Settlements errichtet oder Stipendienfonds geschaffen, um besonders begabten Studentinnen der Nationalökonomie die Ergänzung ihrer theoretischen Kenntnisse durch ein Studium des praktischen Lebens zu ermöglichen. Auf diese Weise wird darauf hingewirkt, daß gerade die Frauen mit dem bestgeschultesten Intellekt, mit vertieftem Wissen, für die praktische Bethätigung im öffentlichen Leben gewonnen werden, daß sie den Befähigungsnachweis für ihre Geschlechtsgenossinnen auf neuen Arbeitsgebieten erbringen.

Die Thätigkeit in den Frauensettlements vollzieht sich ungefähr im gleichen Rahmen wie in Toynbee-Hall; nur wird manchmal eine ausschließliche Hingabe an die soziale Arbeit während des Aufenthaltes im Settlement gefordert; nicht nur eine nebenamtliche Beschäftigung neben der Berufsarbeit.

Einige Anstalten haben auch bestimmte Arbeitszweige in den Mittelpunkt ihrer Bestrebungen gestellt, so das Nurses-Settlement in New-York, das nur Krankenpflegerinnen aufnimmt und seine Anknüpfung für den Verkehr mit der ärmeren Bevölkerung durch die Hilfeleistung bei Krankheitsfällen findet. Das Peabody-House in Boston kann als Kindergarten-Settlement bezeichnet werden; alles, was dort von den Mitarbeiterinnen in Angriff genommen wird, hängt mit der Pflege und Erziehung der Kinder zusammen oder geht davon aus. Hull-House in Chicago, eines der bestgeleiteten und bekanntesten Settlements, hat als Ausgangspunkt seiner Arbeit ein auf genossenschaftlichem Prinzip beruhendes Arbeiterinnenheim errichtet. Besondere Verdienste um die Pflege und Erziehung verkrüppelter Kinder hat sich das Women's University Settlement in London erworben. Dort hat man auch – namentlich im Hinblick auf nicht studierte Schülerinnen –

den Versuch gemacht, die praktische Arbeit durch einen systematischen Unterricht in der Hygiene, der Volkswirtschaftslehre, Gesetzeskunde, Pädagogik und dergl. zu ergänzen, um das soziale Verständnis der Mitarbeiterinnen zu heben und zu fördern, und damit hat man gute Erfolge erzielt. Aus den Frauen, die sich in diesen Anstalten ausgebildet haben, rekrutieren sich die Leiter und Geschäftsführer der größten philanthropischen Vereine in England und Amerika; vielfach sind diese Frauen zu offiziellen Stellungen in der öffentlichen Armenpflege, in der Schulaufsicht, im Fabrik- oder Sanitätsaufsichtsdienst berufen worden, und allgemein wird ihre vorzügliche Vorbildung anerkannt.

Bei diesen überraschenden Resultaten darf man aber die Schwierigkeiten nicht verkennen, die der Settlementsbewegung anhaften. Vor allen Dingen hängt außerordentlich viel davon ab, daß eine geeignete Leiterin für die Anstalten gewonnen wird. In deren Hand liegt es, zu verhindern, daß ein Settlement sich auf dem Niveau der üblichen Wohlthätigkeitsvereine hält, oder - was noch schlimmer wäre - daß es zu einer Art Klinik wird, in der unwissende und verständnislose junge Menschen sich auf Kosten der Arbeiterbevölkerung Kenntnisse in einer Weise aneignen, die leicht verletzend wirkt. Nur wenn die Interessen der Settlementsbewohner mit denen der Arbeiterbevölkerung eng verknüpft sind, ja, wenn sie geradezu als gemeinsame, als dieselben empfunden werden, dann nur wird die Settlementsidee verwirklicht sein. Dann braucht man allerdings auch die Settlementsbewohner nicht als Märtyrer zu betrachten, die ihren eigenen Neigungen entsagen; sondern als thatkräftige Menschen, die zur Erwerbung von Kenntnissen für einige Zeit eine Welt aufsuchen, die ihnen bis dahin verschlossen war, in der sie mindestens soviel *empfangen* wie geben können.

Auch in Deutschland hat man, angeregt durch die ausländischen Erfolge, versucht, die soziale Arbeit der Frauen zu vertiefen und dem wachsenden Bedürfnis an geschulten Kräften für soziale Pflichterfüllung durch systematische Ausbildung und durch feste Organisationen zu entsprechen. Die nationalen Eigentümlichkeiten mußten aber zu einer anderen Ausgestaltung dieser Bestrebungen führen. Wollte man nicht in eine gedankenlose, sklavische Nachahmung der Settlementsbewegung verfallen, so mußte man sich von vornherein darüber klar sein, daß die vollständige Loslösung der Mädchen vom Elternhause sich unter deutschen Familienverhältnissen nur selten ermöglichen lassen würde. Man mußte bedenken, daß als Lebensprinzip derartiger Veranstaltungen in Deutschland die Gewinnung der gesamten bürgerlichen Frauenwelt, nicht nur die Ausbildung eines kleinen Kreises alleinstehender oder unabhängiger Frauen aufgestellt werden mußte. Ist es doch gerade in Deutschland, wo sich zwischen der bürgerlichen und der proletarischen Frauenbewegung so scharfe Gegensätze wie nirgends anders herausgebildet haben, doppelt nötig, daß wenigstens die Frauen der bürgerlichen Klassen in ihrer Gesamtheit zu einem Verständnis für die Lage der arbeitenden

Klassen gelangen, um für die Erfüllung ihrer sozialen Pflichten eintreten zu können.

Zudem war zu beachten, daß in deutschen Großstädten eine Konzentration der ärmsten Bevölkerung auf bestimmte Stadtteile nicht annähernd in dem Maße existiert wie etwa in den Londoner „slums", wo thatsächlich jede Möglichkeit der Hilfeleistung aus der einwohnenden Bevölkerung fehlt, wo ganze Straßen und Viertel zu finden sind, in denen auch nicht ein Mensch lebt, der sich geordneter Verhältnisse rühmen kann, daß die Organisation der öffentlichen Armenpflege in Deutschland eine Reihe von Aufgaben aufgegriffen hat, die in England und Amerika der freien Initiative der privaten Veranstaltungen überlassen bleiben. Ein fester Mittelpunkt durch ein Anstaltshaus in einem ärmeren Stadtteil schien deshalb für die Gewinnung und Schulung deutscher Frauenkreise zur sozialen Arbeit zunächst weder durchaus notwendig noch wünschenswert.

Bei der Verfolgung dieser Ziele wählte man deshalb eine losere Form der Vereinigung, indem man versuchte, kleine Gruppen von Frauen und Mädchen unter Leitung erfahrener Führerinnen in zwangloser Weise in die soziale Arbeit einzuführen und sie durch praktische Bethätigung und theoretische Unterweisung dafür tüchtig zu machen.

Die erste derartige Vereinigung wurde auf Anregung von Frau Minna Cauer durch zahlreiche in der Wohlfahrtspflege beschäftigte Frauen und Männer im Herbst 1893 in Berlin unter dem Namen *„Mädchen- und Frauengruppen für soziale Hilfsarbeit"* gegründet; ähnliche Vereine entstanden bald darauf in Wien, Bremen, Hamburg, Königsberg, Mannheim, Frankfurt a.M., Leipzig und anderen Orten. Die Berliner *„Gruppen"*, die den anderen als Vorbild gedient haben, stellen die praktische Bethätigung der Mitglieder durchaus in den Vordergrund. Durch Vereinbarung mit den in Berlin bestehenden Wohlfahrtseinrichtungen (Krippen, Kinderhorten, Armenpflegevereinen, Blindenanstalten, Krankenhäusern, Arbeitsnachweisen u.s.w.) werden die durch die Agitation der Gruppen gewonnenen Mitglieder je nach ihren Neigungen und Fähigkeiten den einzelnen Stellen zugewiesen, an denen freiwillige Helferinnen gebraucht werden, und dort durch ältere Mitarbeiterinnen bei der Hilfsthätigkeit angeleitet. Über den Umfang der Mitarbeit entscheidet das Maß der verfügbaren Zeit; während einzelne Mitglieder sich fast berufsmäßig den Bestrebungen der „sozialen Gruppen" widmen, können andere nur zwei oder drei Stunden wöchentlich dafür erübrigen.

Neu eintretende, jüngere Helferinnen beteiligen sich in der Regel zuerst in Kindergärten oder Horten bei der Beaufsichtigung von Kindern; das Interesse an diesen führt die Mitglieder dann nach kurzer Zeit gewöhnlich zu dem Wunsch, auch die Lebensverhältnisse der Eltern jener Kinder, für die sie sorgen, kennen zu lernen. So ergiebt sich dann der Übergang in andere Abteilungen, zur Beschäftigung mit der Armenpflege, in Arbeiterinnenheimen, in Hauspflegevereinen u. dergl. mehr.

Die einzelnen Gruppen sollen die Mitarbeiterinnen desselben Gebietes zum Austausch ihrer Erfahrungen, zur gegenseitigen Anregung und Belehrung zusammenschließen; es finden daselbst Vorträge und Diskussionen über einzelne Abschnitte aus der sozialen Arbeit statt. Daneben dienen der theoretischen Unterweisung der Mitglieder regelmäßige erläuternde Besichtigungen von Wohlfahrtseinrichtungen und Vortrags- und Unterrichtskurse über Armenwesen, Bürgerkunde, Volkswirtschaftslehre: kurz über alle die Disziplinen, die das notwendige soziale Verständnis für die praktische Arbeit, für soziale Reformen vermitteln können, die den Mitarbeiterinnen Gelegenheit geben sollen, die Beziehungen zwischen allen Teilen sozialer Arbeit zu erkennen und ihre unbedeutenden Leistungen unter großen Gesichtspunkten zu betrachten.

Auch in Deutschland hat sich diese Verbindung von Praxis und Theorie bei der Ausbildung zur sozialen Arbeit recht bewährt; sie ist von den verschiedensten Institutionen, von allen Richtungen und in allen Landesteilen aufgegriffen worden; und überall hat es sich gezeigt, daß diese Methode wohl geeignet ist, Sinn für ernste Pflichterfüllung im Dienste der Gesamtheit zu wecken und selbständige Kräfte für verantwortliche Stellungen heranzubilden. Die Thatsache aber, daß man überall beginnt, Ausbildungsmöglichkeiten für die Bethätigung der Frauen auf sozialem Gebiet zu schaffen, darf wohl als erfreulicher Beweis dafür angesehen werden, daß die Notwendigkeit der *Erziehung der Frau für ihre Bürgerpflichten* in immer weiteren Kreisen anerkannt wird.

Dieser Darlegung lag der Gesichtspunkt zu Grunde, daß die Frauen mehr als bisher zur Bekämpfung sozialer Nöte herangezogen und für diese Aufgabe geschult werden sollten. Nach dem Rückblick auf die Versuche, die in dieser Richtung bereits unternommen worden sind, bleibt noch zu erörtern, welche Wandlungen man im Volksleben, welche Veränderungen man für die Stellung der Frauen von einer allgemeinen sozialen Pflichterfüllung erhoffen kann; es bleibt nur noch ein kurzer Ausblick in die Zukunft übrig.

Die *soziale Frage* wird auch durch die Frauen nicht gelöst werden; der Hoffnung giebt sich wohl niemand hin. *Aber gemildert werden kann die soziale Not durch das Interesse der Frau, durch ihre Mitarbeit auf allen Gebieten des öffentlichen Lebens.*

Die Frau, deren Gemeinsinn entwickelt ist, die zum Verständnis sozialer Probleme und sozialer Pflichten erzogen ist, wird den Zusammenhang zwischen der Frauenfrage und der sozialen Frage begreifen. Sie wird die ungeheure Inkonsequenz erkennen, die viele nach Lebensinhalt, nach Bethätigung ringende Frauen der besitzenden Klassen auf den Wirkungskreis im eigenen Haus beschränkt; die aber duldet, daß die Frauen der arbeitenden Klassen *ihrem* Heim in maßlosester Weise entfremdet werden. Während ein Teil der Frauen immer und immer wieder auf ihre Pflichten gegen Haus und Familie verwiesen wird, läßt man anderen nicht die Möglichkeit, die auch *ihnen* zufallende Aufgabe zu erfüllen: Hausfrau, Gattin und Mutter zu sein. Man läßt sie als Waschfrauen, als Konfektionsarbeiterinnen und in zahlreichen anderen Berufen ein *ausgedehnteres* Tagewerk verrichten, als je ein Mann es übernehmen würde, und wundert sich darüber, daß ihre Kinder unterdessen auf der Straße verkommen und verwahrlosen, das sie selbst schließlich rohen und brutalen Vergnügungen nachjagen, um das Wenige an Jugend und Jugendkraft zu geniessen, was ihnen die anstrengende Berufsarbeit *neben* der Besorgung des kümmerlichen und freudlosen Haushalts noch übrig gelassen hat.

Bei diesen Frauen gilt als *Recht*, was den besitzenden Frauen als *Unrecht* verargt wird. Ihnen ist ein übervolles Maß an Arbeit zugeteilt, während den Frauen andrer Kreise vielfach noch das Recht auf Bethätigung bestritten wird.

Hier soll die Frauenbewegung, hier soll die soziale Erziehung der Frauen einen *Ausgleich* herbeiführen; hier soll die eine Frau durch das, was sie zuviel hat, ergänzen, was der andern fehlt, nicht nur an Geld, *sondern auch an Zeit und Arbeitskraft.*

Die eine wird ihr Haus verlassen, um durch Teilnahme und Förderung sozialer Reformarbeiten der anderen die Rückkehr ins Haus behaglicher zu machen: durch Eintreten für kürzere Arbeitszeiten, Errichtung besserer Versorgungsmöglichkeiten für die Kinder, Schaffung gesünderer Wohnungsverhältnisse u. dergl. mehr. Und die Frau der besitzenden Klassen wird den Mann erkennen lehren, daß sie neben der vollen und getreuen Erfüllung ihrer Pflichten als Gattin, Hausfrau und Mutter immerhin noch Zeit und Kraft genug übrig behält, um die arbeitende Frau diesen Aufgaben wenigstens teilweise zurückzugeben.

Eine Fülle von Möglichkeiten eröffnet sich den Frauen gerade nach dieser Richtung. Weit mehr als bisher müssen sie an allen Bestrebungen der Armenpflege, der Gesundheitspflege, an den Kinderschutzbestrebungen, an der Fürsorge für Arbeiterinnen, an der Gefangenenpflege u.s.w. teilnehmen und sich auf diesen Gebieten offizielle und beamtete Stellungen erringen. Sie müssen und werden mitraten und mitthaten, mit dem Mann und neben dem Mann, überall da, wo es sich darum handelt, die Interessen ihrer Geschlechtsgenossinnen zu vertreten.

Aber nicht nur die Frau, auch das heranwachsende Mädchen soll schon zur sozialen Pflichterfüllung herangezogen werden. Sie soll nicht mehr - wie bisher so vielfach - müßig zwischen Mal- und Musikunterricht warten *„bis etwas käme, das sie mitnähme"*. Sie soll nicht zur Freude an der Wichtigthuerei mit gänzlich überflüßigen Dingen erzogen werden, um dann eines Tages gewahr zu werden, wie inhaltlos ihr Leben, wie nutzlos und unausgefüllt ihr Dasein ist.

Die soziale Hilfsarbeit, in die sie frühzeitig durch Eltern und Erzieher eingeführt werden sollte, wird für sie zu einer Art Berufsthätigkeit werden; allerdings zu einer Berufsarbeit, die nicht mit Erwerbsarbeit verwechselt werden darf, aber zu einer Berufsarbeit, die ihrem Leben einen bis dahin ungeahnten Inhalt verleiht. Man fürchte nicht, der Jugend durch solchen Einblick in Not und Elend ihre Unbefangenheit, ihre Fröhlichkeit zu nehmen. Es wird nur ein Teil des *„Egoismus* *der Jugend*“ aufgegeben werden, der bereits sprichwörtlich geworden ist; es sollen unbefriedigte Gemüter ausgefüllt, neue Pflichten erfaßt werden, und das Leben dieser Mädchen wird sich reicher, glücklicher, lebenswerter gestalten. Schlechtere Töchter werden die Mädchen sicherlich nicht sein, die Gelegenheit haben, ihr eigenes günstiges Schicksal an dem zu messen, was andere entbehren; schlechtere Frauen und Mütter werden sie nicht sein, weil sie gelernt haben, *außer* dem Hause ihre Pflicht zu thun; um so treulicher werden sie sie im eignen Heim, im engsten Pflichtenkreis erfüllen!

Die Erziehung zur sozialen Pflichterfüllung kann aber schließlich auch für die Mädchen, denen die Berufsarbeit auch Erwerbsarbeit sein muß, die nicht nur nach einem Lebensinhalt, sondern auch nach Lebensunterhalt verlangen müssen, nicht entbehrt werden. Denn nur eine solche Erziehung kann ihren Blick auf die Fülle von Berufen lenken, die sich auf sozialem Gebiet den Frauen eröffnen und die bisher noch viel zu wenig bebaut worden sind. Ein Heer von Krankenpflegerinnen könnte alljährlich noch in unsern Krankenanstalten Aufnahme finden; Wochenpflegerinnen und Irrenpflegerinnen können in absehbarer Zeit kaum in so großer Zahl ausgebildet werden, als daß man nicht jeder *brauchbaren* Kraft lohnende Beschäftigung verheißen könnte. Die Beaufsichtigung des Zieh- und Kostkinderwesens, die Armenpflege, die Fürsorge für Verwahrloste und sittlich Gefährdete, die Gefangenenpflege erfordern geschulte Kräfte, die noch gar nicht in genügender Zahl gestellt werden können, weil für die ; zu diesen Berufen bisher nur tastende Versuche gemacht worden sind.

Die Thüren der Anstalten und Behörden werden sich aber den Frauen nicht eher öffnen, bis sie nicht eine gründliche Berufsbildung nachweisen können, wenngleich auch jetzt diese Ämter vielfach von Männern versorgt werden, die sich keine besondere Vorbildung dafür angeeignet haben. Aber mit gegebenen Verhältnissen muß man rechnen, und nun und nimmer wird ein Platz, den ein Mann inne hat, einer Frau eingeräumt werden, sofern die Frau ihn nicht *besser* auszufüllen imstande ist.

Wenn aber erst all diese Berufe von tüchtig vorgebildeten, sozial empfindenden Frauen ausgeübt werden, wenn erst die Gesamtheit der Frauen ihre Bürgerpflichten mit klarem Verständnis für soziale Nöte erfüllen wird, dann wird nicht nur auf seiten der arbeitenden Klassen ein Teil des Mißtrauens schwinden, ein Teil ihrer Verbitterung weichen; dann wird es auch den Frauen gelingen, sich allgemeines Vertrauen für ihre Befähigung zur Teilnahme am öffentlichen Leben zu erwerben. Dann werden sie Einfluß auf Verwaltung und Gesetzgebung erlangen, offizielle Ämter in der Gemeinde und im Staat zuerkannt erhalten.

So eröffnet sich den Frauen durch die Erfüllung sozialer Pflichten ein - vielleicht langer, aber - sicherer Weg zur Erreichung der letzten und höchsten Ziele der Frauenbewegung: *der Entfaltung der Frau zur freien, rechtskräftigen Persönlichkeit!*

Was die Konfektionsarbeiter von der Gesetzgebung fordern*

Die Opfer der Mode, wie Professor *Herkner* einmal die Konfektionsarbeiter treffend bezeichnete, haben wieder an ihren Ketten gerüttelt. Es ist nicht das erste Mal, daß diese ausgebeutetste Klasse von Arbeitern den Verzweiflungskampf aufnimmt; noch sind die Enthüllungen nicht ganz vergessen, die der Streik des Jahres 1896 den ahnungslosen Konsumenten offenbarte.

Schon 1885, als der „Verein zur Vertretung der Interessen der Arbeiterinnen" dem Reichstag eine mit Tausenden von Unterschriften bedeckte Petition gegen die Erhöhung der Nähgarnzölle einreichte, wurde die Lage der Konfektionsarbeiterinnen von den Abgeordneten diskutiert. Das Ergebnis dieser Verhandlungen war, daß amtliche Untersuchungen über die Arbeitsverhältnisse in der Konfektionsbranche angestellt wurden. Die traurige Lage der Arbeiterinnen wurde damit offiziell festgestellt und beglaubigt.

Es ist anzunehmen, daß diese Erhebungen dem Zweck dienen sollten, eine Besserung der Zustände herbeizuführen; es blieb aber - nachdem im Reichstag Bericht erstattet war - alles beim Alten. Die Heimarbeiter in der Konfektionsindustrie entbehrten jeglichen gesetzlichen Schutzes, dabei schwoll das Heer der Arbeiterinnen immer mehr an; der Lohn sank tiefer und tiefer, bis er nur noch als Ergänzung der Armenunterstützung gelten konnte. Da rafften sich 30.000 Arbeiterinnen und Arbeiter in Berlin und weitere Tausende in anderen Teilen des Reichs im Jahre 1896 auf, um sich selbst zu helfen. Mit Opfermut, unter unsäglichen Entbehrungen gingen sie daran, ihr Los durch den Streik zu verbessern, und es gelang ihnen, eine „öffentliche Meinung" zu schaffen, die sich auf die Seite der Streikenden stellte.

Wieder wurde die Lage der Konfektionsarbeiter Gegenstand einer Reichstagserörterung und alle Parteien - nur die freisinnige Volkspartei schloß sich aus - traten für eine gesetzliche Regelung der Konfektionsindustrie ein. Selbst der Abgeordnete *Stumm* gab zu, daß der Streik berechtigt sei, da die Mißstände hinlänglich bekannt seien, um eine Verzögerung durch weitere Erhebungen überflüssig zu machen.

Aber - man mag sich vielleicht der Hoffnung hingegeben haben, daß das Elend der Arbeiter sich im letzten Jahrzehnt gemildert hatte; oder man mag in den Kreisen der Parlamentarier auch keine Möglichkeit gesehen haben, diesem grauen Massenleid durch Gesetzgebungsakte zu steuern; - jedenfalls griff man zu dem alten Mittel, um die empörten und aufgeregten Gemüter zu beruhigen, *ohne ihnen zu helfen:* Es wurden *neue* Erhebungen von der Reichskommission für Arbeiterstatistik ange-

* Die Frau, 9. Jg., Nr. 5, Febr. 1902, S. 257-264

ordnet, die eine entschiedene Verschlechterung der Zustände gegen das Jahr 1885 ergaben, aber trotzdem keinerlei Eingriff in die Verhältnisse der Heimarbeiter zur Folge hatten.[1]

Nun hat noch einmal die Organisation der Schneider und Schneiderinnen einen Versuch gemacht, an die Gesetzgeber zu appellieren, das Interesse weiterer Kreise zu gewinnen. Von zahlreichen Versammlungen wurden folgende Forderungen erörtert und den gesetzgebenden Körperschaften unterbreitet:

1. Verbot der Mitgabe von Arbeit nach Hause nach der Werkstattbeschäftigung.
2. Direkte Ausgabe von Arbeit an die Heimarbeiter und -Arbeiterinnen seitens der Unternehmer unter Vermeidung der Zwischenmeister.
3. Trennung der Arbeitsräume von den Wohnräumen; in den Werkstätten sowohl wie in Arbeitsräumen der Heimarbeiter müssen auf den Kopf der beschäftigten Personen je 15 cbm Luftraum kommen.
4. Ausdehnung der Bestimmungen der Gewerbeordnung über die Sonntagsruhe (§ 105b), des Verbots der Kinderarbeit (§ 135), der Beschränkung der Arbeitszeit der jugendlichen Arbeiter (§ 136), der Frauen (§§ 137 und 139a, Abs. 1), der Gewerbeaufsicht (§ 139b), insbesondere durch weibliche Aufsichtspersonen, des Erlasses von Arbeitsordnungen (§§ 134a bis 134g) und die Anzeige des Gewerbebetriebes (§ 14) auf die Hausindustrie und Heimarbeit.
5. Ausdehnung der Arbeiterversicherungs-Gesetzgebung auf die Heimarbeiter und -Arbeiterinnen.
6. Reich, Staat und Gemeindebehörden sollen Schneiderarbeiten nur unter der Bedingung vergeben, daß die Kleidungsstücke in den der Gewerbeordnung und Gewerbeinspektion unterstehenden Werkstätten hergestellt und daß die von Unternehmern und Arbeitsorganisationen festgesetzten Lohntarife als Mindestmaß der Entlohnung anerkannt werden.

Wie weit es gelingen wird, die *gesetzgebenden Körperschaften* zu einer Stellungnahme diesen Forderungen gegenüber zu bewegen, ist noch nicht zu übersehen. Es wird wesentlich davon abhängen, ob weitere Volkskreise ihr Interesse an dem Zustandekommen von Schutzbestimmungen für die Konfektionsarbeiter bethätigen. Dieses zu erwecken, dürfte auch der hauptsächliche Zweck der Forderungen sein, die sich als Unterlage zur Schaffung von Gesetzesbestimmungen zum Teil wenig eignen. Ein solches Interesse für die Regelung der Heimarbeiter in der Konfektion ist denn auch thatsächlich in den verschiedenen Berufs- und Gesellschaftsgruppen durch die Versammlungen der Konfektionsarbeiter hervorgerufen worden. Von allen Seiten nimmt man Stellung dazu, und so kann man schon jetzt

[1] Über die Lage der Heimarbeiterinnen in der Konfektionsbranche berichtet Dr. Wilbrandt in einem Artikel „Hausindustrielle Frauenarbeit", Juniheft 1901 der „Frau"

ein Vorspiel dessen beobachten, was sich demnächst wieder im Reichstag abwikkeln wird.

Die Stellungnahme der verschiedenen Parteien und Richtungen soll kurz in Folgendem gekennzeichnet werden. An der Hand dessen, was im Ausland, namentlich in Amerika und Australien schon durchgeführt ist, werden die Forderungen vom Korrespondenzblatt der Generalkommission der Gewerkschaften, wie auch von Mitgliedern der Schneiderorganisation als zu *eng* bezeichnet. Zu *weitgehend* sind sie dagegen dem Organ des christlichen Gewerkvereins der Heimarbeiterinnen, das nur einem Teil der Forderungen zustimmte, zu den übrigen aber bemerkt:

„Ganz unmöglich ist leider in der Hausindustrie die Trennung der Arbeitsräume von den Wohnräumen. Das heißt derjenigen Frau, die nicht in die Werkstatt gehen, sondern zu Hause bei ihren Kindern arbeiten will, das tägliche Brot rauben. Wie soll eine arme Heimarbeiterin ein besonderes Zimmer ausschließlich für ihre Arbeit mieten und heizen können! Küche und Schlafstube wollen doch auch bezahlt werden. Und die Mieten werden schon so wie so immer teuerer. Wir wollen wahrhaftig nicht die Heimarbeit ausdehnen, aber indirekt unterbinden darf man sie auch nicht, wenigstens nicht, solange keine staatliche Witwen- und Waisenversorgung besteht."

Sehr eingehend werden die Forderungen von dem Organ der Hirsch-Dunckerschen-Gewerkvereine besprochen, das gegen den zweiten und vierten Punkt eine Reihe von Einwendungen macht, die zum Teil wohl auf ein Mißverstehen der allerdings nicht sehr glücklich formulierten Forderungen zurückzuführen sind. Bemerkenswert ist hierbei der Wunsch, Rücksicht auf das soziale Vorurteil derer zu nehmen, die sich vor der Arbeit in Werkstatt und Fabrik scheuen, eine Auffassung, die meines Wissens einzig dasteht, da gerade von der Ausschaltung dieser, meist nur um des Nebenverdienstes willen arbeitender Kreise von den Sozialpolitikern und Gesetzgebern aller Länder die Sanierung der Heimarbeit erhofft wird. Ferner wird die Übertragung des Arbeiterschutzes auf die Hausindustrie, die auch von den Gewerkvereinen vertreten wird, als undurchführbar bezeichnet. Einleuchtend wäre, wenn angesichts dieser Erkenntnis an Stelle mechanischer Übertragung der Gesetzesparagraphen die Schaffung *entsprechender* Schutzvorschriften gefordert würde. Bei aller Verschiedenheit in einzelnen Fragen stimmen *diese* Organisationen aber darin überein, daß eine Gesetzgebung notwendig, ungleich wirksamer jedoch eine starke Berufsorganisation der Arbeiter und Arbeiterinnen dieser Branche sei.

Es ist nun gewiß nur mit Freuden zu begrüßen, wenn die Gewerkschaften und Gewerkvereine keine Gelegenheit unbenützt vorübergehen lassen, ohne auf die Notwendigkeit des Zusammenschlusses, der Selbsthilfe hinzuweisen. Aber vor einer Überschätzung dieser Bestrebungen muß gewarnt werden. Hat doch lange genug der Verlaß auf die Selbsthilfe der Arbeiter die Gesetzgebung von der so notwendigen staatlichen Regelung der Konfektionsindustrie zurückgehalten. Haben doch wiederholte Erfahrungen, Versuche und Mißerfolge der Heimarbeiter in der Konfektionsbranche gezeigt, daß diese Organisationen eine Besserung der gesamten Arbeiterschaft nur durch eine eventuelle Beeinflussung der Gesetzgebung erzielen, nicht aber aus eigener Machtvollkommenheit erkämpfen können. Erst ein weitgehender staatlicher Schutz kann eine Grundlage für eine zweckbewußte Thätigkeit der Arbeiter selbst abgeben, ihnen die Möglichkeit bringen, sich dauernde Erfolge bei der Festsetzung des Arbeitsvertrages zu sichern. Bis dahin können diese Berufsvereine ihren fluktuierenden Mitgliedern zumeist nur geistige oder wirtschaftliche Vorteile sichern, die keineswegs an die Berufsorganisationen gebunden sind.

Daß es aber entschieden Sache des Staates ist, durch gesetzgeberische Maßnahmen den Boden für ein erfolgreiches Wirken der Heimarbeitervereine zu schaffen, kann nicht mehr in Frage gestellt werden. Denn zu den Aufgaben des Staates gehört es, „*die Zeit, Dauer und die Art der Arbeit so zu regeln, daß die Erhaltung der Gesundheit, die Gebote der Sittlichkeit, die wirtschaftlichen Bedürfnisse der Arbeiter und ihr Anspruch auf gesetzliche Gleichberechtigung gewahrt bleiben.*" Zu diesen Worten des Kaiserlichen Erlasses vom 4. Februar 1890 steht das Leben eines jeden einzelnen Heimarbeiters, wo immer er im Deutschen Reiche auch leben mag, in entschiedenstem Widerspruch. Für *diese* Arbeiterkategorie hat der Staat die ihm gestellte Aufgabe nicht erfüllt. Wenn auch die Schwierigkeit einer solchen gesetzlichen Regelung nicht bezweifelt wird, wenn man auch überzeugt ist, daß nur ein lange Zeit erforderndes schrittweises Vorgehen möglich, so kann doch zumindest nicht mehr leichthin gesagt werden, daß gegen die schrecklichen Übel der Heimarbeit keine Abhilfe möglich sei: „Unsere Zeit weist uns hier nicht bloß die Aufgabe, sie weist uns bereits Mittel zu ihrer Lösung."[2]

Diese Mittel, die in verschiedenen Staaten angewendet worden sind und über die bereits Urteile vorliegen, sind in der ausgezeichneten Schrift von *Schwiedland* über *Wege und Ziele einer Heimarbeitsgesetzgebung* und in den Veröffentlichungen des *Vereins für Sozialpolitik* von *Dr. Alfred Weber* zusammengestellt. Diese Arbeiten sind die besten Informationsquellen für jeden, der eine Regelung der Heimarbeit herbeiwünscht. Sie haben Klarheit darüber geschaffen, daß wohl eine Ausdehnung von Arbeiterschutzgesetzen auf die Heimarbeiter aller Industrien zu wünschen ist, daß es sich hierbei aber nur um Schaffung besonderer, der Fabrikgesetzgebung entsprechender Bestimmungen handeln kann, die namentlich auch die Verhältnisse der einzelnen Industriezweige besonders berücksichtigen.

Eine mechanische Einbeziehung der Heimarbeit in das Geltungsgebiet der Fabrikgesetzgebung wird von den Vertretern der Wissenschaft abgelehnt; dagegen treten sie entschieden für eine Umbildung all dieser Bestimmungen ein, nicht nur im Interesse der Heimarbeiter, sondern auch der Fabrik- und Werkstattarbei-

---

[2] Vgl. *Schwiedland:* Ziele und Wege einer Heimarbeitsgesetzgebung. Wien 1899, S. 131

ter, die unter der Wechselwirkung von Freiheit im Heim und Gesetz in der Fabrik zu leiden haben.

Wenn sich nun auch die Notwendigkeit des Heimarbeiterschutzes aus dem Prinzip der Schutzgesetzgebung ergiebt, so bietet doch hier die Durchführung weit bedeutendere Schwierigkeiten. Und vor diesen dürften die deutschen Gesetzgeber denn auch bisher zurückgeschreckt sein.

Die erste und selbstverständliche Bedingung dafür, die auch auf den geringsten Widerstand stößt, ist die *Registrierung der Heimarbeiter,* entweder von Seiten der Unternehmer oder von Seiten der Behörden, wie sie für einzelne Gewerbe in England und in mehreren amerikanischen und australischen Staaten eingeführt ist. So sind in Victoria alle Unternehmen, die Heimarbeiter beschäftigen, verpflichtet, Listen darüber zu führen und sie auf Verlangen den Inspektionsbehörden vorzuzeigen; daneben müssen alle Heimarbeiter der Bekleidungsindustrie sich in die behördlichen Listen eintragen lassen.

Auf solcher Grundlage kann dann erst eine *Inspektion der Wohnungen* resp. Arbeitsstätten der Heimarbeiter eingeführt werden, von der eventuell die behördliche Konzession der Arbeitsstätte abhängig gemacht werden kann. Doch ist nicht zu verkennen, daß solche Maßregeln - sofern nicht weitere Schutzgesetze erlassen sind - hauptsächlich den Konsumenten zu Gute kommen. Wie notwendig aber auch diese Seite der Gesetzgebung besonders für die Konfektionsindustrie und das Nahrungsmittelgewerbe ist, haben die nach dieser Richtung unternommenen Versuche in England, Amerika und Australien ergeben. In Neu-Seeland ist es verboten, gewerbliche Arbeit in Räumen zu verrichten, in denen sich Kranke irgend welcher Art aufhalten; in England besteht ein Verbot für Anfertigung von Kleidungsstücken in Häusern, in denen sich Blattern- oder Typhuskranke aufhalten.

Für das Bedürfnis nach solchen Bestimmungen spricht die folgende von Schwiedland citierte Mitteilung aus einem englischen medizinischen Blatt.

„Die Tochter einer Liefermeisterin erkrankt an Scharlach und liegt etwa eine Woche in einem Raum, worin 13 Näherinnen arbeiten. Während ihrer Rekonvalescenz erkrankt ihre Mutter in derselben Weise. Als der Arzt kommt, leitet bereits die Tochter die Arbeiten und sitzt, die Kleidungsstücke in den Händen, am Bett der erkrankten Mutter."

Ähnliches wird aus Illinois berichtet, wo Waren der Bekleidungsindustrie, die unter sanitär bedenklichen Zuständen hergestellt werden, auf Antrag des Gewerbeinspektors vernichtet werden können. Der Inspektionsbericht für 1893 teilt dazu folgendes mit:

„Zur Zeit, da ein Schneider in Chicago in seinem Schlafzimmer an einem Rock arbeitete und seine Frau in der Küche butterte und einige Näpfe fertiger Butter zum Verkauf vor sich stehen hatte, wurde ein blatternkrankes Kind in einem anderen Zimmer der Wohnung gefunden, das in die beiden Räume mündete. Auf Grund der Gewerbegesetzgebung konnte der Rock vernichtet werden, die Butter nahm ihren Weg in den Handel."

Ein weiteres Mittel zum Schutz des kaufenden Publikums, das aber auch der Arbeiterschaft zu Gute kommen würde, weil es eine Einschränkung der Heimarbeit mit sich bringt, ist die *Markierung* hausindustrieller Produkte von Seiten der Behörden, entweder ohne Berücksichtigung der sonstigen Umstände der Herstellung, oder nur auf Grund gesundheitsschädlicher oder gesetzwidriger Herstellungsart. Den ersten Weg hat Neu-Seeland, den zweiten New-York und Massachusettes gewählt. Im Gegensatz hierzu fordert ein amerikanischer Fabrikinspektor behördliche Marken zur Empfehlung der *Werkstattprodukte*. Jedenfalls ist die Markierung, sei sie nun empfehlend oder warnend - nirgends ohne Einfluß auf das kaufende Publikum, auf Kaufleute und Produzenten geblieben, und sie bildet eines der wichtigsten Kampfmittel gegen die Ausbreitung der Heimarbeit.

Viel radikaler als solche Vorschläge ist das früher oft geforderte Verbot der Heimarbeit überhaupt oder für bestimmte Gewerbe, das noch auf dem Züricher Arbeiterschutzkongreß (1897) zu lebhaften Auseinandersetzungen führte. Das generelle Verbot wird heut allgemein als unmöglich bezeichnet; aber auch für einzelne Gewerbe stehen ihm schwerste Bedenken entgegen. „Wir würden uns durch einen solchen Beschluß nur lächerlich machen", äußerte sich Liebknecht in Zürich, und Bebel bezeichnete im Reichstag eine solche Forderung als „Härte und Grausamkeit".

In der That würden durch ein Verbot der Heimarbeit für ein bedeutendes Gewerbe Tausende, die nicht tüchtig oder kräftig genug für Werkstattarbeit sind, ihre Erwerbsmöglichkeit verlieren. Es bleibt demnach nur übrig, eine weitere Ausdehnung der Heimarbeit zu verhindern oder womöglich ihre allmähliche Einschränkung herbeizuführen. Daß man trotz aller Bedenken, trotz aller Rücksichtnahme auf das Familienleben zu diesen Maßnahmen kommen muß, geht aus den Vorschlägen der besten Kenner deutscher Hausindustrie und deutscher Arbeitsverhältnisse hervor. Man kann nicht die Schäden der Heimarbeit beseitigen, ohne ihren Umfang zu verringern, denn „es sind nicht krankhafte Erscheinungen der Hausindustrie, sondern ihre normalen Funktionen, die der Arbeiterschaft so verderblich sind."[3] Alfred Weber fordert denn auch eine Verhinderung des künftigen Zuwachses von Heimarbeitern in der Konfektion, um diese Betriebsform allmählich auf den Aussterbeetat zu setzen.[4] Nicht ganz so weitgehend - aber in dieselbe Richtung weisend - ist die Forderung des Badischen Gewerberats Dr. Woerrishofer, der der Reichskommission für Arbeiterstatistik ein Verbot der Beschäftigung von Heimarbeitern der Konfektionsbranche durch Zwischenmeister empfahl, um eine Konzentration der Arbeiter in Werkstätten zu befördern und eine weitere

[3] Oda Olberg, in Nr. 51, V. Jahrg. der Zukunft
[4] Vgl. Soz. Pr. 1898, Nr. 26 u. 27

Ausdehnung der Heimarbeit zu verhindern. Der Zwischenmeister soll nur für die in seinen Räumen beschäftigten Arbeiter Mittelsperson sein dürfen; im Übrigen sollen die Heimarbeiter in direkten Verkehr mit dem Unternehmer treten. Leider fand diese Forderung, die in Neu-Seeland seit 1896 Gesetz ist, nicht die Zustimmung der Kommission.

Alle derartigen Schutzvorschriften, namentlich aber die Umbildung der jetzt geltenden Fabrikgesetze können nur wirksam werden, wenn ihre *Durchführung* sicher gestellt und eine ausreichende *Kontrolle* gewährleistet wird. Selbst das größte Heer gutgeschulter Inspektoren würde aber eine gründliche Kontrolle über die in Hunderttausenden von Wohnungen verstreuten Arbeiter kaum ausführen können. Vielfach wird deshalb die *Haftpflicht* der Hausbesitzer und der Arbeitgeber für die Einhaltung der Gesetze gefordert. Gegen diese Forderung wendet *Lujo Brentano* ein:[5]

„Und wenn man den Eigentümer eines Hauses oder dessen Verwalter gleich dem Drosnik in einer russischen Stadt für das Verhalten der Hausinsassen verantwortlich macht, lassen sich zwar neue Mißstände schaffen, nicht aber die alten beseitigen. ... Das einzige Mittel um Besserung zu schaffen, ist die Heranziehung der Arbeiter selbst, sowohl zur Durchführung der zu ihrem Schutz erlassenen gesetzlichen Bestimmungen, als auch zur Besserung ihrer Lebensverhältnisse."

Er schlägt vor, die Heimarbeiter auf Grund von Anmeldungslisten periodisch zusammenzurufen, sie über ihre Interessen und die zu deren Wahrnehmung nötigen Maßregeln aufzuklären und sie so allmählich zur Organisation zu erziehen.

Nur die Erfüllung dieser Forderung würde für die Heimarbeiter Organisationsmöglichkeiten schaffen, denen ein weitreichender, dauernder Einfluß auf das Lohnverhältnis eigen wäre. Es ist deshalb zu bedauern, daß dieser Vorschlag in Deutschland noch nicht zum Programmpunkt aller Arbeiterfreunde gemacht worden ist.

Nahe verwandt ist dieser Gedanke dem Vorschlag von Prof. *Philippovich*, der von Seiten der Behörden die Festsetzung von Mindestlöhnen fordert; gleichfalls auf Grund der Überzeugung, daß angesichts der Unfähigkeit der Hausindustriellen zur Selbsthilfe der Staat das Lohnverhältnis regeln und dem Unterbieten entgegen arbeiten müsse[6]. Bisher ist nur in Victoria die Idee der korporativen (zwangsweisen) Organisation und der staatlichen Festsetzung von Mindestlöhnen durchgeführt. Andre von *Schwiedland* angeführte Mittel zur Besserung dieser Verhältnisse treten dahinter an Bedeutung stark zurück, so der Ausschluß hausindustrieller Erzeugnisse von Konsumvereinen, von Lieferungen an öffentliche Körperschaften und dergl. m.

[5] Münchener Allgem. Zeit., Nr. 79 von 1899

[6] Vgl. hierüber auch Dr. Wilbrandt, in: „Die Frau", Juni 1901, S. 543-545

Die Ausdehnung der Versicherungsgesetze auf die Heimarbeiter ist zu allgemein anerkannt, als daß es noch ihrer Erörterung bedürfte.

Daß nicht von *einer* dieser Schutzmaßregeln eine Heilung der Schäden der Heimarbeit zu erwarten ist, lehren die vielfachen Versuche, die, von Politikern und Gelehrten vorgezeichnet, von einzelnen Staaten unternommen worden sind. Auch für Deutschland ist von einem *ersten* Versuch kein voller, uneingeschränkter Erfolg zu erwarten, wenn man auch hier in der Lage ist, die Erfahrungen andrer Länder zu Grunde zu legen. Aber die eigentümlichen Verhältnisse jedes Landes erfordern bei gleichen Krankheitserscheinungen verschiedene Behandlungsweisen, die erst erprobt werden müssen. Das verringert keineswegs die Verpflichtung, endlich den Versuch nach irgend einer Richtung zu unternehmen. „Welche Maßregeln der einzelne Staat beschreiten wird", sagt *Schwiedland* am Schluß seiner Darstellung, „hängt unter anderm von der Bedeutung ab, welche die Industrie, und von dem Einfluß, den die Arbeiterklasse errungen, von der Macht der wirtschaftlichen und sozialen Widerstände, welche der Durchführung der einzelnen Bestimmungen entgegenstehen."

Diese *Widerstände* sind in Deutschland nicht gering. Für die Konfektionsindustrie, die am dringendsten des staatlichen Schutzes bedarf, tritt geschlossen eine Unternehmergruppe, die von kapitalkräftigen Persönlichkeiten geführt wird, jeder Ausbeutungsbeschränkung entgegen. Sie wird kein Mittel unversucht lassen, um eine solche Gesetzgebung zu verhindern; wie sie kein pekuniäres Opfer, keinen Verlust gescheut hat, um als Sieger und uneingeschränkter Gebieter über ihre Arbeiter aus dem 96er Streik hervorzugehen. Was den Konfektionären damals nicht gelang, erreichten sie nach einiger Zeit dadurch, daß viele den Schiedsspruch des Gewerbegerichtes, dem sie sich unterworfen hatten, nicht für bindend erklärten. Die Schriften des Vereins für Sozialpolitik sagen darüber „sie wurden ungeschminkt wortbrüchig."

Diesmal ziehen sie andere Saiten auf, da solch Vorgehen einem Reichsgesetz gegenüber nicht angängig sein würde. Das Organ der Konfektionäre[7] ruft deshalb nicht nur alle Unternehmerverbände, sondern auch die *Arbeiter* selbst auf, in Protestversammlungen, Petitionen und dergl. gegen die Agitation der Schneider, wie auch gegen die dem Reichstag vorliegenden Anträge *Heyl, Hitze* etc. (betreffend das Verbot der Mitgabe von Arbeit nach Hause an Werkstattarbeiterinnen und Ausdehnung der Versicherungsgesetze und der Gewerbeinspektion auf die Heimarbeit) Stellung zu nehmen. „Ganz abgesehen von dem Schlage", so schreibt das Blatt, „den die Entziehung der abendlichen Hausarbeit den Arbeiterinnen versetzt und der für viele geradezu vernichtend sein würde, heißt es, die Konfektionsarbeiter unter *Polizeiaufsicht* stellen. Wie will man denn dieses Verbot anders durchführen, als durch eine geradezu *unwürdige und lächerliche* Wohnungs-

[7] Der Konfektionär, Nr. 41 vom 10.XI.1901

kontrolle, die einerseits die Arbeiter *demütigt*, andrerseits überhaupt nicht durchzuführen ist. Oder will man dem revidierenden Schutzmann etwa die Schlüssel zu den Wohnungen ausliefern, damit ihm der Zugang zu diesen jederzeit gesichert ist." Die Konfektionäre werden daher aufgefordert, ihre Arbeiter über diese Gefahren aufzuklären. - Es dürfte ihnen freilich schwerlich gelingen, die Arbeiter davon zu überzeugen, daß die als „Polizeiaufsicht" gekennzeichnete Kontrolle der Gewerbeaufsichtsbeamten, die der Konfektionär seit Jahren hinnehmen muß, gerade für den Heimarbeiter unwürdig und demütigend sein würde. Das Blatt fordert die Konfektionäre schließlich auf, ihre *„wohlerworbenen Rechte zu wahren und gegen ein solches, die ganze große Konfektionsbranche in ihren Grundlagen bedrohendes Treiben energisch aufzutreten"*.

Mit diesem Widerstand werden sich die Gesetzgeber auseinander setzen müssen, sie werden es um so eher können, als kein Zweifel darüber obwaltet, wo in diesem Kampf der Interessengruppen die öffentliche Meinung hinweist. Ein Gesetz zum Schutz der Heimarbeiter würde nur ein *Ausdruck des Volkswillens* sein, nur den Anschauungen folgen, die im Streik von 96 Männer und Frauen aller Parteien und Kreise zu *Thaten* führten.

Zur Verteidigung der Arbeiterschutzgesetze*

„Als vor einem Jahrhundert die moderne Arbeiterschutzgesetzgebung einsetzte, nahmen Frauen keinen Anteil an dieser Bewegung. Aber die Männer thaten es; und man kann wohl auf Grund der hundertjährigen Erfahrung behaupten, daß sie trotz der besten Absichten zunächst alle Fehler machten, die auf diesem Gebiet überhaupt nur gemacht werden konnten.

Die Frauen von heute sind nicht klüger als die Männer von damals. Der einzige Vorteil, den sie vor den Männern des achtzehnten Jahrhunderts haben, ist ihre Kenntnis dessen, was sich im Laufe des neunzehnten Jahrhunderts ereignet hat. Leider haben aber viele politisch thätige Frauen unserer Tage diese Kenntnisse nicht erworben; sie scheinen nicht einmal zu wissen, daß man sich diese Erfahrungen aneignen kann. Sie argumentieren genau so wie die Männer ihrer Klasse es thaten, als sie sich auf diesem Gebiet noch nicht von praktischen Erfahrungen

* Die Frau, 9. Jg. Nr. 7, April 1902, S. 410-415

leiten lassen konnten. Daher machen sie auch dieselben Fehler und stellen dieselben anarchistischen Grundsätze mit denselben guten Absichten und demselben wohlgemeinten Bestreben auf, jeder arbeitenden Frau dasselbe Maß persönlicher Freiheit zu sichern, dessen sich eine Hausfrau mit mindestens drei Dienstboten erfreut."

Mit diesen Worten warnt Mrs. *Sidney Webb* die Frauen davor, sich ohne genaue Kenntnis der Thatsachen auf volkswirtschaftlichem Gebiet Ansichten zu bilden oder gar mitarbeiten zu wollen. „Wie reich euer Geist, wie gefestigt euer Charakter sein mag - wenn ihr versucht, industrielle Probleme allein unter dem Gesichtspunkt zu lösen, ob die ihnen zu grunde liegenden allgemeinen Prinzipien mit euren eigenen privaten Ansichten übereinstimmen, so werdet ihr genau dasselbe thun, was vor euch all die Männer thaten, die hoffnungslose Irrtümer auf diesem Gebiet gemacht haben." Und diese Irrtümer sind verhängnisvoll. Sie haben Männer, die Tyrannei und Ausbeutung leidenschaftlich hassen, dazu geführt, ihr Leben dem Kampf des Tyrannen und Ausbeuters gegen das Opfer zu widmen. Und Frauen gehen nun denselben Weg. „Selbst die, denen das Wohl des Landes am höchsten steht und die Entbehrungen einzelner aufwiegt, haben den Maßregeln entgegen gearbeitet, die die ökonomische Kraft des Landes und seinen Ruf auf dem Weltmarkt hätten sichern und stärken können. Denn sie sahen darin einen Versuch, ihr Vaterland für den Wettbewerb mit anderen Nationen untüchtig zu machen, mit Völkern nämlich, die noch so thöricht sind und ihre Stärke in der Schwäche und Erniedrigung ihrer Arbeiter zu finden glauben."

Die mit diesen Worten gekennzeichneten falschen Deutungen des manchesterlichen Prinzips und seine Gefahren für die Ausgestaltung der Arbeiterschutzgesetzgebung haben Mrs. *Sidney Webb*, die bekannte englische Sozialreformerin und Nationalökonomin, veranlaßt, in Gemeinschaft mit anderen hervorragenden Vertreterinnen sozialpolitischer Interessen *„eine Verteidigung der Arbeiterschutzgesetze"* [1] zu veröffentlichen. Das kleine Buch behandelt den spröden wissenschaftlichen Stoff in geradezu meisterhaft gehandhabter populärer Form; es dürfte in der volkswirtschaftlichen Litteratur kein zweites Buch geben, das so geeignet ist, den Gegner zu überzeugen, weil es den Leser - welchen Standpunkt er auch in Bezug auf die Behandlung des Problems einnimmt - wenn er ihm selbst ganz fremd gegenübersteht - vom ersten bis zum letzten Wort fesseln muß. Das Buch soll die bestehenden Arbeiterschutzgesetze beleuchten; soll zeigen, was sie geleistet haben und was noch von ihnen zu hoffen ist. Dem Zweck entsprechen die Ausführungen der ersten vier Kapitel, die Theorie, Geschichte und Mängel der englischen Gesetzgebung und die Entwicklung des Arbeiterschutzes in den engli-

[1] „The Case for the Factory Acts." Edited by Mrs. Sidney Webb. With a Preface by Mrs. Humphry Ward. London, Grant Richards 1901

schen Kolonien behandeln; ein fünfter Abschnitt soll einige landläufige Einwände gegen die besonderen Frauenschutzbestimmungen entkräften.

Das Vorwort zu dem Buch hat Englands größte lebende Dichterin, Mrs. *Humphry Ward,* geschrieben. Die glänzende Feder der Verfasserin von Robert Elsmere, Marcella, Sir Georg Tressady, weiß auf dem Papier das lebendige Leben festzuhalten, das die Gesetze und Paragraphen notwendig machte; sie weiß mit wenigen packenden Zügen die Schicksale von Generationen zu schildern, in deren Leben der staatliche Schutz eingegriffen hat. Sie zeigt uns die englischen Industriebezirke in Yorkshire, „geschwärzt vom Rauch der Schlote, der landschaftlichen Schönheit durch ausgedehnte Fabrikanlagen beraubt; aber bewohnt von einer gesunden, kraftvollen Bevölkerung, die sich gut nährt und kleidet, die auf einer hohen Bildungsstufe steht, die unabhängig ist bis zum Eigensinn, die gewiß viele Fehler aufzuweisen hat, *aber doch eine lebenskräftige* Rasse ist. Alle wichtigen Güter des Lebens sind diesen Menschen zugänglich - anständige Nahrung, Kleidung, Wohnung, gute Luft, Bildung, Familienleben und Behagen, Ruhe und Muße und alle Interessen der Bürger und Wähler." Sie schildert das Leben im Ort mit seinen Konsumgenossenschaften und anderen Einrichtungen, denen der Arbeiter sein Interesse widmet; ihre Teilnahme an den Verwaltungsarbeiten bei Sparkasse und Bibliotheken, bei Fortbildungskursen und musikalischen Veranstaltungen. Und doch ist das ganze Leben im Ort beherrscht von der *Fabrik.* „Ihr wißt", so sagt sie, „daß dort jede Einzelheit hinsichtlich des Luftraumes, der Sauberkeit, der Sicherheit der Maschinen, der Arbeitszeit durch ein Gesetz geregelt wird, ein Gesetz, das das öffentliche Gewissen Englands darstellt. Das Gesetz will die Arbeiter - als den wahren Reichtum der Nation - vor der Tyrannei eines gewissenlosen Wettbewerbs schützen. Es hat noch kein ideales England geschaffen. Ihr sehnt euch nach der Klarheit des Flusses, nach der Frische der Wälder, - jetzt schwärzt sie noch der Rauch, der einem Leichentuche gleich über dem Lande liegt. Ihr träumt vielleicht von längeren Ruhe- und Erholungszeiten, die auf edlere Weise ausgefüllt werden von Menschen, für die Trink und Spiel nicht mehr als höchste Freuden des Lebens gelten. Und Ihr lest vielleicht von den allzu vielen Gesichtern in diesen belebten Straßen, die das Zeichen der Schwindsucht - dieses Fluches der Arbeiterklasse - tragen, die Sprache jenes Naturgesetzes, daß die Menschheit für immer mahnt und treibt -, um uns zu neuem Streben, zur Lösung der Aufgaben der Wissenschaft und Humanität anzuspornen."

Und doch sollte man bei diesem Anblick Freude empfinden, „die Freude derer, die ein Zeichen erschaut haben und sich dadurch gestärkt und bekräftigt und ermutigt fühlen." Denn wenn wir den Blick von der Zukunft ab der Vergangenheit zuwenden, enthüllt sich uns das Bild tiefster Erniedrigung, schamlosesten Sklavenhandels, der vor hundert Jahren eben denselben Boden und Landstrich beherrschte. Ganze Armeen von Kindern hatte man aus den Armenhäusern in den südlichen Teilen Englands dorthin gebracht, um sie bei endloser Arbeitszeit in Fabriken und Bergwerken einem System furchtbarster Ausbeutung zu unterwerfen. Der aufblühenden Industrie wurde das blühende Leben der arbeitenden Kinder, bald auch der erwachsenen Arbeiter zum Opfer gebracht. „Spinner" und „Kohlenarbeiter", das waren zu jener Zeit Ausdrücke der Verachtung, waren Schmäh- und Schimpfworte. Die industrielle Entwicklung Englands in dieser Zeit ist eine der grandiosesten Tragödien der Weltgeschichte.

„Wie die Gestalten und Stimmen aus der Vergangenheit herübertönen! Gleich den Stimmen, die für die Ohren des ‚Aiglon' auf dem Schlachtfeld von Wagram erklangen, so können auch wir sie vernehmen, wenn der Wind über das Moorland streicht.

Lauschet den Kindern: -

‚Ich werde elf Jahr. Ich schleppe Körbe mit Spulen die Treppen hinauf. Davon bin ich auch bucklig geworden. Ich schaffe seit mehr als vier Jahren in der Fabrik. Lesen kann ich nicht. Wir arbeiteten von 6 Uhr früh bis ° 9 Uhr abends während mehr als eines Jahres.'

Oder hört die Stimme des Vaters, der im Zwielicht des Winterabends ängstlich das Heimkommen der Kinder erwartet:

‚Sie haben 16 Stunden gearbeitet. Ich habe des Morgens schwere Mühe, um sie aus dem Bett zu treiben. Ich mußte sie schlagen, damit sie nur wach wurden. Ich mußte weinen, weil ich dazu gezwungen war.'"

Es sind nicht Phantasiegebilde der Dichterin - diese Stimmen der Schmach und der Schande -, sie lassen die Schatten verlorener Generationen an uns vorrüberziehen, die Schatten derer, die zu Grunde gehen mußten, um die Industrie Englands zu schaffen.

Es sind dieselben Aussagen, wie sie vor der staatlichen Untersuchungskommission im Jahre 1833 gemacht, wie sie durch deren Berichte uns authentisch überliefert worden sind. Mrs. Ward führt sie an, um auch dem mit der industriellen Entwicklung unbekannten Leser ein anschauliches Bild der Zustände zu geben, aus denen die Fabrikgesetzgebung geboren wurde, geboren werden *mußte*, wenn nicht ganze Bevölkerungsschichten degenerieren, ganze Landstriche entvölkert werden sollten.

In dem Kapitel über *„die ökonomische Seite der Arbeiterschutzgesetzgebung"* weist *Beatrice Webb* das von Gegnern des Arbeiterschutzes in erster Linie angeführte Argument von der Beeinträchtigung der persönlichen Freiheit und der Konkurrenzfähigkeit auf dem Weltmarkt als unhaltbar zurück. Ausführlich hat sie dieselben Fragen schon in ihrem Buch „Industrial Democracy"[2] behandelt; aber ihre populärer gehaltenen Ausführungen werden an dieser Stelle von weiteren Kreisen gelesen werden und Aufklärung auch außerhalb der Reihen ihrer Fachge-

[2] By Sidney a. Beatrice Webb. London, Longmans 1897

nossen verbreiten. An anschaulichen Beispielen zeigt sie, daß das Wort vom *freien Arbeitsvertrag* für den besitzlosen Arbeiter nur eine Phrase bedeutet, daß selbst den wohlmeinenden Absichten des auf Gewinn bedachten Unternehmers nicht unbedingt vertraut, nicht freier Spielraum gelassen werden kann, weil auch die Arbeitgeber durch die gegenseitige Konkurrenz in gewisser Weise unfrei werden. „Wenn deshalb ernstlich der körperlichen und geistigen Entartung breiter Massen der Lohnarbeiter ein Ende gemacht werden soll, muß von *allen* Unternehmern auf irgend eine Weise ein Minimum an menschenwürdigen Einrichtungen erzwungen werden, als unverrückbarer Ausgangspunkt für ihre Konkurrenz." Demgegenüber wird aber sowohl aus Unternehmerkreisen, wie auch von Staatsmännern betont, daß durch eine solche gesetzliche Regelung der Arbeitsbedingungen die Konkurrenz mit dem Ausland, daß der Wohlstand des Landes gefährdet würde, weil Industrien in ungeschützten Ländern ihre Produkte billiger herstellen könnten. Die Ausführungen zur Entkräftung dieses Einwandes, die wohl den Glanzpunkt des Buches bilden, verdienen besondere Beachtung, da sie auch in Deutschland auf die Hauptargumente der Gegner des Heimarbeiterschutzes anzuwenden sind.

Mrs. Webb führt aus, daß Schwitzindustrien, „parasitische Industrien", die nur einen Hungerlohn für den Arbeiter abwerfen, sich nicht selbst erhalten. „Indem sie die Bevölkerung körperlich, geistig und sittlich ruinieren, zehren sie vom Nationalvermögen, vom Nationalwohlstand." Selbst wenn der Ruin kein so schneller ist, daß die ausgebeuteten Arbeiter keine neue Generation mehr zur Welt bringen, selbst dann ist das Gewerbe nicht weniger parasitisch. „Wenn es ständig die arbeitenden Scharen verbraucht oder verkümmert, beraubt es allmählich die Gemeinde ihrer Lebenskraft. Es nimmt Woche für Woche von den Arbeitern mehr, als ihr Lohn ihnen wiedergeben kann. Wenn man annimmt, daß alle Unternehmer aller Industrien des Landes in diesem Sinn die Arbeiter ausbeuteten, würde das ganze Volk, eine Generation nach der andern, in Bezug auf Charakter und Tüchtigkeit, langsam degenerieren". Da aber der durch Parasitentum entwickelte niedrige Typus des Menschen nicht ausstirbt, sondern sich ausbreitet - wie Unkraut in einem vernachlässigten Garten - und den höheren zu zerstören neigt, bilden die Schwitzindustrien eine Gefahr nicht nur für die darin beschäftigten Arbeiter, sondern für das ganze Gemeinwesen. Die auf diese Weise produzierten Gegenstände sind, selbst wenn sie dem Konsumenten billig erscheinen, niemals billig für die Nation. „Sie sind die einzigen Waren, die zu *keinem* Preis billig sind. Ihre Herstellungsart ist ein Prozeß der Verarmung; vom Gesichtspunkt des Staates ist das überhaupt kein *Schaffen,* sondern *Vergeuden.* Wenn Industrien sich nur im Wettbewerb auf dem Weltmarkt dadurch halten können, daß die Produktionskosten durch Verschlechterung der Arbeitsbedingungen verringert werden und der Staat dem durch Verschonung bestimmter Industrien mit Schutzgesetzen Vorschub leistet, so könnte er ebenso gut den Unternehmern Prämien zahlen oder Wechsel auf die Staatskasse ausstellen."

Thatsächlich hat sich auch der auf die Unternehmer ausgeübte Zwang, ein Mindestmaß menschenwürdiger Arbeitsbedingungen zu sichern, für alle Beteiligten - auch für die Industrie als solche - vorteilhaft erwiesen. Die beiden am meisten geschützten oder geregelten Industrien, die Textil- und Kohlenindustrie, sind die blühendsten Englands, haben den größten Export und eine hochstehende Arbeiterklasse.

Wer heut für die Besserstellung der arbeitenden Frauen eintritt, dem stehen als leuchtendes Beispiel, als erstrebenswertes Ideal einer freien selbständigen Klasse von Lohnarbeiterinnen die Baumwollweberinnen von Lancashire vor Augen, die vollauf ihren Unterhalt verdienen, ausreichende Ruhezeit haben, und einer wirksamen Berufsorganisation fähig sind, nicht trotzdem - sondern weil sie seit einem halben Jahrhundert durch jeden Satz ihres Arbeitsvertrages in ihrer Freiheit „beschränkt" sind. Die Schutzgesetze, die dem Unternehmer die Gewährung bestimmter Arbeitsbedingungen als Minimalleistung den Arbeitern gegenüber aufzwingen, schaffen die Konkurrenz nicht aus der Welt, aber sie geben ihr eine andere Richtung. Sie veranlassen ihn, nach möglichst geschickten Arbeitern, tüchtigen Angestellten, ausgezeichneten Maschinen und vorteilhaften Produktionsformen zu suchen, und das zwingt alle Beteiligten, nach größerer Tüchtigkeit, Vollkommenheit und Leistungsfähigkeit zu streben. Es bedeutet Steigerung der Gesundheit, der Intelligenz, der moralischen Eigenschaften der Arbeiter, nicht *Degeneration*, sondern *Fortschritt*.

„Daraus folgt - bekräftigt durch die Erfahrungen eines Jahrhunderts -, daß zur Erhaltung der Stärke und Leistungsfähigkeit unseres Volkes für alle Industrien auf irgend eine Weise bestimmte allgemeine Regeln Geltung finden müssen, die ein Mindestmaß an Lohn, Ruhezeit, Gesundheit und Sicherheit vorschreiben und erzwingen."

Wenn nun viele Leute durchaus mit diesen Forderungen einverstanden sind, aber die Aufstellung und Einhaltung dieser Regeln der *freien* Initiative der Arbeiter, den Gewerkschaften überlassen wissen wollen, so vergessen sie, daß eine wirksame Gewerkschaftsbewegung dem Einzelmitglied keine größere Freiheit der Entschließung und des Handelns einräumen kann als ein Staatsgesetz. Nur daß das Schutzgesetz allen Arbeitern zu Gute kommen muß, während die Organisation meist nur den bestgestellten Arbeitern hilft, während sie die anderen nicht erreicht und erfaßt. „Sie hilft nur denen, die sich selbst helfen".

Für viele Kategorien von Arbeitern ist die Berufsorganisation aber ohne jede Bedeutung. Die Lohnarbeiter, die einzeln oder in kleinen Gruppen im Lande verstreut leben, in ihren Werkstätten, Läden oder Heimen arbeiten, können sich nicht koalieren. Zur Bekämpfung ihrer Ausbeutung, des industriellen Parasitentums, unter dem sie leiden, vermag die Gewerkschaft noch wenig zu thun; denn gerade wo diese Auswüchse am schlimmsten wuchern, fehlen die Bedingungen zur Selbsthilfe. In einem Schwitzgewerbe giebt es - und gab es niemals - eine Gewerkschaft, die im Stande wäre, bestimmte allgemeine Arbeitsbedingungen durchzusetzen. „Um das zur Selbsthilfe notwendige Maß von Intelligenz, Entschlossenheit, Selbstverleugnung und Verwaltungskunst zur Verfügung stellen zu können, muß man über Gesundheit, einen Überschuß an Energie, und ein bestimmtes Quantum Ruhezeit verfügen können. Das aber fehlt gerade den ungeschützten Industrien: gerade der Mangel daran ist ja das Wesentliche am Schwitzsystem, sein Merkmal."

Darum werden weder die Gelegenheitsarbeiter der Londoner Docks, noch die meisten Industriearbeiterinnen durch gemeinsames Vorgehen ihre Löhne oder Arbeitsbedingungen wesentlich verbessern können. „Angesichts dieser Verhältnisse ist es ein grausamer Hohn, der Näherin, die Tag und Nacht in ihrer Dachstube an der Maschine sitzt, die um die nackte Existenz ringt, den Anschluß an die Gewerkschaft - und nur die Gewerkschaft - zu predigen." Bei allen Arbeiterinnen, die ungelernte Arbeit verrichten, oder gelernte Arbeit, die aber von allen Frauen - als Teil ihrer Erziehung - erlernt worden ist, wird die Berufsorganisation nie im Stande sein, aus eigener Kraft einen Minimallohn, einen Normalarbeitstag, oder irgend welche bestimmten Gesundheits- und Sicherheitsmaßregeln zu erzwingen.

Darum braucht die Arbeiterin, mehr noch als der Arbeiter, die Fabrikgesetzgebung, den Arbeiterschutz des *Staates!*

Die noch immer verbreitete falsche Auffassung, daß die Schutzgesetze die Frauen den unmündigen Kindern gleich stellen, und daß ihnen gegenüber die Männer als ungeschützte Arbeiterkategorie erscheinen, wird in den folgenden Kapiteln des Buches widerlegt. Sie behandeln die Entwicklung der englischen Gesetzgebung, die sich langsam, „der Linie des geringsten Widerstandes gemäß", vollzog, und einige der augenfälligsten Mängel des Gesetzes, über die *Gertrude Tuckwell,* die bekannte Gewerkschaftsführerin, berichtet. Das englische Gesetz - wie auch unser deutsches - kennt vier Klassen von geschützten Arbeitern: Kinder, Jugendliche, erwachsene Frauen und erwachsene Männer. Sie alle erfahren verschiedene Berücksichtigung, nach ihren verschiedenen Bedürfnissen, nach ihrer Eigenart. Aber der Schutz für alle diese Arbeiterkategorien bedarf des Ausbaues, der Ausgestaltung; auch der so oft befeindete Schutz der arbeitenden Frauen. In dem Schlußkapitel setzt sich *Clementina Black* mit der Behauptung auseinander, daß die Gesetzgebung darauf hinwirkt, die Löhne der Arbeiterinnen herabzusetzen oder ihre Arbeitsgelegenheit zu verringern. Für Deutschland ist diese Ansicht bereits oft - auch in diesen Blättern - zurückgewiesen worden, so daß ein Eingehen auf die sehr klare und scharfsichtige Beweisführung des Kapitels nicht angebracht erscheint. Es soll hier nur ein von der Verfasserin angeführter Fall erwähnt werden, der besonders geeignet ist, den Glauben an die lohnvermindernde Wirkung der erzwungenen Verkürzung der Arbeitszeit zu zerstören. Denn auch bei uns fürchten noch immer so viele wohlmeinende Frauen, die „arme Näherin durch eine gesetzliche Verkürzung der Arbeitszeit zu schädigen, weil sie schon bei endloser ungeregelter Arbeit nicht genug erwirbt, um ihren Unterhalt bestreiten zu können." Einige Fabrikarbeiterinnen, die im Akkord bezahlt wurden, erhielten allabendlich noch Arbeit mit nach Hause, um sie in den späten Abend- und Nachtstunden auszuführen. Ihr Wochenverdienst stellte sich trotz regelmäßiger stundenlanger Nachtarbeit noch nicht auf 10 Mark und ihre Gesundheit verschlechterte sich zusehends. Die Leiterin eines Arbeiterinnenklubs, die auf diese Verhältnisse aufmerksam wurde, zeigte den betreffenden Unternehmer bei der Fabrikinspektion an, und diese inhibierte die Mitgabe von Heimarbeit, die in England seit 1895 gesetzlich verboten ist. Nun ließ der Fabrikant von allen Arbeiterinnen einen Schein unterschreiben, in dem sie erklärten, die Arbeit nicht für sich, sondern für Angehörige mit nach Hause zu nehmen. Aus Furcht, ihre Stellung zu verlieren, fügten sie sich diesem Zwang des Unternehmers. Auch diese Maßregel wurde aber vom Inspektor verboten, und als die Arbeiterinnen nun in der gesetzmäßig zulässigen Arbeitszeit nicht mehr genügend für ihren Unterhalt verdienten, forderten und erhielten sie eine Lohnerhöhung von 20 Procent. Auch ihre Leistungsfähigkeit besserte sich merklich, so daß sie nach kurzem mit 10stündiger Arbeitszeit mindestens so viel verdienten wie vorher mit 16-18stündiger Arbeit. - Aber damit ist die Angelegenheit noch nicht erledigt. Der Unternehmer, der seine Aufträge bei der verkürzten Arbeitszeit nicht erledigen konnte, sah sich genötigt, noch weitere Arbeiterinnen zu engagieren, so daß in diesem Falle das Schutzgesetz nicht nur Überbürdung von Arbeiterinnen verhinderte, sondern ihnen den gleichen Lohn bei kürzerer Arbeitszeit sicherte, und weiteren Arbeiterinnen eine Erwerbsmöglichkeit erschloß. Wenngleich dieses Beispiel in seiner günstigen Wirkung auch keineswegs absolut verallgemeinert werden soll, so bietet es doch einen Anhaltspunkt dafür, daß eben Löhne unter ein gewisses niedriges Niveau dauernd nicht sinken können, gleichviel ob die Arbeiter nur eine bestimmte vom Gesetz festgelegte Zeit arbeiten, oder - wie jene Mädchen im oben angeführten Fall sich ausdrückten - „während alle der Stunden, die Gott giebt."

Die Mißstände, die das gewerbliche Leben heut noch aufweist, sind nicht notwendig, sind nicht unvermeidlich. Das beweist die Geschichte der Arbeiterschutzgesetze, das tritt uns aus dem Buche der Mrs. Webb entgegen, für das hier nur durch einige Hinweise Interesse erweckt werden sollte. Das Buch will uns die Botschaft vermitteln, auf welchem Wege wir Hilfe für diese Mißstände zu erstreben haben. Möge die Botschaft auch in deutschen Landen weithin vernommen werden!

Konsumentenmoral*

In der Ortsgruppe Leipzig der Gesellschaft für soziale Reform wurde - wie die Tagespresse verschiedentlich mittheilt - von Dr. Bode - Weimar ein Vortrag über Käufermoral und sozialpolitische Käufervereinigungen gehalten; im Anschluß daran wurde mitgetheilt, daß die Gründung einer Käufervereinigung beabsichtigt sei. Es würde das - wenn dieser Plan zur Ausführung kommt - für Deutschland der erste Versuch auf einem Gebiet sein, das im Ausland bereits mit Erfolg bearbeitet worden ist.

Es ist ganz erstaunlich, wie wenig Sinn und Verständniß für die Verantwortlichkeit des Käufers - namentlich in Frauenkreisen - bei uns zu finden ist, und es erscheint angesichts der auf diesem Gebiet herrschenden Gedankenlosigkeit fast unmöglich, durch eine Organisation des kaufenden Publikums wirthschaftliche Mißstände zu mildern oder zu beseitigen. Immerhin sind die Ergebnisse der englischen und amerikanischen Käufervereine so beachtenswerth, daß ihnen mancher Fingerzeig für ein Vorgehen auf deutschem Boden zu entnehmen ist.

Die erste sozialpolitische Käufervereinigung ist schon im Jahre 1842 entstanden; es ist die *„Gesellschaft für den frühen Ladenschluß“* [1] in England, die der überlangen Arbeitszeit der Handelsangestellten entgegenzuwirken versuchte und auf die Freigabe eines Wochentagnachmittags abzielte.

Die Begründer des Vereins mußten sich völlig klar darüber sein, daß auf eine gesetzliche Regelung der Angelegenheit zu jener Zeit nicht zu rechnen war, und so versuchten sie, in ihrer Eigenschaft als Käufer einen Druck auf die Geschäftsinhaber auszuüben. Thatsächlich ist es gelungen, die Freigabe eines Wochentagnachmittags - auf Grund des frühen Ladenschlusses an den betreffenden Tagen - in England allmählich ganz allgemein einzuführen. Jetzt tragen die Geschäftspapiere, Rechnungen und dergl. vieler besserer Geschäfte den Vermerk: „wir schliessen am Sonnabend um 2 Uhr“, oder am Donnerstag um 12 Uhr, und das kaufende Publikum sieht diese Mittheilung durchaus als Empfehlung an. Der Führer für Handlungsreisende in England[2] führt unter 1.920 Ortschaften nur zwölf an, die noch keinen allgemein üblichen frühen Ladenschluß für einen Wochentag eingeführt haben.

Neben den Bemühungen für Erzielung freiwilliger Übereinkünfte mit den Ladeninhabern bemüht sich die Gesellschaft, die Gesetzgebung für eine Regelung der Arbeitszeit im Handelsgewerbe zu gewinnen; und wenn das englische Parlament sich heut mit derartigen Fragen und Vorschlägen beschäftigen kann, so ist

* Die Nation, 19. Jg., Nr. 32, 10. Mai 1902, S. 501-502

[1] Early Closing Association, 21 New Bridge Street, London E.C.

[2] The Commercial Travellars Guide to the Market and Early Closing Days of the Principal Towns in the United Kingdom

es sicherlich zum großen Theil auf die Initiative und die Vorarbeiten dieses Vereins zurückzuführen, der dem Volkswillen eine neue Richtung wies und ihm einen Ausdruck gab, dem die Gesetzgebung nun nur zu folgen braucht. Unermüdlich sind die Vereinsmitglieder bemüht, durch Wort und Schrift - und vor allem durch die That - für ihre Ideen zu wirken. Sie besuchen die Geschäfte, um die Arbeitsverhältnisse der Angestellten kennen zu lernen, machen Reformvorschläge und beseitigen das allen Verbesserungen im Wege stehende Hinderniß „der Konkurrenz der Nachbarn" durch Förderung gleicher und gemeinsamer Zugeständnisse der Konkurrenten. In besonderem Maße betheiligen sich die Frauen an den Arbeiten des Vereins und an seiner Agitation.

Viel jünger sind die sozialpolitischen Käuferinnenvereine in Amerika, die erst im letzten Jahrzehnt entstanden und gleichfalls ihren Ausgangspunkt von der Bewegung für die Handelsangestellten genommen haben. Die im Jahre 1890 unternommene Enquête eines New-Yorker Frauenvereins über die Lage der Verkäuferinnen hatte so traurige Resultate ergeben, namentlich eine so schamlose Übertretung der gesetzlichen Schutzvorschriften von Seiten der Geschäftsinhaber, daß man auf Mittel zur Abhilfe sinnen mußte. Wo der Staatsschutz allein nichts ausrichten konnte oder versagte, wo eine Gruppe von Arbeiterinnen zu ausgebeutet war, als daß sie zur Selbsthilfe hätte schreiten können, da sollte die Nächstenhilfe, da sollte eine Organisation der Käuferinnen eingreifen. Diese Gesichtspunkte führten zur Gründung der ersten amerikanischen Konsumenten-Liga[3] im Jahre 1891, die zunächst auf die strikte Innehaltung der Schutzgesetze und auf Gewährung anständiger Arbeitsbedingungen für die Verkäuferinnen hinwirken wollte.

Im Laufe weniger Jahre entstanden in den nordamerikanischen Staaten dreissig weitere derartige Vereine, die seit 1899 zu einem Verband zusammengeschlossen sind.[4] Der New-Yorker Verein ging zuerst mit der Veröffentlichung einer „*weissen Liste*" vor, die dem kaufenden Publikum auf Grund sorgfältiger Untersuchungen alle Firmen der Weißwaaren-, Wäsche- und Kleiderbranche nennen sollte, deren Geschäftsgepflogenheiten den Ansichten der Liga über ein „gutes Geschäftshaus" am nächsten standen. Als „gute Häuser" werden die Firmen angesehen, in denen den folgenden Bedingungen entsprochen wird.

„In Bezug auf *Gehälter:* Ein gutes Haus ist ein solches, in dem gleicher Lohn für Arbeit von gleicher Leistung, ohne Rücksicht auf das Geschlecht, gezahlt wird. In Abtheilungen, in denen nur Frauen beschäftigt sind, soll das Gehalt für gelernte, erfahrene Angestellte nicht weniger als 6 Dollars wöchentlich betragen und auch wöchentlich bezahlt werden. Strafgelder dürfen nur zum Wohle der Angestellten verwendet werden.

[3] The Consumers' League. 105 East 22nd St., New York City
[4] National Consumers' League. President Mr. John Graham Brooks, Cambridge, Mass.

In Bezug auf die *Arbeitszeit:* Ein gutes Haus ist ein solches, in dem die Arbeitszeit von 8 Uhr morgens bis 6 Uhr abends dauert, und in dem den Angestellten ein halber freier Wochentag mindestens während zweier Sommermonate gewährt wird; in dem ferner den Angestellten wenigstens eine Woche Urlaub in jedem Sommer unter Weiterzahlung des Gehalts bewilligt wird, und in dem Überstunden bezahlt werden."

Es folgen noch einige Bestimmungen über Einrichtungen zum Schutz der Gesundheit und über gute Behandlung der Angestellten und die Forderung, nicht nur die vom Gesetz vorgeschriebene Sitzgelegenheit für Ladnerinnen anzuschaffen, sondern auch ihre Benutzung zu gestatten und darauf hinzuwirken. (In dieser Beziehung wäre auch in Deutschland noch manches zu thun!) Mit der Einführung solcher *weißer* Listen hat man ein wirksames Mittel gefunden, die wohlmeinenden Geschäftsinhaber praktisch und moralisch zu unterstützen. Man wählte diesen Weg des Zusammengehens mit den empfehlenswerthen Firmen an Stelle eines Boykotts der schlechten Häuser, weil man dadurch der Art der geschäftlichen Konkurrenz eine neue Richtung weisen, sie auf ein höheres Niveau heben wollte.

Der Gedanke hat sich auch anscheinend bewährt; während die zuerst veröffentlichte weiße Liste nur 8 Firmen empfehlen konnte, stieg diese Zahl bald auf 52. Und da die Liga ihre Grundsätze und Bedingungen nie herabschraubte, ist diese Vergrößerung der Liste ein Beweis dafür, daß die Geschäftsleute ihren Vortheil darin sehen, den Wünschen des Vereins zu folgen.

Der nationale Verband der amerikanischen Käufervereine hat versucht, sein Arbeitsfeld weiter zu gestalten und seine Aufmerksamkeit auch der Verbesserung der Lage der eigentlichen Produzenten zuzuwenden. Namentlich der Ausbreitung der Heimarbeit soll entgegengewirkt werden, und zu diesem Zweck hat der Verband eine Marke eingeführt, um den Käufern eine Unterscheidung zwischen Waaren zu ermöglichen, die in gesunden Werkstätten oder unter unkontrolirbaren Verhältnissen entstanden sind. Der Gebrauch dieser gesetzlich geschützten Marke wird den Inhabern solcher Fabriken gestattet, in denen keine Heimarbeit ausgegeben wird; in denen die Schutzgesetze innegehalten, keine Überstunden gemacht und Kinder unter 16 Jahren nicht beschäftigt werden. Dadurch werden alle Käufer, die ihrerseits zur Bekämpfung des Schwitzsystems beitragen wollen, in die Lage gesetzt, keine Erzeugnisse der Heimarbeit, sondern nur die durch das Merkzeichen des Verbandes gekennzeichneten Waaren zu kaufen.

Thatsächlich haben sich im Laufe von nur zwei Jahren mehr als zwanzig Unternehmer um die Erlaubniß zur Benutzung der Marke beworben, die beweisen konnten, daß ihre Verhältnisse den Vorschriften des Verbandes entsprechen. Es ist dabei ausdrücklich zu bemerken, daß keiner dieser Fabrikanten die Preise der Waaren seitdem erhöht hat, und daß sich einige Fabriken darunter befinden, die ganz besonders billige Waaren produziren. Die Einführung mustergiltiger Arbeitsbedingungen hat also die Produktionskosten anscheinend nicht erhöht. Es haben sich auch Hunderte von Kaufleuten zur Einführung dieser „markirten Waaren" entschlossen; ein Fabrikant giebt an, er habe Bestellungen aus andern Städten bekommen, in denen er nie vorher Kunden besessen hatte; aber mit dem ausdrücklichen Vermerk, daß markirte Waaren verlangt werden. In Boston führen *alle* erstklassigen Firmen, und viele zweiten und dritten Ranges Waaren mit der Empfehlungsmarke des Konsumenten-Verbandes, und einzelne Geschäfte weisen in ihren Annoncen ausdrücklich darauf hin, daß sie Waaren führen, die von dem Verband empfohlen und mit seiner Marke versehen sind.

Wie diese Bestrebungen von allen Seiten unterstützt und von der Sympathie der Bevölkerung getragen werden, das geht daraus hervor, daß nicht nur die verschiedensten Frauenvereine, Temperenzgesellschaften, Arbeiterorganisationen und Hochschulen die Liga unterstützen; sondern daß auch von den *Kanzeln* werthvollste Hilfe geboten wird. Der letzte Jahresbericht des nationalen Verbandes hebt besonders hervor, daß namhafte Prediger Gelegenheit genommen haben, die Ideen des Vereins vor einflußreichen Versammlungen zu erörtern und ihren Gemeinden ans Herz zu legen.

So weit ist man in Amerika! In Deutschland hat der Begriff der *Konsumentenmoral* noch kaum Eingang gefunden. Und wenn hier auch die Frage einer Organisation des kaufenden Publikums zu ausschließlich sozialpolitischen Zwecken[5] noch kaum spruchreif ist, wenn derartige Versuche sicherlich auf einen Erfolg *nur* werden rechnen können, wenn sie sich auf bestimmte, fest umgrenzte Aufgaben beschränken, so thut doch eine Aufklärung, eine *Organisation der öffentlichen Meinung* dringend Noth. Auch wer in jedem Fall den Standpunkt der Selbsthilfe vertritt, oder wer eingreifende und dauernde Verbesserungen nur von der Gesetzgebung erhofft, auch der wird sich dem Gedanken nicht verschließen können, daß Selbsthilfe und Staatshilfe durch den Einfluß der Konsumenten unterstützt werden müssen. Nur ein Ausdruck der öffentlichen Meinung, eine Kundgebung des Volkswillens, kann schließlich gesetzliche Reformen herbeiführen; denn der Gesetzgeber legt die Praxis zu Grunde. Darum müssen auch die Käufer durch ihre Initiative bessere Zustände schaffen helfen; darum wird der Gebrauch der Macht, die ein jeder als Käufer besitzt, zur *Pflicht*.

---

[5] Die *Konsumgenossenschaften* haben schon verschiedentlich versucht, die Macht - die sie als Vereinigungen von Käufern besitzen - auch für sozialpolitische Zwecke (gute Stellung ihrer Angestellten u. dergl.) zu verwerthen; auch einige Frauenvereine haben in bestimmten Fällen ihren Einfluß geltend zu machen versucht, z.B. bei der Bewegung für Gewährung von Sitzgelegenheiten an die Ladnerinnen. Doch ist das nie alleiniger oder Hauptzweck dieser Vereine gewesen.

Frauenarbeit und Kinderarbeit*

Als Beitrag zur *Charakteristik deutschen Familienlebens* können zwei Arbeiten bezeichnet werden, die in den letzten Wochen veröffentlicht worden sind. Die eine beschäftigt sich mit der *„Fabrikarbeit verheirateter Frauen"*[1]; die andere mit der *„Erwerbsthätigkeit der Kinder"*[2]. Gemeinsam ist ihnen die Tendenz, eine wirksame Schutzgesetzgebung für die betreffenden Bevölkerungsschichten herbeiführen zu wollen; gemeinsam eine sachkundige, wissenschaftliche und von warmherzigem Empfinden getragene Darstellungsweise; gemeinsam schließlich verkünden sie die noch immer zutreffende, für unsere Kultur so beschämende Thatsache, „daß Brot so teuer ist und so wohlfeil Fleisch und Blut". *So wohlfeil*, daß Mütter ihre Gesundheit untergraben müssen; daß sie nicht nur gezwungen sind, ihre Kinder zu vernachlässigen, sondern sie auch um des Broterwerbs willen körperlichem, geistigem und sittlichem Ruin zu überantworten. Nicht die Bücher mit ihrer durchaus ruhigen und leidenschaftslosen Sprache, aber die Thatsachen und Zahlen, die sie zusammengetragen haben, wirken wie eine Anklage gegen die Gesellschaft die es „so herrlich weit gebracht hat". Wie ein Hohn erscheint diesen Schilderungen gegenüber das in parlamentarischen Kreisen, namentlich in den sogenannten staatserhaltenden Parteien so beliebte Wort vom „Schutz des deutschen Familienlebens", von der „idealen Stellung der deutschen Frau", die ihr erhalten werden soll; auch das „Paradies der Kindheit", die „glückliche Kinderzeit", an die ein jeder glauben möchte, zerfließen wie Nebelbilder vor unseren Augen.

Wie groß oder, besser gesagt, wie klein ist der Prozentsatz unseres Volkes, in dem noch ein Familienleben zu schützen, in dem es überhaupt noch *vorhanden* ist; in dem die Frau eine - wenn auch nicht ideale - so doch annehmbare und erträgliche Stellung einnimmt, die erhalten zu werden verdient und die nicht nach einer Änderung zum Besseren geradezu jeden Volksfreund herausfordern muß? Nach wie vielen Tausenden zählen die Kinder, denen das „Paradies" verschlossen, denen die *Kindheit* geraubt worden ist?

Unbefriedigend ist die Antwort, die aus den beiden Büchern hervorgeht; und entmutigend müßte die Beschäftigung damit sein, wenn sie nicht der Hoffnung Raum ließe, daß jede derartige ernsthafte und aufklärende Arbeit neue Freunde und Anhänger für den Fortschritt der sozialen Gesetzgebung gewinnen und somit zur Milderung der geschilderten Schäden beitragen muß.

---

* Ethische Kultur, 10. Jg., Nr. 24, 31. Mai 1902, S. 172-174

[1] Henriette Fürth: „Die Fabrikarbeit verheirateter Frauen." Frankfurt 1902, verlegt bei Dr. Eduard Schnapper

[2] „Kinderarbeit und Gesetz gegen die Ausnutzung kindlicher Arbeitskraft in Deutschland" von Konrad Agahd. Verlag Gustav Fischer, Jena 1902

Henriette Fürth hat ihren Ausführungen über *die Fabrikarbeit verheirateter Frauen* die Ergebnisse der Reichsenquête vom Jahre 1899 zu Grunde gelegt, die über Umfang, Ursachen und Schäden dieser Thätigkeitsart Klarheit schaffen sollte. Veranlaßt war diese Untersuchung, die von den Gewerbeaufsichtsbeamten der einzelnen Bundesstaaten ausgeführt wurde, durch das Bestreben klerikaler Kreise, besonders auch der Centrumspartei, die Fabrikarbeit verheirateter Frauen zu verbieten, um sie „dem Haus und der Familie" zurückzugeben. Den untersuchenden Beamten war deshalb auch namentlich aufgegeben, darauf zu achten, ob es zweckmäßig sei, verheiratete Frauen, soweit sie ein Hauswesen zu besorgen haben, allgemein oder für einzelne Industriezweige von der Beschäftigung auszuschließen oder die Zulassung von besonderen Bedingungen abhängig zu machen.

Das Verdienst der Fürth'schen Schrift liegt darin, daß sie die hierauf bezüglichen Beobachtungen der Inspektoren zusammengestellt und die sich aufdrängenden Schlußfolgerungen gezogen hat. Die Übersichtlichkeit der kleinen Schrift erleichtert auch Laien, die sich mit den Gewerbeinspektionsberichten oder der auf den Landesuntersuchungen fußenden Sonderpublikation des Reichsamtes nicht beschäftigen dürften, eine Orientierung über das Wesen der Fabrikarbeit verheirateter Frauen. Sie zeichnet sich nicht nur durch Anschaulichkeit aus, sondern durch Wärme des Tons und Überzeugungskraft, wie sie eine Frau und Mutter finden konnte, die für Frauen und Mütter plädiert.

Die Not treibt die verheiratete Frau in die Fabrik; dafür trägt die Verfasserin ein umfangreiches Beweismaterial zusammen; und wer das Leben der arbeitenden Klassen kennt, für den bedarf es kaum dieser Zahlen, die darlegen, daß 220.000 verheiratete Frauen die Fabrik aufsuchen müssen, weil sie verwitwet, verlassen sind, weil ihr Mann krank und erwerbsunfähig ist oder so wenig verdient, daß er die notwendigsten Bedürfnisse seiner Familie nicht bestreiten kann.

Aber eben, weil die Verhältnisse so liegen, kann die Fabrikarbeit all dieser Frauen nicht entbehrt werden, und eine genaue Prüfung der Bedingungen, unter denen sie sich vollzieht, hat ergeben, daß nicht besonders die Fabrikarbeit *verheirateter* Frauen, sondern die *weibliche* Fabrikarbeit überhaupt schädlich ist, und zwar ist es - von einigen Berufsarten abgesehen - *nicht die Arbeit an sich*, sondern *die Arbeit unter den heut obwaltenden inneren und äußeren Umständen*. Das gilt in ähnlicher Weise aber auch für die Arbeit der Männer, und gilt mehr als für beide für die Arbeit der Kinder und Jugendlichen. Im Allgemeinen vertrugen sogar Frauen und ältere Arbeiterinnen gesundheitsschädliche Einflüsse der Fabrikarbeit besser als jüngere Arbeiterinnen; sie sind widerstandsfähiger als die in der Entwicklung begriffenen Mädchen, bei denen die Folgen des Aufenthalts in ungenügend ventilierten Räumen oder des Mangels an Bewegung, der einseitigen Haltung am Tisch, am Webstuhl u. dergl. unverkennbar ausgeprägt sind. In dieser Beziehung hat die Enquête das strikte Gegenteil dessen ergeben, was vielfach davon erwartet - und wohl auch erhofft wurde. Die Beamten befürworten den Ausschluß oder mindestens den ausgedehnteren Schutz für die jugendliche Arbeiterin, nicht das Verbot der Fabrikarbeit für die Frau. Wohl aber kann niemand verkennen, daß die verheiratete Frau durch die Fabrikarbeit in *Konflikt gerät mit ihren natürlichen Pflichten und Aufgaben,* daß die durch Schwangerschaft, Geburt und Säuglingspflege bedingten Zustände sich störend geltend machen. In scharfen Worten geißelt Frau Fürth das skrupellose Bemühen einiger Unternehmer, die geringen Schutzvorschriften für Wöchnerinnen zu umgehen und einem Ausbau dieses Teils der Gesetzgebung entgegenzuwirken. Es klingt geradezu unglaublich - aber es ist durch staatliche Aufsichtsbeamte festgestellt -, daß Frauen bis zum letzten Tage vor der Geburt eines Kindes in einer Fabrik arbeiten müssen, weil ihnen im Interesse der Krankenkasse gekündigt wird, wenn sie früher aussetzen wollen; daß ferner in einer andern großen Fabrik die Arbeitsordnung bestimmt, wer nach vier Wochen nicht wieder arbeitsfähig sei, habe sich als entlassen zu betrachten. Das zwingt die Frauen geradezu zur Arbeitsfähigkeit und macht den recht unzureichenden sechswöchentlichen Wöchnerinnenschutz der Gewerbeordnung illusorisch.

Die Verfasserin giebt mannigfache Anregungen zur Beseitigung dieser Mißstände durch Gesetze, durch Gründung von Mutterschaftskassen, die mit Wöchnerinnenasylen und Krippen in Verbindung zu treten hätten. Sie will aber diese Wohlthaten nicht nur der verheirateten Fabrikarbeiterin, sondern *allen* Müttern jeglicher Erwerbszweige zugewendet wissen. Sie deutet namentlich dabei an, daß bei der Einrichtung solcher Kassen ein richtiges Verhältnis zwischen Selbsthilfe, Unterstützung der Arbeitgeber und *Staatszuschuß* gefunden werden muß. Eine einseitige Belastung der Industrie, wie sie oft gefordert wird, wäre gerade in Bezug auf den Wöchnerinnenschutz absolut nicht am Platz; vor Allem hat auch der *Staat* ein Interesse daran, daß gesunde Kinder zur Welt kommen, die ein brauchbares, leistungsfähiges Menschenmaterial ergeben. Die Säuglingssterblichkeit ist aber erschreckend hoch, wo die Mütter ihre Kinder vor deren Geburt durch übermäßige Anstrengungen schädigen und bald darnach vernachlässigen müssen; und das veranlaßt wohl auch alle Gewerbeinspektoren, dringende Schutzforderungen in dieser Beziehung aufzustellen.

Von weittragender Bedeutung für das Familienleben hat sich die Regelung der Arbeitszeit der Frauen erwiesen, und das weist auch den Weg für die weitere Gestaltung der Schutzgesetze. Wo die Arbeitszeit in den Fabriken 9-10 Stunden beträgt, berichten die Inspektoren, daß die Kinder dieser Frauen besser gestellt sind, als die von ländlichen Arbeiterinnen, Wasch- und Scheuerfrauen mit unbegrenzter täglicher Arbeitszeit, und die Schulinspektoren sprechen sich in diesen Bezirken dahin aus, daß zwischen den Kindern der Fabrikarbeiterinnen und anderen Arbeiterkindern in sittlicher und religiöser Beziehung ein Unterschied nicht vorhanden sei; daß hin und wieder sogar die Kinder der ersteren sich vor allen übrigen auszeichnen. Auch wird auf den wohlthätigen Einfluß von Kindergärten und Horten hingewiesen. Wo aber die Fabrikarbeit lang ausgedehnt wird, heißt es in den Berichten: „In sittlicher und erziehlicher Hinsicht wird das Familienleben gefährdet, wenn die Frau und Mutter der Pflege des Hauswesens und der Kinder entzogen wird".

Wenn die Frau schon durch die Dauer der Lohnarbeit überanstrengt und übermüdet wird, findet sie keine Kraft mehr, sich ihrer Wirtschaft zu widmen, und so gehen Unordnung, Unreinlichkeit, Vernachlässigung des Hauswesens und der Kinder mit überlanger Arbeitszeit der Frauen stets Hand in Hand; nicht nur bei der Fabrikarbeiterin, sondern mehr noch bei der Heimarbeiterin, bei der Waschfrau, Plätterin und dergl.

Darum nicht Ausschluß der verheirateten Frau aus der Fabrik, sondern Verkürzung ihrer Arbeitszeit, und Hand in Hand damit eine Ausgestaltung des Arbeiterinnenschutzes nach den verschiedensten Richtungen, um einen Zuwachs an physischer und ethischer Volkskraft herbeizuführen.

„Das kräftigere Volk ist das überlegene." Das Fürth'sche Buch weist einen guten Weg, um die Kraft des deutschen Volkes zu erhalten und zu erhöhen.

Demselben Ziel - auf anderen Pfaden steuert Conrad Agahd, der verdienstliche Vorkämpfer der deutschen Kinderschutzbewegung, zu. Sein Buch *„Kinderarbeit und Gesetz gegen die Ausnutzung kindlicher Arbeitskraft in Deutschland"* erschien gleichzeitig mit der Veröffentlichung des Bundesratsentwurfs zur Regelung der gewerblichen Kinderarbeit; gerade im rechten Augenblick, um den Reichstagsverhandlungen über den Gesetzentwurf reichhaltiges Material und eine feste Basis zu geben. Es hat denn auch thatsächlich im Mittelpunkt der jüngsten Reichstagserörterungen gestanden.

Wie schon so oft, so entrollt Agahd auch in diesem Buch wieder die *Passionsgeschichte* der arbeitenden Kinder, nur daß seine neue Arbeit im Gegensatz zu den früheren ein abgeschlossenes Ganzes bietet, das die Materie nach *allen* Seiten hin erfaßt und ein *vollständiges* Bild der Erwerbsarbeit der Kinder und aller damit zusammenhängenden Schutzbestrebungen des In- und Auslandes giebt. Die Arbeit übertrifft dadurch nicht nur an Umfang frühere Veröffentlichungen über dieselbe Frage, sondern auch an Tiefe; sie hat größere wissenschaftliche Bedeutung und wird allen Bestrebungen zum Schutz des Kindes vor Ausbeutung, dem Kampf gegen die Kinderarbeit Rüstzeug und Waffen liefern.

Agahd behandelt die historische Entwicklung der Kinderschutzbestrebungen, giebt eine Darstellung des Umfangs der Kinderarbeit an der Hand der Gewerbeinspektionsberichte, der Berufs- und Gewerbestatistik, der Erhebungen deutscher Lehrervereine und der vom Reichskanzler angeordneten Untersuchungen. Im Anschluß an diese erschreckenden Zahlen - es giebt Orte, in denen 86% der schulpflichtigen Jugend erwerbsthätig ist, und abgesehen von den in Fabriken und in der Landwirtschaft thätigen Kindern sind für Deutschland noch mehr als 500.000 frohnende Kinder festgestellt - zeigt der Verfasser die Schäden der Erwerbsarbeit für die Jugend und stellt die Löhne der verschiedenen Gewerbezweige zusammen. Er läßt einen Blick in tiefstes Menschenelend, in unendliches Kinderleid thun, das uns aus seinen Bildern entgegentritt. Kinder im zartesten Alter, selbst vier- und fünfjährige, werden zu andauernder und anstrengender Arbeit jahraus jahrein angehalten. Im Sonneberger Bezirk allein wurden 1.069 erwerbende Kinder festgestellt, die das 6. Lebensjahr noch nicht zurückgelegt haben. Kleine Knaben und Mädchen müssen schon vor Beginn des Schulunterrichts Entfernungen beim Austragen von Frühstück und Zeitungen zurücklegen, bei denen mancher Erwachsene zusammenbrechen würde. Die Kinder halten es eine Zeit lang aus; aber mit welchem Verlust an Gesundheit, mit welchen geistigen und sittlichen Schäden müssen sie diesen Erwerb erkaufen!

Dabei wird die Kinderausbeutung von einzelnen Unternehmern geradezu im Großen betrieben. In Charlottenburg beschäftigen einzelne Zeitungsverleger und Bäckermeister bis zu 37 Kinder mit dem Austragen der Waren; einzelne Kinder hatten 120 Treppen zu steigen!

Und der Lohn?

> . . . *„Ein Wasserhumpen,*
> *eine Kruste Brot, ein Bett von Stroh,*
> *Dort das morsche Dach - und Lumpen!*
> *Ein alter Tisch, ein zerbrochener Stuhl,*
> *Sonst nichts auf Gottes Welt!*
> *Eine Wand so bar - 's ist ein Trost sogar,*
> *Wenn mein Schatten nur drauf fällt*".

So hat Thomas Hood einst die Frage über den Lohn der Näherinnen beantwortet, und in wie vielen Fällen mag diese Beschreibung auch das Heim der arbeitenden Kinder wiedergeben. Würden sonst Eltern zugeben, daß ihre Kinder für *Tagesverdienste* von 4 und 5 Pfennigen, wie Agahd sie anführt, ihre Gesundheit hinopfern? Immerhin dürfte der Gesamtverdienst aller erwerbenden Kinder doch eine beträchtliche Summe ausmachen; für Hannover wird er durchschnittlich auf 3.635 Mk. monatlich für die erwerbenden Knaben und 1.566 Mk. monatlich für die erwerbenden Mädchen berechnet. Das würde bei den dort vorhandenen 1.620 erwerbsthätigen Kindern jährlich 86.000 Mk. ergeben. Welch Verlust an Volksgesundheit und Volkskraft mag dem Staat aus diesen Einnahmen der Kinder erwachsen! In Preußen gab es 1895 etwa 250.000 lohnarbeitende Kinder und 553.676 erwachsene Arbeitslose; in Berlin mußten bei der Arbeitslosenzählung des letzten Winters 75.000 Arbeitslose konstatiert werden, während zu derselben Zeit 20.000 Kinder einem Broterwerb nachgingen.

So lange noch ein arbeitsfähiger und arbeitswilliger Familienvater brotlos auf der Straße liegen muß, hat die Kinderarbeit überhaupt keine Existenzberechtigung.

Ein bisher wenig bearbeitetes Gebiet betritt Agahd schließlich mit seinen Untersuchungen über die Erwerbsarbeit von Kindern in der Landwirtschaft; und die Mißstände, die er hier aufdeckt, dürften Veranlassung dazu geben, daß auch die Frage der Regelung der landwirtschaftlichen Kinderarbeit nicht mehr von der Tagesordnung der Parlamente verschwinden wird.

Agahd nennt sein Buch das Facit einer neunjährigen Arbeit. Damit wird er seiner Arbeit, seinem unermüdlichen Kämpfen nicht gerecht. So wertvoll und inhaltreich sein Buch ist, der Wert seiner Bemühungen liegt nicht in dem, was er in der Schrift niedergelegt hat, sondern im *lebendigen Leben*: in dem warmen Interesse, das er seiner - längst nun auch *unserer* Sache - gewonnen hat; in den Tausenden von Kindern, die durch Polizeiverordnungen geschützt worden sind, die auf seine Agitation zurückzuführen sind; in dem Reichsgesetz zum Schutz von Hunderttausenden, das jetzt beraten und in mehr oder weniger weitgehender Fassung alsbald erlassen werden muß. Denn wer die Bewegung zum Schutz der erwerbsthätigen Kinder im letzten Jahrzehnt verfolgt hat, der weiß, daß ohne das Eintreten des Rixdorfer Lehrers heut dieser Gesetzentwurf nicht zur Beratung stände.

Aber wenn der Wert seiner bisherigen Bestrebungen mit der Veröffentlichung dieser wissenschaftlichen Arbeit keineswegs erschöpft ist, so geht die Bedeutung seiner Schrift auch nicht in seinen bisherigen praktischen Erfolgen auf. Weit darüber hinaus weist sie ein Ziel, dem zuzustreben ist und den Weg, auf dem dieses Ziel erreicht werden kann zum Heile der Kinder, zum Fortschritt der Menschheit, zur Wiedergeburt des deutschen Familienlebens!

Die vorgeschrittensten Arbeiterschutzgesetze der Welt*

„Es ist seltsam, daß die Kenntnis von einem der vornehmsten Kapitel der Geschichte des 19. Jahrhundert so wenig verbreitet ist." Kaum die am nächsten Beteiligten wissen, was die Arbeiterschutzgesetze bezwecken und was sie erreicht haben; daß eine vollständige Umwandlung im gewerblichen Leben durch den Eingriff des Staates herbeigeführt worden ist, die der degenerierten Arbeiterbevölkerung ganzer Industriebezirke eine Wiedergeburt verhieß. Sonst könnte ein Ausbau der gesetzlichen Regelung nicht immer noch Gegner finden, die sich in einflußreichen Kreisen Gehör verschaffen; sonst könnte nicht immer noch Mißbrauch mit dem Begriff der „persönlichen Freiheit", der „Freiheit des Arbeitsvertrages" getrieben werden.

* Das freie Wort, Frankfurter Halbmonatsschrift, 2. Jg., Nr. 5, 5. Juni 1902, S. 165-169

Es ist ein von der Wissenschaft längst erkannter Irrtum, daß das Eingreifen des Gesetzes beim Kauf und Verkauf menschlicher Arbeitskraft als eine Beschränkung und Beeinträchtigung der persönlichen Freiheit anzusehen ist. Wo ungleiche Partner miteinander verhandeln, da macht das Gesetz erst *frei;* das haben zahlreiche Untersuchungen über die Lebens- und Arbeitsverhältnisse der lohnarbeitenden Klassen ergeben; sowie die intime Kenntnis der Beziehungen von Arbeitgeber und Arbeitnehmer bei Festsetzung des Arbeitsvertrages. Das haben die Arbeiterschutzgesetze in allen Kulturländern gezeigt, die sich zwar langsam und zögernd entwickeln, die trotz einer hundert Jahre umfassenden Geschichte den Charakter des Versuchens und Experimentierens noch nicht ganz abgestreift haben; die sich bemühen, dringende und augenfällige Mißstände zu beseitigen anstatt ihnen *vorzubeugen*; deren Erfolge aber ein energisches und kräftiges Vorgehen nicht nur im Interesse der Arbeiterschaft, sondern auch in dem der Unternehmer, der Blüte der Industrie und des Volkswohlstandes erhoffen lassen.

Eine Fülle von Anregungen auf diesem Gebiet gewährt die Kenntnis der vorgeschrittensten Arbeiterschutzgesetzgebung der Welt, der von Victoria und Neu-Seeland, den australischen Staaten, deren Verhältnisse wohl zu verschiedenartig von den europäischen sind, um zum Vergleich herangezogen zu werden, deren eigenartiges Vorgehen aber jedenfalls das größte Interesse verdient. Es ist der bekannten englischen Sozialpolitikerin und Schriftstellerin, Mrs. Beatrice Webb, zu danken, daß sie in dem von ihr herausgegebenen Buch über die Notwendigkeit der Arbeiterschutzgesetze[1] eine populäre Darstellung der Entwicklung des Arbeiterschutzes in den beiden Kolonien aus berufenster Feder gebracht hat. Der betreffende Abschnitt des jüngst erschienenen Werkes ist von Mrs. W. P. Reeves, der Frau des früheren Arbeitsministers von Neu-Seeland verfaßt; die praktische Vertrautheit der Verfasserin mit den einschlägigen Verhältnissen läßt ein anschauliches Bild der Arbeitsverhältnisse der „Neuen Welt“ entstehen. Besondere Beachtung verdient ihre Schilderung der *neuesten* gesetzgeberischen Errungenschaften Australiens, der Einführung eines *Minimallohns* und der obligatorischen Errichtung von *Einigungsämtern* für gewerbliche Streitigkeiten; beides Maßnahmen, deren Möglichkeit und Durchführbarkeit in Europa vor wenigen Jahren überhaupt noch nicht einmal diskutiert wurden. Im Kampf gegen die verheerenden Wirkungen der Heimarbeit, in dem trotz aller amtlichen Untersuchungen und trostlosen Enthüllungen eine mächtige Unternehmergruppe in Deutschland noch immer den Sieg davongetragen, in dem sich die Interessenpolitik auch dem geringsten sozialen Fortschritt in den Weg stellt, wirkt das mutige und erfolgreiche Vorgehen der australischen Staaten wie eine Botschaft, die auch für die Entwickelung unserer Arbeiterschutzgesetzgebung Ziel und Richtung weist.

Die beiden Kolonien haben verschiedene Wege eingeschlagen, um allen Kate-

[1] The case for the Factory Acts. London, Grant Richards 1901

gorien von Arbeitern ein gleichartiges Maß von Schutz zu sichern und dem Staat eine in körperlicher und geistiger Beziehung gesunde und kräftige Arbeiterklasse zu schaffen; aber beide gehen von demselben Gesichtspunkt aus, daß die am tiefsten stehende Klasse von Arbeitern *alle* Löhne drückt und einer „Aufwärtsentwickelung" der gesamten Arbeiterschaft entgegenwirkt.

Victoria hat dem zu begegnen versucht, indem ein Vernichtungskampf gegen das Schwitzsystem der Hausindustrie aufgenommen wurde, das die Gesundheit und Lebenskraft namentlich der Frauen und Kinder des Landes zu vernichten drohte. In Bezug auf Vollständigkeit nimmt das Gesetz von Victoria die erste Stelle ein. Frauen und jugendliche Arbeiter dürfen wöchentlich nicht mehr als 48 Stunden in Fabriken und Werkstätten beschäftigt werden; und da jeder Raum, in dem vier oder mehr Personen beschäftigt sind, als Fabrik angesehen wird, ist der Achtstundentag somit für einen großen Prozentsatz der arbeitenden Bevölkerung gesichert. Diese Bestimmung ist übrigens auch auf die männlichen Arbeiter in Bergwerken, an Straßenbahnen und auf die Verkäufer in Melbourne ausgedehnt worden. Auch die Handelsangestellten sind in den gesetzlichen Schutz mit einbezogen. Die Läden und Verkaufsstellen müssen wochentäglich um 7 Uhr geschlossen werden; nur für einen Tag in der Woche dürfen sie bis 10 Uhr geöffnet bleiben. Dafür muß ein Mal wöchentlich den Angestellten ein freier Nachmittag von 1 Uhr ab gegeben werden. Soweit bewegt sich das Gesetz, das auch ausführliche Bestimmungen über den Kinderschutz, über Vorkehrungen in Bezug auf Gesundheit und Sicherheit der Arbeiter enthält, in denselben Bahnen wie die europäischen Regelungsversuche.

Ganz neu und eigenartig ist erst das Vorgehen zum Schutz der Heimarbeiter. Die schon 1885 eingeführte vorschriftsmäßige Listenführung der Arbeitgeber über alle von ihnen beschäftigten Heimarbeiter blieb ohne nennenswerten Einfluß. Schon 1890 forderte der oberste Gewerbeinspektor, daß von den Arbeitgebern auch über die von ihnen gezahlten Löhne Listen geführt werden sollten. „Aber", so fügte er selbst hinzu, „diese Maßregel wird ihren Zweck verfehlen, wenn nicht irgend ein Weg gefunden wird, um die Preise für die Heimarbeit zu erhöhen". Tatsächlich wurde auch sein Vorschlag zum Gesetz erhoben; aber dieser schwache Reformversuch genügte der öffentlichen Meinung nicht. Das Unterhaus forderte energisch die Festsetzung von Mindestlöhnen und die Regierung ging auf diese Wünsche ein und legte 1895 einen Gesetzentwurf vor, nach dem für bestimmte Gewerbe, in denen das Schwitzsystem in Blüte stand, eine gesetzliche Festsetzung von Mindestlöhnen durch Lohnämter angeordnet wurde, die zur Hälfte aus Arbeitgebern und Arbeitnehmern bestehen sollten. Im Jahre 1896 wurde dieses Gesetz für das Bekleidungsgewerbe, die Schuhfabrikation, die Möbelindustrie und für die Herstellung von Backwaren angenommen. Die Mitglieder der Lohnämter sollten danach gemeinsam von Arbeitgebern und -nehmern gewählt werden. Die Festsetzung von Mindestlöhnen für Fabrik- und Heimarbeiter wurde ihnen übertragen. Diese Einführung der Lohnämter hat sich als wirksamste Waffe im Kampf gegen die Schäden der Heimarbeit erwiesen; und so hat man sie denn auch auf andere Industriezweige auszudehnen begonnen. Die Löhne, die für einzelne Produktionszweige aufgestellt worden sind, erscheinen für deutsche Verhältnisse sehr hoch; doch dürften sie den in Australien allgemein üblichen entsprechen. Die Mindestlöhne für Frauen sind durchweg bedeutend niedriger angesetzt als die der Männer; in vielen Fällen erreichen sie noch nicht die Hälfte der männlichen Löhne. So ist der Wochenlohn im Bekleidungsgewerbe für Männer mit 52 sh. und für Frauen mit 21 sh. fixiert; damit ist natürlich nicht bestimmt, daß Frauen nicht mehr, nicht ebensoviel wie der bestbezahlte Arbeiter verdienen können. Es ist nur für die minderwertigste Arbeit eine Lohngrenze festgesetzt, die der Arbeitgeber nicht unterbieten darf. Das erklärt auch die ungeheure Differenz der Männer- und Frauenlöhne; im Bekleidungsgewerbe übernehmen Männer gelernte und bessere Arbeit, die nur auf Grund langjähriger Lehrzeit geleistet werden kann, während das Gros der darin beschäftigten Frauen nur ungeübte und daher billige Arbeit übernehmen kann. Für Heimarbeiterinnen kommen diese Wochenlöhne allerdings nicht in Betracht; sie werden nach Stücklöhnen bezahlt, die auf Grund der von Werkstattarbeiterinnen durchschnittlich geleisteten Arbeit dem Wochenlohn entsprechend berechnet und festgestellt sind. Dadurch sind die Löhne der früher so schlecht gestellten Heimarbeiterinnen beträchtlich gestiegen, und die Heimarbeit ist für den Unternehmer weniger verlockend geworden. Viele haben deshalb versucht, die Zahl ihrer Werkstattarbeiterinnen zu erhöhen, um so mehr, als sich bei dem höheren Lohn und geregelten Arbeitsverhältnissen die Arbeitsleistungen der Werkstattarbeiterinnen entschieden gehoben und gesteigert haben. Viele Frauen haben den Übergang zur Fabrikarbeit, der ihnen früher als schrecklich erschien, sehr wohltuend empfunden und nur Frauen, deren häusliche Verhältnisse es erforderten und die nur untergeordnete Arbeit verrichten können, scheinen der Heimarbeit erhalten zu bleiben.

Als wichtigste Aufgabe der Lohnämter wird es nun angesehen, die Stücklöhne für Heimarbeiter den Wochenlöhnen der Werkstattarbeiter so genau anzupassen, daß die Arbeitsbedingungen aller sich aufwärts entwickeln, ohne daß eine von beiden Kategorien dem Unternehmer solche Vorteile bietet, daß die andere dadurch vom Arbeitsmarkt verdrängt werden könnte. In Victoria scheint man der Lösung dieser Aufgabe nahe zu sein!

In *Neu-Seeland* hat man in anderer, aber ebenso erfolgreicher Weise den Kampf mit den Schäden der Hausindustrie aufgenommen. Jeder Raum, in dem nur zwei Personen arbeiten, fällt dort unter die Fabrikgesetzgebung und genießt ihren Schutz. Als Heimarbeiter bleiben demnach nur Personen ungeschützt, die ganz isoliert arbeiten; die von ihnen hergestellten Waren müssen mit einem Etikett versehen werden, das außer Namen und Adresse der Arbeiter den Vermerk „Heimarbeit“ trägt. Diese Bestimmung hatte eine sofortige Einschränkung dieser Form der Hausindustrie zur Folge, denn die Geschäftsleute konnten keine Waren führen oder verkaufen, die dem Publikum als aus ungesunden Verhältnissen stammend deutlich gekennzeichnet waren. Dagegen sind die häuslichen Betriebe, in denen etwa zwei Personen - also vielleicht Mutter und Tochter - arbeiten, dadurch nicht verdrängt worden; sie erfreuen sich nur der für Fabriken vorgeschriebenen kurzen, geregelten Arbeitszeit und anderer schützender Bestimmungen, die denen von Victoria sehr ähnlich sind. Hervorzuheben ist die Festsetzung eines Minimallohnes von 6 d. (50 Pf.) für jede Überstunde; auch dürfen Überstunden ohne vorherige Bewilligung des Inspektors nicht gemacht werden. Dadurch wird die Neigung der Arbeitgeber, das Maß der gesetzlich zulässigen Arbeitszeit zu überschreiten, sehr verringert; die Arbeiterinnen, die aber wegen eines geringen Mehrverdienstes sich leicht veranlaßt sehen, ihre Gesundheit aufs Spiel zu setzen, werden durch diese vor dem eigenen Unverstand geschützt. Die Arbeitslosen schließlich haben dadurch die Garantie erhalten, daß die in Arbeit Stehenden nicht an einem Tag den Lohn für zwei Tage oder von zwei Personen verdienen können, während andere brotlos auf der Straße liegen!

Aber auch abgesehen von der Bezahlung der Überstunden ist die Lohnfrage durch das Gesetz in einer Weise geregelt, die einen wachsenden Erfolg verspricht. Es sind örtliche und staatliche Einigungsämter errichtet worden, an die jeder aus sieben oder mehr Personen bestehende Gewerkverein sich in Streitigkeiten wenden kann. Nimmt eine der streitenden Parteien den Schiedsspruch nicht an, so steht ihnen die Berufung an das staatliche „Zentral-Einigungsamt" frei, dessen Schiedsspruch verbindlich ist und Rechtskraft besitzt. Auf diese Weise ist eine Möglichkeit geschaffen, alle Meinungsverschiedenheiten zwischen Arbeitern und Unternehmern *ohne Streiks und Aussperrungen* aus der Welt zu schaffen; denn keine Klasse von Arbeitern ist so schwach und unterdrückt, daß sich nicht sieben Personen zur Konstituierung eines Vereins zusammenfinden und ihre Forderungen in Bezug auf Arbeitszeit oder -lohn geltend machen können. Von dem Einigungsamt kann auf Ersuchen einer Organisation auch ein Minimallohn für das ganze Gewerbe festgesetzt werden, und so bietet das Gesetz den Arbeitern die Hand zu einer Form der Selbsthilfe, die nicht mit unendlichen Opfern an Geld aufgewogen, deren Erfolg nicht durch die Macht des Stärkeren, sondern durch *einsichtsvolle Gerechtigkeit* bestimmt wird. Unzählige kleine Frauenorganisationen haben von dem Gesetz Gebrauch gemacht und die Einigungsämter angerufen. Namentlich die Arbeiterinnen des Bekleidungswerkes haben in der ganzen Kolonie ihre Arbeitsverhältnisse verbessert und sich bestimmte erhöhte Lohnsätze gesichert.

So hat auch Neu-Seeland einen gangbaren Weg gefunden, um einen Schutzwall um alle seine Arbeiter zu errichten und den industriellen Frieden zu sichern. Seiner Gesetzgebung gebührt das Verdienst, der in Deutschland noch ganz ungeschützten Arbeiterkategorie, den Heimarbeitern, die Vorteile des Fabrikbetriebes übermittelt zu haben, ohne die Arbeiter ihrem Haus und ihrer Familie zu entziehen. Anstatt sie vom Heim in die Werkstatt zu treiben, bringt man ihnen die Fabrikgesetzgebung mit ihren Segnungen ins Haus.

Die Wohnung, das Familienzentrum, das längst für weite Volkskreise zur Werkstatt, zur Fabrik verwandelt worden ist, wird auf diese Weise wenigstens teilweise seiner Bestimmung wieder zurückgegeben. In Deutschland giebt es eine nach hunderttausenden zählende Klasse von Menschen, die „Heimarbeiter" genannt werden, *„weil sie kein Heim mehr haben"*. Ob auch ihnen ein Gesetz das Heim zurückgeben wird?

Die Reform des Berliner Armenwesens*

Von jeher haben die Frauen an den Aufgaben der Armenpflege lebhaften Anteil genommen, und auch da, wo ihnen eine direkte Beteiligung versagt war - wie bis vor kurzem an der Ausübung der gesetzlichen, aus öffentlichen Mitteln bestrittenen Armenpflege - haben sie versucht, Fühlung und Verbindung mit den betreffenden Behörden zu gewinnen. Die Reform einer bedeutenden Armenverwaltung würde schon deshalb für alle Frauen, die sich auf irgend einem Gebiet der Armen- oder Wohlfahrtspflege bethätigen, von Interesse sein; *doppelte* Beachtung verdient die am 1. April in Kraft getretene Neuordnung der öffentlichen Armenpflege in Berlin, weil im Mittelpunkt derselben die *Mitarbeit der Frauen* steht.

Was oft mit klarem Verständnis für die Bedürfnisse der Notleidenden und mit dem warmherzigen Wunsch, die so vielfach brachliegende Arbeitskraft der Frauen für das Gemeinwohl nutzbar zu machen, gefordert wurde, soll nicht mehr auf Grund vorgefaßter Meinungen und tiefeingewurzelter Vorurteile zurückgewiesen werden können. Die Zulassung der Frauen zur Ausübung der öffentlichen Armenpflege in Berlin mit den gleichen Pflichten und Rechten, wie sie der männlichen Armenpflege zufallen, ist vom Magistrat und der Stadtverordnetenversammlung beschlossen; die soeben erschienene neue *„Anweisung betreffend die Verwaltung der offenen Armenpflege der Stadt Berlin"*, die sich in den Händen aller Armenpfleger befindet, enthält darüber eingehende Bestimmungen; eine größere Anzahl von Frauen haben sich zur Übernahme eines solchen Amtes gemeldet und dürften in nächster Zeit gewählt und in diese Thätigkeit eingeführt werden.

Das ist der wichtigste Punkt in Bezug auf die *Organisation* der Armenpflege in Berlin, der auch bei der Beratung der Reform am meisten angefochten worden ist und in den Kreisen der Armenpfleger noch auf lebhaften Widerstand stößt. Im

* Die Frau, 9. Jg., Nr. 10, Juli 1902, S. 589-592

übrigen ist an der Gliederung des Stadtgebietes in Armenkommissions-Bezirke zum Zweck der Ausübung der Armenpflege festgehalten worden. Zu Mitgliedern der Armenkommissionen sind nach § 3 der Anweisung ohne Unterschied des Geschlechts alle großjährigen Angehörigen eines deutschen Bundesstaates wählbar, die sich im Besitz der bürgerlichen Ehrenrechte befinden und in Berlin wohnhaft sind. Die Wahl erfolgt durch die Stadtverordnetenversammlung. Die Mitglieder werden als Armenpfleger und Armenpflegerinnen bezeichnet; ihre Amtsdauer beträgt drei Jahre; das Amt ist ein unbesoldetes Ehrenamt. Auch für die Frauen gilt die Bestimmung, daß die Kommissionsmitglieder innerhalb des Amtsbezirks wohnen müssen, da eine wirksame Armenpflege, die schnell eingreift und eine dauernde Verbindung mit den Unterstützten unterhält, nur möglich ist, wenn die Pfleger in unmittelbarer Nähe der Bedürftigen leben.

Nach wie vor haben die Kommissionsmitglieder aus ihrer Mitte einen Vorsteher zu wählen, der alle Gesuche entgegennimmt und die Geschäfte unter die Mitglieder der Bezirke zu verteilen hat. Er soll alle Mitglieder zu Recherchen heranziehen; im Hinblick auf die mannigfachen Verschiedenheiten der einzelnen Pflegefälle soll aber bei ihrer Verteilung auf die Lage der Wohnung, sowie auf etwaige besondere Kenntnis der Pfleger und Pflegerinnen in Bezug auf bestimmte Gattungen von Bedürftigen Rücksicht genommen werden. Die Armenpflegerinnen sind besonders mit der Fürsorge für Witwen, Kinder, Kranke, alte und gebrechliche Leute zu betrauen, während der Verkehr mit arbeitsscheuen, trunksüchtigen Männern in der Regel den Armenpflegern vorbehalten bleiben wird. Die Versorgung von dauernd unterstützten Personen soll für längere Zeit in der Hand desselben Pflegers (resp. derselben Pflegerin) verbleiben, damit sich zwischen diesem und den Unterstützten ein Vertrauensverhältnis entwickelt, und die Bedürftigen sich in allen besonderen Notlagen sofort an einen Berater wenden können, der ihre Verhältnisse kennt und ihre Bedürfnisse zu befriedigen versteht.

Die Bedeutung eines solchen Pflegeramtes mit seinen verschiedenartigen Aufgaben darf nicht gering eingeschätzt werden. Die Träger des Amtes übernehmen damit eine große Verantwortung, mit der sich die Ausübung der Vereinsarmenpflege in keiner Weise vergleichen läßt. Es handelt sich hierbei um die Ausführung eines *Gesetzes* und um die Verwendung *öffentlicher*, aus Steuern aufgebrachter Mittel, über die den Steuerzahlern, der Bevölkerung Rechenschaft abgelegt werden muß. Die neue Geschäftsanweisung sagt darüber:

„Von der Thätigkeit des Pflegers hängt Wohl und Wehe der Bedürftigen, sowie der soziale und sittliche Wert, der einer geordneten Armenpflege zukommt, in erster Linie ab. Er muß Freund und Berater der Armen sein und auch über die Gewährung einer Unterstützung hinaus ihnen mit Rat und That zur Seite stehen.

Zu diesem Zweck soll er jeden ihm vorkommenden Fall der Armenpflege aufs sorgfältigste prüfen (in Bezug auf den Gesundheitszustand des Armen, auf das Vorhandensein von eigenem Vermögen, von leistungsfähigen, zur Unterstützung verpflichteten Angehörigen, auf Ansprüche an Kassengelder und Renten, auf den Arbeitsverdienst des Hilfesuchenden und seiner mit ihm zusammen lebenden Angehörigen); er soll sich durch persönlichen Besuch in der Wohnung des Armen von dem Zustande der betreffenden Person überzeugen und, soweit dies möglich ist, auch wenn er eine Unterstützung aus öffentlichen Mitteln nicht befürworten kann, mitwirken, daß würdigen und bedürftigen Personen von andrer Seite geholfen werde.

Ferner soll der Armenpfleger sich von der Verwendung der Unterstützung überzeugen; er soll Unordnung und Unsitte rügen und nötigenfalls zur Anzeige bringen; die Armen zu ehrbarem Lebenswandel, die Eltern zur guten Erziehung ihrer Kinder und zur Herbeiführung regelmäßigen Schulbesuchs ermahnen."

In den regelmäßigen Monatssitzungen der Kommissionen haben die Pfleger und Pflegerinnen über die von ihnen untersuchten oder behandelten Fälle zu berichten und *gemeinsam* über zu bewilligende Unterstützungen zu entscheiden.

Durch die neue Geschäftsanweisung ist den Kommissionen für die Art und Höhe der Unterstützung ein größeres Maß von Freiheit gelassen, als es bisher der Fall war, und diese Neuerung ist als eines der wertvollsten Ergebnisse der Reform zu begrüßen. Es ist eine Befreiung von bureaukratischem Schema und bedeutet eine Vertiefung und Belebung der Arbeit in den Bezirken, wenn sie angewiesen werden, „jeder Person und jeder Familie *gerade in der Höhe* und *gerade in der Form* eine Unterstützung zu teil werden zu lassen, in der sie den besonderen Verhältnissen des einzelnen Pflegefalls entspricht".

Als unterstützungs*bedürftig* soll jeder angesehen werden, der für sich und seine Familie das für Nahrung, Kleidung, Obdach, Hausrat und Gesundheitspflege Unentbehrliche nicht beschaffen kann, und dem *freien Ermessen* der Armenpfleger ist es überlasen, mit welchen Mitteln sie diesem Mangel abhelfen wollen. Während bisher der Anfangssatz für Leute, die voraussichtlich fortdauernd unterstützt werden müssen, 6 Mark monatlich betrug, weist die neue Armenordnung darauf hin, daß den Bedürftigen ein menschenwürdiges Dasein ermöglicht werden soll und sie nicht durch Gewährung einer ganz unzulänglichen Unterstützung lediglich vor dem Verhungern zu schützen sind. Namentlich soll bei erstmaligem Nachsuchen von Almosen mit höheren Beträgen begonnen werden, wenn der Hilfesuchende sich bis dahin redlich bemüht hat, öffentliche Armenpflege zu vermeiden. In sehr humaner Weise wird die Verpflichtung junger Leute zur Versorgung ihrer Eltern abgegrenzt:

„Bei Kindern über 16 Jahre wird darauf Rücksicht zu nehmen sein, daß diese bei zu hohen Anforderungen leicht geneigt sind, den elterlichen Haushalt zu verlassen und sich in fremde Koststellen zu begeben. Es muß ihnen die Möglichkeit gelassen werden, einige Ersparnisse zum Zweck besseren Fortkommens, zur Heirat u.s.w. zu machen; auch darf ihnen ein Taschengeld, wenn sie angestrengt arbeiten, für mäßiges Vergnügen nicht wohl versagt werden. Auf der andern Seite genügt es nicht, wenn Kinder lediglich denjenigen Betrag zum elterlichen Haushalt beisteuern, den sie als Kostgeld bei fremden Leuten zu zahlen haben würden.

Es wird die Aufgabe der Armenpflege sein, hierbei die richtige Mitte zu treffen, um zur Befestigung der Verhältnisse zwischen Eltern und Kindern beizutragen."

Eine solche freiere Disposition unter Zugrundelegung derselben individualisierenden Gesichtspunkte ist den Armenpflegern auch für die Unterstützung von Witwen mit Kindern, für die Bewilligung sogenannter Pflegegelder belassen. Während bisher angenommen wurde, daß eine alleinstehende Frau (Witwe, Geschiedene, Eheverlassene) für ihre eigene Person und für ihr Kind sorgen könne und man solchen Unterstützung suchenden Frauen für jedes weitere Kind 6 Mark Pflegegeld monatlich bewilligte, fällt jetzt dieser feste Unterstützungssatz fort, und die Höhe der Pflegegelder soll fortan nach dem Gesundheitszustand, der Arbeitsfähigkeit und den Erwerbsverhältnissen der Mutter, sowie nach dem Gesundheitszustand der einzelnen Kinder bemessen werden. Dabei soll bei der Festsetzung der Pflegegelder auch dahin gewirkt werden, daß eine ganz alleinstehende Frau mit mehreren Kindern nicht durch zu kärgliche Unterstützung genötigt werde, sich während des ganzen Tages durch auswärtige Arbeit ihren Unterhalt zu verdienen, da hierunter Gesundheit und Erziehung der Kinder erheblich Schaden leiden. Auch soll dafür Sorge getragen werden, daß Kinder nicht zu gewerblichen Nebenbeschäftigungen in frühen Morgen- und späten Abendstunden verwendet werden; ein Grundsatz, der von den bisherigen Gepflogenheiten der öffentlichen Armenpflege abweicht. Denn die höchste Instanz für das deutsche Armenrecht, das Bundesamt für Heimatwesen, vertrat bisher den Standpunkt, daß Eltern vor der Inanspruchnahme der Armenpflege die Pflicht haben, ihre schulpflichtigen Kinder zum Erwerb heranzuziehen. Mit dieser gegenwärtigen Bestimmung zieht die neue Berliner Geschäftsanweisung die Konsequenz moderner Forschungen, die unzweifelhaft ergeben haben, daß Kinderarbeit für Gemeinde und Staat nie produktiv ist, daß überanstrengte, verkümmerte und verwahrloste Kinder keine brauchbaren Menschen ergeben; daß die Errichtung von Besserungshäusern und Gefängnissen mehr kostet als ein wirksamer Kinderschutz.

Sollten durch diese humaneren Bestimmungen der Armenverwaltung neue Kosten erwachsen, die nicht durch eine sorgfältigere Kontrolle über alle laufend Unterstützten und durch eine stärkere Heranziehung leistungsfähiger Familienangehöriger ausgeglichen werden können, so werden die Leiter des Armenwesens die Verantwortung dafür den Steuerzahlern gegenüber sicherlich übernehmen können. Denn die höchste Aufgabe der Armenpflege - eine spätere Armenpflege überflüssig zu machen - wird auf diesem neuen, den Armenpflegern vorgezeichnetem Wege am besten erreicht werden.

Neu ist auch die Anordnung, daß alle Armenpfleger- und Pflegerinnen sich an der Auszahlung der Unterstützungen beteiligen sollen, die bisher gewöhnlich in der Hand des Vorstehers allein lag.

Es liegt dieser Bestimmung der Gedanke zu Grunde, daß jedes Kommissionsmitglied dadurch in dauernden Verkehr mit einer Reihe von Bedürftigen tritt, und daß damit die Beziehungen gefestigt werden, der auch die Zuweisung laufend unterstützter Ämter an einen bestimmten Pfleger dienen sollen.

Von erheblicher Tragweite ist auch die Verfügung, daß die Mitglieder der Armenkommissionen keine Lieferung mehr für den Bedarf der Armenverwaltung an Fleisch, Brot, Milch und dergleichen übernehmen dürfen. Es giebt leicht zu Mißdeutungen Anlaß, wenn die Träger eines Ehrenamtes den Schein erwecken, einen geschäftlichen Nutzen aus ihrer Thätigkeit zu ziehen; und die Thatsache, daß diese Bestimmung bei einigen Armenpflegern große Entrüstung hervorgerufen hat, ist ein Beweis dafür, wie notwendig sie war!

Besondere Beachtung verdienen auch die Anweisungen, die sich mit der Unterstützung unverehelichter Mütter beschäftigen, da diese Fälle vorzugsweise den Armenpflegerinnen zugewiesen werden dürften. In Bezug auf die Unterstützung von Kindern wird kein Unterschied zwischen ehelicher und unehelicher Geburt gemacht; doch sollen Frauen und Mädchen, die im Konkubinat leben, nur in dringenden Fällen vorübergehend unterstützt werden. Ihre Kinder sind eventuell anderweitig unterzubringen. Einer Mutter, die ihr Kind eines Arbeitsverhältnisses wegen nicht bei sich behalten kann (namentlich Dienstmädchen kommen hierfür in Betracht), soll eine Unterstützung zur Bezahlung der Pflegestelle ihres Kindes gewährt werden. Doch soll die Mutter möglichst selbst zur Beschaffung einer Pflegestelle und zur Leistung eines ihrem Verdienst angemessenen Beitrags angehalten werden. Die Mütter unehelicher Kinder sind auf ihre Ansprüche an den Vater des Kindes aufmerksam zu machen, zu dessen Heranziehung die Armendirektion ihnen behilflich ist.

Die Geschäftsanweisung betont noch besonders, daß die Mütter gemäß § 1716 des Bürgerlichen Gesetzbuches befugt sind, schon *vor der Geburt* ihres Kindes bei dem Amtsgericht zu beantragen, daß der Vater des Kindes durch einstweilige Verfügung des Gerichts angehalten werde, einen Betrag zu hinterlegen, aus dem die Kosten der Entbindung und der Lebensunterhalt des Kindes für die ersten drei Monate bestritten werden kann. Es liegt im wohlverstandenen Interesse der Mutter und des Kindes, sowie auch der Armenpflege, diese Gesetzesbestimmung zur Anwendung zu bringen.

All diese neuen Anregungen bedeuten für die ausführenden Organe der Armenverwaltung sicherlich ein neues Maß von Arbeit, das nicht gut erledigt werden kann, wenn die Zahl der Armenkommissionsmitglieder nicht erheblich vermehrt wird. Zudem werden Männer, die seit langer Zeit, vielleicht seit 10 oder 20 Jahren nach den früheren Grundsätzen gearbeitet haben, sich schwer und ungern an die Neuerungen gewöhnen, und die humanen Gesichtspunkte, die individualisierende Methode nur allmählich erfassen lernen.

Die Frauen, die nun diesen steinigen und schwierigen Boden als Pioniere betreten werden, sollten es sich zur Aufgabe machen, diesen neuen Gesichtspunkten Geltung zu verschaffen; nicht als Stürmer und Dränger, sondern in ruhiger, gewissenhafter und taktvoller Weise. Die bisherigen Leistungen nicht unterschätzend, sollten sie vielmehr versuchen, durch treue, ausdauernde Arbeit die Armenpfleger zu gewinnen und mit ihnen gemeinsam die schönen Worte der neuen Anweisung in fruchtbringende Thaten zu übertragen.

Das Problem der Mutterschaftsversicherung*

Wenn neue Worte geprägt und in Umlauf gebracht werden, glaubt man im allgemeinen, sie auf das Entstehen neuer Begriffe zurückführen zu können. Manchmal gelingt es ihnen, wie eine Zauberformel zu wirken, die Massen mit Begeisterung zu erfüllen und ihnen den Glauben an etwas Neues zu suggerieren, ohne daß thatsächlich irgend eine konkrete Grundlage dafür vorhanden ist.

Ein solch neues Wort, das - wenn auch früher schon hie und da genannt - plötzlich innerhalb der Frauenbewegung Bedeutung erlangt und als Schlagwort aufgegriffen wird, ist die *„Mutterschaftsversicherung"*; ein Wort, das zugleich eine Forderung umschließen soll, sich mit ihr deckt. Es soll der Frau der besitzlosen Klassen durch Versicherung in *„Mutterschaftskassen"* eine ausreichende pekuniäre Versorgung für die Zeiten der Mutterschaft gesichert werden, die es ihr ermöglicht, sich ausschließlich ihrem Kinde - sowohl dem werdenden als dem auf die Mutternahrung angewiesenen Säugling - zu widmen und während dieser Periode von jedweder Erwerbsarbeit abzusehen.

Es giebt kaum eine zweite Forderung, die innerhalb der verschiedenen modernen Frauengruppen einen solchen Widerstreit der Meinungen hervorrufen dürfte, als das Problem der Mutterschaftskassen es notwendig thun muß, wenn es in seiner ganzen Tragweite erfaßt und gewürdigt wird. Nirgends kann der in der extrem-feministischen Richtung verkörperte Individualismus in schärferen Konflikt mit dem Sozialismus geraten, als wenn die Anhänger beider Richtungen an eine gemeinsame Lösung dieser Aufgabe herantreten. Aber nirgends auch werden die Vertreterinnen des starren Gleichberechtigungs- und Gleichheitsprinzips, die Gegner jeder Sonderbestimmung für die Frau, sich leichter davon überzeugen können, daß Gleichberechtigung für Ungleiche auch nur durch ungleiche Gesetze zu erreichen ist.

Damit in Deutschland - dessen Frauenbewegung sich bisher den rein-femini-

* Die Frau, 9. Jg., Nr. 12, Sept. 1902, S. 722-732

stischen Bestrebungen nur wenig zugeneigt hat - auch die Frage der Mutterschaftsversicherung in *gewinnbringender* Weise diskutiert werden kann, wird allerdings eine Verquickung dieser rein praktischen, aus wirtschaftlichen Zuständen geborenen Forderung mit Marholmschen Tendenzen zu vermeiden sein. Es wird zu untersuchen sein, wie weit denn thatsächlich das Programm der Mutterschaftsversicherung einen neuen Gedanken enthält; was auf dem Gebiet schon versucht und erreicht worden ist, und wie man auf Grund der bisherigen Erfahrungen die Richtlinie für weiteres Handeln zu ziehen hat, um den Schutz der Mutter in Einklang zu bringen mit den Bestrebungen zur Befreiung der Frau, zu ihrer Entwicklung von dem „Nichts als Mutter"-Sein zum Vollmenschentum.

Die Gründung von Mutterschaftskassen ist in der ausländischen Litteratur von Sozialpolitikern, Hygienikern, Philanthropen seit längerer Zeit zum Gegenstand mannigfacher Erörterungen gemacht worden, und einzelne private Organisationen sind entstanden, um die darin vertretene Idee zur Ausführung zu bringen, ohne allerdings eine Bedeutung erlangen zu können. In Deutschland ist die Frage der Versicherung für die Zeiten der Mutterschaft bis in die allerjüngste Zeit hinein diskutiert worden. Es scheint, als ob das jüngste lebhaftere Interesse dafür auf *Lily Brauns* Buch „Die Frauenfrage" zurückzuführen ist, in dem sie sich mit dem Problem auseinandersetzt. Denn kurz nach dem Erscheinen dieses Buches wird der Gedanke von den verschiedensten Autoren aufgegriffen; auch dem Bund Deutscher Frauenvereine liegt ein Antrag vor, der zur Beschäftigung mit dem Gegenstand auffordert.

Es ist ganz charakteristisch, auch für die Psychologie der Volkswirtschaft, daß der Gedanke der Mutterschaftskassen zuerst in den Ländern Wurzeln faßte und zur Ausführung drängte, in denen das Bedürfnis der für die Arbeit befreiten Frau nach Schutz in der Gesetzgebung keine Berücksichtigung fand, in denen entweder - wie in Frankreich und bisher auch in Italien - der Beschäftigung und Ausbeutung von Wöchnerinnen bei allen Formen der Erwerbsarbeit keinerlei Schranken gesetzt waren, oder wo - wie in England, Belgien und andern Staaten - den Wöchnerinnen für einen bestimmten Zeitraum die industrielle Arbeit untersagt ist, ohne daß ihnen irgendwelcher Ersatz für den ausfallenden Verdienst gesichert wird.

Die Not der arbeitenden Mutter, die um des täglichen Brotes willen ihre und ihres neugeborenen Kindes Gesundheit gefährdet, die zu einer Zerstörungsarbeit gezwungen wird, wie sie in der ganzen Natur sonst nirgend geschieht, sie hat den Gedanken entstehen lassen, daß Schäden, die vom Fortschritt der Kultur geschaffen, auch durch neue Kulturfortschritte wieder beseitigt werden müssen. Die Versicherung soll die Arbeiterin für die Zeit der Mutterschaft freimachen von der Last, die erst die Zeiten industrieller Entwicklung ihr aufgezwungen haben.

Für diesen Gedanken fanden sich Interpreten, wo immer auch die Not der

Mütter sich ungehindert zuspitzen konnte; so hat in England *Karl Pearson*[1] die Frage aufgeworfen, in Italien folgte *Paolina Schiff*[2], und für Frankreich und Belgien trat *Louis Frank*[3] als Verteidiger der Mutterschaftsversicherung auf.

Wenn Deutschland sich mit dem Verlangen nach Errichtung von Mutterschaftskassen bisher zurückhielt, so wird das daraus erklärlich, daß hier mehr als im Ausland die sozialpolitische Gesetzgebung mit der industriellen Entwicklung Schritt hielt und das Bedürfnis nach Versorgung und Schutz der Mütter wenigstens in seiner krassesten Form nicht mehr der Befriedigung harrt. In der Zeit, da die größte Steigerung der sozialen Not das soziale Verständnis der Frauen wach rief, war in Deutschland schon ein Anfang mit dem Schutz der Wöchnerin gemacht.

Schon die Gewerbeordnungsnovelle vom 17. Juli 1878 enthielt die Bestimmung, daß Wöchnerinnen in Fabriken während dreier Wochen nach ihrer Niederkunft nicht beschäftigt werden dürfen, und das Krankenversicherungsgesetz vom 15. Juni 1883 legte den Krankenkassen für diese Zeit die Zahlung einer Unterstützung an die Wöchnerin auf. Diese Bestimmungen sind später auf vier Wochen und - falls kein ärztliches Gesundheitsattest die Arbeiterin für arbeitsfähig erklärt - auf sechs Wochen ausgedehnt worden.

Wenn auch dieses Gesetz keineswegs eine auch nur annähernde Lösung des Problems bedeutet, wenn auch seine Mängel und Unvollständigkeiten - die an andrer Stelle kritisiert werden sollen - eine Erweiterung und Ergänzung der Bestimmungen dringend erfordern, so ist doch nicht zu verkennen, daß Deutschland damit den ersten Schritt auf dem vorgezeichneten Weg gethan hat. Es hat die notwendige Konsequenz gezogen, die das Verbot der Beschäftigung von Wöchnerinnen erfordert und eine Versicherungspflicht der arbeitenden Frauen eingeführt, die ihnen für die Zeit der gesetzlich erzwungenen Arbeitseinstellung eine Entschädigung für den ausfallenden Lohn, eine Unterhaltsmöglichkeit sichert. Es ist angesichts dieser Thatsache nur begreiflich, daß in Deutschland die Forderung nach Schaffung von Mutterschaftskassen bisher nicht aufgekommen ist, daß vielmehr die Wünsche, die sich auf einen besseren Schutz und eine erweiterte Fürsorge für die Frauen während der Zeiten der Mutterschaft - diese im engeren Sinn genommen - bezogen, an eine Kritik der vorhandenen Bestimmungen anknüpfen. Das Verlangen nach Ausbau und Erweiterung des Krankenversicherungsgesetzes hat diesen Bestrebungen Ausdruck gegeben.

Da in jüngster Zeit auch in Deutschland eine Bewegung einsetzt, die auf Schaffung einer gesonderten staatlichen Mutterschaftsversicherung abzielt, sollen die Ursachen und Gründe dieser Forderung geprüft und auch ihre Aussichten auf Erfolg ins Auge gefaßt werden.

---

[1] *Karl Pearson:* The Ethic of Freethought. London, T. Fisher Unwin 1898

[2] *Paolina Schiff:* Istituzione di una Cassa d' Assicurazione per la Maternità. Milano 1895

[3] *Louis Frank, Dr. Keiffer, Louis Maingie:* L'Assurance Maternelle. Bruxelles, Henri Lamertin 1897

Als bedeutsamster Einwand gegen die Versorgung der Wöchnerin von seiten der Krankenkassen, auf dem die Forderung nach Schaffung einer gesonderten Mutterschaftsversicherung beruht, wird vorgebracht, daß die Krankenkassen eine zu starke Belastung durch ihre weiblichen Mitglieder erfahren würden, wenn sie in ausreichenderer Weise als bisher bei deren Niederkunft eintreten sollten.[4] Unsere Stellungnahme zu diesem Bedenken muß zunächst bestimmt werden durch das Maß dessen, was man als wünschenswerte oder notwendige Versorgung der Mütter erachtet.

Es ist sicherlich unzureichend, den Schutz und die Fürsorge für die Wöchnerin nur bedingt bis zu sechs Wochen auszudehnen und als Regel nur die vierwöchentliche Schonzeit aufzustellen, wie es im deutschen Gesetz geschieht. Es kann auch keinem Zweifel unterliegen, daß schon für die letzte Zeit vor der Niederkunft ein Fernhalten von der Arbeit gefordert werden muß, und daß unsre Gesetzgebung hier eine bedauernswerte Lücke aufweist. Ein Verbot der Beschäftigung von Schwangeren hat bis jetzt nur die Schweiz ausgesprochen (für 14 Tage vor der Niederkunft); die Ausführung dürfte aber infolge mangelnder Fürsorge für eine pekuniäre Unterstützung während dieser Zeit großen Schwierigkeiten begegnen.

Auch der Kreis der Arbeiterinnen, die in Deutschland Anspruch auf Wöchnerinnenunterstützung haben, müßte erweitert werden; vor allem durch Beseitigung der Gemeindeversicherung, die von der Zahlung der Unterstützung an Wöchnerinnen befreit ist. Schließlich aber ist die Höhe der Unterstützung durchaus unzureichend. Sie beträgt ° bis ∫ des durchschnittlichen Tagelohns; das ist der Satz, der für die Krankengelder unter dem Gesichtspunkte festgelegt worden ist, daß Simulanten möglichst abgeschreckt werden sollten. Wenn solche Rücksichten eine Herabsetzung der Krankenunterstützung unter die Höhe des sonstigen Einkommens vielleicht auch rechtfertigen, so ist sie den Wöchnerinnen gegenüber jedenfalls ganz überflüssig, und hier müßte unbedingt mit Änderungen eingesetzt werden.

Der Bund deutscher Frauenvereine hat denn auch in einer Petition zu der bevorstehenden Abänderung des Krankenversicherungsgesetzes unter anderm die Erhöhung der Wöchnerinnenunterstützung auf den ortsüblichen Tagelohn gefordert. Darüber hinaus geht die Forderung der sozialdemokratischen Fraktion des Reichstags,[5] die sich in durchaus maßvollen und wohl erreichbaren Grenzen hält. Sie fordert ein sechswöchentliches Beschäftigungsverbot für die Wöchnerinnen und – sofern deren Kind am Leben bleibt – Ausdehnung der Ruhezeit auf acht Wochen im Interesse des Säuglings. Ferner verlangt der Antrag, daß schwangere

[4] Vgl. *Lily Braun:* Die Frauenfrage. Leipzig, Hirzel 1901, S. 547 und *Henriette Fürth:* Die Fabrikarbeit verheirateter Frauen. Frankfurt a.M. 1902 und im Frauengenossenschaftsblatt, 1. Jahrg., Nr. 3 und *Dr. Ignaz Zadek* in den Soz. Monatsheften, V. Jahrg., Heft 3

[5] Antrag, betr. die Beschäftigung gewerblicher Arbeiterinnen

Frauen die Arbeit ohne Einhaltung der Kündigungsfrist vier Wochen vor der Niederkunft niederlegen dürfen und daß sie für die ganze Zeit dieser Arbeitsunterbrechung eine Unterstützung in der Höhe des ortsüblichen Tagelohns erhalten.

Weit über das Maß dieser Wünsche hinaus geht *Dr. Zadek* in einer Kritik dieses Antrags.[6] „Ist der 8 Wochen alte Säugling" - so sagt er - „nicht nahezu ebenso hilflos und gefährdet ohne die mütterliche Fürsorge als der 6 Wochen alte? Die Mutter ist auch dann nicht zu ersetzen, weder, wenn sie das Kind stillt - wofür wir in erster Reihe einzutreten haben -, noch weniger, wenn das Kind auf künstliche Nahrung angewiesen ist. Will man eine Zeitbestimmung treffen, *so mag man 9 Monate festsetzen als die Zeit, die Mütter ihren Säugling an der Brust haben sollten,* allenfalls auch sich mit 6 Monaten begnügen." *Zadek* wendet sich mit aller Entschiedenheit dagegen, daß eine Versorgung der Kinder von seiten ihrer Mütter neben der Fabrikarbeit möglich sei, wie eine solche jetzt durch die italienische Schutzgesetzgebung vorausgesetzt worden ist. Nach Artikel 10 dieses Gesetzes (angenommen am 23. März 1902) muß in allen Fabriken, in denen Frauen beschäftigt werden, entweder ein Zimmer bereit gehalten werden, in denen Mütter ihre Kinder nähren können, oder es muß ihnen gestattet werden, zu bestimmten, in der Fabrikordnung festzulegenden Stunden die Fabrik zu diesem Zweck zu verlassen. In Fabriken, die mehr als 50 Arbeiterinnen beschäftigen, muß aber ein besonderer Raum dafür vorgesehen werden.[7] Allerdings ist diese Bestimmung noch so neu, daß ihre Resultate erst abzuwarten sind, ehe man ein Urteil über die Nützlichkeit fällen kann. *Zadek* bezieht sich in seiner Stellungnahme zu diesem Punkt wohl nicht auf gesetzliche Maßregeln. Eine ähnliche Vorsorge von seiten der Fabrikanten fordert auch *Louis Frank,*[8] der namentlich den Unternehmern die Pflicht übertragen sehen möchte, Fabrikkrippen zu errichten. *Lily Braun* fürchtet - und wohl nicht mit Unrecht -, daß den Unternehmern solche Lasten nicht auferlegt werden können, ohne daß sie dadurch mehr und mehr zur Abschaffung der Frauenarbeit gedrängt würden. Sie wünscht die Errichtung von Krippen auf Kosten der Gemeinde und schlägt damit wohl den geeigneteren Weg ein.[9] Denn es liegt doch, ganz abgesehen von der Gefahr der Verdrängung der Frauenarbeit aus der Fabrik in die ungeschützte Hausindustrie, gar keine Veranlassung vor, den Industriellen die Sorge für die zukünftigen Bürger aufzuerlegen, während das Interesse von Staat und Gemeinde ein Eingreifen geradezu herausfordert.

Sehr weitgehend sind ferner die Wünsche von *Dr. Zadek* in Bezug auf den Schutz der schwangeren Frau. „Von Rechts und Gesundheits wegen sollte die gewerbliche Arbeit schwangerer, ebenso wie säugender Frauen, also durch volle

[6] Vgl. *Zadek,* a.a.O., S. 173
[7] Vgl. La difesa della vita. Roma, Libreria Socialista italiana, S. 79
[8] Vgl. *Frank, Keiffer, Maingie,* a.a.O., S. 79
[9] Vgl. *Lily Braun,* a.a.O., S. 501 und Archiv für soziale Gesetzgebung, Band 11, Heft 3/4, S. 47

anderthalb Jahre hindurch, überhaupt ganz unterbleiben." Er sieht aber selbst die Schwierigkeit ein, die aus der Durchführung solcher Maßregeln erwachsen würde; sie würde schon an dem Bestreben der Arbeiterin, die Schwangerschaft möglichst lange zu verheimlichen, scheitern, und so verlangt er denn Schutz der Mutter im letzten Drittel der Schwangerschaft oder zum wenigsten für die letzten sechs Wochen. *Lily Braun* hält zwar das von *Zadek* aufgestellte Ideal des 1° jährigen Schutzes für erstrebenswert, begnügt sich aber angesichts der Schwierigkeit der Durchführung mit der Forderung einer Schutzzeit von 4 Wochen vor und 8 Wochen nach der Entbindung,[10] während *Henriette Fürth*, etwas weiter gehend, 4-6 Wochen Ruhezeit für die Schwangere, 6-12 Wochen für die Wöchnerin fordert.[11]

Von ärztlicher Seite werden ähnliche Ansprüche gestellt. *Dr. med. Agnes Bluhm* fordert vor der Entbindung einen Schutz für 4-6 Wochen; nachher eine sechswöchentliche Ruhezeit;[12] das würde der Einrichtung entsprechen, die *Dollfuß* in seinen Mülhausener Fabriken getroffen hat. Dort ist den Arbeiterinnen für im ganzen 12 Wochen vor und nach ihrer Niederkunft die Arbeit untersagt mit dem Erfolg, daß die Säuglingssterblichkeit von 39 auf 25% herabging. Dieser Versuch, der sich seit Jahrzehnten bewährt hat, sollte nun zur Grundlage für die Forderung an die Gesetzgebung gemacht werden. Auch in den Berichten verschiedener Gewerbeinspektoren werden derartige Vorschläge gemacht.

Wenn man die Ansprüche an eine Mutterschaftsversicherung in dieser Weise abgrenzt, dürfte ihre Befriedigung wohl im Rahmen der Krankenversicherung zu ermöglichen sein; allerdings müßte den Kassen zur Erfüllung dieser besonderen Aufgabe - um die aus einer solchen Bestimmung entstehenden Mehrkosten zu decken - ein Zuschuß von Gemeinde oder Staat gewährt werden. Das würde in der deutschen Versicherungsgesetzgebung ja kein Novum bedeuten. Bekanntlich giebt das Deutsche Reich den Versicherungsanstalten für jede von ihnen ausgezahlte Invalidenrente einen festen Zuschuß; und die Verpflichtung des Staates, sich eine gesunde, kräftige Bürgerschaft durch Vorsorge für die ins Leben tretenden Kinder zu sichern, kann an Bedeutung hinter seiner Pflicht, den Invaliden eine erträgliche Existenz zu schaffen, sicherlich nicht zurückstehen.

Das ist nun aber der kritische Punkt, an dem der Streit der Meinungen einsetzen muß, an dem namentlich die Interessen der Sozialisten sich in Gegensatz zu denen der Feministen stellen. Soll der Staat der Frau vollste Bewegungsfreiheit lassen, oder soll er die Mutter schützen, und in welchem Umfange soll er es thun? Die einen begehren größtmöglichen Schutz, die Befreiung der Mutter von der Arbeit für 1° Jahre, Übernahme der elterlichen Verpflichtungen in weitem Um-

---

[10] Vgl. *Lily Braun*, *a*.a.O., S. 547

[11] Vgl. *Henriette Fürth*, in: Frauengenossenschaftsblatt, a.a.O., S. 22

[12] Vgl. *Dr. Agnes Bluhm:* Hygienische Fürsorge für Arbeiterinnen und deren Kinder. In: Handbuch der Hygiene, Band 8

fange vom Staat; die andern streben nach der Freiheit der Frau, wehren sich gegen Vorrechte und Schutzgesetze, weil sie das als Konsequenz ihrer Gleichberechtigungsforderungen ansehen, und wollen die auf den physiologischen Eigenschaften der Frau beruhenden Bedürfnisse nur im allergeringsten Umfange gelten lassen. Die geringere Widerstandskraft der Frau ist für sie kein ursprüngliches Merkmal ihres Geschlechts, vielmehr die Folge seiner ganzen künstlich gesteigerten Entartung durch verkehrte Erziehung und Verpflegung. [13] Hier scheinen selbst Frauen, in denen starke feministische Instinkte neben sozialistischer Überzeugung wohnen, für die der Sozialismus nicht nur die Befreiung der *einen* Menschheitshälfte bedeutet, in einen Konflikt ihrer Anschauungen zu geraten. Wenn man - wie *Lily Braun* - in der Entwicklung der Frauenarbeit den Motor sieht, der „das Weib zu einem strebenden und denkenden Menschen wandelt"; die „große Emanzipatorin, die sie aus der Sklaverei zur Freiheit emporführt", so kann man - auch im Interesse der kommenden Generation - es kaum als Ideal hinstellen, der Frau für die ganze Zeit der Schwangerschaft und auch für die Zeit des Säugens die Fabrikarbeit zu verbieten. Frau *Braun* zieht auch die Konsequenz, die sich aus diesem Widerstreit der Interessen ergiebt; sie stellt sich mit erreichbaren Forderungen auf den Boden realer Verhältnisse und fordert nicht Schutzlosigkeit der Kinder, um der Mutter vollste Bethätigungsfeiheit zu lassen, noch eine Beschränkung der Mutter in solchem Umfang, wie sie sie im Interesse der Kinder als Ideal hinstellt, wie sie aber thatsächlich eine neue Form unerhörtester Beeinträchtigung der persönlichen Freiheit der Frau bedeuten würde. [14] Man denke nur an eine Frau, die auch nur drei bis vier Kinder im Zeitraum von 6 oder 8 Jahren zur Welt bringt und auf Grund solcher Bestimmungen gezwungen wäre, 4° resp. 6 Jahre während dieses Zeitraums sich von außerhäuslicher Arbeit fernzuhalten. Sie würde jede Möglichkeit verlieren, in ihrem Beruf leistungsfähig zu bleiben, und würde in den Monaten, in denen sie dem Erwerb nachgehen muß, weil sie keine Unterstützung erhielt, mit den größten Schwierigkeiten zu kämpfen haben. Es würde fast ein Zurückkehren zu dem alten Grundsatz „Mutterschaft *oder* Arbeit" bedeuten, der aber um so gefährlicher wäre, als heut viele Mütter für sich und ihre Kinder auf den eigenen Erwerb angewiesen sind. Gegen solchen Gedanken muß sich feministisches und sozialistisches Empfinden gleichermaßen sträuben; nur das Centrum könnte frohlocken: die Mutter wäre dem Kinde zurückgegeben, die Familie wäre gerettet; wenigstens der äußere Rahmen würde erhalten.

Das Beste aber, was sich die Familie bisher trotz aller Zerstörungsarbeit, die die wirtschaftlichen Verhältnisse an ihr vollführt haben, gerettet hat, ihr tiefster

[13] Vgl. *Lily Braun:* Die Frauenfrage, a.a.O., S. 498/99

[14] Erwähnenswert erscheint auch die Forderung von *Henriette Fürth*, die Fürsorge der Mutterschaftskassen zwar für mindestens *2-3 Jahre* auszudehnen, aber sie durch Errichtung von Wöchnerinnenheimen, Krippen, Gewährung von Hauspflegerinnen so auszugestalten, daß die Arbeiterin ihrem Erwerb für den größten Teil dieser Zeit nachgehen kann.

Inhalt, ihr wesentlichstes Gut, *die Elternsorge* und *Elternliebe,* die würde erheblich beeinträchtigt werden, wenn man eine *staatliche Versorgung* der Frauen und Kinder für 1° Jahre durchführen wollte. Denn eine Mutterschafts*versicherung*, die in derartig umfassender Weise eintritt, würde so große Mittel erfordern, daß die Lasten der zunächst Beteiligten, den Müttern und Vätern der arbeitenden Klasse, auch nicht zum *allergeringsten* Teil auferlegt werden könnten. Diese Versicherungspflicht aber auf die Schultern der Arbeitgeber zu laden, erscheint mir ganz ungerechtfertigt; denn gerade für sie hat doch die Fürsorge für die werdenden Kinder die geringste Bedeutung. Der Staat und die Gemeinden sind in viel stärkerem Maße daran interessiert, hier einzutreten, wenn die Kräfte und Mittel der Eltern nicht ausreichen. Es würde also praktisch auf eine Unterstützungspflicht des Staates für Schwangere und Wöchnerinnen herauskommen, nicht auf eine *Versicherung* derselben, jedenfalls nicht, wenn man nur an eine Zwangsversicherung der *lohnarbeitenden* Frauen denkt. Denn diese pflegen - soweit es sich um Ehefrauen handelt - den schlechtest gestellten Schichten der Arbeiterklasse anzugehören, in denen ja gerade die Not zur Mitarbeit der Frau zwingt. Aus ihren Reihen dürften so erhebliche Versicherungsbeiträge nicht aufzubringen sein, wie notwendig wären, um auch nur einen erwähnenswerten Bruchteil (etwa 25%) der Kosten für die Versorgung während 1° jähriger Ruhepausen zu decken.

Zudem entstehen hierbei nun die schwierigsten Fragen. Wer soll überhaupt versichert werden? Will man eine Versicherung für verheiratete Mütter schaffen? Oder wenn man - was doch selbstverständlich erscheint - die ledige Mutter mit einschließen will, so muß man jedes arbeitende Mädchen etwa vom 15. Jahre an versichern. *Henriette Fürth*[15] schlägt Versicherung aller jungen Eheleute, die ein Jahreseinkommen unter 2.000 Mark haben, für mindestens 20 Jahre vor. Daß dieser Vorschlag überhaupt gemacht werden kann, beweist die ganze Schwierigkeit des Problems. Hierbei würde die ledige Mutter, die der Hilfe am meisten bedarf, ganz übergangen. Dagegen würde die Versicherung auf viele Eheleute ausgedehnt, von denen die Frau der Erwerbsarbeit gar nicht nachgeht und für die deshalb eine besondere Versorgung während dieser Zeiten nötig ist. Gewiß würde auch diesen ein Zuschuß für die besonderen Ausgaben wünschenswert sein; dafür einzutreten könnte aber keinesfalls Sache einer Zwangsversicherung sein, besonders nicht, wenn diese staatliche Unterstützung erfährt. Das ist eine Aufgabe, deren sich private Versicherungsgesellschaften bemächtigen sollten. Legt man aber jedem Mädchen etwa vom 15. Jahre an die Pflicht auf, einer *Mutterschafts*kasse beizutreten, so würde man ihr ganzes Denken noch mehr als schon jetzt darauf lenken, die Erwerbsarbeit als Übergangsstadium zu betrachten; nur daß nicht mehr wie bisher die *Ehe* als das selbstverständliche und zu erwartende Ziel dem

---

[15] Vgl. *Henriette Fürth:* Die Fabrikarbeit verheirateter Frauen, a.a.O., S. 35f. und in: Frauengenossenschaftsblatt, a.a.O., S. 22

heranwachsenden Mädchen vorschweben würde, sondern die *Mutterschaft* auch ohne Ehe würde für sie an Berechtigung gewinnen. Ja, die Mutterschaft würde als ein so selbstverständliches Vorkommnis angesehen werden, daß selbst die Anerkennung der Liebe und Zuneigung von Mann und Frau als Grundlage der Mutterschaft vielen verloren gehen würde. Das würde aber auch denen als bedenkliches Herabdrücken des sittlichen Niveaus erscheinen, die auf Grund persönlicher Ansicht oder eines Parteiprogramms für den freien Liebesbund einzutreten pflegen. Außerdem aber würde - auch wo sittliche Bedenken nicht vorliegen - den Mädchen damit nicht gedient, wenn durch den Zwang zur Versicherung die außereheliche Mutterschaft ihrem Gesichtskreis näher gebracht wird, da diese unter den heutigen Verhältnissen Mutter und Kind in die schwersten Konflikte bringt und sie der Willkür des Mannes schutzlos preisgiebt.

Will man die lohnarbeitende Frau - und darauf kommt es doch vor allem an - für die Zeit der Mutterschaft in so umfassender Weise sicher stellen, so scheint mir die Errichtung gesonderter Mutterschaftskassen, die auf Versicherung der Beteiligten beruhen, außerordentlich schwierig und bedenklich. Es bliebe für dies von verschiedenen Autoren vertretene Ideal der 1°jährigen Ruhezeit nur eine Unterstützung von seiten des Staates übrig, die, wie schon angedeutet, den besten und tiefsten Inhalt des Familienlebens, die Elternsorge und -Liebe, gefährden würde. Denn meines Erachtens bedeutet eine so weitgehende und ausschließliche Fürsorge des Staates für die kommende Generation, für das werdende Kind und das Kind im ersten Lebensjahr eine *Ausschaltung des Vaters*, die viel bedenklicher erscheint als die so oft bekämpfte Übernahme der Erziehungsaufgaben von seiten des Staates in Krippen, Kindergärten u.s.w.

Die *„Mutterschaft"* spielt heut in der Agitation der verschiedensten Gruppen eine bedeutende Rolle; die *„Vaterschaft"* scheint in Gefahr, in Vergessenheit zu geraten. Es wäre eine interessante Aufgabe für den Statistiker festzustellen, wie oft heut die Bemerkung gedruckt wird, daß die Mutterschaft eine gesellschaftliche Funktion ist,[16] aber sie ist auch bis zu einem gewissen Grade eine gesellschaftliche *Pflicht*, wie es die Vaterschaft, deren nur selten Erwähnung gethan wird, gleichermaßen ist. Das soll nicht mißverstanden werden. Es ist nicht gemeint, daß Mann und Frau die Pflicht haben, Kinder in die Welt zu setzen, aber wenn sie das gethan haben, dann sollen sie auch gemeinsam für sie eintreten, nach ihren besonderen Kräften und Verhältnissen. Hat die Natur der Mutter besondere Lasten dabei auferlegt, so leidet meines Erachtens ihr Gleichberechtigungsanspruch, ihre Unabhängigkeit dadurch keinen Schaden, wenn der Vater zeitweise die wirtschaftlichen, die pekuniären Lasten - soweit er dazu imstande ist - auf *seine* Schultern nimmt. Er nimmt ja auch teil an den *Freuden* der Elternschaft, an ihren *Rechten*.

[16] Vgl. *Lily Braun,* a.a.O., S. 547 und *Louis Frank,* a.a.O., S. 69 sowie die andern, für die Mutterschaftskassen eintretenden Arbeiten, in denen dieses Argument naturgemäß stark betont wird.

Und wenn auch in andrer Weise als die Mutterschaft, so ist doch auch die Vaterschaft eine gesellschaftliche Funktion; auch der *Vater* trägt durch das, was er für das Gedeihen seines Kindes, des werdenden Staatsbürgers, thun kann, zur Dekkung der sozialen Bedürfnisse bei.

Aber Mutterschaft und Vaterschaft sind nicht *nur* gesellschaftliche Funktionen, sondern auch Familienfunktionen im allerengsten Wortsinn. Der gesunde menschliche Instinkt - mag er auch durch noch so starke sozialistische Überzeugung kontroliert sein - muß sich dagegen auflehnen, die Mutterschaft als einseitig gesellschaftliche Funktion hinzustellen. Wenn man die Konsequenz solcher Anschauung in der Praxis ziehen wollte, wenn man den Frauen nur die Pflicht - oder das Recht? - auferlegen wollte, Kinder für die *Gesellschaft*, für den *Staat* zu gebären, ohne ihnen irgendwelchen Anteil, irgendwelchen Erziehungseinfluß zu belassen - ob es dann nicht noch einmal zu einem Streik der Mütter kommen könnte?

Das starke Betonen der Mutterschaft als einer *gesellschaftlichen* Funktion gerade von Frauen mußte die Entwicklung der Frauenbewegung mit sich bringen. Es kann nicht so bald verschwinden und braucht das auch nicht zu thun, wenn nur die *einseitige* Betonung dabei vermieden wird, wenn wir uns klar darüber werden, daß neben der Mutterschaft die Vaterschaft stehen soll und daß beide nicht nur eine soziale, sondern auch eine individuelle Berechtigung haben. Daß dieses Bewußtsein so stark zurücktreten konnte, ist darauf zu schieben, daß die heutigen Anhängerinnen der Frauenbewegung noch zumeist in so starrem Familienegoismus erzogen sind, daß ihnen daraus eine Schranke für ihre Entwicklung zum Vollmenschentum, zur Bürgerin, zum Glied der *Gesellschaft* erwuchs. Jede einzelne hat den Konflikt vom Individualismus - der, zwar durch Familienkonventionen beschränkt, dennoch die selbstverständliche Anschauung der Frau war, die nur in ihren vier Wänden lebte - zum Sozialismus durchgekämpft und durchgelitten. Wir sind noch so sehr als Familienmitglieder geboren und zu Familienmitgliedern erzogen, daß für eine soziale Weltanschauung, die der Umschwung der Verhältnisse, die der Zeitenwandel uns aufnötigte, erst gewaltsam Raum geschaffen werden mußte. Das geschah, indem man die alten Idole zertrümmern zu müssen glaubte, sie über Bord warf. Wer selbst ausschließlich als „Familienangehöriger" aufgewachsen ist, ohne gesellschaftliche, ohne soziale Ideale, und dann seinen Platz in der *Welt* suchen mußte, der glaubt in ganz natürlicher Reaktion zunächst den Menschen, das Kind nur als Glied des Staates, der Gesellschaft ansehen und erziehen zu sollen. Den Weg werden noch viele Frauen gehen müssen, ehe sie begreifen können, daß die Thätigkeit der Mutter nur ausgesöhnt werden kann mit den neuen Gestaltungsmöglichkeiten der Frau, wenn eine sorgsame Abgrenzung der elterlichen und der staatlichen Pflichten dem Kinde gegenüber Platz greift.

Mit dieser meiner prinzipiellen Auffassung des Problems komme ich zur Frage der praktischen Lösung zurück. Auf dieser Stellungnahme beruht die Forderung, für etwa 12 Wochen zur Zeit der Niederkunft - nach Art des Dollfußer

Systems - den Frauen eine Versorgung für Mutter und Kind zu bieten, die auf Selbstversicherung und Staatszuschuß beruhen könnte. Dies ist meines Erachtens der Punkt, auf dem sich zunächst die Anhänger aller Richtungen begegnen könnten; solche Maßregel würde dem Schutzbedürfnis der Kinder in erheblichem Maße dienen, ohne der Mutter eine starke Beeinträchtigung ihrer Bewegungsfreiheit aufzuerlegen. Wenn ich diese Fürsorge und Unterstützung im Rahmen der Krankenversicherung ausgeübt sehen möchte, so ist damit keineswegs eine prinzipielle Gegnerschaft gegen den Gedanken der Mutterschaftskassen verbunden, da die *Leistungen*, die ich der Krankenkasse auferlegt sehen möchte, mit denen übereinstimmen, die andre von der Errichtung einer Mutterschaftsversicherung praktisch erwarten. Es sind vielmehr taktische Gründe, die mir einen Ausbau der Krankenversicherung wünschenswerter erscheinen lassen. Es wird voraussichtlich viel leichter sein, auf dem eingeschlagenen Wege einen Fortschritt durchzusetzen, ihn zu verlängern und zu verbreitern, als den alten zuzuschütten und einen neuen Pfad anzulegen. Das Bessere ist der Feind des Guten. Wollen wir uns an den Buchstaben, an das leere Wort klammern und auf jede Errungenschaft verzichten, bis wir die Mutterschaftskasse haben können, oder wollen wir Schritt für Schritt die Vorteile einer Mutterschaftsversicherung den Tausenden von Frauen erobern helfen, denen die Krankenkassen schon heut die elementarste Hilfe leisten?

Dazu kommt noch, daß die Kenner der Versicherungswissenschaft vielfach vom versicherungstechnischen Standpunkt aus vor einer Zersplitterung des Versicherungswesens warnen, und daß alle Vorschläge und Versuche zur Gründung von Mutterschaftskassen wenig Brauchbares ergeben haben. So hat beispielsweise *Dr. Maingie* in der bereits mehrfach erwähnten Schrift „L'Assurance Maternelle" eine so komplizierte Beitragspflicht für die Altersstufen von 14 bis 50 Jahren berechnet, daß er selbst schließlich als Resultat die Vereinigung von Mutterschaftsversichung und Krankenversicherung empfiehlt.[17] Auch scheint, wenn die Mehrkosten gegenüber dem jetzigen System vom Staat aufgebracht werden, immerhin eine möglichst gerechte Verteilung der Lasten auf alle beteiligten Parteien dabei Platz greifen zu können. Der geringe Prozentsatz, den dann der Arbeitgeber zur Unterstützung beizutragen hat, würde sich im Rahmen dessen halten, was er für die Verhütung von Krankheitsunkosten - und als solche stellt schließlich jede rationelle Pflege der Schwangeren und Wöchnerinnen sich dar - wohl aufwenden könnte. Daneben würde der Konflikt zwischen Familie und Staat durch Heranziehung beider Teile gelöst. Die Hagestolzsteuer dagegen oder die Besteuerung von unverheirateten und kinderlosen Leuten, die von Frank vorgeschlagen,[18] von Frau *Braun* mit Vorbehalt aufgegriffen wird,[19] scheint mir nicht empfehlenswert. Sie

[17] Vgl. *Louis Frank*, a.a.O., S. 103
[18] Vgl. a.a.O., S. 82.

dürfte eine Verwirrung der Begriffe von Recht und Pflicht herbeiführen helfen. An Stelle des Rechtes, Kinder in die Welt zu setzen und der Pflicht, sie dann nach Kräften zu versorgen, könnte der Glaube an die Pflicht treten, Kindern das Leben zu geben, und an das Recht, nur nach Belieben für sie zu sorgen. Solche psychologischen Wirkungen mögen vielleicht in Frankreich, wo ähnliche Pläne ja schon in früheren Zeiten wiederholt aufgetaucht sind, eine geringere Rolle spielen; für deutsche Verhältnisse hat das Projekt wohl wenig Aussicht auf begeisterte Anhängerschaft. Ebenso unannehmbar erscheint mir der Vorschlag von *Paolina Schiff*, die Kosten der Mutterschaftskassen zu 8% den Eltern, zu 12% den Arbeiterkammern, zu 40% dem Staat aufzuerlegen und 40% der Ausgaben aus freiwilligen Beiträgen zu decken![20] Daß mit freier Liebesthätigkeit auf diesem Gebiet nichts Nennenswertes erreicht werden kann, haben alle bisherigen Versuche ergeben. In Italien hat die Bewegung auf privatem Wege nichts als einige Unterstützungsvereine in Turin und Bologna durchgesetzt;[21] nun steht ja auch dort der Staat im Begriff, die Angelegenheit in die Hand zu nehmen; allerdings gleichzeitig und wohl auch in demselben Rahmen mit einer Krankenversicherung. Die italienische Regierung ist im April durch Beschluß beider Parlamente verpflichtet worden, innerhalb eines Jahres einen Gesetzesentwurf zur Gründung von Zwangs-Kranken- und Wöchnerinnenkassen vorzulegen.[22] Ebenso bedeutungslos sind in Frankreich die privaten Mutterschaftskassen geblieben.[23]

Gegen die Vereinigung von Krankenkasse und Mutterschaftsversicherung wird schließlich häufig eingewendet, daß Schwangere und Wöchnerinnen mit Kranken überhaupt nichts gemein haben, daß es ganz unlogisch sei, die Bedürfnisse der Mutter denen der Kranken einzureihen. Die Niederkunft sei ein normaler Prozeß und keine Krankheit. *Louis Frank* geht sogar soweit, daß er fürchtet," durch solche Vereinigung die Heiligkeit der mütterlichen Funktion nicht ins rechte Licht rücken zu können". Er sieht eine Erniedrigung der edelsten menschlichen Thätigkeit darin, eine Herabwürdigung der Mutterschaft, wenn man die Wöchnerin mit einer gewöhnlichen Kranken vergleicht.[24] Das klingt wie eine Reminiszenz an Laura Marholm! Aber der Einwand ist weit verbreitet. Thatsächlich ist er leicht zu entkräften. Das Deutsche Krankenversicherungsgesetz vom 10. April 1892 beschränkt sich keineswegs ausschließlich auf die Fürsorge für den Fall der Krankheit, sondern hat ein weiteres Feld in seinen Wirkungskreis gezogen und faßt die Wöchnerinnenunterstützung keineswegs als Krankenunterstützung auf. Neben der Verpflegung und Unterstützung von Kranken sieht es Sterbegelder vor, sodaß die

---

[19] Vgl. *Lily Braun*, a.a.O., S. 547 und Archiv für soz. Gesetzgebung, a.a.O., S. 548
[20] Vgl. *Paolina Schiff*, a.a.O., S. 10 und *Louis Frank, a.a.O.*, S. 55
[21] Vgl. *Paolina Schiff*, in: Corriere Sanitario vom 8. Juni 1902
[22] Vgl. La Difesa della Vita, a.a.O., S. 73
[23] Vgl. die Berichte der Mutualité maternelle in Paris; gegründet von Mathieu Brylinski 1891
[24] Vgl. *Louis Frank*, a.a.O., S. 59

Krankenkassen zugleich den Charakter von Sterbekassen annehmen, ferner eine Wöchnerinnenunterstützung und fakultative Rekonvaleszentenfürsorge. So kann man wohl den Namen des Gesetzes als zu eng oder unpräzise bezeichnen, aber die Versorgung der Wöchnerin - und hoffentlich auch bald der Schwangeren - im Rahmen dieser leistungsfähigen und bewährten Organisationen läßt sich mit gerade so viel Berechtigung durchführen wie die andern, über die Krankenversorgung hinausgehenden Leistungen. Übrigens spricht das Gesetz selbst an keiner Stelle von einem Krankengeld für Wöchnerinnen, sondern von einer „Unterstützung in Höhe des Krankengeldes an Wöchnerinnen", und erkennt hierin die besondere Stellung der Wöchnerin auch ausdrücklich an. Wenn man den Einwand trotzdem aufrecht erhalten will, so müßte man füglich auch gegen die Verschmelzung von Alters- und Invalidenversicherung Front machen, die miteinander verbunden und seit 1899 sogar auch unter dem kurzen, wenngleich nur einen Teil der Aufgaben präzisierenden Namen „Invalidenversicherungsgesetz" zusammengefaßt sind.

Die Mutterschaftsversicherung, in welche Form und in welchen Rahmen man sie auch hineinlegt, pflegt beurteilt zu werden nach ihren Wirkungen auf das *Kind*, auf die *Frau* in ihrer Eigenschaft als *Mutter*, als Quelle der kommenden Geschlechter, als Lebensspenderin. Der Einfluß einer solchen Versicherung auf die Frau als *Mensch*, als *Individuum*, ist in dieser Darstellung bisher nur in negativer Weise berührt worden. Es ist angedeutet worden, daß im Interesse der Frau weitgehende Zwangsmaßregeln nicht gefordert werden sollten. Der Vorteil, den auch die Frau, die Arbeiterin selbst aus einer Erfüllung der von uns aufgestellten Forderungen erzielen könnte, die *positive Seite* der Frage muß noch kurz berührt werden; denn bei höchster Bewertung der Mutterschaft ist doch nicht zu vergessen, daß die Frau nicht nur Schale, sondern auch Inhalt ist; nicht nur Mittel, sondern auch Zweck - Selbstzweck, soweit ein einzelner Mensch überhaupt Selbstzweck sein kann.

Für die Anerkennung dieser Auffassung hat - so unglaublich das auch klingt - die Frauenbewegung kämpfen müssen, und noch heut hat sie oft genug Gelegenheit dazu, ihre Position zu verteidigen. Wenn man diese Thatsache berücksichtigt, so erscheint die Mutterschaftsversicherung in einem ganz neuen Licht: als Waffe, mit der die Frau sich im erbitterten, harten Konkurrenzkampf schützt, mit der sie sich ihren Platz auf dem Arbeitsmarkt sichert.

Die Frauen verlangen die Eröffnung aller Berufe, um gleichberechtigt mit dem Mann im Existenzkampf, zu dem sie gezwungen sind, zu siegen oder zu unterliegen. Aber die „Gleichberechtigung" zwischen Mann und Frau auf dem Arbeitsmarkt ist ein ebenso trügerischer Begriff wie der „freie Arbeitsvertrag" im Verkehr von Arbeitgeber und Arbeitnehmer, der ein leerer Name bleiben muß, weil beide nicht mit gleichen Mitteln und gleichen Anlagen den Vertrag schließen können. Die Arbeiter haben dies längst erkannt und sich die *Freiheit* ihres Arbeitsvertrages durch Ordnungen und Bindungen - durch den staatlichen Arbeiterschutz - zu sichern versucht. Daß auch die Frauen die Gleichberechtigung im Berufsleben, nicht nur durch Freigabe aller Berufe erreichen können, zeigt die Entwicklung der industriellen Frauenarbeit, der keine Hemmungen im Wege gestanden haben; das zeigt die ungleiche Entlohnung von Mann und Frau für gleiche Leistungen; das beweist die lohndrückende Tendenz der Frauenarbeit. Soll die Gleichberechtigung der Frau auf dem Arbeitsmarkt nicht nur Phrase sein, sondern Wirklichkeit werden, dann braucht die Frau einen besonderen Schutz zum Ausgleich für die besonders schweren sozialen Lasten, die sie zu tragen hat.

Pearson führt in einem Aufsatz über die Frauenfrage und die Arbeiterfrage aus, daß die verheiratete Arbeiterin - besonders, wenn sie mit starken mütterlichen Instinkten begabt ist - immer im Nachteil gegen die unverheiratete sein wird. Nur besondere Tüchtigkeit und vermehrter Kraftaufwand wird das auszugleichen imstande sein. Sie hat auf dem Arbeitsmarkt nicht nur den Konkurrenzkampf mit dem *Mann* aufzunehmen, sondern auch mit der *kinderlosen Frau*, und so hat sie doppelte Schwierigkeiten zu überwinden. Sie muß Arbeitsbedingungen verlangen, die diese Schwierigkeiten und Ungleichheiten austilgen, wenn sie ihre Persönlichkeit behaupten will. Darum ist die Fürsorge für die Mutter nicht nur berechtigt durch das Bedürfnis der Kinder nach Pflege, durch das Interesse des Staates, die Frau mit Rücksicht auf ihre Fähigkeit zur Mutterschaft gesund zu erhalten, sondern die Frau braucht diese Fürsorge auch als Arbeiterin, um sich als freies Individuum auf dem Arbeitsmarkt erhalten zu können. Sie muß sich in der Zeit, in der ihre Leistungsfähigkeit so stark herabgedrückt ist, daß sie die Konkurrenz höchstens durch ein Unterbieten noch aufnehmen kann, zurückziehen können, ohne ihre Subsistenzmittel zu verlieren; sonst würde sie in unheilvollster Weise zur Lohndrückerin, insbesondere - aber nicht ausschließlich - für ihre Geschlechtsgenossinnen werden und selbst unter der Last und Qual ihrer Existenz zusammenbrechen. Gewiß giebt es Frauen, die so gesund und so außergewöhnlich kräftig sind, daß ihnen die Niederkunft nur eine ganz kurze, vorübergehende Arbeitsunterbrechung aufnötigt, und solche Frauen sind leicht geneigt, sich gegen gesetzliche Schutzvorschriften aufzulehnen. Aber die Gesetze werden für die Mehrzahl und nicht für Ausnahmen gemacht, und die Mehrzahl der Frauen bedarf dieses Schutzes, um als Arbeiterin auf gleicher Grundlage mit dem Mann in den Wettbewerb treten zu können. Und weil die Frau durch ihre Eigenschaft als Mutter so starke Hemmungen als Arbeiterin erfährt, so viel schwerere persönliche Lasten trägt als der Arbeiter in seiner Eigenschaft als Vater, weil ihre Entwicklung zum selbständigen Individuum, zum Vollmenschentum, dadurch so leicht beeinträchtigt werden kann, hat sie nicht nur das Recht, sondern auch die Pflicht, nach einem Schutz zu verlangen, der eine Vereinbarung der Mutterschaft ermöglichen wird mit der Macht der Selbstbestimmung und der Fähigkeit der Selbstbehauptung.

Die weibliche Gewerbeinspektion in Deutschland*

In Deutschland hat man sich spät erst zur Anstellung weiblicher Fabrikinspektoren entschlossen. Erst nach immer wiederholten Forderungen traten die Regierungen der Bundesstaaten „versuchsweise“ und zögernd an diese Aufgabe heran; die süddeutschen Staaten, namentlich Hessen und Bayern, haben zuerst ein vorsichtiges Vorgehen auf diesem, im Ausland längst erprobten Gebiet gewagt, und schließlich konnten sich auch die industriereichen Staaten, Preußen und Sachsen, nicht mehr allein der geforderten Neuerung gegenüber ablehnend verhalten. Die Jahrhundertwende brachte auch in diesen beiden Staaten die endliche Erfüllung der Forderung, wenn auch nicht in dem von den Frauen gewünschten Umfang, so doch wenigstens in Gestalt eines Versuchs, der als Abschlagszahlung gelten kann. Damit hat die weibliche Gewerbeinspektion in allen Teilen Deutschlands ihren Einzug gehalten

Ein so schwer errungenes Amt legt seinen ersten Trägerinnen ernste Verpflichtungen auf; sie arbeiten und stehen nicht für sich; sie arbeiten und stehen für die Sache, für die Institution. Ihr Auftreten und Thun, ihre ganze Wirksamkeit wird sorgfältig verfolgt. Die Gegner der Neu-Einrichtung beobachten sie mit Voreingenommenheit und sind allzeit bereit, eine etwaige ungünstige Erfahrung zu verallgemeinern; die Freunde der weiblichen Gewerbeinspektion erwarten mit ängstlicher Spannung Erfolge, um ihr Eintreten für die Reform damit rechtfertigen zu können. Die Zeitungen der verschiedensten Richtungen benützen jede Gelegenheit, um sich mit dem Auftreten der Fabrikinspektorin zu beschäftigen.

Bei diesem allseitigen Interesse ist es von größter Bedeutung, zu erfahren, wie sich schließlich *die Kreise* zur weiblichen Gewerbeinspektion stellen, die zumeist dabei beteiligt sind: nämlich die Arbeiterinnen, deren Wohl die Inspektorin dienen soll; die Arbeitgeber, mit denen sie zu verhandeln, zu rechnen hat; und endlich ihre vorgesetzten Behörden, die Ministerien und Gewerberäte, deren Organisation die weiblichen Beamten eingegliedert sind, deren Urteil für die weitere Entwicklung des weiblichen Inspektionsdienstes ausschlaggebend sein dürfte.

Über die Stellungnahme dieser Kreise geben die soeben erschienenen Berichte der Gewerberäte für das Jahr 1901 in umfassender Weise Auskunft; die Art der einzelstaatlichen Berichte läßt schon klar erkennen, wie verschiedenartig man in den einzelnen Landesteilen die Angelegenheit behandelt. Auf der einen Seite eine sachliche Darstellung des Wirkungskreises der Inspektorinnen, in der die Institution als gegebene, bewährte – ja fast selbstverständliche – vorausgesetzt ist, auf der andern noch immer der Versuch, zu beweisen, daß die Frau auf diesem Gebiet nichts andres oder besseres leisten kann, als ihr männlicher Kollege – mit der

* Die Frau, 10. Jg., Nr. 2, Nov. 1902, S. 94-103

allerdings nicht ausgesprochenen, aber wohl stillschweigend gezogenen Folgerung, daß die weibliche Konkurrenz deshalb unberechtigt ist.

Erfreulicher Weise gehört der *„Jahres-Bericht der Königlich Preußischen Regierungs- und Gewerberäte für 1901"* [1] zu den amtlichen Kundgebungen der ersten Art. Allerdings spricht der Bericht von der Thätigkeit der weiblichen Beamten in Berlin und Gladbach für sich selbst.

Aus Berlin kann berichtet werden, daß unter 75 Arbeitern, die im Bureau der Inspektion Auskunft erbaten oder Beschwerden vorbrachten, die *weiblichen, welche die Assistentin aufsuchten, überwogen.*

In Gladbach hat die Beamtin durch ihre Bemühungen, den Arbeiterinnen ihrer Dienstbereiche näherzutreten, den Erfolg erzielt, daß die anfängliche Zurückhaltung ihrer Schutzbefohlenen allmählich schwindet. Die Besuche in ihrer Sprechstunde sind von 6 im Vorjahr auf 13 gestiegen, und die Assistentin glaubt auch bei andern Gelegenheiten, die sie mit den Arbeiterinnen zusammenführen, wahrzunehmen, daß man ihr in zunehmendem Maße Vertrauen entgegenbringt. Einen durchschlagenden Erfolg ihrer Thätigkeit meint sie aber erst dann erwarten zu können, wenn es ihr gelänge, bei den Arbeiterinnen ein besseres Verständnis für die Zwecke und Aufgaben der weiblichen Fabrikaufsicht zu wecken, als es zur Zeit noch im großen Durchschnitt vorhanden ist. Aus dem Berliner Bezirk wird besonders hervorgehoben, daß mit Hilfe der Assistentin bei der Inspektion mehr als früher *Konfektionsgeschäfte* berücksichtigt werden konnten, die Maßschneiderei in großem Umfange betreiben. Wie notwendig die Ausdehnung der Gewerbeaufsicht auf solche Betriebe ist, darf als bekannt vorausgesetzt werden. Allerdings versuchten die Unternehmer und Betriebsleiter solcher zum Teil über 100 Personen beschäftigenden Maßwerkstätten mehrfach den Beweis zu erbringen, daß ihre Betriebe nicht als Fabriken anzusehen seien und deshalb den Fabrikgesetzen auch nicht unterständen. Die Gewerbeaufsichtsbeamten haben diese Auffassung nicht zu teilen vermocht, und die Berliner Gerichte wie auch das Reichsgericht haben sich in mehreren Fällen ihrer Ansicht angeschlossen.

Die *erfolgreiche* Wirksamkeit der beiden preußischen Assistentinnen hat schließlich auch in der Anstellung einer dritten und vierten Assistentin am 1. April 1902 ihren Ausdruck gefunden. Allerdings erscheint die Zahl von vier weiblichen Beamten einem Heer von 224 männlichen Inspektoren gegenüber noch gering; um so geringer, als die amtlichen Berichte eine Fülle von Mitteilungen über die Arbeitsverhältnisse der Arbeiterinnen enthalten, die eine vermehrte Aufsicht dringend wünschenswert erscheinen lassen. Hier sei nur hingewiesen auf die Wohnungsverhältnisse.

Aus dem Breslauer Regierungsbezirk wird lebhaft über die *Unterkunftsräume* von Wanderarbeitern und -Arbeiterinnen in Ziegeleien und Zuckerfabriken ge-

[1] R. v. Deckers Verlag, Berlin 1902

klagt: in drei Anlagen *schliefen* die Arbeiter *beiderlei Geschlechts in demselben Raume,* in zwei Ziegeleien auf dem Fußboden, in drei solchen Anlagen in zweietagigen Bettgerüsten mit je vier nicht getrennten Lagerstätten. Über die unhygienische Beschaffenheit der *Arbeiterwohnungen* wird aus allen Teilen des Landes geklagt. Trotz der lebhaften Fürsorge, die von den Gemeinden und Vereinen neuerdings für die Errichtung von guten Arbeiterwohnungen aufgewendet wird, lassen die Wohnverhältnisse noch alles zu wünschen übrig. In vielen Städten wurde eine Wohnungsinspektion eingerichtet, die auf die Beseitigung der größten Mißstände hinwirkte. Wie notwendig eine Verallgemeinerung dieser Einrichtung wäre, ergiebt sich beispielsweise daraus, daß in der Stadt Düsseldorf, die eine rege und erfolgreich arbeitende Inspektion eingerichtet hat, von 318 besichtigten Wohnungen 191 beanstandet und 108 als gänzlich ungeeignet zum Wohnen bezeichnet werden mußten.

Ähnliche Ergebnisse hatte die Thätigkeit der Kölner Wohnungsinspektion: 900 Wohnungen wurden als überfüllt und 300 als zu Wohnräumen ungeeignet gefunden. In Berlin zeigten die Ermittlungen über das Schlafstellenwesen, die von den Gewerbeaufsichtsbeamten vorgenommen wurden, namentlich in Bezug auf die unverheirateten Arbeiterinnen ein trübes Bild. Die Wohnung suchenden Mädchen begegnen sehr oft Mißtrauen und sind dann gezwungen, das erste Quartier zu nehmen. Der Bericht sagt darüber:

„Sie erhalten gegen Zahlung von 3 bis 6 Mark monatlich zur Benutzung ein Bett, das sie oft noch mit einem andern Mädchen teilen müssen, und Waschgelegenheit. Ein Platz in Kleiderschrank oder Kommode zur Aufbewahrung der Sachen wird nur ausnahmsweise zur Verfügung gestellt; der Aufenthalt in der Wohnung des Vermieters während der Tagesstunden wird meist nicht gestattet."

Diese traurigen Zustände führten vor vier Jahren zur Gründung des ersten Berliner Arbeiterinnenheims, das junge alleinstehende Arbeiterinnen wenigstens von dem Zwang befreien sollte, ihre Mußestunden auf der Straße - oder in schlechten Lokalen - verbringen zu müssen. Für eine geregelte *Wohnungsvermittelung* ist aber noch nichts geschehen. Das mag zum Teil darauf zurückzuführen sein, daß die trostlosen Verhältnisse, unter denen die großstädtischen Arbeiterinnen leiden, noch viel zu wenig bekannt sind. Sozialpolitische Schriften werden von Laien selten gelesen; in die Tagespresse gehen solche Schilderungen in der Regel nicht über, und selbst, wenn das einmal geschieht, übermitteln die darstellenden Worte den meisten Lesern keine Begriffe vom Leben der Arbeiterinnen. Immer wieder kann man Fabrikanten begegnen, die Hunderte von Arbeiterinnen beschäftigen, die sich aber von dem entbehrungsreichen Leben, das das Wort „Schlafstelle" umschließt, keine Vorstellung machen können. „Es giebt eben Dinge, die man nicht im behaglichen Salon mit sattem Magen nachempfinden kann."[2]

[2] *Oda Olberg:* Das Elend in der Hausindustrie der Konfektion. Leipzig 1896

Mehrfach erwähnt der preußische Inspektionsbericht den Wert *weiblicher Werkmeisterinnen oder Aufseherinnen* in den Fabrikräumen, namentlich in Bezug auf deren sittliche Einwirkung auf die Arbeiterinnen. So glauben die Betriebsleiter einer großen Cigarrettenfabrik im Breslauer Bezirk die *Abnahme der unehelichen Geburten* der bei ihnen beschäftigten Arbeiterinnen der Frauenaufsicht zuschreiben zu dürfen; auch in einer Papierfabrik des Bezirks Siegen hat nach Mitteilung des Betriebsleiters die Anstellung einer weiblichen Aufsichtsperson einen *merkbar günstigen* Einfluß auf das Verhalten der Arbeiterinnen ausgeübt. Verschiedentlich klagen die Gewerbeaufsichtsbeamten auch darüber, daß die Fabrikleiter es an der nötigen Aufsicht in den Arbeitsräumen fehlen lassen. Dafür sprechen folgende Vorkommnisse:

„In einer Steingutfabrik des Magdeburger Bezirks hatten eines Montags ein 19jähriger Arbeiter, eine 15jährige und drei 16jährige Arbeiterinnen (14–16jährige Kinder führen bekanntlich nach der Reichsgewerbeordnung den Namen 'jugendliche Arbeiter'!) zusammengesteuert, um einen Liter Schnaps zu kaufen, den sie während der Frühstückspause aus Kaffeetassen tranken. Dabei wurde die jüngste Arbeiterin von den älteren derartig zum Trinken animiert, daß sie schließlich bewußtlos wurde und ins Krankenhaus übergeführt werden mußte, wo sie zwei Wochen lang darniederlag. Die strafrechtliche Verfolgung der älteren Arbeiterin, die in Erwägung gezogen wurde, mußte unterbleiben, weil das erkrankte Mädchen sich an der Bezahlung des Schnapses und an dem Genusse desselben freiwillig beteiligt hatte."

Der Fabrikleitung wurde bessere Aufsicht zu Pflicht gemacht.

In den Deckräumen einer Zuckerraffinerie, in denen Männer und Frauen gemeinsam arbeiten, pflegten infolge der dort herrschenden Wärme die Arbeiter mit *entblößtem Oberkörper* zu arbeiten. Der Betriebsleitung wurde von der Gewerbeinspektion aufgegeben, dafür zu sorgen, daß die Arbeiter stets genügende Kleidung trügen, andernfalls sollte sie die Beschäftigung von Arbeiterinnen einstellen. Sie wählte den ersteren Weg. In einer Lumpensortierungsanstalt führte die Meisterin darüber Klage, daß es ihr nicht möglich sei, die Arbeiterinnen an die so dringend notwendige Beachtung der gesundheitlichen Vorschriften zu gewöhnen, weil sie bei ihrem Bemühen nicht *den nötigen Rückhalt bei den Geschäftsinhabern* fände. Auch klagen verschiedene Gewerbeinspektoren über Beschäftigung von Frauen bei ungeeigneten Arbeiten; so wurden mehrfach Arbeiterinnen bei der Bedienung von Dampfkesseln gefunden. Überhaupt sind Frauen leicht geneigt, die schmutzigste und beschwerlichste Arbeit, zu der sich ein Mann nur im äußersten Fall entschließt, selbst gegen schlechte Bezahlung zu übernehmen; vielleicht weil sie gewöhnt sind, als Hausfrauen manchen niederen und unsauberen Dienst als unbezahlte, häufig auch als nicht gewertete Arbeit zu leisten.

Wie hier die Erziehung durch die weibliche Gewerbeinspektion mancherlei ändern könnte, so dürfte auch bei der Einrichtung von Wohlfahrtsanstalten für die Arbeiterinnen, vorzüglich von Säuglings- und Kinderheimen, das Gutachten einer weiblichen Beamtin manches Gute wirken können.

Von diesen Anstalten sei das Kinderheim der Aktiengesellschaft für Schlesische Leinenindustrie in Bolkenhain erwähnt. Das Heim umfaßt neben einer Kleinkinderbewahranstalt und einem Kinderhort auch eine Krippe, in der die Kinder bis zum vollendeten 1. Lebensjahr *Tag und Nacht* behalten werden. Die Anstalt wird von zwei Diakonissinnen geleitet. Zur Überwachung der Gesundheit der Kinder ist ein Arzt angestellt und zu täglichem Besuch verpflichtet. Die Anstalt scheint musterhaft eingerichtet zu sein, erfordert einen sehr bedeutenden Kostenaufwand, und die Kinder sollen bis jetzt vorzüglich gedeihen. Aber warum sollen die Säuglinge Tag und Nacht in der Anstalt bleiben? Warum dürfen sie nicht wie die älteren Kinder von den Müttern nach Beendigung ihrer Arbeit in deren Heim gebracht werden? Sind die Frauen so untüchtig, so stumpf und unverständig, daß man ihnen selbst bei täglich wiederholter Anleitung und Beratung von seiten der Krippenleiterin die Verpflegung ihrer eigenen Kinder nicht überlassen kann? Oder sind sie so überarbeitet, daß ihnen die Zeit und Kraft dafür fehlt, ihren Kindern auch nur den geringsten Dienst zu leisten? Man sollte doch vermeiden, das Band zwischen Mutter und Kind, das die Natur geschaffen hat, noch mehr zu lockern, als es die industriellen Erwerbsverhältnisse schon gethan haben. Es dürfte doch fraglich sein, ob die hygienischen und gesundheitlichen Vorteile, die den Säuglingen durch den ununterbrochenen Aufenthalt in solcher Anstalt zu teil werden, den Verlust an Mutterliebe, Mutterzärtlichkeit und mütterlichem Interesse aufwiegen können, den sie bei einer solchen Trennung und Entfremdung erleiden. Rousseau sagt: „Wenn die Stimme der Blutsverwandtschaft zwischen Mutter und Kind nicht befestigt wird durch Umgang und Pflege, so verstummt sie in den ersten Jahren, und das Herz stirbt sozusagen ab, ehe es noch geboren ist."

Eine eingehende Würdigung und warme Anerkennung der weiblichen Inspektorenthätigkeit enthalten die *„Jahresberichte der Königlich Bayerischen Fabrik- und Gewerbe-Inspektoren für das Jahr 1901"*.[3]

Zusammenfassend sagt der Bericht darüber:

„Was die beiden weiblichen Aufsichtsbeamten anlangt, so hat sich deren Dienstthätigkeit auch im Berichtsjahre wiederum in ersprießlicher Weise und ohne besondere Schwierigkeiten vollzogen. Die Aufnahme, die sie sowohl bei den Arbeitgebern wie bei den Arbeiterinnen fanden, war, von vereinzelten Ausnahmen abgesehen, eine freundliche, und es ist zu hoffen, daß sich die Arbeiterinnen, welche es bis jetzt noch großenteils an dem wünschenswerten Interesse für die weiblichen Beamten fehlen lassen, den letzteren allmählich in stärkerem Maß annähern werden."

Die Sprechstunden der Assistentinnen wurden nur in Ober- und Niederbay-

[3] München, Theodor Ackermann, 1902

ern in 5 Fällen besucht; im übrigen brachten die Arbeiterinnen aber bei andern Gelegenheiten Beschwerden und Wünsche zur Kenntnis dieser Beamten.

Die beiden Assistentinnen nahmen 1.138 Revisionen vor; auf diese und die auswärtigen Sprechstunden wendeten sie 148° Reisetage auf. Von den Fabriken mit ausschließlich oder vorwiegend weiblicher Arbeiterschaft gelangten in den Bezirken Ober- und Niederbayern, Oberpfalz und Schwaben 74 Prozent, in den Bezirken Pfalz, Ober-, Mittel- und Unterfranken 44 Prozent zur Revision. Dabei wurden 545 Handwerksbetriebe und 63 hausindustrielle Betriebe besichtigt. Es wurden bei diesen Revisionen 847 Beanstandungen von den Assistentinnen erhoben und zwar in Bezug auf ungesetzliche Arbeitszeit 66, auf ungeeignete Beschäftigung 9, auf das Fehlen von Schutzvorschriften 15, auf hygienische und sittliche Mißstände 290 etc. Diese hohe Zahl von Beanstandungen in Verbindung mit der Thatsache, daß trotz der erheblichen Arbeitsleistungen, die sich in obigen Zahlen ausdrücken, ein bedeutender Prozentsatz der revisionspflichtigen Anlagen von den Assistentinnen nicht besucht werden konnten, dürfte das Verlangen nach vermehrter Anstellung von weiblichen Beamten rechtfertigen, nachdem deren Eignung für das Amt rückhaltlos von ihren Vorgesetzten anerkannt worden ist. Da die bayerische Staatsregierung ohnehin zur Erhöhung der Revisionszahlen eine Vermehrung der Aufsichtsbeamten beabsichtigt und die Schaffung von drei neuen Assistentenstellen ins Auge gefaßt hat (bezügliche Anträge sind dem gegenwärtig versammelten Landtage unterbreitet), dürfte es an der Zeit sein, auch auf die Neu-Einstellung von weiblichen Beamten hinzuwirken. Das Verhältnis von 2 Assistentinnen unter 21 Aufsichtsbeamten erscheint dem Prozentsatz der weiblichen Arbeiterinnen unter den männlichen nicht entsprechend.

Über die Wirksamkeit der Assistentinnen, die je *vier* Inspektionsbezirken zur Hilfeleistung zuerteilt sind, berichten die einzelnen Gewerberäte mehr oder weniger ausführlich. In Oberbayern war ihr Verkehr mit den Arbeitgebern befriedigend; mit den Arbeiterinnen bessert er sich fortgesetzt. „Mit dem Erscheinen der Assistentin und deren Revisionsthätigkeit in den Betrieben sind, wie aus gelegentlichen Äußerungen hervorgeht, die Arbeiterinnen nun schon vertraut, wodurch sich leichter Gelegenheit bietet, Beschwerden und Wünsche der Arbeiterinnen an Ort und Stelle zu hören und zu erledigen." Daraus ergiebt sich, daß man überall den weiblichen Beamten Zeit lassen muß, bekannt zu werden; daß man nicht Erfolge von einer Einrichtung erwarten kann, ehe sie sich eingebürgert hat.

Die Assistentin wurde auch zur Revision von Betrieben mit ausschließlich oder vorwiegend männlicher Arbeiterschaft herangezogen und auch beim inneren Dienst (Bureauthätigkeit etc.) verwendet. Wo es möglich war, hat sie auch auf Verbesserung der wirtschaftlichen Lage und auf Unterstützung der geistig-sittlichen Bestrebungen der Arbeiterinnen hingewirkt.

Mehrfach hatte sie zu beanstanden, daß Wöchnerinnen schon 4 Wochen nach ihrer Niederkunft in Fabriken beschäftigt wurden, ohne daß sie ein ärztliches Gesundheitsattest vorweisen konnten. In einer Fabrik erklärte sowohl die betreffende Wöchnerin als auch der Arbeitgeber, daß der Kassenarzt sich weigere, ein Zeugnis über ihren Gesundheitszustand resp. über ihre Arbeitsfähigkeit auszustellen; seine *mündliche Erklärung müsse genügen.* Diese Anschauung ist meines Erachtens durch die Bestimmungen der Reichs-Gewerbeordnung nicht zu rechtfertigen. Die Kontrolle würde dadurch auch für den Arbeitgeber unmöglich werden. Der bayerische Bericht äußert sich im Anschluß an dieses Vorkommnis über die Unzulänglichkeit des ganzen Wöchnerinnenschutzes:

„Die Konstatierung einer Übertretung bietet gewisse Schwierigkeiten, solange nicht der Arbeitgeber verpflichtet ist, das ärztliche Zeugnis zu verwahren und auf amtliches Verlangen vorzulegen; aber auch dann werden die gesetzlichen Bestimmungen noch umgangen werden können, wenn eine Wöchnerin in einer andern Fabrik Arbeit nimmt. *Eine erfolgreiche Durchführung des Wöchnerinnenschutzes wäre wohl nur möglich, wenn die Krankenkassen die Unterstützungszeit von 4 auf 6 Wochen erhöhen würden.*"

Hoffentlich wird ihnen die bevorstehende Revision des Krankenversicherungsgesetzes recht bald dies als Pflicht auferlegen.

Aus Niederbayern lautet der Bericht über die weibliche Inspektionsthätigkeit in ähnlicher Weise; hervorzuheben ist hier, daß die Assistentin die Verhältnisse der Arbeiterinnen in der *Heimarbeit für Dütenkleberei* besonders untersuchte. Als Ergebnis hatte sie festzustellen, daß die Arbeiterinnen bei durchschnittlich zwölfstündiger Arbeitszeit pro Tag etwa 60 Pfennige verdienten. Es ist eben überall, wo man an eine Untersuchung der Heimarbeit herangeht, dieselbe Erscheinung: längere Arbeitszeit und geringerer Arbeitslohn als bei allen andern Betriebsarten! Auch aus der Pfalz, in der die zweite Assistentin amtiert, kann berichtet werden, „daß sich die Annäherung der Arbeiterinnen erheblich gebessert hat, da sie ihre frühere Schüchternheit, auch teilweise Unwissenheit, durch die wiederholten Besuche der Assistentin verloren haben und frei und ungeniert plaudern. Die Aufnahme der Assistentin bei Arbeitgeber und Arbeiter war eine sehr befriedigende." Das ist ein gutes Resultat, wenn man bedenkt, daß die männlichen Aufsichtsbeamten vielfach schon Jahrzehnte im Amt und daher allen Leuten, mit denen ihre Thätigkeit sie zusammenbringt, bekannt und vertraut sind, während die Assistentin ihnen eine neue Erscheinung ist. Der seit 15 Jahren amtierende Inspektor der Oberpfalz bemerkt demgegenüber auch ganz zutreffend, daß sich ihr erst mit der Zeit das Vertrauen der Arbeiterinnen in erhöhtem Maße zuwenden kann.

Wie schwierig aber die Thätigkeit im Inspektionsdienst auf jeden Fall bleibt, wie unmöglich es selbst den männlichen Beamten ist, Unannehmlichkeiten zu vermeiden, trotzdem sie seit Jahrzehnten bemüht sind, Widerstände zu überwinden, wird durch eine Bemerkung des Beamten aus Unterfranken beleuchtet. „In der Stellung zu den Arbeitgebern" - so berichtet er - „ist insofern eine Besserung eingetreten, als die Thätigkeit der Aufsichtsbeamten *nach und nach weniger vom persönlichen Standpunkt aus* beurteilt wird. Immerhin ist auch im Berichtsjahre *unfreundliche*, ja geradezu unanständige Aufnahme des Beamten in einzelnen

Betrieben, und im *Schriftverkehr eine die Grenze der Sachlichkeit weit überschreitende Schreibweise vorgekommen.*"

Auch hier wird über die Ausführung des *Wöchnerinnenschutzes* Klage geführt. Insbesondere in der Cigarrenindustrie verliert er dadurch an Wert, daß die Wöchnerinnen als Heimarbeiter beschäftigt werden. Und wenn auch, abgesehen von andern Nachteilen, solche Frauen zu Haus oft unter ungünstigeren Verhältnissen arbeiten als in der Fabrik, so bietet das Gesetz dem Inspektor keine Handhabe, gegen solches Vorgehen einzuschreiten. Übereinstimmend klagen die Aufsichtsbeamten auch darüber, daß in großen Putz- und Schneiderateliers, die durchaus den Charakter der Fabrik haben, die Arbeitszeit häufig bis tief in die Nacht ausgedehnt wird; ein besserer Schutz für solche Arbeiterinnen ist „unbedingtes Erfordernis".

Ein besonders trauriges Bild zeigt in den bayerischen Berichten noch immer die Darstellung der Frauenarbeit *auf Bauten.* Im Berichtsjahr hat sie beispielsweise im oberfränkischen Bericht trotz der schlechten Geschäftslage *wesentlich zugenommen.* „Diese Erscheinung trat unter dem Druck bitterer Not, welch' letztere sich durch die heuer vielfach eingeschränkte Arbeitszeit und den geringen Verdienst der Ernährer in vielen Familien eingeschlichen hat, zu Tage." Es erscheint ganz unglaublich, daß man in einer Zeit, in der so viele Familienväter brotlos auf der Straße liegen, Familienmütter zur Linderung der Not in einer für sie so ungeeigneten Beschäftigung heranziehen muß!

Als Anerkennung der weiblichen Inspektionsthätigkeit sei schließlich noch hervorgehoben, daß einzelne Großindustrielle die Assistentin in Schwaben um möglichst eingehende Revisionsvornahme und nachfolgende persönliche Besprechung der etwaigen Mißstände ersuchten. Gelegentlich und auch außerhalb der Revision wurde die Assistentin in Bezug auf zu errichtende Wohlfahrtseinrichtungen von ihnen zu Rate gezogen. Hier geht es also vorwärts!

Anders und dunkel sieht es in *Sachsen* [4] aus. Hier kann man noch immer zwischen den Zeilen des Berichts herauslesen, wie erwünscht es vielen wäre, wenn die Anstellung der *„weiblichen Vertrauenspersonen"* (Assistentinnen hat man in Sachsen nicht angestellt, sondern die untergeordnetere Stellung der „Vertrauensperson" geschaffen) sich nicht bewährte oder sich wenigstens als überflüssig erwiese. Daß Frauenarbeit im Verwaltungsdienst überflüssig ist, wenn die Frauen zwar *dasselbe* wie ein männlicher Beamter aber nichts *Besseres* leisten, gilt in Sachsen noch immer als ausgemachte Sache. Man ist eben dort in maßgebenden Kreisen so mit konservativen und reaktionären Ideen durchtränkt, daß selbst die Umwälzungen der letzten Jahrzehnte nichts an solchen Auffassungen haben ändern können.

---

[4] Jahresbericht der Königlich Sächsischen Gewerbeaufsichtsbeamten für das Jahr 1901, gedruckt in der Reichsdruckerei

So nur ist es zu erklären, wenn ausdrücklich berichtet wird, daß die einer weiblichen Vertrauensperson übermittelten Beschwerden und Wünsche in den meisten Fällen nicht derartiger Natur waren, daß sie nicht auch einem männlichen Beamten gegenüber ausgesprochen werden konnten! Die meisten Vertrauenspersonen, deren offizielle Aufgabe sich darauf beschränkt, sich zu bestimmten Stunden zur Entgegennahme von Beschwerden, welche *Arbeiterinnen nicht unmittelbar dem Aufsichtsbeamten vortragen wollen*, zur Verfügung zu halten, sind denn auch wenig oder gar nicht in Anspruch genommen worden. Das kann nicht verwundern, wenn man bedenkt, daß die Vertrauenspersonen keine Handhabe zur Abstellung etwaiger Mißstände haben, sondern die Beschwerden nur ihrem Vorgesetzten übermitteln sollen. Wenn eine Arbeiterin weiß, daß ihre Mitteilung doch dem Inspektor übermittelt wird, dürfte sie es vorziehen, sich direkt an ihn zu wenden. Übrigens scheint die sächsische Gewerbeinspektion sich überhaupt keines großen Vertrauens in Arbeiterkreisen zu erfreuen; ebenso wenig wie die weiblichen Vertrauenspersonen wurden auch die männlichen Aufsichtsbeamten in ihren Sprechstunden von den Arbeitern aufgesucht. „An Bureaustelle haben verhältnismäßig nur wenige Arbeiter Anliegen vorgebracht", heißt es beispielsweise aus Bautzen. Damit ist allerdings gegen die Notwendigkeit der *männlichen* Aufsichtsbeamten nichts bewiesen; denn ihr Wirkungskreis ist mit der Entgegennahme von Beschwerden nicht erschöpft. Wo aber selbst den weiblichen Vertrauenspersonen Anzeigen zugingen, wurden sie nicht einmal damit beauftragt, eine Prüfung der Verhältnisse vorzunehmen. So gingen einer Vertrauensperson neun Beschwerden zu, die sich teils auf unerlaubte Vertraulichkeiten eines Vorarbeiters, teils auf Aushängen unanständiger Bilder in einem Arbeitslokal, auf rohes Betragen eines Meisters gegenüber den Arbeiterinnen u. dergl. bezogen. *Diese Beschwerden wurden der Gewerbeinspektion überwiesen.* Demnach darf der Titel „Vertrauensperson" wohl nicht so gedeutet werden, daß etwa die Regierung den für dieses Amt gewählten Personen ein weitgehendes *Vertrauen* entgegenbringt. Bei den Arbeiterinnen kann ein solches aber gar nicht vorausgesetzt oder erwartet werden. Denn sie haben nur allzu leicht einen Beweis des Vertrauens, den sie den Beamten erbringen, schwer zu büßen. So berichtet die Dresdener Vertrauensperson, die die ihr gestellte Aufgabe - wie schon im Vorjahr - erweiterte und eine Reihe von Fabriken aufsuchte, folgendes:

„Sehr schwer bleibt es nach wie vor, die Arbeiterinnen bei Anbringung von Beschwerden zu einer Namensnennung zu bewegen. Wo dies dennoch auf gütliches Zureden geschieht, wird immer die Zusicherung verlangt, den Namen auch den zuständigen *Behörden* gegenüber zu verschweigen. Hierdurch wird naturgemäß die Feststellung von Mißständen in den betreffenden Fabriken sehr erschwert. Aber die Furcht vor Entlassung ist so groß, daß in dieser Beziehung schwerlich Wandel geschaffen wird. Daß diese Furcht begründet ist und die Arbeiterinnen oft davon abhält, selbst vom gesundheitlichen und sittlichen Standpunkt aus gebotene Beschwerden anzubringen, bewiesen der weiblichen Vertrauensperson die eigenen nach dieser Richtung hin gemachten Erfahrungen. In zwei Fällen haben Arbeitgeber der weiblichen Vertrauensperson bei Gelegenheit von Besuchen in den Fabriken Mitteilung gemacht, daß auf den Verdacht hin, Beschwerde bei der Vertrauensperson erhoben zu haben, gleich mehrere Arbeiterinnen entlassen worden sind, gleichviel ob dieselben bei der Beschwerde beteiligt waren oder nicht. Hierzu kommt, daß die Arbeiterin in den allermeisten Fällen keiner beruflichen Organisation angehört, dem Arbeitgeber daher als Einzelpersönlichkeit ziemlich machtlos gegenüber steht."

Abgesehen von solchen traurigen Erfahrungen, die wohl keinem Inspektor ganz erspart bleiben, kann die *Dresdener* Vertrauensperson - dank ihrem energischen Auftreten, das die ihr gesetzten engen Schranken sprengte - von einer erfolgreichen Wirksamkeit berichten. Sie hat 130 gewerbliche Betriebe der Blumen-, Tabak-, Konfektions-, Posamenten- und Hutbranche besucht und dabei eine sehr erhebliche Zahl von Mängeln und Unzulässigkeiten festgestellt. Aber auch hierbei zeigt sich wieder die untergeordnete Stellung, die der Beamtin in Sachsen gegeben ist, und die selbst die Energie und Initiative der Dresdener Vertrauensperson nicht überwinden konnte. Sie hatte die von ihr festgestellten Mängel zur *Kenntnis der Kreishauptmannschaft* zu bringen, und diese ließ *Nachrevisionen von den Polizeibeamten und Gewerbeaufsichtsbeamten* vornehmen, die diese Bemängelungen zumeist als zutreffend erkannten und zu entsprechenden Verfügungen Anlaß gaben. Außerdem hielt auch diese Vertrauensperson regelmäßige Sprechstunden ab, die von 54 Personen - darunter 2 Arbeitern - besucht wurden; ein Ergebnis, dessen sich in Sachsen nur selten ein männlicher Aufsichtsbeamter rühmen kann. Auch gingen 14 schriftliche Beschwerden bei ihr ein.

Der sächsische Bericht fügt aber hinzu, daß sich bedauerlicherweise unter den Arbeiterinnen die Neigung zeigte, bei Anbringung von Beschwerden Übertreibungen und direkte Unwahrheiten mit unterlaufen zu lassen und legt vier solcher Fälle ausführlich dar. Er erkennt aber an - wenn die Beschwerden ebensogut den männlichen Beamten hätten überbracht werden können -, daß die Arbeiterinnen sich eben lieber an eine Frau wenden, „die ihren Bedürfnissen naturgemäß ein größeres und tieferes Verständnis entgegenzubringen vermag."

Besondere Aufmerksamkeit hatte die Dresdener Vertrauensperson den stetig wiederkehrenden Klagen über schlechte Behandlung entgegenzubringen, die sich allerdings seltener auf die Arbeitgeber als auf das Aufsichtspersonal bezogen. Ihre Bemühungen, die Betriebsleiter in solchen Fällen zu schärferer Kontrolle anzuhalten, scheinen erfolgreich zu sein. Die Arbeiterinnen haben sich mehrfach anerkennend darüber geäußert. Auch bei den Arbeitgebern scheint sie ein wachsendes Interesse und Verständnis für die Aufgaben der weiblichen Gewerbeaufsicht geweckt zu haben. Diese suchten mehrfach Gelegenheit zu persönlicher Aussprache mit der Vertrauensperson über Fragen, die für die Wohlfahrt der Arbeiterinnen von Bedeutung sind.

Zu den erfreulichen Ergebnissen ihrer Wirksamkeit aber gehört, daß nun auch die *Zwickauer* Vertrauensperson ihrem Beispiele gefolgt ist und mit dem Besuch verschiedener Betriebe begonnen hat. Charakteristisch für die Stellung dieser „Beamtinnen" ist aber die Mitteilung des Zwickauer Inspektors, „daß die *Besitzer dieser Fabriken ihr keinerlei Schwierigkeiten in den Weg legten und ihren ungehinderten Verkehr mit den Arbeiterinnen in den Betriebsräumen gestatteten*". Als ob ein Gewerbeinspektor oder ein männlicher Assistent es sich gefallen ließe, wenn ein Fabrikleiter ihnen diesen Verkehr nicht gestatten wollte! Sie würden selbstverständlich den Schutz der Gerichte für sich in Anspruch nehmen, wenn jemand sie an der Ausübung ihres Amtes zu hindern versuchte! Der Berichterstatter, der diese selbstverständliche Aufnahme der Vertrauensperson so besonders hervorhebt, scheint aber keineswegs gegen deren Thätigkeit eingenommen zu sein, denn „die Fortsetzung ihrer Besuche in gewerblichen Anlagen ist in Aussicht genommen".

Auch der sächsische Bericht bringt vielfache Klagen über die in den Konfektionswerkstätten und Schneiderateliers herrschenden Mißstände, zu deren Beseitigung das Gesetz noch immer keine Handhabe bietet. Es wird dort bis tief in die Nacht hinein gearbeitet; in Bezug auf Ausdehnung der Arbeitszeit, Festsetzung der Pausen herrscht völligste Willkür, und Gesundheit und Sittlichkeit der Arbeiterinnen scheinen dadurch aufs schwerste geschädigt. In der Saison wird oft wochenlang die Arbeitszeit so sehr ausgedehnt, daß die Arbeiterinnen keine Möglichkeit haben, ihre oft sehr entfernte Wohnung mit einer Bahn zu erreichen. Und da jüngere Mädchen sich aus der leider sehr berechtigten Furcht vor sittlichen Belästigungen scheuen, die weiten und einsamen Wege des Nachts allein zu Fuß zurückzulegen, so verbringen sie oft die Nacht bei Bekannten „auf einem Stuhl oder in einer Sofaecke". In einem Fall, der aus dem Dresdener Bezirk berichtet wird, *sollen die Arbeiterinnen unter Androhung sofortiger Entlassung sogar gezwungen worden sein, zwei Tage und eine Nacht zu arbeiten ohne wesentliche Unterbrechung.*

Verschiedentlich wird auch hier über die mangelhafte Ausführung des Wöchnerinnenschutzes Klage geführt; bemerkenswert ist dabei der Wunsch eines Fabrikbesitzers, den Frauen möchte unbedingt schon einige Wochen vor der zu erwartenden Niederkunft das Arbeiten in der Fabrik verboten werden.

„Er habe in seinem eigenen Betriebe vor einiger Zeit erleben müssen, daß eine Arbeiterin infolge eines an sich nicht schweren Unfalles *in der Fabrik entbunden worden sei*, was für ihn, die gesamte Arbeiterschaft und selbstverständlich auch für die Gebärende sehr peinlich gewesen sei. Er bitte dieser Angelegenheit Aufmerksamkeit zu schenken und an der Hand gesetzlicher Bestimmungen den Arbeitgebern Gelegenheit zu geben, schwangere Arbeitnehmerinnen rechtzeitig von der Arbeit auszuschließen. Das läge im Interesse der Arbeiterinnen sowohl wie in dem der Arbeitgeber und sei auch eine im Sinne guter Sitte zu fordernde Maßnahme."

Man kann sich dieser Forderung, die in der Schweiz schon verwirklicht ist, vor allem im Interesse der Arbeiterinnen selbst anschließen, allerdings mit der selbstverständlichen Voraussetzung, daß ihnen von irgend einer Seite für den entstehenden Lohnausfall Ersatz geleistet wird. Das geschieht z.B. in mustergültiger Weise und mit dem schönsten Erfolg in der weltbekannten Fabrik „Dollfuß" in Mühlhausen auf Kosten des Inhabers; es dürftc sich aber ohne allzugroße Schwierigkeit ein Weg finden lassen, der die aus solchen Maßnahmen entstehende Last nicht den Unternehmern allein auferlegt. -

Zum Schluß noch ein Wort über die *badische* Fabrikinspektion,[5] die von jeher infolge ihrer glänzenden Organisation Beachtung verdiente. Baden ist der einzige Staat, der in seine Fabrikinspektion eine den männlichen Beamten völlig gleichgestellte, wissenschaftlich geschulte weibliche Hilfskraft berufen hat. Ihre Vorgesetzten und Mitarbeiter sind ihr mit Vertrauen entgegengekommen, und man hat ihr eine selbständige verantwortliche Stellung eingeräumt. Die badische Fabrikinspektion hat das nicht zu bedauern gehabt. Sie berichtet, „daß Fräulein Dr. von Richthofen die Erwartungen, die man auf Grund ihres glänzend bestandenen Doktorexamens von ihr hegte, auch in der Praxis vollkommen gerechtfertigt hat. Außer den Betrieben mit ausschließlicher Verwendung von Arbeiterinnen, z.B. den seither nicht besichtigten Konfektionsgeschäften im weitesten Sinne, ist ihr noch die Überwachung der Cigarrenfabriken und die Besorgung schriftlicher Arbeiten, insbesondere der auf die Prüfung der Arbeitsordnungen bezüglichen Korrespondenzen übertragen worden. Bei allen diesen Arbeiten und manchem anderen hat sie sich rasch und mit vielem Verstand in den Dingen zurecht gefunden, und hat die sich auf die Arbeitsordnungen bezüglichen Geschäfte mit ebensoviel Bestimmtheit wie Takt erledigt. Ihre Vorträge in unseren Sitzungen waren kurz und den Gegenstand erschöpfend. Sie wußte stets das für den Fall Wichtige von dem Minderwichtigen sicher zu unterscheiden. In der letzten Zeit hat sie auch die männlichen Beamten durch ihr verständiges Eingreifen wesentlich unterstützt dadurch, daß sie in den betreffenden Industrien auch die unvollkommen organisierten Arbeiterinnen in den Verkehr hereinzog. So hat sie z.B. in Pforzheim eine Versammlung abgehalten, die von 32 Arbeiterinnen besucht war. Nach Mitteilung der Arbeiterpresse hat sie sehr klar, einfach und leichtverständlich für die Zuhörerinnen gesprochen. Ihre Art zu reden, habe sogleich die Arbeiterinnen gewonnen. Wir schließen uns diesem Urteil vollkommen an." Die Inspektorin selbst berichtet ausführlich über diesen Verkehr mit den Arbeiterinnen, der noch immer darunter leidet, daß es ihnen noch an Interesse für die Dinge fehlt, die außerhalb ihres persönlichen Gesichtskreises liegen, wie auch an der Energie, die Scheu vor dem Nichtalthergebrachten zu überwinden. Es ist zu hoffen, daß die Bemühungen der

[5] Jahresbericht der Großherzoglich Badischen Fabrikinspektion für das Jahr 1901. Karlsruhe, Verlag Ferd. Thiergarten 1902

Beamtin, diese Zurückhaltung zu überwinden, mehr und mehr vom Erfolg gekrönt werden mögen.

Wenn auch ein näheres Eingehen auf die württembergischen und hessischen Inspektionsberichte zu weit führen würde, so soll doch nicht unerwähnt bleiben, daß auch dort die weibliche Mitarbeit sich einzubürgern beginnt und wohlwollende Anerkennung findet.

Um die Anstellung dieser wenigen Frauen, über die niemand etwas Nachteiliges zu sagen weiß, deren Thätigkeit jetzt allgemein als wünschenswert und notwendig anerkannt wird, deren Mitarbeit vielleicht schon hie und da unentbehrlich geworden ist, hat man in Deutschland einen jahrzehntelangen *Kampf* führen müssen. Die weibliche Inspektion ist den Regierungen *abgerungen* worden, nachdem man diese Forderung zuerst nicht beachtet, dann belacht, schließlich bekämpft hatte. Der Widerstand hätte nicht größer sein können, wenn es sich um eine Neuerung gehandelt hätte, die Gesundheit, Sittlichkeit und Wohlstand weiter Volkskreise zu untergraben - anstatt zu fördern - bestimmt gewesen wäre. Nun beginnt man - namentlich in den Kreisen derer, die die weibliche Gewerbeaufsicht verwarfen - zu vergessen, wie heftig der Kampf gewesen, und Schritt für Schritt erobert sich die weibliche Gewerbeaufsicht ihr Terrain. Es ist kein Siegeslauf, den sie durch die deutschen Staaten antritt, sondern ein langsames Vordringen von einem Staat in den andern, das auch die letzten widerstrebenden Bezirke endlich erreichen wird. Es geht *langsam* in Deutschland; aber es geht *doch*!

Und nun noch ein Wort über die Gewerbeinspektorinnen, über die Pioniere dieses Amtes! *Daß es doch* gegangen ist, trotz aller Vorurteile und Widerstände, die ihnen entgegengebracht wurden, ist nur darauf zurückzuführen, daß sie sich mit ihrer ganzen *Persönlichkeit* für ihre Stellung eingesetzt haben, daß sie sich der Verantwortung voll bewußt waren, die sie mit ihrem Amt auf sich nahmen. Das wissen wir ihnen Dank, die wir mit unserer *Überzeugung* für die Sache eintraten, der sie mit *Thaten* zu dienen berufen sind!

Der Schutz der Kinder vor Mißhandlung*

Das Recht der Kinder auf eine gesundheitsgemäße Entwicklung ist erst im letzten Jahrhundert vom Staat anerkannt worden. Die furchtbare Ausbeutung kindlicher Arbeitskraft, die sich mit der Ausbreitung der Großindustrie entwickelte, lenkte zuerst in England die Aufmerksamkeit weiter Kreise auf das Problem eines gesetzlichen Kinderschutzes, eines staatlichen Eingriffes in das Verhältnis zwischen Eltern und Kindern. Deutschland folgte auf diesem Wege, nachdem die Bevölkerung in den rheinischen Industriebezirken infolge der Überanstrengung der Kinder in den Fabriken so degeneriert war, daß sie nicht mehr das entsprechende Truppenkontingent stellen konnte. Viele Tausende von Kindern im zartesten Alter - selbst vierjährige befanden sich darunter - hatte man zu zehn- bis vierzehnstündiger Arbeitszeit täglich angehalten, teilweise auch zu Nachtarbeit, und die Verhältnisse waren so fürchterlich, daß selbst nach dem Erlaß der ersten Schutzgesetze 1839 und 1853 der Minister von der Heydt nach einem ihm erstatteten Bericht ausrief: „So mag doch lieber die ganze Industrie zugrunde gehen!"

Seit jener Zeit haben sich immer weitere Kreise zu der Ansicht bekannt, daß es nicht nur Recht, sondern auch *Pflicht des Staates und der Gesellschaft* ist, solchen Mißbräuchen entgegenzutreten, die die Gesundheit und Lebensfähigkeit der heranwachsenden Generation untergraben und dem Kinde die Kindheit verkümmern. Die meisten Kulturstaaten bemühen sich, die Erwerbsarbeit der Kinder durch Schutzgesetze zu regeln, eine Industrie, die auf die Ausbeutung der kindlichen Arbeitskraft angewiesen ist, gilt nicht mehr als existenzberechtigt. Und den Gesetzen ist auch eine Wendung im Rechtsbewußtsein des Volkes gefolgt: „Die Unantastbarkeit und Heiligkeit jener Stätten, in denen der Reichtum der Nation geprägt wird, der Fabriken, findet keinen Glauben mehr: man erkennt den Eltern das Recht nicht mehr zu, das Leben ihrer Kinder in Geld umzusetzen."

Diese große, von Staat und Gesetzgebung unterstütze Bewegung zum Schutz der Kinder vor Ausnutzung hat den verwandten Bestrebungen wertvolle Vorarbeit geleistet, die unter dem Namen der „Anti-Mißhandlungsvereine" im letzten Jahrzehnt schnelle Verbreitung gewonnen haben. Das Prinzip der Unantastbarkeit der Elternrechte mußte überwunden, der Eingriff des Staates in das Familienleben mußte als berechtigt anerkannt sein, ehe Vereine die Mißhandlung an Kindern von Seiten der Eltern bekämpfen konnten. Deshalb kann man die Regelung der Erwerbsarbeit der Kinder geradezu als Vorläufer dieser Bewegung anerkennen, denn sie hat zuerst mit den alten Rechtsanschauungen gebrochen und mit dem „Glauben an die Elternliebe und den Mutterinstinkt, die unter allen Umständen die richtigen Wege für die Leitung und Erziehung eines Kindes weisen sollten."

* Die Jugendfürsorge, 4. Jg., Nr. 3, März 1903, S. 154-163

Der erste Verein zum *Schutz der Kinder gegen Mißhandlungen* von Seiten ihrer Eltern, Pflegeeltern oder Erzieher, der sich prinzipiell auf den Standpunkt stellt, Kinder unter Umständen vor ihren natürlichen Beschützern schützen zu müssen, entstand in New York 1875. Von dort breitete sich dieser Gedanke nach Kanada, England, Australien, Frankreich, Deutschland und Österreich aus. Im allgemeinen verfolgen die in diesen Ländern entstandenen Vereine einen doppelten Zweck: sie versuchen einerseits durch Aufdeckung von Fällen mißbräuchlicher Anwendung der Elternrechte gesetzliche Bestimmungen zum Schutz mißhandelter Kinder herbeizuführen, andererseits wollen sie die Kinder solcher „entarteter Eltern" von ihrem leidensvollen Geschick durch Unterbringung in andre Verhältnisse befreien.

Hervorragende Erfolge in Bezug auf Beeinflussung der Gesetzgebung und Gesetzesauslegung hat der englische Verein zu verzeichnen, der nicht nur wegen seiner außerordentlichen Ausdehnung, sondern auch infolge einer glänzenden Organisation mustergiltig für alle andern Anti-Mißhandlungsvereine geworden ist und die eingehendste Beachtung verdient. Den Bemühungen des Vereins gelang es, einen von ihm selbst verfaßten Kinderschutzgesetzentwurf im Jahre 1889 im Parlament zur Annahme zu bringen (The Children's Charter).[1] Darnach ist den Beamten der Gesellschaft amtliche Autorität eingeräumt, um die Durchführung der gesetzlichen Bestimmungen zu sichern. Das erfolgt nicht immer durch Anzeige und gerichtliche Bestrafung der schuldigen Eltern; in vielen Fällen genügt auch eine Verwarnung, um bei sorgfältiger Kontrolle eine Besserung herbeizuführen. Das trifft namentlich für Fälle zu, in denen Unkenntnis des Gesetzes und Unverstand zu übermäßigen Züchtigungen von Kindern führte.

Die erziehliche Arbeit der Vereinsbeamten ist in dieser Beziehung von allergrößter Bedeutung. „Selbst bei der Entdeckung einer schamlosen Handlungsweise gegen ein Kind",[2] so berichtet der Gründer und Leiter der Gesellschaft, „machen wir es uns zur Aufgabe, den Leuten die rechtlichen Folgen, die sie treffen können, auseinanderzusetzen. Und es hat sich gezeigt, daß nur, wenn die Leute uns keinen Glauben schenkten, eine eventuelle weitere schlechte Behandlung der Kinder vorkam. Wir wiederholen dann unsre Verwarnung und geben ihnen Listen von Personen, die wegen gleicher oder ähnlicher Gesetzübertretungen bestraft wurden. Sowie sie erst wirklich Verständnis für das Gesetz gewonnen haben und für unsre Pflicht, unsern Willen und unsre Macht, dem Gesetz ohne gerichtliches Verfahren Geltung zu verschaffen, hört Vernachlässigung und Mißhandlung der Kinder - selbst wo sie schon zur Gewohnheit geworden waren - bald auf. Die Macht, die unsre autoritative Stellung uns gibt, und die Möglichkeit, daß wir

[1] The National Society for the Prevention of Cruelty to Children. Working under a Charter from the Crown.
[2] The miserable Child World. Twelfe Sheare of the Improvement, London 1901, S. 5 und 6

unsre Zuflucht zur gerichtlichen Verfolgung und Bestrafung der Übeltäter nehmen können, ist die beste Waffe unseres Vereins bei der Verteidigung der Kinderrechte. Der geduldige Gebrauch unserer Macht sichert uns Gehorsam, zuerst vielleicht unfreiwillig gewährten, dann willigen und schließlich oft genug sogar dankbaren."

So stellt sich der Unterschied in der Tätigkeit der Vereinsinspektoren und von Polizeibeamten hauptsächlich darin dar, daß die Ersteren wohl auch das Unrecht, das geschieht, aufdecken sollen, aber sie sollen nicht den, der das Gesetz übertreten hat, unschädlich machen, sondern sie sollen zunächst versuchen, ihm zu helfen und ihn zu erziehen, damit er einer besseren Handlungsweise fähig werde. Dazu sind natürlich oft wiederholte Kontrollbesuche nötig. Für 31.725 Fälle, die im Jahre 1900 von der englischen Gesellschaft behandelt wurden, eigneten sich 24.600 für Warnungen, 2.884 für gerichtliche Verfolgungen; der Rest zur Überweisung an die Armenverwaltung oder andrer Hilfsmöglichkeiten. In 1.500 Fällen war kein Eingreifen des Vereins notwendig, da keine Vernachlässigung der Kinder festgestellt werden konnte. Die behandelten Fälle machten 97.554 Kontrollbesuche notwendig.

Wie weit der Einfluß der Gesellschaft und ihrer Propaganda reicht, und wie viele Verbesserungen für die Pflege und Erziehung der Kinder indirekt ihr zuzuschreiben sind, wird durch einige im letzen Jahresbericht angeführte Beispiele treffend illustriert.

„Hier bringe ich Ihnen fünf Shilling für ihren Verein", sagte der Besitzer einer Drogerie zu einem Angestellten der Gesellschaft in einer größeren englischen Stadt, „es ist ein ganz ausgezeichneter Verein". Auf die Erkundigung des Vereinsbeamten teilte der betreffende Geschäftsmann dann mit, daß er zu dieser Kritik gekommen sei, weil er seit Bestehen seines Geschäfts noch niemals annähernd so viel Seife und Waschmittel verkauft habe, wie seit der Gründung des Vereins. Ein Mann der Nachbarschaft war auf Veranlassung der Gesellschaft bestraft worden, weil er seine Kinder in einer vor Schmutz starrenden Wohnstätte untergebracht hatte und aus Furcht vor ähnlichen Unannehmlichkeiten hatte sich der Nachbarn eine wahre Wasch- und Scheuerwut bemächtigt: jedenfalls nicht zum Schaden der in diesen Räumen lebenden Kinder. Es wird dann die Wirkung geschildert, die in einer Kneipe niedrigsten Ranges durch die Nachricht hervorgerufen wird, daß einer der Stammgäste eine Gefängnisstrafe verbüßen muß, weil er seine Kinder fast verhungern ließ. Der schleunige Aufbruch eines Gastes, der auch seinen Verdienst in's Wirtshaus zu bringen pflegte, anstatt für Frau und Kinder zu sorgen, war der unmittelbare Erfolg.

Welchen ungeheuren Einfluß die *Trunksucht* der Eltern auf Vernachlässigung und Mißhandlung der Kinder ausübt, ist leicht zu ermessen. England, das Land, das dem Alkoholismus die zahlreichsten Opfer zollt, bietet dafür erschreckende Beweise. Aber auch die Erfahrungen der jungen deutschen und österreichischen

Vereine lassen darauf schließen, daß die in trunkenem Zustande verübten Grausamkeiten weit häufiger sind, als man allgemein annimmt.

Die englischen Gerichtshöfe hatten bisher vielfach die Gepflogenheit, schwangere Frauen wegen eines in der Trunksucht verübten Vergehens an ihren Kindern aus Rücksicht für ihr ungeborenes Kind nicht zu Gefängnisstrafen zu verurteilen, damit dieses nicht den Makel auf sich nehmen müsse, im Gefängnis geboren zu sein. Die englische Kinderschutzgesellschaft hat sich nun lebhaft gegen diese Maßnahmen verwahrt, nachdem von Ärzten festgestellt worden ist, daß die Kinder trunksüchtiger Frauen in der Regel krank oder verkrüppelt oder gebrechlich zur Welt kommen, außer wenn diesen der Aufenhalt im Gefängnis während der Schwangerschaft den Genuß von Alkohol unmöglich macht. Daß ein solches Vorgehen des Vereins möglich und notwendig ist, wirft in der Tat ein trauriges Licht auf die Zustände, die von den Kinderschutzvereinen bekämpft werden müssen.

Neben den in der Trunkenheit verübten Mißhandlungen kommt namentlich auch die Vernachlässigung und Grausamkeit gegen *uneheliche* Kinder in Betracht. Die unschuldigen Kinder müssen nur allzu oft dafür büßen, daß sie die Ursache der tiefsten Schmach, der hoffnungslosen Verzweiflung, der bittren Not und harten Entbehrung für die Mutter darstellen. So weit das aus den Berichten ersichtlich ist, scheint der Haß gegen solche Kinder in England aber seltener zu Exzessen zu führen als bei uns.

Ausschlaggebend für den erziehlichen Einfluß der Vereine ist das *Verhalten der Gerichte* in Bezug auf *Auslegung des Gesetzes*. In Orten, deren Richter die Anzeigen des Vereins energisch aufnehmen, und durch empfindliche Bestrafung Schuldiger abschreckend wirken, hebt sich das Verantwortlichkeitsgefühl der gesamten Bevölkerung in überraschender Weise. Wo aber die Gerichte schwer zu einer Verfolgung zu haben sind, oder dazu neigen, das Gesetz zum Schutz der Kinder zu eng auszulegen, wird das Gesetz leicht zu einem Schutz gewissenloser Eltern, und die Bestrebungen des Vereins haben dann einen steinigen Boden zu beackern. Manchmal gelingt es den unermüdlichen Aufklärungsversuchen der Vereinsmitglieder, die Gerichtsbeamten für eine den Wünschen des Gesetzgebers entsprechendere Auslegung und Auffassung des Gesetzes zu gewinnen. Wo das nicht geschieht, muß ein Zweigverein sich darauf beschränken, möglichst nur durch Verwarnungen sein Ziel zu erreichen. Es ist nur allzu leicht verständlich, daß verschiedene Gerichtshöfe bei der Handhabung der Gesetze von einander abweichen: das dürfte sich auch in Preußen bei der Ausführung des Fürsorgeerziehungsgesetzes bald zeigen. Das Eingreifen und die Erziehungsarbeit einer solchen Institution, wie der englischen Kinderschutzgesellschaft kann daher die besten Dienste leisten, um dem Willen des Gesetzgebers auch Ausführung zu sichern. Hat doch der Verein das Gesetz auf Grund der Tatsachen und Fälle, mit denen er seine Erfahrungen gemacht hatte, entworfen und zur Annahme gebracht. Er mag wohl in Bezug auf Feststellung von Tatsachen einmal irren oder getäuscht werden, und das nachzuprüfen ist die Aufgabe des Gerichts. „In Bezug auf die Auslegung des Gesetzes aber", so sagt Benjamin Waugh, „auf seine Entstehung, auf die bereits gefällten richterlichen Entscheide, und deren Wert in der Praxis kann niemand ein so sicheres Urteil fällen wie der Verein".

Dieser Auffassung kann man nur beipflichten, wenn man hört, daß die englischen Gerichte wiederholt auf Anzeigen der Gesellschaft Frauen freigesprochen haben, die zu verschiedenen Malen ihre Kinder in der Nähe des offenen Feuers allein gelassen hatten, um sich in die Kneipe zu begeben, und deren Kinder in Folge dieser Fahrlässigkeit verbrannt waren. Nur energischen Maßnahmen des Vereins, der in einem dieser Fälle schließlich bis an die oberste Gerichtsbehörde ging, ist es zuzuschreiben, daß diese die betreffende Mutter als „schuldig" verurteilte, die trotz wiederholter Warnungen und Drohungen des Vereinsinspektors ihre Gepflogenheit selbst nicht änderte, nachdem ein Kind bereits ihrer Gewissenlosigkeit zum Opfer gefallen war und mit dem Tode für die Schuld der Mutter hatte büßen müssen.

Wenn eine Bestrafung der Eltern mit Haft vom Gericht angeordnet wird, sorgt der Verein für anderweitige Versorgung der Kinder durch Unterbringung in Anstalten oder Familienpflege; und zwar vorübergehend, wenn eine Besserung der schuldigen Eltern zu erhoffen ist. In Fällen schwerer Mißhandlung oder grober Vernachlässigung sorgt er dafür jedoch dauernd. Seit der Begründung der Gesellschaft (1884) hat diese mit 222.536 Fällen zu tun gehabt, von denen 206.000 das Eingreifen der Mitglieder erforderlich machten. Diese betrafen 573.325 Kinder und 285.636 schuldige Eltern oder Angehörige. Davon wurden 28.023 bei Gericht angezeigt und 26.649 verurteilt: und zwar zusammen zu 4.259 Jahren Gefängnis und 6.300 [£] (126.000 Mk.) Geldstrafe. Die im letzten Jahr verhängten Strafen betrugen 655 Jahre Gefängnis und 620 [£] (12.400 Mk.) Geldstrafe.

Diese auf weite Volkskreise abschreckend wirkenden Bestrebungen vereint mit der ausgedehnten, vorbeugenden und erzieherischen Arbeit des Vereins hat mit den Jahren eine Verminderung der Kindersterblichkeit - soweit sie Folge von Mißhandlung, Grausamkeit, Vernachlässigung ist - herbeigeführt. Dafür spricht jedenfalls auch die Tatsache, daß der Verein jetzt nicht mehr annähernd mit so vielen tödlich verlaufenden Mißhandlungen zu tun hat, wie in früheren Zeiten. Während vor 12 Jahren auf je 1.000 behandelte Fälle 18 mit tödlichem Ausgange kamen, stellte sich der Satz im letzten Jahr nur noch auf 7 von 1.000. Es soll denn auch häufig vorkommen, daß Richter während der Verhandlung zum Angeklagten sagen: „Wenn der Verein nicht auf sie aufmerksam geworden wäre, hätte es ihnen leicht passieren können, daß sie schließlich wegen eines weit schwereren Verbrechens, wegen Totschlages vor mir hätten erscheinen müssen." Darnach scheint der Glaube unter den Richtern Englands ganz gefestigt zu sein, daß der Verein zum Schutz der Kinder vor Mißhandlung manches Kinderleben dem drohenden Tod entrissen hat. Der über ganz England verbreitete Verein bedient sich für diese Arbeit außer der ehrenamtlich tätigen Mitglieder etwa 170 fest angestellter Inspektoren, deren Besoldung naturgemäß erhebliche Geldaufwendungen erforderlich macht. Die Vereinseinnahmen und Ausgaben stellen sich denn auch in einem Jahr auf mehr als 1 Million Mark, die durch die Privatwohltätigkeit aufgebracht werden. Das erscheint ungeheuer, wenn man bedenkt, wie viele Hände sich öffnen, wie viele Herzen sich für die besonderen Zwecke dieses Vereins erwärmen müssen, um diese Summe aufzubringen; aber gering und wenig, wenn man all die Städte, Straßen, Häuser und Wohnstätten zählt, in denen Kinderleid beseitigt wird, in denen Kindertränen gestillt, in denen Not und Verzweiflung verjagt werden.

Nun hat vor 4 Jahren die Bewegung in Deutschland und etwas später auch in Österreich eingesetzt, und in ähnlicher Weise wie in England eine rege Wirksamkeit zu entfalten versucht. Die Erfolge sind auch hier erfreulich, wenngleich sie sich ziffernmäßig nicht mit dem Vorbild der englischen Gesellschaft messen können. Für das Interesse, das diesen Bestrebungen entgegengebracht wird, zeugt, daß der deutsche Verein schon vor 3 Jahren ein Asyl für solche Kinder errichten konnte, die unverzüglich nach erfolgter Untersuchung des Falls von den Eltern entfernt werden müssen, und daß auch der österreichische Verein schon im zweiten Berichtsjahr in der Lage war, sechs Familienheime für je 8-10 Kinder zu eröffnen.

Aber die Tatsache, daß solche Vorkehrungen nötig waren, und daß auch hier - bald nach der Gründung der betreffenden Vereine - von allen Seiten Meldungen über Kindesmißhandlungen einliefen, ist nur ein Beweis dafür, welch unermeßlich großes Arbeitsfeld noch vor uns liegt; daß das Gebiet des Kinderschutzes uns beständig neue Aufgaben weist, daß auch bei uns das Häuflein der Getreuen und der Mitarbeiter noch viel zu klein ist. Wer bei der Schilderung der englischen Verhältnisse, der krassen Form der Kindervernachlässigung glaubt, wir Deutschen leben auf einem glücklicheren Landstrich, unter einer wärmeren Sonne, unter besseren Zuständen, der kann durch Verfolgung der schamlosesten Mißhandlungsfälle, über die der deutsche Verein regelmäßig in seinen „Mitteilungen“[3] berichtet, eines besseren belehrt werden.

Auch bei uns tut noch die große Erziehungsarbeit not, die nicht nur *alle* Eltern verhindern soll, Unrecht an ihren Kindern zu tun, sondern sie lehren, das Herz auf dem rechten Fleck zu haben, ihren Kindern eine gesunde und *glückliche* Kindheit zu sichern. Erst wenn diese Aufgabe gelöst ist, werden die Kinderschutzvereine keine Mißhandlungen mehr aufzudecken und zu ahnden haben, dann werden ihre Zwecke erfüllt sein.

Von dem Tag sind wir aber noch weit entfernt; darum heißt es: vorwärts und nicht müde werden!

[3] Mitteilungen des Vereins zum Schutz der Kinder vor Ausnutzung und Mißhandlung. Leipzig, Amthorscher Verlag

Zur Geschichte der Frauenbildung*

„*Halb*" das ist das Leitwort, das man den höheren Mädchenschulen mit auf den Weg gegeben hat. Wenn man verstehen will, wie die Frauenbildung in den engen Grenzen verharren konnte, die ihr bis an das Ende des 19. Jahrhunderts gesteckt waren, so muß man ihre Entwicklung kennen lernen. Dann nur kann man auch einen richtigen Maßstab an die notwendigen und möglichen Neuerungen legen. Mit Rücksicht auf die jetzt überall im Fluß befindlichen Reformen auf dem Gebiet der Mädchen-Erziehung wird der soeben erschienene dritte Band des *Handbuchs der Frauenbewegung*[1] deshalb die wertvollsten Dienste leisten. Der zuletzt erschienene Band, der den *Stand der Frauenbildung in den Kulturländern* darstellt, wird seiner Aufgabe in doppelter Beziehung gerecht: Die Übersicht über die *Entwicklung* der Frauenbildung in *Deutschland* muß jeden nachdenklichen Leser vor dem oberflächlichen Radikalismus schützen, ausländische Systeme ohne weiteres auf deutsche Verhältnisse übertragen zu wollen. Die von Fachautoritäten der anderen Kulturländer geschriebenen Abhandlungen über den Stand des dortigen Bildungswesens werden aber dazu beitragen, vielerlei Anregungen für die Fortführung der deutschen Reformen zu geben und den einseitigen Glauben an die absolute Giltigkeit der heimischen Anschauungen über Frauen- und Mädchenbildung zu korrigieren.

Die Geschichte der Frauenbildung in Deutschland ist von *Gertrud Bäumer* geschrieben.

Wenn man an der Hand ihrer Ausführungen die Geschichte der Mädchenbildung vom Mittelalter an verfolgt - von der Zeit, da die Frauenklöster die ersten Stätten des Unterrichtswesens waren -, so kann man *zwei große Perioden* darin unterscheiden. Zunächst die Zeiten, in denen die gesamte Frauenbildung auf ein gleichartiges Niveau gestellt war und sich in so elementaren Grenzen hielt, daß eine *einheitlich gedachte Schule für die Mädchen aller Stände* - soweit überhaupt ein Bildungsbedürfnis bei ihnen vorlag - für ausreichend erachtet wurde. Diese weltlichen Schulen, die sich ausgangs des Mittelalters neben die Klosterschulen stellten, tragen zunächst einen *privaten* Charakter. Zu einer öffentlichen Angelegenheit wurde die Mädchenbildung erst durch die *Reformation.* Diese hatte eine neue Wertung des Hauses als Kulturstätte geschaffen, und daraus ergab sich auch die Notwendigkeit einer Bildung für die Frauen des Volkes, die das Hauswesen und die Erziehung der Kinder zu leiten hatten. Die Bildung, die diese Schulen vermittelten, war nicht sehr weitgehend. Sie bestand allgemein im Lesen, manch-

---

* Ethische Kultur, 11. Jg., Nr. 13, 28. März 1903, S. 99-100

[1] Herausgegeben von Helene Lange und Gertrud Bäumer, W. Moeser, Berlin 1902. Der Stand der Frauenbildung in den Kulturländern.

mal auch im Schreiben; Religion war überall Unterrichtsgegenstand. Aber die Schulpflicht war natürlich nur eine moralische, und so kann von einer allgemeinen Frauenbildung in jener Zeit noch nicht die Rede sein. Bemerkenswert ist, daß man damals überall getrennte Mädchenschulen verlangte, und daß man auch den Unterricht der Mädchen durchweg in die Hände von Frauen legte; das wurde für naturgemäß und ziemlich angesehen. Doch kann man die Fähigkeiten dieser Lehrerinnen zum Unterricht recht wohl anzweifeln. Der Maßstab für die Befähigung zu diesem Amt ist bescheiden: „eine ehrliche, unberüchtigte, fromme Matrone" wird gefordert.

Immerhin hat die Reformation den Fortschritt der prinzipiellen Übertragung des Schulwesens an die weltlichen Behörden gebracht, wenn auch deren Fürsorge für die Mädchenbildung gering blieb und zahlreiche private Winkelschulen, die den Mädchenunterricht zum Gegenstand kaufmännischer Spekulationen machten, sich daneben entwickelten.

Auch das 17. Jahrhundert mit seiner inneren Zerrissenheit konnte einer Entwicklung der [Frauenbildung] in Deutschland nicht förderlich sein. So trat denn erst im 18. Jahrhundert eine *Gliederung der Mädchenbildung* in zwei große Abteilungen ein, und damit beginnt die zweite bedeutungsvolle Epoche, die bis heute für die Entwicklung der Mädchenbildung maßgebend geblieben ist: Die Spaltung in die Mädchen-Volksschule und die sogenannte höhere Mädchenschule. Die *Mädchen-Volksschule* nimmt ihre Entwicklung entsprechend der Ausgestaltung der Volksschule überhaupt, in die sie sich vollständig eingliedert, und so hat der Unterricht dieser Mädchen denn Teil genommen an den großen Fortschritten, die das 18. Jahrhundert auf diesem Gebiet brachte und die den Mädchen teilweise *besonders* zu Gute kommen. Für die Mädchen hatte die *Einführung des Schulzwanges* besondere Bedeutung, denn die elementare Mädchenbildung wurde dadurch der Willkür der Eltern entzogen und auf eine gesicherte Grundlage gestellt. Die Mädchenvolksschule zog ferner Vorteil aus dem Interesse der preußischen Herrscher, aus der Erklärung der Schulunterhaltskosten als Sache der Gemeinde und des Staates und aus den Veranstaltungen zur Heranbildung eines geeigneten *Lehrerstandes* durch Seminare. Und endlich gelangt die Idee der Volksmädchenschulen zur vollen Durchführung, als die *Unentgeltlichkeit des Volksunterrichts* ausgesprochen wird. Wenn hier die Mädchenbildung der Knabenbildung gegenüber hauptsächlich darunter leidet, daß man für einen geeigneten Unterricht von *weiblichen Lehrkräften* erst spät Sorge zu tragen begann, und daß auf diesem Gebiet noch heute große Mängel bestehen, so hat die Entwicklung der höheren Mädchenschule ein viel wechselvolleres Schicksal gehabt.

Die höhere Mädchenschule ist entstanden aus dem Bedürfnis des Beamtenstandes, der im 18. Jahrhundert eine bedeutsame Rolle in den deutschen Städten einzunehmen begann. Die Kultur, durch die sich diese Gesellschaftskreise von anderen unterschieden, schuf das Bedürfnis nach Bildungsanstalten für die Mädchen, in denen diese eine Reihe äußerer Fertigkeiten erlernen konnten. Nicht ein

Bedürfnis nach tieferer Bildung, sondern nach einer Scheinkultur war es, das der höheren Mädchenschule den Charakter aufdrückte; und obwohl verschiedentlich kurze Epochen den Frauen ein höheres geistiges Streben und bessere Bildungsmöglichkeiten gegeben haben, bleibt die *allgemeine* Richtung sowohl bei den theoretischen Erörterungen der Pädagogen, als bei der praktischen Ausgestaltung der höheren Mädchenschule beherrscht von dem Gedanken, daß das Mädchen nur erzogen werden soll, *um dem Mann zu gefallen.* „Die Bestimmung der Frau geht auf in ihrer Beziehung zum Manne, sie ist glücklich nur dadurch, daß und insofern sie den Mann glücklich macht, deshalb ist in ihrer Erziehung diese Relativität ihres ganzen Lebens zum Ausgangspunkt zu machen." Die Frau soll soviele Fertigkeiten erlernen, „daß ihre Unfähigkeit nicht störend auffällt, aber nichts, was zur geistigen Selbständigkeit führen könnte." Basedow will, daß sie soviel verstehen lerne, „um dem zufälligen Beurteiler keinen Ekel zu erwecken." Campe geht sogar so weit, daß er das Weib „schwach, klein, zart, empfindlich, furchtsam, kleingeistisch", den Mann dagegen „stark, fest, kühn, ausdauernd, hehr und kraftvoll an Leib und Seele" haben will. Und wenn nun auch das 19. Jahrhundert durch die geistigen Strömungen zu einer größeren Würdigung und zu einem feineren Verständnis der Frau nach ihrem Wesen und ihren Aufgaben führte, so bleibt doch das Leitmotiv in der Organisation der höheren Mädchenschule bis in die 60er Jahre hinein dasselbe. Als Grundlage des Schulplans ist die psychologische These angenommen, *„daß das Weib alles mehr durch Sinn und Gefühl, als durch den reflektierenden Verstand auffaßt".* Das blieb einheitlich trotz der großen Mannigfaltigkeit der Schulen, die von privater Seite in den Städten gegründet wurden und die sich rasch vermehrten. Von staatlicher Seite war bis um die Mitte des 19. Jahrhunderts fast nichts für die höhere Mädchenbildung geschehen.

In der *wirtschaftlichen Umwälzung*, die auch die Anteilnahme der Frau am *Berufsleben* in den Vordergrund des allgemeinen Interesses stellte, müssen die bestimmten Triebkräfte zu suchen sein, die schließlich die Entwicklung der höheren Mädchenbildung in den letzten Jahrzehnten teilweise umgestalteten. An diese Verhältnisse knüpft die *Frauenbewegung* an. „Ihr war die wirtschaftliche Frauenfrage nur ein äußeres Symptom für eine Entwicklung, die auf allen Gebieten des geistigen und sozialen Lebens eine neue Arbeitseinteilung der Geschlechter herbeiführen, die der Frau volles Bürgerrecht und volle Bürgerpflicht in der geistigen und sozialen Kultur ihres Volkes geben mußte." Ulrike Henschke, Luise Büchner, Tinette Homberg haben zuerst den Kampf gegen die einseitig „ästhetische Bildung" aufgenommen, und ihre Forderungen fanden auch bei den Männern, die ausschlaggebenden Einfluß hatten, Widerhall, soweit es sich um die Erfüllung dreier Grundbedingungen handelte: Um Vereinheitlichung der Organisation, um eine klar umgrenzte Stellung der höheren Mädchenschule im staatlichen Unterrichtswesen und um einen aus beiden notwendig sich ergebenden, festformulierten Lehrplan. So haben denn Lehrer und Lehrerinnen teilweise gemeinsam für diese Reformen agitiert, die nach und nach ihrer Erfüllung näher gebracht worden sind. Den Frauen dagegen, namentlich den Lehrerinnen, blieb es überlassen, für die Einführung einer *Oberlehrerinnen-Prüfung, für die Eröffnung gymnasialer Bildungsanstalten und der Universitäten* zu wirken. *Helene Lange* muß als Führerin dieser Bewegung genannt werden. Aber trotz dieser Zugeständnisse des letzten Jahrzehntes ist die *höhere Mädchenschule* noch immer ein Schmerzenskind aller derer geblieben, die für die verbesserte Frauenbildung zu wirken bestrebt sind. Auch hier soll eine Reform im Gange sein. Das Handbuch der Frauenbewegung teilt darüber mit, daß das preußische Unterrichtsministerium beabsichtigt, der höheren Mädchenschule *„den realistischeren Charakter zu geben, durch den sie mit den Interessen und Triebkräften unserer modernen Kultur in Einklang gebracht werden kann"*. Die Ausdehnung des Kursus auf 10 Jahre und die Möglichkeit einer Abschlußprüfung sollen der höheren Mädchenschule den Charakter der *„höheren Lehranstalt"* sichern. Der Lehrkörper soll dann auch diesen erhöhten Bedürfnissen angepaßt werden.

Die Kenntnis des ausländischen Bildungswesens, die gleichfalls durch das Handbuch vermittelt wird, kann bei der Aufstellung von Zielen und Wegen immerhin sehr förderlich sein. Vorbildlich nach mancher Richtung wird das *amerikanische Unterrichtswesen* den Frauen erscheinen, das eine volle Gleichstellung der Bildungsmöglichkeiten für beide Geschlechter zeigt. Das öffentliche Schulwesen Amerikas ist mit einer Pyramide zu vergleichen, die aus den Elementarschulen mit 8jährigem Kursus, den höheren Schulen und zuletzt den Universitäten mit je 4jährigem Kursus aufgebaut ist. Jeder Staat gewährt diese Bildungsmittel jedem seiner Kinder unentgeltlich; weder durch das Geschlecht noch durch die Angehörigkeit zu irgend einer Gesellschaftsklasse wird das Recht auf Bildung beschränkt. Die Frauen machen denn auch lebhaften Gebrauch von diesen Einrichtungen. Hier ist der Kampf der Frau um das Recht auf Bildung überflüssig geworden.

Verhältnismäßig am nächsten stehen diesen Verhältnissen die Grundsätze der *skandinavischen Länder*. Auf dem Wege zur Gleichstellung im Unterrichtswesen befinden sich die Frauen *Englands*, die sich allerdings Schritt für Schritt den Weg ebnen müssen. Bemerkenswert ist auch das *ungarische Unterrichtswesen*, und zwar namentlich durch den obligatorischen Besuch der *Kindergärten* für Kinder vom 3. Jahre an. Nur Kinder, die nachweisbar unter elterlicher Aufsicht stehen, können von diesem Zwang befreit werden. Durch diese Einrichtung ist einerseits den Kindern der arbeitenden Klassen Schutz und Aufsicht während der Tagesstunden gesichert, andererseits haben zahlreiche Frauen in der Lehrthätigkeit an diesen Anstalten ein sehr geeignetes Wirkungsfeld gefunden. Die Lehrkräfte für die Kindergärten werden in besonderen Vorbereitungsanstalten ausgebildet, und der Andrang zu diesem Berufe ist ein so großer, daß in den letzten Jahren einige Vorbereitungsinstitute geschlossen wurden, um dadurch den Zuzug weiterer Kräfte etwas einzudämmen. Im Jahre 1898 bestanden etwa 12 derartige Präparandien mit 101 Lehrkräften und 651 Schülerinnen, 1900 nur 10 Anstalten mit 562 Schülerinnen. Eine ähnliche Vorsorge, wie für die vorschulpflichtige Jugend, finden auch die *schulentlassenen Kinder.* Der Leiter des ungarischen Unterrichtswesens hat die Gründung von *Jugendvereinen* angeordnet, welche die aus der Schule entlassene Jugend zu geistiger Thätigkeit weiter anregen sollen. Mitglied kann jedes 15jährige Kind werden und bis zum vollendeten 21. Lebensjahr bleiben. In den Staatsschulen sollen für diese Kinder mehrmals wöchentlich Zusammenkünfte veranstaltet werden. Lehrer und Lehrerinnen sollen für geistige Anregung durch Vorträge, Gründung von Jugend-Liedertafeln, Bibliotheken und dergleichen sorgen. Diese neue Einrichtung dürfte von so kultureller Tragweite sein, daß ein Aufgreifen dieses Systems von anderen Staaten dringend zu wünschen ist.

Ein anderes Ideal, dem nachgestrebt werden muß, findet sich in der *Schweiz* verwirklicht: die *Einheitsschule für Kinder aller Klassen*, die volle Unentgeltlichkeit des Unterrichts, auch in den höheren Schulen, sowie die unentgeltliche Abgabe von Lehrmitteln und Schul-Materialien an alle Schüler. Hierdurch, wie durch Verleihung von Stipendien an bedürftige Schüler wird in manchen Kantonen auch dem ärmsten Kinde eine höhere Bildungsmöglichkeit geschaffen. Vielfach findet hier der Unterricht für Knaben und Mädchen gemeinsam statt. Auch die höchsten Unterrichtsanstalten, die Universitäten, haben sich den Frauen in der Schweiz verhältnismäßig früh geöffnet, und auch jetzt gehen sie den meisten europäischen Ländern damit voran, daß sie Frauen zur Bekleidung *akademischer Ämter* heranziehen. Mehrere Frauen haben sich als Privatdozentinnen an den Schweizer Universitäten niedergelassen.

Solche Zugeständnisse haben die Frauen in Deutschland sich noch nicht erringen können. Alte Traditionen und Vorurteile versperren ihnen noch den Weg zu voller Anteilnahme an der geistigen Kultur. Aber eine Bresche nach der andern wird in den Zaun geschlagen und jede wertvolle wissenschaftliche Leistung von Frauen wird zu weiteren Errungenschaften führen. Bewährter Tüchtigkeit muß es schließlich gelingen, die Thüren zu öffnen, die heute den Frauen noch verschlossen sind.

Politik und Frauenbewegung*

Bei der großen Bewegung, die alle Klassen und Parteien des deutschen Volkes zur Zeit erfaßt hat, müssen die Frauen zur Seite stehen. Sie können bei den Wahlen ihre Stimmen nicht mit in die Waage werfen; denn der Besitz des „allgemeinen" Wahlrechts ist den Geisteskranken, Verbrechern und Frauen nicht zuerkannt. Wer mit starken politischen Instinkten begabt ist, muß diese erzwungene Passivität angesichts der schweren Konflikte, die das letzte Jahr im parlamentarischen Leben gezeigt hat, doppelt schmerzlich empfinden. Aber nicht bei allen Gelegenheiten wird den deutschen Frauen im öffentlichen Leben das thatenlose Zuschauerdasein zudiktirt. Man hat es als Tugend gepriesen und als Pflicht gefordert, daß sie in Kriegszeiten ihre Kraft und ihr Vermögen für den Dienst an den Verwundeten, für das Wohl des Vaterlandes einsetzten.

Die Noth *unserer Zeit* hat den Frauen andere Aufgaben gestellt. Für sie gilt es, soziale Klassengegensätze zu mildern, soziale Reformen durchführen zu helfen, den Frauen der bürgerlichen Kreise das Recht auf Bildung und freie Berufsthätigkeit zu sichern, die proletarischen Volksgenossinnen vor Unterdrückung und Rechtlosigkeit zu schützen. Es gilt mitzukämpfen, überall wo die geistige Freiheit des Volkes, wo seine wirtschaftliche Macht bedroht erscheint; wo es sich darum handelt, für alle Glieder des Volkes Gleichberechtigung im wirthschaftlichen oder politischen Leben zu erlangen.

Bei all diesen Bestrebungen können die Frauen aber des Interesses und der Unterstützung des Parlaments nicht entrathen. Das sollte sie veranlassen, den *Wahlvorbereitungen* nicht theilnahmslos und gleichgültig gegenüber zu stehen. Können sie auch nicht direkt - durch Stimmabgabe am Wahltag - für Kandidaten eintreten, mit deren politischen Ideen sie übereinstimmen, so können sie doch bei der Agitation ihren Einfluß geltend machen. Und in kritischen Zeiten sollte auch die unscheinbarste Arbeit nicht zu gering erachtet werden.

Bisher hat in Deutschland nur die *sozialdemokratische* Partei sich in erheblichem Umfang um die Unterstützung und Anhängerschaft der Frauen bemüht. Daß sie dabei erfolgreich gewesen, beweist die große Zahl von Frauen, die man in den Versammlungen der Partei - nicht nur in den Großstädten - antrifft, und die aufopfernde Thätigkeit von viel beschäftigten Arbeiterfrauen und Arbeiterinnen bei der Vertheilung von Flugblättern, bei den Wahlvorbereitungen, bei der Sammlung von Geldern u. dergl. m. Sicherlich dürfte das lebhafte Interesse der Frauen dieser Kreise dazu beitragen, manchen lauen, gleichgültigen Wähler zur Erfüllung seiner politischen Pflichten zu veranlassen. Die *bürgerlichen* Parteien Deutschlands haben sich - von ganz vereinzelten Ausnahmen abgesehen - um die Mitar-

* Die Nation, 20. Jg., Nr.33, 16. Mai 1903, S. 514-517

beit der Frau bisher nicht bemüht. Nur zu festlichen Veranstaltungen hat man sie hier und da zugelassen. Die beschränkenden Bestimmungen des Vereins- und Versammlungsrechtes mögen in einer Reihe von Bundesstaaten dafür mitbestimmend gewesen sein. Ausschlaggebender sind aber wohl traditionelle Anschauungen über die Grenzen der weiblichen Sphäre; die in Deutschland ganz besonders stark ausgeprägte Furcht vor dem Eindringen der Frau in neue Wirkungskreise, vor ihrer Antheilnahme am öffentlichen Leben. Schließlich mag auch das bisher wenig zu Tage getretene Interesse der bürgerlichen Frauen an politischen Vorgängen dazu beigetragen haben, daß man sie als quantité négligeable einschätzte. Die mangelnde Initiative der Frauen selbst erklärt sich aber aus der Stellung der deutschen Frau. Zu lange ist sie allein auf die Thätigkeit im eigenen Haus angewiesen worden, und als sie dieses Gebiet zu erweitern strebte, mußte sie sich naturgemäß um die Eröffnung neuer Erwerbszweige, höherer Bildungsmöglichkeiten bemühen, ehe sie sich sozialen und politischen Bestrebungen zuwenden konnte.

Erst allmählich konnte die Frauenbewegung breitere Frauenschichten zu der Erkenntniß führen, daß Frauenwohl und Gemeinwohl untrennbar miteinander verknüpft sind. Ein politisches Interesse beginnt zu erwachen, nicht nur aus dem Gedanken heraus, daß die besonderen Forderungen der Frauen zunächst nur durch die Volksvertretung Erfüllung finden können; sondern auch weil die Frauen erkannt haben, daß alle politischen Fragen *auch* Frauenfragen sind; daß die Frauen als *Bürgerinnen* an allem, was die *Wohlfahrt des Landes* betrifft, mitbetheiligt sind. Von der Stellungnahme der bürgerlichen Parteien zu diesem erwachenden politischen Geist der Frauen, von ihrer Förderung wird es abhängen, in welcher Richtung sich das politische Leben der deutschen Frauen im nächsten Jahrzehnt bewegen wird.

Verschiedene Möglichkeiten sind - nach den Erfahrungen im Ausland - dafür gegeben. Wird der Gedanke an die gemeinsamen Interessen der männlichen und weiblichen Bürger von einigen politischen Parteien aufgegriffen, so werden die Frauen für die *Vertretung und Verbreitung der verschiedenen Parteibestrebungen* gewonnen werden. Erkennen die Parteien als solche die Nothwendigkeit politischer Bethätigung der Frauen nicht an, so dürften die Frauen dazu gedrängt werden, ihren politischen Einfluß da geltend zu machen, wo sie *Förderung der Frauenbestrebungen davon erhoffen können.*

Das Eintreten der Frauen für das Programm verschiedener politischer Parteien hat besonders in England zu eigenartigen Organisationen geführt. Die politischen Frauenvereine in England arbeiten ganz unabhängig von der Frauenbewegung, wenn auch vielfach eine Personalunion der Führerinnen besteht. Allerdings sind sie auch entstanden, um die Frauen zur Antheilnahme am politischen Leben zu erziehen, für die Ausübung des Stimmrechts vorzubereiten; und insofern sind sie doch als Frucht der Frauenbewegung zu bezeichnen.

Diese Vereine wurden in den achtziger Jahren gegründet, damit die Frauen an der nationalen Politik Theil nehmen können. Sie sind durchaus *Parteiorganisationen.* Die Women's Primrose-League, die ein Zweig der konservativen Partei ist und ausschließlich deren Zwecke durch Versammlungen und durch Unterstützung der Wahl konservativer Kandidaten verfolgt, umfaßt mehr als 1˘ Millionen Frauen. Ihre Bedeutung für die Wahlagitation soll sehr groß und allgemein anerkannt sein.[1]

Nicht ganz so ausschließlich hat sich die Women's Liberal Federation in den Dienst der liberalen Partei gestellt. Sie verfolgt die Vertretung und Verbreitung liberaler Grundsätze. Neben den Hauptforderungen der Partei (allgemeines Stimmrecht, Reform des House of Lords) vertritt sie die Forderung einer „*gerechten Gesetzgebung für Frauen und Kinder*". Hier handelt es sich also um eine *selbständige* Bethätigung der Frauen, die sich aber an parteipolitische Bestrebungen anschließt. Aus diesem Vorgehen haben sich allerdings allerlei Schwierigkeiten ergeben, die den Frauen aller Länder bei einem unabhängigen Eintreten für politische Fragen nicht erspart bleiben können. Es ist seit der Gründung der Liberal Federation ein strittiger Punkt geblieben, wie weit die besonderen Frauenforderungen für die politische Agitation maßgebend gemacht werden sollen. Namentlich wird immer wieder erörtert, ob man für einen Kandidaten eintreten soll, auch wenn man weiß, daß er gegen das Frauenstimmrecht ist.

Bisher hat die Forderung „women's suffrage a test question" noch nie die Mehrheit in der Frauenliga gefunden. Wohl sind die Mitglieder derselben persönlich alle Anhänger des Frauenstimmrechts und Mitglieder der Stimmrechtsvereine; aber als *Partei,* aus taktischen Gründen will man das Eintreten für einen liberalen Kandidaten nicht davon abhängig machen, trotzdem die liberale Föderation der Männer schon mehrmals Resolutionen zu Gunsten des Frauenstimmrechts gefaßt hat. Um die Geschlossenheit des Vorgehens zu wahren und zu sichern, soll überhaupt „keine einzelne Frage im Programm der Women's Liberal Federation zur ‚test question' dafür gemacht werden, ob ein liberaler Kandidat die offizielle Unterstützung erhalten solle oder nicht". Die Begründung für diesen auf einer der letzten Generalversammlungen gefaßten Beschluß ist charakteristisch für die politische Reife und den Gemeinsinn der in der Föderation organisirten Frauen. Es heißt darin:

„Viele von uns haben ein starkes Interesse für irgend eine besondere Reform, aber unsere Hingebung an den Liberalismus sollte so stark sein, daß wir uns weigern, einen Kurs einzuschlagen, der den Erfolg unserer liberalen Kandidaten schwächen würde. - - Als treue Anhänger unserer liberalen Prinzipien müssen wir uns gegen alles verwahren, was dazu führen könnte unsere Sache zu schwächen, und ich frage die hier versammelten Frauen, ob es je eine Zeit in der Geschichte unserer Politik gegeben hat, wo es nöthiger war, daß wir das ganze Gewicht

[1] Vergl. Gertrud Bäumer im Handbuch der Frauenbewegung. Verlag W. Moeser, Berlin 1901

unseres Einflusses in die Waagschale werfen zu Gunsten der Männer, die wir wahre und eifrige Liberale nennen können, selbst wenn sie nicht in jedem Punkte mit uns übereinstimmen.“ [2]

Erst wenn keine brennende Frage, die für das Wohl und Wehe des Landes ausschlaggebend ist, die Wahlen beherrscht, soll das Eintreten für das Frauenstimmrecht als Bedingung für die Unterstützung der Kandidaten von Seiten der Frauenvereinigung aufgestellt werden. Aber über den *allgemeinen Interessen* werden die besonderen *Frauenforderungen* nicht vergessen. Sie werden in durchaus selbständiger Weise von der Förderation propagirt, die dauernd bemüht ist, ihnen Anhänger und Vertreter im Parlament zu gewinnen.

Den entgegengesetzten Weg hat die junge *österreichische Frauenbewegung* eingeschlagen, als sie sich vor den letzten Wahlen (1900/1901) zu politischer Bethätigung und zur Theilnahme am Wahlkampf gedrängt sah. In Wien ist die Frau im politischen Leben keine neue und ungewohnte Erscheinung. Seit langem hat die *christlich-soziale Partei* sich von allen konservativen Bedenken gegen die Emanzipation der Frau frei gemacht, d.h. soweit diese Emanzipation dazu dienen kann, die Zwecke der Partei zu fördern. Sie hat eine kräftige Frauenorganisation geschaffen, für deren öffentliches Eintreten absolut keine konservativen Grundsätze gelten. Hier bestätigt sich die alte Erfahrung, daß reaktionäre Gewalten zu Zeiten fortschrittlicher auftreten als aufgeklärte und moderne Korporationen; allerdings um durch diesen „Fortschritt“ ihre reaktionäre Position zu stärken. Mit welchem Eifer die klerikalen Parteien in Österreich die Frauen für ihre Zwecke dienstbar zu machen versuchen, das geht aus einer Rede hervor, die der Wiener Bürgermeister *Lueger* in einer der christlich-sozialen Frauen-Wahlversammlungen bei Gelegenheit der letzten Reichsrathswahlen hielt.

„Daraus, daß ich kaum mehr Männerversammlungen abhalte“ - so sagte Lueger - „sondern fast nur Frauenversammlungen einberufe, können Sie ersehen, was für einen großen Werth ich auf Ihre Agitation im Wahlkampf lege. Daß ich Bürgermeister von Wien geworden bin, verdanke ich Ihnen, und es hängt wieder nur von Ihnen ab, daß ich jetzt wieder in den Reichsrath gewählt werde. Sie müssen täglich und stündlich agitiren, nicht nur bei Ihren Bekannten, sondern auch in der Früh beim Einkaufen; und da darf der Herr Gemahl nicht bös sein, wenn Sie auch eine halbe Stunde länger ausbleiben. Und da müssen Sie den Kaufleuten sagen, bei denen Sie einkaufen, daß sie die christlichen Abgeordneten wählen müssen, sonst entziehen Sie ihnen die Kundschaft und Sie werden schon aufpassen im Wahllokal, ob sie wirklich christlich wählen, müssen Sie ihnen sagen. Und am Wahltag, da gibt's überhaupt kein Kochen, da gehört die Frau nicht ins Haus, da gehört sie einzig und allein der Agitation.“

Angesichts dieses Liebeswerbens von Seiten einer Partei, die *für die wirth-*

[2] Vergl. Gertrud Bäumer in „Die Frau“, Febr. 1901

schaftliche und rechtliche Befreiung der Frau aber auch gar nichts übrig hat, die mit aller Macht *gegen* jede Besserung der Lage der Frauen arbeitet, ist es begreiflich, wenn die österreichische *Frauenbewegung* das Eintreten der Frauen in die Arbeit einzelner politischer Parteien überhaupt ablehnt und den Versuch macht, als *unabhängige feministische Gruppe* sich in den Dienst bestimmter *Kandidaten* zu stellen, die sich verpflichten - gleichviel welcher Partei sie angehören - für die Forderungen der Frauenbewegung einzutreten.

Dieses Vorgehen, das vom Standpunkt der Frauenbewegung auf den ersten Blick etwas außerordentlich Verlockendes hat, muß zu schweren Konflikten führen. Das haben die Wahlversammlungen, zu denen die bürgerlichen Frauenrechtlerinnen Österreichs vor der letzten Wahlkampagne eingeladen hatten, gezeigt. Die *Sozialpolitiker* und die *Liberalen* zeigten wenig Interesse und Entgegenkommen für die Frauenforderungen, und so wurde denn nur in einem Kreis das Eintreten der Frauen für den sozialpolitischen Kandidaten, in einem anderen für den sozialdemokratischen beschlossen.

Hier steht die *politisch denkende Frauenrechtlerin* vor einem Zwiespalt. Soll sie - um ihren Wünschen für die Frauenbewegung zur Erfüllung zu verhelfen - ihre politische Überzeugung unterdrücken, „an den Meistbietenden verkaufen", oder in einer für ihr Vaterland kritischen Situation sich versagen, an ihrem Theil für das Wohl des Staates mitzuwirken? Soll sie darauf verzichten, den Fraueninteressen im Parlament eine Vertretung zu sichern?

Auch die *deutschen Frauen* werden in einer oder der anderen Weise sich in dieser Frage entscheiden, vielleicht zunächst nur vereinzelt, aber sicherlich in einflußreicher Zahl im Laufe der nächsten Jahre. Werden sie sich zu bedingungslosen Mitläufern und Handlangern machen lassen wie die christlich-sozialen Frauen Österreichs? Sollen die Anhängerinnen der Frauenbewegung als geschlossene Gruppe denselben Weg beschreiten, den die bürgerlichen Frauenrechtlerinnen Österreichs zu gehen versucht haben, oder wollen sie wie die Frauen Englands, für das Programm einzelner Parteien unter Wahrung ihrer Sonderinteressen eintreten, jedoch ohne diese in schwierigen Zeiten in den Vordergrund zu stellen?

Der letzte Weg scheint mir nicht nur der beste, er scheint auch unter deutschen Verhältnissen der gegebene zu sein.

Die Gefahr, daß die Frauen sich zu allzugefügigen, *bedingungslosen Instrumenten einer Partei* machen lassen, ist nicht allzu groß. Haben doch selbst konfessionelle Vereinsbildungen, wie der deutsch-evangelische Frauenbund, dessen Mitglieder sich ganz vorwiegend aus *konservativen Kreisen* rekrutiren, dank einer klugen und energischen Leitung die Stellung maßgebender Persönlichkeiten dieser Kreise zur Frauenfrage erheblich beeinflußt. Sie haben gezeigt, daß sie eigene Wege einzuschlagen im Stande und entschlossen sind. Das Eintreten der *organisirten bürgerlichen Frauenbewegung für einzelne Kandidaten*, die Bildung einer unabhängigen politischen Frauenpartei zur Unterstützung von Kandidaten, die sich auf das Programm der Frauenbewegung verpflichten, dürfte aber in Deutschland, wo die Frauenbewegung viel verbreiteter und gefestigter ist als in Österreich, wenig Aussichten haben. Der Bund Deutscher Frauenvereine zählt Mitglieder wohl aus allen politischen Kreisen, und zwar viele Mitglieder, deren starke politische Instinkte durch ernste Arbeit im öffentlichen Leben sich zu gefestigten politischen *Überzeugungen* entwickelt haben. *Diese* Frauen werden bei aller Hingebung für die Frauensache *keinen Pakt mit politisch Andersgläubigen schließen können*. Und deshalb würde ein solcher Versuch eine Gefahr für die deutsche Frauenbewegung bedeuten. Die organisirte Frauenbewegung *als solche* muß sich meines Erachtens den Wahlvorbereitungen gegenüber passiv verhalten; die *einzelne Anhängerin* der Bewegung kann und sollte aber für ihre politischen Überzeugungen eintreten. Dabei braucht sie auf die Vertretung weiblicher Sonderinteressen nicht zu verzichten; nur wird es von dem Grad ihres Verständnisses für die politische Situation abhängen, wie weit sie damit im Augenblick zweckmäßiger Weise gehen kann. Ihre Bewerthung von Gemeinwohl und Frauenwohl wird ihr dabei die Wege weisen.

Diese *Einordnung* der deutschen Frau in die Parteiarbeit bei voller Betonung ihrer selbständigen Interessen ist kein Zukunftsbild. Sie hat sich in der sozialdemokratischen Partei eingebürgert, und hier - wo man den Frauen volle Gleichberechtigung für die politische Arbeit zubilligt, wo man seit Jahren einen Platz im Parteivorstand einer Frau einräumt, haben die Frauen volles Verständniß dafür gezeigt, wie weit sie mit der Vertretung ihrer Sonderinteressen gehen dürfen, ohne die Gesammtinteressen des Proletariats zu gefährden. Auf der letzten Konferenz der sozialdemokratischen Frauen Deutschlands wurde eine Resolution angenommen, die nachdrücklich verlangt, daß die Forderung des Frauenwahlrechts in Staat und Gemeinde in der Agitation der Partei betont werde. Aber es heißt weiter: „die Forderung kann jedoch nur als ausschlaggebender Punkt des jeweiligen Aktionsprogramms in diesen Kämpfen mit in den Vordergrund gestellt werden, wenn dadurch *die Erweiterung und Sicherung des politischen Rechtes der Arbeiterklasse nicht gefährdet wird*."

Mit diesem Vorgehen haben die sozialdemokratischen Frauen dieselbe Richtung eingeschlagen, wie die liberale Frauenförderation Englands.[3] Einzelne bürgerliche Frauenrechtlerinnen scheinen gleichfalls sich für die Taktik entschieden zu haben, sich ihren Überzeugungen entsprechend einzelnen Parteien zur Verfügung zu stellen.[4] Wie weit sie ihr Eintreten von Zugeständnissen der Parteien an

[3] Das wird durch die Tatsache von der soeben erfolgten Gründung eines „Sozialdemokratischen Wahlvereins der Frauen für Berlin und Umgegend", bestätigt. Zweck des Vereins ist die Agitation für die Reichstagswahl 1903.

[4] Der deutsche Verein für Frauenstimmrecht (Vorsitzende Fräulein Dr. Augspurg) hat einen Aufruf veröffentlicht, in dem er die Frauen zur Mitarbeit bei den politischen Parteien auffordert.

die Frauenbewegung abhängig machen, ist meines Wissens noch nicht bekannt geworden. Aber es ist wahrscheinlich, daß die Mehrzahl dieser Frauen nicht mit einem großen Verzicht auf die Frauenforderungen rechnen muß. Ist doch die Frauenbewegung das Produkt einer individualistischen, liberalen Zeitströmung, eine Bewegung mit durchaus fortschrittlichen Tendenzen, die nur aus einer modernen Weltanschauung erwachsen kann. Es ist der Glaube an das Recht der Selbstbestimmung, an den Segen der individuellen Freiheit, der die Frauen seit vier Jahrzehnten die Befreiung von geistigen, wirthschaftlichen und rechtlichen Fesseln anstreben läßt. Die Frauenbewegung *ist auf demselben Boden entsprossen, aus dem auch der politische Liberalismus ursprünglich seine Nahrung sog;* und diese Beziehung in den Grundlagen und Tendenzen, die Ähnlichkeit der Weltanschauung wird naturgemäß die Anhängerin der Frauenbewegung auch zumeist den liberalen Parteien zuführen. Nicht, weil sie dort vor allem Förderung für die Frauensache erhoffen kann, aber weil die Weltanschauung, die sie sich im Kampf für das Recht der Frau erworben hat, sie auch in politischer Beziehung nur auf fortschrittliche Bahnen drängen kann. In den liberalen Parteien aber wird ein Verzicht auf die Verfolgung der modernen Fraueninteressen der politisch thätigen Frau nicht aufgenöthigt werden. Es würde den Grundsätzen des Liberalismus Hohn sprechen, wenn er nicht auch in Bezug auf die Stellung der Frau die von unserer Zeit bedingten Forthschritte erstrebte. Und wenn es auch in diesen Kreisen sicherlich noch nicht an der Zeit ist, das Frauenstimmrecht zur „test question" zu machen, so wird doch der Konflikt zwischen Politik und Frauenbewegung auf das geringste Maß beschränkt werden, wenn die Antheilnahme der Frauen am politischen Leben die Entwicklung nimmt, die sich aus dieser Betrachtung als die wahrscheinlichste ergeben hat. Dann wird der Kampf um einen freiheitlichen modernen Geist in Gesetzgebung und Verwaltung unseres Landes nicht nur von Mitarbeitern ohne Unterschied des Berufs, des Standes, der Religion geführt werden, sondern auch von Anhängern ohne Unterschied des Geschlechts. Dann wird Interesse und Beachtung für das Wohl der Gesammtheit, des Staates nicht nur im Bierhaus gepflegt werden, sondern im Haus wird Platz dafür geschaffen werden, und die Familie wird in allen ihren Gliedern den Sinn dafür wecken, daß höher als das Wohl des einzelnen das Gedeihen und das Glück des Ganzen steht. Und das heranwachsende Geschlecht wird zu einer neuen Form der Vaterlandsliebe, der Hingabe an nationale Aufgaben und Pflichten erzogen werden!

Das erscheint heute als ein Zukunftstraum! - - „Aber die Zukunft ist kein Traum."

Wissenschaftliche Bildung und soziale Frauenarbeit*

In seinen Reden an die deutsche Nation sagt Fichte: „Was wollen denn zuletzt alle unsere Bemühungen um die Wissenschaften? Lasset sein, der nächste Zweck dieser Bemühungen sei der, die Wissenschaft fortzupflanzen von Geschlecht zu Geschlecht und in der Welt zu erhalten. Warum *sollen sie* denn auch erhalten werden? Offenbar nur, um *zu rechter Zeit* das allgemeine Leben und die *ganze menschliche Ordnung der Dinge zu gestalten*. Dies ist ihr letzter Zweck; mittelbar dient sonach, sei es auch erst in einer späteren Zukunft, *jede* wissenschaftliche Bestrebung *dem Staate*."

Dieser „letzte Zweck" der wissenschaftlichen Bildung scheint nicht immer anerkannt worden zu sein; namentlich war in den ersten Frauen unserer Zeit, die nur nach schwerem Kampf einer wissenschaftlichen Bildung teilhaftig wurden, der Glaube daran nicht immer lebendig. Der erwachende individualistische Geist der Aufklärungsepoche, der auch in den Frauen das Bewußtsein der eigenen Menschenwürde wach rief und sie nach Befreiung von geistigen Fesseln, nach Eröffnung neuer wissenschaftlicher Bildungsgelegenheiten streben ließ, hat die ersten Jahrzehnte deutscher Frauenbewegung beherrscht. Er konnte der Verbreitung sozialer Weltanschauung unter den Frauen nicht förderlich sein. Ein Blick auf die Verhältnisse jener Zeit erklärt und rechtfertigt das Zurücktreten sozialer Gesichtspunkte hinter den individualistischen; das Streben der Frau nach Bildung, um sie zu *besitzen*, nicht um sie - wie Fichte sagt - für den Staat und das Gemeinwohl zu *verwerten*. Dem Heil der eigenen Seele, und dann gedrängt durch wirtschaftliche Verhältnisse auch der Eröffnung neuer Berufs- und Erwerbszweige sollte das Streben nach Bildung dienen. Das waren die Ziele, die sich die deutsche Frauenbewegung zunächst aufstellen mußte und auch aufgestellt hat.

Denn bis um die Mitte des 19. Jahrhunderts hatte die familiäre Hauswirtschaft den Frauen nicht nur Lebensunterhalt, sondern auch Lebensinhalt gesichert. Die mannigfachen Verrichtungen des Hauswesens nahmen alle weiblichen Kräfte in Anspruch, boten Versorgung für alle weiblichen Familienangehörigen. Und die Tätigkeit dieser Frauen wurde - weil sie notwendig war - gewertet, nicht nur als erhaltende und verwaltende, sondern als das, was sie war: als produktive. Die Frauen kannten nicht jenes Gefühl wirtschaftlicher Abhängigkeit, über das man heute Frauen so oft klagen hört, in deren Ehe Geldverdienen des einen, Geldausgeben des anderen Teil ist. Sie hatten nicht nur Arbeit, die sie ernährte, sondern Arbeit, die sie ausfüllte, die ihre Zeit und ihre Gedanken in Anspruch nahm. Die Versorgung der Wirtschaft war Anfang und Ende ihres Tuns und Seins; sie gab ihrem Leben Richtung und Ziel.

* Frauenbildung, 2. Jg., Nr. 10, 3. Nov. 1903, S. 449-455

Als aber die Maschine ihren Siegeszug durch die Kulturländer antrat und eine fabrikmäßige Herstellung vieler Produkte einführte, die bisher im Hause entstanden waren, hat sich auf diesem Gebiete eine bedeutende Wandlung vollzogen. Die hauswirtschaftliche Tätigkeit der Frauen wurde - was man auch dagegen einwenden mag - auf ein *Minimum* im Vergleich zu ihrem früheren Umfang reduziert; und trotz aller Komplikationen eines modernen Haushaltes und moderner Kulturbedürfnisse ist dieser Verlust an häuslichen Aufgaben nicht wieder ausgeglichen worden. So wurde die Arbeitskraft der Frau des Bürgerstandes vielfach brach gelegt; das Haus bot nicht genügend Aufgaben mehr, um die Frau zu erfüllen. *Neue geistige Bedürfnisse* konnten sich regen und wollten befriedigt sein. Die Frauen jener Zeit litten tatsächlich unter einer Geistes- und Seelennot, die sie notwendig nach der Befreiung von geistigen Fesseln, nach neuen Bildungsmöglichkeiten verlangen ließ.

Erst eine Generation von Frauen, denen diese Forderungen wenigstens teilweise erfüllt waren, die in geistiger Beziehung nicht mehr zu hungern und zu dürsten brauchten, konnte begreifen, daß die Bedeutung der Bildung nicht in dem liegt, was man weiß, sondern in dem, wozu man es weiß; nicht im *Besitz des Wissens*, sondern in seiner *Anwendung*. Erst Frauen, die geistig und auch wirtschaftlich befreit waren, konnten ihren Blick von den eigenen Bedürfnissen fort, den gesellschaftlichen Nöten, den Bedürfnissen der noch viel schwerer ringenden Frau der besitzlosen Klassen zuwenden; sie nur konnten dem letzten Zweck der Bildung, ihrer Verwertung für den Staat dienen. Die vertiefte Frauenbildung ist es daher, die den Anhängerinnen der Frauenbewegung im letzten Jahrzehnt mehr und mehr einen sozialen Zug verliehen hat. Die Frauen haben den Gedanken verstehen und nachempfinden gelernt, dem eine moderne Dichterin mit den Worten Ausdruck gegeben hat:

„All' unser girrendes Herzeleid tut lange nicht so weh,
Wie Winterkälte im dünnen Kleid, die bloßen Füße im Schnee.
All' unsre romantische Seelennot schafft nicht so herbe Pein,
Wie ohne Dach und ohne Brot sich betten auf einen Stein."

Auch die Frauen, die selbst noch unter der romantischen Seelennot gelitten haben, so daß sie fast daran verblutet wären, auch alle die, die durch ihre Stellung, durch ihren Beruf zunächst ihr Augenmerk auf die Bildungsfrage richteten, sind auf diese Weise dazu geführt worden, sich mit der sozialen Not und der sozialen Frauenarbeit zu beschäftigen. Wissenschaftliche Bildung und soziale Hilfsarbeit gelten heut innerhalb der deutschen Frauenbewegung nicht mehr als zwei getrennte Gebiete, zwischen denen man wählen muß, wenn man der Frauenbewegung in irgendeiner Form dienen will, sondern als zwei Arbeitsfelder, die durch unlösbare Beziehungen miteinander verknüpft, aufs engste verbunden sind.

Um diese Beziehungen zu prüfen, die noch so neue sind, daß wir erst tastend versuchen, sie zu erkennen, muß einerseits untersucht werden, was *die wissen-*

schaftlich gebildete Frau für die soziale Arbeit leisten kann, und andererseits, *ob diese Frauen* selbst durch Teilnahme an sozialer Arbeit irgend *welche Förderung* zu erwarten haben. Um zunächst darzulegen, was die soziale Hilfsarbeit an Unterstützung von den wissenschaftlich geschulten Frauen erhoffen kann, muß eine Definition des so oft verwirrten und falsch verstandenen Begriffs der sozialen Hilfsarbeit vorangeschickt werden. Man pflegt unter diesen Begriff alle die Bestrebungen einzureihen, die gesellschaftlichen Mißständen gegenüber Hilfe schaffen wollen, die auf Förderung eines gesunden Volkslebens in körperlicher und geistiger Beziehung abzielen. Es handelt sich dabei also nicht um eine unbedeutende *Hilfsarbeit* bei großen sozialen Reformen, sondern um die *Mitarbeit* an diesen selbst. Auf dem Gedanken des Helfens und Heilens, um einzelnen oder der Gesamtheit bessere Daseinsmöglichkeiten zu schaffen, beruht die soziale Hilfstätigkeit und dieser Gedanke liegt der Bezeichnung zu Grunde. Die soziale Hilfstätigkeit umfaßt demnach alle Bestrebungen der Armenpflege, Krankenpflege, den Jugendschutz, Arbeiterschutz, Wohnungspflege, Gesundheitspflege, Volksbildungsbewegung. Kurz sie ist Aufbau und Pflege der Familie, des Volkswohles in jeder Form. Es ist eine Tätigkeit, die vom Hause ausgeht und sich erweitert zur Tätigkeit an der Gemeinde, am Staat, an der Gesellschaft.

Es handelt sich dabei also nicht um eine Betätigung der Barmherzigkeit, um die Übung der Wohltätigkeit in den hergebrachten Formen, an der jeder, ohne Vorkenntnisse - allein auf sein warmes Herz gestützt - teilnehmen kann, sondern um die Abstellung gesellschaftlicher Mißstände, um Vorbeugung und Bekämpfung der Armut durch Gesetze, Einrichtungen und Organisationen; nicht um Hergabe von Geld, sondern um den *Einsatz der Persönlichkeit.*

Wer aber soziale Mißstände bekämpfen, gesellschaftliche Einrichtungen schaffen, der Förderung des Volkswohles in geistiger und körperlicher Beziehung dienen will, der bedarf der Kenntnis vom Staat und der Gesellschaft, von deren Einrichtungen, deren Gesetzen und Mängeln. Der bedarf dazu einer Reihe von Kenntnissen, die uns die höhere Mädchenschule nicht gegeben hat; der bedarf dazu einer tieferen Bildung, die es ihm ermöglicht, die Probleme voll zu erfassen, die er lösen will.

Eine Frau, die gewissenhaft nach den tieferen Ursachen der sozialen Wunden forscht, die sie heilen will, muß sich - wie Professor *Herkner* sagt - eine Reihe von Fragen vorlegen: „Warum ist es nicht möglich, die Mutter der Familie zu erhalten? Warum reicht der Lohn des Gatten hierfür nicht aus? Warum rafft schweres Siechtum den Familienvater schon in jungen Jahren dahin? Warum verarmt die Familie? Warum fallen die Arbeiterinnen dieses Berufes so häufig einem unsittlichen Lebenswandel anheim? Warum ergeben sich die Arbeiter jenes Berufes der Trunksucht? Warum, um mit den Worten des Dichters zu sprechen „ist Brot so teuer und so wohlfeil Fleisch und Blut?", besonders das der Frauen? Warum geht es mit den gesetzlichen Maßnahmen zur Bekämpfung dieses oder jenes Mißstandes so langsam vorwärts?"

Und auf alle diese Fragen kann die Frau, der es an tieferer Bildung fehlt oder die nicht für ihre Arbeit besonders vorbereitet ist, sich keine Antwort geben. So berichten all' die Frauen, die sich auf sozialem Gebiet durch hervorragende Leistungen ausgezeichnet haben, wie durchaus unvorbereitet und mit wie mangelnden Kenntnissen sie an ihre Aufgaben herangingen. Eine der hervorragendsten Vorkämpferinnen sozialer Frauenarbeit in Deutschland, *Elisabeth Gnauck-Kühne,* hat sich darüber ausgesprochen, wie wenig ihre Erziehung sie für die Ausübung sozialer Pflichterfüllung ausgerüstet habe: „Ich habe" - so sagt sie - „zeitlebens nur wenig und nur Nachteiliges von dem Arbeiterstande gehört, ja ich muß sagen, diese Bevölkerungsschicht war überhaupt für mich nicht vorhanden. Meine Vorstellung von der Arbeitsleistung der Proletarier war gleich Null. Deutlich war mir nur der Unterschied in der Lebenshaltung der besitzenden und der proletarischen Klassen; aber ich dachte, es ist immer so gewesen, die Leute wissen's nicht anders, sie sind ihr hartes Los gewohnt. Diese behagliche Gedankenlosigkeit haben Schule und häusliche Erziehung nicht gestört. Auch das Lehrerinnenseminar hat mir den Gedanken an das Volk nicht nahe gebracht. Die Erziehung legte großen Wert auf die Wohltätigkeit, von den Kämpfen des arbeitenden Proletariats aber hörte ich nie ein Wort. Ich hatte tatsächlich von den Schneehütten der Eskimos und den Wigwams der Indianer eine klarere Vorstellung, als von den Wohnungen und Arbeitsräumen meiner eigenen proletarischen Volksgenossen. In der Schule war jeder Erdteil beschrieben worden - nur die Welt der nächsten Nähe nicht." Sehr ähnlich spricht sich die bekannte englische Sozialpolitikerin *Beatrice Webb* dahin aus, daß sie an die soziale Betätigung hauptsächlich in der Erwartung herantrat, durch ihre Eindrücke die vorhandenen Berichte über das Arbeiterelend widerlegen oder abschwächen zu können. Ihre tieferen Studien führten sie dann aber zu einem vollständigen Wandel in ihren sozialen und politischen Überzeugungen und sie trat dann auf Grund der erworbenen Kenntnisse in die Reihe der eifrigsten und überzeugtesten Sozialreformer ein.

Nun kann man allerdings einwenden, daß diese Frauen den Wert wissenschaftlicher Studien für die soziale Hilfsarbeit überschätzen, da sie sich selbst, als sie das Unzulängliche ihrer Vorbildung erkannt hatten, mit der nationalökonomischen Wissenschaft beschäftigten, die geradezu als Fachausbildung für die Arbeit bezeichnet werden kann. Aber es kann wohl keinem Zweifel unterliegen, daß auch gründliche Kenntnisse auf anderen Wissensgebieten die Fähigkeiten der Frau für die soziale Hilfsarbeit unbedingt erhöhen müssen. Denn „die Frau, die in der strengen Zucht der Wissenschaft zur Höhe des tout comprendre und deshalb auch des tout pardonner emporgeklommen ist, wird die soziale Arbeit, wird den Fortschritt von Staat und Gesellschaft besser unterstützen können, als Frauen, die ohne das Steuer tieferer Bildung in den Strudel der sozialen Kämpfe gerissen werden. Je tiefer das Verständnis reicht, desto leichter fällt die Verständigung zwischen entgegengesetzten Standpunkten; desto eher wird die gegnerische Meinung als Divergenz berechtigter Interessen, der Klasseninstinkte, der ganzen Weltanschauung begriffen."[1]

So kann man wohl sagen, daß es kein Gebiet sozialer Arbeit gibt, auf dem man erfolgreich wirken kann, wenn man die Verkettungen nicht wenigstens annähernd übersieht, die die weitverzweigtesten Teilgebiete miteinander verbinden, und wenn man sich nicht für seine besondere Arbeit die besonderen fachwissenschaftlichen Kenntnisse angeeignet hat. Es soll damit keineswegs gesagt sein, daß für jede Beteiligung an diesen Aufgaben *akademische* Bildung notwendig sei: es gibt sicherlich auch zahlreiche andere Wege, um sich das Maß von wissenschaftlicher Bildung anzueignen, das für die soziale Arbeit unerläßlich ist. Aber - darüber kann kein Zweifel obwalten: wenn die Frauen erst in stärkerem Maße und in vertiefterer Weise an den großen sozialen Aufgaben unserer Zeit mitarbeiten wollen, dann werden und müssen sie ihre Führerinnen für diese Arbeit aus den Kreisen derer wählen, die eine fachwissenschaftliche Ausbildung dafür genossen haben, ebenso, wie die Männer an die Spitze großer sozialer Unternehmungen wissenschaftlich gebildete Fachmänner gestellt haben. Wollen die Frauen auf das Armenwesen oder die Sozialgesetzgebung einwirken, wollen sie Rechtsschutz oder Rat bei der Berufswahl der heranwachsenden Jugend erteilen, so brauchen sie juristische und volkswirtschaftliche Kenntnisse, wie auch die Leiter der öffentlichen Armenverwaltungen und Gewerbegerichte zumeist Juristen, der statistischen Ämter und Arbeitsämter Nationalökonomen sind. Wollen sie an der Hebung der Volksgesundheit, an der Bekämpfung von Volksseuchen, an der Heilstättenbewegung und dergleichen teilnehmen, so werden sie Ärztinnen und hygienisch gebildete Frauen zu ihren Führerinnen machen müssen. Wer für die Volkserziehung, die Jugendfürsorge eintreten und wirken will, bedarf dazu pädagogischen Wissens und der Kenntnisse von unserem Schul- und Bildungswesen. Für die Verbreitung von Volksbildung schließlich sind diejenigen am besten vorgebildet, und geradezu verpflichtet, die durch glückliche äußere Verhältnisse in die Lage versetzt sind, die höchsten Bildungsstätten des Landes für sich nutzbar zu machen. Dieser Gedanke einer Verpflichtung der Gebildeten, namentlich auch der studierten Volkskreise gegenüber den sozialen Bestrebungen ist namentlich in England weit verbreitet. Hier hatten *Kinsley* und *Ruskin* immer wieder ausgesprochen, daß die moderne Arbeitsteilung die besitzenden Klassen nicht von grober Arbeit befreien sollte, um ihnen ein Leben des Müßigganges, des verfeinertsten Genusses zu ermöglichen, sondern um sie zu Trägern höherer Kultur für die ganze Menschheit zu verpflichten, damit sie den Boden bereiten sollten für neue Betätigungsformen vertiefter Nächstenliebe. Diese Aufgabe ist von den englischen Frauen frühzeitig erkannt worden und sie haben an den modernen sozialen Bestrebungen - der Volksbildungsbewegung, der Universitätsausdehnung, den Settlements - mit großer Hin-

[1] Herkner, Das Frauenstudium, 1899

gabe teilgenommen. Es hat sie dabei sowohl der Gedanke geleitet, daß sie nicht nach Art der Habsüchtigen einheimsen, nur den eigenen Interessen leben dürfen, sondern auch dem Volkswohl zu dienen haben; als auch der Gesichtspunkt, daß gerade die am besten geschulten, intelligentesten Frauen die Befähigung der Frauen *zur Mitarbeit im öffentlichen Leben* zu beweisen haben. Ihre Versuche auf diesem Gebiete haben auch den gewünschten Erfolg gehabt. Die Frauen haben sich in allen Zweigen sozialer Arbeit bewährt und man hat ihnen eine ganze Reihe wichtiger und verantwortungsvoller Ämter in der Gemeinde und im Staate zuerkannt: in der Schulaufsicht, in der Fabrik- und Sanitätsinspektion, in den Armenbehörden, in den lokalen Verwaltungsbehörden u.s.w. Diese Erfolge der englischen Frauen lassen darauf schließen, daß auch in Deutschland sich mehr und mehr Arbeitsgebiete den wissenschaftlich gebildeten Frauen erschließen werden, wenn sie sich der sozialen Arbeit zuwenden wollen, und daß die Frauen auf diese Weise eine Möglichkeit finden, dem letzten Zweck der wissenschaftlichen Bildung, ihrer Verwertung für Staat und Gemeinwohl, zu dienen. Und mit der Eröffnung neuer Bildungsanstalten bietet sich auch der Hoffnung Raum, daß die soziale Frauenarbeit an tüchtigen und fähigen Kräften gewinnen, an Umfang und an Inhalt vertieft werden wird.

Wenn einerseits sich die soziale Arbeit durch den Eintritt wissenschaftlich gebildeter Frauen Förderung erhoffen kann, so liegt andererseits *Wert und Bedeutung dieses Arbeitsfeldes für die wissenschaftlich geschulten Frauen* darin, daß die Gleichwertigkeit der Frauen für die Menschheitsarbeit nur bewiesen, ihr voller Anteil am Kulturfortschritt - und darauf kommt es doch vor allem an - nur gesichert werden kann, wenn die Frauen, die mit voller, gleicher Rüstung wie der Mann in den Lebenskampf hinausgehen, sich auch dem Gebiete zuwenden, auf das die ganze Fülle und Wucht weiblicher Veranlagung sie hinweist, auf dem die Frauen *Werte* schaffen können, die ohne ihre Mitarbeit *ungeschaffen bleiben müssen.*

Wenn bisher - auch auf dem Gebiet sozialer Arbeit, wie auf so manchem anderen - die Frau oft hinter dem Manne zurückbleiben mußte, so geschah es, weil sie vermöge ihrer mangelnden Kenntnisse überall nur Teilarbeit verrichten konnte; weil sie Symptome bekämpfte, deren Ursachen sie nicht kannte, weil sie trotz ihrer ausgesprochenen Veranlagung für diese Arbeit über Augenblickswirkungen kaum hinauskam. Die Genialität des Herzens ist im Wettbewerb mit dem wisenschaftlich geschulten Denker oft unterlegen. Wenn aber die wissenschaftlich gebildete Frau, deren Kenntnisse denen des Mannes nicht nachstehen, sich dem Arbeitsgebiet zuwendet, das der Frau von Natur besser liegt, wenn Mann und Frau gleich vorbereitet an die sozialen Aufgaben herantreten, dann *muß* die Frau auf *diesem* Felde den Vorrang gewinnen. Dann wird sie hier Erfolg haben, Befriedigung finden, die kaum eine andere Berufsarbeit ihr bringen kann. Hier wird sie im allgemeinen mehr für den Fortschritt der Menschheit leisten können, als auf dem Gebiet rein theoretischer oder technischer Wissenschaft, denn dem Fortschritt der Wissenschaft, nicht nur ihrer Anwendung zu dienen, ist auch unter den wissenschaftlich gebildeten Männern nur den wenigsten vergönnt. Aber auf eine erfolgreiche Anwendung des Wissens in der sozialen Arbeit läßt gerade die *weibliche* Eigenart schließen; ihre Bestimmheit zur Mutterschaft, die der Frau „jenen Zug zum persönlichen und konkreten, jene schnellere Fühlung mit menschlicher Eigenart" verleiht. Und deshalb findet auch die wissenschaftlich gebildete Frau hier ein Arbeitsfeld, auf dem der Erfolg ihr gewiß ist.

Aus diesem Grunde fordert die Frauenbewegung die Vertiefung der Mädchenbildung nicht nur, um den Frauen volle Entfaltungsfreiheit zu sichern, sondern auch, um der Eigenart der Frauen Raum zur Anteilnahme am Kulturleben, am öffentlichen und sozialen Leben zu schaffen. So unterstützt sie ihre Forderung nach wissenschaftlicher Bildung durch den *Glauben an die soziale Mission der Frau.*

Was die Mädchen- und Frauengruppen für soziale Hilfsarbeit für ihre Mitglieder bedeuten!*

Ansprache bei Gelegenheit des 10jährigen Bestehens der Gruppen

Wenn zwei Menschen sich von verschiedener Seite einem Gegenstand nähern, so pflegt dieser ihnen verschiedene Bilder zu zeigen. Wenn der eine ein Kornfeld von einem Berge aus - aus der Vogelperspektive - betrachtet, so wird ihm die große leuchtende Fläche ins Auge fallen, während jemand, der mitten in diesem Felde steht, mehr das Wogen der Ähren wahrnimmt, ihre Blüten und Früchte deutlicher erkennt. Auch von der Arbeit - und den Erfolgen eines Vereins wird man einen andern Eindruck gewinnen, wenn man als Gründer oder als Mitglied sein Wachstum verfolgt. Der eine wird dieses mehr in Beziehung zu den Zielen setzen, die er sich gesteckt hat, der andere wird vielleicht die kleinen Ereignisse und Fortschritte aufmerksamer beobachten oder höher bewerten. So ist es denn natürlich, daß auch nach dem 10jährigen Bestehen der Gruppen die Helferinnen einen andern Eindruck von der Entwicklung des Vereins gewonnen haben, als die

* Neue Bahnen, 39. Jg., Nr. 1, 1. Jan. 1904, S. 2-4

Mitbegründer der Gruppen. - Die Frauen, die die Gruppen nicht geschaffen, sondern *für* die sie geschaffen wurden, müssen auch ihre Darstellung der Vereinsentwicklung geben, wenn ein objektives Bild entstehen soll: zu dem sachlichen Bericht, der vom Komité veröffentlicht worden ist, soll dadurch gleichsam die Kehrseite der Medaille gezeigt werden. Aber die Kehrseite der Medaille hat eine helle, schöne Prägung. Wenn die Gründer der Gruppen mit den Leistungen und dem Eifer der Mitarbeiterinnen zufrieden waren, so können die Helferinnen doppelt zufrieden mit dem sein, was die Gründer der Vereinigung für sie getan haben.

In *einem* Punkt decken sich die Anschauungen der Helferinnen über den Erfolg der Gruppen vollständig mit denen der Gründer unserer Vereinigung und des Vorstandes: nämlich in Bezug auf das, was wir für die *Armen und Bedürftigen* erreicht haben. Es ist wohl niemand innerhalb unseres ganzen Kreises, der heut 500 Mitarbeiterinnen umfaßt, so verblendet, zu glauben, daß wir die soziale Not hätten beseitigen können, daß wir die soziale Frage lösen werden. Die Gruppen sind gerade durch die Verbindung von Theorie und Praxis, die den Blick immer wieder vom Engen zum Weiten und vom Abstrakten zum Konkreten führt, am allerwenigsten dazu angetan, in dieser Beziehung eine Überhebung aufkommen zu lassen. Wir Mitglieder wissen, daß ein so weit reichender Einfluß uns nicht möglich ist; daß *unsere Aufgabe aber auch garnicht so gestellt war.* Wir sollten versuchen, soziale Klassengegensätze überbrücken zu helfen und dazu hat jedes Mitglied an bescheidenem Platz sein Teil beigetragen. Und wenn wir auch noch am Anfang sind, so geht es doch vorwärts; äußerlich durch die Vermehrung unserer Mitarbeiterinnen, innerlich durch die Vertiefung sozialen Gefühls und des sozialen Denkens in unserem Kreis. Das aber ist in unserer Denkschrift ausführlich dargelegt - ein weiteres Eingehen darauf ist nicht mehr erforderlich. Der Zweck dieser Ausführungen ist deshalb, besonders über das zu berichten, worüber wir als Helferinnen vielleicht konkreter empfinden und tiefer fühlen, als die es können, die von Beginn an in leitender Stellung für die Gruppen mitgearbeitet haben: über das, was die Gruppen uns bedeuten, was wir vor 10 Jahren bei ihrer Gründung für uns erwarteten und was uns davon erfüllt worden ist.

Hierbei ergiebt sich nun der im Vereinswesen wohl ziemlich seltene Fall, daß bei der Bilanz des „Soll“ und des „Haben“ ein ganz beträchtliches Plus auf der Seite des *„Haben“* zu verzeichnen ist. Vielleicht könnte das darauf zurückgeführt werden, daß wir eben nicht besonders viel erwarteten, oder daß es verhältnismässig leicht war, uns etwas zu geben und uns zu befriedigen. Wie dem aber auch sei, sicherlich haben die Begründer der Gruppen das Bedürfnis unserer Zeit und das Bedürfnis der Frauen unserer Zeit erkannt; und sie haben zur rechten Zeit und mit den rechten Mitteln dieses Bedürfnis zu befriedigen gewußt.

Was wir erwarteten, als wir vor 10 Jahren den Gruppen beitraten, als man uns den Aufruf zu ihrer Gründung übersandte, das war *Arbeit*, das waren Pflichten, wenn auch noch so unbedeutende. Eine tiefere Note in die Leere des Dasein, in die Wichtigtuerei mit überflüssigen Dingen, oder mit Dingen, die nur und ausschließlich und immer wieder der Kultur der *eigenen* Persönlichkeit dienten, in die Ziellosigkeit des Mädchendaseins. Wenn eine moderne Schriftstellerin sehr treffend gesagt hat: „Frauen sitzen eigentlich immer da und warten, ob die Tür aufgeht und jemand hineinkommt", so hatten wir damals den ausgesprochenen Wunsch, diesem Zustand ein Ende zu bereiten. *Einmal* sollten andere warten, ob *wir* hineinkommen, einmal sollte jemand *uns brauchen*, uns das Gefühl geben, daß auch wir ein *Wert* und *Nutzen* in der Welt sind. Bei den Meisten war es wohl nicht das Gefühl sozialer Pflicht, das uns gerade zu dieser Arbeit trieb; dieses Empfinden konnte es auch garnicht sein; denn wir wußten nichts von sozialer Pflicht, wie auch nichts von sozialer Not.

Auch der Aufruf, der uns zur Arbeit rief, und die erste Gründungsversammlung mit ihren warmen und tiefen Ansprachen und Vorträgen hatten uns das nicht geben können. Die Not des Lebens war eben noch niemals in irgend einer konkreten Form an uns herangetreten, und so konnten die Worte, die wir lasen und die wir hörten, von uns nicht begriffen werden. Es gibt eben Dinge, die man im behaglichen Salon, mit sattem Magen nicht nachempfinden kann.

Aber dann traten wir in die Arbeit ein, in die *theoretische und in die praktische*, und dabei fanden wir viel mehr, als wir erhofften. Ich denke an die ersten Vortragskurse des Winters 1893, namentlich an die Vorträge von Professor Weber über die Grundzüge der sozialen Entwicklung, und weiter an die Vorträge von Frau Schwerin über Frauenpflichten im Haus und in der Gemeinde. Wer sich in diese Zeit zurückversetzt, der wird sich der lebhaften Eindrücke und tiefen Empfindungen erinnern, die in uns erweckt wurden. Es war, als ob wir bis dahin in einem dunklen engen Verschlag gelebt hatten, der durch einen undurchdringlichen Verschlag von weiten Räumen getrennt war, ohne daß wir ahnten, daß solche Weiten vorhanden seien. Wir hatten unsern engen Lebensraum als ein Ganzes, als das Ganze des Lebens und der Welt betrachtet. – In jenen Stunden wurde der Vorhang fortgezogen, und unserem Blick eröffnete sich die Welt, das wirkliche Leben, die Beziehungen der Menschen zu einander, unsere Beziehungen zum ganzen Volk, zur Bürgerschaft; uns, die wir in einem *engsten* Kreis gelebt hatten. Erst durch jene Erkenntnis fingen wir an, als Glieder der Gesellschaft zu leben, uns als Bürgerinnen zu fühlen. *Das mußte uns zu einer anderen Wertung des Lebens und seines Inhalts führen.*

Das wissen wir unsern Lehrern Dank.

Dann kam die *praktische* Arbeit. Welchem Gebiet sich auch die Einzelne zuwandte, welche besonderen Erfahrungen sie in der Armenpflege, in der Kinderfürsorge, in der Blindenpflege machte, so trafen sich doch alle Helferinnen in einem Punkt: die Wirkung der praktischen Arbeit auf unser Empfinden, Fühlen und Denken war bei allen Helferinnen dieselbe. Wohl keiner, die aus sorgloser Umgebung nun in die Not des Lebens hineinsah, ist das Gefühl ohnmächtiger Verzweiflung, das Gefühl der Hilflosigkeit angesichts des Massenelends, erspart geblieben. Als wir zuerst die hoffnungslose Armut kennen lernten, als wir beobachten mußten, wie die Frau der Arbeiterklassen sich für einen Hungerlohn zu Schanden arbeitet, um ihre Kinder nicht geradezu verhungern zu lassen, und als wir schließlich dem Laster und dem Verbrechen ins Antlitz sahen, da mußte uns die Hoffnungslosigkeit überwältigen und wir mußten daran verzweifeln, helfen und bessern zu können. -

Wer hat nicht in solcher Zeit geglaubt, seine Pflicht darin zu finden, daß er sich alles dessen entäußert, was bis dahin das Leben ihm geschmückt hatte? Selbst die ästhetische Bildung, die früher unser einziger Lebensinhalt gewesen war, wurde verachtet und unterschätzt; denn wir wußten nicht, daß auch Bildung eine Quelle sein kann, aus der man immer wieder Kraft und Opfermut für die Forderungen des Tages schöpft. Dieser Empfindung tiefster Depression ist bei vielen eine Periode gefolgt, in der sie ihre Zuflucht zu radikalen und utopischen Reformplänen nahmen. Ihre Gedankenwelt war beherrscht von dem Wort: „was dich ärgert, das reiße aus". Sie waren geneigt, die soziale Hilfsarbeit zu verwerfen, weil es damit zu langsam vorwärts ging, für den, der die bestehenden Zustände als unerträglich erkannt hatte.

In dieser Sturm- und Drangperiode war es das Beispiel und der Einfluß der stetigen harmonischen Arbeit und die geklärte ethische Anschauung der älteren Leiter und Führer, die den Zweifelnden und Ungestümen die Hand reichten und sie allmählich zu einer ruhigeren und richtigen Auffassung sozialer Probleme, zu einer Würdigung des historisch gewordenen Tatsachenbestandes hinüberleiteten. Sie halfen uns für die neue Welt, die wir betraten, auch eine neue, *eine eigene Weltanschauung zu finden, die uns nunmehr Ziel und Richtung für unser Tun weist.*

Das wollen wir ihnen nie vergessen!

Das alles gaben uns die Gruppen, und schließlich gaben sie uns rein äußerlich - die *Arbeit.* Ein vollgerüttelt Maß, jedem, der es suchte, der sich davon erfassen lassen wollte. So gab man uns ein *volles, reiches Leben;* nicht nur denen, die dauernd in den Gruppen blieben, sondern auch vielen, die nur einige Jahre mit uns arbeiteten; denn man lehrte uns neben der vollen Erfüllung der eigenen persönlichen Lebensaufgaben - die viele bald wieder aus unseren Reihen entfernten - einen hilfreichen Einfluß auf den Kreis derer zu üben, mit denen Schicksal und Leben uns in Berührung bringt.

Wenn es nun einer immer wachsenden Zahl unserer Mitglieder gelingt, einen solchen hilfreichen Einfluß zu gewinnen, und wenn einzelne unserer Mitarbeiterinnen von einem günstigen Stern geleitet werden, der ihnen *manchmal* bei der Arbeit das Gefühl des Gelingens gibt, so ist doch unter den Gruppenmitgliedern allzeit das Gefühl lebendig geblieben, dem das Goethewort Ausdruck verleiht: „und was man ist, das blieb man andern schuldig."

Lassen sie uns durch treue Arbeit diese Dankesschuld an denen abtragen, die uns die Wege gewiesen!

Crimmitschau! *

Crimmitschau! Vor wenigen Monaten noch ein Städtename wie jeder andere, dem man außer im Kursbuch und auf der Landkarte kaum begegnete, ein Wort, das nicht viel besagte, das zu keiner besonderen Reflexion Veranlassung bot. Und tatsächlich war von Crimmitschau nicht viel zu sagen: eine Fabrikstadt, ein Zentrum der sächsischen Textilindustrie, bevölkert von zahlreichen Fabrikanten, in deren Dienst Tausende von Arbeitern standen, die wiederum eine Reihe von kleinen Kaufleuten, Krämern und Handwerkern Existenzmöglichkeit schafften. Rudolf Martin hat in seiner Studie über die Textil-Industrie[1] für das Jahr 1892 die Zahl der Firmen der Vigognespinnerei und Buckskinfabrikation, die die Textilindustrie des Amtsgerichtsbezirks Crimmitschau fast vollständig repräsentieren, auf 75 angegeben. Die Zahl der darin beschäftigten Arbeiter betrug damals 6.156, wovon fast 3.000 weibliche Arbeiter waren. Seitdem hat die Arbeiterschaft sich noch erheblich vermehrt. Auffallend hoch ist - wie in allen Textilbezirken - die Anteilnahme der Frauen an der Fabrikarbeit. Während in der *gesamten* sächsischen Industrie auf 100 Arbeiter etwa 33 bis 34 Frauen kommen, weist die sächsische Textilindustrie 53 bis 55 Frauen auf 100 Arbeiter auf. - Von den über 16 Jahre alten Arbeiterinnen waren nach Martins Erhebungen 42% verheiratet, ein Prozentsatz, wie er kaum in irgend einer anderen Gegend oder Industrie Deutschlands erreicht wird. Daraus darf nicht ohne weiteres geschlossen werden, daß die Lebensverhältnisse der Crimmitschauer Bevölkerung besonders traurige waren. Die starke Beteiligung der Frauen, auch der verheirateten, an der Erwerbsarbeit kann auch Schlüsse auf eine aufblühende, nach Arbeitskräften verlangende Industrie zulassen.

Es ist schwer, aus widersprechenden Berichten einen Eindruck über die Verhältnisse eines Ortes zu gewinnen, den man nicht kennt. Immerhin scheint festzustehen, daß die Löhne zwar im Vergleich zu dem allgemeinen Lohnniveau der angrenzenden Bezirke[2] hoch sind, aber hinter anderen Textil- und Industriegegenden beträchtlich zurückbleiben. Gemeinsam mit anderen Textilbezirken weist Crimmitschau die Eigentümlichkeit der *Annäherung der Männerlöhne an die Frauenlöhne* auf. Überall, wo eine starke Konkurrenz von Männern und Frauen um dieselbe Arbeit einsetzt, wie am mechanischen Webstuhl, pflegt das Einkommen der Männer verhältnismäßig niedrig, das der Frauen - verglichen mit anderen Frauenlöhnen - verhältnismäßig hoch zu sein. Mag man nun in dieser Konstellation - in der starken Mitarbeit der Frau und der davon beeinflußten Lohnhöhe -

---

* Centralblatt des Bundes deutscher Frauenvereine, 5. Jg. Nr. 19, 1. Jan. 1904, S. 146-149

[1] Zeitschrift für die gesamte Staatswissenschaft, 1. und 3. Heft, 1896

[2] In Glauchau und Meerane werden männlichen Hauswebern die denkbar tiefsten Löhne, 7-8 Mk. pro Woche, gezahlt!

ein Zeichen des Aufstrebens der Arbeiterklasse oder ein Zeichen des Tiefstandes der Lebensverhältnisse der Arbeiter sehen, mag man die Lage der Crimmitschauer Bevölkerung in den letzten Jahren als eine kümmerliche oder auskömmliche betrachten, immerhin *hatte die Bevölkerung Lohn und Brot*. Die Glocke rief jeden, der arbeiten wollte, des Morgens zur Arbeit; Scharen von Männern und Frauen hielten in der Frühe ihren Einzug in die Fabriken, um spät abends erst wieder ihrem Heim zuzueilen.

So ging es in Crimmitschau in Friedenszeiten. Jetzt ist seit Monaten der *Krieg* dort eingekehrt, der *wirtschaftliche Kampf* zwischen Arbeitgeber und Arbeiter, der Kampf um eine kürzere Arbeitszeit, der von den Arbeitern eingeleitet, von den Unternehmern aber mit fast beispielloser Schärfe und Zähigkeit geführt wird. Ein Krieg ist es, der in seinen Folgen für die betroffene Bevölkerung - für beide kriegführende Parteien -, für die ganze Gegend und darüber hinaus für das wirtschaftliche Leben weitester Volkskreise von einer geradezu vernichtenden Bedeutung geworden ist.

Das Ehepaar Webb hat einmal ausgesprochen, daß die Geschichte in späteren Zeiten die wirtschaftlichen Kämpfe zwischen Arbeitern und Unternehmern in ihrer Bedeutung und Wirkung den Kämpfen der Völker auf dem Schlachtfeld gleichstellen wird. Die Verwüstung, die *die Aussperrung der 7.500 Arbeiter Crimmitschaus seit dem August* angerichtet hat, legt einen solchen Vergleich außerordentlich nahe. Das Bild, das Crimmitschau heute bietet, hat sich gegen das in Friedenszeiten völlig verändert. Das Interesse, die Teilnahme an den Vorgängen in dieser Stadt sind allgemein geworden. Das *wirtschaftliche und soziale Leben Crimmitschaus ist* - wohl für lange Zeit - *vernichtet*; die Industrie selbst ist aufs schwerste erschüttert. 150.000 Spindeln stehen still; die Arbeiter und ihre Familien sind nur durch die Aufopferung der gesamten deutschen Arbeiterschaft vor dem Hunger geschützt, und Hunderte von kleinen Geschäftsleuten, deren Kundschaft durch den Notstand der Arbeiter aufs äußerste zusammengeschmolzen ist, stehen vor dem Bankrott.

Bisher hat die Aussperrung der *Arbeiter 2° Millionen Mark* gekostet. Man hat berechnet, daß die wöchentliche Lohnsumme der betroffenen 80 Betriebe mit 7.500 Arbeitern 100.000 Mk. beträgt. Somit erleidet die Crimmitschauer Arbeiterschaft bei dem bereits 16 Wochen andauernden Streik einen Lohnausfall von 1.600.000 Mk. Dazu kommt, daß das Streikkomitee bereits 990.000 Mk. Unterstützungsgelder gezahlt hat, so daß der Streik die Arbeiterschaft auf 2° Millionen zu stehen kommt.

Die Ursache zu diesem erbitterten Kampf, der allen Teilen so schwere - den Schwächsten aber die schwersten - Opfer auferlegt, ist in erster Linie in der Forderung nach *Festlegung eines 10stündigen Arbeitstages zu suchen*. Ursprünglich hatten die Arbeiter daneben auch eine Forderung um Lohnerhöhung geltend gemacht. Aber es muß anerkannt werden - so bemerkt die „Soziale Praxis“ vom 27. August 1903 -, daß die Arbeiter, ehe sie in den Lohnkampf eintraten, es nicht an Versuchen haben fehlen lassen, unter Herabsetzung ihrer Forderungen auf friedlichem Wege zu einer Verständigung zu gelangen. „Erst der Mangel an Entgegenkommen bei den Arbeitgebern, nicht zum mindesten das unkluge Verhalten der Stadtverwaltung, die die von den Arbeitern zur Stellungnahme einberufenen Versammlungen unberechtigt auflösen ließ und damit Öl ins Feuer goß, führten den Ausbruch des Kampfes herbei." Die Arbeitgeber hatten den Vorschlag der Arbeiter, das Gewerbegericht als Einigungsamt anzurufen, abgelehnt. Auch die Vermittlung des Stadtrates in Crimmitschau wurde von ihnen abgewiesen. Sie waren es, die die Arbeiter in 80 Fabriken auf Grund ihrer Forderungen *aussperrten*.

Zunächst handelt es sich in erster Linie um die Einführung des 10stündigen Maximalarbeitstages, um eine Maßregel, deren gesetzliche Einführung für die weiblichen Arbeiter seit Jahren zur Diskussion steht und an deren Notwendigkeit und Durchführbarkeit kaum noch gezweifelt werden kann. Es ist nicht unwahrscheinlich, daß die Forderung und der Kampf der Arbeiter dem langsamen Vorgehen der Reichsregierung gegenüber einen Anreiz zu energischer Lösung der Frage darstellen sollten. Der zähe Widerstand der Fabrikanten scheint aber ein Verzweiflungskampf zu sein, der das drohende Gespenst *gesetzlicher Regelung* auch mit diesem Mittel abzuwenden versucht. Würde doch unfehlbar die gesetzliche Einführung des 10-Stundentages für die Frauen in der Textilindustrie zur allgemeinen Verkürzung der Arbeitszeit auch für die Männer führen müssen. Die Zähigkeit der Unternehmer ist daher vielleicht nicht zum wenigsten darauf berechnet, dem Widerstand, den sie der gesetzlichen Regelung bereits wiederholt entgegenstellt haben, einen neuen, energischen Ausdruck und Nachdruck zu verleihen. Handelt es sich doch für sie im Kampf mit den Arbeitern wie im Kampf gegen Gesetzesvorlagen nicht so ausschließlich um die Behauptung wirtschaftlicher Vorteile (denn es ist hinreichend erwiesen, daß die Verkürzung der Arbeitszeit die Industrie keineswegs zu schwächen braucht), als um die Beeinträchtigung ihrer Machtsphäre. Die individuelle Kontraktfreiheit der Unternehmer, auf die sie sich in diesem Kampf berufen, schließt ein rechtliches Herrschaftsverhältnis gegenüber dem Arbeiter aus; aber die Weigerung der Crimmitschauer Arbeitgeber, mit den Arbeitern zu verhandeln, beweist, daß sie die Gleichberechtigung der Arbeiter, deren Kontraktfreiheit nicht anerkennen; daß sie vielmehr noch auf dem Standpunkt vergangener Epochen stehen, in denen ein Arbeitskampf vom Unternehmer nur als Machtfrage und Kraftprobe angesehen wurde, in denen der „Herr" nicht mit dem „Knecht" zu verhandeln pflegte. Der Kampf der Arbeitgeber in Crimmitschau kann daher ebenso als Verteidigungsmaßregel gegen die Regierungsgrundsätze, wie als Abwehr gegen die Beeinträchtigung ihrer persönlichen Freiheit von seiten der Arbeiter gelten. Nur so scheint ihre starre, abweisende Haltung [sich] zu erklären, die naturgemäß weitere Kreise in Mitleidenschaft ziehen und auch für manchen unter den Arbeitgebern den Ruin bedeuten dürfte.

Das vollständige Stillstehen eines ganzen Industriezweiges wie der Crimmitschauer Garnfabrikation hat sich natürlich auch in andern Gewerben fühlbar gemacht. Der Crimmitschauer Versand von 45-50.000 Kilogramm Garn in der Woche fällt vollkommen fort. Infolge dessen stehen beispielsweise im Mönchen-Gladbacher Bezirk 300 Webstühle leer. In anderen Bezirken, die das Crimmitschauer Garn verarbeiten, sollen die Verhältnisse ähnlich liegen. Um den Betrieb nicht einstellen zu müssen, traten daher die rheinischen Webereien an Spinnereien des Rheinlandes heran, die zwar nicht auf die Crimmitschauer Garne eingerichtet sind, aber bei höheren Preisen wohl solche Garne herstellen könnten. Diese Preise sind bewilligt worden und so ließen sich diese Betriebe darauf ein, die Crimmitschauer Garnsorten zu spinnen. Es ist leicht möglich, daß bei weiterer Dauer des Streiks *ein Teil der Produktion dauernd der Crimmitschauer Industrie verloren geht.* Darüber hinaus ist aber auch der deutsche Export durch den anhaltenden Streik gefährdet. Crimmitschau steht in starker Konkurrenz um den *englischen Markt* mit den *belgischen Fabriken*, und die lange Dauer des Ausstandes kann leicht dazu führen, daß Belgien einen Teil des deutschen Absatzes für sich gewinnt.

Auch *außerhalb* der Textilindustrie hat der Streik seine unheilvollen Kreise gezogen. Von den Crimmitschauer Sparkasseneinlagen wurden im September dieses Jahres 40.000 Mk. mehr als im Vorjahr abgehoben. Die Zahl der neuen Konten war weit geringer, die der erloschenen doppelt so groß. An dieser Verringerung der Guthaben sollen hauptsächlich die *kleinen Geschäftsleute* beteiligt sein, die unter dem Verdienstausfall der Arbeiter leiden. Zahlreiche Geschäfte stehen geradezu vor dem Ruin, und eine Versammlung von Ladeninhabern hat bereits den Stadtrat und den Bürgermeister um Intervention zur Beendigung des Streiks gebeten.

Das alles sind die *Folgen* der Aussperrung: unbeschreibliche Opfer, bittre Not für die Arbeiter während der Dauer des Kampfes; Gefährdung der Industrie, die einen Teil der Unternehmer - die schwächeren - an den Rand des Verderbens führen dürfte; Ruin der kleinen Gewerbetreibenden des Ortes; kurz, Verwüstung und Zerstörung des wirtschaftlichen Lebens der ganzen Gegend, das auch nach einer Beendigung des Ausstandes in Jahren nicht in vollem Umfang wieder aufblühen kann. Es sind die unheilvollen, verderbenden, zerstörenden Wirkungen des *Krieges*.

Wie groß die Erbitterung auf beiden Seiten ist, wird am besten durch die Tatsache beleuchtet, daß, nachdem die Arbeitgeber die Fabrik wieder öffneten (es handelte sich ja von vornherein um Aussperrung der Arbeiter von seiten der Arbeitgeber, nicht um einen Streik) und zu den alten Bedingungen Arbeiter suchten, trotz der harten Entbehrungen der Arbeiter nur wenige zu Streikbrechern wurden. Die „Soziale Praxis" weist mit Recht darauf hin, daß die Hartnäckigkeit, mit der die Arbeitgeber jede Möglichkeit einer friedlichen Beilegung von der Hand weisen, Widerspruch hervorrufen mußte. Als Grund für die Abweisung jeglicher Verhandlung wird angeführt, daß ein einzelner Platz nicht den 10-Stundentag einführen kann, so lange anderwärts vorherrschend länger gearbeitet wird. Daß dieses Argument nicht stichhaltig ist, haben die Erhebungen der Gewerbeinspektoren über die Dauer der Arbeitszeit in Fabriken ergeben. Es steht fest, daß vielfach in Textilfabriken - namentlich in Baden und im Rheinland - eine kürzere Arbeitszeit üblich ist, und es ist erwiesen, daß die Herabsetzung der Arbeitszeit keineswegs mit einer Verringerung oder Verteuerung der Produktion verbunden sein muß. „So werden Millionen deutschen Nationalvermögens einer verhängnisvollen Kurzsichtigkeit der Unternehmer geopfert und die Konkurrenzfähigkeit Deutschlands auf dem Weltmarkt wird erschüttert.“[3]

Die *Haltung der Arbeiter* ist während des Kampfes eine bewundernswerte. Man befleißigt sich größter Selbstbeherrschung und Mäßigung, und trotz geradezu unglaublicher polizeilicher Chikanen, unmotivierter Versammlungsverbote und Auflösungen ist es zu keinen Zusammenstößen mit der Polizei gekommen. Nun hat man den Arbeitern aber die Abhaltung von Versammlungen überhaupt untersagt; die Auszahlung der Unterstützungsgelder darf nicht an mehr als 6 Personen zugleich und nur in Gegenwart eines Gendarmen erfolgen. Das ist ein Sonderrecht, das die Erregung der Arbeiter aufs äußerste aufstacheln muß. „Während die Arbeitgeber offenkundig von den Behörden unterstützt werden und niemand daran denkt, ihre Zusammenkünfte zu verbieten, *wird den Arbeitern dieses ihnen reichsgesetzlich zustehende Recht genommen* ... Ein Vorgehen, wie es von der Polizeibehörde und dem Stadtrat in Crimmitschau während des ganzen Kampfes geübt worden ist, dient nicht dazu, ihn abzukürzen, sondern ihn immer mehr zu verlängern und erbitterter zu machen.“[4]

Das sind Begleiterscheinungen der Arbeiterbewegung, die geradezu den Charakter des Klassenkampfes, des von oben geführten Klassenkampfes annehmen. *Es ist beschämend für das ganze deutsche Volk, daß diese Praxis des zweierlei Rechts möglich ist* und ein staatliches Eingreifen zur Einsetzung eines Schiedsgerichtes muß dringend gefordert werden, um diesem mit so ungleichen Waffen geführten Kampf bald ein Ende zu machen.

Aussperrung - Streik! Es gibt Dinge, die so grausig sind, daß man sie erleben muß, um sie zu begreifen. Selbst die schöpferische Phantasie eines begnadeten Künstlers kann uns, die wir im Warmen sitzen, nicht die Schrecken durchleben lassen, die die letzten Monate über die Crimmitschauer Arbeiterschaft gebracht haben. Die „Not der Arbeiter“, ihre „Selbstbeherrschung“, ihre „Solidarität“ - das alles sind Worte, die uns nicht ahnen lassen, was es für Tausende von Menschen aus Fleisch und Blut - Menschen mit dem tiefen Hoffen auf Glück, mit dem Streben nach einem menschenwürdigen Schicksal, mit dem Verlangen nach besseren Entwicklungsmöglichkeiten für ihre Kinder - bedeutet, alles zu Grabe zu tra-

[3] Vergleiche Soziale Praxis, Jahrg. XIII, Nr. 7
[4] Soziale Praxis, Jahrg. XIII, Nr. 11

gen, was sie besessen. Hunger, Kälte, Armut, vielleicht auch Krankheit ziehen ein. Das Ersparte ist verloren, Zukunftshoffnungen sind vernichtet, und Tag für Tag, Woche für Woche geht dahin - über vier Monate wütet der Kampf - und keine Aussicht auf ein Ende dieser Qual. Ein monatelanges, hoffnungsloses Dulden und Tragen, das alle mit fürcherlicher Wucht getroffen hat.

Und an dieser Aussperrung sind etwa 4.000 Frauen beteiligt, von denen fast die Hälfte verheiratete Frauen, *Mütter* sind. Diese Frauen haben einen Heroismus, ein Solidaritätsgefühl bewiesen, das den Frauen der bürgerlichen Klasse als Beispiel dienen sollte. Sie haben zusammengehalten und Seite an Seite mit dem Mann um bessere Arbeitsbedingungen gekämpft. Wären sie zu Streikbrechern geworden, so war von vorherein alles verloren, und sie wären für immer als gefügige Werkzeuge der Unternehmer, als willige und billige Arbeitskräfte zum Medium für eine weitere Verschlechterung der Arbeitsbedingungen geworden. Wie jetzt auch der Kampf ausgehen mag, auf jeden Fall haben die Frauen bewiesen, daß sie tapfere Bundesgenossen für die Männer sind, daß sie das Schmutzkonkurrentum abgestreift haben, das noch so vielfach der Frauenarbeit anhaftet.

In England sind die hoffnungslosesten Arbeitskämpfe, die der unorganisierten und ungelernten Arbeiter, durch die Sympathie des Publikums zu einem für die Arbeiter glücklichen Ausgang geführt worden. Unparteiische Sozialreformer haben die Initiative ergriffen und für die Beilegung der Kämpfe gewirkt. *Die Crimmitschauer Arbeiterinnen verdienen die Sympathie der gesamten deutschen Frauenwelt und ihre Hilfe.* Es hat von jeher als Sache der Frauen gegolten, Wunden zu heilen, die der Krieg geschlagen. Man darf dabei nicht fragen, ob der Kampf notwendig gewesen, ob es ein gerechter oder ungerechter Krieg war. In Crimmitschau kämpft ein tapferes Heer von Frauen, und das Schlachtfeld ist von Verwundeten bedeckt. Sie kämpfen wie die Buren bis zur Kampfunfähigkeit, und sie kämpfen mit ehrlichen Waffen. Ob klug oder unklug, ob gerecht oder ungerecht (und meine Ansicht geht dahin, daß kein gerechterer Krieg geführt werden kann!) es sind unsere Geschlechtsgenossinnen und sie brauchen unsere Hilfe. Wir haben Wunden zu heilen, die ein unheilvoller Krieg geschlagen hat.

Crimmitschau*

Wer angesichts der widersprechenden Urteile über die Crimmitschauer Zustände und Vorgänge ein selbständiges Urteil gewinnen will, findet dort die Bevölkerung aller Kreise zur Auskunftserteilung gern bereit. Das habe ich bei einem Aufenthalt in Crimmitschau zwischen Weihnachten und Neujahr erfahren. Es herrscht augenscheinlich bei allen Beteiligten der lebhafte Wunsch, *Wahrheit* über Ursachen und Wirkungen des Arbeitskampfes zu verbreiten. Aber wo liegt die Wahrheit? Jeder glaubt sie gefunden zu haben, glaubt sie anderen übermitteln zu können, glaubt im Recht zu sein. „Was ich Ihnen sage, ist die Wahrheit", mit diesen Worten hat der Vorsitzende des Crimmitschauer Fabrikantenvereins bei einer mir gewährten Unterredung seine Mitteilungen eingeleitet. Aber auch ohne diese Hervorhebung hätte ich an der Richtigkeit dieser Äußerungen gar nicht zweifeln können, denn soweit es sich um tatsächliche Vorkommnisse handelt, stimmen die Mitteilungen der Arbeitgeber und Arbeiter, wenigstens in großen Zügen, überein. Nur die *subjektive Deutung*, die von beiden Seiten den gleichen Dingen gegeben wird, ist verschieden. Es ist eben die Differenz der Weltanschauung, die sich hier geltend macht, die auch dem gänzlich Unbeteiligten, dem wissenschaftlich Beobachtenden schließlich die Stellung diktiert, die dem nach Vorurteilslosigkeit Ringenden und Strebenden die Frage nahe legt, ob es in solchem Kampf eine objektive Wahrheit, ein objektives Recht geben kann.

Crimmitschau ist heut in zwei Heerlager gespalten. Die bürgerlichen Kreise scharen sich um die Fabrikanten. Sie sind durch äußere oder innere Beziehungen mit ihnen verknüpft; durch verwandtschaftliche Bande, durch gesellschaftliche Beziehungen, durch Abhängigkeitsverhältnisse, durch das geistige und Bildungsniveau - und all das spielt in einer kleinen Stadt mit 23.000 Einwohnern eine bedeutende Rolle. In den Kreisen der besitzenden Bevölkerung hat eine Erbitterung gegen die Arbeiter Platz ergriffen, die kein Verständnis für die materiellen Forderungen des Arbeitskampfes aufkommen läßt. Auf der anderen Seite aber habe ich unzweifelhaft den Eindruck gewonnen, daß es sich für die arbeitende Bevölkerung *keineswegs* um eine Machtfrage handelt, um eine Verhetzung der Massen, wie so vielfach behauptet worden ist, sondern daß die Hoffnung auf eine Verkürzung der Arbeitszeit wirklich die Triebfeder ist, die die Kämpfenden in geschlossener Reihe erhält. Daß diese Forderung den Ausgangspunkt zu einem Kampf gegeben hat, der sich mit jedem Tage mehr zu einem Kampf um die Macht entwickelt, das hat allerdings einen weißglühenden Haß gegen die Besitzenden und Herrschenden entfesselt, einen Haß und eine Empörung, die - das soll man nicht außer acht lassen - mit dem Kampf nicht ihr Ende finden können.

---

* Soziale Praxis, 13. Jg., Nr. 16, 14. Jan. 1904, Sp. 401-408

Um einen Einblick in die Crimmitschauer Vorgänge zu gewinnen, habe ich mich mit allen Schichten der Bevölkerung in Verbindung gesetzt. Als Vertreter der bürgerlichen Kreise gaben mir bereitwillige und umfassende Auskunft neben dem Vorsitzenden des Fabrikantenvereins und einigen anderen Fabrikanten, der Pfarrer sowie der Bürgermeister und der Regierungsrat des Bezirks, die man nach der Stellungnahme der dortigen Behörden den Experten aus bürgerlichen Kreisen zurechnen kann. Um mich von seiten der Arbeiter informieren zu lassen, besuchte ich das Bureau des Arbeitervereins, wo ich die Führer der Bewegung kennen lernte, und ging ferner zu einer Reihe von Arbeiterfamilien, deren Adressen ich mir selbst aus den Listen der Ausgesperrten gewählt hatte, um möglichst verschiedenartige Lebensmöglichkeiten der dortigen Arbeiter kennen zu lernen. Ferner versuchte ich mich über die Wirkungen des Kampfes auf die nur indirekt beteiligte Bevölkerung durch Erkundigungen bei Bäckern, Schnittwarenhändlern, Kolonialwaren- und Bierhändlern u.s.w. zu orientieren. Und aus den verschiedenartigen Äußerungen und Wahrnehmungen, die mir dabei entgegentraten, schloß sich allmählich ein Bild.

Ich will versuchen, die Meinungen der einzelnen Gruppen wiederzugeben. Zunächst die der Fabrikanten und der ihnen nahe stehenden Kreise. Sie sind, soweit ich darüber unterrichtet wurde, der Ansicht, daß der Kampf nicht zu vermeiden gewesen, daß er von seiten der Arbeiter seit langem vorbereitet worden sei. Sie klagen über den Terrorismus der Arbeiter, über die Verhetzung, die „von außen“ in sie hinein getragen worden sei. Von vier verschiedenen Seiten wurde mir von einem Fall erzählt, in dem die gesamte Arbeiterschaft einer Fabrik mit Streik gedroht habe, weil einer Arbeiterin gekündigt worden sei. Aber es war stets derselbe Fall, von dem die vier verschiedenen Herren sprachen. Ein Arbeitgeber beklagte sich darüber, daß die Leitung des Arbeitervereins die Arbeiter zu unbilligen Forderungen nach stärkerer Besetzung der Maschinen mit Arbeitern verleite. Der Vorsitzende des Fabrikantenvereins erklärte, daß fortwährend Forderungen gestellt würden, nur um der Chikane willen. „Die Verhältnisse waren unhaltbar geworden, so konnte es nicht weiter gehen. Einmal mußte es ausgetragen werden.“ Trotzdem hätte man den Streik vermeiden wollen, und als die Forderung um Bewilligung des Zehnstundentages und Lohnerhöhung für die Akkordarbeiter kam, habe man mit der Kommission der Arbeiter verhandelt und versprochen, Zugeständnisse zu machen, über deren Höhe Bescheid gegeben werden sollte. Am Abend nach dieser Verhandlung aber sei von den Mitgliedern der Arbeiterkommission in öffentlichen Versammlungen, in denen über das Ergebnis der Verhandlungen berichtet werden sollte, der Antrag gestellt worden, die Arbeiter in fünf Fabriken sollten kündigen, um den Forderungen größeren Nachdruck zu verleihen. In dieser Stellungnahme sei ein Wortbruch der Arbeiterführer zu erblikken, der mit der Aussperrung der Arbeiter aller Textilfabriken habe beantwortet werden müssen, was eine weitere Verhandlung mit ihnen unmöglich mache. Die

Härte, die der Unbeteiligte in der Aussperrung der Gesamtheit der Arbeiter erblickt, wird damit motiviert, daß die fünf betroffenen Fabriken allein ihre Sache nicht hätten führen können, und daß nach einem Sieg der Arbeiter in diesen Fabriken alle anderen Etablissements nach und nach von einem Streik betroffen worden wären.

Zum Teil wird die Aussperrung also damit begründet, daß ein Streik nicht zu umgehen gewesen sei; daß nach jenen Vorkommnissen eine Bewilligung der Arbeiterforderungen, ein weiteres Verhandeln die Arbeitgeber für lange Zeiten der Möglichkeit beraubt hätte, Herren in ihren Fabriken zu sein. Sie wären darnach jeder Forderung gegenüber machtlos gewesen. Aber schließlich wurde mir auch von verschiedenen Seiten erklärt, daß die Bewilligung der zehnstündigen Arbeitszeit aus technischen und ökonomischen Gründen ausgeschlossen sei, solange nicht alle Konkurrenzplätze dem gleichgestellt würden. *Gegen eine gesetzliche Regelung der Frage sei nichts einzuwenden*. Ein einzelner Ort aber könne nicht allein vorgehen. Es wurde mir gegenüber sogar von einem der Herren ausgesprochen, daß es ein Unrecht der Crimmitschauer Arbeiter sei, gerade diese Stadt für die Durchsetzung der Forderung auszusuchen. Die Arbeiter anderer Orte hätten es abgelehnt, mit solcher Bewegung vorzugehen. Die Crimmitschauer hätten dasselbe Einsehen haben sollen.

Soweit die Meinung der Arbeitgeberkreise über die Entstehung des Kampfes. Wie weit die Klagen über den Terrorismus der Arbeiter berechtigt oder unberechtigt sind, kann hier nicht aufgeklärt werden. Aber selbst wenn die mir mitgeteilten Fälle sich häufen lassen, so bleibt es bedauerlich, daß als Anlaß zu einem Kampf gegen unberechtigte Übergriffe eine Forderung der Arbeiter gewählt wurde, über deren Berechtigung, Durchführbarkeit und Notwendigkeit heut in der sozialpädagogischen Welt kein Zweifel mehr besteht. Hierüber braucht an dieser Stelle nichts mehr gesagt zu werden. Aber eine Rechtfertigung der *Arbeiterführer* gegenüber dem Vorwurf des Wortbruchs muß angeführt werden. Sie erklären, daß sie die Arbeiter tatsächlich nicht länger hinhalten und beschwichtigen konnten. Die Forderung des Zehnstundentages sei seit Jahren wiederholt gestellt worden. Schließlich habe die Arbeiterschaft die Führer gedrängt. Als sie das Resultat ihrer Verhandlungen mitteilten, daß in einer Vertröstung auf einen Bescheid in zwei Tagen bestand, sei aus den Versammlungen der Antrag gekommen, die gesamte Arbeiterschaft möge sofort die Kündigung einreichen und in den Streik eintreten. Um das abzuwenden, haben sie als Gegenantrag vorgeschlagen, man möge nur in fünf Fabriken so vorgehen, für die bereits in besonderen Fabrikversammlungen derartige Beschlüsse gefaßt worden waren.

Auf die *behördlichen* Maßnahmen braucht nicht näher eingegangen zu werden, da sie genugsam erörtert sind. Nur muß der verschiedentlich in der Tagespresse verbreiteten Meinung entgegengetreten werden, daß das Gendarmerieaufgebot sich kaum bemerkbar mache. Man sieht tatsächlich überall die bewaffnete Macht, die darauf bedacht ist, jede Unkorrektheit zu verhüten und die Arbeitswilligen zu schützen. Namentlich auf dem Bahnhofsplatz wird jeder, der stehen bleibt, zum Weitergehen aufgefordert; bei der Ankunft von Arbeitswilligen sorgt eine ganze Schar von Gendarmen dafür, daß eine Berührung der Ankommenden mit den [Kämpfenden] unmöglich gemacht wird. Die Vertreter der Behörden haben mir versichert, daß diese Maßnahmen notwendig waren. Sie stehen nach wie vor auf dem Standpunkt, daß das Versammlungsverbot nicht ungesetzlich war. Der Regierungsrat bemühte sich, mich zu überzeugen, meine in einem Aufruf ausgesprochene Behauptung „die Arbeiter seien dadurch an der Ausübung des ihnen gesetzlich zustehenden Koalitionsrechts gehindert", sei unrichtig. Die Arbeiter könnten sich im Bureau des Vereins, in den Wirtshäusern und anderwärts aussprechen; sie könnten sich ihre Unterstützungen abholen u.s.w. Man rechtfertigt in bürgerlichen Kreisen Crimmitschaus das Verbot damit, daß in den zahlreichen Versammlungen, die vor dem Verbot stattfanden, vom Zehnstundentag kaum die Rede gewesen sei, daß dagegen eine planmäßige Verhetzung stattgefunden habe.

Es ist gewiß außerordentlich bedauerlich, wenn ein Arbeitskampf zu Ausschreitungen führt. Aber es hieße von den Arbeitern verlangen, daß sie Engel und nicht Menschen wären, wenn nicht unter den 7.500 Ausgesperrten, von denen viele sich ohne jedes persönliche Verschulden aufs Pflaster geworfen fühlen, manches harte, schroffe und auch ungerechtfertigte Wort gesprochen worden wäre. „Die Arbeiter haben eben die Tugenden und die Laster der wirtschaftlichen und sozialen Bedingungen, unter denen sie leben." Und man braucht diese „Laster" keineswegs zu beschönigen; aber es bleibt doch fraglich, ob der Gesetzgeber gewollt hat, daß nur die Arbeiter das Versammlungsrecht nutzen dürfen, die einen nach Ansicht der Behörden guten, weisen und tugendhaften Gebrauch davon machen.

Endlich ein Wort über die materielle Forderung der Arbeiter selbst. Man hat mir verschiedentlich versichert, die Fabrikanten hätten so schwer mit der Konkurrenz zu ringen, daß sie nicht allein Zugeständnisse machen könnten. Es habe immer ein gutes Verhältnis zwischen ihnen und ihren Arbeitern geherrscht; sie zahlten höhere Löhne als die Fabrikanten der Konkurrenzorte; ihre Arbeiter hätten nicht Not gelitten, sie seien in auskömmlicher Lage gewesen, viele hätten Ersparnisse machen können und die Forderung sei gerade jetzt bei beginnendem Aufsteigen der Konjunktur nach langen Depressionszeiten nicht notwendig gewesen. Daß die Ansichten der Sozialpolitiker betreffs der Berechtigung der Forderung des Zehnstundentages damit nicht übereinstimmen, ist oft genug erörtert worden. Es bleibt demnach nur festzustellen, ob die Lage des Arbeiters im übrigen so befriedigend ist, wie oben geschildert. Ich habe bereits angeführt, daß ich eine Reihe von Arbeiterfamilien aufsuchte, um einen Einblick in ihre Lebenshaltung zu gewinnen. Und ich stehe nicht an zu erklären, daß die Wohnungs- und Ernährungsverhältnisse mir durchschnittlich nicht schlechter erscheinen als die der Berliner Fabrikarbeiter, die mir am besten vertraut sind. Die Wohnungen sind billig. Für etwa 95 bis 100 Mark jährlich bewohnen die meisten Familien eine aus Stube und Kammer bestehende Wohnung, die etwa einer Berliner Wohnung im Preis von 240 Mark gleich kommt. Auch die Lebensmittel sind etwas billiger, so daß eine etwas geringere Lohnsumme in Crimmitschau die gleiche Lebenshaltung ermöglichen würde.

Beruht nun aber die gleichartige Lebenshaltung auf einer entsprechenden Entlohnung? Das ist der springende Punkt. Nur ein kleiner Teil der Arbeiter der Crimmitschauer Textilindustrie bezieht Löhne, die es einem Familienvater möglich machen, aus Eigenem den Unterhalt der Familie zu bestreiten; das sind die Spinner und ein Teil der Weber (Stuhlarbeiter). Der durchschnittliche Lohn der letzteren geht allerdings nach den Martinschen Erhebungen auf 16,50 Mark pro Woche herunter; mir wurde von den meisten Arbeitern ein höherer Verdienst genannt, der zwischen 18-22 Mark schwankt. Vereinzelt kommen auch höhere Löhne vor; diesen steht aber die Unregelmäßigkeit der Lohnhöhe gegenüber. So teilte mir ein älterer Arbeiter mit, der durchschnittlich 20 Mark verdient, daß er infolge schlechten Materials, einer schlechten Kette und dergleichen drei Wochen hintereinander nicht über 7-9 Mark gekommen sei. Immerhin sind neben den Spinnern die Weber die Elite der dortigen Arbeiter. Viel schlechter stehen die Färbereiarbeiter, die mir alle ihr Einkommen auf 13-14 Mark angaben, sowie die Krempelausputzer mit gleicher Lohnhöhe. Diese können den Familienunterhalt nicht bestreiten und schicken großenteils ihre Frauen in die Fabrik. Mit Hilfe der Frau, die als Fadenanlegerin, als Auslegerin oder Drussiererin 8-10 M verdient, erhöht sich das Einkommen dann so, um eine andern Arbeiterkategorien gewohnte Lebenshaltung zu ermöglichen.

Wie verbreitet diese Gewohnheit der Mitarbeit verheirateter Frauen ist, geht daraus hervor, daß von den 2.800 Arbeiterinnen der dortigen Textilfabriken über 40% verheiratet sein sollen. Tatsächlich gehen meist nur Frauen, deren Männer ein Einkommen unter 18 M haben, in die Fabrik. Es scheint aber in Fabrikantenkreisen ganz üblich zu sein, diese Mitarbeit als etwas Selbstverständliches anzusehen. Das ist in einem Ort, der fast ausschließlich von der Textilindustrie lebt, erklärlich. Man kennt gar keine anderen Verhältnisse und Lebensmöglichkeiten. Man spricht nicht vom Arbeiterlohn, sondern vom *Familienlohn*. „Eine Arbeiterfamilie, in der Mann, Frau und einige erwachsene Kinder arbeiten, kann ein paar tausend Mark im Jahr verdienen." Wenn nun auch diese Berechnung schon dadurch hinkt, daß eine Arbeiterfrau, die bereits mehrere erwachsene Kinder hat, selten noch arbeitskräftig und leistungsfähig ist, so kommt noch hinzu, daß der Durchschnitt der Arbeiterfamilien doch nicht erwachsene, sondern kleine Kinder hat, daß jede Familie länger Kinder zu versorgen hat, als sie an ihrem Verdienst teilzunehmen pflegen. Die Familien, die ich aufsuchte, bestanden hauptsächlich aus jüngeren Leuten im Alter von 25-40 Jahren. Sie alle hatten Kinder zu versorgen. Nur ein etwas älteres Ehepaar hatte Kinder von 14 und 15 Jahren, die bereits anfingen, zu verdienen.

Wie spielt sich nun die Existenz solcher Familien ab, bei denen Mann und Frau gemeinsam den Unterhalt durch Fabrikarbeit verdienen? Professor Gruber hat in seinem Gutachten über die Berechtigung des Zehnstundentages die Frage aufgeworfen: „Welche Zeit bleibt bei elfstündiger Arbeitszeit den Frauen zum Kochen, zur Versorgung des Haushalts, zur Fürsorge für die Kinder?" Dieses Problem wird in Crimmitschau auf eine sehr einfache Weise gelöst: Die arbeitenden Frauen „halten eben nicht Haus", weil sie gar keine Gelegenheit dazu haben. Die meisten heizen am Tage überhaupt nicht, kochen das Essen in der Fabrik oder wärmen es daselbst, und gehen nur zur Mahlzeit nach Haus. An dieser nehmen aber kleine Kinder nur selten teil. Allgemein entledigen sich diese Frauen ihrer kleinen Kinder und geben sie „in Ziehe". Alle Frauen, die ich sprach, schilderten mir ihren Lebensgang folgendermaßen:

Vom 12. bis 14. Jahr haben sie als Halbzeitler in der Fabrik gearbeitet, denn damals war die Kinderarbeit noch erlaubt und üblich. Dann haben sie die Fabrikarbeit in vollem Umfang aufgenommen, ohne nach der Verheiratung irgend eine Unterbrechung zu machen. Die Männer verdienten als Färbereiarbeiter oder dergleichen etwa 14 Mark, die Frauen als Auslegerin 9 Mark, als Drussiererin 10 Mark. Gespart hatte man vor der Heirat nichts, da Eltern zu unterstützen waren. Einige mußten die Einrichtung auf Abzahlung nehmen und dafür mußte die Frau arbeiten. Als das erste Kind zur Welt kam, konnte der Verdienst der Frau gar nicht mehr entbehrt werden, so wurde das Kind zu Großeltern oder andern Verwandten getan und 4 Mark wöchentlich dafür bezahlt. Nach Haus kommen diese Kinder in den ersten Lebensjahren kaum, auch sonntags nicht, da die Frauen meist der Ansicht sind, daß die Ungleichmäßigkeit der Verpflegung den Kindern schadet. Vielleicht sind sie auch selbst der Kinderpflege zu sehr entwöhnt. Als das zweite Kind kam, wurde auch dieses fortgegeben. Nun werden 7 Mark pro Woche für beide Kinder gezahlt. Mein Einwand, daß dabei ja nur 2–3 Mark vom Lohn der Frau erübrigt werden, die sie vielleicht durch bessere Versorgung des Haushalts einbringen könnte, wurde damit zurückgewiesen, daß der Überschuß doch ein größerer sei, da die Kinder zu Haus doch auch etwas kosten würden. Wenn mehr Kinder kommen, wird die Fabrikarbeit meist „der Not gehorchend" aufgegeben. „Meine Frau kann nicht arbeiten", sagte mir ein Weber mit 20–22 Mark Wochenlohn; „wir haben sechs Kinder; da rentiert es sich nicht."

Die Versorgung der Kinder durch die Mutter oder durch Fremde ist in Crimmitschau ausschließlich ein Rechenexempel. Eine Frau mit zwei Kindern sagte mir, sie arbeite in der Fabrik, und schicke die Kinder, seit sie schulpflichtig seien und seit die Großmutter, bei der sie früher in Ziehe waren, gestorben, tagsüber zu ihrer Schwester. Diese habe drei kleine Kinder. Da komme das Fortgeben der Kinder zu teuer, und sie arbeite deshalb zu Haus für die Fabrik und verdiene sich noch etwas durch Beaufsichtigung fremder Kinder. Sie zahle der Schwester dafür 1,50 Mark pro Woche. Eine andre Frau, die nur ein Kind von 10 Jahren hat, sieht dieses Kind höchstens einmal jährlich, da es mehrere Stunden von Crimmitschau entfernt bei ihren Eltern untergebracht ist. Sie zahlt dafür 3 Mark wöchentlich. Diese Beispiele lassen sich beliebig vermehren; sie sind typisch. Die meisten Arbeiterinnen können sich gar keine andre Versorgungsmöglichkeit für ihre Kinder vorstellen. Sie kennen es nicht anders.

Ihre Arbeitszeit ist meist von 6 Uhr früh bis 6 Uhr abends mit einstündiger Mittagspause; oder bis ° 7 Uhr abends in einzelnen Fabriken, in denen noch eine halbstündige Frühstückspause hinzukommt. Ein Teil der Arbeiter arbeitet ohne jede Pause von 6 bis 12 Uhr. Die Fabrikanten weisen zwar darauf hin, daß die Arbeiter bei den betreffenden Maschinen, die keine Unterbrechung durch Pausen gestatten, so wenig angestrengt seien, daß sie während der Arbeit frühstücken, sogar Zeitung lesen können. Aber die Frauen halten an ihrer Forderung nach Arbeitszeitverkürzung mit unbeschreiblicher Zähigkeit fest. Vor allem fordern sie die Verlängerung der Mittagspause auf 1° Stunden, die bei den immerhin beträchtlichen Entfernungen des Ortes absolut nötig erscheint. „Wir gehen nicht wieder in die Fabrik bis uns das nicht bewilligt wird", das kann man fast von allen Frauen hören. „Wenn die Fabrikantenfrauen nur einmal spüren würden, wie einem des Abends beim Heimweg die Knie zittern, dann würden sie ihren Männern sagen, daß 11 Stunden zu viel ist", sagte mir eine Arbeiterin. Die Frauen lassen sich anscheinend von Machtfragen, von dem Gedanken des Klassenkampfes viel weniger beeinflussen, als von den rein materiellen Forderungen. Das ist für sie das A und O des Kampfes, dafür wollen sie zusammenhalten und darben.

Und *darben* müssen sie tatsächlich. Das muß besonders hervorgehoben werden. Der Kampf legt ihnen schwere Lasten und Sorgen auf. Die vielfach verbreitete Ansicht, die Ausgesperrten seien durch die Unterstützungen so *reichlich versorgt* wie nie zuvor, sie würden in der Höhe ihres sonstigen Einkommens unterstützt, ist durchaus irrig. Wohl ist es richtig, daß ein Goldstrom der Unterstützungskasse zufließt, aber er muß für etwa 7.000 Arbeiter und deren Familienangehörige ausreichen. Die Unterstützung beläuft sich für einen Familienvater, der Verbandsmitglied war, auf 9 Mark, nebst Zuschlägen von 0,75 Mark pro Kind bis zur Höhe von 3 Mark für vier Kinder. Frauen und alleinstehende Arbeiter erhalten 6-7 Mark; in der ersten Zeit waren die Unterstützungen geringer; auch erhalten die Ausgesperrten, die vor dem Kampfe noch nicht Vereinsmitglieder waren, eine etwas niedrigere Summe. Die Stellung des Einzelnen, seine Lohnhöhe wird nicht berücksichtigt. Dabei stehen die gering bezahlten Arbeiter, deren Frauen auch arbeiten, besser als die hoch entlohnten. Ein Färber mit Frau, die sonst zusammen 23,50 Mark verdienten, erhalten 17 Mark Unterstützung. In einer anderen Familie, deren Einkommen das gleiche ist, beläuft sich die Unterstützung nur auf 14,50 Mark (es sind weniger Kinder und der Mann war nicht Verbandsmitglied). Schlechter aber steht ein Spinner oder Weber, dessen Einkommen zwischen 20-27 Mark schwankte und dessen Frau nichts verdiente. Er kann höchstens (wenn vier Kinder vorhanden sind), 12 Mark Unterstützung erhalten. So heißt es denn bei allen *entbehren*, Erspartes zusetzen und Schulden machen. Der Bedarf muß unbedingt eingeschränkt werden und das reißt wieder weite Kreise der direkt Unbeteiligten mit in die Notlage hinein. Wie stark der Konsum der Arbeiterfamilien zurückgeht, beweisen die Umsatzziffern des Konsumvereins, der 3.100 Mitglieder zählt und 5 Verkaufsstellen hat. Namentlich im Dezember hat sich die verringerte Kaufkraft ganz erheblich bemerkbar gemacht.

Die Einnahmen betrugen:

im Oktober	1902	55.140	Mark
" "	1903	44.482	"
im November	1902	47.752	"
" "	1903	45.077	"
im Dezember	1902	77.472	"
" "	1903	48.509	"

Ähnliche Differenzen werden von den Kaufleuten angegeben.

Ein Bäcker, der sogar in besonders günstiger Lage, in der Nähe des Marktes wohnt und nicht hauptsächlich Arbeiterkundschaft hat, bäckt jetzt täglich 4 Schuß Brot gegen 7-8 in anderen Zeiten. Ein Schnittwarengeschäft gab an, überhaupt kein Geschäft in diesem Winter gemacht zu haben. Ein Flaschenbierverkauf setzt halb so viel wie zu anderen Zeiten um. „Es merkt's eben jeder", sagen die Leute. Ein Hotelwirt spricht von einem Ausfall von 3.000 Mark während der letzten Monate; die Reisenden sind natürlich fortgeblieben.

So ist die Notlage eine allgemeine, an der alle Kreise der Bevölkerung teilnehmen. Sicherlich haben auch die *Fabrikanten* erhebliche Ausfälle erlitten. Aber die Annahme, daß auch sie „sozusagen aus dem letzten Loch pfeifen", die in einem Teil der Presse verbreitet ist, scheint die Erträgnisse der Textilfabrikation doch zu niedrig eingeschätzt zu haben. Die Fabrikanten selbst wenigstens verwahren sich ganz entschieden gegen solche Darstellung. Es ist auch nicht außer acht zu lassen, daß die Betriebe keineswegs mehr ruhen. Die Herren teilten mir mit, daß 2.000 Arbeiter wieder in den Betrieben sind und daß gegenteilige Nachrichten, wonach die Zahl der Arbeitswilligen geringer, unrichtig seien. Diese Arbeitswilligen sind allerdings zum Teil auswärtige, böhmische und bayerische Arbeiter, und man gibt sich wohl der Hoffnung hin, die Einheimischen durch weitere Heranziehung fremder Arbeiter zur bedingungslosen Aufnahme der Arbeit zu bewegen.

Die Stimmung der Arbeiter läßt aber nicht darauf schließen, daß die besseren Elemente sich bankrott erklären werden. Gerade unter den alteingesessenen Arbeitern, besonders aber unter den Frauen, die sich sonst der Arbeiterbewegung fern gehalten, herrscht eine feste Entschlossenheit, den Kampf nicht aufzugeben, ohne daß ihnen ein materielles Zugeständnis zu teil wird. Es ist deshalb ein baldiger Friedensschluß doppelt zu wünschen, damit die Verbitterung nicht immer noch tiefere Wurzeln schlägt. Die Führer der Arbeiterbewegung zeigen das denkbar weiteste Entgegenkommen für eine Beilegung des Kampfes und scheinen sich ihrer Verantwortung voll bewußt. Die Nachricht, die über die Böhmertschen Verhandlungen verbreitet wurde, wird ihrer jetzigen Stellungnahme nicht einmal in vollem Umfang gerecht. Während der Vorsitzende des Fabrikantenvereins die Darstellung insofern als unrichtig hinstellte, als er überhaupt nicht mehr zu Verhandlungen bereit sei, gaben die Arbeiterführer übereinstimmend hierauf an, daß die Verhandlungen keineswegs daran gescheitert seien, daß die Fabrikanten nicht wieder gleich alle Arbeiter einstellen wollen, da sie diesen Anspruch gar nicht erheben würden. Sie wüßten wohl, daß das zunächst gar nicht möglich sei. Sie wünschten nur, daß nach einer eventuellen Beilegung des Kampfes keine weiteren fremden Arbeiter herbeigezogen werden, ehe nicht alle Crimmitschauer wieder eingestellt worden seien. Diese Darstellung erschien mir als ein Zeichen von Einsicht und Verständnis für die Lage und für die Stimmung der Arbeitgeber.

Hiermit kann ich den Bericht über meine persönlichen Eindrücke abschliessen. Sie machen keinen Anspruch darauf, irgend etwas sachlich Neues zu den bereits genug besprochenen Vorgängen in Crimmitschau hinzuzufügen. Aber sie sollten die subjektiven Anschauungen und Stimmungen der betroffenen Parteien schildern. Ich persönlich hatte den Eindruck, daß aus diesen Anschauungen und Stimmungen heraus sich die Erbitterung aller Beteiligten erklären läßt. Es ist eben der Kampf zweier Weltanschauungen, der dort ausgefochten wird, und deshalb muß es Arbeitern wie Arbeitgebern fast unmöglich sein, im Vorgehen des andern auch nur ein Körnchen Recht zu entdecken. Darum glaubt jeder, die objektive Wahrheit, das objektive Recht gefunden zu haben.

Es ist nicht Aufgabe dessen, der im allseitigen, im volkswirtschaftlichen Interesse einen endlichen Frieden wünscht, zu fragen, wo Recht oder Unrecht liegt, Haß und Verbitterung noch weiter zu nähren und zu schüren. Sondern es handelt sich jetzt nur noch darum, zu prüfen, wie der Kampf sich weiter entwickeln wird, wie ein Ende abzusehen ist. „*Wohin geht die Fahrt?*“

Es kann keinem Zweifel unterliegen, daß der Kampf bis zum Verbluten einer der Parteien geführt werden wird, wenn die Unternehmer auf ihrem völlig ablehnenden Standpunkt weiter verharren. Es läßt sich absolut nicht voraussagen, wer dabei am schwersten getroffen werden dürfte; sicher aber werden Sieger und Besiegte in ihrer Existenz aufs tiefste erschüttert werden. Wer auch unterliegen mag, auf jeden Fall hat die Lage der Crimmitschauer Industrie einen schweren Schlag erlitten. Was die Unternehmer in den letzten Monaten verloren haben, muß bei weitem die Einbußen übersteigen, die ihnen eine Herabsetzung der Arbeitszeit hätte bringen können. Aber da der Kampf sich zu einer Machtfrage zugespitzt hat, zeigen die Unternehmer, daß sie leistungsfähig genug sind, um Ausfälle zu tragen, die ihre Industrie angeblich nicht hätte auf sich nehmen können. Die Unternehmer haben erklärt, daß sie überhaupt nicht mehr verhandeln wollen. Das läßt sich nur daraus erklären, daß sie ihren „Hausherrenstandpunkt“

wahren wollen. Aber - ob man diesen Standpunkt billigt oder nicht - wenn sie ihn nicht verlassen wollen, so bleibt ihnen noch ein anderer Weg, um diesen fürchterlichen Vernichtungskrieg zu beendigen; um zu beweisen, daß es sich für sie nicht um eine brutale Kraftprobe handelt, bei der „ohne Binden und Bandagen bis zur Abfuhr“ gekämpft wird: Sie können einen Teil der Arbeiterforderungen aus freien Stücken - ohne Verhandlungen bewilligen. Nur so können sie den Beweis liefern, daß sie tatsächlich für die Arbeiter Interesse und Verständnis haben, daß sie sich nur gegen Terrorismus zur Wehr setzen, daß sie den Arbeitern einen ehrenvollen Frieden ermöglichen wollen, daß sie in ihnen nicht nur das Werkzeug des Unternehmerprofits, sondern auch den lebendigen, fühlenden Menschen sehen.

Wenn die Unternehmer aber nichts bewilligen und nicht verhandeln, dann beweisen sie, daß sie nicht verhandeln wollen, um nichts bewilligen zu müssen, daß es ihnen nicht Ernst mit der Versicherung ist, sie hätten von Anfang an den Arbeitern entgegenkommen wollen. Wenn sie aber den Beweis nicht erbringen, daß es ihnen Ernst damit war, dann ist es Aufgabe des Volkes und der Regierung, diesem unwürdigen Zustand ein Ende zu machen. Zwei Möglichkeiten kommen dafür in Betracht. Zunächst hatte man sich der Hoffnung hingegeben, die sächsische Regierung werde handeln. Tatsächlich ist dann auch ein hoher sächsischer Beamter, der Ministerialdirektor Roscher, in den letzten Tagen in Crimmitschau gewesen, um Einigungsverhandlungen anzubahnen. Auch ihm gegenüber haben die Arbeitgeber ihre ablehnende Haltung beibehalten, und seine Bemühungen sind ebenso ergebnislos verlaufen wie die Böhmerts. Es ist zu hoffen, daß die sächsische Regierung nun endlich solche privaten Bemühungen eines Mannes, der allseitiges Vertrauen genießt, dadurch unterstützt und wirksamer macht, daß sie ihn zu dieser Mission mit amtlicher Vollmacht ausrüstet.

Wenn aber die sächsische Regierung sich zu solchem Schritt nicht entschließt, dann muß der deutsche Reichstag reden und handeln. *Der gesetzliche Zehnstundentag für Frauen* ist lange genug vorbereitet; er würde auch den Männern in gemischten Betrieben zu gute kommen. Er würde den Crimmitschauer Arbeitern geben, was sie begehren, was sie so heiß erkämpfen. Warum zögert man noch mit dem Gesetz, das diesem trostlosen Ringen ein Ende machen könnte? Wenn die Crimmitschauer Fabrikanten gepanzert bleiben, wenn die sächsische Regierung schweigt, so möge doch das deutsche Volk entscheiden, ob der Unfrieden im Land weiter wachsen soll, ob Tausende von Existenzen vernichtet, heimatlos gemacht werden sollen, ob die Crimmitschauer Arbeiter durch niedrig stehende ausländische Arbeiter verdrängt werden sollen, während in Deutschland genug Menschen nach Beschäftigung suchen, die allerdings an einem höheren Bedürfnisstand festhalten wollen. Wer die Grundlagen des Staates, wer die Erhaltung der Familie schützen will, der kann die Hände nicht in den Schoß legen, derweil Mütter, die ihren Kindern, ihrem Haus völlig entfremdet sind, ringen und streben, um für diese Pflichten auch nur in bescheidenstem Maße frei zu werden. Die

Crimmitschauer Arbeiter kämpfen nicht um Obdach und Nahrung, sondern um *ihr Familienleben, um ihr Heim, um die Möglichkeit ihren Kindern anzugehören, sie zu brauchbaren Menschen zu erziehen. Sie kämpfen dagegen, daß alle gesunden Sitten und Gewohnheiten untergraben werden; sie kämpfen gegen eine Gefährdung der Gesundheit der Frauen und damit auch der kommenden Generation.* Sollen sie vergeblich gekämpft haben?

Der Internationale Frauenkongress*

Unter dem unmittelbaren Eindruck einer überwältigenden Demonstration ist es schwer, den richtigen Standpunkt zu ihrer Würdigung zu finden. Die Ergebnisse von Kongressen kann man nicht aus dem Kongreßgebäude nach Hause tragen. Ihre Wirkung ist eine langsame, allmähliche; erst nach Jahren pflegt man beurteilen zu können, welche Saat aus dem Samen aufgegangen ist, den ein Kongreß gestreut hat.

Immerhin kann man in bezug auf den Internationalen Frauenkongreß, der vom 12. bis 18. Juni in Berlin getagt hat, ein Ergebnis schon heut feststellen: der Kongreß hat die allerweitesten Kreise gezogen, er hat der Frauenbewegung auch da zur Anerkennung verholfen, wo man von ihr noch nichts wußte oder wissen wollte. Er hat die Berliner Bevölkerung zur Teilnahme wachgerufen; und er hat bewiesen, daß die vereinte Kraft tüchtiger Frauen Veranstaltungen schaffen kann, die in bezug auf Organisation, wissenschaftliche und rhetorische Leistungen sich den glänzendsten Kongressen von Männern zur Seite stellen können. Er hat aber auch gezeigt, daß die Frauen daneben einen *eigenen Ton* in ihre Arbeit hinein tragen, ihr einen eigenen Stempel aufdrücken; denn das ganze Arrangement, begonnen von der künstlerisch vollendeten Ausstattung des Kongreßgebäudes, trug das Zeichen *weiblicher Kultur*. So war der Kongreß eine Demonstration für das Können der Frauen, für die Leistungen, die allmählich durch die Frauenbewegung geschaffen worden sind. Und er war ferner eine Demonstration für die allgemeine Anteilnahme, die der Frauenbewegung heute zu Teil wird und die sie durch den Kongreß zu erringen imstande war. Damit hat er zunächst den Erfolg gezeitigt, den man erhoffen durfte, die Aufgabe erfüllt, die ihm gestellt war. Denn der

* Soziale Praxis, 13. Jg., Nr. 40, 30. Juni 1904, Sp. 1041-1045

Kongreß sollte und konnte nichts anderes sein, als eine große Heerschau, als eine Truppenmusterung, bei der die Leistungen, die in der Stille gewachsen, ans Licht gezogen wurden, um in ihrer Zusammenfassung ein großartiges Gesamtbild zu ergeben. Wer in der Bewegung steht, der konnte nicht die Offenbarung neuer Theorien, nicht das Auftauchen neuer, großer Persönlichkeiten erwarten. Denn er kennt die Leistungen seiner Mitarbeiterinnen und er kennt diese selbst. Was aber jeden auf diesem Kongreß berühren mußte, das war die *Fülle* kraftvoller, in wissenschaftlicher Arbeit geschulter Persönlichkeiten, die tiefe Gedanken zum Ausdruck brachten. Es zeigte sich hier, was die letzten zehn Jahre der Frauenbewegung in den meisten Kulturländern - namentlich aber in Deutschland - geändert haben. Das *Wollen,* das früher ähnliche Veranstaltungen von Frauen beherrschte, ist vielfach zu einem *Können* geworden. Wenn man früher an die *Gerechtigkeit* apellierte, um Zugeständnisse für die Forderungen der Frauen zu gewinnen, so sprechen heute die Leistungen der Frauen für sich selbst. Sie beweisen, daß die Mitarbeit der Frauen im öffentlichen Leben nicht mehr entbehrt werden kann, ohne daß eine erhebliche Verminderung der Kulturwerte eintreten müßte. Soweit der Gesamteindruck des Kongresses.

Nur wenige Einzelheiten sollen erwähnt werden, um die *sozialpolitische* Bedeutung der Veranstaltung auch für einzelne Arbeitsgebiete zu kennzeichnen. Die Verhandlungen des Kongresses fanden in vier Sektionen statt, die gleichzeitig an den Vormittagen ihre Sitzungen abhielten; ferner in allgemeinen Abendversammlungen. Die Sektionen behandelten: 1. Frauenbildung; 2. Frauenberufe; 3. Soziale Einrichtungen und Bestrebungen; 4. Die rechtliche Stellung der Frau. In der *Bildungs*sektion, die unter der Leitung von Helene Lange und Gertrud Bäumer stand, trat besonders der starke Anteil der Frauen aus skandinavischen Ländern hervor. Sie konnten über die Leistungen und Erfolge des Systems der gemeinsamen Erziehung von Mädchen und Knaben berichten. Sie konnten Zeugnis ablegen von den großartigen Volksbildungsbestrebungen, die in jenen Ländern auch den unbemittelten Kreisen der Bevölkerung die Möglichkeit gewähren, an den Fortschritten des Wissens teilzunehmen. Und so konnte gerade diese Sektion uns Deutschen manche Anregung geben, die hoffentlich auf guten Boden fällt. Daneben trat in dieser Sektion hervor, wie in *allen Ländern* sich der Gedanke Bahn gebrochen hat, daß die Frau einer besseren Bildung teilhaftig werden muß; wie überall gerade auf diesem Gebiet die Frauenbewegung ihre *ersten* Erfolge errungen hat. Alle Kulturstaaten hatten studierte Frauen entsandt, die nicht mehr von Forderungen, sondern von Erfolgen zu berichten wußten. Während Deutschland auf diesem Gebiet noch hinter anderen Ländern zurückbleibt - konnten wir doch keine Advokatin und Predigerin über ihre Arbeiten berichten lassen! - so standen die deutschen Veranstaltungen in der Sitzung im Vordertreffen, die sich mit der hauswirtschaftlichen Ausbildung der Mädchen beschäftigte. Auch die großartigen Ausstellungen im Lettehaus und im Pestalozzi-Fröbelhaus haben den auswärtigen Kongreßteilnehmerinnen gezeigt, was deutsche Frauen auf diesem Gebiete geschaffen haben. Und so dürfte auch manche Anregung aus unserer deutschen Arbeit von hier mitfortgenommen werden.

Die zweite Sektion, die den *Frauenberufen* gewidmet war, hatte eine doppelte Aufgabe zu bewältigen. Sie sollte ein Bild der Frauenarbeit geben und sie sollte von den Bestrebungen sprechen, die die Frauenarbeit zu höheren Stufen führen können. Dabei konnte es sich nicht nur darum handeln, von den Forderungen der Frauen auf Zulassung zu neuen Erwerbsmöglichkeiten zu sprechen, die ihnen in den einzelnen Ländern noch verschlossen sind; sondern in erster Linie mußten gerade die Bemühungen gewürdigt werden, die darauf abzielen, die Bedingungen der Frauenarbeit zu bessern, die Arbeitszeit zu kürzen, bessere Lohnverhältnisse zu schaffen. Auf der einen Seite das Verlangen nach neuen Arbeitsmöglichkeiten, die Forderung *des Rechts auf Arbeit*; auf der *andern* das Verlangen nach *Schutz*, nach der Befreiung von übermäßigen, von doppelten Lasten durch Berufsarbeit in Verbindung mit häuslichen und Familienpflichten. Dieser scheinbare Gegensatz, der sich durch die Verhandlungen dieser Sektion hindurchzog, löste sich aber bei näherer Betrachtung auf in der Erkenntnis, daß auch die Bestrebungen zum Schutz der arbeitenden Frauen - der Fabrik- und Heimarbeiterinnen, der Dienstmädchen und der Landarbeiterinnen, der Handelsgehilfinnen, wie der Krankenpflegerinnen - darauf abzielen, auch diesen Frauen die Möglichkeit zur *vollen Entfaltung ihrer* verschiedenartigen Kräften, zur *Entwicklung ihrer Persönlichkeit* zu geben. Die Frauenbewegung hat mehr und mehr erkannt, daß es sich für sie nicht darum handeln darf, für die Frauen eine Freiheit zu fordern, die zur Ausbeutung führt, sondern Lebensmöglichkeiten zu schaffen, die wahre Freiheit der Persönlichkeit verbürgen können.

Es war der Kongreßleitung nicht gelungen, für alle diese Verhandlungen in erster Linie Berufsangehörige zu gewinnen. Nur vereinzelt hatte das Ausland Arbeiterinnen als Delegierte entsenden können. Immerhin waren doch eine ganze Reihe von ausländischen Arbeiterinnenorganisationen vertreten. Die deutschen Arbeiterinnen aber hatten sich zum großen Teil durch politische Gegensätze verhindern lassen, ihre eigenen Interessen bei dieser Gelegenheit selbst zu vertreten und vorzubringen. Als Ergebnis der Verhandlungen dieser Sektion darf man aber wohl konstatieren, daß die Verständigung zwischen proletarischen und bürgerlichen Frauen beginnt, sich etwas erfreulicher zu gestalten. Die Tatsache, daß überhaupt an der Diskussion über die Dienstbotenfrage sowohl Hausfrauen als Dienstmädchen teilnahmen, ist ein Beweis für das wachsende Verständnis dieser Frage auf beiden Seiten.

Die Verhandlungen über die Lage der Handelsangestellten und der Krankenpflegerinnen wurden fast ausschließlich von Angehörigen ihres Standes geführt. Auch die Angehörigen der Orden und Schwesternschaften aller Richtungen waren vertreten: ein Beweis dafür, daß auch diese Körperschaften sich dem Gedanken einer Reform des Krankenpflegerinnenwesens nicht mehr entziehen, und daß sie die Gelegenheit zur Aussprache mit Frauen, die von anderen Standpunkten ausgehen, nicht scheuen und nicht für überflüssig halten. Die Lage der Fabrikarbeiterinnen wurde für Deutschland von der badischen Fabrikinspektorin erörtert, in einer von praktischer Erfahrung und gründlichem theoretischem Studium zeugenden Weise. Zur Frage der Heimarbeit brachte eine englische Sanitätsinspektorin Mitteilungen über die Erfolge der Wohnungs- und Sanitätsinspektion vor. Und wenn auch von Seiten einer deutschen Sozialdemokratin der Gegensatz zwischen proletarischer und bürgerlicher Frauenbewegung in diese Verhandlung hineingetragen wurde, so stand dem doch das Zeugnis einer schweizerischen Arbeiterin gegenüber, die sich gleichfalls als Genossin dokumentierte, aber von der einträchtigen und erfolgreichen gemeinsamen Arbeit der schweizerischen Frauenvereine mit den Arbeiterinnenvereinen zu berichten wußte.

Die Sektion für *soziale Einrichtungen* und Bestrebungen mußte naturgemäß ihr Programm weniger einheitlich halten. Von der Teilnahme der Frauen an der Armen- und Wohlfahrstpflege bis zur Alkoholbekämpfung und zur Sittlichkeitsfrage umfaßte sie eine Fülle von einzelnen Gebieten. Und gerade hier, wo die Fortschritte, die zu erzielen sind, am meisten in den Händen der einzelnen Frauen liegen, dürfte mancherlei Anregung zu neuer Arbeit oder zu neuen Methoden ausgetauscht worden sein.

Die vierte Sektion, die *die rechtliche Stellung der Frau* behandelte, beschäftigte sich an den ersten Tagen mit der civilrechtlichen Stellung der Frau. Neben kleinen Erfolgen, die die Frauenbewegung auf diesem Gebiet erzielt hat, traten aber hier die Forderungen und Wünsche noch stark in den Vordergrund. Beachtenswerte Vorschläge und Wünsche wurden in bezug auf eine bessere rechtliche Stellung des unehelichen Kindes laut. Die Verhandlungen über das Stimmrecht (kommunales, kirchliches, politisches) brachten Berichte von den Frauen, die das Stimmrecht fordern; aber auch von Frauen, die es erreicht, die es ausgeübt haben. Auch eine weibliche Abgeordnete konnte von den Möglichkeiten sprechen, die sich der Frau als Gesetzgeberin eröffnen.

Die *allgemeinen Versammlungen* behandelten Probleme, die augenblicklich im Mittelpunkte des Interesses stehen und die für die weitere Entwicklung der Frauenbewegung von größter Bedeutung werden dürften, nämlich unter anderen die Frage der *„Frauenlöhne“* und *„das Verhältnis der Frauenbewegung zu den politischen und konfessionellen Parteien“*.

Bei der rapiden Zunahme der Erwerbsarbeit der Frauen verdient die *Lohnfrage* die allergrößte Beachtung. Ist doch die niedrige Bewertung und Bezahlung der Frauenarbeit, die sich in allen Kulturländern und allen Berufsgruppen findet, eine schwere Gefahr für das *gesamte Wirtschaftsleben*. Auch die Frau arbeitet nicht zum Zeitvertreib. Auch für die berufstätige Frau bildet die Arbeit in der Regel die Grundlage ihrer Existenz - oder sollte sie wenigstens bilden. Aber für die Frauen ist bisher die Arbeit noch nie zur „Quelle allen Reichtums“ geworden; denn die

Frauen, die gearbeitet haben, sind meist nicht zu Reichtum gelangt. Und die Frauen, die reich geworden sind, sind es meist nicht durch die Arbeit ihrer Hände oder ihres Kopfes geworden. Die Lohnfrage wurde deshalb von verschiedenen Gesichtspunkten aus behandelt. Die Forderung „gleicher Lohn für gleiche Leistung" wurde erörtert und die „unbewertete Arbeit der Hausfrau" wurde gekennzeichnet als eine der Ursachen, die zu der niedrigen Bewertung der Frauenarbeit geführt haben.

Zur Frage der *Beziehungen der Frauenbewegung zu politischen und konfessionellen Parteien* wurde sowohl von deutscher wie von amerikanischer Seite der Standpunkt festgelegt, daß die Frauenbewegung als solche *unabhängig* bleiben müsse, daß sie nur dann Erfolg haben kann, wenn sie als geschlossene Macht auftritt. Die politischen, wie die konfessionellen Parteien „sind nur ein Mittel, nicht ein Ziel". Die politischen Parteien sind ein Mittel - oder sollten es wenigsten sein - gesunde Verhältnisse im Staatsleben zu schaffen, am Kulturfortschritt eines Volkes mitzuarbeiten. Die konfessionellen Parteien, die einzelnen Sekten und Kirchen sind nur ein Mittel, um jeden einzelnen Menschen zu größerer Vollkommenheit, zu wahrhafter Frömmigkeit zu führen. Die Frauenbewegung dürfe zu den Spaltungen in Sekten und Parteien nichts hinzutun. Jede *einzelne* Frau mag sich anschließen, wo sie will; die *Frauenbewegung* als Ganzes aber muß unabhängig bleiben. Sie kann nur eine allgemeine sein, wenn sie den Mitgliedern aller Parteien und Sekten die Möglichkeit läßt, sich ihr anzuschließen.

Einer *eigenartigen* Veranstaltung muß noch gedacht werden, die kurz vor Schluß des Kongresses die *heranwachsende weibliche Jugend* Berlins mit den Ideen der Frauenbewegung bekannt machte. Die obersten Klassen der höheren Mädchenschulen waren zu einer Versammlung geladen worden, und der Zudrang zu dieser Veranstaltung war ein so ungeheurer, daß gleichzeitig zwei Versammlungen in den größten Sälen der Philharmonie stattfinden mußten. Etwa 3.000-4.000 jugendliche Zuhörerinnen hatten sich eingefunden; und es machte auf die Führerinnen der Frauenbewegung, die anwesend waren, einen ergreifenden Eindruck, als sich ihnen die Gelegenheit bot, vor dieser jugendlichen Schar von der Frauenbewegung zu sprechen. Die Pioniere der Frauenbewegung haben *nicht für sich gewirkt*, sie haben jederzeit gewußt, daß sie nur der *kommenden Generation* die Wege ebnen können. Und heute, wo die Berechtigung der Bewegung anerkannt zu werden beginnt, wo ein Hindernis nach dem andern beseitigt wird, hängt der Erfolg unserer Bewegung davon ab, daß *die heranwachsende Generation*, für die man gearbeitet hat, Interesse und Verständnis für diese Bestrebungen zeigt. So gab man denn der Jugend den Gedanken mit auf den Lebensweg, daß das Recht auf eine höhere Bildung als frühere Frauengenerationen sie kannten, das Recht auf Berufsarbeit, und die Möglichkeit zu sozialer Hilfstätigkeit, die die Frauenbewegung der heranwachsenden Jugend eröffnet hat, dieser neue reichere Lebensmöglichkeiten gibt; daß aber diese neuen Möglichkeiten ihr auch die Pflicht auferlegen, sie zu nützen.

Die *Schlußversammlung* des Kongresses brachte Vorträge über die Grundlagen und Ziele der Frauenbewegung. „Nicht die gleiche Rechtsstellung ist das Ziel, dem wir zustreben müssen, sondern sie ist nur die Vorbedingung dazu, die Vorbedingung für die Möglichkeit der vollen Entfaltung der Persönlichkeit", so führte Helene Lange aus. „Eine neue soziale und sittliche Gesamtanschauung muß geschaffen werden, in der Mann und Frau ihre beiderseitigen Fähigkeiten zum Ausdruck bringen können. Dieses Ziel zu erreichen muß das Streben der Frauenbewegung sein, auf den Zeitpunkt der Vollendung kommt es dabei nicht an, wenn nur der Aufbau der Kulturwelt in gemeinschaftlicher Arbeit von Mann und Frau geschehen wird, und wenn es an der Spitze der Gesellschaft nicht mehr ein führendes Geschlecht gibt, sondern nur noch führende Persönlichkeiten."

Sozialdemokratie und Frauenbewegung*

Die beiden bedeutenden Frauengruppen, die sich in ihren Bestrebungen für das Wohl der Frauen mit aller Entschiedenheit außerhalb des Rahmens des Bundes deutscher Frauenvereine gestellt haben, sind der *deutsch-evangelische Frauenbund* und die der *sozialdemokratischen Partei angehörigen Frauen*. Beide haben in den Herbsttagen ihre großen jährlich oder alle zwei Jahre stattfindenden Zusammenkünfte gehabt, bei denen sie von ihren Arbeiten und Erfolgen in der letzten Geschäftsperiode Zeugnis ablegen und neue Arbeitsprogramme aufstellen wollten.

Wenn man die Arbeitsgebiete überblickt, die sowohl auf der Versammlung des deutsch-evangelischen Frauenbundes wie auf der Konferenz der sozialistischen Frauen erörtert wurden, so ergibt sich wieder von neuem die Tatsache, daß nicht so sehr die Verschiedenartigkeit der *Aufgaben* diesen Sonderbestrebungen zugrunde liegt, sondern weit mehr der *Gesichtspunkt*, die *Weltanschauung*, unter denen diese Aufgaben in Angriff genommen werden. Ganz klar kam das bei der Tagung des deutsch-evangelischen Bundes zum Ausdruck. Hier stand kaum *ein* Beratungsgegenstand zur Verhandlung, der nicht durch die im Bunde deutscher Frauenvereine vertretenen Organisationen gefördert wird: die Ausbildung der Jugend für soziale Berufe, die Mitwirkung der Frauen in der Armen- und Waisen-

* Die Frau, 12. Jg., Nr. 2, Nov. 1904, S. 72-77

pflege und ihre Vorbildung für diese Aufgaben, die Kellnerinnenfrage, die Frage der Arbeiterinnenorganisationen. Das alles sind seit langem Programmpunkte von Bundesvereinen, und es ist nur die Betonung des christlichen Standpunktes, die hier als besonderes Moment bei der Verfolgung dieser Aufgaben in den Vordergrund tritt. Die leitenden Kräfte im deutsch-evangelischen Frauenbund haben auch nie daraus ein Hehl gemacht, daß sie sich in den Aufgaben mit uns eins fühlen, und die Vertreterinnen des Bundes deutscher Frauenvereine haben gern anerkannt, daß durch die Arbeit dieser neueren, jüngeren Organisation neue Kräfte für die alten Aufgaben gewonnen werden können; Kräfte, die unserer Agitation gegenüber versagten und die nun doch als dienende Glieder sich dem großen Ganzen der Frauenbewegung einreihen, deren Mitarbeit trotz der getrennten Lager der gemeinsamen Sache zugute kommt.

Wie sehr bei alledem die vergangenen Jahrzehnte deutscher Frauenbewegung dem evangelischen Bunde den Stempel aufdrücken, zeigt das Programm seiner Tagung in Hameln, wie auch das seiner Satzungen. Der deutsch-evangelische Frauenbund kann und muß seine Aufmerksamkeit den Gebieten zuwenden, die *heut* am dringendsten das Interesse und das Eingreifen der Frauen erfordern: den *sozialpolitischen*. Es sind die großen Erfolge der Frauenbewegung auf dem Gebiet erhöhter Frauenbildung, vermehrter Berufsgelegenheiten, die den neu erstandenen Organisationen die Möglichkeit geben, schneller in ihrer Arbeit fortzuschreiten, als es die ältesten Frauenvereine im Anfang vermochten. Liegen doch den jüngeren Frauen, die heute die Leitung solcher Bestrebungen übernehmen, die Aufgaben klarer vorgezeichnet. Kaum finden wir noch ein Gebiet, das ganz unbeackert wäre. Den Mädchen der bürgerlichen Kreise steht heute so vieles offen, daß neue Frauenvereine sich nicht mehr in dem Maße wie früher den Bedürfnissen der Frauen des Mittelstandes zuwenden müssen. Die Forderungen der Zeit weisen sie vielmehr nachdrücklich auf ihre Pflichten gegenüber den besitzlosen Volksschichten hin. Die Frage der Arbeiterinnenorganisationen konnte daher auf der Tagung des deutsch-evangelischen Frauenbundes einen breiten Raum einnehmen, und so läßt sich trotz aller inneren Gegensätze doch rein äußerlich genommen eine Gleichartigkeit der Interessen, des Aufgabengebietes dieser Frauentagung mit der Konferenz der sozialistischen Frauen, die fast gleichzeitig stattfand, konstatieren.

Aber nur *äußerlich* betrachtet; denn die sozialistischen Frauen haben auch auf ihrer letzten Tagung in Bremen wieder gezeigt, daß eine Welt, ein tiefer Abgrund sie von uns andern trennt.

Auch hier sind es nicht die *praktischen Aufgaben*, aus denen sich der Gegensatz zur bürgerlichen Frauenbewegung ergibt. Wenn wir lesen, daß die Konferenz über die Frage des *Kinderschutzes*, des *10stündigen Maximalarbeitstages* für Frauen, des *Vereinsrechtes*, über die *Schulfrage* verhandelt hat, so sind dies alles Gegenstände, die auch uns beschäftigen. Und noch darüber hinaus läßt sich wohl sagen, daß unsere Stellungnahme zu diesen Aufgaben in vielen Punkten mit der der sozialistischen Frauen übereinstimmt. Auch *wir* haben unsere Forderungen für einen *gesetzlichen Kinderschutz* weit über das Maß dessen ausgedehnt, was durch das Gesetz zunächst gegeben worden ist. Auch wir halten die Forderung des 10stündigen *Maximalarbeitstages* für die dringendste sozialpolitische Aufgabe der Gesetzgebung, und sind der Ansicht, daß die zögernde Haltung der gesetzgebenden Körperschaften in bezug auf diese Frage nicht mehr zu rechtfertigen ist. Auch wir verurteilen mit derselben Schärfe und Energie wie jene Frauen die schändliche Knechtung der Frauen durch das *Vereinsgesetz* in einer Reihe deutscher Bundesstaaten, und wir protestieren mit ihnen gegen die zweierlei Handhabung des Gesetzes, gerade weil das Gesetz *nicht gegen uns,* sondern gegen jene Frauen angewendet und mit aller Spitzfindigkeit ausgelegt wird, die noch weit mehr als wir *um ihrer vitalsten Interessen willen der Vereins- und Versammlungsfreiheit bedürfen.* Schließlich die *Schulfrage*, die meines Wissens zum erstenmal auf einer sozialistischen Frauenkonferenz zur Erörterung stand. Mit der ihr eigenen Gründlichkeit, Überzeugungskraft und Wärme hat Klara Zetkin die Forderungen für das Volksschulwesen nach allen Richtungen hin erörtert und ihre Zuhörer für die von ihr verlangten Reformen zu begeistern verstanden. Aber die Forderungen, die sie aufstellte, sind auch in unsern Reihen erhoben worden: *die Einheitsschule, die gemeinsame Erziehung der Geschlechter, Anstellung einer größeren Zahl von Lehrern,* deren bessere *Besoldung*. Der einzige Punkt, in dem ihre Ansichten innerhalb der Frauenbewegung nicht allgemein geteilt werden dürften, ist die *Trennung des Religionsunterrichts* vom Volksschulunterricht. Aber im großen und ganzen hätte ihr Referat auch bei bürgerlichen Hörerinnen dieselbe warme Zustimmung erhalten können wie bei den sozialistischen Genossinnen in Bremen. Wir fühlen uns eins mit ihr, wenn sie sagt: „Wenn das Ziel der Erziehung sein soll, jeden Menschen zum Lebenskünstler zu erziehen, der das Leben in seinem reichen Inhalt, seinem gewaltigen Umfange zu erfassen vermag, zu einer Persönlichkeit, durch welche - um mit Nietzsche zu reden - die Menschheit heraufgepflanzt wird, dann müssen wir Frauen unsere Kraft für diese hohe Aufgabe einsetzen. Wir, die wir das heranwachsende Geschlecht in unserm Schoß tragen, auf das wir die Gestaltung unseres Gehirns, den stolzen, freien Schlag unseres Herzens übertragen, wir müssen in der ersten Reihe stehen, wenn es sich darum handelt, die Kinder zu Lebenskünstlern im edelsten Sinne des Wortes zu erziehen. An uns ist das Wort Schillers gerichtet:

> *„Der Menschheit Würde ist in eure Hand gegeben,*
> *Bewahret sie, sie sinkt mit euch,*
> *Mit euch wird sie sich heben."*

Es hieße aber die *Grundlagen* sowohl der *bürgerlichen* Frauenbewegung als auch der *sozialistischen* vollständig verkennen, wenn man aus dieser Gleichartigkeit der Arbeitsgebiete, der angestrebten *Reformen* folgern wollte, daß die äußere Trennung nur eine willkürliche sei, wenn man unterschätzen wollte, wie *unendlich weit die Wege uns doch auseinander führen.* Nicht eine Abweichung in Reformforderungen ist es, die uns trennt, sondern die *Verschiedenartigkeit des Zieles,* dem wir zustreben. Wohl wollen auch wir, *ebenso wie die sozialistischen Frauen,* die bedrückten Klassen, die am schwersten ringenden Frauen zu einem menschenwürdigen Dasein, zur vollen Anteilnahme am Kulturleben, zur Entfaltung ihrer Persönlichkeit emporheben. Aber wir glauben, daß alle diese Reformen, diese Maßregeln, die wir von Staat und Gemeinde beanspruchen und die fraglos ein sozialisierendes Element in unser Gesellschaftsleben hineintragen, wir glauben, daß diese Reformen allmählich die heutige Gesellschaftsordnung so bessern und umgestalten werden, daß jeder seinen Platz an der Sonne finden kann. Für die sozialistischen Frauen dagegen sind diese Reformen nur ein Mittel, um die arbeitenden Klassen stark und kräftig zu machen, damit sie den Kampf gegen die bestehende Gesellschaftsordnung besser als bisher aufnehmen, das Privateigentum an den Produktionsmitteln aufheben und eine *nur auf sozialistischer Grundlage* geordnete Gesellschaft herbeiführen können. Es ist ein anderer Weg, auf dem jene Frauen das Heil zu finden glauben. Und diese Verschiedenartigkeit der Überzeugungen bedingt ohne Zweifel die getrennten Feldlager. Nur Unklarheit kann sich darüber täuschen.

Dieser Gegensatz zwischen sozialdemokratischer und bürgerlicher Frauenbewegung ist denn auch in Bremen wieder in vollem Umfange zum Ausdruck gekommen. Die Auseinandersetzung darüber hat einen breiteren Raum bei den Verhandlungen eingenommen, als es bei der Klarheit der Unterschiede zwischen den beiden Gruppen notwendig gewesen wäre. Und das ist darauf zurückzuführen, daß die sozialistischen Frauen diese nicht zu verkennenden Gegensätze in der Weltanschauung, diese Unterschiede des angestrebten Zieles dazu benutzen, um *künstliche Schranken* auch da aufzurichten, wo sie durch die Verhältnisse nicht geboten sind.

Es gehört zu den Programmpunkten der sozialistischen Frauen, auf diese Unterschiede bei ihren Tagungen recht nachdrücklich hinzuweisen. Die Gegensätze zur bürgerlichen Frauenbewegung gehören zu den alten *Inventarstücken*, die immer wieder hervorgezogen werden, um den Verhandlungen einige kleine erregende Gipfel zu geben. Diesmal war der *Internationale Frauenkongreß* der erwünschte Anlaß für die Diskussion über die bürgerliche Frauenbewegung. *Dr. Robert Michels* aus Marburg fragte nach dem Grund, der die sozialistischen Frauen veranlaßt habe, sich an dem Kongreß nicht zu beteiligen. „Ich begreife den Standpunkt durchaus", so führte Dr. Michels aus, „daß die proletarischen Frauen nichts mit den bürgerlichen Frauen gemeinsam haben. Aber dieser Standpunkt bedingt doch nicht, daß man nicht bei einem speziellen Anlaß mit den bürgerlichen Frauen zusammen tagen darf. Seit wann scheut die Sozialdemokratie den Umgang mit Bürgerlichen als seien sie pestkrank? Im Parlament findet diese Berührung doch Tag für Tag statt. Auch der Heimarbeiterschutz-Kongreß ist ja mit bürgerlichen Reformern gemacht worden. Die proletarischen Frauen hätten sich nichts vergeben, wenn sie der außerordentlich liebenswürdigen Einladung zum Frauenkongreß gefolgt wären. - - Nicht eine Verwässerung des Prinzips bedeutet dieses Zusammengehen mit den bürgerlichen Frauen. Unser Programm soll klar, deutlich und scharf ausgesprochen, nicht gebeugt und nicht angepaßt werden." Dr. Michels ist der Ansicht, daß die sozialistischen Frauen aus agitatorischen Gründen hätten hingehen sollen, um die Vorurteile der bürgerlichen Frauen gegen die Sozialistinnen zu beseitigen. Das „Gewissen der bürgerlichen Frauen wäre durch die Anwesenheit der Sozialistinnen geschärft worden".

Es ist ja schon an verschiedenen Stellen, auch in diesem Blatt ausgeführt worden, daß die bürgerlichen Frauen die Ablehnung der deutschen Sozialistinnen sehr bedauert haben. Auch wir sind der Ansicht, daß es wünschenswert gewesen wäre, wenn namentlich die Arbeiterinnen ihre Forderungen auf dem Kongreß selbst vertreten hätten. Es pflegt im allgemeinen einen größeren Eindruck auf die Öffentlichkeit zu machen, wenn Reformforderungen aus den Reihen derer vorgebracht werden, für die sie gestellt werden. Und wenn die Sozialistinnen es auch in ihren eigenen Versammlungen daran nicht fehlen lassen, so hätte doch eine solche gemeinsame Vertretung nächstliegender praktischer Forderungen auf dem Kongreß eine gute Wirkung erzielt. Es hätte neue Kreise für die Forderungen der Arbeiterinnen interessiert, und es wären auch sicherlich - darin ist Dr. Michels durchaus zuzustimmen - manche unberechtigte Vorurteile in unseren Reihen besiegt worden. Aber in einem Punkt muß den Ausführungen des Dr. Michels entgegengetreten werden. Wenn er nämlich meint, das „*Gewissen der bürgerlichen Frauen wäre durch die Anwesenheit der Sozialistinnen geschärft worden.*" Zunächst ist es nicht wahrscheinlich, daß die deutschen Sozialistinnen das zustande gebracht haben würden, sofern es den *ausländischen*, die ja anwesend waren, nicht gelungen ist. Und außerdem glaube ich mit allem Nachdruck die Unterstellung zurückweisen zu müssen, daß es den bürgerlichen Frauen an der nötigen Gewissenhaftigkeit fehlt, sodaß ihr Gewissen durch die Anwesenheit von Sozialistinnen geschärft werden müßte. Wir glauben gerade mit bezug auf den Kongreß den sozialistischen Frauen mit allem guten Willen, mit aller Ehrlichkeit, Gewissenhaftigkeit und mit aller Anerkennung ihrer Bedeutung den Platz angeboten zu haben, der ihnen zukam, und wir glauben mit derselben Gewissenhaftigkeit, Ehrlichkeit und Treue und mit aller Loyalität gegen die Sozialistinnen - auch nachdem sie unser Anerbieten ausschlugen - die Interessen der Arbeiterinnen auf dem Kongreß gewahrt zu haben.

Aus diesem Grunde müssen auch die Ansichten, mit denen die sozialistischen Frauen Dr. Michels erwiderten, als *unrichtig* und als *ungerecht* zurückgewiesen werden. Frau Zietz muß über den Kongreß schlecht unterrichtet sein, wenn sie annimmt, daß man den sozialistischen Frauen eventuell fünf Minuten Redezeit bewilligt haben würde, da sämtliche Referenten zur Arbeiterinnenfrage, die doch für die sozialistischen Frauen hauptsächlich in Betracht gekommen wäre, zwanzig bis dreißig Minuten Redezeit hatten. Wenn sie erklärt, „daß die berufenste Vertreterin der bürgerlichen Frauenbewegung, Fräulein Dr. Schirmacher, das Wahlrecht nicht verlange für die Frauen, sondern nur für die Damen, daß sie es gebunden wissen wolle an einen Zensus, ganz wie die männlichen Reaktionäre das Wahlrecht für die Arbeiter verklausulieren wollen“, so legt sie Fräulein Dr. Schirmacher eine Forderung unter, die sie niemals erhoben hat. Es besteht ein großer Unterschied dazwischen, ob jemand im Prinzip ein Anhänger oder Gegner des allgemeinen Wahlrechts ist, oder ob er die Forderung erhebt, ein vorhandenes allgemeines Wahlrecht aufzuheben, das Gesetz nach rückwärts zu revidieren. Mag Fräulein Dr. Schirmacher keine Anhängerin des allgemeinen Wahlrechts sein, so hat sie doch mit aller Deutlichkeit ausgesprochen, daß es ihr niemals einfallen würde, in einem Lande des allgemeinen Wahlrechts derartige reaktionäre Forderungen aufzustellen. Aber ganz abgesehen davon, liegt gar keine Veranlassung vor, gerade Fräulein Dr. Schirmacher als berufene Vertreterin der bürgerlichen Frauen auf diesem Gebiet hinzustellen. Denn wenn sie eine solche Ansicht vertritt, so steht sie damit in ganz entschiedenem Gegensatz nicht nur zu den persönlichen Ansichten irgend welcher anderen Vertreterinnen der bürgerlichen Frauen, sondern im Gegensatz zu der vom Bund deutscher Frauenvereine eingenommenen Stellung. Es müßte Frau Zietz eigentlich wohl bekannt sein, daß bei Gelegenheit der Tagung des Weltfrauenbundes Frau Stritt *im Namen und im Auftrage des Bundes deutscher Frauenvereine* ausdrücklich ausgesprochen hat, daß der Bund deutscher Frauenvereine für das allgemeine Frauenstimmrecht eintritt. Auf diese Unkenntnis der Frau Zietz ist es vielleicht auch zurückzuführen, wenn sie im Anschluß an ihre Ausführungen über Fräulein Dr. Schirmacher erklärt, „sie betrachte es als eine Herabwürdigung, wenn jemand ihnen zumutet, auf dem Kongreß der Frauen zu erscheinen, die ihre politischen Todfeinde unterstützen; nicht um ihre grundsätzlichen Forderungen zu diskutieren, sondern um sich Reförmchen in homöopathischen Dosen zugestehen zu lassen“. Daß die sozialistischen Frauen sich auch bei ihren eigenen Versammlungen nicht scheuen, das praktische Reformprogramm zu erörtern, dessen einzelne Teile auch uns beschäftigen, hat ja ihre letzte Konferenz gezeigt, bei der die *grundsätzlichen sozialistischen Forderungen* keineswegs in den Mittelpunkt der Erörterungen gestellt wurden.

Wenn auf der einen Seite zu bedauern ist, daß der Gegensatz zwischen der bürgerlichen und der sozialdemokratischen Frauenbewegung in Bremen vielleicht mehr als notwendig betont und nicht immer in richtiger Weise dargestellt wurde, so ist andererseits nicht zu verkennen, daß durch einzelne Anhängerinnen der Frauenbewegung immer wieder versucht wird, die *tatsächlich bestehenden Gegensätze zu verwischen* und Unklarheit darüber zu erwecken. Wenn eine Hamburger Vertreterin der bürgerlichen Frauenbewegung, Frau Ruben, auf der Bremer sozialistischen Konferenz erklärt hat, daß sie *„auf der äußersten Linken stehe und sich fast zu den Sozialistinnen rechne“*, so kann man nur annehmen, daß ihre Worte entweder falsch wiedergegeben sind, oder daß sie sich über die Grundlage der bürgerlichen Frauenbewegung und der Sozialdemokratie nicht klar ist.[1] Meines Erachtens ist es unmöglich, daß eine Anhängerin der Frauenbewegung sich *„fast zu den Sozialdemokratinnen rechnet"*. Entweder *teilt* man die sozialistischen Überzeugungen, stellt man sich auf den Boden der sozialdemokratischen Partei, dann ist man verpflichtet, dem auch *äußerlich Ausdruck zu geben*, der Partei beizutreten und seine Beziehungen zu den bürgerlichen Frauenvereinen zu lösen, wenigstens so weit es sich dabei um Beziehungen handelt, die in irgend einer Form zu leitender oder agitatorischer Arbeit verpflichten. Dieser Schritt ist ja auch schon mehr als einmal von bürgerlichen Frauen getan worden. Oder aber man *teilt diese Anschauungen nicht*, man kann sich nicht auf den Boden des sozialdemokratischen Parteiprogramms stellen, hat aber Interesse für die Forderungen der arbeitenden Frauen, dann eben wird man seinen Platz in den Reihen der *bürgerlichen Frauenbewegung* einnehmen und dort einen Wirkungskreis finden können. Das *Eine und das Andere* ist aber nicht möglich; ein Bindeglied gibt es nicht. Frau Zetkin hat ganz recht, wenn sie in Bremen ausgesprochen hat, daß die Reformforderungen, die sowohl wir als auch sie erheben, von uns *verschieden bewertet* werden. „Die bürgerlichen Frauen wollen damit die bürgerliche Gesellschaft *stützen*, die sozialistischen Frauen wollen das *Proletariat* kampffähig machen, damit sie die heutige Gesellschaft *stürzen* können." Das darf nun nicht in dem Sinne ausgelegt werden, daß wir bürgerlichen Frauen ein Interesse daran haben, die bürgerliche Gesellschaft in ihrer *heutigen Form* zu erhalten. Es ist ja schon darauf hingewiesen worden, daß wir glauben, durch die von uns vertretenen Reformen allmählich gerechtere Zustände zu schaffen. Es hieße die bürgerlichen Frauen und

[1] Sollte aber Frau Ruben bei der Bemerkung: „Ich stehe auf der äußersten Linken und rechne mich fast zu Ihnen" der Ansicht gewesen sein, daß der „linke Flügel" der bürgerlichen Frauenbewegung der Sozialdemokratie besonders nahe steht, so ist daran zu erinnern, daß der „Radikalismus" des linken Flügels sich keineswegs auf das soziale und sozialpolitische Gebot, sondern auf das rein frauenrechtlerische bezieht. Zwischen „linkem und rechtem Flügel" handelt es sich um Tempo-Unterschiede in bezug auf frauenrechtlerische, nicht auf sozialpolitische Forderungen. Einzelne Vertreterinnen des linken Flügels stellen mehr das individualistische, die des rechten Flügels mehr das soziale Moment in den Vordergrund. Die einen kämpfen unter allen Umständen für das Recht der Frau, die anderen sind geneigt, die Fraueninteressen eventuell Interessen des gesamten Volkswohls unterzuordnen. Das kam beispielsweise zum Ausdruck bei der Hamburger Generalversammlung des Bundes (1898), als die „radikale Gruppe" in den Satzungen des Bundes die Förderung des Gemeinwohls weniger betont wissen wollte als die Hebung des weiblichen Geschlechts. Die Petition bürgerlicher Frauen betr. Revision des Gemeindewahlrechts im Jahr 1901, die von den sozialistischen Frauen auch in Bremen wieder als antisozial angegriffen wurde, weil nur die Zulassung der zu den Gemeindelasten beitragenden Frauen zum Wahlrecht gefordert wird, ist gleichfalls von einem dem linken Flügel angehörigen Verein (Frauenwohl-Berlin) ausgegangen. Auch in Sachen des Arbeiterinnenschutzes liegen Äußerungen einer Führerin der Radikalen vor, die in sozialpolitischer Beziehung gerade den Bestrebungen der Sozialdemokratie entgegenstehen; so ein Ausspruch von Fr. Dr. Augspurg im „Tag": „Die unverheiratete Arbeiterin aber bedarf keines anderen Schutzes als der Arbeiter". Aber nur der Radikalismus auf *sozialpolitischem* Gebiet kann für irgend eine bürgerliche Gruppe nähere Berührungspunkte, gelegentliche Verständigungsmöglichkeiten mit der Sozialdemokratie schaffen.

ihre ethischen Überzeugungen sehr niedrig einschätzen, wenn man glauben wollte, daß sie im Grunde nur im Klassenkampf stehen und ihre eigenen engsten Klasseninteressen verteidigen. Sicherlich würden die meisten Frauen, die ein sozialer Instinkt zur Beschäftigung mit diesen Problemen getrieben hat, die kapitalistische Grundlage der heutigen Gesellschaftsordnung preisgeben wollen, wenn sie davon überzeugt wären, daß das „Stürzen der heutigen Gesellschaft" tatsächlich den gewünschten Erfolg haben würde, wenn sie sich hiervon einen Erfolg versprechen würden, der zu höheren Lebens- und Gemeinschaftsformen, zur Anteilnahme aller an den Errungenschaften einer fortschreitenden Kultur zu führen vermag. So lange sie aber diesen Weg in den Bestrebungen der Sozialdemokratie nicht erkennen, werden sie daran festhalten müssen, durch Reformen die *heutige Gesellschaftsordnung zu verbessern*, ihre Auswüchse und Schädlichkeiten zu beseitigen, *ohne* ihre Grundlage preiszugeben. Und so lange werden sie den Sozialdemokratinnen fernstehen.

Auch die bürgerliche Frau, die in das abgrundtiefe Elend unserer heutigen Gesellschaft hineinblickt, wird gewillt sein, alle ihre Kräfte „der Verbesserung des dunklen Loses der unendlichen Mehrheit des Menschengeschlechtes zu weihen, aus deren nachtbedeckten Fluten wir Besitzende nur hervorragen wie einzelne Pfeiler, gleichsam, um zu zeigen, wie dunkel jene Flut, wie tief der Abgrund sei." Und es ist begreiflich, daß ihr *Herz* sich der Verheißung der sozialdemokratischen Partei öffnet. So ist manche Frau aus bürgerlichen Kreisen den Weg ins andere Lager geführt worden. Niemanden bleiben wohl die schweren Zeiten erspart, in denen man sich bewußt wird, wie gering die Kraft des einzelnen zur Verbesserung all der Schäden und Wunden, wie langsam und mühselig die Reformarbeit ist, die hier einsetzen muß. Wem in solcher Zeit die sozialistische Verheißung nahetritt, der muß Jahre des Konflikts erleben, in denen er nicht weiß, „welches der rechte Glaube sei", in denen er zu wählen hat zwischen der Mitarbeit im alten Kreis und dem Übertritt in ein anderes Lager. Bei einer ehrlichen Natur kann kein Zweifel darüber aufkommen, wie man zu wählen hat, sobald die Überzeugungen sich gefestigt, die eigenen Ansichten sich gebildet haben. So schwer auch der Riß, die Trennung von den bisherigen Genossinnen sein mag, bei einem Überzeugungswechsel bleibt nur die Möglichkeit, dem auch offen Ausdruck zu verleihen. Ein *halb*, ein „fast" kann es dabei nicht geben. Wohl kommen Zeiten, in denen man mit sich kämpft und ringt, um zu Klarheit und Wahrheit zu gelangen. In den Zeiten aber gehört man *nicht in die Agitation, nicht in die Öffentlichkeit*, sondern in die Stille des Studierzimmers. Da gehört man nicht der *Arbeit für andere*, sondern der *Arbeit an sich selbst*. Dann nur kann man sich zu einer Mitarbeiterin der großen Sache der Menschheit entwickeln, der wir alle in Treue dienen, der die sozialdemokratischen und die bürgerlichen Frauen nach ihrer besten Überzeugung ihre Kräfte weihen.

Arbeitsverhältnisse in den Schokoladenfabriken*

In der Weihnachtszeit, in der die Produktion und der Umsatz in den Schokoladen- und Bonbonsfabriken ihren Höhepunkt erreicht, haben die Arbeiter und Arbeiterinnen dieser Branche in Berlin versucht, die Aufmerksamkeit der Konsumenten auf ihre Lage zu lenken. In einer Versammlung, die am 30. November stattfand, haben sie eine bessere Entlohnung gefordert und Mitteilungen über ihre Arbeitsverhältnisse gemacht, die allerdings das Interesse weiterer Kreise erregen sollten. Es wurde darüber geklagt, daß für 16jährige Arbeiter und Arbeiterinnen Löhne von 7°-8 Mark, für Jugendliche Löhne von 6 Mark vorkommen, die unmöglich ausreichen können, um das Leben zu fristen. In der Tat handelt es sich hier um eine Gruppe von Großunternehmungen, in der die Arbeiterinnen außergewöhnlich schlecht gestellt sind. Bei einer der größten Berliner Firmen sollen Anfangslöhne von 7,50 und 8 Mark gezahlt werden. Wenn diese Löhne vielleicht auch nur für jugendliche Arbeiterinnen und für die Lehrzeit in Betracht kommen, so steigen sie doch so langsam, daß der Durchschnitt für erwachsene Arbeiterinnen 9 Mark beträgt. Das ist ein Satz, der hinter den üblichen Löhnen der Berliner Fabrikarbeiterinnen erheblich zurückbleibt. In der betreffenden Fabrik steigt der Wochenlohn in jedem Jahr um 50 Pfg., doch sollen Arbeiterinnen, die auf eine 20jährige Tätigkeit zurücksehen, nicht höher als 13-14 Mark in der Woche kommen; und das sollen Ausnahmefälle sein. Im großen und ganzen werden die Jugendlichen in diesen Fabriken sehr bevorzugt. Dazu kommen noch sehr unangenehme Arbeitsbedingungen. In verschiedenen Berliner Schokoladenbetrieben beginnt die Arbeit *selbst* im *Winter um 6 Uhr*. Die jugendlichen Arbeiterinnen, die hier beschäftigt werden, müssen also geradezu des Nachts ihren Weg in die Fabrik antreten. Bei einigen Firmen werden die jugendlichen Arbeiter und Arbeiterinnen *täglich visitiert*. Über dieses entehrende System wird lebhaft Klage geführt. Aus einer mir vorliegenden Arbeitsordnung seien folgende Bestimmungen wiedergegeben:

Zu Überarbeiten ist jeder Arbeiter mit Ausnahme der jugendlichen *verpflichtet.*

Wenn wegen Arbeitsmangel oder Betriebsstörungen einzelne Schichten ausfallen oder die tägliche Arbeitszeit eingeschränkt wird, hat der Arbeiter *keinen Anspruch auf Lohn* für die ausfallende Zeit.

Jedes in die Beschäftigung eintretende Mädchen hat bei der Arbeit die von der Firma eigens hierzu geschafften Kleider zu tragen und stets in sauberem Zustand zu erhalten. Jedes Mädchen hat *zwei solcher Kleider zum Selbstkostenpreise* bei der Betriebsverwaltung zu entnehmen, und zwar das erste Kleid in den ersten 14 Tagen der Beschäftigung, das zweite nach weiteren 14 Tagen. Bleibt ein

* Soziale Praxis, 14. Jg., Nr. 13, 29. Dez. 1904, Sp. 318-320

Mädchen länger als 6 Monate in der Beschäftigung, so erhält dasselbe die Hälfte des für die beiden Kleider bezahlten Betrages zurück.

Mutwillige oder durch *Fahrlässigkeit* entstehende Schädigung an Maschinen u.s.w., sowie Verderben von Rohstoffen, wie in Bearbeitung befindlicher unfertiger, sowie auch fertiger Waren, Bruch von Fensterscheiben u.s.w. müssen von dem Beschädiger nach dem *Wert des Schadens* ersetzt werden.

Bei der geringsten Veruntreuung erfolgt sofortige Entlassung, eventuell polizeiliche Anzeige, eine Strafe in *Höhe des durchschnittlichen Tagesarbeitsverdienstes* und hat der Veruntreuende *außerdem Schadenersatz* zu leisten. Die Hehler, welche Veruntreuungen anderer nicht zur Anzeige bringen, haben *dieselbe Strafe* verwirkt.

Das Naschen wird mit Geldstrafe belegt, im Wiederholungsfalle erfolgt Entlassung. Beim Austritt aus der Beschäftigung ist die Arbeitsordnung sauber gehalten wieder abzuliefern, im anderen Falle sind für dieselbe 50 Pfg. zur Unterstützungskasse zu zahlen.

Mit dem *vollen durchschnittlichen Tagesarbeitsverdienst* werden bestraft: Tätlichkeiten gegen Mitarbeiter, erhebliche Verstöße gegen die guten Sitten, gegen die Arbeitsordnung. Bis zur Höhe des durchschnittlichen *halben Tagesarbeitsverdienstes* werden bestraft: Verstöße gegen die Vorschriften der Arbeitsordnung betreffend das Verlassen der Arbeit ohne vorherige Genehmigung, betreffend den Anzug in den Fabrikräumen (saubere, einfache Haartracht), betreffend das Einschleppen von Schnaps, brennenden Zigarren, Naschen, Stehenbleiben vor dem Fabrikplatz beim Nachhausegehen, Beschmutzen und Bemalen der Fabrikwände u.s.w. Die Zahlung verwirkter Strafen wird durch Entlassung, beziehentlich Austritt aus der Fabrik nicht aufgehoben.

Danach scheinen allerdings die Klagen der Arbeiterinnen über ein hartes Strafsystem nur zu berechtigt. Die Forderung nach einem Anfangslohn für jugendliche Arbeiter von 8 Mark, für Mädchen über 16 Jahre von 10 Mark, die Bezahlung der Überstunden mit einem Aufschlag von 25% zielt nur auf Erreichung der in anderen Industrien üblichen *Durchschnittslöhne* ab. Das Verlangen, die gelieferten Kleider zu kulanteren Bedingungen zu erhalten, erscheint durchaus billig. Und das Verlangen der Arbeiterinnen nach Sanierung ihres Arbeitsverhältnisses sollte unbedingt von den Kunden unterstützt werden. Die eingangs erwähnte Versammlung nahm eine Resolution an, in der es u.a. heißt:

„An die Konsumenten richten die Arbeitenden das dringende Ersuchen, sich bei den Weihnachtseinkäufen daran zu erinnern, in welcher erbärmlichen Lebenslage die bekannten Weltfirmen ihre Arbeiter und Arbeiterinnen halten."

Das „Erinnern" allein macht es aber nicht. Es sollten Mittel und Wege gesucht werden, um durch die Käufer auf eine Besserung der Lage dieser Arbeitergruppe hinzuwirken. Es bietet sich hier für die Frauenvereine eine Gelegenheit, ihr Interesse an der Lage der Arbeiterinnen zu betätigen. Man sollte nähere Erhebungen über die Lage der Schokoladen-Arbeiterinnen anstellen, und durch Einführen

„weißer Listen“ sollte ein Druck auf die Fabrikanten ausgeübt werden, um die Lage der Arbeiter und Arbeiterinnen dieser Branche zu verbessern. Es handelt sich hier um ein übersehbares, abgegrenztes Gebiet, auf dem ein solcher Versuch der Konsumenten Erfolg haben dürfte.

Ausbildung zur sozialen Hilfsarbeit*

Als vor elf Jahren in Berlin die Mädchen- und Frauengruppen für soziale Hilfsarbeit sich die Aufgabe stellten, durch theoretische Unterweisung Kräfte für die soziale Hilfsarbeit zu schulen und tüchtig zu machen, wurde der Anstoß zu einer Bewegung gegeben, die in Deutschland immer breitere Bahnen einzuschlagen beginnt. Es war ein erster Versuch, dem von vielen Seiten Mißtrauen entgegengebracht wurde. Man war bis dahin gewohnt gewesen, allein durch praktische Anleitung erfahrener und erprobter Kräfte die Jüngeren zur Betätigung auf sozialem Gebiet heranzubilden. Nun wurden auch Kurse über Armenpflege und Jugendfürsorge, über sozialpädagogische und sozialpolitische Fragen eingerichtet, um Verständnis für die sozialen Aufgaben unserer Zeit zu gewinnen.

Seit jener Zeit ist das Bedürfnis einer *theoretischen Vorbereitung für soziale Arbeit* in den weitesten Kreisen anerkannt worden, und Institutionen der verschiedensten Art haben ähnliche Ausbildungskurse für die Wohlfahrtspflege geschaffen. Neben der inneren Mission haben eine Reihe von Töchterpensionaten und höheren Schulen Ausbildungsberufe in der Wohlfahrtspflege für die weibliche Jugend eingerichtet. In Frankfurt a.M. sind derartige Kurse als selbständiges Unternehmen ins Leben gerufen worden und der Deutsch-Evangelische Frauenbund hat in seiner letzten Generalversammlung beschlossen, Ausbildungsmöglichkeiten für Armen- und Waisenpflegerinnen zu schaffen. Es dürfte deshalb an der Zeit sein, einmal die Frage aufzuwerfen, ob sich der Nutzen einer solchen theoretischen Vorbereitung für die soziale Arbeit bereits gezeigt hat, ob ein Bedürfnis dafür tatsächlich vorliegt, und in welcher Beziehung durch solche Kurse die soziale Arbeit tatsächlich wirksamer gestaltet wird.

Die Bahnbrecherinnen auf diesem Gebiet haben es nicht leicht gehabt, den Glauben an die Notwendigkeit einer sozialen Ausbildung zu verbreiten. Während

* Centralblatt des Bundes deutscher Frauenvereine, 6. Jg., Nr. 21, 1. Febr. 1905, S.161-162

es beispielsweise den sozialen Gruppen in Berlin in immer steigendem Maße gelungen ist, neue Kräfte für die soziale Arbeit heranzuziehen und zu begeistern, war es außerordentlich schwer, die Mitarbeiterinnen davon zu überzeugen, *daß guter Wille allein noch nicht zugleich Kraft und Können gibt;* daß Helfen eine *Kunst* und eine *Wissenschaft* zugleich ist, die, wie jede Kunst und jede Wissenschaft, gelernt sein will, um geübt zu werden. Die meisten Frauen, die sich sozialen Bestrebungen zuwenden, halten es mit dem Wort: „Grau, teurer Freund, ist alle Theorie, und grün des Lebens goldner Baum." In das Leben wollen sie eingreifen, auch seine dunklen Seiten wollen sie kennen lernen, um helfen zu können. Die jungen Mädchen, die bisher im wohlgeschützten und umsorgten Elternhaus gelebt haben, und auch ältere Frauen, deren Erfahrungs- und Sorgenkreis bis dahin im Familienkreis Anfang und Ende gefunden hatte, sie alle kommen mit dem Wunsch, Not und Elend zu lindern; und deshalb wollen sie die Armut bei der praktischen Arbeit, beim lebendigen Leben aufsuchen. Von der trockenen Theorie wollen sie zumeist nicht viel wissen, sie verkennen aber dabei ganz, daß die Theorie nur dann trocken, unfruchtbar ist, wenn man sich abgeschlossen von allem, was Leben heißt, im stillen Studierzimmer Bücherweisheit aneignet, ohne sie mit der Wirklichkeit in Verbindung zu setzen, ohne sie zu fruchtbringender Tätigkeit umzugestalten. Richtig verstanden, richtig aufgefaßt ist schließlich Theorie nur das, *was man über eine Sache denkt;* Praxis das, *was man in einer Sache tut.* „Denken und Tun, Tun und Denken: das ist die Summe aller Weisheit", sagt Wilhelm Meister, „beides muß wie Aus- und Einatmen sich im Leben ewig fort, hin und wieder bewegen. Wie Frage und Antwort sollte eins nicht ohne das andere stattfinden. Wer sich zum Gesetz macht, das Tun am Denken, das Denken am Tun zu prüfen, der kann nicht irren; und irrt er, so wird er sich bald auf den rechten Weg zurückfinden."

Nach diesem Wort sollten wir auch bei der sozialen Hilfsarbeit verfahren. Auch hierbei sollten wir unser Tun am Denken, und unsere Gedanken an denen anderer prüfen. Wer es verschmäht, sich die Erfahrungen derer anzueignen, die länger in der Arbeit stehen und tiefer in das Leben hineingeblickt haben, der begeht nicht nur ein Unrecht an sich selbst, sondern ein Unrecht an seiner Arbeit und an denen, mit denen diese Arbeit ihn in Beziehung bringt. Die soziale Hilfsarbeit bringt uns aber in Beziehung zu fühlenden und empfindenden Wesen, und das legt uns die Verantwortung auf, jeden Fehler zu vermeiden, der vermieden werden kann; alles das zu lernen und zu üben, was unsere Arbeit wirksamer gestalten kann.

Wenn man sich nun die Frage vorlegt, inwiefern eine theoretische Unterweisung tatsächlich die soziale Hilfsarbeit vertiefen, Kräfte dafür schulen kann, so ergeben sich da zwei verschiedene Antwortreihen. Zunächst lassen sich gewisse *praktische Handreichungen,* Fertigkeiten und Grundsätze erlernen, die für die Arbeit geradezu unentbehrlich sind. Für die Beschäftigung in Kinderheimen, Krippen, Kindergärten und Horten ist ein gewisses Maß pädagogischer Kenntnisse unbedingt erforderlich, wenn man Autorität, einen günstigen Einfluß auf die große anvertraute Kinderschar gewinnen will. Daneben ist es wünschenswert, gewisse Fertigkeiten in Handarbeiten, in der Haushaltungskunde, in der Pflanzenpflege, in der Spielzeuganfertigung zu besitzen. Alles das macht das Leben in den Kinderheimen mannigfaltig, hilft uns, das Schul- und Anstaltsmäßige bei der Beschäftigung der Kinder zu vermeiden, und dafür den Charakter des Familienlebens, der Häuslichkeit mit ihren mannigfachen abwechselnden Bedürfnissen und Beschäftigungen zu wahren. So lange die Helferinnen in solchen Arbeiten nicht geschult und sicher sind, so lange sie mehr übernehmen, als sie gewissenhaft ausführen können, werden sie auch die ihnen anvertrauten Kinder nicht zu Pflichtgefühl und Ehrlichkeit, zu Gewissenhaftigkeit und Treue erziehen können.

Ähnlich steht es mit der Vorbereitung für die Armenpflege. Wie der Arzt nicht ein Glied behandeln soll, ohne den ganzen Organismus zu berücksichtigen, so kann man auch keinem Armen helfen, wenn man nur den akuten Notstand des Einzelnen ins Auge faßt, ohne den Organismus, ohne die Lage der ganzen Familie zu betrachten. Auch hier heißt es nicht nur nach den Satzungen des eigenen Vereins handeln, sondern andere Behörden und Organisationen heranziehen, deren Eingreifen nach der Gesamtlage des Falles notwendig ist. Deshalb setzt jede armenpflegerische Tätigkeit eine Kenntnis aller einschlägigen *Gesetze, Behörden und Einrichtungen* voraus.

Für alle ferner, die sich auf sozialem Gebiet betätigen, sind Kenntnisse in der Gesetzeskunde, in der Volkswirtschaftslehre notwendig. Wir müssen das öffentliche Recht kennen, die Organisation der Behörden, an die wir uns um Hilfe wenden können. Wir müssen im Familienrecht Bescheid wissen, damit wir Vormünder und Waisenpfleger in all den Fällen heranziehen, in denen wir ihre Unterstützung brauchen, in denen sie Funktionen zu erfüllen haben. Wir müssen wissen, ob eine arme, vom Mann brutalisierte Frau das Recht hat, einen Arbeitsvertrag einzugehen, und unter welchen Umständen sie von ihrem Mann getrennt werden kann. Wir müssen die *Arbeits- und Lebensbedingungen* der Klassen kennen lernen, mit denen die soziale Tätigkeit uns in Berührung bringt, damit wir uns über ihre Bedürfnisse ein richtiges Urteil bilden können.

Unter diesem rein praktischen Gesichtspunkt sollten theoretische Vorbereitungskurse für die soziale Arbeit eingerichtet werden. „Allem Leben, allem Tun, aller Kunst muß das Handwerk vorangehen“, und auch für die soziale Hilfsarbeit läßt sich das Handwerkszeug aneignen, das jede einzelne Mitarbeiterin für ihre besondere Aufgabe tüchtiger macht.

Aber die sozial-theoretischen Kurse können und sollen mehr tun, als gewisse praktische Kenntnisse vermitteln. Wenn sozialpolitische, sozialpädagogische und volkswirtschaftliche Fragen in den Kursen erörtert werden, so sollen dadurch auch die Mitarbeiterinnen befähigt werden, ihre Hilfstätigkeit unter größeren Gesichtspunkten anzusehen. Nicht als etwas Losgelöstes, Abgeschlossenes, Vereinzeltes soll jede Einzelne das, was sie tut, erfassen; sondern als Glied einer Kette, als Teil eines Ganzen. Die Erörterung solcher Fragen soll die Frau zu einer festen Stellungnahme gegenüber ihrer sozialen Tätigkeit und den sozialen Problemen, gegenüber dem eigenen Leben und seinen Aufgaben, soll sie zu einer eigenen Weltanschauung führen.

Es kann kaum einem Zweifel unterliegen, daß viele Frauen durch die Beschäftigung mit sozialen Fragen zum erstenmal vor die Aufgabe gestellt werden, sich über ihre Beziehungen zur Welt klar zu werden, die Unwahrhaftigkeit und Unehrlichkeit abzuschütteln, die im gedankenlosen Aufnehmen und Nachbeten des sozialen und politischen Bekenntnisses ihrer Familie, ihrer Klasse liegt. Es ist kaum zu verkennen, daß manche Frau hierdurch zum ersten Male veranlaßt wird, Ziel und Richtung für das eigene Leben auch nach ihrer eigenen Überzeugung, nach ihrer selbst erworbenen Lebensauffassung zu bestimmen. Noch sind allzuviele Frauen nur für das Haus und die Familie erzogen worden. Über die Welt und die Beziehungen des Einzelnen zur Welt haben sie sich meist nicht viel Gedanken gemacht. Aber „die Hausfrömmigkeit reicht nicht mehr aus", sagt Goethe, „wir müssen den Begriff der Weltfrömmigkeit fassen; und nicht nur unsern Nächsten fördern, sondern zugleich die ganze Menschheit mitnehmen". Die theoretische Beschäftigung mit sozialen Problemen kann hierzu den besten Anstoß geben. Sie zeigt uns, wie die Menschen zu verschiedenen Zeiten und die Menschen verschiedener Klassen diese Aufgabe gelöst haben, welche Anschauung sie von Staat und Gesellschaft hatten, welche verschiedenen Richtungen sich im öffentlichen Leben bekämpfen, welchen sozialen Strömungen wir bei unserer sozialen Hilfsarbeit begegnen werden. Nur wer sich diese Kenntnisse angeeignet hat, kann wählen, welcher Richtung, welcher sozialen Strömung er sich selbst anschließen will.

Gewiß darf man nicht hoffen, daß alle Mitglieder der Frauenvereine, die auf sozialem Gebiet arbeiten und theoretische Ausbildungskurse veranstalten, zu denselben Anschauungen gelangen, sich denselben Parteien oder Richtungen anschliessen werden. Keineswegs ist anzunehmen, daß die Lehrer oder Leiter solcher Kurse einfach ihre eigene Weltanschauung auf die ihrer Hörer übertragen können. Aber wem das Wort ein Leitmotiv ist: „Warum sucht ich den Weg so sehnsuchtsvoll, wenn ich ihn nicht den anderen weisen soll", der wird den Versuch machen, die Jüngeren auf den Weg zu führen, auf dem eine jede das Ziel selbst finden soll. Der wird ihnen die Probleme nahe bringen, die Konflikte klarlegen, die man erkennen und schließlich selbst lösen muß, wenn man zu einer Ansicht über die Welt und die Gesellschaftsordnung gelangen will.

Sicherlich wird das Wissen, das in solchen Kursen übermittelt wird, wie die Verstandestätigkeit überhaupt, nicht das Maßgebende für unsere Stellung zu den sozialen Problemen bleiben. Weltanschauungen sind nicht zu lehren und nicht zu überzeugen; man kann sie nicht geben und nicht empfangen. Gefühl und Glauben bleiben im letzten Grunde ausschlaggebend für die Auffassung, die wir vom Wert des Lebens und der Bestimmung des Menschengeschlechts erringen. Eines aber ist sicher: Die Kenntnis der *Tatsachen*, die übermittelt werden kann, muß eine jede mit der Überzeugung durchdringen, daß wir „all unsere Kräfte der Verbesserung des dunklen Loses der unendlichen Mehrheit des Menschengeschlechts weihen sollten, aus deren nachtbedeckten Fluten wir Besitzenden nur hervorragen wie einzelne Pfeiler, gleichsam um zu zeigen, wie dunkel jene Flut, wie tief der Abgrund sei".

Wenn es gelingt, durch die theoretische Unterweisung diese Auffassung der sozialen Hilfsarbeit zu verbreiten, jeder Mitarbeiterin zu einer selbsterworbenen Meinung über die sozialen Probleme zu verhelfen, dann erst wird die soziale Hilfsarbeit im rechten Sinn und im rechten Geist getan werden. Dann werden die Frauen, die heute darin vielleicht nur eine Beschäftigung für müßige Stunden sehen, von denen manche vielleicht mehr Hilfe und Befriedigung für sich selbst erhofft, anstatt anderen helfen zu wollen - dann werden diese alle soziale Hilfsarbeit aus Überzeugung ausüben, als eine notwendige Lebensäußerung, als eine *Pflicht und ein Amt*, die ihre Anschauung von Welt und Leben ihnen auferlegt.

Zum sozialen Frieden*

„Rein menschliche Gefühle, Liebe und Freundschaft, sind zeitlos und unveränderlich; aber die Art, sie fruchtbar zu äußern, ist zu allen Zeiten verschieden." Wer die Mittel, die noch vor wenigen Jahrzehnten angebracht waren, um den Bedürftigen zu helfen, heut noch anwenden will, der darf sich nicht wundern, wenn seine Versuche erfolglos bleiben. Unsere Zeit weist den Besitzenden neue Wege; sie legt ihnen die Verpflichtung auf, zunächst Verständnis für die Bedürfnisse anderer Volksklassen zu suchen, ehe sie die Kluft überbrücken können, die arm und reich nur allzuweit von einander trennt.

Zu den sympathischsten Versuchen, die Besitzenden von dieser ihrer Pflicht zu überzeugen, eine Überbrückung von Klassengegensätzen herbeizuführen, gehört die Gründung des *Hamburger Volksheims*, das nach dreijährigem Bestehen in diesen Tagen ein eigenes Haus bezogen hat, und damit den Beweis erbringt, daß seine Bemühungen Interesse und Verständnis gefunden haben. Das Hamburger Volksheim ist die erste deutsche Einrichtung, die nach Art der Londoner

* Die Frau., 12. Jg., Nr. 6, März 1905, S. 330-334

Toynbee-Hall ein *Zentrum geschaffen hat, das zur „Herstellung persönlicher Beziehungen und gegenseitigen Vertrauens Reich und Arm zusammenführen soll und dadurch den Gebildeten und Wohlhabenden Gelegenheit geben will, das Arbeiterleben und seine Bedürfnisse durch eigene Anschauung kennen zu lernen und zur Verbesserung beider beizutragen."*

Die Erfahrungen, die im Hamburger Volksheim in den ersten drei Jahren seines Bestehens gemacht worden sind, dürften für weitere Kreise von Interesse sein und manche Anregung zu sozialem Tun vermitteln. Der Grundgedanke bei der Einrichtung war „hinein ins Arbeiterviertel". Es sollte eine Stätte geschaffen werden, wo Angehörige der besitzenden Stände mit den Arbeitern freundschaftlich verkehren können, damit beide Teile sich kennen und schätzen lernen. Nur gegenseitiges Vertrauen kann der Grundstein einer gesunden sozialen Entwicklung sein; und unsere ganzen sozialen und politischen Verhältnisse kranken heut an dem Mangel solchen Vertrauens, weil es den Besitzenden wie den Nichtbesitzenden an einer Kenntnis der gegenseitigen Anschauungen und Bedürfnisse vollständig fehlt. Wohl finden sich auf dem Gebiet der Armenpflege die verschiedenen Bevölkerungsschichten gelegentlich zusammen, aber hierbei tritt der Besitzende als Gebender dem Bedürftigen gegenüber. Die Entwicklung von Vertrauen ist dabei erschwert, und der Besitzende erhält nur Kenntnis von Ausnahmebedingungen, nicht von den natürlichen Zuständen des Volkslebens. Darum sollte im Volksheim der Besitzende lediglich seine besser geschulte Intelligenz und seine *Persönlichkeit* zur Verfügung des Arbeiters stellen; er sollte sich bewußt sein, daß auch er vom Arbeiter *zu lernen hat*; und der Arbeiter sollte empfinden, daß man ihm in ehrlicher Absicht die Hand bietet, ohne ihn in politischer oder religiöser Beziehung beeinflussen zu wollen.

Die Veranstaltungen, die diesem Zweck dienen, und die fast alle von freiwilligen Mitarbeitern geleitet werden, sind *Vortragsabende, Sonntagsunterhaltungen, Lehrlingsvereine, Klubs, eine Auskunftsstelle*. Die Eindrücke, die auf diesen einzelnen Gebieten von den Mitarbeitern gewonnen werden, sind wertvolle Erkenntnismittel für die Psychologie der Arbeiterklasse.[1] Aber sie zeigen außerdem, wie unendlich schwer es für den Besitzenden geworden ist, die Bedürfnisse der Arbeiterwelt zu verstehen, wie er erst vollständig umlernen, all seine Ansichten über die Arbeiterklasse ändern muß, ehe er helfen kann. Sehr hübsch ist gerade *diese* Schwierigkeit der sozialen Arbeit in dem letzten Bericht des Volksheim gekennzeichnet. *Die Aufgaben der Mitarbeiter* sind in Form eines *Briefes an einen Kapitalisten* zusammengefaßt, der eine Antwort auf den Vorwurf enthält, die Besitzenden könnten sich nicht ungezwungen unter den Arbeitern bewegen, da sie von diesen ja doch nur als das Unrecht in persona betrachtet würden. „Hier zeigt sich", so schreibt der Herausgeber des Berichts, „wie sehr eine an sich be-

[1] Vgl. die drei Jahresberichte des „Volksheim"

greifliche Empfindung irre führen kann. Und wo liegt Ihr Irrtum, besser gesagt; der Irrtum Ihres Standes? In der unglücklichen Gewöhnung, die Arbeiterschaft als eine in sich unterschiedslose Masse, erfüllt von einer gleichen feindlichen Stimmung, zu betrachten. So wird Ihnen die *Klassenparole zum Ausdruck der Empfindungen des einzelnen Arbeiters*. Dann freilich wären wir auf dem falschen Wege und dürften dem Reichen am allerwenigsten zumuten, uns zu helfen. Und weiter: wie erklärt sich dieser Irrtum überhaupt? Man soll die Gründe nicht weit suchen; es gibt nur einen einzigen und naheliegenden. Ich meine den *Mangel an Anschauung* über das tatsächliche Arbeiterleben. Sie glauben, den Arbeiter sehr wohl zu kennen, und es wiegt gewiß viel, wenn Sie auf Ihren nun jahrzehntelangen beruflichen Verkehr mit hunderten von Arbeitern hinweisen. Zumal ich weiß, daß Sie sich nicht nur beruflich als Unternehmer, sondern auch als Mensch um deren Wohl und Wehe kümmerten. Und doch stammt der größte Teil Ihrer Resignation aus den Mißerfolgen gerade dieser Ihrer Herzensabsichten. Hier, lieber Freund, haben wir eigentlich die gegenwärtige Tragödie Ihres Standes! Es ist nicht so sehr der *Interessenkonflikt* als die *Unmöglichkeit der persönlichen Annäherung zwischen Arbeitgeber und -nehmer innerhalb des Bereiches der großen Betriebe,* innerhalb des beruflichen Verkehrs überhaupt. Das alte Werkstattverhältnis zu Großvaters Zeiten sorgte, daß die Fäden persönlicher Beziehungen zwischen Menschen verschiedenen Standes nicht abrissen. Heute, wo zwischen beiden Teilen Widerspruch besteht in der Auffassung ihrer Rolle und Bedeutung im Arbeitsprozeß, heute müssen wir die Fäden *anderswo wiederum anspinnen*. Es ist vielleicht eine beklagenswerte Zeiterscheinung (aber eine, mit der wir unbedingt rechnen müssen), daß da, wo sich die Angehörigen verschiedener Stände *beruflich* begegnen, die rein persönliche Annäherung zwischen Hoch und Niedrig unsäglich schwer, mühsam, ja beinahe unmöglich geworden ist. Wir stehen vor einer tiefgehenden Veränderung der Stimmungen und Empfindungen, der Anschauungsweise breiter Bevölkerungsschichten, einer Veränderung, die wir um des sozialen Friedens willen verstehen lernen müssen. Gerade Ihr beruflicher Verkehr mit Arbeitern hat - so paradox es klingen mag - verhindert, daß Sie je das Arbeiterleben aus *der richtigen Perspektive* sehen, denn es fehlte hier für die persönliche Annäherung, die unter den veränderten Verhältnissen wichtigste Voraussetzung: das Gefühl gegenseitiger Unabhängigkeit, die Empfindung, menschlich sozusagen auf gleicher Höhe zu stehen." Dieses Gefühl kann sich nur entwikkeln, wenn die Gebildeten sich davon überzeugen, daß sie selbst im Verkehr mit Arbeitern unendlich viel lernen und empfangen können.

Zu diesem Zweck nun haben sich die regelmäßigen *Vorträge*, die im Volksheim veranstaltet werden, als ein ausgezeichnetes Hilfsmittel erwiesen. Man hat davon abgesehen, regelmäßige Kurse einzurichten, sondern einmal wöchentlich das ganze Jahr hindurch Einzelvorträge aus den verschiedensten Gebieten des Wissens geboten. Im allgemeinen reichte die Aufnahmefähigkeit der Arbeiter nicht hin, um Kurse angebracht erscheinen zu lassen; auch steht die Unregelmäßigkeit der Beschäftigung, Überstunden u. dgl. dabei im Wege. Vor allem aber konnten auf diese Weise nicht genügend Beziehungen zwischen den Rednern und Hörern geknüpft werden; eine zwanglose Aussprache ließ sich nach Einzelvorträgen besser herbeiführen. Die Debatten waren aber auch für die Redner ein wertvolles Kontrollmittel, das ihnen oft bewies, wie wenig sie sich in der Auffassung, in der Stellung, die sie zum Stoff hatten, der Aufnahmefähigkeit des Publikums anzupassen wußten. Die Ansichten der Arbeiter, die in den Debatten zu Tage traten, entsprachen häufig absolut nicht dem Bild, das man sich in besitzenden Kreisen von der Gedankenwelt der Arbeiter zu machen pflegt. In vielen Dingen zeigte sich der Durchschnittsarbeiter geradezu reaktionär. „Unsere radikalen Frauenrechtlerinnen würden wohl entsetzt sein über die ‚Rückständigkeit' der Ansichten, die Mann und Frau in diesen Kreisen vom Familien- und Eheleben haben. Der Arbeiter schämt sich fast, wenn seine Frau miterwerben muß; er sieht in der Betätigung des Weibes außerhalb des heimischen Kreises kein *Frauenrecht,* sondern eine Frauennot. Er illustriert sich Bebels Buch von der Frau mit idyllischen Bildern von Ludwig Richter." Den Erziehungsfragen gegenüber verläßt sich der Mann vollständig auf die Tüchtigkeit der Frau. Bei Vorträgen über „Elternhaus und Schule" und über „Großstadtkinder" beteiligten sich die weiblichen Zuhörer sehr lebhaft, während die Männer sich hilflos mit abgegriffenen Schlagworten durchfanden. Auch sonst wird in den Berichten hervorgehoben, daß Frauen und Mädchen häufig besonders vernünftig und sachlich in den Diskussionen gesprochen haben.

Sehr erfolgreich haben sich die *Sonntagsunterhaltungen* gestaltet, in denen man gleichfalls bemüht war, durch Heranziehung zahlreicher Helfer und Helferinnen ein persönliches Verhältnis zu den Arbeiterfamilien herzustellen. Man versuchte, wie das auch bei anderen Volksunterhaltungsbestrebungen jetzt häufig geschieht, die Werke nur eines Künstlers für das Programm eines Abends zu wählen. Um aber diese Veranstaltungen möglichst fruchtbringend zu gestalten, sind die Aufgaben des Leiters eines solchen Abends in einer eigenartigen Weise vertieft worden. Er soll Vermittler zwischen dem Kunstwerk und dem Publikum werden, sich nicht darauf beschränken, für das äußere Arrangement der Unterhaltung zu sorgen und höchstens noch einige einleitende Worte zu sagen, sondern er soll jeden einzelnen Teil des Programms erläutern, so daß der innere Zusammenhang hervortritt, daß das Verständnis für den Künstler und sein Werk vorbereitet und gefördert wird.

Eine in Deutschland noch viel zu wenig beachtete Arbeit, die Veranstaltung von *Bilderausstellungen*, ist vom Volksheim mit großem Erfolg, aber, wie aus dem Bericht hervorgeht, auch mit außerordentlichem Geschick ins Werk gesetzt worden. Es sind meist Reproduktionen, beispielsweise eine Kollektion des Hirtschen Verlages, ausgestellt worden; die Bilder sind dabei zum Selbstkostenpreis, der zwischen 40 Pf. und 1,50 Mark schwankte, verkauft worden und fanden einen außerordentlichen Absatz. Auch hier zeigte sich wieder, wie stark ausgeprägt Ansichten und Geschmack in der Arbeiterwelt sind. Gewöhnlich fand die Landschaft mehr Liebhaber als das Portrait; gar nicht geschätzt wurden humoristische Motive: „Sie sind zum Lachen, aber nicht zum Hinhängen", sagte ein Besucher. Ganz allgemein besteht eine unverkennbare Neigung für das Sentimentale. Für alles, was sich zu weit vom „richtigen Leben" entfernte, war kein Verständnis vorhanden; Böcklins Fabelwelt fand beispielsweise direkt Ablehnung.

Anders als man erwartet hatte, gestaltete sich die Tätigkeit der *Auskunftsstelle*. Hier sollte den Arbeitern in *allen Angelegenheiten des Lebens Auskunft und Rat erteilt* werden, und man erwartete, daß sich hauptsächlich Anfragen über *Unterstützungs- und Armenangelegenheiten* einstellen würden. Jedoch sind diese Anfragen nur ganz vereinzelt vorgekommen, während Arbeiter-Versicherungsfragen, Fragen des bürgerlichen Rechts, des Strafrechts, Mietssachen u. dgl. sehr häufig waren. Dabei ist charakteristisch, daß die meisten Besucher der Auskunftsstelle Frauen sind, trotzdem es sich im großen und ganzen bei den Auskünften um die Sorgen der Männer handelt. „Allerdings gibt es", so sagt der Bericht, „in puncto Sorgen im Arbeiterleben wenig Reservate für Frau und Mann oder Familienmitglieder. Die Frau jedoch faßt schneller, feiner und leichter die kommende Gefahr ins Auge; ihr fehlt der seltsame Gleichmut des Arbeiters, die Dinge auf sich zukommen zu lassen bis zum letzten Ende; auch vertraut sie mehr auf ihre natürliche Beredsamkeit. Wenn Ehepaare bei uns eintreten, ist meist die Frau die Sprecherin und der Mann nur Zeuge. Wir gewinnen auch sonst den Eindruck, daß von der ‚Entrechtung des Weibes' im Arbeiterleben nicht gesprochen werden kann. Sie hat alle wichtigen Verträge des täglichen Lebens zu schließen, und während der Arbeitszeit des Mannes tagsüber geht ihre ‚Schlüsselgewalt' weit über die gesetzlich gedachten Grenzen hinaus. Wo gar die doppelte Last des Haushaltens und Miterwerbens auf ihre Schultern fällt, finden wir eine Art ‚Mutterrecht', wie es Historiker und Juristen in der grauen Vorzeit immer noch vergebens suchen. Im Arbeiterleben hat das Pflichtengebiet der Frau unaufhörlich zugenommen. Ihr Sorgenkreis schließt außer der engen Wohnung, Treppe, Hof und Straße in sich. Nirgends ist Kindererziehung so sehr Reservatrecht der Frau als im Arbeiterleben, und wir werden von Vätern in Erziehungsfragen sehr selten um Rat gefragt. Hingegen sind es die schönsten Erfahrungen aus unserer Praxis, wenn Mütter um ihrer Kinder willen unseren Rat suchen."

Für die Richtung, die die moderne *Wohlfahrtspflege* einschlagen sollte, haben sich auch aus der Arbeit in der Auskunftstelle bestimmte Erfahrungen festlegen lassen, die zwar nur für Hamburg angeführt werden, die aber von allgemeiner Gültigkeit sein dürften. Es hat sich gezeigt, daß in Hamburg viele Einrichtungen zur Fürsorge für alte Frauen getroffen sind; dem gegenüber aber steht ein Mangel an Mitteln zur *Wiederherstellung* junger und *arbeitsfähiger Existenzen.* Die Jugendfürsorgebestrebungen liegen noch ganz in den Anfängen; und viel *junge und frische Volkskraft versickert in ungelernten Berufen,* weil Einsichtslosigkeit oder Armut die Eltern veranlaßt, die Kinder in solche Berufe zu führen. Es ist denn auch vom Volksheim eine rege Tätigkeit entfaltet worden, um *Jugendvereine* (Lehrlingsvereine, Gehilfenvereine, einen Mädchenbund) zu gründen. Hier bietet sich Gelegenheit, durch Helfer das Charakteristische der Volksheimbewegung besonders zu betonen. Junge Leute und junge Mädchen von 14–17 Jahren werden von den Helfern und Helferinnen bei regelmäßigen Zusammenkünften zu Spiel, Unterhaltung und Sport angeregt, in geistiger und sittlicher Beziehung beeinflußt. Im Mädchenbund hatte man ursprünglich Mädchen jeden Alters gemeinsam versammelt, dann aber eine jüngere Gruppe von der älteren abgezweigt, um dem Wunsch der Älteren nach ernster geistiger Anregung, ebenso wie dem Verlangen der Jüngeren nach Spiel und Geselligkeit nachkommen zu können. Für die Älteren werden regelmäßige Vorträge über Geschichte und Literatur gehalten; an den Vereinsabenden für jüngere Mädchen werden Bewegungsspiele, Tanz, Brett- und Gesellschaftsspiele vorgezogen. Auch die Musik wird gepflegt, Vorträge werden gehalten, Anleitung in Handarbeiten erteilt. Die jungen Mädchen nehmen im allgemeinen regelmäßig an den Veranstaltungen teil; nur weisen die Helferinnen darauf hin, daß namentlich in den großen Konfektionsgeschäften, sowie bei Schneiderinnen und Putzmacherinnen eine Verkürzung der Arbeitszeit und eine Beschränkung der Überstundenarbeit schon aus gesundheitlichen Rücksichten dringend nötig wären.

Wenn man die *gesamte Arbeit des Volksheims* betrachtet, kann man wohl die Frage aufwerfen, ob nicht alle die Einrichtungen, wie sie vom Volksheim geschaffen worden sind, anderwärts - wohl isolierter - aber vielleicht in größerem Umfange, jedenfalls aber in ähnlicher Art schon seit langem vorhanden ist. Und so sind denn auch tatsächlich die Leiter des Volksheims sehr oft gefragt worden, worin denn die *Eigenart oder der besondere Wert* ihrer Veranstaltungen ruht, was denn eigentlich durch die Volksheimarbeit *erreicht* worden ist. Die Antwort darauf ist nicht schwer. Sicherlich hat das Volksheim durch die Schaffung eines Zentrums für soziale Arbeit, um das sich die Tätigkeit aller Helfer gruppiert, *persönliche Beziehungen* zwischen den verschiedenen Gesellschaftskreisen schaffen können, die bei anderen Bestrebungen zur Hebung des Volkswohls nur in viel geringerem Umfange herbeigeführt werden können. Nicht in den Konzerten, in den Vorträgen und Auskünften, die dort geboten werden, sondern in der persönlichen Art und Weise, *wie diese Dinge geboten werden,* darin liegt die Bedeutung der Arbeit; darin liegt die Möglichkeit, *eine neue soziale Kultur* zu schaffen. Es ist charakteristisch dafür, wie gering das Verständnis für den tiefsten Inhalt dieser Arbeit in weiten Kreisen noch ist, daß meist nur nach den Erfolgen des Volksheims *bei der Arbeiterschaft* gefragt wird, während die Mitarbeiter die *Wertschätzung der imponderablen Wirkung in ihren eigenen Personen nicht minder betonen möchten.* Gewiß können und sollen die verschiedenen Klassen nicht von einander assimiliert werden, aber jeder sollte den anderen an seinem Platz richtig werten und schätzen lernen, und dazu kann eine von so modernem Geist getragene soziale Arbeit nur beitragen.

Wir sind in Preußen-Deutschland gewohnt, soziale Not durch *staatliche Ein-*

richtungen und Gesetze zu bessern; und nur wer die Augen mutwillig verschließt, kann die großen *materiellen* Vorteile, kann die Aufwärtsentwicklung unterschätzen, die unser Volksleben durch die Tätigkeit des Staates gewonnen hat. Aber neben aller *äußeren Kultur*, die wir anstreben, sollten wir nicht vergessen, daß eine Nation außer materiellen Fortschritten auch *ideelle Güter* braucht, die nicht durch Gesetze, die nicht von oben gegeben werden können, sondern die allein durch den verständnisvollen Willen der einzelnen Menschen erhalten bleiben oder neu geschaffen werden können.

Die Entfaltung der Persönlichkeit und die sozialen Pflichten der Frau*

Es ist vielleicht der schwerste Konflikt in der Menschheitsgeschichte, der Konflikt zwischen *Selbstentfaltung* und *Selbstverleugnung*, zwischen Individualismus und Gemeinsinn. An die Menschen aller Zeiten und aller Klassen drängt sich die Frage heran, wie weit man berechtigt ist, dem Sehnen nach eigner Entfaltung, nach Wachstum nachzugeben; dem Drang zu folgen, aus sich alle schlummernden Kräfte herauszuholen; all das zu werden und zu vollenden, was zu vollenden und zu werden man bestimmt ist. Oder wie weit man sich in diesem fast instinktiven Streben zurückhalten lassen sollte durch die Rücksichten und Dienste, durch die Hilfsbereitschaft und Hingebung, die unsere engere oder weitere Umgebung, die unsere Angehörigen oder die Welt von uns beanspruchen oder erhoffen.

In niemandes Leben aber spielt dieser Konflikt eine größere Rolle, von niemandem wird er in tieferer Bedeutung empfunden, als von den Mädchen der *wohlhabenden Klassen* unserer Zeit, denen nicht durch die Erfüllung eines Berufs sowohl eine Schranke für ein übermäßiges „Sichausleben", – das den Namen der „Entfaltung der Persönlichkeit" zu Unrecht für sich in Anspruch nimmt – wie auch für eine ungesunde und übertriebene Aufopferung im Dienste der Familie gesetzt ist.

Von diesen beiden entgegengesetzten Polen tritt die Gefahr an unsre Mädchenwelt heran. Bei den *Einen* ist das Persönlichkeitsbewußtsein durch Erziehung und Anlage so unterdrückt, jede individuelle Regung so zurückgedrängt, daß sie

* Die Frau, 12. Jg., Nr. 12, Sept. 1905, S. 732-737

kaum wagen, an eine ernste Betätigung und Entwicklung ihrer Kräfte zu denken. Solche Wünsche werden einem engen, kurzsichtigen Familienegoismus geopfert.

Die *Andern* leben - häufig angeregt durch die Lektüre falsch verstandner moderner Freiheitsapostel - so ausschließlich den *eigenen Neigungen*, der eignen Entwicklung, sie finden in der Entfaltung *ihrer* Persönlichkeit so sehr Anfang und Ende ihres Denkens und Tuns, daß man, um solchem krassen Individualismus entgegenzuwirken, Verständnis für die Notwendigkeit von Gemeinsinn und Hingabe erwecken sollte.

Bei beiden Gruppen ist die Lebensrichtung - die Selbstverleugnung und die Selbstbehauptung - zum großen Teil bedingt und beeinflußt durch die eigentümliche Situation, in der sich die jungen Mädchen in der Zeit zwischen dem Verlassen der Schule und der Verheiratung befinden. Für Jahre sehen sie keinen Lebenszweck vor sich. Sie üben keinen Beruf aus wie die erwachsenen Leute ihres Bekanntenkreises; sie bereiten sich auf keinen Beruf vor, wie die gleichaltrigen jungen Männer. Sie haben keinen erheblichen häuslichen Pflichtenkreis wie ihre Mütter. Ihnen bietet man nichts als die „Beschäftigung" des Wartens und Harrens; des Wartens auf einen Beruf und Pflichtenkreis, der ihnen vielleicht - aber nicht gewiß - einmal beschieden sein wird. Und durch diese Unsicherheit hindurch fällt der Blick auf die Möglichkeit einer endlos-grauen Zukunft, in der die Vergnügungen der Jugend, in der Feste und Sport ihren Reiz verloren haben; einer Zukunft, die nur negative Bilder zeigt.

Es ist nur zu begreiflich, daß viele - und nicht die schlechtesten jungen Mädchen - sich aus diesem Zustand heraussehnen; daß sie an den kleinen Aufgaben im Hause, dem „immer bereit sein, ohne wirklich gebraucht zu werden", kein Genüge finden. Sie suchen die Möglichkeit der Entfaltung der Persönlichkeit in einem Beruf oder sonst in irgend einer ernsten und nutzbringenden Tätigkeit. Und wo dieses gesunde Streben nach Verwertung der Kräfte auf kein Verständnis stößt, wo das Verlangen nach Wachstum unbefriedigt bleibt, da senkt sich ein dunkler Schleier über die „goldene Jugendzeit", und es ist kein Wunder, wenn ein solches unbefriedigtes Leben schließlich den Anlaß zu Unbehagen und Mißmut des ganzen Familienkreises gibt.

Läßt sich eine allgemeine Regel finden, nach der man in einem solchen Konflikt die Grenze zwischen *berechtigter Selbstbehauptung* und *notwendiger Unterordnung* bestimmen kann?

Die einzige *allgemeine* Richtlinie, die man dafür der Jugend geben kann, besteht wohl in dem Rat, genau zu prüfen, ob wirklich durch die Anforderungen der Familie die Freiheit der einzelnen beschränkt wird, und ob diese Beschränkung eine *unwesentliche Freiheit andrer* auf Kosten einer *wesentlichen eigenen* fördert, oder ob man nur unwichtige Wünsche und Regungen unterdrücken soll, um *andre für wertvollere Leistungen frei* zu machen. Es gehört eine ernste Prüfung und ein sicherer und feiner Takt dazu, im einzelnen Fall zu entscheiden, wie weit man sich unterordnen, wie weit man sich selbst gerecht werden soll. Es gilt, zu erkennen, ob es wertvoller ist, das „Ich" zu entfalten, oder den Familienansprüchen gerecht zu werden; ob nicht auch eventuell eine vorläufige Unterordnung höheren Zwecken, der Entwicklung des Charakters besser dienen kann.

Man wird gerade in unserer Zeit gut daran tun, die Mädchen, die glauben, den Familienansprüchen geopfert zu werden, vor einer *Unterschätzung* der Familienpflichten und einer *Überschätzung* des Berufslebens zu warnen, soweit die Entwicklung der Persönlichkeit, des Charakters dadurch bedingt ist.

Aber dieses Zugeständnis darf uns nicht verhindern, zu erkennen, daß viele Mädchen tatsächlich *aufgebraucht* werden, daß viele überhaupt verlernen, sich ein Recht auf Selbstbehauptung zuzuerkennen. Wer kennt nicht die Töchter kinderreicher Familien, die keinen Beruf erlernen dürfen, weil sie die überlastete Mutter erleichtern müssen; und die dann später - gealtert, kraftlos, ohne Kenntnisse - sich einen wenig standesgemäßen Verdienst suchen müssen, während ihre Arbeit im Hause vielleicht dazu beigetragen hat, den Brüdern die Offiziers- oder Beamtenlaufbahn zu ermöglichen. Und die Mädchen der *wohlhabenden* Kreise, die es nach einem befriedigenden Lebensinhalt verlangt, werden nur allzu oft nicht aus einer solchen Notwendigkeit heraus, sondern nur deshalb von jeder Betätigung zurückgehalten, weil ihre Mütter sich den Wunsch nicht versagen wollen, die erwachsene Tochter *gelegentlich* als Begleiterin bei einer Besorgung oder einem Besuch bei sich zu haben. Es gibt solche Mädchen, die Jahre und Jahre „zur Disposition" stehen, ohne je zu einer Leistung einberufen zu werden. Ihnen sollte man das Wort *Schleiermachers* ans Herz legen: „Kein Mensch soll nur Mittel zum Zweck für andere sein. Jeder Mensch muß - wenn er daneben auch als dienendes Glied für andere Zwecke fungiert, zugleich als Selbstzweck, als Heiligtum für sich anerkannt werden."

Die Harmonie zwischen Selbstbehauptung und Aufopferung liegt schließlich darin, daß wir ebensowenig für *unsere* eigene Entwicklung, für unser Glück das anderer opfern, als für *deren* Glück und Entwicklung auf das unsere verzichten. Wo unser Wohl und Wehe mit dem anderer verknüpft ist, müssen wir das richtige Verhältnis zwischen dem eigenen Wohl und dem des anderen herzustellen versuchen. Und erst wenn wir dieses Verhältnis auf der *Goldwaage geprüft* haben, dann erst können wir uns in jedem einzelnen Fall über die Berechtigung der Selbstbehauptung und der Pflicht der Selbstverleugnung entscheiden. Ellen Key, die überzeugte Individualistin, hat das selbst einmal ausgesprochen und hinzugefügt, daß es keine Regel geben könne, die unsere Wahlfreiheit hindern oder uns der Notwendigkeit einer solchen Prüfung und Wahl überheben könnte.

In ganz anderer, für das Gesellschaftsleben viel gefahrvollerer Form offenbart sich uns dieser Konflikt bei einem Kreise junger Mädchen, die *sich selbst* in so starkem Maße *behaupten,* daß sie von Pflichterfüllung und Gemeinsinn nichts wissen wollen. Das Verlangen nach Wachstum und vielleicht auch eine Erziehung zum Genußleben, zum Egoismus führt sie dazu, auf die Beschäftigung mit dem

„Ich", mit dem *„Heil der eigenen Seele"* einen solchen Wert zu legen, daß dem Streben nach eigener Entfaltung jede Pflicht geopfert wird: daß Pflichten gegen die Gesellschaft ebensowenig anerkannt werden wie Pflichten gegen die Familie. Das bedeutet, den Individualismus in schärfster Form als Lebensmotiv wählen; die Persönlichkeit entwickeln, nicht um zu wirken, sondern um ihrer selbst willen, als Selbstzweck. Solchen Ansichten sollte man mit aller Energie entgegenwirken, schon deshalb, weil solche ungesunde Vertiefung in das „Ich" bei jungen Menschen oft zu Grübeleien führt, die leicht mit einem Zusammenbruch dieses „Ich" enden.

Es erscheint mir notwendig, auf die Aufgaben, die alle sozial empfindenden Menschen diesen Kreisen gegenüber haben, besonders hinzuweisen, weil der *Edelindividualismus* - wie er von Menschen wie Ellen Key gelehrt wird - *in mißverstandener Form* gerade in letzter Zeit in der Presse und in der öffentlichen Meinung Raum zu gewinnen scheint. Die Gefahr liegt daher nahe, daß die *Wenigen*, die ein an inneren und äußeren Gütern reiches Leben führen, die *Vielen* vergessen, deren Hände in eintöniger Arbeit schaffen müssen, um unser Leben so reich zu gestalten.

Ich will deshalb versuchen darzulegen, mit welchen Gründen ich denen begegne, die das Recht auf die Entfaltung der Persönlichkeit ins Feld führen, um sich gegen soziale Ansprüche, gegen unbequeme Pflichten zu verteidigen. Es dürfte dabei kaum nötig sein, sich über letzte Fragen, über die Bestimmung des Menschengeschlechts auseinander zu setzen. Man braucht nur darauf hinzuweisen, ob es im Zusammenwirken aller natürlichen und menschlichen Kräfte vorgesehen sein kann, ob es verständlich erscheint, daß ein kleiner Kreis von Individuen sich außerhalb dieses gesetzmäßigen Austausches von Arbeit und Genuß stellt; daß eine kleine Zahl von Menschen ein pflichtloses Parasitendasein führt. Ob sie es mit ihrem Selbstbewußtsein vereinigen können, zu *empfangen* ohne zu *geben*; Alle schaffen zu sehen und nur zu genießen.

Die Mädchen, die nur der Entfaltung ihrer Eigenart leben, sich nur allseitig belehren und entwickeln, ohne Pflichten zu erfüllen, die stellen sich aber in dieser Weise außerhalb des Kreises der Werte schaffenden Menschheit. Sie sind *Parasiten,* die sich von der Kultur nähren, die Andre geschaffen haben.

Aber es wäre möglich - und das ist die Konsequenz eines durchgeführten Individualismus - zu entgegnen, daß die *Vielen schaffen müssen,* um einigen *Wenigen Glück, Behagen, die Entfaltung ihrer Persönlichkeit* zu ermöglichen, daß die Kultur doch nur von Wenigen vorwärts getrieben würde. Und mit diesem Argument hat allerdings mancher geglaubt, die Lehre von der sozialen Pflicht abschütteln zu können.

Aber als *Treitschke* ausgesprochen hatte: „Die Millionen müssen ackern, schmieden und hobeln, damit einige Tausend forschen, malen, regieren können", und „Die Tragödien des Sophokles und der Zeus des Phidias sind nicht zu teuer um den Preis des Sklavenelends von Millionen erkauft", da erwiderte ein anderer großer Gelehrter, *Gustav Schmoller,* man müsse solche Aussprüche frivol nennen, wenn ein Geringerer als Treitschke sie tun würde.

Und damit hat er den springenden Punkt berührt. Wir müssen die Vertreter solcher individualistischen Ansichten fragen, ob sie glauben, zu den *Wenigen* zu gehören, deren Wert so groß, deren spätere Leistungsfähigkeit so gewaltig sein dürfte, daß sie *Leistung* ohne *Gegenleistung* beanspruchen können. Die Jungen aber, die keine Pflicht gegen die Gemeinschaft anerkennen, die nur der eignen Lebensentfaltung dienen wollen, die sollen sich noch besonders prüfen, ob sie sicher sind, daß ihre Persönlichkeit so stark, ihre Kraft so wertvoll ist, daß eine *einseitige Hingabe des Lebens an diese Aufgabe* lohnt, ob der Einsatz nicht zu groß für den Gewinn ist.

Wenn aber jemand selbst glaubt, *daß es lohnt*, für die Entfaltung seiner Persönlichkeit alle Pflichten hintanzusetzen, dann ließe sich ihm immer noch die Frage vorlegen, ob er für sein Ziel *den richtigen Weg* gewählt hat. Ob die Beschäftigung mit dem Ich, das Grübeln über die eigenen Anlagen, Empfindungen, Gefühle, Eigenschaften, ob das *Streicheln und Liebkosen der Seele*, die raffinierte Befriedigung auch noch so feiner geistiger Genußinstinkte, ob das alles tatsächlich geeignet ist, zu einer harmonischen Ausbildung der Persönlichkeit zu führen? Kann jemand, der sich schließlich doch zum *Glied einer Gemeinschaft* entwikkeln will - und die individualistischste und stärkste Persönlichkeit würde das Gefühl ihrer Kraft und Stärke sicherlich einbüßen, falls sie zu einem Robinson-Dasein außerhalb jeder menschlichen Gemeinschaft verurteilt würde - kann jemand zu einer gesunden Entwicklung gelangen, wenn er *nur das Glied, nicht die Gemeinschaft* berücksichtigt; wenn er glaubt, unabhängig und isoliert, ohne Zusammenhang und Wechselwirkung mit anderen bestehen zu können, wenn er nur danach strebt, *sein Glück* zu finden, ohne auch *nützlich* zu sein?

Ellen Key hat in einem ihrer geistreichen Aufsätze der Jugend zugerufen: *„Werdet Glücksucher! Glücksucher mit den höchsten Anforderungen an Euer persönliches Glück!"*

Und sie hat hinzugefügt: „Wenn die jungen Leute die Älteren fragen, was sie tun sollen, um nützlich zu werden, so kann es nur eine vollgültige Antwort geben: Werdet Glücksucher."

Ich dagegen glaube, wenn die Jugend die Frage aufwirft, wie sie ihr Glück finden kann, so sollte man ihr antworten: *„Versuchet, nützlich zu werden"*.

Und in dieser verschiedenen Stellung der Frage und Antwort liegt der Kernpunkt einer völligen Verschiedenheit der Ansichten, der Lebensauffassung. Wohl können die Individualisten und die Vertreter einer sozialen Weltanschauung sich schließlich auf einer mittleren Linie begegnen, wenn sie sich dem wirklichen Leben und seinen Bedürfnissen anpassen, nicht starr am Prinzip festhalten wollen. Sie müssen nicht unversöhnbare Gegensätze vertreten. Aber sie gehen von verschiedenen Ausgangspunkten aus, und müssen deshalb zu einer verschiedenen *Betonung und Nüancierung* der Lebensregeln gelangen.

Ellen Key glaubt, daß das *Christentum* - und auch die *sozialen Bestrebungen* unserer Zeit - das Persönlichkeitsgefühl so stark unterdrückt und ausgelöscht haben, daß man nach einem neuen Ideal, dem *der Selbstbehauptung* greifen muß, um den Starken wieder die Möglichkeit der Entwicklung zu geben. Sie hat gemeint, daß die Demokratisierung dazu geführt habe, „daß seit 1789 in Europa die Mühlsteine der Gleichheit und Brüderlichkeit die Persönlichkeiten zermalmen. Seither wurde alles Individuelle durch ein Allgemeines ausgelöscht". Sie muß daher in ihrer Lebensauffassung vom *Individualismus* ausgehen. Sie muß von diesem Standpunkt aus versuchen, der Entwicklung der Persönlichkeiten freie Bahn zu schaffen.

Aber man muß ihr entgegnen, daß das *Gesetz der Selbstsucht* so tief in den Lebensbedingungen des Menschen begründet ist, daß dieses sich im allgemeinen auf Kosten der *Selbstlosigkeit* geltend macht. Das haben *alle* großen Religionsstifter erkannt, und deshalb haben sie in der Lehre von der Liebe und Hingabe ein *Korrektiv gegen die Selbstsucht* aufstellen wollen, die - ungehemmt - zum Krieg aller gegen alle führen müßte, aus dem nicht immer die *Vornehmsten* und *Besten*, sondern oft die *Vorurteilslosesten und Brutalsten als Sieger* hervorgehen. Mich dünkt, die Wirtschaftsgeschichte lehrt uns gerade, daß die „Mühlsteine der Gleichheit und Brüderlichkeit" noch keineswegs die starken Persönlichkeiten zermalmt haben, sondern daß im Gegenteil die Unterschiede in Besitz und Bildung noch so groß sind, daß noch immer *der Mehrheit* der Menschen die Entwicklung zur Persönlichkeit *versagt* ist. Die wenigen Machtvollen - die nicht immer die Starken im besten Sinne des Worts zu sein brauchen - werden noch auf ein gut Teil der bisher geübten Selbstbehauptung verzichten müssen, ehe den vielen Anderen die Möglichkeit zu etwas mehr Selbstbehauptung gegeben werden kann. *Nicht weniger,* sondern *mehr Gleichheit und Brüderlichkeit tut uns* zu diesem Ende Not.

Ich glaube deshalb, man sollte bei der Aufstellung von Lebensregeln für die Entwicklung von Persönlichkeiten nicht vom Individualismus, sondern vom *sozialen Gewissen*, von der Stellung des Einzelnen zur Gemeinschaft ausgehen. Denn die Entwicklung der Persönlichkeiten scheitert am häufigsten und leichtesten an der Selbstsucht, weil man darüber den Rahmen vergißt, dessen auch die stärkste Individualität zur Wirksamkeit bedarf. Man wird selten Gelegenheit haben, jemandem in Bezug auf Selbstverleugnung - oft aber in Bezug auf übertriebene Selbstbehauptung - das Wort entgegen zu rufen: „Bis hierher und nicht weiter!"

Ellen Key hat dem schönen Wort: *„Wer sich verliert, der wird sich finden"*, den Nachsatz angefügt, man müsse sich erst besitzen, um sich verlieren zu können. Ich glaube, man kann auch noch einen anderen Gedanken heraus lesen. Ich glaube wohl, daß man sich verlieren *kann*, mit tausend selbstsüchtigen Wünschen, mit unausgeglichenem Sehnen, verworrenen Gedanken; man kann sich so verlieren in der Hingabe an einen Pflichtenkreis, um sich als *Persönlichkeit*, als Einheit, als friedvolles Wesen wiederzufinden. Ich sehe nur *einen* Weg, auf dem man sich als Persönlichkeit finden, entwickeln kann, wie auch nur einen Weg, auf dem man für die Dauer *Glück, Harmonie und Frieden* finden kann: und das ist der Weg, der durch *Arbeit* führt. Leben ist Wachstum, aber wir wachsen nur bei der Arbeit; nur wenn wir einem Ziel zustreben, uns einer Aufgabe mit Treue, Geduld, Fleiß und Gewissenhaftigkeit zuwenden. Niemand hat bleibende Lebenswerte gewonnen, der nicht von seinem Verhältnis zu seiner Arbeit sagen konnte: „*Ich dien*!"

Gesetzt aber, jemand stimme diesen Ausführungen zu, um schließlich einzuwenden, daß er in einer künstlerischen, wissenschaftlichen oder sonstigen Berufsarbeit seine Kräfte zu nutzen, seine Gaben zu entfalten hofft und dadurch seinen Pflichten gegen die Gesellschaft zu genügen glaubt. Sollen wir die Menschen, die aus einer direkten *sozialen Arbeit nichts* für ihre Persönlichkeit gewinnen können, die kein Glück und keine Befriedigung dabei finden, sollen wir diese von der Verpflichtung zur Teilnahme an sozialen Bestrebungen frei sprechen, oder außer ihrer Berufsarbeit, die ihrer persönlichen Entwicklung dient und genügt, diesen *Tribut* von ihnen beanspruchen? Auch auf diese Kreise, scheint mir, brauchen wir nicht zu verzichten. Denn *„ist's nicht Drang, so ist es Pflicht"*; Pflicht eines jeden, der Not und Sorge nicht kennt, nie zu vergessen, daß jeder seiner Atemzüge nur möglich ist, solange tausend Hände sich für ihn regen, daß unsre Kultur aufgebaut ist auf den Opfern von Millionen Menschen, zu denen unsre Gedankenlosigkeit in sozialen Dingen täglich *neue* trägt. Wir sollten stets daran denken, daß um uns herum noch allzuviel Leid wohnt, das - nicht nur für seine Ohren - vernehmlich genug nach Hilfe ruft. Man erzählt von Gregor dem Großen, daß er sich voll Scham in seine Gemächer einschloß und für Tage nicht wagte als Priester vor den Altar zu treten, weil in den Straßen Roms ein Bettler Hungers gestorben war. Wir sind *weniger* feinfühlig. Wir gehen des Abends ruhig schlafen - oder geben uns den eignen kleinen Sorgen hin - trotzdem wir wissen, daß Tausende in unsrer nächsten Nähe an Unterernährung zugrunde gehen. Und schlimmer noch: wir lassen uns durch die Apostel des Individualismus darüber forttäuschen, daß wir, die wir frei sind, um zuzufassen, die Hände nach sozialer Arbeit ausstrecken müßten, ohne zu fragen, ob wir uns Freude oder Leid durch die Arbeit schaffen, ob wir uns dabei *selbst behaupten* können oder *opfern* müssen.

Dieser Widerstreit zweier Lebensprinzipien, des Egoismus und Altruismus, des Individualismus und Gemeinsinns ist im Grunde das Problem, das auch den politischen und sozialen Kämpfen unserer Zeit zu Grunde liegt.

Und wer Stellung in diesem Kampf nimmt, der muß sich wohl bewußt sein, daß es eine objektive - durch Wissen und Erkenntnis vermittelte - allgemeine Wahrheit auf diesem Gebiet nicht geben kann. Aber unsre Stellung zu diesen

Lebenswerten entscheidet im letzten Grunde doch der *Glaube*, das *Gefühl*, der *Wille*. Werturteile auf diesen Gebieten fällen, bedeutet immer eine *subjektive Tat*. *Harnack* hat einmal ausgesprochen, was von so Vielen, die Andere, Jüngere zu beeinflussen oder zu beraten haben, empfunden wird: daß das Bewußtsein der Subjektivität in diesen Fragen uns zentnerschwer in Stunden heißen Ringens auf die Seele fällt. „Und doch" - sagt er - „wie verzweifelt stünde es um die Menschheit, wenn der höhere Friede, nach dem wir verlangen, die Klarheit, Sicherheit und Kraft, um die wir ringen, von dem Maß des Wissens und der Erkenntnis abhängig wären." Wo unser Wissen nicht reicht, da gibt uns der Glaube, das moralische Gesetz in uns eine Richtschnur, die über alle Zweifel erhebt. Und dieses Gesetz in uns wird der Menschheit immer wieder die Überzeugung aufdrängen, daß auch der Starke, und besonders der Starke sich nicht „mit beiden Armen einen Weg erzwingen darf, sondern nur mit einem Arm seinen Weg bahnen, mit dem andren dem verwundeten Kameraden aufhelfen soll". Für diesen uralten und doch ewig neuen Glauben an die soziale Pflicht sollten auch die Frauen, die sich ihrer Würde und ihrer Persönlichkeit bewußt geworden sind, mit jener Kraft und Wärme eintreten, die sich jeder Stunde schämt, die für den Kampf um die Überzeugung verloren geht; die jeden Gedanken bereut, der von dieser Linie abweicht; mit jener Überzeugungstreue und Kampfesfreudigkeit, die in dem Wort ausklingt:

„Mich reut mein allzu spät erkanntes Amt,
Mich reut, daß mir zu schwach das Herz geflammt;
Mich reut, ich streu mir Aschen auf das Haupt,
Daß ich nicht fester noch an Sieg geglaubt.
Mich reut - ich beicht es mit zerknirschtem Sinn,
Daß ich nicht Kämpfer stets gewesen bin."

Soziale Arbeit und persönliches Glück*

Ansprache, gehalten bei Beginn des neuen Arbeitsjahres der Berliner Gruppen für soziale Hilfsarbeit

Es sind ganz besonders zwei Probleme, mit denen jeder, der in der sozialen Arbeit steht, sich auseinandersetzen muß: die Frage: *Was leisten wir durch unsere Hilfstätigkeit den Armen?* und die Frage: *Was leisten wir durch unsere Arbeit uns selbst?* Die Erörterung der ersten scheint mir in einem größeren Kreis wenig geeignet, weil eigentlich nicht uns, sondern den Armen ein Urteil darüber zusteht, ob wir ihnen wirklich helfen. Außerdem aber müssen die Mitglieder eines sozialen Vereins in den ersten Jahren sehr viel lernen, ehe sie überhaupt etwas helfen können; und schließlich kann selbst die Summierung der Tätigkeit aller Vereinsmitglieder, ja der Mitglieder von unzähligen Vereinen nur ein Tröpflein aus dem großen Meer des Massenelends ausschöpfen. Es ist deshalb richtiger, wenn wir nicht zu oft von den Erfolgen und dem Nutzen unserer Arbeit für die besitzlosen Klassen sprechen, sondern uns der Schwierigkeit unserer Aufgaben bewußt werden. So möchte ich denn die Aufmerksamkeit unserer Mitarbeiterinnen heute auf das zweite, uns naheliegende Problem richten und erörtern, was wir *durch unsere Arbeit für uns selbst gewinnen können.*

Auch über diese Frage dürften die Anschauungen der sozialen Helferinnen keineswegs einheitliche sein. Ich weiß, und es ist mir oft ausgesprochen worden, daß viele junge Mädchen in unserer Arbeit ein volles Glücksgefühl gefunden haben, während andere vergeblich auch nur nach einer Empfindung von Befriedigung ringen. Und angesichts dieses verschiedenen Resultates möchte ich einmal prüfen, woran es liegen kann, daß die einen so viel, die anderen so wenig bei der Arbeit für sich gewinnen.

Da muß man sich denn zunächst darüber klar sein, daß die Arbeit nur dem etwas geben kann, der auch etwas *in sie hineinlegt.* Die Frage: „Was leisten wir uns durch die Arbeit?" dürfte also erst dann zu beantworten sein, wenn wir uns dessen bewußt sind, *was die Arbeit von uns verlangt,* was wir ihr geben müssen, was wir ihr schuldig sind.

Wir freiwilligen Helferinnen der sozialen Arbeit sind fast alle in der glücklichen Lage, nicht für das tägliche Brot arbeiten zu müssen. Darin liegt ein unendlicher Vorteil gegenüber allen Berufsarbeiterinnen. Aber diesem Vorteil stehen Nachteile und Gefahren gegenüber, die manchmal den Vorteil vollständig aufheben können. Die Gefahr, die in der äußeren Freiheit unserer Arbeit liegt; daß wir die Arbeit aufgeben können, wenn sie uns nicht mehr befriedigt; daß wir sie vernachlässigen können, wenn uns etwas anderes abzieht oder wertvoller erscheint,

* Centralblatt des Bundes deutscher Frauenvereine, 7. Jg., Nr. 16, 15. Nov. 1905, S. 122-124

ohne daß uns zum nächsten Monatsersten gekündigt wird; die Gefahr, daß wir die Arbeit nicht pünktlich und gewissenhaft erfüllen. Ich weiß, daß es nicht immer Schuld unserer Mitarbeiterinnen ist, wenn solche Unregelmäßigkeiten vorkommen. Vielfach werden namentlich junge Helferinnen zu Hause, durch ihre Mütter, daran gehindert, den freiwillig übernommenen Pflichten regelmäßig nachzugehen, weil man sich im Elternhaus noch nicht daran gewöhnt hat, diese Art von Arbeit ernst zu nehmen.

Lassen Sie mich diesen Versuchungen gegenüber, denen unsere freiwillige Hilfsarbeit besonders ausgesetzt ist, ein Wort als Richtschnur aufstellen, allem anderen voranstellen; das Wort: *„Alles, was Dir von Händen kommt zu tun, das tue frisch.“* Das schließt im Grunde alles ein, was wir der Arbeit geben sollten, was wir ihr schuldig sind. *„Das tue frisch!“* d.h. wir sollen, was wir übernommen haben, so hoch halten und einschätzen, daß es gar keine Ablenkung für uns geben kann; so hoch, daß wir die Erfüllung dieser Pflicht *allem* andern vorziehen. Wir sollen die Arbeit schließlich garnicht mehr als Pflicht empfinden, sondern sie gern tun. Und wir sollen pünktlich und regelmäßig bei der Arbeit sein, mit immer neuer Initiative und Freude, mit Aufmerksamkeit und Überlegung. Wir sollen nicht an die Arbeit gehen mit dem Gedanken, sie so schnell wie möglich zu erledigen, sondern mit dem immer neuen Wunsch, sie vollkommener und besser als bisher zu tun. Gerade die freiwillige Helferin kann auf sozialem Gebiet viel stärkere Impulse aufbringen als die Berufsarbeiterin, die jeden Tag des Jahres viele Stunden dieser Arbeit widmen muß und nicht nach der Arbeit in ein geschütztes, sorgloses und behagliches Heim zurückkehrt. Solche Impulse aber findet nur, wer immer von neuem mit gutem Willen, mit Überlegung und Nachdenken an seine Arbeit herangeht. Ich möchte auch gerade unsern jungen Mädchen in bezug auf die regelmäßige Erfüllung der übernommenen Pflichten etwas mehr *Energie gegenüber ihren Eltern* anraten. Sie müssen es lernen, die hierfür erforderliche Zeit nötigenfalls zu verteidigen; gewiß mit Bescheidenheit und Ruhe, aber auch mit dem Ernst und der Sicherheit, die die einmal übernommene Arbeit von ihnen verlangt.

Aber es ist nicht damit getan, daß wir mit gutem *Willen* an unsere Arbeit herangehen; es ist auch ein *gutes Können* hierfür nötig. Alle sozialen Arbeiterinnen sollten es sich zur Pflicht machen, theoretische Kenntnisse zu erwerben, an sozialpolitischen Kursen teilzunehmen, wo ihnen die Gelegenheit dazu geboten wird. Wir haben in der sozialen Arbeit mit lebendigen Menschen zu tun, die durch jedes törichte und unbedachte Wort verletzt und verwundet werden können. Wir schaden durch Unwissenheit mehr als solche, die etwa an eine kaufmännische Stellung mit mangelhafter Vorbereitung herantreten, vielleicht für sich persönlich oder für ihr Geschäft durch einen Fehler einen pekuniären Schaden herbeiführen, die aber nicht die Seele eines fühlenden Menschen dadurch treffen. Das legt uns die Pflicht auf, nach einer Kenntnis der Lebenslage und der Lebensbedingungen der arbeitenden Volksschichten zu streben.

Neben all diesen positiven Anforderungen, die die Arbeit an uns stellt, sind eine Reihe negativer Eigenschaften nötig, die bei den freiwilligen Hilfsarbeiterinnen oft vermißt werden. Wer soziale Hilfsarbeit leisten will, der muß versuchen, ein gut Teil von *Bescheidenheit* zu erwerben. Es ist nur zu begreiflich, daß jeder einzelne das Verlangen hat, etwas Großes zu leisten, und daß jeder über das hinausstrebt, was er im Augenblick vollbringen kann. Gerade bei jungen Mädchen findet man naturgemäß den Wunsch, es großen Persönlichkeiten nachzutun. Aber gerade solche Vorbilder sollten uns Bescheidenheit und Geduld lehren. Denn wenn wir näher zusehen, worin eigentlich die Lebensarbeit großer Menschen bestanden hat, deren Resultat uns als eine Einheit erscheint; wenn wir nachforschen, wie diese große Leistung ihres Lebens entstanden ist, so werden wir in den meisten Fällen erkennen, daß diese großen Persönlichkeiten im letzten Grunde doch auch nur Menschen waren, die ihre Kräfte voll ausnutzten, die die Arbeit des Tages taten, wie sie von ihnen verlangt wurde; und daß diese Arbeit des Tages, deren Resultat uns so groß erscheint, doch schließlich aus tausend kleinen unscheinbaren, mühseligen Handlungen bestanden hat. „Von unten herauf dienen, ist überall nötig", so hat Goethe es ausgesprochen. Aus der Betrachtung des Großen sollten wir Bescheidenheit und Geduld für unsere Arbeit gewinnen. Wir sollten lernen, nicht fortwährend nach neuen Arbeitsgebieten, nach sichtbarem äußeren Wachstum zu begehren, sondern uns auf *eine* Arbeit beschränken, diese ausbauen und uns damit begnügen, denn: „Alles, worin der Mensch sich ernstlich einläßt, ist ein Unendliches."

Und schließlich noch eins, was vielleicht am schwersten zu erlernen ist, schwerer noch als die Beschränkung auf ein Arbeitsgebiet: Wir müssen auch bei der Arbeit lernen, *Maß zu halten*. Ganz besonders bei jungen Helferinnen, deren Enthusiasmus groß ist und die sich plötzlich dem Massenelend gegenüber gestellt sehen, zeigt sich der Wunsch, die Masse von Arbeit, die sie vor sich sehen, die getan werden muß, auf einmal, möglichst schnell zu erledigen. Dabei vergessen sie, daß nicht jede Kraft sich jedem Wirkungskreis anpassen läßt. Sicherlich ist für Viele mehr Energie nötig, um eine Arbeit abzulehnen, als eine solche anzunehmen, wenn ihnen etwas sehr am Herzen liegt. Aber für unsere Arbeit ist es weit besser, wenn jede Einzelne das Maß von Arbeit, das sie übernimmt, ihrer Kraft richtig anzupassen versteht. Es ist richtiger, weniges gut, als vieles schlecht zu tun, und es liegt auch eine Überschätzung des eigenen Könnens darin, wenn man glaubt, alle Arbeit selbst tun zu müssen. *Auch dieses Maßhalten sind wir der Arbeit schuldig.* Lassen Sie uns die Arbeit des Tages tun, so lange es Tag ist, und wo der Tag sie von uns verlangt; aber lassen Sie uns nicht nach der Arbeit des morgigen Tages greifen, denn der morgige Tag wird uns auch neue Kraft bringen.

Wenn wir all diese Eigenschaften in unsere Arbeit hineintragen, wenn wir ihr nichts davon schuldig bleiben, dann werden wir auch ein gewisses Maß von Freude und Befriedigung dabei finden. Aber dürfen wir auch hoffen, daß die rechtgetane Arbeit uns Glück, Harmonie, Frieden und innere Ruhe geben kann, oder können wir das mit Sicherheit nicht erwarten? Ich glaube, wer unter allen Umständen ein *volles* Glück von der Arbeit erhofft, verlangt mehr, als er verlangen darf, mehr, als sie im allgemeinen dem Menschen zu geben pflegt. Zu einem vollen Lebensglück gehört eben noch mehr als Arbeit, wenn sie auch eine unerläßliche Vorbedingung dafür ist.

Wir müssen bedenken, daß in der modernen, auf weitestgehender Arbeitsteilung beruhender Volkswirtschaft auch die Berufsarbeiter, Männer sowohl wie Frauen, selten eine Tätigkeit ausüben, die *an sich* beglückend genannt werden kann. Die meisten wählen ihren Beruf als ökonomische Grundlage ihrer Existenz, und um ihrer Existenz willen tragen sie das ewige Einerlei rein mechanischer Arbeit. Und auch der Arbeiter auf den höchsten Stufen des Lebens, der den feinsten Kulturzwecken dient - vielleicht mit der einzigen Ausnahme des genialen selbstschaffenden Künstlers - hat dieses graue Einerlei zu tragen. Auch der Professor, der immer wieder dasselbe Kolleg lesen oder unzählige Schülerarbeiten durchsehen muß, während es ihn vielleicht zu eigener Forscherarbeit drängt, tut oft eintönige Arbeit, die an sich nicht immer beglückend ist. Und selbst der eigentliche Forscher weiß, daß er wochenlang ermüdende und oft langweilige Arbeit zu tun hat, bis er an ein Resultat gelangen kann, das ihn freut und beglückt. *Harnack* hat die übermäßige, falsche Bewertung der Arbeit, die gerade in Frauenkreisen sehr verbreitet ist, einmal treffend charakterisiert: „Wohl schafft die Arbeit Lust", hat er gesagt, „aber das ist doch nur die eine Seite der Sache. Ich habe immer gefunden, daß über die Lust, die die Arbeit gewährt, diejenigen lauter sprechen, die sich selbst nicht allzuviel anstrengen, während die bei ihrem Preise Umstände machen, die in ununterbrochener heißer Arbeit stehen. In der Tat läuft da viel leeres Gerede und Heuchelei mit unter. Dreiviertel der Arbeit und mehr ist nichts als stumpfmachende Mühe. Und wer wirklich hart arbeitet, fühlt den sehnsüchtigen Ausblick des Dichters auf den Abend nach: Das Haupt, die Füß' und Hände sind froh, daß nun zum Ende die Arbeit kommen sei."

Wenn aber schließlich nur solche Empfindungen das Resultat der Arbeit sind, dann müssen wir uns fragen, ob man sie unter solchen Umständen *freiwillig* auf sich nehmen soll, ob man jemand raten könne, ernste Arbeit zu tun, wenn er nicht sein Brot damit verdienen will. Wer sein Brot verdient, der muß arbeiten, ohne viel darüber zu reflektieren, ob es ihn beglückt. Aber sollen wir anderen nur arbeiten, um das Gefühl der Müdigkeit kennen zu lernen, um uns schließlich auf die Ruhe des Abends zu freuen? Diese Frage wäre allerdings berechtigt, wenn die Arbeit uns nichts als das Gefühl der Müdigkeit geben würde. Aber tatsächlich gibt sie uns doch noch anderes, unendlich viel mehr.

Wenn sie auch nicht jedem einzelnen Glück geben mag, so ist sie doch die erste und wesentlichste *Vorbedingung* des Glücks. Zunächst gibt sie uns das Gefühl, *daß unsere Kräfte genutzt werden.* Sie befreit uns von der grauenhaften Einöde der Tage, die besonders die jungen Mädchen der wohlhabenden Kreise nur allzu gut kennen, deren „Beschäftigung" darin besteht, mit Mühe und Not die Zeit totzuschlagen; die das, was das „ästhetische Rankenwerk" des Lebens sein soll, künstlich zu einem Lebensinhalt aufzubauschen versuchen; die den Fluch des Nichtarbeitendürfens am eigenen Leibe erfahren haben. Unzählige Frauen wissen aus eigenem Erleben, eine wie tiefe Wahrheit in den Worten jenes Arbeiters liegt, der auf einen Vorwurf wegen Sonntagsarbeit die Antwort gab: „Nicht wer am Sonntag arbeitet, sondern wer in der Woche nicht arbeitet, kommt in die Hölle." Eine moderne Schriftstellerin hat noch hinzugefügt: „Ach, wüßte der gute Mann doch, *daß die Menschen, die in der Woche nicht arbeiten, schon eine wahre Hölle auf Erden haben,* denn auf dem bewegten Meere dieses Lebens sind es die Ruderschläge, ist es die Arbeit, die den Menschen aus dem quälenden Einerlei fortbewegt." Arbeit, mag sie auch noch so mühselig sein, gibt uns eben doch einen *bleibenden Lebensinhalt;* sie gehört uns und bleibt uns auch in der Zeit, in der äußere Güter, in der rauschende Vergnügungen keinen Reiz mehr ausüben; sie bleibt uns, „wenn die schönsten Freuden der Jugend in einer Finsternis umkommen, die größer ist, als das vergangene Licht."

Aber unsere Arbeit gibt uns noch mehr als nur die Befreiung von der grenzenlosen Öde eines beschäftigungslosen Daseins. Gerade die Tätigkeit, die uns mit den besitzlosen, für das tägliche Brot arbeitenden Klassen zusammenführt, die uns in den gesetzmäßigen Austausch von Arbeit und Genuß aller schaffenden Menschen hineinblicken läßt, gibt uns eine Lehre, die für unser ganzes Leben bestimmend sein muß, die Lehre, daß das Wort: „Im Schweiße deines Angesichts sollst du dein Brot essen" eine ewige Wahrheit enthält, die noch heute für die Menschheit gilt; daß es *schmarotzerhaft* und *unberechtigt* ist, wenn Menschen sich von nützlicher Arbeit fernhalten und frei dünken, wenn sie sich außerhalb des Kreises der Werte Schaffenden stellen.

Wenn wir sehen, unter wie schwerer Arbeitslast diejenigen gebeugt sind, durch die alle die Güter hergestellt werden, die zur Befriedigung unserer Bedürfnisse dienen: all' unsere Nahrung, Kleidung, Wohnung, und all' das, was zu unserer Freude und zu unserem Vergnügen dient - wenn wir das nicht aus Büchern erfahren, sondern durch unsere soziale Arbeit lebendig erleben, dann kommt es uns zum Bewußtsein, daß das Leben des einfachsten Arbeiters wertvoller ist, als das Leben jener, die stolz darauf sind, daß ihre Eltern ihnen diesen glänzenden Rahmen gaben, die nichts schaffen und nach nichts streben, die womöglich noch die Arbeit des Straßenkehrers oder Stiefelputzers, die doch weit nützlichere Mitglieder der menschlichen Gesellschaft sind, für unbedeutend oder verächtlich halten. Wir lernen durch unsere Arbeit, daß ein Leben des Müßigganges, des verfeinertsten Genusses *ohne Pflichterfüllung* etwas Unberechtigtes und Wertloses ist, und *daß wir nie wieder in ein solches Leben zurückkehren dürfen,* ohne unsere Selbstachtung zu verlieren und einzubüßen.

So weit führt die soziale Arbeit uns alle. Sie befreit uns von dem Gefühl der

Öde und Zwecklosigkeit unseres Daseins. Sie lehrt uns, daß nützliche Arbeit zu tun unser aller Pflicht ist, und sie gibt uns die Möglichkeit, diese unsere Bestimmung zu erfüllen. Und wenn wir unsere Arbeit nicht mechanisch tun, sondern sie unter solchen Gesichtspunkten erfassen, dann kann sie uns schließlich auch auf den Weg zum Glück, zu einem voll befriedigten Leben führen. Und damit berühre ich endlich die Frage, weshalb Einzelne, aber nicht Alle durch die soziale Arbeit volle Befriedigung gefunden haben.

Um Glück, Harmonie und Frieden zu finden, brauchen gerade die ernsteren, reflektierenden Naturen neben der Arbeit den Glauben an eine *Weltordnung*, die die Menschen vorwärts und aufwärts führt; den Glauben daran, daß die lebendige Kraft, die wir in uns spüren, ein Teil jener großen Kraft ist, die die Welt bewegt; die Überzeugung, daß sie Aufgaben für das Weltganze zu erfüllen haben. Wir brauchen „den Glauben an den Ewigkeitswert des erfüllten und treu gelebten Lebens."

Wer durch die Arbeit zu einer solchen Weltanschauung gelangt, der wird nicht mehr verlangen, daß die Arbeit an sich beglückend ist, daß sie täglich neues Interesse bietet und anregt und fördert. Der wird indirekt das Glück in der Arbeit suchen und die Belohnung alles Mühens anstreben, die darin liegt, daß man als Fazit des Lebens und seiner Arbeit das schlichte Wort aussprechen kann: *„Ich habe getan, was ich konnte."*

Aber auch, wenn wir unsere Arbeit unter diesen Gesichtspunkt stellen, sind wir dann wirklich ausgefüllt, befriedigt von unserem Leben? Ist dann die große Sehnsucht nach Glück, die nun einmal in der Jugend lebendig ist, erfüllt? Oder ist man im besten Falle zu einer Befriedigung gelangt, die ein gut Teil von Ergebung und Resignation enthält?

Gewiß liegt für alle eine gewisse Wehmut darin und ein gewisser Verzicht, wenn das Leben ihnen nichts weiter gibt, wenn elementare Bedürfnisse des Menschen unbefriedigt und unerfüllt bleiben. Außer einer erfolgreichen Arbeit und außer einer Weltanschauung, die diese Arbeit und unser Leben beherrscht, gehört zu einem vollen Glück noch etwas anderes; und man kann wohl behaupten, daß auch der Mann in der Regel seine Arbeit nicht unter dem Gesichtspunkt ansieht, daß sie allein ihm Glück bringen soll. Die Arbeit ist auch für den Mann in vielen Fällen nur die pekuniäre Grundlage seiner Existenz, und neben ihr baut er sich sein individuelles Leben auf. Neben der Arbeit und durch die Arbeit hat er meistens die Möglichkeit, eine Ehe zu schließen, von der er Freude und Harmonie erhofft, in der er das Gefühl hat, Anderen etwas zu sein, in der er das beglückende Gefühl der völligen Gemeinschaft zweier Existenzen, der gegenseitigen Hingabe sucht und findet. Und ein solches Gefühl, derartige sympathische Beziehungen sind im letzten Grunde für ein voll beglücktes Leben nötig.

Es ist der tiefste Konflikt im Leben der berufstätigen Frau, daß die Vereinigung von Berufsarbeit und Ehe ihr nicht wie dem Manne unter allen Umständen offen steht. Und es heißt die Frauen täuschen, wenn man sie glauben machen will, daß die Berufstätigkeit im allgemeinen der Frau, der eine Ehe versagt bleibt, hierfür einen vollgiltigen Ersatz bieten kann.

Aber gerade auf diesem Gebiet kann die sozial arbeitende Frau einen Ausgleich dafür finden, daß sie die Mühsal des Arbeitens auf sich nimmt, ohne Aussicht auf einen Erwerb. Gerade auf diesem Gebiet kann sie einen anderen, besseren Lohn für ihre Arbeit finden; denn die soziale Hilfstätigkeit gibt uns *Gefühlswerte*, die keine andere Art von Arbeit uns geben *kann*. Sie schafft denen, die nicht heiraten, und sie schafft unserer Jugend schon in den Jahren vor der Ehe das beglückende Gefühl, Anderen etwas zu sein. Sie gibt uns warme sympathische Beziehungen; sie zeigt uns, wie die Liebe, der ein Ausströmen im engsten menschlichen Bunde verwehrt ist, *sich in das große Feld der menschlichen Gemeinschaft ergießen kann*. Die große Idealistin Malwida von Meysenburg hat einmal ausgesprochen, „daß das Herz nur selig sein kann, wenn es das Leben einzelner geliebter und verehrter Menschen oder das von Hunderten schmücken kann".

Lassen Sie uns versuchen, durch die soziale Arbeit das Leben von Hunderten zu schmücken! Lassen Sie uns die Gelegenheit nutzen, den Reichtum unseres Herzens auszuschütten vor all den Vielen, die Liebe und Hingebung begehren!

Und damit bin ich am Schluß meiner Ausführungen, deren Fazit ist, daß die soziale Arbeit uns allen das geben *kann*, aber nicht geben *muß*, was zu einem beglückten Dasein gehört: das Gefühl, unsere Kräfte zu nutzen; einen festen Glauben an unsere Pflicht und unsere Bestimmung, die nicht fortwährend nach der Zustimmung der Welt und dem Beifall des lieben Nächsten fragt; und schließlich ein Gebiet, auf das unsere Liebesfähigkeit sich ergießen kann.

Lassen Sie uns an die Aufgaben, die wir uns erwählen, mit dem Wunsch herangehen, daß die Arbeit all' unseren Mitarbeiterinnen diese Glücksempfindungen geben möge, und lassen Sie uns diesen Wunsch seiner Erfüllung dadurch näher bringen, daß wir der Arbeit alles das geben, was sie von uns zu verlangen hat.

Die Bekämpfung der Säuglingssterblichkeit*

Wer in der Armenpflege arbeitet, der weiß ohne tiefgründige Studien, daß in den besitzlosen Klassen nur ein Teil der Kinder, die das Licht der Welt erblicken, großgezogen wird; daß hier die Säuglingssterblichkeit infolge mangelnder Pflege eine ganz ungeheure ist, daß der Verlust eines Kindes in diesen Kreisen wohl auch mit Betrübnis empfunden, aber keineswegs als etwas Außergewöhnliches, wie in den besitzenden Kreisen, betrachtet wird.

Diese enorme Säuglingssterblichkeit ist nicht nur im Interesse der *einzelnen Mutter* oder der Familie, sondern auch vom *sozialen* und *nationalen* Standpunkt aus zu beklagen. Denn Staat und Gesellschaft haben ein Interesse daran, daß keine lebendige Kraft vergeudet wird. Wenn man auch vielfach geglaubt hat, daß die Säuglingssterblichkeit unter dem Gesichtspunkt der Auslese im Kampf ums Dasein betrachtet werden kann; wenn auch in unserer Zeit, in der eine geradezu pathologische Vorstellung von der Bedeutung und der sittlichen Berechtigung des Übermenschen sich breit macht, immer wieder Stimmen gegen die Erhaltung des Schwachen laut werden, so haben doch ärztliche Untersuchungen ergeben, daß die hohe Säuglingssterblichkeit keineswegs im Sinne der Darwinschen Auslese eine günstige Wirkung erzeugt. Vielmehr ist erwiesen, daß eine hohe Säuglingssterblichkeit parallel mit einer hohen Sterblichkeit größerer Kinder geht; daß daher die Einflüsse, die die Säuglinge schädigen, auch für größere Kinder Geltung haben. Noch weiter gehend hat man sogar festgestellt, daß Gegenden mit hoher Säuglingssterblichkeit auch eine geringe Militärtüchtigkeit der Bevölkerung aufweisen; und so ist man zu dem Schlusse berechtigt, daß die hohe Säuglingssterblichkeit nicht eine Auslese zugunsten der Tüchtigen und Lebenskräftigen bildet; daß vielmehr die Ursachen, die ein starkes Absterben der Säuglinge bedingen, auch die Überlebenden in ihrer Körperkonstitution beeinträchtigen und somit die ganze Volksgesundheit schwächen.

Auch das Gespenst der Überbevölkerung, das man früher unter dem Einfluß der Malthusschen Lehre in dicht bevölkerten Staaten fürchtete, wurde häufig den Bestrebungen zur Verminderung der Säuglingssterblichkeit entgegen gehalten. Aber die Malthussche Lehre, daß die Bevölkerung überall die Tendenz habe, sich verhältnismäßig stärker als die Nahrungsmittelproduktion zu vermehren, und deren Folgerung, daß die Kindersterblichkeit dieses Mißverhältnis ausgleichen müsse, ist durch die neuere Nationalökonomie als unrichtig erkannt worden. Es ist festgestellt, daß die Nahrungsmittelproduktion in Deutschland während des 19. Jahrhunderts bei weitem stärker zugenommen hat, als die Volkszahl. *Die Bevölkerung Deutschlands hat sich in dieser Zeit verdoppelt und die Versorgung aller Volks-*

* Die Frau, 13. Jg., Nr. 3, Dez. 1905, S. 129-139

klassen mit materiellen Gütern hat sich trotzdem ganz erheblich verbessert. Wir wissen heut, daß eine dichte Bevölkerung für eine Großmacht nicht nur im politischen Sinne, sondern auch für deren wirtschaftliche Blüte notwendig ist. Nicht in den stark bevölkerten, sondern in den volksarmen Ländern - da, wo das Volk nicht Industrie und Handel und Verkehr pflegen kann - sind in unserer Zeit noch Hungersnöte zu verzeichnen. Vom Standpunkt des Staates birgt eine hohe Säuglingssterblichkeit die schwere wirtschaftliche Gefahr *des Stillstandes oder Rückganges der Bevölkerung* in sich; um so mehr, als die Zahl der Geburten überall zu sinken beginnt, während die Säuglingssterblichkeit in allen deutschen Staaten vom Anfang des 19. Jahrhunderts bis in die siebziger Jahre außerordentlich angestiegen ist. Wenn auch seitdem eine sinkende Tendenz bemerkbar ist, so ist die Abnahme doch keineswegs gleichmäßig und dauernd; sie gilt nicht für alle Teile Deutschlands, und insbesondere im Verhältnis zum Ausland ist die Säuglingssterblichkeit im Deutschen Reich noch ganz erschreckend hoch.

Im Jahre 1901, das als ein Durchschnittsjahr gelten darf, wurden im Deutschen Reich zwei Millionen Kinder geboren. Davon starben vor Beendigung des ersten Lebensjahres 415.000 = 20,7 Prozent. Noch höher war die Säuglingssterblichkeit nur in Rußland, Österreich und Rumänien, erheblich niedriger in Italien, das sicherlich doch nicht als das Land der hygienischen Fürsorge genannt werden kann, mit 16,6 Prozent; in England mit 15,1 Prozent; in Frankreich mit 14,1 Prozent; in der Schweiz mit 13,7 Prozent; in Irland mit 10 Prozent; in Norwegen mit 9 Prozent. Das bedeutet also, daß - während in Irland und in Skandinavien von 100 Lebendgeborenen 10 wieder absterben müssen - *in Preußen 20, in Sachsen sogar 28 von 100 Säuglingen vor Vollendung des ersten Lebensjahres ins Grab sinken.* Einmal ist also jedes 10., das anderemal jedes 4. lebendgeborene Kind dem Tode geweiht. Aber noch nach einem anderen Gesichtspunkt kann man diese Geburts- und Sterbeziffer ordnen, nämlich nach der Zahl der Geburten, die nötig sind, damit 100 Kinder das erste Lebensjahr überdauern. In Preußen müssen 26, in Bayern und Sachsen 39 Frauen vergebens die Beschwerden der Schwangerschaft, die Schmerzen der Entbindung tragen, damit 100 Mütter ihre Säuglinge gesund in das 2. Lebensjahr hinüberretten, während in Ländern mit niedrigster Sterblichkeit nur 10 Geburten umsonst zustande kommen.

Gerade diese Art der Betrachtung zeigt am augenfälligsten die *ungeheuere Verschwendung*, die in Ländern mit hoher Säuglingssterblichkeit nicht nur mit dem Kindermaterial, sondern auch mit *den leiblichen und seelischen Kräften der Mütter getrieben wird.* Diese Zahlen erscheinen geradezu unglaublich, wenn man sich vorstellt, daß Deutschland in bezug auf Förderung der medizinischen und hygienischen Wissenschaften in allererster Linie steht; und man muß den Schluß daraus ziehen, daß unser Land wohl Führer in der rein theoretischen Wissenschaft, nicht aber in ihrer Anwendung und Verwertung für die breiten Schichten des Volkes hervorgebracht hat.

In dem *systematischen Kampf* gegen die Säuglingssterblichkeit sind andere

Länder uns vorangegangen. Erst in letzter Zeit sind auch in Deutschland immer weitere Kreise auf die Gefahr der hohen Säuglingssterblichkeit aufmerksam geworden; und aus allen Lagern, von Männern und Frauen der Wissenschaft wie der Praxis, setzt die Bekämpfung der Säuglingssterblichkeit nun auch bei uns ein.

Der deutsche Verein für Armenpflege und Wohltätigkeit, der in allen Reformfragen sozialer Fürsorge eine hervorragende Stellung einnimmt, hat daher auch auf seiner letzten Generalversammlung die Frage der Bekämpfung der Säuglingssterblichkeit behandelt, und er hat dadurch weitesten Kreisen Gelegenheit gegeben, sich die nötigen Kenntnisse anzueignen, um erfolgreich auf diesem Gebiet sozialer Fürsorge mitarbeiten zu können. Die Berichte zu der Frage, die der Verein veröffentlicht hat, [1] die den Verhandlungen der Generalversammlung dieses Vereins zur Grundlage dienten, wurden erstattet von dem Beigeordneten *Brugger* in Cöln, der durch langjährige Tätigkeit in der Leitung eines großstädtischen öffentlichen Armenwesens namentlich die *armenpflegerischen Maßnahmen* gegen die Säuglingssterblichkeit aus eigener Erfahrung darzustellen und zu würdigen wußte. Der zweite Bericht stammt aus der Feder von Herrn Dr. med. Heinrich *Finkelstein*, dem *ärztlichen* Leiter des Berliner Kinderasyls, der naturgemäß die Erfahrungen des Arztes weiteren Kreisen zugänglich macht und die erforderlichen hygienischen Maßregeln für diesen Kampf präzisiert. Das dritte Referat gab Frl. Dr. Marie *Baum*, die badische Fabrikinspektorin, die als *Frau* und als *Sozialpolitiker* nicht nur die tiefsten Töne, sondern auch die umfassendsten und weitesten Prinzipien für die Behandlung der ganzen Frage vorbrachte. Das gemeinsame Ergebnis aller dieser Untersuchungen aber besteht unzweifelhaft in der Erkenntnis, daß, wenn irgendwo, so sicherlich bei der Bekämpfung der Säuglingssterblichkeit mit der Bereitstellung von Summen - sei es durch private, sei es durch öffentliche Körperschaften - nichts gemacht ist; daß hier alles darauf ankommt, durch weitreichende soziale Reformen *wirtschaftliche Verhältnisse umzugestalten,* hygi*enische Kenntnisse zu verbreiten,* und daß erst in letzter Linie direkte Aufwendungen an Geld nützen können, sofern sie in sachgemäßer Weise und verbunden mit *persönlicher Fürsorge und Belehrung* verwendet werden.

Wer sich an der Bekämpfung der Säuglingssterblichkeit beteiligen will, muß sich zunächst die Frage nach der *Ursache des Übels* vorlegen, ehe er Heilmittel finden kann. Bis zu einem großen Grade lassen die örtlichen und zeitlichen Verschiedenheiten der Mortalität der Säuglinge in Deutschland einen Schluß auf die Ursachen des Sterbens zu, und weisen uns auf Mittel und Wege hin, die bessere Verhältnisse herbeiführen könnten. So berichtet beispielsweise der Beigeordnete Brugger, daß in Aachen im Durchschnitt die letzten 10 Jahre von 1.000 Geborenen etwa 400 im ersten Lebensjahr starben; in Barmen nur 166; in Stettin 450; in

[1] 74. Heft der Schriften des deutschen Vereins für Armenpflege und Wohltätigkeit. Leipzig, Duncker & Humblot 1905

Saarbrücken nur 155 und dgl. mehr. Aber nicht nur durch verschiedene *Gegenden*, auch durch verschiedene Jahreszeiten scheint die Sterblichkeitskurve bedingt zu sein. In Deutschland hat man überall im Monat *Juni einen jähen Aufstieg beobachtet, der bis September andauert.* Diese Erscheinungen müssen durch besondere, gleichartige Ursachen überall bedingt sein. Medizinische Untersuchungen warfen weiterhin Licht auf diese Tatsachen. Sowohl für eine Reihe von deutschen Städten, als auch für einen französischen Distrikt ist festgestellt, daß Säuglinge, die unter den von der Natur gewollten Bedingungen - das heißt an der Brust und in der Pflege der Mutter - aufwachsen, im ersten Jahr nur eine Sterblichkeit von 7-8 auf 100 aufweisen. In Ländern, in denen ganz allgemein die natürliche Ernährung des Säuglings üblich ist (Irland, Norwegen, Schweden), pflegt sich daher die Säuglingssterblichkeit wenig oberhalb dieses Niveaus zu bewegen. Der *Wegfall der natürlichen Ernährung* und ihr Ersatz durch unnatürliche, für den Säugling nur bedingt geeignete Surrogate, scheint daher in allererster Linie das kindliche Leben in so verhängnisvoller Weise zu gefährden. Die Erhöhung der Säuglingssterblichkeit in den Sommermonaten, in denen verhältnismäßig schwer eine künstliche Nahrung zu beschaffen ist, unterstützt weiterhin diese Annahme. Dr. Finkelstein glaubt, daß 70-80 Prozent aller Todesfälle im Säuglingsalter dem Verzicht auf die Mutterbrust zur Last zu legen sind. Aus Berliner Erhebungen geht hervor, daß 7 mal weniger Brustkinder starben, als künstlich genährte. In den Sommermonaten, in denen die Sterblichkeit der Kinder so stark in die Höhe schnellt, werden fast ausschließlich Flaschenkinder dahingerafft. So betrug z.B. im Juli bis September die Säuglingssterblichkeit Berlins:

bei Brustmilch	1,34
bei Brustmilch und Tiermilch	3,51
bei Tiermilch	3,55
bei Surrogaten	5,16
bei sonstiger und gemischter Nahrung	5,65

Dr. Finkelstein faßt seine Ansichten dahin zusammen, daß die Sterblichkeit großer Volksmassen im umgekehrten Verhältnis zur Zahl der Brustkinder steht. Bis zu einem gewissen Grad sind die ländlichen und regionären Verschiedenheiten in der Säuglingssterblichkeit dadurch zu erklären. Die südeuropäischen Länder, in denen größtenteils Brusternährung üblich ist, nehmen deshalb verhältnismäßig eine gute Stellung ein. In Deutschland hat die Sitte, die Kinder auf natürliche Weise zu ernähren, sich leider nicht allgemein erhalten. In Ober- oder Niederfranken, wo noch viel gestillt wird, beträgt die Sterblichkeit 18-19 Prozent. In Ober- und Niederbayern ist ein Brustkind eine Seltenheit; die Sterblichkeit beträgt 33 bis 36 Prozent.

Eine weitere Ursache der Säuglingssterblichkeit, auf die die Statistik uns schliessen läßt, ist die *Ungunst der sozialen Verhältnisse,* in die die Kinder hineingeboren werden. Reiche Leute verlieren nur selten ein kleines Kind. In den reichen

Villenvierteln großer Städte sinkt die Säuglingssterblichkeit bis auf 1 und 2 Prozent herab. Je geringer aber das Einkommen, je mangelhafter die wirtschaftliche Lage einer Familie, desto größer die Kindersterblichkeit. In den Familien der öffentlichen Beamten beträgt in Preußen die Säuglingssterblichkeit 16 Prozent; bei den Selbständigen in Besitz oder Beruf 18 Prozent; bei Gehilfen, Fabrikarbeitern 20 Prozent; bei Tagelöhnern 22 Prozent; bei Dienstboten, Knechten 30 Prozent; bei Almosenempfängern 36 Prozent. Auch bei unehelichen Kindern ist die Säuglingssterblichkeit eine beträchtlich höhere als bei ehelichen. In engstem Zusammenhang mit der materiellen Lage einer Familie stehen die *Wohnungsverhältnisse,* und da ist es denn nicht zu verwundern, daß auch in dicht bevölkerten Wohnungen mehr Kinder sterben als in gering belegten, daß in Stadtteilen mit ärmerer Bevölkerung der Prozentsatz der Sterblichkeit ein bedeutend höherer ist.

Die Ursachen der erhöhten Säuglingssterblichkeit bei materiell ungünstiger Lage der Eltern liegt in erster Linie in der *mangelhaften Gestaltung der Pflege.* Das Kind bedarf der Mutter nicht nur als *Ernährerin,* sondern auch als *Pflegerin;* und jede Vernachlässigung trifft den empfindlichen Organismus des Säuglings aufs schwerste. Je schlechter aber die materielle Lage einer Familie ist, je stärker die ökonomische Beengtheit der Frau, desto weniger ist sie imstande, sich dem Kinde zu widmen, desto mehr ist ihre Arbeitskraft in anderer Richtung festgelegt. Wenn die Familienmutter nur mit Mühe allen häuslichen Verpflichtungen nachkommen kann, wenn namentlich ihre Fürsorge sich auf *zahlreiche Kinder* verteilen muß, wenn schnell aufeinanderfolgende Entbindungen ihr keine Zeit zum Aufatmen lassen, muß die Pflege der Kinder darunter leiden. So zeigt eine Statistik aus Kopenhagen, daß in Ehen mit einem Kind innerhalb [von] 5-9 Jahren 16 Prozent der Kinder starben; in Ehen mit 5 Kindern innerhalb derselben Zeit 34 Prozent; in Ehen mit 9 Kindern 63 Prozent. Noch mangelhafter wird die Pflege der Kinder, sobald die Mutter neben den häuslichen Verpflichtungen *Erwerbsarbeit* übernehmen muß, besonders aber wenn die Erwerbsarbeit außer dem Hause verrichtet wird. Damit fällt sowohl die Möglichkeit der *natürlichen Ernährung,* wie die einer sorgsamen Pflege vollständig fort. Wir sehen denn auch, daß in den Gegenden, in denen die Fabrikarbeit der verheirateten Frau üblich ist, diese zu einer Quelle besonders hoher Säuglingssterblichkeit wird. Man könnte sich wohl vorstellen, daß die Schädigungen, die durch die außerhäusliche Beschäftigung der Frau für das Kind entstehen, durch andere günstige Bedingungen - gute wirtschaftliche Lage, Durchführung der natürlichen Ernährung - zurückgedrängt werden könnten. Aber die Fabrikarbeit der verheirateten Frau tritt eben niemals neben solchen günstigen Begleiterscheinungen auf. Fräulein Dr. Baum wies in ihrem Referat nachdrücklich darauf hin, daß die *Vorbedingung* der Fabrikarbeit der Mutter die schlechte ökonomische Lage der Familie, ihre *Folge* die künstliche Ernährung und die Vernachlässigung des Säuglings ist. Eheweibliche Fabrikarbeit und erhöhte Säuglingssterblichkeit sind eben Parallelerscheinungen, die eine gemeinsame Wurzel, *die Not,* aufweisen. Darum sehen wir auch überall in den deutschen Bundesstaaten eine hohe Säuglingssterblichkeit da auftreten, wo eine enorme Industrialisierung des Landes unter starker Beteiligung des weiblichen Geschlechts zu finden ist. In Sachsen, wo 32 Prozent der gesamten Arbeiterschaft aus Frauen besteht, belief sich die Säuglingssterblichkeit in den Jahren 1891-1895 auf 28 Prozent; in Hessen, wo nur 19 Prozent aller Fabrikarbeiter von Frauen gestellt werden, betrug die Säuglingssterblichkeit zur gleichen Zeit nur 17 Prozent. Dabei ist es keineswegs die *Industrie,* die an sich schädigend auf das Gedeihen des Kindes einwirkt, sondern die *außerhäusliche Erwerbsarbeit der Mutter,* die beispielsweise bei Waschfrauen, Putzfrauen und dergleichen in ganz demselben Maße die Ausübung mütterlicher Pflichten verhindert. Nur liegen weniger statistische Erhebungen über die Lebensverhältnisse von Waschfrauen, Feldarbeiterinnen vor. Fräulein Dr. Baum weist auch darauf hin, daß die Heimarbeiterin, die zwar in ihren vier Wänden anwesend ist, nicht aber in ihrem Hause als Hausfrau tätig sein kann, unter den heutigen Verhältnissen der Pflege ihrer Kinder kaum besser gerecht werden kann, als die Fabrikarbeiterin. Auch sie leidet unter der ausgedehnten Arbeitszeit, der übermäßigen Anstrengung, der doppelten Pflichtenlast. Allen diesen Berufsarbeiterinnen stellen sich die gleichen Schwierigkeiten bei der Durchführung der natürlichen Ernährung entgegen.

Aber neben dem Mangel an Pflege, neben dem unzureichenden Pflegemaß, ist auch die *Qualität der Pflege,* die dem Säugling gewährt wird, häufig durchaus unzureichend. Zum Teil ist auch das eine Folge des materiellen Unvermögens, dem Kinde die geeigneten hygienischen Bedingungen zu schaffen. Mangel an Luft und Licht, notgedrungener Verbrauch billiger und deshalb schlechter Milch, gesteigerte Infektionsgefahr infolge engen Zusammenlebens vieler Personen und dergleichen mehr. Aber neben dieser von Dr. Finkelstein als *obligat* bezeichneten Quote der Gefährdung steht eine zweite sozusagen *fakultative,* die geschaffen wird durch die *mangelhafte Intelligenz und die unzureichende Kenntnis in bezug auf die Kinderpflege.* Ungezählte Kinder sterben an der Unwissenheit ihrer Mütter und Pflegerinnen, an dem mangelnden Sinn für Reinlichkeit im gewöhnlichen und besonders auch im bakteriologischen Sinne, an der Furcht vor frischer Luft oder durch unvorsichtiges Austragen bei rauher Witterung. Vor allem aber liegt eine ungeheure Gefahr in der *Umgehung der Ärzte bei Beginn von Krankheiten* und in verhängnisvollen, selbständig unternommenen Heilungsversuchen.

Dazu aber entfaltet die Armut noch ihre folgenschwerste Wirkung auf dem Gebiet der künstlichen Ernährung. Es ist schwer, eine geeignete gute Kindermilch zu erhalten. Gute Milch ist teuer; meist aber sind auch die Vorrichtungen zur richtigen *Behandlung der Milch im Hause* gar nicht vorhanden. Mit Recht hat Frau Lise Lenel bei Gelegenheit der Mannheimer Tagung des Deutschen Vereins für Armenpflege auf diesen Punkt besonders hingewiesen und gezeigt, daß auch die Verabreichung von sterilisierter Milch an Unbemittelte ihren Zweck nicht erfüllt, wenn nicht beim *Bau von Arbeiterwohnungen* Wandschränke in der Küche errichtet werden, die durch ein Abzugsrohr zum Kamin zu lüften und kühl zu erhalten sind.

Am schlimmsten liegen aber die Verhältnisse für die Kinder, deren Mütter die Elternpflichten ganz allein auf sich nehmen müssen. *Uneheliche Geburt* bedeutet für den Säugling fast immer eine schwere Gefahr, denn die Mutter muß in vollem Umfange die Sorge für die Erhaltung des Kindes auf sich nehmen, sie muß dem Erwerb nachgehen, um für sich und das Kind den Lebensunterhalt zu schaffen. In den meisten Fällen bedeutet das, daß sie ihr Kind in *fremde Hände* geben muß. Von unehelichen Kindern sterben etwa doppelt so viel wie von ehelichen. Und die Kinder sterben auch nicht nur in wesentlich größerer Zahl, sondern in wesentlich jüngerem Alter. Die ersten Lebenswochen sind für sie besonders verhängnisvoll.

Wenn man diese vielfältigen Ursachen der Säuglingssterblichkeit übersieht und die Frage aufwirft, ob irgend welche Hilfsaktion imstande sein könne, diese Ursachen zu beseitigen oder zu mildern, so wird man zunächst angesichts der Kompliziertheit des ganzen Problems nicht allzu große Hoffnungen hegen. Aber die Tatsache, daß in den großen Städten, die eine energische Aktion zur Verbesserung der gesamten hygienischen Verhältnisse, hier und da auch unter besonderer Berücksichtigung der Säuglingssterblichkeit, entfaltet haben, diese nicht unbeträchtlich gesunken ist, läßt darauf schließen, daß die Arbeit schon jetzt ihre Früchte getragen hat. Auf dem Lande dagegen und in den Mittelstädten, wo bisher wenig oder nichts in sanitärer Hinsicht geleistet wurde, sind die Zustände stehen geblieben oder auf ein niedrigeres Niveau gesunken. Der Kampf um die Erhaltung der Säuglinge wird also mit aller Energie im ganzen Lande, nicht nur in den Städten einzusetzen haben.

Will man die Maßregeln, mit denen der Kampf geführt werden kann, in ein paar kurze Worte zusammenfassen, so muß man auch die Ursachen der Säuglingssterblichkeit zusammenfassend gruppieren. Die Säuglingssterblichkeit hängt in erster Linie davon ab, ob es der Mutter möglich ist, *ihr Kind zu stillen und gut zu pflegen*. Dieses Vermögen der Mutter ist wieder vorwiegend durch zwei Umstände bedingt: *die wirtschaftliche Lage*, in der sie sich befindet, und das *Maß von Einsicht und Verständnis*, das sie den Fragen der Hygiene und Körperpflege entgegenbringt.

Das Problem der Säuglingssterblichkeit an seinen Wurzeln zu bekämpfen, verdichtet sich daher nach den Ausführungen von Frl. Baum zu folgenden Fragen:

Wie sind die Töchter der unbemittelten Bevölkerungsklassen auf die ihrer nach der Verheiratung harrenden Pflichten vorzubereiten?

Wie sind die Frauen vor und nach der Entbindung genügend zu schützen?

Wie sind die Mütter für die Aufgaben der natürlichen Ernährung zurückzugewinnen, und für den Fall, daß diese nicht durchgeführt werden kann, in sachgemäßer Weise bei der Aufziehung der Kinder zu beraten und zu unterstützen?

Auf die erste Frage kann es nur eine Antwort geben. Wir brauchen für die Mädchen unseres Volkes eine bessere Erziehung und Bildung. Wir brauchen vor allen Dingen für sie den *hauswirtschaftlichen Unterricht*. Die Kinderpflege ist ein Teil der gesamten hauswirtschaftlichen Tätigkeit. Von der Einsicht der jungen Mutter wird es abhängen, ob sie mit den ihr zur Verfügung stehenden Geldmitteln vernünftig und sachgemäß wirtschaften, die Pflege ihrer Kinder sorgfältig erledigen kann. Auch unter dem Gesichtspunkt des Kampfes gegen die Säuglingssterblichkeit muß deshalb vom Staat die obligatorische Angliederung gründlichen hauswirtschaftlichen Unterrichts an die Volksschulen gefordert werden.

Wie sind aber weiterhin die Frauen *vor und nach der Entbindung* genügend zu schützen? Wir wissen, daß das regelmäßige Einkommen der Arbeiterklasse in vielen Fällen nicht ausreicht, um der Frau für die Zeit der Schwangerschaft und der Entbindung genügende Schonung, Pflege und reichliche Ernährung angedeihen zu lassen. In ganz besonderem Maße aber gilt das für die *ledigen Mütter*. Von jeher haben zahlreiche Wohlfahrtseinrichtungen sich dieser Notstände angenommen. Wöchnerinnenvereine haben den Wöchnerinnen für einige Wochen oder Tage kräftige Suppen verabreicht. Hauspflegevereine haben in jüngster Zeit die Pflege des Hauses der Wöchnerinnen abgenommen. Wöchnerinnenasyle sind eingerichtet worden, um namentlich ledigen Müttern für die Zeit vor und nach der Entbindung ein Unterkommen zu gewähren. Versorgungshäuser und Säuglingsheime geben auch für eine längere Zeit solchen Frauen die Möglichkeit, mit ihren Kindern zusammen zu bleiben, sie selbst zu nähren und zu pflegen. All diese Einrichtungen sind in ihrer Art vorzüglich geplant und bewähren sich wohl auch in vielen Fällen. Aber gerade auf diesem Gebiet tritt die völlige Unzulänglichkeit privater Initiative gegenüber einem allgemeinen Bedürfnis klar hervor. Was bedeuten die paar hundert Betten, die in Wöchnerinnenasylen zur Verfügung stehen, gegenüber den 180.000 unehelichen Kindern, die alljährlich im Deutschen Reich geboren werden, gegenüber dem Heer mittelloser ehelicher Wöchnerinnen, die einer Zuflucht in solchen Asylen bedürfen! Viele dieser Anstalten müssen denn auch nach 10 Tagen ihre Pfleglinge wieder entlassen, hinaus in Not, Unruhe, Sorge und materielles Elend schicken. Der einzige Zweig des Wöchnerinnenschutzes, der den Zufälligkeiten privater Initiative entzogen ist, ist die staatliche Fürsorge. Sie besteht in dem *Verbot der Beschäftigung von Wöchnerinnen in den Fabriken* für 4 resp. 6 Wochen, und aus dem durch die Krankenversicherung begründeten rechtlichen Anspruch auf ärztliche Hilfe und Unterstützung während dieser Zeit, eventuell auch, falls der Arzt das für erforderlich hält, für die Zeit vor der Entbindung. Was hier die deutsche Gesetzgebung bietet, ist der erste Versuch eines Mutterschutzes. Aber der Versuch ist eben noch nach allen Richtungen unzureichend. Die Beschäftigung vor der Entbindung unterliegt keiner Beschränkung. Sie darf und wird häufig bis zum letzten Tage fortgesetzt, weil der Lohnausfall gerade in dieser Zeit gesteigerter Ausgaben doppelt schwer empfunden wird, und zugleich hat das Gesetz nur für die Arbeiterin in Fabriken, nicht auch für die Heimarbeiterin, das Dienstmädchen, die Ladnerin, die Landarbeiterin Gültigkeit. Der Unterstützungsbeitrag der Krankenkassen beträgt die Hälfte des durchschnittlichen Tagesverdienstes, d.h. daß eine Berliner Arbeiterin in der Regel als Wöchnerin eine Unterstützung von 4,50 Mark pro Woche erhält. Hier muß die soziale Gesetzgebung mit einer *Erweiterung dieser Vorschriften* eintreten. Sie muß verhindern, daß die schwangere Frau bis zur letzten Stunde vor der Entbindung arbeitet, daß sie 11 Stunden täglich am Webstuhl, am Waschfaß steht, mit geschwollenen Beinen und Krampfadern an den Füßen, ohne anderes Ausruhen als minutenweises, verstohlenes Niedersetzen auf harten Bänken oder Kisten. Frl. Baum sagt: „Wer öfters Gelegenheit hat, hochschwangere Frauen bei der Erwerbsarbeit zu sehen, weiß, daß hier eine Quelle schwerer seelischer und körperlicher Leiden der Frauen vorliegt." Sie fordert für die Zeit vor der Entbindung *eine vierwöchentliche Schonung, nach der Geburt eine mindestens zweimonatliche Ruhezeit,* um den Organismus der Mutter zu schonen und zu kräftigen, und um dem Kind die Zuwendung der natürlichen Nahrung zu ermöglichen. Zugleich fordert sie, daß die Höhe der Unterstützung auf den durchschnittlichen Tagesverdienst gebracht wird; daß der Kreis der versicherungspflichtigen Frauen erweitert wird, etwa auf alle erwerbstätigen Frauen, und daß den Ehefrauen von Männern mit einem Einkommen von unter 2.000 Mark das Recht der Selbstversicherung eingeräumt wird. Hauspflege, Entbindungsanstalten, Wöchnerinnenasyle werden ihre segensreiche Wirksamkeit erst voll entfalten können, wenn sie nicht mehr vorwiegend Wohltätigkeitsanstalten sind, sondern infolge angemessener Beiträge ihrer Klientinnen sich materiell vollständig erhalten und ihre Leistungen über das heute übliche Mindestmaß ausdehnen können. „Das Arbeitsverbot für Wöchnerinnen hängt mit der Hebung der Rasse eng zusammen," hat unser Kaiser im Jahre 1890 ausgesprochen, „deshalb darf in einer solchen Sache das Geld keine Rolle spielen!"

Wie sind endlich die Mütter für die natürliche Ernährung zurückzugewinnen, und für den Fall, daß diese nicht durchgeführt werden kann, in sachgemäßer Weise bei der Aufziehung der Kinder zu beraten und zu unterstützen? Dr. Finkelstein hat in seinem Referat der Ansicht Ausdruck gegeben, daß die Mehrzahl der Frauen aus nichtigen Gründen zu einer künstlichen Ernährung der Kinder schreitet; daß in den meisten Fällen nicht eine physische Unfähigkeit die Ursache des Nichtstillens ist. Die materielle Notlage wird von ihm verhältnismäßig wenig betont. „Da ist zunächst die Besorgnis vor Schaden am eigenen Leib. Während in Wahrheit nur für eine verschwindend geringe Anzahl von Müttern stichhaltige Gegenanzeichen vorhanden sind, sieht man in der Praxis hunderte sich ihrer Aufgabe entziehen, die ihr durchaus gewachsen wären, oft bestärkt von Hebammen und allzu ängstlichen und konniventen Ärzten. Da ist ferner der falsche, durch unkundige Berater unterstützte Glaube, daß keine oder zu wenig Nahrung da ist, oder daß die Milch dem Kinde nicht bekommt. Da ist ferner Abneigung, Leichtfertigkeit, überkommene Sitte, Unkenntnis der dem Kinde drohenden Gefahren und Überschätzung der Leistungsfähigkeit der künstlichen Ernährung. Auch soziale Gründe, die des Erwerbes wegen die Mutter dem Kinde entziehen, besitzen im allgemeinen eine geringere Bedeutung als man für gewöhnlich annimmt, und sind - abgesehen von den Unehelichen - nur in denjenigen Gegenden wirksamer, wo ein sehr großer Teil der Frauen in Fabriken beschäftigt ist." Sofern diese Darstellung völlig richtig wäre, würde die *sachgemäße Belehrung* weitester Volkskreise über die Notwendigkeit des Stillens als erste Maßregel im Kampf gegen die Säuglingssterblichkeit genannt werden müssen. Aber Dr. Finkelstein gibt selbst zu, daß für die im Erwerbsleben tätigen Frauen der Ausbau der sozialen Gesetzgebung, und - solange der nicht erfolgt ist - eine anderweite materielle Hilfe notwendig ist. Er steht sogar auf dem Standpunkt, daß diese Hilfe eventuell auf eine lange Zeit ausgedehnt werden soll, wenn die Mutter dadurch veranlaßt werden kann, eine außerhäusliche Erwerbsarbeit zugunsten der natürlichen Pflege ihres Kindes für längere Zeit aufzugeben. In Frankreich werden solche Unterstützungen an Mütter unter der Bedingung gegeben, daß sie ihre Kinder stillen. Auch in Ungarn erhalten bedürftige stillende Mütter aus Staatsmitteln regelmäßige Unterstützungen. Eine solche der Propaganda des Stillens gewidmete Hilfe ist neuerdings auch in Berlin eingeführt worden. Sie erscheint auf den ersten Blick einer Verfechterin moderner Frauenideale nicht sehr sympathisch, und doch mag eine solche an die Bedingung des Stillens geknüpfte materielle Unterstützung in vielen Fällen die einzige Möglichkeit sein, die Frauen des Volkes für die Erfüllung ihrer natürlichen Pflichten zu gewinnen. Sind es doch eben tatsächlich materielle Gründe, die ihnen häufig die Erfüllung dieser Pflichten unmöglich machen.

Aber nicht weniger wichtig als diese materielle Sicherstellung der Mütter sind die Mittel und Wege *ideeller Natur*, durch die die Frauen für die Wichtigkeit der natürlichen Ernährung *Verständnis* erlangen können. Auch hier ist intensivste Arbeit auf breitester Basis zu fordern. Organe solcher Volksbelehrung grossen Stils werden Frauen und Ärzte sein müssen; die Schule kommt hierfür nicht in Betracht. Auch die Presse kann gute Dienste in dieser Aufklärungsarbeit tun. An manchen Orten haben die Standesämter durch Verteilung aufklärender Merkblätter bei Anmeldung von Geburten erzieherisch gewirkt. Die beste Aussicht auf Erfolg wird aber in einer möglichsten Stärkung und Ausbreitung des ärztlichen Einflusses liegen. Auf Grund spezieller Unterweisungen könnten Hebammen und Krankenpflegerinnen zur weiteren Ausbreitung ärztlicher Ratschläge auf dem Gebiet der Säuglingspflege verwendet werden. Auch die Vergrößerung der Berührungsfläche zwischen den Frauen der arbeitenden Klassen und einsichtigen gebildeten Frauen wird manches zur Verbesserung der Säuglingspflege durchsetzen können. Die Frauenvereine, die Armen- und Waisenpflegerinnen können sicherlich aufklärend wirken. Verschiedentlich haben Gemeinden besoldete Pflegerinnen zur Überwachung der Kinder angestellt, die sich bei fremden Leuten in Pflege befinden. Derartige Beamtinnen, die mit größerer Regelmäßigkeit Kontrollbesuche machen, mit stärkerer Autorität ausgestattet sind, als die Mitglieder von Frauenvereinen, werden sicherlich gleichfalls mit Erfolg auf eine vernunftgemäße Pflege hinwirken können. Ist doch immer *die mündliche Belehrung der einzelnen Mutter* unter sorgfältigem Eingehen auf die Lage des speziellen Falles notwendig. Eine bessere Belehrung der Hebammen, denen häufig der erste und einflußreichste Rat bei Wöchnerinnen zusteht, ist vor allem zu fordern. Daneben ist aber die umfassendste Heranziehung der jetzt nur im Krankheitsfalle einspringenden Ärzte zur prophylaktisch beratenden Tätigkeit notwendig. Eine systematische Organisation des ärztlichen Dienstes für die Bekämpfung der Säuglingssterblichkeit kann allerdings ohne weitgehende materielle und autoritative Unterstützung der Behörden nicht geschaffen werden. Was an Geld und Naturalien für die Pflege von Wöchnerinnen und Säuglingen durch die öffentliche oder private Wohltätigkeit verausgabt wird, sollte den Ärzten in die Hand gegeben werden, damit eine erfolgreiche Verwendung möglich ist. Nur auf diese Weise werden die Mütter von Säuglingen in eine regelmäßige Berührung mit dem Arzt treten, werden die Kinder unter ärztliche Aufsicht gestellt, werden die Anordnungen des Arztes wirksam unterstützt werden. Die Berliner Stadtverwaltung hat unter diesem Gesichtspunkt den Betrag von 90.000 Mark zur Bekämpfung der Säuglingssterblichkeit in ihren Etat eingestellt und zunächst zur Gründung von vier *Fürsorgestellen* verwendet. In diesen Fürsorgestellen wird bedürftigen Müttern und Pflegemüttern von Säuglingen unentgeltlich Rat über die Wartung und Ernährung der Kinder erteilt. Die ärztlichen Leiter dieser Fürsorgestellen haben in geeigneten Fällen darauf hinzuwirken, daß die Mütter die Säuglinge stillen, und eventuell eine materielle Beihilfe hierzu zu gewähren. Sie sind ermächtigt, Müttern, die nicht stillen können oder Pflegemüttern Milch und Nährpräparate in geeigneter Menge und Zubereitung für eine bestimmte Zeit unentgeltlich abzugeben, unter der Voraussetzung, daß die Mutter sich, resp. das Kind der Aufsicht des Arztes unterwirft. Eine Schwester leitet die betreffenden Mütter in deren eigner Wohnung an, die Verordnungen des Arztes in richtiger Weise auszuführen. Ähnliche Einrichtungen könnten in anderen Städten auch durch Ärztevereinigungen oder durch beamtete Säuglingsärzte übernommen werden; auf dem Lande könnte der Kreisarzt sich solchen Aufgaben unterziehen. Der Belehrung durch den Arzt muß aber die weitere Belehrung durch weibliche Hilfskräfte, möglichst durch fest angestellte Beamtinnen zur Seite gestellt werden. *Der Kongreß für Milchversorgung bedürftiger Säuglinge,* der kürzlich in *Paris* getagt hat, ist auf Grund eingehender Beratungen gleichfalls zu dem Resultat gelangt, daß die Verabreichung guter Milch nur dann ihren Zweck erfüllen kann, wenn sie mit einer solchen Belehrung und Unterweisung verbunden wird.

So muß eine bessere hauswirtschaftliche Erziehung der Jugend mit einer Erweiterung der sozialpolitischen Gesetze und schließlich mit einer Belehrung allerweitester Kreise über den Wert der natürlichen Ernährung und über eine sachgemäße Pflege der Kinder Hand in Hand gehen. Daneben werden noch besondere

Hilfsmaßregeln für kranke Säuglinge, für uneheliche Kinder angebahnt werden müssen.

Zum Schluß muß noch ein Wort über die der Bekämpfung der Säuglingssterblichkeit nahe verwandte Frage des Neu-Malthusianismus gesagt werden. Es ist bereits darauf hingewiesen worden, daß eine hohe Säuglingssterblichkeit stets mit einer hohen Geburtsziffer - sei es ganzer Distrikte, sei es einzelner Familien - Hand in Hand geht. Die Ursache hierfür ist teils ein mangelndes Verantwortungsgefühl für die kommende Generation, teils mangelndes Interesse für das einzelne Kind, das leicht entsteht, wo jährliche Geburten die Regel bilden, wo der Frau nach kaum überstandenem Wochenbett die Beschwerden erneuter Schwangerschaft auferlegt sind. Die Fülle der Geburten drückt den Wert des Kindes in den Augen der Eltern leicht herab; aber sie schwächt außerdem - ganz besonders bei unzureichender Pflege - die Konstitution der Mutter, und macht diese immer unfähiger, gesunde, lebensfähige Kinder zur Welt zu bringen. Es liegt daher nahe, im Rahmen der Bekämpfung der Säuglingssterblichkeit die Frage aufzuwerfen, ob nicht eine ungeheure Kraftvergeudung verhütet werden könnte, wenn eine niedrigere Geburtenziffer zu ermöglichen sei, die ohne weiteres die Gewähr einer geringeren Säuglingssterblichkeit geben würde. Wenn man sich aus der vorstehenden Schilderung klar macht, wie viele Kinder geboren werden, um bald darauf zugrunde zu gehen, und wenn man die Tot- und Fehlgeburten noch hinzudenkt, so müßte es als Ideal gelten, bei einer geringeren Geburtenziffer und geringerer Kindersterblichkeit den bisherigen Bevölkerungszuwachs aufrecht zu erhalten.

In ihrem Referat hat Marie Baum darauf hingewiesen, daß dieses Ziel am besten erreicht wird, wenn die Frauen davon überzeugt werden, daß die natürliche Ernährung eines Säuglings nur ihre selbstverständliche Pflicht ist, und daß während der Laktationsperiode eine neue Schwangerschaft nicht eintreten soll. Bei vielen Frauen schließt die Durchführung der natürlichen Ernährung eine erneute Schwangerschaft aus. Doch ist dieser Zusammenhang nicht allgemein gültig. Und da das Stillen bei Eintritt der Schwangerschaft sofort aufgegeben werden muß, wäre es Pflicht der Eltern und Pflicht des beratenden Arztes, dafür zu sorgen, daß vor Beendigung einer ausreichenden Stillperiode ein neues Leben nicht zu keimen beginne. Nach dem Willen der Natur soll die zwischen zwei Geburten liegende Frist zum Wohle der Mutter und beider Kinder die Dauer einer einjährigen Nährperiode und die neunmonatige Dauer der sich daran anschließenden Schwangerschaft - also mindestens 21 Monate - umfassen. Wie groß die Zahl der Geburten ist, bei denen diese Frist nicht eingehalten wird, ist zwar nicht statistisch festgestellt, aber jedem bekannt, der viel mit den Frauen der arbeitenden Klassen zu tun hat. *Die einfache Erkenntnis und Befolgung dieser natürlichen Vorschrift* würde zahllose Mütter davor bewahren, in der gedankenlosen Hervorbringung und dem gedankenlosen Hinsterbenlassen von Kindern ein unabänderliches Schicksal zu erblicken. - Nicht lebensschwach und in unnützer Fülle als ein frühzeitig absterbendes, vergeudetes Volksgut sollten die Kinder zur Welt kommen, sondern kräftig und dabei doch zahlreich genug, um das Staatswohl zu schützen und zu fördern, von den Eltern mit Freude erwartet und mit Trauer hingegeben, wenn der Tod sie hinwegrafft.

Die Ursachen der ungleichen Entlohnung von Männer- und Frauenarbeit

Einleitung*

Im Mittelpunkt all der modernen Frauenbestrebungen, die darauf hinzielen, die Lage des weiblichen Geschlechts zu heben, steht das Problem der *Frauenarbeit.* Auf der einen Seite kämpft die Frau der bürgerlichen Kreise um das *Recht auf Arbeit*, um das Eröffnen neuer Berufsmöglichkeiten, die ihr Lebensinhalt und Lebensunterhalt gewähren. Auf der anderen Seite wehrt sich die proletarische Frau gegen die *Pflicht, doppelte Arbeits- und Berufsaufgaben* zu erfüllen; bedarf sie des Schutzes vor Überanstrengung und Ausbeutung bei der Erwerbsarbeit, die es ihr unmöglich machen, ihren häuslichen und Familienpflichten nachzugehen.

In der *theoretischen* Behandlung der Frauenfrage hat daher die Erörterung des Problems der Frauenarbeit immer einen breiten Raum eingenommen. Man hat darüber diskutiert, welche Berufe man den Frauen erschließen soll. Man hat erwogen, wie die Erwerbsarbeit der Frau auf den weiblichen Organismus einwirkt, wie die Erfüllung häuslicher Pflichten dadurch beeinflußt wird. Man hat die Frage gestellt, ob und in wie weit die Erwerbsarbeit der Männer durch die Tätigkeit der Frauen berührt werden dürfte. Aber mittlerweile hat die Erwerbsarbeit der Frauen sich ungemein schnell entwickelt, und dadurch sind die Probleme der Frauenarbeit in ein ganz *neues Stadium* gerückt. Nicht mehr die Zulässigkeit der außerhäuslichen Berufsarbeit der Frau, sondern nur die *Form,* in der diese Arbeit sich am besten vollzieht, steht heute in Frage. Es gilt, an der Hand der Tatsachen ein Bild von der Frauenarbeit unserer Zeit zu gewinnen, um daraus Schlüsse für ihre Fortentwicklung zu ziehen und Richtlinien für die staatliche und sonstige öffentliche Einwirkung aufzustellen.

* A. Salomon, Die Ursachen der ungleichen Entlohnung von Männer- und Frauenarbeit. [= Phil. Diss.], Leipzig 1906, S. 1-9

Eine *ziffermäßige Darstellung* des Umfanges der weiblichen Erwerbstätigkeit liefern die statistischen Erhebungen der meisten Kulturstaaten. Im Deutschen Reich[1] waren nach der letzten Berufszählung (1895) 6,5 Millionen Frauen hauptberuflich erwerbstätig. Die Zunahme der Frauenarbeit seit 1882 beträgt 1,036 Millionen oder 18,9% und zwar verteilt sich diese Zunahme auf die verschiedenen Berufsgruppen folgendermaßen. Es waren 1895 beschäftigt:

in					
Land- u. Forstwirtschaft	2,7	Mill., geg. 1882 mehr	218.000	od.	8%
Industrie u. Bergbau	1,5	"	390.000	"	34%
Handel u. Verkehr	0,57	"	281.000	"	94%
Häusl. Dienst u. Lohnarb. wechs. Art	0,233	"	50.000	"	27%
Freien Berufen, öffentlichem Dienst	0,176	"	61.000	"	53%

Vergleicht man diese Zahlen mit den allgemeinen Ergebnissen der Berufsstatistik, so zeigt sich, daß die Erwerbstätigkeit der Frauen eine ganz eigenartige Entwicklung gefunden hat. Zunächst nimmt sie im Verhältnis zur Männerarbeit noch immer einen bescheidenen Platz ein.

Es waren von 25,4 Millionen männlichen Personen überhaupt 15,5 Millionen, von der mehr als 16 Jahre alten männlichen Bevölkerung (15,9 Millionen) 14,6 Millionen hauptberuflich tätig. Von 26,3 Millionen Frauen, unter denen 16,8 Millionen über 16 Jahre alt waren, sind 6,5 Millionen als erwerbstätig erfaßt, davon 5,9 Millionen im Alter von mehr als 16 Jahren. Machen die erwerbenden Männer also 60% der männlichen Bevölkerung und 92% der erwachsenen männlichen Bevölkerung aus - in den Altersklassen von 20-30 sogar 95,6, von 30-40 Jahren 97,6% -, so beträgt die weibliche erwerbstätige Bevölkerung nur 24,9% der gesamten weiblichen Bevölkerung oder 35% der erwachsenen Frauen.

Dabei ist aber die Zunahme der Frauenarbeit prozentual größer als die der Männerarbeit.

Die männliche erwerbende Bevölkerung hat seit 1882 um 2,116 Millionen oder 15,7%, die weibliche, wie erwähnt, um 18,9% zugenommen.

Aus diesem stärkeren Anwachsen der Frauenarbeit ist häufig der Schluß gezogen worden, daß die Männer durch die Konkurrenz der Frauen vom Arbeitsmarkt *verdrängt* werden. Solche Schlüsse lassen aber außer acht, daß auch die Erwerbstätigkeit der Männer in stärkerem Maße zugenommen hat als die männliche Bevölkerung überhaupt, die sich im gleichen Zeitraum nur um 14,71% vermehrte, daß die Männerarbeit, obwohl prozentual geringer, doch absolut doppelt so stark zugenommen hat wie die der Frauen. Auch umfassen die männlichen Erwerbstä-

[1] Statistik des Deutschen Reichs, Bd. 111

tigen schon ohnehin einen so großen Teil der männlichen Bevölkerung, daß darüber hinaus kaum noch eine weitere Erhöhung möglich zu sein scheint. Noch deutlicher als in den oben gegebenen Ziffern tritt dies in der folgenden Tabelle hervor:

Von 1.000 Personen der verschiedenen Altersklassen waren berufslose Familienangehörige:[2]

			Männer	Frauen
unter	20	Jahren	742	812
von	20-30	"	24	531
"	30-40	"	9	743
"	40-50	"	7	710

In den für die Berufsarbeit entscheidenden Altersklassen bleibt noch nicht 1% der Männer ohne Anteil am Erwerbsleben, während weit mehr als die Hälfte der Frauen in dieser Altersstufe ohne eigenen Erwerb ist und verfügbare Kräfte für die danach verlangenden Berufe abgeben kann.

Auch die Arbeitslosen-Statistik bestätigt die Annahme, daß die Frauenarbeit im allgemeinen dem gesteigerten Bedarf der Volkswirtschaft an Arbeitskräften entspricht und die Verwertung der männlichen Arbeitskräfte nicht beeinträchtigt hat. Die Arbeitslosen-Statistik des Sommers 1895, die in einer Aufschwungperiode aufgenommen wurde, ermittelte 132.000 arbeitslose Männer und 46.000 Frauen in derselben Lage. Im Dezember desselben Jahres, als durch die zweite Zählung die Saisonarbeitslosen mit erfaßt wurden, waren es 400.000 Männer und 153.000 Frauen. Es zeigt sich also, daß die Frauen in einem dem Umfang ihrer Erwerbsarbeit entsprechenden Verhältnis an der Arbeitslosigkeit beteiligt sind. Außerdem ist die Zahl der männlichen Arbeitslosen im Sommer - die Saisonarbeitslosen kommen für die Verdrängungsfrage nicht in Betracht - sowohl gering gegenüber der Frauenarbeit überhaupt, als auch gegenüber der Zunahme der Frauenarbeit im letzten Jahrzehnt. Die 132.000 arbeitslosen Männer fallen gegenüber 6° Millionen erwerbender Frauen und einer Zunahme derselben von 1,036 Million kaum ins Gewicht. Ihre Arbeitslosigkeit dürfte hauptsächlich auf die mangelnde Organisation des Arbeitsnachweises und auf den Wechsel von Aufschwung und Niedergang in einzelnen Berufszweigen zurückzuführen sein.

In der Statistik des Deutschen Reichs (Band 111) bemerkt denn auch F. Zahn, daß von einer *Verdrängung der Männer seitens der Frauen nicht die Rede sein kann.*

„Vielmehr hat sich die Erwerbsgelegenheit dank der modernen Entfaltung von Gewerbe, Handel und Verkehr überhaupt vermehrt, und hieran partizipieren neben den männlichen auch alle die weiblichen Personen, die in der jetzigen

[2] Rauchberg, Berufs- und Gewerbezählung im Deutschen Reich. 14. Juni 1895

Hauswirtschaft nicht mehr genügende Beschäftigung finden, und wegen der anspruchsvolleren Lebenshaltung und des teurer gewordenen Unterhalts gezwungen sind, mit zu erwerben. Die Männer widmen sich dabei den neuen, von der Technik erschlossenen und den lohnenderen Arbeitsgebieten, während die Frauen im allgemeinen wenigstens die von den Männern verlassenen, minderwertigen Arbeitsstellen und die ihnen von der Natur mehr als den Männern gelegenen Arbeitsverrichtungen (namentlich in der Textil-, Konserven-, Tabakfabrikation) übernehmen."[3]

In der Tat kann eine in jeder Hinsicht schlüssige Antwort in dieser Frage nur aus einer spezielleren Betrachtung der weiblichen Berufe gewonnen werden. Es ist bemerkenswert, daß der Anteil der Frauen an der Erwerbsarbeit nicht in der Industrie, sondern im Handel, im Verkehr und in der Landwirtschaft am meisten gestiegen ist.

Von 100 im Hauptberuf Erwerbenden waren Frauen:

	1882	1895
in der Landwirtschaft	30,8%	33,2%
im Handel	18,9%	24,8%
in der Industrie	17,6%	18,4%

In der Industrie hat sich die Erwerbsgelegenheit für beide Geschlechter namhaft erweitert, und zwar ist zu beobachten, daß die Frauen sich bestimmten Industriezweigen vorzugsweise zuwenden. So konstatiert die Reichsstatistik eine Verstärkung des weiblichen Anteils in der Lampenfabrikation, Strickerei und Wirkerei, Tuchmacherei, Weberei, Handschuhmacherei. Die Verschiebung zu Gunsten der Frauen beträgt hier 10-16%.[4]

Aber auch in diesen Fällen kann man über den Wettbewerb zwischen Männern und Frauen nur ein richtiges Urteil gewinnen, wenn man die gleichzeitige Gesamtentwicklung der betreffenden Gewerbe, insbesondere etwaige Veränderungen der Technik in Betracht zieht. Das Eindringen der Frau in ein Gewerbe hat eine andere Bedeutung, je nachdem das Gewerbe wächst oder stationär ist.

Die Zunahme der erwerbstätigen Frauen in der Landwirtschaft wird von dem amtlichen Bearbeiter der Reichsstatistik darauf zurückgeführt, daß die weiblichen Arbeitskräfte jetzt die Lücken ausfüllen, welche die in andere Berufe abgewanderten Männer gelassen haben.[5]

Der Anteil der Frauen an der Erwerbstätigkeit vermehrt sich noch dadurch, daß bei den bisher angeführten Zahlen die Nebenberufsfälle nicht mitgerechnet sind. Unter den Frauen ohne Hauptberuf zählt die Statistik etwa 1° Millionen,

[3] a.a.O., Bd. 111, S. 205
[4] a.a.O., S. 205-211
[5] a.a.O., S. 205-211

die einem Nebenberuf nachgehen; und so steigt die Zahl der Frauen, die auf den Arbeitsmarkt treten, auf etwa 8 Millionen.

Sicherlich ist das Bedürfnis der Produktion nach vermehrten Arbeitskräften nicht die einzige Ursache für die Zunahme der Frauenarbeit. Je mehr die Industrie und Technik sich entwickelten und dem Hause Aufgaben entrissen; in dem Maße, als durch die steigende Grundrente die Wohnungen teurer und dabei für die arbeitenden Klassen beschränkter wurden, mußte die ökonomische Grundlage für die Frauenarbeit im Haus erschüttert werden. Gerade die ersten bedeutenden Erfindungen, die den Übergang zur Großindustrie einleiteten, trafen rein weibliche Tätigkeitsfelder (Spinnmaschine und Webstuhl), und mit der Verringerung der häuslichen Produktion ging eine Erweiterung der Bedürfnisse an käuflichen Produkten Hand in Hand, die von dem Verdienst eines Mannes nicht im vollen Umfange befriedigt werden konnten. Frauen und Töchter begannen einen Ergänzungsverdienst zu suchen, und dadurch erhielten sie schließlich die Fähigkeit, eine selbständige wirtschaftliche Existenz ohne den Mann zu führen.

Dieser Eintritt der Frau in außerhäusliche Produktionssphären hat - wie aus den obenerwähnten Zahlen hervorgeht - nicht im allgemeinen verdrängend auf die Männerarbeit gewirkt. Ein ungeheurer Aufschwung in der Produktion und eine Erweiterung der Bedürfniskreise ging damit Hand in Hand. Wohl haben bei technischen Fortschritten in einzelnen Gewerben Verschiebungen stattgefunden derart, daß Frauen mit Hilfe von Maschinen, die Muskelkraft entbehrlich machten, Arbeit übernahmen, welche bisher von Männern ausgeübt worden war. Vorübergehend sind durch solche Veränderungen in Zeiten wirtschaftlichen Niedergangs Männer brotlos gemacht worden. Aber diese Kategorien von Arbeitslosen sind durch neu entstehende Gewerbe wieder aufgesogen worden, so daß von einer Verdrängung der Männer durch das Eintreten der Frauen in den Arbeitsmarkt nur in durchaus relativem Sinne, jedenfalls nur für bestimmte Zeitabschnitte, gesprochen werden kann. Sehr häufig und gerade im Hauptarbeitsgebiet der Frau (in der Landwirtschaft) war der Vorgang jedoch gerade umgekehrt, daß nämlich die Frauen als Ersatz für die ehemaligen männlichen Arbeitskräfte herangezogen wurden, ja bei dem Fehlen von Männern herangezogen werden *mußten.*

Bei einigermaßen stetiger Weiterentwicklung der Produktion in Deutschland dürften sogar, wenn auch nicht in sehr naher Zeit - die verfügbaren weiblichen Arbeitskräfte in ähnlichem Umfange absorbiert werden - wie es in bezug auf die männlichen Arbeitskräfte bereits geschehen ist.[6] Dann wird nicht mehr das Vorhandensein einer weiblichen Reservearmee zu einem zähen Konkurrenzkampf zwischen Mann und Frau führen, und eine den individuellen Anlagen einzelner Männer und einzelner Frauen entsprechende Arbeitsteilung dürfte sich mehr als bisher einbürgern.

[6] Vgl. S. 294

Scheint demnach die Tatsache der zunehmenden Frauenarbeit die Nachfrage nach Männerarbeit und in dieser Hinsicht die Stellung des Mannes auf dem Arbeitsmarkt nicht wesentlich zu beeinflussen, so verändert sich das Bild ganz erheblich, wenn man die *Lage der weiblichen Arbeit*, insbesondere ihre *Entlohnung*, in Betracht zieht und *deren Einfluß auf die Männerarbeit untersucht.* Die niedrige Bewertung und Bezahlung der Frauenarbeit ist volkswirtschaftlich nicht nur unter dem Gesichtspunkt zu betrachten, wie sie auf die *Frauen selbst wirkt,* - ob sie ihnen eine menschenwürdige Existenz ermöglicht - sondern es ist auch zu untersuchen, wie die Frauenlöhne sich im *Verhältnis zu den Männerlöhnen stellen,* wie sie darauf einwirken. Es ist zu prüfen, ob niedrige Frauenlöhne eine lohndrückende Wirkung ausüben oder eine Steigerung der Männerlöhne verhindern, ob Verschiebungen auf dem Arbeitsmarkt - namentlich in Krisenzeiten - durch die niedrigen Frauenlöhne verursacht werden.

Die Tatsachen einer ungleichen Entlohnung männlicher und weiblicher Arbeitsleistungen kann als allgemein anerkannt gelten.

Von den Frauen wird sie als Ungerechtigkeit empfunden, und den Männern ist sie ein Anlaß, die Frauenarbeit überhaupt zu bekämpfen, da sie fürchten, deren niedrige Entlohnung würde zu einer Zurückdrängung der Männer auf dem Arbeitsmarkt oder zu einem Druck auf ihre Löhne führen.

Die ungleiche Entlohnung wird überall in der Frauenfrageliteratur und in den meisten Abhandlungen über die Lage der arbeitenden Klassen berührt. Von den Vertreterinnen der Frauenbewegung wird in allen Ländern die Forderung nach *„gleichem Lohn für gleiche Leistung“* erhoben[7] und in allen auf diesen Gegenstand bezüglichen Schriften wird festgestellt, daß die Praxis im täglichen Leben dieser Forderung nicht entspricht.[8] So häufig aber die Tatsache der ungleichen Entlohnung konstatiert und die Forderung nach Abhilfe erhoben worden ist, so selten wurde der Versuch gemacht, die *tatsächlichen Unterschiede der Löhne von Männern und Frauen bei gleicher Arbeit genau festzustellen und aus einem klaren übersichtlichen Bilde die Ursachen für diese Ungleichheiten abzuleiten.*

Meist hat man sich mit einer Angabe von männlichen und weiblichen Durchschnittslöhnen in bestimmten Erwerbszweigen begnügt, ohne die den einzelnen Arbeitern und Arbeiterinnen gezahlten Löhne und die von jedem ausgeführten besonderen Arbeitsverrichtungen in Betracht zu ziehen. Dabei konnte weder die Ungleichheit des Verdienstes noch die Gleichheit der Leistungen zutage treten. Oder zufällige Ermittelungen eines Berichterstatters über die Löhne einzelner

---

[7] Vgl. „Das erste Vierteljahrhundert des Allgem. Deutschen Frauenvereins“, Leipzig 1890, S. 56, 69; ferner „Die Frauenbewegung“, herausgegeben von Minna Cauer (vom 1. Mai 1903) u.a.m.

[8] Auch die sozialdemokratische Partei hat auf dem Gothaer Parteitag (1896) eine Resolution angenommen, welche diese Forderung enthält: „Es ist zu agitieren für gleichen Lohn, für gleiche Leistung ohne Unterschied des Geschlechts.“ Vgl. Protokoll des Parteitages von 1896, S. 175

Männer und Frauen wurden zur Grundlage der Mitteilungen gemacht, während doch eine solche Methode zuverlässige Schlußfolgerungen auf die Ursachen der ungleichen Entlohnung durchaus nicht zuläßt.

Diese Behandlung eines der wichtigsten Probleme der Frauenfrage von seiten der Anhängerinnen der Frauenbewegung ist leicht zu erklären. In den ersten Jahrzehnten der deutschen Frauenbewegung - und in anderen Ländern mögen die Dinge ähnlich liegen - wurden alle auf die Lösung der Frauenfrage bezüglichen Forderungen durchaus unter dem Gesichtspunkt einer abstrakten „*Gerechtigkeit*" vorgebracht. Man verlangte Gleichberechtigung für die Ausbildung und für die Ausübung aller Berufe, Gleichberechtigung vor dem Gesetz und dem Staat, und man hoffte, alle diese Forderungen durchzusetzen, wenn man den Glauben an ihre Gerechtigkeit verbreitete.

Das ethische Pathos der Frauen jener Zeit ist neuerdings oft kritisiert worden. Dabei vergißt man, daß die Kenntnis der wirtschaftlichen Verhältnisse damals wenig vorgeschritten war, daß den Frauen, deren Bildungsmöglichkeiten beschränkte waren, ein Erfassen wirtschaftlicher Zusammenhänge über gewisse Grenzen hinaus versagt bleiben mußte. Die Frauen versprachen sich einen Sieg des Prinzips der Gerechtigkeit, wollten einen Druck auf die Fabrikanten ausüben,[9] und übersahen, daß nicht Gerechtigkeitsideen, sondern vornehmlich das Prinzip des wirtschaftlichen Vorteils und das Machtverhältnis der Parteien das Arbeitsverhältnis bestimmen. Sicherlich ist die Forderung nach Gleichheit des Frauenlohnes mit dem Männerlohn bis vor kurzem innerhalb der Frauenbewegung ganz vorwiegend unter jenem Gesichtspunkte erhoben worden, und die volkswirtschaftliche Literatur hat - entsprechend der Geistesrichtung der Zeit - bis etwa vor einem Jahrzehnt die Frauenlohnfrage wenig berücksichtigt. Erst neuerdings beginnt ihre Wichtigkeit anerkannt zu werden. Die eminente Bedeutung des Problems, auch für die männlichen Arbeiter, für die Lage des gesamten Arbeitsmarktes, für die Lebenshaltung der allerweitesten Volkskreise scheint allgemeine Beachtung zu finden. *Es handelt sich nicht nur darum, einer beschränkten Anzahl von Frauen höhere Löhne zu schaffen, sondern bedeutsame Verschiebungen auf dem Arbeitsmarkt in geordnete Bahnen zu lenken, den Konkurrenzkampf von Mann und Frau auf eine gesunde Basis zu stellen und einem künstlichen Darniederhalten aller Arbeitslöhne ebenso sehr im Interesse der Frauen wie der Männer ein Ende zu bereiten.*

Damit rückt die Forderung nach gleichem Lohn für gleiche Leistung in den Mittelpunkt aller Probleme der Frauenarbeit, und die Erkenntnis der Ursachen und Bestimmungsgründe ungleicher Bezahlung von Mann und Frau müßte auch für deren Lösung die Wege weisen können.

Die Aufgaben, die sich für eine Untersuchung der ungleichen Entlohnung

---

[9] Vgl. „Das erste Vierteljahrhundert des Allgem. Deutschen Frauenvereins", Leipzig 1890, S. 55

von Mann und Frau bei gleicher Arbeit und ihrer Ursachen und Bestimmungsgründe ergeben, gliedern sich in zwei Gruppen. Es gilt einerseits festzustellen, *in welchem Verhältnis die Frauenlöhne zu den Männerlöhnen stehen;* d.h. zunächst zu bestimmen, wo gleichartige Leistungen vorhanden sind, und ob diese gleichartigen Leistungen quantitativ und qualitativ gleichwertig sind. Auch ungleichartige, aber gleichwertige Arbeiten (z.B. spezifische Frauenberufe im Verhältnis zu spezifischen Männerberufen) könnten als Beobachtungsmaterial mit herangezogen werden. Nach Feststellung der Gleichartigkeit und Gleichwertigkeit der Leistungen muß untersucht werden, ob der Lohn für Mann und Frau gleich groß ist. Ferner ist zu prüfen, wie sich bei ungleichen Leistungen das Lohnverhältnis gestaltet, ob die ungleiche Bezahlung im richtigen Verhältnis zur Ungleichheit der Leistungen steht.

Der zweite Teil der Aufgabe besteht darin zu prüfen, ob eine ungleiche Bezahlung gleicher Leistungen - sofern eine solche konstatiert werden kann - oder bei ungleichen Leistungen eine dem Leistungsverhältnis nicht entsprechende ungleiche Entlohnung auf willkürliche „Ungerechtigkeiten" von Unternehmern zurückzuführen ist, oder ob tiefere und allgemeinere Ursachen diesen Erscheinungen zugrundeliegen. Es bleibt zu fragen, ob die ungleiche Entlohnung als volkswirtschaftliches Gesetz anzusehen, in der Natur von Mann und Frau begründet ist, oder ob durch Einsicht in die Ursachen und durch Erkenntnis der Bestimmungsgründe ein ausgleichender Einfluß auf die weitere Entwicklung ausgeübt werden kann.

Diese zweifache Aufgabe erfährt aber dadurch eine weitere Gliederung, daß nicht die Arbeits- und Lohnverhältnisse eines beliebigen Erwerbszweiges zum Gegenstand der Untersuchung gemacht werden können. Für Feststellung der Bestimmungsgründe des ungleichen Lohnes bei Mann und Frau ist es wesentlich, die Lohnbildung *bei verschiedenen Lohnklassen und Arbeitsgruppen* zu beachten. Männliche Arbeiter einerseits, weibliche andrerseits sind nicht eine gleichförmige Masse, in derer Kreise Angebot und Nachfrage sich vollzieht. Sondern die Unterschiede in den Anlagen, der Ausbildung, in Zahl und Alter, auch in der sozialen Stellung der Erwerbstätigen ergeben eine Reihe von Berufsgruppen, und wirken in diesen auf die Lohnbildung mitbestimmend ein. Es müssen demnach die Verhältnisse der wichtigsten, von Männern und Frauen ausgeübten Berufe herangezogen werden, um Klarheit über die vorkommenden Ungleichheiten in der Entlohnung zu gewinnen und ihren Ursachen nachzuforschen. Findet sich auf den verschiedensten Gebieten eine Übereinstimmung der Vorgänge und Tatsachen, dann nur wird eine Schlußfolgerung auf allgemeine, gesetzmäßig wirkende Ursachen gerechtfertigt sein.

Die exakten und brauchbaren Mitteilungen, die in der volkswirtschaftlichen Literatur über die zu behandelnde Frage vorliegen, beziehen sich *auf die Industrie,* ganz vereinzelt nur auf *die Landwirtschaft; ferner auf die Handelsangestellten, die Beamten des Verkehrsgewerbes* und den *Lehrberuf*. Sie sind für die einzelnen Gruppen verschieden vollständig und zahlreich; in den meisten Monographien, welche das Arbeitsverhältnis derselben behandeln, ist die Frage nicht erörtert oder so kurz gestreift, daß die Mitteilungen nicht verwertbar sind. Das beste Material findet sich in den Erhebungen von öffentlichen Körperschaften oder Vereinen, die sich auf die allgemeine Lage der arbeitenden Klassen beziehen.

Schluß*

Wenn man die verschiedenartigen Erscheinungen und die verschiedenartigen Ursachen der Lohngestaltung in den einzelnen Berufszweigen und Berufsgruppen betrachtet, so erscheint es zunächst unmöglich, sie in eine zusammenfassende Formel zu bringen! Und doch - wie kaleidoskopartig auch die mannigfachen Ursachen in den einzelnen Gruppen sich durcheinanderschieben, wie sehr auch bald der eine, bald der andere Bestimmungsgrund überwiegt und die Preisgestaltung beherrscht -, am Ende geht die niedrige Entlohnung der Frauenarbeit doch überall *auf dieselbe letzte Ursache* zurück. Selbst die Verschiedenheit in der Lohngestaltung (Gleichwertigkeit und Ungleichwertigkeit des Frauenlohns im Verhältnis zum Männerlohn) kann dieses Resultat nicht verwischen.

Es hat sich gezeigt, daß die Löhne von Männern und Frauen *fast immer verschieden hoch* sind. Dieser Unterschied der Entlohnung ist aber in einem großen Teil zumeist auf verschiedenartige oder verschiedenwertige *Leistungen* zurückzuführen[1]. Eine Konkurrenz auf demselben engsten Gebiet, bei derselben Arbeitsverrichtung, zur selben Zeit und am selben Ort kommt verhältnismäßig selten vor. Und wo das der Fall ist, scheinen die Löhne der Gleichheit zuzustreben[2]. Zumeist aber pflegen Berufe oder Berufszweige, die von Frauen ebenso gut ausgeübt werden können, von den Männern verlassen zu werden[3]. Daher bedeutet selbst eine formelle Gleichheit der Löhne gewöhnlich auch „ungleichen Lohn für ungleiche Leistung", denn sie kommt in der Regel nur da vor, wo Männer ausnahmsweise oder unter besonderen Bedingungen der überwiegend weiblichen Berufsgruppe angehören.

Die ungleiche Bezahlung der ungleichen Leistung ist aber fast immer auch

* Die Ursachen der ungleichen Entlohnung von Männer- und Frauenarbeit, a.a.O., S. 122-132
[1] In den meisten Industrien, Landwirtschaft, Handelsgewerbe, Lehrerinnen usw.
[2] z. B. in einzelnen Zweigen der englischen Textilfabrikation
[3] Die Wickler in der Zigarrenindustrie, die kleinsten Ämter der nichtärarischen Post in Österreich. Die Abgrenzung der Arbeitsgebiete ist äußerst subtil, aber sehr veränderlich. Jede Veränderung der Technik kann auch darin Änderungen herbeiführen. Im allgemeinen bewegt sie sich in einer Richtung, die der Frau immer neue Arbeitsgebiete einräumt. Trotzdem ist die Arbeitsgelegenheit für Männer im ganzen nicht verengt worden, da immer wieder für jedes Stück Arbeit, das der Frau überlassen wurde, neue Zweige für die Männer entstanden. Aber wo Frauen gleich geeignet sind, muß der Mann ihnen weichen, weil sie billiger sind; ebenso wie amerikanische Frauen auf bestimmten Gebieten den billigeren, bedürfnisloseren Chinesenmännern haben weichen müssen.

ungleich im Verhältnis zum Leistungsunterschied. Die Frau wird nach einem anderen *Maßstab bezahlt*. Das zeigt sich mit völliger Sicherheit in den meisten Industriezweigen, es ist wahrscheinlich in der Landwirtschaft. Die Verkäuferin, die Postbeamtin, die Lehrerin hatten solche Gehaltsdifferenzen aufzuweisen. Ausnahmen sind nur für wenige Gruppen, etwa für die Textilarbeiterinnen in Lancashire, für die weiblichen Bureauangestellten in Berlin festgestellt worden.

Die Gründe für diese beiden Arten von Lohnunterschieden scheinen zunächst von einander abzuweichen. Aber bei näherer Betrachtung ist eine Wechselwirkung nicht zu verkennen.

Für die ungleiche Entlohnung auf Grund *ungleicher Leistung* bedarf es nur einer Aufgabe der *Ursachen* für die *Ungleichheit der Leistungen*. Diese ergibt sich zum Teil aus der verschiedenen Veranlagung von Mann und Frau. Der Mann tritt an die Stelle, die Muskelkraft erfordert und kann hier nicht durch die Frau vollwertig ersetzt werden; oder wenn auf einem Arbeitsgebiet, das viel Muskelkraft erfordert, Mann und Frau zusammen arbeiten, sind die Leistungen des Mannes gewöhnlich durch Quantitätsunterschiede wertvoller. In manche Gewerbe, die früher ausschließlich männlich waren, kann die Frau erst eintreten, wenn technische Erfindungen die Muskelkraft entbehrlich machen. Dann rechtfertigt natürlich der Unterschied der Leistungen Unterschiede im Lohn, was häufig übersehen wird, wenn nur der Arbeitszweig und die Menge der hergestellten Produkte, nicht aber die aufgewendete Kraft und Geschicklichkeit in Betracht gezogen wird. Aber diese Differenzierung der Arbeit, die auf die verschiedene Konstitution von Mann und Frau zurückgeht, wird sehr verstärkt durch den *weniger qualifizierten Charakter der Frauenarbeit*. Daraus entstehen weitere Unterschiede in der Art der Arbeit, teils auch in ihrer Qualität[4] und Quantität[5]. Die Leistungsunterschiede werden ferner herbeigeführt durch das niedrige *Alter* der arbeitenden Frauen, das in allen Berufen mit Ausnahme des Lehrerinnenberufs in augenfälliger Weise wiederkehrt; durch die kurze *Berufsdauer*, die eine größere Fertigkeit nicht entstehen läßt und auch den Berufsernst herabmindert. Daraus ergibt sich, daß die Frauen in manchen Berufen auf niedrigen Leistungsstufen mit den Männern konkurrieren, in den unteren Gehaltsstufen ihnen gleich stehen, nachher aber erheb-

[4] Auch werden die Frauen durch ihre geringwertige Ausbildung auf den meisten Gebieten leicht *ersetzbar*. Während der Mann in vielen Fällen auf dem Arbeitsmarkt nicht durch eine Frau zu ersetzen ist, gibt es nur wenige Arbeitsgebiete, auf denen der Mann nicht die Stelle der Frau einnehmen kann. Bei ungelernter oder wenig gelernter Frauenarbeit steht die Schar der arbeitsbereiten Frauen dauernd als Lohndrückerin hinter den in Arbeit befindlichen. Diese können jederzeit durch Anfängerinnen ersetzt werden und können ihren Lohn daher (nach dem Gesetz des Substitutionsnutzens) niemals über das Niveau eines Anfangslohnes steigern. Die Papierindustrie ist dafür ein treffendes Beispiel.

[5] Bei den Quantitätsunterschieden ist auch noch von Einfluß, daß da, wo 300 Frauen die Arbeit von 200 Männern tun, die Lohnunterschiede sich nicht auf dies Verhältnis beschränken können. Würde derselbe Akkordlohn gezahlt werden, so müßten die Produktionskosten steigen. Denn 300 Frauen erfordern größere Arbeitsräume, mehr Aufsichtsperonal, Bureaupersonal usw. als 200 Männer. Vgl. *Sidney u. Beatrice Webb*, Problems of modern Industry. London 1902, S. 79

lich zurückbleiben (kaufmännische Bureauangestellte, Wickelmacher in der Zigarrenindustrie u.s.w.). Aber diese Ursachen des ungleichen Lohns geben keine Erklärung für den ungleichen *Lohnmaßstab*, für die Tatsache, daß alles, was von Frauen produziert wird, auf dem Markt niedrigere Wertung findet.

Dieser war nur zu erklären durch *den gesellschaftlichen Charakter des Arbeitslohns,* durch die Bildung von *Lohngruppen*, innerhalb welcher die Löhne sich einheitlich festsetzen nach Maßgabe der Faktoren, die Preisforderung und Preisbewilligung beeinflussen. Diese Faktoren waren nicht dieselben bei der Bildung freier Konkurrenzpreise wie bei der Feststellung gesetzlicher Normen, wenn auch die Abweichungen nicht allzu bedeutend ins Gewicht fielen.

Die Ursachen, die für eine geringere Preisbewilligung und Preisforderung der weiblichen Erwerbstätigen - über den Unterschied der Leistungen hinaus - dargelegt wurden, waren *der geringere Klassenbedarf,* der der Gruppe „Frau“ eigentümlich ist, und das *größere Angebot der Frauen* (in Verbindung mit mangelhafter Organisationsfähigkeit).

Der gewohnte Klassenbedarf führt zu einer geringeren Preisforderung der Frauen, weil es ihnen an einem *Familienbedarf* fehlt, den der Mann fast immer zur Grundlage machen muß. Die Bureauangestellten, bei denen die konkurrierenden Männer und Frauen nur einen Individualbedarf anzustreben brauchen, zeigten den besonderen Lohnmaßstab für Frauen nicht. Und wenn in der Bezahlung der jungen Lehrkräfte dieser Unterschied ungerechtfertigterweise aufrecht erhalten wird, so ist dies nur daraus zu erklären, daß der Staat diesen in anderen Berufen naturgemäßen Maßstab übertragen hat.

Der *Individualbedarf* der Frau, der in den meisten Berufen im Gegensatz zum Familienbedarf der Männer steht, wird noch womöglich herabgedrückt durch das Heer der nebenberuflich tätigen Frauen, durch die Möglichkeit vieler Frauen (von verheirateten und von Familientöchtern), nur einen *Zuschuß* zum Familienunterhalt verdienen zu müssen[6], durch die vorübergehende Übernahme von Arbeit bei Frauen in besonderen Notfällen, bei Arbeitslosigkeit des Mannes, durch den provisorischen Charakter auch der anderen nicht nur gelegenheitlichen Frauenarbeit[7], der das Streben nach einem vollen oder reichlichen Individualverdienst

---

[6] Die aus diesen Ursachen herrührende lohndrückende Tendenz hat auch auf Männer Einfluß ausgeübt, die neben der Erwerbsarbeit andere Einnahmequellen besaßen. Es ist hierbei an das frühere englische poor-law zu erinnern, das ungelernten Arbeitern mit unzureichendem Lohn zur Erhöhung ihres Einkommens regelmäßige Unterstützungen schaffte. Das führte dahin, daß schließlich Arbeiter, die keine Unterstützung empfingen, auch keinen höheren, ausreichenden Lohn erlangen konnten. Vgl. *Webb,* a. a. O., S. 78/79

[7] In der einzigen großen Industrie, in der Männer und Frauen häufig gleichen Lohn haben, in der Textilindustrie Lancashires ist durch eine genaue gesetzliche Regelung der Arbeitszeit der Frauen ein absoluter Ausschluß der gelegentlichen, dilettantischen Arbeit bewirkt worden. „Wenn man andere Frauen auf dasselbe Niveau bringen will, muß man sie denselben Bedingungen einer ausschließlich beruflichen Arbeit unterwerfen.“ Vgl. *Webb,* a. a. O., S. 97

nicht aufkommen läßt. Fast jede Frau sieht im Anfang ihre Berufslaufbahn als vermeintliches Übergangsstadium an; weder sie, noch ihre Angehörigen glauben zunächst an die Notwendigkeit, nach einem ihren Bedarf vollständig deckenden Erwerb zu suchen. Und die Mehrzahl aller berufstätigen Frauen befindet sich eben immer im Anfang der Berufstätigkeit, weil der Austritt aus fast allen Berufen in einem überaus großen Prozentsatz und in sehr jugendlichem Alter erfolgt. Der Gedanke an diese „unterstützen" Erwerbstätigen scheint die Lohnpolitik des Staates und der Gemeinden häufig zu beeinflussen (die geringe Wohnungsentschädigung der Lehrerin in einzelnen Gemeinden, „weil sie bei den Angehörigen lebt"; die geringe Anfangsentlohnung der österreichischen Postangestellten), und die Tatsache einer anderweitigen Einnahmequelle kommt in der Lohnbildung einiger spezifischer Frauenberufe, in den Hungerlöhnen der parasitischen Konfektionsindustrie entschieden zum Ausdruck. Dabei wird von verschiedenen Autoren auch noch darauf hingewiesen, daß die Möglichkeit der Prostitution in einzelnen Berufsgruppen lohndrückend wirken mag. Sidney Webb sagt, „die Frau habe eben außer ihrem Beruf, ihrer Arbeitsfähigkeit immer noch etwas zu verkaufen". Es ist wohl angebracht, diesen etwas zu scharf pointierten Gedanken weiter zu fassen und zu sagen, die Frau hat in der Regel die Fähigkeit (oder sollte sie haben), von ihrer Erwerbsarbeit zu einem *anderen Wirkungskreis* überzugehen; und sie rechnet daher mit der Möglichkeit, daß die Ehe ihr eine Tätigkeit erschließen kann, die mit einem direkten Entgelt nicht beglichen zu werden pflegt. Diese Hoffnung dürfte - ebenso stark wie die tatsächlich empfangene Unterstützung der Familie - der Genügsamkeit mit einem unzureichenden Lohn zu Grunde liegen. Schließlich unterliegt auch die Erwerbstätigkeit von Personen, die rechtlich nicht in der Lage sind, ihren Wohnort zu wählen (Ehefrauen), oder die sich zu stark als Familienglied fühlen, um sich vom Wohnort der Familie zu trennen, einem weiteren lohnherabsetzenden Moment. Die *Unbeweglichkeit*, die mangelnde Elastizität weiblicher Berufsgruppen wirkt ganz erheblich auf die Lohnbildung ein. Weibliche Beamte müssen billiger als männliche sein, wenn der Staat die aus ihrer schweren Versetzbarkeit hervorgehenden Unbequemlichkeiten auf sich nehmen soll. Ehefrauen sind überhaupt kaum zu versetzen. Auch die ledigen Beamtinnen im österreichischen Staatsdienst machen die größten Schwierigkeiten. Die Frauen andrer freier Berufsgruppen lassen dadurch, daß sie sich schwer zu einem Wechsel des Wohnortes entschließen, lohnerhöhende Konjunkturen oft unbenutzt[8]. Auch diese Unbeweglichkeit der berufstätigen Frau ist noch ein Ausfluß der provisorischen Beurteilung der Erwerbsarbeit seitens der Frauen selbst.

Dazu kommt noch, daß die Frauen in ihren Lebensgewohnheiten tatsächlich *bedürfnisloser* zu sein pflegen, und daß auch diese Differenz bei der Preisforde-

---

[8] Die Frauenarbeit untersteht aus diesem Grunde vielfach denselben Bedingungen wie die „nicht freizügige Arbeit", die sich gegen Lohnherabsetzungen nicht wehren kann.

rung und beim Preisgebot mit in Rechnung gesetzt zu werden pflegt. (Einzelne Gemeinden, selbst Staaten vertreten die Ansicht, daß die Lehrerin billiger wohnen kann als der alleinstehende Lehrer. Die geringere Reiseentschädigung landwirtschaftlicher Arbeiterinnen deutet darauf hin.)

Der Mangel an einem Familienbedarf, der provisorische Charakter der Frauenarbeit, der den Individualbedarf noch drückt, sind *einerseits die Ursachen des besonderen Maßstabs* der Frauenentlohnung. *Aber sie sind außerdem die Ursachen der minderwertigen oder unzureichenden Berufsbildung,* die wiederum die Leistungen der Frau niedrig hält. Das Alter, die kurze Berufsdauer, die als Ursachen des ungleichen Lohns bei ungleicher Leistung angeführt werden, sind geradezu identisch mit dem mangelnden Familienbedarf; zum Teil auch mit dem geringen Individualbedarf, und sind daher auch unter den Ursachen der Entlohnung der Frauen nach besonderem Maßstab anzuführen. Wo eine Berufsgruppe (wie die Lehrerinnen) kontinuierlich und wirklich berufsmäßig der Erwerbsarbeit nachgeht, da zeigt sich auch das Streben nach höherer Leistungsfähigkeit, da tritt der höhere Bedarf auf, und da beginnt der Kampf um den gleichen oder gerechten Lohn.

Wenn in einzelnen Berufsgruppen die Zahl der leistungsfähigen Frauen (und derer mit einem Familienbedarf, oder auf höherer Altersstufe und mit längerer Berufsdauer) unbedeutend ist (und das trifft vorläufig für alle andern Frauenberufe zu), dann entscheidet der *gesellschaftliche Charakter* des Arbeitslohns, das ziffernmäßige Verhältnis von *Angebot und Nachfrage*, ob sie eine ihren Leistungen entsprechende Lohnforderung durchsetzen können. In der Regel wirkt heute das *übermäßig schnelle Anwachsen* der Frauenerwerbsarbeit dahin, daß dies nicht der Fall ist. So lange das Angebot an billigen Frauenkräften in einer Gruppe so groß ist, daß es den Bedarf eventuell decken könnte, müssen die leistungsfähigeren Mitglieder dieser Gruppe ihr Angebot dem Durchschnitt anpassen, wenn es nicht unwirksam bleiben soll, wenn sie überhaupt Arbeitsgelegenheit finden wollen. Das erklärt, warum häufig eine Frau, die tatsächlich dasselbe leistet wie ein Mann, geringer bezahlt wird. Sie muß sich der mit ihr konkurrierenden Frauengruppe anpassen. Nur selten gelingt es einer Frau, sich in solchem Fall bei der Konkurrenz auf dem Arbeitsmarkt in eine männliche Gruppe mit ihrer Preisforderung eingliedern zu können.

Der *Nivellierungsprozeß* der Preisbildung ist auch die Veranlassung dafür, daß einzelne Ursachen der niedrigen Frauenlöhne, die in besonderen Fällen unwirksam sind, auf diese *mitübertragen* werden. Namentlich geschieht das bei Berufsgruppen, die in der Bildung begriffen sind, für die noch nicht genügend Tatsachen über die wirklichen Arbeitsbedingungen vorliegen, und bei denen die Preisbildung sich nicht auf dem Wege freier Konkurrenz, sondern durch *obrigkeitliche Anordnung* vollzieht (der Glaube an die Unfähigkeit der Lehrerin zur Beamtenlaufbahn; die Ansicht vom geringeren Bedarf der Frau überhaupt, die auch im Verhältnis der jungen Beamten und Beamtinnen, der ledigen Lehrer und Lehrerinnen aufrecht erhalten wird).

Das große Angebot der Frauen, das bei dem Nivellierungsprozeß der Preise den Ausschlag gibt, das in wildem Konkurrenzkampf die Preisforderung der Frauen auf das denkbar niedrigste Maß drückt, mag zum Teil auch mit der *geringen Qualifikation* und Ausbildung der Frauen zusammenhängen. Einige handwerksmäßige Berufe, die eine längere Arbeitszeit erfordern, haben darüber nicht zu klagen. In der Hauptsache ist es aber auf das *wachsende Eintreten der Frauen in die Erwerbsarbeit zurückzuführen.* Und auch insofern ist das unentwickelte Stadium der Frauenarbeit eine Ursache der niedrigen Löhne. Denn das übergroße Frauenangebot drückt nicht nur den Lohn der Frauen im natürlichen Nivellierungsprozeß auf den Preis der teuersten Forderung, die zur Befriedigung der Nachfrage nach Arbeit noch herangezogen werden muß (und das ist in der Regel die Frau mit dem Individualbedarf ihrer Klasse). Es verhindert auch die Bildung oder den Erfolg von *Organisationen*, die den natürlichen Preistendenzen entgegenwirken, sie aufheben können. Die mögliche Wirkung solcher Berufsvereine zeigt sich in der Textilindustrie Lancashires; sie wiederholt sich bei den Bureaubeamtinnen in Berlin. Die Organisationsunfähigkeit der meisten Frauengruppen wird aber nicht *nur* durch das Angebot bedingt, sondern auch durch eine ganze Reihe der Ursachen, die an sich die Frauenlöhne niedrig halten; durch die geringe Qualifikation weiblicher Arbeit, das niedrige Alter, die kurze Berufsdauer, den provisorischen Charakter der Arbeit und die mangelnde Notwendigkeit, nach einem höheren Bedarf zu streben. So erweisen sich denn auch die Berufszweige, in denen diese Gründe zum Teil fortfallen, organisationsfähiger.

Wenn aber die mangelhafte Organisation auf die lohndrückenden Ursachen der Frauenarbeit (provisorischen Charakter, mangelnde Kenntnisse, geringen Bedarf usw.) zurückzuführen ist, so sind schließlich auch all diese Bestimmungsgründe in letzter Linie aus dem *unentwickelten Stadium der Frauenberufsarbeit erwachsen*[9].

Die Frauen haben wenig gelernt, weil Gewohnheit, Sitte, aber vor allem wirtschaftliche, rechtliche und soziale Verhältnisse keine Veranlassung zu einer vollen Berufsausbildung boten, zum Teil sogar eine solche unmöglich machten. Jahrhundertelang war ihnen ein anderer Platz angewiesen, waren andere Angaben für sie bereitet. Erst die großen wirtschaftlichen Umwälzungen des 19. Jahrhunderts führ-

---

[9] Auch ganz direkt wirkt die junge Entwicklung der Frauenerwerbsarbeit auf die Organisationsunfähigkeit ein. Frauen sind zu lange auf isolierte Arbeit angewiesen gewesen; der Individualismus mußte stets ihre Weltanschauung sein, solange sie nur für ganz persönliche Bedürfnisse zu sorgen hatten, durch ihre Arbeit einzig und allein mit dem Wohl und Wehe ihrer Familie verknüpft waren. Dabei konnte sich kein Solidaritätsgefühl entwickeln, kein Verständnis für genossenschaftliche Unabhängigkeit. Dazu kommt die Gewohnheit der Frauen aus früheren Zeiten, ihre Arbeit nicht geldmäßig bewertet und belohnt zu erhalten, die wiederum den geringen Bedarf, geringe Lohnforderungen verursacht.

ten die Frauen in die außerhäusliche Erwerbsarbeit hinein. Und sie konnten keinen Berufsernst, keine Berufstreue, keine rechte Berufsfreudigkeit mit in diese für sie ganz eigenartigen, neuen Aufgaben bringen. Sitte, Gewohnheit, Erziehung erwecken noch heute nicht in ihnen das Streben nach einem die ganze Persönlichkeit umfassenden Beruf, der auch zu hohen Löhnen führen kann. Man eignet sich wenig Kenntnisse an, schraubt den Bedarf herab und drückt der ganzen weiblichen Erwerbsarbeit den Stempel des Zufälligen und Dilettantischen in einem Maße auf, der durch das jugendliche Alter, die kurze Berufsdauer vieler Frauen allein nicht bedingt ist. In den allermeisten Fällen sucht der junge Mann einen *Beruf*, das Mädchen einen *Verdienst*, und dieser Unterschied ist in einer Zeit und unter Verhältnissen, in denen ein beträchtlicher Teil der Frauen nicht zur Ehe gelangen kann, und in denen viele Ehefrauen erwerben müssen, nicht zu rechtfertigen, und nicht anders zu erklären, als durch das verhältnismäßig unentwickelte Stadium der Frauenerwerbsarbeit.

Es ist schon in den früheren Abschnitten darauf hingewiesen, daß die Ursachen der ungleichen Entlohnung wohl *gesetzmäßige Erscheinungen* zeigen, die sich aus den wirtschaftlichen, rechtlichen und sozialen Verhältnissen zurzeit ergeben müssen; *nicht aber ein Naturgesetz,* das keinem Wandel unterliegen kann. Die ungleiche Entlohnung von Mann und Frau kann zu einem großen Teil *beseitigt* werden, wenn geistige Umwandlungen im Leben eines Volkes zu einer anderen *Auffassung des Berufslebens* durch die Frau, zu einer anderen Stellung der Frau im Erwerbsleben und in der Familie führen, und wenn die *wirtschaftliche Entwicklung* weiter eine immer wachsende Zahl von Arbeitskräften aufnehmen kann, was in letzter Linie von dem Gedeihen der deutschen Volkswirtschaft, von ihrem Aufschwung oder Stillstand, schließlich von den machtpolitischen Chancen des Deutschen Reiches abhängen wird.[10]

[10] Es ist bereits in der Einleitung (S. 284) darauf hingewiesen, daß die wirtschaftliche Entwicklung der letzten Jahrzehnte die männlichen Kräfte soweit angezogen hat, daß eine Vermehrung der Arbeitskräfte, die prozentual stärker als die Bevölkerungsvermehrung ist, nur durch größere Heranziehung von Frauen ermöglicht werden kann. Die Tendenz des wirtschaftlichen Lebens der industriellen Länder scheint in dieser Richtung zu liegen. Zunächst ist noch überall eine bedeutende Zahl disponibler Frauenkräfte vorhanden, deren Angebot naturgemäß lohndrückend für alle Arbeitsgebiete wirken muß, auf denen Frauenarbeit überhaupt verwendbar ist. Diese lohndrückende Wirkung tritt daher besonders in der Niedrigkeit der Frauenlöhne in Erscheinung. Wenn ein weiterer wirtschaftlicher Aufschwung die disponiblen Frauenkräfte in ähnlichem Umfang wie die männlichen aufsaugt, fällt eine wichtige Ursache der Niedrigkeit der Frauenlöhne fort. Ob eine solche Absorbtion sich vollziehen wird und welchen Zeitraum das beanspruchen kann, das wird sehr wesentlich davon abhängen, ob die Sitte sich dahin entwickelt, auch für die verheiratete Frau die Ausübung eines Berufes als Norm aufzustellen. Dadurch würde zu gegebener Zeit und bei gegebener Bevölkerung der Kreis der um die disponiblen Arbeitsstellen Konkurrierenden erheblich erweitert. In gewissem Sinn bedeutet daher die Arbeit verheirateter Frauen - wenigsten so lange die arbeitsfähige Bevölkerung noch nicht ganz von dem Bedarf an Arbeitskräften ergriffen ist - eine Ursache der niedrigen Frauenlöhne. Allerdings können besondere Verhältnisse einer Industrie oder einer Gegend schon jetzt dazu führen, daß der Mitbewerb der verheirateten Frauen nicht lohndrückend wirkt; aber nur dann, wenn die Nachfrage nach Arbeitern das Angebot von andern Arbeitskräften übersteigt, wenn außer der gesamten männlichen auch die unverheiratete weib-

Die *Leistungsunterschiede* können insoweit ausgeglichen werden, als sie auf geringerer Vorbildung beruhen. Durch bessere Qualifikation können die Frauen schwerer ersetzbar werden; die Elastizität weiblicher Berufsgruppen wird steigen, die Frauen werden auch zu höheren Stellungen aufsteigen können.[11] Der volle Individualbedarf wird gefordert werden, sobald innerhalb der Familie auch das heranwachsende Mädchen als volle Erwerbskraft bewertet wird; dann kann auch der Staat nicht bei der Bezahlung der Frauen von dem sonst bei Beamten angewandten Bedürfnisprinzip absehen. Die öffentliche Meinung wird dann in dieser Beziehung aufklärend und beeinflussend wirken.[12] Die Organisationsfähigkeit wird steigen und es ermöglichen, auch die Ursachen der ungleichen Entlohnung in gewissem Maße zu paralysieren, die sich aus dem jugendlichen Alter, der kurzen Berufsdauer bei vielen, und aus dem Mangel an Familienbedarf bei den meisten Frauen ergaben. Nur auf die Weise kann die Frauenarbeit zu höherem volkswirtschaftlichen Wert geführt werden. Solche Umgestaltungen könnten den Frauen den Eintritt in alle Lohngruppen eröffnen, einen beständigen Lohndruck von seiten der arbeitenden Frauen auf alle Arbeiterkategorien verhindern,[13] und eine

liche Bevölkerung schon ganz für die Arbeit herangezogen ist. So scheinen die Verhältnisse in den englischen Baumwolldistrikten zu liegen. Die Zahl der in der Industrie beschäftigten Arbeiterinnen ist dort in den Bezirken am höchsten, in denen die unverheirateten Frauen bereits ganz von der Arbeit erfaßt sind. Unter solchen Bedingungen pflegt die Vergrößerung des Kreises der Arbeitsuchenden die preisdrückende Wirkung, die ihr im allgemeinen anhaften muß, nicht zu haben. Auch in Deutschland scheint eine solche Entwicklung nicht in allzu weiter Ferne zu liegen. Eine Umfrage der Redaktion des Arbeitsmarktes im Winter 1903/04 bei den öffentlichen Arbeitsnachweisen zeigt, daß in den verschiedensten Gegenden des Reiches fast einheitlich die Nachfrage nach weiblichen Arbeitskräften größer ist als das Angebot. Wenn zwar die weibliche Reservearmee von diesen Nachweisanstalten sicherlich nicht erfaßt wird, weil die Frauen nicht jede Art von Arbeit übernehmen, und wenn daher auch das Ergebnis dieser Umfrage nicht allzu hoch einzuschätzen ist, so beweist sie doch, daß der deutsche Arbeitsmarkt noch [zu] einer weiteren Absorbtion von Arbeitskräften fähig ist. Und es ist ferner in Betracht zu ziehen, daß in Deutschland bereits acht Millionen Frauen (inkl. der nebenberuflich tätigen) erwerbstätig sind, und diese Zahl bei einer über 14 Jahre alten weiblichen Bevölkerung von 16 Millionen keinen großen Spielraum zur weiteren Heranziehung für den Arbeitsmarkt läßt. Auch hier scheint die unverheiratete weibliche Bevölkerung schon ziemlich vollständig herangezogen zu sein. Eine Vermehrung weiblicher Arbeitskräfte wird hauptsächlich durch verlängerte durchschnittliche Berufsdauer der Frauen erzielt werden können. Vgl. auch S. 284

[11] Bis zu einem gewissen Grade werden Unterschiede bestehen bleiben, soweit sie sich aus der größeren Muskelkraft des Mannes, aus der stärkeren Inanspruchnahme der Frau durch physiologische Funktionen ergeben.

[12] Gerade auf den Gebieten wird eine Umwandlung in der Auffassung der weiblichen Berufsarbeit den Lohn erhöhen, wo die Sitte mehr als Konkurrenzverhältnisse ausschlaggebend ist: bei den öffentlichen Beamten. Ihre Gehälter könnten zuerst über den Marktpreis gehoben werden.

[13] Von einem Lohndruck der Frauenarbeit auf die Männerarbeit kann nur insofern gesprochen werden, als eine Erhöhung der Männerlöhne vielfach durch die Frauen verhindert wird (Streik der Diurnisten am Wiener statistischen Amt). (Ohne den Eintritt der Frauen in das Lehramt müßten bei dem chronischen Lehrermangel die Gehälter der Lehrer bedeutend höher gestiegen sein.) Ferner insoweit als die Männer veranlaßt werden, bestimmte Berufszweige zu verlassen. Dabei ist zu berücksichtigen, daß eine steigende Zahl von Arbeitern dauernd von qualifizierten Gewerben aufgenommen werden kann, in denen höhere Löhne erzielt werden. Während das Gebiet der Männerarbeit auf einer Seite beständig

bessere, naturgemäße Arbeitsteilung zwischen den Geschlechtern und den Individuen herbeiführen, als die es ist, die nur von dem billigsten Angebot beherrscht wird. Dann wird die Entwicklung der Arbeit, die nicht zu gleicher Leistung verschieden veranlagter Arbeitergruppen, sondern zu immer feinerer Differenzierung und Arbeitsteilung hinstrebt, schließlich für Frauen- und Männerarbeit - so verschieden sie auch voneinander sein mag - *denselben Maßstab für die Bezahlung anwenden.* Vielleicht wird ein Rest des Lohnunterschiedes bestehen bleiben, der in etwas dem Bedürfnisprinzip Rechnung tragen würde. Aber er würde nichts mit dem ungleichen Maßstab zu tun haben, sondern daraus hervorgehen, daß die Männer sich mehr den schweren Arbeiten mit höherem gesellschaftlichen Wert zuwenden und die Gebiete mehr verlasen werden, für die Frauen ebenso geeignet sind wie sie. Denn es ist das Prinzip der Wirtschaftlichkeit, daß jede Kraft die bestmöglichste Verwendung, die Hervorbringung des größten Nutzens sucht. Aber dieses Prinzip wird erst zur Geltung gelangen können, wenn die Frauenarbeit ihrer heutigen Bedingungen entkleidet ist.

Für das Anfangsstadium der Frauenerwerbsarbeit war es vielleicht ein Glück, daß die Frauen weniger gelernt hatten, geringere Bedürfnisse besaßen und weniger Lohn fordern konnten. Denn das hat ihnen das Eindringen in die Erwerbsarbeit erleichtert. Die *Konkurrenz*, die sie aufnehmen mußten, um sich einen Arbeitsplatz zu sichern, besteht eben darin, daß man *nicht* gleichen Lohn fordert. Nachdem die Frauen sich aber ihren Platz gesichert hatten, entstanden auch Arbeitsgelegenheiten, für die sie ebenso oder besser geeignet sind als der Mann, bei denen sie sich auch erprobt haben. In solchen Berufen sollten sie Ursachen herbeiführen, die ihnen auch gleichen Lohn sichern, sollten sie darnach streben; nicht mehr auf Grund ihrer *Billigkeit*, sondern ihrer *besonderen Eignung* weiter vorzudringen.

Wenn diese Wandlung sich nicht vollzieht, wenn nicht die tiefsten und letzten Ursachen der ungleichen Entlohnung der Frauen, der dilettantische, provisorische und zufällige Charakter der Frauenarbeit *auf der ganzen Linie* beseitigt wird, wenn das unentwickelte Stadium der Frauenerwerbsarbeit nicht zu überwinden ist, dann wird es auch für die einzelnen Frauen, die sich in ihren Leistungen und in ihrer Berufsauffassung über das allgemeine Niveau erheben, in bezug auf die gerechte und gleiche Entlohnung ihrer Arbeit weiterhin heißen: „Laßt alle Hoffnung fahren.“

---

verkürzt wird, dehnt es sich auf der andern mehr und mehr aus. Durch diese Trennung der Konkurrenz- und Lohngruppen spitzt sich die Konkurrenz von Mann und Frau auf dem Arbeitsmarkt weniger zu einem Unterbieten der Männer durch Frauen als zu einem Kampf um die bestbezahlte Arbeit zu. Aber auf den Gebieten, die die Frauen für sich behalten, ist der Lohndruck ein beständiger.

Wir und die Heimarbeiterinnen *

Zur Eröffnung der Ausstellung von Produkten der Hausindustrie in Berlin

Marie von Ebner-Eschenbach weist einmal darauf hin, daß man nicht von „fremdem Leid" sprechen solle. Das Leid anderer soll nie von uns als *fremdes* empfunden werden. Aber wenn man auch diese Worte als Postulat anerkennt, wenn man durch soziale Instinkte gedrängt wird, mitzuleiden, wo man andere leiden sieht, so gibt es doch Situationen, in denen man das Leid anderer nur als fremdes Leid auffassen kann, vielleicht weil es so groß ist, daß alle Fähigkeit des Nachempfindens nicht ausreicht, um in uns die Vorstellung und Empfindung eigenen Leides zu erwecken.

In der Frauenbewegung gilt das Losungswort: „Eine für alle und alle für eine". Unsere ganze Organisation ist ein Ausdruck des Solidaritätsgefühls. Besonders im *Bund* soll jede, welche Spezialzwecke sie auch verfolgt, für die Zwecke und Bedürfnisse anderer Schichten mit eintreten, als ob es ihre Zwecke und Bedürfnisse wären. Und doch gibt es Gruppen von Frauen, mit denen wir uns nicht eins fühlen und die sich nicht zu uns rechnen, trotz des lebhaftesten Empfindens und Interesses, das wir für sie haben, deren Not und Bedürfnisse wir nicht konkret nachempfinden können: die Heimarbeiterinnen.

Vielleicht hat die Tatsache, daß in Deutschland die Sozialdemokratie ein gemeinsames Vorgehen der Arbeiterinnen und der bürgerlichen Frauen zu verhindern sucht, dazu beigetragen, daß wir die Heimarbeiterinnen nicht als einen Teil der großen, gemeinsamen, um Befreiung ringenden Frauenbewegung ansehen können. Vielleicht liegt auch die Ursache tiefer. Es heißt Gegensätze künstlich verschleiern, wenn man leugnen wollte, daß die bürgerliche Frauenbewegung von Anfang an Ziele aufstellen mußte, die für die Arbeiterinnen nicht in Betracht kamen. Und selbst da, wo gemeinsame Bedürfnisse vorhanden waren, auf dem Gebiet des öffentlichen und privaten Rechtes, selbst da konnten die Ziele von beiden Gruppen nicht auf demselben Weg angestrebt werden. Denn wir Frauen der bürgerlichen Kreise erkennen die geschichtlich gewordene Gesellschaftsordnung an und glauben, nur durch ihre allmähliche Fortbildung bessere soziale Zustände erreichen zu können. Die Anhängerinnen der Sozialdemokratie aber wollen in bewußter Weise den Umsturz herbeiführen. Das alles haben die Sozialdemokratinnen gegen ein gemeinsames Vorgehen geltend gemacht, mit dem Erfolg, daß die Masse der organisierten Arbeiterinnen sich unserer Bewegung fern hält; und das war schließlich nicht besonders geeignet, in den Frauen der bürgerlichen Kreise das Gefühl der Solidarität mit den Arbeiterinnen zu stärken.

In Bezug auf die Heimarbeiterinnen liegt aber noch ein anderer Grund vor,

* Centralblatt des Bundes deutscher Frauenvereine, 7. Jg., Nr. 20, 15. Jan. 1906, S. 153-154

der uns verhindert, ihre Bedürfnisse als unsere, ihr Leid als unseres zu empfinden. Nicht nur der Gedanke, daß sie Schutz vor allzuviel Arbeit und wir das Recht auf Arbeit suchten, auch nicht die Tatsache, daß sie ihre Forderungen auf anderem Wege durchsetzen wollen als wir; denn Arbeiterin und Anhängerin der Sozialdemokratie sein, ist keineswegs identisch. Breite Massen von Arbeiterinnen stehen keineswegs auf dem Standpunkt, daß nur durch den Umsturz der bestehenden Gesellschaftsordnung für sie etwas zu erhoffen sei. Diese fühlen sich auch nicht veranlaßt, die Hilfe bürgerlicher Frauen, ein Zusammengehen mit ihnen abzulehnen. Was aber in uns das volle und tiefste Verständnis für die Bedürfnisse der Heimarbeiterinnen nicht aufkommen läßt, was uns verhindert, ihr Leid und ihre Sorgen ebenso stark wie unsere eigenen zu fühlen, das ist die Tatsache, daß *die Not der Heimarbeiterinnen so groß ist*, daß *sie jedes Nachempfindens spottet.* Sicherlich ist es für bürgerliche Frauen schon unendlich schwer, sich in das Leben einer Fabrikarbeiterin hineinzuversetzen. Aber das, was die Tragik in deren Leben ausmacht, ist ja auch so vielen in unseren eigenen Reihen beschieden: die Unsicherheit der Existenz, der Gedanke, daß jede Krankheit, jede Krise ihre Lage plötzlich verändern, sie in Not und Sorge stürzen kann. Bei der Heimarbeiterin aber liegen die Verhältnisse ganz anders. Das Charakteristische in ihrem Lebensschicksal ist nicht die Unsicherheit der Existenz, sondern die Sicherheit eines dauernden Lebens voll Not, die Hoffnungslosigkeit in Bezug auf irgend ein Ereignis, das sie aus diesem Jammer herausheben könnte. Sie weiß, daß sie nie imstande sein wird, durch ihre Arbeit soviel zu erwerben, um wirklich satt zu werden, um ihre Kinder ausreichend zu versorgen. Diese erdrückende Hoffnungslosigkeit, dieses ununterbrochene Leiden und Entbehren, das ist es, was jedes Nachempfindens spottet. Das ist eine Tragödie, bei der auch die stärkste Phantasie uns nicht zu einem Miterleben führen kann. „Wer es vermöchte, nur ein Leben nachzuempfinden, wie es tausendfach erlebt wird," sagt Oda Olberg, „und von dessen Elend die trockenen Worte ‚5 Mark Wochenlohn' etwas ahnen lassen, wer imstande wäre, diesem innerlich Nacherlebten Ausdruck zu verleihen, der hätte wohl für neue Begriffe neue Worte zu schaffen. Viele würden ihn lesen, aber vielleicht würde ihn niemand verstehen, denn es gibt Dinge, die man nicht im behaglichen Salon, mit sattem Magen nachempfinden kann."

Aber wenn wir auch das Elend der Heimarbeiterinnen nie ganz begreifen, nie ganz nachfühlen können, so läßt sich doch eine Beziehung, eine Synthese zwischen ihren Forderungen und denen der bürgerlichen Frauenbewegung, eine Vereinigung unserer Bestrebungen und Ziele schaffen. Wir, die wir in unseren Reihen noch so viele haben, die nach Arbeit verlangen, können unsere Kräfte für die einsetzen, die Schutz vor allzuvieler Arbeit suchen. Wir schaffen damit nur äußerlich eine Beziehung nach, die weniger sichtbar zwischen uns und den Heimarbeiterinnen stets bestanden hat und nie gelöst worden ist. Wir geben den Heimarbeiterinnen nur das an Werten zurück, was wir, die wir aus ihrer Arbeit Nutzen ziehen, von ihnen empfangen.

Aber wie können wir unsere Kraft nutzbar machen, um für die Heimarbeiterinnen zu wirken? Die Gelegenheiten sind so mannigfacher Art, daß sie jede Frau nach ihrer Begabung und nach ihren Neigungen bei gutem Willen finden wird. Wir können für einen besseren *gesetzlichen Schutz* der Heimarbeiterinnen agitieren. Wir können *an ihrer Organisation* mitarbeiten. Wir können als *Käuferinnen* wenigstens Interesse an ihren Arbeitsbedingungen zeigen, und wir brauchen nicht die lohndrückende Tendenz durch unsere Sucht, unter dem Preis, d.h. unter dem Wert einzukaufen, zu verstärken; denn die Billigkeit der Artikel, die gerade die Frauen so stark anzieht, wird oft auf Kosten der Arbeitslöhne erzielt. Wir können schließlich durch *soziale Hilfsarbeit* das Los einzelner Heimarbeiterinnen wenigstens etwas erleichtern, wir können als Armenpflegerinnen dafür sorgen, daß eine Witwe, die sechs Kinder zu versorgen hat, nicht durch unzureichende Unterstützung gezwungen wird, die Nächte hindurch an der Maschine zu sitzen. Wir können auch durch Fürsorge für die Kinder solcher Frauen während einiger Stunden des Tages (in Krippen und Horten) die Frauen etwas leistungsfähiger machen. Das ist alles noch sehr wenig, aber wir sollten das Wenige nicht ungetan lassen, solange wir nichts Größeres für die Heimarbeiterinnen tun können.

Der Bund deutscher Frauenvereine ist durch seine Kommission für Arbeiterinnenschutz seit deren Bestehen (Herbst 1898) wiederholt für den Schutz der Heimarbeiterinnen durch Petitionen an den Reichstag eingetreten. Seit 1898 ist auch verschiedentlich mit Erfolg versucht worden, die Vereine für Enquêten über die Lage der Heimarbeiterinnen zu gewinnen. In diesem Augenblick bietet sich uns Frauen *eine besondere Gelegenheit*, unserem Interesse für die Heimarbeiterinnen Ausdruck zu geben. Am 17. Januar wird in Berlin eine Ausstellung von Erzeugnissen der Hausindustrie eröffnet, die von einem Kuratorium veranstaltet wird, dem Sozialpolitiker und Arbeiter, Männer und Frauen aller Richtungen angehören. Die freien Gewerkschaften, die unter sozialdemokratischer Leitung stehen, sind daran ebensogut beteiligt wie die christlichen Gewerkvereine. Die Vertreterinnen der Frauenbewegung haben mit den führenden Sozialpolitikern gemeinsam bei den Vorbereitungen gearbeitet. Die Ausstellung verfolgt den Zweck, das Interesse allerweitester Kreise an der Not der Heimarbeit zu wecken, eine öffentliche Meinung zu schaffen, der sich die gesetzgebenden Körperschaften nicht länger entziehen können.

Die bürgerlichen Frauen Berlins sollten durch einen lebhaften Besuch der Ausstellung ihr Interesse an dem Los der Heimarbeiterinnen bekunden. Sie können dort einen Eindruck davon gewinnen, unter welchen Verhältnissen, zu welchen Löhnen die Gegenstände hergestellt werden, die sie verbrauchen. Sie sollten helfen, die öffentliche Meinung dahin zu beeinflussen, daß ein Gesetz zum Schutz der Heimarbeiter notwendig ist. Die Frauenvereine in andern Städten sollten es ermöglichen, ein oder das andere ihrer Mitglieder zum Besuch dieser Ausstellung nach Berlin zu schicken, um durch den Bericht einen lebendigen Eindruck von dem dort zusammengetragenen Material zu erhalten. Sie sollten es sich zur Aufgabe machen, die Reichstagsabgeordneten ihrer Bezirke für ein Heimarbeiterschutzgesetz zu gewinnen, sie eventuell durch eine Interpellation zu verpflichten, für diese schwächste und ausgebeutetste Arbeiterschicht des deutschen Reiches einzutreten. Es ist geplant, die Ausstellung als Wanderausstellung auch anderen Städten zugänglich zu machen, die nur die Kosten für den Transport und für das Arrangement der eigenen Ausstellung zu tragen haben würden. Das Ausstellungsmaterial soll ihnen eventuell kostenlos überlassen werden. Die Frauenvereine der größeren deutschen Städte sollten auch versuchen, in Gemeinschaft mit den Arbeitervereinen und anderen sozialpolitischen Organisationen diesen Gedanken zur Ausführung zu bringen. In Frankfurt a. M., Hamburg und Breslau sind bereits die vorbereitenden Schritte nach dieser Richtung geschehen.

Die Heimarbeit ist in weitem Umfange *Frauenarbeit.* Die Produkte der Heimarbeit sind Waren, die zum großen Teil von *Frauen gekauft und verbraucht werden.* Und so ist es Frauensache, auf dem Plan zu erscheinen, wo es sich um Linderung des Heimarbeiterelends handelt.

Home, sweet home!*

Im Gebäude der alten Kunstakademie in Berlin ist die Ausstellung von Erzeugnissen der Heimarbeit nach langen Vorarbeiten eröffnet worden. Wenn man bedenkt, daß für das Zustandekommen dieser Ausstellung Sozialpolitiker aller Richtungen - mit Professor Francke an der Spitze - und die Gewerkschaften aller Schattierungen - von den sozialdemokratischen unter Führung von Johannes Sassenbach bis zu den christlichen Vereinen - zusammengearbeitet haben, daß es gelungen ist, die Vertreter all dieser politischen Gruppen während der einjährigen Vorarbeiten zu vereinen, so kann man allein unter diesem Gesichtspunkt die Ausstellung als einen sozialpolitischen Erfolg bezeichnen. In erster Linie ist dieses einträchtige Zusammenarbeiten Herrn Professor Francke zu danken, der den Plan zu dieser Ausstellung faßte, als vor zwei Jahren bei Gelegenheit des Heimarbeiterschutzkongresses schon in kleinem Maßstab von den Gewerkschaften ein ähnlicher Versuch gemacht worden war, und der sich seitdem unermüdlich für die Durchführung dieser Idee einsetzte.

* Die Nation, 23. Jg., Nr. 17, 27. Jan. 1906, S. 261-262

Wer die Ausstellung betritt, wird erstaunt sein, in wie weitgehendem Maße wir für die Befriedigung unserer Bedürfnisse von Heimarbeitsprodukten abhängen; wie tausend verschiedenartige Dinge, die wir täglich gedankenlos benützen, ohne nach ihrem Ursprung zu fragen, in häuslichen Werkstätten - unkontrolliert durch das Auge eines Gewerbeinspektors - oft in traurigen hygienischen Verhältnissen entstanden sind. Fast alle großen Industriegruppen sind hier vertreten: Konfektion und Nahrungsmittel; Metall- und Textilwaren; Spielzeug- und Porzellanindustrie; Möbel und Schuhwaren; Uhren und Hüte. Kurz die Ausstellung zeigt, daß keine einzige Industrie sich gänzlich von Heimarbeit frei hält. Und wie alle Gruppen von Gegenständen, so sind auch alle Gegenden unseres Landes mit Heimarbeitsbezirken durchsetzt. Vom Spessart bis an die Ostsee, von Schlesien bis in die Rheinlande, überall finden sich in den Großstädten wie auf den Dörfern Zentren, die Heimarbeitsprodukte für einen Verleger herstellen.

Die Ausstellung ist derart eingerichtet, daß die Erzeugnisse einer bestimmten Industrie, meist auch einer bestimmten Gegend, eine geschlossene Gruppe bilden, einen Raum oder einen Tisch für sich einnehmen. Bei jedem einzelnen Gegenstand ist auf einer Karte vermerkt, welches der Arbeitslohn für den Gegenstand ist, wie lange die Herstellung durchschnittlich in Anspruch nimmt, und ob die Ware von Männern, Frauen oder Kindern gearbeitet wird. Diese Mitteilungen geben ein lebendiges Bild von den Arbeitsverhältnissen, namentlich auch von den Löhnen. Einzelne Industrien haben außerdem die Herstellungsart genau beschrieben. Beispielsweise kann man sich über die Herstellung von Sicherheitsnadeln, von Pappkartons und anderem ganz genau unterrichten, sodaß der Laie einen tieferen Einblick in die Produktion all der tausend Dinge erhält, die er täglich benützt, ohne sich darüber klar zu werden, durch wieviel Hände diese Dinge schon gewandert sind. Vereinzelt sind auch Photographien von Heimarbeiterwohnungen, von den Familien der Heimarbeiter, von ihren Arbeitsräumen ausgestellt. Doch gebührt das Interesse in erster Linie den Angaben über die Lohnverhältnisse, die zum Teil - so bekannt auch das Elend in der Hausindustrie durch vielfache Untersuchungen schon geworden ist - doch Entsetzen erregen müssen.

Am krassesten liegen die Verhältnisse - und das macht besonders nachdenklich - in allen Zweigen der Spielwarenindustrie. Luxusartikel sind es, Spielwaren, die für das Vergnügen unserer Kinder hergestellt werden, und die wir mit dem Glück anderer Kinder, deren Gesundheit und Jugend bei der Arbeit geopfert wird, erkaufen. Der letzte Saal der Ausstellung - niemand versäume in diesen hineinzugehen! - zeigt die Spielwarenindustrie des Erzgebirges. Hier sehen wir Puppenmöbel, kleine Puppenschränke, bei deren Herstellung die Arbeiter für zwölf Stück zwölf Pfennig erhalten. Zur Anfertigung dieses Quantums braucht eine Familie 4° Stunden, sodaß der Stundenlohn der ganzen Familie sich auf 2° Pfennig stellt. Ferner finden wir dort herrliche Burgen, aus Holz und Pappe gefertigt, - auf wie vielen Weihnachtstischen mögen sie jubelndes Entzücken hervorgerufen haben! Der Stundenlohn für die Familie beträgt sechs Pfennig. An einzelnen

Gegenständen werden uns die Löhne und Arbeitszeiten durch genaue Berechnungen verdeutlicht. Da sind Papphäuser, an deren Herstellung eine Familie von Mann, Frau und zwei Kindern beteiligt ist. Zwölf Stück werden in fünfzehn Stunden hergestellt und mit zwei Mark bezahlt. Für Materialunkosten gehen davon fünfundneunzig Pfennig ab, sodaß bei fünfzehnstündiger Arbeitszeit ein Lohn von 1,05 Mark bleibt. Die vier Personen, die wöchentlich 288 Arbeitsstunden leisten - d.h. zwölf Arbeitsstunden pro Kopf und Tag - verdienen in der Woche achtzehn Mark. Die Arbeitsstunde jeder einzelnen Person wird auf diese Weise mit sechs Pfennig bewertet. Der Engrospreis für zwölf Stück, die dem Arbeiter mit zwei Mark bezahlt werden, beträgt vier Mark; der Ladenpreis sechs Mark. Das gibt zu denken. Wie sehr könnten hier die Löhne - folglich auch die Lebenshaltung der Arbeiter - erhöht werden, wenn nicht ein so unverhältnismäßig hoher Satz zwischen Arbeiter und Konsumenten hängen bliebe; und wie gering würde selbst vom Konsumenten eine Erhöhung des Preises empfunden werden. Aus Holz geschnitzte Spinnrädchen, die als Nippesfiguren verwendet werden, bringen Familienlöhne von 4° Pfennig pro Stunde. Im Oberammergau werden Christusfiguren aus Holz geschnitzt, eine Arbeit, die viel Können und Geschicklichkeit erfordert, und deren Zweckbestimmung doch einen anständigen Lohn so recht eigentlich herausfordert. Für das Schnitzen einer Figur wird eine Mark bezahlt. Der Wochenverdienst einer Familie, in der Mann und Frau arbeiten, beträgt fünfzehn Mark.

Durchschnittlich kann man den Stundenlohn in Heimarbeitsindustrien, in denen keine qualifizierte, keine gelernte Arbeit verlangt wird, auf etwa zehn Pfennig angeben. In Industrien, für die hauptsächlich Männerarbeit erforderlich ist, steht der Lohn etwas höher. Aber auch in diesen Industrien bedeutet in der Regel eine Entlohnung von 15 bis 25 Pfennig pro Stunde noch ein Zurückbleiben hinter den an denselben Orten gezahlten Fabriklöhnen.

In das Gebiet der Luxusindustrien gehört die Flitter- und Perlstickerei im Spessart. In dieser sind Stundenlöhne von sechzehn Pfennig bei feinster Arbeit, die große Geschicklichkeit, Akkuratesse und Sauberkeit erfordert, üblich. In der Dresdener Strohhutfabrikation finden sich Stundenlöhne von zwölf Pfennig. Ein weißer Chiffonhut ist ausgestellt, der eine zwölfstündige Arbeitszeit erfordert, und der Arbeiterin 1,55 Mark einbringt. Man fragt sich unwillkürlich, ob man unter solchen Umständen wünschen kann, daß die Frauen des kleinen Bürgerstandes durch solche billigen Löhne in den Stand gesetzt werden, Chiffonhüte spazieren zu führen.

Ganz eigenartige Verhältnisse finden sich in der Portefeuille- und Lederindustrie, die ihren Hauptsitz in Offenbach hat. Es sind feinste Portemonnaies und Ledertäschchen ausgestellt, die eine so komplizierte Ausführung verlangen, daß nur ganz wenige Arbeiter, die zwanzig und mehr Jahre im Gewerbe sind, sie herstellen können. Der Stundenlohn dieser Arbeiter beträgt etwa dreiundzwanzig Pfennig. Wir sehen eine feine Ledertasche, deren Ladenpreis fünfundvierzig Mark ist; der Arbeitslohn beträgt sechzehn Mark für das Dutzend und stellt sich auf vierzig Pfennig pro Stunde. Auch hier wieder ein Beweis dafür, wie wenig eine Lohnerhöhung von dem Konsumenten empfunden werden kann.

Keineswegs wird alle Heimarbeit schlecht bezahlt. Die Ausstellung weist auch eine Reihe von Erzeugnissen auf, die entschieden normal oder gut bezahlt werden. Aber gerade diese Tatsache gibt dem Sozialpolitiker neue Rätsel auf. Zunächst sind es nicht immer hochwertige Produkte, die gelernte Arbeit erfordern, für die höhere Löhne gezahlt werden. So sehen wir in der Seidenfabrikation in der Krefelder Gegend schwere Seidenstoffe feinster Art mit Stundenlöhnen von 17 bis 19 Pfennig, dagegen billige Seidenbänder, die in benachbarten Orten hergestellt werden, mit Stundenlöhnen von 36 bis 40 Pfennig. Ganz besonders stark treten solche Unterschiede in der Schuhfabrikation und in der Konfektionsindustrie zutage. Die Preisdifferenzen zwischen ziemlich gleichartigen Stiefeln, nicht immer nur an verschiedenen Orten, sind geradezu unerklärlich. In der Konfektion findet man häufig, daß sich die Anfertigung einfacher und billiger Gegenstände mit einem niedrigen Stücklohn für die Arbeiter besser rentiert als die Herstellung feiner Waren. Für Nachthemden mit Spitzenbesatz und Durchbruch sind Stücklöhne von 39° Pfennig verzeichnet; bei dreistündiger Arbeitszeit ist hier ein Stundenlohn von dreizehn Pfennigen festgestellt. Bei grober Wäsche, die nicht halb so hoch bezahlt wird, stellt sich der Verdienst der Arbeiterinnen oft höher.

Wenn man von den Löhnen und Arbeitszeiten der großen Masse der Heimarbeiter hört, wenn man sich dadurch anregen läßt, über das Leben dieser Heimarbeiter nachzudenken, so wird man allerdings diese Ausstellung als Elendsausstellung bezeichnen müssen. Denn die Niedrigkeit der Löhne zwingt die Arbeiter zu einer Existenz, in der alle höheren Gedanken und Empfindungen ausgelöscht werden von der fliegenden Hast und Eile, in der man die Arbeit verrichtet, um nur den nötigsten Unterhalt zu finden. Man denke sich in das Leben einer Arbeiterin hinein, deren Beschäftigung darin besteht, die zwei Teile von Druckknöpfen, die seit einigen Jahren für alle Kleider verwendet werden, aufeinander zu drücken. Für das Gros erhält sie vier Pfennig. Sie ist imstande im Laufe einer Stunde zwei Gros Knöpfe zusammenzudrücken, d.h. 288 dieser Bewegungen zu vollführen, die in fliegender Hast bewältigt werden müssen. Man sieht beinahe die Hungerpeitsche, die sie unaufhörlich bei dieser Arbeit antreibt. Was kann im Leben einer solchen Arbeiterin noch Raum finden an besseren Instinkten, an höheren Trieben? Wo kann der Wunsch herkommen, etwas zu lernen, um die Wirtschaft gut zu versorgen oder die Kinder zu verpflegen und zu beaufsichtigen? Wenn man bedenkt, wie stumpf und öde sich ein solches Dasein abspielt, wie jede Gelegenheit, diesem Leben zu entgehen, zur Versuchung werden muß, und wenn man dann an das Leben unserer behüteten und beschützten Töchter denkt und von ihrer korrekten Respektabilität abzieht, was Erziehung und äußere Verhältnisse ihnen geliehen haben, so gibt es nur einen Schluß: wir sind nicht besser, wir haben es nur besser.

Das wird die Heimarbeitsausstellung allen denen zeigen, die sie nachdenklich und aufmerksam durchwandern. Die Sozialpolitiker werden darüber hinaus mancherlei Anregung mit fortnehmen, wie hier zu helfen ist.

Was lehrt die Heimarbeit-Ausstellung?*

Zu gleicher Zeit sind in Berlin zwei Ausstellungen eröffnet worden, die beide eine Darstellung der Arbeit geben; die Ausstellung des Lebenswerkes von *Constantin Meunier* und die deutsche *Heimarbeitausstellung*. Aber welch ungeheuerer Unterschied besteht in den Empfindungen, die durch den Besuch dieser beiden Ausstellungen erweckt werden! Die eine gilt der Verklärung der Arbeit, ist eine Verherrlichung der schaffenden und strebenden Menschheit, des Siegeszuges der Technik, und die Menschen, die hier dargestellt werden, zeigen edle Gestalten; ihre besten Kräfte scheinen durch die Arbeit entwickelt zu sein. Sie tragen den Ausdruck der Würde, der sich jedem aufprägt, der seine Bestimmung erfüllt. Die Kehrseite dieses mächtigen Aufstrebens und Schaffens und der industriellen Entwicklung zeigt sich uns in der Ausstellung deutscher Heimarbeiter, die von einem Komitee von Sozialpolitikern und Arbeitern im Gebäude der alten Kunstakademie eröffnet wurde. Wohl noch nie haben diese Mauern eine Ausstellung beherbergt, die menschliches Elend, die Schattenseiten moderner Arbeitsform in so beredter Weise verkündete. Wer sie durchwandert hat, der weiß, daß es Arbeitsarten gibt, die nicht die Kraft des Menschen stählen und entwickeln, sondern ihn stumpf und müde machen; alles unterbinden und töten, was an höheren Empfindungen in ihm wurzelt. Die Bewältigung des Menschen durch seelenlose Werktätigkeit, die Mechanisierung des Daseins weiter Kreise, die Herabsetzung zu einem Werkzeug, zu einer Maschine, die ohne Unterbrechung und besinnungslos schafft: diese dunkelsten Seiten unserer modernen Kultur finden hier einen deutlichen Ausdruck.

Wird diese Ausstellung einen greifbaren Erfolg zeitigen? Welchen Zweck haben sich ihre Veranstalter gesetzt? Wird sie dazu beitragen, das Los der Arbeiter zu bessern? Das fragt sich wohl jeder, der in diesen Januar- und Februartagen die Räume der Kunstakademie durchwandert und dort an den ausgestellten Gegenständen Stundenlöhne von 10, 7, 5 oder 3 Pf. vermerkt findet.

* Centralblatt des Bundes deutscher Frauenvereine, 7. Jg., Nr. 22, 15. Febr. 1906, S. 170 -171

Als vor mehr als einem Jahr das Komitee zusammentrat, da waren alle Beteiligten von dem Gedanken durchdrungen, daß man das Elend der Heimarbeiter zur Kenntnis weitester Volkskreise - auch der Politiker - bringen müsse, daß man dadurch *Stimmung* für ein *Gesetz zum Schutz der Heimarbeiter* machen wolle. Nicht der Aufklärung und Belehrung der Fachleute sollte die Ausstellung dienen. Sie wußten, daß alle Teile des Reiches mit Heimarbeitern durchsetzt, daß alle Industrien an der Heimarbeit beteiligt sind; ihnen waren weder die schlechten Löhne und überlangen Arbeitszeiten, noch die ungesunden, unhygienischen Verhältnisse in den häuslichen Arbeitsstätten unbekannt. Und doch wird auch denen, die mit den Verhältnissen der Heimarbeit - durch eigene praktische Tätigkeit oder durch wissenschaftliche Arbeit - vertraut sind, die Ausstellung Anregung und Belehrung bieten. Sie muß jeden aufrütteln, zur Beseitigung dieser krassen Notstände Hand anzulegen. Nicht parteipolitische oder konfessionelle Gegensätze sollten hier hemmend wirken. Daß die große Not eine große, gemeinsame Hilfsaktion aller Klassen und Parteien braucht, und daß eine solche möglich ist, das hat das Komitee dieser Ausstellung bewiesen. Einträchtig - und das ist der vornehmen, sachlichen, vermittelnden Leitung von Professor Francke zu danken - haben bei den Vorarbeiten, bei der Beschaffung der Ausstellungsgegenstände und bei allen Arrangements die christlichen Gewerkvereine neben den freien (d.h. sozialdemokratischen) Gewerkschaften und Sozialpolitikern aller Richtungen gewirkt. Einträchtig fungierten auch auf der Liste von Vorträgen, die das Komitee während der Dauer der Ausstellung veranstaltete, Professor Schmoller neben dem sozialdemokratischen Abgeordneten Molkenbuhr, Göhre neben Gertrud Dyhrenfurth, Naumann neben Margarete Behm, Professor Sombart und die Schreiberin dieser Zeilen neben sozialistischen Rednern, wie von Elm, Katzenstein u.a. Eine so bunte Rednerliste, wie sie wohl noch kaum je aufgestellt wurde, die uns lehrt, daß Angehörige der verschiedensten Parteien ein Stück Weges gemeinsam marschieren können, wenn sie den Wunsch und Willen haben, etwas zu erreichen; daß in der praktischen Politik das Prinzip der Isolierung nicht durchführbar, jedenfalls nicht angebracht ist.

Aber wie ist es möglich, die Lage der Heimarbeiter zu bessern? Läßt die Ausstellung auch Deutungen über die Ursache des Massenelends zu? Wird sie Kunde von diesem Notstand verbreiten? - *Eines* erscheint zunächst gewiß: Wer die Ausstellung besucht hat, der muß mit dem Eindruck fortgehen, daß hier unhaltbare Zustände herrschen, daß die Heimarbeit in ihrer heutigen Gestalt eine Gefahr für unser ganzes Volk bedeutet.

Die Niedrigkeit der Löhne - die zwar nicht ausnahmslos, aber ganz vorwiegend gezahlt werden - soll hier nicht durch unzählige Beispiele aus der Ausstellung illustriert werden. Statt dessen soll versucht werden, einige Andeutungen über die Ursachen des Tiefstandes der Heimarbeit und über mögliche Beseitigungsmaßregeln zu geben, wie sie sich einem Beschauer der Ausstellung aufdrängen. Zunächst muß da ins Auge fallen, daß in der Heimarbeit vorwiegend *unqua-*

lifizierte Arbeit geleistet wird. Gewiß haben auch einige Industrien mit hochgelernter Arbeit Produkte ausgestellt, aber in der Hauptsache handelt es sich doch um Arbeiten, die man ohne erhebliche Lehrzeit ausführen kann. Und in der Regel wird diese *ungelernte Arbeit ganz erheblich schlechter als hochwertige Arbeit bezahlt.* Der Schuhmacher, der feinste Ware liefert, erhält Stundenlöhne von 40 und 50 Pf., ein anderer, der nur grobe Arbeit herstellen kann, 10 bis 20 Pf. pro Stunde. In der Portefeuille-Industrie finden sich gleichfalls bei den Waren besten Genres Stundenlöhne von 35 und 40 Pf., die gewiß für diese Waren sehr niedrig sind; aber sie beweisen doch gegenüber anderen Ausstellungsobjekten derselben Branche, daß die qualifizierte Arbeit in der Regel auch den Heimarbeitern höher bezahlt wird. Für die Frauen ergibt sich dabei dasselbe beschämende Resultat, das eine nähere Betrachtung der Arbeitsteilung in den Fabriken zeigt: Fast immer sind es Frauen, die die ungelernte Arbeit tun. Die Lehre, die wir daraus ziehen können, gipfelt in dem uralten und doch nie genug betonten Grundsatz der Frauenbewegung, daß jedes Mädchen - ebenso wie der Knabe - irgend einen *Beruf gründlich erlernen* soll, damit sie nicht ihr ganzes Leben widerstandslos eine Gelegenheitsarbeit nach der andern ergreifen muß.

Doch nicht immer, nicht ausnahmslos gilt die Regel, daß die gelernte, daß die feinere Arbeit auch einen höheren Lohn trägt. Vereinzelt finden sich in der Ausstellung Stücke, die gegen diese Regel verstoßen. In der Konfektionsindustrie sind einige grobe Hemden, Röcke und andere Gegenstände, die verhältnismäßig besser bezahlt werden als feinere. Ein mit Spitzen und Einsätzen verziertes Hemd bringt nur einen Stundenlohn von 13 Pf., während ganz grobe, einfache Hemden sich für die Arbeiterin besser bezahlt machen. Ähnliches kann man auch bei den Gegenständen aus der Seidenbranche feststellen. Hier sind einige schwere Seidenstoffe aus der Krefelder Gegend (Männerarbeit) ausgestellt, die nur einen Stundenlohn von 16 bis 17 Pf. ergeben, dagegen ganz billige, leichte Bänder aus einer benachbarten Gegend, bei denen der Arbeiter oder die Arbeiterin erheblich höher kommt. Die Ursache für solche Ausnahmeverhältnisse - denn eine Ausnahme bleibt es immerhin, wenn Qualitätsarbeit sich schlechter als geringere Arbeit entlohnt - kann nur in den *Angebotsverhältnissen* liegen. Der Preis der Ware und der Arbeitskraft wird eben nicht ausschließlich durch den Wert der Waren, die sie herstellen, bestimmt, sondern auch durch das Angebot der konkurrierenden Arbeitskräfte, durch ihre Zahl und ihre Lohnforderungen. Nur wo die Arbeiter - auch gelernte - sich in großer Zahl um eine Arbeitsgelegenheit bemühen, und nur da, wo sie sich durch solche Marktverhältnisse verleiten lassen, einander zu *unterbieten*, kann eine solche unterwertige Bezahlung der Leistungen entstehen. Auch diese Tatsache enthält deshalb eine besondere Lehre für uns Frauen. Es gilt in den Kreisen der arbeitenden Frauen das Gefühl der Solidarität, den Glauben an die Gemeinsamkeit ihrer Interessen zu wecken, sie in den Organisationen zu lehren, daß sie durch Unterbieten sowohl die anderen als auch sich selbst schädigen.

Eine weitere Lehre gibt uns die Tatsache, daß Heimarbeit fast immer *niedri-*

ger bezahlt wird als Fabrikarbeit. Wir sehen dort Leisten, die für die Möbel- und Bilderrahmenfabrikation gebraucht werden, die in der Fabrik den doppelten Preis erhalten. Wir sehen Papierservietten, die von Heimarbeitern für einen Preis gefaltet und verpackt werden, der hinter dem für Fabriken festgelegten Tarif erheblich zurückbleibt. Dem Heimarbeiter fehlt eben die Gelegenheit zum Zusammenschluß, zur gemeinsamen Vertretung der Interessen, die der Fabrikarbeiter schon am Ort seiner Tätigkeit findet. Er weiß nicht einmal, wie die anderen Angehörigen seines Gewerbes bezahlt werden.

Schließlich aber lehrt uns die Ausstellung - und das ist vielleicht ihr wichtigstes Resultat -, daß das Heimarbeitsproblem vor allen in der *Lohnfrage* wurzelt. Ganz durchgängig sind die Löhne so niedrig, daß alle anderen Mißstände dahinter zurücktreten, auch die schlechten Wohnungsverhältnisse, die unhygienische Herstellung der Waren. (Es sei daran erinnert, daß nicht nur Zigarren, sondern auch Nahrungsmittel, Marzipanschweinchen und dergl. in häuslichen Werkstätten, in denen eine Familie in gesunden und kranken Tagen wohnt, schläft, kocht, arbeitet, hergestellt werden.) - Wir finden in der Kartonfabrikation Stundenlöhne bis zu 3° Pf. herunter. Wir finden in der Dresdener Strohhutfabrikation Stundenlöhne von 12 Pf. Wir sehen weiße Chiffonhüte - feine Arbeit -, die bei 12stündiger Herstellungsdauer mit 1,35 Mark, russische Jacken, die mit 1,50 Mark an die Arbeiterin bezahlt werden, Herren- und Knabenanzüge mit 80 Pf. - kurz, wir sehen überall Stundenlöhne, die um 10 Pf. herum gravitieren. Und in der Spielwarenindustrie steht der Durchschnittslohn noch viel niedriger, Papphäuser und Burgen, Holztiere und Puppen, alles, was das Herz eines Kindes erfreut, ist hier in einem Saal zusammengetragen. Alle diese Dinge sind mit Schweiß und Blut erkauft, hier sind Familienstundenlöhne von 4 und 5 Pf. festgestellt. Jede wirkliche Reform der Heimarbeit, d.h. jede Maßregel, die sich der sittlichen Vorzüge der Heimarbeit für bestimmte Bevölkerungsgruppen, namentlich für die Mütter kleiner Kinder, bewußt ist, jede Maßregel, die die Heimarbeiter schützen, nicht en bloc beseitigen will, muß deshalb mit einer Lohnpolitik beginnen. Es muß ein Weg gefunden werden, um *durch Arbeitsämter Tarife festzulegen, die Mindestlöhne bestimmen.* Nur wenn eine solche Lohnpolitik durchzusetzen ist, nur wenn sich der Staat hierzu entschließt, ist auf eine Gesundung der Heimarbeit zu hoffen.

Durch eine solche Lohnregulierung würden auch die ausgedehnten *Arbeitszeiten* verschwinden. Wird die Arbeiterin anständig bezahlt, so denkt sie gar nicht daran, bis in die Nächte hinein bei der Arbeit zu sitzen. Und die unheilvolle *seelische Wirkung,* die die fieberhafte Art der Arbeit heute auf die Heimarbeiter ausübt, das stumpfmachende Einerlei angespanntester und ununterbrochener Tätigkeit, die geistige Öde und Interesselosigkeit, zu der ein jeder verdammt ist, der seine Gedanken nie über die kleine Teilarbeit hinauslenken kann, auch sie wird verringert werden. Heute haben alle Triumphe der Arbeit, die Deutschland groß und mächtig gemacht hat, nicht verhindern können, daß Tausende von Arbeitern als Menschen leerer, freudloser geworden sind. Dem Heimarbeiter besonders ist ein gehaltvolles menschliches Sein, eine Pflege geistiger Interessen unmöglich gemacht, solange der niedrige Lohn ihn zu fieberhafter, ununterbrochener Tätigkeit zwingt. All sein Sinnen und Denken ist auf seine Leistungsfähigkeit, auf die Menge des Produkts gerichtet, alles andere Denken und Streben versinkt für ihn. Und so ist unsere unermeßlich gesteigerte Produktion, an der die Heimarbeit keinen geringen Anteil nimmt, so ist unsere moderne Kultur und Größe, so ist unser moderner Luxus teuer erkauft mit dem Preis einer Verkümmerung und Herabdrückung weitester Volksschichten, so lange wir solche Löhne, wie sie in der Heimarbeit bezahlt werden, dulden.

Das ist um so stärker zu betonen, als auch *Luxusindustrien* vielfach so niedrige Löhne zahlen. Neben der Spielwarenindustrie sind Spitzen und Krawatten, Nippes und Galanteriewaren auf der Ausstellung vertreten - kurz tausend Dinge, die niemand zum Notwendigen oder Nützlichen rechnen kann, und die bloß billig zum Verkauf gestellt werden, damit das Publikum einen Anreiz zum Kaufen empfängt. Da sind z.B. Flitterstickereien aus dem Spessart. Der Stoff zu einer solchen Bluse wird im Engrosverkauf mit 26 Mark, im Detailverkauf aber sicherlich doppelt so hoch bezahlt. Die Arbeiterin erhält für diese 45stündige Mühe 9 Mark, einen Stundenlohn von 20 Pf. Sind solche Luxusindustrien wünschenswert? Soll man dulden, daß derartige Gegenstände zu so niedrigen Löhnen hergestellt, mit der besten Kraft und Gesundheit weiter Volkskreise bezahlt werden? Professor Sombart hat in seinen einleitenden Worten bei Beginn der Ausstellung die Frage aufgeworfen, welchen Zweck es habe, daß die Ausstellung den Verbrauchern solcher Waren die Augen über die Mißstände bei ihrer Herstellung öffnet. Und seine Antwort war, daß gewiß der Gedanke künstlerischer Kultur, von dem die besitzenden Klassen heute erfüllt sind, fruchtbar für ein ganzes Volk sein kann, aber nur, wenn sie nicht auf Blut und Schweiß aufgebaut ist, wenn sie auf der Arbeit eines gesunden, anständig ernährten Volkes ruht. Die Luxusgegenstände aber, die wir in der Ausstellung sehen, dienen häufig nicht einer künstlerischen Kultur, sondern nur einem leeren Genußleben, vielfach geben sie nur den Schein von Eleganz und Luxus. Es ist eine Talmischönheit, eine Surrogateleganz, die verschwindet, sobald man näher zusieht. Und solche Talmieleganz machen Frauen der allerweitesten Kreise mit. Sie gehen in den billigsten Laden, sie besuchen jeden Ausverkauf, jeden Gelegenheitskauf; sie erzählen stolz und glücklich, daß sie irgend einen Gegenstand für den „halben Preis", d.h. für die Hälfte seines Wertes, erstanden haben!

Gegen diese Mißstände können wir ankämpfen. Wir können es den Frauen zum Bewußtsein bringen, daß sie sich schämen müßten, etwas für die Hälfte des Wertes zu kaufen, weil dadurch ein anderer um seinen gerechten Lohn, um den Ertrag seiner Arbeit gebracht werden muß; daß sie nicht Luxusartikel begehren und tragen sollen, die ihre Verhältnisse ihnen nicht gestatten; weil sie dadurch - durch solche Anschaffung von Gelegenheitskäufen - die Preise und folglich auch die Löhne drücken. Bismarck hat es einmal ausgesprochen, als von dem Aufkommen der Heimarbeit die Rede war, *daß unsere schönen Röcke uns noch auf dem Leibe brennen werden!*

Wenn die Ausstellung das zustande bringt, wenn sie weiteste Kreise davon überzeugt, daß wir uns mit Dingen umgeben, an denen wir keine Freude haben *dürfen,* so lange sie unter so elenden Bedingungen hergestellt sind, daß alle Kreise des Volkes gemeinsam an der Beseitigung des Heimarbeiterelends arbeiten müssen, auf daß wir uns wieder mit gutem Gewissen mit schönen Dingen umgeben können - dann hat sie ihren Zweck erfüllt.

Die Forderung der Frau*

Überall hat die Frauenbewegung allmählich die verschiedensten Stadien durchlaufen. Unter dem Einfluß der Aufklärungsepoche und der französischen Revolution strebten die Frauen zuerst nach Gleichberechtigung mit dem Manne. Sie sahen in dem an das Haus gebundenen Wirken einen Frondienst, in ihrer wirtschaftlichen und sozialen Abhängigkeit eine Unterdrückung. Sie verglichen die Lage der Frau mit der des Mannes und stellten danach die Liste der Forderungen auf. Das klassische Beispiel eines solchen Programms, das von dem Glauben an die Gleichartigkeit der Geschlechter diktiert ist, bietet die Resolution, die von den amerikanischen Frauen in Seneca Falls 1848 angenommen wurde. Sie ist ein langes Verzeichnis der „wrongs of men towards women". Hier wird nicht versucht zu erklären, wie diese rechtlose Stellung der Frau entstanden ist, sondern man konstatiert nur ein Mißverhältnis, ein Unrecht, und verurteilt es mit Wucht und Gewalt. Die Frauen erblickten in dem Manne nur den Tyrannen und den Unterdrükker, und so sahen sie denn keinen anderen Weg der Lösung als den des Kampfes.

Eine solche einseitige Betonung des Menschentums in der Frau hat die Frauenbewegung auch in Deutschland zuerst ausgezeichnet. Und hier war das vielleicht doppelt berechtigt, weil die deutschen Frauen tatsächlich mehr noch als die Frauen anderer Länder auf den häuslichen Wirkungskreis beschränkt, geistig daniedergehalten wurden, weil man für das Gefühl der Gleichwertigkeit männlicher und weiblicher Leistungen für die Kultur zunächst gar kein Verständnis hätte

* Das Blaubuch, 1. Jg., Nr. 6, 15. Febr. 1906, S. 230-236

finden können. So versuchten die ersten Vorkämpferinnen einer deutschen Frauenbewegung durch theoretische Erörterungen klar zu legen, daß auch die Frauen durch höhere Bildung, durch bessere Erziehung zur Leistungsfähigkeit der Männer geführt werden könnten. Und auf Grund einer solchen gleichartigen Leistungsfähigkeit sollte dann die soziale Gleichberechtigung, die Gleichstellung im öffentlichen Leben durchgekämpft werden.

Wohl nirgend haben solche akademischen Erörterungen einen so leidenschaftlichen Widerspruch gefunden, wohl nirgends sind die Vorkämpferinnen einer Bewegung so sehr mit Hohn und Spott überschüttet worden wie in Deutschland. Die hervorragendsten Gelehrten scheuten es nicht, das ganze Rüstzeug ihrer Wissenschaften aufzubieten, um diese Ansichten zu widerlegen, um gleichfalls in abstracto zu deduzieren, daß das Weib seiner Natur nach auf den zweiten Platz gestellt sei und deshalb immer eine untergeordnete Stellung einnehmen müsse. Aber wer von der Minderwertigkeit des weiblichen Geschlechts wirklich so überzeugt war, der hätte dem Wunsch der Frauen, einen Versuch mit ihrer Leistungsfähigkeit zu machen, ihnen höhere Bildungsanstalten zu eröffnen, ruhig nachgeben können, denn dann hätte sich das Mißverhältnis in der Begabung erweisen müssen. Aber gerade gegen solche praktischen Versuche lehnte man sich auf, und so wurden die Frauen durch diese Art des Kampfes in eine andere Phase ihrer Bewegung geradezu hineingedrängt. Sie mußten aus eigener Kraft versuchen, ihre Geschlechtsgenossinnen zu höheren Graden der Leistungsfähigkeit zu erziehen. Man gründete Frauenerwerbsvereine, um die Frauen wirtschaftlich selbständig zu machen, für praktische Berufe auszubilden. Man errichtete aus privaten Mitteln Gymnasialkurse und entsandte Frauen an ausländische Universitäten, solange das Vaterland ihnen die seinigen verschloß, um neue Bildungsmöglichkeiten, einen erweiterten geistigen Horizont für die Frauen zu gewinnen. Man gründete soziale und sozialpolitische Vereine, um die Frauen für die Anteilnahme am öffentlichen Leben zu gewinnen und zu schulen, um an der Bekämpfung gesellschaftlicher Mißstände teilzunehmen. Und nach dieser Zeit praktischen Wirkens sehen wir uns jetzt wieder vor neue Aufgaben gestellt, sehen wir neue Probleme auftauchen, die der Frauenbewegung ihre Richtung, ihre Merkmale aufprägen.

So langsam die Verwirklichung der Wünsche all denen erscheint, die mitten im Kampfe, mitten in der Bewegung stehen, so kann sich doch niemand verhehlen, daß die letzten zwanzig Jahre in den deutschen Großstädten einen vollständigen Umschwung in der Stellung der Frau herbeigeführt haben. Die Forderungen der Frauenbewegung haben sich zum Teil realisiert, sind zum Teil schon Rechtszustand geworden, und die wirtschaftlichen Verhältnisse leisten für ihre weitere Verwirklichung die unschätzbarste Vorarbeit. Und das unterscheidet die heutige Frauenbewegung von allen früheren Bestrebungen hervorragender Frauen. Was ehemals von einzelnen, durch Intellekt und Energie besonders ausgezeichneten Frauen begehrt wurde, das wird heute für die große Masse verlangt. Ein größeres Maß von Bewegungsfreiheit, wirtschaftliche Selbständigkeit, Anteilnahme am öffentlichen Leben, das ist heut Bedürfnis der Frauen allerweitester Volksschichten geworden. Es müssen neue Normen ausgebildet werden, nach denen das Leben der Frauen im allgemeinen einzurichten ist. Die Frauenbewegung - und die Forderungen, die sie stellt - beruhen auf der Annahme, daß die Mehrheit der Frauen einer Erhebung aus ihrer abhängigen Lage zu selbständiger Lebensführung fähig sei, sofern die äußeren Verhältnisse, Sitten, Erziehung und Gesetze den Weg dazu ebnen. Deshalb liegen die Erfolge der Frauenbewegung keineswegs nur in der äußeren Anerkennung, die einzelnen Frauen für ihre Leistungen wird, oder etwa in den gesetzlichen und rechtlichen Errungenschaften. Sie liegen nicht allein darin, daß man den Frauen in den letzten Jahrzehnten eine Fülle von Berufen - im Handelsgewerbe, als Post- und Bahnbeamtinnen, als Apothekerinnen, Photographinnen, Oberlehrerinnen und Ärztinnen - eröffnet hat. Sie liegen nicht darin, daß sich den Frauen die Tore der Universitäten aufgetan, daß ihnen geistige Entwicklungsmöglichkeiten gegeben worden sind; sie liegen nicht daran, daß man beginnt, die Frauen zu öffentlichen Ämtern - als Armen- und Waisenpflegerin, als Vormünderin, in der Schulverwaltung u.dgl. - zuzulassen, wenn das alles auch erste Schritte zu einem Erfolg sind. Sondern der tiefere Wert und das bleibende Ergebnis all dieser Bestrebungen wird davon abhängen, ob die Mehrzahl der Frauen das aufnimmt und zu nutzen weiß, was einige Führende für sie erkämpft und errungen haben; von der Nachfolge, die sich die Bewegung in jüngeren Generationen zu schaffen vermag. Eine solche Nachfolge zu gewinnen und zu schulen, damit sie das Erreichte nützt, den gewonnenen Boden behauptet, das ist im Augenblick die dringendste Aufgabe der Frauenbewegung, wenn auch allerdings neben diesem inneren Wirken die Verteidigung und Erweiterung des gewonnenen Bodens nach außen nicht vergessen werden darf.

Aber gerade diese Aufgabe, die junge Generation für unsere Bestrebungen zu gewinnen, führt die Frauenbewegung zu neuen Problemen, führt sie wieder mehr der Erörterung von Prinzipienfragen zu. Man sieht sich gerade dadurch vor die Aufgabe gestellt, festzulegen, wie weit man allgemein gültige Forderungen an die Frauen und für die Frauen stellen darf. Dazu kommt, daß die Erfahrungen, die man bereits in den letzten Jahrzehnten mit selbständig arbeitenden und modern erzogenen Frauen, mit einer unter neuen Verhältnissen aufgewachsenen Generation gemacht hat, daß vielleicht auch das Heranwachsen wissenschaftlich geschulter Führerinnen eine ganz neue Beleuchtung für die Forderungen der Bewegung ergeben hat. Keineswegs leitet man die Berechtigung der Frauenbewegung noch aus der Gleichartigkeit der Geschlechter ab. Die Frauen haben sich überzeugt, daß die Geschlechter durch seelische und intellektuelle Eigentümlichkeiten gekennzeichnet sind. Aber gerade diese Verschiedenheit, die wir anerkennen, die in erster Linie in der Bestimmtheit der Frau zur Mutterschaft wurzelt, gerade diese Verschiedenheit ist das Motiv, um dessentwillen wir Gleichberechtigung im öffentlichen Leben verlangen müssen. Denn eben weil die Frau anders ist als der Mann, hat sie für den Haushalt der Nation, hat sie für den Fortschritt der Kultur

- nicht nur durch Arbeit im Haus, sondern in der Welt - etwas Eigenes zu geben, was kein Mann geben und ersetzen kann. Gerade weil die Frau andersartig ist, wird sie in Wissenschaft und Kunst etwas anderes leisten können als der Mann, sobald man sie zur vollen Anteilnahme, zu ernster Mitarbeit auf diesen Gebieten durch Erziehung und Ausbildung zuläßt. Die Frau wird als Ärztin, Advokatin und Lehrerin anders wirken und für andere Zweige und Aufgaben dieser Berufe in Betracht kommen. Die Frau wird im öffentlichen Leben Interessen pflegen können, deren Bedürfnissen der Mann sich nicht so eng anpassen kann wie sie, nämlich wo es gilt, den Bedürfnissen von Frauen und Kindern gerecht zu werden. Sie wird für die Organisation unseres Schulwesens, der Armenbehörden, der Krankenhäuser die Einsicht verwerten können, die sie durch Übernahme der Erziehungsaufgaben und der wirtschaftlichen Aufgaben im Hause seit langem erworben hat. Und auf diese ihre bessere Geeignetheit für eine ganze Reihe öffentlicher Aufgaben, auf die Notwendigkeit, weibliche Stimmen zu hören, wo die Bedürfnisse von Frauen und auch von Kindern geregelt werden, gründet sich auch die Forderung nach politischer Gleichberechtigung mit dem Manne. Nicht weil sie gleichartig sind, sondern weil sie gleichwertige Leistungen für die Kultur einzusetzen haben; nicht weil sie die Arbeit des Mannes verdoppeln, sondern weil sie sie ergänzen wollen, verlangen die Frauen nach neuen Rechten. Die Betonung des Menschentums, von der die Frauenbewegung zuerst ausging, tritt heute zurück hinter einer Betonung des Weibtums, der besonderen weiblichen Eigenart.

Und dieses Bewußtwerden der weiblichen Eigenart mußte den Frauen neue Probleme darbieten. Es ist noch nicht lange her, daß die Gegner der Frauenbewegung sich im Kampf gegen unsere Bestrebungen des Arguments bedienten, die Frauen würden durch wirtschaftliche Selbständigkeit und durch tiefere Bildung die von der Natur gewollten weiblichen Eigenschaften und Neigungen einbüßen, sie würden sich im wahrsten Wortsinne emanzipieren, sie würden für gemütliche Regungen unempfindlich werden, keine Fähigkeit zur Liebe, keine Neigung zum Eingehen einer Ehe mehr haben. Die Erfahrung hat diesen Vermutungen nicht recht gegeben. Die Natur läßt sich nicht knechten; die gemütlichen Bedürfnisse der Frauen, ihre natürlichen Triebe sind nicht zu unterbinden. Die Frau, die gelernt hat, ihren Platz im Erwerbsleben, im öffentlichen Leben auszufüllen, ist sich des Wertes der eigenen Persönlichkeit stärker bewußt geworden. Gerade die äusseren Betätigungsmöglichkeiten, aber auch das Eindringen in die Schätze geistiger Kultur erwecken in ihr den Sinn für bleibende Lebenswerte, die stets persönlicher Natur sind. Es entsteht der Wunsch nach einer allseitigen Entfaltung des Wesens, nach einer Betätigung aller Kräfte, nach einer Erfüllung aller in der Natur der Frau liegenden Lebensmöglichkeiten, auch ihrer Liebesfähigkeit. Die Anlagen und Fähigkeiten der Frauen entwickeln sich auch nach einer Richtung, die den ursprünglichen Ideen der Frauenbewegung ganz entgegengesetzt ist. Neben den Feminismus der älteren Frauenbewegung stellt sich der Individualismus der jüngeren, deren Blick für die besonderen Bedingungen, die die Natur der Frau gestellt hat, geschärft ist. Die Frau, die äußerlich von der Enge des früheren Frauenschicksals befreit, die wirtschaftlich selbständig, in ihrem Denken unabhängig geworden ist, fordert nun auch ein volles Weibesschicksal. Sie fordert Erfüllung ihrer Naturanlagen durch Liebe und Mutterschaft, sie fordert das als eine natürliche Konsequenz der Bewegung, die sie zu einer Nutzbarmachung ihrer Kräfte überhaupt erzogen hat.

Aber hier begegnen wir unüberwindbar scheinenden Schwierigkeiten. Es ist nicht möglich unter den heutigen wirtschaftlichen Verhältnissen, im Rahmen der geltenden sittlichen Normen, diesen Ansprüchen der Frau Geltung zu verschaffen. Und so sind aus diesem Konflikt der Frauenfrage denn auch die kühnsten Lösungsversuche und Vorschläge erwachsen. Man hat für die Frauen, denen die Ehe versagt bleibt, das Recht auf freie Liebesverhältnisse, das Recht auf ein Kind, die Sanktion der Gesellschaft für die uneheliche Mutterschaft gefordert. Aber es fragt sich, ob die Frauenbewegung eine solche Forderung in ihr soziologisches Programm aufnehmen darf, ob es sich hier nicht um eine Lösung des Problems handelt, der vielleicht wenige - niemals die vielen, denen das Programm der Frauenbewegung gilt - gewachsen sind. Die Frauenbewegung hat denn auch in ihren offiziellen Kundgebungen derartige Vorschläge abgelehnt, weil „persönliche Glücksbedürfnisse nicht maßgebend für die Gestaltung einer Institution sein dürfen, die nur mittelbar dem Glück der einzelnen, in erster Linie aber der Gattung dienen soll, die dem Kind gegenüber ihre wesentliche Aufgabe hat". Vom sozialen Standpunkt lehnt sie alle Forderungen ab, die auf eine Lockerung der mit der Ehe verbundenen sittlichen Verantwortungen hinauslaufen.

Was von der Bewegung geschehen kann, um die Spannung zwischen dem Liebesbedürfnis der Frau und seiner Erfüllung möglichst zu verringern, liegt in anderer Richtung. Es liegt in der Bekämpfung der doppelten Moral, die dem Manne in sexueller Beziehung jede Freiheit läßt, während sie die Frau ohne Nachsicht - selbst ohne Würdigung besonderer Verhältnisse - verurteilt, wenn sie einen Schritt von den allgemeinen Sitten und Regeln abweicht. Es liegt weiter in den Bestrebungen zur Besserung der rechtlichen Lage der Ehefrau. Und schließlich muß alles, was die Selbständigkeit und wirtschaftliche Unabhängigkeit der Frauen steigert, dazu beitragen, gesündere Verhältnisse für das Liebesleben von Mann und Frau herbeizuführen. Wenn die Frauenbewegung die wirtschaftliche Selbständigkeit der Frau auch unter diesem Gesichtspunkt befürwortet und bewertet, geht sie von dem Gedanken aus, daß die Berufstätigkeit ungeeignete Frauen von der Ehe zurückhalten, andere von dem Zwang befreien kann, den ersten besten zu nehmen, und schließlich in vielen Fällen auch helfen wird, die materielle Grundlage für eine zeitige Eheschließung - besonders im gebildeten Mittelstand - zu bieten.

Aber weiter ergibt sich die Frage, ob die wirtschaftliche Selbständigkeit aller Frauen, d.h. ob die Erwerbsarbeit der verheirateten Frau das Ideal unserer Bewegung sein soll, ob wir anstreben müssen, daß auch innerhalb der Ehe Mann und

Frau in gleicher Weise dem Erwerb nachgehen und in gleichem Maße die Kosten des Familienhaushaltes bestreiten. Angesichts dieser Streitfrage hat man ernsthaft erörtert, ob die Ehe oder ob die Mutterschaft mit der Berufstätigkeit der Frau zu vereinen ist. Die Antwort darauf ist leicht zu finden. Wir sehen überall in den besitzlosen Klassen, daß zahllose Frauen einem doppelten Pflichtenkreis im Haus und im Erwerbsleben nachgehen müssen. Die Möglichkeit der Vereinbarung kann gar nicht bezweifelt werden. Es handelt sich nur darum, festzustellen, wie weit bei einem solchen doppelten Aufgabenkreis die Arbeit leidet, wie weit die Frau übermäßig, vor der Zeit verbraucht wird. In bezug auf die Frauen der besitzlosen Klassen hat die deutsche Frauenbewegung sich für das Ideal einer Einschränkung der Erwerbsarbeit verheirateter Frauen erklärt. Nicht in dem Sinne, daß ihnen etwa die Berufstätigkeit auf irgendeinem Gebiet verwehrt oder verboten werden soll. Aber sie wünscht eine Herabminderung der Arbeitszeit, sie hält die Erfüllung häuslicher Pflichten mit einem so ausgedehnten Maß von außerhäuslicher Arbeit, wie es beispielsweise in den Fabriken verlangt wird, nicht für vereinbar. Eine Rückentwicklung der Arbeit verheirateter Frauen wird sozialpolitisches Ideal.

Diese Stellungnahme wird überall da Geltung haben, wo die Frauen durch ihre Beteiligung an der volkswirtschaftlichen Produktion nicht wertvollere Leistungen zu geben haben, als sie im Haus und Familienkreis hervorbringen können. Die Künstlerin, die Frau der Wissenschaft, die auf sozialem oder politischen Gebiet tätige Frau, die ihre Tätigkeit leichter abgrenzen und nach eigenem Ermessen regeln kann als die Frau, die weniger qualifizierte Arbeit leistet, wird Mutterschaft und Berufstätigkeit unter Umständen eher vereinigen können. Sie wird mitunter auch in ihrer Berufsarbeit das Wertvollere leisten können; nämlich dann, wenn besondere Gaben und Anlagen zur Entfaltung und Nutzbarmachung drängen, wenn sie durch ihre Berufstätigkeit eine Kulturleistung im eigentlichsten Sinne einzusetzen hat. Vielleicht werden Einzelne die Kraft zu einem solchen Doppelleben haben, den warmen, unversiegbaren Lebensstrom, der sich nach zwei Seiten fruchtbar ergießen kann. Vielleicht wird aber auch hier die Mehrzahl der Frauen die Gefahr erblicken, nach beiden Richtungen zu wenig geben zu können und deshalb die Wahl zwischen Beruf oder Ehe fällen.

Die Notwendigkeit einer solchen Wahl, vor die das Gros der Frauen gestellt wird, kompliziert das Leben der Frauen. Keine Errungenschaften der Frauenbewegung, keine Gleichberechtigung im öffentlichen Leben kann diese Schwierigkeit beseitigen. Denn sie führt die Frauenbewegung nach all ihren Erfahrungen und Errungenschaften wieder zu der Frage: Soll das Mädchen ebenso wie der Mann zu einer Berufsarbeit erzogen werden, wenn sie auch möglicherweise nur kurze Zeit diese ausüben wird? Aber auf diese Frage kann es nur eine vollgültige Antwort geben. Solange die Frauen nicht ebenso wie die Männer dazu erzogen werden, ihre Kräfte voll zu nutzen, ihre Arbeit mit vollem Berufskönnen und vollem Berufsernst auszuüben, solange sie erwerbstätig sind, so lange werden die Frauen nicht zu höheren Leistungen, zu wertvoller Kulturarbeit gelangen. Auf die

Herbeiführung einer solchen Erziehung der Frauen muß die ganze Wucht unserer Bewegung gelegt werden.

Antwort an Fräulein Emily Altschul*

auf den „Offenen Brief“ in Nr. 22 des Centralblatt

Berlin, d. 18. Februar 1906

Liebes Fräulein Altschul!

Ihren Brief im Centralblatt vom 15. Februar habe ich soeben gelesen und beeile mich, Ihre Anfrage zu beantworten. Ich bin allerdings - ebenso wie Sie - der Ansicht, daß die Frauenbewegung politisch neutral sein müsse; und dieser unserer Ansicht entspricht ja auch die Tatsache, daß in den Statuten unserer Vereine - auch des Bundes - nirgends eine bestimmte Stellungnahme zur heutigen Gesellschaftsordnung als Voraussetzung der Mitgliedschaft gefordert wird. Vielfach - beispielsweise in Preußen - wird uns diese politische Neutralität sogar durch das Vereinsgesetz aufgenötigt. Aber ganz unabhängig davon erkenne ich *im Prinzip* die Notwendigkeit dieser Neutralität als Voraussetzung der gemeinsamen Arbeit von Angehörigen aller Parteien an. Ich halte es sogar für eine der wertvollsten Ergebnisse der organisierten Frauenbewegung, daß sie Frauen aller Kreise, aller Parteirichtungen vereinigt, daß wir uns bei der Arbeit über alle Gegensätze in einzelnen Anschauungen hinweg haben schätzen lernen. Aber - und nun komme ich zu dem Gegensatz, der unsere Ansichten beherrscht: diese Neutralität, diese gemeinsame Arbeit aller, die ich im Prinzip wünsche, ist *in der Praxis* eingeengt auf den Kreis aller derer, die außerhalb der sozialdemokratischen Partei stehen. Sie erwähnen ja selbst, daß „zurzeit eine gemeinschaftliche Arbeit von führender sozialdemokratischer Seite nicht gewünscht wird“. Ich würde das allerdings so ausdrücken, daß die sozialdemokratische Partei *im Prinzip* das Zusammenarbeiten von sozialdemokratischen Frauen mit der Frauenbewegung abgelehnt hat, mit der Motivierung, daß die Befreiung der Frauen der arbeitenden Klasse nur erfolgen könne durch die Beseitigung der kapitalistischen Wirtschaftsordnung, daß es daher für *diese* Frauen nur den Klassenkampf, Seite an Seite mit dem Mann, nicht

* Centralblatt des Bundes deutscher Frauenvereine, 7. Jg., Nr. 23, 1. März 1906, S. 180-181

aber eine gesonderte Frauenbewegung geben dürfe. Dadurch - durch dieses Fernbleiben der sozialdemokratischen Frauen von der Frauenbewegung, das durch das sozialdemokratische Parteidogma bedingt ist - ist eine „bürgerliche Frauenbewegung“ entstanden. Der Ausdruck „bürgerliche Frauenbewegung“ stammt von sozialdemokratischer Seite, und in der Tat finden sich innerhalb der Frauenbewegung als solcher zur Zeit nur noch Frauen zusammen, die ihrer politischen Gesinnung nach den verschiedenen bürgerlichen Parteien angehören, die also „die geschichtlich gewordene Gesellschaftsordnung anerkennen und glauben, nur durch deren allmähliche Fortbildung bessere soziale Zustände erreichen zu können“, nachdem die Frauen, die der sozialdemokratischen Seite angehören, sich außerhalb des Kreises der „neutralen Frauenbewegung“ gestellt haben. Diese Worte nun, „die Anerkennung der geschichtlich gewordenen Gesellschaftsordnung“, die Sie zu Ihrer Anfrage veranlaßten, scheinen Sie allerdings anders aufgefaßt zu haben, als ich sie meinte. Ich verstehe darunter, daß wir keinen *Umsturz*, sondern *Umbildung* der Gesellschaftsordnung wünschen. Das kann man sehr wohl tun, ohne Sozialdemokrat oder Sozialist sein zu müssen. Man kann sogar die ethischen Postulate des Sozialismus bis zu einem gewissen Grade teilen und sich trotzdem durch eine unüberbrückbare Kluft von der *Gesamtanschauung* des Sozialismus und mehr noch von dem politischen Programm der Sozialdemokratie, von ihrem Endziel getrennt fühlen.

Daß von Seiten sozialdemokratischer Frauen gegen die oben angeführte Parteiparole des Klassenkampfes auch der Frauen untereinander protestiert worden [ist], und daß sie sich entgegen dieser Parole, entgegen ihrem Parteiprogramm den „bürgerlichen Frauenvereinen“ angeschlossen hätten, ist mir nie bekannt geworden. Vielmehr ist jene Stellungnahme der Partei von den politisch tätigen sozialdemokratischen Frauen bei *jeder* Gelegenheit mit besonderer Schärfe vertreten worden; sie ist präzisiert worden im Anschluß an einen Vortrag von Frau Zetkin durch eine Resolution auf dem Gothaer Parteitag 1896 (vgl. Protokoll des Parteitages 1896, S. 174-175), und seitdem ist die Praxis der sozialdemokratischen Frauen von dieser programmatischen Erklärung nicht abgewichen.

Mir erscheint es darnach ausgeschlossen, daß zur sozialdemokratischen Partei gehörige Frauen an den Arbeiten der organisierten Frauenbewegung teilnehmen. Wer die Taktik der Partei ihren Mitgliedern gegenüber verfolgt, dürfte es mit mir nicht für wahrscheinlich halten, daß man den sozialdemokratischen Frauen eine Bewegungsfreiheit einräumt, die im Widerspruch mit dem Parteiprogramm steht. Sollte ich mich darin getäuscht haben, sollten sozialdemokratische Frauen mit uns zusammen innerhalb der Frauenbewegung arbeiten wollen, so werden sie mir herzlich willkommen sein. Solange das nicht geschieht, aczeptiere ich den Ausdruck „bürgerliche Frauenbewegung“, nicht aber weil unsere Bewegung von bürgerlicher Seite ausgegangen ist, wie Sie es auffassen, sondern weil der Ausdruck *den Tatsachen entspricht*, weil die im Bund organisierte Frauenbewegung nur Frauen vereinigt, die nicht zur Sozialdemokratie gehören.

Darüber hinausgehend gebe ich aber zu - und darin vor allem scheiden sich meine Anschauungen wohl von den Ihren -, daß der sozialdemokratischen Partei und ihren Frauen eine Berechtigung für ihre Stellungnahme zur Frauenbewegung nicht abgesprochen werden kann, daß das Fernbleiben der sozialdemokratischen [Frauen]von unserer politisch neutralen Bewegung ihnen nicht zu verübeln ist. Die Anschauungen, von denen das sozialdemokratische Parteiprogramm ausgeht, enthalten eine so eigenartige Auffassung der Gesellschaftsordnung und des Weges, auf dem eine Neuordnung zu erreichen ist, daß Sie sich von einem gemeinsamen Vorgehen mit Menschen, die nicht auf Ihrem politischen Boden stehen und Ihren Weg nicht beschreiten wollen, keine Erfolge versprechen *können*, auch da nicht, wo dieselben Ziele von Ihnen und den anderen verfolgt werden.

Ich habe auch lange Zeit geglaubt, daß die Frauenbewegung ihre Ziele am besten erreichen wird, wenn es gelingt, eine unabhängige Frauenpartei *ohne* die heute bestehende Einengung herzustellen. Aber je mehr ich mich in das Studium von Marx vertieft habe, desto mehr habe ich eingesehen, daß die Sozialdemokratie - solange sie an ihrer marxistischen Theorie festhält - konsequenterweise ein Zusammengehen mit Nicht-Sozialdemokraten prinzipiell ablehnen muß, weil darnach alle soziale Reformarbeit die Entwicklung aufhält, die sie herbeiführen will, die Entwicklung zu einem Zusammenbruch der kapitalistischen Gesellschaftsordnung. Vielleicht spielen bei der rigorosen Ablehnung aller gemeinsamen Arbeit von Seiten der Sozialdemokratie auch Fragen der taktischen Klugheit mit. Um im Gefühl der breiten Massen das Programm nicht zu verwischen, sperrt man sich von andern Parteien auch in Fällen ab, in denen ein logisches Bedürfnis nicht vorhanden ist. Daß innerhalb der Partei sich Tendenzen bemerkbar machen, denen „das Endziel nichts und die Bewegung alles ist", die gleichfalls davon abgehen, auf eine möglichst schleunige Herbeiführung dieses Zusammenbruches hinzuarbeiten, und statt dessen - gleich uns bürgerlichen Sozialreformern - Schritt für Schritt bessere Lebensbedingungen für besitzlose oder unterdrückte Gesellschaftsklassen herbeiführen wollen, ist ein erfreuliches Zeichen dafür, daß vielleicht einmal aus der heutigen sozialdemokratischen Partei, die ein Zusammengehen mit der Frauenbewegung ablehnt, eine radikale Arbeiterpartei werden dürfte, für die solche Gesichtspunkte nicht mehr maßgebend sind, die einer uneingeschränkt neutralen Frauenbewegung nicht mehr im Wege steht.

Also, liebes Fräulein Altschul, nach *meiner* Ansicht kann heute die Frauenbewegung nur mit der genannten Einschränkung, kann sie nur als bürgerliche Frauenbewegung neutral sein. Ich werde mich freuen, mit Ihnen nach Ihrer Rückkehr noch recht eingehend über diese Frage diskutieren zu können.

Mit herzlichem Gruß, Ihre

Alice Salomon

Die soziale Bedeutung der unehelichen Mutterschaft*

Als Helene Böhlau vor Jahren in einem ihrer schönen Bücher die Forderung aussprach, der Frau, der die Ehe versagt blieb, [sei] das Recht auf die Mutterschaft, das Recht auf ein Kind zuzubilligen, da hatte die Frauenbewegung keine Ursache, zu dieser Forderung Stellung zu nehmen. Denn eine Künstlerin ließ diesen Ausspruch eine ihrer Gestalten, eine feine und tiefe Frau, als Facit ihrer besonderen, individuellen Lebensschicksale tun. Ein individuelles Schicksal löste eine subjektive Forderung aus, die dem Einzelnen gefallen oder mißfallen mag, mit der die organisierte Bewegung der Frauen aber nichts zu tun hatte.

Anders liegen die Verhältnisse, seit diese selbe Forderung „nach dem Recht auf die Mutterschaft" auch als soziologisches Programm aufgestellt worden ist; seit man an Stelle der subjektiven Rechtfertigung eines Einzelschicksals die allgemein gehaltene Forderung nach einer Anerkennung der freien Liebesverhältnisse, nach einer „neuen Ethik", wie die Fordernden sich ausdrückten, setzte; seit Anhängerinnen der Frauenbewegung für die Frauen, die nicht zur Ehe gelangen, das Recht auf ein Kind, die Sanktion der Gesellschaft für die uneheliche Mutterschaft fordern.

Das alles geschieht aus dem Wunsch, die Frau zur vollen Entfaltung ihres Wesens, ihrer Persönlichkeit zu führen. Das alles, damit die Frau ihr volles Leben lebe; damit sie Weibesschicksal auskoste; damit sie den Becher, der alle Lebensmöglichkeiten enthält, bis auf die Neige leere. – Seit diese Forderung so allgemein gehalten auftritt, ist unsere Bewegung gezwungen, Stellung zu ihr zu nehmen. Wir müssen uns fragen: Darf die Befriedigung der erotischen Bedürfnisse der Frau, darf dieser individualistische Gesichtspunkt zum ausschlaggebenden Prinzip für eine Forderung gemacht werden, deren Erfüllung nicht die Frau allein angeht, sondern an den Grundlagen unserer sozialen Ordnung rüttelt; eine Forderung, die nicht nur die Mutter, sondern auch das Kind betrifft. Der Kampf um das Recht auf die freie Liebe, d.h. auf die uneheliche Mutterschaft, muß vielmehr von der Frauenbewegung unter sozialen Gesichtspunkten betrachtet werden. Man muß vor allem prüfen, welche Wirkungen sie für das Kind hervorbringen, das das Resultat der freien Liebe ist; ob das Recht des Individuums, um das die Frauen kämpfen, hier nicht mit dem Recht der Gattung – die sub specie aeternitatis – doch immer das Höhere, Wertvollere bleibt, kollidiert.

Es handelt sich darum, festzustellen, ob die freie Verbindung imstande ist, das Gedeihen des Kindes in demselben Umfange zu sichern, wie die Familie es auf Grund der gesetzlichen Ehe, der geltenden Familienordnung im allgemeinen tut.

Unsere staatliche Ordnung stützt sich darauf, daß die Fürsorge für die heran-

* Deutschland, 4. Jg., Nr. 7, April 1906, S. 14-30

wachsende Generation von der Familie getragen wird. Kann die uneheliche Mutterschaft dem Kind dieselben geistigen und sittlichen Entwicklungsmöglichkeiten bieten, wie die Familie, so ist sie von soziologischen Gesichtspunkten aus, so ist sie im Interesse des Staates mit der Familie gleichberechtigt. Kann sie dem Kind den Familienverband nicht ersetzen, kann sie ihm nicht alle Möglichkeiten und Garantien für seine persönliche Entwicklung gewähren, so wird die Gesellschaft die Pflicht haben, an der geltenden Familienordnung festzuhalten. So wird die Frauenbewegung genötigt sein, die Forderung des Rechts auf die Mutterschaft abzulehnen. Denn auch den Frauen muß das allgemeine Wohl höher stehen als die Erfüllung von Sonderinteressen und Bedürfnissen.

Bisher hat man diese Frage hauptsächlich auf abstrakter, theoretischer Grundlage erörtert.

Von Vertretern der „neuen Ethik" ist der Gedanke ausgesprochen worden, daß Kinder, die aus freien Liebesverhältnissen hervorgehen, gesunder, kräftiger, schöner, begabter sein würden, als Kinder von Eltern, die sich bei der Eheschliessung vielleicht von äußeren, materiellen Rücksichten mehr leiten ließen als von der Stimme der Natur; die sich nicht in der Vollkraft ihrer Jugend zueinander fanden und angehören konnten. Die Kinder der Liebe würden daher zu einer Verbesserung und Veredelung der Rasse führen. Unter diesem Gesichtspunkt würde die neue Ethik nicht nur individuellen, sondern sozialen Zwecken dienen. Die Mutterschaft der Frauen, die nicht zur Ehe gelangen können, wäre auch im Interesse der Gesellschaft zu wünschen und zu fördern.

Auf solche Hypothesen ist mancherlei erwidert worden. Zunächst hat man es zum mindesten angezweifelt, daß die aus freien Verhältnissen hervorgehenden Kinder im allgemeinen gesunder, kräftiger sein würden. Als ob nur junge, gesunde und kräftige Menschen sich in Verhältnissen zusammenfinden; als ob nicht gerade die mangelnde Verantwortung, die solche Beziehung ausgezeichnet, manche leichtsinnige Beziehung von Menschen begünstigt, die sich durch Krankheit oder Gebrechen von einer Ehe zurückhalten lassen. Man hat darauf hingewiesen, daß die sogenannten Kinder der Liebe beim Durchdringen einer neuen Ethik - bei einer allgemeinen Sanktion und Anerkennung freier Verhältnisse - mehr noch als heute Kinder des Instinkts, des Triebs, ja des Zufalls, der Laune sein werden, von denen es keineswegs feststeht, daß sie ein besonders kräftiges, leistungsfähiges Menschenmaterial für die Gesellschaft abgeben werden. Aber weit wichtiger als all diese bisher unbewiesenen und wohl auch unbeweisbaren Ansichten, hat man gegen die neue Ethik geltend gemacht, daß selbst das gesundeste und beste Kindermaterial, das durch die uneheliche Mutterschaft geschaffen würde, in unnatürliche und ungesunde Verhältnisse hineingestellt würde, unter denen es leiden und degenerieren müsse. Wenn auch von der Frauenbewegung, ganz unabhängig von den Bestrebungen nach einer neuen Ethik, die Forderung nach einer Mutterschaftsversicherung, nach einem materiellen Schutz, nach einer Besserung der Lage der unehelichen Mutter aufgestellt wird, und wenn auch diese Forderungen in absehbarer Zeit erfüllt werden sollten, so ist doch nicht zu verhindern, daß die wirtschaftliche Versorgung der unehelichen Kinder dauernd auf eine schwankende Grundlage gestellt wird, daß man ihrem seelischen Wachstum Einflüsse entzieht, die für die volle Entwicklung ihrer Anlagen, ihres Wesens notwendig sind, daß man sie aus dem von der Natur gewollten Zusammenhang herausreißt. Im Interesse der Kinder glaubte man deshalb, eine neue Geschlechtsmoral ablehnen zu müssen, die wohl der Mutter in manchen Fällen zu einer Bereicherung des Lebensinhaltes, zu einer vollen allseitigen Entwicklung verhelfen könnte, die aber das Kind in seinen Lebensmöglichkeiten verkürzen müßte. Der Kampf um das Recht auf die Mutterschaft wurde abgelehnt, weil er einen Kampf gegen das Kind bedeutet, weil „persönliche Glücksbedürfnisse nicht maßgebend für die Gestaltung einer Institution sein dürfen, die nur mittelbar dem Glück des Einzelnen, in erster Linie aber der Gattung dienen soll, die dem Kind gegenüber ihre wesentliche Aufgabe hat".

Aber solche theoretischen Abstraktionen pflegen nur diejenigen zu überzeugen, die von vornherein überzeugt sind; und es dürfte sich deshalb empfehlen, an der Hand von Tatsachenmaterial nachzuprüfen, welche Bedeutung die uneheliche Mutterschaft für die Gesellschaft hat, ob sie tatsächlich „die beste Kraft unseres Volkes", wie es kürzlich in einem Aufrufe zur Fürsorge für ledige Mütter und ihre Kinder hieß, hervorbringt; welche Lebensschicksale diesen Kindern beschieden sind; ob die geltenden Sittlichkeitsbegriffe einen entscheidenden Einfluß darauf nehmen, oder ob die materiellen und geistigen Entwicklungsmöglichkeiten dieser Kinder, unabhängig von diesen Anschauungen, verkürzt sind.

Zu einem solchen Versuch bietet eine kürzlich erschienene Arbeit über die uneheliche Bevölkerung in Frankfurt a.M.,[1] die durch ältere Berliner Erhebungen ergänzt werden kann, brauchbares Material. Es handelt sich hier um eine Untersuchung, die auf Veranlassung der Zentrale für private Fürsorge unternommen wurde, um Klarheit über die Schicksale der unehelichen Kinder als Unterlage für die praktische Hilfstätigkeit zu schaffen. So begrenzt auch das Untersuchungsgebiet ist, so schwierig auch die Materialbeschaffung war, so eignet sich doch das Resultat der Arbeit dazu, allgemeine Schlüsse über die Gestaltung des Lebens unehelicher Kinder, ein Urteil über die soziale Bedeutung der unehelichen Mutterschaft zuzulassen. Die Untersuchungen beziehen sich auf drei verschiedene Lebensalter der Unehelichen. Spann hat das Material für das höhere Jugendalter den Militärstammrollen entnommen; für das schulpflichtige Alter stellte er eine eigene Erhebung an, und für die unehelichen Geburten wurden die Geburtskarten des Frankfurter statistischen Amtes benutzt.

Für diese drei Altersgruppen sollen die Erziehungs- und Entwicklungsbedin-

[1] Ottmar Spann: Untersuchungen über die uneheliche Bevölkerung in Frankfurt. Dresden, Böhmert 1905

gungen klargelegt werden. Sie sind in erster Linie davon abhängig, ob das Kind unter den durch die uneheliche Geschlechtsverbindung der Eltern herbeigeführten Bedingungen aufwächst, oder ob nachträgliche Ereignisse eintreten, die die funktionelle Unehelichkeit des Kindes aufheben (wie die Verheiratung der Mutter und Aufnahme des Kindes in die Stiefvaterfamilie oder der Tod der Mutter und Aufnahme des Kindes in Waisenerziehung). Danach gliedern sich die Erziehungsmöglichkeiten des Kindes in folgende Hauptgruppen:
Kinder, die unter der Obhut der alleinstehenden Mutter aufwachsen.
Kinder, die von der Mutter zu fremden Leuten in Pflege gegeben werden.
Kinder, die durch den Tod der Mutter in Anstaltserziehung übergehen.
Kinder, die durch Verheiratung der Mutter mit einem anderen Mann als dem Vater des Kindes in eine Stiefvaterfamilie gelangen.[2]

Auf den ersten Blick erscheint es, als ob alle diese Erziehungsmöglichkeiten so traurige und wenig wünschenswerte wären, daß die Entwicklung der Kinder unter allen Umständen gehemmt und verkürzt werden muß. Die zahlenmäßigen Ergebnisse der Frankfurter Untersuchungen beweisen aber doch, wenn man sie in lebendige Bilder übersetzt, daß die Chancen der Kinder sich in den einzelnen Gruppen ganz verschieden gestalten.

Schon bei der Geburt der Kinder zeigen sich die Ansätze und Keime zur späteren Differenzierung ihrer Schicksale. In dieser Zeit wird es offenbar, ob das Kind die Frucht einer leichtsinnig eingegangenen Verbindung oder einer ernsteren Neigung ist. Hier schon scheiden sich die Lebenswege in relativ günstige, wo der Vater sein Kind anerkennt, wo er in gutem Einvernehmen mit der Mutter bleibt, eventuell eine Verheiratung in Betracht zieht, und in ungünstige, wenn die Mutter schon vor der Geburt des Kindes von dem Vater verlassen oder gar verleugnet wird.

Ferner wird der Beruf, die günstige oder ungünstige materielle Lage der Mutter mitentscheidend für die Zukunft des Kindes sein.

Nach den Frankfurter Feststellungen ist nun der Mehrzahl der unehelichen Kinder schon von der Geburt an eine traurige Prognose zu stellen. Die Zahl der von den Vätern zum Zweck der Alimentation oder der Beurkundung der in Aussicht genommenen Verheiratung anerkannten Unehelichen ist sehr gering. Sie belief sich auf 7-8 vom Hundert in den Fällen, in denen die Mutter einem höheren Beruf nachging (freie Berufe, kaufmännische Angestellte); auf 10-15% bei den Kindern von Dienstmädchen und Arbeiterinnen. In den weitaus meisten Fällen scheidet der Vater für das uneheliche Kind in jeder Beziehung aus. Er verläßt den Lebenskreis des Kindes, ehe es noch zum Leben erwacht ist. Das Kind hat von

[2] Heiratet die ledige Mutter den Vater des Kindes, so tritt Legitimation des Kindes ein und das Kind ist späterhin als uneheliches durch die Statistik nicht zu erfassen. Die Legitimation erfordert zwar die Beurkundung beim Standesamt, erfolgt aber in der Regel in den ersten Jahren nach der Geburt.

ihm nichts zu erwarten: in bezug auf materielle Versorgung, in bezug auf geistig-sittlichen Einfluß ist es vaterlos.

Ein weiteres Licht auf die voraussichtliche Gestaltung des Lebens der unehelichen Kinder wirft der Niederkunftsort der Mutter. Man stelle sich vor, daß in Deutschland jährlich 180.000 uneheliche Kinder geboren werden. Wenn man den Durchschnitt der Frankfurter Vaterschaftsanerkennungen - also etwa 10-12% - auf Deutschland überträgt und die Zahl der Mütter, die bei der Geburt des Kindes noch in fester Beziehung zu dessen Vater stehen, demnach auf etwa 20.000 berechnet, verbleiben 160.000 Frauen, die alljährlich ihrer schweren Stunde einsam mit der bangen Frage entgegengehen, wohin sie sich flüchten sollen; 160.000 Kinder, deren Los schon von der Stunde ihrer Geburt an allein durch die Mutter gestaltet wird. Unter welchen Verhältnissen kommen nun diese Kinder zur Welt? Spann bezeichnet die private Wohnung als den günstigsten Niederkunftsort, die private Anstalt (Wöchnerinnenheim) als den nächst günstigen; die öffentliche Anstalt (Universitätsklinik) als den ungünstigsten. Er hat hier nicht die hygienischen Verhältnisse, sondern die allgemeine Lage der Mutter im Auge. Wo diese relativ günstig ist, wo sie Angehörige und Freunde hat, die sich ihrer annehmen, die sie versorgen wollen, wo es ihr an den nötigen Mitteln nicht fehlt, wird sie die Pflege in der Familie vorziehen.

Die Niederkunft in der Privatwohnung entspricht daher der günstigsten Lage der Mutter. Die öffentliche Anstalt ist der letzte Zufluchtsort, ist das Refugium der Verlassenen, des gehetzten Wildes; derer, die keine Heimat haben, die sie liebevoll aufnimmt. Nur in der Not sucht man sie auf. Zwischen beiden Möglichkeiten liegt noch die private Anstalt. Aber wie viele können darin Aufnahme finden! Was bedeuten die 38 in ganz Deutschland von gemeinnützigen Vereinen errichteten Wöchnerinnenheime mit einigen hundert Betten gegenüber den Tausenden ledigen und auch verheirateten Wöchnerinnen, die hier Zuflucht suchen müssen. In Frankfurt mußte die Hälfte aller ledigen Mütter in einer Anstalt Zuflucht suchen; davon entfällt wiederum der größte Teil auf die öffentlichen Anstalten. Die vom Vater anerkannten Kinder kommen in der Regel in privaten Wohnungen zur Welt; ihre relativ günstigen Lebensaussichten kommen im günstigen Niederkunftsort der Mutter zum Ausdruck. Bei den beruflich Schlechtgestellten hat naturgemäß die Anerkennung von seiten des Vaters den größten Einfluß darauf, ob das Kind unter günstigen oder ungünstigen Verhältnissen zur Welt kommt. Die Dienstmädchen hängen z.B. infolge der Entfremdung von der eigenen Familie von dem Verhalten des unehelichen Vaters stark ab. Wo der Vater das Kind nicht anerkennt, sind sie fast immer genötigt, eine Anstalt aufzusuchen. In Frankfurt kamen 68% dieser Kinder in Anstalten zur Welt. Bei der geringen Zahl der Anerkennungen treten die Kinder also meist schon unter den ungünstigsten Vorbedingungen ins Leben, allein auf die Mutter angewiesen, die, selbst schutz- und hilflos, zunächst für sich und das Kind eine Zuflucht sucht.

Und wenn die kurzen Wochen vorüber sind, in denen die Mutter im Heim oder in der Klinik versorgt wurde, muß sie den entscheidenden Schritt für die Zukunft des Kindes tun; sie muß wählen, ob sie das Kind in eigene Obhut nehmen oder fremden Leuten anvertrauen soll. Und diese Wahl wird in den meisten Fällen keine freie sein; sie wird von vornherein bestimmt oder beeinflußt sein durch den Beruf und die Lage der Mutter. An der Hand der Frankfurter Untersuchungen läßt sich allerdings nur für das schulpflichtige Alter feststellen, welches die Form der Pflege und Erziehung der unehelichen Kinder ist. Dabei zeigt sich zunächst, daß ein beträchtlicher Teil der Kinder - nämlich 30% - durch die Verheiratung der Mutter in eine Stiefvaterfamilie übergeht. Etwa ebenso viele werden zu Freunden in Pflege gegeben und 22% werden von der alleinstehenden Mutter erzogen und versorgt. Eine Berliner Untersuchung hat festgestellt, daß etwa 20% der Kinder in Haltepflege kommen, oft zwischen dem 15. und 30. Lebenstag. Mütter, die einem außerhäuslichen Beruf nachgehen, sind naturgemäß gezwungen, ihre Kinder anderen anzuvertrauen. So stellen denn die Kinder von Dienstmädchen das größte Kontingent der Pflegekinder; während die unter unmittelbarer Obhut der Mutter aufwachsenden Kinder hauptsächlich auf Arbeiterinnen der Bekleidungsindustrie (Heimarbeiterinnen) entfallen. Nur halb so viele uneheliche Kinder werden von der Mutter genährt (Böckh).

Was verraten nun diese trockenen Zahlen über das Leben und die Schicksale der unehelichen Kinder? Wieweit leiden sie unter den herrschenden Anschauungen über Ehelichkeit und Unehelichkeit der Geburt, wieweit leiden sie unter mangelnder elterlicher Fürsorge und Liebe, wie gestaltet sich ihre materielle Versorgung?

Zunächst läßt die Tatsache, daß ein immerhin beträchtlicher Teil der ledigen Mütter zur Ehe gelangt, darauf schließen, daß in weiten Kreisen die uneheliche Mutter nicht als sittlich minderwertig beurteilt wird, daß ihre Lebenschancen nicht sehr wesentlich beeinträchtigt sind. Anders steht es um die Frage der Lebensaussichten der Kinder, die in eine Stiefvaterfamilie aufgenommen werden. Man kann nicht erwarten und verlangen, daß der Stiefvater dem Kind dasselbe Interesse und dieselbe Liebe entgegenbringt, wie eigenen Kindern. Man wird es begreiflich finden, wenn in besitzlosen Kreisen ein solches Kind vom Vater als eine unangenehme Belastung empfunden wird, wenn er für die Berufsausbildung dieses Kindes möglichst geringe Opfer bringen will. Vielleicht kann doppelte Liebe von seiten der Mutter dem Kind ersetzen, was ihm hier verloren geht, vielleicht gleicht die Mutter an Fürsorge aus, was der Stiefvater nicht geben will. Aber vielleicht - und das sind keineswegs seltene Fälle - sieht auch die Mutter das Kind mit anderen Blicken an. Das uneheliche Kind ist für die verheiratete Frau fast immer die Erinnerung an eine Lebensepisode, die - wenn sie auch in ihrem Kreis nicht als ein Makel, eine Schande gewertet wird - für sie die größte Enttäuschung, den ersten tiefen Schmerz, die bitterste Lebenserfahrung, ein schmähliches Betrogensein bedeutete. Die Erinnerung an solche Zeiten, an Mißerfolge, die man erlitten, wo man das Beste und Tiefste gab, was man besaß, wo man in

Glauben und Vertrauen schenkte, was man nur einmal zu schenken hat, die erste heiße Jugendliebe - die Erinnerung an solche Zeiten pflegt nicht von vielen heilig gehalten zu werden. Es ist vielleicht nicht verzeihlich, aber begreiflich, daß manche Frauen das lebendige Wahrzeichen ihrer getäuschten Hoffnungen, gerade wenn sich ihnen ein neues Glück aufgetan hat, nicht mit allzu großer Liebe umgeben. Wer in der Fürsorge für verwahrloste und mißhandelte Kinder Erfahrungen gesammelt hat, weiß denn auch, daß die Praxis derartige Vermutungen bestätigt. Die Zentralstelle für Jugendfürsorge in Berlin teilt beispielsweise in ihrem letzten Jahresbericht zwei Fälle mit, in denen uneheliche Mütter gegen ihre vorehelichen Kinder einen geradezu maßlosen Haß gefaßt hatten, den sie an den unglücklichen Geschöpfen derartig ausließen, daß die Kinder schließlich entliefen!

Über die Kinder, die unter der Obhut der Mutter oder bei Pflegeeltern aufwachsen, ist nur ein kurzes, allgemeines Wort zu sagen. Das Kind, das allein von der Mutter versorgt wird, entbehrt ganz selbstverständlich des väterlichen Einflusses, seines Rates, in den meisten Fällen auch der sicheren materiellen Grundlage für die Erziehung.

Kinder, die das Unglück haben, ihren Vater frühzeitig durch den Tod zu verlieren, wissen, was das bedeutet. Aber sie stehen einem unabwendbaren Schicksal gegenüber. In ihr Leben haben Mächte eingegriffen, die stärker sind als Menschenhand. Ihre Mutter trifft keine Schuld an dieser Verkürzung der Lebensaussichten des Kindes. Die uneheliche Mutter aber muß gewärtig sein, daß ihr Kind sie eines Tages fragt, ob sie berechtigt war, ihm das Leben zu geben, ohne ihm die von der Natur gewollten Lebensbedingungen zu sichern.

Dasselbe gilt auch von den Kindern, die zu fremden Leuten in Pflege gegeben werden. Auch hier wartet ihrer in den meisten Fällen keine weitgehende Fürsorge. Gut situierte Leute geben sich selten einer solchen Aufgabe hin. Die Kinder kommen meist zu Familien, die das geringe Pflegegeld noch als Einnahmequelle betrachten. In Frankfurt waren fast die Hälfte aller Pflegeväter ungelernte Arbeiter. Nicht zum Arbeiterstand gehörten nur 8%. Von den Pflegemüttern gingen noch 44% einem eigenen Beruf nach. Man kann sich vorstellen, daß dabei von Pflege der Kinder nur dem Namen, nicht der Tat nach die Rede sein kann. Entbehren die unter der Obhut der Mutter lebenden Kinder nur den direkten Einfluß des Vaters, so dürfte die Pflegefamilie in den meisten Fällen sowohl für die väterliche wie für die mütterliche Fürsorge keinen vollen Ersatz bieten können.

Unzweifelhaft schlecht stehen aber diese beiden Gruppen von unehelichen Kindern in bezug auf materielle Versorgung. Fast immer sind sie allein auf die Mutter angewiesen. In Frankfurt zahlten 66% der Väter überhaupt keine Alimente; 11% zahlten nur teilweise und unregelmäßig; nur 22% kamen ihren gesetzlichen Verpflichtungen regelmäßig nach.

Unter diesen Umständen ist es nicht zu verwundern, daß die Sterblichkeit der unehelichen Kinder infolge von mangelnder Pflege erschreckend hoch ist, daß die Zahl der Kinder dezimiert wird, ehe sie das Alter erreichen, das der elterlichen

Fürsorge entraten kann. In Preußen sterben 36% der unehelichen Kinder im ersten Lebensjahr; in Sachsen 38%; in Berlin sogar 43%. Im ersten Lebensmonat ist in Berlin die Sterblichkeit der Unehelichen 3,2 mal größer als die der Ehelichen.

Nach den Frankfurter Feststellungen scheint aber die ungeheure Sterblichkeit auch im späteren Kindesalter anzuhalten. Von den in Frankfurt in den Jahren 1870-81 geborenen unehelichen Knaben traten nur 18,1% in das 20. Lebensjahr, gegenüber 66% der ehelich geborenen ein. Eine Berliner Statistik ergibt sogar nur 13,5 uneheliche gegenüber 50-54% ehelicher! Nur die kräftigsten scheinen bis zu dem Alter zu gelangen, in dem für andere erst der Kampf ums Dasein recht eigentlich beginnt. Daß die Überlebenden verhältnismäßig kräftig sind, darauf läßt wenigsten die Tatsache schließen, daß die körperliche Tüchtigkeit der militärpflichtigen Unehelichen sich kaum ungünstiger stellt als die der Ehelichen. Zieht man aber die Ergebnisse der in Stieffamilien aufgewachsenen und der funktionell Unehelichen gesondert in Betracht, so verschiebt sich das Ergebnis ganz erheblich. Die Stiefkinder weisen einen höheren Grad der Militärtauglichkeit auf, als die der unverheirateten Mütter, 51 gegen 32% der Tauglichen. In bezug auf ihre körperliche Entwicklung kommen danach die überlebenden Stiefkinder den Ehelichen gleich. Die eigentlichen Unehelichen zeigen dagegen körperliche Degenerationserscheinungen. Um aber eine weitere Vergleichsbasis zu gewinnen, muß man noch die unehelichen Waisen ins Auge fassen, deren Militärtauglichkeit mit 38% eine Mittelstellung zwischen den Stiefkindern und den von der Mutter Versorgten einnimmt. Auf diese Weise kommt man zu dem ebenso beschämenden wie begreiflichen Resultat, daß es in gesundheitlicher Beziehung für die unehelichen Kinder besser ist, die Mutter stirbt, als sie bleibt am Leben, ohne sich zu verheiraten.

Zu einem ähnlichen Ergebnis gelangt man, wenn man das berufliche Fortkommen der Kinder verfolgt. Die Kinder, die auf die Mutter allein angewiesen sind, stellen eine erschreckend große Zahl ungelernter Arbeiter. Auch für Berlin ist das in einer Studie[3] festgestellt worden, die sogar noch weitergehend darlegt, daß die Anteilnahme der Unehelichen an den Handwerken desto stärker hinter den Ehelichen zurückbleibt, je länger die Ausbildungszeit, je höher die Qualität der Arbeit ist. Die in Stiefvaterfamilien aufgewachsenen Kinder stehen auch in bezug auf den Beruf erheblich besser, als die unter der alleinigen Obhut der Mutter stehenden. Sie kommen in dieser Beziehung den Ehelichen fast gleich. Auf 100 gelernte Arbeiter stellen sie nur 29 ungelernte; die von der Mutter versorgten aber 43. In beruflicher Hinsicht zeigen die eigentlichen Unehelichen, die nicht in einer Stieffamilie aufgewachsen, ein deutliches Herabsinken, eine berufliche Degeneration. Sie haben schlechtere Lebensaussichten als die unehelichen

[3] Neumann: Die jugendlichen Berliner unehelicher Herkunft. Jahrbücher für Nationalökonomie, II. Folge, Band VIII

Waisen, die wie auch in bezug auf ihre körperliche Entwickelung, so auch im Beruf eine Mittelstellung zwischen den in der Stieffamilie und den von der Mutter Versorgten einnehmen. Sie stellen auf 100 gelernte nur 38 ungelernte Arbeiter. Also auch hier wieder dasselbe traurige Ergebnis: Es ist für die unehelichen Kinder hinsichtlich der Berufswahl und Ausbildung besser, wenn ihre Mutter stirbt, als wenn sie am Leben bleibt, ohne sich zu verheiraten.

Nun liegt allerdings der Gedanke nahe, daß sie dies Schicksal mit Ehelichen insoweit teilen, als auch bei diesen etwa die Vollwaisen, die von amtlicher Stelle aus Versorgung finden, bei der Berufsergreifung besser gefördert werden können als Halbwaisen, denen nur der Rat der ehelichen Mutter zur Verfügung steht. Die Frankfurter Untersuchung zeigt aber, daß eine solche Annahme durchaus irrig ist, daß die Unehelichen erheblich schlechter stehen als Halbwaisen, daß aber die ehelichen Halbwaisen doch noch bessere geistige Entwickelungsbedingungen und Berufsaussichten haben als die ehelichen Vollwaisen.

Während es sich zeigt, daß die körperliche Entwickelung von ehelichen Kindern durch die völlige Verwaisung nicht gehemmt wird, läßt sich hinsichtlich des Berufs eine sehr weitgehende und einschneidende Abhängigkeit vom Leben der Eltern feststellen; ein Beweis für die Annahme, daß vielleicht materielle Güter, aber nicht der von der Natur gewollte elterliche Einfluß in der Erziehung zu ersetzen ist.

Die Kinder, die beide Eltern durch den Tod verlieren, sind bei der Berufswahl schlechter daran als die Halbwaisen, was eigentlich auch vermutet werden sollte, aber im Gegensatz zu den Verhältnissen der Unehelichen betont werden muß. Bei diesen ist die Verwaisung für das Kind günstiger als das Leben bei der Mutter, und hierdurch zeigt sich ganz besonders deutlich die ungünstige Sonderstellung der Unehelichen im Erneuerungsprozeß der Bevölkerung.

Endlich noch ein Wort über die Kriminalität der Unehelichen. Es liegt auf der Hand, daß Kinder mit geringeren erziehlichen Eindrücken, in schlechter äußerer Lage leichter allen Versuchungen anheim fallen. Die Frankfurter Untersuchung stellt auch fest, daß 10,8% der militärpflichtigen Unehelichen, aber nur 7,6% der gleichaltrigen Ehelichen bestraft sind. Auch kommen mehrfache Verurteilungen bei den Unehelichen erheblich häufiger vor; die Kriminalität tritt früher ein, in den Jahren, in denen der elterliche Einfluß noch ausschlaggebend für die Lebensführung [ist]. Noch ungünstiger gestalten sich diese Zahlen für die Unehelichen, wenn man bedenkt, daß die Unehelichen ein weit stärkeres Kontingent zur Fürsorgeerziehung stellen, die häufig durch eine Kriminalität veranlaßt wird, die nicht durch Verurteilung als solche zu erfassen ist. Nach der im Ministerium des Innern bearbeiteten Statistik über die Fürsorgeerziehung wird der Anteil der Unehelichen auf mindestens dreimal so hoch geschätzt, wie der der Ehelichen.

Für Berlin hat Neumann sogar noch viel größere Differenzen in der Kriminalität der Ehelichen und Unehelichen festgestellt. Die Bestrafungen wegen Vergehen und Verbrechen schwanken hier bei den Militärpflichtigen zwischen 9 und

19%. Auch die Zentralstelle für Jugendfürsorge glaubt nach ihrem Material annehmen zu müssen, daß die Gefährdung der Unehelichen doppelt so groß ist, als die der Ehelichen. Aus der Tatsache, daß die ungelernten Arbeiter überall an der Kriminalität am stärksten beteiligt sind, ergibt sich die Folgerung, daß die Unehelichen durch ihre mangelhafte Berufsausbildung auch nach dieser Richtung hin belastet sind. Auch ist eine stärkere Beteiligung unehelicher Mädchen an der Prostitution festgestellt.

So weit die tatsächlichen Feststellungen und ihre Ergebnisse, die nun unter dem Gesichtspunkt ins Auge gefaßt werden müssen, ob eine Beurteilung der sozialen Bedeutung der unehelichen Mutterschaft daraus abgeleitet werden kann. Zunächst muß noch einmal darauf hingewiesen werden, daß die konkreten Untersuchungen sich nur auf die Stadt Frankfurt beziehen und daß dieses Frankfurter Tatsachenmaterial nur hier und da durch Berliner Feststellungen ergänzt und nachgeprüft werden konnte. Eine Verallgemeinerung der Ergebnisse dürfte daher nur für städtische Verhältnisse in Betracht gezogen werden. Jedenfalls sind die Schicksale der unehelichen Kinder in Frankfurt, das über eine außergewöhnlich gut organisierte, durchgebildete, mit reichen Mitteln versehene soziale Fürsorge verfügt, eher günstiger als anderswo, und es ist anzunehmen - wie das auch die vorhandenen Berliner Zahlen bestätigen - daß man anderwärts nur ein dunkleres Bild von der Lage dieser Kinder entrollen könnte.

Sofern also eine Verallgemeinerung der Ergebnisse möglich ist, kommt man zu dem Resultat, daß die uneheliche Mutterschaft eine Degenerationserscheinung im Erneuerungsprozeß der Bevölkerung hervorbringt.

Geringere körperliche Tauglichkeit, die vielleicht nicht angeboren, aber durch die Ungunst der sozialen Verhältnisse erworben ist; geringere Tüchtigkeit im Berufsleben, stärkere moralische Gefährdung: das alles herbeigeführt durch die aussergewöhnlichen, unnatürlichen Lebensverhältnisse, in die das vaterlose Kind hineingestellt ist.

Angesichts dieser Ergebnisse hat die Gesellschaft die Pflicht, alles zu tun, um einer Vermehrung der unehelichen Mutterschaft vorzubeugen, sich gegen Reformen der Sitte und des Rechts zu wehren, die eine freie Geschlechtsverbindung der gesetzlich anerkannten Ehe gleichstellen wollen. Und die Frauenbewegung muß sich - soweit sie von sozialen und nationalen Gesichtspunkten, nicht von pathologischen Vorstellungen über die sittliche Berechtigung der Übermenschen geleitet ist - diesen Ansichten anschließen. Denn eine organisierte Frauenbewegung hat die Aufgabe, für das einzustehen, was der Gesellschaft, was den Vielen, nicht für das, was dem Einzelnen frommt. Sie kann deshalb nicht eine neue Ethik fordern, die die uneheliche Mutterschaft befördern würde.

Aber diese Stellungnahme gilt nur, wenn man aus unserem Material herausliest, daß eine neue Ethik, eine veränderte Wertung der sittlichen Qualitäten der unehelichen Mutterschaft das Schicksal ihrer Kinder nicht besser gestalten, daß sie die Degenerationserscheinungen dieser Kinder nicht aufheben würden, daß diese Erscheinungen unabhängig von der sittlichen Wertung der unehelichen Mutterschaft aus ihren bleibenden, unveränderlichen Bedingungen hervorgehen. Ist es die sittliche Wertung oder ist es der Mangel des väterlichen oder überhaupt des elterlichen Einflusses oder die materiell ungünstige Lage dieser Kinder, die ihr Lebensschicksal auf dunkle Pfade herabzieht?

Von der Antwort auf diese Frage müssen alle Reform- und Besserungsvorschläge abhängig gemacht werden. Mir scheint, daß aus den Untersuchungen hervorgeht, daß die Schicksale der Kinder nicht in erster Linie die gesellschaftliche Wertung der unehelichen Mutterschaft bestimmt, nicht durch eine Reform der Sitten und Anschauungen erheblich zu bessern sind. Denn in weiten Kreisen ruht schon heute kein Makel auf der unehelichen Mutterschaft, worauf der starke Prozentsatz der Mütter schließen läßt, die sich mit anderen Männern als den Vätern ihrer Kinder verheiraten (30% und mehr). Eine andere Wertung der unehelichen Mutterschaft kommt daher hauptsächlich für die höheren Stände in Betracht, in denen solche Ehen nicht häufig sind. Die neue Ethik spitzt sich zu einer Frage der oberen Zehntausend zu. In diesen Kreisen dürfte allerdings eine Änderung der Sitten und Anschauungen dazu führen, daß eine größere Zahl lediger Mütter Gelegenheit zur Verheiratung findet. Aber das Recht auf die Mutterschaft wird ja gerade für die Frauen gefordert, die nicht zur Ehe gelangen können. Eine neue Wertung der unehelichen Mutterschaft, die nur den Müttern einige Heiratsmöglichkeiten erschließt, würde daher völlig ihren Zweck verfehlen.

Aber auch in den Kreisen, in denen die ledige Mutter keineswegs der Verachtung anheim fällt, keineswegs als sittlich minderwertig betrachtet wird, sind die materiellen und geistigen Lebensbedingungen der Kinder als unzureichend erwiesen worden. Und diese materiellen und geistigen Defekte sind durch keine neue Wertung der unehelichen Mutterschaft aus der Welt zu schaffen. Was geschehen kann, um das Los dieser Kinder und ihrer Mütter in materieller Beziehung zu bessern, das kann ganz unabhängig von der Einschätzung der sittlichen Qualitäten der ledigen Mutterschaft geschehen. Tatsächlich ist denn auch auf diesem Gebiet viel geschehen, lange ehe nach einer Reform der Sitte und des Rechts verlangt wurde. Und es kann weiterhin vieles für diese Kinder und ihre Mütter auch von seiten derer geschehen, die eine neue Wertung der ledigen Mutterschaft, die eine Lockerung der mit der Ehe verbundenen sittlichen Verantwortungen vom sozialen Standpunkt aus ablehnen. Die Errichtung von Wöchnerinnenheimen und Krippen, die organisierte Beaufsichtigung des Ziehkinderwesens, die Anteilnahme der Frauen an der Vormundschaft, das Eintreten für eine Mutterschaftsversicherung, für eine bessere rechtliche Lage der unehelichen Mütter, die Forderung gleicher Verteilung der Verantwortlichkeit und der sittlichen Zurechnung des außerehelichen Geschlechtsverkehrs auf die Schultern von Mann und Frau: all das bezeichnet die Richtung, in der die Frauenbewegung - wie die Gesellschaft überhaupt - für die bessere Gestaltung der Lebensschicksale der Unehelichen wirken kann. Die Tatsache, daß der Mann sich bei dem außerehelichen Geschlechtsverkehr seiner Verantwortung, seinen Pflichten entzieht, ist für uns kein Grund, die Frau ohne Schutz und Hilfe zu lassen. Aber die Gesellschaft darf - wenn sie die hilfsbedürftigen Mütter und Kinder schützt - nicht durch eine Wertung der ledigen Mutterschaft ein mangelndes Verantwortlichkeitsgefühl unterstützen und großziehen, das oft nur durch Genußsucht und Leichtsinn hervorgerufen wird, und dessen schädliche Folgen selbst bei weitgehendster materieller Hilfe nicht zu beseitigen sind. Denn darüber muß man sich klar sein: außerhalb einer kommunistischen Gesellschaft wird es immer trotz aller wohlwollenden Fürsorge ganz undenkbar sein - selbst wenn man die uneheliche Mutterschaft als wertvoll betrachten würde - die unehelichen Kinder materiell den ehelichen gleichzustellen. Aber selbst wenn das möglich wäre, würden die unehelichen Kinder ein schlechteres Menschenmaterial für die Gesellschaft abgeben. Denn alle Schätze der Welt, alle Anstalten und Unterstützungen kommen nicht dem Einfluß des Vaters gleich. „Nur der Vater, der sich in seinem Kind wiederfindet, kann in ihm die individuellen Werte herausbilden, die aus seiner Persönlichkeit in den neuen Menschen gepflanzt sind. Keine bewußte Erziehung kann das ersetzen.“[4]

Dieses Verlustkonto kann ebensowenig durch materielle Mittel wie durch eine neue Wertung der ledigen Mutterschaft ausgeglichen werden.

Aber wenn man so vom sozialen Gesichtspunkt im Interesse der Gesellschaft das Recht auf die Mutterschaft ablehnt, so gilt diese Stellungnahme einer Institution, nicht einem Menschen. Wenn man die ledige Mutterschaft sozial als schädlich betrachtet, und deshalb bekämpft, so ist das eine objektive, allgemeine Wertung und Stellungnahme zum Problem, keine subjektive, individuelle zum konkreten Fall, zum einzelnen Menschen.

Die uneheliche Mutterschaft vom sozialen Standpunkt aus, als Institution verurteilen, bedeutet nicht, daß man im einzelnen konkreten Fall einer ledigen Mutter die Achtung versagen, daß man sie pharisäerhaft verurteilen muß. Und in dieser Unterscheidung zwischen objektiver und subjektiver Beurteilung der Mutterschaft liegen die Aufgaben der Frauenbewegung. Wenn die Bewegung die Frauen überhaupt erst dazu erzogen hat, nach einer Entwicklung der Persönlichkeit zu streben und kraftvolle, gesunde Frauen zu erziehen, wenn sie uns zu einer Wertung solcher Persönlichkeiten geführt hat, so muß sie auch die Frauen lehren, die einzelne selbst dann zu schätzen und zu achten, wenn sie von dem abweicht, was wir als das allgemein Richtige und Wünschenswerte erkannt haben; vorausgesetzt, daß in diesem besonderen Fall das allgemein Gültige nicht als das Richtige empfunden wird.

Die Einzelne wird sich das Recht zuerkennen dürfen, vom individualistischen Standpunkt zu handeln, wenn sie sich bewußt ist, daß das Leben ohne Mutterschaft das Beste in ihr ertötet, daß das, was sie durch die Mutterschaft gewinnen

[4] Vgl. Gertrud Bäumer: Die Frau in der Kulturbewegung der Gegenwart.

kann, so wertvoll ist, daß es die Schädigung der Lebensaussichten des Kindes ausgleicht. Wer in einem besonderen Fall dem Problem des Rechts auf die Mutterschaft mit solchen Überzeugungen gegenübersteht, der wird auch die Kraft in sich fühlen, sein Tun vor Gott und vor sich selbst zu verantworten, auch wenn er von den allgemein gültigen Normen abweicht. Der wird und braucht nicht nach allgemeiner Sanktion zu fragen. Denn er wird und muß sich bewußt sein, daß er unter einem individualistischen Gesichtspunkt handelt, und daß man das individualistische Prinzip verletzt, geradezu umkehrt und ausschaltet, wenn man aus einer vielleicht individuell berechtigten Forderung eine allgemeine, ein soziales Programm machen will. Denn das individualistische Prinzip beruht ja gerade darauf, daß man für sein Einzelschicksal die individuelle Beurteilung und Anerkennung fordert.

Diese Forderung kollidiert mit keinem sozialen, allgemeinen Programm. Wir müssen unterscheiden zwischen der ledigen Mutterschaft „die sich leichtsinnig und schwach ihren Verpflichtungen entzieht, und der, die sich ihrer Verantwortung in vollem Umfange bewußt ist".[5] Nicht die Mutterschaft an sich ist sittlich oder unsittlich, sie wird es erst durch die Beziehungen und Verantwortungen, die die Mutter mit dem Kind und dessen Vater verknüpfen. Wer ohne Gefühl für diese Verantwortlichkeit zur unehelichen Mutterschaft gelangt, der hat verspielt. Dem schuldet die Gesellschaft nicht eine neue Wertung der unehelichen Mutterschaft, sondern praktischen Beistand und Hilfe, damit die dem Kind drohenden Degenerationsgefahren möglichst beseitigt werden; dem schulden die Frauen, die auf Grund ihres sozialen Verantwortungsgefühls die Wertung der unehelichen Mutterschaft ablehnen, diese Hilfe ganz besonders, weil sie den schwachen Geschlechtsgenossinnen am nächsten verpflichtet sind.

Die Frauenfrage auf dem Lande[*]

Die Frauenbewegung hat bisher auf dem Lande wenig Boden gefunden. Das mag darauf zurückzuführen sein, daß die Städte infolge ihrer wirtschaftlichen und kulturellen Entwicklung zum natürlichen Ausgangspunkt unserer Bewegung werden

[5] Vgl. Gertrud Bäumer, a.a.O.
[*] Die Frau, 13. Jg., Nr. 10, Juli 1906, S. 577-588

mußten. Im *städtischen Haushalt* wurde die *produktive* Tätigkeit der Frau zuerst untergraben; hier wurde ihr der Kampf um die Eröffnung neuer Berufsmöglichkeiten aufgedrängt. In den *Zentren alles geistigen Lebens* mußte den Frauen ihre unzureichende Bildung, die sie von der Teilnahme an den Interessen der Männer ausschloß, am ersten bewußt werden, und sie zu dem Wunsch nach Zulassung zu höheren Unterrichtsanstalten führen. In der Stadt auch mußte die Anhäufung von großen *Arbeiterinnenmassen in den Fabriken* zuerst die Aufmerksamkeit auf die Mißstände lenken, unter denen die Frauen der besitzlosen Klassen zu leben haben. Umsomehr als hier die soziale Beobachtung von Unabhängigen, Außenstehenden durch das nahe Zusammenleben von Angehörigen der verschiedensten Berufe ermöglicht war.

Ganz anders liegen die Dinge auf dem Lande. Die ländliche Hausfrau, die Gutsbesitzersgattin, wie die Frau des Bauern, ja des Kleinstellenbesitzers hat niemals die *Möglichkeit der produktiven Arbeit* im Hause verloren. In der Landwirtschaft ist eine Teilung der Arbeit zwischen Mann und Frau von jeher üblich gewesen und bei allen Umwälzungen des landwirtschaftlichen Betriebes erhalten geblieben. Seit „Adam grub und Eva spann" oder, um einen weniger fern liegenden Zeitpunkt und durch wirtschaftliche Forschung besser verbürgte Tatsachen heranzuziehen, seit der Germane bei dem Seßhaftwerden seines Stammes der Jagd nachging, während die Frau den Acker bebaute, seit jener Zeit ist das Zusammenarbeiten der Geschlechter zur Herbeischaffung aller Güter, die den Lebensunterhalt der Familie befriedigen sollten, auf dem Lande üblich geblieben. Die Hausfrau auf dem Lande findet noch heute ein Arbeitsfeld, das ihre ganze Kraft in Anspruch nimmt, das ihre Gedanken erfüllt und das für das Gedeihen des Wirtschaftsbetriebes von allergrößter Bedeutung ist.

Auch der Mangel an *geistigen Entwicklungsmöglichkeiten* hat sich den Frauen auf dem Lande niemals in demselben Maße wie der städtischen Bevölkerung fühlbar gemacht. Eine Spannung zwischen dem männlichen und weiblichen Interessenkreis, wie sie zu den Bildungsbestrebungen der Frauen führte, konnte sich auf dem Lande schon deshalb nicht so stark ausbilden, weil auch in weiten Kreisen der männlichen Landbevölkerung die Interessensphäre viel einseitiger, viel enger begrenzt ist als bei den Städtern.

Und schließlich die *Not der Landarbeiterin* führte nicht in demselben Maße wie die der städtischen Proletarierin zu anklagenden Schilderungen, weil es auf dem Lande für die soziale Schilderung an geeigneten Kräften und objektiv interessierten Persönlichkeiten fehlt. Die gedrückten Klassen selbst sind noch kaum zum Bewußtsein ihrer Lage erwacht. Der Kreis der Gebildeten aber, die in der Stadt als Vorkämpfer der sozialen Reform in erster Linie in Betracht kommen, ist auf dem Lande sehr eingeengt, da hier Besitz und Bildung fast ausschließlich zusammenfallen, und die Besitzenden als Arbeitgeber dem ganzen Problem kaum interessiert gegenüberstehen können. Zu all dem kommt, daß die Abhängigkeitsverhältnisse gegenüber dem Arbeitgeber auf dem Lande noch bis um die Mitte des letzten Jahrhunderts so allgemeine waren, Männer und Frauen gemeinsam trafen, so daß auch die besondren Abhängigkeitsverhältnisse der Frauen - innerhalb der Familie - als etwas Selbstverständliches, Naturnotwendiges, Gottgewolltes hingenommen wurden.

Das alles hat unter der weiblichen Landbevölkerung wenig Sinn und Verständnis für die moderne Frauenbewegung hervorwachsen lassen. Und der Mangel an Anhängerschaft auf dem Lande hat wiederum der Frauenbewegung die ländlichen Probleme fern gehalten. Trotzdem müssen wir versuchen, die Frauenbewegung auf das Land zu tragen; nicht etwa allein, weil die Frauenbewegung sonst keine allgemeine, alle Frauenkreise umfassende werden kann. Das hieße, die Frauenbewegung als Selbstzweck ansehen. Sondern, weil es heute tatsächlich auf dem *Lande eine Frauenfrage* gibt, weil auch die Lage der ländlichen Frauen nach den allerverschiedensten Richtungen hin der Besserung bedarf.

Die Frauenfrage auf dem Lande ist ein vielköpfiges Problem. Die Frau des Besitzers - des Großgrundbesitzers wie des Bauern - braucht heute eine besondere *Vorbildung* für ihre Berufstätigkeit, zu der noch kaum Ansätze vorhanden sind. Die nicht wegzuleugnende Not der Landwirtschaft, die seit den siebziger Jahren durch das moderne Verkehrswesen und die ausländische Konkurrenz herbeigeführt worden ist, macht gerade die verständnisvolle Mitarbeit der Frau im landwirtschaftlichen Betriebe zu einem besonders wichtigen Wertfaktor. Geflügel- und Viehzucht, Obst- und Gemüsebau, die besonderen weiblichen Arbeitsgebiete können durch sachgemäße Ausbildung der Frauen gehoben werden, und Deutschland könnte dadurch von ausländischem Import unabhängiger gemacht werden.[1] Sowohl die Frau des Gutsbesitzers, als auch namentlich die Frau des bäuerlichen und kleinen Eigentümers muß für den intensiveren Wirtschaftsbetrieb tüchtig gemacht werden.

Die Besitzersfrauen sind aber ferner auch für die *sozialen Aufgaben*, die ihrer ganz besonders in dem ländlichen Wirkungskreise harren, mehr als bisher zu interessieren. Wenn der Landflucht der arbeitenden Klassen entgegengewirkt werden soll, so wird das nur geschehen können, falls durch eine großzügige Wohlfahrtspflege der ländlichen Bevölkerung neue Interessengebiete und neue Formen der Geselligkeit erschlossen werden können. Und bei dem Erfassen solcher Aufgaben wird die Gutsbesitzersfrau in erster Reihe stehen müssen.

Es gilt aber auch die Frauen auf dem Lande mit den Erfolgen vertraut zu machen, die die Frauenbewegung in den Städten in bezug auf die *Berufs- und Bildungsfrage* erzielt hat. Und zwar um ihrer *Töchter* willen. Auch die heranwachsenden Töchter der landwirtschaftlichen Bevölkerung brauchen vielfach die Aus-

[1] Deutschland führt jährlich 3.423.690 Doppelzentner Obst und Gemüse ein und zahlt dafür an das Ausland 74.500.000 Mark.

bildung zu einem Beruf, der sie wirtschaftlich unabhängig macht und sie für den Fall der Ehelosigkeit auf eigene Füße stellt.

Und schließlich hat die Frauenbewegung den *ländlichen Arbeiterinnen* gegenüber Pflichten zu erfüllen. Denn hier finden wir die am tiefsten stehende proletarische Schicht der deutschen Bevölkerung, der alle Vorteile sozialpolitischer Gesetzgebung bisher nicht zugute gekommen sind, und für die sowohl in gesundheitlicher wie in geistlich-sittlicher Beziehung bessere Zustände zu erkämpfen sind.

Aber gerade diese Aufgabe birgt für die Frauenbewegung ungeheure Schwierigkeiten. Zunächst weil die meisten Anhängerinnen der Frauenbewegung dem Landleben ziemlich fernstehen und die ländlichen Verhältnisse schwer beurteilen können. Dann aber auch, weil es immer prekär bleibt, Forderungen zur Hebung einer Bevölkerungsschicht aufzustellen, die nur auf Kosten einer anderen Klasse erfüllt werden können, der man selbst nicht angehört, zu der man fast keine Beziehungen unterhält. In Deutschland hat sich ohnedies ein starker Interessengegensatz zwischen der ländlichen und der städtischen, vorwiegend industriellen Bevölkerung herausgebildet, - wie er ja z.B. bei den letzten Zolltarifverhandlungen zum Ausdruck kam. Und wir Frauen sollten es uns zur Aufgabe machen, diesen Kampf zwischen den zwei großen Bevölkerungsgruppen, die auf einander angewiesen, neben einander existenzberechtigt sind, nicht dadurch zu schüren, daß wir ohne genaue Kenntnis der Sachlage, ohne Rücksicht auf die historische Entwicklung der ländlichen Verhältnisse, Wünsche aussprechen, die über das Maß des Erreichbaren hinausschießen. Es ist immer leicht, Riemen aus der Haut des anderen zu schneiden. Wenn wir den Landarbeiterinnen helfen wollen, so muß unsere erste Aufgabe darin bestehen, ihre Verhältnisse wirklich kennen und beurteilen zu lernen.

Seit wir auf dem Internationalen Frauenkongreß in Berlin die Lage der Landarbeiterinnen zur Diskussion gestellt hatten, ist das Interesse an ihr nicht wieder ganz eingeschlafen. Der Bund deutscher Frauenvereine hat auf seiner vorigen Generalversammlung einen Vortrag darüber halten lassen, und Frau *Marie Wegner* hat die Gedanken, die sie dem Vortrag zugrunde legte, in einer kleinen Broschüre[2] weiter ausgeführt. In der Darstellung der Verhältnisse der Landarbeiterinnen geht Frau Wegner nicht über das hinaus, was Wilbrandt schon im Handbuch der Frauenbewegung gegeben hat. Sie stützt sich auf die Schriften des Vereins für Sozialpolitik, auf Kärgers Sachsengängerei, zieht aber auch die sozialistische Literatur[3] heran, die gerade in bezug auf die Agrarfrage nicht ganz einwandfrei ist. Der knappe Umfang der Broschüre - es wird versucht, auf 32 Seiten die Lage der

[2] Die Lage der Landarbeiterinnen von Marie Wegner, Breslau. Verlag Felix Dietrich, Leipzig (Sozialer Fortschritt)

[3] Auf den Einfluß dieser Literatur ist wohl die unbeweisbare Behauptung zurückzuführen, daß der Großgrundbesitz zunimmt.

Landarbeiterinnen darzustellen, Vorschläge zur Besserung der Verhältnisse zu machen, Streiflichter auf die Lage der Frauen in bäuerlichen und Großgrundbesitzer-Kreisen zu werfen - verwischt die Unterschiede, die in den einzelnen Teilen unseres Landes, ja selbst einer Provinz, in Erscheinung treten. Er zwingt zu Verallgemeinerungen. Das ganze Problem wird vom Standpunkt des Kampfes um das Frauenrecht betrachtet, und so erscheint manches darin als Willkür, was historisch erklärt werden muß: Das Wertvollste an der Schrift sind die Reformforderungen, von denen schon heute Einzelnes in das Programm der Frauenbewegung aufgenommen werden könnte.

Die Quellen, die für eine allgemeine Darstellung der Lage der Landarbeiterinnen in Betracht kommen, sind eben doch noch zu unzureichend, als daß man ein erschöpfendes Bild danach zeichnen könnte. Es ist notwendig, durch eine Reihe von Monographien über die Lage der Landarbeiterinnen in den einzelnen Landesteilen klare und zuverlässige Schilderungen zu schaffen, auf denen Besserungsversuche aufbauen können.

Für einen allerdings eng umgrenzten Kreis hat Gertrud Dyhrenfurth diesen Versuch gemacht. In ihrem soeben erschienenen Buch *„Ein schlesisches Dorf und Rittergut“*[4] gibt sie die Geschichte und soziale Verfassung ihrer engeren Heimat und schildert die Verhältnisse der dortigen Landarbeiter und der Landarbeiterinnen in erschöpfender und objektiver Weise. Als Frau tritt sie dem Problem mit einem viel stärkeren Interesse für die Lage der Landarbeiterinnen gegenüber, als es bisher von Seiten wissenschaftlicher Forscher geschehen ist. Und so gewinnen wir aus dieser kleinen Studie einen tieferen Einblick in die Not und in die Bedürfnisse der Landarbeiterinnen als durch alles, was bisher darüber geschrieben worden ist. Gerade die Beschränkung auf ein kleines Untersuchungsfeld gibt die Möglichkeit einer eingehenden Darstellung, die nicht nur sieht, was ist und was fehlt, sondern auch *wie es geworden ist* und deshalb auch, *wie man es ändern könnte.*

Den Lesern dieser Zeitschrift dürften die Ausführungen von besonderer Wichtigkeit sein, die sich auf die *heutige Lage* der Arbeiterinnen beziehen, wenn auch die Schilderungen aus alter Zeit, die Entwicklung der Frauenarbeit aus dem Hörigkeitsverhältnis manches interessante Schlaglicht darauf wirft, in wie kurzer Zeit auf dem Lande aus geknechteten freie Menschen geworden sind; wie diese Umwandlung so groß war, daß sie den Starken emportragen, den Schwachen aber noch mehr herabdrücken mußte. Obwohl die Dyhrenfurthschen Schilderungen sich auf die Provinz beziehen, in der die Arbeiter fast die *niedrigste Entlohnung* in ganz Deutschland beziehen, kommt man auch hier zu dem Ergebnis, daß die Landarbeiterinnenfrage im letzten Grunde *keine Lohnfrage* ist. Wenn auch die Löhne im Vergleich mit dem, was in der Stadt gezahlt wird, niedrig erscheinen, so

[4] Verlag Duncker & Humblot, Leipzig

sind sie im allgemeinen doch auskömmlich, da die Ausgaben auf dem Lande viel geringere sind - und den meisten Arbeiterkategorien bestimmte Naturalbezüge neben dem Geldlohn erhalten geblieben sind. Das Einkommen einer Lohngärtnerfamilie (das ist die Familie eines kontraktlich gebundenen Landarbeiters) stellt sich nach Umrechnung der Naturalbezüge - bei regelmäßiger Arbeit von Mann und Frau - auf 821 Mark; nach Umrechnung der Naturalbezüge auf Berliner Detailpreise auf 1.145 Mark. Eine Knechtsfamilie erreicht den Satz von 763 bzw. 1.035 Mark. Verhältnismäßig hoch stellt sich das Einkommen einer *alleinstehenden Magd,* auf 460 Mark, die Naturalverpflegung auf Berliner Preise umgerechnet auf 590 Mark. Die Magd verdient nur unbedeutend weniger als der Knecht. Ihre Einkommen verhalten sich wie 5 zu 4, während im allgemeinen das Verhältnis von Männer- und Frauenlöhnen wie 3 zu 2, häufig auch wie 4 zu 2 anzusetzen ist. Die große Nachfrage nach Mägden, die Abneigung der Frauen gegen solche Stellungen hat eben den Lohn außerordentlich steigen lassen. In Berliner Werte umgerechnet, übertrifft die Entlohnung der Mägde, die Gertrud Dyhrenfurth anführt, den ortsüblichen Verdienst weiblicher Arbeiter in Berlin ganz erheblich; da in Berlin bei einem Tagelohn von 1,50 Mark bei regelmäßiger Beschäftigung sich der Jahresverdienst nur auf 468 Mark erhebt. Bei den Männern stellt sich ein Vergleich mit Berliner Löhnen nicht so günstig. Allerdings hat auf dem Lande auch die Ehefrau jederzeit Gelegenheit, volle Beschäftigung zu finden, falls sie sie sucht, während in der Stadt Zeiten unregelmäßiger Arbeit oder der Arbeitslosigkeit sowohl für Mann wie für Frau bei Berechnung des Einkommens mit in Betracht gezogen werden müssen. Und so schließt Gertrud Dyhrenfurth, daß die ländliche Familie in der *Sicherheit ihrer Lebenslage* ein Äquivalent für die geringere Möglichkeit des Verdienstes sehen kann, ganz abgesehen davon, daß sie bei der Arbeitsleistung auf dem Lande ihr Kapital an körperlichen Kräften erhält, während es die städtische Familie fast immer vorzeitig verbraucht. Zudem ist auf dem Lande für tüchtige und zuverlässige Leute das Aufsteigen zu höheren Stellungen verhältnismäßig leicht möglich. Vogt, Viehmann, Kutscher werden häufig aus der Reihe der Knechte entnommen.

Trotz dieser Verhältnisse ist die *Landflucht* überall sehr groß, geradezu sprichwörtlich geworden. Nach den Dyhrenfurthschen Mitteilungen sind allerdings die *freien Arbeiter* (Tagelöhner) sehr viel stärker als die kontraktlich gebundenen und als Knechte und Mägde daran beteiligt, was die Vermutung nahe legt, daß es nicht der Mangel an persönlicher Freiheit ist, was den Landarbeiter in die Stadt treibt. Die Lage dieser Arbeiter ist denn auch meist bedeutend schlechter als die der Knechte und der Lohngärtner, wenn auch Klagen über mangelnde Beschäftigung heut natürlich kaum vorkommen. Aber der Vorzug der Sicherheit, der Krankenversorgung, den die kontraktlich gebundenen Arbeiter genießen, fällt für sie fort. Namentlich für die Frauen dieser Kreise entwickeln sich die Verhältnisse ganz besonders schwierig. Die Lage der Arbeiterwitwen auf dem Lande ist die denkbar traurigste. Sie sind im Durchschnitt nicht mehr rüstig genug, die Stellung einer

Magd anzutreten, würden dadurch auch ihren Kindern ganz entzogen. Sobald sie aber als freie Arbeiterinnen Brot suchen, leiden sie unter der Niedrigkeit der Löhne, die ja auf dem Lande, wo dem Familienvater in Form von Naturalien ein Teil des Familieneinkommens gegeben wird, auf der Hand liegen. So sagt denn auch Gertrud Dyhrenfurth: „Man bedenke, was eine Jahreseinnahme von etwa 200 Mark für eine Witwe mit mehreren Kindern selbst in dem billigsten Dorf bedeutet. Nicht einmal die äußerste Lebensnotdurft wird damit gedeckt, und die Armen- und Waisenpflege versagt in dörflichen Gemeinden, in denen der Gutsbesitzer nicht mitzureden hat, meist ganz." Aber auch für die kontraktlich gebundenen Arbeiter ist man trotz aller Steigerung der Löhne noch weit von dem Ideal entfernt, nach dem der Mann allein imstande sein soll, den auskömmlichen Lebensunterhalt für die Familie zu beschaffen. Gertrud Dyhrenfurth führt einige Budgets von Arbeiterfamilien an, die im ganzen doch einen kümmerlichen Lebensunterhalt verraten. „Der größte Teil des Bareinkommens geht bei einer Familie für Kleidung auf, die ja auf dem Lande sehr stark abgenutzt wird. Der Konsum an Fleisch, Fett, Milch ist schon sehr gering, für Reis, Graupen, Hülsenfrüchte aber verschwindend klein. Im ganzen Jahr werden nicht 6 Mark dafür ausgegeben, so daß die Familie überwiegend von Brot und Kartoffeln lebt. Der ganze Verbrauch geht fast nirgends über die bare Notdurft des Lebens heraus. Das Zeitungsabonnement, der Vereinsbeitrag, das Sonntagsvergnügen - Ausgaben, die ein jedes städtisches Arbeiterbudget heutzutage wohl aufweist - fehlen hier noch ganz, und bezeichnender Weise ist die Auslage für Beleuchtung so gering (6-8 Mark im Jahr pro Familie), daß man annehmen muß, ein großer Teil der langen Winterabende sei im Dunkel zugebracht worden. *Man schläft!*"

Wie ruhig, wie arm an Sensationen das Leben sich für die Landarbeiterinnen noch bei der letzten Generation gestaltete, wie das „im Schweiße deines Angesichts sollst Du Dein Brot essen" ihnen nicht nur als selbstverständliches, sondern auch als lebensausfüllendes Gebot erschien, neben dem ein Suchen und Verlangen nach weiterem Lebensinhalt oft gar keinen Raum mehr findet, zeigt das Lebensbild einer jetzigen Altersrentnerin, einer 86jährigen Unverheirateten, das trotz der schlichten, unpathetischen Schilderung doch etwas ganz Ergreifendes hat:

- „Sie ist beim Verlassen der Schule zum Dreschgärtner als Magd verdingt worden, gegen einen baren Jahreslohn von 4 Talern, nebst zwei Hemden und zwei Schürzen als Weihnachtsgeschenk. Das reichte auch in jener Zeit nicht zur Anschaffung der Kleidung aus, obgleich die Frauen selbst im Winter kein warmes Unterzeug trugen. Schutzlos wateten sie im Winter bis zum Leib im Schnee. Knecht wie Magd hatten damals ihr Elternhaus eben am Ort, und auf die Unterstützung von dort wurde bei der Löhnung der Ledigen gerechnet. Aber hart war das Leben der Jugend! Im Sommer ging die Magd mit dem Gärtner beim Sonnenaufgang auf die Tenne; im Winter wurde dort bei Licht gedroschen. Ein Stück Brot, in der Tasche mitgenommen, diente als Frühstück. Mittags wurde die erste warme Mahlzeit genommen; nach Beendigung der Hofearbeit mußte gesponnen werden, bis man um 10 Uhr schlafen gehen durfte. Von der Gärtnermagd avancierte das Mädchen zur Kleinmagd beim Bauern mit 7 Talern Jahreslohn; später als etwa 20jährige zur Großmagd mit 8 Talern und zwei Metzen Leinaussaat. Anfang der fünfziger Jahre kam sie als freie Arbeiterin aufs Dominium, wo sie bis heute verblieb. Bei den damaligen Tagelohnsätzen konnten von einer Frau hier 30 Taler jährlich verdient werden. Infolge häufiger Botengänge und als besonders tüchtige Arbeiterin mag sich ‚die Puschrose' vielleicht auf 35 Taler gestanden haben. Nach diesem Einkommen hat sie das Maß ihrer Bedürfnisse zugeschnitten, und als sich der Verdienst im Laufe der Jahrzehnte erhöhte, das ‚Mehr' zu Ersparnissen verwandt. Denn eine größere Summe liegt jetzt auf der Kreissparkasse, die ihr ein schönes Begräbnis und bei Geschwisterkindern ein liebevolles Andenken sichern soll, während 90 Mark im Hause blieben, um allmählich als Ergänzung der jährlichen Altersrente von 106,80 Mark verwandt zu werden. So ist z.B. die Anschaffung eines zinnernen Bettwärmers, den jeder Besucher bewundern muß, eine der Ausgaben gewesen, die sich die Kapitalistin mit Stolz geleistet hat. Das jüngere Geschlecht aber, das etwas mehr verbrauchen lernte und nicht ganz so hart mehr arbeitet, wird wegen seiner Genußsucht und Faulheit gar viel von ihr gescholten. Sie selbst glaubt das Ideal des Dienstboten aus der guten, alten Zeit erfüllt zu haben: ‚Ich kunndte alles sehn und nich nehme, ich be immer fleißig, immer urndlich gewest, und immer for de Herrschaft', das ist der ständige Refrain ihrer Rede.

Die Wochenrechnung der Alten stellt sich wie folgt:

1.	Miete	0,50	Mark
2.	Brot	0,25	„
3.	Semmel	0,05	„
4.	˘ Pfund Butter	0,25	„
5.	˘ Pfund Kaffee und Zichorien	0,25	„
6.	Zucker	0,15	„
7.	1 Pfund Mehl	0,14	„
8.	Salz	0,01	„
9.	Licht	0,10	„
10.	Wäsche	0,05	„
	Summa	1,75	Mark

Arzt und Apotheke, Feuerung, eine Furche zu Kartoffeln und täglich ˚ Liter Milch gewährt die Herrschaft. Ihre Wirtsleute, mit denen sie durch ein halbes Jahrhundert befreundet ist, und für die sie kocht, teilen das Mittagessen mit ihr, und ein wenig Fett oder Wurst wird meist von den Nachbarn gebracht."

Nur wenn ein solches Zusammenleben möglich ist, wenn die Rentner im Haushalt der Kinder leben, wo sie meist wegen des baren Zuschusses gern Aufnahme finden, gestaltet sich ihr Lebensabend sorgenfrei, wird die Versicherungsgesetzgebung zu einem wirklichen Segen. Für völlig Alleinstehende reicht jedoch die Rente, welche die niedrigste Versicherungsklasse gewährt, selbst auf dem billigsten Dorfe nicht zum Existenzminimum aus. Ein arbeitsreiches Leben schließt dann mit Sorgen und Darben ab.

Und arbeitsreich ist das Leben der Landarbeiterin, trotz aller Besserungen, die das letzte Jahrzehnt gebracht hat. Noch immer ist das Wort Max Webers[5] zutreffend: „In keinem Stande ist die Frau in solch bedauernswerter Lage, wie gerade im ländlichen Arbeiterstand." Die freiheitliche Gesetzgebung, die für einen Teil der ländlichen Bevölkerung den Weg zu einem Aufstieg, zu einer selbständigen Existenz ebnete, hat - wie alle Maßnahmen, die Fesseln und Bindungen lösen und die Fahne der Freiheit aufpflanzen - auch hier die Schwachen zu einer stärkeren Bedrückung geführt. Erst Generationen mußten vorübergehen, ehe die ländliche Bevölkerung - in ihrem schwächeren Teil - zum richtigen Gebrauch der gewonnenen Freiheit gelangen konnte, bis sie sich dem Übergang von der Natural- zur Geldwirtschaft angepaßt hatte. Die Folge der Dienstablösung war wohl auf der einen Seite, daß die Frau des freigewordenen Bauern sich ganz der eignen Wirtschaft widmen konnte. Aber den Ersatz für die verloren gegangenen Arbeitskräfte fanden die Gutsbesitzer vor allem darin, daß sie die *Frauen der Lohnarbeiter,* auf die sie nun angewiesen waren, in viel *intensiverer Weise* mit *ausgedehnteren Arbeitszeiten* zur Arbeit heranzogen, als sie es den Ehefrauen der unfreien Arbeiter gegenüber je getan hatten. „Ununterbrochen hatten sie", so schildert Gertrud Dyhrenfurth „an der Arbeit des ganzen Jahres teilzunehmen. Alte Frauen erzählen, sie seien in den langen Sommertagen schon um 4 Uhr auf dem Felde gewesen und hätten kaum vor 9 Uhr Abends heimkehren dürfen. Wie rücksichtslos damals die Frauenkraft abgenutzt wurde, zeigt z.B. die Tatsache, daß, wenn auf dem Schlosse Wäsche abgehalten wurde, die dafür ausgesuchten Frauen um 12 Uhr Mitternachts anzutreten und bis zum anderen Abend 8 Uhr durchzuwaschen hatten."

Die letzte Zeit - mit ihrer starken Landflucht, mit der Zunahme intensiverer Bewirtschaftung und dem steigenden Bedarf an Arbeitskräften - , die den Landarbeitern eine selten günstige Machtstellung gab, hat diese Verhältnisse erheblich geändert. Allgemein beträgt in den schlesischen Bezirken, deren Verhältnisse in der Schrift herangezogen werden, die Arbeitszeit im Sommer 11 Stunden, in den Wintermonaten 10-8 Stunden, wobei die Zeit, welche der Weg zur Arbeitsstätte kostet, inbegriffen ist. Die häuslichen Verhältnisse der Ehefrauen finden außerdem insofern Berücksichtigung, als ihnen ein halber Wochentag - zur Versorgung ihrer Wäsche und zur besseren Instandhaltung ihrer eigenen Wirtschaft - freigegeben wird. Man kann daher wohl sagen, daß die *Arbeitszeit der Landarbeiterin*

[5] Die Landarbeiter in den evangelischen Gebieten Norddeutschlands. Tübingen 1899, 2. Heft

eher günstiger geregelt ist als die der Fabrikarbeiterin, ganz zu schweigen von der Heimarbeiterin oder der städtischen Wasch- oder Putzfrau. Gertrud Dyhrenfurth glaubt denn auch konstatieren zu dürfen, daß in der von ihr beschriebenen Gegend eine Verwahrlosung des Hauswesens nicht in demselben Maß wie bei vielen Fabrikarbeiterinnen üblich ist.

Wenn aber die Arbeitszeit sich relativ günstig gestaltet hat, so muß von der *Arbeitsart* das Gegenteil gesagt werden. Neuerdings werden Frauen dazu herangezogen, mit Ochsengespannen hinter Pflug und Egge herzugehen; auch das Dreschen geht mehr und mehr in ihre Hände über, was ebenfalls als besonders schwere Arbeit von den Frauen empfunden wird.

Und das alles wird auch *verheirateten Frauen* aufgebürdet; Frauen auch in der Zeit, bevor sie einem Kind das Leben geben, oder unmittelbar nach dem Wochenbett, wenn sie der Schonung und Pflege bedürfen. *In der anstrengenden und angestrengten Arbeit der verheirateten Frau, die verboten, mindestens eingeschränkt werden müßte, liegt ein besonders wichtiges Problem der Agrarpolitik wie der Frauenfrage.* Erst durch die starke Abwanderung der Ledigen vom Lande ist diese Belastung der Ehefrauen entstanden, und so lange diese andauert, wird das Leben der Landfrauen sich nicht wesentlich erleichtern lassen. Leidet doch die Bäuerin, die keine Magd mehr findet oder den hohen Lohn nicht aufbringen kann, unter einer Arbeitslast, die nicht immer geringer ist als die der Tagelöhnersfrau. „Doch man gebe dem Lande ein rüstiges Mädchengeschlecht zurück", so sagt Gertrud Dyhrenfurth. „Man finde den Weg, um unter Bedingungen, die keinen Kulturrückschritt bedeuten, die fortlockende Konkurrenz der Fabriken und der Werkstätten zu überwinden, und mit dem gleichen, goldenen Seil, das die Tochter zum Heimatsboden zurückführt, wird man die Mutter auf dem Lande wieder mehr in die eigene Häuslichkeit heranziehen können. Auch auf diesem Gebiete ist ein Problem innerer Kolonisation zu lösen, das bisher nur wenig von der Theorie beachtet und durch keinerlei praktische Versuche zu lösen versucht wurde. – Erst wenn einmal der Import ausländischer Arbeiterinnen unmöglich werden sollte, kommt vielleicht die Zeit, in der man versucht, durch ländliche Arbeiterinnenheime und höhere Frauenlöhne die einheimische weibliche Arbeit wieder dem Lande zurückzugeben." –

Aber auch ehe solche Umwälzungen herbeizuführen sind, könnte wenigstens manches geschehen, um die gesundheitliche Schädigung, die so schwere Arbeit für die *Mütter* mit sich bringt, zu vermeiden. Die Dyhrenfurthschen Untersuchungen über den Einfluß der landwirtschaftlichen Berufsarbeit, die sich zwar nur auf einen kleinen weiblichen Kreis beziehen, sind von besonderem Wert, weil bisher kaum irgendwelche zusammenhängenden Beobachtungen auf diesem Gebiet gemacht worden sind. Die entsprechenden Instanzen, wie sie über die hygienischen und gesundheitlichen Verhältnisse der Industriearbeiterin Aufschluß geben, die Gewerbeaufsicht und die Krankenkassen, fehlen auf dem Lande eben noch vollständig.

Die ungeheure Fruchtbarkeit der ländlichen Ehen kommt in diesen Feststellungen ziffernmäßig zum Ausdruck. Von 30 befragten Frauen ist eine 14 mal Mutter geworden. Zwei Frauen 12 und je drei Frauen 11 und 10 mal. Eine geringere Geburtenzahl fällt nur auf die erst wenige Jahre verheirateten Frauen! „Man kann es nicht bloß mit Geduld bezeichnen, wie die Frauen ihr schweres Mutterdasein tragen. Sie fühlen sich vielmehr unter einem unabänderlichen Naturgesetze stehend." Und wie viel Kraft, wie viel Leben wird hier nutzlos vergeudet. Auf 162 Schwangerschaften kamen nur 136 normale Geburten, und zur Zeit der Erhebung waren davon nur noch 85 Kinder am Leben! Eine enorme Sterblichkeit, trotzdem in der Gegend die Mütter allgemein die Kinder selbst nähren. Aber das Verhalten und die Ernährung der Mutter während der Stillungsperiode und die ganze Pflege des Kindes leiden an all den Fehlern, die die gröbste Unwissenheit, Sorglosigkeit und Mittellosigkeit vereint erzeugen. Die mangelnde Schonung der Schwangeren und Wöchnerinnen - die meisten kommen schon nach 3 Wochen wieder zur Arbeit - ist aber damit zu erklären, daß die Notwendigkeit die Frauen bei der Arbeit hält. Wenn auch die Naturalbezüge der Familie unverändert bleiben, auch wenn die Frau nicht zur Arbeit kommt, und wenn auch keine Wohnungsmiete aufzubringen ist, so ist doch das Gesamteinkommen der Familien so niedrig, daß man den Lohn nicht gern entbehrt.

Abgesehen von Frauenleiden, die durch zu schweres Arbeiten vor und nach der Niederkunft entstehen, war der *Gesundheitszustand* der Frauen ein sehr guter. Die meisten Frauen gaben an, im übrigen ganz gesund und rüstig zu sein. Bei ihrer Untersuchung über die Lage der Berliner Näherinnen erhielt Gertrud Dyhrenfurth dagegen von der Hälfte aller Befragten die Antwort, daß sie an Blutarmut, Nervenschwäche, Rückenschmerzen, Ischias und, von einer weiteren erheblichen Zahl, an Erkrankungen der Atmungsorgane leiden. Von den 30 befragten Landarbeiterinnen gab nur eine Frau ein Lungenleiden an, daß sie allerdings als überwunden ansah. Bei einer 70jährigen Frau hatte sich ein Emphysem ausgebildet. An Blutarmut litt nur eine Frau, die eine schwere Entbindung durchgemacht hatte.

So würde vom gesundheitlichen Standpunkt das Leben der Landfrauen ein gutes sein, wenn ihnen nur als Mütter die nötige Schonung würde. Ein *Wöchnerinnenschutz*, der mit einer Unterstützung verbunden würde, wie wir ihn in zureichenderem Maße, als er heut gewährt wird, für die Industriearbeiterin fordern, müßte auch der Landarbeiterin zu Teil werden. Und wenn das für den einen Teil der ländlichen Bevölkerung - für die Abhängigen - Gesetz würde, dürfte es sich auch für die kleineren Besitzerfrauen als Sitte einbürgern, daß sie sich durch Selbstversicherung die Mittel schaffen, um eine Arbeitsvertretung für die Frau zur Zeit ihrer Niederkunft bezahlen zu können.

Am Schluß ihrer Darstellung wirft Gertrud Dyhrenfurth die Frage auf, ob die Entwicklung der materiellen Verhältnisse der Arbeiterschaft auch Wandlungen in ihrem geistig-sittlichen Leben hervorgebracht habe. Und das Resultat ihrer feinsinnigen Beobachtungen gipfelt darin, daß das Lebensniveau noch nicht so weit erhöht worden ist, um schon ein eigenes, selbständiges Kulturstreben entstehen zu lassen. „Es fragt sich nur, ob von dem der übrigen Nation mehr als bisher zu ihnen hinübergeleitet worden ist." Und das kann nicht bejaht werden. Über Schule, Kirche, Militärzeit und den Einfluß des Familienlebens hinaus finden sich auf dem Lande kaum nennenswerte Institutionen, die erziehlich auf den Stand einwirken. Neues ist kaum hinzugekommen. Aber die Familie hat sich gelockert, wo das *Verbundensein* mit *einer festen Heimstätte* - sei es mit einem noch so kleinen Besitz, in deren Gestaltung die Persönlichkeit sich auszuwirken vermöchte - verloren gegangen ist. Der Besitz einer eigenen Heimstätte hebt den einen Teil der Dorfbewohner - trotzdem keine Unterschiede in der Bildung oder im Maß der Arbeitsleistung zu konstatieren sind - über den andren hinaus. Das tritt besonders bei der Haltung der *Frauen* hervor, deren Persönlichkeit sich in einem Wirkungskreis mit eigener Verantwortung ganz anders, viel freier entwickelt, die auch ihren Kindern mehr zu sein vermögen als die Frau, die einer fremden Arbeitsorganisation unterworfen ist. „Die Stellenbesitzersgattin wird ‚Frau' tituliert", so berichtet Gertrud Dyhrenfurth, „ihre unverheiratete Tochter ‚Fräulein'. Die Arbeiterfrau nennt man nur mit dem Namen des Mannes, ‚die Scholzen', ‚die Müllern', ihre Tochter ‚Scholz-Guste', ‚Müller-Anna'. Wenn Fräulein X. einen Fehltritt begeht, so ist das eine Ausnahme; daß Müller-Anna den Eltern ein Kind heimbringt, ist die Regel."

Wo die Stellenbesitzer hinter den Lohnarbeitern immer mehr zurücktreten, und wo durch die Erwerbsarbeit der Mütter das Familienleben gelockert wird, die Kinder Aufsicht und Erziehung entbehren, erwachsen der besitzenden und gebildeten Landbevölkerung neue Aufgaben, von deren Erfüllung in ihrem eignen Kreis Gertrud Dyhrenfurth mancherlei Nachahmenswertes zu berichten weiß. Kinderpflege und Krankenfürsorge, aber vor allem auch Fortbildung, erziehliche Einrichtung, geistig-sittliche Führung für die Jugend, die der Schule entwachsen ist. Auf diesem Gebiet ist noch fast alles zu tun!

Wenn die Kinder die Schule verlassen haben, geschieht für die Ausbildung des inneren Menschen so gut wie nichts. Und auch an äußeren Fertigkeiten gibt man den Mädchen nicht das, was sie dereinst für die eigene Wirtschaft so notwendig brauchen. Aber sind die Mißstände auf dem Gebiet der *Fort- und Fachbildung* verhältnismäßig leicht zu beseitigen, so stößt man auf dem Gebiete der *sittlichen Erziehung* auf die schwierigsten Probleme. Es ist nicht Not, die die Mädchen auf dem Lande zu dem in vielen Gegenden ganz verbreiteten vorehelichen Geschlechtsverkehr treibt. Im Familienkreis kommen diese Motive nicht in Betracht, und das alleinstehende Mädchen vermietet sich meist als Magd, deren Existenz durchaus gesichert und auskömmlich ist. Für sie gibt es „keine verdienstlose Zeit, in der die städtische Saisonarbeiterin so leicht in Schulden und auf abschüssige Bahn gerät; sie sieht keinen aufreizenden Luxus, der den Verführer machen könnte". Die Gefahr der Verführung liegt vielmehr auf dem Lande - wie im gemischten Fabrikbetrieb - „in dem dauernden Zusammensein und Zusammenarbeiten der Geschlechter, sowie in dem Wohnen und den Vergnügungen, die der Aufsicht entbehren". „Und es fehlt dem Triebleben die Zucht, die erziehenden Einwirkungen, die es bei den Frauen auf etwas höherer Kulturstufe zurückdrängen und versittlichen. Vor allem aber kann sich bei den Wohnverhältnissen das Schamgefühl der Kinder unmöglich in der Stärke und Zartheit entwikkeln, in der es dann zum besten Hüter des heranwachsenden Mädchens wird, gegenüber den herantretenden Versuchungen und seinen eigenen erwachenden Instinkten ein ungleich besserer Hüter, als selbst die Furcht vor ökonomischen Nachteilen und gesellschaftlicher Ächtung."[6]

Für die erziehlichen Aufgaben, die nach dieser Richtung hin den Gutsbesitzerfrauen erwachsen, ist im allgemeinen noch wenig Verständnis vorhanden. „Über rein persönliche Beziehungen hinaus fühlt und versteht unsere Frauenwelt noch zu wenig. Was jenseits der Sphäre des Hauses, von der die moderne Entwicklung den weitaus größten Teil der Dienenden abgelöst hat, arbeitet und lebt, das geht sie ihrem Gefühl nach nicht viel an. Die Frau, die in einsamer Unabhängigkeit auf ihrem Gutshof lebt, fühlt sich naturgemäß noch nicht so, wie die Frau in städtisch-gewerblichen Verhältnissen, mit dem Ganzen des Volkswirtschaftsprozesses verknüpft. Es fallen in ihre Seele nicht die Bilder aus dem allgemeinen Leben des Volkes, die jene zur Anteilnahme aufgerüttelt haben und in steigendem Maße der sozialen Arbeit zuführen. Religiös gestimmte Naturen weihen sich einer karitativen Tätigkeit: - zumeist findet man sich mit dem Geldbeitrag für den vaterländischen Frauenverein ab." In dem *Verein für Wohlfahrtspflege auf dem Lande* ist ein Organ geschaffen, das anregend der sozialen Arbeit dienen will, über das hinausgehend, was der Vaterländische Frauenverein, dem vorsichtiges Vorgehen nach bewährten Methoden vorgezeichnet ist, leisten kann. Eine regere Teilname der Frauen wäre ihm zu wünschen! Auf die Lücken, die man auf diesem Gebiet gelassen hat, auf die mangelnde Pflege der gemütlich-sittlichen Vorteile, die das Landleben bieten könnte, führt Gertrud Dyhrenfurth einen Teil der Motive für die Landflucht zurück. Was sie über die geistige Leere, über die mangelnde Anregung an Festtagen und Feierstunden sagt, das sollten alle, die sich für die Landarbeiterfrage interessieren, nachlesen. Hier kann es kaum angedeutet werden. Der Wunsch nach einem Wechsel - gleichviel welchem - muß bei dem eintönigen Leben in den jungen Leuten erwachen. Nicht das *ungebundene* Leben, nicht die Freiheit der Großstadt können die ausschlaggebenden Momente sein. Denn frei

[6] Daß für die Pflege der Sittlichkeit von Seiten des Arbeitgebers nicht immer das Richtige geschieht, mag durch eine persönliche Erfahrung illustriert werden. Einem mir nahestehenden Gutsbesitzer, der über die Schwierigkeiten sprach, Mägde zu bekommen, sagte einmal ein Nachbar: „Ich habe ein sehr gutes Mittel gefunden. Ich halte stets vier unverheiratete Knechte im Haus. Seitdem sind immer für mich Mägde zu haben!!"

ist der Arbeiter heut auf dem Lande auch; *ungebunden* ist gerade die Kategorie von Tagelöhnern, die am stärksten an der Landflucht beteiligt ist. Dagegen wird bei der Erklärung dieser Erscheinung viel zu wenig die Tatsache beachtet, „daß in der städtischen Gesellschaft die Lohnarbeiterschaft einen *Stand* bildet, einen gehobenen und höher strebenden Stand, in deren Gruppen sich gleiches mit gleichem verbindet und in deren Verbindung die Interessen des einzelnen Gliedes vertreten werden". Dieses Zusammengehen und Wirken mit seines gleichen fehlt dem Arbeiter auf dem Lande, jedes korporative Leben, in dem er über sich selbst hinaus für irgend eine Gemeinschaft denken und fühlen könnte. Man nimmt den ländlichen Arbeitern das Recht, sich zur Pflege und Beratung ihrer Berufs- und Standesinteressen zusammenzuschließen, aber gibt ihnen das Mitbestimmungsrecht in den großen Fragen der Politik, die kaum je an ihrem Horizont aufgedämmert sind. Gertrud Dyhrenfurth nennt die ländliche Arbeiterschaft einen politisch noch völlig leblosen Teil der Nation, dem noch jede Verbindung mit dem Staatsleben fehlt. Der Landarbeiter agitiert heute noch nicht für Koalitionsrecht, Vereins- und Versammlungsfreiheit; kennt diese Kampfmittel noch kaum. „Das Bewußtsein für seine Klassenlage ist ihm noch wenig aufgegangen, und wo er den Druck dieser Lage dumpf empfindet, entzieht er sich ihr schweigend durch die Flucht vom Lande." Ob diese Mißstände nicht beseitigt werden können? Vielleicht würde es gelingen - wenn sich unter den Grundbesitzern und ihren Angehörigen mehr so vorurteilslose, objektive, uneigennützige Beobachter und Kritiker fänden wie Gertrud Dyhrenfurth, die das Wohl des ganzen Volkes höher stellen als den eigenen Vorteil, denen der Blick nicht durch das Unternehmerinteresse getrübt ist, die die Verpflichtung ihres Standes, die Verpflichtung, die Besitz und Bildung auferlegt, in vollem Umfang anerkennen. Wenn die Großgrundbesitzer, die ja einen ausschlaggebenden Einfluß auf unser Staatsleben ausüben, sich auf diesen *nationalen* Standpunkt stellen, dann werden sie allerdings im eigentlichen Wortsinn Stützen von Reich, Altar und Thron sein.

Wenn man eine gewisse Zahl größerer Gutsbezirke als eine ökonomische und politische Notwendigkeit betrachtet, so ist das nur berechtigt, wenn der Landarbeiterstand an dem allmählichen wirtschaftlichen und intellektuellen Emporsteigen des Volksganzen teilnehmen kann. Auch auf dem Lande hat die moderne Entwicklung nicht nur alte Fesseln gelöst, sondern den Einzelnen isoliert, alte Gemeinschaftsbildungen mit ihrem kulturellen Wert zerstört. Was dadurch verloren gegangen ist, muß durch neue menschliche Beziehungen ersetzt werden, durch neues Verständnis und neue Formen der Hilfsbereitschaft neu erstehen. Das wird nicht nur durch Anklagen herbeigeführt, das kann nicht allein durch gesetzgeberische Maßnahmen geschaffen werden. Was wir auch vom Gesetz fordern, wird nur von Nutzen sein, wenn es von der besitzenden Landbevölkerung wirksam gemacht wird:

Denn die Liebe ist des Gesetzes Erfüllung.

Gleicher Lohn für gleiche Leistung*

Vor mehr als zwei Menschenaltern hat Thomas Hood das Los einer Näherin mit den Worten geschildert:

„Schaffen - Schaffen - Schaffen -
Und der Lohn! Ein Wasserhumpen,
Eine Kruste Brot, ein Bett von Stroh,
Dort das morsche Dach - und Lumpen!
Ein alter Tisch, ein zerbrochener Stuhl,
Sonst nichts auf Gottes Welt!
Eine Wand so bar - 's ist ein Trost sogar,
Wenn mein Schatten nur drauf fällt."

Diese Worte können noch heute als Gleichnis für die Entlohnung der meisten Frauen gelten. Welchem Beruf sich die Frauen auch heute zuwenden mögen, überall wird es ihnen schwer gemacht, sich durch ihre Arbeit ausreichende Mittel zum Lebensunterhalt, zu einer anständigen Lebensführung zu verschaffen. Der alte volkswirtschaftliche Lehrsatz, daß die Arbeit die Quelle allen Reichtums ist, hat für die Frauen schlechthin keine Geltung. Denn die Frauen, die ihr Leben lang gearbeitet haben, sind meist nicht reich geworden, und die Frauen, die reich geworden sind, haben das meist nicht durch ihre Hände oder ihres Kopfes Arbeit erreicht. Die Löhne der Frauen in den verschiedensten Berufssphären zeigen die traurige Gemeinsamkeit eines auffallenden Tiefstandes.

Diese Tatsache hat dazu geführt, daß man sich in allen Kreisen die Frage nach den Ursachen der niedrigen Frauenlöhne vorlegt. Männer haben die Frauenarbeit bekämpft, weil sie durch die Frauen unterboten wurden, weil sie in ihnen unlautere Konkurrentinnen, Lohndrückerinnen sahen. Die Frauen aber haben sich bitter über die Ungerechtigkeit der ihnen gezahlten Löhne beklagt. Es ist sogar die Behauptung aufgestellt worden, daß man den Frauen nur geringere, schlechtere Löhne als den Männern zu bieten wagt, weil sie politisch rechtlos seien. Aus solchen Betrachtungen ist die Forderung „gleicher Lohn für gleiche Leistung", die sich im Programm der verschiedensten Frauenvereine und politischer Parteien findet, hervorgegangen.

Schon aus der Formulierung dieser Forderung geht hervor, daß Frauen und Männer für gleiche Leistungen nicht immer gleich bezahlt werden, und neben der Konstatierung dieser Tatsache schließt der Ausspruch eine Forderung ein, die aus dem Prinzip der Gerechtigkeit hervorgeht. Aber der Gedanke, von dem man sich bei dem Aufstellen dieser Forderung leiten läßt, der Gedanke der Gerechtigkeit, steht zwar im engsten Zusammenhang mit der leitenden Idee der Frauenbewe-

---

* Das Blaubuch, 1. Jg., Nr. 30, 2. Aug. 1906, S. 1167-1171

gung, die für die Frauen Gleichberechtigung in der Ausbildung und Ausübung aller Berufe, Gleichberechtigung vor dem Gesetz und dem Staat verlangt und erhofft, alle diese Forderungen durchzusetzen, wenn nur der Glaube an ihre Gerechtigkeit verbreitet werden kann. Aber in Bezug auf das Postulat eines gleichen Lohnes kann dieser Gedanke nicht zutreffend sein. Dieser kann nicht - wie vielleicht noch die Frauen der vorigen Generation glaubten - durch einen Druck auf die Arbeitgeber durchgesetzt werden, denn auf dem Arbeitsmarkt herrschen nicht die Ideen der Gerechtigkeit, sondern die des wirtschaftlichen Vorteils.

Der wirtschaftliche Vorteil aber bedingt, daß die Arbeitgeber die billigste Arbeit nehmen, die sie finden, daß sie billige Arbeit nehmen, wo sie sie finden. Tatsächlich bot sich und bietet sich noch heute die Frauenarbeit den Unternehmern aber fast immer billiger als gleichwertige männliche Arbeit dar. Gerade die Billigkeit der Frau hat ihr Eingang auf dem Arbeitsmarkt verschafft und sie vielfach tatsächlich zu einer gefährlichen Konkurrentin des Mannes gemacht. Nicht nur bei Arbeiten, die sie auf Grund ihrer besseren Geeignetheit übernehmen kann, sondern auch in den Gruben und Bergwerken, auf Bauten und an Hochöfen, eben weil die Frau den Mann unterbot, weil sie als Lohndrückerin auftrat.

Deshalb muß die Forderung gleicher Lohn für gleiche Leistung in erster Linie in unseren eigenen Reihen gelten. Wir müssen unsere Bemühungen darauf richten, daß die Frauen selbst die Ursachen beseitigen, die zu einer ungleichen Entlohnung von Mann und Frau, zu einer geringeren Lohnforderung der Frauen geführt haben.

Die Ursachen der ungleichen Entlohnung sind mannigfacher Art. Zunächst läßt sich feststellen, daß nur in ganz seltenen Fällen die Frauen tatsächlich die gleiche Arbeit wie Männer tun. Namentlich in der Fabrik, wo Mann und Frau oft nebeneinander im selben Arbeitssaal stehen, dieselben Maschinen bedienen, handelt es sich entgegen den allgemeinen Anschauungen um ganz verschiedenartige Handreichungen und Dienste, die von beiden geleistet werden. Die fortschreitende Arbeitszerlegung hat auch hier, wo keine Arbeitsteilung für die Geschlechter durch Gesetz und Recht vorgeschrieben war, zu einer fortschreitenden Differenzierung geführt. Man kann wohl sagen, daß am gleichen Ort und zur gleichen Zeit nur ganz vereinzelt, nur in wenigen Ausnahmefällen die gleiche Arbeit von Mann und Frau getan wird.

Es sind nicht immer Unterschiede in der Begabung, in der körperlichen Verschiedenheit von Mann und Frau, die zu dieser Arbeitsteilung führen. Sondern vielfach nimmt die Frau eine Stellung ein, für die eine besonders geringe Lehrzeit notwendig ist. Das Vordringen der Frauen auf neue Arbeitsgebiete, das die letzten drei Jahrzehnte gebracht haben, steht in einem engen Zusammenhang zu der Möglichkeit, zahlreiche ungelernte Arbeitskräfte zu verwerten, die durch die moderne Entwicklung von Handel und Gewerbe herbeigeführt worden ist. Als die Maschine die Muskelkraft der Männer - und auch vielfach die gelernte Arbeit - entbehrlich machte, spannte die Industrie Frauen und auch Kinder - ungelernte

Arbeitskräfte - in ihren Dienst. Ganz ähnlich lag es in anderen Berufsarten. Den Eintritt in das kaufmännische Gewerbe, in den Staatsdienst - als Post- und Bahnangestellte - erlangten die Frauen in einer Zeit fortschreitender Arbeitszerlegung, die die Heranziehung von wenig oder garnicht vorgebildeten Kräften ermöglichte. Auch zu Lehrerinnen an öffentlichen Schulen wurden Frauen zuerst berufen, nicht weil man ihre besondere Eignung für dieses Arbeitsfeld erkannte, sondern weil es an männlichen Bewerbern fehlte und man daher mit schlechter vorgebildeten Lehrkräften - damals waren die Frauen schlechter vorgebildet - vorlieb nehmen mußte. Überall hatten die Frauen den letzten Platz einzunehmen, die niedrigste und schlechtest bezahlte Arbeit zu tun, die besseren Plätze waren überall von Männern besetzt. Unter diesem Zeichen drangen die Frauen in die Erwerbsarbeit ein.

Aber auch wenn man von den Unterschieden in den Leistungen absieht, ist die Bezahlung der Frauen eine schlechtere als die der Männer. Man kann sogar feststellen, daß da, wo eine Frau tatsächlich ausnahmsweise die gleiche Arbeit wie ein Mann tut, ihr meist nicht der gleiche Lohn gezahlt wird. Wo aber Unterschiede in der Quantität oder Qualität der Leistung vorhanden sind, da eigentlich setzt erst die ungleiche, ungerechte Entlohnung ein. Hier wird die Frau nicht entsprechend der geringeren Leistung, sondern nach einem besonderen Maßstab bezahlt.

Aber auch diese Erscheinung ist erklärlich, wenn man die kurze Vergangenheit der Frauen auf dem Arbeitsmarkt verfolgt; wenn man nachforscht, warum sie ihre Forderungen niedriger als der Mann stellen mußten. Jahrhunderte lang haben die Frauen vorwiegend im Haus für die Familie geschafft. Ein Lohnverhältnis, das in Geld ausgedrückt wurde, blieb den meisten fremd. Wohl waren sie gewohnt oft schwere und aufreibende Arbeit zu tun, aber sie taten es aus Liebe zu ihren Angehörigen oder aus Pflichtgefühl; vielleicht auch, weil sich ihnen keine andere Existenzmöglichkeit bot. Aber sie taten es niemals für Geld. Die Arbeit der Hausfrau wird bis auf den heutigen Tag nicht bezahlt und deshalb auch meist gering bewertet. In ihren persönlichen Bedürfnissen ist die Frau, die ein großes Hauswesen leitet, von ihrem Mann meist durchaus abhängig; abhängiger als die Lohnarbeiterin mit dem geringsten Einkommen. Sogar der Sprachgebrauch hat diese Frauen gewöhnt, den Mann als „Ernährer" zu betrachten, auch wo gar keine Veranlassung dazu vorliegt, wo sie selbst wichtige und unentbehrliche Arbeit tun. Es ist demnach kein Wunder, daß die Frauen, als die bittre Not einer schweren Zeit sie zur Erwerbsarbeit drängte, ihre Arbeitskraft niedrig bewerteten, daß sie sie um jeden Preis herzugeben bereit waren. Die unbezahlte und unbewertete Arbeit der Hausfrau, die geringe Einschätzung ihrer Arbeitskraft haben die Frauen zu niedrigen Lohnforderungen veranlaßt.

Dazu kommt, daß die Frauen nicht im halben Maße wie die Männer nach einer steigenden Entlohnung streben. Das Gros der Frauen rechnet gar nicht damit, den vollen Unterhalt verdienen zu müssen. Während der Mann sich nicht damit begnügt und begnügen kann, den vollen Bedarf für sich selbst durch seine Arbeit zu erlangen, während er den Unterhalt für eine Familie verdienen will, setzt nur in den seltensten Fällen eine Frau den Familienbedarf bei ihren Lohnforderungen mit in Rechnung. Nicht einmal der volle Individualbedarf wird immer angestrebt, - denn unzählige Frauen wollen nur einen Zuschuß zum Familieneinkommen verdienen. Das sind die Ehefrauen, die pensionierten Witwen, die Haustöchter, die womöglich nur ihre Toilettenausgaben und die Unkosten für Theaterbesuche und andere Vergnügungen mit ihrem Verdienst bestreiten wollen. Mit diesen niedrigen Lohnforderungen schaden sich aber nicht nur die Frauen, die nicht aufs Verdienen angewiesen sind, selbst; sondern sie drücken die Löhne ihrer Konkurrentinnen, die von der Arbeit leben müssen, mit herunter. Denn die Lohnbildung vollzieht sich stets innerhalb der Gruppe von konkurrierenden Arbeitern; und die Anlagen, die Ausbildung, das Alter und die Lohnforderungen aller, die für einen Platz überhaupt in Betracht kommen, geben den Ausschlag für die Bedingungen und den Lohn, der schließlich zustande kommt.

Die Tatsache, daß viele Frauen und Mädchen nicht einmal den vollen Individualbedarf anstreben, daß sicherlich die Meisten nicht den Bedarf für eine Familie zu verdienen brauchen, trägt auch wieder dazu bei, daß die Frauen vorwiegend wenig qualifizierte Arbeit tun, daß sie nicht viel Zeit für die Erlernung eines Berufes opfern. Das wird noch verstärkt durch die Erfahrungstatsache, daß ein großer Teil der arbeitenden Frauen jung aus dem Beruf ausscheidet (das Durchschnittsalter der Berliner Handlungsgehilfin beträgt 21 Jahre). Die Mädchen sehen ihre Berufsarbeit häufig als Provisorium, als Übergangsstadium an, und deshalb herrscht in allen Klassen eine intensive Abneigung - der Eltern wie der Mädchen - gegen eine längere Lehrzeit. Man scheut sich für die Lehrjahre einer Tochter Geld zu opfern, dessen Zinsertrag nicht gewiß erscheint, während das Geld, das man für die Ausbildung des Sohnes verwendet, als vielversprechende Kapitalsanlage angesehen wird. Das Mädchen soll überall so schnell wie möglich einen Verdienst finden, nicht einen Beruf ergreifen; und das drückt der ganzen Frauenarbeit den Stempel des Dilettantischen, Provisorischen, Zufälligen auf und drückt die Löhne auf ein niedriges Niveau herab.

So verschlingen sich die Ursachen der ungleichen Entlohnung zu einem unentwirrbar scheinenden Knoten. Die vorwiegend ungelernte Frauenarbeit, die niedrigste Löhne zur Folge hat, hängt eines Teils zusammen mit dem unentwickelten Stadium der Frauenarbeit, mit der Notwendigkeit, auf dem Arbeitsmarkt da vorzudringen, wo am leichtesten ein Platz zu erobern ist. Sie hängt aber auch zusammen mit der Auffassung der Erwerbsarbeit, die noch in weiten Frauenkreisen den nötigen Ernst vermissen läßt. Durch die ungenügende Ausbildung leidet aber wiederum die Organisationsmöglichkeit und die Widerstandsfähigkeit der Frau. Das ist eine weitere Ursache der niedrigen Löhne. Schließlich hängt die geringe Bewertung der weiblichen Arbeitskraft - wo durch die Frauen selbst - mit der kurzen Vergangenheit der Frauenerwerbsarbeit zusammen. Nur wo es den Frauen gelungen ist für einen ganzen Stand diese Ursachen der schlechten Bezahlung zu beseitigen, die in letzter Linie in dem unentwickelten Stadium der Frauenberufsarbeit, in der dilettantischen Auffassung des Berufslebens und der ungenügenden Ausbildung der Frauen zu suchen sind, da haben sie auch ihre Gehälter und ihre Löhne den männlichen anzunähern vermocht. In erster Linie kann als Beispiel hierfür der deutsche Lehrerstand genannt werden, der seine vorzügliche Berufsorganisation nutzbar machte, um die Anforderungen an die Mitglieder des Standes immer höher zu stellen. Wenn beispielsweise das Wissen und Können der Volksschullehrerinnen hinter dem ihrer männlichen Kollegen nicht zurückbleibt, so ist es darauf zurückzuführen, daß durch die Initiative der Lehrerinnen die Prüfungsanforderungen für die Frauen immer höhere wurden. Auf Grund dieser Leistungen haben die Frauen dann Gehaltsaufbesserungen durchgesetzt, wie das letzte Preußische Lehrerbesoldungsgesetz sie den Frauen gebracht hat.

Nur wenn in allen Berufszweigen die Frauen in ähnlicher Weise die Anforderungen an sich selbst höher stellen; wenn sie, ebenso wie die Männer, für den Beruf erzogen und tüchtig gemacht werden - gleichviel, ob sie ihn dauernd in vollem Umfange ausüben oder nicht - dann nur können die Frauen zu höheren Stufen der Leistungsfähigkeit und zu einer gerechten Entlohnung gelangen. Es muß in den Frauen die Liebe zur Arbeit gepflegt werden, die Berufstreue und Berufshingabe, damit sie während der Dauer ihrer Berufsarbeit den ganzen Menschen einsetzen und auch den vollen Unterhalt für einen ganzen Menschen beanspruchen können. Wir müssen für den gleichen Lohn, den wir fordern, die gleiche Arbeit wie der Mann geben, und zwar nicht nur dasselbe Können, dieselbe Geschicklichkeit, sondern auch dieselbe Ausdauer, Regelmäßigkeit, Hingabe und Berufstreue. Dann wird die Frauenarbeit vordringen, wo sie geeigneter als Männerarbeit ist, nicht weil sie billiger ist. Und auch für die Frauen wird dann die Arbeit zur Quelle allen Reichtums werden.

Gesundheitsfürsorge für Arbeiterinnen*

1. Staatshilfe

Deutschland ist das Land der sozialen Gesetzgebung, der Staatsfürsorge für die Schwachen. Man glaubt, durch gesetzliche Maßregeln verbesserte Arbeitsbedingungen gerade für die Kreise schaffen zu können, die am wenigsten fähig zur Selbsthilfe sind. Man sieht in dem gesetzlichen Vorgehen den Vorteil einer Verallgemeinerung nützlicher und wünschenswerter Einrichtungen, man stellt die Hilfsaktion sozusagen auf die breiteste Basis. Der Selbsthilfe und der Nächstenhilfe bleibt es unter solchen Umständen vorbehalten, Fürsorgebestrebungen anzubahnen, die über das gesetzliche Maß hinausgehen, durch immer neue Initiativen die Ansichten über notwendige Fürsorgeeinrichtungen zu erweitern. So ist denn auch für eine Stärkung der Gesundheit der arbeitenden Frauen, für eine Verbesserung ihrer Arbeitsbedingungen durch die Reichsgesetzgebung gesorgt worden. Was von privater Seite geschieht, tritt dahinter zurück, ist nur als Ergänzung zu betrachten.

Durch die Reichsgewerbeordnung ist die Arbeitszeit von Fabrikarbeiterinnen über 16 Jahre auf 11 Stunden beschränkt, an den Vorabenden von Sonn- und Festtagen auf 10 Stunden, die Nachtarbeit sowie die Arbeit unter Tage (in Gruben und Bergwerken) ist untersagt, bestimmte Pausen sind durch das Gesetz vorgesehen, um nicht durch ununterbrochene Arbeit die Gesundheit zu schädigen und um Zeit für die Mahlzeiten zu schaffen. Wöchnerinnen dürfen während vier Wochen nach ihrer Niederkunft nicht und während der folgenden zwei Wochen nur auf Grund eines ärztlichen Gesundheitsattestes beschäftigt werden. Jugendliche Arbeiterinnen im Alter von 14-16 Jahren dürfen nicht länger als 10 Stunden täglich beschäftigt werden. Diese Bestimmungen beziehen sich nur auf Fabriken. Für alle gewerblichen Gehilfen, also auch im Handwerk, ist die Sonntagsarbeit verboten. Ferner ist bestimmt, daß in allen gewerblichen Betrieben die Arbeitsräume und Betriebsvorrichtungen so einzurichten sind, daß die Arbeiter gegen Gefahren für Leben und Gesundheit, soweit der Betrieb das ermöglicht, geschützt sind. Insbesondere ist für genügendes Licht, ausreichenden Luftwechsel und dergl. Sorge zu tragen. Über die Ausführung dieser Bestimmungen haben Gewerbeaufsichtsbeamte zu wachen, zu denen - zum Teil sicherlich infolge der lebhaften Agitation aus den Kreisen der Frauenbewegung - in den meisten deutschen Bundesstaaten auch Frauen gehören. Es liegt auf der Hand, daß die weiblichen Aufsichtsbeamten ihr besonderes Augenmerk auf die gesundheitlichen Vorkehrungen zum Schutz der Frauen richten.

So vorzüglich diese Bestimmungen gedacht sind, so sind sie doch unzurei-

* Centralblatt des Bundes deutscher Frauenvereine, 8. Jg., Nr. 20, 15. Jan. 1907, S. 159-161

chend, sowohl in Bezug auf den Personenkreis, den sie umfassen, als auch in Bezug auf das Maß des hygienischen Schutzes, den sie gewähren. Die deutsche Frauenbewegung fordert zunächst eine weitere Herabsetzung der Maximalarbeitszeit auf 10 Stunden täglich, die Freigabe des Sonnabendnachmittags, die Erhöhung des Schutzalters für Jugendliche auf 18 Jahre. Sie fordert entsprechende hygienische Schutzbestimmungen für die Heimarbeiterinnen. Von den innerhalb der sozialdemokratischen Partei organisierten Frauen werden noch weitergehende Forderungen betreffend Herabsetzung der Arbeitszeit erhoben.

Von unendlicher Tragweite für die Volksgesundheit im allgemeinen - und folglich auch für die Gesundheit der arbeitenden Frauen - ist das deutsche Krankenversicherungsgesetz vom 15. Juni 1883 (mit Novelle von 1903). Dieses Gesetz sichert allen Arbeiterinnen in Fabriken und gewerblichen Betrieben, auch den Angestellten im Handelsgewerbe, für Fälle der Krankheit unentgeltliche ärztliche Behandlung, Arznei sowie notwendige Heilmittel, ferner im Falle der Erwerbsunfähigkeit vom dritten Tage nach der Erkrankung ab für jeden Arbeitstag ein Krankengeld in der Hälfte des durchschnittlichen Tagelohns. Diese Unterstützung ist bis zu einem Zeitraum von 26 Wochen zu zahlen. Anstelle dieser Leistungen kann auch freie Kur und Verpflegung in einem Krankenhause, in einer Heilanstalt oder einem Rekonvaleszentenheim gewährt werden, sofern der Arzt das für wünschenswert erachtet. Hat der in einem Krankenhaus Untergebrachte für Angehörige zu sorgen, so erhalten diese während seines Aufenthalts im Krankenhaus die Hälfte der Unterstützung, die ihm anderweitig gezahlt werden müßte. An Wöchnerinnen muß eine Unterstützung in der Höhe des Krankengeldes für sechs Wochen gezahlt werden. Es ist den Krankenkassen (den Trägern der Versicherung) gestattet, ihre Leistungen über dieses Maß auszudehnen, beispielsweise dürfen sie auch schwangeren Frauen Unterstützungen gewähren, sofern diese vorübergehend erwerbsunfähig sind. Auch kann freie Gewährung der erforderlichen Hebammendienste beschlossen werden. Von diesen Befugnissen haben aber nur verhältnismäßig wenige Kassen Gebrauch gemacht.

Durch das Invalidenversicherungsgesetz, das den dauernd erwerbsunfähigen Personen Rente zusichert, ist ferner die Möglichkeit geboten, Arbeiterinnen bei drohender Invalidität, bei Krankheiten, die sich über 26 Wochen ausdehnen, auf Kosten der Versicherungsanstalt einem Heilverfahren, sei es im Hause, sei es in einer Anstalt, zu unterwerfen. Das Invalidenversicherungsgesetz umschließt einen weiteren Kreis von Arbeiterinnen und Arbeitern, als das Krankenversicherungsgesetz, es erstreckt sich auch auf Dienstboten und auf die landwirtschaftlichen Arbeiterinnen. Dagegen sind auch hier die Heimarbeiterinnen ausgeschlossen.

Von der Frauenbewegung ist daher wiederholt die Forderung nach einer Ausdehnung der Versicherungsgesetze auf alle arbeitenden Frauen ausgesprochen worden: die Forderung der Ausdehnung der Krankenversicherung auf die Heimarbeiter, auf die häuslichen Angestellten, auf die landwirtschaftlichen Arbeiter, für die Invalidenversicherung die Ausdehnung auf die Heimarbeiter. Da die Möglichkeit gegeben war, durch Ortsstatute den Krankenversicherungszwang auf die Heimarbeiter einzelner Städte auszudehnen, haben auch die Frauenvereine, insbesondere Arbeiterinnenvereine, nach dieser Richtung - teilweise mit gutem Erfolg - gewirkt.

In bezug auf die Leistungen der Krankenkassen wird besonders eine Ausdehnung und Erhöhung der Unterstützung von Wöchnerinnen und Schwangeren gefordert, wie das schon vorher erwähnt wurde.

2. Selbsthilfe (Berufsorganisation)

Die Berufsorganisationen der Frauen, wie auch die gemischten Organisationen, die Männer und Frauen umfassen, zielen in erster Linie auf Erreichung höherer Löhne - daneben aber auch auf Erlangung besserer Arbeitsbedingungen im allgemeinen - ab. Sicherlich ist jede Lohnerhöhung, die durch die Organisation erreicht wird, geeignet, auch die Lebensbedingungen der Frauen in gesundheitlicher Beziehung zu bessern. Allerdings ist bei der sehr langsam wachsenden Anteilnahme der Frauen an den Organisationsbestrebungen grade auf diesem Gebiet noch nicht allzuviel erreicht. Etwa 50.000 Arbeiterinnen gehören bisher den verschiedenen Gruppen deutscher Gewerkschaften an. Infolge dieser doch nur sehr mäßigen Zahl organisierter Arbeiterinnen liegen die Erfolge dieser Vereine zum Teil darin, daß in konkreten Fällen auf Abstellung hygienischer Mißstände in Fabriken gewirkt wird. Der Verein resp. seine Vertrauenspersonen können das besser tun, als die einzelne Arbeiterin, die stets fürchtet, bei einer Beschwerde ihre Stellung zu verlieren. Besonders ausgebildet ist dieser Vermittlungsdienst in Bezug auf Beschwerden durch die sozialdemokratische Partei, wie auch durch die Gewerkschaften.

Das Bestreben, durch die Schaffung von Konsumvereinen die Nahrungsmittel zu einem billigen Preis verschaffen zu können, ist bei den deutschen Arbeiterinnen nicht sehr ausgebreitet. In kleinen Fabrikstädten haben die Konsumvereine eine gewisse Bedeutung erlangt; in den meisten Großstädten ist ihre Entwicklung stark zurückgeblieben.

In größerem Maßstabe ist die Organisation der weiblichen Handelsangestellten in Deutschland durchgeführt worden, und die kräftigeren Organisationen haben denn auch etwas mehr in Bezug auf die Forderung der Arbeitsbedingungen ihrer Mitglieder in gesundheitlicher Beziehung tun können. Die Vereine für kaufmännische weibliche Angestellte wirken für verkürzte Arbeitszeit, für Gewährung eines Sommerurlaubs; sie haben sich auch sehr um die obligatorische Einführung von Sitzgelegenheiten für Verkäuferinnen verdient gemacht, wobei sie die Unterstützung anderer Frauenvereine fanden.

3. Nächstenhilfe

Verhältnismäßig jung ist in Deutschland die Bewegung zur Errichtung von Heimen für Arbeiterinnen. Was auf diesem Gebiet schon in älterer Zeit geschah, kam meist nach Art der ganzen Einrichtung und auch nach den geforderten Preisen mehr für erwerbende Mädchen des Mittelstandes als für eigentliche Arbeiterinnen in Betracht. Erst in jüngster Zeit sind auch eigentliche Arbeiterinnenheime entstanden, die teils den Arbeiterinnen nur mittags und abends einen behaglichen Aufenthaltsraum und gesunde Kost bieten wollen, teils außerdem hygienische Schlafräume zur Verfügung stellen. Diese Heime sind fast ausschließlich in den großen Städten durch Frauenvereine ins Leben gerufen worden. Daneben haben noch verschiedene Fabrikanten in ländlichen Fabrikorten ähnliche Heime geschaffen, die dann nur für ihre eigenen Arbeiterinnen in Betracht kommen und in denen diese vollständig versorgt werden.

Sogenannte Abendheime bestehen in Linden, Berlin, Dresden, Bremen, Frankfurt, Karlsruhe, Heidelberg, Schopfheim, Lörrach; Heime, die auch Schlafräume enthalten, in Dresden, Bremen, München, Stuttgart, Berlin, ein nach ähnlichem Prinzip eingerichtetes in Pforzheim in Baden.

Der Versuch von Pastor Zimmer in Zehlendorf, im Anschluß an große Fabriken Arbeiterinnenheime zu errichten, in denen die Arbeiterinnen verpflegt werden und in denen sie jede dritte oder vierte Woche statt der Arbeit in der Fabrik hauswirtschaftliche Pflichten zu erfüllen haben, verdient gerade in Bezug auf die Volksgesundheit besondere Erwähnung.

Einer gesundheitsgemäßen Ernährung der Arbeiterinnen kommen auch die Volksküchen zugute, die in Deutschland durch die Initiative von Frauen eingerichtet und verbreitet worden sind und zurzeit in mehr als 80 Städten bestehen.

Den Volksküchen ergänzend zur Seite stehen Kaffeestuben und Kaffee- und Erfrischungskarren, eine neuere Einrichtung, die vom deutschen Verein für Volkshygiene in Berlin getroffen worden ist, um dem Alkoholismus in den arbeitenden Ständen praktisch entgegenzuarbeiten. Die Erfrischungskarren, die in den Straßen umherfahren und für billiges Entgelt warme Getränke verkaufen, sind bereits nach einem Jahr ihres Bestehens auf das doppelte vermehrt worden.

Nicht nur der Gesundheit der Arbeiterinnen selbst, sondern auch der ihrer Familien dient die Verwendung von Kochkisten, für die durch die deutsche Frauenbewegung, insbesondere aber durch vaterländische Frauenvereine, eine lebhafte Propaganda in Arbeiterinnenkreisen getrieben wird. Die Kochkisten, die sehr leicht und billig herzustellen sind, ermöglichen es den außerhalb des Hauses erwerbstätigen Frauen, für sich selbst und für ihre Familie zu rechter Zeit ein warmes, nahrhaftes, wohlschmeckendes Mittagessen auf den Tisch setzen zu können. Essen, das eine Viertel- bis dreiviertel Stunde auf dem Herd gut gekocht hat, braucht nur in die Kochkiste gestellt zu werden und kocht in derselben ohne Anwendung von Feuer in zwei bis sechs Stunden völlig gar. Insbesondere für

Landarbeiterinnen ist die Anwendung solcher Kochkisten oder Kochkörbe sehr zu empfehlen, da ihnen auf diese Weise ermöglicht wird, des Mittags auf dem Felde oder bei ihrer kurzen Mittagspause eine nahrhafte Kost anstatt des sonst üblichen Kaffees oder Schnapses zu genießen. Der Badische Frauenverein hat sich ganz besonders verdient gemacht durch die Herausgabe eines solchen Kochbüchleins für die Benutzung der Kochkiste, das unter den Arbeiterinnen verteilt worden ist; ebenso der vaterländische Frauenverein (Unterwesterwaldkreis).

Schluß*

Um der hauswirtschaftlichen und haushygienischen Unwissenheit der ländlichen Arbeiterinnen und Arbeiterfrauen entgegenzuwirken, sind vom badischen Frauenverein *Wanderkochkurse* in ländlichen Distrikten eingerichtet worden. Eine Centralstelle stellt für verschiedene Orte die Lehrerin, die auf Wunsch auch Herd- und Kochgeräte liefert, zur Verfügung. Der Unterricht wird in sechs- bis achtwöchentlichen Kursen im Kochen und in der einfachen Haushaltsführung erteilt. Diesem Beispiele sind Frauenvereine in verschiedenen Teilen Bayerns und in Württemberg gefolgt; ein ähnlicher Unterricht wird in Sachsen-Meinigen und einigen Kreisen Preußens erteilt und hat überall lebhaften Anklang gefunden.

Ganz vereinzelt ist in den letzten Jahren von verschiedenen Stellen der Versuch gemacht worden, Arbeiterinnen, besonders jugendlichen, heranwachsenden, einen *Landaufenthalt* zu gewähren, ohne daß ein direkter Krankheitsfall oder Reconvaleszenz vorlag. Man glaubt, das Eintreten von Krankheiten verhüten zu können, wenn man junge, schwächliche Arbeiterinnen aus der Arbeit und den häuslichen Verhältnissen heraus auf einige Wochen in gesunde Luft versetzt und ihnen Gelegenheit gibt, bei guter Kost nur ihrer Gesundheit zu leben und sich körperlich zu entwickeln. Kleine Versuche dieser Art sind in Frankfurt a.M. durch die Centrale für private Fürsorge in Gemeinschaft mit der Wohlfahrtskasse der Freimaurerloge, in Berlin durch den Verein zur Errichtung von Arbeiterinnenheimen und durch den Gewerkverein der Heimarbeiterinnen gemacht worden. Im großen und ganzen ist aber auf diesem Gebiet noch alles zu tun.

Von besonderer Bedeutung ist eine auf deutschem Boden entstandene Einrichtung, die schnell allgemeine Verbreitung gefunden hat und die auch für die Zukunft von großem Wert für die Hebung der Volksgesundheit sein dürfte. Es ist die Errichtung von *Hauspflegevereinen*[1], die bezwecken, erkrankten Hausfrauen der arbeitenden Klassen eine Pflegerin zu stellen, die die Aufgabe hat, für die

* Centralblatt des Bundes deutscher Frauenvereine, 8. Jg., Nr. 21, 1. Febr. 1907, S. 166-168

[1] Die Hauspflegevereine suchen auch über Hygiene belehrend zu wirken; so hat der Charlottenburger Hauspflegeverein ein „Hilfsbuch für die Hauspflege“ herausgegeben, das eventuell unentgeltlich in den Familien zurückgelassen wird.

Dauer der Krankheit die Pflichten der Hausfrau zu übernehmen, Haus und Kinder zu versorgen. Auf diese Weise wird der erkrankten Frau die Möglichkeit geboten, ohne Sorge um die Zerrüttung des Hauswesens und der Familie so lange wie nötig der Ruhe zu pflegen. Die Hauspflegerinnen sind keineswegs geschulte Pflegerinnen, sondern erfahrene Frauen aus dem Arbeiterstand, die vom Verein für ihre Tätigkeit bezahlt werden. Wo die verpflegte Frau in der Lage ist, gibt sie dem Verein einen Zuschuß zur Bezahlung der Pflegerin. Vereinzelt haben auch städtische Verwaltungen die Bezahlung der Hauspflegerinnen in bedürftigen Familien unter Anerkennung des großen Segens dieser Einrichtung für die Volksgesundheit übernommen. Es kann keinem Zweifel unterliegen, daß das ungenügende Ausheilen von Krankheiten, das auf vorzeitige Sorge der Frauen um das Hauswesen zurückzuführen ist, durch die Hauspflege verhütet wird.

Gleichfalls der besseren Verpflegung Kranker dienen die *Krankenküchen*, die in verschiedenen Städten entweder durch Vereine oder durch wohltätige Stifter errichtet worden sind. Die Krankenküchen kommen insofern besonders für arbeitende Frauen in Betracht, als gerade sie am wenigsten imstande sind, sich im Falle einer Erkrankung die nötige, sorgfältig zubereitete Nahrung zu verschaffen. Die Krankenküchen stellen eine besondere Krankenkost zu billigen Preisen in verschiedenen Diätformen her, bezw. sie bereiten sie einzeln, nach der speziellen Vorschrift des Arztes. Die Speisen können dort abgeholt werden oder sie werden mit Transportdreirädern in Termophorgefäßen in die Wohnung gebracht. Solche Küchen bestehen in Berlin, Stuttgart, München-Gladbach, ähnliches in Frankfurt a.M., Posen, Celle, Charlottenburg, Düsseldorf, Kassel, Aschersleben, Detmold, Saarbrücken. In Hanau besteht seit 1847 eine städtische Krankenküche. In Liegnitz und Düren sind die Krankenküchen an Volksküchen angegliedert, in einer Anzahl von Städten: Bromberg, Bielefeld, Elberfeld, Hannover, Kottbus, Stolp, Trier u.a. sind Krankenküchen errichtet, die die Speisen teils lediglich, teils nur auf besonderen Wunsch unentgeltlich liefern.

Um bedürftigen Frauen die Wohltat der Behandlung von weiblichen Ärzten unentgeltlich zugängig zu machen, ist in Berlin auch eine *Poliklinik für Frauen* von weiblichen Ärzten errichtet worden. Außerdem existieren in allen größeren Städten gynäkologische Polikliniken von Ärzten. Die Errichtung von Krankenhäusern liegt in Deutschland ganz allgemein den Gemeinden (Stadtverwaltung) ob. Doch bestehen daneben auch von Frauenvereinen unterhaltene Hospitäler.

Das Krankenversicherungsgesetz hat die Errichtung von *Heilstätten* und *Reconvalescentenheimen* in größerem Umfange ermöglicht, da die Krankenkassen für alle ihre Patienten die eventuellen Kosten für einen derartigen Aufenthalt übernehmen müssen. Neben den Krankenkassen und Landesversicherungsanstalten haben auch Gemeinden und Privatvereine die Errichtung solcher Heilstätten sich zur Aufgabe gemacht. Zu erwähnen sind auch die Volksheilstätten für Nervenkranke, die in den letzten Jahren an einigen Orten Deutschlands errichtet worden sind. Frauenkomitees und Frauenvereine haben ganz besonders an der

Errichtung von Heilstätten für Lungenkranke mitgewirkt. In Bezug auf die Errichtung von *Lungenheilstätten* steht Deutschland jedenfalls dem gesamten Ausland gegenüber voran. Es verfügt zur Zeit über 75 Volksheilstätten mit etwa 7.000 Betten, 31 Privatanstalten mit 2.028 Betten und außerdem über 13 Anstalten für tuberkulöse Kinder mit etwa 500 Betten.

Aber über die Errichtung von Lungenheilstätten hinaus ist auch von Frauenvereinen für die Bekämpfung der Tuberkulose gewirkt worden, und zwar durch Aufklärung, Vorbeugung und Einleitung des Heilverfahrens. Ganz besonders sind hier die Arbeiten des badischen Frauenvereins und verschiedener Vereine zur Bekämpfung der Schwindsuchtgefahren, Beratungsstellen für Lungenkranke etc. (in Charlottenburg, Cassel, Berlin, Frankfurt, Halle, Hamburg u.a.m.) zu nennen. Zum Teil übernehmen derartige Organisationen die Fürsorge für Personen, die aus den Lungenheilstätten entlassen sind. Man sorgt für bessere Nahrung, für eine ausreichende Anzahl Betten in den Familien Lungenkranker, unter Umständen auch für eine vergrößerte Wohnung, für die die Mehrkosten aufgebracht werden, damit nicht Gesunde und Kranke zusammen schlafen. Diese Nachpflege liegt fast ausschließlich in den Händen von Frauen. Die Besucherinnen, die zum Teil angestellt sind - meist gelernte Krankenpflegerinnen -, dringen auf Durchführung der ärztlichen Vorschriften, auf den Gebrauch von Speigläsern, besonderer Eßbestecke für die Kranken, Desinfektion der Wäsche. Der Badische Frauenverein veranstaltet jährliche *Tuberkulosekongresse*, um Kenntnis über die notwendigen Maßnahmen für Lungenkranke zu verbreiten. Er verteilt an die Familien von Lungenkranken Säcke von derber Leinewand, in denen die Wäsche von Kranken vor dem Kochen oder der Desinfektion aufbewahrt werden kann. Die Arbeit geschieht vorwiegend von freiwilligen Helferinnen. Ähnliches geschieht in Charlottenburg, wo eine Beratungsstelle für Lungenkranke errichtet ist. Verschiedentlich werden auch Merkblätter über die notwendige Pflege und über erwünschte Vorsichtsmaßregeln für Lungenkranke und ihre Familien verteilt. Die in ganz Deutschland bestehende Anzeigepflicht bei ansteckenden Krankheiten ist in Baden und im preußischen Regierungsbezirk Wiesbaden auch auf Tuberkulosefälle angewendet, bei denen die Gefahr einer Weiterverbreitung der Krankheit durch Anstecken anderer Personen, insbesondere auch mit Rücksicht auf die Wohnungsverhältnisse, vorliegt. Auch Todesfälle infolge von Tuberkulose sind anzuzeigen. Etwas weniger weitgehende Vorschriften bestehen im Königreich Sachsen, Anzeigepflicht von derartigen Todesfällen herrscht im preußischen Regierungsbezirk Arnsberg und in Sachsen-Altenburg. Nach erfolgter Anzeige kann in Baden eventuell bei Gefahr der übertragung der Kranke durch den beamteten Arzt ins Krankenhaus verwiesen werden, die Wohnungen von Unbemittelten werden nach einem Todesfall oder auch beim Wohnungswechsel unentgeltlich desinfiziert.

Einen wichtigen Teil notwendiger hygienischer *Aufklärungs-* und Pflegearbeit in den Kreisen von Arbeiterinnen übernehmen die Krankenpflegerinnen, die in den meisten deutschen Staaten durch die kirchlichen Gemeinden für deren Bezirke angestellt sind. Die Aufgabe dieser Pflegerinnen besteht darin, den in ihrer Gemeinde erkrankten Personen - besonders den Frauen, die keine ausreichende Hilfe von ihren Familienangehörigen erlangen können - die notwendigen krankenpflegerischen Dienste zu leisten. Dieses Institut der Gemeindeschwestern ist auch vielfach in ländlichen Gemeinden, entweder durch den Gutsvorstand oder den Kirchenpatron, eingeführt. Wo diese Sitte wenig verbreitet ist, wie in Bayern, haben sich besondere Vereine zur Ausbildung und Anstellung von *Landkrankenpflegerinnen* gebildet. Sie bilden zunächst solche Pflegerinnen aus und unterstützen sie bei ihrer Ansiedlung auf dem Lande, bis sie dort einen ausreichenden Erwerb finden. Naturgemäß erlangen diese Pflegerinnen den größten Einfluß auf die hygienische Lebensweise aller ländlichen Arbeiterinnen und ihrer Familien.

Mit der *Ausbildung von Krankenpflegerinnen* beschäftigen sich ferner der Badische Frauenverein und die über ganz Preußen verbreiteten Vereine Frauenhülfe. Sie sind auch auf dem Gebiet der Wochenpflege besonders tätig, neben den Zweigvereinen des Vaterländischen Frauenvereins, der beispielsweise im Kreise Waldenburg eine unentgeltliche Wochenpflege für unbemittelte Frauen eingerichtet hat. In Württemberg bildet der Wohltätigkeitsverein Wochenpflegerinnen aus, die dann von Bezirken, Gemeinden und Vereinen, speziell auf dem Lande, angestellt werden. Ein anderer Verein in Württemberg sucht durch Abgabe von Stärkungsmitteln und Krankenpflegeartikeln die Gesundheitspflege auf dem Lande zu fördern. Einen anderen Versuch macht der katholische Caritasverband, der seit einigen Jahren in sechswöchentlichen Kursen Landmädchen zu sogenannten Krankenbesucherinnen ausbildet, die nicht berufsmäßige Krankenpflegerinnen sind, sondern diese Besuche nur im Nebenamt machen. In ähnlicher Weise werden von evangelischer Seite seit einigen Jahren freiwillige Helferinnen in der Krankenpflege ausgebildet. Auch der Badische Frauenverein und das Henriettenstift in Hannover bilden in vier- bis sechsmonatlichen Kursen solche Krankenbesucherinnen aus. Zu erwähnen sind noch die durch wohltätige Stifter an einigen Stellen eingerichteten Anstalten, die Gegenstände zur Krankenpflege verleihen.

Um die wichtige Aufgabe, Verständnis über hygienische Fragen zu verbreiten, bemühen sich in Deutschland große, über das ganze Land verbreitete Vereine, wie der Deutsche Verein für öffentliche Gesundheitspflege und der Deutsche Verein für Volkshygiene, an deren Bestrebungen auch Frauen Anteil nehmen. Der Deutsche Verein für Volkshygiene hat der Notwendigkeit der Mitarbeit von Frauen durch Wahl eines weiblichen Vorstandsmitgliedes Ausdruck gegeben. Er treibt eine rege Propaganda durch Vorträge, Volksblätter u.s.w. und wirkt anregend und befördernd auf die Bestrebungen zur Hebung der Volksgesundheit (so z.B. durch Einrichtung der Kaffeewagen, s. 2.).

Bei der preußischen Regierung besteht - nach Presseberichten der letzten Zeit - die Absicht, einen Landeswohlfahrtsrat zu organisieren, der in allen Angelegenheiten der Wohlfahrtspflege - also wohl auch bei den Bestrebungen zur Hebung der Volksgesundheit - anregend und belehrend wirken, besonders auch gleichartige Bestrebungen zusammenfassen soll.

Von der Central-Kommission der Krankenkassen werden in Berlin und seinen Vororten seit fünf Jahren regelmäßig hygienische Vorträge für die Mitglieder, Arbeiter und Arbeiterinnen, gehalten, darunter solche, die nur für Frauen bestimmt sind, andere, die sich speziell mit der Fürsorge für Kinder und Säuglinge befassen. Die Beteiligung ist bei fast allen Vorträgen eine sehr rege, vornehmlich in den Vorträgen, die die Frauen- und Geschlechtskrankheiten, sowie in denen, die die Lungentuberkulose behandeln. Die Erfahrung, die bei diesen Veranstaltungen gemacht worden ist, kann als eine durchaus befriedigende bezeichnet werden.

Die Arbeiterinnenfrage - eine Frauenfrage*

Die Begründerin der deutschen Frauenbewegung, Luise Otto, war es, die als erste auf die Interessen der Arbeiterinnen hinwies. In der „Adresse eines Mädchens", die sie im Jahre 1848 an das sächsische Ministerium richtete, das eine Kommission zur Erörterung der Erwerbs- und Arbeitsverhältnisse einberufen hatte, verlangte sie verbesserte Arbeitsgelegenheiten für die Frauen und wies dabei auf die sittlichen Gefahren hin, denen die Arbeiterinnen bei ungenügenden Löhnen ausgesetzt sind. Die Adresse schloß mit den Worten: „Glauben Sie nicht, meine Herren, daß Sie die Arbeit genügend organisieren können, wenn Sie nur die Arbeit der Männer und nicht auch die der Frauen organisieren. Und wenn man überall vergessen sollte, an die armen Arbeiterinnen zu denken, - ich werde sie nicht vergessen!"

Sei jener Zeit, als die Worte dieser mutigen Frau allgemeinen Beifall und allgemeine Würdigung fanden, hat man die Notlage der Arbeiterinnen noch oft vergessen; selbst in Kreisen, in denen man sich um die Hebung der Arbeiterklasse bemühte. Es galt sogar lange als Streitfrage, ob man überhaupt neben der Arbeiterfrage eine besondere Arbeiterinnenfrage anerkennen könne, ob die Arbeiterinnen Forderungen zu vertreten hätten, die über das von den Männern Erstrebte hinausgehen. Hat doch selbst die sozialdemokratische Partei lange Zeit den Standpunkt vertreten, daß keine gesonderte Frauenagitation in proletarischen Kreisen

* Die Nation, 24. Jg., Nr. 21, 23. Febr. 1907, S. 326-327

notwendig sei. Und die sozialdemokratischen Frauen stellten sich auf einen ähnlichen Standpunkt, indem sie jedes gemeinsame Arbeiten mit der Frauenbewegung unter der Begründung ablehnten, daß sie trotz aller Berührungspunkte in rechtlichen und politischen Reformforderungen doch in den entscheidenden ökonomischen Interessen mit den Frauen anderer Klassen nichts Gemeinsames hätten; die Emanzipation der proletarischen Frauen könnte deshalb nicht das Werk der Frauen aller Klassen sein, sondern allein das Werk des gesamten Proletariats, ohne Unterschied des Geschlechts.

Wenn nun auch die sozialdemokratischen Frauen diese splendid isolation nicht aufgegeben haben, so mußten doch auch sie mit der Zeit erkennen, daß sie neben der Verfolgung allgemeiner Parteibestrebungen gesonderter Frauenorganisationen oder einer gesonderten Agitation unter den Frauen bedürfen. Denn die Frauen nehmen nicht nur in staatsrechtlicher Beziehung eine Sonderstellung ein, sie haben auch in der Familie Sonderpflichten zu erfüllen. Unter Anerkennung dieser Verhältnisse haben die sozialdemokratischen Frauen seit dem Jahre 1900 regelmäßig wiederkehrende Konferenzen abgehalten und dadurch bewiesen, daß auch sie das Vorhandensein einer besonderen Arbeiterinnenfrage - die eben eine Frauenfrage ist - anerkennen, wenn sie auch diese Frauenfrage nicht in Gemeinschaft mit Frauen anderer politischer Überzeugungen lösen wollen.

Immerhin haben die Anhängerinnen der Frauenbewegung sich durch die ablehnende Haltung der sozialdemokratischen Frauen nicht verhindern lassen, ihrerseits für die Förderung und Hebung der Arbeiterinnen einzutreten und die Arbeiterinnenfrage als einen Teil der Frauenfrage zu behandeln. Müssen doch alle Frauen, für die unsere Bewegung nicht auf dem Glauben an die Gleichartigkeit der Geschlechter, sondern auf der Überzeugung von der Eigenart der Frauen beruht, der sie Einfluß im öffentlichen Leben, Teilnahme an der Kulturarbeit sichern wollen, gerade aus dieser Anschauung von der verschiedenen Veranlagung der Geschlechter heraus auch besondere Bedürfnisse der Arbeiterinnen anerkennen, für ihre Befriedigung eintreten. Für sie ist die Arbeiterinnenfrage wohl auch ein Teil der Arbeiterfrage, soweit die Frau ebenso wie der Mann der Arbeiterklasse unter der Abhängigkeit vom Unternehmer, unter der Unsicherheit ihrer Lage, unter dem Klassengegensatz leidet. Aber darüber hinaus haben die Arbeiterinnen besondere Forderungen aufzustellen, weil die Erwerbsarbeit für die Frauen besondere Konsequenzen und Nachteile zu zeitigen pflegt, und weil die Frauen unter den bisherigen rechtlichen und wirtschaftlichen Verhältnissen unter besonderen Bedingungen auf den Arbeitsmarkt treten.

Die Schäden der industriellen Frauenarbeit liegen zunächst auf physiologischem Gebiete, denn die Bestimmung der Frau zur Mutterschaft kann bei der gewerblichen Arbeit nicht genügend berücksichtigt werden. Körperlich anstrengende Arbeit in jugendlichem Alter schädigt den weiblichen Organismus in viel bedenklicherer Weise als den männlichen. Ungeeignete Beschäftigung der Frauen in der Zeit der Schwangerschaft macht die Frauen oft unfähig, gesunde Kinder zur Welt zu bringen. Frühzeitige Wiederaufnahme der Arbeit nach Entbindungen führt nicht nur zu schweren Erkrankungen der Frauen. Sie verhindert die Mutter auch, ihre natürlichen Pflichten gegenüber den Kindern zu erfüllen. Hohe Säuglingssterblichkeit ist eine Begleiterscheinung der Fabrikarbeit verheirateter Frauen.

Die Schäden der industriellen Frauenarbeit liegen weiter auf sittlichem und sozialem Gebiet. Denn das Mädchen der Großstädte wird durch die Fabrikarbeit hauswirtschaftlichen Berufen entzogen und damit auch dem häuslichen Pflichtenkreis entfremdet; umso mehr, je länger die tägliche Arbeitszeit ausgedehnt ist. Denn auch für den Besuch hauswirtschaftlicher Fortbildungskurse oder selbst für eine nützliche Tätigkeit im Elternhaus bleibt bei elfstündiger Arbeitsdauer dem Mädchen weder Zeit noch Kraft übrig. Für die verheirateten Frauen aber bedeutet ganz besonders die Fabrikarbeit eine Gefahr. Für sie ergibt sich eine fast unlösbare Aufgabe: zwei Pflichtenkreisen gerecht zu werden. Wenn die Mutter in die Fabrik geht, muß die Häuslichkeit, muß das Familienleben vernachlässigt werden. Sittliche Werte gehen verloren. Wenn die Frau nach Beendigung der außerhäuslichen Arbeit noch kochen, waschen, Kinder versorgen soll, muß sie bei solcher Überanstrengung gesundheitlich Schaden leiden, und auch als Mensch, als Persönlichkeit zu kurz kommen. Frauen, die vor eine solche Doppelaufgabe gestellt werden, pflegen schließlich beide Aufgaben nur mangelhaft zu erfüllen. Es bleibt in der Geschichte der industriellen Entwicklung unvergessen, daß in Lancashire zur Zeit der großen Baumwollkrise - als die Fabriken sich schlossen und eine Hungersnot ausbrach - die Sterblichkeit der Säuglinge zurückging, weil die Mütter imstande waren, den Kindern statt der Opiummixtur die Brust zu reichen.

Die Arbeiterinnenfrage ist ein Problem der Gefährdung des weiblichen Organismus und der Vernachlässigung des häuslichen Pflichtenkreises durch die Frau. Und schließlich ist sie noch das Problem der Gefährdung des ganzen Arbeiterstandes durch die lohndrückende Tendenz, die der Frauenarbeit anhaftet, weil die Frauen in viel stärkerem Umfang als die Männer ungelernte Arbeit tun, weil die Frauen ihre Berufstätigkeit als Übergangsstadium betrachten, weil sie nicht wie die Männer ein Familieneinkommen zu verdienen suchen.

Die ständige Zunahme der Arbeiterinnen, die Größe und Ausbreitung der Gefahren industrieller Frauenarbeit haben dazu geführt, daß in immer weiteren Kreisen das Problem als solches erfaßt worden ist. In allen politischen Kreisen sieht man ein, daß die Mittel, deren sich die männlichen Arbeiter zur Hebung ihrer Lage bedienen, für die Frauen nicht ausreichen. Besondere Formen der Organisation, besondere Maßregeln gesetzlichen Schutzes, besondere Zweige oder Leistungen des Versicherungswesens werden notwendig sein, wenn die in der Industrie beschäftigten Mädchen vor der Eheschließung gesund erhalten werden sollen, wenn man die Frauen für ihre Familienpflichten - nicht nur für die physischen Funktionen, sondern auch für ihre sittlichen Aufgaben - freimachen will. Vor allem aber bedürfen die Frauen der rechtlichen Gleichstellung mit den Männern in dem Vereinsgesetz, damit sie nicht länger des wichtigsten Mittels der Selbsthilfe beraubt bleiben.

In allen Parteien hat man diese Fragen erörtert, ohne bisher nennenswerte Resultate, ohne auch nur ein einheitliches Programm in bezug auf Mindestforderungen zu erzielen. Die zunächst Beteiligten, die Frauen selbst, wollen nun diese Aufgabe in die Hand nehmen. Eine Konferenz zur Förderung der Arbeiterinneninteressen wird am 1. und 2. März in Berlin im Saale der Königlichen Bauakademie stattfinden, die von Frauen der verschiedensten Parteirichtungen einberufen ist. Von den katholischen Frauenorganisationen bis zu den fortschrittlichen Frauen werden alle Schattierungen vertreten sein. Auch bedeutende männliche Sozialpolitiker und sozialpolitische Organisationen haben sich dem einberufenden Komitee angeschlossen. Nur die Sozialdemokratinnen haben es - wie bei anderen Veranstaltungen der Frauenbewegung - abgelehnt, dem Komitee beizutreten.

Neben der Lohnfrage wird die Frage der Fachausbildung der Arbeiterinnen, das Problem der Vereinigung von Fabrikarbeit und Mutterschaft erörtert werden. Das Wahlrecht der Frauen für die Krankenkassen, Gewerbegerichte, Arbeitskammern steht gleichfalls auf dem Programm. Die Vorträge werden von Helene Simon, Dr. Elisabeth Jaffé-Richthofen, Dr. Marie Baum, Dr. Margarete Bernhard, Frau v. Gordon, Professor Harms, Professor Mayet gehalten werden.

Gelingt es den Vertretern der verschiedenen politischen Richtungen, sich auf gemeinsame Forderungen und Aufgaben - auch nur in bezug auf einzelne dieser Fragen - zu einigen, so wird dadurch eine wertvolle Vorarbeit für die Sozialreform des Deutschen Reiches geleistet, so werden diese theoretischen Erörterungen auch die praktischen Interessen der Arbeiterinnen fördern helfen.

Frauenforderungen zum sozialpolitischen Programm des deutschen Reichstags*

Vortrag, gehalten bei der Generalversammlung des Allgemeinen Deutschen Frauenvereins in Hamburg

Für jeden, der bestrebt ist, an den Aufgaben seiner Zeit mitzuarbeiten, liegt es nahe, den Blick auf die Vergangenheit zu lenken und zu fragen, in welcher Form die Angehörigen früherer Generationen für ihr Vaterland gewirkt haben. Wir Jüngeren, die wir die Zeit der Neugestaltung des Deutschen Reichs, der großen Entscheidungskriege nicht mit erlebt haben, werden vor allem in jener Zeit den Maßstab für unser Tun und Wollen suchen, an den Opfern, die unsere Eltern bringen mußten, um an dem Bau des neuen Deutschlands mitzuhelfen, die das Vaterland in jener Zeit von Männern und Frauen verlangte.

Von *Männern und Frauen*. Denn die Lasten, die große Kriege einem Volke auferlegen, werden niemals von den Männern *allein* getragen. Wie der Mann sein Leben aufs Spiel setzen, wie er Gut und Blut opfern muß, so nimmt der Krieg auch den Frauen oft das Liebste, was sie haben. Denn jeder Mann, der in den Krieg zieht, ist einer Mutter Sohn. So raubt der Krieg den Frauen den Frieden und das Glück ihrer Häuslichkeit, fordert er von ihnen Entbehrungen jeder Art, beansprucht er von ihnen Opfermut und Tatkraft.

Die Frauen der sechziger und siebziger Jahren haben es daran nicht fehlen lassen. Als die Truppentransporte begannen, haben Frauen Tag und Nacht auf den Bahnhöfen gestanden, um für die Verpflegung der ins Feld ziehenden Krieger zu sorgen. Und Seite an Seite mit den Männern sind sie ausgezogen, um in den Lazaretten die Wunden zu heilen, die der Krieg geschlagen. Unsere Mütter wußten sich mit den Vätern *eins*, als das Vaterland Opfermut und Opferfreudigkeit von ihnen forderte.

Aber die Einheit des Deutschen Reiches, um deretwillen unsere Eltern so schwere Lasten trugen, um deretwillen das deutsche Volk aus tausend Wunden geblutet hat, ist nicht nur in *blutigen Kriegen* erkämpft, sie ist auch in *Werken des Friedens* errungen worden. Ein Werk des Friedens war die Verleihung des allgemeinen *Wahlrechts*, das bei der Gründung des Reichs jedem männlichen Bürger zuerkannt wurde und das als nationales Bindeglied zwischen den neugeeinten Landesteilen wirken sollte. Und ein Werk des Friedens war die *Kaiserliche Botschaft* vom November des Jahres 1881, welche die Ära der Sozialreform einleitete, die Versicherungsgesetze ankündigte und den besitzlosen Klassen Fürsorge und Besserung ihrer Lage verspricht. Geht diese Botschaft doch ausdrücklich von dem Gedanken aus, daß für das Reich, das *nach außen stark geworden und gefestigt*

* Die Frau, 15. Jg., Nr. 3, Dez. 1907, S. 146-154

ist, nun auch neue und dauernde Bürgschaften eines *inneren* Friedens geschaffen werden müßten.

Das vor einem Menschenalter begonnene Werk gilt es heute fortzuführen und zu vollenden. Was das Deutsche Reich festigen, seine Einheit stärken, seine Macht vergrößern kann, das sind Werke des Friedens. Das sind alle die Bestrebungen, die den Kampf im eigenen Lande, den *Klassenkampf* mildern können. Das sind die Werke der Gerechtigkeit, die der Gesamtheit des Volkes in steigendem Maße Teilnahme an den Kulturgütern sichern wollen, die der sozialen Not eine soziale Hilfe entgegenstellen.

Sollen wir Frauen an diesem Werk des Friedens nicht mithelfen dürfen? Sollen wir nur in Kriegs-, nicht auch in Friedenszeiten Bürgerpflichten erfüllen?

Die offizielle Antwort, die uns die Verfassung des Deutschen Reichs auf diese Frage gibt, ist eine Ablehnung. Da, wo die Entscheidung über die Fragen der sozialen Reform fällt, im deutschen Reichstag, ist für die Frauen kein Platz vorgesehen - oder wenigstens nur ein Zuschauerplatz auf der Galerie, auf der man wohl hören, sich aber nicht bemerkbar machen darf. Und selbst eine weniger offizielle Mitarbeit der Frauen an den Aufgaben der Sozialpolitik ist nicht gewünscht, nicht einmal geduldet. Als vor sechs Jahren ein großer sozialpolitischer Verein zur Förderung der Sozialreform in Deutschland gegründet wurde und Frauen sich zum Beitritt meldeten, wies man sie ab, da bei der in Preußen geltenden Gesetzgebung das Bestehen des Vereins bei Aufnahme von Frauen gefährdet war. Damals riet man uns, wir sollten uns einer internationalen Gesellschaft für soziale Reform anschließen, an fremde Türen klopfen, weil das Vaterland uns Bürgerpflichten und Bürgerrechte vorenthielt. Und es ist kein Wunder, daß in unseren Reihen immer wieder die Frage auftauchte: „Haben wir Frauen denn kein Vaterland?"

Aber wenn das Vaterland uns auch eine offizielle und direkte Mitarbeit an den Aufgaben der Sozialpolitik versagt, so müssen wir doch versuchen, wenigstens *indirekt* für eine Milderung der Klassengegensätze zu wirken. Und da alle Gesetze - auch die sozialpolitischen - bis zu einem gewissen Grad nur dem Volkswillen, der Volksstimmung Ausdruck geben, so müssen wir in uns selbst eine Meinung und einen Willen zu den Fragen der Sozialpolitik entwickeln und unseren Forderungen mit vernehmlicher Stimme Ausdruck geben.

Wenn die Formulierung und Begründung der Frauenforderungen zum sozialpolitischen Programm des Reichstags den ersten Verhandlungsgegenstand dieses öffentlichen Frauentages bilden soll, so ist das ein Beweis dafür, daß die Führerinnen des Allgemeinen Deutschen Frauenvereins unsere Bewegung nicht im Sinne eines egoistischen Kampfes um größere Rechte, um erweiterte Bildungs- und Berufsmöglichkeiten, die unseren eigenen Reihen zugute kommen, ansehen; daß sie vielmehr die Frauenbewegung unter jenem *höheren Gesichtspunkt nationaler Größe* auffassen, als ein Mittel, das die Frauen zum Bewußtsein ihrer Bürgerpflichten führen soll. Das zur Begründung dafür, daß wir Frauen uns mit den

Fragen der Sozialpolitik beschäftigen. Zur Erklärung der Tatsache, die allen, die der Frauenbewegung noch ferner stehen, befremdlich erscheinen mag, daß dieses im engeren Sinne garnicht frauenrechtlerische, vielmehr politische Thema unsere Tagung einleitet.

Nun zur Aufstellung und Formulierung der Forderungen selbst. Der *Frauenforderungen*. Darunter sind in erster Linie die sozialpolitischen Forderungen zu verstehen, die sich *auf die Frauen beziehen*, die leider selbst von den Vertretern der sozialpolitisch rührigen Parteien im Reichstage nicht genügend Beachtung und Unterstützung finden, und deren Vertretung von Seiten der Frauen selbst deshalb besonders notwendig ist.

Gibt es denn aber sozialpolitische Forderungen, die sich auf die Frauen allein beziehen?

Sozialpolitik - das bedeutet die gesetzlichen Maßnahmen, welche die Lage der besitzlosen Klassen heben sollen, die den Gegensatz zwischen den Interessen von Kapital und Arbeit, das heißt von Arbeitgebern und Arbeitnehmern, beseitigen oder mildern sollen.

Gibt es nun zwischen Unternehmern und *arbeitenden Frauen* einen solchen Gegensatz besonderer Art, der besondere, über die für die männlichen Arbeiter gestellten hinausgehende Forderungen hervorruft und berechtigt erscheinen läßt? Forderungen zum Schutz der arbeitenden Frauen, die sowohl im Interesse der Volksgesundheit, der Stärkung der Kräfte des ganzen Volks, als auch im Interesse des Menschentums und der Menschenwürde der Frau zu erheben sind?

Für den, der nicht gerade aus den Frauen Männer machen will, kann kaum ein Zweifel darüber bestehen, daß - unbeschadet aller Gleichberechtigungsforderungen - ein besonderer Schutz der arbeitenden Frauen durch den Staat, besondere gesetzliche Maßnahmen zur Hebung ihrer Lage notwendig sind. Einmal, weil die Frau *von der Natur anders veranlagt ist* als der Mann; das heißt, weil sie besondere natürliche Funktionen zu erfüllen hat, weil ihr für die Fortpflanzung des Menschengeschlechts größere Lasten als dem Mann auferlegt sind. Die Frau müßte doppelt so leistungsfähig sein wie der Mann, wenn sie neben der Erfüllung ihrer natürlichen Aufgaben, wenn sie in den Jahren, in denen sie Kinder zur Welt bringt und nährt, im selben Umfang wie der Mann der Berufsarbeit nachgehen sollte.

Aus diesen natürlichen Funktionen der Frau ergibt sich aber weiterhin ihre *Stellung in der Familie*. Durch die Erziehung und Pflege der Kinder, durch die Versorgung des Hauswesens werden in der Familie wiederum andere Ansprüche an die Frau gestellt als an den Mann. Es werden ihrer Berufsarbeit dadurch Kräfte - noch über die von der Natur direkt beanspruchten - entzogen, so daß eine gleichmäßige Anspannung von Mann und Frau im Berufsleben für die Frauen meist eine Schädigung ihrer Gesundheit, eine Hemmung ihrer geistigen und sittlichen Entwicklung, eine Unterdrückung ihres Persönlichkeitswertes bedeutet, während ihr Können und Leisten im Beruf ebenso geschwächt, wie ihre Pflichterfüllung in der Familie untergraben wird.

Die Gebundenheit der Frau an die häuslichen und Familienaufgaben vermindert aber bei der berufstätigen Frau auch die *Fähigkeit zur Selbsthilfe.* Sie macht die Arbeiterin organisationsunfähiger. Wer abends, wenn er müde und abgestumpft von der Fabrik heimkommt, noch Hauswesen und Kinder versorgen soll, der findet keine Zeit, die Versammlungen der Berufsgenossen aufzusuchen, mit ihnen über Mittel zur Besserung der Arbeitsbedingungen zu beraten. Wer den hungrigen Kindern Brot geben soll, dem fehlt das Geld und vor allem auch die Widerstandsfähigkeit, um in einen Kampf für bessere Lebensbedingungen einzutreten. Und so wird das beste Mittel zur Selbsthilfe, das den arbeitenden Klassen zur Verfügung steht, gerade für diejenigen unanwendbar, die der Hilfe am meisten bedürfen. So wird die Masse, deren sich die Arbeiter im Ringen um bessere Lebensbedingungen zu bedienen pflegen, für die Frauen stumpf, und sie sind auf den Erfolg der Waffen angewiesen, die *andere* für sie führen. Die arbeitenden Frauen brauchen mehr als die Männer die Hilfe und den Schutz des Staates, weil sie sich weniger gut *selbst* helfen und schützen können.

Neben diesen Forderungen zum Schutz der arbeitenden Frau, die wir stellen, weil die Frau von Natur anders ist als der Mann, weil sie vor den Schädigungen einer Belastung durch zwei Pflichtenkreise bewahrt werden muß, neben den Forderungen, die der Verschiedenartigkeit von Mann und Frau im Gesetz Rechnung tragen sollen, erheben wir eine zweite Gruppe sozialpolitischer Forderungen, die sich darauf beziehen, *daß die Frau anders als der Mann vom Gesetz behandelt wird.* Daß sie eine Ausnahmestellung vor dem Gesetz einnimmt, deren Beseitigung im Interesse der Frauen selbst und einer gesunden Entwicklung des Volkslebens angestrebt werden muß.

Eine *Ausnahmestellung* vor dem Gesetz nehmen nämlich die Frauen heute ein, nicht in dem Sinne, in dem sie zu wünschen wäre, in dem sie berechtigt ist; nicht im Sinne eines Schutzes vor Ausbeutung, eines Korrelats für ihre durch die Natur bedingte stärkere Gebundenheit. Sondern eine Ausnahmestellung im Sinne einer *Unterdrückung und Freiheitsbeschränkung;* eine Ausnahmestellung, die sie verhindert, ihre eigenen Interessen zu vertreten, die ihnen die Mittel und die Garantien zur Selbsthilfe, die schon dem männlichen Arbeiter nicht zu weitherzig zugemessen sind - trotzdem die Frauen sie vielleicht noch notwendiger gebrauchen, ohnehin nur schwer solche Waffen handhaben lernen - die ihnen die Mittel zur Selbsthilfe vorenthält oder stark beschneidet. Durch engherzige Vereinsgesetze, durch Ausschluß der Frauen von den Interessenvertretungen der arbeitenden Klassen - wie der Gewerbegerichte, der Kaufmannsgerichte - haben die Angehörigen des starken Geschlechts, die diese Gesetze geschaffen haben, das sogenannte schwächere Geschlecht *künstlich zur Schwäche verurteilt,* haben sie es aller Mittel zur Selbsthilfe beraubt. Was Wunder, wenn unter solchen Umständen - bei dieser Methode zur Züchtung der Schwäche - die arbeitenden Frauen oft stumpf und interesselos geworden sind, wenn sie sich unter das Joch der Erwerbsarbeit beugen, ohne auch nur einen Versuch zur Besserung ihrer Lage zu unternehmen, wenn Tausende darunter zusammenbrechen!

Aus den *natürlichen Aufgaben der Frau und ihrer Stellung in der Familie einerseits, aus der unnatürlichen und ungerechten Behandlung der Frau vor dem Gesetz andererseits* ergeben sich daher die sozialpolitischen Forderungen, die wir an den deutschen Reichstag richten.

Wir fordern, daß die sozialpolitische Gesetzgebung mehr als bisher der doppelten Belastung der arbeitenden Frauen Rechnung trage und den zur Zeit geltenden elfstündigen Maximalarbeitstag für weibliche Arbeiter zunächst wenigstens auf *zehn Stunden* herabsetze; daß alle bisher zulässigen Überstunden beseitigt werden, sofern sie nicht durch Naturereignisse oder Betriebsunfälle, die den regelmäßigen Betrieb der Fabriken unterbrochen haben, notwendig werden. Wir fordern Freigabe des Sonnabend nachmittags von 4 Uhr an für alle Arbeiterinnen in Fabriken und Werkstätten.

Als vor sechzehn Jahren der elfstündige Maximalarbeitstag für die Fabrikarbeiterinnen eingeführt wurde, war man sich in den Kreisen der Gesetzgeber völlig klar darüber, daß man nur den ersten Schritt tue, um die Arbeiterinnen vor gesundheitlichen Schäden zu bewahren, um sie wenigstens etwas freier für ihre häuslichen Aufgaben zu machen, um den unheilvollen Wirkungen der Doppelbelastung durch zwei Pflichtenkreise entgegen zu wirken. Aber trotzdem der elfstündige Maximalarbeitstag sich bewährt hat, trotzdem die Gewerbeinspektoren damals berichteten, daß er sich ohne Schwierigkeit und ohne Schädigung der Industrie hat durchführen lassen, trotzdem gar kein Zweifel über die Notwendigkeit des Ausbaues dieser Bestimmung bestehen kann, ist *in sechzehn Jahren kein Fortschritt erfolgt*. Der Zeit großzügiger sozialpolitischer Initiative in den achtziger Jahren ist vom Jahre 1891 an eine unfruchtbare Zeit sozialpolitischer Dürre gefolgt. Zwar ist die Hoffnung der Frauen auf eine weitere Herabsetzung der Arbeitszeit verschiedentlich durch Regierungsenquêten belebt worden (1899 Enquête über die Fabrikarbeit verheirateter Frauen, 1902 über die Arbeitszeit der Fabrikarbeiterinnen und die Zulässigkeit der Herabsetzung der Arbeitszeit). Zwar haben die Enquêten sich fast ausnahmslos für den Zehnstundentag ausgesprochen. Zwar ist er in vielen Industrien, in einer großen Anzahl von Betrieben schon durchgeführt. Zwar erfreuen sich die englischen Arbeiterinnen seit sechzig Jahren dieser wohltätigen Maßregel, die nun auch in Frankreich seit einigen Jahren zum Gesetz erhoben ist. Zwar haben auch dem deutschen Reichstag wiederholt diesbezügliche Anträge vorgelegen. Aber mit allen diesen Tatsachen vertröstet man immer wieder Hunderttausende von arbeitenden Frauen, vertröstet man von Jahr zu Jahr die neue Generation junger Mädchen, wenn sie in die Fabriken eintreten, um dort bald ihre Gesundheit und Lebenskraft bei der überlangen Arbeitszeit einzubüßen. Oder vielmehr: man vertröstet sie *nicht*. Denn welcher Trost liegt in einem Wechsel auf die Zukunft, wenn man unter der Gegenwart zusammenbricht? Lange hat man uns warten lassen; hat man keine Zeit für die Beratung und Regelung einer so wichtigen Frauenangelegenheit gefunden. Jetzt endlich hat das Reichsamt des Innern dem Bundesrat eine Vorlage betreffend den Zehnstundentag der Frauen zugehen lassen, deren Inhalt, deren einzelne Bestimmungen aber noch nicht bekannt geworden sind.

In diesem bedeutungsvollen Augenblick sprechen wir deshalb die Erwartung aus, daß die von uns aufgestellten Forderungen *in vollem Umfang* erfüllt werden, daß nicht halbe Arbeit getan wird. Denn was wir fordern, ist nichts als eine *Minimalforderung,* ein *Augenblicksprogramm,* das sich an das Erreichbare und Notwendige hält. Wir fordern nur, daß alle die Frauen, die sich jetzt elf Stunden täglich in der Fabrik abmühen müssen - das heißt einschließlich der Pausen dreizehn Stunden in der Fabrik, einschließlich des Weges zur Arbeitsstelle vierzehn Stunden täglich von Haus und Kindern abwesend sein müssen -, wenigstens eine Stunde früher ihrer Familie zurückgegeben werden; daß sie an einem Wochentag von 4 Uhr an Zeit haben, in ihrem Hauswesen nach dem Rechten zu sehen, zu waschen und zu flicken, damit auch für sie der Sonntag ein Feiertag werde, nicht nur einen Wechsel der Arbeitsart bedeutet. Wir wünschen, daß an dieser Verkürzung der Arbeitszeit die unverheirateten Arbeiterinnen vollen Anteil haben, damit sie Zeit und Kraft behalten, sich nach der beruflichen Arbeit des Abends fortzubilden, damit sie nicht so ermüdet heimkehren, daß sie nicht einmal zur Teilnahme an den hauswirtschaftlichen Beschäftigungen des Elternhauses fähig sind und stumpf und matt das Lager aufsuchen - oder vor Hunger und Gier nach einer Anregung, nach einer Sensation, die sie über die eintönig und stumpf machende Leere ihres Daseins, über das graue Einerlei der mechanischen Arbeit hinwegbringt, sich in den entnervenden, die Sinne reizenden Strudel der Straße, des Tanzlokals stürzen.

Wer von uns, die wir in einem behüteten Elternhaus aufgewachsen sind, die wir kaum je erfahren haben, was sittliche Gefahren bedeuten, wer von uns wagt es, den Stein aufzuheben, wenn jene ausgleiten?

Uns besitzenden Frauen hat die beispiellose wirtschaftliche Entwicklung der letzten Jahrzehnte, hat das Wachstum der äußeren Kultur eine reichere und glänzendere Lebensweise ermöglicht. Aber diese Steigerung unserer Lebensmöglichkeiten ist erkauft mit einer fortschreitenden Arbeitszerlegung und Berufsgliederung, mit einer Mechanisierung der Arbeit weiter Schichten, die jede lebendige Beziehung zwischen dem Arbeiter und seinem Werk zerschneidet, die ganze Menschenleben mit geisttötenden, stumpfmachenden Arbeiten erfüllt, die für die Masse der Bevölkerung eine starke Einbuße an persönlichen Lebenswerten, eine Entseelung des menschlichen Daseins bedeutet. Ist es zuviel verlangt, wenn wir demgegenüber für die arbeitenden Frauen, die kaum noch etwas anderes als Mittel und Werkzeug eines unpersönlichen Kulturprozesses sind, wenn wir für sie wenigstens eine Herabsetzung der Arbeitszeit um eine Stunde täglich fordern, damit auch sie frei werden, um allgemein menschliche und persönliche Interessen pflegen zu können?

Wir fordern weiter noch eine andere Einschränkung der Arbeitszeit der Frauen; nämlich einen *Ausbau der Bestimmungen über den Schutz der Frau zur Zeit der Mutterschaft.* Auf Grund der Reichsgewerbeordnung dürfen Wöchnerinnen vier Wochen nach der Entbindung nicht - und in der fünften und sechsten Woche nur, falls ein ärztliches Gesundheitsattest es für zulässig erklärt - in Fabriken und Werkstätten beschäftigt werden. Diese Bestimmung wird durch das Krankenversicherungsgesetz ergänzt, das den Frauen für diese Zeit der Arbeitsruhe eine Unterstützung in Höhe der Hälfte des üblichen Tagelohns sichert.

So wertvoll diese Bestimmung auch jetzt schon ist, so ist sie doch nach jeder Richtung unzureichend. Sie umfaßt einen viel zu engen Personenkreis, schließt alle nichtgewerblichen Arbeiterinnen, das heißt die in häuslichen Diensten beschäftigten, die Landarbeiterinnen, aus und erstreckt sich auch nicht auf die Masse der Heimarbeiterinnen. Auch ist die Unterstützung zu niedrig bemessen. Sie müßte, wenn sie eine wirkliche Arbeitsruhe garantieren soll, vollen Ersatz für den ausfallenden Lohn gewähren. Vor allem aber ist zu beklagen, daß die *schwangeren Frauen* noch jeden Schutzes entbehren. Noch stehen sie bis zum letzten Tag vor der Geburt des Kindes von morgens bis abends, elf Stunden am Webstuhl, noch schaffen sie bei der Feldarbeit oder treten unermüdlich die Nähmaschine und richten für sich und für ihre Kinder unermeßlichen Schaden an. So lange schwangere Frauen ihren erschöpften Körper zur Arbeit zwingen müssen, bis sie zusammenbrechen, so lange bittere Not die Mütter veranlaßt, um des Unterhalts willen ihre Säuglinge in den ersten Lebenswochen zu verlassen, so lange *fehlt der Sozialpolitik Grundlage und Stützpunkt.* Denn wie kann eine gesunde lebenskräftige Generation erwachsen, wenn die Kinder vor ihrer Geburt geschwächt und geschädigt werden?

Wir müssen eine Erweiterung der bisherigen Schutzmaßregeln fordern, im Sinne einer Mutterschaftsversicherung, das heißt einer Versicherung, welche die Frau für die Zeit, in der sie durch die Erfüllung ihrer natürlichen Aufgaben am Erwerb verhindert ist, gegen den Lohnausfall schützt und pekuniär sicherstellt. Erst wenn diese Forderung erfüllt ist, dann erst wird die Mutterschaft - nicht nur mit Worten, sondern durch Taten - geheiligt sein.

Zu unseren Forderungen, die sich aus der Stellung der Frau in der Familie ergeben, zu den Forderungen, die wir erheben, um der Frau die Erfüllung ihrer Familienpflichten zu ermöglichen, die Vereinbarkeit von Beruf und Mutterschaft zu erleichtern, gehört ferner *die Forderung nach einem Heimarbeiterschutzgesetz.* Die großstädtische Heimarbeit liegt noch ganz vorwiegend in der Hand von Frauen, von Müttern, die diese Form der Arbeit wählen, weil sie elastischer als außerhäusliche Arbeit, nicht an feste Stunden gebunden ist, und weil sie hoffen, durch solche Arbeit Brot schaffen zu können, ohne die Kinder verlassen zu müssen, ohne sie der Verwahrlosung preiszugeben. Aber die Hoffnung, in der diese

Arbeit aufgenommen wird, geht fast immer zuschanden. Sind doch die Löhne in der Heimarbeit so niedrig, daß sie die Frauen zu angespanntester, oft vierzehn- bis sechzehnstündiger täglicher Arbeit nötigen, wenn sie nicht verhungern wollen. Um der Kinder willen verlassen diese Frauen nicht ihr Heim, aber das Heim wird zur Werkstatt. Die Arbeit hat Ruhe und Sauberkeit und Behagen verscheucht; die Kinder zu Handlangern und Helfern gemacht; der Mutter noch die Nachtruhe genommen, die der Fabrikarbeiterin wenigstens geblieben ist. Selbst die Fürsorge und die Hilfe, die das Kranken- und das Invalidenversicherungsgesetz den anderen gewerblichen Arbeiterinnen sichern, wenn sie ihre Gesundheit und Kraft in Lebenskampf und Arbeitsmühen eingebüßt haben, ist der Heimarbeiterin vorenthalten.

Eine Regelung der gradezu anarchischen Zustände in der Heimarbeit würde in erster Linie unseren Geschlechtsgenossinnen zugute kommen. Wir fordern eine Sanierung der Heimarbeit durch Ausdehnung der Versicherungsgesetze, vor allem aber durch eine staatliche Forderung der Tarifverträge - mit dem Ziel der gesetzlichen Einführung von Mindestlöhnen - damit die Heimarbeit aus einem Fluch unseres Volkes zu einem Segen werde, damit sie zu einer Arbeitsform ausgestaltet werde, die tatsächlich den Bedürfnissen der verheirateten Frauen Rechnung trägt, die die Vorzüge, die diese Arbeitsform für die verheirateten Frauen haben könnte, erst zur Geltung bringt, die die Familie stützt, anstatt sie zu zerstören.

Gleich der Regelung der Heimarbeit *fordern wir auch eine entsprechende Gesetzgebung für die bisher noch ganz ungeschützten Kategorien von Arbeitern, für die in Landwirtschaft und in häuslichen Diensten stehenden Frauen.*

Schließlich fordern wir die Einführung der Witwen- und Waisenversicherung,[1] zu der sich die Regierung im Kampf um das Zolltarifgesetz verpflichtet hat - gleichsam um der arbeitenden Bevölkerung ein Äquivalent für die neue Belastung durch Lebensmittelzölle zu geben. Auch die Witwen- und Waisenversicherung gehört in die Reihe unserer sozialpolitischen Forderungen, die sich aus der Gebundenheit der Frau an den häuslichen Wirkungskreis und die Familienaufgaben ergeben. Nur bezieht sie sich nicht - wie die Forderung des Zehnstundentages, der Mutterschaftsversicherung, der Heimarbeitsgesetzgebung - auf den Schutz der *berufstätigen* Frauen, die für ihren häuslichen Wirkungskreis freier gemacht werden sollen. Sondern sie richtet sich auf die Frauen, die so stark durch Familienaufgaben beansprucht, die durch Tradition - oder den Willen des Mannes - ausschließlich auf das Haus beschränkt waren, die nicht für den Erwerbskampf gerüstet sind, und die nur zu oft durch den Tod des Mannes plötzlich und unvorbereitet vor den wirtschaftlichen Kampf gestellt werden.

Die normale Ehe weiter Kreise findet ihre wirtschaftliche Grundlage in einer *Arbeitsteilung zwischen Mann und Frau;* derart, daß der Mann die Subsistenzmittel erwirbt, während die Frau die Sorge für das Hauswesen und die Erziehung

[1] Vergl. „Die Frau", Märzheft 1907

der Kinder übernimmt. Die Frau entlastet den Mann von der Sorge um die Befriedigung der täglichen Bedürfnisse der Familienmitglieder und macht ihn damit frei für ungehinderte Güterproduktionen, für außerhäuslichen Erwerb. Der Mann wiederum gibt der Frau die Möglichkeit, sich ausschließlich der Erhaltung und Verwaltung, der Verwertung der von ihm erworbenen Güter im Interesse der Familie zu widmen, indem er *sie* von der Sorge um die Subsistenzmittel befreit. Einer könnte nicht ohne den andern fertig werden. Einer könnte nicht die Aufgaben beider erfüllen. „Wenn in einer Familie, in der sich mehrere unerwachsene Kinder befinden, die Mutter stirbt, so findet man es ganz selbstverständlich, daß der Vater nicht auch die Aufgaben der Mutter übernimmt, daß er die Versorgung des Hauswesens und der Kinder einer anderen Kraft übergibt oder je nach seinen Verhältnissen die Kinder anderwärts unterbringt. Aber ebenso selbstverständlich, wie man es findet, daß der Vater nicht auch die Aufgaben der Mutter übernimmt, ebenso selbstverständlich findet man es in Fällen, in denen der Vater stirbt und die Familie subsistenzlos zurückläßt, daß die Frau zu ihren bisherigen Aufgaben nun auch die Pflichten des Mannes hinzunimmt.“[2] Das Bedenken, daß das schwächere Geschlecht nicht für den brutalen Ellenbogenstreit im Erwerbskampf geeignet sei, das man stets vorbrachte, wenn es sich darum handelte, den Frauen einen höheren Beruf zu eröffnen, höhere Stellungen zugänglich zu machen, dieses Bedenken hat man der subsistenzlosen Witwe gegenüber niemals vorgebracht. Man hat ganz vergessen, wie doppelt schwer jemand erst spät, wenn die beste Kraft verbraucht ist, ohne irgend welche Vorbereitung und Vorbildung einen Verdienst findet.

Diesen Frauen soll die Witwen- und Waisenversicherung - zum wenigsten, wenn sie durch die Fürsorge für Kinder in der Ausnutzung ihrer Arbeitskraft beeinträchtigt sind - eine Rente, eine Unterstützung geben. So lange man der Frau andere Aufgaben in der Familie zuweist, als dem Mann (und nirgends wird die häusliche Aufgabe und Pflicht der Frau in glühenderen Dithyramben verherrlicht als in Deutschland), solange die Frau dadurch für Jahre dem außerhäuslichen Erwerb entzogen wird, so lange treten die Witwen unter ungünstigeren Bedingungen auf den Arbeitsmarkt als Männer und auch als Frauen, die kontinuierlich der Arbeit nachgehen können. Die Witwenrente soll deshalb einen Ausgleich schaffen für die Einbuße an Erwerbsfähigkeit, die sich bei der Frau aus der Ausübung der ihr durch Natur, Sitte und Recht auferlegten Aufgaben ergibt.

Zu all diesen Forderungen, die sich aus der Eigenart der Frau, aus ihren physiologischen Aufgaben und den daraus resultierenden Familienpflichten ergeben, gesellt sich die *zweite Gruppe sozialpolitischer Frauenwünsche, die auf die ungleiche Behandlung von Mann und Frau, auf die ungerechte Behandlung und Zurücksetzung der Frau durch das Gesetz zurückzuführen ist.* Bei der Formulie-

[2] Vergl. Sophie Susmann, Soziale Praxis, Bd. XIII, Nr. 2-3, Bd. XV, Nr. 21

rung und Begründung dieser Forderungen kann man sich kurz fassen. Handelt es sich doch hierbei einzig und allein um die Beseitigung all der Ausnahmegesetze und Bestimmungen, die der besitzlosen und der erwerbenden Frau überhaupt den Kampf ums Dasein besonders erschweren, weil ihnen durch Gesetze die Mittel zur Selbsthilfe für die Angelegenheiten des Wirtschaftslebens genommen sind, weil ihnen fast überall die Vertretung ihrer Standesinteressen verwehrt ist.

Wir fordern die Abänderung des § 120 Absatz 3 der Reichsgewerbeordnung, der den Gemeinden das Recht gibt, den obligatorischen Fortbildungsschulunterricht für männliche Arbeiter unter 18 Jahren einzuführen. *Und zwar eine Abänderung derart, daß diese Bestimmung auch auf die Arbeiterinnen Anwendung findet.* Nur wenn das Gesetz die Notwendigkeit der gewerblichen Ausbildung und Fortbildung für die Frauen im selben Umfang wie für die Männer anerkennt, wird die Zahl der gewerblichen Analphabeten unter den Frauen sich verringern, wird auch unter den Frauen das Streben nach größerer Leistungsfähigkeit, nach einem Aufsteigen im Beruf lebendig werden. Die Zahl der gewerblichen Arbeiterinnen in Deutschland beträgt nach den Angaben der letzten Berufszählung etwa 1° Million. Es liegt keinerlei Grund vor, die Frauen von einer Unterrichtsveranstaltung auszuschließen, die sich für die erwerbstätige männliche Bevölkerung als Segen erwiesen hat. Es liegt kein Grund vor, diese immer größer werdende Schar weiblicher Arbeiter in Unterrichtsangelegenheiten als quantité négligeable zu behandeln. Wir fordern, daß das Gesetz die Konsequenz aus der veränderten Gestaltung des Erwerbslebens zieht, daß es mit der Mitarbeit der Frauen im Berufsleben rechnet und ihnen die gleichen Möglichkeiten mit dem Mann, die gleichen Chancen im Wettbewerb gibt.

Dazu gehört aber nicht nur die Vorsorge für die berufliche Ausbildung der Frauen, sondern auch *die Gewährung gleicher Rechte, die Standesinteressen wahrzunehmen.* Und das ist ein Kapitel der Sozialpolitik, bei dem man sich kaum damit begnügen kann, Forderungen aufzustellen, weil man doch im tiefsten Grunde des Herzens das Gefühl hat, daß man Proteste vorbringen sollte.

Es ist eine Schmach und eine Schande für die deutschen Frauen - und wird auch von ihnen als solche empfunden -, daß man den Frauen, die im Beruf alle Pflichten ebenso wie der Mann erfüllen, die Rechte vorenthält, die für jeden ernsten Mann mit der Ausübung des Berufs ganz selbstverständlich verbunden sind, daß den Frauen die Beteiligung an den Wahlen zu den Gewerbe- und Kaufmannsgerichten versagt ist, daß sie weder selbst Beisitzer dieser Gerichte werden, noch auf die Wahl der männlichen Beisitzer einen Einfluß ausüben können.[3] Obwohl durch die Wahl dieser Richter (Beisitzer) die Vertrauenspersonen der das Recht suchenden Kreise zur Urteilsfällung gewonnen werden sollen, und obwohl sich aus der Geschlechtsqualität der Frau besondere Probleme des Arbeitsverhältnisses ergeben, wird in ihren Konflikten und Streitigkeiten von Männern entschie-

[3] Vergl. Elisabeth Jaffé von Richthofen im Juli-Heft „der Frau" 1907

den, die - mag das im einzelnen Fall berechtigt sein oder nicht - von den Frauen eben nicht als sachverständige und ihr Vertrauen besitzende Standesgenossen angesehen werden.

Und es ist eine Schmach und eine Schande für die deutschen Männer, daß sie solche längst veralteten Bestimmungen nicht nur zu Recht bestehen lassen, sondern - wo sich eine Gelegenheit dazu bietet, wie bei der Einführung der Kaufmannsgerichte - solche *neu schaffen;* daß sie, die sie die Macht in Händen haben, sich an ihren Vorrechten wärmen, daß sie es mit dem vielleicht zur Zeit der Rodungspolitik der alten Germanen, nicht aber in einem modernen Kulturstaat dem Rechtsempfinden des Volkes entsprechenden Wort halten: „Macht geht vor Recht!"

Wir protestieren gegen den Ausschluß der Frauen von den Wahlen zu den beruflichen Sondergerichten und fordern, daß den lohnarbeitenden Frauen ebenso wie den Männern eine möglichst gerechte Rechtsprechung, die ihr volles Vertrauen besitzt, gesichert wird, daß die Arbeiterinnen ihre Richter wählen und selbst Richter sein dürfen, daß fortan in Fragen des Arbeiterrechts das Geschlecht keine Rolle mehr spielen darf.

Wie bei den Sondergerichten so fordern wir auch für die von der Regierung geplanten Arbeitskammern *volle Gleichberechtigung der arbeitenden Frauen,* damit auch in den Frauen das Standesbewußtsein, das Gefühl der Solidarität, der Verantwortlichkeit für die Angelegenheiten des Berufs entwickelt werde.

Alle diese Forderungen, die sich gegen die Zurücksetzung der Frau durch die Gesetze richten (die Zurücksetzung in der Fortbildungsschulpflicht, im Wahlrecht, bei den Sondergerichten und Standesvertretungen) erscheinen aber unbedeutend im Vergleich zu der Forderung eines Reichsgesetzes, das alle *vereinsrechtlichen Beschränkungen der Frauen aufhebt,* das den Frauen im selben Umfang wie den Männern Vereins- und Versammlungsfreiheit gewährleistet. Mit dieser Forderung kommen die Frauen Preußens und einiger anderer Bundesstaaten zu den Frauen Hamburgs als Bittende. Vielleicht können Sie garnicht verstehen, welche Entwürdigung für die Frauen, die unter rückständigen, engherzigen Vereinsgesetzen leben, darin liegt, daß sie in Bezug auf ihre politische und sozialpolitische Betätigung den Unmündigen gleichgestellt sind. Vielleicht können Sie sich garnicht vorstellen, was es bedeutet, daß wir nicht Mitglieder von politischen oder sozialpolitischen Vereinen werden, daß wir an deren Versammlungen nicht anders als im Segment teilnehmen dürfen. Es bedeutet, daß es dem Ermessen der Polizeiorgane überlassen bleibt, ob Frauen ihre beruflichen Interessen vertreten, ob sie über Bestrebungen zur rechtlichen und wirtschaftlichen Hebung der Lage ihrer Geschlechtsgenossinnen beraten, ob sie ihre sozialen Pflichten erfüllen dürfen. Es bedeutet, daß Vereine aufgelöst, daß Frauen bestraft worden sind, weil sie sich gegen die Erhöhung des Nähgarnzolles oder für die Abschaffung der Gesindeordnung ausgesprochen haben. Es bedeutet, daß Frauen sogar der Zutritt zu den Bällen und Festlichkeiten von politischen Vereinen auf Grund von polizeilichen und gerichtlichen Auslegungen des Gesetzes verboten werden kann, die allerdings bisher nicht gegenüber dem Bund der Landwirte, wohl aber gegenüber sozialdemokratischen Gewerkschaften angewendet worden sind. Es bedeutet, daß auf solchen Festen - wie ein Reichstagsabgeordneter vor einiger Zeit bemerkte - die Männer schließlich untereinander werden tanzen müssen! Es bedeutet, daß vor einigen Jahren einer Kollegin verboten wurde, auf der Generalversammlung eines sozialpolitischen Vereins einen Vortrag über die Nachtarbeit der Frauen zu halten, zu dem sie vom Vorstand dieses allen aufrührerischen Bestrebungen ganz fern stehenden Vereins aufgefordert worden war. Nicht der *Vortrag* wurde als staatsgefährlich verboten, sondern nur die Tatsache, daß *eine Frau ihn halten sollte.* Und so wurde der Vortrag von einem männlichen Mitglied der Versammlung verlesen, während die Verfasserin in einem Segment der Vorlesung beiwohnen durfte, allerdings „ohne sich durch Zeichen des Beifalls oder Mißfallens an der Versammlung zu beteiligen".

Angesichts dieser beschämenden Zustände, die in großen Teilen unseres gemeinsamen Vaterlandes noch zu Recht bestehen, müssen wir die Forderung nach einem Reichsvereinsgesetz, das die Frauen von allen Beschränkungen befreit, wieder von neuem erheben.

Damit sind die groben Umrisse der Forderungen skizziert, die wir zum sozialpolitischen Programm des deutschen Reichstags aufstellen.

Wir bekennen uns - wie ein Goethewort sagt - „zu dem Geschlecht, das aus dem Dunklen ins Helle strebt". Wir gehören zu einem Volk, das in einem Menschenalter seit den Kriegen groß und reich geworden ist, das eine blühende Industrie entwickelt, das seinen Handel und Verkehr über alle Erdteile ausgedehnt hat.

Aber diese Machtstellung des Reichs, die nach blutigen Kriegen errungen, kann nur durch Werke des Friedens befestigt werden, durch eine soziale Gesetzgebung, welche die physische, sittliche und wirtschaftliche Stärkung der breiten Massen des Volkes herbeiführt. Durch eine Gesetzgebung, die den großen wirtschaftlichen Umwälzungen, die der veränderten Lage des weiblichen Geschlechts, dem Vordrängen der Frauen im Erwerbsleben Rechnung trägt, welche die Frauen schützt und für den Lebenskampf ausrüstet, *damit ein Geschlecht heranwachse, dessen Mütter gesund, dessen Arbeiterinnen leistungsfähig, dessen Bürgerinnen opferfreudig und national gesinnt sein werden.*

Wie eng uns auch heut noch der Rahmen gesteckt ist, in dem wir für diese sozialpolitischen Forderungen eintreten können: gleich wie einst unsere Eltern ihre Kraft im Krieg, so lassen Sie uns nun die unsere im Frieden für die Größe und Macht und Zukunft unseres Vaterlandes einsetzen, nach den Worten der Dichterin: „So lange ich Worte auf der Zunge, so lange ich Blut im Herzen trage, so lange will ich das Werk des Friedens wirken. Und sollte es mich auch Glück und Leben kosten."

Die soziale Ausbildung in der „Frauenschule"*

Kann man zu sozialem Pflichtgefühl erzogen, kann und soll man dazu ausgebildet werden? Und soll die „Frauenschule", die ohnehin nach jeder Richtung Experimente machen muß, die sich nicht an erprobte Institutionen anlehnen kann, soll sie auf diesem Gebiete Pionierdienste tun? Oder findet sie gerade für *diese* Arbeit Erfahrungen vor, die sie nutzen könnte? Sind bereits erfolgreiche Versuche gemacht worden, die eine Aufnahme sozialer Bildungselemente in die „Frauenschule" rechtfertigen könnten?

Das sind Fragen, die der Beantwortung bedürfen.

Kann man zu sozialem Pflichtgefühl erzogen werden? Und soll das in der Schule - gleichviel welcher Art die Schule sei - geschehen?

Der Versuch, die Schule für die Ausbildung zu sozialem Pflichtgefühl heranzuziehen, ist von jeher gemacht worden. Es ist zweifellos *eine* der Aufgaben des Religionsunterrichts, die Schüler zu einer *diesseitigen* Betätigung ihres Glaubens zu führen, zur Ausübung der Nächstenliebe, die - wenn sie heut richtig geübt wird - eben Betätigung sozialen Pflichtgefühls sein muß. Nächstenliebe fordert unter den komplizierten Verhältnissen unserer Zeit immer *Dienst an der Gesellschaft.* Tätiges Christentum besteht nicht nur darin, daß wir unsere Eltern ehren und unsere Angehörigen lieben, sondern das wir den weiten Kreis der Menschen, mit denen wir durch Beziehungen irgendwelcher Art verbunden sind - als unsre Nächsten ansehen, daß wir „an jedem Geringsten" tun, was in unseren Kräften steht.

Ganz sicher ist der Religionsunterricht bisher nicht *allgemein* - wenn auch wohl vereinzelt - imstande gewesen, diese Aufgabe in vollem Umfange zu erfüllen. Denn wenn der Einfluß des Religionsunterrichts ein nachhaltiger wäre, müßte die soziale Not, müßte die Ungerechtigkeit auf allen Gebieten des Gemeinschaftslebens in ganz anderem Maße als bisher bekämpft werden.

John Stuart Mill hat einmal auf das Versagen der religiösen Lehren im modernen Leben hingewiesen. Er sagt: „Für den bürgerlichen Verkehr haben die Menschen mit den Grundsätzen des Neuen Testaments einen Separatfrieden geschlossen. Alle Christen glauben, daß die Armen und Elenden und die in der Welt schlimm fahren, gesegnet sind; daß ein Kamel eher durch ein Nadelöhr geht als ein Reicher ins Himmelreich; daß man nicht richten soll, um nicht wieder gerichtet zu werden; daß Schwören eine Sünde ist, und daß man nicht für den morgenden Tag sorgen soll; daß man, um vollkommen zu werden, alle seine Habe verkaufen und an die Armen geben soll. Es ist nicht Unaufrichtigkeit, wenn sie sagen, daß sie an diese Dinge glauben. Sie glauben daran, wie man an alles glaubt, was stets gelobt und nicht angetastet wird. Allein im Sinne jenes lebendigen Glaubens,

*A. Salomon, Soziale Frauenbildung, Leipzig u. Berlin 1908, S. 1-34

der die Handlungsweise regelt, glauben sie an die Lehren genau so weit, als man danach zu handeln pflegt. Die Masse der Gläubigen fühlt sich durch diese Lehren nicht gepackt, ihr Inneres ist ihrer Gewalt nicht untertan. Man hat eine herkömmliche Achtung für ihren Klang, aber kein Gefühl, das von den Worten auf die bezeichneten Dinge übergeht und die Seele zwingt diese in sich aufzunehmen und den Formeln anzupassen."

Der Wille zu sozialem Handeln ist zweifellos in unserer Jugend durch die Schule nicht lebendig gemacht worden. Die Erinnerung an den Religionsunterricht ist, wie ein junger Universitätslehrer einmal gesagt hat, für viele nur wie „eine Erinnerung an Tausend und eine Nacht" oder an „eine schöne Jugendliebe". Wäre es anders, dann müßte die Jugend der wohlhabenden Klassen sich in Scharen den Institutionen zuwenden, welche die Wohlfahrt des Volkes zu heben versuchen. Besonders die Mädchen, die keinen Beruf ergreifen, müßten sich zu *dieser* Form von nützlicher Tätigkeit geradezu drängen. Wenn man bedenkt, mit welcher Schwierigkeit diese Mädchen den Tag ausfüllen, wie sorgfältig und künstlich ein Wochenprogramm aus Sport, Geselligkeit, Pflege der Musik, fremder Sprachen, Vortrags- und Unterrichtskursen aus allen Wissensgebieten zusammengesetzt wird; wie unzählige Mädchen jeden Morgen mit dem Gefühl der Verzweiflung und Lebensleere aufstehen, das jeden beschleicht, der keinen Zweck des Lebens erkennt; wenn man weiß, wie viele von ihnen sich immer wieder fragen: Wozu das alles? - und wohin der Weg? - Dann muß man fast glauben, daß ihnen nie der Weg zu einer Betätigung sozialen Pflichtgefühls gewiesen worden ist. Oft kann man beobachten, wie das Leben der Mädchen - gleich nach ihrer Konfirmation - nur auf Äußerlichkeiten gerichtet ist, wie sie sich vom Glanz anziehen und blenden lassen, zu einer Zeit, in der für sie alles davon abhängt, daß sie sich nicht blenden lassen; wie ihr Tun sich ausschließlich um die *eigene* Person dreht. Und bei den jungen Männern, die die höheren Bildungsanstalten verlassen, ist es nicht viel anders. Wie oft tritt auch bei ihnen der Wunsch, rein äußerlich vorwärts zu kommen, unangenehm hervor; wie oft versagt ihr Interesse und ihre Teilnahme gegenüber dem Familienkreis; wie rücksichtslos sind manche gegenüber häuslichen Angestellten oder anderen Untergebenen, wie gleichgültig gegenüber öffentlichen Angelegenheiten, wie ausschließlich erfüllt von dem Gedanken an das *eigene* Schicksal!

Und wie steht es mit den Resultaten der Volksschule?

Bei voller Anerkennung des Rechts der besitzlosen Klassen, nach Besserung ihrer Lage zu streben, dafür zu kämpfen - auch den Kampf mit spitzen, verwundenden Waffen zu führen - habe ich mich angesichts des Tons, der Kampfesweise, die in sozialdemokratischen Blättern und Versammlungen zum Ausdruck kommen, angesichts dieser Wut, dieses weißglühenden Hasses, oft gefragt: Wie war es möglich, daß dieselben Massen, deren hauptsächliche geistige Nahrung für Jahre in einem Unterricht bestand, der ihnen die Religion der Liebe nahe bringen sollte, die man gelehrt hat, zu Gott zu beten, daß er ihnen vergebe, „wie wir vergeben unsern Schuldigern“, wie war es möglich, daß ein so großer Teil dieser selben Massen der Botschaft des Hasses, der Empörung so *vorbehaltlos* zugänglich wurde. Und wenn man diese Frage beantworten will, so muß man wieder zu den wohlhabenden Klassen zurückkehren.

Die Tatsache, daß die besitzlosen Klassen sich in so großem Umfang von der Beziehung zur Religion gelöst haben, kann und darf nicht nur darauf zurückgeführt werden, daß in der Volksschule der Religionsunterricht seinen Zweck nicht erreicht hat. Sie hängt vielmehr damit zusammen, daß die besitzenden Kreise sich dem Bann und den Verpflichtungen der religiösen Lehren - wenigstens bei der Betätigung im praktischen Leben - entzogen haben. Welche Schuld müssen wir auf uns geladen haben, wieviel positives Unrecht muß von *unserer* Seite geschehen sein, wie viele Unterlassungssünden müssen auf uns lasten, wie sehr müssen die Grundsätze des Christentums in einem christlichen Staat von den *Reichen* mißachtet worden sein, um in den *Armen* solche Verzweiflung aufkommen zu lassen; eine Verzweiflung, die den Boden bereitete, auf dem Haß- und Rachegefühle aufgehen konnten.

In der Tat sind solche Unterlassungen, ist dieses Unrecht nicht schwer zu finden.

Man braucht nur an die Zeit der beginnenden Großindustrie zu denken, an die Zeit, die den Erwerbstrieb maßlos steigerte, die alle egoistischen Regungen entwickelte, die im schrankenlosen Wettbewerb alle durch Sitte und Religion überkommenen Hemmungen beseitigte. *Damals* löste die Arbeitsteilung jede Beziehung zwischen den Reichen und Armen. Damals wurde der Grund gelegt zu jener Entfremdung zwischen den besitzenden und den besitzlosen Klassen. Damals begann jener Prozeß der Atomisierung der Gesellschaft, der uns heut fast vergessen läßt, daß wir Glieder eines Ganzen sind; daß alles, was die einzelnen Glieder schädigt, auch das Gedeihen des Ganzen untergräbt, daß alle - Reich und Arm - unlösbar zu einem Organismus verbunden sind.

Niemals ist im Kampf zwischen Nationen so fürchterlich an lebendigem Leben gesündigt worden, wie in der ersten Blütezeit der Großindustrie, wie in jenem Kampf zwischen Industriellen und ihren Opfern. Da sind Kinder durch Aufseher mit Hetzpeitschen an die Arbeit getrieben worden; da hat man Waisen, die sich so grausamer Behandlung durch die Flucht entziehen wollten, in Ketten gelegt. Da sind Generationen im Kampf um den Lebensunterhalt hingemordet worden. Wo der Mensch in des Menschen Hand gegeben war, da war sein Schicksal besiegelt.

Der großindustriellen Entwicklung gegenüber haben zweifellos die Lehren der großen Religionen versagt. Und es ist in der Tat unter den komplizierten Lebensverhältnissen, welche die Großindustrie geschaffen, unendlich viel schwerer, seinem Nächsten gerecht zu werden. Die menschlichen Beziehungen sind so viel mannigfaltiger geworden; das Leben und die Arbeit führen uns mit Tausenden, immer wieder mit *neuen* Tausenden zusammen; meist nur für kurze Zeit; oft nur für Tage oder Stunden. Wir wissen nicht von denen, die mit oder für uns arbeiten. Wohl kann noch heute der Religionsunterricht den *Willen* zu sittlichem Tun in den Schülern lebendig machen. Und wenn das nicht überall in dem Maß geschieht, in dem es notwendig ist, so braucht man nicht die Schuld dafür den Religionen - sondern eher der Methode des Unterrichts zu geben, die wohl geändert, verbessert werden könnte. Aber die Religion kann eben immer nur den *Willen* zu sittlichem Tun vermitteln. Nicht den *Weg*, den der einzelne dann zu gehen hat. Wie der einzelne im modernen Industriestaat - in oder außerhalb seines Berufes - sittlich *handeln* kann, das kann der Religionsunterricht nicht lehren und zeigen; schon allein, weil die Formulierung der Lebensregeln aller großen Religionen aus einer Zeit stammt, in der andere äußere Verhältnisse herrschten, und weil deshalb der Weg für die Situation unseres heutigen Lebens nicht vorgezeichnet werden konnte.

Der Wille zu sittlichem Tun: das war ausreichend, solange der Mensch seine Pflichten gegen andere erfüllte, solange er gesellschaftliche Nöte beseitigte, wenn er Hungrige speiste und Frierende kleidete.

Heute aber müssen wir neben den Willen, recht zu handeln, Kenntnisse setzen, den Weg dazu finden lernen. Ein englischer Sozialreformer hat einmal gesagt: „Um lieben zu können, müssen wir die kennen, die wir lieben wollen.“ Den Weg, den wir heute gehen müssen, um der Gemeinschaft, der wir angehören, unseren Tribut zu zahlen, um gerecht zu sein, den können wir nur finden, wenn wir den komplizierten gesellschaftlichen Organismus übersehen, mit seinen Aufgaben, seinen Nöten; wenn wir die Beziehungen, die uns mit anderen verbinden und die heut nicht so leicht erkennbar sind, klarlegen, um die Aufgaben zu erfassen, die unsere Zeit uns gestellt hat.

Diese Aufgaben sind andere als die früherer Zeiten. Sie verschieben sich weit mehr von der Barmherzigkeit zur *Gerechtigkeit;* von der Armenpflege zur *sozialen Hilfe*, von der Nächstenliebe zur Fernstenliebe. Die Not unserer Zeit ist weniger eine *Not des einzelnen* als eine *Not ganzer Klassen*. Sie ist nicht wie in früheren Zeiten vor allem eine *materielle Not*, sondern auch eine *geistige* und *sittliche*. Damit soll nicht gesagt werden, daß nicht auch materielle Nöte zu beseitigen sind; daß nicht Unzählige unserer Volksgenossen unterernährt, daß die besitzlosen Klassen nicht in ganz unzureichenden Wohnungen zusammengepfercht sind, daß es ihnen für ihre Kleidung nicht oft am Notwendigsten fehlt. Aber diese Nöte sind in ihrer Massenhaftigkeit keineswegs zu beseitigen, wenn wir unserem Nachbarskind wollene Sachen zu Weihnachten schenken oder einem Bettler, der an unsere Tür klopft, Mittagessen geben. In unseren komplizierten Verhältnissen ist mit solchen zusammenhangslosen Gaben an Empfänger, von denen wir nichts wissen, wenig zu helfen. Diese materiellen Nöte werden nur dann abgestellt werden können, wenn man ihnen tiefer an die Wurzel geht, wenn man nach den Ursachen forscht, die zum größten Teil in der Organisation unserer modernen Gesellschaft liegen, und die nur durch *allgemeine* Hilfsmaßregeln zu beseitigen sind. Immerhin muß man anerkennen, daß die Mehrzahl unseres Volkes - auch der handarbeitenden Schichten - diese materiellen Bedürfnisse in reicherem Maße befriedigen kann als jemals in früherer Zeit. Und wenn wir das Wohnungselend, die Unterernährung breiter Schichten als schwere Schäden empfinden, so ist das nur ein Beweis dafür, daß unsere Ansprüche gestiegen sind, daß die Wissenschaft - Medizin und Hygiene - unsere Ansichten über das *Notwendige* völlig verändert hat.

Die vornehmsten Aufgaben unserer Zeit, die erste Pflicht aller, die gerecht sein wollen, liegt für uns Deutsche vielleicht mehr als für irgend ein anderes Volk darin, nicht nur materielle, sondern geistige und seelische Nöte zu beseitigen, *die furchtbare Kluft zu überbrücken,* die die Besitzenden und auch die Gebildeten von den handarbeitenden Klassen scheidet, und die jene flammende Wut, jene Verbitterung bei den intelligenteren und regsamen Schichten der Arbeiter, jene stumpfe Verzweiflung bei den anderen hervorgerufen hat. Wir reden in unserem Volke zwei Sprachen. Wir leben in zwei Welten. Was haben wir, die wir im „Tiergarten“ wohnen, mit denen gemein, die am „Wedding“ auf dem Hof vier Treppen hoch wohnen? Was an Lebensinhalten? Nichts! An Erfahrungen? Nichts! An Genüssen? Nichts! An Interessen? Nichts!

Und doch müssen wir uns sagen, wir könnten nicht ohne jene existieren. - Vielleicht *sie ohne uns*! Vielleicht würden sie, wenn es keine Reichen gäbe, sich ihren Unterhalt schaffen, wie die Menschen primitivster Zeiten das getan haben. Vielleicht? Wenn es uns auch unmöglich erscheint, uns den Kapitalismus mit seinem komplizierten Wirtschaftsleben, mit dem entwickelten Tauschverkehr wegzudenken, immerhin wissen wir, daß man von dem Ertrag der Arbeit zu allen Zeiten in irgendeiner Form leben konnte. Und die Besitzlosen arbeiten!

Aber wir könnten nicht ohne *sie* sein. Mit allen unseren Bedürfnissen sind wir von ihnen abhängig. Geistige Arbeiter können nicht existieren, wenn nicht andere für ihre primitiveren Bedürfnisse sorgen. Alles was uns umgibt, was unser Leben schön macht, was uns ermöglicht, einen Beruf nach unseren Interessen zu wählen, das wird von den Leuten in Berlin „N“ und „O“ oder irgendwo anders in einer Fabrikvorstadt gemacht; von Leuten, deren Leben uns fremd bleibt. Da ist ein Mann, der unsere Zeitung druckt. Seine Frau näht unsere Blusen oder Mäntel. Die Tochter ist in der Allgemeinen Elektrizitäts-Gesellschaft, die für Beleuchtung in unserer Wohnung sorgt, beschäftigt. Ein Sohn, der Maurer ist, hat an unserem Hause mitgearbeitet; und der jüngste ist „Bolle-Junge“ und bringt uns die Milch. Er muß des Morgens um ° 6 Uhr von Hause fort; und wenn er schon mehrere Stunden in Wind und Wetter durch die Stadt gefahren ist, dann drehen wir uns im Bett um, unangenehm berührt von dem Lärm, den das Wagengerassel oder das Läuten seiner Klingel auf der Straße verursachen; und nur halb im Traum überlegen wir uns, ob wir nicht festere Jalousien anbringen lassen können, um den Morgenschlummer vor so lästigen Störungen zu sichern.

Wenn diese - und wenn alle anderen Familien, die in ähnlicher Lage sind und in ähnlicher Weise leben und arbeiten, vom Erdboden verschwinden oder morgen nach Kanada auswandern wollten, was würde aus uns werden? Wie würde unser Leben sich gestalten? Wie würde es aussehen?

Zweifellos müßten wir unendlich viel grobe Arbeit tun, die uns Kraft für andere Aufgaben und Interessen entziehen würde. Zweifellos müßten wir unendlich viele Bedürfnisse, die wir heute befriedigen, streichen. Nun kann man allerdings gegen diese Hypothese einwenden, daß - falls auch diese eine Familie verschwinden würde, genug andere froh sein würden, wenn sie Arbeitsgelegenheit durch uns erhalten; und man kann den Gedanken, daß sie alle verschwinden könnten, als Phantasterei, als Gedankenspiel abweisen.

Aber das Gedankenspiel, das Bild kann trotzdem seinen Zweck erfüllen. Es gibt nämlich Antwort auf die Frage, ob wir mit diesen Leuten etwas zu tun haben, ob wir ihnen etwas schuldig sind - über den kargen Lohn hinaus, den wir ihnen für ihre Leistung geben, den wir immer nur so hoch bemessen, wie unbedingt nötig, um ihre Arbeit zu erhalten, und der oft nur hinreicht, um ihnen die nackte Existenz zu sichern. Ob wir die Beziehungen, die zwischen ihnen und uns durch die Arbeit vorhanden sind, nicht auch von anderer Seite - von rein menschlicher Seite - aus wieder anknüpfen und eine Beziehung der Interessen schaffen sollen.

Sie geben uns über die rein materielle Arbeitsleistung hinaus, über die Mittel zur Befriedigung primitiver und wichtiger Lebensbedürfnisse hinaus die Möglichkeit, zu höheren Lebensbetätigungen, zu höheren Lebensinhalten zu gelangen.

Sollten wir *ihnen* nicht schuldig sein, außer der materiellen Leistung der Lohnzahlung, über die Mittel zum notwendigen Lebensunterhalt hinaus auch *ihnen* die Anteilnahme an den geistigen Werten, an der ideellen Kultur zu ermöglichen, die wir zu schaffen und zu steigern bestrebt sind? - -

Die Kluft im Fühlen, Denken, Wollen und Genießen zwischen Besitzenden und Besitzlosen ist auf eine Schule, auf den Mangel an Gerechtigkeitssinn zurückzuführen, den wir beseitigen müssen, um unserer selbst willen, wie auch im Interesse des Friedens und Glückes und Gedeihens unseres Volkes.

Es ist nicht Güte, nicht Wohltun, sondern nur *gerechtes Handeln*, wenn wir Besitzende die Befreiung von grober Arbeit, die uns die fortschreitende Arbeitszerlegung gebracht hat, benutzen, nicht um ein Leben des Müßigganges, des verfeinerten Lebensgenusses zu führen; sondern wenn wir daraus die Verpflichtung nehmen, zu Trägern höherer Kultur für die Gesamtheit zu werden.

Das ist eine Aufgabe, um derentwillen wir *soziale* Bildungselemente in die höheren Lehranstalten aufgenommen wissen wollen. Um das Gefühl der Verantwortung gegen die Gemeinschaft in denen lebendig zu machen, die durch ein glücklicheres Geschick an einflußreiche Plätze im Leben gestellt, die durch *Wissen und Bildung und Besitz verpflichtet* sind.

Und wir fordern die Ausbildung zu diesem Pflichtgefühl, die Aufnahme sozialer Bildungselemente grade für die zu schaffenden „Frauenschulen", nicht weil hier ein neues Institut entstehen soll, das vielleicht Raum für neue Disziplinen hat, während wir in anderen höheren Bildungsanstalten wohl vergeblich nach solcher

Reform, solcher Erweiterung des Lehrplanes verlangen würden. Sondern weil die Kreise, die unsere Frauenschulen frequentieren werden, diese soziale Ausbildung *nötiger* haben als irgendwelche anderen Menschen; weil diese Kreise sich am stärksten der Verantwortung entziehen, welche die moderne Arbeitsteilung ihnen auferlegt.

Der Knabe, der das Gymnasium besucht und auch das Mädchen, das studieren will, bedarf einer besonderen sozialen Ausbildung nicht *ganz so* dringend. Erstens, weil sie durch besseren Geschichtsunterricht, vielleicht auch durch die lateinische und griechische Literatur mehr auf die Interessen des öffentlichen und politischen Lebens hingelenkt werden als die Mädchen, die nur eine zehnklassige Schule besuchen und die in einem Alter entlassen werden, in dem das Verständnis für diese Dinge kaum geweckt werden kann. Bei den Gymnasiasten und auch bei den Mädchen, die aus der zehnklassigen Mädchenschule in das *Berufsleben* übergehen, macht sich der Mangel einer sozialen Ausbildung nicht in so *krasser* Weise bemerkbar, weil *jeder* Beruf vielfache Berührungen mit den arbeitenden Schichten des Volkes veranlaßt. Durch diese Berührung, die tatsächliche - wenn auch nur partielle - Interessengemeinschaft kann ein gewisses Maß von Verständnis für die Bedürfnisse jener Schichten ausgelöst, wenigsten etwas Kenntnis ihrer Lebensbedingungen erweckt werden. Der Berufsfacharbeiter - Mann oder Frau - steht den Aufgaben des öffentlichen Lebens im allgemeinen nicht ganz so unwissend und gleichgültig gegenüber, wie vermöge ihrer bisherigen Erziehung die meisten Frauen der besitzenden Klassen, die keinen Beruf ausüben.

Diese Mädchen der wohlhabenden Klassen brauchen die soziale Bildung nötiger als alle anderen. Bisher haben viele Frauen ihr ganzes Leben lang von der Barschaft des Bildungsfirnisses gelebt, den die Mädchenschule ihnen gab. Die dekorative Richtung, die dort ihrem Leben vorgezeichnet wurde, führte sie dazu, daß sie sich in vielen Fällen als ein Dekorations- oder Schmuckstück betrachteten, das zur Verschönerung eines Hauses gehört. Und dieses Schmuckstück bedurfte wiederum selbst vielen Schmucks, dessen Heranschaffung oft zu zeitausfüllender Beschäftigung wurde, zu einer Beschäftigung, die unter Umständen sogar zu einer Art „Arbeit“ ausarten soll. Es gibt wohl keine andere Klasse von Menschen - und es hat wohl auch in der Vergangenheit immer nur zu Verfallszeiten solche Klassen gegeben - die, wie viele wohlhabende Frauen, die im Hause keine nennenswerten Pflichten haben, die selbst ihre Mutterpflichten so weit wie möglich auf bezahlte Kräfte abschieben, nur dem Luxus, dem Genuß, dem Müßiggang leben, die sich von einer Kultur nähren, der *sie nichts* zurückgeben, nichts hinzufügen.

Der Mann dieser Kreise *arbeitet*. Die Frau genießt nur! Sie zahlt der Gemeinschaft keinen Tribut. Sie weiß nicht einmal, daß ein solcher nötig ist. Niemand ist so weltfern, so weltfremd wie ein Mädchen, das als „höhere Tochter“ erzogen ist; niemand so isoliert im eigenen Volke, so ahnungslos vom Leben der Volksgenossen, von den Bedürfnissen und Aufgaben seiner Zeit, des öffentlichen Lebens! Man sagt von den Großstadtmädchen - und man will damit ihre mangelhafte

Bildung kennzeichnen - sie wüßten nicht, wie die verschiedenen Getreidesorten aussehen. Sie wissen noch viel weniger, wie ihrer Nachbarn Bett und Rock aussieht; sie wissen noch viel weniger von ihren eigenen Rechten und Pflichten im Gemeinschaftsleben. Wie viele Frauen, die durch einen Zufall oder durch ein Gefühl der Verpflichtung schließlich zu einer sozialen Betätigung gelangten, sind nach ihren ersten „Armenbesuchen" von dem Eindruck des Entsetzens verfolgt worden, dem Gefühl der Schuld, weil sie von diesen Zuständen nichts gewußt hatten! Wie viele mögen sich darüber gewundert haben, daß die Arbeiter, die aus solchen Wohnungen, aus solchen Lebensverhältnissen in unsere gepflegten Häuslichkeiten kommen, um uns irgendwelche Dienste zu leisten, oder die uns in hellen und kostbaren Kleidern auf der Straße sehen, während sie dort schwere Arbeit verrichten, uns kein Leid zufügen. Wie viele mögen sich die Frage vorgelegt haben: „Bin ich denn schlechter als andere? War ich gedankenloser?"

Kann dies Gefühl der Schuld und kann diese Schuld selbst unseren Frauen nicht erspart werden? Können sie nicht zur Erfüllung ihrer Pflichten erzogen werden?

Die „Frauenschule" wird von den Mädchen der wohlhabenden Kreise besucht werden, wenigstens von solchen, die keinen wissenschaftlichen oder künstlerischen Beruf ergreifen, weil sie dazu keine Anlage oder Neigung haben, und die - weil sie wohlhabend sind - keinen anderen Erwerbsberuf aufnehmen wollen. Daneben werden auch manche in die Frauenschule eintreten, die sich erst später - mit dem 18. Jahre nach abgeschlossener Allgemeinbildung - für einen Beruf entscheiden. Aber vor allem wird die Frauenschule mit den *Berufslosen* rechnen müssen. Und diese sind, weil sie keine anderen Pflichten haben, doppelt berufen, Träger sozialer Ideen, des Gefühls sozialer Verpflichtung zu werden. Sie können nur so ihren Tribut an die Gesellschaft zahlen, nur in dieser Form irgendwelche Werte an die Kultur zurückgeben. Sie haben mehr Zeit für soziale Bildung als andere, die einen Beruf ausüben; sie sind freier als andere, um zu genießen, was eine reiche Kultur bietet. Sie sind durch ihr Leben weniger als andere auf diese Pflichten hingewiesen, dafür vorbereitet. Darum - wenn für diese Kreise eine Schule geschaffen wird - ist die soziale Ausbildung das notwendigste Bildungselement, das ihnen zugänglich gemacht werden könnte.

Es soll in folgendem der Versuch gemacht werden, einen Plan für den sozialen Unterricht in einer „Frauenschule" aufzustellen. Aber angesichts der Schwierigkeiten, auf diesem neuen Gebiet eine richtige Auswahl des Stoffes und eine brauchbare Methode zu finden, angesichts der vielfachen sehr ungeeigneten Vorschläge, die für die Frauenschule gemacht worden sind, muß zunächst eine Warnung ausgesprochen werden. So notwendig der Unterricht auch erscheint, sollte man lieber darauf verzichten, wenn man nicht die Möglichkeit hat, ihn zweckentsprechend zu gestalten. Man gebe lieber keine soziale Ausbildung als eine, die nur zu einem neuen Lehrgegenstand wird, der unorganisch zwischen Geographie und Literatur eingeschaltet wird; die noch ein bißchen Sozialpolitik und Volkswissenschaft und Kindergartenlehre zu Französisch und Naturwissenschaften und Kochen und Malen hinzufügt, und die Disziplinen vermehrt, von denen „man“ etwas wissen muß; in die jedes Mädchen - ganz gleichgültig, welches ihre Anlagen und Neigungen sind - hinein *gezwungen* wird.

In einem Plan beispielsweise, der vor einiger Zeit in einer Frauenzeitung für die Einrichtung von Frauenschulen empfohlen wurde, war eine solche Fülle von Unterrichtsgegenständen genannt, daß deren Aufnahme im höchsten Grade bedenklich wäre. Es war dort verlangt worden: 2 bis 3 mal wöchentlich von 9-12 Uhr praktische Übungen in der Schulküche, dazu an theoretischem Unterricht Haushaltungsrechnen, Haushaltungschemie, Physik, Nahrungsmittellehre und dgl. Als zweites Hauptfach: Erziehung, und zwar durch praktische Anleitung in einem Kindergarten an drei Vormittagen von 9-12. Daneben an Theorie: Erziehungslehre, Psychologie, Gesundheitslehre, Naturkunde im Zusammenhang mit dem im Kindergarten behandelten Stoff. Zu diesen beiden Hauptgegenständen, die im ersten Jahr zu behandeln sind, kommt im ersten und zweiten Jahre allgemeine Fortbildung, die je nach Bedürfnis gestaltet werden könnte. „Deutsch, Geschichte, Fremdsprachen, Einführung in Volkswirtschaftslehre, Verfassungs- und Rechtskunde, Religionsgeschichte, Naturwissenschaften und dgl. käme in Betracht. Nur wenige Unterrichtsfächer dürften aus diesem Gebiet gewählt werden.“ Im zweiten Jahre wäre neben diesem allgemein-wissenschaftlichen Unterricht Arbeit in Kinderheimen, daneben Einführung in soziale Frauenpflichten zu stellen. Dazu als Theorie: Entwicklung des sozialen Gedankens, Einführung in die soziale Hilfstätigkeit, in die staatliche, kommunale, kirchliche und Vereinswohlfahrtspflege. An praktischen Fächern das Erlernen der Krankenküche, Samariterkursus und dgl.

Ein solch dillettierendes Zuviel müßte unter allen Umständen vermieden werden.

Man gebe auch lieber *keine* soziale Ausbildung, als daß man sie Lehrern überträgt, für die eben diese Dinge auch nur ein Unterrichtsgegenstand wie alle andern sind, die nur Wissen, Kenntnisse vermitteln, nicht lebendige Überzeugungen erwecken wollen. Wenn irgendwo, so ist auf das Gebiet des sozialen Lebens das Wort Ruskins zutreffend, daß Vermittlung von Bildung nicht darin liegt, *daß man den Menschen etwas beibringt, was sie vorher nicht wußten, sondern daß man sie zu etwas macht, was sie vorher nicht waren.*

Die Ausbildung zu *praktischer sozialer Hilfsarbeit* gehört überhaupt nicht in die Frauenschule, die doch eine allgemeine Fortbildungsanstalt, keine Fachschule sein soll. Man leite deshalb nicht junge Mädchen zu praktischer sozialer Arbeit an, wenn ihr Interesse, ihre Neigung für diese Arbeit nicht geweckt ist. Man begnüge sich damit, ein Verständnis für die sozialen *Probleme* zu geben und sie auf die Beziehung von Not und Hilfe hinzuweisen. Dann werden sie nach beendigter Schulzeit unter *eigener* Initiative solche Arbeit aufnehmen. Eine obligatorische Eingliederung praktischer sozialer Hilfsarbeit in die Fortbildungsschule könnte zu leicht vielen Mädchen den Wunsch, zu „helfen“, verleiden.

Man wird am besten nur sozial-wissenschaftliche Fächer aufnehmen, um soziales *Denken* zu erzeugen. Es wäre wünschenswert, daß diese Fächer - oder wenigstens ein Teil davon - für die Frauenschule obligatorisch gemacht würden, etwa neben Deutsch und Pädagogik, während daneben verschiedene Abteilungen, etwa eine naturwissenschaftlich-mathematische, oder eine sprachliche, oder eine hauswirtschaftliche wahlfrei sein könnten.

Die sozial-wissenschaftlichen Fächer sollen möglichst ein abgeschlossenes Ganzes bilden, das nicht auf 1-2 Wochenstunden für ein halbes Jahr oder ein Jahr beschränkt ist, sondern während eines längeren Zeitraumes im Mittelpunkt des Denkens und Arbeitens der Schülerinnen steht und eine Einführung in die Probleme des Gemeinschaftslebens gibt. Für eine solche soziale Ausbildung würden drei resp. vier wissenschaftliche Fächer in Betracht kommen.

Das erste wesentlichste wäre: *Volkswirtschaftslehre*. Das zweite *Staatslehre oder Bürgerkunde*. Das dritte *Weltanschauungsfragen oder Sozialethik*. Das vierte eventuell *Sozialpädagogik*.

Die Notwendigkeit eines jeden dieser vier Unterrichtsgegenstände soll in folgendem kurz begründet und dann der Entwurf für einen Lehrplan gegeben werden.

Die *Volkswirtschaftslehre* ist in erste Stelle gerückt, weil sie die wesentlichste Voraussetzung für alles soziale Denken ist; für ein gerechtes Handeln gegen die Menschen, mit denen das Leben uns in Beziehung bringt. Der volkswirtschaftliche Unterricht soll den Mädchen eine Kenntnis der Lebensbedingungen geben, Kenntnis der wirtschaftlichen Lage der verschiedenen Volksklassen, die wiederum deren geistigen und sittlichen Standpunkt bis zu einem gewissen Grad beeinflussen. Eine Kenntnis der wirtschaftlichen Beziehungen, die alle Menschen miteinander verbinden, voneinander abhängig machen. Nur aus dem Gefühl der eigenen Abhängigkeit kann das Gefühl der sozialen Verpflichtung erwachsen, das Gefühl, eine „Bürgerin" zu sein, die an der Gestaltung des Volkslebens Interesse hat; die, politische Bewegungen verstehend, sie miterlebt und beurteilen kann. Wir können die Frauen nicht vor der Berührung mit der politischen Agitation schützen. Ist es da nicht Aufgabe der Schule, sie auch so weit vorzubereiten, daß sie nicht dem Posaunenton einseitiger Schlagworte folgen, sondern sich eine eigene Stellung erarbeiten, daß sie sich die Frage beantworten können, ob die materielle Lage des Volkes sich gehoben hat oder ob die Lehre von der Verelendung der Massen richtig ist, ob es in unserem Volke vorwärts und aufwärts geht? Das ist Aufgabe des volkswirtschaftlichen Unterrichts.

Der *Stoff*, der zu verarbeiten wäre, müßte dem Ausbildungszweck entsprechend ganz abweichend von dem Pensum der Universitäts-Nationalökonomie ausgewählt werden. Es kommt nicht darauf an, die Schüler zu einer Förderung der Wissenschaft, zum Erfassen theoretischer Probleme, sondern zum Verstehen der Umwelt zu führen. Dem soll die Stoffauswahl entsprechen. Man behandele etwa zuerst die Frage: wie ist das moderne Wirtschaftsleben entstanden? Die Stufe primitivster Bedürfnisbefriedigung, die Zeit, da Sippe und Familie Träger alles Wirtschaftslebens waren, müßte gezeigt werden. Es wäre darzulegen, daß die Arbeitsteilung zu reicherer Bedürfnisbefriedigung hilft. Und weiter, daß die Arbeitsteilung die soziale Klassenbildung herbeiführt, bei der aber dem Recht auf Dienste immer zunächst Pflichten des Herrn gegenüberstehen. Man lasse die Schüler verfolgen, wie die Entwicklung der mittelalterlichen Stadt und die des modernen Staats zu fortschreitender Berufsgliederung führt, und lehre sie dann an der Hand der Statistik, welche Bedeutung die einzelnen Berufsgruppen für die Gesamtheit haben. Immer wird man naivem Erstaunen begegnen, wenn die Schüler hören, daß die liberalen Berufe und die Beamten, daß die Menschen in selbständiger Stellung überhaupt nur einen *winzigen* Teil der Bevölkerung ausmachen. *Ihre* Welt bedeutet eben für die meisten die Welt schlechthin. – Eine Darstellung der Entwicklung der Betriebssysteme von Landwirtschaft und Gewerbe, der darauf bezüglichen Gesetze sollte als Abschluß dieses Unterrichts im ersten Jahre folgen.

Das zweite würde sich der wirtschaftlichen Entwicklung Deutschlands im neunzehnten Jahrhundert zuzuwenden haben.

Es könnte von der Frage ausgehen: Warum Deutschland aus einem Agrar- zu einem Industriestaat geworden ist, und zeigen, wie Lage und Klima und Naturschätze des Landes es für die Industrie besonders eigneten, wie liberale Lehren zu der liberalen Gesetzgebung Preußens führten. Der Einfluß der Bauernbefreiung auf die Abwanderung in die Städte; der Gewerbefreiheit auf die Entwicklung der Großindustrie wäre zu erörtern. Vor allem aber die Wirkung der Technik auf Industrie, Handel, Verkehr. Die Folgen der Betriebsumgestaltung sowohl für die Güterproduktion, die Bedürfnisbefriedigung, als auch für die Arbeiterklasse und ihre Lebensbedingungen müßten gezeigt werden. Besonders auch die Veränderung, die dadurch für die Stellung der Frau herbeigeführt worden ist. Zum Schluß müßte eine Darstellung der sozialen Kämpfe, der Entstehung der Arbeiterbewegung und die Entwicklung der sozialen Reformen gegeben werden.

Über die Notwendigkeit des zweiten Gegenstandes, der *Staatslehre* oder *Bürgerkunde,* braucht nur ein Wort gesagt zu werden. Es handelt sich darum, die Frauen zum Verständnis der Rechte und Pflichten zu erziehen, die Staat und Gemeinde ihnen entgegenbringen. Sie sollen in das Wesen und die Aufgaben der Gemeinschaft eingeführt werden, der sie angehören. Sie sollen die wirtschaftlichen, geistigen und sittlichen Aufgaben von Reich, Staat und Gemeinde, ihre Organe und deren Funktionen, die Pflichten der Bürger in bezug auf Schutz und Erhaltung des Staats, sowie die verfassungsrechtliche Mitwirkung des Volkes in Gesetzgebung, Verwaltung und Rechtspflege kennen lernen.

Man könnte dabei von der Entstehung der Gemeinde aus der Niederlassung der Familien und Sippen ausgehen, die Aufgaben der Gemeinden und Gebietskörperschaften in primitiven Zeiten schildern und dann zur Entstehung des modernen Staats übergehen. Die Teilung der Funktionen von Staat und Gemeinde, ihre Organe wären darzustellen. Oder man könnte auch mit der Entstehung der preußischen und der deutschen Verfassung beginnen. Von einer Schilderung der Verfassungspläne des Freiherrn von Stein, der Stellung der preußischen Könige zur Verfassungsfrage würde man zu den Verfassungskämpfen der Jahre 48-50 übergehen. Im Anschluß daran wäre eine Darstellung der deutschen Frage im Jahre 48, des Frankfurter Parlaments zu geben. Das Auftreten Bismarcks, seine Stellung zu den liberalen Forderungen, die Abhängigkeit der inneren Politik von seinen auswärtigen Plänen wäre zu behandeln; Gebiete deutscher Geschichte, die vielen Frauen absolut fremd - und doch für das Verständnis der gegenwärtigen Zeit unentbehrlich sind. Die Verleihung des Wahlrechts an den norddeutschen und an den deutschen Reichstag und die Bildung der politischen Parteien in Landtag und Reichstag wären aus den politischen und wirtschaftlichen Ursachen zu erklären. An die Frage: was haben die Parlamente geleistet? wäre eine kurze Darlegung der Bedeutung und des Inhalts der wichtigsten Gesetze zu knüpfen, der Gewerbeordnung, des Gesetzes über die Freizügigkeit, der sozialen Gesetzgebung, des Sozialistengesetzes, des Bürgerlichen Gesetzbuches, der Bedeutung der Zollfrage. Den Abschluß des ersten Jahres würde die Darstellung der Aufgaben von Reich, Staat und Gemeinde machen; der Macht- und Verteidigungszwecke, des Rechts der Gesetzgebung beim Reich; der Wohlfahrtszwecke (Verkehr, Rechtspflege, Bildung) beim Staat; der Armenpflege und Gesundheitspflege bei den Gemeinden. Die Behörden von Reich, Staat und Gemeinde wären zu behandeln und eventuell eine Einführung in die Lehre vom Staatshaushalt, von Einnahmen und Ausgaben der öffentlichen Körperschaften zu geben.

Für das zweite Jahr dürfte sich die Beschäftigung mit der *Geschichte der politischen Theorien*[1] empfehlen, weil dadurch das Problem des Staatswesens, die Möglichkeit der verschiedenen Umgrenzung der staatlichen Aufgaben am besten klargelegt würde. Es könnte dadurch beispielsweise den Schülerinnen gezeigt werden, daß einzelne moderne Forderungen keineswegs „neue Erfindungen" sind, sondern auf Probleme zurückgreifen, an denen die besten Köpfe aller Zeiten, an denen ganze Generationen lange vor uns gerungen haben. Man könnte etwa von der griechischen Literatur - von Plato - ausgehend, erörtern, wie schon damals die Frage, was der Staat sein soll, das Suchen nach einem idealen Staat die Denker beschäftigt hat. Dann wäre an Augustinus und Thomas von Aquino anknüpfend die Epoche des Universalstaats zu berühren und zu zeigen, wie im Mittelalter die Staatsidee aufgeht in dem Gedanken, daß die gesamte Christenheit der einzige Staat sein soll. Daran würde sich die Epoche des nationalen Denkens und des nationalen Staats anschließen, die durch Machiavelli und Thomas Morus eingelei-

[1] Dieses Programm wäre allerdings für eine Klasse von 17-18jährigen Schülerinnen zu vereinfachen. Es könnten einige Abschnitte herausgegriffen werden, die ihrem Verständnis am leichtesten zugänglich sind. Oder - wenn das Schülermaterial für die Behandlung dieser Probleme nicht reif genug erscheint, ließe sich das oben für Staatslehre angegebene Pensum auf zwei Jahre verteilen und ausführlicher behandeln.

tet wird, die den Bruch mit der mittelalterlichen Staatsidee herbeiführt. Machiavelli gibt Gelegenheit, den Gedanken zu behandeln, daß es keine dauernden Staatsformen gibt, sondern daß eine kreisförmige Entwicklung immer wieder zu alten Formen zurückkehrt. Ferner ist im Anschluß an ihn das politische Machtprinzip zu erörtern; seine Auffassung, daß das Staatsinteresse und nicht der bürgerliche Moralkodex im politischen Leben ausschlaggebend sein soll. Dem müßte dann Morus als Vertreter des Glückseligkeitsideals gegenübergestellt werden. Die Lehre von der Unterordnung der politischen unter die sittlichen Zwecke; das Postulat der Wohlfahrt, nicht der Macht. Die Gegenüberstellung dieser beiden gibt auch Veranlassung zur Erörterung des Gegensatzes zwischen der reinen Staatsidee und der Auffassung des Staats als einer Bildung der Gesamtheit, der Gesellschaft. Führt das eine zum Absolutismus, so endigt die andere Theorie im Sozialismus. Das Herrschaftsprinzip von oben steht der Organisation von unten gegenüber. Aber es ergibt sich dabei auch eine gute Gelegenheit, zu zeigen, daß diese Theorien aus verschiedenen politischen Zuständen, der Zerrissenheit, dem moralischen Verfall der italienischen Staaten einerseits, aus dem starken Staatswesen Englands mit dem kapitalistischen Streben der Großgrundbesitzer, das zum Ruin der Bauern führte, andererseits entstanden sind; daß verschiedene politische und soziale Zustände eben verschiedene Maßregeln, verschiedene Staatsformen brauchen. Italien bedurfte des Absolutismus, während für England die Einschränkung aristokratischer Tyrannei geboten war.

Es ist dann weiter der Einfluß der Reformation auf die Staatslehre, den Gedanken des christlichen Staats zu zeigen. Insbesondere aber der Einfluß des religiösen Individualismus, der „Freiheit des Christenmenschen“, wie Luther sie erfaßt, auf die Staatslehre. War doch die Form, in welcher der Gedanke von der Freiheit des Individuums zuerst in die Masse drang, die religiöse. Niemand hat so stark wie Luther betont, daß das Heil der Menschen nicht in den Werken, sondern im inneren Leben und der göttlichen Gnade liege; und so wurzelt denn in der protestantischen Gewissens- und Religionsfreiheit schließlich das moderne System der sogenannten Menschenrechte.

An der naturrechtlichen Theorie ist dann die endgültige Loslösung der Staatslehre vom Kirchendogma zu zeigen, die staatsrechtliche Vertragstheorie, die den einzelnen vernunftsgemäßen Menschen als Ausgangspunkt der Staatsbildung nimmt. Dabei ist das absolutistische Prinzip dem konstitutionellen gegenüberzustellen. Ferner etwa die Auffassung des höfischen Absolutismus bei Ludwig XIV. und des aufgeklärten Absolutismus bei Friedrich dem Großen zu zeigen. Es wäre Montesquieus und Rousseaus Einwirkung auf die Revolution, Rousseaus Glaube an die Gleichheit der Menschen, an die Ungleichheit als Ergebnis der Entwicklung und Entartung darzustellen, aus dem sich das Verlangen nach bürgerlicher Freiheit ergab. Das Versagen der naturrechtlichen Theorien, die Unmöglichkeit eines „vernunftsgemäßen Staates“ und die folgende Reaktion gegen das Naturrecht von seiten der historischen Rechtsschule, die Auffassung des Staats als eines Organismus, als eines Erzeugnisses der Geschichte wäre zu zeigen und mit Darstellung und Kritik der Theorien Spencers und Marx' abzuschließen.

Als *dritte* Aufgabengruppe ist die Einführung in die *Probleme der Sozialethik,* in Weltanschauungsfragen genannt. Ich lasse mich bei dieser Forderung von dem Gedanken leiten, daß das Gefühl sozialer Verpflichtung, das vielleicht in der Menschenseele tief verankert, vielleicht durch den Religionsunterricht gefestigt - oder auch nur hervorgerufen - ist, in unsrer Zeit so starken Erschütterungen ausgesetzt ist, daß man den Mädchen Mittel an die Hand geben muß, um auch *auf intellektualistischem Weg* zum Verständnis der Notwendigkeit sozialen Pflichtgefühls zu gelangen. Der individualistische Gedanke, die subjektivistischen Irrlehren, die unserer Jugend von allen Seiten nahe gebracht werden, erzeugen oft einen gradezu krankhaften Drang nach Freiheit, nach ungehemmten „Ausleben". Die Unruhe unserer Zeit, die durch die Technik und die modernen Verkehrsmöglichkeiten gesteigert wird, hat in Gemeinschaft mit dem Teil der modernen Literatur, der für alle Gebiete menschlichen Lebens die Zügellosigkeit gradezu verherrlicht, das Verlangen nach Genuß stark gemacht. Die Sinne werden verwirrt, alle Pietätswerte über den Haufen gerannt, Güte und Aufopferung als Egoismus bezeichnet, und um so dreister wird ein nackter und frecher Genußegoismus gepredigt. Bei minder gewissenhaften jungen Menschen werden durch solche Einflüsse alle Schranken, die früher der Genußsucht entgegenstanden, alle Hemmungen beseitigt. Aber auch die besten und tiefsten Naturen sehen ihre Überzeugungen erschüttert, gefährdet. Wer die heutige weibliche Jugend kennt, weiß, daß grade die Wertvollsten in einem beständigen Kampf zwischen Individualismus und dem Sinn für Hingabe, zwischen individualistischen und sozialistischen Tendenzen schwanken; daß gute und schlechte Instinkte sich wohl zu keiner Zeit so stark aneinander rieben wie heut; daß die Frage nach dem Sinn des Lebens und seinen Aufgaben für sie aus dem persönlichen Erleben herauswächst. Man mache sich einmal klar, wie stark das Pflichtgefühl der Mädchen durch die neuen Berufs- und Bildungsmöglichkeiten schon in bezug auf die Familie erschüttert ist, und ermesse, was unter diesen Umständen noch für die Gesellschaft, für die nationale Gemeinschaft abfallen kann, wenn nicht diesen Einflüssen positive Gegengewichte entgegengesetzt werden.

Vor gefährlichen Lehren können wir die heranwachsende Jugend nicht schützen. Darum müssen wir sie stark machen, um ihnen widerstehen zu können. Gertrud Bäumer hat in der Zeitschrift „Frauenbildung" einmal ausgeführt, daß die von hilflosen Müttern vielfach angewandte Vogelstraußpolitik den Gefahren des modernen Geisteslebens gegenüber höchstens bei den Stumpfen und Indolenten Erfolg hat. Sie sagt: „Es ist heutzutage gar nicht mehr möglich, einen intelligenten jungen Menschen gegen geistige Einflüsse hermetisch abzuschliessen, die ihm vielleicht gefährlich werden können. Man kann fast sagen, daß die Lust jedem empfänglichen Menschen diese Einflüsse zuträgt. Kunst, Theater, Literatur, Zeitungen sind hundert und tausend feine Kanäle, in denen alles, was die

Zeit bewegt, zu allen, auch zu denen dringt, die dadurch vielleicht in Gefahr gebracht werden. Die Pädagogik sollte ihre ganze Tätigkeit von vornherein viel mehr dahin richten, solchen Einflüssen positive Gegengewichte zu schaffen. Die klägliche Situation des Rektor Kroll in Ibsens Rosmersholm, als er entdeckt, daß sein eigener Sohn der Vorsitzende eines radikalen Jugendbundes ist und seine Tochter eine Mappe für das Blinkfeuer gestickt hat, ist in gewisser Weise typisch für das Verhältnis der erziehlichen Autoritäten zur Jugend. Und diese Irregeleiteten sind, wie auch Rektor Kroll feststellt, immer die begabtesten; solche, die überhaupt das Bedürfnis haben, ihre Erfahrungen innerlich zu einer Weltanschauung zu verarbeiten. Denen wird dann die erste Theorie, die diesem Bedürfnis entgegenkommt, zur einzig wahren, einzig möglichen; die werden ‚radikal‘. Man mache sich doch zum Beispiel einmal klar, daß die aus der persönlichen Ethik gewonnenen Maßstäbe von Gerechtigkeit, Menschenliebe usw. gradezu revolutionär werden, sowie man sie auf das soziale Gebiet überträgt, und daß die Jugend, für die all diese Forderungen unbedingte und absolute sind, doch unmöglich selbst die Bedingtheiten und Einschränkungen übersehen kann, denen die Verwirklichung solcher Ideale im Gemeinschaftsleben unterworfen ist.“

Aus diesen Gründen sollte man die *Weltanschauungsfragen* in den Unterricht der Frauenschule hineinziehen. Man soll den jungen Mädchen zeigen, daß die Frage nach dem Sinn des Lebens - die Frage, ob die Menschen ein „Recht auf Glück“ oder die „Pflicht, zu nützen und zu helfen“ haben, um die Menschheit vorwärts und aufwärts zu führen - zu allen Zeiten die Denker beschäftigt hat; daß es in der Lebenslehre keine absoluten Wahrheiten gibt, die den Jüngeren fertig übermittelt werden können. Man soll sie die Weltanschauungen der großen Denker kennen lehren. Sie sollen erfahren, daß einseitige Lösungen des tiefsten Problems, das die Menschen erfüllt, immer wieder Reaktionen hervorgerufen haben, daß man für verschiedene Lösungen eine Begründung finden kann; daß jede Lösung ihre Einseitigkeit und Unzulänglichkeit hat und deshalb neue Probleme hervorruft. Sie sollen durch solche historische Einführung in die Weltanschauungsfragen dazu geführt werden, sich selbst vor unreifen, radikalen Anschauungen zu schützen, vor dem leidenschaftlichen Eingreifen extremer Theorien, vor dem Betreten einer abschüssigen Bahn, von der viele den Weg zurück nicht mehr finden können.

Als Lehrplan für diesen Unterricht käme eine *Einführung in die Weltanschauung einiger großer Philosophen* in Betracht, die Erörterung der Frage, wie sich die Welt ihnen darstellt. Im Anschluß daran wäre eine Übersicht über die Entwicklung des sozialen Denkens im Zusammenhang der Geschichte der Weltanschauungen zu geben, um die historische Grundlage für die Betrachtung der modernen sozialethischen Probleme zu gewinnen. Als Beispiel sei das Programm eines solchen Kurses angeführt, den Fräulein Dr. Bäumer in den Gruppen für soziale Hilfsarbeit gehalten hat. Anknüpfend an die Entwicklung der antiken Sozialethik bei Sokrates, Plato, Aristoteles zeigte sie die Ausbildung eines umfassenden Humanitätsideals durch die Stoiker, um dann auf die Umwandlung der sozialen Anschauungen überzugehen, die die christliche Gedankenwelt erzeugte, vor allem auf die soziale Bedeutung des Glaubens an die Gemeinschaft der Gotteskinder. Der erziehliche Einfluß des Christentums für die Pflege charitativer Gesinnungen wurde dann an Hand der mittelalterlichen Kirchenlehrer entwickelt, aber unter Berücksichtigung der Schwierigkeiten, die sich einer Verwirklichung der christlichen Sozialethik im Staat entgegenstellen. Fräulein Bäumer hat im Anschluß daran die Entwicklung der modernen Sozialethik in Frankreich, England und der deutschen Aufklärung behandelt, um daran zu zeigen, welche neuen Gesichtspunkte die von der Kirche gelöste Sozialethik aufstellen mußte. Darauf wurde dann die Lektüre einiger bedeutender Sozialethiker des 19. Jahrhunderts aufgebaut; insbesondere Kapitel aus Fichtes, Carlyles, Ruskins Werken besprochen. Grade Carlyle - sagt Gertrud Bäumer - ist in seiner Stellung zur Frage der Demokratie, in seiner Überzeugung von der sozialpolitischen Produktivität der großen Glaubensepochen, in seiner entschiedenen Betonung des Altruismus als der stärksten Gemeinschaft bildenden Macht, in seinem Bestreben, zwischen den Ständen der Arbeiter und Arbeitgeber neue patriarchalische Beziehungen von Vertrauen und Fürsorge herzustellen, für die Erziehung des sozialen Pflichtgefühls und für die Klärung des modernen Widerstreits zwischen Individualismus und Sozialismus außerordentlich fruchtbar!

Das *vierte* Unterrichtsfach, das die soziale Abteilung der Frauenschule aufnehmen müßte, ist das *sozialpädagogische*. Hier berühren sich allerdings die sozialen mit den *pädagogischen* Zielen der Frauenschule. Wenn es sich nur darum handelte, die Schülerinnen der Frauenschule direkt für die soziale Hilfsarbeit auf dem Gebiete der Jugendfürsorge anzuleiten, so wäre das Lehrziel ohne weiteres vorgeschrieben. Es ist aber schon ausgesprochen worden, daß es nicht Aufgabe der Frauenschule sein kann, zu einer obligatorischen Hilfsarbeit anzuleiten. Solch Zwang würde mehr schaden als nutzen. Eine direkte Vorbildung für die soziale Jugendfürsorge wird daher Fachschulen vorbehalten bleiben müssen, eventuell könnte eine Oberstufe der Frauenschule - etwa eine zweite oder dritte Klasse - zu solcher fakultativen Fachschule ausgestaltet werden.

Die Frauenschule soll aber durch alle sozialen Fächer nur die *intellektuelle Grundlage* für das soziale Pflichtgefühl geben, das Wissen vermitteln, aus dem ein lebendiges Gefühl sozialer Verantwortung hervorgeht; ein Wissen, das sich von selbst in „Gewissen“ verwandelt. Sie soll durch den Unterricht den Schülerinnen die soziale Betätigung zur Herzensangelegenheit machen, ohne daß die Schule direkt diese Betätigung von ihnen verlangt. Unter diesem Gesichtspunkt soll die *Pädagogik* nicht als technisches Hilfsmittel zur charitativen Tätigkeit im Kindergarten oder Hort, sondern als eines der Bildungsfächer gelehrt werden, die den Frauen Verständnis *für die Kultur der Familie* übermitteln kann. Aber die pädagogische Ausbildung, die unter diesem Gesichtspunkt geboten erscheint und der Frauenschule eingereiht werden dürfte, kann außerdem auch nutzbar gemacht werden, um den Blick der Mädchen auf die sozialen Aufgaben zu lenken, die ihnen im nationalen Leben entgegentreten. Der pädagogische Unterricht der Frauenschule wird zweckmäßig mit einem Kindergarten verbunden werden und an die Betätigung im Kindergarten wird zuerst die Theorie der Pädagogik anknüpfen. Der Kindergarten wird in den meisten Fällen ein Volkskindergarten sein - im Hinblick auf die sozialen Aufgaben der Frauenschule ist das jedenfalls wünschenswert. Die theoretischen Stunden des ersten Jahres wären aus dem Gebiete der Individualpädagogik zu entnehmen und mit einer Unterweisung in Handfertigkeiten, Kindergartenarbeiten und dgl. zu verbinden. Im zweiten Jahre könnte sich als fakultatives Lehrfach eine Sozialpädagogik, eventuell verbunden mit Arbeit im Hort, anschließen. Immerhin würde schon die Beschäftigung im Kindergarten den Blick der Schülerinnen auf die besonderen Verhältnisse und Lebensbedingungen der Kinder des Volkes lenken und sie in Beziehung setzen zu den besonderen pädagogischen Aufgaben, die sich daraus ergeben. Die sozialen Gesichtspunkte würden hier sozusagen als ein Spezialgebiet der Pädagogik anzusehen sein. Der Kindergarten ist nicht Lehrmittel für die soziale Ausbildung, sondern für die Pädagogik. Die Pädagogik wird nicht der sozialen Ausbildung untergeordnet, sondern umgekehrt ist in diesem Fall die soziale Ausbildung ein untergeordnetes Glied der Pädagogik. Die Arbeit im Kindergarten soll nicht als Hilfstätigkeit, sondern als „Lehrprobe“ aufgefaßt werden. Aber immerhin muß diese praktische Arbeit und kann die Sozialpädagogik, die im letzen Jahre daran anknüpft, sich in gewissem Sinn den Zwecken der sozialen Ausbildung einreihen. Denn sie muß den Schülerinnen mit der Kenntnis der Lebensbedingungen von Volkskreisen, mit denen sie sonst wenig Berührung haben, die soziale Frage sozusagen im Anschauungsunterricht nahebringen. Sie muß zu einer Quelle sozialer Erkenntnis und deshalb auch sozialen Pflichtbewußtseins werden.

So umfangreich nun auch dieses sozialwissenschaftliche Programm erscheint, so könnte es doch in sechs bis acht Wochenstunden erledigt werden. Wenn dazu andere wissenschaftliche Pflichtfächer kommen, die wohl in den Regierungsbestimmungen für die „Frauenschule“ vorgesehen werden dürften, so bleibt doch noch Raum zur praktischen Betätigung im Kindergarten, an deren Stelle im 2. Jahr die hauswirtschaftliche Ausbildung treten könnte. Sollte aber eine zu starke Belastung eintreten, so könnte einer oder der andere Lehrgegenstand - sofern für die Frauenschule mehrere Jahrgänge, etwa zwei bis drei Klassen vorgesehen werden - auf eine Wochenstunde oder auf einen Jahrgang beschränkt werden.

In bezug auf die *Methode* ist nur zu sagen, daß alles, was für andere wissenschaftliche Fächer gilt, auch in dem sozialwissenschaftlichen Unterricht geübt werden muß. Es handelt sich nicht darum, Vorträge zu halten, sondern die Schülerinnen zu eigener Mitarbeit, zur Verarbeitung des Stoffs heranzuziehen, sie soweit wie möglich das Material zum Unterricht selbst zusammentragen zu lassen. Das Eindringen in die Gedanken eines Schriftstellers fördert oft mehr als wochenlange Rezeptivität.

Nun ist allerdings bei der Erörterung von Plänen für die Frauenschule verschiedentlich die Befürchtung ausgesprochen worden, daß die Schülerinnen zu jung seien, um Interesse und Verständnis für soziale Probleme gewinnen zu können. Dies Bedenken wäre nur dann gerechtfertigt, wenn es für diesen Unterricht nicht gelingt, geeignete Lehrkräfte zu gewinnen. An sich - im *Unterrichtsgegenstand selbst* - liegt absolut nichts, was verhindern sollte, ihn den jungen Mädchen nahe zu bringen. Findet man Lehrer, die sich selbst lebhaft als Glieder jenes Räderwerkes fühlen, das unsere Wirtschaft, unsere Kultur, unser Gemeinschaftsleben zusammenhält, dann liegt kein Grund vor, den Gegenstand nicht anziehend für jede Altersstufe zu machen. Warum sollen Werke der Literatur - warum soll das Nibelungenlied und die Odyssee junge Mädchen mehr interessieren, als die Wunderwerke unseres Wirtschaftslebens, als die Umwälzungen, die Eisenbahn oder Nähmaschine herbeigeführt haben; warum soll der Botanikunterricht anziehender für sie sein als die Frage, wie ihre Blusen entstehen, wie viele Hände in allen Weltteilen dafür zusammenwirken müssen. Was ist interessanter für die Jugend als die Geschichte von Robinson, die in die klassische Nationalökonomie eingereiht zu werden verdient. Warum sollen die Mädchen sich für die Schlacht bei Maraton oder für Solons Gesetzgebung, die schließlich doch nur Namen für sie bleiben, ohne je zu Begriffen zu werden, mehr als für das Werden der Staatsverfassung interessieren, deren Wirkung sie täglich fühlen, als für die Gesetze, denen sie gehorchen müssen? Welchen Wert hat überhaupt der Geschichtsunterricht in der Schule, die Einführung in das vergangene Erleben unseres Volkes, wenn er die Mädchen nicht schließlich dazu führt, die Geschichte *ihrer* Zeit zu begreifen und mitzuerleben? Und sollte man nicht in den Mädchen Verständnis für große Ideale ebenso leicht wie Verständnis für die Werke der Kunst erwecken können, nicht auch den Glauben, daß große Aufgaben in ihre Hand gegeben sind?

Wohl wird es nicht überall möglich sein, die soziale Ausbildung in dem Umfang zu geben, der hier vorgezeichnet ist. Wird doch die Frauenschule zunächst überhaupt wahrscheinlich sehr verschiedene Bilder, je nach den örtlichen Verhältnissen und der Persönlichkeit des Leiters zeigen. Aber für eine vollentwickelte Frauenschule wäre die Eingliederung dieser sozialwissenschaftlichen Fächer nötig; und es wäre zu wünschen, daß wenigstens Versuche, die diesen Wünschen Rechnung tragen, gemacht werden. -

Was werden aber die Mädchen leisten, die solche Schule durchgemacht haben? Was können wenigstens diejenigen sich davon versprechen, die für die Einführung dieser neuen Bildungselemente in die Frauenschule eintreten? Darauf ist noch eine kurze Antwort zu geben.

Vielleicht werden die Schülerinnen nicht mehr wissen als die Mädchen bisher wußten - oder schließlich nur etwas anderes als bisher. Kann man das als Vorteil ansehen und anstreben?

Sicherlich, wenn man sich auf den Standpunkt stellt, daß es nicht so sehr darauf ankommt, was *sie wissen,* sondern vielmehr auf das, was *sie sind* und was *sie tun.* Denn sie werden dann ein *konkretes* Bildungsideal haben, statt wie bisher ein abstraktes, rein schöngeistiges. Man braucht die ästhetischen Bildungselemente keineswegs zu unterschätzen; aber man kann wünschen, daß sie an die richtige Stelle gerückt werden. Sie sollen auch für die Frauen die *Krone* der Bildung sein, nicht ihre *Basis.* Auch für sie sollte an Stelle der dekorativen Grundrichtung der Erziehung eine praktische, auf *das reale Leben* gerichtete treten, die ihnen sicherlich lebensnötiger und nützlicher ist. Solch konkretes Bildungsideal nur kann sie dazu führen, die reale Welt der Gegenwart zu begreifen und sich in ihr handelnd zu betätigen. Die Bildung wird dann nicht mehr einseitig das Gemüt und die rezeptiven Neigungen der Mädchen entwickeln, sondern auch Tatkraft und Tatbedürfnis in ihnen hervorrufen.

Ein Wort, das man der Jugend immer wieder ans Herz legt, sagt: „Ihr lernt nicht für die Schule, sondern für das Leben“. Das soll doch nicht heißen: für euer individuelles Leben, in dem Sinn, daß Fertigkeiten gelehrt werden, die jeder für sein persönliches Fortkommen nötig hat. Sondern es muß bedeuten: für die Teilnahme am Leben der Zeit, des ganzen Volkes. Das aber ist nur dem möglich, der die sozialen Probleme erfaßt, der das Ineinandergreifen von Not und Hilfe, von Schäden und Heilung, von Hilfsbedürftigkeit und Fürsorge versteht, bei denen auch der einzelne Aufgaben zu lösen hat. Wir müssen in der Frauenschule ein Wissen geben, das unsere Mädchen befähigt, zu beurteilen, *wo ihre Kraft gebraucht wird;* eingedenk des Wortes: „Es gibt etwas, was höher und heiliger ist als alles Wissen: das ist das Leben selbst“.

Gewiß werden nicht alle durch diese Schule veranlaßt werden, *soziale Hilfsarbeit* zu leisten. Das ist auch gar nicht der Zweck dieser Bildung. Aber sie wird das Gewissen schärfen; und je ausgebildeter das ist, desto überflüssiger wird alle Hilfsarbeit werden, desto eher wird das höchste Ziel aller Hilfstätigkeit erreicht werden: das Helfen immer entbehrlicher, die Hilfsbedürftigkeit immer geringer zu machen.

Aber diese soziale Erziehung wird viel mehr tun. Sie wird nicht nur die Mädchen zu sozialem Pflichtgefühl und vielleicht zu sozialem Tun führen. Sie wird auch für die Mädchen *selbst* – für ihr persönliches Leben – etwas bedeuten. Sie wird ihnen nicht nur die Weltfrömmigkeit geben, von der Goethe sagt, daß sie „unsere rebellisch-menschlichen Gesinnungen in einen praktischen Bezug ins Weite setzt; daß sie uns lehrt, nicht nur unsere Nächsten zu fördern, sondern zugleich die ganze Menschheit mitzunehmen“. Sie wird daneben auch die alte *Hausfrömmigkeit* wieder beleben, von der er sagt; daß sich auf sie *die Sicherheit des einzelnen, seine Festigkeit und Würde gründet.*

Darunter soll verstanden werden, daß solche Bildung eine Synthese vollziehen wird zwischen den Ansprüchen der Welt und den Ansprüchen des Individuums, unter deren widerstreitenden Forderungen heut so viele Menschen ringen. Sie wird der Kultur der Persönlichkeit ganz anders als die heutige Mädchenbildung gerecht werden, einen ganz anderen Gewinn für die Seele, für den inneren Menschen sein. Denn sie wird den Frauen Antwort auf die Frage geben, was ihr Leben als Ganzes bedeutet, was es an Zielen enthält und an Glück verheißt. Sie wird die Frauen lehren, sich als Ganzes zu empfinden, *als Wesen, die Aufgaben zu erfüllen, Werte zu schaffen haben;* und das ist das Beste, was man ihnen für die Kultur der Persönlichkeit geben kann - in einer Zeit, in der alle alten Maßstäbe sich verschoben haben, in der unserer Jugend nur so weniges heilig ist, in der sie sich oft nicht einmal den Glauben an den Wert und die Bedeutung der eigenen Seele rettet.

Wenn in den Mittelpunkt der Bildung die Entwicklung der Menschheit zu reicherer materieller Kultur, zu höheren sittlichen Idealen gestellt wird, wenn wir die Mädchen in das große Mysterium des Zusammenhangs, der Beziehungen aller Menschen einführen, wenn wir sie lehren, das Alltägliche so viel tiefer zu verstehen, dann müssen sie auch die unsichtbaren Zusammenhänge des Weltenlebens bewußter gewinnen; dann muß ihnen auch im eigenen Inneren das Wirken einer Unendlichkeit und Ewigkeit aufgehen. Sie müssen dazu gelangen, sich selbst als ein Glied in der Ewigkeit zu erkennen; sie werden lernen, das Leben als eine Aufgabe aufzufassen, für die man verantwortlich, für die man einem Höheren verpflichtet ist.

Kann man der Mädchenbildung bessere Ziele stecken?

Die Entwicklung der Theorie der Frauenbewegung*

Literatur zur Frauenfrage

1. *Gertrud Bäumer*: Die Frau in der Kulturbewegung der Gegenwart. Wiesbaden, Bergmann 1904
2. *Gertrud Bäumer*: Die sozialen Forderungen der Frauenbewegung im Zusammenhang mit der wirtschaftlichen Lage der Frau. In den Verhandlungen des 17. Evang.-sozialen Kongresses. Göttingen, Vandenhoeck und Rupprecht 1906
3. und 4. *Marianne Weber*: Beruf und Ehe. Die Beteiligung der Frau an der Wissenschaft. Berlin-Schöneberg, Verlag der Hilfe 1906
5. *Oda Olberg*: Das Weib und der Intellektualismus. Edelheim, Berlin, Akad. Verlag für soz. Wissenschaften 1902
6. *Dr. Josef Mausbach*: Die Stellung der Frau im Menschheitsleben. M.-Gladbach, Verlag der Zentralstelle für das kathol. Deutschland 1906
7. *Charlotte Perkins Stetson*: Women and Economics. London, G. P. Putnam's Sons, Boston, Small, Maynard and Company 1899. Deutsch: Mann und Frau. Übersetzt von Marie Stritt, Dresden, Minden 1901
8. *Lily Braun*: Die Frauenfrage, ihre geschichtliche Entwicklung und ihre wirtschaftliche Seite. Leipzig, Hirzel 1901
9. *Friedrich Naumann*: Neudeutsche Wirtschaftspolitik. Verlag der Hilfe 1906
10. *Naumann*: Die sozialen Forderungen der Frauenbewegung im Zusammenhang mit der wirtschaftlichen Lage der Frau. In den Verhandlungen des 17. Evang.-sozialen Kongresses, Göttingen, Vandenhoeck und Rupprecht 1906
11. *Dr. phil. Helene Stöcker*: Bund für Mutterschutz. In Moderne Zeitfragen, Nr. 4. Berlin, Pan-Verlag
12. *Ellen Key*: Über Liebe und Ehe. Übersetzt von Francis Maro, Berlin, Fischer 1906
13. *Edward Carpenter*: Wenn die Menschen reif zur Liebe werden. Übersetzt von K. Federn, Leipzig, H. Seemann 1903
14. *Jaqcues Mesnil*: Le mariage libre. Deutsch von K. Federn, Schmargendorf, Berlin, Renaissance 1904
15. *Dr. Max Thal*: Mutterrecht, Frauenfrage und Weltanschauung. Göttingen und Leipzig, Peters
16. *Dr. Max Thal*: Das Christentum und die moderne Frauenbewegung. Göttingen und Leipzig, Peters
17. *Rosa Mayreder*: Zur Kritik der Weiblichkeit. Jena, E. Diederichs 1907

Wer in der Literatur, die sich auf die Gestaltung des Gemeinschaftslebens bezieht, nicht nur einen Niederschlag der Sitten sieht, wer die Formen des gesell-

* Archiv für Sozialwissenschaft und Sozialpolitik, 26. Bd., 2. Heft, 25. März 1908, S. 451-500

schaftlichen Lebens nicht nur als notwendiges Ergebnis der wirtschaftlichen Verhältnisse betrachtet, sondern glaubt, daß Menschen die Geschichte machen, daß ihre Zielsetzung, ihre Willensentschließung das eigene und das Schicksal anderer bestimmt, der muß in der Literatur zur Frauenfrage eine Triebkraft für *die Umgestaltung der Familie und der Gesellschaft* erkennen. Der sieht in der theoretischen Behandlung der Frauenfrage nicht das Ergebnis von mehr oder weniger allgemeinen Erfahrungen, Erlebnissen, Ansichten oder Wünschen, die sich auf Grund der äußeren, der wirtschaftlichen Verhältnisse ergeben *müssen*, sondern Dokumente *persönlicher* Art, durch die Weltanschauung einzelner Persönlichkeiten bestimmt, die die heutige Frauengeneration zum Guten oder Bösen, zum sittlichen und wirtschaftlichen Fortschritt oder Niedergang führen oder beeinflussen können.

Die Frauenfrage-Literatur trug von jeher unverkennbar den Stempel einer solchen idealistischen Auffassung. Man glaubt wohl, daß die wirtschaftliche Entwicklung der Frauenbewegung Vorspanndienste leisten *kann*. Aber man ist nicht überzeugt, daß sie mit zwingender Notwendigkeit zur Gleichwertung der Geschlechter führen muß. Man will die Sitten und Gewohnheiten beeinflussen. Man stellt Postulate auf, welche die Motivation und das Handeln der Menschen in neue Bahnen lenken sollen.

In *Einem* unterscheidet sich dabei aber die *Literatur der letzten Jahre* - man kann sagen die jüngere Richtung - in der Frauenbewegung von der älteren: Während die Pioniere davon sprachen, „was die Frau *kann*", während sie durch ihre Schriften auf die Entschlüsse der *Gesetzgeber*, der öffentlichen Körperschaften einzuwirken versuchten, während sie an das Gerechtigkeitsgefühl der *Männer* appellierten, um ihre Forderungen durchzusetzen, haben jüngere Führerinnen den Schwerpunkt der Bewegung verlegt. Sie stellen in den Vordergrund aller Erörterungen die Frage: „was die Frauen *sollen*". Es tritt das bewußte Streben zutage, durch eine Vertiefung in das Problem der Frauenfrage klar zu legen, wie das *Tun der Frauen selbst* ihre Stellung beeinflußt. Vor allem aber ist die Literatur der jüngsten Zeit beherrscht von der Erkenntnis, daß die Frauenfrage im letzten Grunde die Frage nach der Stellung der *Frau in der Familie* ist.

Zweifellos ist diese Wandlung in der Erörterung des Frauenproblems in erster Linie darauf zurückzuführen, daß ein Teil der zuerst erhobenen Forderungen erfüllt ist. So lange die Frauen auf das Haus beschränkt waren, einzig auf die häusliche Sphäre hingewiesen wurden, ergab sich ihr Programm aus diesen Verhältnissen. Sie mußten *Gleichberechtigung* mit dem Mann für das *Berufsleben* fordern, gleiche *Bildungsmöglichkeiten* anstreben. Sie verlangten nach gleichen Rechten und Pflichten mit dem Mann im öffentlichen Leben, das alles im Glauben und unter Berufung auf gleiche *natürliche Anlagen von Mann und Frau*. Die Stellung des Mannes war der Maßstab, an dem alle Lebensverhältnisse der Frauen gemessen, nach dem alle Forderungen aufgestellt wurden. Nur in einem Punkte hielt man an dieser Norm nicht fest: in der Frage der sexuellen *Sittlichkeit*. Die Forderung gleicher geschlechtlicher Moral von Mann und Frau sollte verwirklicht werden durch Übertragung des bis dahin nur auf Frauen angewendeten Ideals der Keuschheit vor der Ehe, der monogamischen Treue in der Ehe auf den Mann. Nicht gleiches Recht auf Unmoral für die Frau, sondern gleiche Pflicht zur geschlechtlichen Moral für den Mann: das ist der einzige Programmpunkt, in dem die Gleichberechtigungsforderung der Frauen sich schon damals von männlichen Kulturidealen und Kultureinflüssen freimachte, in dem eine spezifisch *weibliche* Anschauung und Zielsetzung zum Ausdruck kam. Immerhin ist aber auch diese Forderung von dem Glauben an die Gleichartigkeit der Geschlechter beherrscht.

Erst nachdem während der letzten Jahrzehnte den Frauen zum Eintritt in die ehemals männliche Berufs- und Bildungssphäre die Bahn frei, oder wenigstens leichter zugänglich gemacht war, bildete sich in der Frauenbewegung ein *neues* Ideal heraus. Das Programm, oder mehr noch seine Begründung, verschiebt sich, weil die Frauen, denen schon eine freiere Berufswahl möglich war, das natürliche Gebiet weiblicher Veranlagung, die Unterschiede männlicher und weiblicher Begabung besser und sicherer erkennen mußten als die Frauen, deren Lebensadern nach allen Richtungen unterbunden waren, weil sie der Wucht und Fülle ihrer Veranlagung, nicht mehr abstrakten Doktrinen folgten.

Die Gleichmacherei, das einseitige Betonen des *Menschentums* in der Frau, der Maßstab männlicher Leistungen wird mehr und mehr ersetzt durch die Anerkennung einer seelischen und intellektuellen *Verschiedenheit der Geschlechter.* Man fängt an, gerade auf diese Differenzierung die Gleichberechtigungsforderung der Frauen zu begründen. *Weil* die Frauen glauben, besondere *weibliche Werte* der Kultur einfügen zu können, fordern sie Beseitigung aller Schranken, gleiche Chancen im Wettbewerb mit dem Mann auf allen Gebieten wirtschaftlichen, geistigen, sozialen Lebens.

Aber etwas anderes mußte hinzukommen, damit diese Richtung in der Agitation so bald stark in den Vordergrund rücken konnte. Es ist die Tatsache, daß die erste Generation wissenschaftlich geschulter Frauen jetzt in der Bewegung hervortritt und sich immer stärker an der Führung beteiligt. Besonders auf literarischem Gebiet – vielleicht weniger in der organisatorischen und praktischen Arbeit – sondern bei der Entwicklung der die Frauenbewegung beherrschenden Ideen suchen und finden sie Einfluß. Und die Anwendung wissenschaftlicher Methoden stellte die Frauenfrage unter einen neuen Gesichtspunkt. Es hieß nicht mehr Ungerechtigkeiten zu beklagen oder anzuklagen, sondern ihren Ursprung, ihre Bestimmungsgründe aufzusuchen, sie aus ihren Ursachen und ihrer Entstehung heraus zu erklären.

Man erkennt als Ursache zunächst die verschiedenartige Stellung, die Mann und Frau *innerhalb der Familie* einnehmen und die sich immer weiter differenziert, je mehr die Familie als Produktionsgemeinschaft, als Lehr- und Erziehungsgemeinschaft zerfällt und zu einer vorwiegenden Konsumtionsgemeinschaft umgestaltet wird. Man findet sie in der wachsenden Spannung zwischen der geistigen und beruflichen Sphäre von Mann und Frau, die sich erweitert, je mehr der Mann außerhäusliche Erwerbsgebiete aufsuchen und seine Bildung, seine Kenntnisse deren Bedürfnissen anpassen muß, während die Frau mit verminderten Aufgaben und daher auch mit verengtem Gesichtskreis im Hause zurückbleibt.

Das Heilmittel, das die Führerinnen der älteren Frauenbewegung zur Beseitigung dieser Spannung sahen, aber vor allem zur Beseitigung ihrer fühlbaren Resultate, der Ungleichheit der Rechte von Mann und Frau - lag in dem Eindringen der Frauen in die *Berufssphäre des Mannes. Gleiche Leistungen sollten die Basis gleichen Rechtes* bilden. Daher der Enthusiasmus, den man den ersten studierenden Frauen entgegenbrachte. Glaubte man doch, daß jede, der es gelang, ein höheres Examen abzulegen, einen bis dahin verschlossenen Beruf auszuüben, Scharen nach sich ziehen würde. Und den allgemeinen gleichen Leistungen von Mann und Frau sollte die Rechtsgleichheit folgen. Eines so krassen offenkundigen Machtmißbrauches würden dann die Männer - die gesetzgebenden Körperschaften - nicht mehr fähig sein.

Aber in diesem Programm war *eines* übersehen: eben die eigentliche, die tiefere Ursache der Frauennot: die Tatsache, daß bei der Loslösung der Produktion aus der Familie, bei der Auswanderung weiter Bevölkerungsschichten in das außerhäusliche Erwerbsleben die Mehrzahl der Frauen durch Familienfunktionen *gebunden* war, daß die verheiratete Frau, die Mutter als Leiterin der Konsumtionsgemeinschaft, als Gebärerin und Erzieherin der Kinder Aufgaben erfüllt, die sie für das Berufsleben unfreier als den Mann machen.

Das Programm der Frauenbewegung ist in seiner ursprünglichen Form ein Programm für die *Unverheirateten.* Für sie besaß es Überzeugungskraft; von ihnen konnte es mit Wucht und Begeisterung vertreten werden.

Aber die Frau der neuen Zeit, die über das Mittel historischer und statistischer Forschungsmethoden verfügt, mußte diese Forderungen korrigieren, die an sie geknüpften Hoffnungen vernichten. Von der Gleichartigkeit der Leistungen von Mann und Frau im Erwerbsleben kann sie die rechtliche und soziale Gleichstellung nicht erhoffen. Denn sie glaubt nicht mehr an die allgemeine Möglichkeit solcher Leistungen. Sie hat ziffernmäßig festgestellt, daß die Frau während der leistungsfähigen Lebensperiode mit zwei Dritteln ihrer Zeit, ihrer Kraft in der Familie, im häuslichen Wirkungskreis verankert ist, daß sie nur ein Drittel ihres Lebens, ihrer Energie, dem Beruf zuzuwenden pflegt. Wenn man mit dieser Tatsache rechnet, und eine völlige Auflösung der Familie für die nächste Generation nicht als wahrscheinlich - nicht einmal als wünschenswertes Ideal der Frauenbewegung - ansieht, dann muß man erkennen, daß nur die kleine Schar der Unverheirateten im Berufsleben mit dem Mann konkurrieren, den Durchschnitt männlicher Berufsleistungen erreichen kann, während alle, die nur vorübergehend oder mit jahrelanger Unterbrechung im Berufsleben stehen, auf niedrigere Stufen des Könnens beschränkt bleiben. Will man also die Forderung nach einer sozialen und rechtlichen Gleichstellung der Geschlechter aufrecht erhalten, so muß man sie darauf begründen, daß die Gesamtheit - oder wenigstens die *Mehrzahl* der Frauen - auf andere eigenartige Weise an der Versorgung der Menschheit mit Kulturgütern teilzunehmen fähig ist, sofern die äußeren Verhältnisse, Sitte, Erziehung und Gesetz die Wege dazu ebnen helfen. Man darf die Ziele und die Erfolge der Frauenbewegung nicht darin sehen, daß einzelnen Begabten eine Professur, die Leitung eines Hospitals, eines großen industriellen Unternehmens übertragen wird, obgleich auch für diese einzelnen - falls sie ebenso zur Ausfüllung einer solchen Stellung geeignet sind wie ein Mann - das Recht darauf gefordert werden muß. Aber der *Schwerpunkt* der Bewegung muß auf die Forderungen gelegt werden, die den *Vielen* angepaßt sind, auf Ziele, die *sie* erreichen können. Das Programm der Frauenbewegung muß auf Verheiratete *und* Unverheiratete zugeschnitten werden. Das Verlangen nach Gleichberechtigung muß sich darauf gründen, daß die Mehrzahl der Frauen *in der Familie Kulturwerte* schafft, die ganz eigenartig, unersetzlich, den Leistungen der Männer im Berufsleben - namentlich auf dem Gebiet materieller Güterproduktion - ganz *gleichwertig* sind. Die besondere Eigenart der Frau, die spezifischen Kulturwerte, die von der Frau geschaffen werden und noch weiter zu erhoffen sind: sie wurden das Panier, um das sich die nach Gleichberechtigung strebende jüngere Frauenwelt schart.

Aber diese Begründung der Frauenbewegung auf die Leistungen und die Bedürfnisse der *Masse* mußte die überzeugungskräftige Geschlossenheit des alten Programms mit fortreißen. Die Stellung, die sich zu den einzelnen praktischen Problemen und Forderungen aus dieser Theorie ergibt, ist unendlich viel komplizierter, weniger einheitlich geworden. Gilt es doch nun zu berücksichtigen, daß alle Bildungs- und Berufsfragen unter dem Gesichtspunkt der *Teilung* des Frauenlebens zwischen Beruf und Ehe behandelt werden müssen, d.h. nicht der Teilung in jedem einzelnen Fall. Aber die Möglichkeit, sogar die Wahrscheinlichkeit, daß die Einzelnen zwei Lebenskreisen angehören werden, stellt in den Vordergrund der Frauenbewegung nicht mehr die Frage: Wie erlangen wir für die Frau den Zutritt zu männlichen Bildungsanstalten und das Recht auf Ausübung der gleichen Berufe mit den Männern? Sondern wir müssen fragen: Wie erziehen wir die Frauen, damit sie beiden Lebenskreisen, in die sie eventuell berufen werden, gerecht werden können? Wie soll die Frau ihr Leben gestalten, um nicht auf zwei Gebieten dilettantisch, mit unzureichender Kraft und ungenügendem Können zu wirken? Wie vereinigt die Frau Beruf und Ehe? Wie kann sie einen Beruf ausüben, ohne ihre Kinder zu vernachlässigen? Ist die Ehe in ihrer heutigen Gestalt - als dauernde Lebensgemeinschaft von Mann, Frau und Kindern - möglich, wenn die Frau ökonomische Selbständigkeit erlangen, gleiche Rechte im öffentlichen Leben gewinnen will?

Die Stellung der Frau in der *Familie*, das ist der Brennpunkt in der Frauenbewegung geworden. Die Vereinbarkeit von Beruf und Mutterschaft, Form und Bedeutung der Ehe: das sind die Fragen, um die sich die Geister scheiden, bei deren Erörterung die jüngere Richtung den älteren Feministen entgegensteht.

Die Alten, die das Programm gleichen Rechts auf Grund gleicher Leistungen weiterbilden, treten für das Ideal der *berufstätigen Ehefrau*, der Ausübung eines Erwerbsberufs von jeder Frau während ihres ganzen Lebens ein. Sie nähern sich damit dem sozialistischen Gedanken einer *Auflösung der Familie,* der Einschränkung mütterlicher und hauswirtschaftlicher Aufgaben. Oft treten sie für das Recht der Frau auf „freie Liebe" ein. Die jüngere Richtung, die in ihrer Stellungnahme zur Familie zweifellos die konservativere ist, die ihre Forderungen nach Gleichberechtigung mit der Gleichwertigkeit weiblicher Leistungen begründet, verlangt in Konsequenz dieses Standpunkts, daß die Berufsarbeit der Ehefrau *nicht als allgemeines Postulat* anzusehen sei. Sie will die ökonomische Selbständigkeit der Ehefrau auf andere Weise herbeiführen. Diese soll auf Grund ihrer Leistungen für die Familie ein gesetzlich festgelegtes Anrecht auf *einen Teil des Manneseinkommens* haben. Diese Gruppe von Frauen lehnt aber alle Bestrebungen ab, die, über diese Reform der ökonomischen Stellung der Frau hinausgehend, auf eine Auflösung der Familie als sittlicher Lebensgemeinschaft hinzielen, die für die freie Liebe eintreten. Im einzelnen bedeutet diese Stellung für das Programm, daß man Vorbereitung der Frau für das Erwerbsleben *wie* für die Familienpflichten fordert; daß man für die weibliche Berufstätigkeit solche Arbeiten bevorzugt, die in Beziehung zu den häuslichen und erzieherischen Aufgaben stehen, so daß die Berufsbildung und -Ausübung im Falle einer Eheschließung der „Hausfrau" zugute kommt. Man will ferner die Mädchen - besonders in den Schichten, in denen die Familienmutter zum Verdienen gezwungen ist - auf Berufe hinlenken, deren Ausübung in selbständiger Stellung oder im eigenen Heim möglich ist, damit die Frauen, die zur Fortsetzung der Erwerbsarbeit in der Ehe genötigt oder gewillt sind, ihrer Arbeit ohne Vernachlässigung des häuslichen Pflichtenkreises nachgehen können. - Das bringt in der Frage des gesetzlichen Arbeiterinnenschutzes, der Heimarbeit, eine Stellungnahme mit sich, die sich von der der Feministen stark unterscheidet. Ein Schutzgesetz, das von jenen als Vorrecht bekämpft wird, als eine Beschränkung der weiblichen Leistungsfähigkeit im Beruf, muß unter dem Gesichtspunkt der Gleichwertigkeit häuslicher Leistungen und im Interesse einer Einschränkung der Erwerbsarbeit zugunsten der Familienpflichten zur Programmforderung erhoben werden. Für die Heimarbeit, deren Abschaffung von jenen vielfach gefordert wird, weil sie in ihrer heutigen Form die Frauen nicht zur Ausbildung des Solidaritätsgefühls, zur Vertretung ihrer Standesinteressen führt, müssen von den Frauen, die den Schwerpunkt des Lebens der verheirateten Frau in der Familie suchen, Sanierungsmaßregeln gefordert werden, um den Ehefrauen und Müttern eine Betriebsform zu erhalten, die in ihrer Elastizität eine Vereinigung von Erwerb und ausgeübter Mutterschaft ermöglicht. Sieht die ältere oder radikalere Richtung die Erwerbsarbeit, die ökonomische Selbständigkeit, als die wesentliche Forderung an, sieht sie in der berufstätigen Ehefrau - etwa in der verheirateten Textilarbeiterin - den Typ der „neuen Frau", so ordnet die jüngere Richtung die Berufsarbeit dem anderen weiblichen Pflichtenkreis unter. Für sie ist die Berufsarbeit der verheirateten Textilarbeiterin eine soziale Krankheitserscheinung. Sie geht eben in ihren Forderungen von der Überzeugung aus, daß die Frau nach Erfüllung aller in ihr ruhenden Lebensmöglichkeiten, nach allseitiger Entfaltung ihres Wesens, auch nach der Betätigung ihrer Naturanlage durch Liebe und Mutterschaft verlangen muß. Es scheint ihr nur eine Konsequenz der Frauenbewegung zu sein, daß die Frau, die zur Nutzbarmachung ihrer Kräfte erzogen, die äußerlich von der Enge der früheren Frauenschicksale befreit, wirtschaftlich selbständig, geistig unabhängig geworden ist, nun auch „ein volles Weibesschicksal" fordert.

In diesem Einrichten der Frauenforderungen unter die „natürlichen Aufgaben" der Frau, die nun zu „natürlichen Bedürfnissen" geworden sind, in diesem Nebeneinanderstellen des Rechts auf freie Betätigung neben die Erfüllung der Mutterschaft, in diesem Ableiten der Gleichberechtigung aus der Bewertung der besonderen weiblichen Eigenschaften, ihrer Bestimmtheit zur Mutterschaft hat die jüngere Richtung der Frauenbewegung eine Synthese vollzogen zwischen den ursprünglichen Ideen der Frauenbewegung und jener leidenschaftlichen Abwehr, die dieser nicht nur von seiten der Männer, sondern auch aus den Reihen der eigenen Geschlechtsgenossinnen zuteil wurde. Zwischen dem Glauben an die *Gleichartigkeit*, die auch in der geringeren Muskelkraft der Frau nicht ein Merkmal ihrer Konstitution, sondern nur eine Frucht falscher Erziehung und jahrhundertelanger Entartung erblickt, und der Marholmschen Auffassung der Frau als eines „Weibchens", dessen einziges oder wesentliches Gebiet in der *Erotik* zu suchen ist, oder der Kritik der Emanzipationsbestrebungen durch Ellen Key, die in ihren älteren Schriften *„mißbrauchte Frauenkraft"* darin erblickte.

In einer kurzlebigen Zeit wäre es begreiflich, wenn so bedeutende Wandlungen der Ideen sich während eines einzigen Menschenalters entwickeln. Daß tatsächlich die Synthese zwischen den Gedanken der älteren Frauenrechtlerinnen und denen ihrer Gegner sich in wenigen Jahren vollzogen hat, daß die auf solche Weise gewonnenen neuen Gedankenreihen einen einflußreichen, ganz hervorragenden Faktor in der deutschen Frauenbewegung ausmachen, läßt darauf schliessen, daß diese Formulierung nicht nur dem Verlangen und den Wünschen weiter Frauenkreise gerecht wurde, sondern daß auch starke *Persönlichkeiten* sie vertraten, die dem instinktiven Sehnen Vieler bewußten, überzeugenden Ausdruck gaben. Und in der Tat zeichnen sich die Veröffentlichungen dieser jüngeren Richtung der Frauenbewegung durch Klarheit und Tiefe, durch Gedankenreichtum und Großzügigkeit der Auffassung aus. Sie gehören zu den vornehmsten Dokumenten der Kultur der Gegenwart. Als führende Geister dieser Richtung sind *Gertrud Bäumer, Marianne Weber*, aber auch Anna Pappritz, Ika Freudenberg und andere zu nennen. Gertrud Bäumer hat in zahlreichen Aufsätzen in der Monatsschrift *„die Frau"*, aber auch in zwei größeren Arbeiten den Hauptanteil zur Errichtung dieses Gedankenbaus beigetragen, zu dem Helene Lange allerdings schon in einigen ihrer älteren Arbeiten – beispielsweise in den *„intellektuellen*

Linien" die Grundmauern herbeigeschafft hatte –, während Frau Gnauck-Kühne in ihrer Arbeit über *„die deutsche Frau an der Jahrhundertwende*"[1] die nationalökonomische und statistische Begründung und Rechtfertigung dieser Ansichten gegeben hat.

Gertrud Bäumer leitet in ihrer Arbeit über *„die Frau in der Kulturbewegung der Gegenwart*" die Frauenfrage aus zwei verschiedenen geistigen Strömungen ab, die einander zu widerstreben scheinen, die sie aber zu einer Einheit zusammenfügt, weil sie sie in ihren letzten Ursachen aufsucht, weil sie mit feinstem psychologischen Verstehen, aber auch mit wissenschaftlich geschultem, durchdringenden Verstand an das Problem herantritt und deshalb Lösungen findet, wo andere, einseitigere Naturen nur Konflikte erblicken können. Sie sieht die erste geistige Grundlage der Frauenbewegung in der *naturrechtlichen Gesellschaftstheorie,* in die der Rationalismus – auf soziales Gebiet übertragen – schließlich münden mußte. Aus diesem Rationalismus sind all die Programme bestritten, die im Jahrzehnt der französischen Revolution eine Umwälzung der gesellschaftlichen Lage der Frauen forderten. „So heiß und leidenschaftlich auch der Enthusiasmus war, mit dem eine Olympe de Gouges, eine Mary Wollstonecraft die Fahne der Emanzipation der Frauen auf den blutigen Schauplatz der Revolution aufpflanzten, ihr Evangelium ist eine Schöpfung des *Denkens*, der *Vernunft*, die Folgerung aus einer Reihe abstrakter Prinzipien. Das *Herz* der Frauen, ihre eigentliche *weibliche* Innerlichkeit, hat diese Forderungen nicht mit geprägt; als Mutter, als Gattin und Geliebte ist die Frau in diesem Programm nicht zu Wort gekommen." Nur *eine* Seite ihres Wesens war zu stürmischen Forderungen erregt, der *Mensch* im Weibe griff nach dem, was in den Überzeugungen der Zeit *Menschenrecht* war. „Nach den Anschauungen einer Zeit, in der es Zweck aller gesellschaftlichen Organisationen war, einem solchen abstrakten Menschentum gerecht zu werden, war das gebundene Wirken der Frau Frondienst, sie selbst eine Sklavin, aller Menschenwürde bar, um ihre edelsten Ansprüche seit Jahrtausenden betrogen." – Hier galt es, eine ungeheure Schuld zu sühnen, der Frau als Vernunftwesen das zu gewähren, was man auf dieser Grundlage überhaupt an Rechten und Freiheiten für den Einzelnen forderte. „Unter dem Gesichtspunkt der Gleichberechtigung maß man die Lage der Frau an der des Mannes und stellte danach die Liste der Forderungen auf." Als klassisches Beispiel eines solchen Programmes nennt Gertrud Bäumer die Resolution, die von den amerikanischen Frauen in Seneca Falls 1848 angenommen wurde, ein langes Verzeichnis der „wrongs of men towards

[1] In einem älteren Vortrag von Frau Gnauck über „Die soziale Lage der Frau" (Verlag O. Liebmann, Berlin), den sie im Jahre 1895 auf dem Evang. Soz. Kongreß in Erfurt hielt, hat sie Gedanken entwikkelt, die den jetzt in der Frauenbewegung hervortretenden sehr nahe stehen. Vielleicht ist es auf die Tatsache, daß Frau Gnauck sich seit Jahren an der organisierten Frauenbewegung nicht mehr beteiligte und neuerdings erst wieder im Rahmen der katholischen Frauenbewegung hervortritt, zurückzuführen, daß diese Gedankengänge nicht schon früher in der Frauenbewegung fruchtbarer gemacht wurden.

women". Ein Kampfprogramm. „Denn wenn man den glatten Maßstab abstrakter Rechtsbegriffe an die Geschichte legte, wenn man urteilte und verurteilte, statt zu erklären und zu verstehen, dann war der Mann eben der Tyrann und der Unterdrücker, und es war nicht abzusehen, wie man auf dem Wege friedlicher Verständigung etwas von ihm erreichen konnte. Zwischen Unterdrücker und Sklaven gibt es nichts Gemeinsames; der einzige Weg, ihre Rechte gegen einander abzugrenzen, ist der Kampf."

Dieser naturrechtliche Idealismus hat die Frauenbewegung zuerst geführt; in der einseitigen *Betonung des Menschentums* in der Frau lag die Kraft der Bewegung. „Nur indem man dieses ‚Menschentum' der Frau als die eigentliche Sphäre ihres Seins hinstellte, um die sich die Welt ihres Weibseins wie etwas Sekundäres, Zufälliges schloß, nur dadurch konnte man für die neuen und unerhörten Ansprüche dieses Menschentums Aufmerksamkeit erzwingen."

Auf dieser naturrechtlichen Grundlage baut auch die deutsche Frauenbewegung auf, und die wirtschaftlichen Umwälzungen der letzten Hälfte des 19. Jahrhunderts belebten die ethischen und abstrakten Wahrheiten des Emanzipationsprogramms zum ersten Male mit einem höchst konkreten Inhalt. Als die Frauen nicht mehr allgemein innerhalb der Familie den Lebensunterhalt fanden, wurde die soziale Unabhängigkeit, das Recht auf Berufsfreiheit, auf politische Gleichberechtigung mehr als ein sozialethisches Postulat. Es wurde die unentbehrliche Ausrüstung für den Kampf, der ihnen aufgezwungen war. – –

Aber schließlich löst die Frauenbewegung eine Tendenz aus, die ihrer ursprünglichen Zwecksetzung direkt entgegenwirkt. Die Frau, die gelernt hat, ihren Platz im Erwerbsleben, im öffentlichen Leben auszufüllen, ist sich des Wertes der eigenen Persönlichkeit stärker bewußt geworden. Gerade die äußeren Betätigungsmöglichkeiten, aber auch das Eindringen in die Schätze geistiger Kultur entwikkeln in ihr individualistische Ideen. Man will sich entwickeln, alle Kräfte nutzen, alle Lebensmöglichkeiten erfüllen. Das „Ausleben" wird zum Schlagwort. Das bedeutet aber für die Frauen, daß ihr Blick sich auch für die besonderen Bedingungen schärft, die die Natur ihnen gestellt hat. Trat bei den ersten Forderungen das *Weib* hinter dem *Menschen* zurück, so wird jetzt wieder das Frauentum als das Wesentliche empfunden.

Aber trotzdem die Erfüllung der sexuellen Bestimmung der Frau wieder als das schicksalentscheidende in den Vordergrund tritt, so will doch niemand die Frau wieder in den alten engen Lebenskreis einfügen. Darin sieht Gertrud Bäumer den Punkt, in dem diese beiden widerstreitenden Interessengruppen sich treffen: „Auch die fanatischste Verkünderin des erdgebundenen Weibtums in der Frau empfindet ihre Weibessehnsucht als das Lebensverlangen einer elementaren Kraft, die ein Recht hat, alle Schranken zu überschreiten. Auch sie ist von dem Glauben an das Recht auf persönliche Entfaltung beseelt." An dies *Gemeinsame* knüpft Gertrud Bäumer an, wenn sie den Weg zur Versöhnung der Gegensätze, zur Verbindung von Altem und Neuem, von Idee und Leben finden will.

Wenn die Frau mit den Ansprüchen der Herrin über ihr eigenes Schicksal dem Liebesproblem gegenübertritt, beginnt erst der Frauenfrage *tieferer Sinn.* Denn dann muß sie entscheiden, wie sie die *neuen Entfaltungsmöglichkeiten mit Liebe und Mutterschaft vereinen will.*

Aus der ungeheuren Schwierigkeit dieses Problems sind die kühnsten Lösungen entstanden. Weil nicht alle Frauen zur Ehe gelangen können, hat man das Recht auf die Mutterschaft auch für die ledige Frau gefordert. Weil die Ehe mit der ökonomischen Selbständigkeit der Frau Vielen nicht vereinbar scheint, oder weil die Liebe zwischen zwei Menschen meist nicht während ihres ganzen Lebens anhält, treten sie für eine freiere Gestaltung der Ehe oder für die freie Liebe ein.

Gertrud Bäumer lehnt solche Forderungen ab. Zunächst weil die seelischen Bedürfnisse der Frau selbst einer solchen Lösung entgegenstehen. „Je feiner die Frau geartet ist, um so mehr wird für sie die letzte Hingabe den Sinn eines zarten und heiligen Vertrauens tragen, zu dem nur der Glaube an eine unverbrüchliche Lebensgemeinschaft den Mut gibt." Die Frau, der dies Vertrauen getäuscht wird, hat das Spiel verloren. „Ob sie in der traditionellen Ehe ihre Niederlage verbirgt, oder ob sie in einer neuen Ordnung mit ihrem Kinde ihren Weg allein sucht - die Tragik ist aus ihrem Leben nicht wegzuschaffen." Aber vor allem weist sie die Forderung nach freier Liebe zurück, weil in ihr für die Gestaltung einer menschlichen Institution, die nicht oder doch nur mittelbar dem individuellen Wohlsein des *Einzelnen*, sondern in erster Linie der *Gattung* dient, die Erfüllung persönlicher Glücksbedürfnisse maßgebend gemacht wird.

Für die Milderung der Tragik, die sich der Frau aus dem Liebesleben ergibt, kann die Frauenbewegung nicht durch konstruktive Theorien für eine Neuordnung der Ehe wirken, sondern nur, indem sie die einzelnen Frauen für diese persönlichste Frage des Lebens besser als bisher wappnet, indem sie die Frauen selbständiger, selbstbewußter, bedeutender macht.

Denn eine neue Entwicklung auf diesem Gebiet kann nicht durch eine neue Norm, sondern nur durch das Tun des Einzelnen herbeigeführt werden.

Die weittragendste Bedeutung erwächst aber der Frauenbewegung aus der Frage, wie die Frauen, die zur Ehe gelangen, sich *in der Ehe* als selbständige Persönlichkeiten behaupten sollen. Für Gertrud Bäumer ist die selbständige Stellung der Ehefrau nicht von der Ausübung einer Erwerbsarbeit abhängig. Die Begründung der Gleichberechtigungsforderung ergibt sich ihr aus den Leistungen der Frau nicht im rein wirtschaftlichen Sinn, sondern unter dem höheren Gesichtspunkt *menschlicher Kultur.* Und für die Masse der Frauen erscheint ihr die Wahrscheinlichkeit wertvoller Tätigkeit größer in der Familie als in mechanischer untergeordneter Arbeit. Deshalb gehört für sie in das Programm der Frauenbewegung der Schutz der arbeitenden Mutter vor Überanstrengung und Ausbeutung.

Sind die beiden Tendenzen der Frauenbewegung vereinbar? Kann man sie unter einen gemeinsamen Gesichtspunkt stellen? Kann die Frau, die als Mensch nach Arbeit verlangt, nach „Männerrechten" die Hände ausstreckt, sich mit jener verbinden, die als *Weib* und Mutter die Fülle ihres Lebens und ihrer Persönlichkeit zum Ausdruck bringt? Kann die eine als Arbeiterin geschützt werden, weil sie Mutter ist, während die andre Gleichberechtigung mit dem Mann - die Beseitigung aller Beschränkungen, aber auch aller Vorrechte - fordert?

Gertrud Bäumer sieht *Einheit* in beiden Bewegungen. Sie führt beide Arme zu einem Strom zusammen. Das *höhere* Ziel, dem die erstrebte äußere Gleichberechtigung dienen soll, liegt eben in der Anteilnahme der Frau an der menschlichen Kultur. „Die Menschenrechte sind nur das Mittel, um das Wesen der Frau innerlich zu entwickeln und zu erweitern und um ihr äußerlich Spielraum zur vollen Mitarbeit an der Kultur zu geben. Sie sollen nur dazu dienen, den vollen Lebensstrom der Menschheit auch zu ihr zu leiten. Aber das, was dadurch geweckt und gekräftigt werden soll, ist nicht etwas abstrakt *Menschliches*, sondern *weibliche* Art, weibliches Wesen und Tun. Als der Ausdruck für den *Wert* der weiblichen Persönlichkeit und als Mittel ihrer ungehemmten Betätigung haben diese gesellschaftlichen Rechte für die Frauen Bedeutung. Unter diesem Gesichtspunkt sind sie zu beurteilen." Und nicht zur gleichartigen Betätigung von Mann und Frau in der Kultur sollen sie führen, sondern zu gleichwertiger Arbeit von Mann und Frau. „Wo etwa - wie in der Frage des Arbeiterinnenschutzes - die praktische Wirkung des freiheitlichen Prinzips nicht Kräftigung sondern *Schwächung* des weiblichen Elements ist, kann die Frau kein Interesse daran haben, auf ihrem Schein zu bestehen."

Aus dieser Stellungnahme, aus dieser neuen Formulierung und Zusammenfassung der Frauenbewegung ergeben sich die auf praktische Ziele gerichteten Einzelforderungen.

In einer andern, nicht minder bedeutenden Arbeit hat Gertrud Bäumer dieses *praktische Programm* aufgestellt und begründet. In den Verhandlungen des Evangelisch-sozialen Kongresses über *„die sozialen Forderungen der Frauenbewegung im Zusammenhang mit der wirtschaftlichen Lage der Frau"* stellt sie alle Einzelwünsche unter den Gesichtspunkt, daß die Frauen für die beiden Lebenskreise, in denen sie wirken müssen, in denen sie an der Kulturarbeit teilzunehmen haben, gleichmäßig tüchtig gemacht werden können. Sie stützt sich dabei auf das Zahlenmaterial, das Frau Gnauck-Kühne in der bereits erwähnten - in dieser Zeitschrift schon früher besprochenen - Schrift über *„die deutsche Frau an der Jahrhundertwende"* verarbeitet hat. Die modernen wirtschaftlichen Verhältnisse haben die in der Hauswirtschaft begründete Einheitlichkeit des Frauenlebens zerstört. Der Kreis, den die deutsche Frauenarbeit ausfüllt, liegt heute nur noch etwa zu zwei Dritteln im Hause, zu einem Drittel in der volkswirtschaftlichen Güterproduktion. Aber nicht in der Weise, daß die Frauen entweder während ihres ganzen Lebens dem einen oder dem andren Kreis angehören. Sie gehen aus der Hauswirtschaft in die Erwerbstätigkeit über und wandern wieder zurück. Und manche machen diese Wanderung mehrmals, treten als Ehefrauen - nachdem sie eine Reihe von Jahren wieder nur dem Haus gelebt haben - zum zweiten Mal in den außerhäuslichen Beruf ein; und andere müssen den Weg von den häuslichen zu den Berufspflichten täglich hin und her machen.

Das heißt: von den erwerbstätigen Frauen im Alter von 16-30 Jahren sind 92% unverheiratet. Wer sich verheiratet, gibt zunächst die Erwerbsarbeit auf. In der Altersklasse von 30-50 Jahren wird dagegen die Erwerbsarbeit von 38%, in der Altersklasse von über 50 Jahren von 57% verheirateter Frauen getragen. Das sind die Frauen, die zum Beruf zurückkommen, weil der Verdienst des Mannes nicht ausreicht, weil der Familienbedarf bei großer Kinderzahl wächst, weil sie verwitwet, verlassen oder geschieden sind und daher allein für sich und die Kinder sorgen müssen. Das sind die Frauen, die täglich zwischen den zwei Pflichtenkreisen hin und her gejagt werden.

Es gibt zwischen den beiden Reichen der Frauenarbeit Grenzgebiete, wo Hauswirtschaft und Erwerbsarbeit so dicht beieinander liegen, daß sie kaum zu scheiden und ohne erhebliche Gefahren zu vereinigen sind. Zwischen der beruflichen und hauswirtschaftlichen Arbeit der Bäuerin ist keine Trennungslinie zu ziehen. Und auch im kleinen Ladengeschäft, das nächst der Landwirtschaft den meisten verheirateten Frauen Nahrung gibt, können leicht beide Arbeitsgebiete übersehen werden. Schließlich ist in dem dritten alten patriarchalischen Frauenberufe, dem Dienstbotenberuf, zwar ein *Neben*einander von Beruf und Ehe nicht möglich, aber das *Nach*einander ist durch Ähnlichkeit des Pflichtenkreises erleichtert.

Ganz anders liegen die Verhältnisse in den *neuen* Berufen, in die das Maschinenzeitalter die Frauen geschoben hat, die den Ersatz bilden für die Einengung der Hauswirtschaft. Für die industrielle Arbeiterin, für die Handelsangestellte, die Post- und Bahnbeamtin ist die Erwerbsarbeit völlig von der Hauswirtschaft geschieden. Hier gibt es kein Nebeneinander, sondern nur ein Entweder - Oder. Denn alle diese Berufe brauchen die Frau, nehmen sie in Anspruch, als wenn die Hauswirtschaft gar nicht existierte, als wenn es gar keine Familienpflichten für die Frauen gäbe. Die Frau muß ihre ganze Kraft, sie muß ganze Arbeitstage geben. Darum finden wir in diesen Berufen vorzugsweise Unverheiratete. Wer es kann, gibt seine Arbeit bei der Eheschließung auf. Nur in der äußersten Not kehrt man dazu zurück, und dann muß auf die Erfüllung häuslicher Pflichten verzichtet werden. Oder sie wird erkauft durch eine ungeheure, doppelte Belastung der Frau, durch eine Belastung, wie sie vom Manne fast niemals getragen wird. In Anerkennung dieser Schwierigkeit, zwei verschiedene Aufgaben zu erfüllen, werden im Staatsdienst in Deutschland überhaupt nur unverheiratete Frauen und kinderlose Witwen beschäftigt.

Auf alle in solchen Erwerbszweigen beschäftigte Frauen wendet Gertrud Bäumer das Wort an: „Wir stehen wie zwischen zwei Zeiten. Von der alten macht man uns los und in der neuen haben wir noch keine Wurzel. Alle miteinander sind wir nichts als Aussaat." Die Frauen bringen dem Beruf wenig Interesse entgegen. Denn meist bedeutet er für sie mechanische, eintönige, stumpfmachende Arbeit, weil sie in der Hoffnung auf baldige Befreiung vom Erwerbszwang durch die Ehe wenig gelernt haben. Daß sie sich für den Beruf gründlich ausbilden, wird auch kaum von ihnen verlangt. Man braucht nur Hände, Handreichungen. Und wenn es auch der Frau gelingt, aus diesem Lebenskreis in den andren hinüberzugehen, so findet sie auch hier die Glücksquellen, auf die sie hoffte, verschüttet. Dem häuslichen Leben ist sie fremd geworden. Seinen Aufgaben steht sie hilflos gegenüber. So fehlt den Frauen die Fähigkeit, in dem kleinen Kreis, den sie nun beherrschen könnten, mit ihrem inneren Leben Wurzel zu fassen.

Günstiger liegen die Dinge in den höheren Berufen. „Hier verliert das spezifische Problem der Frauenarbeit seine soziale Uniformität. Die Frage: Mutterschaft und *geistige* Arbeit ist bis jetzt noch im wesentlichen eine Frage der Individuen.“ Denn die geistigen Berufe haben oft „das Gewicht und die Bedeutung einer Lebenserfüllung, der die natürliche Lebenserfüllung der Frau geopfert werden kann und von vielen geopfert wird“. Sie lassen außerdem dem Einzelnen eher die Möglichkeit, eine Form für die Vereinigung zweier Pflichtenkreise zu finden. „Und sie haben, wenn der Beruf um der Ehe willen aufgegeben wird, für die Kultur der Persönlichkeit eine Bedeutung gehabt, die der Frau auch nachher zum Segen werden kann.“ Das eigentliche Problem der Frauenarbeit liegt in den breiten unteren und mittleren Schichten.

Es ist schon bei Besprechung der Arbeit über *„die Frau in der Kulturbewegung der Gegenwart“* kurz berührt worden, daß Gertrud Bäumer es für unmöglich hält, die Einheitlichkeit des Lebenskreises der Frau durch Einschränkung auf die Hauswirtschaft wieder herzustellen, daß sie aber auch im Interesse der Frauen selbst und des Volksganzen die Theorien ablehnt, die auf eine Auflösung der Familie hinzielen, um die außerhäusliche Berufsarbeit der Frau zu ermöglichen. Da sie an dem *Neben*einander der zwei Aufgabenkreise in der Familie und im Erwerbsleben festhält, muß sie das Programm der Frauenbewegung darauf einstellen, daß ein *In*einanderwachsen der beiden Kreise erleichtert, eine richtige Grenzregulierung der beiden Frauensphären erstrebt wird. Die Frauenbewegung soll deshalb die Frau dem häuslichen Leben erhalten, soweit sie dort noch *wertvolle* Aufgaben findet, aber sie soll zugleich die Bedingungen für eine freie und gesunde Entwicklung der weiblichen *Erwerbsarbeit* schaffen.

Daraus ergeben sich die praktischen Einzelforderungen zur wirtschaftlichen Frauenfrage, die Gertrud Bäumer folgendermaßen gruppiert:

I. Forderungen, die sich auf die *Erhaltung des häuslichen Wirkungskreises* der Frau beziehen:
   a. erweiterter Arbeiterinnenschutz,
   b. verstärkter Wöchnerinnenschutz durch die Arbeiterversicherung,
   c. Einführung hauswirtschaftlicher Belehrung in Volks- und Fortbildungsschulen,
   d. rechtliche Anerkennung der hauswirtschaftlichen Arbeit der Frau als einer wirtschaftlich wertvollen Leistung.

II. Forderungen, die sich auf die *Förderung der weiblichen Berufsarbeit beziehen:*
   a. unbeschränkte Zulassung der Frauen zu allen Berufen, in denen sie ihren Kräften angemessene und für die Gesamtheit wertvolle Leistungen erfüllen können,
   b. vermehrte Fürsorge für vollwertige Ausbildungsanstalten,
   c. die Einführung der obligatorischen beruflichen Fortbildungsschule für Mädchen,
   d. die Förderung beruflicher Organisation unter den Frauen,
   e. die Teilnahme der berufstätigen Frauen an allen mit der Berufszugehörigkeit verbundenen Rechten (Wahlrecht für Gewerbegerichte, Kaufmannsgerichte u.s.w.).

Die Anpassung an ihre veränderte wirtschaftliche Lage muß der Frau aber auch durch eine *Umgestaltung ihrer allgemeinen Rechtsstellung* erleichtert werden. Gertrud Bäumer führt die Hilflosigkeit der Berufsarbeiterin zum großen Teil auf die Verschiedenheit der Anforderungen zurück, die an die ausschließlich auf die Familie eingeschränkte Hausfrau einerseits, an die dem öffentlichen Leben unmittelbar angehörende Berufsarbeiterin andrerseits gestellt werden. „Die beiden Sphären, in denen heute die Lebensaufgaben der Frau liegen, müssen einander dadurch genähert werden, daß alle Frauen in steigendem Maße zu sozialen Pflichten herangezogen und mit bürgerlichen Rechten ausgestattet werden."

Von derselben Gesamtauffassung der Frauenfrage geht *Marianne Weber* in einer Abhandlung über *„Beruf und Ehe"* aus. Sie erörtert besonders die Frage, *wo der spezifische Anteil der Frau an der Kulturarbeit liegen kann und muß,* warum die Frau der breiten Schichten des Volkes in der Erfüllung häuslicher und Familienpflichten wertvolleres für die Gesamtkultur leistet, als auf dem Gebiet der außerhäuslichen Erwerbsarbeit, warum die Frauen auch im eigenen Interesse die regelmäßige Vereinbarung von Beruf und Ehe nicht zum allgemeinen Programmpunkt der Bewegung machen sollten. Stellt sich Gertrud Bäumer in der zuletzt besprochenen Schrift auf den Boden der Tatsachen, die unsre Augenblicksforderungen mit zwingender Notwendigkeit diktieren, so weist Marianne Weber in geistvoller Art nach, daß ein Festhalten an diesem Programm, eine Wertschätzung der *Aufgaben der Frau in der Familie* auch weiterhin unter frauenrechtlerischen Gesichtspunkten notwendig ist. Es ist wohl in der sehr reichen Literatur zu dieser Frage nie etwas tiefer Durchdachtes, Besseres gesagt worden.

Sie geht davon aus, daß man die Erwerbsarbeit der Ehefrau gefordert hat, um die Frau zu höherer wirtschaftlicher Leistungsfähigkeit zu führen, und um ihr in der Ehe die materielle Selbständigkeit zu sichern. Da aber die Vereinigung der Berufsarbeit mit den hauswirtschaftlichen Aufgaben kaum möglich, hat man die Ablösung des Privathaushaltes durch genossenschaftliche Einrichtungen ins Auge gefaßt. Marianne Weber glaubt, daß dieses Projekt auf falschen Schätzungen von

Gewinn und Verlust aufgebaut ist. „Denn der Hauptposten, mit dem jede Ehe zu rechnen hat - *die Kinder* - sind dabei nicht in ihrer vollen Wirklichkeitsbedeutung für das Frauenleben angesetzt." Ganz abgesehen davon, daß für die Kinder auch die sorgfältigste Anstaltspflege meist unzuträglicher ist als eine noch so unsystematische „individuelle" Wartung in der Familie, wird auch der sittliche Wert der ausgeübten Mutterschaft zu niedrig, der eines Durchschnittsberufs zu hoch veranschlagt. Die Steigerung der Persönlichkeit, die Entwicklung zu geistiger Selbständigkeit wird bei der großen Masse der Frauen weit eher herbeigeführt werden, wenn sie über die physische Mutterschaft hinaus durch stete Übung und Pflege die Mütterlichkeit als sittliche Qualität entwickeln, als wenn sie in einem mechanischen Durchschnittsberuf stehen. Vernachlässigt die Frau um solchen Berufes willen ihre Kinder, hat sie *„seelisch und sittlich viel zu verlieren"*. Daß sie an Tüchtigkeit und Intelligenz so viel gewinnt, um das auszugleichen, wenn sie in die Tretmühle industrieller oder anderer vorwiegend mechanischer Arbeit eingespannt wird, ist unwahrscheinlich.

Aber auch unter rein materiellen Gesichtspunkten hält Marianne Weber den Wegfall der hauswirtschaftlichen Frauentätigkeit zugunsten durchschnittlicher Erwerbsarbeiten für unvorteilhaft. Meist lohnt die außerhäusliche Tätigkeit der Frau nur, wenn sie daneben noch als Arbeitstier Haus- und Familienpflichten versieht, oder für Versorgung der Kinder gemeinnützige Anstalten, die Wohlfahrtspflege in Anspruch nimmt. Wenn aber Wirtschaftsgenossenschaften zur Befriedigung der Familienbedürfnisse eingeführt würden, müßten die daraus erwachsenden Kosten den Verdienst der Frauen verschlingen. Wollte man aber die Erwerbsarbeit der Frau so einschränken, daß aus der Vereinigung beider Pflichtenkreise keine übermäßige Belastung erfolgt, so würde das Ideal der ökonomischen Emanzipation nicht erreicht werden. Das Einkommen der Frau würde allzuweit hinter dem des Mannes zurückbleiben. Marianne Weber lehnt das Streben nach allgemeiner Verwirklichung dieses Ideals ab, „weil es für die Masse der verheirateten Frauen weder *wirtschaftlich vorteilhaft*, noch *sittlich förderlich*, noch auch für die *nationale Kraft und Kultur wertvoll* erscheint".

Die soziale und gesetzliche Gleichwertigkeit der Frau, ihre materielle und geistige Selbständigkeit will sie auf andrem Weg verwirklichen. Man müßte durch die Brille der ökonomischen Geschichtsauffassung blind geworden sein für die Erkenntnis der Macht geistiger und sittlicher Vorstellungen in der Geschichte, wenn man glaubt, nur durch Teilnahme der Frau an der *materiellen* Güterproduktion ihre Schätzung herbeiführen zu können. Die eigentlichen *Kultur*leistungen der Frau werden für die Mehrheit nur innerhalb der Familie liegen. Und auf dem Boden der Berufsarbeit muß die *Qualität*, nicht die *Quantität* weiblicher Leistungen den Maßstab der Bewertung der Frauenarbeit abgeben. Auch im Berufsleben muß die Entwicklung individueller und typischer weiblicher Fähigkeiten zum Hebel der vollen Würdigung unseres Geschlechts werden. „Als Teilchen des großindustriellen Räderwerks können die Frauen zur Hebung ihrer eigenen Lage nur wenig beitragen; was aber in jenen geistige und gemütliche Kräfte heischenden Berufen die Einzelne wertvolles leistet, das wirft auf uns alle seinen Schein." Für die Schichten, die solche Arbeiten ausüben, verzichtet Marianne Weber ebenso wie Gertrud Bäumer darauf, Richtlinien für die Lösung des Konfliktes zwischen Beruf und Ehe vorzuzeichnen. Denn „hier bedeutet die Aufgabe des Berufes unter Umständen *objektiv* den Verlust eigenartiger Leistungen für die Kultur, und *subjektiv* für die Frau, deren Motiv zur Arbeit nicht - oder doch nicht ausschließlich - die wirtschaftliche Selbständigkeit ist, sondern die der Ruf der inneren Stimme treibt, auch in der äußerlich glücklichsten und innerlich reichsten Ehe ein schmerzlichstes Opfer, eine direkte Verkümmerung des eigenen Persönlichkeitswertes, ein Verschütten edelster Schätze"! „Wo immer dies in Frage steht, da sollte nun allerdings - unbekümmert um die traditionellen Vorstellungen von Hausfrau- und Mutterpflichten - die einzelne Frau alles versuchen, um beides zu vereinigen, da sollte auch ohne kleinliche Ängstlichkeit um die Familienheiligtümer vom Mann und der Technik alles versucht werden, um die Vereinigung zu ermöglichen." Jedenfalls aber sollte man jeder einzelnen Frau das Recht geben, unabhängig von der Tradition, in ihrem *eigenen* Gewissen zu entscheiden, ob sie zwei Pflichtenkreisen gerecht zu werden vermag. „Denn es bedeutet zwar eine Einzwängung und Schematisierung der unendlichen Mannigfaltigkeit konkreter Lebenszwecke, wenn man jeder einzelnen Ehefrau bloß um ihrer ökonomischen Selbständigkeit willen eine geldgelohnte Berufstätigkeit zur Pflicht machen will, aber genau das Gleiche gilt auch für die Eindämmung ihrer Berufsfreudigkeit durch den beständigen philiströsen Hinweis auf die weiblichen Gattungspflichten."

Die soziale und rechtliche Gleichwertung, die materielle und geistige Selbständigkeit in und außer der Ehe und die Erhöhung des Persönlichkeitswertes der Frau wird sonach für die *große Masse nicht durch Ausübung eines außerhäuslichen Berufs herbeigeführt werden.* Marianne Weber verlangt die Sicherung der rechtlichen Selbständigkeit dem Gatten gegenüber durch Beseitigung der Unterordnung der Frau im Eherecht, der materiellen Selbständigkeit der vermögenslosen Frauen, die durch häusliche Pflichten am Eigenerwerb gehindert sind, durch gesetzliche Bestimmungen, die *der Frau einen bestimmten Teil des Einkommens ihres Mannes zur persönlichen Verfügung sichern.* „Dadurch würde dem öffentlichen Bewußtsein besser als durch alle romantische Verherrlichung eingeprägt, daß Hausmutterleistungen auch rein ökonomisch wertvoll, wenn auch nicht auf Heller und Pfennig zu berechnen sind."

Das Wesentlichste aber für die Gleichwertung der Frau - auch für die Sicherung ihrer Selbständigkeit in der Ehe - muß die Frau selbst tun, indem sie nämlich lernt, *vor* der Ehe ökonomisch selbständig zu sein. Wenn man zur Frauenberufsfrage unter diesem Gesichtspunkt zurückkehrt, so erhält sie in *neuer Beleuchtung* wieder jene Wichtigkeit für die Frauenbewegung, die unsre Pioniere ihr beilegten. Die Frau muß zum Beruf erzogen werden, damit sie die Ehe nicht als Versorgung erstrebt, damit sie Berufspflichten kennt und auch die aus der Ehe erwachsenden

Pflichten als Berufspflichten wertet, damit die Frauen „jene straffe Disziplinierung aller Kräfte und des Gefühlslebens, die Anleitung zur methodischen planvollen Lebensführung kennen lernen, die einzig und allein durch die Eingliederung in den regelmäßigen Taktschritt der systematischen Berufsschulung gegeben wird". – „Durchkreuzt auch die Ehe die Berufsschulung oder -Ausübung – der Aufwand für die Ausbildung der Frau war jedenfalls *dann* nicht verschwendet, wenn sie dadurch an Persönlichkeitswert, an moralischem und geistigem Gehalt und an allgemeiner Charakterdisziplin gewonnen hat."

Den Gedankengang, daß die Lösung der Frauenfrage nur *durch Entwicklung typisch weiblicher Fähigkeiten,* durch Nutzbarmachung der weiblichen Eigenart zur Hervorbringung *besonderer weiblicher Kulturwerte* herbeizuführen ist, hat Marianne Weber auch in einer kleineren, mit der oben besprochenen Abhandlung in einem Heft vereinigten Arbeit über *„die Beteiligung der Frau an der Wissenschaft"* ausgeführt. Alle Anzeichen scheinen dafür zu sprechen, daß in der mathematisch-physikalischen – auch in den philologischen Wissenschaften die Frauen nur vereinzelt – und auch dann nur mit begrenztem Erfolg arbeiten werden. Eine *nur* den Frauen eigene, spezifische wissenschaftliche Betrachtungsweise können sie bisher dafür nicht in Anspruch nehmen, während auf dem Gebiet historischer Kulturwissenschaften die Frau kraft eigenartiger, seelischer Fähigkeiten für *eigenartige* Dienste befähigt zu sein scheint. Hier könnten die Frauen auf Grund geeigneter Stoffauswahl nach besonderen „weiblichen" Gesichtspunkten in das Gewebe der geschichtlichen Erkenntnis einen neuen Einschlag einfügen. „Denn die Eigenart der Kulturwissenschaften besteht darin, daß ihre Analyse der Wirklichkeit an Wertgesichtspunkten und an Kulturidealen verankert ist, welche aus der Tiefe des unmittelbaren Erlebens in stetem Wandel und in stets neuer Färbung aufsteigen." Wer von der grundsätzlichen Verschiedenheit der Geschlechter durchdrungen ist, muß es deshalb als Lücke empfinden, daß die wissenschaftliche Betrachtung der menschlichen Kulturentwicklung sich ausschließlich durch die Brille der einen Hälfte der Kulturmenschheit vollzieht.

Den Schwerpunkt der Kulturbedeutung geistiger Frauenarbeit sieht Marianne Weber aber nicht in der Förderung des objektiven Kosmos unseres *Wissens*, sondern in Übertragung der aus Erkenntnissen gewonnenen *Überzeugungen* in die Wirklichkeit, in Umsetzung des Wissens in *Handeln*, das dem Wissen erst lebendige Wirksamkeit verleiht. Auf den Erfolg solcher Beschäftigung läßt die seelische Eigenart der Frau schließen, das Interesse und Verständnis für alles Persönlich-Menschliche, die intensive Teilnahme an dem Wollen lebendiger Menschen. Für die Notwendigkeit solchen Strebens spricht aber die Tatsache, „daß das Wachstum der geistigen Kultur der Individuen weit hinter dem Wachstum des objektiven Wissensquantums zurückgeblieben ist, daß nur ein kleiner Kreis für sein Tun und Sein durch die wachsende Erkenntnis erleuchtet wird." Marianne Weber hofft, daß es einmal die besondere Aufgabe der wissenschaftlich geschulten Frauen sein wird, wissenschaftliche Erkenntnis in das Leben zu tragen, um den handelnden

Menschen Erleuchtung und Einsicht zu bringen, so daß sie das Wertvolle vom Wertlosen unterscheiden und die Zwecke, für die es sich lohnt, zu kämpfen und zu leben, erkennen lernen. „Trügen die Frauen dadurch zur Verminderung der Kluft zwischen sachlicher und persönlicher Kultur bei, so könnte das, was ihrer intellektuellen Tätigkeit an Bedeutung für die objektive Kultur abgeht, aufgewogen werden durch ihre Bedeutung für die Kultur der Persönlichkeiten."

Das Postulat der intellektuellen Entwicklung der Frauen zum Zweck eigenartiger Kulturleistungen wie auch die Wertung der Arbeit der Frauen in Haus und Familie als eigenartiger Leistung für die Gesamtkultur wird auch von *Oda Olberg* in einer etwas älteren Arbeit (aus dem Jahr 1902) vertreten. *„Das Weib und der Intellektualismus"* war als Entgegnung gegen *„den physiologischen Schwachsinn des Weibes"* (Möbius) gedacht, hat sich aber - wie die Verfasserin mitteilt und wie unbedingt anerkannt werden muß - zu einer gründlichen Studie ausgewachsen. Möbius hatte gegen die geistige Arbeit der Frauen polemisiert, weil der Intellektualismus den physiologischen Bestand der Rasse angreife und es daher für das Gedeihen der Menschheit nötig sei, daß in der Natürlichkeit, im Instinktleben des Weibes ein Reservefonds von unbewußter, unvergeistigter, lebengebender Kraft erhalten bleibe. Er hatte behauptet, daß die physiologische und psychologische Eignung des Weibes zur Mutterschaft durch Geistesarbeit Einbuße erleidet.

Oda Olberg tritt diesen Anschauungen entgegen. Sie hält die Abnahme der Fruchtbarkeit für eine selbstverständliche Begleiterscheinung jeder höheren Entwicklung. Sie ist notwendig, weil der Aufwand an physiologischer Kraft, den das Erzeugen und Aufziehen eines Sprößlings die Eltern kostet, bei den höheren Arten zunimmt, und das Gleichgewicht zwischen Einzelwesen und Gattung durch eine zu große Nachkommenschaft gestört, die Erhaltung der Gattung dadurch gefährdet würde. Bei den Menschen bringt die steigende Kultur ein immer geschützteres Milieu hervor; die Möglichkeit, das individuelle Leben zu erhalten und zu steigern, wächst, und an Stelle der automatischen Reduktion der Fruchtbarkeit, die sich beim Tier vollzieht, sobald die individuelle Erhaltungsfähigkeit wächst, stellt sich das Gleichgewicht zwischen Fruchtbarkeit und Erhaltungsfähigkeit beim Menschen durch eine systematische Beschränkung der Fruchtbarkeit ein, wenigstens in den Klassen, denen die Kulturerrungenschaften am leichtesten zugänglich sind. „Nicht als eine vereinzelte Erscheinung, die sich als eine an politische oder wirtschaftliche Organisation, an Rasseeigentümlichkeiten gebundene Verirrung abtun ließe, sondern als allgemeines, den Charakter strenger Gesetzmäßigkeit tragendes Phänomen." Oda Olberg sieht in dieser bewußten Regelung eine Anpassungs-, nicht eine Entartungserscheinung. Denn die Fähigkeit, zu gebären, deckt sich nicht mit der, die Nachkommen aufzuziehen. Unter den Lebensbedingungen der modernen Gesellschaft bedarf es eines hohen Maßes von Aufmerksamkeit und Pflege, ein Kind vor Schäden zu bewahren, gesund zu erhalten und leistungsfähig zu machen. Der Mensch selbst steht in höheren Schichten der Funktion der Elternschaft anders gegenüber als der primitive Mensch. Mit der

Kenntnis der Schädlichkeiten nimmt sein Verantwortungsgefühl zu. Und für die Eltern setzt sich das um in ein gesteigertes Aufgebot an seelischer Kraft für die Erziehung der Nachkommenschaft. Die größere Summe von Energie, die auf das Großziehen eines Kindes verwendet wird, mehrt aber dessen Lebenschancen. Und so bedeutet die Durchdringung der Mütterlichkeit mit intellektuellen Elementen, das Einbeziehen des Weibes in das geistige Leben der Gesellschaft die *Verhinderung eines ungeheuren Verlustes an lebendiger Kraft,* durch den die Rasse verarmen und siechen würde. „Im Gegensatz zu denen, die von der Notwendigkeit einer hohen Fruchtbarkeit ausgehen, um für das Weib Ausschluß aus der Sphäre der intellektuellen Kultur zu fordern, könnte man von der Reduktion der Fruchtbarkeit als Postulat ausgehen, um zur Forderung intellektueller Tätigkeit des Weibes zu kommen." Das Weib gebiert nicht nur die Kinder, es erzieht sie auch und wacht über ihr leibliches und geistiges Wohl. Sollte nun etwa die in intellektueller Arbeit geschulte Frau, die klar sieht, wo das Schädliche und Nützliche liegt, die dank der geschärften Erkenntnis ein intensiveres Verantwortlichkeitsgefühl hat, kraft dieser ihrer Eigenschaften an Leib und Seele gesundere Kinder großziehen, so fällt das zu ihren *Gunsten* in die Waagschale.

Also auch hier wieder der Gedanke: um ihre besonderen, eigenartigen Aufgaben zu erfüllen, braucht die Frau intellektuelle Schulung; nicht weil sie die gleiche Arbeit wie der Mann tun soll! Mann und Frau weichen von einander ab in ihrer biologischen Beschaffenheit und Funktion. Diese Verschiedenheit muß sich in das Gesellschaftsleben projizieren. Aber die Tatsache, daß bisher das Weib in geringem Maß am Geistesleben teilnahm, kann nicht als Ausdruck seiner geschlechtlichen Wesenheit, seiner geistigen Inferiorität abgetan werden. „Denn das Gesellschaftsleben ist keineswegs eine Pflanzstätte, die allem in der Anlage Vorhandenen die Möglichkeit der Entfaltung bietet." Oda Olberg glaubt, daß eine andre Erziehung das Weib zur Erfüllung seiner Aufgaben tüchtiger machen werde. Die biologische Verschiedenheit von Mann und Frau soll in der Verschiedenheit ihrer Lebensaufgaben, in der verschiedenartigen geistigen Durchdringung bestimmter Gebiete zum Ausdruck kommen, nicht aber in einer Scheidung der intellektuellen Sphäre als der des Mannes, der nicht-intellektuellen als der des Weibes. Denn gerade die besonderen weiblichen Aufgaben, die Ausübung der Mutterschaft von der Pflege des Säuglings an, lassen eine intellektuelle Durchdringung zu. Das Weib als Erzieherin von der Teilnahme am Geistesleben ihrer Zeit fern halten zu wollen, ist eine „geradezu ruchlose Verfehlung". Denn „nach einem schönen Wort Nietzsches soll sich der Mensch nicht nur fortpflanzen, sondern hinauf". Unsere Kinder müssen anders sein als wir, Welt und Menschen anders gegenüberstehen, weil ihr Ausgangspunkt ein anderer, ihre Zeit eine andere, ihre Mission nicht die unsere ist. Es ist dies die Forderung einer Kulturentwicklung. Die Erkenntnis ihrer Notwendigkeit kann den erziehenden Müttern nicht aus dem Triebleben – nur aus der Reflexion, der intellektuellen Schulung erwachsen. In jeder Weise werden die Frauen daher durch eine bessere Bildung für die Erfüllung mütterlicher Aufgaben tüchtiger werden.

Vom einseitig biologischen Standpunkt ist das Weib, nachdem es seine Kinder geboren und erzogen hat, überzählig. Im Gesellschaftsleben übt aber jeder Mensch einen gewissen Einfluß aus. Und auch um dieses Einflusses willen fordert Oda Olberg die Geistesbildung der Frau. Denn neben der eigentlichen Funktion der Mutterschaft, die sie durch geistige Durchdringung zu größerer Bedeutung erheben will, erkennt Oda Olberg der Frau noch andre *besondere* Aufgaben im *Gesellschaftsleben* zu. Sie bekämpft die Gegner der Frauenbewegung, welche glauben, Frauen hätten für die Kultur nichts getan und nichts zu tun. „Alles sei Männerwerk." „Aber jeder Mann ist einer Mutter Sohn", sagt Oda Olberg. „Jeder Einzelne mit Schmerz geboren und mit unsäglicher Mühe und Liebe aufgezogen, bewacht, gehütet. Jeder Einzelne so teuer erkauft, und jetzt so gering bewertet. Hat da wirklich das Weib keine Funktion im Gesellschaftsleben?"

Diese besondere Funktion der Frau *im Gesellschaftsleben*, die sie für die Gesamtkultur erfüllen wird, wenn ihr die Kulturwerkzeuge, die höhere Bildung nicht mehr vorenthalten werden, sieht Oda Olberg als *lebenserhaltende* an. Die Erkenntnis von der Heiligkeit des Menschenlebens kommt der Frau durch die eigene Mutterschaft. „In der Theorie fehlt es ja heutzutage an dieser Erkenntnis nicht! - Im täglichen Leben wird aber ruchlos Leben und Gesundheit preisgegeben. Wer das bezweifelt, der gehe in die Eisengießereien oder in die Textilfabriken, in die Bergwerke oder auf die Auswandererschiffe; er gehe überall hin, wo der Mensch in des Menschen Hand gegeben ist, ohne daß ein Band menschlicher Solidarität besteht."

Hier liegt das eigentliche Feld der Frauentätigkeit, das Gebiet des Gesellschaftslebens, auf dem die *Berufsarbeit* der Frau *eigenartige* Werte schaffen wird. Heut drängt sich das Weib in fast alle Berufe, und das wird so sein, bis ihm die Erfahrung die Mittel an die Hand gibt, die Grenze seiner Fähigkeiten abzustekken. Es trägt aber seine geschlechtliche Wesensart in die Ausübung dieser Berufe, soweit diese überhaupt der individuellen Eigenart Spielraum gewähren. Und *das Wesentliche dieser Eigenart ist, das Menschenleben hoch anzuschlagen.*

Es ist deshalb nicht *nur* eine Forderung elementarer Gerechtigkeit, daß der Frau zur Beteiligung im Gesellschaftsleben Raum gegeben werden soll. Denn die Gemeinschaft selbst hat Vorteil davon, wenn ihre mannigfaltigen Anforderungen von allen Seiten befriedigt werden, und zwar in der Weise, daß jeder die ihm nach seinen biologischen oder sozialen Bedingungen am nächsten liegenden Interessen verficht.

Gewiß glaubt auch Oda Olberg nicht, daß die Frau einen magischen Stab besitzt, mit dem sie die Leiden der Menschheit beseitigen kann. Aber ein großes Maß dieser Leiden trifft die Frau schwerer als den Mann - weil sie ihm in ihrer Person und in der des Kindes ausgesetzt ist. Darum soll der Frau dieselbe Chance wie dem Mann gegeben werden, sich durchdacht und systematisch in der Phalanx sozialer Solidarität zur Geltung zu bringen. Die sozialen Berufsarten (die Fabrikinspektion, Gefangenenaufsicht, soziale Prophylaxe und Hygiene) werden ihr dann den erfolgreichsten Boden für ihre Arbeit bereiten. In diesen außerordentlich geistvoll ausgeführten Gedankengängen reiht sich Oda Olberg, die - im Ausland lebend - der organisierten deutschen Frauenbewegung fernsteht, der jüngeren Richtung ein, die dem besonderen weiblichen Einflusse in der Kultur, im öffentlichen Leben Geltung verschaffen will.[2]

Diese Ideen, die auch in zahlreichen kleineren Artikeln und populären Schriften von Anna Pappritz, Anna Edinger, Käthe Schirmacher, Elsbeth Krukenberg und anderen ausgeführt worden sind, und auf denen auch die Stellungnahme der meisten deutschen Nationalökonominnen zur Frage des Arbeiterinnenschutzes beruht (Helene Simon, Gertrud Dyhrenfurth, Elisabeth Gnauck-Kühne, Dr. Elisabeth Jaffé-Richthofen, Dr. Marie Baum, Dr. Elisabeth Altmann-Gottheiner, Dr. Else Conrad u.a.), sind restlos aufgenommen worden in das geistige Rüstzeug der neuen *katholischen Frauenbewegung*, die in Deutschland noch im Entstehen begriffen ist. Man mag die konfessionelle Spaltung in der Frauenbewegung - oder richtiger noch - die Eroberung und Zusammenfassung konfessioneller, bisher den Ideen der Frauenbewegung fernstehender Kreise für unsre Forderungen vorbehaltlos begrüßen oder man mag ihr Bedenken entgegenbringen, zweifellos muß man mit der Tatsache rechnen, daß der junge katholische Frauenbund, hinter dem eine große und so überaus einflußreiche politische Partei steht, sich in kurzem zu einer Macht entwickeln wird. Steht ihm doch die Organisation der katholischen Kirche, steht ihm doch die Zentrumspartei zur Ausbreitung seiner Ideen mit ihren reichen Mitteln, ihren erprobten Kräften zur Verfügung. Man wird daher in frauenrechtlerischen Kreisen der Formulierung des Programms des katholischen Bundes mit Interesse entgegensehen. Die geistig geschulten, für diese Arbeit befähigten Kräfte braucht die neue Bewegung sich nicht erst in mühseliger Arbeit heranzuziehen. Treten doch die Geistlichen und die katholischen Professoren auch hierfür - wie überhaupt für die Arbeiten der katholischen Frauenbewegung - in leitender Weise ein. In sehr modernem Sinne, vielfach mit den Argumenten der jüngeren Richtung der Frauenbewegung legt denn auch *Dr. Joseph Mausbach*, Professor an der Universität Münster, in einer Schrift über *„die Stellung der Frau im Menschheitsleben“* die Aufgaben der katholischen Frauenbewegung dar. Er selbst gibt der Arbeit den Untertitel: *„Eine Anwendung katholischer Grundsätze auf die Frauenfrage“*. Aus der katholischen Weltanschauung leitet er die Anerkennung der Frau als Selbstzweck, als einer geistig-sittlichen, dem Manne ebenbürtigen Persönlichkeit her. Die Wertung der Jungfräulichkeit durch die katholische Kirche muß zu einer Ablehnung aller Theorien führen, die das Leben

[2] Bei der Behandlung eines andren Problems der Frauenbewegung gelangt sie allerdings zu einer Stellungnahme, die sich mehr den Ansichten der andren Richtung nähert. Vgl. auch S. 442

des Weibes völlig auf die Ehe und Mutterschaft beschränken wollen. „Der irdische Beruf des Weibes ist wie der des Mannes nicht von vornherein durch die Natur zugunsten der Geschlechtsaufgabe festgelegt." Aber die besonderen Aufgaben der verheirateten Frau in der Familie, der kulturelle Vorsprung, den sie auf diesem Gebiet vor dem Manne hat, werden - selbst wenn den Frauen auf dem Gebiet des Bildungs- und Erwerbslebens die auch von Mausbach geforderte Freiheit gegeben wird - verhindern, daß die Frau im allgemeinen auf dem Gebiet materieller und geistiger Kultur dasselbe leisten kann wie der Mann. Jedenfalls aber soll - ganz wie die nicht konfessionelle Frauenbewegung in den oben besprochenen Schriften es verlangt - die Frau tüchtig gemacht werden, um *in der Ehe* oder *im Berufsleben* ihren Platz auszufüllen. Auch Mausbach sagt: „Die Möglichkeit eines doppelten Lebensberufs legt in gewissem Sinne die Pflicht einer doppelten Vorbereitung fürs Leben auf, erzeugt für die strebenden Frauen einen Dualismus der Ausbildung und Erziehung; auch dieser kann selbstverständlich dem erfolgreichen Wettbewerb mit dem Mann nur ungünstig sein." Dieses Zurückbleiben der Frau in materiellen und wissenschaftlichen Leistungen ist aber für Mausbach kein Grund zu einer verschiedenen Wertschätzung von Mann und Frau. Denn den „objektiven Werten", die der Mann auf dem Gebiet der „äußeren Kultur" hervorbringt, stehen die „lebendigen Kräfte", „persönliche Werte" gegenüber, die „seelische und sittliche Kultur", die vorwiegend von der Frau in der Familie erzeugt wird, Werte, „die kostbarer sind als die Schätze der Bibliotheken und Sammlungen, unentbehrlicher als die im Weltverkehr pulsierende Arbeitsenergie". Den vollen Wert dieser inneren Lebensmächte hat das Christentum der Welt offenbart, indem es das oberste Ziel des Handelns in das Reich des Göttlichen hinausrückte, „in die Herrlichkeit der Liebesgemeinschaft Gottes mit den Menschen und der Menschen untereinander". „Vor der Größe dieses Ideals tritt alle Überlegenheit des Genies und der physischen Kraft in den Hintergrund. *Im Ganzen dieser Kultur, der Verklärung alles Irdischen durch Gottes- und Nächstenliebe, kommt die Frau zu voller und gleichberechtigter Geltung* nicht bloß mit ihrem persönlichen, sittlichen Idealismus, sondern auch mit ihrer unabsehbaren, stillwirkenden Arbeit zum Aufbau des *sozialen* Organismus."

Man sieht, es sind die Gedanken von der Verschiedenartigkeit aber Gleichwertigkeit männlicher und weiblicher Leistungen, die von der nicht konfessionellen Frauenbewegung verbreitet werden, und die hier in der Sprache der Kirche und in metaphysischer Einkleidung, in die katholische Weltanschauung eingegliedert, wiederkehren. Allerdings leitet Mausbach aus dieser der unsrigen sehr gleichartigen Begründung der Frauenbewegung nicht die gleichen Forderungen ab. Der Anspruch der Frauenrechtlerinnen, auf Grund ihrer Gleichwertigkeit Gleichberechtigung zuerkannt zu erhalten, scheint ihm nicht logisch. Denn es sei nirgends gesagt, „daß das Recht allein vom *Werte* des Menschen, nicht auch von seiner *Art* abhängt". Mit dieser etwas sophistischen Begründung fordert er Unterordnung der Ehefrau unter den Ehemann, nicht auf Grund größeren *Wertes* des Mannes für die Familie, sondern auf Grund der besonderen *Art* des männlichen und hausväterlichen Berufes. Für die unverheiratete Frau jedoch: „Platz in der religiösen, geistigen und wirtschaftlichen Kulturarbeit".

Also nicht nur in der Begründung, auch in den Zielen stimmt die katholische Frauenbewegung teilweise mit den nicht konfessionellen Organisationen überein. Es gibt eben keine *katholischen Ziele* in der Frauenbewegung, und keine evangelischen Ziele, sondern nur das eine gemeinsame Ziel: die Steigerung des Persönlichkeitswertes der Frau und die Schaffung freier Bahn für ihre Anteilnahme am Kulturleben. Dieses Ziel kann man mit verschiedenen religiösen oder philosophischen Weltanschauungen begründen, man kann bei seiner Verfolgung auch - wie es der katholische und der deutsch-evangelische Frauenbund tut - für bestimmte religiöse Überzeugungen wirken, die Verbindung der konfessionell gleichgesinnten Kreise anstreben - oder man kann - das ist der Weg, den die nicht konfessionelle Frauenbewegung geht - es dem Einzelnen überlassen, wie er die Verfolgung dieses Ziels mit seinen religiösen Überzeugungen verbindet. Gerade die Aufnahme eines großen Teils unserer Ziele durch die katholische Bewegung wie auch durch den deutsch-evangelischen Frauenbund, der - so viel mir bekannt geworden ist - nirgends eine zusammenfassende, ausführliche Begründung seines Programms gegeben hat, ist ein Beweis dafür, daß unser Streben mit den Grundlagen der verschiedenen religiösen Systeme in Einklang zu bringen ist.

Wenn die evangelische Frauenbewegung *ihren* Standpunkt nicht mit einer so reichen und zum Teil so wertvollen Literatur vertritt wie die katholische, so ist das wohl darauf zurückzuführen, daß sie nicht im gleichen Maße über wissenschaftlich geschulte Männer verfügt, die sich für die Forderungen der Frauenbewegung einsetzen, und ihre Verwirklichung für die eigene Partei und ihre Machtstellung dienstbar machen wollen. Die in der Bewegung geschulten Frauen werden aber durch Organisations- und Agitationsaufgaben zu stark verbraucht, um Zeit zur theoretischen Zusammenfassung der ihrer Arbeit zu Grunde liegenden Gedanken zu finden.

Diese Ursache mag auch dafür maßgebend sein, daß innerhalb der älteren Richtung der Frauenbewegung, die gleiches Recht auf Grund gleicher Leistungen von Mann und Frau durchzusetzen hofft, die Formulierung der Gedanken, die theoretische Fortbildung des Programms nicht annähernd in demselben Umfange, wie bei der jüngeren Richtung erfolgt ist. Stehen doch die führenden Geister dieser Gruppe an besonders exponierten Stellungen in der Frauenbewegung. Zusammenfassende Arbeiten, welche Stellung zu dem Gesamtprogramm der Frauenbewegung nehmen, allseitige Begründungen geben, sind in den letzten Jahren aus diesem Kreis kaum hervorgegangen. Vielleicht ist aber auch das Zurücktreten der älteren, das Vorwiegen der jüngeren Richtung in der frauenrechtlichen Literatur damit zu erklären, daß die wissenschaftlich geschulten Frauen, denen teils durch ihren Bildungsgang, teils durch ihren Beruf theoretische Erörterungen nahe liegen, daß also die zur wissenschaftlichen Vertretung der frauenrechtlerischen Ideen prädestinierten Kräfte sich naturgemäß auf Grund ihres persönlichen Erlebens oft der jüngeren Richtung und ihrem Programm anschlossen. Denn die Frauen, die sich schon bei der Berufswahl größerer Möglichkeiten und Freiheiten erfreuten, und die *nicht mehr unter einem Zwang,* sondern aus *freier Wahl* sich vielfach besonderen „weiblichen" Aufgaben zuwandten, strebten bei freierer persönlicher Entwicklung auch nach Erfüllung aller in der Natur der Frau liegenden Lebensmöglichkeiten. Sie wußten, daß das alte Programm nicht zur Beglückung der Frauen ausreichte, nicht eine allseitige Persönlichkeitsentwicklung herbeiführen konnte. Für *sie* hatte es die Zugkraft verloren, weil es *ihren* Bedürfnissen nicht mehr entsprach. *Diese* Kräfte gingen der älteren Richtung verloren. Wie in der Sozialdemokratie, so sind auch in der Frauenbewegung die meisten Akademiker „Revisionisten".

Die eigentliche Fortbildung des *ursprünglichen* Programms ist daher hauptsächlich auf kürzere, meist nur einzelne Fragen behandelnde Artikel beschränkt geblieben, die in den verschiedenen Frauenzeitschriften zerstreut sind. Die führenden Köpfe dieser Gruppe[3] sind neben Marie Stritt, Maria Lischnewska, Dr. Anita Augspurg, Minna Cauer, Dr. Helene Stöcker und andere.

Auch die Anhänger des alten Programms können sich dem Gedanken nicht verschließen, daß die Forderungen und Lösungen zunächst nur auf Unverheiratete berechnet waren, jedenfalls nur für diese ausreichten. Sie haben in konsequenter Ausbildung des Gedankens, daß die *gleichen Leistungen* der Frau allein zu ihrer Gleichberechtigung im öffentlichen Leben führen können - zwar nicht mit ausdrücklicher Leugnung der verschiedenartigen Begabung der Geschlechter, aber doch mit starker Betonung des differenzierenden Einflusses der ungleichen Erziehung - ihr Streben darauf gerichtet, daß die Frauen möglichst zu den gleichen Leistungen wie die Männer geführt werden sollen. In diesem Kreis findet sich denn auch ein starker Enthusiasmus für die gemeinsame Erziehung der Geschlechter. Vor allem aber fordern *alle* Anhängerinnen dieser Richtung - und das ist für sie die Programmforderung der Frauenbewegung geworden - *die Erwerbsarbeit aller Frauen, auch der Ehefrau.*

Denn bei deren ziffernmäßigem Überwiegen wäre ein Programm, das sie nicht berücksichtigt, nur Stückwerk. Werden aber die Ehefrauen nicht zu sichtbaren und meßbaren Leistungen herangezogen und verpflichtet, so muß die Hoffnung auf Gleichberechtigung unerfüllt, so würde der Anspruch auf Gleichstellung von Mann und Frau unbegründet bleiben. Den Konflikt von Beruf und Ehe, der die Lösung der Frauenfrage den andren so viel komplizierter erscheinen läßt, wollen sie aus der Welt schaffen, indem sie die Frau soweit wie möglich von ihren *häuslichen* Pflichten befreien, die Hauswirtschaft als Familienfunktion aufheben

[3] In der praktischen Organisationsarbeit treten die „jüngere" und „ältere" Richtung nicht als geschlossene Gruppen auf. Es handelt sich bei dieser Formulierung nur um die Zusammenfassung der innerhalb der Frauenbewegung entstandenen Gedankensysteme.

und sie genossenschaftlichen Einrichtungen übertragen. Fordern die *einen* möglichste Befreiung der verheirateten Frau von der *Berufsarbeit*, so wollen die andren Befreiung der Frau von den *häuslichen* und Familienpflichten herbeiführen. Auch die Versorgung der Kinder soll in weitgehendem Maß von berufsmäßigen Pflegern in Anstalten ausgeübt werden. Von dieser Forderung ist bis zu dem Ziel der *Auflösung der Familie,* der staatlichen oder kommunalen Versorgung der Kinder, der freien Ehe oder freien Liebe nur noch ein Schritt - und einige Vertreterinnen dieser Richtung in der Frauenbewegung haben ihn denn auch getan.

Diese Auffassung der Frauenfrage als einer Frage der ökonomischen Unabhängigkeit der Ehefrau ist in zusammenfassender Weise und mit voller Klarheit aller Konsequenzen zuerst von einer amerikanischen Frauenrechtlerin, *Charlotte Perkins Stetson* in dem Buch „Women and Economics" vertreten worden. Aus ihren Ausführungen ist das Rüstzeug der deutschen Vertreter dieser Forderungen großenteils entnommen. Der Perkinssche Gedankengang ist etwa folgender:

Die Menschen sind die einzige tierische Species, in der das *Weib in Bezug auf seine Ernährung auf den Mann angewiesen ist;* die einzige, in der daher die geschlechtlichen Beziehungen zugleich ökonomische Beziehungen bedeuten. Die Frauen schaffen keine Werte. Sie konsumieren nur, werden vom Mann erhalten. „Die Auffassung, daß die Ehe ein Kompagniegeschäft sei, in dem die beiden Partner Güter schaffen, die keiner von ihnen einzeln herstellen könnte, hält selbst vor der oberflächlichen Prüfung nicht Stand." Immerhin ermöglichen die Frauen durch ihre häusliche, verwaltende Tätigkeit dem Mann, mehr Werte hervorzubringen, als er ohne ihre Unterstützung schaffen könnte. Und „in diesem Sinne sind die Frauen auch als wirtschaftliche Faktoren in unserem sozialen Leben zu betrachten". Aber da die Frau für diese Dienste nicht bezahlt wird, ist sie nicht *wirtschaftlich unabhängig.*

Auch die Pflichten und Leistungen der Frau als *Mutter* können nicht als Entgelt für Kleider, Nahrung und alles, was sie vom Manne erhält, gelten. Denn „dann müßte die Mutterschaft quantitativ und qualitativ immer der Quantität und Qualität der dafür eingetauschten Güter entsprechen". Tatsächlich aber ist die kinderlose Frau oder die Frau, die wenige Kinder hat, ebensogut oder besser gestellt, als die Mutter einer zahlreichen Familie. Die Frau wird also *nicht* vom Manne im Hinblick auf ihre mütterlichen Leistungen erhalten. Ihre wirtschaftliche Stellung steht auch zu ihrer Mutterschaft in keiner Beziehung.

Die ökonomische Abhängigkeit der Frau vom Manne führt dazu, daß die Frau sich als Geschlechtswesen unverhältnismäßig stark entwickelt. Denn da ihre geschlechtlichen Beziehungen, ihre Kunst, „einen Gatten anzulocken" zugleich das Mittel für sie ist, ihren Lebensunterhalt zu gewinnen, „was bei keinem andren Geschöpf unter dem Himmel der Fall ist", hat sie ihren Geschlechtscharakter, das heißt ihre besondere weibliche Eigenart, immer mehr ausgebildet. Vor allem hat sie ihre erotischen Triebe weit über das Maß des Natürlichen und Normalen entwickelt. Die allgemein menschlichen Eigenschaften in der Frau treten zurück.

Ihre Funktionen als Weib werden das Lebensbeherrschende. Dieser Gedanke entspricht in gewissem Maße den Ideen, von denen die deutsche Frauenbewegung ausging. Das allgemein Menschliche in der Frau soll diesem Zustand gegenüber betont, ihm soll die Entwicklungsmöglichkeit gesichert werden. Charlotte Perkins will das durch die ökonomische Unabhängigkeit der Frauen herbeigeführt sehen. Denn es ist ein Irrtum, die *allgemein menschlichen* Pflichten der Selbsterhaltung als männliche, „als Geschlechtsfunktionen des Mannes" anzusehen. „Die Begriffe *männlich* oder *weiblich* können nur auf die Vorgänge der Reproduktion, der Erhaltung der Gattung angewandt werden. Alle Vorgänge der Selbsterhaltung sind nur menschliche, der Species eigentümlich, *daher beiden Geschlechtern gemeinsam.*"

Die Periode der wirtschaftlichen Abhängigkeit der Frau geht zu Ende, sagt sie, weil ihr Nutzen für die Gesamtheit nicht mehr existiert. Man hat die Unterordnung der Frau damit begründet, daß die Frau durch ihr Fernbleiben von den Aufgaben der Selbsterhaltung, vom Berufsleben sich für die Zwecke der Mutterschaft „spezialisieren" kann. Aber, meint Charlotte Perkins, es ist nicht möglich zu beweisen, daß aus dieser Abhängigkeit der Frau, aus ihrer Spezialisierung, die Mutterschaft einen Vorteil gezogen hat. Und außerdem wird die Frau gar nicht für die Zwecke der Mutterschaft, sondern für die Zwecke der Geschlechtsbefriedigung spezialisiert. Vielmehr ist die ökonomische Abhängigkeit der Frau Ursache *einer krankhaften Mutterschaft und einer zurückgehenden Geburtenziffer.* Sie führt aus, daß die Mutterschaft der menschlichen Gattung „beschwerlicher, krankhafter, unregelmäßiger" als jede andere ist, und daß das Gleiche auch von der Kindheit des Menschen gilt. „Vom rein animalischen Standpunkt betrachtet, stehen wir in dieser Beziehung auf sehr niedriger Stufe." Sie glaubt, daß die Frauen, die an den natürlichen Beschäftigungen der menschlichen Wesen unbehindert teilnehmen - vorausgesetzt, daß sie nicht überanstrengt sind - *ihren Mutterberuf besser erfüllen* würden. Aber auch für die Kinder wäre es besser, wenn die Mutter einem Beruf nachginge und ein Teil ihrer Erziehung außerhalb des Hauses, der Familie, von andren als der Mutter geleitet würde. Denn die berufslose Mutter kennt nur Pflichten gegen Einzelwesen. Sie kann das Kind nicht für seine Pflichten in der Welt erziehen, nicht zum Verständnis der Tatsache, daß *es eines von vielen ist.* Die Erziehung der Mutter ist immer individualistisch, nicht sozial. Die Kinder der berufstätigen Mutter, der ökonomisch unabhängigen Frau, die in grösseren Gruppen versorgt werden könnten, würden unbewußt die Kenntnis in sich aufnehmen, „daß *wir* die Menschheit, daß *wir* Geschöpfe sind, die gerade so und nicht anders gefüttert, bewacht, schlafen gelegt, geküßt, geliebkost, und zum Spielen und Tummeln freigelassen werden müssen". Also auch für die Kinder, für die ganze Entwicklung des Individuums und der Rasse würde die ökonomische Unabhängigkeit der Frau Vorteil bringen.

Natürlich müssen ganz neue Lebensgewohnheiten des Menschen aus der veränderten wirtschaftlichen Stellung der Frau hervorgehen. Nicht die Ehe will Charlotte Perkins beseitigen, nur das wirtschaftliche Verhältnis, zu dem die Ehe heute gemacht worden ist. Ehe und Häuslichkeit sind keine identischen Begriffe. Wenn auch die Menschen immer den Wunsch nach einer Häuslichkeit, sogar nach besseren Häuslichkeiten als wir sie heut besitzen, haben werden, so muß dieses Bedürfnis nicht notwendig für jedes Ehepaar isoliert, es kann auch für hundert oder tausend Menschen gemeinsam befriedigt werden. Die Sitte, das Kochen als Geschlechtstätigkeit, die allen Frauen eigen ist, und das Essen als eine *Familientätigkeit* anzusehen, die auf andre Weise nicht richtig ausgeführt werden kann, ist nicht zu unsrem Vorteil ausgebildet worden. Denn heute werden nur die Menschen gut und gesund ernährt, deren Gattin und Mutter eine „geborene Köchin" ist, - denn die Frauen üben diese Tätigkeit meist als ungelernte Arbeiter aus - oder die Personen, die in einer wohlhabenden Familie leben, die über die Dienste *berufsmäßig geschulter* Personen verfügt. Die Kochkunst - wie die anderen häuslichen Aufgaben - sollen zu Berufsarbeiten umgebildet werden, die nicht der einzelnen Familie dienen. Denn „Kochen und Reinemachen" sind keine Familienfunktionen. Die einzelnen Individuen wollen ohne Rücksicht auf ihre Familienbeziehungen von der Geburt bis zum Tode ernährt und versorgt sein. Charlotte Perkins hält zwar keine genossenschaftlichen Einrichtungen, aber Häuser mit grossem gemeinschaftlichen, allen zur Verfügung stehendem Wirtschaftsbetrieb und mit Versorgungsgelegenheit für die Kinder zur Verwirklichung ihres Ideals für notwendig.

Wenn die wirtschaftlich unabhängige Frau von ihren alten Funktionen befreit, gestärkt durch ihre sozialen Aufgaben höher entwickelt ist, wird sie kräftigere Menschen zur Welt bringen; dann könnte und würde ein neues Menschengeschlecht entstehen.

Es braucht dieser skizzenhaften Wiedergabe der Gedanken kaum hinzugefügt zu werden, daß der ganze Bau auf den Stützen der materialistischen Weltanschauung ruht. Die Funktionen der menschlichen Gattung werden immer wieder mit denen der Tiergattungen verglichen, die Fähigkeit der Fortpflanzung am Maßstab der tierischen Fortpflanzung gemessen, ohne daß in Anrechnung gebracht wird, daß die höhere Gattung, die differenziertere Art auch kompliziertere animalische Funktionen zu erfüllen hat. Es sei hier auf die Ausführungen Oda Olbergs verwiesen, die diese Tatsache - ganz im Gegensatz zu den Perkinsschen Darlegungen - zum Ausdruck bringt. Der Schwerpunkt der Frauenbewegung wird auf die Forderung der *wirtschaftlichen Freiheit und Gleichheit* gelegt. Denn die wirtschaftlichen Beziehungen sind für Charlotte Perkins die Quelle aller andren Beziehungen; die wirtschaftliche Lage der Frau ist ihr die Ursache, der Unterbau ihrer sozialen und rechtlichen Stellung. Es ist wie ein marxistisches Bekenntnis, wenn sie sagt: „Solange es ein organisches Leben auf der Erde gibt, bilden die wirtschaftlichen Bedingungen die Basis für alle Kreaturen und für ihre Leistungen und Kräfte; und die sozialen Gebilde sind demselben Gesetz unterworfen." Und wie eine Erinnerung an das kommunistische Manifest klingt ihr Buch aus, nicht mit einem Mahnruf an die Frauen nach der ökonomischen Unabhängigkeit zu streben, sondern:

„Diese Umwandlung ist nicht mehr Gegenstand der Prophezeiung oder der Sehnsucht. Sie ist durch unsere veränderte Produktionsweise bereits eingeleitet und gewinnt immer mehr und mit erstaunlicher Schnelligkeit an Boden. Weder Männer noch Frauen wünschen sie vorläufig. Weder Männer noch Frauen haben sie gesucht; aber dieselbe mächtige, unwiderstehliche Kraft der gesellschaftlichen Entwicklung, die uns in die alten Daseinsformen *hinein* geführt hat, zu unserem großen Schmerz und Leiden, hilft uns auch *hinaus*, wiederum unter denselben Schwierigkeiten und Schmerzen. Die Zeit ist gekommen, in der es für die Welt besser ist, daß die Frauen wirtschaftlich unabhängig sind, und darum werden sie es werden. - - Diese Wandlung vollzieht sich bereits allerorten. Alles, was wir dabei zu tun haben, ist, sie zu verstehen und sie zu fördern."

Man sieht, das ist ein System, in dem für die *Macht der Idee*, für die geistigen Kräfte, die in der Welt wirksam sind, die unsre Kultur mitgestaltet haben, nicht viel Platz vorhanden ist. Aber es ist ein System, von absoluter Geschlossenheit und verführerischer Einheitlichkeit. Frauen, die der materialistischen Weltanschauung nahe stehen, mußten denn auch diese Gedanken aufnehmen und weiter verbreiten. Wir finden sie in Artikeln von Marie Stritt und Maria Lischnewska wieder, in präziser Form und mit großem agitatorischen Schwung. Wir finden sie aber vor allem in dem einzigen größeren Werk aus der Feder einer *deutschen Frau*, das *die Frauenfrage* unter diesem Gesichtspunkt, als eine ökonomische Frage, die nur auf ökonomischem Wege zu lösen ist, behandelt, in *Lily Brauns* Buch über *„die Frauenfrage"*. Lily Braun steht als Sozialdemokratin außerhalb des Kreises der organisierten Frauenbewegung. Und so begründet sie auch literarisch mehr die Forderungen ihrer Partei, als daß sie ein Programm für die Frauenbewegung aufstellte. Immerhin dürften ihre Ausführungen auch in frauenrechtlerischen Kreisen starke Wirksamkeit haben. Für sie ist die Frauenfrage ein *Ergebnis der kapitalistischen Entwicklung*, der Revolutionierung der Produktionsweise: Ohne Frauenarbeit kann die kapitalistische Wirtschaftsordnung nicht bestehen. Wir sehen die Proletarierin auf dem Gebiet der Erwerbsarbeit vordringen, und die bürgerliche Frau bemüht, den gleichen Weg zu gehen, gedrängt durch die geringen Heiratsaussichten, durch die Spannung zwischen Einnahmen und Bedürfnissen. Und die *verheiratete Frau* muß in beiden Lagern an diesem Streben nach Erwerbstätigkeit teilnehmen, weil nur auf diese Weise eine wirtschaftliche Befreiung der Frauen herbeigeführt werden kann. Lily Braun geht dabei nicht von dem Glauben an eine völlige Gleichartigkeit der Geschlechter aus. Sie glaubt an eine besondere weibliche Begabung, die sich Bahn brechen soll, und sie ist auch überzeugt, daß die Mutterschaft eine starke Beeinträchtigung der Erwerbsfähigkeit bildet. Für die Frau der bürgerlichen Kreise sei während der Jahre, in denen sie Kinder zur Welt bringt, unter den heutigen wirtschaftlichen Bedingungen die Vereinigung von Beruf und Mutterschaft unmöglich. Neue Formen des Familienlebens und der Hauswirtschaft müssen herbeigeführt werden, um diesen Kreisen die Vereinigung von Beruf und Mutterschaft zu erleichtern. Durch Zentralküchen, Wirtschaftsgenossenschaften, Vorkehrungen für gemeinsame Kindererziehung sollen die Frauen von ihren bisherigen Aufgaben in Haus und Familie frei gemacht werden. Denn die heutige Einzelwirtschaft ist ein kümmerlicher Rest aus der großen Hauswirtschaft des Mittelalters, und Arbeit mit ungeheurer Verschwendung von Kräften und Mitteln. Die alte *Familienform geht infolge der wirtschaftlichen Entwicklung, der auch die Frauenbewegung angehört, ihrer Zersetzung entgegen.* Daran können wir nichts ändern. Wir können nur den neuen Formen für das Gemeinschaftsleben zwischen Mann, Weib und Kind nachspüren und sie aufbauen helfen. Die gleichen Veränderungen im Familienleben bringt die Erwerbsarbeit der verheirateten Frau der *Arbeiterklasse* hervor, die schon jetzt beständig zunimmt; zunehmen muß, weil in diesen Kreisen die Erwerbstätigkeit der Mädchen so verbreitet ist, daß die Männer darauf angewiesen sind, solche Mädchen zu heiraten. Sie tun es um so lieber, als die Berufsarbeit der Frau eine beachtenswerte Mitgift ist. Immer weniger treten die Frauen mit der Heirat aus dem Beruf wieder in das Familienleben zurück, und das ist keineswegs eine beklagenswerte Erscheinung, sagt Lily Braun. „Verderblich wirkt auch die Arbeit der Ehefrauen nur durch die Bedingungen, unter denen sie vor sich geht."

Deshalb muß auch für diese Kreise, in denen der Entwicklungsprozeß schon weiter als bei den bürgerlichen Frauen vorgeschritten ist, an Stelle des überwundenen Einzelhaushaltes der genossenschaftliche Haushalt treten, und „es gehört um so mehr zur Aufgabe der sozialistischen Arbeiterinnenbewegung, morsche Gemäuer vollends umzustoßen, wenn Frauen in Gefahr kommen, darin zu Grunde zu gehen".

Es ist das ein einheitlicher Gedankengang: der Glaube an die Auflösung der bisherigen Familienform auf Grund der zunehmenden außerhäuslichen Erwerbsarbeit der Ehefrauen, die für Lily Braun um ihrer ökonomischen Unabhängigkeit willen notwendig ist. Nur fällt dieses Gebäude zusammen, wenn die Voraussetzung, auf der es errichtet ist, nicht Stand hält. Ob die Entwicklung tatsächlich eine Zunahme der außerhäuslichen Erwerbsarbeit verheirateter Frauen mit sich bringt, das hat Lily Braun nicht ziffernmäßig nachweisen können. Mir scheint, es spricht viel *gegen* ihre Annahme. Vor allem die Erfahrung, daß es unsre zurückgebliebensten Industriebezirke sind, in denen die Fabrikarbeit verheirateter Frauen verbreitet ist. Es sei nur an den sächsischen Textilbezirk erinnert, der kein Beispiel kapitalistischer Entwicklung ist, sondern sich durch zahlreiche technisch rückständige Betriebe, und durch eine wirtschaftlich sehr niedrig stehende Arbeiterschaft auszeichnet. Und es sei an die Zunahme der Frauen in der Heimarbeit - besonders in den Großstädten - erinnert, die bei der günstigen Lage unseres Arbeitsmarktes, bei dem vielfachen Mangel an Fabrikarbeiterinnen ein Beweis dafür ist, daß nicht nur die Unternehmer die Hausindustrie bevorzugen, wo sie technisch möglich ist, sondern daß auch für eine Arbeit, die mit der Erfüllung häuslicher Aufgaben vereinbar ist, ein immer bereites, williges Heer von Frauen zur Verfügung steht. Die Zunahme der weiblichen Heimarbeit zeugt dafür, daß die Volksseele die wirtschaftliche Entwicklung im Sinne Lily Brauns nicht sanktioniert, daß die Frau der Arbeiterkreise sie nicht unterstützt. Man kann von demselben Ausgangspunkt, den Lily Braun nimmt, von dem Glauben an die wachsende Notwendigkeit der Erwerbsarbeit verheirateter Frauen zu einem ganz andren Resultat gelangen. Statt der Auflösung des Familienhaushalts und der außerhäuslichen Erwerbsarbeit kann man auch eine Gesundung der Heimarbeit anstreben, die keineswegs immer eine rückständige Betriebsform ist, und die keineswegs der Auflösung entgegengeht. Kann man die Heimarbeit zu einer anständig gelohnten Arbeit machen - und *unmöglich* ist das nicht - so ist sie die gegebene Arbeitsform für die „Mutter". Sie ist eben nur für *den* nicht annehmbar, der die außerhäusliche Erwerbsarbeit der Frau auch unter dem Gesichtspunkt als höhere Entwicklungsstufe begrüßt, daß sie die Frau organisationsfähiger, zugänglicher für den Gedanken des Klassenkampfes macht, durch den die kapitalistische Wirtschaftsordnung überwunden werden soll.

Man kann aber auch schon im Ausgangspunkt von Lily Braun abweichen und in der wirtschaftlichen Entwicklung die Tendenz zu einer Befreiung der Ehefrau der Arbeiterklasse von der Erwerbsarbeit überhaupt - nicht nur von außerhäuslicher - erblicken. Nicht die Frau des gut gestellten Arbeiters, sondern die des ungelernten Arbeiters, des Saisonarbeiters, des Trinkers geht in die Fabrik oder sucht Heimarbeit. Und in weiten ländlichen Bezirken wächst der Widerstand der verheirateten Frauen gegen den Zwang zur Arbeit auf dem Gutshof, je mehr sich die Lage der Männer hebt. Wenn irgendwo, so ist es in Arbeiterkreisen berechtigt, daß die Frau sich ausschließlich den Kindern und dem Hauswesen widmet. Denn sie verfügt über keine fremde Hilfskraft im Hause, und die Zahl ihrer Kinder pflegt hoch zu sein. Und so kann man dem - vielleicht optimistischen - Gedanken huldigen, daß bei weiterer Steigerung des Wohlstands, bei einer weiteren Hebung der Arbeiterklasse, die Erwerbsarbeit der Ehefrau gerade in diesen Kreisen, in denen die Aufgabe des Berufs für die Frauen kein Opfer bedeutet, mehr verschwinden wird.

Aber noch ein anderes spricht dagegen, daß Lily Braun in ihrem Glauben an die allgemeine Zunahme der außerhäuslichen Erwerbsarbeit der Ehefrauen und an eine Auflösung der traditionellen Familienform die Entwicklungstendenz richtig eingeschätzt hat. Es ist die Tatsache, daß trotz ihrer jahrelangen energischen propagandistischen Wirksamkeit es bisher nicht gelungen ist, in Deutschland auch nur eine einzige Wirtschaftsgenossenschaft - weder für bürgerliche, noch für proletarische Kreise - ins Leben zu rufen. Die Frauen *wollen* - vielleicht ebenso wenig wie die Männer - den Einzelhaushalt auflösen und suchen nach andren Entwicklungsmöglichkeiten, nach andren Formen der Erwerbsarbeit und der ökonomischen Unabhängigkeit der Frau. Und es fragt sich, ob diese sich nicht finden lassen, ob der von Lily Braun gezeichnete Weg der einzige ist, der sich *notwendig* aus der wirtschaftlichen Entwicklung ergeben muß? Oder ob ein andrer sich als der gangbarere erweisen wird?

Ein ähnlicher Gedankengang, eine stark materialistisch gefärbte Auffassung der Frauenfrage, der Glaube an die Notwendigkeit einer ökonomischen Lösung ihrer Probleme findet sich schließlich auch in den Ausführungen eines unsrer bedeutendsten *Politiker*. Wie Lily Braun die Perkinsschen Gedankengänge in ihr sozialistisches System hineinstellt, so ordnet *Friedrich Naumann* sie in seine wirtschaftspolitischen Theorien ein.

Naumann hat sich an zwei Stellen ausführlich über die Frauenfrage geäußert: in der „*Neudeutschen Wirtschaftspolitik*" und in den *Verhandlungen des Evangelisch-sozialen Kongresses*. Beide Arbeiten sind kurz nacheinander erschienen, doch scheinen die Ausführungen in der „*Wirtschaftspolitik*" die älteren zu sein, die in der zweiten Abhandlung etwas korrigiert und eingeschränkt sind. Naumanns ganze Wirtschaftspolitik ruht auf dem Glauben, daß eine *wachsende Bevölkerung* den Wohlstand eines Landes fördert. Eine Annahme, die von der Schreiberin dieser Zeilen bedingungslos geteilt wird. Aber unsre Ideale oder unsre Ansichten über die Art und Weise, wie die Bevölkerungsvermehrung herbeizuführen ist, gehen auseinander. Für Naumann *hängt die Jugendlichkeit der Nationen daran, daß ihre Töchter gern Mütter werden wollen*. „Jedes Mädchen, das dieses will, ist ein volkswirtschaftlicher Wertgegenstand." Von diesem Standpunkt aus wäre die Frau, die die meisten Kinder zur Welt bringt, die wertvollste für die Nation. Ein ähnlicher Gedanke wie bei Charlotte Perkins, die die Fortpflanzungsfähigkeit der Frauen an der von Tiergattungen mißt, und nicht das Maß der Fürsorge, das die Kinder bei höherer Entwicklung beanspruchen, als das kulturell Wertvolle mit in Betracht zieht. Bei Naumann: die Quantität - nicht die Qualität der Bevölkerungsvermehrung als das Ausschlaggebende. Nun pflegt aber bei sehr großer Kinderproduktion die Qualität zu leiden. Es kommen viele schwächliche, nicht lebensfähige Kinder zur Welt, und die Zahl der Geborenen wird dann in den ersten Lebensjahren dezimiert. Welche Unsumme von körperlicher Kraft und seelischen Energien geht in Deutschland durch die ungeheure Kindersterblichkeit dem Volksganzen und besonders den Frauen selbst verloren. Welche Fülle von Gesundheit und Arbeitsfähigkeit wird durch dieses verschwenderische, unproduktive Schaffen von Leben, das wieder verloren geht, ehe es ein Wert geworden ist, vergeudet. Man kann - ganz wie Naumann - die Zukunft der Nation von einer Zunahme der Bevölkerung abhängig glauben. Aber man kann dieses Wachstum des Volkes herbeiwünschen, nicht indem man den Frauen sagt: Setzt viele Kinder in die Welt. Sondern indem man die Einsicht verbreitet, daß die Produktion von Kindern nur dann wertvoll ist, wenn man die Kinder genügend pflegen und versorgen, wenn man sie erhalten kann. Wenn man durch Verbreitung hygienischer Kenntnisse, durch eine Erziehung der Frauen zur tieferen Erfassung, zur besseren Ausübung der Mutterpflichten ihr Verantwortungsgefühl schärft. Wenn man trotz einer geringeren Geburtenziffer durch eine verminderte Kindersterblichkeit die Bevölkerungszunahme erzielte! Das würde einen Kraftzuwachs für die Nation, insbesondere für das Wirtschaftsleben bedeuten.

Naumann sieht das Problem der Frauenbewegung darin, daß das Mutterwerden heut erschwert ist - und zwar, weil die Frau, die Mutter ist, schlechter am Erwerbsleben teilnehmen kann, weil sie ihre ökonomische Selbständigkeit aufgeben muß. In früheren Zeiten, als der Schwerpunkt deutschen Wirtschaftslebens in der Landwirtschaft lag, und als im Gewerbe und Handel der Kleinbetrieb herrschte, konnte die Frau Berufsarbeit und Mutterschaft vereinigen. D.h. sie nahm an der produktiven Arbeit des Mannes im Familienbetrieb teil. *Jetzt ist die Frau von einer mitschaffenden zu einer verwaltenden Kraft herabgedrückt.* Auch die Erziehungsaufgaben kann sie nicht gut ausführen. „Denn wie kann jemand erziehen, der nichts erlebt?" Der Woche für Woche in seinen vier Wänden sitzt und davon lebt, daß der Mann Geld in seine Hände legt? Nach Naumann muß die Frau auf Arbeit gehen, damit sie wieder eine bessere Mutter werden kann. Und sie muß auch auf Arbeit gehen, wenn sie Mutter ist. Die Erwerbsarbeit der Ehefrau ist für ihn nötig; denn wenn die Eheschließung die Aufgabe des Berufes bedeutet, würden die besten Frauen, die tüchtigsten auf Ehe und Mutterschaft verzichten. Und das wäre ein Unglück für das Volk. Deshalb müssen die Berufe so elastisch gemacht werden, daß die Vereinigung der häuslichen Pflichten mit der Erwerbsarbeit den Frauen möglich wird.

„Arbeit und Mutterschaft! Mit diesem schweren Doppelideal allein ist die Zukunft der Frau gesichert, und zwar deshalb, weil nur so die Frau körperlich und sittlich gesund bleibt (oder wird), und weil nur so das Volk im ganzen weiter bestehen kann." Wird dies Ideal nicht verwirklicht, dann teilt sich die Frauenwelt in zwei Hälften: in mutterschaftslose Arbeiterinnen und berufslose Mütter.

Die erstere schädigt das Volk um den möglichen und wünschenswerten Bevölkerungszuwachs. Sie ist auch in sich selbst ein halbes Wesen, und in ihrer Arbeitskraft ist sie entwertet durch die seelische Unbefriedigtheit ihrer Zwangslage. Die andre muß an Charakter zurückgehen, und sich außerhalb der Jahre der Kinderpflege als zwecklosen Bestandteil der Gesellschaft empfinden.

Daß eine vollständige *Veränderung der Ehe* durch die Berufsarbeit der Frau herbeigeführt wird, erkennt Naumann an. Denn die bisherige Rechtsform der Ehe beruht auf der Voraussetzung, daß die Frau Arbeitskraft im Betriebe des Mannes war. Wo beide Gatten auf verschiedene Arbeit gehen, wo die Frau wirtschaftlich unabhängig vom Manne ist, müssen ihre gesamten Beziehungen andre werden. Die Veränderungen, die sich vollziehen müssen, sind schon heut in den Textilgegenden in der Gestaltung begriffen. „Die Textilarbeiterin ist als die eigentliche Musterform der modernen weiblichen Entwicklung anzusehen." Denn die neuen Organisationsformen des Lebens entstehen dort, wo die neue Not am dringendsten ist. Dort kann man auch heut schon sehen, daß die Stellung des Mannes zur Familie da, wo die Familie mit dem Arbeitsbetrieb nichts mehr zu tun hat und wo die Frau verdient, eine lockere wird. Dadurch verändert sich auch die

Stellung der unverheirateten Mutter. Bei Frauen, die ihre Kinder selbst - durch eigene Arbeit versorgen, fällt ein starker Grund der alten rechtlichen Unterordnung unter den Mann fort. „Wie die Frau ihre doppelte Belastung trägt, ist ihre eigene Sache. Oft wird sie und das Kind dabei zerbrechen." Die neue Wirtschaftslage der Frau wird somit eine Lockerung der Ehe herbeiführen. Für Naumann ist das eine Folge der Trennung von Familie und Arbeit. Er zieht also die Konsequenzen seines Ideals, der wirtschaftlichen Unabhängigkeit der Ehefrau, weiter als Charlotte Perkins.

Auf das Einzelne der Naumannschen Ausführungen wäre mancherlei zu erwidern, sowohl in Bezug auf sein Ziel als auf die Begründung. Die jüngere Richtung der Frauenbewegung muß seine Forderungen ablehnen, weil ihre Verwirklichung dem zentralen Gedanken ihres ganzen Systems, der Stellung und Bedeutung, die sie der Frau in der Familie anweist, zuwiderläuft. Sie kann aber auch seine Begründung nicht gelten lassen, weil er dabei nur von einer Bewertung materieller Leistungen, sichtbarer Erfolge ausgeht, während sie das Heil für die Frau durch die Anerkennung und Würdigung unmeßbarer und unabwägbarer Werte erhofft. Die berufslose Mutter braucht nicht wirtschaftlich abhängig zu bleiben, weil ihre Arbeit nicht unbezahlbar ist. Um sie bezahlen zu können, müssen ihre Leistungen allerdings anders als von Naumann eingeschätzt - vielleicht auch gehoben werden. Die Theorie aber als Ganzes ist für uns unannehmbar, weil sie sich auf einer irrigen Voraussetzung aufbaut, auf der Ansicht, daß die Frauen nicht mehr Mütter werden wollen, falls sie dann ihren Beruf aufgeben müssen.

Die große Masse der Frauen würde diese Notwendigkeit sicherlich überhaupt gar nicht als Konflikt empfinden, und in der Tat heißt es auch von den Frauen viel verlangen, daß sie die meist eintönige, mechanische, stumpfmachende Berufsarbeit einem bequemeren Leben und einer vielseitigeren Beschäftigung vorziehen sollen. Und auch in dem kleinen Kreis von Frauen, deren Arbeit sie in etwas höhere Sphären führt, die sie etwas mehr erfüllen kann, als das Stempeln von Glühstrümpfen oder das Bedienen der Spinnmaschine, wird das Aufgeben des Berufs nicht als Opfer empfunden werden, sobald die Ehe mehr als eine Versorgung, sobald sie eine reichere Lebenserfüllung bedeutet. Die Tatsachen sprechen jedenfalls gegen die Naumannsche Theorie. Die Mädchen, die bei der Wahl zwischen den zwei Lebensmöglichkeiten den Beruf der Ehe vorziehen, die „nicht gern Mutter werden wollen", dürften nicht sehr zahlreich sein. Nicht einmal der Verlust der wirtschaftlichen Selbständigkeit, der auch in der Ehe vermieden werden könnte und vermieden werden müßte, wird als Ehehindernis empfunden. So lange alles gut geht, d.h. so lange der Mann für die Bedürfnisse der Familie sorgt, wird sie von der großen Masse der Frauen nicht einmal - leider - als drückend empfunden. Auch wir geben Naumann zu, daß die verheiratete Frau nicht immer durch ihre Pflichten im Hause und als Mutter voll ausgefüllt ist, daß sie Kraft und Zeit für andre Aufgaben übrig behält, und daß sie durch ein solches Hinauswachsen über den engsten Kreis auch für die Erfüllung dieser Pflichten nur gewinnen kann. Aber über das Maß dessen, was die Frau daneben leisten kann, über die Bedeutung, die den zwei Lebensaufgaben beizumessen ist, über die Abgrenzung dieser beiden Kreise gehen unsre Ansichten auseinander. Wenigstens mit denen, die er in der „*Wirtschaftspolitik*" ausgesprochen hat. In den *Verhandlungen des Evangelisch-sozialen Kongresses* nähert er sich unsrem Programm ganz beträchtlich.

Soll die verheiratete Frau Arbeiterin im Hauptberuf sein und Mutter im Nebenberuf, oder soll sie Mutter im Hauptberuf sein und Arbeiterin im Nebenberuf? So fragt er. In der neudeutschen Wirtschaftspolitik ist für die Mutter im Hauptberuf kein Platz. Wenn die Ausführungen auf dem Evangelisch-sozialen Kongreß das spätere sind, so kann die jüngere Richtung der Frauenbewegung Naumanns Annäherung an ihr Programm freudig begrüßen. Denn hier sagt er: „Der Mann sieht seine Arbeit als Hauptberuf an, und ist Vater im Nebenberuf. Die Frau aber soll Mutter sein im Hauptberuf, und daß sie daneben erwerbende Arbeit hat, ist Nebenberuf für sie." Und weiter: „Die Gruppe Mutter im Hauptberuf und Arbeiterin im Nebenberuf wird meines Erachtens die zahlreichste nicht nur heute sein, sondern auch in weiterer Zukunft bleiben." Allerdings werden solche Frauen, die nur mit halber Kraft im Beruf arbeiten, nach Naumanns Ansicht keine spezifisch weiblichen Kulturwerte hervorbringen. Solche sind nur von denen zu erwarten, die mit ganzer Seele und mit dem ganzen Leben dem Beruf angehören. Hierin gerade kommt die starke Wertung, die Naumann der greifbaren äußeren, der technischen Kultur entgegenbringt, zum Ausdruck; in seiner Fragestellung: Was ist der spezifische Anteil der Frau am Industrialismus „innerhalb der industriellen Gesamtkultur?" Gerade diese Anschauung ist es, die wir in den eigenen Reihen wie auch unter den Männern überwinden wollen, *den Maßstab industrieller und technischer Kultur.* Wir Angehörigen dieser jüngeren Richtung in der Frauenbewegung sehen eben ein, wir geben es zu, daß die Mehrzahl der Frauen auf *diesem* Gebiet mit dem Mann nicht konkurrieren kann. Auch nicht, wenn alle Frauen Arbeiterinnen im Hauptberuf und Mütter im Nebenberuf wären. Denn auch dann würde dieser Nebenberuf der Frau mehr Kraft entziehen, als der väterliche „Nebenberuf" dem Manne. Wenn die Masse der Frauen ihre Leistungen auf dem Gebiet materieller Kultur mit denen des Mannes messen soll, wenn ihre Gleichstellung im öffentlichen Leben davon abhängen soll, daß sie zu schrankenloser Konkurrenz mit dem Mann gezwungen wird, daß sie es ihm darin gleich tut, dann - ja dann geben *wir* uns eben hoffnungslos verloren. Nur wenn auch *andre* Gebiete zur Wertschätzung von Leistungen herangezogen werden, wenn neben der materiellen Kultur auch eine *sittliche* gelten darf, die Kultur des persönlichen Lebens, auf deren Gebiet die Frau den Vorrang behaupten kann, dann nur werden spezifische Leistungen der Frauen für die Kultur einzusetzen sein. Und diese Leistungen werden in erster Linie *in der Familie* liegen, und sie werden in größerem Umfange von den Frauen hervorgebracht werden, die im *Hauptberuf* Mutter, nicht Arbeiterin sind. Und auch die spezifischen Kulturleistungen der Frauen, die nicht Mutter werden, oder die Arbeiterin im Hauptberuf bleiben, werden selbst in den geistigen Berufen - so glauben wir - nicht auf dem Gebiet der technischen Wissenschaften, auf die Naumann uns hinweist, sondern auf dem Gebiet der Kulturwissenschaften liegen. Das ist an andrer Stelle bereits ausgeführt. Zusammenfassend muß man aber die Naumannschen Ansichten - trotz der in etwas erfolgten Annäherung an die jüngere Richtung der Frauenbewegung - der fraurenrechtlerischen Gruppe einordnen, die von Charlotte Perkins beeinflußt, in Deutschland von Marie Stritt und Maria Lischnewska in erster Linie vertreten wird.

Charlotte Perkins hält trotz der Forderung der ökonomischen Unabhängigkeit der Ehefrau, trotz der von ihr erstrebten Ablösung der hauswirtschaftlichen und eines Teils der Erziehungsaufgaben der Frau *an der Ehe als einer von der Gesellschaft anerkannten und bestätigten Form der Geschlechtsvereinigung* fest. Naumann geht über sie hinaus; er verfolgt konsequent ihre und seine Forderung und erkennt, daß die Erwerbsarbeit der Ehefrau auf eine Lockerung der gesamten ehelichen Beziehungen hinwirken muß, daß die freie Liebe in der ökonomischen Unabhängigkeit der Ehefrau einen Stützpunkt findet. Dieser Gedanke, dessen Propagierung in Deutschland schon durch Bebels „*Frau*" angeregt war, und der sich bis zur Forderung nach Auflösung der Familie zuspitzt, ist denn auch von Anhängerinnen der Frauenbewegung als folgerichtig anerkannt und vertreten worden. Die Forderung nach einer Reform der Ehe, nach ihrer freieren Gestaltung, nach leichterer Scheidung, schließlich nach der Zuerkennung des „Rechts auf die Mutterschaft", nach freier Liebe steht dem Postulat der Erwerbsarbeit aller Frauen, auch der Mütter, sehr nahe. Wer das eine will, wird auch das andre mit in den Kauf nehmen müssen. Denn die volle Erwerbsarbeit der verheirateten Frau wird fast immer eine Lockerung der Familienbande mit sich bringen, wie auch eine freiere Ehe oder die freie Liebe die Erwerbstätigkeit der Mutter voraussetzt. Lehnt die jüngere Richtung die eheweibliche Erwerbsarbeit als allgemein gültige Programmforderung ab, weil sie eben die *Lockerung der Familienbeziehungen vermeiden* will, weil sie gerade eine modernere Ausgestaltung und Durchdringung der Ehe für notwendig hält, so sehen manche Anhänger der zweiten Gruppe die Auflösung der bisherigen Eheform als eine *wünschenswerte* Folge der Berufsarbeit der Frau an. Denn die geschlechtlichen Beziehungen, wie sie sich unter dem bisherigen Wirtschafts- und Rechtssystem entwickelt haben, scheinen ihnen *hoffnungslos* ungesunde zu sein. Und so treffen ein Teil der Frauen, die eine Änderung der bisherigen Anschauungen über sexuelle Fragen wünschen - die Anhängerinnen der sogenannten „neuen Ethik" - mit dem frauenrechtlerischen Kreis, der für die Berufstätigkeit der Ehefrau eintritt, vielfach zusammen.

Die ursprünglichen Sittlichkeitsforderungen der Frauenbewegung sind in dieser Gruppe völlig verändert worden. Legte man die Gleichheits- und Gleichberechtigungsforderungen in Bezug auf die sexuellen Zustände zuerst dahin aus, daß man unter gleicher Moral von Mann und Frau die Anpassung des Mannes an den

Maßstab des für die Frau als sittlich Geltenden verstand - das war das einzige Gebiet, auf dem eine weibliche Norm dem Mann auferlegt wurde - so haben sich die Dinge jetzt vielfach umgekehrt. Man fordert, daß die größere Freiheit, die der Mann sich auf sexuellem Gebiet nimmt, auch der Frau eingeräumt werde. „Denn durch falsche Sittlichkeitsbegriffe hat man die Menschen um die köstlichsten Lebensgüter, um die herrliche Gabe der Liebe ohne böses Gewissen, hat man Frauen um die Freude an dem Besitz von Kindern betrogen." Der Geschlechtsverkehr soll als etwas Natürliches angesehen, die Mutterschaft ohne Ehe soll nicht verachtet werden. Denn diese Ächtung der ledigen Mutter ist der stärkste Beweis für die sexuelle Hörigkeit der Frau. „Wohl soll das dauernde Zusammenleben zwischen persönlich sich anziehenden Menschen, die Dreieinigkeit von Vater, Mutter und Kindern immer das höchste Ideal bleiben", sagt *Helene Stöcker* in der Abhandlung *„Bund für Mutterschutz"*. Aber dieses Ideal soll nicht durch den Zwang zum Zusammenbleiben und Zusammenleben verwirklicht werden. Denn die Ehe hat ihren Zweck, den menschlichen Geschlechtsverkehr zu regeln, nicht erfüllt. Und weiter: Bisher ist das sexuelle Leben überall - auch in der Ehe - mit dem Gelde verquickt worden. „Fast immer war die Frau der pekuniär abhängige Teil. Es ist nicht schwer zu begreifen, wie das alles herabzieht und gemein machen muß." Also eine unmittelbare Beziehung zwischen pekuniärer und sexueller Abhängigkeit. Die Forderung der Freiheit auf wirtschaftlichem Gebiet schließt die Hoffnung auf Befreiung der Frau von sexueller Unterdrückung und Knechtschaft ein. Und für die Freiheit der Frau auf diesem Gebiet, die man herbeizuführen hofft, braucht man nun eine „neue Ethik", d.h. neue Moralvorstellungen. Man braucht die Sanktion der Gesellschaft - nicht für die sittlichere Gestaltung der Ehe, die wir alle von einer Erziehung der Frauen zu wirtschaftlicher Selbständigkeit erhoffen. Sondern die Sanktion für Liebesbündnisse, die eben keinem Zwang unterliegen, die jederzeit lösbar sind - und deshalb unsren monogamischen Idealen entgegenstehen.

In dem Verlangen nach größerer Freiheit auf sexuellem Gebiet begegnet sich diese frauenrechtlerische Gruppe mit Schriftstellerinnen, die im Grunde Gegner - oder jedenfalls keine Anhänger - der Frauenbewegung sind. Mit jenen, die der Frau die physische Mutterschaft als alleinige Aufgabe zuweisen, ohne deren Erfüllung ihr Leben verfehlt ist; die im Weibe nur das Geschlechtswesen sehen wollen. Denn da auch diese Frauen häufig von individualistischen Gedanken beeinflußt sind, müssen auch sie - von ihrem andren Standpunkt aus - zur Forderung größerer sexueller Freiheit für ihre Geschlechtsgenossinnen gelangen.

Hat die jüngere Richtung der Frauenbewegung aus der alten frauenrechtlerischen *Gleichheits*formel und der antifeministischen Gegenformel von der absoluten *Verschiedenartigkeit* die Synthese der Gleich*wertigkeit* geformt: hat sie aus dem *Menschen*, den die Frau aus sich entwickeln wollte und dem *Weib*, das nur Geschlechtswesen sein sollte, die Erziehung von Persönlichkeiten postuliert, die neben der vollen Erfüllung aller in ihnen ruhenden, *allgemein menschlichen* Lebensmöglichkeiten die besondere *weibliche* Art durchsetzen wollen, so sehen wir das *alte* frauenrechtlerische Gedankensystem in seiner eigentlichen Fortbildung auch wieder auf ein Gebiet einmünden, auf dem es sich mit seinen alten Gegnern trifft. Sobald die Gleichheitsforderung zum Verlangen nach gleicher *Freiheit* von Mann und Frau wird, und zwar auch nach gleicher Freiheit in Bezug auf die Geschlechtsbeziehungen, ist zwischen diesen beiden extremen Richtungen, der radikalen Frauenbewegung und denen, die in der Frau nur das Geschlechtswesen sehen, dem sie auf Grund individualistischer Anschauungen das Recht, sich auszuleben, sichern wollen, ein gemeinsamer Boden hergestellt, eine Annäherung ermöglicht. Und so sehen wir Ellen Key, die Verfasserin der *„mißbrauchten Frauenkraft"*, als literarische Vertreterin der gleichen Gedanken über Liebe und Ehe, die als Konsequenz der ökonomischen Unabhängigkeit der Ehefrau von radikalen Frauenrechtlerinnen propagiert werden.

Ellen Key entwickelt in ihrem Buch *„über Liebe und Ehe"*, das von dem reinsten Idealismus getragen eine Fülle feinsinnigster Gedanken über das Liebesproblem enthält, ein weit präziseres Programm für die Umgestaltung der Ehe als Helene Stöcker es in der angeführten Schrift tut. Sie gibt einen Entwurf zu einem neuen Ehegesetz. Sie will das, was in der jungen Frauengeneration nach neuen Formen drängt, sie will dies Suchen und Tasten deuten, ihm konkrete Ziele aufstellen, Möglichkeiten der Verwirklichung zeigen. Sie versucht das Streben nach einer „neuen Ethik" zu einem soziologischen Programm auszugestalten.

Ihr Entwurf zu einem Ehegesetz ist von dem Gedanken geleitet, daß *die erotischen Forderungen des Individuums und die Interessen der Kinder* in Einklang gebracht werden müssen. Ein Ideal, das Unvereinbares vereinbaren will und das sie deshalb in unlösbare Widersprüche verwickelt, das ihrem Plan von vornherein alle Einheitlichkeit nimmt. Und mit naiver Voraussetzungslosigkeit erklärt sie, daß ihre Vorschläge nicht „irgendwelche abstrakten Theorien von der Idee der Familie oder rechtswissenschaftliche Rücksichten auf die historische Entstehung der Ehe" zum Ausgangspunkt nehmen, sondern die Erkenntnis der jetzigen erotischen Forderungen und Kräfte der Individuen. Die jetzige Ehe erfüllt - nach Ellen Key - weder die Aufgabe, die Frau noch die Kinder zu schützen. Und sie erfüllt ihre dritte Aufgabe - ein Ideal für die Sittlichkeit des Geschlechtsverhältnisses aufzustellen - so, daß sie eine fortgesetzte Entwicklung der Sittlichkeit hindert.

Ellen Key verurteilt deshalb - und damit schließt sie sich einer alten Forderung unserer Bewegung an - die rechtliche Unterordnung der Frau unter den Mann in der Ehe. Sie wünscht, daß die *Liebe* die sittliche Grundlage der Ehe werde, und die Liebe ruht auf Gleichstellung. Die ökonomische Abhängigkeit der Frau in der Ehe habe das Liebesleben erniedrigt. Die Frau soll durch eigene Berufstätigkeit frei werden, sich selbst versorgen, und in den Jahren, in denen ihre Mutterpflichten sie daran hindern, durch die Gesellschaft versorgt werden. Für die Regelung dieser Versorgung macht sie genaue, bis ins Einzelne gehende Vorschläge. Während der ersten drei Lebensjahre eines Kindes soll die Mutter für dessen Pflege vom Staat entlohnt werden. Außerdem soll ihr während der Zeit für jedes Kind die Hälfte seines Unterhaltes gegeben werden, solange die Kinderzahl nicht überschritten ist, die die Gesellschaft als wünschenswert ansieht. Der Vater muß bis zum 18. Lebensjahr des Kindes die Hälfte zu seinem Unterhalt beisteuern. Da die Mutter für die Kinder von deren drittem Jahr an in gleicher Weise wie der Vater durch Erwerbsarbeit sorgt, soll ihr dann auch die gleiche Autorität über die Kinder eingeräumt werden. Um die Erwerbsarbeit der Frau aber zu ermöglichen, nimmt Ellen Key den von Charlotte Perkins und Lily Braun gemachten Vorschlag der Hausgenossenschaften und der gemeinsamen Verpflegung der Kinder auf. Daneben verlangt sie aber - und damit verläßt sie eigentlich ihr ganzes System und ihre Argumentation, und reiht sich der jüngeren Richtung der Bewegung ein -, daß die Arbeit der Frau im Hause durch den Mann entlohnt, daß sie anders als bisher bewertet werde, und daß der Frau auf diese Weise auch ohne außerhäusliche Erwerbsarbeit die ökonomische Unabhängigkeit gesichert, die Selbstversorgung ermöglicht werde.

Die ökonomisch unabhängige Frau erst würde in der Ehe eine dem Manne gleichberechtigte Stellung einnehmen und das Recht auf persönliche Freiheit und Selbstbestimmung erhalten. Dazu würde aber auch eine freiere Form der Eheschließung und der Scheidung gehören. In Bezug auf diese beiden Punkte macht Ellen Key Vorschläge, die nicht als Gesetzentwurf, sondern nur „als Wunsch" aufgefaßt werden sollen. Abgesehen von Einschränkungen, die unter rassenpolitischem Gesichtspunkt stehen, soll die Schließung der Ehe möglichst erleichtert werden. Beide Teile sollen nur bekräftigen, daß sie nicht in einer anderen Ehe leben. Die Gatten sollen dann alle *persönlichen* Rechte über ihren Körper, Namen, ihr Eigentum, ihre Arbeit, ihren Verdienst sowie das Recht, den Aufenthaltsort zu wählen, behalten. Die Scheidung soll eventuell auf Wunsch einer der Gatten durch einen Scheidungsrat bewerkstelligt werden, zu dem Mann und Frau je zwei Personen wählen sollen. Die Scheidung wäre dann bei der Behörde anzumelden, d.h. als vollzogene Tatsache, die ihr nur zur Kenntnis gegeben wird.

Über die Erziehung der Kinder soll in ähnlicher Weise, aber unter Mitwirkung der Behörde entschieden werden. Für außerhalb der Ehe geborene Kinder soll die Mutter *alle* Rechte erhalten, der Vater soll den Unterhalt seines Kindes zur Hälfte bestreiten. Das Kind müßte ihm gegenüber dasselbe Erbrecht haben wie die in der Ehe geborenen Kinder. „Das Gesetz soll eben den volljährigen Staatsbürgern volle Freiheit geben, ihre erotischen Verbindungen - unter eigener Verantwortung und Gefahr - mit oder *ohne* Ehe zu ordnen." Das ist der Punkt, auf den schließlich diese Vorschläge hinauslaufen.

Im ganzen kann man wohl sagen, daß dieses Programm mehr den „erotischen Forderungen und Kräften der Individuen" als den Bedürfnissen der Kinder Rechnung trägt. Ellen Key ist eben durch und durch Individualistin, und ihre individualistischen Ideale sind es auch, die sie ihre früheren Anschauungen von dem natürlichen Gebiet weiblicher Tätigkeit, von der ausschließlichen Sphäre, die sie der Frau anwies, überwinden ließen, die sie aus dieser ihrer Position, der die jüngere Richtung der Frauenbewegung in gewisser Weise entgegenkommt, hinausdrängt, um sie dem eigentlichen Feminismus anzunähern, der vom individualistischen Geist geboren und durchtränkt ist. Die alte Gleichberechtigungs- und Gleichheitsforderung bleibt aufs engste verbunden mit dem Verlangen nach freierer Entfaltung der Persönlichkeit.

Die Forderungen von Helene Stöcker und Ellen Key nach gleicher Moral für Mann und Frau im Sinne größerer Freiheit für die Frau enthalten keine absolut neuen Gedanken. Sie tragen vor allem das, was männliche Soziologen und Philosophen anderwärts ausgesprochen haben, in die Frauenbewegung hinein. Insbesondere nehmen sie die Argumente von *Edward Carpenter* und *Jacques Mesnil* auf, die beide an der sexuellen Moral und der heutigen Gestaltung der Ehe Kritik üben und eine reinere und gerechtere Form der Geschlechtsverbindung herbeiführen wollen. Auch sie gelangen zu utopistischen Schwärmereien, wo sie neues gestalten wollen; und der Wert ihrer Schriften liegt nur darin, daß sie die Gedanken und Wünsche zeigen, die auf eine Verfeinerung der Beziehungen von Mann und Frau hinstreben und die heutigen Fehler und Mißstände des Geschlechtsverkehrs bloßlegen.

Carpenter begründet die Notwendigkeit einer neuen Geschlechtsmoral sehr feinsinnig damit, daß bisher der *Mann* die Gesellschaft organisiert habe. Dabei sei er zu großen technischen und geistigen Errungenschaften gekommen. Aber in Bezug auf die Ordnung des Gefühlslebens, der gewaltigen gärenden Leidenschaften habe der Mann versagt. Er hat die Frau durch das Eigentumsverhältnis in der Ehe auch für das Liebesleben abhängig gemacht, und dabei sind Mann und Weib sittlich gesunken. Er glaubt, daß durch diese Beziehung die Ungleichheit der Geschlechter künstlich gesteigert worden ist. Nur wenn die Frau unabhängig wird – fürs ganze Leben, auch in der Ehe –, dann nur kann eine wirkliche Sittlichkeit in den sexuellen Beziehungen entwickelt werden. Die Eheform ist in neuer freierer Weise zu regeln. Denn wenn die Ehe in ihrer bisherigen Gestalt zweifellos im Hinblick auf das Ideal einer vollkommenen Verbindung gedacht war, so zeigen sich die Menschen doch in der Regel unfähig, es zu erreichen.

„Wenn wir ein Ding lebend haben wollen, müssen wir ihm eine gewisse Freiheit einräumen, und wenn die Freiheit selbst eine gewisse Gefahr mit sich brächte." An Stelle des gesetzlichen Zwangs, der heute in der Ehe die Menschen zusammenhält, wünscht Carpenter einen *moralischen Zwang*, den die Menschen sich selbst auferlegen. Solche äußerlich freie Ehe wird erst möglich sein, wenn die Frau nicht mehr wirtschaftlich abhängig vom Mann ist, wenn sie kein materielles Interesse mehr daran hat, „die angebliche Heiligkeit des Bandes aufrecht zu erhalten".

Als Sozialist erhofft Carpenter diesen Zustand von einer Gesellschaftsordnung, in der es kein Privateigentum, keine „Eigentums-Sklaven", keine „Eigentums-Ehe" mehr gibt, in der „die menschlichen Verbindungen endlich nach ihren wahren inneren Gesetzen geschlossen werden müssen".

Ähnliche Gedanken über das Liebes- und Eheproblem vertritt ein Schriftsteller, der im übrigen in seiner Weltanschauung von der zuletzt besprochenen Gruppe erheblich abweicht. *Max Thal* sieht es in seinem außerordentlich vorurteilslosen Buch über *„Mutterrecht, Frauenfrage und Weltanschauung"* als Wirkung der ausschließlichen Privilegierung einer gewissen Form der Eheschließung an, daß außerhalb der Ehe der Vater und Erzeuger in naturwidriger Weise von der Verwandtschaft mit seinem eigenen Blut, von der Pflicht der Liebe, der Erziehung und des Schutzes seiner eigenen Kinder nach Sitte und Gesetz losgesprochen ist. Die Entwicklung der Familienbeziehungen müsse die Richtung zu einer Gleichstellung der unehelichen Kinder mit den ehelichen einschlagen. Die Beziehung von Mann und Frau soll aber überhaupt der ökonomischen Erscheinungen entkleidet werden, auf denen sie heute ruht. Eine würdige Liebesgewährung kann nur „eine freie, einzig und allein durch die gegenseitige Anziehung bedingte Hingebung sein, bei der kein Teil mehr gibt, als er empfängt, kein Teil dem andern Dank schuldet oder etwas darauf zu zahlen hat". „Durch keinerlei fremde Rücksichten sollte die Frau sich die Freiheit des Herzens, die Reinheit der geschlechtlichen Zuchtwahl verkümmern lassen." Und an andrer Stelle polemisiert er gegen die Grundelemente der christlichen Ehe, d.h. gegen ihre Unauflöslichkeit, weil diese mit der Seelengemeinschaft der Gatten in Widerstreit gerät.

Soweit alle diese Vorschläge in einer Auflösung der Familie als sittlicher Lebensgemeinschaft gipfeln, sind sie von der jüngeren Richtung der Frauenbewegung abgelehnt und bekämpft worden, trotzdem auch in diesem Kreis die Familie in ihrer heutigen Form keineswegs als etwas Unveränderliches angesehen wird. Aber die Veränderungen, die man erhofft, dürfen das monogamische Ehe-Ideal, das bisher unerfüllt blieb, nicht erschüttern. Sie müssen es festigen. Dazu soll die Erziehung der Frau zur Berufsarbeit helfen, die Festigung ihrer Persönlichkeit, die sie von der Hingabe ohne Liebe zurückhalten kann. Dem soll auch die Gleichberechtigung von Mann und Frau in der Ehe und im Eherecht dienen, die wir anstreben.

Die größere Freiheit der Frau auf sexuellem Gebiet würde für sie gar keine Lösung des Konflikts bringen, der heute im Liebes- und Eheproblem ruht. Denn dieser Konflikt liegt in der *Spannung zwischen den Ansprüchen ihres Liebesgefühls und dem erotischen Leben des Mannes.* So etwa hat Getrud Bäumer es einmal formuliert. Und deshalb kommen wir nicht weiter, wenn wir nicht größere Selbstbeherrschung vom Manne fordern. Mag man im einzelnen Fall wie bei der allgemeinen Betrachtung zugestehen, daß die Erotik von Mann und Frau durch Entwicklungstatsachen so verschiedenartig geworden ist, daß man den Maßstab der geschlechtlichen Sittlichkeit der Frau nicht sofort auf den Mann übertragen kann – aber von *dem prinzipiellen Aufrechterhalten dieses Maßstabs darf die Frau sich nicht abbringen lassen.* Die Ansprüche aber, die die Frau an Liebe und

Ehe stellen muß, wird sie nicht durchsetzen können durch neue Theorien, sondern nur, wenn die Masse der Frauen als Persönlichkeiten an Kraft und Bedeutung gewinnen, sowohl äußerlich wie innerlich; wenn die Frauen als Charaktere so gefestigt sein werden, daß jede einzelne im individuellen Fall diese Ansprüche erhebt und verteidigt.

Damit hat die Forderung nach größerem und besserem Schutz für die uneheliche Mutter gar nichts zu tun. Für diese können und wollen auch die Frauen eintreten, die als *gesellschaftliche Institution* verurteilen, was im individuellen Fall begreiflich - mitunter vielleicht auch berechtigt - in jedem Fall aber schutzbedürftig erscheint.

Zu eigenartig, um in eine der beiden Gruppen eingeordnet zu werden, die sich aus der theoretischen Behandlung der Frauenfrage in den letzten Jahren ergeben haben, ist *Rosa Mayreders* bedeutendes Buch *„zur Kritik der Weiblichkeit"*. Es ist entstanden als ein Protest gegen die Anschauung von der geschlechtlichen Gebundenheit des Weibes, also als eine Verteidigung der Frauenbewegung schlechthin. Auch Rosa Mayreder leugnet die Differenzierung der Geschlechter keineswegs, und damit nähert sie sich in etwas „der jüngeren Richtung". Nur ist diese Differenzierung keine *essentielle*, sondern eine *teleologische*. Sie dient nur einem bestimmten Naturzweck, der Fortpflanzung der Gattung. Sie liegt ausschließlich im Gebiet der primitiven Geschlechtsnatur. Der Mann hat Eigenschaften, die die sexuelle Eroberung begünstigen; die Frau solche, die sie zur Passivität geeigneter machen, eine Fähigkeit zur Hingabe, in der zugleich ihre Eignung zur Mutterschaft - aber auch zur Prostitution liegt.

Aber darüber hinaus - in die höheren Gebiete menschlichen Lebens - reicht diese Differenzierung nicht. Alles, was den höheren Menschen ausmacht, was ihn zu einer über das Gewöhnliche hinausführenden Lebensform erhebt, durchbricht die Schranken des Geschlechts. Alles, was zur Entwicklung der Kultur beiträgt und alles, was den einzelnen Menschen durchgeistigt, macht den Menschen mehr zum Individuum, unabhängig von seinem Geschlecht. Denn es schwächt den Einfluß des Geschlechtscharakters zugunsten all der höheren Kräfte, die geschlechtslos sind.

Der Herausbildung dieses einen Gedankens sind die sämtlichen Aufsätze des Buches gewidmet. Nur soweit die Frauen an der geistigen Kultur teilnehmen, können sie sich als Individuen differenzieren, noch nach anderem Prinzip als dem des Geschlechts, welches das Weib zur Mutter, den Mann zum Erzeuger und allenfalls auch zum Ernährer und Verteidiger der Familie macht. Wenn auch durch diese neue Sphäre und diese andere Differenzierung das Interesse der Frau für die Mutterschaft sinken dürfte, so erinnert Rosa Mayreder daran, daß auch unter der Männerkultur die Frauen nie ganz auf die Pflichten der Mutterschaft beschränkt waren, und daß die Mutterschaft keineswegs immer als höchste Aufgabe des Weibes angesehen worden sei. „In allen Zeiten hat die sittliche Anschauung unter Umständen dem Verzicht auf die Mutterschaft besonderes Gewicht beigelegt.

Und die hohe Bewertung der Jungfräulichkeit im Dienste religiöser Vorstellungen zeigt deutlich, daß die menschliche Gesellschaft einzelnen Frauen noch einen anderen Beruf als den sogenannten natürlichen zuerkannt hat." „In der christlichen Welt, die doch Mutterschaft und Jungfräulichkeit in ein Mysterium verschmolzen hat, und zu deren Direktiven das Paulinische Wort gehört, daß das Weib selig werden wird durch Kinderzeugen, triumphierte die Jungfräulichkeit, die nun einmal in Realität mit Mutterschaft nicht zu vereinigen ist." Und die religiöse Anschauung des Mittelalters betrachtete den ehelosen Stand als den der hohen Geistlichkeit allein angemessenen. Die religiös gestimmte Frau sucht, wie der religiös gestimmte Mann die Vorbereitung für das ewige Leben, das jenseits von Mann und Weib bei den Geschlechtern den gleichen Zustand rein geistiger Seligkeit verhieß, in klösterlicher Weltflucht, unbeschadet der Vorschrift, die ihnen das Kinderzeugen als Weg der Seligwerdung wies. - - Um des versprochenen Himmelreiches willen entzieht sich auch heut noch eine Menge von Frauen in Klöstern der Mutterschaft, ohne deshalb in der sozialen Bewertung als minderwertig oder gar als entartete Exemplare der Weiblichkeit zu gelten.

Deshalb wäre es kein Grund zum Vorwurf für eine Frau, wenn sie um geistiger Interessen willen auf die Mutterschaft verzichten wollte. „Nur eine Zeit wie die Gegenwart, die keine geistigen Direktiven, keine allgemeinen neuen Ideale mehr besitzt, kann den Entgang der Mutterschaft als Einwand gegen die geistigen Bestrebungen einzelner Frauen betrachten." Zudem schließt die geistige Betätigung den Verzicht auf die Mutterschaft keineswegs ein. Und ein solcher ist auch nicht in beträchtlichem Umfange zu befürchten, „denn die Natur hat die mütterlichen Instinkte mit so starken Banden versichert, daß sie für individuelle Willkür nicht leicht zerreißbar sind". Nur eine Befreiung der Frau von den alten Geschlechtskonventionen und Fesseln kann die Frau als Persönlichkeit frei machen, sie über das Geschlechtswesen hinaus entwickeln, sie als Mensch differenzieren.

„Für hochgestimmte Seelen", so sagt Rosa Mayreder, „ist nichts unerträglicher als die Vorstellung der Gebundenheit durch das Geschlecht. Ausgeschlossen zu sein durch das Geschlecht von irgend einer Möglichkeit des Erkennens, die im Bereiche des menschlichen Wesens liegt, das kann in solchen Seelen nur Haß gegen das Geschlecht erzeugen." Die Frau wächst deshalb über sich selbst hinaus, wenn sie Eigenschaften entwickelt, die ihrer Geschlechtsnatur entgegenstehen: wie Willensstärke, Unbeugsamkeit, Initiative. Und diese Eigenschaften sind deshalb bei ihr höher zu schätzen als beim Mann. Denn bei ihm bedeuten sie „nur eine Umsetzung der Geschlechtsteleologie in eine höhere Stufe des Seelenlebens, bei der Frau hingegen ein Überschreiten der durch die teleologische Beschaffenheit dem gewöhnlichen weiblichen Individuum gesetzten Grenze". - Der große Vorsprung, den die Natur dem Manne gab, besteht darin, „daß in seiner teleologischen Geschlechtsbeschaffenheit die Disposition zu jenen Eigenschaften liegt, welche die Entwicklung der freien Persönlichkeit begünstigen, indes die Frau erst die teleologische Beschaffenheit überwinden muß, um diese Eigenschaften auszubilden". Aber auch für den Mann ist das spezifisch Geschlechtliche eine Grenze, weil es ihn von dem Verständnis für die andre Hälfte der Menschheit ausschließt, weil es ihn beschränkt. Frei im höchsten Sinne wird nur der Mann sein, der die synthetische Kraft besitzt, durch Assimilierung - durch die Fähigkeit der Hingebung - eine höhere, umfassendere Wesenseinheit aus sich zu machen. Das Ideal der Menschlichkeit in der Zukunft wird nach Rosa Mayreder von solchen synthetischen Menschen verwirklicht werden, die dem Geschlecht eine schönere und glücklichere Bedeutung einräumen und die Frau als ebenbürtige Gefährtin der Männer ansehen. Dies Ideal liegt in der Freiheit für die *Individualität*, die aus dem Schoße der Natur ewig neu emporwächst, eine unerschöpfliche Quelle neuer Entwicklungsmöglichkeiten und neuer Daseinsgestalten!

Je mehr die Frau sich als Persönlichkeit entwickelt, desto weniger ausschlaggebend muß ihre primitive Geschlechtsnatur für ihre Gesamtbewertung sein. Mit diesem Gedanken stellt Rosa Mayreder der Frauenbewegung ein Ziel, gibt sie ihr eine Zukunftshoffnung, die sich dem Programm der alten Frauenbewegung nähert. Und in dem Glauben an die teleologische Differenzierung von Mann und Frau ist sie den Ideen der jüngeren Richtung verwandt. Aber sie will schließlich beide in ihrem System überwinden. Nicht die Frau in der weiblichen Eigenart, nicht die Frau, die es dem Manne gleich tun will, sondern die Frau, die sich als Individualität differenziert und durchsetzt, ist für sie das Ziel der Entwicklung, und diese Frau wird ihrem Geschlecht eine bessere Stellung in der Gesellschaftsordnung erorbern. Und in diesem Sinne einer unbeschränkten Differenzierung der Menschen nach Individualitäten wird es dann wieder heißen: „Hier ist kein Mann noch Weib."

Sieht man von dieser durch Tiefe und Schönheit der Gedanken gleich ausgezeichneten Arbeit ab, so ließen sich die Äußerungen zur Theorie der Frauenfrage, die in den letzten Jahren veröffentlicht wurden, soweit sie überhaupt neue Gedanken brachten und fortbildend wirkten, in zwei Kreise einordnen. Nicht in fest geschlossene Personen-, sondern in *Ideenkreise*, deren Vertreterinnen bei der praktischen Organisationsarbeit *nicht* als einheitlich handelnde Gruppen auftreten. Vielmehr entscheiden zunächst in den Organisationen über das Zusammengehen, über die Gruppierung der Streitkräfte mehr gleichartige Anschauungen über die Taktik, das Tempo der Bewegung, als solche über ihre Begründung, ihre Theorie. Und auch die theoretischen Gruppen sind nicht in Bezug auf den Personenkreis, den sie umfassen, fest gegliedert. Feinste Nuancierungen unterscheiden die Gedanken der einzelnen zu den verschiedenen Problemen, so daß die Äußerungen einer Persönlichkeit wohl in einer Frage in die erste, in einer andren in die zweite Gruppe einzuordnen wären. So hat beispielsweise Oda Olberg, die in ihrer Arbeit über den *Intellektualismus* der jüngeren Richtung eingereiht wurde,[4] in einem

[4] Vgl. S. 410

Zeitschriftenaufsatz die ökonomische Unabhängigkeit der Ehefrau durch Erwerbstätigkeit als notwendiges Ideal aufgestellt, wobei sie allerdings an die Möglichkeit eines fünfstündigen Arbeitstages denkt. Es erscheint daher zweifelhaft, ob man sie als *Mensch* der „jüngeren Richtung" zuzählen kann, während das besprochene Werk in seinem Gedankengang unbedingt dahin gehört.

Diese zwei *Gedankenkreise*, von denen jeder ein geschlossenes Ganzes darstellt, haben sich bei der Fortbildung des ursprünglichen Programms der Frauenbewegung entwickelt. Der eine, der in der *Gleichwertigkeit* der weiblichen *Eigenart* mit der männlichen eine neue *Begründung* der Forderungen nach Gleichberechtigung der Frauen, eine neue *Rechtfertigung* der Frauenbewegung brachte. Der zweite, der die alte Forderung gleichen Rechtes auf Grund gleicher Leistungen dahin ausbildete, daß die *gleichen Leistungen* durch die *Erwerbstätigkeit der Ehefrauen*, der Mutter herbeizuführen sind.

Führt die erste Richtung notwendig zur Forderung der Bewertung und *Bezahlung der hauswirtschaftlichen und erzieherischen Leistungen der Frau,* so treibt die andere der Entwicklung einer *Auflösung der Familie* und der Ehe entgegen.

Es sind zwei Ströme, die aus derselben Quelle hervorgegangen sind. Werden sie in dasselbe Meer fließen?

Theoretisch scheint eine Vereinigung dieser beiden Richtungen ganz unmöglich, trotzdem beide das gleiche Ziel verfolgen, dieselbe Forderung vertreten: die Frauen durch materielle und geistige Selbständigkeit, durch Erhöhung ihres Persönlichkeitswertes zu tatkräftiger Teilnahme an der Kultur zu führen.

Aber unter der Teilnahme an der Kulturarbeit verstehen sie eben verschiedene Dinge: Die einen die *Pflege der sittlichen Güter,* bei der die Frau durch ihre Stellung als Mutter den Vorrang vor dem Mann behaupten kann; die andren die *Förderung der materiellen Kultur,* die Güterwelt und daneben die Welt der geistigen Kultur nur, soweit sie objektive Werte schafft. Diese Unterschiede sind nicht zu verwischen und nicht zu überbrücken. Sie werden in der *Theorie* der Frauenbewegung immer wieder zum Ausdruck kommen, wenn auch die Personen, die heute die Gedanken beeinflussen, zurücktreten. Denn es sind *nicht* Unterschiede, die sich aus der *Parteistellung*, aus dem *religiösen Bekenntnis*, aus *Klassenstellung* oder *Beruf* ergeben, sondern Unterschiede der *Weltanschauung*, die zu einer verschiedenen Wertung aller Güter und aller Handlungen führen müssen. Es ist der uralte Gegensatz zwischen materialistischer und idealistischer Weltanschauung, die beide auch in der Frauenbewegung sich zu behaupten ringen.

Vielleicht werden diese Unterschiede, die in der Theorie zur Entwicklung zweier getrennter Gedankenkreise führen mußten, in der Praxis der Frauenbewegung, in der Organisation und Agitation ein gemeinsames Arbeiten nicht hindern. Denn das, was die Frauenbewegung nach außen - und in den Vereinen - zu tun hat, liegt vielfach jenseits dieser Gedankensysteme, oder ist unabhängig von diesen zunächst für Alle dasselbe: es liegt in der Erziehung und Entwicklung der

Frauen zu selbständigen, wertvollen Persönlichkeiten. Denn nur solche werden - gleichviel auf welchem Gebiet - Anteil an der Kulturarbeit nehmen können und eine würdige und gleichberechtigte Stellung im öffentlichen Leben erringen

Mütter und Töchter*

„Eine Mutter denkt: *Kind in meinem Schoß,* *Wie mein Blut dich tränkt* *Wächst in mir dein Los.*	*Eine Mutter denkt:* *Kind auf meinem Schoß,* *Nun du mir geschenkt* *Wächst in dir mein Los."*

(Hedwig Lachmann)

Als Turgenieff in seinem Roman „Väter und Söhne" den Konflikt zweier Generationen zeichnete, die zwei verschiedenen Zeiten angehören, von deren verschiedenen Strömungen fortgerissen werden - und deshalb keine Brücke zueinander, keine Möglichkeit gegenseitigen Verstehens finden -, da schilderte er einen Konflikt, der sich zwischen zwei Generationen von Männern schon seit ewigen Zeiten immer wiederholt hat. Er stellte ihn nur in das diesen Konflikt besonders zuspitzende Milieu des „Jung-Rußland" hinein, das - von neuen sozialen und demokratischen Idealen beseelt - gegen alle bisherigen Traditionen der besitzenden Klasse, auch den eigenen egoistischen Interessen entgegen, für die Befreiung der Bauern eintrat.

Wenn in den letzten Jahren eine ganze Reihe von Romanen - besonders aus weiblicher Feder - erschienen sind, die alle den Titel „Mütter und Töchter" tragen könnten, und die einen Konflikt zwischen der älteren und der jüngeren *Frauengeneration* behandeln, der unzweifelhaft - gewiß nicht überall, aber doch in vielen Familien - ausgebrochen ist, so haben wir es hierbei nicht mit einer ähnlichen Erscheinung zu tun; nicht mit einem stets dagewesenen Konflikt zwischen Alten und Jungen, der gelöst wird, wenn die Jungen in die Stelle, in die Erfahrungen und vielleicht auch in die Anschauungen der Alten hineinwachsen. Sondern diese Spannung zwischen der jungen und der älteren Frauengeneration ist etwas absolut *Neues*, unserer Zeit Eigenes. Sie ist durch dieselben Ursachen wie die

* Die Frau, 15. Jg., Nr. 6, März 1908, S. 321-333

Frauenbewegung hervorgerufen oder uns jedenfalls erst durch die Frauenbewegung zum Bewußtsein gebracht worden.

Und diese Reibung wird von den Frauen ganz besonders schwer empfunden, zunächst schon, weil Mütter und Töchter räumlich und zeitlich viel stärker aufeinander angewiesen sind als Väter und Söhne, weil ihr Leben sich *äußerlich* weit mehr als etwas Gemeinsames, viel enger beieinander abspielt. Dann aber auch, weil rein *innerlich* die Beziehung zur Tochter für die Mutter unendlich viel mehr bedeutet als für den Vater das Verhältnis zum Sohn; weil jede Entfremdung die Mutter viel schmerzlicher berühren muß.

Auch den *Töchtern* ist diese Spannung klar zum Bewußtsein gekommen. Wenn Maeterlinck einmal in einer seiner älteren Schriften eine Mutter, eine Königin, von ihren sieben jungen, schönen und gesunden Töchtern seufzend sagen läßt: „Sie sind nicht glücklich, unsere Töchter, und *unser* Fehler ist das nicht", so kann man heut bei einem Zusammensein von jungen Mädchen oft beobachten, daß sie sich über ihre Mütter unterhalten, und daß sie in bezug auf diese zu demselben Resultat kommen, das Maeterlinck seiner Mutter in bezug auf die Töchter in den Mund gelegt hat: „Sie sind nicht glücklich, unsere Mütter", (das soll heißen, sie sind mit uns nicht zufrieden,) „und *unser* Fehler ist das nicht". Ein Nachsatz, dessen Berechtigung man zunächst einmal, gleichviel ob er von den Müttern oder von den Töchtern ausgesprochen wird, bezweifeln sollte.

Wenn man feststellen will, „wessen Fehler es denn ist", wo die Ursachen für alle jene Spannungen und Konflikte, für kleine Zerwürfnisse und große Reibereien liegen, so wird man am besten das typische Frauenschicksal früherer Zeit mit dem heutigen vergleichen (sofern man *heut* überhaupt noch von einem *typischen* Frauenschicksal sprechen kann). An der Hand dieser Gegenüberstellung soll dann betrachtet werden, wie sich aus dem jeweiligen Frauenschicksal heraus zu verschiedenen Zeiten das Verhältnis von Mutter und Tochter gestalten mußte.

In den wohlhabenden bürgerlichen Kreisen, die hier ins Auge gefaßt werden sollen, war noch in der vorigen und vorletzten Generation das Frauenschicksal wenig differenziert. Das Leben der jungen und der alten Frauen spielte sich im selben Rahmen, im selben Pflichtenkreis ab; beide Generationen waren bis zu einem gewissen Grade von denselben Interessen erfüllt. Das Leben der Jungen und Alten unterschied sich rein äußerlich wenig voneinander. Die Mädchen wurden in einer Schule gebildet, die ihren geistigen Horizont nicht über das Bildungsniveau des Elternhauses erweiterte. Sie teilten, sobald sie herangewachsen waren, die häuslichen Aufgaben der Mutter und wuchsen meist jung selbst in die Mutterwürde und die Mutteraufgaben hinein. Die Mutter war nicht nur die natürliche, sondern auch die tatsächliche Lehrmeisterin und Beraterin ihrer Tochter; oft über die Zeit hinaus, da diese sich den eigenen Hausstand gründete. Die Tochter hatte kaum Gelegenheit, mit älteren Frauen, die dem Familienkreis nicht angehörten, in Beziehung zu treten, und von ihnen in anderer Weise als von den Müttern beeinflußt zu werden.

Empfanden die Töchter unter diesen Verhältnissen einen *Druck* - und auch das wird gewiß nicht immer ausgeblieben sein -, so wurde er wohl in dem Gefühl leichter getragen, daß man in die relative Selbständigkeit und Herrschaftsstellung der Mutter bald hineinwachsen würde. Wie die Lehrlinge und Gesellen der Handwerkszeit - ganz im Gegensatz zu den heutigen Industriearbeitern - eine rauhe Behandlung von seiten des Meisters ruhiger hinnahmen, weil sie wußten, daß auch sie einmal Meister werden, anderen gebieten würden, so ordnete sich auch die Tochter in der Zeit des Werdens, des Heranwachsens dem Haus und der Mutter selbstverständlich - ohne viel Kritik und Grübelei - unter; in der Gewißheit, daß *der Zeit des Werdens eine Zeit des Seins, der Erfüllung, der Gleichberechtigung mit der älteren Generation* folgen würde. Das ließ Wünsche nach einer individuelleren Gestaltung des Lebens für den Augenblick des Jungseins, für die Gegenwart kaum aufkommen.

Wie aber die Töchter nicht über die Mütter hinaus begehrten, so hatten auch die *Mütter* keine Hoffnungen und Wünsche, welche die Töchter über die Entwicklung der Mütter hinaus führen sollten. Wer glücklich verheiratet war, der wünschte seiner Tochter dasselbe freundliche Schicksal. Und wem die Ehe Sorge und Trübsal gebracht, der wünschte wohl für seine Tochter eine bessere Gestaltung des Loses, aber es sollte sich doch in derselben Bahn bewegen, es sollte durch eine sorgenfreiere *Ehe* herbeigeführt werden. Daß ein Mädchen sein Leben und Schicksal mit eigener Hand - etwa durch eigene Berufstätigkeit und ohne Ehe - gestalten könnte, das war ein Gedanke, der den wohlhabenden Kreisen noch der letzten Frauengeneration völlig fern lag. Wer nicht zur Ehe gelangte, wer nicht einer neuen Generation das Leben gab, der hatte seinen Zweck und seine Lebensaufgabe eben verfehlt. - Und so fanden sich Mütter und Töchter im selben Interessenkreis, bei denselben Wünschen und Aufgaben zusammen.

Diese idyllische Schilderung aus früherer Zeit ist zwar nicht durch historische Forschungen verbürgt; und nicht viele jüngere Frauen unserer Zeit dürften aus ihren eigenen Erinnerungen solche Schilderung entwerfen. Trotzdem glaube ich zu dieser Darstellung berechtigt zu sein; denn all meine Altersgenossen haben sie so oft aus dem Munde ihrer Mütter und Großmütter - immer in der gleichen Weise, wenn auch nicht immer ohne tendenziöse Färbung und Zweckbestimmung - gehört, daß wir ihr tatsächlich Glauben schenken müssen.

Und nun möchte ich das Bild unserer Zeit jenem früheren gegenüberstellen, das heutige *Mutterschicksal*, das Verhältnis von Mutter und Tochter, wie es sich in meinen Augen spiegelt. Und ich werde dabei bemüht sein, nach Verständnis für beide Generationen, für die Motive ihres Handelns zu suchen, ein möglichst objektives Bild zu geben, zwischen den *Generationen* - nicht zwischen den *Parteien* - stehend. Denn zu Parteien dürfen Mütter und Töchter niemals, auch in Konfliktszeiten nicht, werden.

Lassen Sie mich bei den *Müttern* anfangen. Das Leben der Mütter ist heut in ganz anderem Sinne als früher durch ihre Töchter bestimmt. Früher war schließlich alles, was die Frau tat, ehe sie Kinder zu erziehen hatte, nur eine Vorbereitung für ihr späteres Leben; und sobald die Töchter erst verheiratet waren (die Söhne pflegten ihrem Einfluß viel früher zu entwachsen oder entzogen zu werden), konnte sie sich „aufs Altenteil" zurückziehen. Die Erziehung der Töchter war die hauptsächlichste Lebensaufgabe der „Mutter". Heut wird ihr Leben durch die Töchter oft in ganz anderem Sinne beeinflußt. Das Leben und das Glück und der Frieden der *heutigen* Mütter ist vielmehr von den Töchtern abhängig, *weil sich der heranwachsenden Generation im letzten Jahrzehnt eine ganze Fülle von Berufs- und Bildungs- und Lebensmöglichkeiten* aufgetan haben, weil dadurch Mutter und Tochter *in zwei verschiedenen Lebenskreisen Wurzel faßten;* weil ihr Verhältnis zu einander dadurch von Grund auf umgestaltet worden ist.

Diese Behauptung soll konkretisiert werden. Es lassen sich dafür verschiedene Möglichkeiten denken.

Da ist zunächst die Mutter, die jedem bekannt ist, nämlich die Mutter, für welche die alte Zeit die „gute alte Zeit" ist, die von den neuen Ideen, *von der „modernen Richtung" nichts wissen will.* Sie kann aber ihre Töchter vor der Berührung mit der neuen Gedankenwelt nicht schützen. Da bringt die Zeitung - auch die konservativste - Nachrichten über die Frauenbewegung. Da sind Freundinnen, die einen Beruf ergreifen. Selbst die Schule weist die heranwachsenden Mädchen häufig auf soziale Aufgaben hin, erweckt in ihnen den Glauben an ihre Verantwortlichkeit gegenüber den sozialen Nöten unserer Zeit. Nehmen die Mädchen die Samenkörner auf, die der Wind ihnen zuträgt, verlangen sie danach, ihre Kräfte zu entwickeln, etwas zu lernen und zu werden, um auch *für sich* etwas zu leisten und zu bedeuten, so sind sie schon glücklich zu schätzen, wenn die Mutter sie nicht daran hindert, den eigenen Ideen zu folgen; wenn die Mutter die Tochter schweren Herzens *allein* die Straße ziehen läßt, auf der ihr zu folgen *ihre* Kräfte und *ihre* Initiative nicht ausreichen. Allzu oft bleibt es dann nicht aus, daß die Tochter, der ein neues und weiteres Leben eröffnet ist, die Mutter übersieht oder wenigstens - zu übersehen *glaubt,* wie der Junge das von jeher getan hat, sobald er die ersten lateinischen Vokabeln lernte! Auch in den Töchtern enwikkelt sich oft eine Art geistiges Pharisäertum, das Gefühl: was ich habe, das hast du nicht; und was ich tue, das tust du nicht. Sie gewöhnen sich daran, von dem, was sie beschäftigt und erfüllt, nicht mehr mit der Mutter zu sprechen. Sie isolieren sich *geistig* von der Mutter und suchen Rat, wenn sie ihn brauchen, bei anderen. Und da sie ihn in beruflichen Angelegenheiten nicht bei der Mutter holen können, gewöhnen sie sich leicht daran, ihn auch in menschlichen und sittlichen Angelegenheiten, in dem, was man als Angelegenheiten des persönlichen Lebens bezeichnet, bei anderen zu suchen: bei *Fremden.*

Und der Rat, den sie dort finden, ist nicht immer gut. Einmal, weil die jungen Mädchen nicht immer ein so gesundes Urteil haben, um vertrauenswürdige Ratgeber finden zu können. Wenn ihnen das aber selbst gelingt, so wird jemand, der sie nur von einer Seite ihres Wesens kennt, vielleicht nur durch berufliche Beziehungen mit ihnen verbunden ist, der ihre Anlagen und ihren Charakter nicht beurteilen kann, auch nicht unter allen Umständen guten Rat geben können. Die Isolierung zwischen Mutter und Tochter ist dann nicht nur für die Mutter äußerst betrübend; sie ist auch für die Tochter oft eine dauernde Schädigung, weil diese sich selbst dadurch zur Einsamkeit verdammt; weil das seelische Wurzelschlagen am fremden Stamm - trotz starker Sympathie, trotz vollen Verstehens auf einzelnen Lebensgebieten - doch unendlich viel schwerer ist, als man in jugendlicher Begeisterung anzunehmen pflegt.

Bei dieser Darstellung wurde jedoch bisher ein besonders günstiger Fall vorausgesetzt. Nämlich, daß die Mutter, die nicht mit der Zeit fortschreitet, sich nicht entwickelt, ihre Tochter an der Verfolgung eigener Interessen nicht hindert. Es gibt aber auch Mütter, die so stark in den alten Traditionen befangen sind, *daß sie ihre Töchter durchaus in die alten Lebensformen hineinzwingen wollen.* Mütter, die daran festhalten, daß es nur ein allgemeingültiges Evangelium für die Frau gibt: daß die Frau, die nicht zur Ehe gelangt, ihr Leben vergeudet. Und um der Tochter zur Erreichung dieses einzigen Lebenszweckes zu verhelfen, halten sie von ihr alles fern, was ihr in den Augen der Männer den Reiz der Weiblichkeit nehmen - aber auch das, was ihr selbst die Ehe weniger begehrenswert erscheinen lassen könnte: nämlich jede tiefere Bildung, jede selbständige Betätigung, die allein einem Menschen zum Lebensinhalt werden kann.

Es gibt solche jungen Mädchen, die man ohne stichhaltigen Grund, nur um des Prinzips der Mutter willen, zu Hause verbraucht oder, was viel schlimmer ist, zu Hause verkümmern läßt. Es gibt Mädchen, die gegen ihre Neigung in Gesellschaften geschickt werden, zu Sport und „Vergnügungen" gezwungen werden, die man immer wieder darauf verweist, daß sie lustig sein, sich amüsieren, das Leben genießen sollen - aber auf eine Art, die für sie eben keinen Genuß bedeutet. Es gibt solche *„Autoritätsmütter"*, die sich über die Methode, die sie üben, und über das Resultat, das sie damit zeitigen müssen, gar nicht klar sind. Frauen, die übersehen, daß das Lebensglück ihrer Töchter, um dessentwillen sie doch die Ehe anstreben, vernichtet, daß der Charme und die Jugendfrische, die sie erhalten wollen, gerade zerstört und zertreten wird, wenn man die Mädchen von all dem zurückhält, was sie freut, wonach sie begehren, was sie als Freuden und Schätze und Genüsse ansehen. Oft handeln diese Mütter nach dem Rezept der alten Schule; sie verlangen absolute Unterordnung, bis die Tochter das Haus verläßt, und vergessen darüber, daß die Tochter, die das Haus spät oder vielleicht nie verläßt, einmal dem Kindesalter, der Zeit des gedankenlosen Gehorsams, der selbstverständlichen Unterordnung entwachsen muß. Dem erwachsenen Menschen gegenüber wird schließlich das zur Bevormundung und Freiheitsbeschränkung, was dem heranwachsenden Kinde gegenüber durchaus angebracht ist. Und so schwer es auch sein mag: der Moment, in dem die alten Gewohnheiten und Bevormundungen aufhören sollten, müßte von jeder Mutter gesucht und gefunden werden.

Man soll ganz gewiß dem übertriebenen Individualismus nicht das Wort reden, dem ungesunden und fast pathologischen Freiheitsdrang, der heute vielfach unsere Jugend erfüllt. Es ist ganz selbstverständlich, daß in der Familie wie in jeder anderen Gemeinschaft jedes Glied dem Ganzen Rücksichten schuldig ist, und daß die jungen Menschen diese in erster Linie den Alten zu bringen haben. Es ist wünschenswert, ja notwendig, daß auch erwachsene Töchter sich nach der Hausordnung richten; daß sie ihre Angehörigen von ihren Beschäftigungen, ihrem Aufenthalt in Kenntnis setzen. Aber das darf nicht zu einer *Familienhörigkeit* führen. Es darf nicht die Form eines *Zwangs* annehmen. Es ist unwürdig, wenn ein erwachsenes Mädchen nicht über einen Groschen selbständig verfügen kann, wenn sie über jede Ausgabe, über die Anschaffung einer Broschüre, über einen Vereinsbeitrag oder die Besohlung von Stiefeln Rechenschaft ablegen muß. Wenn die Töchter in wohlhabenden Häusern über keinen Raum verfügen, in dem sie ungestört einer Beschäftigung nachgehen können; wenn Briefe, die an sie gerichtet sind, nicht als Individualeigentum, sondern als *Familienbesitz* betrachtet werden und die Runde um den Frühstückstisch machen müssen. Es ist geradezu deprimierend, wenn jungen Mädchen heut verboten wird, was gestern erlaubt wurde; wenn ein ewiger Kleinkrieg gegen jedes Zugeständnis zu selbständiger Tätigkeit geführt wird; wenn jede „große Wäsche“ und jeder Logierbesuch herhalten muß, um die Tochter von außerhäuslichen Beschäftigungen, mag das eine soziale Arbeit oder eine Berufsschulung sein, zurückzuhalten. Denn das kann sie nur zu einem Konflikt zwischen kindlichem Gehorsam und anderweitigen, einmal übernommenen Pflichten führen.

Das alles mag dem einen unbedeutend, dem andern unmöglich scheinen. Aber es sind wahre und weitverbreitete Vorkommnisse, die erträglich waren, solange die Tochter mit dem Gedanken rechnen konnte, früh zu heiraten, solange der Aufenthalt im Elternhaus für sie nur ein Übergangsstadium bedeutete. Aber es sind Symptome einer Hörigkeit, die heut einen ungeheuren, oft geradezu unerträglichen Druck bedeutet, da die Mädchen - mögen sie die Ehe vielleicht ebensosehr herbeiwünschen, wie ihre Eltern das für sie tun - nicht gewiß sind, daß sie dazu gelangen; da sie jedenfalls viel länger, als es in früherer Zeit üblich war - durchschnittlich vielleicht zehn Jahre - als erwachsene Menschen dem Elternhaus angehören. Es sind Symptome einer Hörigkeit, die aber vor allen Dingen unerträglich geworden ist, weil die Mädchen heut *von anderen Lebensmöglichkeiten und Erfüllungen etwas wissen!*

Entfremden sich die zuerst geschilderten Mädchen ihren Müttern oft in geistiger Beziehung, so entsteht bei dieser zweiten Gruppe eine tiefe Verbitterung, die dann leicht zu einem nicht ganz ehrlichen und offenen Vorgehen führt; eine Folgeerscheinung, die für den Charakter der Mädchen unendlich viel schädlicher und gefahrbringender ist, als ein wenig mehr Freiheit je werden könnte.

Jedoch all diese Reibungen und Spannungen, von denen bisher gesprochen wurde, sind darauf zurückzuführen, daß die Mütter der *alten* Zeit angehören, von modernen Anschauungen und Bestrebungen für sich wenigstens nichts wissen wollen. Neben diesen Frauen aber finden wir in der jetzigen Müttergeneration so manche, die versucht hat, selbst eine moderne Frau zu sein, und bei der man volles Verständnis für ihre Töchter erwarten sollte. Und doch ist auch bei ihnen oft alles Mühen und Ringen um Harmonie, um ein gegenseitiges Verstehen mit den Töchtern vergeblich.

Auch hier kann der Konflikt verschiedenartige Gestalt annehmen. Da ist die Frau, die von den modernen Ideen so gefangen, von dem neuen Strom, der ihr begegnete, so erfaßt ist, daß sie die neuen Erkenntnisse noch *für sich selbst* nutzen und werten will. Und wie alle, die spät erst eine neue Art der Lebenserfüllung kennen lernen, geben sie sich diesem Interesse mit einem solchen Fanatismus hin, mit dem leidenschaftlichen Wunsche, alles Versäumte nachzuholen, daß darüber leicht anderes vernachlässigt wird, daß die Töchter oft dabei zu kurz kommen; mit der Energie derer, die eben zu viel für sich wollen. So räumen diese Frauen ihren Töchtern wohl äußere Freiheiten ein, um die andere kämpfen müssen, aber diese *äußeren* Freiheiten müssen die Töchter oft mit einer *inneren Verarmung* bezahlen, weil die Mutter für die feinere seelische Beziehung zur Tochter, für die wertvollste Kulturarbeit, die mit der Mutterschaft verknüpft sein sollte, keine Zeit oder keine Gedanken übrig hat. Wer kennt nicht einen solchen unerfreulichen Haushalt, in dem jedes Familienmitglied, auch die Mutter, den eigenen Interessen nachgeht, ohne für das Ganze der Familie Zeit und Gedanken aufzuwenden; jene etwas lieblosen, ungepflegten Häuslichkeiten - ohne einen ordnenden Geist, ohne ruhenden Pol, ohne *einen,* der erst die Sorgen und Freuden aller zu etwas *Gemeinsamen* macht. An diesen Häuslichkeiten können wir erkennen, welche Bedeutung die Mütter früherer Zeiten, die nur für ihre Angehörigen lebten, die, sobald die Kinder erwachsen waren, wenn sie mit der Erziehungsarbeit ihre eigentliche Lebensaufgabe erfüllt hatten, nur noch helfendes Glied sein wollten, welche Bedeutung diese Frauen für die Familie wie für die gesamte Kultur hatten. Mögen sie heute manchem unter individualistischen und modernen Gesichtspunkten bedauernswert erscheinen, zweifellos haben sie Werte geschaffen. Sicherlich könnte auch die moderne Mutter, die einen eigenen und weiteren Interessenkreis hat, gerade um deswillen ihre Umgebung befruchten. Natürlich könnte sie auch trotz und neben der eigenen Gedankenwelt solche eigentlich mütterliche Kulturarbeit leisten; die alten Mutterfunktionen noch vertieft und durchgeistigt erfüllen. Aber die Voraussetzung dafür wäre, daß sie *früh* in außerhäusliche Aufgaben und neue Ideen hineingewachsen wäre, daß sie nicht erst in vorgerückteren Jahren - mit außergewöhnlichem Kraftaufwand - in der Zeit, in der sie schon durch Familienaufgaben stark beansprucht ist, sich den Zugang zu neuen Bildungs- und Entwicklungsmöglichkeiten erkämpfen muß. Die Voraussetzung wäre, daß sie schon über den neuen Verhältnissen, nicht *zwischen* ihnen stände. Den Frauen jedoch, die in ihrer Jugend zu kurz gekommen sind, die erst *spät* zu einer eigentlichen Entwicklung gelangen, deren Persönlichkeitsgefühl sich dann erst schärft, erscheint das Opfer ihrer Eigenart, ihrer Interessen und Wünsche zu schwer. Sie begehren gleichzeitig mit den Töchtern bestimmte Lebensinhalte und treten quasi in Konkurrenz mit ihnen, und das muß Konflikte hervorbringen; denn die Töchter fühlen sich unter solchen Umständen nicht nur vernachlässigt, sondern oft sogar *zurückgedrängt.* Gewiß kann niemand verlangen, daß eine Frau, nur weil sie erwachsene Töchter hat, vom Schauplatz abtreten soll; in einem Alter, in dem man heut, wo die Frauen viel länger jung bleiben, noch neue Lebenserfüllungen begehrt; in einem Alter, in dem andere heute noch die ganze Welt offen zu sehen glauben; in dem viele erst die entscheidende Richtung in geistigen oder seelischen Dingen finden. All die äußerlichen Änderungen im Auftreten der Frau, die hellen Kleider, die abgeschafften Hauben und Kapotthüte, die Rolle, welche die 40-50jährige Frau in der Gesellschaft spielt, die Tatsache, daß sie ganz gewiß nicht mehr nur als Ballmutter gewertet wird, das alles sind nur *äußere Merkmale einer inneren Umwälzung,* der Tatsache, daß eben nicht mehr mit der Eheschließung der Frau - in ihrem zwanzigsten Jahr etwa - der gesamte Lebensinhalt für sie bestimmt wird.

Aber wenn auch den Müttern die Welt eben so offen stehen muß wie den gleichaltrigen unverheirateten Frauen, so verlangt doch die Beziehung zur Tochter gewisse Rücksichten; so verlangt sie, daß die Mutter sich mit ihren Ambitionen und Hoffnungen nicht auf *dasselbe* Gebiet wie ihre Tochter begibt. Es muß für die Tochter schon verletzend sein, wenn die Mutter, die gewiß nicht wie früher verurteilt sein soll, als Ballmutter auf „dem Drachenfels“ zu sitzen, eine Zuschauerrolle zu spielen, die sicherlich das Recht auf einen *eigenen* Freundes- und Interessenkreis behält, wenn sie noch so sehr von gesellschaftlichem Ehrgeiz erfüllt ist, daß sie darüber keine Zeit für ihre Kinder behält; falls sie noch die Rolle der Ballkönigin für sich in Anspruch nimmt, wenn die Zeit der *Tochter* dafür gekommen ist. Und wie viel gefährlicher wird der Konflikt zwischen Mutter und Tochter, wenn diese an einer Berufsausbildung gehindert, mit häuslichen Aufgaben zurückgehalten wird, von denen die Mutter sich befreit, um den eigenen Interessen nachzugehen, um spät noch vielleicht sich selbst eine tiefere Bildung anzueignen. Die Töchter empfinden schließlich unter solchen Verhältnissen die „Emanzipation der Mütter“ als eine Gefahr; sie kommen dann zu der Überzeugung, daß nur „auf erloschenen Vulkanen neues Leben erblühen kann“.

Sicherlich ist es für die heutige Müttergeneration oft sehr hart, daß sie aus Rücksicht auf die Töchter auf manches verzichten muß. Und die Klage dieser Frauen ist durchaus berechtigt, daß sie so eigentlich niemals „dran“ gekommen sind. Denn als diese Frauen Kinder waren, galten überall die Eltern als Hauptpersonen im Hause; und jetzt, wo sie Mütter sind, wird den Kindern dieses Recht eingeräumt. Aber gerade die Theorie von der Hinaufentwicklung der Geschlechter, die unserer Zeit ein Leitmotiv ist, führt die Jugend zu dem Glauben an ihre größeren Rechte, verleitet sie dazu, den Vortritt zu begehren, weil eben die Jugend noch die größeren Chancen in bezug auf Leistungen hat. Und wenn von jeher die jüngere Generation die alte zurückzudrängen versuchte, so gibt ihr heut die herrschende Lehre für dies instinktive Handeln eine Art wissenschaftlicher Rechtfertigung, theoretischer Begründung, die allerdings oft egoistische Übertreibungen zudecken soll.

Neben den modernen Frauen aber, deren Kinder zu kurz kommen, weil die Mütter für sich von der neuen Welt noch zu viel begehren, gibt es andere, die an den Bestrebungen unserer Zeit nur teilnehmen, um die Individualität ihrer Kinder besser zu verstehen, um ihnen in der neuen Zeit auch im alten Umfange Mutter sein zu können, und die sich für diese Aufgabe neu rüsten wollen. Diese Frauen geben sich den Kindern ganz hin; sie lernen und streben nur um der Kinder willen, um diese für die moderne Zeit und die modernen Ansprüche tüchtig machen zu können. Und trotzdem sie glauben, für sich nichts zu begehren, können auch sie nicht immer ihren Töchtern ganz gerecht werden. Oder sie erleben selbst Enttäuschungen, die so bitter sind, ein Leid, das so schwer ist, daß damit viel von dem Kummer aufgewogen wird, den Töchter altmodischer Mütter manchmal tragen. Denn diese Frauen, die nur um der Töchter willen mit der Zeit mitgehen, sich das Verständnis für die neuen Lebensmöglichkeiten geradezu *abringen*, bleiben in *einer* Weise Mütter der *alten Zeit; nämlich indem sie ihre Lebensziele und ihre Lebensaufgaben ausschließlich auf die Erziehung der Kinder setzen*. Sie stellen über die Mutterschaft hinaus keine Ansprüche selbständiger Betätigung an das Leben. Und für den Einsatz ihres ganzen Lebens, für all die Opfer, die sie ihren Kindern gebracht haben, glauben sie - meist ganz unbewußt - auch einen Tribut, das Abtragen einer Dankesschuld von den Töchtern erwarten zu dürfen, nämlich das Eingehen auf *ihre* Ideale, das Glücksuchen auf den Wegen, *die sie vorgezeichnet haben*. Und diese Hoffnung kann sich nicht immer erfüllen. Die Verpflichtung, nicht die eigenen, sondern die Wünsche der Mutter zu verwirklichen, muß von den Töchtern als Last empfunden werden. Und wenn die Töchter diese Verpflichtung nicht fühlen, wenn sie die Dankesschuld in dieser Form nicht abtragen, so ist die Mutter um den Gewinn betrogen, um den sie ihr Leben hingegeben hat.

Wenn aber diese Schuld auch bezahlt wird, wenn die Kinder selbst das Glück auf dem Wege suchen, den die Mutter ihnen gewiesen, selbst dann kommt für diese Frauen ein Augenblick tiefen Kummers, traurigster Enttäuschung; sobald sie nämlich gewahr werden, *daß die Kinder sie nicht mehr brauchen*, daß sie ihnen nicht mehr notwendig sind, daß sie ihnen keine Stütze mehr sein können; wenn sie in ihren *besten* Jahren gewahr werden, daß sie - mit viel unverbrauchter Kraft - keine Lebensaufgabe mehr haben.

Dieses *Entgleiten* der Töchter, dieses *Brachgelegtwerden* der Mütter ist früher sicherlich niemals so schmerzlich wie heut empfunden worden. Schon allein, weil damals die Frauen schneller alterten als heut; dann auch, weil sie in der Regel mehr Kinder hatten und deshalb länger in der Familie gebraucht wurden. Wenn die jüngste Tochter eines kinderreichen Hauses herangewachsen war, empfand die Mutter gewöhnlich den ruhigen Lebensabend, den Mangel an Aufgaben ausserordentlich wohltuend. Heut tritt aber dieser Moment oft ein, wenn bei der Mutter von einem Ruhebedürfnis noch nicht die Rede sein kann, wenn der Mangel an Aufgaben schwer empfunden werden muß. Daß der *Sohn* der Mutter entgleitet, galt stets als selbstverständlich. Daß *er sich innerlich* ein eigenes Leben aufrichtet, damit wird ebensosehr gerechnet wie mit der Tatsache, daß er auch *äußerlich* sich loslöst, das Haus verläßt, sobald er einen Beruf ausübt oder sich darauf vorbereitet. *Die Tochter* aber gilt noch immer als *eigentliche Einflußsphäre der Mutter*, ihr gibt sich die Mutter ganz hin; und daß sie sich ein eigenes Leben zimmern kann, daß sie innerlich der Mutter entwächst, wird als Mangel an Dankbarkeit empfunden. Die individuelle Lebensgestaltung der Frau ist noch zu neu; man kann noch nicht einsehen, daß auch unter Frauen die Persönlichkeiten viel zu verschiedenartig individualisiert sind, als daß die Töchter immer die Ziele erfassen könnten, die die Mütter für sie aufgestellt haben. Und selbst, wenn die Tochter gleiche Wege wie die Mutter geht, aber die Hilfe der Mutter nicht mehr braucht, wird das als schmerzhafte Lücke empfunden. Im täglichen Zusammensein ist das allmähliche Selbständigwerden der Tochter für die Mutter eben immer von neuem fühlbar; *gerade* da, wo diese bewußt ihre ganze Lebensfülle der Tochter gegeben hat, wo das Muttersein ihr ganzes Wesen aufgesogen und ausgemacht hat; gerade dann, wenn eine Frau empfindet, daß Mutterschaft *„nicht ein Beruf wie ein anderer ist, den man ergreifen und lassen kann", sondern wenn die Mutterschaft für sie nichts anderes bedeutet als „ein Erleben am Kinde"*.

Dieser Konflikt, der auch die idealste Mutter treffen kann, ist in ergreifenden Romanen geschildert worden: Die Schmerzen der Frau, die der eigenen Zeit vorauseilt, um mit den Kindern Schritt zu halten, und deren Töchter dann wieder zu den alten Idealen zurückkehren; die trostlose Vereinsamung der Mutter, die um der Kinder willen ihr Lebensglück opfert, und die doch ihren Kindern nichts sein kann, den Kindern, die eben etwas *anderes* sind, etwas anderes wollen, einem anderen zustreben; deren Wege vielleicht zum entgegengesetzten Ende führen werden. *Lou Andreas-Salome* hat das rührende Bild einer solchen Mutter in „Ma" geschildert. Das Bild einer Mutter, die für ihre Töchter arbeitet, um ihnen den Herzenswunsch, das Studium zu ermöglichen. Um der Töchter willen ist sie bereit, Heimat und Wirkungskreis und Freunde zu verlassen; den geliebten Mann selbst, der ihr noch ein spätes Glück verheißt, aufzugeben. Das alles, um den Töchtern im fremden Land, dort wo das Studium sie hinführt, ein neues schützendes Heim zu gründen. Und dann erfährt sie, daß selbst die jüngste Tochter, die ihr eine schwärmerische Liebe und Hingebung entgegenbringt, im letzten Grunde nicht so sehr das *Studium* wie die *Freiheit* ersehnt hat. „Alles hatte sie ihren Kindern geben wollen und erlaubt; alles was diese sich nur wünschten. Mehr zu geben hatte sie überhaupt nicht. Nur sich selbst noch hinzugeben hatte sie wollen. Sie selbst jedoch – ja sie *selbst* – lehnten die Töchter leise ab." Und *Anselma Heine* hat eine andere Seite dieses Konflikts in ihrem Roman „Mütter" gezeichnet; in der Gestalt der Hella Börne, die ihre Kinder zu einem wahrhaften, tüchtigen Leben führen will, um dann zu erkennen, daß ihre Kinder den Pulsschlag eines heißen, vollen Lebens gar nicht fühlen wollen, daß sie sich in konventioneller Behaglichkeit - ohne Kämpfe und Wunden - oder in starrer verknöcherter Lebensfremdheit ihr Glück suchen.

Es gibt eben keine Form der Aufopferung, durch welche die Mütter ihren Töchtern ihre Ideale aufzwingen, durch die sie ihnen den Gewinn des eigenen Lebens als kostbaren Besitz und Leitstern mitgeben, durch die sie sich den Töchtern *unentbehrlich* machen können. Genau so unmöglich wie es ist, die Töchter in den alten Lebensformen festzuzwingen, genau so unmöglich ist es, ihnen *einen höheren Platz* vorzubereiten; weil eben jede Generation sich ihren Platz, *ihre* Ideale selbst - unter eigener Verantwortung - suchen will. Auch die jungen Mädchen unserer Zeit suchen das, was ihnen, und nicht, was ihren Müttern als Glück erscheint. Gewiß wollen sie das Leben genießen, aber so wie sie, nicht wie die Mütter sich das denken. Und vielleicht wird dieser Lebensgenuß für viele Mädchen nicht auf *Bällen*, sondern in *Büchern* zu suchen sein. Das ganze Streben, auch der weiblichen Jugend, läuft heut darauf hinaus, daß sie das Recht freier Selbstbestimmung und die Fähigkeit der Selbstbehauptung erringen wollen. Wo man dieses Streben unterbindet, da wird der Zweck der Erziehung nicht erreicht. Da hebt die Erziehung sich sozusagen selbst auf. Denn Zweck jeder Erziehung bleibt immer die Entwicklung *zur selbständigen verantwortlichen Persönlichkeit.* Es kann nicht Zweck der Erziehung sein, daß die *Mütter* Freude an ihren Töchtern haben; sondern die Töchter selbst müssen zur Lebensfreude und zur Lebenstüchtigkeit geführt werden.

Wir alle wollen Freude vom Leben haben; und wir wollen auch Leid mit in den Kauf nehmen. Aber es muß ein Leid sein, das durch unser eigenes Tun, nicht durch die Bestimmungen und Vorschriften *anderer* auf uns gekommen ist. Und jene Übertreibungen der Mütterlichkeit, die - um der Tochter Leid zu sparen - ihr den Willen und die Erfahrungen der Mütter aufdrängen wollen, anstatt sie zu lehren, einen eigenen Willen zu entwickeln, eigene Erfahrungen zu machen, können für die Töchter kein Glück bedeuten. Wenn man die Töchter verhindert, sich den eigenen Entwicklungsgang, die eigene Lebensrichtung selbst zu suchen, ziehen diese sich innerlich, in ihren persönlichsten Angelegenheiten in sich selbst zurück. „Und so stehen", wie *Auguste Hauschner* einmal ausgeführt hat, „viele Mütter heut vor dem Empfinden ihrer Töchter, vor dem Inhalt all ihrer Mühen und Sorgen wie vor verschlossenen Türen, aus denen sich nur zuweilen Hände strecken, die verlangen, aber niemals geben wollen."

So schlägt das Leben gerade den aufopferndsten Müttern oft die tiefsten Wunden; denen, die nur für ihre Kinder gelebt haben, die ihre Hoffnungen nur auf ihre Kinder setzten. Denn für diese Frauen ist das Leben nur ein unendlicher Wechsel der Generationen, bei denen die einzelne nur Durchgangsglied *ohne eigenen Inhalt* ist. Aber auch für die Mütter müßte das Leben mehr sein. Denn seine Persönlichkeit ganz restlos in die Mütterlichkeit, in die Erziehungsaufgabe setzen, das heißt das *Gewisse* dem *Möglichen* opfern, das *Sein* dem *Werden*. Und das Sein kann nicht weniger bedeuten als das Werden. Mit einer solchen Ausdehnung der mütterlichen Liebe bringt man das Opfer seiner selbst, und das ist, wie *Malwida von Meysenbug* sagt, „das einzige Opfer, welches man nicht bringen darf".

Deshalb ist es ganz berechtigt, wenn man den Frauen, die sich die Ausübung eines Talentes in der Hoffnung versagen, es einmal an ihren Töchtern heranbilden zu können, und die dabei in 99 von 100 Fällen um ihren Lebensinhalt geprellt werden, die Worte *Rosa Mayreders* als Mahnung entgegenhält: „Lebt doch auch euer eigenes Leben, liebe Mütter, und erspart dafür euren Kindern die Belastung mit all den Hoffnungen und Wünschen, die sie als eine Verpflichtung, es im Leben euch, statt sich selber recht zu machen, mit sich schleppen müssen." Denn diese Verpflichtung können die Töchter nicht erfüllen.

Vielleicht denken viele, daß all solche Konflikte zwischen Müttern und Töchtern nicht so häufig sind, daß die altmodischen Mütter, die ihre Töchter beschränken oder zum wenigsten die sie nicht verstehen, gar nicht mehr zahlreich, daß auch die moderne Frau, die für ihre Kinder keine Zeit übrig hat, nur ein vereinzeltes Großstadtprodukt ist. Daß auch die aufopfernde Mutter, die fast verblutet, wenn die Tochter entgleitet, nicht oft zu finden ist. Vielleicht sind all diese Frauen und ihre Konflikte seltener, als es in den komplizierten und nervösen Verhältnissen der Großstadt erscheint. Ist doch hier in der Jugend das Streben nach persönlicher Freiheit so stark, oft geradezu krankhaft entwickelt, während andererseits in wohlhabenden Kreisen durch den Haushalt an die Mütter so geringe Ansprüche gestellt werden, daß sie Zeit für jene nervösen Übertreibungen der Mütterlichkeit, für eine erzieherische Aufdringlichkeit behalten, für ein unablässiges Betreuen, Behüten und Erziehen der Mädchen, an denen in einem Alter noch herumkuriert wird, in dem der äußere Schliff vollendet sein müßte, und in dem man die innere Erziehung dem erwachsenen Menschen selbst überlassen sollte. Aber selbst wenn diese Reibung und Entfremdung zwischen Müttern und Töchtern nicht so häufig sein sollte, so ist jede einzelne, die darunter leidet, *Mutter oder Tochter*, wichtig genug. So rechtfertigt es jede einzelne zertretene Seele, daß man nach *Heilmitteln für ihre Wunden* sucht.

Wo diese Heilmittel liegen, ist schon verschiedentlich angedeutet worden. Zweifellos wird ein Teil des Konfliktes zwischen Müttern und Töchtern schwinden, sobald es allgemeine Sitte wird, daß *die Tochter ebenso wie der Sohn einen Beruf* ergreift, Freiheit zur Ausbildung und Ausübung der Berufstätigkeit erlangt. Denn dann werden von selbst die Einschränkungen und Einengungen, die heute vielen Mädchen als unerträglicher Druck erscheinen, verschwinden. Daß eine solche Sitte möglichst bald herbeigeführt werde, dafür muß die *Frauenbewegung* sorgen.

Viel liegt auch in der Hand jeder einzelnen Mutter, die versuchen kann, für die neuen Aufgaben und Möglichkeiten, die sich der Tochter eröffnen, Verständnis zu gewinnen, damit sie der Tochter auch unter den neuen Verhältnissen Beraterin bleiben kann.

Alles aber liegt darin, daß eine *neue Müttergeneration* erzogen wird, die von Jugend auf an einen selbständigen Interessenkreis gewöhnt ist, und deshalb in gewissem Umfange außerhäuslichen Aufgaben nachgehen kann, ohne darüber die Familie zu vernachlässigen; die nicht mehr ihr *ganzes* Leben auf eine Karte setzen, sich nicht mit aller Lebensenergie an die Tochter klammern muß. Die Frauen, die zu einem Beruf, zu einem weiteren Pflichten- und Interessenkreis erzogen sind, werden *vielleicht* nicht immer in der Ehe diesen Aufgaben nachgehen. Aber sie werden eine Arbeit haben, zu der sie in irgendeiner Form zurückkehren können, wenn ihre Kinder erwachsen sind; sie haben neben den Kindern einen zweiten Lebenskreis und brauchen deshalb nicht die Kinder mit der Hoffnung auf die Verwirklichung *ihrer* Ideale zu belasten. Und auch diese neue Müttergeneration soll die Frauenbewegung heranziehen helfen.

Das aber sind nur Zukunftshoffnungen; und auch für den *Augenblick* dürfen und brauchen wir nicht darauf zu verzichten, die Reibungsfläche zwischen Müttern und Töchtern einzuengen.

Auch von seiten der *Töchter* kann dafür im Augenblick etwas geschehen. *Und darauf lege ich besonderen Wert.*

Den Töchtern möchte ich deshalb zurufen: Wenn ihr glaubt, von euren Müttern nicht verstanden zu werden, so vergeßt nicht, daß niemand ganz, in allen Seiten seines Wesens von einem andern Menschen verstanden werden kann. Seht darin keinen Grund, euch mehr und mehr zu verschließen. Denn dadurch macht ihr das Übel, über das ihr klagt, größer, nicht geringer. Sondern wenn ihr glaubt, von euren Müttern nicht verstanden zu werden, so versucht *ihr, eure Mütter zu verstehen.*

Die heutige Jugend ist außerordentlich grüblerisch und kritisch veranlagt. Sie läßt sich nicht, wie es meine Generation noch tat, in ihren nächsten Beziehungen vom Instinkt leiten, ohne jedes Gefühl tausendfältig zu spalten und zu untersuchen, ohne sich darüber klar zu werden, ob *Eltern* auch „*Eigenschaften*" haben. Und da die Jugend in diesem Kritisieren und Beurteilen so geübt, da sie darin den Alten voraus ist, da die Töchter heute über die Eigenschaften ihrer Mütter nachdenken, sollten sie diese Fähigkeit benutzen, um *ihre Mütter verstehen zu lernen.* Sie sollten, anstatt zu beurteilen oder gar zu verurteilen, lieber versuchen, die Mütter aus den Verhältnissen heraus zu verstehen, deren Produkt sie sind.

Aber es gibt noch einen anderen Grund, weshalb gerade die Töchter versuchen sollten, ihre Mütter zu verstehen. Das ist die Tatsache, daß *aller Frieden und alles Glück*, das uns zuteil werden kann, von *dem Maß der Liebe und Hingebung abhängt, die wir vor allem unserem engsten Kreis entgegenbringen. Marie von Ebner-Eschenbach* hat einmal gesagt: „Wenn uns auf Erden etwas mit Zins und

Zinseszins zurückgezahlt wird, so ist es unsere Menschenliebe. Ungeliebt durchs Leben gehen ist mehr als Mißgeschick, ist *Schuld*."

Wenn wir mit dem Glauben an dies Wort an die neuen Aufgaben herangehen, welche die Frauenbewegung uns im öffentlichen Leben eröffnet hat, an unsere sozialen oder beruflichen Pflichten, dann müssen wir uns gegenwärtig halten, was es uns hülfe, *wenn wir die ganze Welt gewännen und doch Schaden nähmen an unserer Seele*. Das heißt, was es uns hülfe, wenn wir in die Welt mit dem Wunsch eintreten, dort etwas zu leisten, dort bessere, gesündere, glücklichere Verhältnisse zu schaffen, und wenn wir darüber unsern nächsten Kreis vergessen, ihm fremd werden, dort um Liebe zu werben und zu suchen aufhörten; wenn die junge Generation in einem weiteren Kreis Wurzeln faßt, als die Mütter es konnten, und wenn sie dafür in dem *engsten* Lebenskreis, aus dem doch schließlich unsere beste Nahrung und Lebenskraft gesogen wird, *heimat- und wurzellos* wird.

Und so sollten wir bei dem gemeinsamen Streben, draußen in der Welt einen sozialen Frieden aufbauen zu helfen, unsern Geschlechtsgenossinnen bessere Daseinsmöglichkeiten zu erkämpfen, an allen Aufgaben der Kultur neben dem Manne mitzuwirken, nicht die Erschütterungen übersehen, die diese neuen Aufgaben dem Leben der Frau in der Familie bringen können. Und wir sollten in gemeinsamem Streben versuchen, auch *diesen* Gefahren hilfreich zu begegnen, nach dem Wort einer modernen Dichterin, die sagt:

Ich weiß nur eins - daß wir uns lieben müssen,
Wir an des gleichen Lebens Meeresstrand,
Wir Heimatlosen, die nach fernem Land
Wahnsinn'ger Sehnsucht voll die Segel hissen.

Ich weiß nur eins, daß wir uns helfen müssen
Auf unsrer Reise wirr und voll Gefahr,
Daß nie ein Glück auf diesen Wegen war,
Als helfen und ein helfend Herz zu wissen.

Ich weiß nur eins - trotz finst'rer Einsamkeiten,
In die der Sturm uns Ringende verschlägt -,
Daß wir uns suchen müssen unentwegt,
Bis wir ins letzte tiefste Dunkel gleiten.

Frauen als Arbeitgeberinnen *

Als die Frauenbewegung in ihren ersten Anfängen neue Berufsmöglichkeiten für die Frauen zu erringen strebte, wurde jeder Platz, der sich den Frauen neu auftat, mit Enthusiasmus begrüßt. Mit Befriedigung wurde von Jahr zu Jahr konstatiert, daß die Zahl der in Handel und Industrie beschäftigten Frauen zunahm, daß Frauen im Post- und Bahndienst verwendet, daß in öffentlichen Schulen einige Plätze Lehrerinnen eingeräumt wurden. Die Erwerbsmöglichkeit an sich war schon für die Frauen ein Vorteil. Jede Arbeitsgelegenheit wurde deshalb gewertet, und man machte sich nicht viel Gedanken darüber, ob jede dieser neuen Berufsmöglichkeiten begehrenswert sei. Auch der untergeordnete Platz war willkommen; denn er verhieß Selbständigkeit, wirtschaftliche Unabhängigkeit. Geringwertige Arbeiten wurden in dem Gefühl geleistet, daß man für einen Fortschritt, für eine große Sache kämpfe, daß man Pionierdienste leiste. Die Frauen wurden dabei von der Hoffnung getragen, daß sie, sobald der erste Schritt getan sei, zu höheren Stellungen allmählich emporsteigen würden.

Erst nach einigen Jahrzehnten, als die Berufstätigkeit der Frau auf den verschiedensten Gebieten gesichert war, als das Erwerben als etwas Selbstverständliches hingenommen wurde, traten Erwägungen *anderer Art* in den Vordergrund. Man begann zu empfinden, daß die Selbständigkeit und wirtschaftliche Unabhängigkeit, die die Erwerbsarbeit den Frauen bringen sollte, im besten Fall nur ihr Verhältnis zu ihren *Angehörigen* betraf; daß eine selbständige Stellung im Berufsleben, im Arbeitsbetrieb nur wenigen zugänglich, daß die arbeitende Frau ebenso wie der arbeitende Mann neue Abhängigkeiten und Bindungen auf sich nehmen muß: *die Abhängigkeit vom Arbeitgeber.*

Dazu kam, daß die wachsende Einsicht in die Tatsachen des wirtschaftlichen Lebens auch den Anhängerinnen der Frauenbewegung klar zum Bewußtsein brachte, daß der Weg zu wertvollen Leistungen und selbständigen Stellungen keineswegs denen offen steht, die zunächst mit irgend einer untergeordneten Arbeit vorlieb nehmen. Man wurde gewahr, daß die Frauen sich überall den letzten Platz, die schlechtest bezahlte Arbeit errungen hatten; daß die oberen Stufen der Leistungsfähigkeit in den meisten Berufen den Männern vorbehalten blieben. Nicht immer durch Gesetz oder Sitte; oft nur durch die Tatsache, daß die Frauen selbst zuerst nach einer untergeordneten Arbeit griffen, weil sie auf diese Weise nach kurzer Ausbildungszeit schnell zu einem Verdienst gelangen können. Sobald die Frauenbewegung *die Massen* erfaßte, sobald Scharen von Frauen in das Berufsleben eindrangen, mußte der Dualismus des Frauenlebens, die Möglichkeit vom Erwerbsberuf in eine andere Lebensstellung überzugehen, das Berufsleben beein-

* Baltische Frauenzeitschrift, 2. Jg., Juni 1908, S. 1073-1078

flussen, die Berufsauffassung drücken. Es ist ganz charakteristisch für diese Verhältnisse, daß der Typ der arbeitenden Frau, *die Arbeiterin, die Angestellte,* nicht aber *die Arbeitgeberin* ist.

Immerhin sind *Frauen als Arbeitgeber* keineswegs so selten, wie man gewöhnlich anzunehmen pflegt. Relativ häufig findet man Frauen als Arbeitgeberinnen im *Handwerk*, nämlich als Leiterinnen von Schneider- und Putzmacher-Ateliers. Ein echt weibliches Gewerbe! Aber auch die *Großindustrie* weist Frauen als Unternehmer auf. In der deutschen Reichsstatistik wurden 8.500 weibliche Inhaber und Leiter von großindustriellen Betrieben gezählt. Allerdings standen ihnen 156.000 männliche Unternehmer gegenüber, und ganz verschwindend erscheint die Zahl der weiblichen Unternehmer, wenn man bedenkt, daß in der Großindustrie 1,12 Millionen Arbeiterinnen beschäftigt sind.

Sicherlich dürfte Besitz und Leitung eines Unternehmens nicht immer zusammenfallen. Die Statistik erfaßt Frauen als Besitzer von Hütten- und Bergwerken, Ziegeleien und Eisengießereien, Grobschmiedewerkstätten und Schiffswerften, von Waffenfabriken, Abdeckereien, Gasanstalten. Es sollen 66 Apotheken und 700 Bierbrauereien im deutschen Reich in den Händen von Frauen liegen. In allen diesen Fällen dürfte es sich vorwiegend um den *Besitz,* wohl nur ganz vereinzelt um tatsächliche Leitung durch die Inhaberin handeln.

Anders liegen die Verhältnisse im *Handelsgewerbe.* Hier ist nicht nur die Zahl der Frauen, die als Unternehmer von der *Statistik* erfaßt werden, sehr bedeutend, sondern man kann sich durch den Augenschein davon überzeugen, daß Frauen diesen Betrieben häufig vorzustehen pflegen. Alle die Geschäftszweige, die hauptsächlich weibliche Kunden zu bedienen haben oder weibliche Bedarfsartikel feil halten, wie Posamentiergeschäfte, Kaffee-Geschäfte, Färbereien, Schneiderateliers, auch Konfitürengeschäfte liegen vorwiegend in Frauenhänden. Aber man wird nicht fehl gehen, wenn man annimmt, daß ein Teil dieser Arbeitgeberinnen Witwen sind, die das Geschäft des Mannes fortführen, oder auch Leiterinnen von Filialen und Niederlagen; daß nur in seltenen Fällen Frauen eine *große* Unternehmung selbst leiten oder gar gegründet haben. Häufig führen Witwen das Geschäft des Mannes mit Hilfe von dessen Angestellten fort. Oder nach dem Tod des Mannes übernimmt ein Mitinhaber oder ein Sohn die Leitung des Betriebes, während die Frau, deren Vermögen in dem Unternehmen investiert ist, als Teilhaber gilt, vielleicht auch ihren Rat in Geschäftsangelegenheiten erteilt, ohne aber allgemein als Unternehmerin und Arbeitgeberin zu fungieren.

Die weit verbreitete Anschauung, daß Frauen wenig geschäftliche Initiative und Autorität eignet, und daß sie nicht gut für große Unternehmungen disponieren können, dürfte bisher nur durch *einzelne* Fälle widerlegt sein; und auch für die Zukunft erscheint es fraglich, ob Frauen in der Leitung großer Betriebe festen Fuß fassen werden. Handelt es sich doch hier um eine Arbeit, die neben guter langjähriger Ausbildung auch *kontinuierliche,* ununterbrochene Mitarbeit verlangt. In dieser Beziehung werden aber die Frauen schwer mit den Männern konkurrieren können. Grade in wohlhabenden Verhältnissen, wie sie größere Unternehmungen bei gutem Geschäftsgang für die Leitung herbeizuführen pflegen, dürften die Frauen Neigung haben, sich vom Geschäft zurückzuziehen, sobald sie durch den häuslichen Pflichtenkreis stark beansprucht sind. Sehr viel günstiger liegen die Chancen der Frauen *für die Leitung von Kleinbetrieben.* Hier eröffnet sich ihnen ein ganz besonders geeignetes Arbeitsgebiet, schon allein weil der Kleinbetrieb in Handwerk und Handel der Frau meist die Möglichkeit bietet, ihre Familienpflichten und Berufsaufgaben relativ konfliktlos zu vereinigen. Geschäft und Wohnung können hier räumlich verbunden sein. Dazu kommt, daß in den unteren Schichten des Mittelstandes die häuslichen Pflichten für die Frauen weniger absorbierend sind, daß ihre Erwerbstätigkeit im Interesse der Familie meist äusserst erwünscht ist. Hier finden wir schon heut die Frauen in großem Umfang als Arbeitgeberinnen, wenn sie auch oft nur über wenige Angestellte zu gebieten haben.

Es wäre eine reizvolle Aufgabe, einmal zu untersuchen, wie diese Frauen als Arbeitgeberinnen sich bewähren; nicht nur in geschäftlicher Beziehung, sondern vor allem, *wie sie ihr Verhältnis zu den Angestellten und Arbeitern gestalten.* Bisher sind in der volkswirtschaftlichen Literatur darüber noch kaum Andeutungen zu finden. Doch lassen eigene Beobachtungen mich darauf schließen, daß zunächst die Frauen noch vielfach den kapitalistischen Unternehmerstandpunkt in absoluter Reinheit - unbeeinflußt durch die ihnen so oft zugesprochenen weichen Regungen und Gemütswallungen - vertreten. Das soll bedeuten: auch die weiblichen Unternehmer betrachten die Arbeiter in erster Linie als Mittel und Werkzeug des Unternehmerprofits, des Geschäftsgewinns. Sie denken so ausschließlich an den Erfolg der *eigenen Arbeit,* daß der Gedanke an die Gemeinsamkeit ihrer Interessen mit denen der Arbeiter, daß das Gefühl der Verantwortung für deren Wohl und Wehe kaum aufkommt. Industrien mit vorwiegend weiblichen Arbeitgebern weisen Kämpfe um Lohnerhöhungen auf, die von beiden Seiten mit der gleichen Schärfe geführt werden, die in rein männlichen Industrien üblich ist. Ich denke dabei an den Streik der Arbeiterinnen in Wasch- und Plättanstalten, der vor einigen Jahren vor dem Berliner Gewerbegericht zum Austrag kam, und bei dem die Arbeitgeberinnen ihren Standpunkt und ihre Interessen mit scharfen Waffen zu wahren wußten. Und ich denke weiter an den kurzsichtigen Kampf und die stete Übertretung der Arbeiterinnenschutzgesetze durch die Inhaberinnen von Schneiderateliers, der gewiß nicht nur, aber doch auch diesen Inhaberinnen zur Last zu legen ist. Ich denke an Frauen, die als Mitinhaberinnen eines Großbetriebs viel Geld für Wohltätigkeitsvereine ausgeben, während es in ihrer eigenen Fabrik an Einrichtungen fehlt, die gesunde und bessere Lebensbedingungen für die Arbeiter schaffen würden; die über die Genußsucht und die Untüchtigkeit der Arbeiterinnen klagen, trotzdem sie durch ihre Vereinsarbeit die Lebensverhältnisse dieser Schichten kennen müßten und wissen sollten, wo die Ursachen dieser Fehler liegen.

Aber neben diesen Arbeitgeberinnen findet man auch andere, die den individuellen Bedürfnissen ihrer Angestellten Rechnung tragen, die die natürliche Anlage der Frau zur Hilfsbereitschaft in diesem Verhältnis nicht völlig ausschalten. *Marie Baum* hat in ihrer interessanten Studie über „drei Klassen von Lohnarbeiterinnen in Industrie und Handel der Stadt Karlsruhe" festgestellt, daß in Schneider- und Putzateliers alleinstehende Arbeiterinnen häufig mit Rücksicht auf ihre Lebensverhältnisse einen höheren Lohn als andere, die Familienanschluß haben, beziehen. Auch von mehreren durch Frauen geleiteten Privatschulen ist mir bekannt, daß bei der Festsetzung des Honorars für Lehrerinnen deren persönliche Bedürfnisse mit berücksichtigt werden.

Es ist außerordentlich wahrscheinlich, daß noch die Arbeitgeberinnen vorherrschen, die den traditionellen Unternehmerstandpunkt vertreten. Aber das wäre leicht zu erklären. Die meisten Frauen, die selbständig ein Geschäft führen, haben schon schwer genug zu kämpfen, wenn sie sich den üblichen Geschäftsgepflogenheiten anpassen. Hat doch die Frau in den meisten Fällen noch andere Aufgaben - außerhalb des Erwerbslebens - zu erfüllen; ist sie dadurch doch meist schwerer belastet als der Mann. Es ist unter diesen Umständen kein Wunder, wenn die Frauen nach dem überall geltenden wirtschaftlichen Prinzip verfahren und die Arbeitskräfte so billig wie möglich zu erlangen suchen. Umsomehr, als in den Branchen, die von den weiblichen Unternehmern bevorzugt werden, die nämlich vorwiegend mit weiblichen Arbeitern zu tun haben, die Arbeiterinnen selbst durch ihr Angebot die Löhne zu drücken pflegen.

Dazu kommt noch, daß die Bedingungen, unter denen all diese Frauen arbeiteten, *ehe* sie Arbeitgeber wurden, ihre sozialen Gefühle nicht zur Entfaltung bringen konnten. Die meisten weiblichen Geschäftsinhaber sind aus den Kreisen der Arbeiterinnen und untergeordneten Angestellten hervorgegangen. Sie haben wenig gelernt, haben ihren Beruf meist nur als Provisorium aufgefaßt und ausschließlich um des Verdienstes willen gearbeitet. Wenn solche Frauen in vorgerückten Jahren - etwa durch Verwitwung - einen Geschäftsbetrieb übernehmen, so ist es nur zu begreiflich, daß sie bei der Wertung ihrer Angestellten von dem eigenen persönlichen Erleben ausgehen; daß sie voraussetzen, alle Arbeiterinnen denken *nur* an den Verdienst, *nicht auch* an die Leistung - was leider für erschrekkend viele zutreffen mag. Es ist begreiflich, daß diese Frauen glauben, ihren Angestellten gegenüber die *eigenen* Ansprüche verteidigen zu müssen.

Vielleicht trägt auch die Tatsache, daß die Frauen Jahrhunderte lang nur zur Hingabe an die Familie erzogen worden sind, dazu bei, daß auch die Arbeitgeberin häufig nur an den Gewinn im Interesse *ihrer Familie,* nicht auch an die Pflichten *gegen die Arbeitsgemeinschaft* denkt. Die Frauen, die im eigenen Haus - ohne Ferien und ohne Ruhepause - bis zur Erschöpfung arbeiten, glauben oft, daß sie gleiches auch von anderen beanspruchen dürfen. Sie vergessen nur dabei, daß es Dinge gibt, die man wohl aus Liebe, aber nicht für Geld tut; die man freiwillig für die eigenen Angehörigen leistet, die man aber nicht von anderen *verlangen* kann.

Ganz verhängnisvoll macht sich das auf dem Gebiet bemerkbar, auf dem die Frauen am häufigsten als Arbeitgeber zu treffen sind: in dem Verhältnis der Hausfrau zu den Dienstboten, sobald die patriarchalischen Beziehungen früherer Zeiten geschwunden sind. Auch in diesem Arbeitsverhältnis stehen sich heut die Interessen der Arbeitgeber und der Arbeiter oft schroff gegenüber, und es wird Aufgabe einer neuen Frauengeneration sein, die nicht nur zur Aufopferung für die nächsten Angehörigen, sondern zum Gemeinsinn, zu sozialem Denken und Handeln erzogen worden ist, für dieses wie für alle anderen Arbeitsgebiete neue Normen zu finden, um auch in dem größeren Kreis, dem die Frau als Arbeitgeberin heut oft vorsteht, und unter den komplizierten Bedingungen, die jedes Arbeitsverhältnis in unserer Zeit mit sich bringt, die besonderen weiblichen Eigenschaften für eine Regelung der Beziehungen zwischen Arbeitgebern und Arbeitnehmern nutzbar zu machen.

Wir besitzen die Macht auch gegen unsere Neigung, das Richtige zu tun: *Gewissen* heißt sie, jene himmlische Macht, auf welcher in erster Ordnung alles Menschliche sich gründet.

Was sollen wir mit unseren Töchtern anfangen?*

Wir sollen versuchen, sie zu gesunden, leistungsfähigen, lebensfrohen Menschen zu machen!

Das ist das Ziel, das wohl jede verständige Mutter ihrer Erziehungsarbeit zu allen Zeiten gesteckt hat. Aber der Weg, der zu diesem Ziele hinführt, ist nicht mehr so leicht wie in früherer Zeit zu finden. Es genügt nicht mehr, nach dem Rezept Roseggers zu verfahren und sie „zu guten Hausfrauen zu erziehen". „Im Haus" und „für das Haus" erziehen, das war ein gesunder Grundsatz, solange die Hauswirtschaft noch umfassendere Aufgaben aufwies und deshalb auch den jüngeren weiblichen Familienmitgliedern Gelegenheit zu nützlicher Arbeit - und einem ausreichenden Lebensunterhalt bot.

Heute können wir unsere Töchter nicht mehr zu gesunden, leistungsfähigen, lebensfrohen Menschen machen, wenn wir sie „im Haus" und „fürs Haus" erzie-

* Die Welt der Frau, Nr. 28, [Juli] 1908, S. 433-434

hen. Denn das Haus ist an Aufgaben leerer geworden. Wohl bietet es der Hausfrau des Mittelstandes meist ein volles Maß an Arbeit. Für die Töchter aber ist oft kein Arbeitsplatz mehr vorhanden, der ihre Kraft und ihre Gedanken ganz beanspruchen könnte. Kräfte, die nicht genutzt werden, pflegen zu verkümmern. Junge Mädchen, die keine ernsthafte Beschäftigung haben, die nach alter Sitte „im Haus", aber nicht mehr „fürs Haus" erzogen werden, verkümmern gesundheitlich. Schlaffe Muskeln - überreizte Nerven: das ist die Folge von mangelnder Arbeitsgelegenheit und vom Überfluß an Vergnügungen. Wer aber seine Kräfte nicht erprobt, der wird nicht nur in physischer, sondern auch in geistiger Beziehung leistungsunfähig. Und wer nicht das Gefühl hat, etwas zu nützen, irgendwo gebraucht zu werden, der kann vielleicht für kurze Augenblicke - nicht aber für die Dauer ein lebensfrohes Geschöpf sein!

Aber selbst wenn unser Haushalt Arbeitsgelegenheit genug - auch für unsere Töchter - bietet, selbst wenn wir sie „im Haus", „fürs Haus" erziehen könnten, selbst dann ist das nicht der richtige Weg, um sie zu gesunden, leistungsfähigen und lebensfrohen Menschen zu machen.

Denn wie kann jemand seines Lebens froh werden, der nur für eine Aufgabe erzogen, nur für einen Beruf leistungsfähig ist, wenn er nicht weiß, ob er Gelegenheit haben wird, diese Aufgabe zu erfüllen; wenn das Ergreifen dieses Berufes nicht in seine eigene Hand gelegt wird, nicht von seinen Wünschen, Entscheidungen, nicht von seinem Tun abhängig ist.

Unsere Töchter sind sich aber heute darüber klar, daß viele von ihnen nicht zur Ehe gelangen können. Und da keine weiß, ob das Los gerade sie trifft, wird die Lebensfreudigkeit der Haustöchter, die nicht auf eigenen Füßen stehen können, überschattet von dem Gedanken, daß sie eine Versorgungsehe eingehen müssen. Eine Versorgungsehe, die - ach, in so vielen Fällen keine Versorgung bringt! Zu spät haben die heutigen Mütter oft erkannt, daß leistungsfähig „fürs Haus" noch keineswegs auch leistungsfähig „fürs Leben", für den Erwerb bedeutet, der doch für viele Frauen, die sorglos geheiratet haben, während der Ehe oder nach der Verwitwung notwendig wird.

Wie viele Frauen, die „fürs Haus" erzogen wurden, leiden Schiffbruch, wenn das Leben ernste Anforderungen an sie stellt. Wie viele erweisen sich dann als leistungsunfähig, wie viele büßen nicht nur ihre Lebensfreude, sondern auch ihre Gesundheit ein, wenn sie ohne Waffen und Rüstzeug den wirtschaftlichen Kampf aufnehmen müssen!

Wenn wir unsere Töchter zu gesunden, leistungsfähigen, lebensfrohen Menschen machen wollen, müssen wir sie zum Beruf erziehen. Denn nur wer regelmäßig arbeitet und schafft, kann seinen Körper und Geist gesund halten. Nur wer seine Kräfte übt und durch immer neue Anforderungen - wie jeder Beruf sie mit sich bringt - stählt, kann leistungsfähig werden. Nur wer durch berufsmäßige Arbeit das Gefühl erlangt, ein Wert zu sein, irgendeinen Platz auszufüllen, kann Freude am Leben haben!

Weil viele Mütter heute aus eigenem Erleben, Erfahren und auch - Erleiden wissen, daß die Erziehung „im Haus“ und „fürs Haus“ keine Garantie für Gesundheit, Leistungsfähigkeit und Lebensfreude bietet, wollen sie wohl ihre Töchter für einen Beruf erziehen. Aber gerade weil die Erfahrungen der Müttergeneration fast ausschließlich auf dem Gebiet des häuslichen Lebens gemacht wurden, stehen die Mütter der brennenden Frage ratlos gegenüber:

„Was sollen unsere Töchter werden? Was sollen wir mit ihnen anfangen?“

Mütter, die ihr es gut mit euren Töchtern meint, die ihr eure Töchter zu gesunden, leistungsfähigen, lebensfrohen Menschen machen wollt, laßt euch bei der Berufswahl eurer Töchter nicht von Standesvorurteilen, nicht von falschen Begriffen über vornehme oder weniger angesehene Berufe leiten! Laßt auch nicht ganz ausschließlich die Neigungen, sondern laßt vor allem die Anlagen eurer Töchter den Ausschlag geben. Erzieht sie nicht zur Kunst, wenn ihre Anlagen sie für das Handwerk geeignet machen. Erzieht sie nicht für die Wissenschaft, wenn sie für praktische Aufgaben begabt sind. Laßt eure Tochter Kindergärtnerin statt Lehrerin werden, wenn sie Kinder liebhat, aber Bücherwissen nicht leicht aufnimmt. Laßt sie Verkäuferin statt Buchhalterin werden, wenn sie angenehme Umgangsformen hat, aber mit der Feder ungewandt bleibt. Laßt sie eine Stellung im Haus annehmen und nicht Telephonistin werden, wenn sie blutarm ist und eine sitzende Lebensweise ihr Schaden könnte. Eine tüchtige Schneiderin ist angesehener als eine schlechte Malerin. Eine brauchbare Krankenpflegerin ist begehrter als eine mittelmäßige Ärztin. Eine gute Kindergärtnerin ist gesuchter als eine unfähige Lehrerin. Eine gewandte Verkäuferin ist besser daran als eine untaugliche Buchhalterin. Jedes Mädchen wird Besseres leisten und seiner Arbeit und seines Lebens froher werden, wenn es am richtigen Platz steht, den es nach seinen körperlichen und geistigen Fähigkeiten ausfüllen kann.

Sucht auch nicht nach „neuen Frauenberufen“, wenn ihr eure Töchter zu gesunden, leistungsfähigen, lebensfrohen Menschen machen wollt. Denn im letzten Grunde gibt es keine neuen Frauenberufe; wenigstens nicht in dem Sinne, daß für die Frauen neue Berufe erfunden werden können. Es konnten nur den Frauen Berufe neu eröffnet werden, die früher den Männern allein offenstanden. Aber alle Berufe, Männer- wie Frauenberufe, liegen immer auf denselben großen Gebieten: in Landwirtschaft, Gewerbe, Handel und Verkehr, in Kunst und Wissenschaft, in häuslichen Diensten und schließlich in der Krankenpflege. Für die Töchter des städtischen Mittelstandes heißt es daher noch immer zu wählen zwischen Handwerk (etwa Schneiderei) und Handel, zwischen Telephon und Krankenpflege, zwischen Kunst und Lehrberuf, wenn sie nicht zu den wenigen Auserwählten gehören, denen durch Begabung und äußere Verhältnisse ein akademisches Studium offensteht.

Sucht nicht nach außergewöhnlichen Berufen, in der Meinung, daß solche angesehener sind. Die außergewöhnliche Kraft wird den außergewöhnlichen Weg gehen, in was für einem Beruf sie auch stehen mag; sie wird einen außergewöhnlichen Platz finden und erobern. Die durchschnittliche Kraft wird aber in außergewöhnlichen Berufen schwer zu kämpfen haben; denn der Weg, den sie zu gehen und zurückzulegen hat, ist nicht klar und sicher vorgezeichnet. Er führt über Hekken und Dornen, über viel Stein und Geröll, das nur die Mutige und Starke hinwegräumen kann.

Was aber eure Töchter auch wählen mögen, laßt sie ihren Beruf gründlich erlernen; laßt sie ebenso viel lernen wie eure Söhne, damit sie im Beruf vorwärts kommen können. In den meisten Fällen kann eine ungenügende Ausbildung durch jahrelange Berufsausübung nicht überwunden werden. Verdient ein Mädchen, das eine dreimonatige Unterweisung in der Buchführung erhalten hat, auch eher etwas als andere, die auf einer guten Handelsschule ein bis zwei Jahre ausgebildet werden, so wird ihr geringes Können sie später dauernd hinter jenen zurückhalten. Nur Mädchen, die ihren Beruf gründlich erlernt haben, werden gesunde, leistungsfähige, lebensfrohe Menschen. Gesund, weil ihr Können es ihnen ermöglicht, schlechte Stellungen, in denen sie sich überarbeiten müssen, auszuschlagen. Leistungsfähig, weil eine umfassende Ausbildung sie befähigt, innerhalb ihres Berufskreises verschiedenartige Stellungen auszufüllen. Lebensfroh, weil sie fühlen, daß sie etwas leisten, daß sie verantwortungsvolle Arbeit tun, daß sie im Beruf vorwärts kommen.

Aber werden die Töchter, die wir zum Beruf erzogen haben, auch ihren Platz ausfüllen können, wenn die verschwiegenen oder geäußerten, immer aber warm empfundenen mütterlichen Wünsche Erfüllung finden, wenn unsere Töchter schließlich doch zu Hausfrauenpflichten berufen werden?

Das ist eine Frage, die heute vielen Müttern die Erziehung der Töchter äusserst schwierig erscheinen läßt. Und doch können wir unseren Töchtern kein besseres Gut in die Ehe mitgeben als die Disziplin, Pflichttreue, Gewissenhaftigkeit, die der Beruf zu entwickeln pflegt, als die Gewöhnung, Geld und Zeit auszunutzen und zu Rate zu halten, die auch der Hausfrau dienlich sein, sie tüchtiger machen werden. Die eisernen Anforderungen des bezahlten Berufs pflegen ein besserer Lehrmeister zu sein als eine Mutter, deren Tochter fühlt, daß sie eigentlich nicht gebraucht und nur aus erzieherischen Gründen zur Arbeit - mit Nachsicht oder Strenge - herangezogen wird.

Wer aber seine Tochter für Beruf und Ehe gleich tüchtig machen will und den charakterbildenden und erziehlichen Einfluß der Berufsarbeit nicht so hoch einschätzt, der lenke, falls die Anlagen der Tochter dem nicht entgegenstehen, ihr Interesse zeitig auf die im engsten Sinne „weiblichen und mütterlichen Berufe“, auf den Lehr- und Erziehungsberuf, auf Krankenpflege und Hauswirtschaft. Denn was das Mädchen auf diesen Gebieten im Beruf erlernt und geübt hat, das muß sie als Frau und Mutter fähiger und verständnisvoller machen! Das wird ihr dazu helfen, wo immer auch das Leben sie hinstellen mag, aus dem Gefühl der Leistungsfähigkeit auch das Gefühl der Lebensfreude zu ziehen.

Der Kampf gegen die Animierkneipen *

Der Deutsche Verein gegen den Mißbrauch geistiger Getränke hat am 30. Juni in Berlin eine Konferenz veranstaltet, die Vertreter der Behörden sowie gemeinnütziger und sozialpolitischer Körperschaften, auch andere einflußreiche Personen zu gemeinsamer Beratung über den Kampf gegen die Animierkneipen vereinigen sollte. Auch an die großen Frauenorganisationen waren Einladungen ergangen. Der Bund war durch eine offizielle Delegierte und durch zahlreiche Mitglieder vertreten.

Wer seit vielen Jahren an sozialpolitischen Kongressen teilnimmt oder ihr Wirken verfolgt, wird die Veränderung in der Organisation und der Zusammensetzung dieser Veranstaltungen, die sich auch besonders in den letzten Jahren vollzogen hat, nicht übersehen können. Es handelt sich kurz gesagt darum, daß der „deutsche Mann" sich an den Anblick von Frauen bei ernsthaften Versammlungen, bei gemeinsamen Arbeiten *gewöhnt* hat, daß er mit den Frauen zu rechnen begonnen hat. Wo noch vor zehn und fünfzehn Jahren der Wunsch einer Frau, einem Kongreß beizuwohnen, Verwunderung erregte, wo man an der Fähigkeit der Frauen, sozialpolitische Probleme zu erfassen, zweifelte, da ist heute ihre Heranziehung zu gemeinsamer Arbeit etwas selbstverständliches geworden. Wir können uns dieses Erfolges freuen, der ein Erfolg der Frauenbewegung ist.

Diese Veränderungen kommen uns immer wieder zum Bewußtsein, wenn wir einen Kongreßraum betreten, der ein so buntes, von dem Zusammenarbeiten der verschiedensten Kreise Zeugnis ablegendes Bild zeigt, wie die Konferenz zur Bekämpfung der Animierkneipen es tat. Da waren Männer und Frauen etwa in gleicher Zahl, hohe Beamte und „radikale" Frauenrechtlerinnen, Geistliche und Ärztinnen, Gastwirte und abstinente Frauen, Sozialpolitiker und Diakonissinnen, Heilsarmeesoldaten und Gewerkvereinsvertreter, die bewiesen, daß auch die Deutschen mehr und mehr lernen, über alle Gegensätze der Anschauungen, der Klasse, des Berufs hinweg für große Aufgaben sich die Hände zu reichen.

Der Kampf gegen die Animierkneipen ist eine solche lohnende Aufgabe; ein Kampf, der uns Frauen besonders angeht. Sind doch in erster Linie Frauen die Opfer dieser Institution, die eine Pest, eine Seuche genannt zu werden verdient. Die Referate der Konferenz hielten Kommerzienrat *Münsterberg* - Danzig, und Fräulein *Leonhardt* - Stettin. Sie legten die schweren Gefahren und Schädigungen klar, denen die Kellnerin in diesen Lokalen, das „Animiermädchen", ausgesetzt ist. Zunächst die Tatsache, daß sie nicht als Berufsarbeiterin, die etwas gelernt hat und versteht, sondern als Geschlechtswesen gewertet und für ihre Dienste als Geschlechtswesen angestellt und bezahlt wird. Dann den Mißstand, daß es für sie

* Centralblatt des Bundes deutscher Frauenvereine, 10. Jg., Nr. 8, 15. Juli 1908, S. 57-58

keine Kündigungsfrist, keinen festen Lohn gibt; daß sie vom Stellenvermittler und Arbeitgeber gleichermaßen ausgebeutet wird – lauter bekannte Dinge, die nur angedeutet zu werden brauchen. Aber daß einzelne Mädchen täglich außer Schnaps und Likör 20-30 Glas Bier trinken müssen, daß ein Gast in einer solchen Kneipe an einem Abend eine Zeche über 18 Flaschen Rotwein und 4 Flaschen Sekt im Gesamtbetrag von 200 Mark machte, daß ein Stellenvermittler für weibliches und Wirtschaftspersonal in einem Jahre 19.449 Mark einnahm – das sind Vorkommnisse, die wir uns immer wieder vor Augen führen müssen, so lange es Animierkneipen gibt. Münsterbergs Vorschläge zur Bekämpfung des Übels fassen das Problem von zwei Seiten an. Sie fordern einmal Reformen zum Schutz der ganzen Bevölkerung; dann aber einen Schutz der Kellnerinnen. Im Interesse der ganzen Bevölkerung wünscht er vor allem, daß der § 33 der Gewerbeordnung dahin geändert werde, „daß der Nachweis des Bedürfnisses für Erteilung der Konzession für alle Schankstellen geistiger Getränke einheitlich vorgeschrieben, und daß die Frage des Bedürfnisses selbst nach bestimmten Regeln geordnet" werde. Weiter wünscht er strenge polizeiliche Bestimmungen, die dem Anlocken des Publikums und dem Animieren der Gäste sowie dem unsittlichen Treiben in den Lokalen entgegenwirken sollen. Zum Schutz der Kellnerinnen fordert er:

„1. Der § 41 der Gewerbeordung ist bezüglich der weiblichen Gehilfen dahin abzuändern, daß Mädchen unter 21 Jahren nicht Kellnerinnen werden dürfen. – Als Kellnerinnen gelten alle diejenigen Hilfspersonen einer Schankwirtschaft, die zur Bedienung des Publikums bestimmt sind oder diese Bedienung tatsächlich ausüben. Die höhere Verwaltungsbehörde ist berechtigt, für einzelne Wirtschaften Ausnahmen zu bewilligen, aber auch Maßnahmen zu treffen, die eine Umgehung verhüten können.

2. Die Bundesratsverordnung über Beschäftigung von Gehilfen und Lehrlingen im Gast- und Schankgewerbe vom 23.1.02 W. 4 ist hinsichtlich der 24stündigen Freizeit für weibliche Personen so zu ändern, daß es gestattet sein soll, durch Vereinbarung einen mehrtägigen Urlaub in längeren Zwischenräumen an Stelle öfterer eintägiger Pausen zu setzen.

3. Das Wohnungswesen der Kellnerinnen ist den Bedürfnissen entsprechend durch Landesgesetze zu regeln.

4. Die Stellenvermittlung für Kellner und Kellnerinnen muß besonderen Bestimmungen unterworfen, die gewerbliche Vermittlung absolut untersagt werden.

III. Es ist zu erwägen, ob nicht als Ziel aller dieser Bestrebungen ins Auge gefaßt werden muß, daß weibliche Bedienung in Schankräumen von Gastwirtschaften allgemein verboten wird."

Die Korreferentin fügte noch besondere Vorschläge für die Mitarbeit der Frauen in dieser Reform hinzu, die nicht nur darin bestehen soll, daß sie durch Wort und Schrift auf die Änderung der Gesetze und Polizeiverordnungen hinwirken, daß sie Material über die Lage der Kellnerinnen sammeln, den Animiermädchen in fürsorgender Arbeit nachgehen, sondern vor allem auch auf eine bessere

Erziehung der männlichen Jugend abzielen sollen, damit die Männer nicht in jeder Kellnerin ein „käufliches Wesen“ sehen und dadurch dazu beitragen, daß viele Kellnerinnen zu Animiermädchen herabsinken. Fräulein Leonhardt sprach ein Wort aus, das ein trauriges Bild von dem sittlichen Niveau vieler deutscher Männer - und auch des Familienlebens - entwarf: Die Animierkneipen seien so zahlreich, daß sie ohne den Besuch verheirateter Männer nicht bestehen könnten!

Es ist charakteristisch für die Auffassung von Mann und Frau, wenn die Referentin trotzdem von einer Schuld der *Frauen* sprach, die solche Zustände, die eine solche Not der Geschlechtsgenossinnen früher geduldet haben, während der Referent der Meinung Ausdruck gab, daß diese Zustände keine Schlüsse auf das sittliche Verhalten der Gesamtheit seiner Geschlechtsgenossen zulasse, da nur ein kleiner Teil der Männerwelt solche Lokale aufsuchen dürfte. An der Integrität einzelner Schichten soll gewiß nicht gezweifelt werden - darin ist dem Referenten unbedingt zuzustimmen -, aber sollte man nicht doch weit eher als von einer Schuld der Frauen von einer Schuld der *Männer* reden, die diese Zustände „geduldet“, die ganz gewiß nicht nur in unbeträchtlicher Zahl sogar „mitgemacht“ haben? Man bedenke, daß in Berlin zwischen 800 und 900 Lokale mit weiblicher Bedienung, die großenteils mit Animierkneipen identisch sind, vorhanden sein sollen; daß in Frankfurt 117 Animierkneipen festgestellt sind. Wenn in der Diskussion die Frage aufgeworfen wurde, wie es möglich sei, daß die Animierkneipen lange bestehen konnten, ohne daß ein Kampf dagegen organisiert wurde, so gab Frau *Krukenberg* eine treffende Antwort: *„Die Frauen haben eben nichts davon gewußt.“* Lange hat man sie im Dunkeln über alle Vorgänge außerhäuslichen Lebens gehalten. Nehmen wir zur Ehre der Männer an, daß viele von ihnen auch „nichts davon gewußt“ haben.

Nun aber sind alle Schäden aus dem Dunkel der Nacht an das helle Licht des Tages gezogen. Die Konferenz hat dazu geholfen, daß Männer und Frauen nicht sobald darauf vergessen können - daß sie der Aufgaben eingedenk bleiben, die sie beide zu erfüllen haben.

Mutterschutz und Mutterschaftsversicherung*

Verehrte Anwesende! Ein bekannter deutscher Gelehrter hat einmal seine Ansicht über den Wert und die Bedeutung der Frau in die Worte zusammengefaßt: „Wenn ich an meinem geistigen Auge das gewaltige Kunstgebilde der Kultur vorüberziehen lasse, so komme ich zu dem Ergebnis: alles ist Männerwerk." Eine bekannte Frauenrechtlerin hat diesem Ausspruch einmal die Worte gegenübergestellt: „Gewiß, alles ist Männerwerk. Und doch ist jeder Mann einer Mutter Sohn; jeder einzelne mit Schmerzen geboren und mit unsäglicher Mühe und Liebe aufgezogen; jeder einzelne so teuer erkauft und nun doch so gering bewertet! Hat da wirklich die Frau keine Funktion im gesellschaftlichen Leben? Hat sie keinen Wert, keine Bedeutung für unsere Kultur?"

In diesen zwei Äußerungen liegt das ganze Problem, das ich hier zu behandeln habe, umschlossen. Man kann das Problem des Mutterschutzes dahin formulieren: Wie wertet die Gesellschaft den Dienst, die Aufgaben, welche die Frau als Mutter für sie erfüllt? Wie verhält sich die Gesellschaft angesichts der Tatsache, wie schützt sie die Frau angesichts der Tatsache, daß diese Aufgabe unter den heutigen wirtschaftlichen Verhältnissen so unendlich viel schwerer als früher ohne Schädigung zu erfüllen ist?

Ich möchte zunächst die Behauptung mit einigen Worten begründen, daß die Erfüllung der mütterlichen Aufgaben durch unsere heutigen wirtschaftlichen Verhältnisse schwerer geworden ist, daß die Gesellschaft daher die Pflicht hat, Bedingungen zu schaffen, unter denen die Frau diese Aufgaben gesund erfüllen kann.

Eine Frau wird durch die Mutterschaft unter allen Umständen hilfsbedürftig. Die Frau hat eben schwerer am Leben zu tragen als der Mann. Keine wirtschaftliche und keine rechtliche Emanzipation kann das verhindern. Der Betätigung der Frau im Erwerbsleben sind eben durch ihr Geschlecht gewisse Schranken gesetzt, d.h. die Frau ist zur Zeit der Mutterschaft, in der Zeit, in der sie ein Kind unter dem Herzen trägt, in den ersten Monaten, in denen sie ein Kind zu versorgen hat, in ihrer Leistungsfähigkeit beeinträchtigt. Sie müßte doppelt so kräftig sein wie ihr Mann, wenn sie in dieser Zeit in gleichem Umfange wie ihr Mann der Erwerbstätigkeit nachgehen wollte. Sie wird für diese Zeit wirtschaftlich abhängig und schutzbedürftig.

Nun hat jahrhundertelang die Ehefrau, die Mutter im Hause ihres Mannes Versorgung gefunden. Nicht in der Weise, daß die Frau vom Manne ernährt würde, wie man es vielfach hinzustellen pflegt. Die Frau nahm teil an den produktiven

* Stenographischer Bericht über die Verhandlungen der 28. Jahresversammlung des deutschen Vereins für Armenpflege und Wohltätigkeit am 17. und 18. Sept. 1908 in Hannover (= Schriften des deutschen Vereins für Armenpflege und Wohltätigkeit, H. 87), Leipzig 1908, S. 84-101

Aufgaben des Hauses, an der Erwerbsarbeit, die sich im Rahmen des Hauses vollzog. Die Familie war nicht nur eine Konsumtionsgemeinschaft, sondern auch eine Produktionsgemeinschaft. Und in dieser Familie, die eine viel stärkere innere und äußere Geschlossenheit als die heutige Familie aufwies, konnte die Mutter in der Zeit, in der ihre Kräfte durch natürliche Funktionen absorbiert waren, versorgt, verpflegt und entlastet werden.

Heute haben sich die Verhältnisse geändert, und deshalb muß an Stelle der Versorgung der Frau durch die Familie eine Unterstützung, eine Hilfe, ein Schutz von seiten anderer Faktoren, von seiten der Gesellschaft treten. Seit die industrielle Entwicklung die handwerksmäßige Produktion zurückgedrängt hat, seit der Mann in eine außerhäusliche Produktion abgewandert und die Frau in der Hauswirtschaft zurückgeblieben ist, hat sich ihre Stellung in der Familie außerordentlich verändert. Die Frau ist pekuniär entweder abhängig von dem, was der Mann ihr von seinem Verdienst gibt, und das bringt für die Zeit der Mutterschaft das Problem, ob der Mann immer imstande ist, von seinem Verdienst für die Frau zu sorgen, aber auch bereit ist, das im wünschenswerten Umfange zu tun. Oder aber, wenn eine andere Lösung dieses Problems gefunden werden soll, wenn die Frau nicht wirtschaftlich auf den Erwerb des Mannes gestellt sein will, muß sie einer - meist außerhäuslichen - Erwerbsarbeit nachgehen. Das wiederum bedeutet für die Zeit der Mutterschaft, daß es der Frau an der notwendigen Schonung und Pflege fehlt, daß für sie selbst und ihr Kind schwere gesundheitliche Gefährdungen herbeigeführt werden.

Wie groß diese Mißstände sind, die entweder durch die Abhängigkeit der Frau von einem Manne, der nicht ausreichend für sie sorgen kann oder will, oder durch die Erwerbstätigkeit der Frau zurzeit der Mutterschaft hervorgerufen werden, braucht in diesem Kreise kaum ausgeführt zu werden. Jeder, der in der Armenpflege tätig ist, weiß, daß der größte Teil der Männer der besitzlosen Stände gar nicht imstande ist, für die Zeit, in der die Frau ein Kind zur Welt bringen soll, ausreichend durch Ersparnisse vorzusorgen. Jeder, der in der Armenpflege arbeitet, weiß ferner, daß viele Männer auch nicht bereit sind, nach ihren Kräften für die Frau einzutreten. Und jeder Sozialpolitiker ist sich darüber klar, wie groß die Zahl der Frauen ist, die in unserem Vaterlande bis zur letzten Stunde, bis zur Geburt des Kindes bei anstrengender, ermüdender und gefährdender Arbeit schaffen müssen, und daß sie bald nach dieser Stunde wieder die Arbeitsstätte aufsuchen müssen, weil sie für den Erwerb des täglichen Brotes darauf angewiesen sind. Er weiß, wie schwere Schädigungen für die Gesundheit des ganzen Volkslebens daraus entstehen. Es liegt daher im Interesse der Gesellschaft, diese Mißstände so weit wie möglich abzustellen.

Aber noch einen anderen Gesichtspunkt möchte ich anführen, der die mangelnde Versorgung der Frau zurzeit der Mutterschaft durch die Familie, die geringe Wertung der Mutterschaft durch die Familie - und deshalb auch die Verpflichtung der Gesellschaft beleuchten kann. In früherer Zeit wurde die Frau nicht nur durch die Familie zurzeit der Mutterschaft versorgt, sondern die Erfüllung der Mutterschaftsfunktionen wurde auch hoch bewertet. Das Kind, das die Frau zur Welt brachte, wurde in eine Familie hineingeboren, der es für sein ganzes Leben dienen sollte, der seine Kräfte dereinst zugute kommen sollten. Seine Arbeit sollte den Wohlstand der Familie einmal erhöhen. Heute, wo die Familie gelockert ist, weil der Beruf die einzelnen Familienmitglieder auseinanderreißt, wird der Zuwachs in der Familie in besitzlosen Klassen nicht als eine Vermehrung des Wohlstandes bewertet. Heute trägt die Familie bei einer großen Kinderzahl wohl erhöhte Lasten, ohne darauf rechnen zu können, später auch Vorteile aus der erhöhten Kinderzahl ziehen zu können. Heute muß die Familie für die unerwachsenen Kinder sorgen, solange sie Pflege, Nahrung und Wartung brauchen, und muß die Erwachsenen ziehen lassen, sobald sie imstande sind, ihre Arme selbst zu regen. Man erzieht das Kind nicht mehr in dem Maße wie früher als *Glied der Familie,* man muß es mehr erziehen zu einem *Glied der Gesellschaft*. Der Kreis, in dem unser Leben abläuft, ist ein weiterer geworden als früher; oder, man kann sagen, unser Leben läuft heute in einer Reihe von Kreisen ab. Beruf und Familie sind nicht mehr identische Lebensgebiete. Und da wir in mehreren verschiedenen Lebensgebieten mit unserer Energie, mit unseren Aufgaben verankert sind, können wir nicht jedem einzelnen Kreis, dem wir angehören, die gleiche Intensität der Gefühle, der Leistungen zukommen lassen. Nicht die Familie allein, nicht einmal die Familie in erster Linie, sondern Gesellschaft und Staat haben ein Interesse an der Geburt einer möglichst großen Zahl gesunder Kinder, die einmal leistungsfähige Bürger werden können. Wenn unter diesen Gesichtspunkten die Wertung der Mutterschaft und die Möglichkeit der Versorgung der Frau in der Familie verringert worden ist, so müssen wir uns fragen, ob die Gesellschaft für diese verringerte Schutzmöglichkeit der Frau einen Ersatz geschaffen hat.

In der Tat kann man nun beobachten, daß in der Literatur und auch sonst überall im Leben die Mutterschaft außerordentlich verherrlicht und gepriesen wird, überall, wo man sich im Reiche schöner Gedanken, edler Gefühle bewegt. Im realen Leben allerdings ist von dieser Wertung wenig zu verspüren. Man braucht nur zu bedenken, wie die Mutter der besitzlosen Klassen überbürdet, vernachlässigt, ausgebeutet wird, um sich die Phrasenhaftigkeit der üblichen Mutterschaftsverherrlichung einmal klar zu machen. Die Mutterschaft wird bei den besitzlosen Frauen nicht nur mit Schmerz und Sorge erkauft. Der Preis, den *diese* Frauen zu zahlen haben, ist Not und Elend, Mangel am Notwendigen und Unentbehrlichen. Die Gesellschaft, d.h. die öffentlichen und privaten Institutionen, deren Aufgabe es ist, wirtschaftliche Notstände und gesundheitliche Gefahren zu bekämpfen, beginnen erst ganz zögernd die Mutterschaft als eine soziale Funktion zu werten und die Bedingungen zu schaffen, unter denen die Frau ihre mütterlichen Aufgaben ohne Gefährdung erfüllen kann.

Es ist Gegenstand unserer heutigen Verhandlung, *die besondere Schutz- und Hilfsbedürftigkeit der Frau zur Zeit der Mutterschaft klarzulegen,* zu zeigen, *in welcher Richtung sich die bisherigen Hilfsmaßregeln bewegen, und wie sie wirksamer ausgebaut* werden könnten.

Ich möchte ein Wort zunächst zur *Umgrenzung* der Aufgabe, die mir gestellt ist, sagen. Unter Mutterschutz fasse ich die Gesamtheit der Maßregeln, sei es öffentlicher, kirchlicher oder privater Fürsorge, zusammen, die die Frau in ihrer Eigenschaft als Mutter zu schützen versuchen, *die verheiratete Frau wie die ledige Mutter.* Ich habe diese Aufgabe mit Willen in diesem Umfange formuliert, weil in den letzten Jahren der Begriff des Mutterschutzes sich einigermaßen verschoben hat; weil er etwas einseitig ausgelegt worden ist. Man nimmt vielfach an, daß unter Mutterschutz nur die Bestrebungen zu verstehen sind, die einen Schutz der *ledigen Mutter* bezwecken. Demgegenüber halte ich es für Aufgabe unserer Versammlung, diesen einseitigen Begriff wieder in seine richtige Bedeutung einzusetzen, ihm seinen weiteren Inhalt zurückzugeben. Ich werde auf der anderen Seite alle Maßregeln ausschalten, die sich nur indirekt auf die Mutter, direkt aber auf den Schutz der Säuglinge beziehen, weil dieser Gegenstand erst vor wenigen Jahren im Verein verhandelt worden ist.

Unter diesem Gesichtspunkt müssen wir verschiedene Kategorien von Müttern betrachten, die in verschiedener Weise schutzbedürftig sind. Da sind zunächst die Ärmsten, die Frauen, die einer anstrengenden Erwerbsarbeit nachgehen müssen; die Frauen, denen es schon gewöhnlich am notwendigen Unterhalt fehlt, die nicht imstande sind, ihren Familienpflichten zu leben. Diesen Frauen fehlt es in der Zeit der Mutterschaft an den regelmäßigen Einnahmen, die sie sonst durch eigene Arbeit erzielen; darüber hinaus an Schonung und jeglicher Pflege. Denn wer sich das Notwendigste nicht beschaffen kann, wird für das Wünschenswerte nicht einen Pfennig ausgeben können. Dieser verheirateten Frau, die genötigt ist, einem außerhäuslichen Erwerb nachzugehen, für den Unterhalt zu sorgen, weil der Mann nicht imstande ist, die Familie zu ernähren, diesem Typ begegnen wir insbesondere in einigen Textilgegenden, aber auch in allen Großstädten, zum Teil auch auf dem Lande. In den Großstädten, kann man sagen, wird die Frau der untersten Schichten der besitzlosen Klasse immer gezwungen sein, einem Erwerbe nachzugehen. In den Familien, die regelmäßig von der öffentlichen Armenpflege unterstützt werden, müssen die Frauen arbeiten; entweder weil der Mann krank ist, Gelegenheitsarbeiter ist oder auch seine Pflicht gegen die Frau nicht erfüllt. Wir wissen von diesen Frauen, daß sie bis zur letzten Stunde vor der Geburt des Kindes schaffen. Wir wissen, daß jede Stunde, in der sie der Arbeit fern bleiben, für sie einen Mangel an Brot, an Unterhalt bedeutet; und wir wissen, welche schweren Krankheiten dieser Zwang zur Arbeit für sie und ihre Kinder herbeiführt.

Es ist dann eine andere Kategorie von Frauen, deren Verhältnisse zwar nicht ganz so ungünstig liegen, als schutzbedürftig zu nennen. Nämlich die Frau in einer normalen Arbeiterehe mit einem Durchschnittseinkommen. Wohl kann in diesen Kreisen die Frau gewöhnlich vom Manne soweit versorgt werden, daß sie den häuslichen und Familienpflichten nachgeht. Aber der Mann pflegt nicht imstande zu sein, aus diesem Verdienst soviel zurückzulegen, daß die Frau sich zur Zeit der „Mutterschaft" die nötige Sauberkeit, Pflege und Ruhe verschaffen kann, die nach dem Stande der hygienischen und medizinischen Forschung unbedingt gefordert werden müssen. Wir wissen, daß es diesen Frauen oft schon an der nötigen Wäsche fehlt; daß sie niemals einen Raum haben, in dem sie auch nur wenige Tage ungestört von den übrigen Vorgängen des Familienlebens Ruhe finden können. Wir wissen, daß sie niemanden haben, der ihren Hausstand versorgt, falls sie an ihrem Wohnort keine nahen verwandtschaftlichen Beziehungen haben, daß es ihnen an der nötigen Pflege fehlt, wenn die Angehörigen selbst in so dürftiger Lage sind, daß sie keine Zeit für die Pflege der Frau aufwenden können. Wir wissen, daß diese Frauen am fünften Tage nach der Geburt am Kochherd und am achten Tage am Waschfaß zu stehen pflegen. Wir wissen, daß es diesen Frauen an Mitteln fehlt, um die Hebamme zu bezahlen und sich ärztliche Hilfe zu holen, falls diese gebraucht wird; und wir wissen weiter, daß die Mißstände wachsen mit der Quantität der Mutterschaft, mit der Zahl der Kinder, die in eine Familie hineingeboren werden; weil die Mittel im umgekehrten Verhältnis zur Zahl der unerwachsenen Kinder in der Familie stehen. Die Geburt des fünften und sechsten Kindes bedeutet für die Mutter in Arbeiterkreisen eine Zeit allerschwerster Sorge, die Geburt des achten oder neunten Kindes einen unüberwindlichen, meist dauernden Notstand, ein Martyrium.

Wenn es nun notwendig ist, allen diesen Frauen die Häuslichkeit so zu gestalten, daß sie dort die nötige Schonung, Ruhe und Pflege finden können, d.h. ihnen Ersatz für den ausfallenden Lohn - und solange sie ihre Wirtschaft nicht selbst versorgen können, auch einen Ersatz für ihre Arbeitskraft im Hause und schließlich die Mittel für die Hilfeleistungen medizinischer Natur - zu verschaffen, so liegt der Notstand und die Hilfsbedürftigkeit der *ledigen Mutter* meist in anderer Richtung. Ihr fehlt zu alledem noch ein Heim, in dem sie ihrem Kinde das Leben geben kann. Unstet und flüchtig, wie ein gehetztes Wild, muß sie Arbeitgeber und Angehörige verlassen in einer Zeit, in der sie Fürsorge und liebevolle Pflege, einen Anhalt am meisten nötig hat. Und selbst wenn die schwerste Zeit für diese Mutter überstanden, ist ihre Not nicht beseitigt; denn dann erhebt sich von Tag zu Tag dringender die Frage, wie sie nun für zwei ihren Unterhalt beschaffen und dabei noch ihr Kind pflegen und versorgen soll, eine Frage, auf die die meisten ledigen Mütter keine befriedigende Antwort finden können. Selbst das stärkste Mitgefühl und selbst die lebhafteste Phantasie, die Fähigkeit, mit anderen zu leiden, sich in ihr Schicksal hineinzuversetzen, kann einer Frau, die unter sorglosen äußeren Verhältnissen lebt, und noch viel weniger einem Manne die Möglichkeit geben, nachzuempfinden, was ein menschliches Wesen in dieser Situation durchleiden muß.

Was ist nun bisher geschehen, um diesen verschiedenen Kategorien schutzbedürftiger Mütter Hilfe zu leisten? Zunächst möchte ich versuchen, kurz die Einrichtungen zu skizzieren, die von seiten des *Staates* und der *Gesetzgebung* zu ihrer Hilfeleistung gegeben worden sind. Es ist ganz charakteristisch für die Entwicklung sozialer Reformen in Deutschland, daß von seiten des Staates die kräftigste Initiative für den Schutz der Mutterschaft ausgegangen ist, daß ihm die vielleicht wesentlichste Errungenschaft der Gesetzgebung zu verdanken ist.

Es ist die *Reichsgewerbeordnung* und das *Krankenversicherungsgesetz*, die den wertvollsten Anhalt für den Schutz der Mutter geben. Die Gewerbeordnung setzt fest, daß die in den Fabriken beschäftigte Mutter vier Wochen nach der Geburt eines Kindes nicht arbeiten darf, und in der fünften und sechsten Woche nur, falls ein ärztliches Gesundheitsattest das für zulässig erachtet. Diese Bestimmung wird ergänzt durch die §§ 20 und 21 des Krankenversicherungsgesetzes, das die eigentlich positive Bestimmung des Mutterschutzes gegenüber der prohibitiven Bestimmung der Gewerbeordnung enthält. Das Krankenversicherungsgesetz setzt fest, daß die Frau eine Unterstützung für sechs Wochen nach der Geburt des Kindes zu beanspruchen hat, und zwar in der Höhe des Krankengeldes; der Hälfte des durchschnittlichen Tagelohnes. Darüber hinaus gibt das Krankenversicherungsgesetz noch einige Handhaben für Erweiterung dieses Schutzes. Es *kann* durch Statut einer Kasse festgesetzt werden, daß den weiblichen Mitgliedern wegen einer durch die Schwangerschaft verursachten Erwerbsunfähigkeit bis zu 6 Wochen eine Krankenunterstützung gewährt wird. Es kann auch freie Gewährung der Hebammendienste bzw. des Arztes beschlossen werden. Aber nur wenige Kassen haben bisher von dieser Befugnis zur Erweiterung der Unterstützungsansprüche Gebrauch gemacht. Das Gesetz enthält ferner einen Ansatz zum Schutz der nicht *erwerbstätigen* Ehefrau der besitzlosen Klassen. Es sagt, daß durch Statut auch nichtversicherungspflichtige Personen aufgenommen werden können, ferner daß Personen, die eine versicherungspflichtige Beschäftigung aufgeben, weiter Mitglied der Kasse bleiben können. Leider wird von dieser Befugnis noch viel zu wenig Gebrauch gemacht. Sehr zweckmäßig wäre es, wenn die Standesämter veranlaßt werden könnten, beim Aufgebot auf den Wert dieser Bestimmungen aufmerksam zu machen. Schließlich bietet das Krankenversicherungsgesetz durch die Zulassung der Familienversicherung auch den nichtversicherungspflichtigen Frauen eine Handhabe, um sich eventuell freie ärztliche Behandlung der Schwangerschaftsbeschwerden und Gewährung der Hebammendienste zu sichern. Leider ist das Verständnis für all diese Bestimmungen in den beteiligten Kreisen sehr gering. Von der Befugnis, die Statuten in diesem Sinne festzulegen, wird nur wenig Gebrauch gemacht. Sowohl die Frauenvereine wie die Armenverwaltungen wollten deshalb dafür wirken, daß die Möglichkeiten des Mutterschutzes, die im Gesetz gegeben sind, durch Statutenänderung überall ausgenutzt werden.

Soweit ganz kurz skizziert und ganz unvollständig die Bestimmungen des Gesetzes, die ich ausführlich in dem Vorbericht dargelegt habe. Sie werden auch aus dieser kurzen Darlegung die Lücken des Gesetzes herausgehört haben, die vor allem darin bestehen, daß der geschützte *Personenkreis* viel zu eng gezogen ist.

Der Schutz der R.G.O. bezieht sich nur auf die in der Fabrik beschäftigten Frauen; alle Frauen im Handel und Handwerk, in der Heimarbeit und in der Landwirtschaft und die im häuslichen Dienst beschäftigten Frauen scheiden aus. Die Krankenversicherung schützt auch einen nicht viel größeren Kreis von Personen. Vor allen Dingen ist aber der Anspruch auf *Unterstützung*, der durch das Krankenversicherungsgesetz gegeben wird, viel zu gering. Solange den Frauen nur die Hälfte ihres Verdienstes ersetzt wird, solange wird das Schutzgesetz seinen Zweck nicht erfüllen können; denn die Frau, die ihren Verdienst nicht voll ersetzt bekommt, wird zur Umgehung der Schutzbestimmungen angeleitet.

Ferner ist der Zeitraum, für den die Unterstützung gewährt wird - sechs Wochen nach der Geburt - zu kurz; vor allem weil die Zeit vor der Geburt des Kindes noch keinem Schutz untersteht.

Wir müssen deshalb unsere Wünsche nach Ausbau der Bestimmungen formulieren in der Richtung der Forderung einer Mutterschaftsversicherung. Das heißt, wir müssen eine soziale Gesetzgebung und einen Versicherungszwang fordern, die allen Frauen der besitzlosen Klassen die nötige Ruhe und Pflege, der Arbeiterin einen Ersatz für den ausfallenden Lohn sichern. Es ist ganz unmöglich, diese Forderung hier im Rahmen eines Vortrages ausführlich und im Detail zu erörtern, das ganze Problem der Mutterschaftsversicherung zu beleuchten. Ich glaube auch, daß es nicht zweckmäßig ist, sich auf diesem Gebiet zu sehr zu verbreiten in einer Versammlung, deren Interessen vorzugsweise nach der Richtung der Armenpflege und nicht nach der sozialpolitischen Seite der Frage gravitieren.

Ich möchte mich deshalb auf die im Vorbericht gedruckten Ausführungen berufen und nur kurz meine Forderungen begründen. Ich sehe davon ab, die Prinzipienfrage zu erörtern, ob der Versicherungs*zwang* wünschenswert ist, da wir in Deutschland durch unsere Versicherungsgesetzgebung den Segen eines solchen Zwanges so gut kennen gelernt haben, daß wir uns von einer freiwilligen Versicherung in der Form von privaten Mutterschaftskassen auch nicht annähernd etwas so Wertvolles versprechen können. Die freiwilligen Mutterschaftskassen, die sich etwa an industrielle Betriebe oder Arbeiterorganisationen angliedern, können nur insofern eine gewisse Bedeutung haben, als sie eine propagandistische Wirkung besitzen, solange wir die staatlichen Mutterschaftsversicherungen noch nicht haben, und den Gedanken, für Zeiten außergewöhnlichen Bedarfs vorzusorgen, in den Arbeiterkreisen mehr Boden verschaffen könnten.

Ich will auch nicht die Frage erörtern, wer Träger der Versicherung sein soll, da ja im Augenblick, in dem ohnedies eine Zusammenlegung und Vereinfachung der verschiedenen Versicherungszweige in Regierungskreisen beabsichtigt wird, wohl niemand daran denkt, einen neuen Zweig der Versicherung zu schaffen, anstatt da anzugliedern, wo wertvolle Ansätze für den Mutterschutz vorhanden sind wie bei der Krankenversicherung.

Ich möchte nur die materiellen Forderungen der Mutterschaftsversicherung begründen. Zunächst muß unbedingt gefordert werden die Versicherung der

Gesamtheit der arbeitenden Frauen in Handel, Gewerbe, Haus- und Landwirtschaft, mindestens bis zu einem Familieneinkommen von 2.000 Mark. Inbezug auf das Maß des Schutzes habe ich meine Forderungen, die auch in den Leitsätzen in Ihren Händen sind, so formuliert, daß ich zunächst nur an den Ausbau des Bestehenden denke. Wenn ich eine Schutzzeit von zwei Wochen vor der Geburt und von sechs Wochen nach der Geburt fordere, so bin ich mir voll bewußt, daß das nur eine Augenblicksforderung ist; daß diese Forderung nur *ein Weg* und *kein Ziel* ist; daß wir allmählich dazu kommen müssen, die Mutter etwa sechs Wochen vor der Geburt und acht Wochen nachher zu schützen. Ich weiß sehr wohl, daß die Formulierung dieses Zeitpunkts von zwei und sechs Wochen, wie die Leitsätze sie enthalten, medizinisch garnicht zu rechtfertigen ist. Ich stelle diese Forderung nur auf unter dem Gesichtspunkte eines allmählichen Ausbaues dessen, was wir jetzt haben; ich stelle sie auf, weil die bisherige Entwicklung unserer Versicherungsgesetzgebung auf eine solche Ausdehnung von sechs auf acht Wochen geradezu hinweist. Ich glaube, wir tragen eher dazu bei, einen Fortschritt zu erzielen, wenn wir unsre Forderung so beschränken, daß sie dem Parlament und der Regierung diskutierbar erscheint.

Für die Zeit der erzwungenen Arbeitsruhe dagegen fordere ich eine Unterstützung in *voller* Höhe des Lohnes, den die Arbeiterin bezogen hat. Hier ist meines Erachtens kein Kompromiß möglich. Solange der Arbeiterin nicht der volle Lohn ersetzt wird, ist das Gesetz, das sie zur Arbeitsruhe zwingt, kein Schutz, sondern eine Härte und verleitet sie zur Umgehung des Gesetzes.

Ferner müssen die Leistungen sich erstrecken auf die freie Gewährung der Hebammendienste, der ärztlichen Behandlung und der notwendigen Heilmittel; sowie der Dienste einer Hauspflegerin, soweit eine solche in dem individuellen Falle notwendig ist, was dem Ermessen des Kassenvorstandes überlassen werden müßte. Ferner müßte die Leistung der Kasse umfassen die Aufnahme in ein Wöchnerinnenheim, eine Entbindungsanstalt, sofern der Arzt eine Überführung in eine solche Anstalt für notwendig erachtet. Schließlich möchte ich noch obligatorische Einführung der Familienversicherung fordern, um die Segnungen der Mutterschaftsversicherung auch den Angehörigen der Versicherungspflichtigen zugänglich zu machen. Nur dann kann die bedürftige Frau wirksamen Schutz während der Zeit der Mutterschaft genießen.

Im Anschluß an diese ganz skizzenhaft gegebene Darstellung der Forderungen der Mutterschaftsversicherung möchte ich kurz die gesetzlichen Schutzbestimmungen für Mütter erwähnen, die *das Bürgerliche Gesetzbuch und das Strafgesetzbuch* anführt. Es sind das die Bestimmungen über die Unterhaltspflicht des Mannes und die Strafandrohung im Falle der Vernachlässigung dieser Pflicht. Es ist bei den Verhandlungen über diese Frage im Deutschen Verein für Armenpflege und Wohltätigkeit schon wiederholt ausgeführt worden, wie wenig der § 361, 10 seinen Zweck erreicht, daß ihm schließlich nur eine abschreckende Bedeutung innewohnt. Ganz sicher versagt dieser § 361, 10 des Strafgesetzbuches in all den tragischen Fällen, wo eine Frau verlassen wird, kurz ehe sie ein Kind zur Welt bringt; gerade weil sie ein Kind zur Welt bringt, und der Mann sich den ihm entstehenden Verpflichtungen entziehen will. Nun hat sich erfreulicherweise die Zahl der Staaten vermehrt, die die Überweisung pflichtvergessener Ehemänner in ein Arbeitshaus durch Beschluß der Verwaltungsbehörden oder Gerichte zulassen. Ich glaube, daß wir die analoge Bestimmung auch für die Bundesstaaten fordern sollten, die heute diesen Arbeitszwang noch nicht vorsehen. Wie weit dadurch den notleidenden Müttern wirklich Hilfe geschaffen werden kann, ist problematisch; aber das Gesetz hat einen Wert, wenn es auch nur erzieherisch, wenn es vorbeugend wirken kann. In gewissem Umfang hat das Gesetz auch die ledige Mutter zu schützen versucht; zunächst als Arbeiterin. Die Reichsgewerbeordnung und die Krankenversicherung stellen die ledige Mutter und die verheiratete Frau inbezug auf den Schutz, den sie herbeiführen, gleich. Aber die Unterstützung der Krankenkassen, die sich schon bei der verheirateten Mutter als unzureichend erweist, kann nicht genügen, um der ledigen Mutter, die zu allem übrigen ein Heim braucht, dieses zu gewährleisten. Für alle ledigen Mütter, gleichviel ob sie Arbeiterinnen, die der Krankenkasse unterstehen, oder Dienstmädchen oder Haustöchter sind, ist die Schaffung eines Heims das dringendste Erfordernis zur Zeit, in der sie ein Kind erwarten. Einen Ansatz zu einem derartigen Schutz bietet das Bürgerliche Gesetzbuch in den §§ 1715 und 1716, die den Vater verpflichten, der ledigen Mutter die Kosten der Entbindung sowie die Kosten des Unterhalts für die ersten sechs Wochen nach der Entbindung, und falls infolge der Schwangerschaft weitere Kosten entstehen, auch diese zu ersetzen, und zwar nicht nur in den Grenzen der Notdurft, sondern nach dem Stande der Mutter. Ferner kann auf Antrag der Mutter durch einstweilige Verfügung angeordnet werden, daß die Unterstützung, die der Mann zu zahlen hat, vorher beim Gericht hinterlegt werden muß, so daß die Frau in dem Augenblick, in dem der akute Notstand eintritt, über die Summe verfügt, die sie braucht. Dieser Paragraph würde von ungeheurem Nutzen sein, wenn er immer nutzbar gemacht würde. Die Organe der Armenpflege sollten deshalb in allerenergischster Weise darauf hinwirken, daß die Hinterlegung dieser Summe vor der Geburt des Kindes tatsächlich erfolgt; und sie sollten weiter darauf hinwirken, daß überall, wo sie es mit dem Schutze einer ledigen Mutter zu tun haben, die Normierung der Alimente, die der Mutter zustehen, tatsächlich nach dem Stande der Mutter erfolgte, was bisher fast allgemein, kann man wohl sagen, nicht geschehen ist. Die ausreichende Versorgung der Mutter für die sechs Wochen wird häufig deswegen nicht geleistet, weil sie von niemand gefordert wird, weil die Mutter sich selbst über ihre Ansprüche nicht klar ist, und weil die Organe, die mit der Herbeiführung der Alimentationszahlung zu tun haben, nicht immer dem Buchstaben des Gesetzes die volle Geltung verschaffen, weil sie sich zufrieden geben, wenn ein Durchschnittssatz gezahlt wird.

Immerhin wird selbst bei Anwendung dieser Paragraphen der Schutz der ledigen Mutter häufig daran scheitern, daß der Vater nicht heranzuziehen ist. Einmal steht die Bestimmung des Bürgerlichen Gesetzbuches im Wege, die die „exceptio plurium" gestattet; eine Bestimmung, durch die tatsächlich ein großer Teil der Mütter schutzlos bleibt. Die Bestimmung, die schon bei der Beratung des Bürgerlichen Gesetzbuches sehr lebhaften Widerspruch auch aus den Kreisen der Politiker fand, ist mit der Begründung in das Gesetzbuch aufgenommen, daß die Sittlichkeit des weiblichen Geschlechts untergraben werden dürfte, wenn die „exceptio plurium" wegfalle. Ich meine, man sollte demgegenüber doch immer wieder die Frage aufwerfen, ob nicht die Sittlichkeit des männlichen Geschlechts außerordentlich gefährdet wird, wenn der uneheliche Vater sich von der Verantwortung gegenüber dem Kinde, dem er das Leben gegeben hat, unter gewissen Umständen frei machen kann. (Sehr richtig!).

Die Bestimmung hat bei der dritten Lesung des Bürgerlichen Gesetzbuches von seiten eines Zentrumsabgeordneten, wenn ich nicht irre, den Beinamen einer „Prämie für Wollüstlinge" erhalten. Sie hat tatsächlich nur zur Folge, daß durch die Unverantwortlichkeit des Mannes in allen solchen Fällen die Gesundheit der Mutter und des Kindes gefährdet, daß ein Notstand herbeigeführt wird, der das Eingreifen von Armenpflege und Wohltätigkeit notwendig macht, der eben für die Verfehlung von Mann *und* Frau *nur* die Frau und die Gesellschaft büßen läßt. Wir müssen die Beseitigung dieser Bestimmung fordern, nicht nur um die ledige Mutter zu schützen; sondern weil es auch das wirksamste Mittel wäre, um im Manne das volle Verantwortungsgefühl für seine sexuellen Handlungen zu entwikkeln und dadurch dem Notstande der ledigen Mutterschaft vorzubeugen.

Eine weitere Schwierigkeit beim Schutz der ledigen Mutterschaft besteht schließlich darin, daß die Väter, die ihre Vaterschaft anerkennen, häufig gar nicht zur Zahlung von Alimenten heranzuziehen sind. Entweder sind sie völlig mittellos oder stellen es so dar, als ob sie mittellos wären; oder sie sind in einer großen Zahl von Fällen unauffindbar. *Spann* hat in seinen Untersuchungen über die uneheliche Bevölkerung in Frankfurt a.M. festgestellt, daß 66% der unehelichen Väter überhaupt keine Alimente zahlen; und wo keine Alimente für das Kind bezahlt werden, scheidet der Vater aus dem Lebenskreise der Mutter meist aus, ehe sie überhaupt noch Mutter geworden ist. Hier ist eine Lücke auszufüllen oder vielmehr ein Gesetz fortzuschaffen, das dem Schutz der ledigen Mutter im Wege ist.

Wenn ich meine Ansichten über den gesetzlichen Schutz der Mütter zusammenfasse, so möchte ich sagen: das Gesetz enthält heute schon die prinzipielle Anerkennung der Schutzbedürftigkeit der Mutter, sowohl durch die soziale Gesetzgebung wie durch das Bürgerliche Gesetzbuch und das Strafgesetzbuch. Aber diese Bestimmungen bieten nur Ansätze, die nicht verhüten können, daß es in weiten Kreisen unseres Volkes den Müttern am Notwendigsten fehlt; nicht nur denen, die dauernd der öffentlichen Armenpflege anheimfallen, die ihre wirtschaftliche Selbständigkeit verloren haben, sondern daß bis in die oberen Schichten der lohnarbeitenden Klassen hinauf für die Frau die Mutterschaft nicht nur eine Zeit schwerster Sorge, sondern eine Zeit unerfüllter Bedürfnisse, eine Zeit des Mangels herbeiführt.

Wie hat nun die *öffentliche Armenpflege,* die kirchliche und die private Fürsorge diesen Notstand gemildert? Die Schwierigkeit, die Stellung der öffentlichen Armenpflege inbezug auf den Mutterschutz darzustellen, liegt darin, daß die öffentliche Armenpflege in Deutschland nicht einheitlich funktioniert. Vielfach herrscht noch eine enge Auffassung von der öffentlichen Armenpflege; man stellt sich auf den Standpunkt, daß man die Armen nur vor dem Verkommen schützen soll, daß sie nur so weit eintreten soll, als durch die Armut die öffentliche Gesundheit und Rechtsordnung gefährdet ist. Unter solchen Verhältnissen wird die Schaffung der nötigen Pflege und Wartung der Mutter für Frauen in leidlich geordneten aber immerhin bedürftigen Verhältnissen nicht als Aufgabe der öffentlichen Armenpflege anerkannt. Anderseits sind einzelne Stadtverwaltungen in ihrer Auffassung der öffentlichen Armenpflege modern genug, um festzulegen, daß alles, was an Dienstleistungen und Pflegemitteln notwendig ist, um einer Kranken oder Wöchnerin die Wiederherstellung ihrer Gesundheit zu ermöglichen, ohne Rücksicht auf die entstehenden Kosten gewährt werden muß.

Das Bedürfnis, das durch die öffentliche Armenpflege zu decken ist, variiert nach der Lage der Familie oder der Frau: Es handelt sich bei Ehefrauen um die Beschaffung der unentgeltlichen Gewährung der Dienste der Hebamme und des Arztes, der Medikamente, um Beschaffung von Wäsche, Geld, Nahrung, einer Hauspflegerin, auch um unentgeltliche Unterbringung in einem Wöchnerinnenheim. Je ärmer die Mutter ist, desto vollständiger wird sie alle diese Unterstützungen gebrauchen. Überall gewähren die Armenverwaltungen an Bedürftige die unentgeltlichen Dienste der Hebamme. In einzelnen Fällen gewähren sie in sehr weitherziger Weise allen Frauen, die es nachsuchen, die nötigen medizinischen Hilfereichungen, ohne danach zu fragen, ob die Betreffende im Sinne der öffentlichen Armenpflege bedürftig ist oder nicht. Ich möchte auf das Beispiel von Hamburg und Mannheim hinweisen, die inbezug auf den Mutterschutz in offener und geschlossener Armenpflege Hervorragendes leisten. Ein relativ starkes Interesse wird von den Armenverwaltungen den Hauspflegeeinrichtungen zugewendet, die oft schon im Verein besprochen worden sind. Die Form, in der die Armenverwaltungen den Schutz durch Hauspflege gewähren, ist sehr verschieden. Entweder stellt die Stadt selbst einzelne Hauspflegerinnen an und überweist sie den bedürftigen Müttern oder sie leistet dem Hauspflegeverein Ersatz für die Kosten, die durch Versorgung bedürftiger Familien mit Hauspflegerinnen entstehen, oder aber man unterstützt die Hauspflegevereine durch Subventionen von seiten der Stadtverwaltung. Weit geringer ist die Hilfe der Stadtverwaltungen und der öffentlichen Armenpflege für die Erhaltung von Wöchnerinnenheimen, die fast alle aus privater Initiative hervorgegangen sind, wie denn überhaupt die Vereinstätigkeit die Arbeit der öffentlichen Armenpflege zum Schutz der Mütter auf all den genannten Gebieten ergänzt hat.

Ich möchte meine Forderungen für die öffentliche Armenpflege kurz dahin zusammenfassen, daß unentgeltliche Bereitstellung der Geburtshilfe für alle bedürftigen Mütter, im Bedarfsfall Verabreichung von Wäsche; falls erforderlich auch Gewährung freier Hauspflege oder der Verpflegung in einem Wöchnerinnenheim zu gewähren sei, ohne daß diese Hilfe die mit anderen Unterstützungen verbundenen öffentlichrechtlichen Folgen nach sich zieht. Ich lasse mich zu dieser Forderung dadurch bestimmen, daß in vielen Fällen man sich deswegen an die öffentliche Armenpflege nicht wendet, weil das öffentlichrechtliche Nachteile zur Folge haben würde.

Ich würde weiter die Forderung dahin formulieren, daß die Unterstützung von Schwangeren und Wöchnerinnen durch die öffentliche Armenpflege mit Beträgen, die ihnen die zur Wiederherstellung ihrer Gesundheit notwendige Schonung und Pflege ermöglichen, erfolgen soll; ferner Unterstützung von arbeitenden Müttern, falls ihre Erwerbsfähigkeit durch das Stillen eines Kindes beeinträchtigt wird.

Schließlich ist es Aufgabe der Armenverwaltungen und Stadtgemeinden, für Errichtung oder ausreichende Unterstützung von Schwangeren- und Wöchnerinnenheimen, Subventionierung von Hauspflegevereinen, Mütterberatungsstellen sowie von Krippen und Kindergärten zu sorgen.

Ich wende mich nun zu dem Kapitel, das den Schutz der *ledigen Mutter* behandeln soll, zu diesem düstersten Bilde, das die ganze Frage des Mutterschutzes aufrollt. Tritt bei der Versorgung der verheirateten Mutter die kirchliche und private Fürsorge gegenüber der öffentlichen Armenpflege zurück, d.h. hat sie dort nur ergänzende Aufgaben zu erfüllen für die Versorgung der Frauen, die leider von der öffentlichen Armenpflege noch nicht bekommen, was ihnen gewährt werden sollte, so verschiebt sich bei der Fürsorge für die ledige Mutter der Schwerpunkt auf die kirchliche und private Liebesarbeit. Das liegt meines Erachtens weniger daran, daß die öffentliche Armenpflege auf diesem Gebiete ihre Pflicht zu sehr vernachlässigt. Auch hier gibt die öffentliche Armenpflege gewöhnlich das Notwendige; sie unterstützt vielfach in derselben Weise die ledige Mutter wie die verheiratete Frau. Aber es liegt in der Natur des Notstandes der ledigen Mutter, der ein ganz anderer ist, daß hier mit denselben Mitteln dem Notstande nicht abgeholfen werden kann. Denn die ledige Mutter braucht meines Erachtens nicht nur die Hilfe von Arzt, Hebamme, Geld, Nahrung und Pflege, sie braucht ein Heim, in dem sie auch Rat, Erziehung und Beeinflussung findet. Ich bin mir voll bewußt, daß diese Ansicht heute vielfach Widerspruch hervorruft, daß man leicht als Pharisäer angesehen wird, wenn man davon spricht, daß ledige Mütter einer Beeinflussung und einer Erziehung bedürfen. Ich weiß, daß wir nicht richten sollen. Denn wir wollen auch nicht - ganz gewiß nicht von Menschen - gerichtet werden. Ich sage mir jeden Tag, daß wir Frauen, die wir in einem geschützten Elternhause aufgewachsen sind, nicht besser sind, daß wir es nur besser haben. (Sehr richtig!)

Aber aus dieser Gesinnung heraus kann ich eine Hilfe für die ledige Mutter unmöglich in einer rein äußerlichen und materiellen Aktion sehen. Für mich liegt eben der Notstand, der mit der ledigen Mutterschaft verbunden ist, nicht in dem augenblicklichen Mangel an Geld, und die Ursache dieses Notstandes liegt für mich nicht in der Geburt des Kindes. Sondern für mich ist die Geburt des Kindes der Notstand, dessen Ursache in mangelnder Erziehung und fehlender Berufstätigkeit, wohl auch in Leichtsinn und Widerstandsunfähigkeit, manchmal in einem ungebändigten Triebleben oder in geistigen oder moralischen Defekten zu suchen ist. Und diese Ursache gilt es, soweit wie möglich, zu beheben.

Die Fürsorgebestrebungen für die ledigen Mütter werden fast immer und müssen fast immer bestimmt sein durch Erwägungen prinzipieller Natur, durch die sittlichen Werturteile der helfenden Faktoren. Und so ergibt sich folgendes Bild für das, was heute an Hilfsmaßregeln vorhanden ist. Auf der einen Seite die Einrichtungen von kirchlicher Seite, von konfessionellen Vereinen, die Fürsorgeheime und Zufluchtsstätten für ledige Mütter errichtet haben, die die Mütter aufnehmen und versorgen, dabei aber von dem Gedanken geleitet sind, daß durch die Hilfe jene Besserung und Rettung erzielt werden soll, jene Festigung des Charakters, jene Änderung der Gesinnung, die für die Zukunft die ledige Mutter schützt und stark macht. Auf der anderen Seite sind neuerdings zahlreicher als früher humanitäre Einrichtungen entstanden, die einen ähnlichen Charakter wie jene kirchlichen Einrichtungen tragen, aber an Stelle der religiösen und konfessionellen Einwirkungen in erster Linie eine wirtschaftliche Stärkung und eine ethische Beeinflussung anstreben. Alle diese Heime, Versorgungshäuser, Rettungshäuser treten in dem Augenblick ein, in dem die ledige Mutter am allerschwersten gefährdet ist, wenn sie aus der öffentlichen Entbindungsanstalt, meist am zehnten Tage nach der Geburt des Kindes, entlassen wird, wenn es ihr an Obdach und Hilfe fehlt. Es ist das der Moment der allerschwersten Not. Die Mutter steht mit ihrem Kinde auf der Straße; ohne Heim, denn zu ihren Angehörigen kann sie in der Regel nicht zurückkehren. Sie steht auf der Straße ohne Unterkommen; denn die Schlafstelle hat sie meist aufgegeben, ehe sie in die Entbindungsanstalt ging. Denn zu der Zeit, wo es am Notwendigsten fehlt, pflegt sie mit jedem Pfennig zu rechnen. Sie steht auf der Straße, ohne Geld, um sich Wohnung und Nahrung zu beschaffen; denn wenn sie überhaupt Ersparnisse gemacht hat, sind sie schon vor der Geburt des Kindes gewöhnlich aufgezehrt. Ohne Geld, wenn nicht ein glücklicher Zufall ihr rechtzeitig einen Berater auf den Weg geschickt hat, der auf Hinterlegung des ihr zustehenden Alimentenbetrages hinwirkt. Auf der Straße ohne Unterkunft und ohne Geld, arbeitsunfähig für Wochen, selbst im Sinne des Gesetzes; und wenn sie nicht an außergewöhnlichem Gefühlsmangel leidet, wird sie nicht nur wirtschaftlich und körperlich geschwächt, sondern auch seelisch gebrochen, verzweifelt, stumpf sein; vielleicht mit Gott und den Menschen zerfallen. Mag man die Gefühlssphäre der Frau der besitzlosen Klassen für beengter halten als die des geschützten und verwöhnten Mädchens, das Zeit hat, alle Regungen seines Herzens zu beobachten und zu pflegen und zu nuancieren. Darüber aber täusche man sich nicht: das Schwerste und Traurigste, was einer Frau zustoßen kann, ist - betrogen zu werden, getäuscht und verlassen zu werden, wo man geglaubt hat, wo man vertraut und auf Glück gehofft hat. Und gerade die besten unter den ledigen Müttern empfinden das Betrogensein noch härter als alle äußere Not.

In diesem Augenblick öffnen sich den ledigen Müttern die Zufluchtsstätten, die Mütterheime, Versorgungsheime, von denen ich vorhin gesprochen habe. Meist öffnen sie sich nur unter der Bedingung eines längeren Aufenthalts. Nun wird man wohl zugeben können, daß es einzelne ledige Mütter gibt, die keiner Erziehungsversuche bedürfen, Mädchen, die nur aus Liebe und ungerechtfertigtem Vertrauen zur Mutterschaft gelangten, und in denen durch ihr Unglück ein starkes Gefühl der Verantwortung erzeugt worden ist. Man wird aber trotzdem mit allen diesen Anstalten darin übereinstimmen, daß im allgemeinen das Verlangen eines längeren Aufenthalts berechtigt, ja notwendig ist; nicht nur, um die Kinder zu versorgen und die Mütter gesundheitlich zu kräftigen, sondern um ihnen das Gefühl der Verantwortung gegen ihre Kinder lebendig zu machen, um sie in den Stand zu setzen, der Verführung fortan zu widerstehen. Das kann man einmal tun, indem man ihre wirtschaftliche Tüchtigkeit steigert, indem man sie etwas lernen läßt; daneben muß man aber auch innere, geistig seelische Kräfte lebendig machen, um ihr Gewissen zu schärfen, um Willenskraft und Selbstbeherrschung zu entwickeln. Wo die uneheliche Mutterschaft auf Erziehungsfehler zurückzuführen ist, muß die Therapie zugleich Prophylaxe sein; da muß eine Erziehung einsetzen, die zu geregelter Lebensführung, zu geordneter Arbeit, zu einer Vertiefung religiösen Empfindens führt. Wo dagegen angeborene Defekte die ledige Mutterschaft verursacht haben, da kann eine wirkliche Hilfe für die junge Mutter nur darin bestehen, daß man sie dauernd den Gefahren entzieht, denen sie in der Welt ausgesetzt ist. Bisher gibt nur das Fürsorgeerziehungsgesetz eine Handhabe, um Mütter wenigstens bis zu einer gewissen Altersstufe diesen Gefahren zu entziehen. Darüber hinaus sind die Erfolge der Klöster meines Erachtens das Erheblichste, was auf diesem Gebiete zu verzeichnen ist. Tausende von schwachen Kräften, von geistig oder moralisch Minderwertigen sind noch davor zu schützen, daß sie jedes Jahr ein Kind zur Welt bringen, das mit diesem traurigen Erbteil minderwertiger Begabung belastet ist.

Wenn neuerdings einige öffentliche Anstalten, die zum Schutz der Säuglinge errichtet worden sind, den Müttern materielle Hilfe - ohne Versuche einer Beeinflussung oder Erziehung - gewähren, indem sie Mütter mit ihren Kindern aufnehmen, unter der Bedingung, daß die Mutter das Kind und eventuell noch ein anderes stillt, so geschieht das unter dem Gesichtspunkt, daß moralische oder geistige Defekte so häufig Veranlassung der ledigen Mutterschaft bilden, daß Versuche zu einer Hebung der Mutter doch vergeblich seien.

Im Gegensatz zu dieser Auffassung bewegt sich die Theorie, die der Bund für Mutterschutz propagiert, daß man der ledigen Mutter helfen soll, ohne bessern zu wollen, weil sie überhaupt keiner Besserung bedarf, weil sie das Opfer trauriger äußerer Verhältnisse oder veralteter Moralanschauungen ist, die einer „neuen Ethik“ Platz machen sollten. Es ist das unzweifelhafte Verdienst des Bundes für Mutterschutz - und das muß auch jeder Gegner des Bundes anerkennen -, daß er durch seine Agitation diesem Gebiete der Fürsorge erhöhtes Interesse, erhöhte Aufmerksamkeit zugeführt hat. Wenn der Bund trotzdem so vielfach bekämpft und angegriffen wird, so ist das darauf zurückzuführen, daß er seine praktischen Fürsorgebestrebungen verquickt mit dem Programm der sogenannten neuen Ethik, mit der Forderung, daß nicht nur die noch vielfach geübte Ächtung der ledigen Mutter einer milderen Auffassung und einer den individuellen Verhältnissen angemessenen gerechteren Beurteilung weichen solle, sondern daß die gesellschaftliche Sanktion für die freie Ehe, für freie Verhältnisse und damit auch für die Mutterschaft, als *soziologisches Programm* gefordert wird. Wer durch armenpflegerische Tätigkeit das Niveau der Masse der ledigen Mütter kennt, wird sich keine Förderung, keinen Fortschritt der *Ethik* daraus versprechen, wenn eine größere Freiheit des außerehelichen Geschlechtsverkehrs sanktioniert, wenn sittliche Ideale herabgeschraubt werden, der wird der Theorie, daß „die Mutterschaft eine Würde und Ehre sein soll, gleichviel, wie sie erworben wurde“, nicht zustimmen können. Man muß gewiß unterscheiden zwischen individueller und genereller Beurteilung der ledigen Mutterschaft; man braucht die einzelnen nicht zu verurteilen, aber man wird doch die ledige Mutterschaft als Institution, als Programm ablehnen müssen.

(Sehr richtig!)

Man wird daran festhalten müssen, daß generell die ledige Mutterschaft auf eine Verschuldung, auf eine Verfehlung zurückzuführen ist, wie die außereheliche Vaterschaft in gleichem Maße eine Verschuldung, eine Verfehlung, bedeutet. Und die Tatsache, daß ein Mann, der eine Schuld auf sich geladen hat, und der sicherlich oft ebenso sehr wie die Frau, manchmal gewiß noch mehr der „Besserung“ bedarf, die Tatsache, daß der Mann heute die Vorteile der noch vielfach geltenden doppelten Moral genießt, sollte kein Grund für uns sein, den bisher für die Frau geltenden höheren sittlichen Maßstab zu verwerfen, anstatt ihn auch auf den Mann anzuwenden.

(Sehr gut! und Bravo!)

Wo Vereine für Mutterschutz wie in München und anderen Städten entstanden sind, und wo andere Vereine mit ähnlichen Tendenzen, wie beispielsweise die Jugendschutzvereine, sich ausschließlich den praktischen Bestrebungen des Mutterschutzes zuwenden, wo sie Heime und Beratungsstellen für ledige Mütter errichten, aber die neue Ethik ablehnen, werden sie sicherlich der Unterstützung und Hilfe aller Organe der Armenpflege gewiß sein.

Zusammenfassend möchte ich meinen Standpunkt in der Frage des Schutzes der ledigen Mutter dahin präzisieren: Jede Initiative zu praktischer Hilfstätigkeit ist sicherlich zu begrüßen; insbesondere ist die Errichtung von Heimen zu wünschen, die den Müttern in den letzten Wochen vor der Entbindung und dann bis zur Herstellung der Erwerbsfähigkeit, Zuflucht gewähren. Ferner möchte ich die Forderung aussprechen, daß man auch die Wöchnerinnenheime, die vielfach heute nur verheiratete Mütter aufnehmen, den ledigen Müttern zugänglich machen sollte. Man kann das eventuell, solange man glaubt, daß eine Trennung unbedingt notwendig ist, wenigstens so einrichten, daß man ihnen - wie im Berliner Wöchnerinnenheim - nur einen besonderen Raum vorbehält; ihnen nicht die Anstalt prinzipiell verschließt. Ferner ist zu empfehlen die Errichtung von Mütterheimen, in denen die Mütter dauernd Aufenthalt finden und ihrer Erwerbsarbeit nachgehen können; so zwar, daß sie ihren eigenen Unterhalt und den des Kindes aus den Mitteln, die sie erwerben, bezahlen. Die Heime müßten mit einer Krippe und mit einem Kindergarten verbunden sein, in denen für das Kind gesorgt wird, und würden so der Mutter die Möglichkeit lassen, wenigstens das Kind nicht ganz fremden Leuten anvertrauen zu müssen.

Außerordentlich wünschenswert ist die Errichtung von Mütterberatungsstellen und Rechtsschutz- oder Auskunftsstellen, die den Müttern mit Rat zur Seite stehen und den Weg zur Hilfe weisen, von Versorgungshäusern, die einen Einfluß auf die Mütter ausüben und ein neues Unheil verhüten. Schließlich für geistig und moralisch Minderwertige Anstalten für dauernden Aufenthalt, damit nicht von Geschlecht zu Geschlecht diese traurigen Anlagen weiter gegeben werden.

Diese praktischen Bestrebungen des Mutterschutzes werden Stütze und Förderung schließlich in einer Bewegung finden, die in diesem Zusammenhange nicht ganz übergangen werden darf. Es sind das die Bestrebungen der Sittlichkeitsvereine, die die doppelte Moral bekämpfen; die den Gedanken, daß dem Mann erlaubt ist, „was ihm gefällt", und daß die *Frau* die Folgen und Verantwortungen der sittlichen Verfehlungen *beider* Geschlechter zu tragen hat, bekämpfen. Es ist ein besonderes Verdienst der Frauenbewegung, insbesondere des deutschen Zweigvereins der Internationalen Abolitionistischen Föderation und der Jugendschutzvereine, sowie der konfessionellen Sittlichkeitsvereine, daß heute die Forderung nach gleicher Verteilung der Verantwortung und der sittlichen Zurechnung des außerehelichen Geschlechtsverkehrs auf die Schultern von Mann und Frau überhaupt erhoben wird. Wohl leben wir in einer Zeit starker sexueller Spannung, und die Gefahr zu straucheln ist heute eine viel größere geworden als früher. Wir wissen, daß die für das sexuelle Gebiet geltenden Normen nur von einer Minderheit in vollem Umfange verwirklicht werden, daß für viele die physischen Bedürfnisse der sexuellen Sphäre nicht leicht mit unserem Begriff von Sittlichkeit in Einklang zu bringen sind. In der armenpflegerischen Tätigkeit sehen wir die sozialen Ursachen, die die Gefahren und Versuchungen des sexuellen Gebietes so gesteigert haben. Man denke nur an das Wohnungselend der Großstädte, das jedes Schamgefühl in der heranwachsenden Jugend unterdrücken und töten muß; man denke an die Vergnügungen, die die Großstädte bieten, die die Sinne aufpeitschen und reizen. Wer keinen grünen Baum zu sehen bekommt, der geht auf den Tanzboden, der greift zum Alkohol. Man denke an die Entwurzlung des Einzelnen, die durch unsere wirtschaftlichen Verhältnisse herbeigeführt worden ist, seine Loslösung von der Familie und damit die Gefahr der Erschütterung von überkommenen, selbstverständlichen Normen, von heilig gehaltenen Sitten; von religiösen Traditionen, die damit verbunden sind. Man denke nur an das scheußliche nächtliche Treiben der Friedrichstraße in Berlin, und frage sich, ob in einer kleinen Stadt mit bodenständiger Bevölkerung, mit starken Familientraditionen, wo auch die erwachsene Jugend unter den Augen der Eltern lebt, ob derartiges dort möglich wäre! Man denke weiter daran, daß auch in den bürgerlichen Kreisen die Spannung zwischen den Bedürfnissen des Trieblebens und den sittlichen Normen durch die späten Heiraten sehr vergrössert wird; und man denke schließlich an den außerordentlich gefährlichen Einfluß der modernen erotischen Literatur!

(Sehr richtig!)

Diese Spannung, die auf sexuellem Gebiet vorhanden ist, ist für uns Frauen nicht lösbar, wenn die größere Freiheit, die bisher der Mann für sich in Anspruch nahm, auch auf die Frau übertragen werden soll, denn jede größere Freiheit auf sexuellem Gebiet wird die Neigung der Männer zu flüchtigen Beziehungen steigern, während die Mehrheit der Frauen sich doch immer nur im Glauben und in der Hoffnung auf eine dauernde unverbrüchliche Lebensgemeinschaft einem Manne hingeben wird. Für uns ist ein Schutz der Mutter, ist eine Minderung dieser Spannung nur möglich, wenn der Anspruch *gleicher Treue auch an den Mann* erhoben wird. Ich weiß wohl, daß diese Forderung bei Männern nicht sehr populär ist; ich weiß auch, daß man die verschiedenartige Veranlagung der Geschlechter immer wieder gegen diese Forderung ausspielt, und ich gebe gern zu, daß es im Hinblick auf die bisherige Erziehung des männlichen Geschlechtes außerordentlich viel verlangt ist, wenn wir diesen Anspruch erheben.

Aber die Tatsache, daß dieses Ideal so schwer zu verwirklichen ist, kann uns nicht dazu verleiten, das Ideal selbst preiszugeben und dem Triebleben prinzipiell einen größeren Spielraum, ein größeres Herrschaftsgebiet einzuräumen. Sittliche Normen sind niemals von dem abzuleiten, was der Durchschnitt tut und erreicht. Der Durchschnitt wird stets hinter dem Ideal zurückbleiben; das Ideal aber muß ihm Ziel und Richtung weisen.

Wenn wir aber bei der Anwendung eines hohen sittlichen Maßstabes damit rechnen müssen, daß die Mehrheit der Männer das Ideal noch nicht verwirklichen kann, so beanspruchen wir für die Frau, die diesen sittlichen Normen nicht gerecht wird, die im Kampfe gegen ihre Triebe unterlegen, gefallen ist, wenigstens einen Teil jener Milde, die man bisher nur dem unterliegenden, im Kampfe gegen seine Begierden gefallenen Manne zuteil werden ließ. Alle Bestrebungen, die diese Anschauungen verbreiten helfen, die die Festigung sittlicher Anschauungen, die Hochhaltung sittlicher Ideale bei der Erziehung von *Mann und Frau* verwirklichen wollen, dienen dem Schutz der Mutterschaft in mehr als einem Sinne: denn sie werden mehr und mehr verhüten, daß Frauen zur ledigen Mutterschaft gelangen.

Damit bin ich am Schluß meiner Darstellung. Vielleicht haben Sie den Eindruck gewonnen, daß alles das, was ich hier ausgeführt habe, doch im letzen Grunde nur eine Frauenangelegenheit ist. Und in der Tat ist es ein Stück Frauenfrage. Es ist der Frauenfrage tiefster Sinn und schwierigstes Problem, wie die Frau ihre Mutterpflichten in Einklang bringen kann mit den neuen Aufgaben, die die wirtschaftliche Entwicklung ihr gestellt hat, und mit den Ansprüchen an die Entfaltung der Persönlichkeit, die auch die Frau erhebt. Alle die Frauen, mit denen wir bei Betätigung des Mutterschutzes zu tun haben, die diesen Schutz brauchen und beanspruchen, gehören in den Kreis derer, die bei dem Versuch, bei der Notwendigkeit, diese zwei Pflichtenkreise zu vereinigen, gescheitert sind; die bei diesem Dualismus des Frauenlebens sich aufreiben. Mutterschutz bedeutet nichts anderes als die Form zu finden, die Einrichtungen zu treffen, die es der Frau ermöglichen, auch unter den heutigen wirtschaftlichen und kulturellen Verhältnissen ihre Mutterpflichten im alten Umfange zu erfüllen. Und das, verehrte Anwesende, ist nicht nur eine Frauenfrage, es ist eine Angelegenheit unseres ganzen Volkes.

In keinem Lande der Welt hat man soviel von den natürlichen Aufgaben der Frau gesprochen und mit solcher Energie und Zähigkeit versucht, die Frau ausschließlich auf diese ihre natürliche Sphäre zu verweisen, hat man soviel von der Heiligkeit der Mutterschaft gesprochen wie in Deutschland. Aber keine theoretische Verherrlichung hat verhindert, daß die Mutter im praktischen Leben mißachtet, erniedrigt, dem Elend preisgegeben worden ist. Solange schwangere Frauen bis zur Stunde der Geburt eines Kindes ihren erschöpften Körper zur Arbeit zwingen müssen, solange Mütter ihre Kinder wenige Tage nach der Geburt verlassen müssen, um Brot zu schaffen, solange Tausende von Frauen in elenden Wohnungen ihr Kind zur Welt bringen; an das Licht der Welt, das diesen Kindern schon bei der Geburt nicht leuchtet; solange Frauen einsam und verlassen auf der Straße herumirren müssen und nicht wissen, wo sie ihr Haupt niederlegen sollen, wenn die Stunde kommt, da sie ihrem Kinde das Leben geben sollen, so lange sollte niemand von uns – ob Mann oder Frau, Vater oder Mutter – sich ruhig schlafen legen, ohne etwas für den Schutz der Mütter getan zu haben.

(Stürmischer anhaltender Beifall.)

Zur Eröffnung der Sozialen Frauenschule*

Ansprache, gehalten bei der Eröffnungsfeier im Pestalozzi-Fröbelhaus am 15. Oktober 1908

In unsichtbaren Lettern steht für mich über der Tür unserer Schule, die sich heut zum erstenmal so vielen geöffnet hat, denen sie fortan Mittelpunkt des Lebens werden soll, das Wort Carlyles:

„Gesegnet, wer seine Arbeit gefunden hat!"

Das Wort enthält im Grunde alles, was ich in dieser feierlichen Stunde unseren Schülerinnen sagen kann: Zweck und Ziel unserer Schule, und all die guten Wünsche, die wir für ihre Entwicklung hegen.

Zweck und *Ziel* der Schule. Denn diese ist entstanden und soll der Aufgabe dienen, den Mädchen und Frauen unserer Stadt, unseres Volkes Arbeit zu geben. *Arbeit*, das heißt nicht Beschäftigung, nicht Zeitvertreib, sondern eine Tätigkeit, die nicht nur ihre Zeit - sondern auch ihre Gedanken, ihr Interesse in Anspruch nimmt; die zunächst für einige Jahre den Inhalt ihres Lebens ausmachen soll, um den herum alles andere, was das Leben ihnen an Freuden, Genüssen, Anregungen bietet, sich nur - gleichsam wie eine schmückende Arabeske - als Beiwerk gruppiert. Arbeit, die sie nicht nur erfüllt, solange sie als Schülerinnen in diesem Hause ein- und ausgehen; sondern Arbeit, die sie mit hinausnehmen, wenn sie die Schule verlassen, als einen Teil ihres Lebens, der nicht zugrunde gehen *kann*, der zu ihnen gehört, der ihre Lebensauffassung und ihr Tun bestimmt, wo das Schicksal sie auch hinführen, welcher Platz ihnen auch einmal später zugedacht sein mag.

Das gilt für alle unsere Schülerinnen, gleichviel ob sie sich für freiwillige Hilfstätigkeit oder für eine besoldete Berufsarbeit vorbereiten wollen. Dem soll ihre Ausbildung dienen.

Wenn der *theoretische Unterricht* die sozialen Probleme unserer Zeit vor Ihnen aufrollt, wenn Sie in die großen Zusammenhänge des Gemeinschaftslebens eingeführt werden, wenn sich Ihnen die unlösbaren Beziehungen zeigen, die besitzende und nichtbesitzende Klassen verbinden, wenn Sie einen Einblick tun in die wirtschaftliche und geistige Entwicklung unseres Volkes und die Verknüpfung von Not und Schuld erkennen lernen, dann muß in Ihnen die Überzeugung lebendig werden, daß Sie Aufgaben zu erfüllen haben, daß Ihre Kraft gebraucht wird. Und in der *praktischen Arbeit* sollen Sie den Reflex dessen, was Sie in der Theorie als Problem der Gesellschaft kennen lernen, als Not und Hilfsbedürftigkeit des *einzelnen* erleben. Sie sollen sehen, daß in unserer Zeit nicht nur die

* Die Frau, 16. Jg., Nr. 2, Nov. 1908, S. 103-107

Schuld, sondern auch die Not der Eltern heimgesucht wird an den Kindern, daß sie die Kinder gefährdet, auf denen die Zukunft unseres Volkes beruht. Sie sollen durch den Verkehr mit Bedürftigen dazu gelangen, einen Vergleich zu ziehen zwischen den eigenen Lebensbedingungen und den Möglichkeiten anderer. Sie sollen sich Ihrer Kindheit erinnern, wenn Sie den verwahrlosten und verkommenen Kindern begegnen, die sich von klein auf selbst überlassen waren. Wenn Sie erfahren, wie die Mutter der besitzlosen Kreise sich abmüht - schlimmer als das geplagteste Tier, schlechter verpflegt, schwerer angestrengt als dieses - dann sollen Sie an die Fürsorge und Pflege denken, die den Frauen unserer Kreise zuteil wird, wenn sie Mutter werden. Und wenn Sie bei Ihrer Hilfstätigkeit die Fabrik- oder Heimarbeiterinnen beobachten werden, deren Leben abläuft wie das Räderwerk einer Uhr, ohne Unterbrechung, in mühseliger, stumpfmachender, entnervender Arbeit - leer und arm an Freuden und Genüssen, reich an Gefahren und Versuchungen; wenn Sie dann an die materiellen Güter und an die geistigen Inhalte denken, die Ihnen zu Ihrem Leben notwendig erscheinen; an den Schutz, der Sie umgibt, dann soll das Gefühl der Verpflichtung, das der theoretische Unterricht auf intellektualistische Weise hervorruft, auch von seiten des Gefühls gestärkt und lebendig gemacht werden.

So sollen Sie durch unsere Schule eine Arbeit finden, zu der Sie sich verpflichtet fühlen, zu der Sie der Ruf einer inneren Stimme treibt; eine Arbeit, die man nicht aufnehmen oder lassen kann, wie andere Beschäftigungen, sondern die von Ihnen allen - auch wenn sie als unbezahlte, freiwillige Arbeit ausgeübt - als Beruf aufgefaßt wird; das heißt als eine Aufgabe, zu der jeder von uns sich *berufen* fühlt.

Aber das Wort Carlyles enthält noch eine tiefere Bedeutung, läßt noch eine andere Anwendung auf unsere Schule zu. Es sagt: „Gesegnet, wer *seine* Arbeit gefunden hat." Sie sollen hier *Ihre* Arbeit finden, daß heißt nicht eine Arbeit, die man nur als Mühe empfindet; sondern eine Tätigkeit, bei der jede *ihre individuellen* Kräfte nutzen kann, bei der jede das Gefühl hat, daß *sie* gerade für *diese* Arbeit geboren und bestimmt ist.

Jeder Mensch muß arbeiten. Aber den Segen der Arbeit kann nur der erfahren, der dabei das Gefühl hat, seine Kräfte zu entwickeln, der eine *innere* Beziehung zu seiner Arbeit erlangt. Wir wissen es und hören es oft genug, daß die Arbeit auch ein *Fluch* sein kann. Sie wird es, wo sie mechanisch, inhaltslos, zu seelenloser Werktätigkeit herabgedrückt ist. Das gerade ist so verhängnisvoll an unserer modernen wirtschaftlichen Entwicklung, an der immer fortschreitenden Arbeitsteilung, daß bis weit hinauf in die Schichten der geistigen Arbeiter die Arbeitsweise immer mechanischer wird, daß nur fabrikmäßige Handgriffe gefordert werden, die in dem einzelnen das Gefühl, nötig zu sein, nicht mehr entwikkeln; die ihn an Wert und Zweck seiner Arbeit verzweifeln lassen. Die meisten Menschen unserer Zeit haben Arbeit; aber sie finden nicht *ihre* Arbeit. Sie haben keinen seelischen Kontakt mit ihr, keine andere Beziehung dazu, als das Band der Zahlung, des Lohns. Wie kann jemand das Gefühl haben, für seine Arbeit bestimmt, notwendig zu sein, wenn er Schrauben poliert, da er nicht einmal weiß, welche Verwendung diese Schrauben finden werden! Wie kann es jemand, der in einem Warenhaus Nippessachen verkauft - immer dieselben - an Leute, die viel besser ihr Geld für anderes verwenden würden; oder wie kann ein Mädchen, das Jahr aus Jahr ein das Telephon bedient - als Lebensaufgabe -, oder die an der Schreibmaschine schreibt, ohne den Sinn der Dinge zu verstehen, wie kann sie zu dem Gefühl gelangen, notwendig, für ihre Arbeit bestimmt zu sein? Alle diese wissen, wie leicht sie zu ersetzen sind. Für die Kollegin, die gestern starb, tritt heut eine andere ein, verrichtet heut eine andere die Arbeit. Woher soll die Arbeitsfreudigkeit kommen, wenn der Mensch zum Mittel und Werkzeug eines unpersönlichen Kulturprozesses herabsinkt, der ihn nach seinen Bedürfnissen verwendet und verwirft, ohne Liebe und Sorge für den Arbeiter, ohne Rücksicht auf seine besten und inneren Kräfte! Wenn der Mensch durch seelenlose Werktätigkeit bewältigt wird, entsteht jener schroffe Zwiespalt, jene Entzweiung von Subjekt und Objekt, von Stimmung und Arbeit, die den modernen Menschen so oft zerreißt.

Damit man sich eins mit seiner Arbeit fühlt, braucht man eine Tätigkeit, die auf das *Ganze* des Menschen zurückgreift, die seine Gesinnung und Überzeugung fördert und beeinflußt, die den Menschen innerlich fortbildet, mit der er zusammenwächst.

Es ist Wunsch und Hoffnung der Gründer unserer Schule, daß *Sie* hier *Ihre* Arbeit finden sollen; Wunsch und Hoffnung zugleich. Die Berechtigung zu dieser Hoffnung geben uns die Unterrichtsgebiete, die im Mittelpunkt unseres Lehrplans stehen. Es sind pädagogische und soziale Fächer. Es sind pädagogische und soziale Aufgaben, für die Sie hier vorbereitet werden sollen.

Wir wollen einmal die Mädchen der wohlhabenden Stände für die Pflichten tüchtig machen, die die Frau in der Familie zu erfüllen hat. Aber sie auch auf die Aufgaben hinlenken, und sie für die Aufgaben fähig machen, die in der großen Gemeinschaft, im öffentlichen Leben ihrer harren. Wir wollen ihnen eine *moderne Bildung* geben, die sie befähigt, an den Interessen teilzunehmen, die über allen ästhetischen, - mehr unpersönlichen, abstrakten - als konkrete, praktische Interessen stehen, die das Leben der Gegenwart erfüllen, und sie veranlassen sollen, zu *handeln*, etwas zu *leisten*. Nicht Luxuswissen, sondern eine Bildung, die sie befähigt, der Menschheit in irgendeiner Form - in der Familie oder in einem größeren Kreis - zu dienen. Dieses Bildungsziel hat uns veranlaßt, unserm Lehrplan eine ganz bewußte Einseitigkeit zu geben - grade im Gegensatz zu dem Vielerlei der bisherigen Mädchenbildung und auch zu dem bedauerlichen Konglomerat von Bildungsfächern, das von der Regierung für die Lyzeen resp. Frauenschulen bei der Reform unseres Mädchenschulwesens vorgesehen worden ist. Wir wollen unseren Schülerinnen neben der Ausbildung für pädagogische Aufgaben einen klaren Einblick „in das Werden und Wesen unserer gesellschaftlichen Struktur geben; wir wollen ihnen zeigen, was die Frau im heutigen Gemeinschaftsleben bisher bedeutet hat und was sie darin bedeuten müßte."[1] Wir halten diese Beschränkung für notwendig und glauben, daß die wissenschaftliche Weiterbildung sich in den „Frauenschulen" auf wenige Gebiete konzentrieren muß. Werden doch die Mädchen, die *vorwiegend wissenschaftliche* Interessen pflegen wollen, in der Regel das Gymnasium, die „Studienanstalt" besuchen, nicht eine Frauenschule. Für die anderen aber, deren Neigungen sie mehr auf praktische Betätigungen hinweisen, sollte die zehnklassige Mädchenschule imstande sein, die fremdsprachliche und ästhetische Bildung soweit zu festigen, daß den Mädchen die Möglichkeit zu selbständiger Fortbildung - beispielsweise durch fremdsprachliche Lektüre - gegeben ist. Wie dem aber auch sei - ein *Nebeneinander* dieser alten und der neuen Bildungsstoffe würde ganz sicherlich nicht geeignet sein, uns die Schülerinnen zu ernsthafter und selbständiger Beschäftigung auf irgendeinem wissenschaftlichen Gebiete fähig zu machen.

Daneben wollen wir - und dem wird besonderes die Oberstufe dienen - den Mädchen, denen ihr Beruf auch Erwerb sein muß, Gelegenheit zu berufsmäßiger Schulung in sozialer Arbeit geben, eine Ausbildung, die sie befähigt, verantwortliche Stellungen als bezahlte soziale Berufsarbeiter auszufüllen. Wenn wir dabei keinen Unterschied zwischen der Ausbildung zu beruflicher Arbeit und zu sozialer Hilfstätigkeit machen, wenn wir die Oberstufe diesen beiden Zwecken dienstbar machen wollen, so geschieht das in der Überzeugung, daß die unbesoldete soziale Arbeit genau so gut, genau so gründlich getan werden soll und deshalb auch derselben Vorbereitung bedarf, wie die besoldete, wenngleich die freiwilligen Helfer oft nicht imstande sein werden, ebensoviel Zeit wie die Berufsarbeiter für diese Tätigkeit einzusetzen. Wir wissen, daß die Eltern, die ihre Töchter nicht für eine volle Berufsarbeit freigeben, einen Teil ihrer Zeit beanspruchen; und wir, die wir neue Pflichten vor unserer Jugend aufrichten, wollen sicherlich nicht, daß alte Pflichten beiseite geschoben und vernachlässigt werden. Deshalb geben wir auch den Schülerinnen der Oberstufe die Freiheit, je nach ihren individuellen Bedürfnissen die praktische Ausbildung gleichzeitig mit der theoretischen Unterweisung oder in einer späteren Zeit durchzumachen.

Diese Aufgabe unserer Schule, die Ausbildung für den Wirkungskreis in der Familie und für soziale Arbeit, muß unsere Schülerinnen auf Arbeitsgebiete hinlenken, die weit mehr als die meisten anderen Berufe - nicht nur als die mechanischen, sondern auch als theoretisch-wissenschaftliche - die Möglichkeit in sich tragen, dem Arbeitenden Glück und Befriedigung zu schaffen. *Alle soziale und pädagogische Arbeit kann niemals mechanisch und seelenlos werden.* Denn das Objekt dieser Arbeit sind immer fühlende, lebendige Menschen; Menschen, die ein Leben haben wie wir, Gedanken und Wünsche wie wir, die Freude und Leid empfinden wie wir; werdende Menschen oder solche, die schon ihr Schicksal

[1] Vergl. Helene Lange, Oktoberheft der „Frau"

erlebt haben. Alle aber mit demselben Hirn und Herzen, mit dem gleichen Recht zu handeln; und doch lauter verschiedene Menschen und Menschenschicksale, die wir kennen lernen; manche schlicht und anspruchslos, andere voller Tragik und voller Tiefe. Das Leben aller aber wird bis zu einem gewissen Grad durch das, was wir ihnen tun, mitbestimmt und beeinflußt.

Und das ist das Gemeinsame an sozialer und pädagogischer Arbeit, an dem Verkehr mit den *werdenden Menschen,* denen wir helfen sollen, sich und ihre Kräfte zum Guten zu entwickeln, wie an dem mit den *Hilfsbedürftigen,* die mit dem Leben nicht fertig werden, deren Kräfte zu schwach sind, die im Kampf ums Dasein Wunden davon getragen haben: daß die Arbeit für jeden, der Menschenantlitz trägt, uns täglich neue, andere Probleme stellt, individuelle Züge zeigt und nur auf individuelle Weise ausgeführt werden kann. Es gibt schlechthin keine mechanisch anwendbare Regel darüber, wie man ein Kind zu erziehen, einen Hilfsbedürftigen zu behandeln hat, als die: dem individuellen Fall gerecht zu werden. Und das bedeutet, daß die Erzieher oder der Helfende der Individualität des anderen, für den er sorgt, Rechnung [zu] *tragen*, aber sich auch *mit seiner ganzen Individualität einzusetzen hat.* Es gibt keine pädagogische und keine soziale Tätigkeit, die man gut und erfolgreich nur mit der Hand und dem Verstand ausführen kann. Sie braucht das *Ganze des Menschen.* Seine Gesinnung, seine Überzeugung müssen in ihr zum Ausdruck kommen. Und deshalb, weil sie alle Kräfte des Menschen beansprucht, entwickelt sie all seine Kräfte, bildet sie all seine Anlagen fort, hilft sie dem Arbeitenden zu äußerem und innerem Wachstum. Weil jeder seine Eigenart in dieser Arbeit gibt, erhält er auch das Gefühl, notwendig - mit seinen individuellen Kräften unersetzlich zu sein.

So hoffen wir, daß die Ausbildung zu pädagogischer und sozialer Arbeit Ihnen allen helfen wird, *Ihre* Arbeit zu finden. Eine Arbeit, bei der Sie nicht so leicht wie der Handlanger an der Maschine zu ersetzen sind, sondern zu der Sie eine innere Beziehung erlangen, bei der Sie Ihre individuellen Kräfte einsetzen und nutzen können, bei der Sie fühlen, notwendig zu sein; eine Arbeit, an deren Wert und Zweck Sie glauben können. Und das ist vielleicht das Beste, was das Leben überhaupt einem Menschen geben *kann.*

Es ist der ungeheure Vorteil, den der Mann gegenüber der Frau hat, daß er selbst in einem mechanischen Beruf seine Arbeit als notwendig empfindet, weil seine Familie davon abhängig ist. Und darin wurzelt auch das tiefe Glück mancher Frauen, die ihr Leben ganz in den Dienst ihrer Familie stellen, deren Leben von außen her betrachtet oft so eng und arm an Erlebnissen und Freuden erscheint, daß sie sich für unentbehrlich, ihre Arbeit als unersetzlich empfinden können. Deshalb erwächst auch der alleinstehenden Frau, der keine anderen Glücksquellen fließen, die nicht einem engsten Kreis in Liebe dient, der größte Segen, der ihr zuteil werden kann, aus einer Arbeit, bei der sie ihre persönlichen Kräfte entwickeln, ihre Liebesfähigkeit zur Entfaltung bringen und zu dem Gefühl gelangen kann, anderen etwas zu sein und zu bedeuten, in ihrem Wirkungskreis unentbehrlich zu werden.

Es ist ein hohes Ziel, das unserer Schule gesteckt ist. Es gilt, Schülerinnen für eine Arbeit vorzubereiten, die nicht nur die Leistung, sondern auch die Gesinnung schätzt; für die der Zustand der Seele nichts Gleichgültiges oder Nebensächliches ist. Sie darf deshalb nicht nur die Methoden der Pädagogik, die Technik sozialer Arbeit lehren; sie soll nicht nur Wissen vermitteln, sondern eine Pflanzstätte sozialer Gesinnung werden. Wir wissen, daß wir Lehrer eine verantwortliche Aufgabe damit übernehmen, eine Aufgabe, die uns das Gefühl der eigenen Unvollkommenheit, unserer Fehler und Mängel doppelt klar vor Augen rückt. Wir müssen uns das Wort eines großen Mannes zum Leitmotiv wählen: „An sich und für andere arbeiten. In Demut und in Selbstverleugnung. Nur so werden wir bestehen." Mancher von uns bringt wohl für diese Aufgabe nicht viel mehr mit, als guten Willen und die Erinnerung an eigene Kämpfe, an Zeiten oder Augenblicke, in denen wir selbst unseren Idealen nicht treu gewesen sind; eine Erinnerung, die uns stark in Geduld und Vertrauen machen wird, die uns den Mut gibt, Jüngeren zu helfen, sie zu stützen, zu leiten und vorwärts zu führen. Sie vorwärts zu führen, bis daß der Wunsch und die Hoffnung, die wir Ihnen heut bei Ihrem Eintritt in die Schule entgegenbringen, sich verwirkliche, bis daß Ihnen immer heller, überzeugender, strahlender die tiefe Wahrheit ins Bewußtsein dringt, die in den schlichten Worten verborgen liegt: „Gesegnet, wer seine Arbeit gefunden hat!"

Dann nur werden Sie hinausgehen, um zu wirken, zu helfen in dem großen Kreis, der Hilfe, Heilung, sozialen Frieden bedarf. Dann werden Sie nicht nur selbst den Segen der Arbeit empfinden, sondern auch Segen schaffen und verbreiten, wie jene alte Verheißung es will, die nicht nur besagt: *„Ich will Dich segnen"*, sondern auch *„Und sollst ein Segen sein"*.

Anhang

Nachwort

Lebensdaten

Bibliographie

Editorische Notiz

Erläuterungen

Register

- Personen
- Orte
- Sachwörter

Nachwort

Alice Salomons Texte bieten eine mitreißende Lektüre. Sie können vergessen lassen, daß fast ein Jahrhundert vergangen ist, seit sie geschrieben wurden. Das mag an der Konkretheit und Plastizität der Schilderungen und Analysen liegen, aber mehr noch ist es ein Zeichen für deren aktuelle Gültigkeit. So stellt sich weniger die Frage, warum Alice Salomons Schriften neu herausgegeben werden, als vielmehr, warum dies erst jetzt geschieht.

Alice Salomon ist eine der großen Figuren der Frauenbewegung und einer an Wissenschaftlichkeit und Professionalität orientierten Sozialpolitik und Wohlfahrt dieses Jahrhunderts. Ihr Werk ist ein wichtiger Beitrag zur historischen Entwicklung der Frauenbewegung und der Herausbildung des Sozialstaats und grundlegend für die Ausbildung der sozialen Berufstätigkeit in Deutschland. Alice Salomons gesamtes Werk durchzieht und prägt die Frage nach Vermittlungsansätzen. Solche in gegensätzlichen Positionen, theoretischen wie gesellschaftlichen, zur Sprache zu bringen und umzusetzen, gilt ihre theoretische und praktische Arbeit. Die Auseinandersetzung mit dieser Position ist nicht abgeschlossen. Eher im Gegenteil gewinnt sie im Kontext und Rückblick an der Wende zum 21. Jahrhundert zunehmend an Interesse und Bedeutung. Das beantwortet die Frage jedoch noch nicht hinreichend, warum eine umfassende Dokumentation ihres Werkes erst jetzt vorgelegt wird, warum Alice Salomon erst in jüngster Zeit und nur allmählich eine ihrem Werk gemäße Anerkennung erfährt.

1937 war Alice Salomon von der Gestapo gezwungen worden, Deutschland zu verlassen, nachdem sie aus ihren Ämtern schon zuvor verdrängt worden war. Während ihres Exils in den USA wurden ihr 1939 die deutsche Staatsbürgerschaft und der Doktortitel aberkannt. Ihre Vertreibung durch die Nationalsozialisten hatte eine Langzeitwirkung von bedrückender Dauer. Noch 1932 war Alice Salomon anläßlich ihres 60. Geburtstags mit staatlichen und akademischen Ehrungen ausgezeichnet worden.[1] Die Soziale Frauenschule in Berlin, die sie 1908 gegründet hatte, erhielt ihren Namen.

Zur Rezeptionsgeschichte

Die fehlende Bereitschaft und Fähigkeit zur Auseinandersetzung mit der NS-Geschichte, die Abwehr der öffentlichen Frage nach persönlicher Schuld und Verantwortung, blockierten auch die Erinnerung an Alice Salomon und die Auseinandersetzung mit ihrem Werk. Diese Blockierung wurde mit den begrenzten Veröf-

[1] A. Salomon erhielt die preußische Staatsmedaille und die Ehrendoktorwürde der medizinischen Fakultät der Friedrich-Wilhelms-Universität Berlin.

fentlichungen der 50er Jahre nicht wirksam durchbrochen, weder durch ein kurzes Lebensbild über Alice Salomon, das Charlotte Dietrich 1954 veröffentlichte, noch durch das Buch „Alice Salomon. Die Begründerin des sozialen Frauenberufs", das Hans Muthesius herausgegebenen hatte.[2] Eher im Gegenteil scheint es, als hätte sich die Blockierung noch verfestigt.[3]

Ch. Dietrich war 1925 als Direktorin und Dozentin für Psychologie und Pädagogik an der Sozialen Frauenschule in Berlin von Alice Salomon eingestellt worden. Bis 1927 leitete sie die Schule gemeinsam mit ihr und arbeitete auch an der Deutschen Akademie für pädagogische und soziale Frauenarbeit mit Alice Salomon eng zusammen. Sie behielt die Leitung der Sozialen Frauenschule bis 1945, als sie aufgrund ihrer Mitgliedschaft in der NSDAP die Schule verlassen mußte. Hans Muthesius war ab 1919 als nebenamtlicher Dozent an der Sozialen Frauenschule tätig gewesen. Seine führenden Funktionen im NS wurden erst 1988 bekannt.[4] Charlotte Dietrich und Hans Muthesius greifen in den 50er Jahren in ihren Publikationen zu Alice Salomon direkt auf die Zeit vor 1933 zurück. Sie knüpfen an eine gemeinsame Geschichte mit Alice Salomon vor 1933 an, ohne daß sie sich erkennbar mit Alice Salomons Vertreibung im Zusammenhang ihres eigenen Denkens und politischen Handelns während des NS auseinandergesetzt hätten.[5] Die abgegrenzte Erinnerung an Alice Salomon konnte zu einem Mittel werden, das darüber hinwegsehen ließ, die Frage nach dem eigenen Verhalten und eigener Schuld zur Sprache zu bringen.

Das Werk Alice Salomons erschien in den Erinnerungen der 50er Jahre als eine historische Reminiszenz, Alice Salomon nurmehr als die Begründerin des „sozialen Frauenberufs" und Repräsentantin einer Frauenbewegung, die es in erkennbarer Weise nicht mehr gab.[6] Andere folgten Alice Salomons Konzepten, ohne an sie zu erinnern: Der Besuch internationaler Kongresse und die Übernahme der amerikanischen Methodenlehre in die soziale Ausbildung galten als das

---

[2] Ch. Dietrich, Alice Salomon, in: Mädchenbildung und Frauenschaffen, 4.Jg., Nr. 10, 1954, S. 433-440; H. Muthesius (Hg.), Alice Salomon. Die Begründerin des sozialen Frauenberufs. Ihr Leben und ihr Werk, Köln, Berlin 1958

[3] Vgl. J. Wieler, Erinnerung eines zerstörten Lebensabends. Alice Salomon während der NS-Zeit (1933-1937) und im Exil (1937-1948), Darmstadt 1987, S. 438-440. Wieler gibt eine detaillierte Zusammenstellung der Vorgänge und Hintergründe, die zu dem vom Deutschen Verein für öffentliche und private Fürsorge und H. Muthesius herausgegebenen Band führten sowie der öffentlichen Reaktionen darauf, und merkt an, daß der Band „wie eine Vermeidung unbequemer Fragen echter Vergangenheitsbewältigung" wirke.

[4] Zu H. Muthesius' Funktion im NS s. Chr. Schrapper, Hans Muthesius (1885-1977), Münster 1993 u. G. v. Soest, Hans Muthesius - zum 103. Geburtstag, Kassel 1988, die 1990 zur posthumen Distanzierung des Deutschen Vereins von Muthesius als seinem langjährigen Vorsitzenden führte.

[5] Zu Ch. Dietrichs Verhältnis zum Nationalsozialismus s. E. Tramsen, Diskontinuität der Sprache, in: A. Feustel (Hg.), Rückblicke, Berlin 1991, S. 186-194 u. A. Feustel, Zur Geschichte eines Bildungsprojekts der Frauenbewegung im NS [Forschungsbericht] 1995.

[6] Beispielhaft ist, daß seit dem Herbst 1945 auch Männer für die Ausbildung an der Sozialen Frauenschule zugelassen wurden. 1952 wurde auch der Name „Soziale Frauenschule" aufgegeben.

Andere, jetzt positiv besetzt, als das ganz Neue. Daß die Verbindungen zu den USA in die Zeit der Weimarer Republik, ja sogar noch vor den 1. Weltkrieg zurückreichten, daß es bereits zu jener Zeit ein entwickeltes Konzept pädagogischer und methodisch-therapeutischer Sozialarbeit gegeben hatte, das sich bemerkenswert von der hierarchisch und administrativ verengten geläufigen Sozialarbeit abhob, wurde erst in den 70er und 80er Jahren bewußt, als eine erneute Aufmerksamkeit für verdrängte Geschichte auch zu einer Wiederbeschäftigung mit Alice Salomon führte.[7] Jetzt wurde auch zum ersten Mal der Versuch unternommen, Alice Salomons Exil zu rekonstruieren und die Konflikte um die verschollen geglaubte Autobiographie nachzuzeichnen.[8] Die (Wieder-)Entdeckung des sozialkritisch liberalen Ansatzes moderner Sozialarbeit und des wissenschaftlich orientierten, interdisziplinären, Theorie und Praxis verbindenden Ausbildungskonzeptes im Rahmen historischer Sozialpolitikforschung setzt sich fort in methodischen und wissenschaftstheoretischen Auseinandersetzungen um das Selbstverständnis von Sozialarbeit, in denen sich unterschiedliche Ansätze auf Alice Salomon beziehen.[9]

Zur selben Zeit begann neben der sozialhistorischen eine kontroverse Auseinandersetzung im Zusammenhang der Frauenbewegung und Frauenforschung seit den 70er Jahren mit Alice Salomon als Vertreterin der gemäßigten Frauenbewegung. Ein Schwerpunkt der Kontroverse ist die politische und historische Beurteilung des Konzepts der „geistigen Mütterlichkeit", demzufolge Erfahrungen und Kompetenzen der Frauen aus dem häuslichen in den öffentlichen Bereich übersetzt werden sollten. Auf der einen Seite wurden die darin enthaltene Begrenztheit der Kritik des Geschlechterverhältnisses, die Verhaftung in den Denk- und Wertmustern des 19. Jahrhunderts hervorgehoben und ihm eine stabilisierende Wirkung auf die gesellschaftlichen Abhängigkeitsverhältnisse von Frauen zuge-

[7] R. Landwehr, Alice Salomon und ihre Bedeutung für die soziale Arbeit, Fachhochschule für Sozialarbeit und Sozialpädagogik Berlin 1981; Chr. Sachße, F. Tennstedt (Hg.), Jahrbuch der Sozialarbeit 4, 1981; C.W. Müller, Wie Helfen zum Beruf wurde, Weinheim 1982; R. Landwehr, R. Baron (Hg.), Geschichte der Sozialarbeit. Hauptlinien ihrer Entwicklung im 19. und 20. Jahrhundert, Weinheim, Basel 1983; R. Baron (Hg.), Sozialarbeit und soziale Reform. Zur Geschichte eines Berufs zwischen Frauenbewegung und öffentlicher Verwaltung, Weinheim, Basel 1983

[8] J. Wieler, Erinnerung eines zerstörten Lebensabends, a.a.O.; ders., Nachwort, in: Alice Salomon, Charakter ist Schicksal, Weinheim, Basel 1983, S. 308-347

[9] Siehe z.B. E. Engelke, Soziale Arbeit als Wissenschaft, Freiburg i. Br. 1992; J. Wieler, Der Beitrag Alice Salomons zur internationalen Rezeption sozialarbeiterischer Konzepte, in: F. Hamburger (Hg.), Innovation durch Grenzüberschreitung, Berlin 1994, S. 65-83; S. Staub-Bernasconi, Soziale Arbeit als Gegenstand von Theorie und Wissenschaft, in: W.R. Wendt (Hg.), Sozial und wissenschaftlich arbeiten, Freiburg i.Br. 1994, S. 75-104; S. Zeller, Zur Entwicklung der Sozialarbeitswissenschaft, in: Soziale Arbeit, 44. Jg., Nr. 9-10, 1995, S. 297-307; Th. Rauschenbach, Aufstieg im Schatten des Wohlfahrtsstaates - Zur Entwicklung der beruflichen sozialen Arbeit, in: R. Proksch, Entwicklungen in der sozialen Arbeit. Festschrift zum 70. Geburtstag von Prof. Dr. Heinrich Schiller, Regensburg 1995, S. 88-107

schrieben.[10] Zum anderen wurde die historische Originalität eines um das Soziale und Private erweiterten Politikverständnisses und dessen weitreichendes kulturkritisches Potential herausgearbeitet.[11] Eine dritte Position begegnet der Schwierigkeit, das Konzept eindeutig zu machen, indem sie dessen Ambivalenz „zwischen Widerstand und Anpassung" thematisiert und zu aktuellen Fragen und Auseinandersetzungen der (feministischen) Sozialarbeit in Beziehung setzt.[12]

Auf dem Hintergrund der Rezeptionsgeschichte und der unterschiedlichen Rezeptionsweisen, die auch einen unterschiedlichen Umgang mit der Faszination, die von Alice Salomons Schriften ausgeht, beinhalten, stellt sich die Frage, in welcher Weise Alice Salomon mit Konflikten umgeht, wie sie, ohne Konflikte zu verharmlosen, Vermittlungsansätze in gegensätzlichen Positionen, theoretischen wie gesellschaftlichen, ausmacht und Verbindungen zwischen ihnen herstellt. Gerade hieran scheinen Faszination und Gültigkeit von Alice Salomons Werk gebunden.

Die Jahre 1872 - 1908

Alice Salomon wurde am 19. April 1872 in Berlin geboren.[13] Ihre Eltern gehörten der emanzipierten und assimilierten jüdischen Mittelschicht an. Der Vater, Albert Salomon (1834-1886), in Berlin aufgewachsen, war Lederhändler, mit internationalen Geschäftsverbindungen und einem Zweiggeschäft in London. Die Mutter, Anna Salomon (1838-1914), kam aus der in Breslau ansässigen Bankiersfamilie Potocky-Nelken. Alice Salomon war das fünfte von sieben Kindern, drei ihrer Geschwister starben als Kinder. Sie besuchte wie ihre ein Jahr ältere Schwester

[10] K. Walser, Frauenrolle und soziale Berufe - am Beispiel von Sozialarbeit und Sozialpädagogik, in: Neue Praxis, 1976, S. 3-12; M. Simmel, Alice Salomon. Vom Dienst der bürgerlichen Tochter am Volksganzen, in: Chr. Sachße, F. Tennstedt (Hg.), a.a.O., S. 369-402; Chr. Wittrock, Das Frauenbild in faschistischen Texten und seine Vorläufer in der bürgerlichen Frauenbewegung der zwanziger Jahre, Frankfurt/M. 1981; M. Dürkop, Alice Salomon und die feministische Sozialarbeit, in: R. Baron (Hg.), a.a.O., S. 52-80; D. Peters, Mütterlichkeit im Kaiserreich. Die bürgerliche Frauenbewegung und der soziale Beruf der Frau, Bielefeld 1984; Chr. Sachße, Mütterlichkeit als Beruf. Sozialarbeit, Sozialreform und Frauenbewegung 1871-1929, Frankfurt/M. 1986; V. Fesel u.a. (Hg.), Sozialarbeit - ein deutscher Frauenberuf. Kontinuitäten und Brüche im 20. Jahrhundert, Pfaffenweiler 1992

[11] Siehe bes. I. Stoehr, „Organisierte Mütterlichkeit". Zur Politik der deutschen Frauenbewegung um 1900, in: K. Hausen (Hg.), Frauen suchen ihre Geschichte. Historische Studien zum 19. und 20. Jahrhundert, München 1983, S. 221-249

[12] M. Simmel-Joachim, Frauen in der Geschichte der sozialen Arbeit - zwischen Anpassung und Widerstand, in: Chr. Cremer u.a. (Hg.), Frauen in sozialer Arbeit. Zur Theorie und Praxis feministischer Bildungs- und Sozialarbeit, Weinheim, München 1990, S. 42-61; M. Brückner, Frauenprojekte zwischen geistiger Mütterlichkeit und feministischer Arbeit, in: Neue Praxis 1992, S. 524-536; B. Rommelspacher, Mütterlichkeit und Professionalität, in: dies. (Hg.), Weibliche Beziehungsmuster. Psychologie und Therapie von Frauen, Frankfurt/M., New York 1987, S. 31-48; dies., Weibliche Sozialarbeit, in: F. Nestmann, C. Schmerl (Hg.), Frauen - Das hilfreiche Geschlecht, Reinbek 1991

[13] Die Angaben zur Biographie Alice Salomons stützen sich vor allem auf ihre beiden autobiographischen Texte: A. Salomon, Jugend- und Arbeitserinnerungen, in: Elga Kern (Hg.), Führende Frauen Eu-

und nach ihr die beiden jüngeren Schwestern eine nahegelegene prostestantische private Mädchenschule. Vorübergehend hatten die Mädchen Unterricht bei einem jüdischen Hauslehrer. Allerdings blieb dies, wie Alice Salomon in ihrer Autobiographie berichtet, eine Episode, weil sie sich nicht hätten abhalten lassen wollen zu glauben, was sie aus dem Neuen Testament in der Schule gelernt hätten.[14]

Ihr Elternhaus beschrieb Alice Salomon als liberal, weltoffen, sozial eingestellt und kaum religiös. Trotzdem bedeutete ihre Entscheidung für Berufstätigkeit und Studium, den Rahmen gültiger Traditionen zu verlassen, die engen Grenzen des ihr als bürgerliche Tochter zur Verfügung stehenden Raumes zu überschreiten und sich auf zu ihrer Zeit unbekanntes Terrain zu begeben. 1886 starb der Vater, Alice Salomon war 13 Jahre alt. Die Familie gab das zentral gelegene Haus in der Nähe des Anhalter Bahnhofs auf und mit ihm einen großen, von Alice Salomon immer wieder als traumhaft beschriebenen Garten, der die Unabhängigkeit und Freiheit ihrer Kindheit symbolisierte. Ihre Jugendjahre nach dem Tod des Vaters, der Beendigung der Schule und dem Tod ihrer Schwester stellte sie als unglücklich dar. Sie war ans Haus gebunden, gezwungen auf eine Ehe zu warten, was sie als demütigend empfand. Verzweifelt suchte sie nach sinnvollen Betätigungen, nach einer „wirklichen Aufgabe“[15]. In ihren autobiographischen Texten vermittelt sie ein plastisches Bild von sich als jungem Mädchen und zugleich von der Situation, in der sich die bürgerlichen Töchter gegen Ende des 19. Jahrhunderts gemeinhin befanden.

Ihr früh entstandener Wunsch Lehrerin zu werden und ein Lehrerinnenseminar zu besuchen, wurde ihr von der Mutter und deren Familie versagt, obwohl sie schon praktische Anstrengungen unternommen hatte, ihn nach Beendigung ihrer 9jährigen Schulzeit zu verwirklichen. Alice Salomon beschrieb ihre Mutter als innerlich gebrochen und niedergeschlagen, sowie körperlich erschöpft nach neun Schwangerschaften, von denen zwei zu Fehlgeburten geführt hatten, und nach dem frühen Tod von drei Kindern und dem Tod ihres Mannes. Obwohl sie ihre Mutter als einengend darstellte, die sie in den überkommenen Traditionen festzuhalten suchte und sie ohne Rat und Hilfe ließ, hing sie doch sehr an ihr und wohnte, als einzige Tochter, die nicht heiratete, bis zu deren Tod im Dezember 1914 mit ihr zusammen.

Mit beiden Themen, dem Bedürfnis von Frauen nach einer sinnvollen Aufgabe, nach einem Platz, an dem sie gebraucht würden, und dem Verhältnis zwischen Müttern und Töchtern hat Alice Salomon sich immer wieder auseinandergesetzt,

---

ropas in 16 Selbstschilderungen, München 1928; A. Salomon, Charakter ist Schicksal, Weinheim 1983; dies., Character is Destiny, [unveröff. Ms., New York 1942]; D. Peyser, Alice Salomon - Ein Lebensbild, in: H. Muthesius (Hg.), a.a.O., S. 9-121; M. Simmel, Der Dienst der bürgerlichen Tochter am Volksganzen, a.a.O.; J. Wieler, Erinnerung eines zerstörten Lebensabends, a.a.O.

[14] A. Salomon, Charakter ist Schicksal, a.a.O., S. 21

[15] A. Salomon, Jugend- und Arbeitserinnerungen, a.a.O., S. 7

besonders in den Vorträgen, die sie vor den Mädchen- und Frauengruppen für soziale Hilfsarbeit hielt, z.B. dem Vortrag „Die Entfaltung der Persönlichkeit und die sozialen Pflichten der Frau“ und dem Vortrag „Mütter und Töchter“ oder auch der Rede, die sie zur Eröffnung der Sozialen Frauenschule im Oktober 1908 hielt.[16]

In welcher Weise der jüdische Hintergrund ihrer Familie für Alice Salomon und ihr Werk prägend blieb, ist eine Frage, die sich nur aus der Analyse und Deutung ihrer Schriften beantworten läßt.[17] Sie selbst betonte die Bedeutung der christlichen Religion für ihre Weltanschauung, von der sie schon in der Schule fasziniert war, und an der sie trotz einiger Versuche der Mutter, sie davon abzubringen, festhielt. Zwischen 1902 und 1905 besuchte sie an der Friedrich-Wilhelms-Universität in Berlin Vorlesungen des Theologen Adolf v. Harnack, dessen Vereinigung von Wissenschaft und Glauben sie nachhaltig beeindruckte.[18] Alice Salomon konvertierte schließlich im Juli 1914 zum Protestantismus. Das war der Abschluß einer langen Entwicklung. Auf den Konflikt, der sich in dieser langen Entwicklungszeit ausdrücken mag, deutet eine kurze Passage in dem Nachruf, den Alice Salomon 1899 auf den Tod Jeannette Schwerins schrieb: „Als durchaus religiös veranlagte Natur hatte das Trennende einer an Konfessionen gebundenen Religion sie immer nach einem Ausgleich suchen lassen. Als geborene Jüdin hielt sie die Religion ihrer Väter unendlich hoch, hatte aber trotzdem viel Verständnis für ein reines, edles Christentum. In der Verfolgung ethischer Bestrebungen glaubte sie ein Bindeglied, eine Brücke zu finden, welche die durch konfessionelle Unduldsamkeit gerissene Kluft überbrücken könnte, und welche den Interessenkreis des einzelnen, der in unserer Zeit schwerer wirtschaftlicher Kämpfe allzusehr von idealen Gesichtspunkten abgezogen wird, wieder auf höhere und sittliche Leitmotive für das Denken und Handeln lenken könnte.“[19]

Jeannette Schwerin war eine der Frauen, die einen besonderen Platz im Leben Alice Salomons einnahmen. Die zwanzig Jahre ältere Jeannette Schwerin verkörperte vieles von dem, was Alice Salomon, wie sie selbst betont hat, bei ihrer Mutter vermißte. An ihr konnte sie sich orientieren und von ihr lernen. Sie war ihr, wie später Lady Aberdeen, die langjährige Vorsitzende des internationalen Frauenbundes, Vorbild und Freundin. Alice Salomon hatte Jeannette Schwerin 1893 kennengelernt, als sie, 21 Jahre alt, dem Gründungsaufruf der „Mädchen- und Frauengruppen für soziale Hilfsarbeit“ folgte. Die „Mädchen- und Frauengruppen für soziale Hilfsarbeit“ waren eine sozialreformerische Initiative aus Krei-

[16] Siehe im vorl. Bd. S. 253-260; S. 437-450; S. 480-485

[17] Grundlegend hierzu sind die Arbeiten von Marion A. Kaplan. Siehe bes.: M.A. Kaplan, The Making of the Jewish Middle Class. Women, Family, and Identity in Imperial Germany, New York, Oxford 1991; und I.M. Faßmann, Jüdinnen in der deutschen Frauenbewegung 1865-1919, Hildesheim, Zürich, New York 1996

[18] A. Salomon, Charakter ist Schicksal, a.a.O., S. 141

[19] A. Salomon, Jeannette Schwerin (1899), im vorl. Bd. S. 10

sen der Frauenbewegung und des liberalen Bürgertums. Zu ihren Gründerinnen zählten vor allem Minna Cauer, eine der herausragenden Figuren der Frauenbewegung, der Pädagoge Otto Köbner, Jeannette Schwerin, ab 1897 Vorsitzende des Vereins. Lina Morgenstern, Henriette Goldschmidt, Franziska Tiburtius, die erste Ärztin in Berlin, Gertrud Dyhrenfurth, Max Weber, Wilhelm Förster, die Nationalökonomen Gustav Schmoller, Max Sering u.a. unterstützten die Gründung.[20]

Von diesem Zeitpunkt an, den Alice Salomon - ebenfalls häufig zitiert - als den „Beginn ihres Lebens“ bezeichnete,[21] fielen Arbeit und Leben für sie weitgehend, so scheint es, zusammen. In den Worten des englischen Sozialphilosophen Thomas Carlyle „Gesegnet, wer seine Arbeit gefunden“ fand Alice Salomon das zentrale Motto ihrer pädagogischen und politischen Arbeit. Sie bildeten den Gegenstand ihrer Rede zur Eröffnung der Sozialen Frauenschule im Oktober 1908 - mit der dieser erste Band der Schriftenauswahl Alice Salomons schließt - und sie ließ sie in dem neuen Schulgebäude, das im Oktober 1914 bezogen wurde, dem Eingang vis à vis an einer Ballustrade anschreiben. Dort waren sie bis in die 70er Jahre hinein zu lesen.[22]

Alice Salomons Engagement für die Befreiung der bürgerlichen Frauen aus der Enge des häuslichen Milieus, für die Berufsarbeit und Qualifizierung der Frauen durch bessere Schulbildung und Universitätsstudium, für den Zugang der Frauen zu öffentlichen Ämtern gewinnt seine spezifische, sie charakterisierende Bedeutung durch seine Verbindung mit einem sozialen Engagement, das sie gegen die verbreitete philanthropische Wohltätigkeit der Wohlhabenden abgrenzte, die an den Ursachen sozialer Probleme nichts zu ändern vermochte. Alice Salomon ging es um die Linderung sozialer Not und die Lösung sozialer Probleme. Hierfür legen ihre frühen Artikel, Vorträge und Abhandlungen, die einen wichtigen Schwerpunkt des vorliegenden Bandes bilden, ein eindringliches Zeugnis ab. Das literarisch-publizistische Werk des Zeitraums zwischen 1896 und 1908 ist zu einem erheblichen Teil der Aufdeckung und Veröffentlichung von Mißständen, Elend und Ungerechtigkeit gewidmet; dies aber nicht losgelöst von der Frage, was dagegen getan werden kann.

Anrührend und packend stellt Alice Salomon das in ihrem ersten 1896 namentlich veröffentlichten Artikel über das Kaiser- und Kaiserin-Friedrich-Kinderheim in Bornstedt dar.[23] Der Artikel zeigt die dramatische Situation einer proletarischen Mutter, die für den Unterhalt arbeiten muß, obgleich ihre Kinder nicht ausreichend beaufsichtigt sind. Seine Schärfe gewinnt der Text, wo Alice Salomon auseinandersetzt, wie fehl eine Beurteilung geht, die solchen Fall - bei dem ein

---

[20] Siehe hierzu: A. Salomon, Zwanzig Jahre soziale Hilfsarbeit, Karlsruhe 1913, S. 5-9

[21] Vgl. A. Salomon, Jugend- und Arbeitserinnerungen, a.a.O., S. 3

[22] Ein Photo der Inschrift ist abgedruckt in: R. Baron, R. Landwehr (Hg.), Soziale Arbeit und Soziale Reform, a.a.O., S. 69.

Kind tödlich verunglückte - isoliert als individuellen deutet und alle Schuld der Mutter zuweist, ohne deren Möglichkeiten zu berücksichtigen. Sie macht deutlich, daß, indem die Verantwortung für den Tod des Kindes allein bei der Mutter gesucht wird, der Blick verstellt wird, nach den wirklich Verantwortlichen zu suchen, nach denen, die eine derartige Situation herzustellen und hinzunehmen bereit sind, die, statt die eigene Verantwortung zu hinterfragen, einer Mutter in einer ausweglosen Situation Mangel an Fürsorge und Sorgfalt unterstellen. Der Artikel deckt auf und klagt an; er klagt die Ankläger an. Aber Alice Salomon bleibt dabei nicht stehen, und darauf verweist der Titel: Sie verknüpft das Drama der proletarischen Mutter und ihres Kindes mit einem Projekt von Kinderversorgung, das, würde es verallgemeinert, deren Situation verändern helfen könnte und sie erträglicher gestaltete. Die Idee des geschilderten Modellprojektes aufzugreifen und praktisch umzusetzen, dazu ist der Artikel ein erster Schritt, indem er die bürgerlichen Leserinnen informiert, aufklärt, auf ihre Verantwortung hinweist und zum Handeln auffordert.

Der Artikel vermittelt auch einen Eindruck davon, was Alice Salomon in den Mädchen- und Frauengruppen für soziale Hilfsarbeit gelernt hat, durch ihre praktische Betätigung in einem Mädchenhort und die Gründung und Einrichtung eines Arbeiterinnenheims, durch die Vorträge und Vorlesungen, die dort zur Vorbereitung der Mädchen und Frauen auf ihre Arbeit gehalten wurden, etwa von Max Weber über „Die Grundzüge der modernen sozialen Entwicklung", von Agnes Bluhm über „Die Hygiene" u.a.,[24] und nicht zuletzt durch die Zusammenarbeit mit Jeannette Schwerin in der Leitung der Mädchen- und Frauengruppen als deren Schriftführerin und in der Auskunftsstelle der Deutschen Gesellschaft für ethische Kultur, in der Informationen über alle Wohlfahrtseinrichtungen in Berlin gesammelt, Hilfesuchende an die zweckmäßigste Einrichtung vermittelt und Mehrfach-Anträge zu verhindern versucht wurden.[25] Die sozialen Verhältnisse, die Alice Salomon in dem Artikel zu beschreiben und analysieren beginnt, waren ihr zuvor weitgehend unbekannt gewesen. Gegen die trennende Macht der Klassenschranken, der sie, wie die Frauen des Bürgertums überhaupt, in besonderem Maße unterworfen war, schrieb Alice Salomon an, um praktische Verbindungen herzustellen. Zurecht hat sie sich selbst zu einer Pioniergeneration von Frauen gezählt, und zwar in so unterschiedlichen Räumen, wie den Arbeiter- und Elendsquartieren auf der einen Seite und der Universität auf der anderen Seite.[26]

Ihr Universitätstudium von 1902 bis 1906 war Konsequenz ihrer Arbeit und Auseinandersetzungen im Rahmen der Mädchen- und Frauengruppen für soziale

[23] A. Salomon, Das Kaiser- und Kaiserin-Friedrich-Kinderheim in Bornstedt (1896), im vorl. Bd. S. 3-7

[24] Siehe A. Salomon, Soziale Frauenbildung, Leipzig, Berlin 1908; im vorl. Bd. S. 568-570 und dies., Zwanzig Jahre soziale Hilfsarbeit, a.a.O., S. 65

[25] Die Auskunftsstelle der Deutschen Gesellschaft für Ethische Kultur, 1894 von J. Schwerin eingerichtet, ist die Vorgängerin des heutigen Deutschen Zentralinstituts für soziale Fragen in Berlin.

Hilfsarbeit und darüberhinaus in der Frauenbewegung. 1899, nach dem frühen Tod von Jeannette Schwerin, war Alice Salomon zur Vorsitzenden des Vereins der Mädchen- und Frauengruppen gewählt worden. Bereits zu dieser Zeit verband sie praktische Tätigkeiten in der sozialen Arbeit mit konzeptionellen und organisatorischen sowie mit pädagogischen und politischen. Sie griff Diskussionen über unterschiedliche Fragen auf - besonders über die Mädchen- und Frauenbildung, die Wohlfahrtsentwicklung, die Frauenarbeit und den Arbeiterinnenschutz - führte sie zusammen und brachte sie auf den Punkt. Ebenso nahm sie Ideen aus anderen Ländern auf, vor allem aus England, wo sie 1896 ihren ersten längeren Studienaufhalt verbrachte, möglicherweise angeregt durch eine der ersten Vorlesungen in den Mädchen- und Frauengruppen.[27] Ihr Interesse galt besonders den Settlements, den Käufer(innen)-Genossenschaften, Bildungs- und Kulturprojekten, wie der sich neu entwickelnden empirischen Sozialforschung, und nicht zuletzt den Fragen des Arbeiterinnenschutzes und des Kinderschutzes.[28] Sie vermittelte sie einer breiteren Öffentlichkeit und übersetzte sie für die Zusammenhänge, in denen sie tätig war.

Daß sich die Mädchen- und Frauengruppen unter ihrer Leitung erfolgreich entwickelten - von 200 Mitgliedern 1899 auf 890 im Jahr 1908 in Berlin, 1912 gab es in Deutschland insgesamt 140 Gruppen -, wird sich auch daraus erklären.[29] Seit Oktober 1899 konzipierte und organisierte sie statt der losen Folge von Vorträgen und Vorlesungen einjährige Kurse und damit das erste verbindliche Lehrangebot im Feld der sozialen und pädagogischen Arbeit. Seit dieser Zeit arbeitete sie unter anderem mit Emil Münsterberg zusammen, der durch die Reform der Bremer Armenverwaltung bekannt geworden und seit 1896 Leiter der Berliner Armenverwaltung war. Er war es auch, der die junge Alice Salomon als Nachfolgerin für Jeannette Schwerin vorgeschlagen hatte. Alice Salomon organisierte die Jahreskurse nicht nur, sondern hielt dort selbst regelmäßig Vorträge - viele der Vorträge, die

[26] Vgl. A. Salomon, Jugend- und Arbeitserinnerungen, a.a.O., S. 10; dies., Charakter ist Schicksal, a.a.O., S. 101f. u.a.

[27] Im Gründungsjahr 1893 hielt L. Katzenstein einen Vortragskurs zum Thema „Soziale Hilfstätigkeit (besonders durch Frauen) in England und Amerika". Siehe A. Salomon, Soziale Frauenbildung, a.a.O.; im vorl. Bd. S. 586

[28] Siehe hierzu u.a. die Artikel „Settlementsbewegung und Gruppen für soziale Hilfsarbeit" (im vorl. Bd. S. 79-85), „Die englische Frauen-Genossenschaftsgilde" (im vorl. Bd. S. 94-98), „Die Kunst, Enquêten zu machen" (im vorl. Bd. S. 50-57), „Walter Besant und die Volksheim-Bewegung" (im vorl. Bd. S. 75-79), „Der Volkspalast in Ost-London" (im vorl. Bd. S. 86-90). Ein detaillierter Bericht über „Die Entwicklung der Frauenthätigkeit in der englischen Armenpflege" (1902) konnte aus Platzgründen nicht aufgenommen werden, wie der Artikel „Dr. Barnardo's Rettungsarbeit" (1902), über ein englisches Kinderheimprojekt und einige Artikel zur Frauenarbeit in Frankreich aus den Jahren 1900 bis 1903 (siehe die Bibliographie im vorl. Bd. S. 518-530), deren Resultate jedoch in anderen Artikeln, etwa zum Mutterschutz, berücksichtigt sind.

[29] Die Parallele zur „bürgerlichen" und „proletarischen" Jugendbewegung drängt sich auf. Gerade im Vergleich mit der „Flucht in die Natur" des Wandervogels wird die Spezifik und der soziale Realismus der „Mädchen- und Frauengruppen für soziale Hilfsarbeit" deutlich.

das jeweilige Kursjahr eröffneten, und zu den geselligen öffentlichen Veranstaltungen, die dem Kontakt der Gruppenmitglieder und der Werbung neuer Mitglieder dienten und bisweilen an die 500 Zuhörerinnen erreichten. Einige ihrer bekanntesten Texte gehen auf diese Vorträge zurück, deren Kern die Frage nach der Beziehung zwischen persönlichem Glück und gesellschaftlicher Verantwortung ist.[30] Ab 1903 führte sie Kurse zu volkswirtschaftlichen Fragen, zum Arbeiterinnenschutz, zur Arbeiterinnenfrage, zu sozialpolitischen Fragen und anderen Themen durch.[31]

Daß Alice Salomon Nationalökonomie, Geschichte und Philosophie studierte, erscheint folgerichtig, obgleich sie 1902, als sie ihr Studium begann, bereits 30 Jahre alt war und längst erfolgreich berufstätig. Neben ihrer Arbeit in den Mädchen- und Frauengruppen und im Bund deutscher Frauenvereine unterrichtete sie am Viktoria-Lyzeum und an der Handelsschule des Lettevereins in Schöneberg, das zu der Zeit noch eine selbständige Stadt war, obwohl schon mit dem expandierenden Berlin zusammengewachsen. Und sie schrieb regelmäßig in den großen Frauenzeitschriften und einigen Fachzeitschriften: dem von Jeannette Schwerin 1899 gegründeten „Centralblatt des Bundes deutscher Frauenvereine", der von Helene Lange, später zusammen mit Gertrud Bäumer herausgegebenen Zeitschrift „Die Frau" und der ältesten, von Louise Otto-Peters 1865 gegründeten Frauenzeitschrift des Allgemeinen Deutschen Frauenvereins „Neue Bahnen", wie auch in der Wiener Frauenzeitschrift „Dokumente der Frau" und der von Georg v. Gyzikki 1892 begründeten Zeitschrift „Ethische Kultur" sowie in den Fachzeitschriften „Jugendfürsorge" und „Soziale Praxis". Insgesamt veröffentlichte Alice Salomon bis 1933 in über 70 verschiedenen Zeitungen und Zeitschriften. Ein erster kleiner Sammelband war bereits 1902 unter dem Titel „Soziale Frauenpflichten" erschienen.

Alice Salomon studierte, weil sie davon überzeugt war, daß soziale Hilfstätigkeit und gesellschaftliche Veränderungen der Wissenschaften bedürften. Sie hatte sich als Autodidaktin bereits mit Fragen der empirischen Sozialforschung beschäftigt, was sich in ihrem frühen Artikel über „Die Kunst, Enquêten zu machen" niedergeschlagen hatte.[32] Im Oktober 1902 thematisierte sie diese Frage in einem Vortrag vor den Mädchen- und Frauengruppen „Wissenschaftliche Bildung und soziale Hilfsarbeit", der ein Jahr später in der Zeitschrift „Frauenbildung" erschien.[33]

Zu der Zeit war es jedoch für Frauen noch nahezu unmöglich, in Preußen zu

[30] Siehe Fußn. 15

[31] Protokollheft mit den Veranstaltungsankündigungen der Mädchen- und Frauengruppen für soziale Hilfstätigkeit, Archiv der ASFH Berlin sowie A. Salomon, Soziale Frauenbildung, a.a.O.; im vorl. Bd. S. 568-570

[32] Dieser Artikel behandelt die empirischen Studien von Charles Booth und den Sozialwissenschaftlern, Sidney und Beatrice Webb. B. Webb hatte Alice Salomon 1899 auf dem 2. Kongreß des ICW in London kennengelernt. In ihrer Autobiographie beschreibt A. Salomon eindrücklich diese Begegnung: A. Salomon, Charakter ist Schicksal, a.a.O., S. 74f.

studieren. Zwar waren auch die preußischen Universitäten seit 1896 für Frauen als Gasthörerinnen geöffnet,[34] sofern sie die Voraussetzungen erfüllten; diese fehlten jedoch noch, da die regulären Schulen für Mädchen nicht zum Abitur führten. Auch Alice Salomon war nur neun Jahre zur Schule gegangen, davon in zwei Klassen je zwei Jahre lang, weil die Schule nur sieben Klassen anbot, aber die Schulpflicht in Preußen schon auf neun Jahre erhöht worden war. Ein Lehrerinnenseminar oder einen privaten Abiturlehrgang hatte sie nicht besucht.[35] Es war also auch für damalige Verhältnisse eine große Ausnahme, daß Alice Salomon als Gasthörerin an der Friedrich-Wilhelms-Universität eingeschrieben wurde auf Vorschlag des Nationalökonomen Max Sering. Als Voraussetzung für den Besuch der Universität wurden ihre Publikationen anerkannt, u.a. die beiden umfangreichen Artikel zu den Themen „Die Frau in der sozialen Hilfstätigkeit" und „Die Arbeiterinnenbewegung", die sie für das von Helene Lange und Gertrud Bäumer 1901 herausgegebene „Handbuch der deutschen Frauenbewegung" geschrieben hatte.[36]

Über ihr Studium berichtete Alice Salomon in ihrem Lebenslauf, der ihrer Dissertation beiliegt: „Auf Grund wissenschaftlicher Arbeiten erhielt ich im Jahre 1902 die Erlaubnis zum Besuch der Universitätsvorlesungen und hörte seitdem Vorlesungen aus dem Gebiet der Staatswissenschaften, Geschichte und Philosophie bei den Herren Hintze, Jastrow, Lenz, Paulsen, Schmoller, Sering, Simmel, Wagner, Alfred Weber, Menzer, Eberstadt. Ich beteiligte mich an den seminarischen Übungen der Herren Professoren Jastrow, Lenz, Schmoller, Sering, Weber und des Herrn Dr. Menzer."[37] Die Zulassung zur Promotion durch den notwendigen einstimmigen Beschluß der Fakultät gelang nicht sofort, obwohl Alice Salomon von Alfred Weber und Max Sering ausdrücklich aufgefordert worden war zu promovieren und der Kultusminister das Verfahren unterstützte. Erst als die Geg-

---

[33] Da weder die Vortrags- noch die Artikelmanuskripte erhalten sind, kann nicht gesagt werden, ob beide übereinstimmen. Der Artikel „Wissenschaftliche Bildung und Soziale Frauenarbeit" findet sich im vorl. Bd. S. 202-208.

[34] Mit einer ministeriellen Genehmigung konnten Frauen seit 1893 in Preußen als Gasthörerinnen studieren, seit 1896 bedurfte es „nur" noch der Zustimmung des Universitätsrektors und 1899 wurden die Gasthörerinnen den männlichen gleichgestellt. Die reguläre Immatrikulation erreichten die Frauen in Preußen erst ab 1908, und selbst dann konnten Professoren sie von der Teilnahme ihrer Veranstaltungen ausschliessen.

[35] Das Lehrerinnenexamen galt neben dem Abitur als Studienvoraussetzung. Den ersten Gymnasialkurs für Mädchen hatte Helene Lange 1893 in Berlin eingerichtet. 1896 legten die ersten 6 Schülerinnen erfolgreich das externe Abitur ab. Vgl. I. Stoehr, Ein klassisches Projekt der gemäßigten Frauenbewegung, in: P. Zwacka u.a., Ich bin meine eigene Bewegung, Berlin 1991, S. 31-34

[36] A. Salomon, Die Frau in der sozialen Hilfstätigkeit, [sowie] Die Arbeiterinnenbewegung, in: Handbuch der Frauenbewegung, Bd. 2: Frauenbewegung und soziale Frauentätigkeit in Deutschland nach Einzelgebieten, hrsg. v. H. Lange u. G. Bäumer, Berlin 1901, Nachdr., Weinheim u. Basel 1980, S. 1-122 u. 205-257

[37] Der Lebenslauf ist in einer von der Fakultät genehmigten Teilveröffentlichung der Dissertation abgedruckt: A. Salomon, Die Ursachen der ungleichen Entlohung von Männer- und Frauenarbeit (Kapitel I und II, 1. Teil), o.O., o.J. [Leipzig 1906], siehe im vorl. Bd. S. 513

ner des Frauenstudiums in der Fakultät keinen Einfluß mehr hatten, konnte das Verfahren 1906 eröffnet werden. In ihrer Arbeit analysierte Alice Salomon die ungleiche Entlohnung von Männer- und Frauenarbeit,[38] ein in der Frauenbewegung kontrovers diskutiertes Thema. Es war die erste Dissertation zu einem explizit frauenpolitischen Thema.[39] Der ökonomische Ansatz, von dem aus sie das Problem der ungleichen Entlohnung erklärte und Ansätze zu seiner Lösung aufzeigte, bildet eine wichtige Grundlage für Alice Salomons Gesamtwerk.

Neben oder, um es dem Denken Alice Salomons angemessener zu formulieren, zusammen mit dem Studium und der Leitung der Mädchen- und Frauengruppen hatte Alice Salomon im Bund Deutscher Frauenvereine bereits seit 1900 als Schriftführerin Vorstandsfunktionen übernommen, war in verschiedenen Kommissionen besonders zum Arbeiterinnenschutz federführend tätig und engagierte sich in der internationalen Frauenbewegung. Schon 1899 hatte sie in Vertretung von Jeannette Schwerin auf dem 2. Kongreß des Internationalen Frauenbundes in London neben Beatrice Webb eine Rede über Arbeiterinnenschutz gehalten, und an der Vorbereitung und Durchführung des 3. Weltkongresses 1904 in Berlin war sie maßgeblich beteiligt. 1909 wurde sie zur Schriftführerin und 1920 zur Vizepräsidentin des International Council of Women gewählt.

Alice Salomon war eingebunden in ein Netzwerk, von ihr mit auf- und ausgebaut, dessen Kern die Mädchen- und Frauengruppen für soziale Hilfsarbeit waren. Sie verbanden Wissenschaftlerinnen und Wissenschaftler mit Praktikerinnen und Praktikern städtischer und privater Wohlfahrtseinrichtungen wie mit Politikern und Politikerinnen, vor allem der Frauenbewegung, auch der internationalen Frauenbewegung. Dieses Netzwerk ermöglichte auch die Gründung der Sozialen Frauenschule 1908, die Abschluß und Ausgangspunkt einer Entwicklung war: Abschluß einer experimentellen Phase, die „brachliegende Arbeitskraft und Arbeitslust"[40] bürgerlicher Mädchen und Frauen für soziale Hilfe zu gewinnen und Mittel und Wege zur Qualifizierung dieser Arbeit zu finden, ihr den dilettantischen Charakter zu nehmen, sie zu einer verantwortlichen sozialen Tätigkeit zu entwickeln. Sie wurde Ausgangspunkt für die Entwicklung, Verbreitung und Etablierung von sozialer Arbeit als Beruf, als Ausbildungs- und Studiengang, die zur Gründung einer Vielzahl von Schulen, Akademien und schließlich Hochschulen führte sowie zu nationalen und internationalen Vereinigungen. Diese Entwicklung, so eindrucksvoll sie auch sein mag, vermag jedoch nicht wiederzugeben, was

[38] A. Salomon, Die Ursachen der ungleichen Entlohung von Männer- und Frauenarbeit (= Staats- und sozialwissenschaftliche Forschungen H. 122), Leipzig 1906. Kap. I „Einleitung" und Kap. VII „Schluß" der Dissertation, die aus Platzgründen nicht vollständig in die Edition aufgenommen werden konnte, finden sich im vorl. Bd. S. 280-296.
[39] U. Bock, D. Jank, Studierende, lehrende und forschende Frauen in Berlin (= Ausstellungsführer der Universitätsbibliothek der Freien Universität Berlin, Nr. 20), Berlin 1990, S. 8
[40] A. Salomon, Zwanzig Jahre soziale Hilfsarbeit, a.a.O., S. 5

die Besonderheit der Sozialen Frauenschule ausmachte, was sie zu einem faszinierenden und herausragenden Projekt der Frauenbewegung machte.

Ein „sozialer Salon"

In manchen Zügen erinnert die Soziale Frauenschule an die Salons der vorangegangenen Jahrhundertwende.[41] Dieses Bild mag zunächst irritieren, ist doch die Schule kein literarischer Salon und entbehrt dessen speziellen intellektuellen und erotischen Flairs. Aber wir könnten sie uns als einen sozialen Salon vorstellen, um ein Bild von ihrer Besonderheit und gesellschaftlichen Bedeutung zu bekommen, durch Weltoffenheit, Liberalität und Enthusiasmus geprägt, ein Treffpunkt des sozial engagierten Bürgertums. Dessen Etikette und Bildungsideal war die soziale Frauenschule ebenso verbunden wie der Moderne, die sie in der Sphäre der Frauen und der sozialen Beziehungen durchzusetzen half. Sie war aber nicht nur ein Ort der Auseinandersetzung und des Austauschs, der Suche nach neuen Wegen, sondern sie war zugleich, was sie zunächst ebenfalls von den klassischen Salons unterscheiden mag, ein Ort, an dem es programmatisch ums Lernen ging, an dem Frauen sich das notwendige Wissen aneignen und sich über die Notwendigkeit und die Möglichkeiten moderner sozialer Hilfe mit kompetenten Dozentinnen und Dozenten auseinandersetzen konnten. Außer Alice Salomon selbst unterrichteten Emil Münsterberg, Gertrud Bäumer, Friedrich Naumann, Elly Heuss-Knapp, Margarete Treuge, Anna Pappritz, Frieda Duensing, v. Erdberg, R. Lennhoff u.a. Die Soziale Frauenschule war selber Ausgangs- und Sammelpunkt konzeptioneller Initiativen. Von hier aus konnten die Schülerinnen teilnehmen am Passieren von Klassen- und Standesgrenzen, an den Auseinandersetzungen um Tabus, wie der öffentlichen Sittlichkeit und einer expandierenden Bewegung, die auf die Verbesserung der gesellschaftlichen Lebensbedingungen abzielte.

Sie bereitete Mädchen, junge Frauen auf die soziale Arbeit vor, führte sie aus ihrem bürgerlich-familiären Ghetto hinaus und in die Gesellschaft ein, nicht in dem traditionellen Sinne des 19. Jahrhunderts, sondern indem sie über die Gesellschaft unterrichtet wurden, über deren Widersprüche, Konflikte, Probleme, um Verantwortung für gesellschaftliche Probleme zu übernehmen und Einfluß auszuüben nicht nur durch ihre Arbeit als Wohlfahrtspflegerinnen, sondern bewußt als Frauen. Sie sollten dazu die eigene bürgerliche Welt jedoch nicht verlassen müssen, die Soziale Frauenschule war ein bürgerlicher Ort. Anders als die englischen Settlements, die sich in den Slums niederließen, war und ist die Soziale Frauenschule in Berlin-Schöneberg in einem seinerzeit expandierenden bürgerlichen Bezirk angesiedelt, dem potentiellen Klientel der sozialen Arbeit in den angrenzen-

[41] Siehe D. Hertz, Die jüdischen Salons im alten Berlin 1780-1806, München 1995

den Bezirken Kreuzberg und Mitte benachbart.[42] Die Schülerinnen selber kamen aus allen Teilen Deutschlands, in geringer Zahl auch aus dem europäischen Ausland, und gehörten unterschiedlichen Konfessionen an. Die konfessionelle Ungebundenheit der Schule, vor dem 1. Weltkrieg eine Ausnahme, bedeutete keine Absage an jede religiöse Orientierung. Alice Salomon verklammerte jüdische und christliche Glaubenslehre in der sittlichen Begründung sozialer Arbeit.[43] Viele Schülerinnen waren später in den verschiedensten Bereichen und Positionen verantwortlich tätig. Die Frauen, die die Soziale Frauenschule in den ersten Jahren besuchten, wurden selbst noch zu Pionierinnen der sozialen Frauenarbeit.

Alice Salomon wandte sich nicht in erster Linie an Regierungen, um mit ihnen über die miserable Situation der Frauen zu rechten, das tat sie auch, in dem sie an Petitionen mitarbeitete und auf Gesetzesinitiativen und -änderungen drängte - die Frage der Mutterschaftsversicherung ist eines der markantesten Beispiele im vorliegenden Band. Dennoch, in erster Linie wandte sie sich an Frauen, an Mütter und Töchter, nicht an Väter und Töchter, an bürgerliche Frauen und an Arbeiterinnen. Dabei ist der „soziale Frauensalon", den sie mitentwarf, nicht abgeschlossen. Aber er blieb fraglos ein Frauenraum, von Frauen erdacht und konzipiert für Frauen, für deren Perspektive und Rolle in der Gesellschaft. Gäste waren stets willkommen, beiderlei Geschlechts. Auf Seiten der Schülerinnen jedoch galt 'for ladies only'. Dabei handelte es sich nicht um einen Dogmatismus, denn als sich in der Weimarer Republik die Situation der Frauen weitgehend verändert hatte, zog Alice Salomon daraus Konsequenzen. Daß Männer sich jetzt auch zu Sozialarbeitern ausbilden lassen wollten, fand ihre Unterstützung, dadurch verlor die Soziale Arbeit aber für sie nicht den Charakter eines Frauenberufs.[44]

Während der Weimarer Republik, als mit der Ausbildung die Schule staatlich anerkannt war[45] und den Enthusiasmus der Gründungszeit eingebüßt hatte, gründete Alice Salomon 1925 die Deutsche Akademie für soziale und pädagogische Frauenarbeit, die ihren Sitz an der Sozialen Frauenschule in Berlin-Schöneberg hatte. Mit ihr wurde, was den Saloncharakter der Sozialen Frauenschule ausgemacht hatte, wieder aufgegriffen, der Bildungsanspruch auf wissenschaftlicher Ebene erneuert. Sie wurde noch einmal zum Anziehungspunkt für zahlreiche Per-

[42] Siehe u.a. A. Salomon, Settlementsbewegung und Gruppen für soziale Hilfsarbeit, im vorl. Bd. S. 79-85 und dies., Soziale Hilfsthätigkeit, im vorl. Bd. S. 109-121

[43] Siehe bes. A. Salomon, Die sittlichen Grundlagen und Ziele der Wohlfahrtspflege, in: Verhandlungen des 37. Deutschen Fürsorgetag des Deutschen Vereins für öffentliche und private Fürsorge am 28. u. 29. Oktober 1921 in Weimar, Karlsruhe 1922, S. 1-12

[44] In der Regel wurden getrennte Ausbildungsstätten für Männer eingerichtet, wenngleich einige Soziale Frauenschulen auch männliche Schüler aufnahmen. Siehe E. Glaenz, Die geschichtliche Entwicklung der deutschen Frauenschulen für Volkspflege im Rahmen des weiblichen Bildungswesens. Nürnberg [1937]

[45] Zu den Auseinandersetzungen um die staatliche Anerkennung, deren Einfluß auf die Ausbildung und Alice Salomons Rolle darin siehe R. Baron, R. Landwehr, Von der Berufung zum Beruf, in: R. Baron (Hg.), Sozialarbeit und Soziale Reform, a.a.O., S. 1-36.

sönlichkeiten aus den unterschiedlichsten Fach- und Denkrichtungen: Einstein, Tillich, Guardini, Spranger, Bäumer, C.G. Jung u.a. hielten hier Vorträge und Vorlesungen. Es war ein Salon, an dem diejenigen zusammenkamen, deren Interessen und Engagement der sozialen Situation und Entwicklung galten und die für sich zwischen den kontrahierenden Kräften eine autonome Position in Anspruch nahmen mit dem Ziel, jene Gegensätze zu überbrücken.

Zwischen Idealismus und Pragmatismus - Die theoretische Figur der Vermittlung

Die Texte Alice Salomons sind zunächst und zuvörderst wichtig und interessant als Zeugnisse dessen, was sie schuf, organisierte und bewirkte. Dazu gehören im engeren Sinne alle Texte zur sozialen Ausbildung, zahlreiche nach 1908 verfaßt, die bisher auch am häufigsten rezipiert wurden. Nicht weniger interessant sind Alice Salomons Texte als Dokumente zur Zeitgeschichte. Es sind Dokumente von besonderer Eindringlichkeit; etwa die Artikel über den großen Streik der Crimmitschauer Textilarbeiterinnen und deren Lebensbedingungen oder über die Desavouierung der Kellnerinnen durch deren männliche Kollegen oder das unvorstellbare Elend der Heimarbeiterinnen und deren Kinder oder über die Zumutungen, unter denen die Berliner Schokoladenarbeiterinnen arbeiteten und über die unglaublichen Schwierigkeiten, denen unverheiratete Mütter ausgesetzt waren. Dazu gehören auch die Artikel über Fortschritte und Veränderungen, wie der über die 'vorgeschrittensten' Arbeiterschutzgesetze für die Heimarbeiterinnen in Neuseeland, oder über die Entwicklung der weiblichen Gewerbeinspektion und der kommunalen Armenfürsoge oder über Arbeiterinnenclubs und Frauenclubs als genossenschaftlicher Lebensform; auch dies sind nur einige der Artikel, in denen Alice Salomon Veränderungen der Arbeits- und Lebensbedingungen und -möglichkeiten von Frauen und deren Einflußmöglichkeiten genau aufzeichnet und ihre Bedeutung gewichtet. Nicht zuletzt dokumentieren sich in den Texten auch die großen Auseinandersetzungen um den Konflikt zwischen Frauenbewegung und Arbeiterbewegung, wie die Artikel „Frauenbewegung und gesetzlicher Arbeiterinnenschutz" oder „Frauenbewegung und Sozialdemokratie" u.a., und um die Lösung des Geschlechterkonflikts; diese Frage klingt in der Mehrzahl der Artikel an, am ausführlichsten und differenziertesten ist sie in dem Artikel „Zur Theorie der Frauenbewegung" dargestellt.

So interessant und häufig aktuell die Gegenstände sind, von denen die Texte Alice Salomons handeln, so erklärt sich durch sie doch nur unvollkommen die Faszination, die die Texte ausüben und ihre damit zusammenhängende Gültigkeit. Die Faszination der Texte scheint in besonderem Maße der Weise anzuhaften, wie die Dinge dargestellt sind, wie Probleme benannt, entfaltet und Lösungen entwickelt werden.

Eine besondere Begabung als Vortragsrednerin und Lehrerin wird Alice Salomon von einstigen Schülerinnen immer wieder nachgesagt. Dora Peyser, Mitte der zwanziger Jahre Schülerin von Alice Salomon und später bis 1934 ihre Privatsekretärin, erzählt in ihrer Biographie über sie: „Ihre Liebe zum Lehren und ihre Unterrichtsgabe sind uns ehemaligen Schülerinnen in leuchtender Erinnerung geblieben. Gewöhnlich fing sie die Unterrichtsstunde damit an, nach sorgfältig vorbereiteten Notizen zu dozieren. Aber es dauerte meist nicht lange, und sie saß auf einer Ecke ihres Pults und erläuterte, ohne weitere Blicke in ihre Papiere, irgendein volkswirtschaftliches Gesetz am Beispiel des Grünkramhändlers in ihrer Straße oder diskutierte wohlfahrtspflegerische Ideen oder berufsethische Probleme in einer Weise, daß wir sie auf unser Leben angewandt fühlten.“[46] Diese besonders ausgeprägte Fähigkeit, anderen etwas zu vermitteln, entspricht der zentralen Bedeutung, die Vermittlung in Alice Salomons gesamtem Werk einnimmt. Dabei geht es nicht allein um Vermittlung in dem beschriebenen pädagogisch-didaktischen Sinn, sondern allgemeiner darum, eine Beziehung zwischen unterschiedlichen und gegensätzlichen Positionen und Interessen herzustellen. Vermittlung kann als der Kern ihrer gesamten Bemühungen, der praktischen wie der theoretischen, angesehen werden. Sie kann als Alice Salomons historisch besondere Position bezeichnet werden.

Diese Position der Vermittlung läßt sich bereits an einem kleinen, sehr frühen Text verdeutlichen. Der Artikel, mit dem Titel „Frauenbewegung und gesetzlicher Arbeiterinnenschutz“ war in der von Helene Lange herausgegebenen Zeitschrift „Die Frau“ im Januar 1900 veröffentlicht worden.[47] Arbeiterinnenschutz und die Arbeiterinnenschutzgesetzgebung gehörten zu den Schwerpunkten, mit denen sich Alice Salomon beschäftigt hatte. Seit 1898 arbeitete sie in der gleichnamigen Kommission beim Bund deutscher Frauenvereine mit und leitete sie ab 1900. In ihrem ersten biographischen Rückblick von 1926 bezeichnete Alice Salomon Arbeiterinnenschutz und Mutterschutz als die beiden Felder, in denen sie eine eigenständige Position erarbeitet hätte. Dem kleinen Text von 1900 kommt insofern kein geringes Gewicht zu. Alice Salomon hatte ihn nach ihrer Teilnahme am Zweiten Internationalen Frauenkongress in London 1899 geschrieben. Dort hatte sie neben der damals schon sehr bekannten Soziologin Beatrice Webb einen Vortrag zum Thema „Arbeiterinnenschutz“ gehalten und war von den vehementen Kontroversen um das Thema nachhaltig beeindruckt. Noch in ihren Alterserinnerungen berichtet sie sehr engagiert davon.[48] So läßt sich an dem Text, der von einer der wichtigen sozialen und politischen Kontroversen zum Verhältnis zwischen Frauen- und Arbeiterbewegung als einem für Alice Salomon besonders wich-

[46] Dora Peyser, Alice Salomon. Ein Lebensbild, in: H. Muthesius (Hg.), a.a.O., S. S.66
[47] A. Salomon, Frauenbewegung und gesetzlicher Arbeiterinnenschutz (1900), im vorl. Bd. S. 36-42
[48] A. Salomon, Charakter ist Schicksal, a.a.O., S. 68-76

tigem Thema handelt, die Frage stellen, wie in ihm Konflikte beschrieben und vermittelt werden.

Die Formulierung des Titels ist von Alice Salomon offen gewählt: „Frauenbewegung und gesetzlicher Arbeiterinnenschutz". Sie enthält keine Festlegung in eine bestimmte Richtung oder Problematik. Im Gegensatz zu der offenhaltenden Überschrift steckt Alice Salomon im ersten Satz sogleich das ganze Spannungsfeld ab, das sich zwischen den beiden Begriffen ausbreitet und das die weitere Bearbeitung des Themas strukturiert: „Die Arbeiterinnenfrage steht in unlösbaren Beziehungen zu zwei großen sozialen Fragen: zur Arbeiterfrage und zur Frauenfrage, die wiederum beide durch ihre Entwicklung beeinflußt werden." Damit werden Arbeiterfrage und Frauenfrage als getrennt gesetzt und doch - vermittelt durch die Arbeiterinnenfrage - verbunden. Es ist ein Szenario geschaffen, das den Zusammenhalt der auseinanderfallenden Bewegungen garantiert. Der unlösbaren Beziehung zwischen Arbeiter- und Arbeiterinnenfrage stellt sie die zwischen Arbeiter- und Arbeiterinnenbewegung zur Seite und schreibt: „mit ihr verbunden, in ihr enthalten, verkörpert sie [die Arbeiterinnenbewegung] eine Klassenbewegung; sie kämpft gemeinsam mit der Arbeiterbewegung für gemeinsame Interessen, für die Eroberung wirtschaftlicher und politischer Macht für die Arbeiterklasse."[49]

Analog hierzu verfolgt Alice Salomon die „unlösbare Beziehung" zwischen Arbeiterinnen- und Frauenfrage. Sie kommt zu einem nahezu konträren Ergebnis. Die Beziehung zwischen Arbeiterinnen- und Frauenbewegung erscheint durch Abgrenzung voneinander bestimmt. Alice Salomon stellt dies nicht infrage und beschönigt es nicht. Sie stellt dem jedoch eine andere Form von Beziehung gegenüber: eine Beziehung, die sich äußert in den je konkreten Inhalten der Forderungen, den praktischen Tageszielen, hier besonders dem Eintreten der Arbeiterinnenbewegung für gesetzlichen Arbeiterinnenschutz. „Damit ist zunächst der Beweis geliefert", so folgert sie, „daß auch die Anhängerinnen der Arbeiterinnenbewegung die Notwendigkeit einer besonderen Vertretung der besonderen Fraueninteressen durch Frauen innerhalb ihrer Nur-Klassenbewegung anerkennen".[50]

Alice Salomon zeigt neben der Klassenbewegung, die sie anerkennt, eine allgemeine Geschlechtsbewegung auf, die sich nicht als einheitliche Organisation realisiert, sondern in politischen Alltagsforderungen und praktischen Initiativen. Ihnen mißt Alice Salomon die Bedeutung einer faktischen Verbindung bei, und sie macht auch deutlich, was sie dazu berechtigt. „Die Forderung nach besonderem gesetzlichen Schutz der Arbeiterinnen entspringt d(ies)em Glauben an die Ungleichartigkeit, an die verschiedenartigen Bedürfnisse von Mann und Frau, und deshalb ist sie als der Beginn einer Geschlechtsbewegung anzusehen."[51] Es han-

[49] A. Salomon, Frauenbewegung und gesetzlicher Arbeiterinnenschutz, a.a.O.
[50] A.a.O., S. 37
[51] Ebd.

delt sich um eine gleiche Überzeugung auf beiden Seiten, eine inhaltliche Verbindung.

Alice Salomon stellt noch ein weiteres Bindeglied neben dieser Sichtweise der Geschlechter heraus, das die Frage klären helfen soll, in welcher Weise beide Bewegungen praktisch aufeinander bezogen sind. Und es ist interessant, wie sie es tut. Sie gewinnt dieses Bindeglied aus der Reflexion über den Unterschied zwischen Arbeiterinnen- und Frauenbewegung, der von den ökonomischen Bedingungen herrührt, den unterschiedlichen Zugang proletarischer und bürgerlicher Frauen zur Erwerbsarbeit. In dem Motiv des Kampfes der bürgerlichen Frauen um ihr Recht auf Arbeit, nämlich sich aus ökonomischer Abhängigkeit und, damit verbunden, Unterdrückung durch Mann und Familie zu befreien, findet Alice Salomon den Zusammenhang zwischen Arbeiterinnen- und Frauenbewegung, der nicht nur ermöglicht, sondern nahezu erzwingt, daß sich Arbeiterinnen- und Frauenbewegung wechselseitig mit einem Teil ihrer Forderungen beschäftigen müssen.

Um Einschätzung und Perspektive der praktischen Forderungen geht es Alice Salomon. Sie bilden den zentralen Gegenstand nicht nur dieses Artikels. Alice Salomon greift die Kontroverse um die fortschrittliche oder hemmende Bedeutung gesetzlichen Arbeiterinnenschutzes, die auf dem internationalen Frauenkongreß in London geführt worden war, auf, indem sie die einzelnen Argumente an den Wirkungen von gesetzlich geregelten Schutzbestimmungen für Arbeiterinnen prüft unter Berücksichtigung der je besonderen nationalen Bedingungen. Ihr Vorgehen wendet sich gegen polarisierende Verallgemeinerungen, besonders der radikalen Frauenrechtlerinnen auf der einen und den frauenfeindlichen Forderungen der Zentrumspartei auf der anderen Seite. Umgekehrt läßt Alice Salomon unterschiedliche Positionen gelten, sofern diese solchen Überprüfungen standhalten und Veränderungen ermöglichen.

Die von Alice Salomon benutzte Methode läßt sich überraschend genau mit den Worten eines zeitgenössischen amerikanischen Philosophen charakterisieren. „Er", so heißt es in dessen Text, „wendet sich weg von Abstraktionen und Unzulänglichkeiten, weg von Problemlösungen, die nur Worte sind, weg von schlechten a priori-Begründungen, von festgelegten Prinzipien, von geschlossenen Systemen, weg von dem Absoluten und den Ursprüngen. Er wendet sich vielmehr zu der Wirklichkeit und Angemessenheit, zu den Tatsachen, zum Handeln (...). Es bedeutet die freie Luft der mannigfachen Gestaltungen der Natur, entgegengehalten dem Dogma, der Künstelei, dem Anspruch auf endgültige Wahrheit."[52] Wer hier so emphatisch spricht, ist William James, und derjenige von dem er spricht, ist der Pragmatist. Ein weiteres Zitat kann den Rahmen verdeutlichen, in dem sich Alice Salomons Schriften vielleicht anders lesen lassen, als in der Fixierung auf

[52] W. James, Der Pragmatismus (1906/07), hrsg. v. K. Oehler, Hamburg 1994, S. 32

den Kontext des deutschen Idealismus, der einer Position wie der Alice Salomons einen doch nicht zutreffenden antiquierten Zug verleiht. Das Zitat ist ebenfalls der Einführungsvorlesung zum Pragmatismus entnommen. „Wenn Sie aber der pragmatischen Methode folgen, dann können Sie solch ein Wort [wie Gott, Materie, Vernunft, Das Absolute] niemals als den Abschluß Ihrer Untersuchung ansehen. Sie müssen aus jedem solchen Wort seinen praktischen Kassenwert herausbringen, müssen es innerhalb des Stromes Ihrer Erfahrung arbeiten lassen. Dann erscheint es nicht mehr als Lösung, sondern vielmehr als ein Programm für neue Arbeit, und, genauer gesagt, als ein Hinweis auf die Mittel, durch welche existierende Realitäten verändert werden können. Theorien sind dann nicht mehr Antworten auf Rätselfragen, Antworten, bei denen wir uns beruhigen können; Theorien werden vielmehr zu Werkzeugen."[53]

Die Bedeutung des philosophischen Pragmatismus ist in Deutschland noch wenig anerkannt worden. Er wird leicht mit Prinzipienlosigkeit, bloß „instrumenteller Vernunft" gleichgesetzt,[54] was ihm nicht gerecht wird, genauso wenig wie Alice Salomon, wenn ihre Fähigkeit, praktische Lösungen zu finden, als pragmatisch bezeichnet wird, eben in jenem Sinne, nach dem, wer pragmatisch argumentiert, sich über Theorie hinwegsetze.[55] Dennoch enthält die Betonung des pragmatischen Zuges von Alice Salomon den Hinweis auf ein wichtiges Element in ihrem Denken. Immerhin ist der Einfluß des philospophischen Pragmatismus bis in die klassische Soziologie, wie etwa auf Max Weber, lange übersehen und erst jüngst hervorgehoben worden.[56] Ob Alice Salomon mittelbar Berührung mit dem Pragmatismus hatte, bliebe zu untersuchen; oder ob es sich bei ihr eher um „alte Demkmethoden" handelt, wie W. James formulierte, sei dahingestellt.[57]

Es scheint jedoch, daß es gerade solcher Pragmatismus ist, der Alice Salomon ermöglicht, sich auf bestehende Konflikte einzulassen, unterschiedliche Positionen in ihrer Berechtigung anzuerkennen und sich unvoreingenommen auf die Suche nach Anknüpfungspunkten zu begeben, die eine Verbindung ermöglichen, die eine Brücke schlagen, der ihre spezifische Differenz zum deutschen Idealimus und ihre Modernität ausmacht. Sofern sich Alice Salomon auf den Idealismus bezieht, geht es vor allem um die Differenz zum Materialismus in Form des Manchester Liberalismus, dessen Favorisierung ungezügelten Eigennutzes und der Darwinistischen Gleichsetzung von Durchsetzungsfähigkeit und Gutsein, als moralischer Qualität. Es geht Alice Salomon, soweit es sich aus ihren Schriften erschlie-

[53] a.a.O., S. 33
[54] Vgl. M. Horkheimer, Zur Kritik der instrumentellen Vernunft, Frankfurt/M. 1967
[55] Vgl. z.B. D. Peyser, a.a.O.
[56] W. Hennis, Max Webers Wissenschaft vom Menschen, Tübingen 1996
[57] „Ein neuer Name für alte Denkmethoden" heißt der Untertitel der Vorlesungen. Einen Überblick über die deutsche Rezeption des philosophischen Pragmatismus gibt K. Oehler in seiner Einleitung zu: W. James, Der Pragmatismus, a.a.O.

ßen läßt, nicht um die Aufhebung, die letztendliche Lösung von Konflikten, sondern um einen Modus, Konflikte handhabbar zu machen, von ihnen zu profitieren und zwar in einer Weise, die sozialer Gerechtigkeit und dem Recht des Einzelnen, auch und gerade des gesellschaftlich Schwachen, Geltung verschafft. Solchen Anknüpfungspunkt findet Alice Salomon z.B. bei Fichte in seiner 12. Rede an die Deutsche Nation, die den Titel trägt „Über die Mittel, uns bis zur Erreichung unseres Hauptzwecks aufrecht zu erhalten", aus der sie zitiert: „Was wollen denn zuletzt alle unsere Bemühungen um die Wissenschaften? Lasset sein, der nächste Zweck dieser Bemühungen sei der, die Wissenschaft fortzupflanzen von Geschlecht zu Geschlecht und in der Welt zu erhalten. Warum sollen sie denn auch erhalten werden? Offenbar nur, um zu rechter Zeit das allgemeine Leben und die ganze menschliche Ordnung der Dinge zu gestalten. Dies ist ihr letzter Zweck."[58]

Der Mediateur oder Vermittler ist als „diejenige Macht" bezeichnet worden, „welche zwischen anderen Mächten obwaltende Streitigkeiten auf dem Wege der Unterhandlung beizulegen und also das gestörte Einverständis zwischen ihnen wiederherzustellen sucht. Eine solche Vermittlung ist wesentlich verschieden von der schiedsrichterlichen Entscheidung, insofern bei [...] dieser [...] die feindlichen Mächte gehalten sind, sich dem schiedsrichterlichen Anspruch der vermittelnden Macht zu unterwerfen."[59] Um Unterwerfung, um Anpassung geht es Alice Salomon sicher nicht.

Aus der historischen Entwicklung des Sozialstaates ist eine Position wie die von Alice Salomon nicht wegzudenken. Daß für ihr Konzept der sozialen Arbeit, das auf Gerechtigkeit und dem Recht des Einzelnen basiert, ihr jüdischer Hintergrund von nicht geringerer Bedeutung ist als ihr Übertritt zum Protestantismus, ist eine Annahme, die in jüngster Zeit zunehmendes Gewicht gewinnt. Ist zum einen Alice Salomons Engagement in der Frauenbewegung, wie das zahlreicher anderer jüdischer Frauen, im engen Zusammenhang mit der Emanzipationsgeschichte der deutschen Juden im 19. Jahrhundert zu begreifen, so verweisen Schlüsselbegriffe ihres Konzepts auf solche des Talmud, wie der Begriff der „Zedakah", der Gerechtigkeit, und die Intensität und Sebstverständlichkeit ihres sozialen Engagements auf die große Bedeutung der Wohlfahrt im Judentum und zudem als einziges anerkanntes außerhäusliches Betätigungsfeld jüdischer Frauen.[60] Und um

[58] J.G. Fichte, Werke, hrsg. v. I.H. Fichte, Bd. 7, Berlin 1846, S. 453; s. hierzu den Artikel von A. Salomon „Wissenschaftliche Bildung und soziale Frauenarbeit", im vorl. Bd. S. 213-219

[59] Meyers Konversationslexikon, 1851

[60] M.A. Kaplan, Die jüdische Frauenbewegung in Deutschland. Organisation und Ziele des Jüdischen Frauenbundes 1904-1938, Hamburg 1981; dies., The Making of the Jewisch Middle Class, a.a.O.; Zedakah. Jüdische Sozialarbeit im Wandel der Zeit, Hg.: Jüdisches Museum, Frankfurt/M. 1992; M. Eifert, The Forgotten Members of the Arbeiterwohlfahrt. Jews in the Social Democratic Welfare Association, in: Leo Baeck Institute Year Book 39, 1994, S. 179-209; I.M. Faßmann, Jüdinnen in der deutschen Frauenbewegung 1865-1919, a.a.O.; bereits 1965 hatte Kurt Gehlhoff in einem Aufsatz über „Erzieherische und soziale Bestrebungen" auf den Zusammenhang zwischen der Bedeutung des Sozia-

es noch einmal zu betonen: Alice Salomons nachhaltiges Insistieren auf Gerechtigkeit und dem Recht des Einzelnen stellt zugleich das Widerlager gegen Opportunismus dar, auf den sich Alice Salomons Weise, Vermittlung zu begründen und zu praktizieren, deshalb nicht reduzieren läßt.

Soziale Mission: Kultur und Kunst

Im Begriff der Mission teilt sich die emphatische Bedeutung des Vermittlungsgedankens mit, die zur Faszination von Alice Salomons Werk beitragen mag, wie zu dessen ambivalenten Eindruck. Alice Salomon benutzt den Missionsbegriff selbst, und nicht nur als Methapher. Der Missionsgedanke bildet gewissermaßen die zweite Brücke, die den Gegensatz Einzelner - Gesellschaft zu vermitteln hilft wie denjenigen zwischen Armen und Reichen, und damit sind bei Alice Salomon immer in erster Linie arme und wohlhabende Frauen gemeint. In einem kleinen Artikel, der von dieser Emphase handelt und sie auf seine Leserinnen und Leser überträgt, kommen Themen zur Darstellung oder klingen doch an, die in der Beschäftigung mit Alice Salomons Werk bisher nur vereinzelt beachtet wurden.[61] Der Artikel ist ein Nachruf auf den sozialkritischen englischen Schriftsteller Walter Besant und hebt besonders dessen soziale Wirksamkeit hervor.[62] Der darin angesprochene Pflichtgedanke verbunden mit einem protestantisch calvinistischen Arbeitsbegriff gewinnt bei Alice Salomon als Missionsgedanke eine emphatische Bedeutung.

Den Höhepunkt des Artikels bildet eine plastische Schilderung des People's Palace in East London: „Ein herrlicher Kuppelbau enthält die - im Durchschnitt täglich von 1.000 Personen besuchte - Bibliothek mit dem Lesesaal." „Die Halle, die 2.500 Sitzplätze hat, besitzt eine prachtvolle Orgel, ein Podium, auf dem ein Orchester von 300 Personen Platz hat, und anschließend daran befindet sich ein herrlicher Wintergarten, der bei Konzerten und anderen größeren Veranstaltungen geöffnet wird." „Die allsonntäglich ... stattfindenden Orgelkonzerte zählen in der Regel etwa 5.000 Besucher. Ein großartiges Schwimmbad, Turnsäale, Spielplätze, seit kurzem auch eine ständige Gemäldeausstellung vervollständigen die Unterhaltungs- und Erholungsabteilung." Das ist aber bei weitem noch nicht alles. „Bedeutender" seien „die Veranstaltungen zu Bildungszwecken." Besonders „die technischen und kunstgewerblichen Klassen sind musterhaft eingerichtet [...] und in Abendklassen für Berufsthätige werden Mathematik, Naturwissenschaften, neuere

len in der jüdischen Religion und dem sozialen Engagement vieler jüdischer Frauen in der Frauenbewegung hingewiesen: in: Doch das Zeugnis lebt fort. Der jüdische Beitrag zu unserem Leben, Berlin, Frankfurt/M.: Verlag Annedore Leber 1965, S. 153-178

[61] Vgl. J. Wieler, Ästhetische Erfahrungen in der Sozialarbeit: Nichts Neues!, in: Korrespondenzen. Zeitschrift für Theaterpädagogik, H. 23-25, Juli 1995, S. 9-13

[62] A. Salomon, Walter Besant und die Volksheim-Bewegung (1901), im vorl. Bd. S. 75-79

Sprachen, Musik, Schneidern" und vieles andere mehr gelehrt. „Die Abendklassen allein fassen über 5.000 Schüler und Schülerinnen".[63]

Es ist wohl der Kuppelbau in seiner emphatischen Beschreibung, der das Projekt des People's Palace in einer einzigartigen Großartigkeit erscheinen läßt, gerade indem er ihm sakrale Züge verleiht. Das Heiligtum, das der Bau beherbergt, ist die Bibliothek, die ihrerseits für Aufklärung, Bildung und Wissenschaft steht. Und es ist wohl kaum übertrieben mit William James zu sagen, daß an sie der Glaube übergegangen ist, der der Religion verlorengegangen war.[64] Missionarisch wirkende Züge des Textes finden in diesem Bild und seinen Assoziationen eine Entsprechung und Bestätigung. Einige Jahre später, 1908, stellte Alice Salomon in ihrem Entwurf für eine soziale Mädchenoberschule eine direkte Beziehung her zwischen dem Versagen der Religion gegenüber den sozialen Konflikten und der Notwendigkeit und Möglichkeit der Wissenschaften für deren Lösung, als hätten diese das Erbe der Religion anzutreten.[65] Welcher Art dieses Erbe sein sollte, dazu gibt der frühe Artikel über Walter Besant und den Volkspalast Hinweise, auch wenn das Verhältnis von Religion und Wissenschaft in Beziehung zu den sozialen Konflikten und Reformen nicht im Vordergrund steht.

Im Vordergrund steht ein anderes Verhältnis: Alice Salomon stellt das Praxisprojekt People's Palace als direktes Produkt des Romans 'All sorts and conditions of men' von Walter Besant dar, als Ergebnis seiner Veröffentlichung und Wirkung, und verleiht damit gerade diesem Zusammenhang ein entscheidendes Gewicht. Ihm eigentlich gilt der Text, und er wird selbst emphatisch oder mit missionarischem Eifer vertreten. „Und der Erfolg war, daß bald nach dem Erscheinen des Buches ein Komitee zusammentrat, um den Traum Besants in all' seinen Einzelheiten zu verwirklichen, um den 'Volkspalast' der Phantasie an eben jener Stelle aufzubauen, die Besant in seinem Roman bezeichnet hatte. Schon am 14. Mai 1887 wurde 'People's Palace' von der Königin eröffnet, ein Volksheim, das seitdem Tausenden der Armen und Ärmsten in dem ehemals so verrufenen Whitechapel zu einer Stätte der Erholung und Belehrung geworden ist."[66]

Verstärkt wird der phantastische Charakter dieser Geschichte dadurch, daß sie im Roman bereits vorweggenommen ist und vom Autor Walter Besant als „an impossible story" bezeichnet wird, wobei dieser Untertitel des Romans sowohl die Kleingläubigkeit der Zeitgenossen wie die Großartigkeit der fiktiven Geschichte unterstreicht, zumal dann, wenn man, wie die Leserinnen von Alice Salomons Artikel, über den realen Ausgang der Romangeschichte informiert wurde. Als zentrale Figur des Romans erscheint eine wohlhabende bürgerliche Tochter, hier

[63] A.a.O., S. 82
[64] Vgl. W. James, a.a.O., S. 8f.
[65] A. Salomon, Die soziale Ausbildung in der „Frauenschule" (1908), im vorl. Bd. S. 373-492, bes. S. 373-376
[66] A. Salomon, Walter Besant und die Volksheim-Bewegung, im vorl. Bd. S. 78

eine vermögende Unternehmertochter, die einen in ihrer Zeit ungewöhnlichen Weg geht, sie studiert in Cambridge und zwar mit glänzendem Erfolg. Sie gibt sich mit alldem, ihrem Vermögen und Studium, nicht zufrieden, sondern geht forschend, lernend, Erfahrungen machend sozusagen zu den Quellen ihres Reichtums. Als Arbeiterin, Schneiderin verkleidet, verschafft sie sich Zugang zu den Arbeiterinnen, um schließlich aus den neuen Kenntnissen, die sie so gewonnen hat, Konsequenzen zu ziehen und unter Nutzung ihrer Privilegien zwei Initiativen zu starten, nämlich eine Produktionsgenossenschaft zu gründen und zweitens jenen Kultur- und Bildungspalast zu verwirklichen: Oder anders formuliert: Sie entwickelt und verwirklicht eine Initiative, die direkt auf die Arbeitsbedingungen, und eine andere, die auf Ausbildung, Bildung und Erholung Einfluß nimmt.

Damit ist grob das Projekt sozialer Arbeit umrissen, das Alice Salomon aus- und weitergebildet und für das sie das Qualifikationsmodell entwickelt hat. Zugleich macht der Artikel deutlich, daß das für unmöglich gehaltene nicht wirklich unmöglich sein muß, vorausgesetzt es basiert auf gründlichem, genauem Studium der Realität und wird mit Engagement und Überzeugung vertreten, was wiederum mit dem missionarischen Charakter des Artikels und darüberhinaus der sozialen Tätigkeit zu tun hat. Diese missionarische oder auch Agitationstätigkeit - und das ist ganz wichtig - hat zwei Zielrichtungen: zum einen die Armen und Ärmsten, die durch Arbeit und Arbeitslosigkeit erschöpften und abgestumpften - ihnen soll ein Zugang zu Bildung, gehobener Unterhaltung, Kunst, und damit eine bessere 'Lebensqualität' ermöglicht werden, oft übrigens in Verbindung mit einem warmen Mittagessen, wie Alice Salomon über ein Arbeiterinnenheim oder -Klub in Berlin berichtet, in dem sie selber mitgearbeitet hat.[67] Die andere Richtung zielt auf die bürgerlichen Frauen selbst, sie sollen wachgerüttelt, über die Verhältnisse der Arbeiterinnen und Arbeiterfrauen und deren Kinder aufgeklärt werden, ihnen soll deutlich werden, daß es ihre Verantwortung ist, gegen deren Elend anzugehen, daß es ihre Pflicht ist, für die Verbesserung von deren Arbeits- und Lebensbedingungen einzutreten und tätig zu werden, die Pflicht derer nämlich, deren Wohlstand jenen geschuldet ist.

Gerade um dieses Wachrüttelns willen der bürgerlichen Töchter, der bürgerlichen Frauen an der Jahrhundertwende, die weitgehend ausgeklammert aus dem öffentlichen Leben bar jeglicher Kenntnisse der gesellschaftlichen Verhältnisse und vor allem der arbeitenden Klassen waren, gerade um dieses Wachrüttelns willen, waren Alice Salomon die Romane Walter Besants, oder auch sozialkritischen Gedichte, so wichtig: „Unzweifelhaft ist", schreibt sie in ihrem Nachruf, „daß er zu den glücklichen Naturen gehörte, die 'ihre Zeit ebensogut zu begreifen wie zu ergreifen' imstande sind, daß er in seinen Romanen Wünsche, Forderun-

[67] A. Salomon, Klubs und Erholungsheime für jugendliche Arbeiter (1900), im vorl. Bd. S. 64-70, bes. S. 68ff.

gen, Pläne zum Ausdruck brachte, die dem Verständnis seiner Zeitgenossen angepaßt waren, für die er sie deshalb gewinnen konnte.“[68] Und an anderer Stelle konkretisiert sie: „Dies Buch hat den Anstoß zu einer kraftvollen und vielversprechenden Bewegung gegeben, die längst weit über Englands Grenzen hinaus Boden gewonnen hat. Die Volksheim-Bewegung, die gerade jetzt auch in Deutschland Boden zu fassen beginnt [...]. Was Politiker und Gelehrte durch wissenschaftliche Werke und populäre Vorträge nicht hatten bewirken können, das gelang Besant mit diesem Roman“.[69]

Was Alice Salomon hier formuliert, läßt sich über ihre eigenen Texte sagen, jeder einzelne verfügt über eine Dramaturgie, die den Leser, die Leserin zu pakken versteht, ohne auf Information und Analyse zu verzichten, dies wiederum ohne dabei den Einzelnen zu vergessen oder: allgemeine Analyse und Information benutzt sie, um das Schicksal des Einzelnen zu verdeutlichen auch und gerade da, wo es das Schicksal von vielen Einzelnen ist. Alice Salomon klammert die Empfindungen nicht aus dem wissenschaftlichen Diskurs aus, ersetzt diesen aber auch nicht umgekehrt durch bloße Eindrücke und Empfindungen. Alice Salomons Texte in einem Überschneidungsbereich zwischen Wissenschaft und Kunst in einem erweiterten Sinn zu sehen, dürfte nicht ganz fehl gehen, so wenig wie sie selber, wenn sie von der sozialen Arbeit als einer Kunst spricht und damit auf die Fähigkeit verweist, die äußeren Tatsachen mit deren emotionaler Bedeutung zusammenhalten zu können.

Adriane Feustel

[68] A. Salomon, Walter Besant und die Volksheim-Bewegung, a.a.O., S. 76
[69] A.a.O., S. 77

Lebensdaten

Lebenslauf *

Ich, Alice Salomon, bin am 19. April 1872 als Tochter des Kaufmanns Albert Salomon und seiner Frau Anna, geb. Potocky-Nelken, in Berlin geboren und im israelischen Glauben erzogen. Ich besuchte von Ostern 1878 bis Ostern 1887 die Zimmermannsche Töchterschule und bildete mich dann durch Privatunterricht fort. Ich beschäftigte mich praktisch und theoretisch mit volkswirtschaftlichen, insbesondere sozialpolitischen Fragen.

Auf Grund wissenschaftlicher Arbeiten erhielt ich im Jahre 1902 die Erlaubnis zum Besuch der Universitätsvorlesungen und hörte seitdem Vorlesungen aus dem Gebiet der Staatswissenschaften, Geschichte und Philosophie bei den Herren Hintze, Jastrow, Lenz, Paulsen, Schmoller, Sering, Simmel, Wagner, Alfred Weber, Menzer, Eberstadt. Ich beteiligte mich an den seminarischen Übungen der Herren Professoren Jastrow, Lenz, Schmoller, Sering, Weber und des Herrn Dr. Menzer.

Seit mehreren Jahren unterrichte ich am Viktoria-Lyceum, in den Kursen der Gruppen für soziale Hilfsarbeit und an der Handelsschule des Lettevereins. Seit 1899 leite ich die „Mädchen- und Frauen-Gruppen für soziale Hilfsarbeit", die der Ausbildung von Frauen für Arbeit in der Wohlfahrtspflege dienen.

Die Promotionsprüfung bestand ich am 5. März 1906.

Meinen verehrten Lehrern spreche ich für die Förderung und Anregung, die sie mir während meiner Studienzeit zu teil werden ließen, meinen aufrichtigen Dank aus. Ganz besonders danke ich Herrn Prof. Sering und Herrn Prof. Weber für das freundliche Interesse, das sie dieser Arbeit geschenkt haben.

19. 4. 1872	in Berlin geboren als fünftes von sieben Kindern, von denen eines bereits vor 1872 gestorben war; der Vater, Albert Salomon (*1832), war Kaufmann mit einer Niederlassung in London, die Mutter, Anna Salomon (*1838), kam aus der Breslauer Bankiersfamilie Potocky-Nelken
1878 - 1887	Besuch einer höheren Töchterschule
1880	Tod des 1861 geborenen Bruders Karl durch Diphtherie

*A. Salomon, Die Ursachen der ungleichen Entlohnung von Männer- und Frauenarbeit. (Kapitel I und II, 1. Teil), Inaugural-Dissertation zur Erlangung der Doktorwürde, genehmigt von der philosophischen Fakultät der Friedrich-Wilhelms-Universität zu Berlin, 14. Juli 1906, [S. 33]

1886	Krankheit und Tod des Vaters; die Familie zieht aus dem Haus am Anhalter Bahnhof in eine Mietwohnung in der Schillstraße in Berlin
1889	Tod der 1875 geborenen Schwester Edith durch Diphtherie
	Zusammenbruch der Mutter
1893	Mitglied der neugegründeten Mädchen- und Frauengruppen für soziale Hilfsarbeit in Berlin
	Mitarbeit in einem Mädchenhort, in der Auskunftstelle für soziale Fragen der Deutschen Gesellschaft für Ethische Kultur
	Mitwirkung bei der Gründung des ersten Arbeiterinnenklubs in Berlin (1898)
	Schriftführerin der Mädchen- und Frauengruppen und persönliche Sekretärin von Jeannette Schwerin
1894	*Gründung des Bundes deutscher Frauenvereine auf Anregung des 1888 in den USA gegründeten International Council of Women*
1896	Internationaler Kongreß für Frauenwerke und Frauenbestrebungen in Berlin
	erste Englandreise zu Studienzwecken
	erste namentlich gekennzeichnete Veröffentlichung eines Zeitschriftenartikels
1897	Teilnahme am Internationalen Kongreß für Arbeiterschutz in Zürich
1898	Vertretung von Jeannette Schwerin auf der Generalversammlung des Bundes deutscher Frauenvereine in Hamburg
	Beginn der Vortragstätigkeit in Frauenklubs und -vereinen
1898 - 1906	Mitglied, Schriftführerin (ab 1900) und Vorsitzende (ab 1902) der Kommission für Arbeiterinnenschutz des Bundes deutscher Frauenvereine
1899	zweite Englandreise, Rede auf dem internationalen Frauenkongreß in London in Vertretung der erkrankten Jeannette Schwerin, Bekanntschaft mit Beatrice Webb und Lady Aberdeen
Juli 1899	Tod von Jeannette Schwerin
	Wahl zur Vorsitzenden der Mädchen- und Frauengruppen für soziale Hilfsarbeit

Okt. 1899	Eröffnung des ersten Jahreskurses der Mädchen- und Frauengruppen für soziale Hilfsarbeit, Beginn der systematischen Ausbildung für die soziale Arbeit in Deutschland
1900	Vorstandsmitglied des Bundes deutscher Frauenvereine, bis 1910 Schriftführerin, dann bis 1920 stellvertretende Vorsitzende
1901	Mitarbeit an dem 2. Band des Handbuchs der Frauenbewegung „Frauenbewegung und soziale Frauenthätigkeit in Deutschland", herausgegeben von Helene Lange und Gertrud Bäumer
1902	Beginn des Studiums der Nationalökonomie, Geschichte und Philosophie an der Friedrich-Wilhems-Universität in Berlin
Dez. 1903	Befragung der streikenden Crimmitschauer Textilarbeiterinnen
1904	Mitarbeit bei Organisation und Durchführung des Internationalen Frauenkongresses in Berlin
1906	Promotion zum Dr. phil.
	Mitarbeit an der Heimarbeitsausstellung in Berlin
1907	Mitarbeit bei der Konferenz zur Förderung der Arbeiterinneninteressen
1908	Eröffnung der Sozialen Frauenschule in Berlin, erste interkonfessionelle zweijährige Ausbildung für Soziale Arbeit in Deutschland
1908 - 1925	Leitung der Sozialen Frauenschule
1908	Grundsatzreferat über Mutterschutz und Mutterschaftsversicherung auf der 28. Jahresversammlung des Deutschen Vereins für Armenpflege und Wohltätigkeit
1909	Vorstandsmitglied und Schriftführerin des Internationalen Frauenbundes/International Council of Women
	Veröffentlichung des ersten Lehrbuchs für Frauenschulen „Einführung in die Volkswirtschaftslehre"
1909/1910	Vorsitzende der Kommission zur Reorganisation des Bundes deutscher Frauenvereine
1912	Mitarbeit an der Ausstellung „Die Frau in Haus und Beruf"
1914	Organisation und Durchführung des Internationalen Frauenkongresses in Rom, anschließend Aufenthalt in Irland bei Lady Aberdeen, der Vorsitzenden des International Council of Women
	Übertritt zum Protestantismus
Dez. 1914	Tod der Mutter

1916 - 1918	Leiterin der Frauenabteilung im Kriegsamt
1917	Gründung der Konferenz der Sozialen Frauenschulen Deutschlands
1917 - 1933	Vorsitzende der Konferenz der Sozialen Frauenschulen Deutschlands
1918/20	*staatliche Anerkennung der Ausbildung an den Sozialen Frauenschulen*
1920	Niederlegung der Ämter im Vorstand des Bundes deutscher Frauenvereine aufgrund des Verbots der Teilnahme am ersten internationalen Nachkriegstreffen des International Council of Women in Oslo und verstärkter antisemitischer Einstellungen im Bund deutscher Frauenvereine
1921	Referat über sittliche Ziele und Grundlagen der Wohlfahrtspflege auf dem 37. Deutschen Fürsorgetag des Deutschen Vereins für öffentliche und private Fürsorge
1923 / 24	Vortragsreisen durch die Vereinigten Staaten
1924	Teilnahme an der Konferenz des Preußischen Ministeriums für Volkswohlfahrt zur „Vereinheitlichung des Lehrstoffs an den Wohlfahrtsschulen“
1925	Übergabe der Leitung der Sozialen Frauenschule an Dr. Charlotte Dietrich
	Gründung der Deutschen Akademie für soziale und pädagogische Frauenarbeit
1926	Einrichtung einer Forschungsabteilung an der Deutschen Akademie für soziale und pädagogische Frauenarbeit mit dem Schwerpunkt „Familienforschung“, Herausgabe der Schriftenreihe der Akademie (1926-29) und der „Forschungen über Bestand und Erschütterung der Familie in der Gegenwart“ (1926-33)
1928	Teilnahme an der Lehrplankonferenz des Preußischen Ministeriums für Volkswohlfahrt und an der Internationalen Konferenz für Wohlfahrtspflege und Sozialpolitik in Paris
1929	Mitbegründerin und Vorsitzende des Internationalen Komitees sozialer Schulen
1932	Verleihung des Dr. med. h.c. der Friedrich-Wilhelms-Universität Berlin und der preußischen Staatsmedaille anläßlich des 60. Geburtstags; die Soziale Frauenschule erhält den Namen „Alice-Salomon-Schule“

1933	Verlust aller öffentlichen Ämter in Deutschland, erfolglose Versuche der Nazis, auch die internationalen Ämter zu annullieren
	Gründung eines Hilfskomitees für Emigranten
	Anschluß an die Bekennende Kirche
1936 / 37	Vortragsreisen in USA
1937	Verhör durch die Gestapo und Ausweisung aus Deutschland
Juni 1937	Emigration über England in die USA
1938	letzte Reise nach Europa
1939	Aberkennung des Doktortitels und der deutschen Staatsangehörigkeit
1942	öffentliche Würdigung zum 70. Geburtstag in den USA
1944	Erwerb der amerikanischen Staatsbürgerschaft
1945	Ehrenpräsidentin des International Council of Women und der International Association of Schools of Social Work
1948	Besuch Isa Gruners, einer Vertrauten Anna von Gierkes, der ehemaligen Leiterin des sozialpädagogischen, 1934 liquidierten „Vereins Jugendheim“ in Berlin-Charlottenburg
30. 8. 1948	Alice Salomon stirbt in New York.
18. 3. 1997	Die Aberkennung des Doktortitels wird von der Humboldt-Universität (vormals Friedrich-Wilhelms-Universität) für ungültig erklärt.

Bibliographie der Veröffentlichungen Alice Salomons 1896 - 1908

1896

Das Kaiser- und Kaiserin-Friedrich-Kinderheim in Bornstedt*[1]
in: Die Frau, 4. Jg., Nr. 3, Dez. 1896, S. 179-182

1899

Jeannette Schwerin*
in: Centralblatt des Bundes deutscher Frauenvereine, 1. Jg., Nr. 10, 15. Aug. 1899, S. 73-77

Kinderarbeit in Fabriken*
in: Die Frau, 7. Jg., Nr. 1, Okt. 1899, S. 11-19

Gedächtnisfeier für Jeannette Schwerin
in: Centralblatt des Bundes deutscher Frauenvereine, 1. Jg., Nr. 15, 1. Nov. 1899, S. 113

Frauenklubs*
in: Centralblatt des Bundes deutscher Frauenvereine, 1. Jg., Nr. 16, 15. Nov. 1899, S. 124-126

Der Schutz der Frau und des Hauses*
in: Centralblatt des Bundes deutscher Frauenvereine, 1. Jg., Nr. 17, 1. Dez. 1899, S. 133-135

1900

Frauenbewegung und gesetzlicher Arbeiterinnenschutz*
in: Die Frau, 7. Jg., Nr. 4, Jan. 1900, S. 212-216

Weibliche Gewerbeinspektion in Preußen*
in: Centralblatt des Bundes deutscher Frauenvereine, 1. Jg., Nr. 21, 1. Febr. 1900, S. 167-168

Die Kellnerinnenfrage - eine Frauenfrage
in: Die Frau, 1. Jg., Nr. 6, März 1900, S. 328-331

Die Kellnerinnenfrage auf dem Fachkongreß der Gastwirtsgehilfen*
in: Centralblatt des Bundes deutscher Frauenvereine, 1. Jg., Nr. 24, 15. März 1900, S. 193-194

Die Kunst, Enquêten zu machen*
in: Centralblatt des Bundes deutscher Frauenvereine, 2. Jg., Nr. 2, 15. April 1900, S. 10-11 und Nr. 3, 1. Mai 1900, S. 18-19

[1] Die mit * gekennzeichneten Titel sind in die vorliegende Edition aufgenommen.

Frauenlöhne und Frauenelend
in: Die Frau, 7. Jg., Nr. 8, Mai 1900, S. 449-454

Die Reform des französischen Arbeitsschutzes und die Frauen
in: Die Frau, 7. Jg., Nr. 10, Juli 1900, S. 610-612

Der Internationale Frauenkongreß in Paris
in: Centralblatt des Bundes deutscher Frauenvereine, 2. Jg., Nr. 7, 1. Juli 1900, S. 49-52

Waisenpflegerinnen*
in: Centralblatt des Bundes deutscher Frauenvereine, 2. Jg., Nr. 9, 1. Aug. 1900, S. 65-67 und Nr. 10, 15. Aug. 1900, S. 75-76

Klubs und Erholungsheime für jugendliche Arbeiter*
in: Die Jugendfürsorge, 1. Jg., Nr. 9, Sept. 1900, S. 534-541

Frauen vor dem Gewerbegericht
in: Die Frau, 8. Jg., Nr. 1, Okt. 1900, S. 20-22

Der deutsche Frauentag
in: Ethische Kultur, 8. Jg., Nr. 42, 20. Okt. 1900, S. 331-333

Die Reichs-Enquête über die Fabrikarbeit verheirateter Frauen
in: Centralblatt des Bundes deutscher Frauenvereine, 2. Jg., Nr. 17, 1. Dez. 1900, S. 129-130 und Nr. 18, 15. Dez. 1900, S. 138-139

1901

Die Frau in der sozialen Hilfsthätigkeit
in: Handbuch der Frauenbewegung, hrsg. v. H. Lange u. G. Bäumer, II. Teil: Frauenbewegung und soziale Frauenthätigkeit in Deutschland nach Einzelgebieten, Berlin 1901, [Fotomech. Nachdr. der Originalausg.] Weinheim u. Basel 1980, S. 1-122

Die Arbeiterinnenbewegung
in: Handbuch der Frauenbewegung, hrsg. v. H. Lange u. G. Bäumer, II. Teil: Frauenbewegung und soziale Frauenthätigkeit in Deutschland nach Einzelgebieten, Berlin 1901, [Fotomech. Nachdr. der Originalausg.] Weinheim u. Basel 1980, S. 205-257

Frauen-Fabrikarbeit und Frauenfrage
in: Die Frau, 8. Jg., Nr. 4, Jan. 1901, S. 193-199

Gegen den § 8a
in: Centralblatt des Bundes deutscher Frauenvereine, 22. Jg., Nr. 22, 15. Febr. 1901, S. 178

[Brief an die Inhaber der Berliner Kostüm-Detail-Geschäfte]
Im Auftrag der Kommission des Berliner Frauenvereins in Sachen Heimarbeit: Helene Lange, Gertrud Dyhrenfurth, Alice Salomon
in: Neue Bahnen, 36. Jg., Nr. 8, 15. April 1901, S. 105-106

Der Frauentag in Nürnberg
in: Die Frau, 8. Jg., Nr. 8, Mai 1901, S. 482-486

Der II. baierische Frauentag
in: Centralblatt des Bundes deutscher Frauenvereine, 3. Jg., Nr. 3, 1. Mai 1901, S. 17-18

Die Frauenfrage auf dem Kongreß deutscher Strafanstaltsbeamter*
in: Die Frau, 8. Jg., Nr. 10, Juli 1901, S. 623-626

Walter Besant und die Volksheim-Bewegung*
in: Centralblatt des Bundes deutscher Frauenvereine, 3. Jg., Nr. 7, 1. Juli 1901, S. 49-51

Settlementsbewegung und Gruppen für soziale Hilfsarbeit*
in: Die Jugendfürsorge, 2. Jg., Nr. 8, Aug. 1901, S. 453-460

Die weiblichen Gewerbeaufsichtsbeamten in Deutschland und ihr Wirkungskreis im Jahre 1900
in: Centralblatt das Bundes deutscher Frauenvereine, 3. Jg., Nr. 9, 1. Aug. 1901, S. 66-67 und Nr. 10, 15. Aug. 1901, S. 75-77

Die wirtschaftlichen Resultate der französischen Frauenbewegung
in: Neue Bahnen, 36. Jg., Nr. 16, 15. Aug. 1901, S. 195-198

Der Volkspalast in Ost-London*
in: Soziale Praxis, 10. Jg., Nr. 47, 22. Aug. 1901, Sp. 1200-1202

Frauenarbeit in der Pforzheimer Bijouterieindustrie
in: Die Frau, 8. Jg., Nr. 12, Sept. 1901, S. 710-713

Die englische Frauen-Genossenschaftsgilde*
in: Centralblatt des Bundes deutscher Frauenvereine, 3. Jg., Nr. 12, 15. Sept. 1901, S. 91-92

Frauen in der communalen Armenpflege Deutschlands*
in: Dokumente der Frauen, Wien, 5. Bd., Nr. 12, 15. Sept. 1901, S. 333-337

Frauenarbeit in Preussen*
in: Die Frau, 9. Jg., Nr. 1, Okt. 1901, S. 50-53

Frauentage
in: Ethische Kultur, 9. Jg., Nr. 42, 19. Okt. 1901, S. 331-333

Arbeiterinnen-Organisationen
in: Dokumente der Frauen, Wien, 6. Bd., Nr. 15, 1. Nov. 1901, S. 425-430

Wie wird die Frau durch das Vereinsleben für das öffentliche Leben erzogen?*
in: Centralblatt des Bundes deutscher Frauenvereine, 3. Jg., Nr. 16, 15. Nov. 1901, S. 121-123

Einige Einwände von Bundesvereinen zu der vorstehenden Petition
[Petition des Bundes deutscher Frauenvereine betreffend Abänderung des Krankenversicherungsgesetzes]
in: Centralblatt des Bundes deutscher Frauenvereine, 3. Jg., Nr. 18, 15. Dez. 1901, S. 138-140

1902

Soziale Frauenpflichten
Vorträge, gehalten in deutschen Frauenvereinen, Berlin 1902, 136 S.
[Soziale Hilfsthätigkeit,* S. 11-37; Frauen in der öffentlichen Armenpflege, S. 38-60;

Öffentlicher und privater Kinderschutz, S. 61-85; Arbeiterinnenschutz und Frauenbewegung, S. 86-112; Die Macht der Käuferinnen, S. 113-136]

Dr. Barnardo's Rettungsarbeit
in: Die Jugendfürsorge, 3. Jg., Nr. 2, Febr. 1902, S. 78-86

Was die Konfektionsarbeiter von der Gesetzgebung fordern*
in: Die Frau, 9. Jg., Nr. 5, Febr. 1902, S. 257-264

Zur Petition betreffs Regelung der Erwerbsarbeit der Kinder
in: Centralblatt des Bundes deutscher Frauenvereine, 3. Jg., Nr. 23, 1. März 1902, S. 179-180

Ein Arbeiterinnenklub
in: Die Nation, 19. Jg., Nr. 24, 15. März 1902, S. 373-374

Kinderarbeit
in: Neue Bahnen, 37. Jg., Nr. 7, 1. April 1902, S. 81f.

Zur Verteidigung der Arbeiterschutzgesetze*
in: Die Frau, 9. Jg., Nr. 7, April 1902, S. 410-415

Die Entwicklung der Frauenthätigkeit in der englischen Armenpflege
in: Centralblatt des Bundes deutscher Frauenvereine, 4. Jg., Nr. 3, 1. Mai 1902, S. 17-18, Nr. 4, 15. Mai 1902, S. 26-27 und Nr. 5, 1. Juni 1902, S. 35-36

Konsumentenmoral*
in: Die Nation, 19. Jg., Nr. 32, 10. Mai 1902, S. 501-502

Frauenarbeit und Kinderarbeit*
in: Ethische Kultur, 10. Jg., Nr. 24, 31. Mai 1902, S. 172-174

Die vorgeschrittensten Arbeiterschutzgesetze der Welt*
in: Das freie Wort, Frankfurter Halbmonatsschrift, 2. Jg., Nr. 5, 5. Juni 1902, S. 165-169

Wohltätigkeit und soziale Hilfsarbeit
in: Ethische Kultur, 10. Jg., Nr. 24, 14. Juni 1902, S. 188-189

Die Reform des Berliner Armenwesens*
in: Die Frau, 9. Jg., Nr. 10, Juli 1902, S. 589-592

Frauenfrage und Armenwesen in Deutschland
in: Deutsche Stimmen, 4. Jg., Nr. 7, Anfang Juli 1902, S. 291-296

Die Fabrikarbeit verheirateter Frauen
in: Neue Bahnen, 37. Jg., Nr. 14, 15. Juli 1902, S. 167f.

Das Problem der Mutterschaftsversicherung*
in: Die Frau, 9. Jg., Nr. 12, Sept. 1902, S. 722-732

Die deutsche Frau im Berufe
in: Deutsche Stimmen, 4. Jg., Nr. 13, Anfang Okt. 1902, S. 539-544 und Nr. 14, Mitte Okt. 1902, S. 580-584

Das Vereinsrecht und die Frau
in: Die Nation, 20. Jg., Nr. 4, 25. Okt. 1902, S. 51-52

Die weibliche Gewerbeinspektion in Deutschland*
in: Die Frau, 10. Jg., Nr. 2, Nov. 1902, S. 94-103

Weibliche Gewerbeinspektoren
in: Deutsche Stimmen, 4. Jg., Nr. 18, Mitte Dez. 1902, S. 717-724

Die deutsche Frau im Beruf
in: Ethische Kultur, 10. Jg., Nr. 52, 27. Dez. 1902, S. 410-411

Zehnstundentag der Fabrikarbeiterinnen
in: Die Nation, 20. Jg., Nr. 13, 27. Dez. 1902, S. 197-199

1903

Frauenarbeit in Frankreich
In: Die Zeit, Tagesblatt, Wien, Nr. 222, 1903

Die Herabsetzung der Arbeitszeit für Frauen
in: Die Frau, 10. Jg., Nr. 4, Jan. 1903, S. 200-205

Die Arbeiterinnenschutzgesetze in den europäischen Kulturländern
in: Neues Frauenleben, Wien, 15. Jg., Nr. 1, Mitte Jan. 1903, S. 4-9

Schutz der Heimarbeit
in: Centralblatt des Bundes deutscher Frauenvereine, 4. Jg., Nr. 19, 1. Jan. 1903, S. 146-148 und Nr. 20, 15. Jan. 1903, S. 156-157

Mutterschaftsversicherung
in: Die Nation, 20. Jg., Nr. 20, 14. Febr. 1903, S. 308-309

Sozialpolitische Bücherschau
in: Centralblatt des Bundes deutscher Frauenvereine, 4. Jg., Nr. 22, 15. Febr. 1903, S. 172-173 und Nr. 23, 1. März 1903, S. 180-181

Der Schutz der Kinder vor Mißhandlung*
in: Die Jugendfürsorge, 4. Jg., Nr. 3, März 1903, S. 154-162

Die Frauen im österreichischen Staatsdienst
in: Neue Bahnen, 38. Jg., Nr. 5, 1. März 1903, S. 54 -57

Frauenbildung
in: Deutsche Stimmen, 4. Jg., Nr. 24, Mitte März 1903, S. 958-964

Zur Geschichte der Frauenbildung*
in: Ethische Kultur, 11. Jg., Nr. 13, 28. März 1903, S. 99-100

Die Jugendlichen in der Sozial- und Kriminalpolitik
in: Die Frau, 10. Jg., Nr. 7, April 1903, S. 430-433

Politik und Frauenbewegung*
in: Die Nation, 20. Jg., Nr. 33, 16. Mai 1903, S. 514-517

Ein Arbeiterinnen-Klub in Berlin
in: Soziale Praxis, 12. Jg., Nr. 37, 11. Juni 1903, Sp. 994-996

Kinderschutz
in: Deutsche Stimmen, 5. Jg., Nr. 6, Juni 1903, S. 211-214

Krankenversicherungsnovelle und Kinderschutzgesetz
in: Centralblatt des Bundes deutscher Frauenvereine, 5. Jg., Nr. 6, 15. Juni 1903, S. 44-45

Politik und Frauenbewegung
in: Neue Bahnen, 38. Jg., Nr. 12, 15. Juni 1903, S. 141-145

Die Anwendung der Fabrikgesetzgebung im Jahre 1902
in: Die Nation, 20. Jg., Nr. 42, 18. Juli 1903, S. 662-664

Die Frau in der öffentlichen Armenpflege
in: Neues Frauenleben, Wien, 15. Jg., Nr. 8, Mitte Aug. 1903

Die Gewerbeaufsicht im Jahre 1902
in: Centralblatt des Bundes deutscher Frauenvereine, 5. Jg., Nr. 10, 15. Aug. 1903, S. 75-76 und Nr. 11, 1. Sept. 1903, S. 82-83

Die Herabsetzung der Arbeitszeit für Frauen
in: Deutsche Stimmen, 5. Jg., Nr. 11/12, Sept. 1903, S. 389-394

Der Kölner Frauentag
in: Centralblatt des Bundes deutscher Fraunvereine, 5. Jg., Nr. 14, 15. Okt. 1903, S. 107-108

Ein Arbeiterinnen-Klub in Berlin
in: Frauendienst, 2. Jg., Nr. 11, Nov. 1903, S. 413-415

Wissenschaftliche Bildung und soziale Frauenarbeit*
in: Frauenbildung, 2. Jg., Nr. 10, 3. Nov. 1903, S. 449-455

Die gewerbliche Nachtarbeit der Frauen
in: Soziale Praxis, 13. Jg., Nr. 9, 26. Nov. 1903, Sp. 209-213

Zehn Jahre soziale Hilfsarbeit
in: Die Nation, 21. Jg., Nr. 9, 28. Nov. 1903, S. 133-134

Der Arbeiterinnenschutz im letzten Jahr
Bericht der Arbeiterinnenschutzkommission des Bundes deutscher Frauenvereine. Im Auftrage: Alice Salomon, Vorsitzende, Elisabeth Jaffé-Richthofen, Schriftführerin
in: Centralblatt des Bundes deutscher Frauenvereine, 5. Jg., Nr. 17, 30. Nov. 1903, S. 132-133

Die Nachtarbeit der Frauen
in: Die Frau, 11. Jg., Nr. 3, Dez. 1903, S. 160-168

1904

Die Lage der gewerblichen Arbeiterinnen
in: Der Internationale Frauenkongreß in Berlin 1904. Bericht mit ausgewählten Referaten, hrsg. im Auftrage des Vorstandes des Bundes deutscher Frauenvereine von Marie Stritt, Berlin 1904, S. 177-178

10 Jahre soziale Hilfsarbeit
in: Frauendienst, 3. Jg., Nr. 1, Jan. 1904, S. 22-24

Was die Mädchen- und Frauengruppen für soziale Hilfsarbeit für ihre Mitglieder bedeuten!*
in: Neue Bahnen, 34. Jg., Nr.1, 1. Jan. 1904, S. 2-4

Crimmitschau!*
in: Centralblatt des Bundes deutscher Frauenvereine, 5. Jg., Nr. 19, 1. Jan. 1904, S. 146-149

Crimmitschau*
in: Soziale Praxis, 13. Jg., Nr. 16, 14. Jan. 1904, Sp. 401-408

Frauenlöhne
in: Die Frau, 11. Jg., Nr. 5, Febr. 1904, S. 299-305

Der Heimarbeiterschutzkongreß
in: Centralblatt des Bundes deutscher Frauenvereine, 5. Jg., Nr. 24, 15. März 1904, S. 186-187

Frauenberufe
in: Centralblatt des Bundes deutscher Frauenvereine, 6. Jg., Nr. 4, 15. Mai 1904, S. 30

Frauenberufe
in: Die Frau, 11. Jg., Nr. 9, Juni 1904, S. 560-561

Der Internationale Frauenkongreß*
in: Soziale Praxis, 13. Jg., Nr. 40, 30. Juni 1904, Sp. 1041-1045

Berufliche und soziale Fragen auf dem Internationalen Frauenkongreß
in: Die Frau, 11. Jg., Nr. 11, Aug. 1904, S. 669-676

Bericht der Kommission für Arbeiterinnenschutz
in: Centralblatt des Bundes deutscher Frauenvereine, 6. Jg., Nr. 14, 15. Okt. 1904, Extrabeilage

Für und gegen den Arbeiterinnenschutz
in: Soziale Praxis, 14. Jg., Nr. 4, 27. Okt. 1904, Sp. 92-95

Sozialdemokratie und Frauenbewegung*
in: Die Frau, 12. Jg., Nr. 2, Nov. 1904, S. 72-77

Mutterrecht und Koalitionsfreiheit
in: Die Nation, 22. Jg., Nr. 7, 12. Nov. 1904, S. 102-103

Im Kampf gegen das Koalitionsrecht
in: Centralblatt des Bundes deutscher Frauenvereine, 6. Jg., Nr. 16, 15. Nov. 1904, S. 122

Der Arbeiterinnenschutz im abgelaufenen Jahre
Bericht der Arbeiterinnenschutzkommission des Bundes deutscher Frauenvereine.
Im Auftrage: Alice Salomon, Vorsitzende, Elisabeth Jaffé-Richthofen, Schriftführerin
in: Centralblatt des Bundes deutscher Frauenvereine, 6. Jg., Nr. 18, 15. Dez. 1904, S. 142 und Nr. 19, 1. Jan. 1905, S. 150

Arbeitsverhältnisse in den Schokoladenfabriken*
in: Soziale Praxis, 14. Jg., Nr. 13, 29. Dez. 1904, Sp. 318-320

1905

Die Mädchen und Frauengruppen für soziale Hilfsarbeit
in: Die Jugendfürsorge, 6. Jg., Nr. 1, Jan. 1905, S. 14-20

Für und gegen den Arbeiterinnenschutz
in: Neue Bahnen, 40. Jg., Nr. 1, 1. Jan. 1905, S. 2-5

Ausbildung zur sozialen Hilfsarbeit*
in: Centralblatt des Bundes deutscher Frauenvereine, 6. Jg., Nr. 21, 1. Febr. 1905, S. 161-162

Zum sozialen Frieden*
in: Die Frau, 12. Jg., Nr. 6, März 1905, S. 330-334

Der Zehnstundentag für Fabrikarbeiterinnen
in: Centralblatt des Bundes Deutscher Frauenvereine, 7. Jg., Nr. 5, 1. Juni 1905, S. 34-36

Zur Psychologie der Fabrikarbeiterin
in: Die Nation, 22. Jg., Nr. 40, 1. Juli 1905, S. 268-269

Die Arbeitszeit der Fabrikarbeiterinnen
in: Die Frau, 12. Jg., Nr. 10, Juli 1905, S. 595-600

Die Entfaltung der Persönlichkeit und die sozialen Pflichten der Frau*
in: Die Frau, 12. Jg., Nr. 12, Sept. 1905, S. 732 -737

Soziale Arbeit und persönliches Glück*
in: Centralblatt des Bundes deutscher Frauenvereine, 7. Jg., Nr. 16, 15. Nov. 1905, S. 122-124

Der Kampf gegen die Säuglingssterblichkeit
in: Die Nation, 23. Jg., Nr. 8, 25. Nov. 1905, S. 116-118

Die Bekämpfung der Säuglingssterblichkeit*
in: Die Frau, 13. Jg., Nr. 3, Dez. 1905, S. 129-139

1906

Die Ursachen der ungleichen Entlohnung von Männer- und Frauenarbeit
[Phil. Diss.] = Staats- und sozialwissenschaftliche Forschungen, hrsg. v. G. Schmoller und M. Sering, Nr. 122, Leipzig 1906, 132 S. [Auszüge*]

Die deutschen Arbeiterinnenschutzgesetze
= Sozialer Fortschritt. Flugschriften für Volkswirtschaft und Sozialpolitik, Nr. 77, Leipzig 1906, 15 S.

Schutz den Heimarbeitern!
in: Die Nation, 23. Jg., Nr. 15, 13. Jan. 1906, S. 228-229

Wir und die Heimarbeiterinnen*
in: Centralblatt des Bundes deutscher Frauenvereine, 7. Jg., Nr. 20, 15. Jan. 1906, S. 153-154

Home, sweet home!*
in: Die Nation, 23. Jg., Nr. 17, 27. Jan. 1906, S. 261-262

Elsbeth Krukenberg. Die Frauenbewegung, ihre Ziele und ihre Bedeutung
in: Die Nation, 23. Jg., Nr. 18, 3. Febr. 1906, S. 287-288

Die Forderung der Frau*
in: Das Blaubuch, 1. Jg., Nr. 6, 15. Febr. 1906, S. 230 -236

Was lehrt die Heimarbeit-Ausstellung*
in: Centralblatt des Bundes deutscher Frauenvereine, 7. Jg., Nr. 22, 15. Febr. 1906, S. 169-171

Fabrikarbeit und Mutterschaft
in: Die Frau, 13. Jg., Nr. 6, März 1906, S. 365-369

Was lehrt die Heimarbeit-Ausstellung
in: Deutsche Kultur, 1. Jg., Nr. 12, März 1906, S. 758-762

Antwort an Frau Emily Altschul auf den „offenen Brief" in Nr. 22 des Centralblatt*
in: Centralblatt des Bundes deutscher Frauenvereine, 7. Jg., Nr. 23, 1. März 1906, S. 180-181

Die soziale Bedeutung der unehelichen Mutterschaft*
in: Deutschland, 4. Jg., Nr. 7, April 1906, S. 14-30

Weberschicksal
in: Die Nation, 23. Jg., Nr. 30, 28. April 1906, S. 470-471

Arbeiterinnenschutz und Heimarbeit
in: Die Hilfe, 12. Jg., Nr. 18, 6. Mai 1906, S. 6

Die soziale Bedeutung der unehelichen Mutterschaft
in: Neue Bahnen, 41. Jg., Nr. 10, 15. Mai 1906, S. 73-75 und Nr. 11, 1. Juni 1906, S. 83-88

Die Frauenfrage auf dem Lande*
in: Die Frau, 13. Jg., Nr. 10, Juli 1906, S. 577-588

Der Internationale Kongreß für Armenpflege und Wohltätigkeit in Mailand
in: Centralblatt des Bundes deutscher Frauenvereine, 8. Jg., Nr. 7, 1. Juli 1906, S. 50-52

Gleicher Lohn für gleiche Leistung*
in: Das Blaubuch, 1. Jg., Nr. 30, 2. Aug. 1906, S. 1167-1171

Fabrikarbeit von Frauen und Kinderversorgung
in: Concordia, 13. Jg., Nr. 16, 15. Aug. 1906, S. 227-229

Zur Entwicklung der Frauenarbeit
in: Centralblatt des Bundes deutscher Frauenvereine, 8. Jg., Nr. 13, 1. Okt. 1906, S. 102-104

Drei Klassen von Lohnarbeiterinnen in Industrie und Handel der Stadt Karlsruhe
in: Die Frau, 14. Jg., Nr. 2, Nov. 1906, S. 76-84

Kinderhorte
in: Baltische Frauenzeitschrift, 1. Jg., Nov. 1906, S. 65-69

Gesundheitsfürsorge für Arbeiterinnen in Deutschland
in: Blätter für Volksgesundheitspflege, 6. Jg., Nr. 11, 15. Nov. 1906, S. 253-257

Mädchen und Frauengruppen für soziale Hilfsarbeit
in: Baltische Frauenzeitschrift, 1. Jg., Dez. 1906, S. 159-164

1907

Die Berufswahl der Mädchen. Allgemeine Grundsätze
in: Das Buch vom Kinde. Ein Sammelwerk für die wichtigsten Fragen der Kindheit, hrsg. v. Adele Schreiber, 2. Bd., Leipzig u. Berlin 1907, S. 182-189

Frauenbewegung und Mutterschaftsversicherung
in: Patria, Jahrbuch der „Hilfe", Berlin 1907, S. 140-168

Labour Laws for Women in Germany
= Women's Industrial News, ed. by Women's Industrial Council, London 1907, 15 S.

Was unser Leben an Pflichten fordert und an Glück verheißt - Die Entfaltung der Persönlichkeit und die sozialen Pflichten
= Neue Lebensziele. Ansprachen an junge Mädchen, Nr. 3, hrsg. v. G. Bäumer, Leipzig 1907, 16 S., 2. Aufl. 1911

Die Ausbildung der Frau für den kaufmännischen Beruf
in: Centralblatt des Bundes deutscher Frauenvereine, 8. Jg., Nr. 19, 1. Jan. 1907, S. 152-153

Soziale Arbeit und persönliches Glück
in: Baltische Frauenzeitschrift, 1. Jg., Jan. 1907, S. 179-186

Gesundheitsfürsorge für Arbeiterinnen*
in: Centralblatt des Bundes deutscher Frauenvereine, 8. Jg., Nr. 20, 15. Jan. 1907, S. 159-161 und Nr. 21, 1. Febr. 1907, S. 166-168

Die Arbeiterinnenfrage - eine Frauenfrage*
in: Die Nation, 24. Jg., Nr. 21, 23. Febr. 1907, S. 326-327

Das Problem der Witwen- und Waisenversorgung
in: Die Frau, 14. Jg., Nr. 6, März 1907, S. 330-342

Gesundheitsfürsorge für Arbeiterinnen in Deutschland
in: Baltische Frauenzeitschrift, 1. Jg., April 1907, S. 381-386

Ein Rückblick auf die Konferenz zur Förderung der Arbeiterinneninteressen
in: Die christliche Frau, 5. Jg., Nr. 7, April 1907, S. 254-260

Nachklänge zur Heimarbeitsausstellung
in: Die Frau, 14. Jg., Nr. 10, Juli 1907, S. 625-629

Arbeitsnachweis-Bureaux in Deutschland
in: Baltische Frauenzeitschrift, 1. Jg., Sept. 1907, S. 620-623

Frauenfrage und Bevölkerungsproblem
in: Die Frau, 15. Jg., Nr. 2, Nov. 1907, S. 65-77

Der allgemeine deutsche Frauenverein in Hamburg
in: Centralblatt des Bundes deutscher Frauenvereine, 9. Jg., Nr. 15, 1. Nov. 1907, S. 115-117

Eindrücke aus der englischen Frauenbewegung
in: Centralblatt des Bundes deutscher Frauenvereine, 9. Jg., Nr. 16, 15. Nov. 1907, S. 121-122 und Nr. 17, 1. Dez. 1907, S. 129-131

Frauenforderungen zum sozialpolitischen Programm des deutschen Reichstags*
in: Die Frau, 15. Jg., Nr. 3, Dez. 1907, S. 146-154

1908

Mutterschutz und Mutterschaftsversicherung
= Schriften des deutschen Vereins für Armenpflege und Wohltätigkeit, 84. Heft, Leipzig 1908, 99 S.

Soziale Frauenbildung [Auszüge*]
Leipzig u. Berlin 1908, 96 S.

Die Frau im modernen Wirtschaftsleben I
Die Familie als Träger des Wirtschaftslebens
in: Neue Bahnen, 43. Jg., Nr. 1, 1. Jan. 1908, S. 2-4

Der Zehnstundentag
in: Centralblatt des Bundes deutscher Frauenvereine, 9. Jg., Nr. 19, 1. Jan. 1908, S. 145-146

Ehefrau und Mutter in der Rechtsentwicklung
in: Die Hilfe, 14. Jg., Nr. 1, 5. Jan. 1908, S. 3-5

Die Frau im modernen Wirtschaftsleben II
Die moderne Unternehmung als Träger des Wirtschaftslebens
in: Neue Bahnen, 43. Jg., Nr. 3, 1. Febr. 1908, S. 20-22

Literatur zur Frauenfrage. Die Entwicklung der Theorie der Frauenbewegung*
in: Archiv für Sozialwissenschaft und Sozialpolitik, 26. Bd., Nr. 2, März 1908, S. 451-500

Mütter und Töchter*
in: Die Frau, 15. Jg., Nr. 6, März 1908, S. 321-333

Die Frau im modernen Wirtschaftsleben III
Die Produktionssphäre der Hausfrau auf dem Lande
in: Neue Bahnen, 43. Jg., Nr. 5, 1. März 1908, S. 36-38

Der Zehnstundentag
in: Die Hilfe, 14. Jg., Nr. 10, 8. März 1908, S. 148-149

Die Frau im modernen Wirtschaftsleben IV
Die Produktionssphäre der Hausfrau in der Stadt
in: Neue Bahnen, 43. Jg., Nr. 6, 15. März 1908, S. 42-44

Die Frau im modernen Wirtschaftsleben V
Die gewerbliche Berufsarbeit der Frau/Handwerk und Kundenarbeit für den modernen Markt
in: Neue Bahnen, 43. Jg., Nr. 9, 1. Mai 1908, S. 65-68

Frauen als Arbeitgeberinnen*
in: Baltische Frauenzeitschrift, 2. Jg., Juni 1908, S. 1073-1078

Die Frau im modernen Wirtschaftsleben VI
Die Frau in der Großindustrie
in: Neue Bahnen, 43. Jg., Nr. 11, 1. Juni 1908, S. 85-86

Moderne Bildung
in: Centralblatt des Bundes deutscher Frauenvereine, 10. Jg., Nr. 6, 15. Juni 1908, S. 41-42

Eine soziale Frauenschule
in: Die Frau, 15. Jg., Nr. 10, Juli 1908, S. 605-607

Was sollen wir mit unseren Töchtern anfangen?*
in: Die Welt der Frau, Beilage zu „Gartenlaube", Nr. 28, [Juli] 1908, S. 433-434

Die Frau im modernen Wirtschaftsleben VII
Die Arbeiterinnenfrage
in: Neue Bahnen, 43. Jg., Nr. 13, 1. Juli 1908, S. 99-101

Der Kampf gegen die Animierkneipen*
in: Centralblatt des Bundes deutscher Frauenvereine, 10. Jg., Nr. 8, 15. Juli 1908, S. 57-58

Eine Wohlfahrtsschule
in: Concordia, 15. Jg., Nr. 14, 15. Juli 1908, S. 282-283

Die Frau im modernen Wirtschaftsleben VIII
Die Frau im Handelsgewerbe
in: Neue Bahnen, 43. Jg., Nr. 15, 1. Aug. 1908, S. 117-119

Die Frau im modernen Wirtschaftsleben IX
Öffentlicher Dienst und Soziale Berufe
in: Neue Bahnen, 43. Jg., Nr. 17, 1. Sept. 1908, S. 131-133

Ausbildung zur sozialen Arbeit
in: Soziale Praxis, 17. Jg., Nr. 49, 3. Sept. 1908, Sp. 1297-1298

Mutterschutz und Mutterschaftsversicherung*
in: Stenographischer Bericht über die Verhandlungen der 28. Jahresversammlung des deutschen Vereins für Armenpflege und Wohltätigkeit am 17. und 18. Sept. 1908 in Hannover;
= Schriften des deutschen Vereins für Armenpflege und Wohltätigkeit, 87. Heft, Leipzig 1908, S. 84-101

Die Frau im modernen Wirtschaftsleben X
Probleme der weiblichen Berufsarbeit
in: Neue Bahnen, 43. Jg., Nr. 20, 15. Okt. 1908, S. 155-157

Eine Wohlfahrtsschule
in: Die Jugendfürsorge, 9. Jg., Nr. 10, Okt. 1908, S. 600-602

Mutterschutz und Mutterschaftsversicherung
in: Zeitschrift für das Armenwesen, 9. Jg., Nr. 11, Nov. 1908, S. 321-334

Mutterschutz und Mutterschaftsversicherung
in: Concordia, 15. Jg., Nr. 22, 15. Nov. 1908, S. 458-463

Mutterschutz und Mutterschaftsversicherung
in: Die Jugendfürsorge, 9. Jg., Nr. 11, Nov. 1908, S. 668-670

Die Frau im modernen Wirtschaftsleben XI
Konsumentenpflichten
in: Neue Bahnen, 43. Jg., Nr. 21, 1. Nov. 1908, S. 164-166

Moderne Mädchenbildung
in: Baltische Frauenzeitschrift, 3. Jg., Nov. 1908, S. 111-114

Zur Eröffnung der sozialen Frauenschule*
in: Die Frau, 16. Jg., Nr. 2, Nov. 1908, S. 103-107

Die Frau im modernen Wirtschaftsleben XII
Konsumentensorgen
in: Neue Bahnen, 43. Jg., Nr. 23, 1. Dez. 1908, S. 182-183

Zehn Jahre Arbeiterinnenheime
in: Centralblatt des Bundes deutscher Frauenvereine, 10. Jg., Nr. 17, 1. Dez. 1908, S. 132-133

Editorische Notiz

Die vorliegende Auswahl aus den Schriften Alice Salomons berücksichtigt die zu ihren Lebzeiten veröffentlichten Texte. Sie umfassen annähernd 450 Titel. Die Mehrzahl sind Vorträge und Artikel, die in über 70 verschiedenen Tages- und Wochenzeitungen, Frauenzeitschriften, in sozialen und pädagogischen Fachzeitschriften sowie Sammelbänden erschienen sind. Außerdem hat Alice Salomon 27 Monographien publiziert.[1]

Die Edition ist chronologisch angelegt und in drei Bände unterteilt, die die Schriften aus den Jahren 1896-1908, 1908-1918 und 1918-1933/1948 enthalten. Die Einteilung folgt einer Periodisierung von Alice Salomons Werk in engem Zusammenhang mit den Entwicklungsphasen der Frauenbewegung.[2] Der 1. Band dokumentiert die unterschiedlichen Ansätze Alice Salomons, aus denen sie ihr theoretisches und praktisches Werk entwickelt, das in der Gründung der Sozialen Frauenschule 1908 einen ersten Abschluß erreicht. Die Phase fällt zusammen mit der Blütezeit der Frauenbewegung, die 1908 zur Erringung des politischen Vereins- und Versammlungsrechts, der allgemeinen Zulassung von Frauen zum Universitätsstudium und der Reformierung des Mädchenschulwesens führte. Der 2. Band zeigt die Weiterentwicklung von Alice Salomons sozialen und pädagogischen Konzepten im Zusammenhang der Konflikte zwischen Nationalismus und Internationalismus, zwischen Krieg und sozialem Frieden. Der 3. Band enthält hauptsächlich Veröffentlichungen aus den Jahren der Weimarer Republik und einige der wenigen noch nach 1933 möglich gewesenen. Neben der Etablierung der sozialen Ausbildung gilt ein Schwerpunkt der wissenschaftlichen Grundlegung sozialer Arbeit in Forschung und Lehre.

Die Auswahl des ersten Bandes umfaßt etwa ein Drittel der bis 1908 publizierten Titel und annähernd 20% des Textumfangs.[3] Sie ist daran orientiert, die Breite und Vielfalt der Themen und Fragestellungen sowie deren Entwicklung angemessen zu dokumentieren. Dazu wurde ein gewisses zahlenmäßiges Gewicht auf die frühen und auf die späten Texte dieses Zeitraums gelegt, so wurde beispielsweise aus den insgesamt zur Frage der Mutterschaftsversicherung publizierten Texten der erste und einer der letzten ausgewählt. Ein dritter Gesichtspunkt

[1] Bibliographische Grundlage der Edition sind: C.L. Krug v. Nidda, Bibliographie der Schriften, Aufsätze und Vorträge von Alice Salomon, in: H. Muthesius (Hg.), Alice Salomon, die Begründerin des sozialen Frauenberufs in Deutschland, Köln, Berlin 1958, S. 283-306; R. Orywa u. A. Dröge, Alice Salomon in ihren Schriften. Eine Bibliographie. Berlin 1989 sowie Ergänzungen durch eigene Recherchen.

[2] Zu einer etwas anderen Periodisierung kommt R. Landwehr, Alice Salomon und ihre Bedeutung für die soziale Arbeit, Berlin 1981, der sich vor allem an der Entwicklung der sozialen Arbeit und Ausbildung orientiert.

[3] Einen Überblick hierzu gibt die Bibliographie im vorl. Bd. S. 518-530.

der Auswahl war, einen Eindruck von der Weise, in der Alice Salomon ihre Texte auf bestimmte Leserkreise zugeschnitten hat, zu vermitteln. Daher wurden Texte zu einer Thematik aus einem Zeitraum und aus verschiedenen Zeitschriften ausgewählt, wie z.B. die Artikel über Crimmitschau 1904 und über die Heimarbeit 1906.

Die Texte wurden in der Form, in der sie in der jeweils genannten Quelle erschienen waren, übernommen. Nach der Darstellung von Alice Salomons Arbeitsweise, die ihre Privatsekretärin Dora Peyser gegeben hat, ist zu vermuten, daß Alice Salomons Manuskripte nicht erhalten sind,[4] sodaß ein Vergleich nicht möglich war.

Die Rechtschreibung wurde in der historischen Form erhalten. Bis sich die Rechtschreibreform von 1901 im Laufe des Jahres 1903 im allgemeinen durchgesetzt hatte, finden sich in diesem Zeitraum alte Schreibweisen und neue nebeneinander. Die Gleichzeitigkeit verschiedener Schreibweisen rührt außerdem von dem geringeren Maß verbindlicher Regeln her, besonders in der Interpunktion. Offensichtliche Druckfehler wurden stillschweigend korrigiert, in nicht eindeutigen Fällen in den anhängenden Erläuterungen aufgeführt. Weniger verbindlich war auch der Umgang mit Zitaten geregelt, die nicht nur in den nicht-wissenschaftlichen Zeitschriften häufig nicht oder nur kursorisch nachgewiesen wurden. Im Erläuterungsteil sind, so weit es möglich war, die Zitate nachgewiesen, bzw. die Nachweise präzisiert worden nach Möglichkeit anhand der Ausgaben, die um die Jahrhundertwende gebräuchlich waren und von Alice Salomon benutzt werden konnten. Zitate aus englischen und französichen Texten wurden vermutlich von Alice Salomon selber ins Deutsche übersetzt. Das könnte auch für Texte gelten, von denen deutsche Ausgaben vorlagen. Einen zweiten Schwerpunkt der Erläuterungen bilden biographische Angaben zu den von Alice Salomon genannten Personen.

Für die Unterstützung der umfangreichen Recherchen möchte ich den Bibliothekarinnen und Bibliothekaren der Universitätsbibliothek der Freien Universität Berlin, der Staatsbibliothek Preußischer Kulturbesitz, des Deutschen Zentralinstituts für Soziale Fragen und besonders des Deutschen Staatsbürgerinnen-Verbandes danken.

[4] D. Peyser, Alice Salomon. Ein Lebensbild, in: H. Muthesius (Hg.), Alice Salomon, a.a.O., S. 108f., darin heißt es: „Sie war von Natur ordentlich und methodisch, ohne pedantisch zu sein. An Büchern und Papieren hob sie nur auf, was sie für wesentlich hielt". „Sie schrieb viel und schnell mit eigener Hand oder diktierte an Hand von Notizen. Mit Ausnahme von persönlichen Briefen verbesserte sie häufig und arbeitete ihre Manuskripte so lange um, bis sie mit ihnen zufrieden war." Alice Salomons Nachlaß im Leo-Baeck-Institut in New York enthält nur einige Manuskripte aus den 40er Jahren.

Erläuterungen

Nach Seiten- und Zeilenzahl in Fettdruck folgt in Kursivdruck die Textstelle, auf die sich die Erläuterung bezieht.
Es wurden folgende Abkürzungen benutzt. BDF: Bund Deutscher Frauenvereine; Dt. Ver.: Deutscher Verein für Armenpflege und Wohlthätigkeit; Erl.: Erläuterung; Ges. Samml.: Preußische Gesetzessammlung; ICW: International Council of Women; KVG: Krankenversicherungsgesetz; Nov.: (Gesetzes-)Novelle; RGBl.: Reichsgesetzblatt; RGO: Reichsgewerbeordnung; Schr.: Schriften.

Abb.: Alice Salomon, ca. 1908 (Privatbesitz L. Cahn, M. Heppner)

Das Kaiser- und Kaiserin-Friedrich-Kinderheim in Bornstedt

3 * Die Frau. Monatsschrift für das gesamte Frauenleben unserer Zeit, gegr. und hrsg. von Helene Lange, ab 1914 gemeinsam mit Gertrud Bäumer; erschien 1893-1944; führendes Organ des gemäßigten Flügels der bürgerlichen Frauenbewegung. **3,1** *Kaiser Friedrich* III., 1832-1888, der nach nur 99tägiger Regierungszeit verstarb; er war verheiratet mit Viktoria, auch Kaiserin Friedrich genannt. **3,1** *Kaiserin Friedrich,* d.i. Viktoria, Prinzess Royal of England, Kronprinzessin von Preußen, 1840-1901, älteste Tochter von Königin Viktoria von England; sie war seit 1858 mit Prinz Friedrich Wilhelm von Preußen, dem späteren Kaiser Friedrich III., verheiratet, vertrat eine liberale Politik und setzte sich besonders für Frauenbildung ein. Sie übernahm 1866 das Protektorat des Lettevereins (Erl. 31,13), 1868 des auf ihre Anregung gegr. Viktoria-Lyzeums, 1888 der Viktoria-Fortbildungsschule in (Berlin)-Schöneberg u.a. Sie unterstützte auch die Arbeit von H. Lange (Erl. 9,13) und deren „Gelbe Broschüre" von 1887 zur Mädchenschulreform und Lehrerinnenfrage. **3,17** *Kindergarten:* Der Name geht zurück auf den „Allgemeinen Deutschen Kindergarten", den Friedrich Fröbel 1840 gegründet hatte als Alternative zu den seit den 20er Jahren des 19. Jh.s üblichen Kleinkinderverwahranstalten, die an den strikten schulischen Lern- und Disziplinformen orientiert waren. Die Verbreitung von vorschulischen Einrichtungen war insgesamt gering. **4,16** *Henriette Schrader,* geb. Breymann, 1827-1899, Pädagogin, Nichte und Schülerin von F. Fröbel; gründete eine Vielzahl von Kindergärten und Horten verbunden mit Kindergärtnerinnen- und Lehrerinnenseminaren, unternahm Vortragsreisen durch viele europäische Länder zur Verbreitung der Fröbelschen Ideen. 1874 gründete sie, unterstützt von ihrem Mann, Karl Schrader, das Pestalozzi-Fröbel-Haus in Berlin (Erl. 5,12). Schr. u.a.: Zur Frauenfrage, 1865; Die Grundzüge der Ideen Fröbels, 1872; Der Volkskindergarten, 1885 **4,17** *Hedwig Heyl,* geb. Crüsemann, 1850-1934, eine der führenden Vertreterinnen der Frauenbewegung; sie war Schülerin von H. Schrader-Breymann, heiratete 1868 den Fabrikbesitzer Georg Heyl und richtete in dessen Fabrik einen Kindergarten ein, den auch ihre eigenen fünf Kinder besuchten, sowie einen Hort. Aus beiden Einrichtungen ging 1878 das „Jugendheim Charlottenburg" hervor. 1885 gründete sie im Pestalozzi-Fröbel-Haus eine wissenschaftlich orientierte Koch- und Haushaltungsschule, deren Lehrpläne große Verbreitung fanden, und 1890 die erste Gartenbauschule. 1904 leitete sie den Internationalen Frauenkongreß in Berlin, 1912 die große Ausstellung „Die Frau in Beruf und Haus". 1914 gründete sie gemeinsam mit G. Bäumer den nationalen Frauendienst. Schr. u.a.: ABC der Küche, 1888, 13. Aufl. 1926; Aus meinem Leben, 1925 **5,11** *Fröbelsche Beschäftigungen:* der angeleitete spielerische Umgang der

Kinder mit den von Fröbel systematisch entwickelten Spiel- und Beschäftigungsmaterialien als ein Lernen durch „Tat-Anschauung". Friedrich Wilhelm August Fröbel, 1782-1852, Pädagoge, Begründer des Kindergartens; nach Lehre und naturwissenschaftlich-mathematischen Studien war er seit 1805 als Erzieher und Hauslehrer tätig. Ab 1815 gründete er in Deutschland und der Schweiz verschiedene Schulen, u.a. 1837 die „Pflege-, Spiel- und Beschäftigungsanstalt" für Kleinkinder, die ab 1840 „Kindergarten" hieß. Seit 1843 bildete er Kindergärtnerinnen aus. Zwischen 1851 und 1860 waren die Kindergärten wegen „destructiver Tendenzen auf dem Gebiet der Religion und Politik" verboten. Fröbels Pädagogik, vor allem an Fichte und Pestalozzi orientiert, basiert auf psychologischer Beobachtung und betont die Entwicklung der vorhandenen Kräfte des Kindes und dessen Selbsttätigkeit im freien Spiel. Schr. u.a.: Die Menschenerziehung, 1826; Mutter- und Koselieder, 1844 **5,12** *Pestalozzi-Fröbelhaus:* umfassende Erziehungsinstitution des 1874 von H. Schrader-Breymann und ihrem Mann, K. Schrader, gegründeten „Berliner Vereins für Volkserziehung" in Berlin-Schöneberg; es setzte sich zusammen aus Einrichtungen der Kinderfürsorge (Krippen, Kindergärten, Horten), einem Seminar für Kindergärtnerinnen und Hortnerinnen, einer Koch- und Haushaltungsschule (Erl. 4,17), der Sozialen Frauenschule ab 1908 (s. im vorl. Bd. S. 480-485) und einer Wohlfahrtsschule für Männer ab 1931. Heute besteht das Pestalozzi-Fröbel-Haus aus einer Berufsfachschule für Sozialwesen, einer Fachschule für Sozialpädagogik, 12 Kindertagesstätten, einem Heim und verschiedenen Beratungseinrichtungen. Johann Heinrich Pestalozzi, 1746-1827, schweiz. Pädagoge und Schriftsteller; nach Theologie- und Rechtsstudium sowie einer landwirtschaftlichen Ausbildung gründete er eine Erziehungsanstalt für arme Kinder, die allerdings - wie mehrere spätere Projekte auch - keinen Bestand hatte, wogegen seine pädagogischen Grundgedanken weltweit wirksam wurden. Angeregt durch Rousseau schuf er die Grundlagen moderner Reformpädagogik, betonte die sozialpolitische Bedeutung der „Wohnstubenerziehung" und der Mutter-Kind-Beziehung, die er entgegen der traditionellen Schulpädagogik zum Vorbild nahm für eine „natürliche" Pädagogik. Deren Grundelemente sind: Förderung der Entwicklung des Einzelnen durch Selbsttätigkeit, gleiche Erziehung für Kinder aller Schichten und Vermittlung einer Elementarbildung. Schr. u.a.: Lienhard und Gertrud, 4 Bde. 1781-1787; Meine Nachforschungen über den Gang der Natur in der Entwicklung des Menschengeschlechts, 1797; Schwanengesang 1826

Jeannette Schwerin

7 * Centralblatt des Bundes deutscher Frauenvereine, von J. Schwerin gegründetes Organ des Bundes deutscher Frauenvereine, erschien von 1898/99-1921, seit 1913 unter dem Namen „Frauenfrage" **8,11** *Hungertyphus-Epidemie:* exanthematischer Typhus, auch Fleckfieber, von Läusen übertragene Infektionskrankheit mit hohem Fieber, Hautausschlag, Hirnhautreizung u.a. Symptomen, die weltweit verbreitet ist und sich infolge von Armut, Elend und Krieg, unzureichenden hygienischen Bedingungen epidemisch ausbreitet. In Oberschlesien erkrankten in den 40er Jahren des 19. Jh.s von 1 Mio. Menschen in 6 Monaten 70.000, von denen 16.000 starben. **8,14** *Berliner Handwerker-Verein:* Unter den Handwerkervereinen hatte der 1844 gegründete „Berliner Handwerkerverein" eine besondere Bedeutung. Im Zuge der Reaktion 1850 geschlossen und 1859 wiedergegründet, erlangte er durch öffentliche Vorträge, Bibliothek, Lesezimmer und eine Fortbildungsschule eine breite Wirksamkeit. **8,30** *„Kindesmörderin":* 15strophiges Gedicht von Friedrich v. Schiller aus der „Anthologie auf das Jahr 1782" **8,34** *Dr. Goldbeck,* Carl, 1830-1900, Lehrer, Schwerpunkte: französische und italienische Sprache und Literatur; pädagogisch legte er das Gewicht auf selbständiges Arbeiten und eigene Fortbildung der Schülerinnen. Humanität, Geistesfreiheit und Toleranz waren die Grundlagen seiner Pädagogik. Er war bis 1899 Direktor der Berliner Charlottenschule und Förderer der seit 1888 an der Charlottenschule durchgeführten, von H. Lange (Erl. 9,13) geleiteten Real- und Gymnasialkurse für Mädchen. **9**,11 *Caroline Michaelis* de Vasconcellos, Sprachforscherin; Ehrendoktorin der Universität Heidelberg und, als zweite Frau, Ritter des portugiesischen Santiago Ordens, 1901ff. arbeitete sie an dem von H. Lange und G. Bäumer hrsg. Handbuch der Frauenbewegung mit, in dem sie über Frauenbewegung und Frauenbildung in Spanien und Portugal berichtete. **9**,13 *Helene Lange,* 1848-1930, Lehrerin und herausragende Vertreterin der Frauenbewegung; früh verwaist, arbeitete sie als Erzieherin in einem Mädchenpensionat und legte die Lehrerinnenprüfung ab, 1876-91 unterrichtete sie in einer höheren Mädchenschule in Berlin und leitete ein Lehrerinnenseminar. Seit 1887 gewann sie mit der „Gelben Broschüre", einer Kritik zur Mädchenschulreform und Lehrerinnenfrage in Preußen, entscheidenden Einfluß in der Frauenbewegung. Sie konzipierte und leitete die ersten Real- (1888) und Gymnasialkurse (1893) für Mädchen in Berlin, gründete zusammen mit A. Schmidt 1890 den Allgemeinen Deutschen Lehrerinnenverein und war bis 1921 dessen Vorsitzende, gründete 1893 die Zeitschrift „Die Frau", das Organ der gemäßigten Frauenbewegung, in dem auch A. Salomon häufig publizierte. Sie war viele Jahre im Vorstand des Bundes deutscher Frauenvereine, 1919 als Mitglied der Deutschen Demokratischen Partei in der Hamburger Bürgerschaft. Schr. u.a.: Die gelbe Broschüre, 1887, Herausgeberin (zus. mit G. Bäumer) des bis heute gültigen Standardwerkes: Handbuch der Frauenbewegung, 5 Bde., 1901-06 **10**,6 *Deutsche Gesellschaft für Ethische Kultur:* zu den Gründern 1892 gehörten neben den Schwerins, der linksliberale Philosoph G. v. Gizycki, erster Ehemann von Lily Braun (Erl. 158,18), bis zu seinem Tod 1894 Vorsitzender, der Astronom W.J. Foerster (1832-1921) und dessen Sohn, der Pädagoge und Pazifist F.W. Foerster (1869-1966). Die ethische Bewegung, die die Lösung der Ethik von der Religion bezweckte, entwickelte sich zunächst in den 60er Jahren in den USA, wichtig war die Schrift von W.M. Salter, Die Religion der Moral, die G. v. Gizycki 1885 ins Dt. übersetzte: Die angestrebte ethische Kultur soll durch Gerechtigkeit, Wahrhaftigkeit, Menschlichkeit und gegenseitige Achtung bestimmt sein und hauptsächlich durch Unterricht verwirklicht werden. Organ der Gesellschaft war die Wochenschrift „Ethische Kultur". **11**,6 *Auskunftsstelle:* Diese erhielt 1907 den Namen „Zentrale für private Fürsorge". Zu der Auskunftsstelle gehörte ab Herbst 1893 das öffentlich zugängige „Archiv der Wohlfahrtseinrichtungen", das Satzungen, Jahres- und Verwaltungsberichte und andere Drucksachen, die sich auf die Wohlfahrtseinrichtungen Berlins und seiner Vororte bezogen, sammelte. Ab 1920 hieß es „Archiv für Wohlfahrtspflege" und ab 1964 „Deutsches Zentralinstitut für Soziale Fragen (DZI)", Berlin. **11**,3 *Auskuftsbuch:* Die Wohlfahrtseinrichtungen Berlins. Ein Auskunftsbuch, hrsg. v. der Auskunftsstelle der Deutschen Gesellschaft für Ethische Kultur, Berlin 1896. Unter dem Titel „Führer durch das soziale Berlin. Das Graubuch", hrsg. v. DZI, erscheint das Auskunftsbuch bis heute in jeweils aktualisierten Auflagen. **11**,21 *Mädchen- und Frauengruppen für soziale Hilfsarbeit:* Diese wurden für A. Salomon zum Einstieg in die soziale Arbeit, Ausbildung und Frauenbewegung. Sie wurde persönliche Mitarbeiterin J. Schwerins, deren Erbe sie in vieler Hinsicht antrat. Im Herbst 1899 wurde ihr die Leitung der Mädchen- und Frauengruppen übertragen, die wie in J. Schwerins Wirken auch in Leben und Werk A. Salomons einen wichtigen Schwerpunkt bildeten. **11**,31 *Vortragskursus über „Frauenpflichten ...:* Das Kursprogramm der Mädchen- und Frauengruppen von 1893-1908 findet sich im vorl. Bd. in Erl. 210,18. **12**,13 *Vereinigungen nach dem Muster dieser „Gruppen":* 1912 gab es 140 Gruppen in Deutschland. **12**,22 *„Hauspflege":* J. Schwerin war Vorstandsmitglied des 1894 gegr. Berliner

Frauen-Vereins und leitete die Abteilung für Hauspflege, deren Mitarbeiterinnen halbtags und ganztags Familien im Falle von Krankheit oder Abwesenheit der Hausfrau betreuten. 1898 wurden 915 Familien durchschnittlich jeweils an etwa 90 Tagen versorgt. Außerdem kooperierte die Abteilung mit dem von A. Salomon erwähnten Verein für häusliche Gesundheitspflege sowie dem Frauengroschenverein und dem Frauenheim. Bereits in den 80er Jahre hatte der Badische Frauenverein Hauspflege auf dem Lande eingeführt, 1893 wurde der Frankfurter Hauspflegeverein gegründet. 1908 schlossen sich die inzwischen zahlreichen Einrichtungen zum Verband der Hauspflege zusammen. **12**,23 *Ungerechtigkeit der Gesetze:* s. Erl. 105,1 u. 40,27 **13**,27 *Gründung des „Bundes deutscher Frauenvereine":* Die Initiative zur Gründung des BDF ging von Teilnehmerinnen des Internationalen Frauenkongresses 1893 aus, der zur Zeit der Weltausstellung in Chicago stattfand (s. auch Erl. 228,14). An der Gründung am 29.3.1894 waren Vertreterinnen von 34 Frauenvereinen beteiligt, die sich auf folgende Ziele einigten: „Durch organisiertes Zusammenwirken sollen die gemeinnützigen Frauenvereine erstarken, um ihre Arbeit erfolgreich in den Dienst des Familien- und Volkswohls zu stellen, um der Unwissenheit und Ungerechtigkeit entgegenzuwirken und eine sittliche Grundlage der Lebensführung für die Gesamtheit zu erstreben. Der Bund bietet Gelegenheit zum Gedankenaustausch, zu Vergleichen, zur Kenntnisnahme mustergültiger Einrichtungen, zur Anregung neuer segensreicher Schöpfungen." (§ 2 der Satzung zit. n. G. Bäumer, Die Geschichte des BDF, in: Jahrbuch des BDF 1921, S. 17) **13**,30 *des Vereins „Frauenwohl":* Der Verein wurde 1888 als Frauengruppe der Deutschen Akademischen Vereinigung auf Initiative einiger Männer gegründet. Anfangs das ganze Spektrum der Frauenbewegung repräsentierend, wurde er, nach dem Austritt der gemäßigten Frauen um H. Lange und der Gründung des Berliner Frauenvereins 1894, zum Vertreter des radikalen Flügels der bürgerlichen Frauenbewegung, der für Frauenstimmrecht, die Sittlichkeitsfrage etc. propagandistisch tätig war. Langjährige Vorsitzende war M. Cauer (Erl. 118,19). **13**,33 *des Berliner Internationalen Frauenkongresses 1896:* Der Kongreß war auf Initiative von Lina Morgenstern (Erl. 112,32) parallel zur Berliner Gewerbeausstellung organisiert worden; s. dazu: Der Internationale Kongress für Frauenwerke und Frauenbestrebungen in Berlin, 19. bis 26. Sept. 1896, Berlin 1897. J. Schwerin hielt zwei Referate: über „Öffentliche Armen- und Waisenpflege" und zu dem Thema „Auf welchen Arbeitsgebieten kann sich die gesamte Frauenwelt zu gemeinsamer Arbeit vereinigen?". Im Anschluß an diesen Vortrag kam es zu einer heftigen Auseinandersetzung bes. mit L. Braun (Erl. 158,18) und C. Zetkin (Erl. 235,16). Es war die einzige Veranstaltung, in der sich bürgerliche und sozialistische Frauen direkt auseinandersetzten. **14**,30 *Erhebungen über ... Beschäftigung von Kindern:* 1902 veröffentlichte der Berliner Lehrer, C. Agahd, eine grundlegende Untersuchung zur Kinderarbeit, die im wesentlichen auf Erhebungen in den Schulen beruhte; s. hierzu im vorl. Bd. S. 145-147. **14**,38 *Einführung weiblicher Gewerbeinspektoren:* s. im vorl. Bd. bes. S. 43-45 u. 171-183 **15**,3 *Konfektionsstreik von 1896:* s. Erl. 122,6 **15**,12 *Kurse zur Ausbildung von Inspektorinnen:* 1896/97 und 1897/98, die Kurse setzten eine gewerbliche Tätigkeit voraus und vermittelten Kenntnisse über die gewerblichen Verhältnisse, die Lage der arbeitenden Klassen, die einschlägigen Gesetzesvorschriften und über hygienische Fragen. 1898 wurde in Bayern die erste Teilnehmerin eines Kurses in der Gewerbeaufsicht eingestellt. Der BDF überreichte 1900 dem preuß. Handelsminister eine Liste mit Namen der Absolventinnen der von J. Schwerin durchgeführten Kurse mit der Bitte, diese zu berücksichtigen. **15**,18 *auf dem Internationalen Arbeiterschutz-Kongreß:* der Beitrag von J. Schwerin ist in dem Kongreßprotokoll nicht dokumentiert. Ihr Name ist in der Liste der Gäste, wie z.B. auch der von A. Salomon, L. Braun (Erl. 158,18), H. Simon (Erl. 360,17) u.a. aufgeführt. Als einzige

Frau aus Deutschland hatte C. Zetkin (Erl. 235,16) den Delegiertenstatus. Zu dem Kongreß s. auch Erl. 34,7 und 127,18 **15,20** *Kommission für Arbeiterinnenschutz*: Schriftführerin der Kommission war A. Salomon, ab 1902 Vorsitzende. **16,4** *den Leitmotiven:* J. Schwerin, Was wir wollen, in: Centralblatt d. BDF, 1,1 v. April 1899, S. 2. Darin heißt es: „Das Bestreben unserer Tage ist auf materielle und ideelle Annäherung der Menschen aneinander gerichtet. Die Eisenbahnlinien erschließen die sibirischen Wüsten dem Handel und der Kultur; sie werden den dunkeln Erdteil in seiner gewaltigen Längenausdehnung durchschneiden. Der Nordpol wird dem Südpol genähert. Das Telephon bringt uns die Stimme des hunderte von Meilen Entfernten nahe. [...] Zeit und Raum scheinen überwunden zu sein. Wenn aber durch die Errungenschaften auf technischem Gebiet eine äußere Annäherung und Verbindung der Menschen erzielt worden ist, [...] so blieben die Annäherungsversuche seelischer Natur, von Mensch zu Mensch, weit hinter diesen äußeren glänzenden Erfolgen zurück. Was den Menschen zum Menschen führt und sie aneinander bindet, ist die Möglichkeit gesunder Lebens- und Arbeitsbedingungen und die gleichmäßige Grundlage für die Erziehung aller Kinder eines Volkes; denn nur dadurch ist in allen Zugehörigen einer großen Gemeinschaft Verständnis für einander und gegenseitige Achtung zu erzielen. Aber mehr als je bilden diese beiden Momente heutzutage das heiß umstrittene Gebiet der Parteien. Scharf heben sich unter der Zeiten Not und Druck die Erlösungsversuche der arbeitenden Klasse und der Frauen heraus, und in ihrem Bestreben nach wirtschaftlicher und sittlicher Unabhängigkeit findet sich, so verschieden sonst ihre Wege sein mögen, als Leitmotiv die Stabilisierung ausgleichender Gerechtigkeit, dem Grundprinzip, auf dem die Weltordnung gegründet ist." Nach dem Tod von J. Schwerin übernahm M. Stritt (Erl. 238,20) die Redaktion. **16,11** *Wahl zur Schatzmeisterin:* J. Schwerin war auf der II. Generalversammlung des Internationalen Frauenbundes (ICW), die im Juni 1899 in London tagte, in Abwesenheit gewählt worden.

Kinderarbeit in Fabriken

Zum Problem der Kinderarbeit und des Kinderschutzes s. im vorl. Bd. auch S. 145-147

17,2 *Frau Stevens:* Alzina Parsons Stevens, 1849-?, amerik. Sozialreformerin und Frauenrechtlerin; 13jährig arbeitete sie in einer Baumwollfabrik, lernte mit 18 Jahren in einer Druckerei und war später als Korrespondentin und Herausgeberin tätig. 1877 organisierte sie die „Working Women's Union of Chicago" und wurde deren Präsidentin, 1892 vertrat sie die Arbeiterorganisationen von Ohio auf der „National Industrial Conference". Sie veröffentlichte den Artikel „Die Gewerkvereine der Vereinigten Staaten" in: Archiv für Soziale Gesetzgebung und Statistik, 12. Bd., 1898, S. 695 ff. **17,4** *Weltausstellung in Chicago:* seit Mitte des 19. Jh.s veranstaltete internationale Ausstellungen zur Darstellung der technischen und kulturellen Errungenschaften. Die Ausstellungsgebäude gelten als Wegbereiter moderner Architektur, wie z.B. der Kristallpalast von J. Paxton in London 1851, wo die erste Weltausstellung stattfand, oder der Eiffelturm für die Ausstellung in Paris 1889. Die Ausstellung in Chicago galt besonders dem industriellen Fortschritt. **17,4** *Gelert,* Johannes Sophus, 1852-1923, Bildhauer; 1879-80 arbeitete er in Berlin, 1882-83 in Rom und wanderte 1887 nach Amerika aus. Zwischen 1879 und 1886 stellte er u.a. in Berlin und München mythologische Gruppen, Statuetten etc. aus. **18,11** *Reichs-Gewerbe-Ordnung:* Durch das Reichsgesetz v. 16. April 1871 wurde die Gewerbeordnung (GO) des Norddeutschen Bundes v. 21. Juni 1869, durch die die Gewerbefreiheit in dem gesamten Bundesgebiet durchgesetzt wurde, für das Deutsche Reich übernommen (= Reichsgewerbeordnung/RGO). Zahlreiche Bestimmungen der RGO sind daher älter als diese selbst. Die RGO regelt in einem Abschnitt (Titel VII) die „Verhältnisse der gewerblichen Arbeiter und Arbeiterinnen" einschließlich der Arbeiterschutzbestimmungen für Kinder und Jugendliche. Einige Bestimmungen der RGO wurden zu gesonderten Gesetzen zusammengefaßt: Am 29. Sept. 1901 wurde das Gewerbegerichtsgesetz erlassen (RGBl. S. 353), am 30. März 1903 das Kinderschutzgesetz (RGBl. S. 113), am 2. Juni 1910 das Stellenvermittlungsgesetz (RGBl. S. 860) und am 20. Dez. 1911 das Hausarbeitsgesetz (RGBl. S. 976). – Die wichtigsten, von A. Salomon häufig genannten, Paragraphen sind die zur Beschränkung der Arbeit der Kinder und Jugendlichen (§§ 135, 136 u. 138) und der Frauen und Wöchnerinnen (§§ 135 u. 137). Vorläufer sind das preuß. „Regulativ zur Kinderarbeit" von 1839 und die §§ 128d, 129 und 130 der GO des Norddeutschen Bundes. Einen guten Überblick bietet K. v. Rohrscheidt (Hg.), Gewerbeordnung für das Deutsche Reich in ihrer neuesten Fassung mit sämtl. Ausführungsbestimmungen, 2 Bde., Berlin 1912 sowie die von A. Salomon empfohlene Ausgabe von L. Wilhelmi (Hg.), Gewerbeordnung für das Deutsche Reich, Berlin 1892 u. folgende Auflagen. **18,11** *§ 135:* RGO in der Fassung des Ges. vom 1. Juni 1891, regelt die gewerbliche Beschäftigung von Kindern bis zu 14 Jahren und „jungen Leuten" von 14 bis 16 Jahren. **18,17** *Ihre Beschäftigung ... unterliegt ... Beschränkungen:* s. § 136 RGO in der Fassung des Ges. vom 1. Juni 1891 (RGBl. S. 261). Zur Kinderarbeit in Deutschland s. im vorl. Bd. auch S. 145-147 **18,42** *So berichtet das letzte Vierteljahresheft:* Vierteljahreshefte z. Statistik d. Deutschen Reichs, 7,4.1898, S. 120 **19,9** *der Bericht der Gewerbeaufsichtsbeamten:* Amtliche Mittheilungen aus den Jahresberichten der Gewerbeaufsichtsbeamten, 22.1897, Berlin 1898, S. 28-32 **19,31** *Lohn von 7 bis 11 Pf. pro Stunde (4 bis 7 Mark wöchentlich):* wöchentliche Vergleichslöhne 1898: Maurer: 25 bis 35 Mark, Textilarbeiter:15 bis 30 Mark (J. Kuczynski, Die Geschichte der Lage der Arbeiter in Deutschland, Berlin 1947, S. 239ff.) **20,4** *Frauen als Gewerbeaufsichtsbeamte:* 1898 wurden in Deutschland die ersten Frauen zur Gewerbeaufsicht zugelassen, zwei in Hessen und zwei in Bayern, s. hierzu im vorl. Bd. S. 43-46 u. S. 174-186 **24,7** *Cichorienfabriken:* Fabriken, die zur Herstellung von Kaffeesurrogat aus der Wurzel des Wegwart (lat. cichorium) seit Anfang des 19. Jh.s dienten. **24,9** *Hechelräume:* Räume, vor allem in Spinnereien, in denen Flachsfasern mithilfe von Hechelmaschinen und Handhecheln gewonnen wurden, indem der Bast durch Metallzähne gezogen wurde, um ihn in Fasern zu zerteilen und von Holzteilchen u.a. zu befreien. **24,12** *diese Beschränkungen:* Ergänzungen zum § 139a RGO (Rohrscheidt (Hg.), Gewerbeordnung für das Deutsche Reich, a.a.O., S. 842ff.) **24,20** *Nach dem Bericht der Gewerbeinspektoren ...:* Amtliche Mittheilungen aus den Jahresberichten der Gewerbeaufsichtsbeamten, a.a.O., S. 6-7 **27,24** *in den Barnardo'schen Anstalten:* Thomas John Barnardo, 1845-1905, brit. Arzt und Philantrop; er errichtete unter dem Eindruck der Choleraepidemie von 1865 und der jugendlichen Obdachlosigkeit Heime, Schulen und Krankenhäuser für verwahrloste und verkrüppelte Kinder (Barnardo-Heime). A. Salomon schrieb dazu: „Barnardo hat von Beginn an den Gedanken verfolgt, daß verwahrloste Kinder nur in kleinen, familienähnlichen Gruppen erzogen werden können, daß in großen Anstalten der schwierigste Teil der Erziehungsarbeit an diesen Kindern, die Individualisierung, Schaden erleiden müsse. So hat er denn ganz England mit einem Netz von kleineren Heimen überzogen". 6.000 Kinder wurden jährlich in den Heimen betreut. (A. Salomon, Dr. Barnardo's Rettungsarbeit, in: Jugendfürsorge, 3,2.1902, S. 78)

Frauenklubs

31,11 *Frau von Witt:* E.M. v. Witt war Mitbegründerin des „Deutschen Frauenklubs" in Berlin, der ein Zentrum der oberen Zehntausend mit Lese-, Billard-, Speise- und Konversationszimmern war, in dem sie die Mittwoch-Abend-Veranstaltungen mit Diskussionen und

Konzerten leitete. Sie war außerdem Vorsitzende des Vereins Frauenstudium, Vorstandsmitglied des Vereins Frauenwohl, Mitglied des Bundes für Mutterschutz und des Deutschen Lyzeum-Clubs. **31**,13 *Lettehaus:* traditionsreiche Institution der Frauenberufsbildung in Berlin, deren Entstehung auf den nach seinem Gründer, W.A. Lette, benannten Letteverein (1866) zurückgeht. Ziel des Vereins, der unter dem Protektorat der Kronprinzessin Viktoria (Erl. 1,1) stand, war die Förderung der Erwerbsfähigkeit der Frauen. Eigene Schulgründungen betrieb der Verein unter der Leitung von Anna Schepeler-Lette seit 1872. Dazu zählten u.a. eine Handels- und Gewerbeschule, eine Haushaltungsschule, die Photographische Lehranstalt, ein Telegraphistinnen-Ausbildungsgang, eine Schriftsetzerinnenschule und weitere Ausbildungszweige, die im Laufe der Jahre dazu kamen, z.B. Modezeichnen und textiles Kunstgewerbe. Seit 1902 steht das Lettehaus am Victoria-Luise-Platz in Berlin-Schöneberg. **31**,15 *die Mitteilung durch die Presse:* Zum „Berliner Frauenklub von 1900“ heißt es in derselben Nummer (Centralblatt d. BDF, 1,16.1899, S. 127), die auch um Mitglieder warb, daß der Klub am 29. Oktober 1899 mit 300 Mitgliedern eröffnet worden sei, und inzwischen bereits 500 Mitglieder hätte. Vorsitzende des Klubs war die erste, in Berlin niedergelassene Ärztin, Franziska Tiburtius, die mit A. Salomon und Josephine Levy-Rathenau zu den Gründerinnen gehörte. Der Klub war in einer 7-Zimmer-Wohnung in Berlin-Schöneberg untergebracht. „Die Räume sind behaglich [...] eine sehr reichhaltige Bibliothek und eine große Auswahl in- und ausländischer Zeitungen,[...] eine ganze Anzahl Speisezimmer, zwei große Salons, die durch Öffnen von Schiebetüren in einen Raum für mehrere hundert Personen verwandelt werden können [...]. Über 1.200 Mitglieder zählt dieser Klub jetzt schon. In ihm sehen die praktisch arbeitenden Frauen ihren geistigen Mittelpunkt. Neben der Volksschullehrerin begegnet man [...] der Buchhalterin und Kontoristin. Aber auch die gut bürgerliche Rentiere hat hier ihren Skatklub, [...]. Ein starkes Kontingent von Malerinnen und Musikerinnen sorgt für künstlerischen Schwung und die hervorragendsten Dichterinnen lesen gelegentlich aus ihren Werken vor. [...] ein demokratischer Zug geht durch diesen Klub [...].“ (A. Plothow, Berliner Frauenklubs, in: Neues Frauenleben, Wien, 5,11.1903, S. 17-18)

Der Schutz der Frau und des Hauses

32,2 *Centrumspartei:* konservative Partei des politischen Katholizismus; 1881-1914 stärkste Fraktion des Reichstags mit 90 bis 100 Abgeordneten. Zunächst in Gegensatz zu Bismarck wegen der Frage des Einflusses der Kirchen (Kulturkampf) unterstützte die Centrumspartei seit 1879 dessen Wirtschafts-, besonders Schutzzoll-, und Sozialpolitik. **32**,5 *Anordnung der Regierung:* Am 22. Januar 1898 forderte der Reichstag den Reichskanzler auf, „eine eingehendere Berichterstattung über die Beschäftigung verheiratheter Frauen in Fabriken [...] in den nächsten Jahresberichten der Gewerbe-Aufsichtbeamten zu veranlassen.“ Dazu erhielten die Gewerbeaufsichtbeamten eine Anleitung, die lediglich 6 Fragen und einige Unterfragen beinhaltete (Die Beschäftigung verheiratheter Frauen in Fabriken, Berlin 1901, S. 1f.). Zu den Ergebnissen dieser Reichsenquête s. im vorl. Bd. S. 142-147 **32**,12 *die Systemlosigkeit der Fragebogen:* In einem Artikel über die abgeschlossene Reichsenquête konkretisierte A. Salomon die unterschiedlichen Erhebungsweisen: „Es blieb der einzelnen Landesregierung überlassen einen eigenen Fragebogen auszuarbeiten. Einige stellten dabei die wirtschaftliche Seite des Problems in den Vordergrund, andere wendeten sich mehr der sanitären Seite der Frage zu. In einigen Staaten wurde die Beantwortung des Fragebogens den Arbeiterorganisationen überlassen, in Preußen z.B. wurden die Unternehmer befragt; der hamburgische Fabrikinspektor hat die Arbeiterinnen persönlich vernommen und seine Enquête kann deshalb zweifellos als die interssanteste angesehen werden." (A. Salomon, Die Reichsenquête über die Fabrikarbeit verheirateter Frauen, in: Centralblatt d. BDF, 2,17.1900, S. 129) **32**,14 *um der mangelhaften Technik:* Zur Erhebungstechnik s. im vorl. Bd. S. 50-57 **33**,19 *in ihren Berichten:* Die Berichte der Gewerbe- bzw. Fabrikinspektoren oder Gewerbeaufsichtsbeamten wurden jährlich in den Einzelstaaten des Deutschen Reiches veröffentlicht, ab 1899 erschienen sie auch als Sammlung: Jahresberichte der Gewerbe-Aufsichtbeamten und Bergebehörden für das Jahr ..., Berlin. Bis 1898 waren jährliche zusammenfassende Überblicke erstellt worden unter dem Titel: Amtliche Mittheilungen aus den Jahresberichten der Gewerbeaufsichtsbeamten, Berlin **34**,7 *auf dem internationalen Arbeiterschutzkongreß:* Der Kongreß, war nach 4jähriger Vorbereitungszeit der erste internationale Kongreß, auf dem sozialistische und christlich soziale sowie „neutrale" Wissenschaftler aus 16 Nationen gemeinsam über Arbeiter- und Arbeiterinnenschutz berieten. A. Salomon nahm als Gast teil; s. Der Internationale Kongreß für Arbeiterschutz in Zürich vom 23. bis 28. August 1897. Amtlicher Bericht des Organisationskomitees und Protokoll über die Verhandlungen des Gesamt-Kongresses, Zürich 1898, S. 198-226; s. auch Erl. 15,18 u. 127,15 **34**,16 *Rede des ... Abgeordneten Pernerstorffer:* s. Der Internationale Kongreß für Arbeiterschutz in Zürich, a.a.O., S. 214-215; Engelbert *Pernerstorffer,* 1850-1918, österr. Lehrer, Publizist und Sozialpolitiker, Schneidersohn; von 1885-97 war er Schriftleiter der Wiener „Arbeiterzeitung", ab 1901 sozialdemokratischer Parlamentsabgeordneter, 1907 Fraktionsvorsitzender und erster sozialdemokratischer Vizepräsident des Abgeordnetenhauses. **34**,32 *Schriften des Vereins für Sozialpolitik,* Bd. 84-87: Hausindustrie und Heimarbeit in Deutschland und Österreich, 4 Bde.; Bd. 85: Die Hausindustrie der Frauen in Berlin, Leipzig 1899; zum Verein f. Sozialpolitik s. Erl. 43,12 **35**,3 *Hausindustrie:* Hierzu heißt es in einer redaktionellen Fußn.: „Wir verweisen auf die Petition des Bundes Deutscher Frauenvereine betreffs Ausdehnung der Arbeiterschutzgesetze auf die Hausindustrie [...] [s. Centralblatt d. BDF, 1,18.1899, S. 141], ferner auf die Resolution des sozialdemokratischen Parteitages in Hannover, betreffend den gesetzlichen Arbeiterinnenschutz, welche in Punkt 6 verlangt: Ausdehnung der gesetzlichen Schutzbestimmungen auf die Hausindustrie [Protokoll über d. Verhandl. d. Parteitages d. SPD, Berlin 1899, S. 66f. u. 289f.] u.a.m." **35**,21 *Schutz der Hausindustrie:* s. hierzu im vorl. Bd auch S. 147-152, S. 297-300, S. 300-304, S. 304-309

Frauenbewegung und gesetzlicher Arbeiterinnenschutz

36,15 *manchmal von Arbeiterinnen behauptet:* Umstritten war zwischen bürgerlicher und sozialistischer Frauenbewegung sowohl die Frage der allgemeinen politischen Zielsetzung wie des taktischen Vorgehens, dagegen gab es weitgehende Übereinstimmungen bei zahlreichen sozialen Reformvorhaben. Bei der Gründung des BDF 1894 wurden die Sozialistinnen nicht einbezogen. Darüber kam es zu scharfen anhaltenden Kontroversen sowohl innerhalb der bürgerlichen Frauenbewegung wie mit Vertreterinnen der sozialistischen Frauenbewegung. Im selben Jahr vertrat C. Zetkin (Erl. 235,16) programmatisch die „reinliche Scheidung" zwischen beiden Bewegungen. Eine direkte öffentliche Auseinandersetzung fand in Deutschland nur 1896 statt (Erl. 13,33). A. Salomon setzte sich bis in die 20er Jahre wiederholt mit der Problematik auseinander und teilte zunehmend die Position C. Zetkins; s. hierzu im vorl. Bd. S. 233-240 u. 315-317. **37**,36 *internationaler Frauenkongreß:* 2. Kongreß des alle 5 Jahre an wechselnden Orten tagenden Kongresses des ICW. A. Salomon nahm in Vertretung der erkrankten J. Schwerin an dem Kongreß teil und hielt ein Referat zum Thema „Arbeiterinnenschutz"; die Beiträge zu diesem Kongreß wurden nicht publiziert. **38**,16 *Reichs-Gewerbeordnung:* s. Erl. 18,11. Die §§ 105 bis 120g regeln die allgemeinen Verhältnisse der gewerblichen Arbeiter. Von diesen ermöglichte der § 120f, Dauer, Beginn und Ende der zulässigen täglichen Arbeitszeit und der zu gewährenden Pausen durch Bundesratsbeschluß vorzuschreiben für solche Gewerbe, in welchen durch übermäßige Dauer der täglichen Arbeitszeit die Gesundheit der Arbeiter gefährdet wird (sanitarischer Höchstarbeitstag). A. Salomon bezieht sich auf die diesbezügliche „Bekanntmachung des Reichskanzlers, betr. den Betrieb von Bäckereien und Konditoreien, vom 4. März 1896" (RGBl. S. 55). **39**,36 *Berufszählungen von 1882 und 1895 :* Nach der Reichsgründung wurden vom Kaiserl. Statist. Amt regelmäßige Erhebungen zur Bevölkerungszählung sowie neben anderen auch zur Berufs- und Gewerbezählung durchgeführt und in der „Statistik des Deutschen Reichs, N.F." veröffentlicht. Eine zusammenfassende Auswertung der Erhebungen von 1882 und 1895 geben u.a. die Bände 111 und 119: Die berufliche und soziale Gliederung des Deutschen Volkes, Berlin 1899 und: Gewerbe und Handel im Deutschen Reich, Berlin 1899 **39**,37 *letzten Gewerbeordnungsnovelle*: v. 1. Juni 1891. Die wichtigsten Bestimmungen des § 137, der die gewerbliche Arbeit der Arbeiterinnen über 16 Jahre, regelte, waren: Höchstarbeitszeit von täglich 11 Stunden, vor Sonn- und Feiertagen 10 Stunden, Verbot der Nachtarbeit, mindestens 1stündige Mittagspause, Verbot der Beschäftigung von Wöchnerinnen vier Wochen vor und zwei Wochen nach der Geburt. **40**,17 *"gleicher Lohn für gleiche Leistung":* Der dieser Forderung zugrunde liegenden Annahme ungleicher Bezahlung von Männer- und Frauenarbeit und deren Ursachen ist A. Salomon in ihrer Doktorarbeit (1906) nachgegangen. Einleitung und Schluß der Dissertation finden sich im vorl. Bd. S. 280-296 sowie eine Kurzfassung der Ergebnisse auf S. 344-348. **40**,24 *Vereins- und Versammlungsfreiheit:* § 8 der preußischen „Verordnung über die Verhütung eines die gesetzliche Freiheit und Ordnung gefährdenden Mißbrauchs des Versammlungs- und Vereinigungsrechtes" vom 11. März 1850: „Vereine, welche bezwecken, politische Gegenstände in Versammlungen zu erörtern, [...] dürfen keine Frauenspersonen, Schüler, Lehrlinge als Mitglieder aufnehmen [...]. Frauenspersonen, Schüler und Lehrlinge dürfen den Versammlungen und Sitzungen solcher politischen Vereine nicht beiwohnen. Werden dieselben auf Aufforderung des anwesenden Abgeordneten der Obrigkeit nicht entfernt, so ist Grund zur Auflösung der Versammlung oder der Sitzung vorhanden." (Ges. Samml. S. 279). Der gemäßigte Flügel der Frauenbewegung konzentrierte seine politischen Forderungen auf das Vereins- und Versammlungsrecht der Frauen, das erst mit dem Reichsvereinsgesetz vom 19. April 1908 (RGBl. S. 151) erreicht wurde. **40**,36 *Centrumspartei:* s. Erl. 32,2 **41**,14 *11stündigen Fabrikarbeit:* § 137 RGO, s. Erl. 39,37; mit dem Ges. v. 28. Dez. 1908 wurde der 10stündige Maximalarbeitstag eingeführt. Die Heimarbeit wurde von diesen Gesetzen nicht erfaßt. **42**,4 *§ 137 der R.G.O.:* in der Fassung des Ges. v. 1. Juni 1891, dieses galt nur für Fabriken, erst durch Ges. v. 28. Dez. 1908 wurde diese Bestimmung auf alle Betriebe mit mehr als 10 Beschäftigten ausgeweitet. Zum Wöchnerinnen- und Mutterschutz s. im vorl. Bd. S. 157-170 und S. 462-479.

Weibliche Gewerbeinspektion in Preußen

43,2 *in einer Petition:* Bereits im Gründungsprotokoll des BDF vom April 1894 werden als Beschlüsse aufgeführt, „auf die Einrichtung von Kinderhorten an den Schulen, sowie auf die Einführung weiblicher Gewerbeinspectoren hinzuwirken." (A. Simson, Der Bund Deutscher Frauenvereine, was er will und was er nicht will, Berlin 1895, Anl. I u. III) **43**,4 *„eine Gewerbeaufsichtsbehörde zu schaffen ..."* s. die Forderung nach dem Institut der Fabrikinspektion in: Über Fabrikgesetzgebung, Schiedsgerichte und Einigungsämter (= Schr. d. Vereins f. Sozialpolitik, Bd. 2) Leipzig 1873 **43**,12 *Verein für Sozialpolitik:* heute Gesellschaft für Wirtschafts- und Sozialwissenschaften, 1872 in Eisenach von Wirtschafts- und

Sozialwissenschaftlern, wie G. Schmoller (Erl. 257,1) u.a. gegründet; der Verein setzte sich für soziale Reformen auf der Basis wissenschaftlicher Erkenntnisse ein, mit dem Ziel „die untersten Klassen soweit zu heben, zu bilden und zu versöhnen, daß sie in Harmonie und Frieden sich in den Organismus einfügen“ (Verhandlungen d. Vereins f. Socialpolitik 1873, Leipzig 1874, S. 195). Er führte umfangreiche Erhebungen und Untersuchungen durch. Der Verein war an der historischen Schule der Nationalökonomie (Erl. 358,42) und einer an nationalen Gesamtinteressen ausgerichteten Wirtschaftspolitik orientiert. Ab 1905, unter dem Vorsitz von Max Weber (Erl. 210,18), wandelte sich der Verein zunehmend in eine rein wissenschaftliche Forschungsgesellschaft. In seiner Schriftenreihe erschienen 1873-1934 187 Bände. 1936 löste sich der Verein auf und wurde 1948 in Marburg neugegründet. **43**,29 *weiblichen Gewerbeaufsichtsbeamten:* s. im vorl. Bd. S. 171-183 **43**,23 *Damals betrug die Zahl ... 764.548:* Vierteljahreshefte z. Statistik d. Deutschen Reichs, 8, 4.1898, S. 195 **45**,15 *Diese Kurse:* s. Erl. 15,12 **45**,19 *2.400 RM. für die Besoldung:* Das entsprach etwa der Besoldung der Rektoren an Gemeindeschulen, an denen Lehrer lediglich 1.200 RM. und wissenschaftliche Lehrerinnen sogar nur 1000 RM. erhielten. Demgegenüber erhielt ein Schulinspektor 5.400 RM. (Berliner Gemeinderecht, Bd. 6, Berlin 1903, S. 154-153). Der Jahresverdienst eines Spinners betrug zum Vergleich zwischen ca. 600 und 1.190 RM. (J. Kuzcynski, Die Lage der arbeitenden Klassen in Deutschland 1800 bis in die Gegenwart, Berlin 1947, S. 252).

Die Kellnerinnenfrage auf dem Fachkongreß der Gastwirts-Gehilfen
Im März 1900 erschien in der Zs. „Die Frau“ ein weiterer Artikel von A. Salomon zu diesem Thema: Die Kellnerinnenfrage - eine Frauenfrage. Darin stellte sie die besondere ökonomische, soziale und sittliche Situation der Kellnerinnen und deren Arbeitsbedingungen anhand einer Untersuchung über das Wirtsgewerbe in München dar.

46,6 *Reichskommission für Arbeiterstatistik:* Protokolle über die Verhandlungen d. Kommission f. Abeiterstatistik 1898 (= Drucksachen d. Komm. f. Arbeiterstatistik, Verhandlungen, Nr. 16) Berlin 1899, S. 2-94 sowie: Erhebung über die Arbeits- und Gehaltsverhältnisse der Kellner und Kellnerinnen im Deutschen Reich im Jahre 1893 (= a.a.O., Erhebungen, Nr. 9), Berlin 1895 **46**,36 *die wenigen Frauen:* Dazu bemerkte die Redaktion in einer Fußn.: „In München ist die Sache, dank der energischen Initiative der Vorsitzenden des Vereins für Fraueninteressen, bereits in Angriff genommen. Wir werden in nächster Nummer auf die kürzlich [am 9.3.1900] dort stattgehabte konstituierende Versammlung des neugegründeten Kellnerinnenvereins, die außerordentlich befriedigend verlief, zurückkommen.“ Vorsitzende des Vereins für Fraueninteressen war I. Freudenberg (Erl. 399,37), s. auch deren Artikelfolge: Der erste Kellnerinnenverein, in: Centralblatt d. BDF, 2.1900/01, Nr. 1, 4 u. 6; außerdem: B. Peiser, Ein Anfang zur Kellnerinnenbewegung in Berlin, in: a.a.O., Nr. 2, S. 12-13 (hierin wird von einer Versammlung am 29.3.1900 berichtet, auf der A. Salomon das einleitende Referat hielt.) **47**,5 *Den Kongreß-Verhandlungen ...:* Welche Unterlagen A. Salomon für ihren Bericht zugrunde lagen, läßt sich nicht sagen. Aber anhand des veröffentlichten Kongressprotokolls, das erst nach A. Salomons Bericht erschien, läßt sich dieser nachvollziehen. Zwischen beiden gibt es z.T. wörtliche Übereinstimmungen und einige Differenzen. Vgl. Protokoll über die Verhandlungen des ersten Allgemeinen Fachkongresses der Gastwirtsgehilfen Deutschlands 1900, Berlin 1900 **47**,5 *Anträge:* Die Anträge 2, 3, 4, 5 sind wörtlich im Protokoll unter den Nummern 35, 36, 37 und 37a aufgeführt, von Antrag 1 nur die Punkte c und d unter Nummer 34, die außerdem verändert sind; die Anträge 6 und 7 sind in das Protokoll nicht aufgenommen; s. a.a.O., S. 14. **48**,22 *Wenn der erste Referent betonte ...:* vgl. a.a.O., S. 89 (z.T. wörtl. Übereinstimmungen) **48**,29 *Vielfach wurde ... die Meinung ausgesprochen ...*: vgl. a.a.O., S. 91 (z.T. wörtl. Übereinstimmungen) **48**,42 *Der aus Hannover vorliegende Antrag ...*: vgl. a.a.O., S. 92 (z.T. wörtl. Übereinstimmungen) **49**,8 *wie der Referent aus Posen sie darstellte ...*: vgl. a.a.O., S. 92 (das Protokoll enthält lediglich eine kurze Zusammenfassung, in der die von A. Salomon referierten Ausführungen nicht wiedergegeben sind.) **49**,30 *Die sehr guten Ausführungen des Korreferenten ...*: vgl. a.a.O., S. 89-90 (z.T. wörtl. Übereinstimmungen) **50**,17 *„Was würden Sie sagen ...“*: a.a.O., S. 93 (wörtl. Übereinstimmung); *Molkenbuhr,* Hermann, 1851-1927, sozialdemokratischer Politiker; nach dem Besuch einer Abendschule für in Fabriken arbeitende Kinder, arbeitete er in Tabak- und Zigarrenfabriken. Aufgrund der Sozialistengesetze wurde er 1881 aus Hamburg ausgewiesen und war bis 1884 in Amerika. 1890-1924 war er Mitglied des Reichstags, auch der Nationalversammlung, 1907-1916 Stadtverordneter in Berlin, seit 1904 Parteisekretär der SPD.

Die Kunst Enquêten zu machen
A. Salomon hat sich wiederholt kritisch mit der Weise, in der amtliche Erhebungen zur Untersuchung der Fabrikarbeit von Frauen durchgeführt wurden, auseinandergesetzt (s. im vorl. Bd. S. 32-35 und S. 142-147).

51,22 *Londoner Schule für Nationalökonomie:* London School of Economics, gegr. 1895; s. Erl. 51,38 **51**,22 *Prof. Hewins,* William Albert Samuel, 1865-1931, engl. Ökonom und Sozialpolitiker; war 1895-1903 Direktor der London School of Economics, 1897-1903 Prof. für Ökonomie und Statistik am King's College, London. 1912-1918 war er Abgeordneter der Konservativen Partei. **51**,38 *Charles Booth,* 1840-1916 engl. Reeder, Geschäftsmann, Sozialreformer und Statistiker; war ab 1892 Präsident der Royal Statistical Society, 1905-1909 Mitglied der Royal Commission on the Poor Law. Seine Untersuchungen über die sozialen Lebensverhältnisse waren für die Entwicklung der Sozialforschung wegweisend. Über die erste Untersuchung, von der A. Salomon berichtet, heißt es im Handbuch der empirischen Sozialforschung (hrsg. v. R. König, 1. Bd., Stuttgart 1962, S. 25): Booth hatte „mit Unterstützung der Schulverwaltung eine Befragung, die über 3.000 Straßen und von Haus zu Haus jede Familie mit schulpflichtigen Kindern einbezog [durchgeführt]. Er erlangte so ein nie zuvor gewonnenes Material, das in drei umfangreichen Bänden (1889-1891) zusammengefaßt [...] wurde. Das außerordentliche Interesse, das diese Publikation fand, veranlaßte Booth zu einer weiteren, noch gründlicheren Untersuchung, die zum Muster einer ganzen Reihe von Gemeindestudien wurde [...]. Dieses Mal wurde über eine Million Bewohner Londons befragt; [...] die Methode der teilnehmenden Beobachtung angewandt“. Siehe Erl. 51,40. **51**,38 *das Ehepaar Webb: Beatrice Webb,* geb. Potter, auch bekannt als Mrs. Sidney Webb, 1858-1943, engl. Nationalökonomin und Sozialreformerin; Tochter des brit. Eisenbahnkönigs R. Potter, arbeitete als dessen Sekretärin und studierte Nationalökonomie und Sozialpolitik. Zusammen mit ihrem Vetter Ch. Booth (s.o.) untersuchte sie, als Arbeiterin verkleidet, das Londoner Ostend und die Lage der Arbeiterin im „Schwitzsystem“ der Konfektionsindustrie (Erl. 76,33). 1892 heiratete sie den Sozialpolitiker und Nationalökonomen *Sidney Webb,* 1859-1947. Zusammen gründeten sie 1895 die London School of Economics, 1912 die Zeitschrift „New Statesman“ und publizierten eine Vielzahl grundlegender, gegen die klassische Nationalökonomie gerichteter Werke, u.a.: History of Trade Unionism, 1894, dt. 1895; Industrial Democracy, 1897, dt. 1898; Das Problem der Armut, 1911, dt. 1912. B. Webbs theoretischer Beitrag zur Nationalökonomie und Soziologie wurde bereits zu ihrer Zeit für sehr bedeutsam gehalten (s. H. Herkner, Das Frauenstudium der Nationalökonomie, Berlin 1899, S. 10-18). Zu B. Webb s. im vorl. Bd. auch S. 130-137. **51**,40 Charles Booth, *„Life and Labour of the*

People in London", London, New York [1. Aufl. 1889] (= Vol. 1,1 der 17bändigen Ed. 1902); Reprint New York 1969; Die Übersetzung ist wahrscheinlich von A. Salomon. **52,14** *Er hat die gesammelten Thatsachen ...:* vgl. Ch. Booth, a.a.O., S. 4-5 **52,21** *die Bevölkerung von Ost-London in 8 Klassen ...:* a.a.O., S. 33 u. S. 36 (in der Aufstellung faßt A. Salomon verschiedene Tabellen zusammen) **52,34** *„Selbst Zahlen kann man von 2 Gesichtspunkten ...": a.a.O.,* S. 177-178 (der Satz in der Mitte des Zitats *„... die Summen nicht vergessen ... wenn wir an die Summen denken."* lautet im Original: „never to forget the numbers when thinking of the percentages, nor the percentages when thinking of the numbers", S. 178) **53,26** *im Vorwort von:* S. und B. Webb, Industrial Democracy, London 1897, dt. unter dem Titel: Theorie und Praxis der engl. Gewerkvereine, 1. Bd., Stuttgart 1898, S. XV: *„Intelligente, hart arbeitende ..."* (geringe Kürzung); S. XV: *„Wofern nicht alle Mitglieder ...";* S. XVIII: *„die Verwaltungskontrolle des Handels ..."; „das Verhältnis zwischen lokaler ..."; „die Lage der Frauenarbeit ..."* **54,31** *„Conradschen Handwörterbuch":* Handwörterbuch der Staatswissenschaften, hrsg. v. J. Conrad u.a., 4 Bde., 2. Aufl. Jena 1898-1900 **54,31** *Schmollers Jahrbücher:* Jahrbuch für Gesetzgebung, Verwaltung und Volkswirtschaft im Deutschen Reich, N.F. 1877-1912 (hrsg. v. G. Schmoller), ab 1913 unter dem Titel: Schmollers Jahrbücher für Gesetzgebung, Verwaltung und Volkswirtschaft im Deutschen Reiche **55,1** *„Der wesentliche Unterschied der Urkunde ...":* B. u. S. Webb, Theorie und Praxis der engl. Gewerkvereine, a.a.O., S. XI-XII (längere Kürzungen) **55,19** *„Unter der Methode der persönlichen Beobachtung ...":* a.a.O., S. XII-XIII (einige Kürzungen) **56,11** *„Unter dem Interview als einem Werkzeug ...":* a.a.O., S. XIII-XIV (einige Umstellungen und Kürzungen. Der letzte Satz des Zitats lautet im englischen Original abweichend: „Having, by personal observation, discovered certain obvious marks which coincided with a scientific classification of the East End population, he was able, by interviewing a few hundred people, to obtain definite particulars with regard to the status of a million.")

Waisenpflegerinnen

Siehe auch A. Salomons Artikel „Die Frau in der sozialen Hilfsthätigkeit", in: Handbuch der Frauenbewegung, Bd. 2, hrsg. v. H. Lange u. G. Bäumer, Berlin 1901, Repr. Weinheim u. Basel 1980, der besonders den Zusammenhang der Waisenpflege mit der Armenpflege behandelt sowie zur materiellen Situation der Waisen den Artikel: Das Problem der Witwen- und Waisenversorgung, in: Die Frau, 14,6.1907

58,20 *verbreiteten Irrtum:* Hierzu heißt es in einer Fußn. der Redaktion: „Irrtümer scheinen auf diesem Gebiet überhaupt eine verhängnisvolle Rolle, sogar 'maßgebenden Ortes' zu spielen. So hatten 10 sächsische Bundesvereine an den sächsischen Landtag in einer Petition die Bitte gerichtet, in das Ausführungsgesetz zum Bürgerlichen Gesetzbuch für das Königreich Sachsen folgende Bestimmung aufzunehmen: 'Zu dem Amt eines Waisenrates wie zur Unterstützung desselben können auch Frauen berufen werden.' Die Gesetzgebungsdeputation der zweiten Kammer hatte sich zu dieser Petition geäußert, 'den Petenten sei augenscheinlich unbekannt geblieben, daß die königliche Staatsregierung ihren Wünschen in der Hauptsache schon Rechnung getragen habe, denn in § 45 der Ausführungs-Verordnung zum Bürgerlichen Gesetzbuche befinde sich folgende Bestimmung: »Dem Gemeindewaisenrate können ehrbare Frauen als Waisenpflegerinnen beigegeben werden etc.«' Sehr richtig bemerkte seinerzeit die Zeitung 'Frauenbewegung' zu diesem Bescheid, daß es 'der Gesetzgebungsdeputation der zweiten sächsischen Kammer augenscheinlich unbekannt geblieben sei, daß Frauenvereine nicht um das Amt von Waisenpflegerinnen, sondern von Gemeindewaisenräten petitionierten' - aber obgleich die betr. Vereine den

Rat des genannten Blattes, 'sich für die bevorstehende Plenarbehandlung der Petition einiger aufgeklärter Volksvertreter zu versichern', schon vorher befolgt hatten, ist es vorläufig doch bei dem Irrtum geblieben." **58,21** *das neue Bürgerliche Gesetzbuch:* Es wurde nach 25jähriger Bearbeitungs- und Beratungszeit am 1. Juli 1896 vom Reichstag verabschiedet (RGBl. S. 195) und trat am 1. Jan. 1900 in Kraft. In Teil IV ist das Familienrecht geregelt. Dessen Bestimmungen waren, soweit sie das Recht der Frauen und unehelichen Kinder betrafen, vor der Verabschiedung im Frühjahr 1896 auf scharfe Kritik sowohl der bürgerlichen wie sozialistischen Frauenbewegung gestoßen. Die Zulassung der Frauen als Vormünderin war das einzige Zugeständnis an die, ihre Rechtsgleichheit fordernden, Frauen. **58,36** *Die Fürsorge für Waisen:* s. §§ 1793, 1837 und 1850 BGB. Einen detaillierten Überblick über die rechtlichen und organisatorischen Grundlagen der Armen- und Waisenpflege bieten die Schriften des Deutschen Vereins für Armenpflege und Wohltäthigkeit (Dt. Ver.): Die für das Armenwesen wichtigsten Vorschriften des Bürgerlichen Gesetzbuches (= Schr. d. Dt. Ver., H. 45) Leipzig 1899 sowie: Die Organisation der Gemeindewaisenpflege (= a.a.O., H. 47) Leipzig 1900 (mit einer Sammlung von Anweisungen, Vorschriften, Verordnungen etc.). **59,11** *„Für jede Gemeinde ...":* Art. 77, § 1, Abs. 1-3 [Preußisches] Ausführungsgesetz zum Bürgerlichen Gesetzbuche v. 20. Sept. 1899 (Ges. Samml. S. 222) **59,37** *Verhältnisse in Baden:* s. § 5 [Badisches] Gesetz über die freiwillige Gerichtsbarkeit und das Notariat v. 17. Juni 1899 **61,8** *Armenbezirksvorsteher gleichzeitig Waisenräte:* Die hier angedeutete größere Schwierigkeit für Frauen, als Armen- und Waisenpflegerinnen zugelassen zu werden, hing mit der ablehnenden Haltung der Armenpfleger gegen die Mitarbeit von Frauen zusammen; s. Erl. 152,20.

Klubs und Erholungsheime für jugendliche Arbeiter

64 * Die Jugendfürsorge. Centralorgan für die gesamten Interessen der Jugendfürsorge, mit besonderer Berücksichtigung der Waisenpflege, der einschlägigen Gebiete des Armenwesens, sowie der Fürsorge für die schulentlassene Jugend, hrsg. v. Franz Pagel; erschien von 1900 bis 1920, ab 1916 zusammengelegt mit der Zeitschrift „Mitteilungen der deutschen Zentrale für Jugendfürsorge" unter Beibehaltung des Namens „Die Jugendfürsorge" **65,4** *den Namen „jugendliche Arbeiter":* Nach § 136 RGO in der Fassung vom 1. Juni 1891 und 28. Dez. 1908 wurden als „jugendliche Arbeiter" alle Arbeiter und Arbeiterinnen zwischen dem 13. und 16. Lebensjahr bezeichnet. § 135 RGO unterteilte sie in zwei Gruppen: a) „Kinder" bis zum vollendeten 13. Lebensjahr, bzw. bis zum 14. Lebensjahr, wenn sie noch der Schulpflicht unterlagen. Diese durften nicht beschäftigt werden; b) „junge Leute" vom vollendeten 14. bis 16. Lebensjahr; zur RGO allgemein s. Erl. 18,11 **65,4** *„Freiwillige Erziehungsbeirat für schulentlassene Waisen":* Diese Erziehungsbeiräte waren private Vereine, die Jugendlichen, die keine Unterstützung durch ihre Eltern hatten, halfen, Lehr- oder Arbeitsstellen zu finden und sie berieten. **65,10** Deutscher *Centralverein zur Fürsorge für die schulentlassene Jugend:* gegr. am 29. März 1900, wurde im Januar 1901 zum „Deutschen Zentralverein für Jugendfürsorge" erweitert. **66,27** *Mitgliedsbeitrag ... 5-20 Pfg. wöchentlich:* Zum Vergleich: 1 kg Roggenbrot kostete in Berlin etwa 24 Pfg., ° kg. Schweinefleisch 60-80 Pfg.; Textilarbeiterinnen, die in der Lohnhierarchie unten rangierten, erzielten einen wöchentlichen Verdienst von ca. 10 Mark; s. im vorl. Bd. S. 241f. u. 300-309. **67,22** *in der Schlafstelle:* an Personen ohne eigene Wohnung (Schlafgänger) vermietete Schlafplätze in Privatwohnungen; in Berlin (mit Vororten) hatten 1900 72.445 Haushaltungen an 84.235 Schlafburschen und 29.923 Schlafmädchen und -frauen vermietet; mehrere Familienmitglieder und fremde Personen beiderlei Geschlechts schliefen in einem Raum, häufig auch in einem Bett meist in viel zu kleinen und schlecht belüfteten Räumen. **68,21** *Elsa Strauss*, geb. Isaak war Mitglied der Mädchen- und Frauengruppen für soziale Hilfsarbeit. **68,21** *Alexander Ufer:* im Berliner Bezirk „Prenzlauer Berg“ (nahe der Stadtmitte) gelegen, östliches Ufer des Hohenzollernkanals am Humboldt-Hafen **68,24** *1. Arbeiterinnenheim Berlins:* Die Brückenstraße liegt im Berliner Bezirk „Mitte“ am S-Bahnhof Jannowitzbrücke. A. Salomon war zusammen mit E. Isaak und E. Weigert an der Gründung beteiligt und arbeitete in dem Klub mit. Ein warmes Mittagessen kostete 20-30 Pfg., eine Tasse Milch oder Kaffee oder ein belegtes Brot 5 Pfg. Das Heim lag in unmittelbarer Nachbarschaft zum (bürgerlichen) „Berliner Frauenklub“, bevor dieser nach Schöneberg umzog; s. im vorl. Bd. S. 28-32.

Die Frauenfrage auf dem Kongreß deutscher Strafanstaltsbeamter

72,Fußn.2 Am 1.7.1901 erschien das Referat des Strafanstaltsdirektors Fliegenschmidt unter der Überschrift „Die Einführung der Frauen in das Strafanstaltswesen“ in: Centralblatt d. BDF, 3,7.1901, S. 53, u.z. nach dem Bericht des Fränkischen Kurier, jedoch ohne die Resolution und anderen Redebeiträge. A. Salomon hat den Bericht weitgehend wörtlich übernommen. **74,33** *Geh. Ober-Reg.-Rat Krohne,* Karl, 1836-1912, war seit 1893 im preußischen Ministerium des Innern Leiter des Gefängniswesens, ursprünglich Geistlicher, dann Direktor der Strafanstalt Moabit in Berlin. **75,4** *Kommission des Berliner Frauenvereins:* der im März 1894 gegründete „Berliner Frauen-Verein“ hatte u.a. eine ständige Kommission für Gefängniswesen unter dem Vorsitz von Marie Mellien, die neben H. Lange (Erl. 9,13) und J. Schwerin (s. i. vorl. Bd. S. 7-16) auch dem Vereinsvorstand angehörte. Die Kommissionsmitglieder besuchten weibliche jugendliche Gefangene in ihren Zellen, sorgten für deren weiteres Fortkommen nach der Entlassung und setzten sich für die Verbesserung der Vollzugsbedingungen ein: weibliches Aufsichtspersonal, ausreichende Seelsorge, Unterricht und praktische Beschäftigung. **75,15** *innere Mission:* 1900 gab es bereits 100 Gefängnisaufseherinnen, die überwiegend von dem, 1848 von J.H. Wichern gegründeten, „Zentralausschuß für Innere Mission der evangelischen Kirche“ vorbereitet waren, der seit den 90er Jahren wiederholt soziale Kurse anbot. Zum Ev. Diakonieverein s. Erl. 352,18

Walter Besant und die Volksheim-Bewegung

75,26 *Walter Besant, Sir,* 1836-1901, engl. Erzähler und Philanthrop; bekannt durch seine sozialkritischen Romane und Novellen, er schrieb zwischen 1871 und 1882 zusammen mit James Rice, publizierte nach dessen Tod eine seiner berühmtesten Novellen, „All Sorts and Conditions of Men“, 1882. Weitere Schr. u.a.: Children of Gibeon, 2 Bde., Leipzig 1886, Katherine Regina, Leipzig 1888. **76,7** *Thomas Carlyle,* 1795-1881, engl. Essayist, Historiker und Philosoph; nach Mathematik- und Theologiestudium war er als Lehrer und freier Schriftsteller tätig. 1865 wurde er Rektor der Universität von Edinburgh. Carlyle hatte eine intensive Beziehung zu Goethe, dessen „Wilhelm Meister“ er ins Englische übersetzte, und zur deutschen Romantik, die er in England bekannt machte. Zu seinen Hauptwerken gehört „Sartor Resartus oder Leben und Meinungen des Herrn Teufelsröckh“ (1834), eine sozialkritische Schrift über die Gesellschaft Englands mit autobiographischen Zügen, über die G. Bäumer 1904 in Berlin promovierte. Carlyles sozialethische und religiöse, gegen den Individualismus, Materialismus und Utilitarismus der klassischen Nationalökonomie gerichteten Schriften erzielten in England eine hohe Wirkung und wurden in Deutschland um 1900 in der Frauenbewegung, von Sozialreformern und der Lebensphilosophie aufgegriffen. Weitere Schr. u.a.: „Sozialpolitische Schriften“, 3 Bde., hrsg. v. E. Hensel, 1895-99, daneben fanden populäre Ausgaben von Textauszügen große

Verbreitung, wie: „Arbeiten und nicht verzweifeln. Auszüge aus seinen Werken", 1902 (viele Aufl. bis in die 20er Jahre); „Worte Carlyles", hrsg. v. G. J. Wolff, 1907. **76,9** *John Ruskin,* 1819-1900, engl. Schriftsteller, Kunstkritiker und Sozialphilosoph; 1869-79 Prof. für Kunstgeschichte in Oxford. Er übte durch seine kunstkritischen und sozial-ethischen Schriften einen großen öffentlichen Einfluß aus, später trat er, z.T. erfolgreich, für soziale und politsche Reformen ein. Schr. u.a.: Moderne Maler, 5 Bde., 1843-60, dt. Ausw. 1902; Die sieben Leuchter der Baukunst, 1849, dt. 1900; Praeterita (Autobiogr.), 3. Bde., 1885-89, dt. 1903; in Dtl. erzielte der Band „Menschen untereinander", Düsseldorf u. Leipzig [1904], mit kurzen Auszügen aus seinem umfangreichen Werk, hohe Auflagen. **76,10** *ihre Schüler:* Toynbee (Erl. 80,27) und Barnett (Erl. 80,31) **76,16** *Clara Viebig,* 1860-1952, Schriftstellerin; verheiratet mit dem Verlagsbuchhändler F. Cohn, nach dem Besuch der Königlichen Hochschule für Musik in Berlin wandte sie sich der Schriftstellerei zu. Ihre zahlreichen naturalistischen Romane und Novellen (insg. ca. 30 Bde.) sind in vielen Auflagen bis in die 20er Jahre erschienen. Nach 1945 lebte sie in dürftigen Verhältnissen in Berlin. Schr. u.a.: Das tägliche Brot, 1900, 42. Aufl. 1924; Einer Mutter Sohn, 1906, 20. Aufl. 1923 **76,33** *Schwitz-System:* engl. sweating-system, in der Textilindustrie Englands, aber auch aller übrigen Industrieländer verbreitete Produktionsweise, bei der zwischen Unternehmer und Arbeiter ein Zwischenmeister geschaltet ist, der in der Hauptsache Arbeit verteilt: „Sweater ist derjenige, der unmittelbar Männer, Weiber und Kinder in Lohn hat, um die Arbeit auszuführen, und der hofft, aus ihrem Schweiße (by sweating) Gewinn herauszuschlagen." Es ist die „auf die Spitze getriebene Ausbeutung der menschlichen Arbeitskraft, die bis zur Grenze des Menschenmöglichen vorgeschrittene Ärmlichkeit und Erbärmlichkeit in der Lage dieser Arbeiterschaft." (W. Sombart, Hausindustrie, in: Handwörterbuch der Staatswissenschaften, Bd. 4, Leipzig 1893, S. 424) **77,1** *Elise Orzeszko*: Eliza Orzeszkowa, 1841-1910, poln. Schriftstellerin und Frauenrechtlerin; sie beschrieb in ihren kritisch-realistischen Romanen die Welt der polnisch-litauischen Bauern und der jüdischen Bevölkerung Polens, vertrat soziale und nationale Ideen und setzte sich für die Emanzipation der Frauen und der Juden ein. Schr.: Ges. Werke, 44 Bde., Warschau 1884-1888, darunter ins Deutsche übersetzt u.a.: Ein Frauenschicksal, dt. 1887; Martha, 1873, dt. 1888; Meir Ezofowicz, 1873; Die Hexe, 1883 (Neuausg. 1982) **77,21** *Volksheim-Bewegung:* s. im vorl. Bd. S. 247-252 u. 86-90 **77,33** *„Meine Freunde und Berater ...":* W. Besant, All sorts and conditions of men, an impossible story, London 1892, S. VIII **78,22** *von der Königin:* Queen Victoria, 1818-1901, Königin von England 1837-1901 **79,Fußn.2** *Gerhard v. Schulze-Gaevernitz,* 1864-1943, Nationalokonom; war 1893-1926 Prof. in Freiburg und hielt Vorlesungen an der von F. Naumann gegründeten Deutschen Hochschule für Politik, 1912-1920 und 1922 war er Reichstagsabgeordneter der Fortschrittlichen Volkspartei, Mitglied der Nationalversammlung und der erste deutsche Beamte des Völkerbunds. Schr. u.a.: Zum sozialen Frieden. Eine Darstellung der socialpolitischen Erziehung des englischen Volkes im neunzehnten Jahrhundert, 2 Bde., Leipzig 1890; Carlyle. Seine Welt und Gesellschaftsanschauung, 1893; Marx und Kant, 1908

Settlementsbewegung und Gruppen für soziale Hilfsarbeit

79* Die Jugendfürsorge, s. Erl. 64* **80,14** *Charles Kingsley,* 1819-1875, engl. Schriftsteller, Geistlicher, Historiker; war ab 1844 Pfarrer. Unter dem Einfluß von Th. Carlyle (Erl. 76,3) schloß er sich der christlich-sozialen Bewegung an. 1860-69 war er Prof. für neuere Geschichte in Cambridge, danach in hohen Kirchenämtern, 1869 Domherr von Chester, 1873 von Westminster. Unter dem Pseudonym Parson Lot nahm er in volkstümlichen

Reformschriften zu sozialen Problemen Stellung. Schr. u.a.: „Yeast", 1848 (ein utopischer Roman für ein praktisches, sozialengagiertes Christentum) **80,14** *John Ruskin:* s. Erl. 76,9 **80,27** *Arnold Toynbee*, 1852-1883, engl. Sozialreformer und Ökonom; nach dem Studium an verschiedenen Colleges bereitete er Studenten für den Zivildienst in Indien vor. Trotz sehr schwacher Gesundheit war er als Sozialreformer praktisch tätig und hielt in den großen Industriezentren Englands Vorlesungen über ökonomische Probleme. Sein soziales Engagement führte zu einer engen Verbindung mit dem Londoner Elendsbezirk „Whitechapel". Toynbees große Wirkung auf seine Zeitgenossen, äußerte sich auch in der Benennung des ersten Settlements nach ihm; er verfaßte einige fragmentarische aber einflußreiche Texte, publiziert unter dem Titel: The Industrial Revolution, 1884. **80,31** *Barnett,* Samuel Augustus, Reverend, 1844-1913 , engl. Kleriker und Sozialreformer; war ab 1872 Vikar von St. Jude's im Londoner Eastend Whitechapel. Er heiratete 1873 Henrietta Octavia Rowland, eine Mitarbeiterin von Octavia Hill (Erl. 112,21), mit der er gemeinsam vielfältig in sozialer Arbeit engagiert war. 1875 lernte er A. Toynbee kennen, gründete 1877 ein Vorbereitungskomitee, organisierte 1885 das erste Settlement „Toynbee-Hall" und war an der Verwirklichung des „People's Palace" beteiligt, 1881 organisierte er die erste Kunstausstellung in Whitechapel. Schr. zus. mit seiner Frau: Practicable Socialism, 1888

Der Volkspalast in Ost-London

86 * Die Wochenzeitschrift „Soziale Praxis. Zentralblatt für Sozialpolitik", hrsg. v. E. Francke, war das Organ des Verbandes Deutscher Gewerbegerichte (Monatsbeilage „Reichs-Arbeitsblatt"); und die Neue Folge der „Blätter für Soziale Praxis in Gemeinde, Vereinen und Privatleben" und des „Sozialpolitischen Zentralblatts", ab 1909 erschien sie unter dem Titel „Soziale Praxis. Archiv für Volkswohlfahrt". **86,2** *Volksheimbewegung:* s. im vorl. Bd. S. 247-253 **86,22** *Walter Besant's Roman:* s. Erl. 75,26 **86,30** *In der Vorrede:* Im Original heißt es: „I have been told by certain friendly advisers that this story is impossible. I have, therefore, stated the fact on the title-paper, so that no one may complain of being taken in or deceived. But I have never been able to understand why it is impossible." (W. Besant, All Sorts and Conditions of Men, an Impossible Story, a.a.O., S. VIII) **87,19** *Bevölkerung der östlichen Londoner Stadttheile:* s. im vorl. Bd. S. 50-57 **89,1** *Putzmacherei:* Endherstellung von Hüten aus den verschiedenen Halbfabrikaten: Strohhüte, Filzhüte, künstliche Blumen, Federn; auch Herstellung von Modellhüten. Zur Putzmacherei zählen Putz-Ateliers, Putzläden und die zu Hause allein arbeitenden Kleinmeisterinnen. Von der Putzmacherei zu unterscheiden ist die Putzindustrie, die die verschiedenen Branchen zur Herstellung der Halbfertigprodukte umfaßt.

Frauen in der communalen Armenpflege Deutschlands

Der vorliegende Artikel ist der erste von etlichen Artikeln, die A. Salomon bis 1903 zur Armenpflege verfaßt hat, darunter der Beitrag „Die Frau in der sozialen Hilfsthätigkeit" in: Handbuch der Frauenbewegung, a.a.O., sowie im vorl. Bd. S. 109-121 u. 152-157.

90 * Dokumente der Frauen. Halbmonatsschrift, hrsg. von Marie Lang u. Rosa Mayreder, Wien, erschien 1899-1903 und wurde unter dem Namen „Frauenrundschau" weitergeführt. **91,4** *Louise Otto-Peters,* 1819-1895, Schriftstellerin und wichtige frühe Initiatorin und Organisatorin der Frauenbewegung in Deutschland, die sie ein halbes Jahrhundert lang prägte. Sie engagierte sich in der demokratischen Bewegung des Vormärz und gab 1849 die Zeitung „Dem Reich der Frauen werb ich Bürgerinnen" heraus, Ausgangspunkt der Organisierung von Frauenvereinen, die nach dem Scheitern der Revolution verboten wurden. Von 1856 war sie mit dem Revolutionär A. Peters bis zu dessen Tod 1864 verheiratet. 1865 gründete sie zusammen mit Auguste Schmidt den Leipziger Frauenbildungsverein, kurz darauf den Allgemeinen Deutschen Frauenverein und gab als dessen Organ ab 1866 bis zu ihrem Tode die Zeitschrift „Neue Bahnen“ heraus. Schr.: Zahlreiche historisch sozialkritische Romane, Erzählungen und Gedichte und grundlegende Schriften zur Frauenemanzipation. Siehe auch A. Salomon, Heroische Frauen, Zürich, Leipzig 1936. **91,5** *Auguste Schmidt,* 1833-1902, Lehrerin und eine der bedeutendsten Vertreterinnen der bürgerlichen Frauenbewegung im 19. Jh.; sie legte 17jährig das Lehrerinnenexamen ab, war als Erzieherin, Lehrerin und Schulleiterin tätig, Mitbegründerin des Leipziger Frauenbildungsvereins und Allgemeinen Deutschen Frauenvereins sowie Mitherausgeberin der Zeitschrift „Neue Bahnen“. 1890 gründete sie gemeinsam mit H. Lange u.a. den Allgemeinen Deutschen Lehrerinnenverein und war die erste Vorsitzende des BDF von 1894-1899. Sie war eine sehr angesehene Vortragsrednerin. **91,5** *Mathilde Weber,* 1829-1901, sozial vielfältig engagierte Gutsfrau; sie gründete u.a. 1872 eine Frauenarbeitsschule in Tübingen, einen Hilfs- und Armenbeschäftigungsverein und veranlaßte Tübinger Professoren, populärwissenschaftliche Vorträge zu halten, aus deren Erlös zwei Häuser für alleinstehende ältere Frauen bzw. Witwen gebaut wurden. Zusammen mit Anna Schmidt (Schwester von Auguste Schmidt) gründete sie den „Verein für Hausbeamtinnen“, seit 1887 gehörte sie dem Vorstand des Allgemeinen Deutschen Frauenvereins an, daneben verfaßte sie Artikel in Frauenzeitschriften, Novellen und Reisebeschreibungen. Wichtigste Schr.: Ärztinnen für Frauenkrankheiten, eine sanitäre und sittliche Notwendigkeit, 1889 **91,5** *Louise Büchner,* 1821-1877, Schriftstellerin und Vorkämpferin der Frauenbildungs- und Erwerbsarbeit; Schwester des Dichters Georg Büchner und des Literaturprofessors Alexander B., mit dem sie die Anthologie „Dichterstimmen aus Heimat und Fremde für Frauen und Jungfrauen“ herausgab. Sie verfaßte das 1855 anonym erschienene, sehr erfolgreiche Buch „Die Frauen und ihr Beruf“, gründete 1867 den für die Geschichte der Frauenbildung wichtigen Frauenerwerbsverein „Alice Verein“ in Hessen mit Lyzeum, Industrieschule, Seminar für Handarbeitslehrerinnen, sowie der ersten Ausbildung für weltliche Krankenpflegerinnen unter dem Protektorat der Großherzogin Alice von Hessen, Tochter Königin Viktorias von England. Ab 1870 arbeitete sie an dem Organ des Lettevereins „Frauenanwalt“ mit. **91,6** *Begründung des Allgemeinen Deutschen Frauenvereins:* sie wurde im Oktober 1865 realisiert auf der von Louise Otto-Peters initiierten ersten allgemeinen deutschen Frauenkonferenz, die trotz Scheiterns der 48er Revolution an der Idee einer Organisation, die Frauen aus allen deutschen Städten und Ländern zusammenführte, festhielt. Zweck des Vereins war die Durchsetzung des Rechts der Frauen auf Arbeit und Erwerb. Die Gründung, an der u.a. August Bebel (Erl. 427,18) als Gast teilnahm, gilt als Geburtsstunde der organisierten Frauenbewegung. Der Verein führte in der Regel jährliche Generalversammlungen, die „Frauentage“, durch. **91,7** *Generalversammlung des Vereines:* Die Generalversammlung des Allgemeinen Deutschen Frauenvereins fand vom 5.-8.Okt. 1873 in Stuttgart statt. **91,8** *Henriette Goldschmidt ... Vortrag:* Der Vortrag ist zusammengefaßt in: L. Otto-Peters, Das erste Vierteljahrhundert des Allgemeinen deutschen Frauenvereins, Leipzig 1890, S. 28f. Henriette Goldschmidt, 1825-1920, frühe Vertreterin einer gemäßigten Frauenpolitik; war seit Ende der 60er Jahre im Allgemeinen Deutschen Frauenverein aktiv, gründete in Leipzig den Verein für Familien- und Volkserziehung und half bei der Gründung vieler Kindergärten. Seit 1872 leitete sie einen Volkskindergarten und das dazugehörige Kindergärtnerinnenseminar. Von ihr stammt der berühmt gewordene Satz im Streit mit den radikalen Frauenrechtlerinnen: „unser Programm muß ein gemäßigtes und kein überstürztes sein; besonders an die Stellung der Frau als

Gattin und Mutter dürfen wir nicht rühren." (Erklärung gegen das Frauenstimmrecht, in: Die Frauenbewegung, 1895, Nr. 3). **91**,10 *beleuchtete Auguste Schmidt ... in einem Vortrage:* gemeint ist der Vortrag „Die Theilnahme der Frauen an der öffentlichen Armen- und Krankenpflege" auf der Generalversammlung des Allgemeinen Deutschen Frauenvereins vom 24.-26.Sept. 1887 in Augsburg; s. L. Otto-Peters, a.a.O., S.75f. **91**,12 *Jeannette Schwerin:* s. im vorl. Bd. S. 7-16 **91**,21 *Gesetz über die Freizügigkeit vom 1. November 1867* und *Gesetz vom Unterstützungswohnsitz vom 6. Juni 1870:* Das Gesetz über die Freizügigkeit beinhaltete die volle Aufenthalts- und Niederlassungsfreiheit im gesamten Gebiet des 1867 unter Führung Preußens gegründeten Norddeutschen Bundes und stellte damit eine einheitliche Staatsbürgerschaft her. Dieser Entwicklung entsprach das Gesetz vom Unterstützungswohnsitz, wonach ein Hilfebedürftiger von seiner Wohngemeinde unterstützt wird, und nicht mehr zurückverwiesen wird an die Gemeinde, in der er geboren ist, wie es das vorangegangene „Heimatrecht" geregelt hatte. (Ges. Samml., 1871) **92**,18 *Waisenpflege:* s. im vorl. Bd. S. 58-64 **92**,34 *Der deutsche Verein für Armenpflege und Wohltätigkeit:* (seit 1918: Deutscher Verein für öffentliche und private Fürsorge) wurde unter dem Namen „Zentralverein für deutsche Armenpflege" im Nov. 1880 in Berlin von Vertreten kommunaler Armenbehörden und privater Organisationen gegründet. Er sollte der besseren Verständigung über die gemeinsamen Aufgaben, einer wirkungsvollen Interessenvertretung und der sachverständigen Beratung für die Sozialgesetzgebung dienen. Hintergrund der Vereinsgründung waren Auseinandersetzungen über das 1870 eingeführte System des Unterstützungswohnsitzes (Erl. 91,21), das durch enorme Kostensteigerungen während der langanhaltenden Depression in den 70er Jahren kritisiert wurde. Konservative forderten die Rücknahme des Gesetzes und die Einschränkung der Freizügigkeit. Aufgrund seiner liberalistischen Orientierung stand der Verein anfangs im Gegensatz zu der von den bürgerlichen Frauen getragenen Wohlfahrtspflege. Seit 1892 gehörte Emil Münsterberg (1855-1911), Reorganisator und Leiter des Berliner Armenwesens, dem Vorstand an; er war auch Vorstandsmitglied der Mädchen- und Frauengruppen für soziale Hilfsthätigkeit.

Die englische Frauen-Genossenschaftsgilde

95,1 *als Käuferinnen:* s. hierzu im vorl Bd. S. 138-141 **95**,39 *Schwitzsystem:* s. Erl. 76,33 **98**,4 *Streichhölzer:* Sie wurden mithilfe giftigen Phosphors hergestellt, dessen Verwendung zuerst in Finnland und Dänemark verboten wurde. **98**,27 *Olive Schreiner,* verh. Cronwright, 1855-1920, südafr. Schriftstellerin und Vorkämpferin der Frauenbefreiung; neben literarischen Werken verfaßte sie auch Abhandlungen zu kulturellen, sozialen und politischen Problemen, bes. gegen die engl. Siedlungspolitik in Südafrika. Sie wurde bekannt mit dem unter dem Pseud. Ralph Iron veröffentlichten Roman: Lyndall. Story of an African farm 1883 (dt. 1892). Weitere Schr. u.a.: Dreams 1891 (dt. 3. Aufl. 1907); Dream life and real life, 1893; Die Frau und die Arbeit, 1911 (dt. 1914) **98**,28 *„Ich träumte, ich sah ein Land ...":* O. Schreiner, Drei Träume in der Wüste unter einem Mimosenbaum, in: Dies., Träume, Stuttgart, Berlin 4. Aufl. 1924, S. 47f.

Frauenarbeit in Preußen

99,2 *Der Niedergang der deutschen Industrie:* Wirtschaftskrise 1900-02 nach einer starken Wachstumsphase seit Mitte der 90er Jahre. Sie wurde begleitet von einer anhaltenden Debatte um die Wiedererhöhung der Getreidezölle, die zu Beginn der 90er Jahre im Interesse der exportorientierten Industrien gesenkt worden waren und die Grundlage verschiedener bilateraler Handelsverträge waren, deren Erneuerung 1905 anstand. **99**,6 *König-*

lich Preußischen Regierungs- und Gewerberäte: Preußen umfaßte 36 Regierungsbezirke (von Königsberg bis Trier), die 1900 in insgesamt 107 Gewerbeinspektionsbezirke aufgeteilt waren, die sich ihrerseits jeweils über mehrere Kreise erstreckten. In der Regel gab es in jedem Regierungsbezirk einen Königl. Regierungs- und Gewerberat und in jedem Gewerbeinspektionsbezirk einen Gewerbeinspektor. In einigen Bezirken gab es zusätzlich ein bis zwei Gewerbeinspektionsassistenten. Für jeden Regierungsbezirk wurde ein zusammenfassender Bericht gegeben mit je einem Abschnitt über jugendliche Arbeiter, Arbeiterinnen und Arbeiter im Allgmeinen, sowie über Arbeiterschutz, über wirtschaftliche und sittliche Zustände der Arbeiterbevölkerung und Wohlfahrtseinrichtungen. **99,17** *„In der Textilindustrie ...“:* Jahres-Berichte der Königlich Preußischen Regierungs- und Gewerberäte und Bergbehörden für 1900, Berlin 1901, S. 52 (geringe Kürzungen) **99,33** *in den Zementfabriken des Regierungsbezirks Oppeln...*: a.a.O., S. 133 **100,10** *In Eupen traten von 72 Arbeiterinnen ...:* a.a.O., S. 366 **100,14** *Im Magdeburger Bezirk ...:* a.a.O., S. 154 **100,27** *die Inhaber zweier Thorner Honigkuchenfabriken ...:* a.a.O., S. 13 **100,42** *Außer 1.426 Zuwiderhandlungen ...:* a.a.O., S. 580-583 **101,7** *der Direktor einer Zuckerfabrik ...:* a.a.O., S. 135 **101,12** *In einer Zigarrenfabrik ...:* ebd. **101,16** *In einer Zinkhütte ...:* a.a.O.,S. 134 **101,18** *Ein besonders krasser Fall ...:* a.a.O., S. 153 **101,29** *Im Erfurter Bezirk wurde ...:* a.a.O., S. 195 **101,36** *In einer Lumpensortieranstalt ...:* a.a.O., S. 258 **101,38** *Auf einer Ziegelei in Marienwerder ...:* a.a.O., S. 14 **102,11** *Bleivergiftung ...:* a.a.O., S. 344f. **102,12** *Ein erschütternder Fall von Gesundheitsschädigung ...:* a.a.O., S. 348 **102,33** *Ein als arbeiterfreundlich bekannter Fabrikbesitzer ...:* a.a.O., S. 152 **103,1** *die Wohlfahrtseinrichtungen der Höchster Farbwerke ...:* a.a.O., S. 294 **103,7** *Ähnliche Fürsorge wird in Elberfeld ...“:* a.a.O., S. 327 **103,19** *„Mit Rücksicht auf die Gefährdung der Kleinen ...“:* a.a.O., S. 123 **103,26** *Eröffnung von Fabrik-Bewahranstalten ...:* a.a.O., S. 129 (Reg.Bez. Liegnitz: Landeshut u. Ober-Kauffung); S. 276 f. (Reg.Bez. Arnsberg: Ruhrort); S. 324 (Reg.Bez. Düsseldorf) **103,29** *Haushaltungsschulen:* a.a.O., z.B. S. 325 (Reg. Düsseldorf); S. 250 (Reg. Minden: Herford) **103,42** *443.141 Fabrikarbeiterinnen* : a.a.O., S. 562 f. **104,9** *die ersten Assistentinnen:* im Reg. Bez. Berlin, Bez. II Frl. Reichert und im Reg. Bez. Düsseldorf, Bez. M.Gladbach Frl. Schlösser (s. a.a.O., S. XXXIX u. XLVIII); in Preußen gab es 1900 neben den ca. 36 Regierungs- und Gewerberäten und 107 Gewerbeinspektoren 78 Gewerbeinspektionsassistenten einschließlich der beiden Assistentinnen. Zur weiblichen Gewerbeinspektion s. im vorl. Bd. auch S. 43-45 u. 171-183.

Wie wird die Frau durch das Vereinsleben für das öffentliche Leben erzogen?

104 * Dem Artikel ist eine redaktionelle Notiz vorangestellt, die über dessen Veranlassung informiert: „Für das Preisausschreiben des Vereins für Fraueninteressen in München über das Thema: 'Wie wird die Frau durch das Vereinsleben für das öffentliche Leben erzogen?' waren zwölf Arbeiten eingesandt worden. Das Urteil der Jury ergab gleich viele, nämlich je zwei Stimmen für die beiden Schriften, die mit den Kennworten versehen waren: 'Allem Leben, allem Thun, aller Kunst muß das Handwerk vorangehen' (Wilhelm Meister), und 'Aus dem Engen ins Weite'. Verfasserin der erstgenannten ist Alice Salomon, der zweiten Anna Bernau. Der Vorstand beschloß, den ausgesetzten Preis zwischen beiden zu teilen, zum Abdruck im Central-Blatt jedoch die Arbeit von Frl. Salomon zu empfehlen, weil dieselbe sich an ein bereits erfahrenes Vereinspublikum wendet. Anna Bernaus Schrift dürfte sich vorzüglich eignen, das Vereinsleben in den kleineren Städten zu heben und ihm weitere Ziele zu stecken.“ **104,16** *Luise Otto:* Siehe L. Otto-Peters (Erl. 91,5) **105,1** *hemmende Gesetze:* neben dem Wahlrecht (Erl. 361,30), von dem Frauen ausgeschlossen waren (was sich nicht nur auf Reichstags-, Landtags- und Kommunalwahlen bezog, sondern ebenso auf Wahlen zu öffentlichen Körperschaften, wie Krankenkassen, Gewerbegerichte u.a. und darüberhinaus auf die Bekleidung der meisten öffentlichen Ämter), zählen hierzu die meisten Vereins- und Versammlungsgesetze, wie der § 8 des Preußischen Vereinsgesetzes, Erl. 40,27) **105**,17 *Verein für Fraueninteressen in München:* 1900 gegr. und geleitet von I. Freudenberg (Erl. 399,37), die auch die Organisation der Kellnerinnen (Erl. 46,36) initiierte. **108**,18 *eine amtliche Thätigkeit:* zur Zulassung von Frauen zu solchen Positionen in der Waisen- oder Armenpflege s. im vorl. Bd. S. 58-64, 90-94 u. 152-157. **108**,33 *„Allem Leben, allem Thun, ...“:* J.W. v. Goethe, Wilhelm Meisters Wanderjahre 1,12 (Goethes Werke, Weimarer Ausg. 1/24, Weimar 1894, S. 227); s. auch Erl. 244,7 bis Erl. 246,16

Soziale Hilfsthätigkeit

109 * Der Band „Soziale Frauenpflichten“, dem der Text entnommen ist, enthält 5 Vorträge. Im Vorwort schreibt A. Salomon: „Die in diesem Buche gesammelten Vorträge sind von mir auf Wunsch verschiedner Frauenvereine in deren Versammlungen gehalten worden. Die Anregung zu ihrer Drucklegung ist mir aus dem Kreise der Hörerinnen entgegengebracht worden; wenn ich ihr jetzt folge, so geschieht es [...] in dem Wunsche, daß das Buch in den Frauenvereinen Anlaß zur Erörterung und Aufnahme neuer sozialer Arbeitsgebiete geben möge, und in der Hoffung, daß es von den Anhängerinnen unserer Bewegung benutzt werden möge, um die Sympathie und das Interesse der Frauen zu erwecken, die unseren Ansichten und Bestrebungen noch fern stehen. In Anbetracht dieses Zweckes ist die populäre Form, die propagandistische Darstellung [...] beibehalten worden; gerade da, wo die wissenschaftliche Litteratur zur Frauenfrage und Frauenbewegung nicht hindringt oder nicht gelesen wird, da sollen diese Blätter versuchen, werbende Kraft zu enfalten. [...] Der Glaube, daß die soziale Reform, nach der die Kulturwelt so dringend verlangt, ohne die Mithilfe der Frauen nicht gefördert werden kann; die Überzeugung, daß auf diesem Gebiet die Werte zu finden sind, die die Frauen zur Kulturarbeit der Menschheit beitragen müssen, haben die Vorträge veranlaßt, liegen auch ihrer Drucklegung zu Grunde.“ **109**,12 *Ausspruch von den „zwei Nationen ...“:* B. Disraeli, Sybil, or the two Nations (1845), Reprint Edingburgh 1959, 1. Buch, 4. Kap. S. 76f.; dt. Sybil. Sozialpolitischer Roman, übersetzt von Natalie Liebknecht, Berlin o.J., S. 34f. (A. Salomons Übersetzung ist nicht identisch mit der von N. Liebknecht). Der Roman thematisiert die soziale Frage als die politisch entscheidende, deren Lösung in einem Bündnis zwischen Aristokratie und Arbeiterklasse gegen das manchesterlich ausgerichtete Bürgertum vorgestellt wird. Benjamin Disraeli Earl of Beaconsfield, 1804-1881, brit. Schriftsteller und Staatsmann; aus alter jüdisch-sefardischer Familie stammend arbeitete er sich vom „Judenjungen“ - bis zur Mitte des 19. Jh.s waren Juden in England von der politischen Laufbahn ausgeschlossen - zu einem der führenden europäischen Staatsmänner empor. Mit seiner pragmatischen Verbindung von konservativer Führung, Demokratisierung der politischen Institutionen und fortschrittlicher Sozialpolitik prägte er entscheidend die politische Entwicklung Englands zur imperialistischen Großmacht. Weitere Schr. u.a.: Coningsby oder die neue Generation, dt. 1845 **110**,10 *„Soll ich der Hüter meines Bruders sein?“:* 1. Mose, 4,9 **110**,12 *Carlyle:* s. Erl. 76,7 **110**,42 *„So lernen sie die Schneehütten ...“:* E. Gnauck-Kühne, Erinnerungen einer freiwilligen Arbeiterin, in: Die Hilfe, 1,6.1890, S. 4 (Umstellungen); *Elisabeth Gnauck-Kühne,* 1850-1917, Lehrerin, Nationalökonomin und Frauenrechtlerin; sie gründete ein Lehr- und Erziehungsheim für Mädchen, war 1890 als Arbeiterin verkleidet in einer Kartonfabrik tätig, studierte mit Sondergenehmigung durch Vermittlung G. Schmollers (Erl. 257,1) ab 1895 Nationalökonomie in Berlin und veröffentlichte Untersuchungen über die Lage der Arbeiterinnen und zu Fragen des Frauenrechts. Sie engagierte sich in der Organisation von Arbeiterinneninteressen; gründete 1894 die Evangelisch-Soziale Frauenkonferenz, Vorläuferin des Deutsch-Evangelischen Frauenbundes, und hielt 1895 als erste Frau das Hauptreferat auf dem Evangelisch-Sozialen Kongreß (Erl. 403,27). 1900 konvertierte sie zum Katholizismus und gründete mit anderen 1903 den katholischen Frauenbund. Schr. u.a.: Das Universitätsstudium der Frauen, 1891; Die Deutsche Frau um die Jahrhundertwende. Statistische Studie zur Frauenfrage, 1904; s. im vorl. Bd. auch S. 205 u. 400 **112,Fußn.2** A. Salomon, Die Frau in der sozialen Hilfsthätigkeit, in: Handbuch der Frauenbewegung, Bd. 2, Berlin 1901, S. 4 **112,14** *Elisabeth Fry*, geb. Gurney, 1780-1845, engl. Philantropin und Initiatorin der Gefängnisreform in Europa; schloß sich 1878 den Quakern an und war seit 1811 Predigerin. 1817 gründete sie den „Frauenverein zur Besserung weiblicher Sträflinge“, der sich u.a. für Trennung der Geschlechter im Strafvollzug, weibliches Aufsichtspersonal für weibliche Gefangene, und für religiöse und weltliche Unterweisung sowie nützliche Beschäftigung der Gefangenen einsetzte. Seit 1837 verbreitete sie ihre Reformideen auf dem europäischen Festland. Sie besichtigte Gefängnisse in Frankreich, der Schweiz, Deutschland, Belgien, Holland, Dänemark, schrieb Berichte und gewann Einfluß u.a. auf den preußischen König Friedrich Wilhelm IV., J.H. Wichern und Th. Fliedner. Schr. u.a.: Observations on Female Prisoners, 1827; Memoirs, 1847 **112,17** *Florence Nightingale,* 1820-1910, engl. Begründerin der professionellen medizinischen Kranken- und Verwundetenpflege; nach Ausbildung bei Theodor Fliedner war sie 1853 Superintendentin des Hospital for Invalid Gentle Women in London. Berühmt wurde sie durch die Verwundetenpflege, die sie 1854-56 zusammen mit 38 Krankenschwestern im Krimkrieg leistete, und die die Sterblichkeit in den Lazaretten von 48% auf 2% senkte. Ihre Berichte „Notes on Nursing“, 1858 und „Notes on Hospitals“, 1859 wurden grundlegend für die Sanitätsreform. Sie gründete Schulen für Pflegerinnen wie für Militärärzte, richtete Diätküchen ein u.a.m. und setzte sich für die Verbesserung der sanitären Verhältnisse in Indien ein. Sie erhielt zahlreiche hohe Auszeichnungen. Siehe auch A. Salomon, Soziale Führer, Leipzig 1932 u. dies., Heroische Frauen, Zürich, Leipzig 1936. **112,20** *Krimkrieg:* 1853-56 zwischen Rußland, der Türkei und den Westmächten, 1854 erster moderner Stellungskrieg um Sewastopol mit hohen Verlusten durch Cholera und Winterkälte; im Frieden von Paris verliert Rußland das Donaudelta, das Schwarze Meer wird neutralisiert, die russische Hegemonie geht an Frankreich über, Beginn des Konflikts zwischen Österreich und Rußland auf dem Balkan. **112,21** *Oktavia Hill,* 1838-1912, brit. Sozialreformerin; unter dem Einfluß der christlichen Sozialisten und J. Ruskins (Erl. 76,9) wandte sie sich den sozialen Problemen zu und setzte ihre Vorstellungen von Armenfürsorge und Wohnungsreform in 3 Mietskasernen in London, die Ruskin für sie kaufte, praktisch um. Ihr Wohnungsprojekt weitete sich aus und wirkte auch auf dem europäischen Festland und in den USA beispielgebend. Genauso wegbereitend war ihre Engagement in der Ausbildung sozialer Helferinnen. 1905 war sie Mitglied der königlichen Kommission für Armengesetze. Schr. u.a.: Homes of the London Poor, 1875; House Property and its Management, 1921 **112,23** *Francis [Elizabeth] Willard,* 1839-1898, amerik. Pädagogin und Sozialreformerin; nach dem Studium war sie Professorin für Ästhetik und 1871-74 Präsidentin der North-Western University, Evanston, Ill. Sie engagierte sich in der Mäßigkeitsbewegung, war zunächst Schriftführerin, ab 1879 Präsidentin der Women's Christian Temperance Unions sowie 1882 Mitbegründerin der Prohibition Party. Schr. u.a.: Woman and Temperance, 1883; Glimpses of Fifty Years, 1889 **112,23** *Josephine Butler,* 1828-1906, brit. Frauenrechtlerin und Sozialreformerin, Vorkämpferin für das Frauenstudium und gegen die staatliche Reglementierung der Prostitution; trat 1869 zusammen mit F. Nightingale erfolgreich gegen das „Gesetz zur Bekämpfung ansteckender Krankheiten" (Contagious Diseases Act) ein, das die allgemeine Reglementierung für England vorsah. 1875 gründete sie die Internationale abolitionistische Föderation und regte die Gründung des Internationalen Verbandes der Freundinnen junger Mädchen an. Schr. u.a.: Hour before the dawn, 1876; Personal Reminiscences of a great Crusade, 1896 dt. 1904. Siehe auch A. Salomon, Heroische Frauen, Zürich, Leipzig 1936. **112**,27 *Dilke, Lady* Emilia Francis, geb. Strong, 1840-1904, engl. Kunsthistorikerin; war 1861-84 mit Reverend M. Pattison, ab 1885 mit Sir Ch. W. Dilke (1843-1911, brit. Staatsmann und Publizist) verheiratet. Sie schrieb in namhaften Zeitschriften und besuchte für kunsthistorische Untersuchungen Berlin und Stockholm. 1882 hielt sie Vorlesungen am Birmingham Institute über die Industriepolitik von Colbert und engagierte sich besonders für die Frauengewerkschaftsbewegung. Schr. u.a.: The Renaissance in France, 1879; Shrine of Death, 1886; Trade Unions for Women, o.J. **112**,28 *Beatrice Webb:* s. Erl. 51,38 **112**,28 *Florence Kelley,* 1859-1932, amerik. Soziologin und Sozialreformerin; nach dem Studium u.a. in Zürich war sie 1893-97 Fabrikinspektorin in Illinois, wurde dort entlassen, weil sie die Befolgung der gesetzlichen Bestimmungen über die Kinderarbeit zu erzwingen suchte. 1897-98 war sie amerik. Redakteurin des „Archiv für soziale Gesetzgebung und Statistik" und veröffentlichte dort eine Reihe von Abhandlungen über Fabrikgesetzgebung u.ä. in den USA. Sie war Bewohnerin des von Jane Addams gegründeten Hull House in Chicago. Schr. u.a.: Some Ethical Gains through Legislation, 1905; Modern Industry in Relation to Family, 1914 **112**,32 *Amalie Sieveking*, 1794-1859, Bahnbrecherin auf dem Gebiet der sozialen Arbeit; sie eröffnete 1813 eine Mädchenschule, gründete eine evangelische barmherzige Schwesternschaft und pflegte 1831 im Cholerajahr in Hamburg die Kranken. 1832 gründete sie den weiblichen Verein für Armen- und Krankenpflege zum Besuch bedürftiger Familien und zur Hilfe in Krankheitsnot, erbaute mit Spendenmitteln Armenwohnungen und ein Kinderspital. Sie unternahm viele Vortragsreisen zur Anregung ähnlicher Vereine. Siehe auch A. Salomon, Heroische Frauen, Zürich, Leipzig 1936. **112**,32 *Lina Morgenstern,* geb. Bauer, 1831-1909, Frauenrechtlerin, Schriftstellerin und Sozialarbeiterin; sie war seit 1859 engagiert in Kinderschutz und Mädchenerziehung, für wissenschaftliche Frauenbildung und weibliche Erwerbsarbeit. Populär wurde sie als „Suppenlina" und „Mutter der Volksküchen" durch die 1866 gegründete Volksküche, in der Arme eine warme Mahlzeit zum Selbstkostenpreis erwerben konnten, sowie den Verein der Berliner Volksküchen. 1868 gründete sie den Kinderschutzverein, 1873 den Berliner Hausfrauenverein mit Kochschule, 1880 die Landwirtschaftliche - und Hausindustrieschule zur Erziehug strafentlassener Minderjähriger u.a.m. 1896 war sie an der Organisation des internationalen Kongresses für Frauenwerke und Frauenbestrebungen in Berlin beteiligt. Sie engagierte sich für das Frauenstimmrecht, in der Sittlichkeitsfrage und in den 90er Jahren für den Pazifismus. Schr. u.a. Liebe und Leid. Novellen, 1869; Plauderstunden, 1874; Universalkochbuch, 1881, viele Aufl.; Frauenarbeit in Deutschland, 1893 **112**,33 *Henriette Goldschmidt:* s. Erl. 91,7; *Jeannette Schwerin:* s. im vorl. Bd. S. 7-16; *Elisabeth Gnauck-Kühne:* s. Erl. 110,42 **114**,15 *Kingsley*, Charles: s. Erl. 80,14; *Ruskin*, John: s. Erl. 76,9 **114**,19 *Arnold Toynbee:* s. Erl. 80,27 **114**,28 *Reverend Barnett:* s. Erl. 80,31 **114**,38 *Jack der Aufschlitzer, Jack the Ripper,* eine der berühmtesten Figuren der engl. Kriminalgeschichte **116**,37 *Hull-House:* Settlement in Chicago, 1893 gegr. von Jane Addams (1860-1935) einer der führenden amerikanischen Sozialreformerinnen, mit der A. Salomon, als sie 1937 in die USA emigriert war, verglichen wurde. Siehe auch A. Salomon, Heroische Frauen, Zürich, Leipzig 1936. **118**,19 *Minna Cauer,* geb. Schelle, 1841-1922, nach Lehrerinnenausbildung und Ehe engagierte sie sich 47jährig in der organisierten Frauenbewegung, die sie entscheidend prägte; 1889 übernahm sie den Vorsitz des „Vereins Frauenwohl" (Erl. 13,30), war 1893 beteiligt an der Gründung der Mädchen- und Frauengruppen für soziale Hilfsarbeit, 1899-1907 Vorsitzende des Verbandes Fortschrittlicher Frauenvereine, sowie im Vorstand des Deutschen Vereins für Frauenstimmrecht, 1895-1919 gab sie die Zs. „Die Frauenbewegung" heraus, das Sprachrohr des linken Flügels der bürgerlichen Frauenbewegung. **118,21** *„Mädchen- und Frauengruppen für soziale Hilfsarbeit":* als Nachfolgerin J. Schwerins hatte A. Salomon 1899 ihre Leitung übernommen. Zu den „Gruppen" s. im vorl. Bd. bes. S. 79-85 u. 208-211 **121,37** *offizielle Ämter in der Gemeinde und im Staat:* in einer Fußn. weist A. Salomon auf ihren Artikel „Frauen in der öffentlichen Armenpflege", in: „Soziale Frauenpflichten", S. 38-60, hin. Zu der Thematik s. im vorl. Bd. S. 90-94 u. 152-157

Was die Konfektionsarbeiter von der Gesetzgebung fordern

122,3 *Heinrich Herkner*, 1863-1932, Nationalökonom; Prof. an der Universität Zürich, ab 1907 an der TH Berlin, ab 1912 Nachfolge G. Schmollers (Erl. 257,1) an der Universität Berlin, ab 1911 stellvertretender Vorsitzender, 1917-1929 1. Vorsitzender des Vereins für Sozialpolitik (Erl. 43,12), 1920 Mitglied des vorläufigen Reichswirtschaftsrats. Herkners bedeutendste Aussage heißt: Soziale Reform führt nicht zur Minderung, sondern zur Steigerung des Sozialprodukts. Wichtigste Schr.: Die Arbeiterfrage, 1894 (viele Aufl.) **122,6** *Streik des Jahres 1896:* Die Bedeutung des Streiks bestand vor allem darin, daß trotz der verbreiteten Voreingenommenheit gegen das Mittel des Streiks die streikenden Konfektionsarbeiter und -arbeiterinnen die bürgerliche Öffentlichkeit weitgehend für sich gewinnen konnten. Sie hatten über ein Jahr lang ihre Forderungen nach Festsetzung von Lohntarifen, Einrichtung von Betriebswerkstätten etc. bekannt gemacht, den Arbeitgebern eine achtmonatige Frist gesetzt und sich auch nach deren Ablauf und während des Streiks, in Berlin vom 10.-19.2.1896, kooperativ verhalten. Demgegenüber waren die Arbeitgeber lediglich zur Beendigung des Streiks auf Verhandlungen und Kompromißvereinbarungen eingegangen, ohne sich an diese zu halten; s. genauer: H. Grandke. Berliner Kleiderkonfektion, in: Schr. d. Vereins f. Sozialpolitik, Bd. 85, Leipzig 1899; zum Engagement der bürgerlichen Frauen: U. Gerhard, Unerhört, Reinbek 1990. **122,8** *„Verein zur Vertretung der Interessen der Arbeiterinnen":* s. Erl. 371,40 **122,27** *freisinnige Volkspartei:* ging 1893 neben der „Freisinnigen Vereinigung" aus der Spaltung der Deutschen Freisinnigen Partei hervor. Vorläufer war die 1861 in Preußen gegründete linksliberale „Fortschrittspartei". Die freisinnige Volkspartei vertrat mittlere und kleinere Unternehmer und Kaufleute und wandte sich gegen staatliche Intervention. **122,29** *Selbst der Abgeordnete Stumm:* Carl Ferdinand Freiherr von Stumm-Halberg, 1836-1901, Industrieller und konservativer Reichstagsabgeordneter, der nach anfänglicher Unterstützung von Bismarcks Sozialgesetzgebung und der Erweiterung der Arbeiterschutzbestimmungen 1891 seit 1892 zum Gegner der Sozialreformen wurde, wie sie der preußische Handelsminister H. v. Berlepsch (1890-1896) vertrat. Man sprach von einer Ära Stumm, um die Richtung gegen eine Weiterführung der Sozialgesetzgebung und für eine Verschärfung der Gesetzgebung gegen die Arbeiterorganisationen zu bezeichnen. Gleichzeitig galten die Wohlfahrtseinrichtungen in seinen Unternehmen als vorbildlich. **122,37** *Erhebungen von der Reichskommission:* s. Protokoll über d. Verhandlungen d. Kommission f. Arbeiterstatistik v. März u. April 1896 und Vernehmung von Auskunftspersonen über die Verhältnisse in der Kleider- und Wäschekonfektion, (= Drucksachen d. Komm. f. Arbeiterstatistik, Verhandlungen, Nr. 9-11) Berlin 1896 sowie: Zusammenstellung der Ergebnisse der Ermittelungen über die Arbeitsverhältnisse in der Kleider- und Wäsche-Konfektion, (= a.a.O., Erhebungen Nr. 10), Berlin 1896 **123,Fußn.1** *R. Wilbrandt, Hausindustrielle Frauenarbeit,* in: Die Frau, 8.1900/01,

Nr. 8 u. 9; zu R. Wilbrandt s. Erl. 333,33 **123**,4 *Organisation der Schneider und Schneiderinnen:* Die Forderungen zur Regelung der Heimarbeit sind u.a. abgedruckt in: Die Heimarbeiterin, 1,4.1901, S. 4 u.: Der Gewerkverein, 33.1901, S.394f.; Die Petition an den Reichstag enthielt schließlich weiterreichende Forderungen, s. Correspondenzblatt d. Generalkomm. d. Gewerkschaften Deutschlands, 11.1901, S. 782f. und: Schutz den Heimarbeitern! Eine Denkschrift, Stuttgart 1901 **124**,6 *vom Korrespondenzblatt:* E. Ihrer, Gesetzesschutz für die Heimarbeitenden! in: Correspondenzblatt d. Generalkomm. d. Gewerkschaften Deutschlands, 11.1901, S. 750f. **124**,11 *„Ganz unmöglich ist leider ...“* in: Die Heimarbeiterin. Organ des [christlichen] Gewerkvereins der Heimarbeiterinnen für Kleider- und Wäschekonfektion und verwandte Berufe, 1,4.1901, S. 4. Christliche Gewerkvereine bildeten sich seit 1894 im Zusammenhang der konservativen christlich-sozialen Bewegung. 1900 schlossen sie sich zum Gesamtverband der christlichen Gewerkschaften Deutschlands zusammen. Sie waren explizit gegen revolutionäre Ziele und Mittel des Klassenkampfes (z.B. Streiks) gerichtet. **124**,20 *Organ der Hirsch-Dunckerschen-Gewerkvereine ...:* s. „Arbeiterschutz in der Konfektionsindustrie“, in: Der Gewerkverein, 33.1901, S. 394f. Die Hirsch-Dunckerschen-Gewerkvereine waren die ältesten deutschen Gewerkschaften, nach dem Vorbild der englischen Gewerkschaften liberal orientiert, vertraten sie den Gedanken der Selbsthilfe bes. durch Hilfskassen der Arbeiter und des Ausgleichs zwischen Kapital und Arbeit. Sie wandten sich nicht prinzipiell gegen Mittel des Arbeitskampfes, bevorzugten jedoch Mittel der Verständigung. 1869 gründeten M. Hirsch (1832-1905, Nationalökonom) und F. Duncker (1822-1888, Verleger) den Verband Deutscher Gewerkvereine. **125**,14 *„die Zeit, Dauer und die Art der Arbeit ...“:* Erlaß Wilhelms II. vom 4. Febr. 1890 an den preußischen Minister der öffentlichen Arbeiten und für Handel und Gewerbe, in: Deutscher Reichs- und Preußischer Staatsanzeiger v. 5.2.1890; auch in: Kaiserworte 1888-1898. Zum 10jährigen Amtsjubiläum Wilhelms II, Berlin (1898), S. 127. – Im Jan. 1890 hatte Wilhelm II. (dt. Kaiser 1888-1918) in schriftlichen „Vorschlägen zur Verbesserung der Lage der Arbeiter“ und „Bemerkungen zur Arbeiterfrage“ seine Position zur Arbeiterfrage in Reaktion auf die Streiks der Ruhrbergarbeiter 1889 formuliert. Bismarcks Entlassung, die Aufhebung der Sozialistengesetze und die Erweiterung der Arbeiterschutzbestimmungen markierten eine kurze Reformära. Bereits 1893 distanzierte sich Wilhelm II. im Zusammenhang der Wahlerfolge der SPD wieder von dem begonnenen Reformkurs. Er prägte den Ausspruch über die Sozialdemokraten als „vaterlandslose Gesellen“. **125**,27 *Schrift von Schwiedland:* s. Eugen Schwiedland. Ziele und Wege einer Heimarbeitsgesetzgebung, 2. erg. Aufl., Wien 1903; E. Schwiedland, 1863-1937, österr. Nationalökonom, Prof. an der TH Wien. Weitere Schr. u.a.: Psychologische Grundlagen der Wirtschaft, 1905 **125**,28 *Veröffentlichungen des Vereins für Sozialpolitik:* Hausindustrie und Heimarbeit in Deutschland und Österreich, Bd. 4 (= Schr. d. Vereins f. Sozialpolitik, Bd. 87) Leipzig 1899, sowie A. Weber, Die Hausindustrie und ihre gesetzliche Regelung, in: Schr. d. Vereins f. Sozialpolitik, Bd. 88, Leipzig 1899, S. 12-35 **125**,29 *Alfred Weber*, 1868-1958, Staats- und Volkswirtschaftler, „Kathedersozialist“, Bruder Max Webers, nach Privatdozentur an der Universität Berlin und einer Professur in Prag war er ab 1907 Prof. der wirtschaftlichen Staatswissenschaften an der Universität Heidelberg und Direktor des Instituts für Staats- und Sozialwissenschaften. 1914 meldete er sich als Kriegsfreiwilliger. In den 20er Jahren hielt er an der Sozialen Frauenschule A. Salomons wiederholt Vorträge, 1933 wurde er aus politischen Gründen emeritiert. Schr. u.a.: Die Krise des modernen Staatsgedankens in Europa, 1925; Kulturgeschichte als Kultursoziologie, 1951 **126**,11 *So sind in Victoria:* s. im vorl. Bd. S. 147-152 **126**,22 *In Neu-Seeland:* s. ebd.

126,28 *von Schwiedland citierte Mitteilung:* E. Schwiedland, Ziele und Wege einer Heimarbeitsgesetzgebung, a.a.O., S. 102; Schwiedland zitiert seinerseits: Dr. Fauquet, Essai sur le travail en chambre considéré au point de vue sanitaire, Paris 1898, S. 20-27. **127**,5 *Markierung hausindustrieller Produkte:* s. E. Schwiedland, a.a.O., S. 101 **127**,15 *Züricher Arbeiterschutzkongreß:* s. Erl. 34,7 u. Erl. 15,18 **127**,18 *„Wir würden uns ...“:* Der Internationale Kongreß für Arbeiterschutz in Zürich 1897. Amtlicher Bericht des Organisationskomitees, Zürich 1898, S. 225. Zu den Auseinandersetzungen insgesamt s. ebd., S. 222-226; Wilhelm *Liebknecht*, 1826-1900, eine der führenden Persönlichkeiten der deutschen und internationalen Sozialdemokratie; gründete 1869 zusammen mit August Bebel in Eisenach die Sozialdemokratische Partei, und gab nach Zusammenschluß mit den Lasalleanern ab 1875 das Parteiorgan, „Vorwärts“, heraus, von 1874-92 war er Reichstagsabgeordneter. **127**,30 *„es sind nicht krankhafte Erscheinungen ...“:* Oda Olberg, Konfektion, in: Die Zukunft [M. Harden], Bd. 20, 1897, S. 502; zu O. Olberg s. Erl. 298,27 **127**,32 *Alfred Weber,* Der Arbeiterschutz in der Konfektion und verwandten Gewerben, in: Soziale Praxis, 7.1898/99, Sp. 689-694 u. Ders., Beschränkung der Heimarbeit in der Konfektionsindustrie, in: a.a.O., Sp. 721-727 **127**,35 *Forderung des badischen Gewerberats:* s. Drucksachen d. Komm. f. Arbeiterstatistik, Verhandlungen, Nr. 9, Berlin 1896, S. 17. Friedrich Woerishofer, 1839-1902, Ingenieur und Sozialpolitiker; wurde 1879 erster badischer Gewerberat. Die von ihm verfaßten Jahresberichte gewannen vorbildliche Bedeutung. Er war Mitglied der Kommission für Arbeiterstatistik des Deutschen Bundesrats, an der Entwicklung des Arbeiterschutzes beteiligt und setzte sich u.a. auch für die Einstellung von Frauen in der Gewerbeaufsicht ein. Namhafte Frauen in der badischen Gewerbeaufsicht waren E. Jaffé-Richthofen (Erl. 182,33) und M. Baum (Erl. 270,20). Schr. u.a.: Die Frauen der höheren Stände und die Arbeiterinnen, 1896 **128**,14 *Lujo Brentano: „Und wenn man den Eigentümern ...“*:.Bei der in der Fußn. angegebenen Quelle handelt es sich um die von 1798 bis 1908 erschienene „Allgemeine Zeitung“, die auch als Cotta'sche Zeitung bekannt ist. Lujo Brentano, 1844-1931, Neffe von C. v. Brentano und B. v. Arnim, war zusammen mit A. Wagner und G. Schmoller (Erl. 257,1) einer der Vertreter der neueren Nationalökonomie. Nach Lehrtätigkeit an verschiedenen in- und ausländischen Universitäten, war er ab 1891 Prof. an der Universität München und Mitglied verschiedener wissenschaftlicher Akademien. Er gehörte zu den Gründern des Vereins für Sozialpolitik 1872 (Erl. 43,12). Schr. u.a.: Die Arbeitergilde der Gegenwart, 1871/72; Über die Usachen der heutigen sozialen Not, 1889; Ethik und Volkswirtschaft in der Geschichte, 1901 **128**,15 *Drosnik:* vermutl. dvornik (russ.) der Hausmeister, der z.B. den Hausbewohnern auch Pässe besorgen mußte. **128**,28 *Prof. Philippovich* v. Philippsberg, Eugen, 1858-1917, bedeutender österr. Sozialpolitiker und Nationalökonom; Prof. an der Universität Freiburg und ab 1893 in Wien, einer der Führer des Vereins für Sozialpolitik, gründete in Wien einen Kreis der „Wiener Fabier“ (analog zur Londoner Fabian Society), aus dem 1896 die Sozialpolitische Partei hervorging. Theoretisch versuchte er eine Synthese zwischen A. Smith und K. Marx und war besonders zu M. Weber und W. Sombart kontrovers. Schr. u.a.: Grundriß der politischen Ökonomie, 1893-1907 **128**,34 *von Schwiedland angeführte Mittel:* s. Schwiedland, a.a.O., S. 188f. **129**,11 *„Welche Maßregeln der einzelne Staat ...“:* Schwiedland, a.a.O., S. 250f. (Kürzungen). **129**,26 *„sie wurden ungeschminkt wortbrüchig“:* H. Grandke, Berliner Kleiderkonfektion, a.a.O., S. 350 **129**,32 *Anträge Heyl und Hitze:* Cornelius Wilhelm Heyl zu Herrnsheim, 1843-1923, Großgrundbesitzer, Lederindustrieller und Politiker; 1874-1881 und 1893-1912 fraktionsloser bzw. nationalliberaler Reichstagsabgeordneter. Franz Hitze, 1851-1921, kath. Theologe, Sozialtheoretiker und

-politiker; war ab 1893 Prof. an der Universität Münster, ab 1880 Generalsekretär des Verbandes katholischer Industrieller und Arbeiterfreunde „Arbeiterwohl", 1882-1912 Zentrumsabgeordneter im Preuß. Landtag und 1884-1912 im Reichstag. Schr. u.a.: Schutz den Arbeitern 1891

Zur Verteidigung der Arbeiterschutzgesetze

130,19 *„Als vor einem Jahrhundert ...":* Mrs. Sidney Webb [d.i. Beatrice Webb], The Economics of Factory Legislation, in: Dies. (Hg.), The Case for the Factory Acts, London 1901, S. 1-2. Das Buch ist nicht auf Deutsch erschienen. Zu B. Webb s. Erl. 51,38. **131,**8 *„Wie reich euer Geist ...";* a.a.O., S. 2 **131,**16 *„Selbst die, denen das Wohl ...":* S. 2-3 **131,**23 *des manchesterlichen Prinzips:* der gegen jede Form staatlicher Eingriffe, besonders hinsichtlich des Arbeiterschutzes, gewandte ökonomische Grundsatz der freien ungehinderten Konkurrenz und des Freihandels **132,**4 *Mrs. Humphry Ward,* Preface, in: Mrs. S. Webb (Hg.), The Case for the Factory Acts, a.a.O., S. X. Mrs. H. Ward, d.i. Mary Augusta Ward, 1851-1920, sozial- und frauenpolitisch engagierte engl. Schriftstellerin; sie setzte sich für höhere Frauenbildung ein, war an der Gründung verschiedener Settlements beteiligt und sorgte besonders für die Verbesserung der gesundheitlichen Situation der Kinder. Sie verband - auch in ihren Romanen und Erzählungen - Christentum mit sozialem Engagement. Schr. u.a.: Miss Bretherton, 1884; Robert Elsmere, 1888 **132,**9 *„geschwärzt vom Rauch der Schlote ...":* Mrs. H. Ward, Preface, a.a.O., S. X (Kürzungen) **132,**20 *„Ihr wißt [...] daß dort ...";* a.a.O., S. X-XI **132,**35 *„die Freude derer ...";* a.a.O., S. XI **133,**7 *„Wie die Gestalten und Stimmen ...":* a.a.O., S. XII-XIV (Kürzungen) **133,**32 *„die ökonomische Seite ...":* B. Webb, The Economics of Factory Legislation, a.a.O. **133,**36 *„Industrial Democracy":* S. u. B. Webb, Theorie und Praxis der englischen Gewerkvereine, 2 Bde., Stuttgart 1898 **134,**6 *„Wenn deshalb ernstlich ...":* B. Webb, The Economics of Factory Legislation, a.a.O., S. 18 **134,**19 *„Indem sie die Bevölkerung ...":* a.a.O., S. 22 **134,**23 *„Wenn es ständig ...":* a.a.O., S. 22-23 (geringe Kürzung) **134,**35 *„Sie sind die einzigen Waren ... sondern Vergeuden":* a.a.O., S. 25 **135,**22 *„Daraus folgt - bekräftigt ...":* a.a.O., S. 64 **135,**34 *„Sie hilft nur denen ...":* a.a.O., S. 70 **136,**1 *„Um das zur Selbsthilfe ...":* a.a.O., S. 72 **136,**5 *Schwitzsystem:* s. Erl. 76,33 **136,**9 *„Angesichts dieser Verhältnisse...":* a.a.O., S. 73 **136,**22 *in den folgenden Kapiteln des Buches:* B.L. Hutchins, The Historical Development of the Factory Acts, in: Mrs. S. Webb (Hg.), The Case for the Factory Acts, a.a.O., S. 75-123 **136,**25 *Gertrude Tuckwell,* The More Obvious Defects in our Factory Code, in: a.a.O., S. 124-168. Gertrude Tuckwell, 1861-1951, einflußreiche engl. Frauenrechtlerin und Sozialreformerin; zunächst Lehrerin, begann sie ihre politische Karriere als Sekretärin bei ihrer Tante, Lady Dilke (Erl. 112,27). Sie setzte sich für Arbeiterinnenrechte und -schutz ein, war Präsidentin der Women's Trade Unions League, organisierte 1906 eine Ausstellung über die Schwitzindustrien (Erl. 76,33) und war in späteren Jahren eine anerkannte Autorität in Fragen der Frauenbildung und -erwerbsarbeit, der Gesundheits- und der Gewerbepolitik. Von 1905-1926 bekleidete sie eine Vielzahl öffentlicher Ämter. **136,**32 *In dem Schlußkapitel:* C. Black, Some Current Objections to Factory Legislation for Women, in: a.a.O., S. 192-223. Clementina Black, 1853-1922, engl. Frauenrechtlerin, Sozialreformerin und Schriftstellerin; als älteste von acht Geschwistern mußte sie diese, 22jährig, zusammen mit dem invaliden Vater nach dem Tod der Mutter versorgen. Daneben unterrichtete sie und schrieb Novellen. Seit 1880 gewann sie in London Kontakt zu marxistischen und sozialistischen Intellektuellen und engagierte sich neben Literaturstudien und Vorlesungen in der Frauenbewegung. Nach einem gescheiterten Versuch, die Arbeiterinnen des Londoner East End 1889-91 gewerkschaftlich zu organisieren, gründete sie zusammen mit anderen 1894 den Women's Industrial Council, der Untersuchungen zur Lage der Arbeiterinnen durchführte und Reformen anregte und unterstützte. Seit 1896 setzte sie sich für die Festsetzung eines Minimallohns ein, gehörte der National Anti-Sweating League an und wurde 1906 Vizepräsidentin der Londoner Society for Women's Suffrage. Sie war eine bekannte Autorin von Novellen, Biographien und Übersetzungen. Schr. u.a.: Orlando, 1879; An Agitator, 1894; Sweated Industry and the Minimum Wage, 1907 **136**,34 *Für Deutschland ist diese Ansicht:* s. im vorl. Bd. S. 32-36 u. S. 36-42 **136**,40 die*"arme Näherin durch eine ...":* vgl. Cl. Black, Some Current Objections to Factory Legislation for Women, a.a.O., S. 192f. u. S. 213-215. **137**,28 *„während alle der Stunden ...":* orig.: „all the hours God sends", a.a.O., S. 216

Konsumentenmoral

138 * Die Nation. Wochenschrift für Politik, Volkswirtschaft und Literatur, hrsg. v. Th. Barth (liberaler Politiker und Publ., Mitgl. der Freisinnigen Vereinigung) erschien von 1883/84-1906/07 **138**,2 *Gesellschaft für soziale Reform:* s. Erl. 362,19 **138**,3 *Dr. Bode*, Wilhelm, 1862-1922, Lehrer, Goetheforscher und Philantrop; war Anhänger H. Spencers (Erl. 386,2) und Anwalt des Deutschen Vereins gegen Mißbrauch der geistigen Getränke, Schr. u.a.: Wirtshausreform in England, Norwegen und Schweden, 1898; Die Lehren Tolstois, 1900; Goethes Ästhetik, 1900 **139**,**Fußn.** *John Graham Brooks,* 1846-1938, amerik. Pädagoge, Prof. am Harvard College und an der University of Chicago, Präsident der National Consumers' League **140**,32 *Schwitzsystem:* s. Erl. 76,33 **141**,10 *Temperenzgesellschaften:* Mäßigkeitsgesellschaften gegen die Trunksucht; seit den 40er Jahren gründeten in den USA auch Frauen solche Gesellschaften, die Gesetze gegen die Trunksucht und 'Rechtsschutz für die Frau des Trinkers' forderten. Neben den weiblichen Anti-Sklaverei-Gesellschaften waren sie wichtige Vorläufer der amerikanischen Frauenstimmrechtsbewegung. **141**,18 *Organisation des kaufenden Publikums:* Im Februar 1907 kam es in Berlin zur Gründung eines Käuferbundes; s. Erl. 243,1.

Frauenarbeit und Kinderarbeit

142 * Ethische Kultur. Wochenschrift für sozial-ethische Reformen, begründet von G. v. Gizycki, Herausgeber u.a. R. Penzig, M. Kronenberg, F.W. Foerster, Organ der Gesellschaft für ethische Kultur, Berlin, erschien 1893-1936 **142**,10 *„daß Brot so teuer ...":* aus: The Song of the Shirt (1843), eines der berühmtesten Gedichte von Th. Hood, das die Not der Londoner Näherinnen schildert; in: W. Jerrold (Hg.), The complete Poetical Work of Thomas Hood, London, Edinburgh u.a. 1906, S. 625f.; Thomas Hood, 1799-1845, engl. Dichter und Schriftsteller, Kaufmann, Kupferstecher und Herausgeber verschiedener Zeitschriften; beschrieb in seinen Gedichten das soziale Elend der Zeit und karikierte die Zeitereignisse, wie in „Whims and oddities in prose and verse", 1826/27. **143**,1 *Henriette Fürth,* geb. Katzenstein, 1861-1938, Sozialdemokratin und Schriftstellerin; nach begonnener Lehrerinnenausbildung heiratete sie 19jährig den Kaufmann W. Fürth und hatte 7 Kinder. Seit 1896 war sie in der Sozialdemokratie aktiv, plädierte jedoch für die Zusammenarbeit mit Vertreterinnen der bürgerlichen Frauenbewegung, sie errichtete in Frankfurt/M. eine Rechtsschutzstelle für Frauen, war Mitglied im Bund f. Mutterschutz und Sexualreform (Erl. 476,3) und verfaßte zahlreiche Artikel zur Frauenfrage und zur Situation der jüdischen Frau, u.a. in: Sozialistische Monatshefte, Die Frau, Allgemeine Zeitung des Judentums. 1919-1924 war sie SPD-Stadtverordnete in Frankfurt/M., 1933 mußte sie als Jüdin alle öffentlichen Ämter niederlegen. Schr. u.a.: Die Fabrikarbeit verheirateter Frauen, 1902; Die Prostitution. Ursachen und Wege zur Abhilfe, 1907 **143**,2

Reichsenquête vom Jahre 1899: s. im vorl. Bd. auch S. 32-36 **143,15** *mit den Gewerbeinspektionsberichten:* Jahresberichte der Gewerbe-Aufsichtsbeamten und Bergbehörden für das Jahr 1899, 4 Bde., Berlin 1900 **143,16** *Sonderpublikation des Reichsamtes:* Über die Beschäftigung verheirateter Frauen in Fabriken 1899. Berichte der deutschen Gewerbeaufsichtsbeamten 1899 in der Enquête über die Fabrikarbeit verheirateter Frauen, Berlin 1901 **144,42** *„In sittlicher und erziehlicher Hinsicht ...":* Zit. n. H. Fürth, Die Fabrikarbeit verheirateter Frauen, Frankfurt/M. 1902, S. 42 **145,13** *„Das kräftigere Volk ...":* a.a.O., S. 66 **145,15** *Conrad Agahd,* 1867-1926, Pädagoge und Sozialpolitiker; war ab 1890 als Lehrer im Berliner Arbeiterbezirk Neukölln tätig und widmete sich dem Studium der Kinderarbeit in verschiedenen europäischen Ländern. Er gilt als Vater des deutschen Kinderschutzgesetzes, war einflußreich auf dem Gesamtgebiet der Jugendfürsorge und -pflege und verfaßte zahlreiche Schriften zu den genannten Themen. Zu den Zahlenangaben des folgenden Absatzes s. C. Agahd, Kinderarbeit und Gesetz gegen die Ausnutzung kindlicher Arbeitskraft in Deutschland, Jena 1902, S. 36f. u. S. 67. **145,18** *Regelung der gewerblichen Kinderarbeit:* Im Januar 1902 war der „Entwurf eines Gesetzes, betr. Kinderarbeit in gewerblichen Betrieben" (kurz: Kinderschutzgesetz) eingebracht worden (Reichstagsdrucksache Nr. 557). In den Reichstagsitzungen am 23. und 24.4.1902, worauf sich A. Salomon bezieht, wurde er in erster Lesung behandelt, in veränderter Fassung am 23. März 1903 angenommen und am 30. März 1903 erlassen (RGBl. S. 113); s. auch Erl. 18,11 **145,23** *Wie schon so oft ...:* s. z.B. C. Agadh, Die Erwerbsthätigkeit schulpflichtiger Kinder im Deutschen Reich, in: Archiv f. Soziale Gesetzgebung u. Statistik, 12.1898, S. 373-428. **145,36** *Orte, in denen 86% der ...:* Orte im Umkreis von Gotha, s. Agadh, a.a.O., S. 36 **145,39** *mehr als 500.000 frohnende Kinder:* a.a.O., S. 37 **146,3** *Im Sonneberger Bezirk ...:* a.a.O., S. 67ff. **146,15** *„Ein Wasserhumpen ...":* Th. Hood, The Song of the Shirt, a.a.O. **146,24** *Kinder für Tagesverdienste ...:* Agahd, a.a.O., S. 91 **146,26** *Gesamtverdienst aller erwerbenden Kinder:* a.a.O., S. 93 **146,32** *250.000 lohnarbeitende Kinder:* a.a.O., S 95 **146,40** *Erwerbsarbeit von Kindern in der Landwirtschaft ...:* a.a.O., S. 128-161

Die vorgeschrittensten Arbeiterschutzgesetze der Welt

147 * Das freie Wort, Frankfurter Halbmonatsschrift für Fortschritt auf allen Gebieten des geistigen Lebens, begr. von Carl Saenger, Frankfurt/M., 1901/02-1920; C. Saenger, 1860-1901, kath. Pfarrer und Mitbegründer der Frankfurter Abteilung der Deutschen Gesellschaft für ethische Kultur. **147,22** *„Es ist seltsam ...":* M.A. Ward, Preface in: B. Webb (Hg.), The case for the Factory Acts. London, 1901, S. VIII **148,16** *Victoria:* australischer Bundesstaat; war seit 1850,51 brit. Kolonie mit weitgehender Autonomie und parlamentarisch demokratischer Verfassung; einer großen europäischen Einwanderung, „Goldrausch", folgte im Zuge der europäischen Gründerkrise in den 80er Jahren eine schwere wirtschaftliche Rezession mit großen sozialen Problemen, die zu einer weitgehenden Reformgesetzgebung führte. 1901 wurde Victoria Mitglied des australischen Bundes. **148,16** *Neu-Seeland:* seit 1840 brit. Kolonie ebenfalls mit starker Einwanderung, deren wirtschaftliche und soziale Entwicklung mit der Victorias vergleichbar ist. 1891-1912 wurden unter einer liberalen Regierung umfangreiche soziale Reformen, einschließlich Schulreform und Einführung des Frauenwahlrechts (1893), durchgeführt. 1907 wurde Neuseeland Dominion im britischen Commonwealth, 1931 selbständig. **148,20** *Beatrice Webb:* s. Erl. 51,38 **148,24** *Mrs. W.P. Reeves,* Colonial Development in Factory Legislation, in: B. Webb (Hg.), The case for the Factory Acts, London 1901, S. 169-191; Mrs. W[illiam] P[ember] Reeves, d.i. Magdalen Stuart R., ?-1953, Frauenrechtlerin und Sozialpolitikerin; setzte sich für das

Frauenstimmrecht in Neuseeland und Groß Britannien ein. Seit 1907 war sie Mitglied der Fabian Society sowie Mitgründerin der Fabian Women's Group 1908 und arbeitete in verschiedenen Frauenverbänden mit. **149**,7 *das Schwitzsystem:* s. Erl. 76,33 **149**,28 *„Aber [...] diese Maßregel wird ...":* zit. n. W.P. Reeves, a.a.O., S. 172

Die Reform des Berliner Armenwesens

152,20 *auf Grund vorgefaßter Meinungen:* Ein erster 1897 von Stadtverordneten angeregter Versuch, Frauen als Armenpflegerinnen in Berlin einzustellen, scheiterte an der Erklärung von über 200 der insgesamt 270 Vorsteher der Armenämter, ihr Amt niederzulegen, wenn eine Frau eingestellt würde (Neue Bahnen, 32.1897, S. 181f.). Für die „Heranziehung der Frauen zur öffentliche Armen- und Waisenpflege" sprach sich im Jan. 1901 der preußische Städtetag mit nur einer Gegenstimme aus. (Verhandlungen des dritten allgemeinen preußischen Städtetages, Berlin (1901), S. 31-36) **152**,23 *„Anweisung betreffend die Verwaltung der offenen Armenpflege der Stadt Berlin":* vom 1. April 1902, in: Berliner Gemeinderecht, Bd. 8, Berlin 1905, S. 29-113. Die Reform des Berliner Armenwesens und die Einbeziehung der Frauen war entscheidend von E. Münsterberg (Erl. 92,34) bestimmt. **152**,27 *eine größere Anzahl von Frauen:* bis 1905 wurden 41 Armenpflegerinnen eingestellt bei einer Gesamtzahl von 3.598 Pflegern, 376 Armenkommissions-Vorstehern und 365 Stellvertretern. **153**,35 *„Von der Thätigkeit des Pflegers ...":* § 10 und 35 der Geschäftsanweisung, a.a.O., S. 39f. u. 50f. (Kürzungen) **154**,19 *„jeder Person und jeder Familie ...":* a.a.O., S. 43 **154**,27 *6 Mark monatlich:* zu Lebensmittelpreisen s. Erl. **66**,27 **154**,28 *ein menschenwürdiges Dasein:* a.a.O., S. 66 **154**,35 *„Bei Kindern über 16 Jahre ...":* a.a.O., S. 66 **155**,5 *Pflegegelder:* a.a.O., S. 73-76 **155**,24 *Konsequenz moderner Forschungen:* s. im vorl. Bd. S. 145-147 **156**,10 *Unterstützung unverehelichter Mütter:* a.a.O., S. 77f.; s. im vorl. Bd. hierzu S. 318-330 u. 462-479 sowie Erl. 462*

Das Problem der Mutterschaftsversicherung

158 * Die Frage des Mutterschutzes bildet einen Schwerpunkt im Werk A. Salomons. Sie wird kontinuierlich im Zusammenhang des Arbeiterinnenschutzes behandelt, als besonderes Thema in dem vorliegenden und einer Reihe von Artikeln und Schriften zwischen 1907 und 1910. Für die Verhandlungen des Deutschen Vereins für Armenpflege und Wohltätigkeit im September 1908 schrieb A. Salomon die umfangreiche, detaillierte und programmatische Abhandlung „Mutterschutz und Mutterschaftsversicherung" (= Schr. d. Dt. Ver. H. 84) Leipzig 1908 und hielt dazu das grundlegende Referat, s. im vorl. Bd. S. 462-479. Als letzter Text hierzu erschien der Artikel „Mutterschutz" in: Handwörterbuch der Staatswissenschaften, 6. Bd., Jena 1925

158,4 *Marholmsche Tendenzen:* Der Begriff verweist auf Laura Marholm und deren antifeministische Vorstellung über die „'Frau als eines Weibchens', dessen einziges oder wesentliches Gebiet in der Erotik zu suchen ist." (A. Salomon, im vorl. Bd. S. 399). Laura Marholm, d.i. Laura Hansson, 1854-1905, geb. Mohr, verh. mit dem schwed. Schriftsteller Oda Hansson; sie erregte Aufsehen durch „ihre Entschleierungen der Frauenpsychologie in Bezug auf Liebe und Geschlechtsleben" (Meyers Gr. Konvers. Lexikon, 1908) in einer Reihe von mehrfach aufgelegten Büchern: u.a. Zur Psychologie der Frau, 2 Bde., 2. Aufl. 1903 **158**,18 *Lily Brauns Buch:* L. Braun, Die Frauenfrage, Berlin 1901, Nachdr. 1979. Lily Braun, 1865-1916, geb. von Kretschmann, Schriftstellerin, Frauenrechtlerin und seit 1896 Sozialdemokratin; engagierte sich in der Frauenbewegung u.a. im „Verein Frauenwohl" (Erl. 13,30) und schrieb in der Zeitschrift „Die Frauenbewegung", Organ des linken Flügels der Frauenbewegung. Nach dem Tod ihres ersten Mannes, des Philosophen und

Mitbegründers der Gesellschaft für ethische Kultur, G. v. Gizycki, heiratete sie 1896 den Sozialdemokraten Heinrich Braun und trat der SPD bei, ohne ihre Kontakte zum linken Flügel der bürgerlichen Frauenbewegung aufzugeben, was zu Spannungen vor allem mit C. Zetkin führte. Seit 1903 lebte sie als freie Schriftstellerin. Weitere Schr. u.a.: Memoiren einer Sozialistin, 2 Bde., 1909-11 **159**,1 *Karl Pearson*, 1857-1936, bedeutender engl. Mathematiker; Mitbegründer der modernen Statistik, 1884-1933 Prof. am University College in London. Schr. u.a.: The Chances of Death and Other Studies in Evolution, 2 Bde. 1897 **159**,2 *Paolina Schiff*, Dr., Prof. an der Universität Pavia, erste Sekretärin der Federazione delle Leghe per la Tutela degli Interessi femminili di Milano; Schr. u.a.: Geschichte der deutschen Literatur nebst Metrik der deutschen Sprache, Mailand 1885; L'Influence della donna sulla pace, Mailand 1888 **159**,3 *Louis Frank:* Die in der Fußn. zit. Schrift erschien in dt. Übers. unter dem Titel: Die Versicherung der Mutterschaft, Leipzig 1902. Louis Frank, 1865-?, Jurist und Anwalt in Brüssel **159**,11 *Gewerbeordnungsnovelle vom 17. Juli 1878:* § 135, Abs. 5 RGO (RGBl. S. 199) sowie § 137, Abs. 5 der Nov. v. 1. Juni 1891. Eine detailliertere Darstellung der gesetzlichen Bestimmungen enthalten folgende Monographien von A. Salomon: Die deutschen Arbeiterinnenschutzgesetze (= Sozialer Fortschritt Nr. 77), Leipzig 1906 und: Mutterschutz und Mutterschaftsversicherung, (= Schr. d. Dt. Ver. H. 84), a.a.O. Zur RGO s. Erl. 38,16 **159**,13 *Krankenversicherungsgesetz vom 15. Juni 1883:* §§ 6, 8, 20 KVG (RGBl. S. 73) und § 21 KVG in der Fassung v. 10. April 1892 (RGBl. S. 379) **160**,Fußn.4 *Ignaz Zadek, Arbeiterinnenschutz*, in: Sozialistische Monatshefte, 7.1901, S. 163-179 **160**,21 *Gemeindeversicherung:* Der Abschnitt „Die Gemeinde-Krankenversicherung", §§ 4-15 KVG, regelte den Versicherungsschutz von Versicherungspflichtigen, die keiner der gesetzlichen Krankenkassen (Orts-, Betriebs-, Bau-, Innungs-Krankenkasse oder Knappschaftskasse) angehörten, sowie von denjenigen, die der Versicherungspflicht nicht unterlagen und deren jährliches Einkommen eine bestimmte Summe nicht überschritt, und den Dienstboten. Träger der Versicherung war die Gemeinde. **160**,30 *Petition zu der ... Abänderung:* „Petition des BDF betreffend Abänderung des Krankenversicherungsgesetzes" [dem Reichstag am 8.12.1901 eingereicht], in: Centralblatt d. BDF, 3.1901/02, S. 137f. **160**,33 *Forderung der sozialdemokratischen Fraktion:* Der in Fußn. 5 genannte Antrag ist auch abgedruckt bei I. Zadek, a.a.O., S. 163-164 **161**,14 *italienische Schutzgesetzgebung:* La difesa della vita. Discorsi alla Camera dei deputati e testo di legge sul lavoro dell donne e dei fanciulli, Roma 1902 **161**,Fußn.9 *Lily Braun,* [Buchbesprechung zu:] Louis Frank, Dr. Keiffer, Louis Maingie, L'Assurance maternelle, Bruxelles, Paris 1897, in: Archiv f. Soziale Gesetzgebung u. Statistik, 11.1897, S. 543-548 **161**,36 *„Von Rechts und Gesundheits wegen ...":* I. Zadek, a.a.O., S. 175 **162**,11 *Dr. med. Agnes Bluhm:* Die Angaben finden sich in dem in Fußn.12 zitierten Artikel in: Th. Weyl (Hg.), Handbuch der Hygiene, Bd. 8, Jena 1897, S. 96. Agnes Bluhm, 1862-1944, Ärztin und Hygienikerin, Pionierin des Frauenstudiums; nach einer Lehrerinnenausbildung studierte sie Medizin in Zürich, spezialisierte sich in München und Wien für Geburtshilfe und Gynäkologie und ließ sich 1890 als dritte Ärztin an der von F. Tiburtius in einem Berliner Arbeiterviertel gegründeten Poliklinik für Frauen nieder. Nach 1918 führte sie als wissenschaftliche Mitarbeiterin im Friedrich-Wilhelm-Institut für Biologie experimentelle Arbeiten durch. Sie erhielt 1931 die Leibniz-Medaille, später die Goethe-Medaille. Schr. u.a.: Allgemeine Gewerbehygiene und Fabrikgesetzgebung (zus. mit E. Roth u. M. Kraft), 1894; verschiedene Beiträge in dem mehrbändigen Handbuch der Hygiene, hrsg. v. Th. Weyl, 1896 ff.; Der Einfluß der gewerblichen Gifte auf den Organismus der Frau, 1910; Die rassenhygienischen Aufgaben des weiblichen Arztes, 1936 **162**,13 *Dollfuß in seinen Mülhausener Fabriken:* Johann [Jean] Dollfus, 1800-1887, Baumwollindustrieller;

entwickelte und vervollkommnete die Kattundruckerei und schuf gemeinnützige Einrichtungen. 1877-87 war er Mitglied des Dt. Reichstages. Er rief zusammen mit anderen Großindustriellen Mühlhausens eine „Association des Femmes en couches de Mulhouse" als Trägerin einer Mutterschaftsversicherung ins Leben, in die Arbeiterinnen und Arbeitgeber zu gleichen Teilen einzahlten und den versicherten Arbeiterinnen für die Dauer ihres Wochenbettes eine Unterstützung in Höhe ihres Lohnes auszahlten. **163,**11 *„das Weib zu einem strebenden ...":* L. Braun, Die Frauenfrage, a.a.O., S. 287 **169,**15 *Invalidenversicherungsgesetz:* Die erste Fassung war das Reichsgesetz betr. die Invaliditäts- u. Altersversicherung v. 22. Juni 1889 (RGBl. S. 97), das durch das Invalidenversicherungsgesetz v. 13. Juli 1899 (RGBl. S. 463) ersetzt wurde. **169,**26 *die Frau nicht nur Schale ...:* Die Formulierung spielt an auf Äußerungen von Laura Marholm in: Das Buch der Frauen, Paris, Leipzig 1895, S. 2: „Das Weib ist seelisch und physiologisch eine Kapsel über einer Leere, die erst der Mann kommen muß zu füllen." **170,**9 *Pearson ... in einem Aufsatz:* K. Pearson, Frauenbewegung und Arbeiterbewegung, in: Die Frau, 16.1908/09, S. 742-754, leicht gekürzte Übersetzung eines Essays von 1894 in: K. Pearson, The Chances of Death and Other Studies in Evolution, London 1897, Bd. 1, S. 226-256

Die weibliche Gewerbeinspektion in Deutschland
Siehe im vorl. Bd. auch S. 43-46

172,7 *Aus Berlin kann berichtet werden ...:* s. Jahres-Bericht d. Königl. Preuß. Regierungs- u. Gewerberäte f. 1901, Berlin 1902, S. 41 **172,**10 *In Gladbach hat die Beamtin ...:* s. a.a.O., S. 259 **172,**19 *Aus dem Berliner Bezirk ...:* s. a.a.O., S. 41-66, bes. S. 46. Zur Konfektionsindustrie s. im vorl. Bd. auch S. 123-131 **172,**38 *Aus dem Breslauer Regierungsbezirk ...:* s. Jahres-Bericht ..., a.a.O., S. 77-93, bes. S. 92 **173,**14 *„Sie erhalten gegen Zahlung ...":* a.a.O., S. 61 **173,**26 *Gründung des ersten Berliner Arbeiterinnenheims:* s. im vorl. Bd. S. 65-71 **173,**39 *„Es giebt eben Dinge ...":* O. Olberg, Das Elend in der Hausindustrie der Konfektion, Leipzig 1896, S. 47; zu O. Olberg s. Erl. 298,26 **174,**12 *„In einer Steingutfabrik ...":* Jahres-Bericht ..., a.a.O., S. 118 (Ergänzungen) **174,**24 *In den Deckräumen einer Zuckerraffinerie ...:* s. a.a.O., S. 11 **175,**3 *Kinderheim der Aktiengesellschaft:* s. a.a.O., S. 99 **175,**24 *„Wenn die Stimme der Blutsverwandtschaft ..."* J.J. Rousseau, Emile oder Über die Erziehung, Langensalza 1893, 1. Buch § 54, S. 21-22 (mit dieser Übersetzung ist die von A. Salomon zitierte nicht völlig identisch). Jean Jacques Rousseau, 1712-1778, frz. zivilisationskritischer Philosoph und Schriftsteller der Aufklärung, der mit dem Briefroman „Die neue Héloise" (1761) und dem Erziehungsroman „Emile" (1762) nachhaltige Wirkung erlangte. In der Frauenbewegung riefen seine Schriften zum Teil heftige Kritik hervor wegen des darin beschriebenen Frauenbildes, auf das sich auch die Gegner der Frauenemanzipation beriefen. **175,**31 *„Was die beiden weiblichen Aufsichtsbeamten ...":* Jahresberichte d. Königl. Bayer. Fabrik- u. Gewerbe-Inspektoren f. 1901, München 1902, S. XII **176,**28 *„Mit dem Erscheinen der Assistentin ...":* a.a.O., S. 3 **176,**40 *Mehrfach hatte sie zu beanstanden, daß Wöchnerinnen ...:* s. a.a.O., S. 7 **177,**8 *„Die Konstatierung einer Übertretung ...":* ebd. (geringfügige Ergänzung) **177,**17 *Aus Niederbayern lautet der Bericht:* s. a.a.O., S. 30 **177,**25 *„daß sich die Annäherung ...":* a.a.O., S. 46 (geringfügige Ergänzungen) **177,**32 *Der ... Inspektor der Oberpfalz bemerkt ...:* s. a.a.O., S. 71 **177,**38 *„In der Stellung zu den Arbeitgebern ...":* a.a.O., S. 123 (kleine Kürzungen) **178,**4 *in der Cigarrenindustrie ...:* s. a.a.O., S. 126 **178,**16 *„Diese Erscheinung trat unter dem Druck ...":* a.a.O., S. 92 **178,**28 *dunkel sieht es in Sachsen aus:* Jahres-Bericht d. Königl. Sächs. Gewerbe-Aufsichtsbeamten f. 1901, Berlin 1902, S. 3, 83, 174, 339 **179,**66 *„An Bureaustelle haben verhältnismäßig ...":* a.a.O., S. 3

179,22 *So gingen einer Vertrauensperson ...:* s. a.a.O., S. 268 **179,**34 *„Sehr schwer bleibt es ...":* a.a.O., S. 174 **180,**10 *die Dresdener Vertrauensperson ...:* s. a.a.O., S. 168f., 173f. **180,**13 *Posamentenbranche:* Bezeichnung für die Verfertigung von Borten, Tressen, Schnüren, Quasten, Fransen u.ä., die zum Verzieren von Kleidung, textilen Wand- und Fensterdekorationen sowie Polstermöbeln verwendet werden. **180,**30 *„die ihren Bedürfnissen naturgemäß ...":* a.a.O., S. 174 **181,**3 *„daß die Besitzer dieser Fabriken ...":* a.a.O., S. 339 (kleine Umstellungen) **181,**14 *Klagen über die in den Konfektionswerkstätten ...:* s. a.a.O., S. 193f. **181,**33 *„Er habe in seinem eigenen Betriebe ...":* ebd. **182,**14 *„daß Fräulein Dr. von Richthofen ...":* Jahresbericht d. Großherzogl. Badischen Fabrikinspektion f. 1901, Karlsruhe 1902, S. 1-2 (Kürzungen) **182,**33 *Die Inspektorin selbst berichtet ...:* s. a.a.O., S. 5-6. Elisabeth von Richthofen, verh. Jaffé-Richthofen, 1874-1973, wurde mit 17 Jahren Lehrerin, studierte in Heidelberg und Berlin und promovierte bei Max Weber als dessen erste Studentin mit der Arbeit „Über die historischen Wandlungen in der Stellung der autoritären Parteien zur Arbeiterschutzgesetzgebung und die Motive dieser Wandlungen", Heidelberg [Phil. Diss.] 1901. 1900 hatte sie als erste Frau in Baden die Stelle eines „wissenschaftlich gebildeten Hülfs-Beamten der Fabrik-Inspektion" inne (Jahresbericht, a.a.O., S. 853). 1902-1903 war sie Schriftführerin der Kommission für Arbeiterinnenschutz beim BDF unter dem Vorsitz von A. Salomon. Nach ihrer Eheschließung 1902 mit dem Soziologen E. Jaffé, dem späteren Minister der Münchner Räterepublik, beendete sie ihre berufliche Laufbahn. Im liberalen akademischen Heidelberg war sie einer der gesellschaftlich-geistigen Mittelpunkte. Durch sie wurde A. Salomon mit M. Sering bekannt, der sie zum Studium anregte.

Der Schutz der Kinder vor Mißhandlungen

184 * Die Jugendfürsorge s. Erl. 64* **184,**13 *Erlaß der ersten Schutzgesetze 1839 und 1853:* nach dem engl. Vorbild von 1833 wurde in Preußen das Fabrikregulativ zur Kinderarbeit vom 9. März 1839 erlassen. Darin war Kinderarbeit bis zum Alter von einschließlich 8 Jahren verboten. Die Arbeit von Kindern und Jugendlichen bis 16 Jahren wurde auf 10 Stunden incl. einer 1 ° Stunden Pause begrenzt. Sonn-, Feiertags- und Nachtarbeit waren verboten. Außerdem mußten Arbeitsverzeichnisse über die beschäftigten Jugendlichen geführt werden. Das Gesetz vom 16. Mai 1853 sah die Einrichtung einer staatl. Inspektion vor und weitete das Kinderarbeitsverbot bis zum 12. Lebensjahr aus. Die Arbeitszeit für Kinder zwischen 12 u. 14 Jahren wurde auf 6 Stunden (zuzügl. Pausen) begrenzt. **184,**14 *Minister von der Heydt,* August Freiherr, 1801-1874, Elberfelder Bankier und preußischer Minister für Handel u. Gewerbe, 1848-62, und Finanzminister, 1862-69; vertrat eine liberale Wirtschaftspolitik. **187,**35 *Fürsorgeerziehungsgesetz:* Gesetz über die Fürsorgeerziehung Minderjähriger vom 2. Juli 1900 (Ges. Samml. S. 264), es trat am 1. April 1901 in Kraft und regelte auf der Basis der §§ 1666 und 1838 BGB die näheren Umstände von Zwangserziehungsmaßnahmen. Damit war die gesetzliche Grundlage für den Eingriff in die „elterliche Gewalt" geschaffen, die es bis dahin nur indirekt, etwa durch die Schulpflicht, gegeben hatte. **188,**1 *Benjamin Waugh, Reverend,* 1839-1908, brit. Pfarrer und Förderer des Kinderschutzes; war 1870-76 Mitglied der Londoner Schulbehörde, 1889-1905 Direktor der National Society for the Prevention of Cruelty of Children. Schr. u.a.: The Gaol Cradle, Who rocks it? a Plea for the Abolition of Juvenile Imprisonment **189,**Fußn.3 Die *Mitteilungen des Vereins zum Schutz der Kinder vor Ausnutzung und Mißhandlung* waren seit 1899 zugleich Beilage der Monatsschrift „Cornelia". In der Rubrik „Verschiedenes" wurden Fälle aus Gerichtsverfahren dargestellt, die zu strafrechtlichen Verurteilungen führten, und Fälle, in denen der Verein eingegriffen hatte. Dem

Vorstand des Vereins gehörten neben dem Vorsitzenden, Generalleutnant v. Pelet-Narbonne, dem Frhr. von Soden, Prof. f. Theologie an der Universität Berlin, die Ehefrau von G. Schmoller, die Freiin von Richthofen u.a. an.

Zur Geschichte der Frauenbildung

190 * Ethische Kultur, s. Erl. 142* **190,20** *Die Geschichte der Frauenbildung:* G. Bäumer, Geschichte und Stand der Frauenbildung in Deutschland, in: Handbuch der Frauenbewegung, hrsg. v. H. Lange u. G. Bäumer, Bd. 3, Berlin 1902; Gertrud Bäumer, 1873-1954, Politikerin und Schriftstellerin, einflußreiche Vertreterin des gemäßigten Flügels der Frauenbewegung; nach Lehrerinnenausbildung und -tätigkeit, besuchte sie 1898-1900 den Oberlehrerinnenkurs am Viktoria-Lyzeum in Berlin, studierte Theologie, Germanistik und Philosophie an der Universität Berlin und promovierte 1905. Sie arbeitete als Publizistin, unterrichtete an der Sozialen Frauenschule in Berlin und leitete 1917-19 die Soziale Frauenschule in Hamburg. 1910-1919 war sie Vorsitzende des BDF, bis 1933 stellvertretende Vorsitzende und initiierte 1914 zusammen mit anderen den Nationalen Frauendienst. Sie gehörte 1919 zu den Gründern der Deutschen Demokratischen Partei, war Abgeordnete in der Nationalversammlung und im Reichstag bis 1933 sowie 1920 erste Ministerialrätin (im Reichsinnenministerium: Schulreferat und Jugendwohlfahrt). 1933 wurde sie ihrer Ämter enthoben und lebte danach als freie Schriftstellerin. 1949 beteiligte sie sich an der Gründung der CSU. Sie gab mit H. Lange (Erl. 9,13) das 5 bändige Handbuch der Frauenbewegung (1901-1905) heraus, war Herausgeberin der Zs. „Die Frau" (1920-1944), Redakteurin der Zs. „Neue Bahnen" (1907-1910), Mitredakteurin der von F. Naumann hrsg. Zs. „Die Hilfe" (1912-1944). Sie hinterließ ein umfangreiches schriftstellerisches Werk. **192,7** *„Die Bestimmung der Frau ...":* G. Bäumer, a.a.O., S. 55. Das Zitat ist der Anfang einer Rousseau-Zusammenfassung von G. Bäumer. **192,11** *„daß ihre Unfähigkeit ...":* a.a.O., S. 57 (kleine Kürzungen) **192,13** *„um dem zufälligen Beurteiler ...":* vgl. G. Bäumer a.a.O., S. 57, und J.B. Basedow, Das Methodenbuch für Väter und Mütter der Familien und Völker (1770), in: J.B. Basedows Ausgewählte Schriften, Hg.: H. Göring, Langensalza 1880, S. 182, dort heißt es wörtlich: „Mädchen müssen lernen, verständlich und mit Anstand zu sagen, was sie sich zu sagen vernehmen; sie müssen vernehmlich und der Sachkenntnis gemäß lesen; aber rednerisch oder theatermäßig deklamiren zu können, ist ihnen überflüssig. Man muß sie leserlich und mit solchen Zügen schreiben lehren, daß der Anblick keinen Ekel verursache." - Johann Bernhard Basedow, 1724-1790, Erziehungs- und Schulreformer, Begründer der philantropischen Bewegung und Hauptvertreter der Aufklärungspädagogik in Deutschland; setzte sich für Unterricht, in der Muttersprache in modernen Sprachen, Naturwissenschaften und Sport ein. Schr. u.a.: Vorstellung an Menschenfreunde, 1768; Elementarbuch für die Jugend, 1770 **192,13** *Campe,* Joachim Heinrich, 1746-1818, Aufklärungstheologe, Pädagoge und Schriftsteller; Lehrer von Wilhelm und Alexander v. Humboldt, Mitarbeiter von Basedow, gilt als Begründer der Jugendunterhaltungsliteratur, Schr. u.a.: Robinson der Jüngere, 1779; Väterlicher Rat an meine Tochter, 1789 **192,13** *das Weib „schwach, klein, zart...":* zit n. G. Bäumer a.a.O., S. 58 **192,21** *„daß das Weib alles mehr ...":* a.a.O., S. 84 **192,30** *„Ihr war die wirtschaftliche Frauenfrage ...":* a.a.O., S. 105 **192,34** *Ulrike Henschke,* 1834-1897, geb. Benas, stammte aus einer angesehenen polnisch-preuß., jüdischen Kaufmannsfamilie, Schwester von H. Goldschmidt (Erl. 91,7). Sie setzte sich besonders für die Mädchenbildung ein, gehörte dem Vorstand des Lettevereins (Erl. 31,13) und dem Kuratorium des Viktoria-Lyzeums an und gründete 1878 die Viktoria-Fortbildungsschule in Berlin mit einer kaufmännischen, gewerblichen und hauswirtschaftlichen Abteilung unter dem Protektorat der Kronprinzessin Viktoria (Erl. 3,1). Schr.: Die Bedeutung des Vereinslebens für die Frauen, 1866; Zur Frauenunterrichtsfrage in Preußen, 1870 **192**,34 *Luise Büchner:* s. Erl. 91,5 **192**,35 *Tinette Homberg,* 1797-1877, Pädagogin und Schriftstellerin; zunächst Lehrerin und Erzieherin, leitete sie später ein Pensionat in Krefeld und lebte seit 1835 als freie Schriftstellerin und Übersetzerin. Sie setzte sich für wissenschaftliche Mädchenbildung und Lehrerinnenausbildung ein. Schr. u.a.: Antigone, 1839; Über die sg. Emancipation der Frauen, 1839; Gedanken über Erziehung und Unterricht. Mit e. Vorw. v. A. Diesterweg, Berlin 1844, 2. [erw.] Aufl. 1861; Biographien berühmter Griechen, 1840 **193**,3 *Helene Lange:* s. Erl. 9,13 **193**,9 *„den realistischeren Charakter zu geben ...":* G. Bäumer, Geschichte und Stand der Frauenbildung ..., a.a.O., S. 127. Die Mädchenschulreform, die die gesetzliche Grundlage für differenzierte Bildungswege einschließlich des Abiturs schuf, wurde in Preußen erst 1908 rechtskräftig, ebenso wie die reguläre Immatrikulation von Frauen an den Universitäten; s. auch Erl. 373,3 **193**,17 *das amerikanische Unterrichtswesen;* J. Scherzer, Frauenbildung in den Vereinigten Staaten von Amerika, in: Handbuch der Frauenbewegung, a.a.O., S. 435-450 **193**,30 *das ungarische Unterrichtswesen:* R. Schwimmer, Der Stand der Frauenbildung in Ungarn, in: Handbuch der Frauenbewegung, Bd. 3, a.a.O., zu Kindergärten und Präparandien s. S. 192, zu Jugendvereinen S. 193f. **194**,10 *in der Schweiz:* E. Benz, Der Stand der Frauenbildung in der Schweiz, in: Handbuch der Frauenbewegung, Bd. 3, a.a.O., S. 207-235, zur Bekleidung akadmischer Ämter durch Frauen s. S. 235.

Politik und Frauenbewegung

Derselbe Artikel ist auch in der Zeitschrift „Neue Bahnen" im Juni 1903 erschienen; zu der Thematik s. im vorl. Bd. auch S. 361-372

195 * Die Nation, s. Erl. 138* **195**,3 *bei den Wahlen:* Reichstagswahl am 16. Juni 1903 **195**,4 *der Besitz des „allgemeinen" Wahlrechts:* s. Erl. 361,30 **195**,7 *angesichts der schweren Konflikte:* 1902 hatte die Frage der Erhöhung der Getreidezölle zu erheblichen Auseinandersetzung zwischen der Regierung und unterschiedlichen Interessengruppen und politischen Parteien geführt, wie Sozialreformern und Sozialdemokraten, die die Lebensmittelpreise verteuernden Zölle als „Brotwucher" ablehnten, sowie Linksliberalen und exportierenden Industrien, die um ihre Absatzchancen im Ausland fürchteten, einerseits und den preußischen Junkern und dem konservativen Bauernverband andererseits, die die Zölle als zu niedrig, die deutsche Landwirtschaft ruinierend, bekämpften. Im Dez. 1902 wurden die Mindestzölle für Getreide gegen die linke und die rechte Opposition vom Reichstag von 3,50 Mk. auf 5 Mk. pro dz erhöht; s. auch Erl. 99,2 **196**,2 *Bestimmungen des Vereins- und Versammlungsrechtes:* s. Erl. 40,24 **197**,**Fußn.1** G. Bäumer, Die Geschichte der englischen Frauenbewegung, in: Handbuch der Frauenbewegung, Bd. 1, Berlin 1901, S. 225-288; zur Women's Primrose League s. S. 282f. **197**,7 *Women's Liberal Federation*: gegründet 1884; s. ebd. **197**,27 *„keine einzelne Frage ...":* Resolution der Jahresversammlungen von 1899 und 1900 der Women's Liberal Federation, zit. n. G. Bäumer, Politik und Frauenbewegung, in: Die Frau, 8.1902/03, S. 260 **197**,33 *„Viele von uns haben ein starkes Interesse ...":* aus der Begründung der Resolution, zit. n. G. Bäumer, a.a.O., S. 260 **198**,24 *Wiener Bürgermeister Lueger,* Karl, 1844-1910, österreichischer Politiker; war ab 1885 Mitglied des Reichsrats, gründete 1891 die antisemitisch und antisozialistisch orientierte Christlich-soziale Partei und wurde ab 1897 wiederholt zum Wiener Bürgermeister gewählt. **198**,26 *„Daraus, daß ich kaum mehr ...":* zit. n. G. Bäumer, a.a.O., S. 258 **199**,12 Die *Sozialpolitiker:* s. Erl. 128,18 **199**,35 *der deutsch-evangelische Frauenbund,* 1899 gegründet, wurde von 1901-1934 von Paula Müller (1865-1946) geleitet. Er war konservativ und national orientiert, forderte für die Frauen zwar das Wahlrecht für die kirchliche Gemeindevertretung, den Kirchenvorstand und die Pfarrwahlen, lehnte aber das allgemeine politische Wahlrecht für Frauen ausdrücklich ab. 1908 trat er im Zusammenhang der Diskussion um den § 218 und die Sittlichkeitsfrage dem BDF bei, um dessen konservativen Flügel zu stärken, trat aus Protest gegen die Forderung des politischen Stimmrechts für Frauen 1918 aber wieder aus. **200,23** *Konferenz der sozialdemokratischen Frauen Deutschlands:* s. Erl. 233,22 u. 235,16 **200,27** *„die Forderung kann jedoch...“:* Bericht über die 2. sozialdemokratische Frauenkonferenz in München am 13. u. 14. 9. 1902, in: Protokoll über d. Verhandl. d. Parteitages d. SPD in München 1902, Berlin 1902, S. 302 **200,Fußn.2** *Der deutsche Verein für Frauenstimmrecht* war am 1.1.1902 in Hamburg von A. Augspurg, L.G. Heymann, M. Cauer u.a. gegründet worden, nachdem das öffentliche Eintreten einzelner Frauen für das politische Stimmrecht 1894 im Verein Frauenwohl zu Kontroversen und Austritten geführt hatte. In der Folge übernahm auch der BDF die Stimmrechtsforderung, zunächst als Resolution der Generalversammlung in Wiesbaden im Herbst 1902. Am 4.6.1904 - kurz vor dem Internationalen Frauenkongreß - wurde in Berlin der Weltbund für Frauenstimmrecht gegründet. 1907 nahm der BDF die Stimmrechtsforderung in sein Programm auf.

Wissenschaftliche Bildung und soziale Frauenarbeit

202 * Frauenbildung. Zeitschrift für die gesamten Interessen des weiblichen Unterrichtswesens, hrsg. v. J. Wychgram, führte die seit 1888 erscheinende Zeitschrift „Die Mädchenschule“ weiter als Monatszeitschrift 1902-1923. J. Wychgram, 1858-1927, setzte sich für die Mädchenschulreform ein, 1900-1908 war er Direktor der königl. Augustaschule und des königl. Lehrerinnenseminars in Berlin, ab 1908 Schulrat in Lübeck. Schr. u.a.: Das höhere Mädchenschulwesen in Deutschland, 1896; Frauenbewegung u. Frauenbildung, 1899 **202,2** *Reden an die deutsche Nation:* In der im WS 1807/08 an der Berliner Universität gehaltenen Vorlesung (zuerst ersch. 1808) entwickelte Fichte in Anlehnung an Pestalozzi ein Volkserziehungsmodell (für alle Klassen und beide Geschlechter) zur Verwirklichung einer Freiheit, Vernunft und Sittlichkeit verkörpernden autonomen deutschen Nation, nachdem diese durch Partikularismus und Selbstsucht ihren eigenen Untergang (Niederlage gegen Napoleon 1806) produziert hätte. Die Philosophie Johann Gottlieb Fichtes, 1762-1814, zählt mit der Vorstellung von radikaler Ich-Autonomie (das gesellschaftl. Ich als Schöpfer seiner selbst), dem Primat der Praxis, sittlicher Verantwortung des Ich, der Bindung seiner Freiheit an Pflicht und der Relevanz der Pädagogik zu den ideengeschichtlichen Grundlagen der Frauenbewegung der Jahrhundertwende. U.a. erschien von Marianne Weber „Fichtes Sozialismus und sein Verhältnis zur Marx'schen Doktrin“, in: Volkswirtschaftl. Abhdlg. d. bad. Hochschulen, Bd. 4,3, Tübingen u.a. 1900. **202,2** *"Was wollen denn zuletzt alle unsere Bemühungen [selbst] um die [abgezogensten] Wissenschaften ...“:* Das Zitat ist der 12. Rede „Über die Mittel, uns bis zur Erreichung unsers Hauptzwecks aufrecht zu erhalten.“ entnommen. In: J.G. Fichte, Werke, Bd. 7, hrsg. v. I.H. Fichte, Berlin 1846, S. 453 **202,13** *Der erwachende individualistische Geist ...:* Zur historischen Entwicklung der Frauenbewegung s. im vorl. Bd. S. 393-437 **203,17** *„All' unser girrendes Herzeleid ...“:* Die Verse, die A. Salomon hier zitiert, sind von Ada Christen, 1844-1901, d.i. Christiane von Breden, österreichische Lyrikerin und Erzählerin, deren erotische und soziale Lyrik auf den frühen Naturalismus Einfluß ausübte. Schr. u.a.: Lieder einer Verlorenen, 1868. Das zit. Gedicht findet sich unter der Überschrift „Noth“ in: M. Bern (Hg.), Deutsche Lyrik seit Goethe's Tod, 14. Aufl. Leipzig 1886, S. 52 (kleine Abweichungen). **203,40** *diese Beziehungen ..., die noch so neue:* Seit 1899 wurden in den

„Mädchen- und Frauengruppen für soziale Hilfstätigkeit", deren Vorsitz A. Salomon nach dem Tode J. Schwerins (s. im vorl. Bd. S. 7-19) innehatte, einjährige Kurse veranstaltet; 1900/01 leitete sie dort ihren ersten eigenen Kurs (Armenpflege), ab 1902/03 regelmäßige Kurse (Arbeiterinnenschutz, Sozialpolitische Fragen u.a.). Das Kursprogramm von 1893 bis 1908 findet sich in Erl. 210,18. **204**,34 *„Warum ist es nicht möglich ...":* H. Herkner, Das Frauenstudium der Nationalökonomie [Antrittsrede an der Universität Zürich vom 29.10.1898], in: Archiv f. soziale Gesetzgebung u. Statistik, Sonderdruck, Berlin 1899, S. 42f. Zu H. Herkner s. Erl. 122,3. **204**,39 *„ist Brot so teuer ...":* The Song of the Shirt, 1843, v. Thomas Hood, s. Erl. 142,10 **205**,8 *„Ich habe ... zeitlebens ...":* E. Gnauck-Kühne, Erinnerungen einer freiwilligen Arbeiterin, in: Die Hilfe, 1. Jg., 10.2.1890, S. 3-4 (einige Kürzungen). Zu E. Gnauck-Kühne s. Erl. 110,42 **205**,22 *ähnlich spricht sich ... Beatrice Webb aus:* B. Webb, Aus dem Tagebuch einer Arbeiterin, in: Die Zukunft [M. Harden], 21. Bd. 1897, S. 466-477; orig.: Beatrice Potter, The diary of an investigator, 1888. Zu B. Webb s. Erl. 51,38 **205**,35 *„die Frau, die in der strengen Zucht ...":* H. Herkner, a.a.O., S. 51-52 (einige Umstellungen). A. Salomon gibt in der Fußn. den Titel gekürzt an. **206**,32 *Kingsley:* s. Erl. 80,14 **206**,32 *Ruskin:* s. Erl. 79,6 **206**,39 *Settlements:* s. im vorl. Bd. auch S. 79-82 u. 113-117

Was die Mädchen- und Frauengruppen für ihre Mitglieder bedeuten
A. Salomon verfaßte etliche Artikel über Ziele und Entwicklung der Mädchen- und Frauengruppen (s. im vorl. Bd. S. 79-86 u. 243-247), dazu auch eine umfangreiche Monographie „Zwanzig Jahre soziale Hilfsarbeit", Karlsruhe 1913.

208 * Neue Bahnen, Organ des Allgemeinen Deutschen Frauenvereins, älteste fortlaufend erschienene Zeitschrift der deutschen Frauenbewegung, 1866-1920; Gründerinnen und Herausgeberinnen waren L. Otto-Peters und A. Schmidt, ab 1895 E. Krukenberg, ab 1907 G. Bäumer. A. Salomon publizierte kontinuierlich in der Zeitschrift. – Am Freitag, dem 16.10.1903 wurde das 10jährige Bestehen der Mädchen- und Frauengruppen für soziale Hilfsarbeit mit einer Versammlung im Rathaus Schöneberg festlich begangen. Es sprachen der Pädagoge, Prof. O. Köbner, einer der Gründer, ebenso wie A. Salomon als Vorsitzende seit 1899, und Deligierte öffentlicher Körperschaften und Vereine. Abschließend gab es ein Festessen. **209**,24 *in unserer Denkschrift:* Denkschrift anläßlich des 10jährigen Bestehens der Mädchen- und Frauengruppen für soziale Hilfsarbeit, Berlin 1903 **210**,15 *Es gibt eben Dinge, die man ...:* Die Formulierung ist ein von A. Salomon häufiger benutztes Zitat von Oda Olberg, Das Elend in der Hausindustrie der Konfektion, Leipzig 1896, S. 47; s. auch Erl. 173,39. **210**,18 *die Vorträge von Professor Weber:* gemeint ist Max Weber, 1864-1920, Nestor der deutschen Soziologie, der 1893 Prof. für Handelsrecht an der Universität Berlin war, bevor er in Freiburg, Heidelberg, Wien und München Nationalökonomie und Soziologie lehrte. Ab 1903 gab er das „Archiv für Sozialpolitik und Sozialwissenschaft" heraus und arbeitete im Verein für Sozialpolitik mit. Er war Mitbegründer der Deutschen Demokratischen Partei, der auch A. Salomon anhing. Er war verheiratet mit Marianne W. (Erl. 409,12), die eine bedeutende Rolle in der Frauenbewegung spielte. – Einen guten Eindruck des theoretischen Ausbildungsangebots bietet die Übersicht über das Kursangebot der Berliner Gruppen für soziale Hilfsarbeit 1893-1908, die im Anhang von A. Salomons Schrift „Soziale Frauenbildung", Leipzig u. Berlin 1908, S. 86-89 aufgeführt ist: *1893* Grundzüge der modernen sozialen Entwicklung: Herr Privatdozent Dr. Max Weber – Wohlfahrts-Einrichtung für die arbeitenden Klassen: Herr Dr. Albrecht – Soziale Hilfstätigkeit (besonders durch Frauen) in England und Amerika: Herr L. Katzenstein – Organisation der öffentlichen und privaten Armenpflege; Herr Magistratsassessor Cuno – Grundzüge der Hygiene: Herr Dr. Weyl und Fräulein Dr. A. Bluhm – Gesundheitspflege bei Kindern: Herr Dr. H. Neumann, Privatdozent an der Universität *1894/95* Über die sozialen Verhältnisse der Gegenwart: Herr Dr. Hintze – Ausgewählte Kapitel der Arbeiter-Wohlfahrt: Herr Dr. Albrecht – Frauenpflichten im Haus und in der Gemeinde: Frau Schwerin – Grundzüge der Volksgesundheitspflege: Herr Dr. med. Feund – Gewerbliche Frauenhygiene, Arbeiterschutzgesetzgebung: Fräulein Dr. Bluhm – Kinderschutz vom Säuglings- bis zum schulpflichtigen Alter: Herr Privatdozent Dr. Neumann *1895/96* Besprechungen aus dem Gebiet der Pädagogik – Vorträge über Unterricht und Pflege der Blinden: Herr Direktor Kull – Armen- und Waisenpflege: Frau Schwerin *1896/97* Über Armenpflege und Wohltätigkeit unter Berücksichtigung der angrenzenden Gebiete der Wohlfahrtspflege und mit besonderer Beziehung auf die weibliche Hilfstätigkeit: Herr Dr. Münsterberg – Seminaristische Übungen über Fragen des Armenwesens; Wohltätigkeits- und Wohlfahrtspflege: Herr Dr. Münsterberg *1897/98* Grundlehren der Volkswirtschaft: Dr. v. Wenckstern – Ausgewählte Abschnitte aus der Wohlfahrtspflege: Herr Prof. Dr. Albrecht – Grundlagen der Hygiene: Herr. Dr. Weber – Ausgewählte Kapitel der Armenpflege, insbesondere der neuen Zentralisationsbestrebungen, Fürsorge für Kranke, Hauspflege: Herr. Dr. Münsterberg – Seminaristische Übungen für vorgeschrittene Hörerinnen: Herr Dr. Münsterberg *1898/1899* Armenpflege und Wohltätigkeit: Herr Stadtrat Dr. Münsterberg – Ausgewählte Kapitel aus dem Wirtschaftsleben: Herr Geh.-Rat v. Massow, Herr Magistratsassessor Herzfeld, Frau Jeannette Schwerin, Herr Dr. J. Feig, Fräulein Helene Simon und andere – Bürgerkunde: Herr Landgerichtsrat Dove – Pädagogischer Kursus im Pestalozzi-Fröbelhaus *1899/1900* Staat und Gemeinde, Grundzüge der deutschen Verfassung: Herr Privatdozent Dr. Hugo Preuß – Armenpflege und Wohltätigkeit: Herr Stadtrat Dr. Münsterberg – Pädagogischer Kursus im Pestalozzi-Fröbelhaus *1900/01* Grundlagen und Ziele der Wohlfahrtspflege: Herr Stadtrat Münsterberg – Ausgewählte Kapitel aus dem Familienrecht des bürgerlichen Gesetzbuches: Frau Dr. jur. Raschke – Armenpflege, mit besonderer Berücksichtigung der Berliner Wohlfahrtseinrichtungen: Frl. Alice Salomon – Pädagogischer Kursus im Pestalozzi-Fröbelhaus *1901/02* Einführung in die praktische Armenpflege unter besonderer Berücksichtigung der Frauentätigkeit: Herr Stadtrat Münsterberg – Ausgewählte Kapitel aus dem Familienrecht des Bürgerlichen Gesetzbuches: Herr Amtsgerichtsrat Köhne – Die Stellung des Handels in der modernen Volkswirtschaft: Herr Dr. Ellstaetter – Pädagogischer Kursus im Pestalozzi-Fröbelhaus *1902/03* Grundlagen der öffentlichen Verwaltung und der Wohlfahrtspflege: Herr Stadtrat Münsterberg – Wohnungsfrage: Herr Dr. Eberstadt – Kinderschutz: Herr Lehrer Konrad Agahd – Arbeiterinnenfrage: Fr. Zepler, Frl. Alice Salomon , Frl. Dr. Gottheiner, Frl. Adele Schreiber – Pädagogischer Kursus – Volkswirtschaftslehre: Frl. Alice Salomon *1903/04* Einführung in die Armenpflege: Herr Stadtrat Dr. Münsterberg – Die deutsche Versicherungs-Gesetzgebung: Herr Magistratsassessor Le Viseur – Sozialpolitische Fragen: Frl. Alice Salomon – Besprechungen über praktische Armenpflege: Frau Minna Gusserow *1904/05* Volkswirtschaftliche Theorien: Frl. Alice Salomon – Besprechung über praktische Armenpflege. Frau Minna Gusserow – Öffentliches Recht. Privatrecht und Strafrecht: Herr Stadtrat Münsterberg – Kursus der Krankenpflege mit Demonstrationen, Übungen und Exkursionen: Dr. E. Israel – Soziale Erziehungsfragen, Anleitung zur Hilfsarbeit in Kindergärten, Horten usw.: Frl. Gierke – Jugendfürsorge: Herr Assessor Dr. Friedeberg *1905/06* Soziale Geschichte Frankreichs, Englands, Deutschlands seit der großen Revolution und das Entstehen der modernen Arbeiterfrage: Frl. Alice Salomon – Einführung in die Theorie und Praxis des Armenwesens: Herr Stadtrat Münsterberg – Überblick über die für soziale Hilfsarbeit wichtigsten

Rechtsgebiete: Herr Dr. Friedeberg – Ausgewählte Kapitel aus der Hygiene: Frl. Dr. Bluhm – Soziale Pädagogik: Frl. Dr. Bäumer *1906/07* Volkswirtschaftslehre: Familie, Staat und Unternehmung als Träger des Wirtschaftslebens: Frl. Alice Salomon – Einführung in die Praxis der armenpflegerischen Tätigkeit: Herr Dr. Münsterberg – Öffentliche und private Versicherung: Herr Amtsrichter Dr. Friedeberg – Einführung in die praktische Erziehung mit besonderer Berücksichtigung der Tätigkeit in Kindergärten und Horten: Frl. Lilli Droescher – Soziales Denken und soziale Pflichten als Weltanschauungsfrage: Frl. Dr. Bäumer *1907/08* Fragen der Wirtschaftspolitik: Frl. Alice Salomon – Grundlagen der Wohlfahrtspflege: Herr Dr. Münsterberg – Besprechungen über armenpflegerische Tätigkeit: Herr Dr. Albert Levy – Die preußische und die deutsche Verfassung: Frl. Oberlehrerin M. Treuge – Einführung in die praktische Erziehung: Frl. Lilli Droescher – Fragen aus dem Gebiete der Jugendfürsorge: Frl. Dr. jur. de Waal **211**,39 *„und was man ist, das blieb man andern schuldig“:* Prinzessin zu Leonore über das Maß ihrer Bildung, J.W. v. Goethe, Torquato Tasso 1. Akt, 1. Sz., Vers 106.

Crimmitschau!

212,1 *Crimmitschau:* Kleinstadt in der Nähe von Zwickau **212**,9 *Rudolf Martin hat in seiner Studie:* R. Martin, Die Ausschließung der verheirateten Frauen aus der Fabrikarbeit, eine Studie an der Textilindustrie, in: Zs. f. d. ges. Staatswissenschaft, 52.1896; R. Martin, 1867-1916, Jurist und Statistiker im Kaiserl. Stat. Amt. **212**,10 *Vigognespinnerei:* s. a.a.O., S. 131; Technik zur Herstellung sg. Streichgarne aus Schaf- und Lamawolle **212**,10 *Buckskinfabrikation:* s. ebd.; Herstellung von kräftig gewalkten Geweben aus Streichgarn, bes. Herrenanzugstoffe **212**,12 *Die Zahl der darin beschäftigten Arbeiter ...:* s. a.a.O., S. 131 **212**,15 *in der gesamten sächsischen Industrie ...:* a.a.O., S. 117-118 **212**,18 *42% verheiratet ...:* a.a.O., S.127-133 **213**,16 *Ehepaar Webb:* s. Erl. 51,38 **213**,39 *Festlegung eines 10stündigen Arbeitstages:* Obwohl die Forderung nach dem Zehnstundentag die gemäßigte Fassung der weitergehenden und bereits von R. Owen 1817 erhobenen Forderung nach einem Achtstundentag für alle Arbeiter beiderlei Geschlechts war, konnte er in Deutschland erst 1912 durchgesetzt werden; s. im vorl. Bd. auch S. 218-228, 365f. u. Erl. 366,4 **214**,2 *„Erst der Mangel an ...“:* Soziale Praxis, 12.1902/03, Sp. 1259f. **216**,7 *„So werden Millionen ...“:* a.a.O., 13.1903/04, Sp. 170 (geringe Umstellung) **216**,17 *„Während die Arbeitgeber ...“:* a.a.O., Sp. 280 **217**,15 *Schmutzkonkurrententum:* Konkurrenz durch billig, unter Wert verkaufte Arbeitskraft; s. im vorl. Bd. auch S. 280-296 **217**,23 *Die Crimmitschauer Arbeiterinnen verdienen ...:* In einer Fußn. wird auf eine Notiz und einen Aufruf in derselben Nummer des Centralblattes hingewiesen. In der Notiz wird eine öffentliche Versammlung am 6.1.1903 in Berlin angekündigt, „die zu der Aussperrung der Crimmitschauer Arbeiter Stellung nehmen wird“, Ref. u.a. A. Salomon, Else Lüders, die auch „Sympathiekundgebungen zu der Versammlung und Geldsendungen für die Crimmitschauer Arbeiterinnen“ entgegennehmen (Centralblatt d. BDF, 5.1903/04, S. 151). Nach Informationen zu Forderungen und Verlauf des Arbeitskampfes heißt es: „Die deutsche Arbeiterwelt gibt glänzende Beweise ihrer Solidarität. Die deutschen Frauen dürfen nicht zurückbleiben, wo Tausende von Arbeiterinnen in Not sind [...]“. Der Aufruf ist unterzeichnet von A. Salomon, H. Lange, M. Stritt, M. Cauer, A. Simson, A. Pappritz, E. Jaffé-Richthofen und E. Lüders. Einen Monat vorher war der Aufruf des Pastors Kötschke an die bürgerlichen Frauen, den Streik zu unterstützen, abgedruckt worden (Centralblatt d. BDF, 5.1903/04, S. 135).

Crimmitschau

218 * Soziale Praxis, s. Erl. 86* **218**,4 *Bei meinem Aufenthalt in Crimmitschau:* In ihren Lebenserinnerungen schreibt A. Salomon dazu: „Während eines Arbeitskampfes, der heftige Aufregungen und Widersprüche hervorrief, entschloß ich mich, selbst zu sehen, was hier getan werden konnte. [...] Weihnachten fuhr ich dorthin, ohne eingeladen zu sein, um mit den Arbeitgebern, dem Bürgermeister, den Vertretern von Regierung und Kirche zu sprechen. [...] Ich diskutierte die Probleme mit den Arbeiterführern und besuchte die Wohnungen der Arbeiter." Als Ergebnis formuliert sie: „Meine Reise blieb erfolglos. Das Einzige was ich tun konnte, war die öffentliche Meinung durch Artikel aufzurütteln." (A. Salomon, Charakter ist Schicksal, Weinheim, Basel 1983, S. 60-62) **219**,32 *Zehnstundentag:* s. Erl. 213,39 **221**,4 *daß eine Berührung der Ankommenden mit den [Kämpfenden] unmöglich gemacht wird:* im Original enthält der Satz einen offensichtlichen Druckfehler: „bei der Ankunft von Arbeitswilligen sorgt eine ganze Schar von Gendarmen dafür, daß eine Berührung der Ankommenden mit den Arbeitswilligen unmöglich gemacht wird". Der Begriff „Kämpfende" wurde in Anlehnung an eine Resolution der Crimmitschauer Arbeiter vom 10.12.1903 gewählt. Das Wort Streikende wurde von A. Salomon, wie in bürgerlichen Blättern überhaupt, eher vermieden. Es wäre hier insofern problematisch, als sich an dem Kampf auch die Ausgesperrten, die nicht gestreikt hatten, beteiligten. **221**,7 *meine ... Behauptung „die Arbeiter ...":* Centralblatt d. BDF, 5,19 v. 1.1.1904, S. 151; s. auch Erl. 217,23 **222**,11 *Martinschen Erhebungen:* R. Martin, Die Ausschließung der verheirateten Frauen aus der Fabrikarbeit, in: Zs. f. d. ges. Staatswissenschaft, 52.1896, S. 388, s. Erl. 212,9 **222**,20 *Krempelausputzer:* Krempel ist die Bezeichung für eine Kratzmaschine in der Wollspinnerei, die die gewaschene, aufgelockerte und gefettete Rohwolle zu Vlies oder Flor aufbereitet, der dann in Bänder unterteilt zu Garn versponnen werden kann. **222**,22 *Drussiererin:* Krempelmädchen **223**,2 *Professor Gruber hat in seinem Gutachten:* M. v. Gruber, in: Soziale Praxis, 13.1903/04, Sp. 397; Max v. Gruber, 1853-1927, Hygieniker und Bakteriologe; Prof. in Graz, Wien und München, gilt als Mitschöpfer der modernen Hygiene, machte sich um die Bekämpfung der Volkskrankheiten verdient und maß hierbei dem Volksbildungswesen große Bedeutung bei. **225**,17 *Schnittwarengeschäft:* Verkauf aller Waren, die mit der Schere abgeschnitten werden, wie Stoffe, Bänder etc. **226**,2 *die Böhmertschen Verhandlungen:* Ein Vermittlungsversuch von V. Böhmert zur stufenweisen Reduzierung der Arbeitszeit auf 10 Stunden war an der Ablehnung der Unternehmer gescheitert (s. hierzu Meldungen in: Soziale Praxis, 13.1903/04, Sp. 362 u. 7.1.04, Sp.390). Viktor Böhmert, 1829-1918, Volkswirtschafter, Statistiker und Sozialpolitiker; war ab 1866 Prof. für Volkswirtschaftslehre in Zürich, 1875-1885 Direktor des Sächsischen Statistischen Landesamtes und 1895-1903 Prof. an der TH Dresden. Er setzte sich für die Reform der Armenpflege und die Bekämpfung der Trunksucht ein. Schr. u.a.: Der Sozialismus und die Arbeiterfrage, 1872; Das Armenwesen in 77 deutschen Städten und Landarmenverbänden, 1886 **227**,19 *Ministerialdirektor Roscher:* Sein Vermittlungsversuch scheiterte am 4.1.1904; Karl Roscher, 1846-1920, Jurist, Volkswirtschafter, hoher sächsischer Beamter ab 1879 im Innenministerium; Schr. u.a.: Die Beteiligung der evangelischen Geistlichen an der sozialen Bewegung unserer Zeit, 1878 **228**,6 *Sollen sie vergeblich gekämpft haben?:* Der Streik wurde am 18.1.1904 auf Empfehlung der Streikleitung bedingungslos von den Arbeitern beendet, nachdem zunehmend Arbeiter von auswärts herangezogen worden waren, der Verlust der Arbeitsplätze durch den ökonomischen Schaden befürchtet wurde, das strikte Versammlungsverbot die Streikfront zu schwächen drohte und die harte Position der örtlichen Unternehmer breite Unterstützung fand (vgl. „Die Lehren von Crimmitschau", in: Soziale Praxis, 13.1903/04, Sp. 449-454).

Der Internationale Frauenkongress

228 * Soziale Praxis, s. Erl. 86* **228,14** *Internationalen Frauenkongreß:* Ein internationaler Kongreß wurde jeweils im Anschluß an die alle 5 Jahre stattfindenden Generalversammlungen des Internationalen Frauenbundes/ICW durchgeführte. Der erste Kongreß hatte 1893 in Chicago (Erl. 17,4) stattgefunden, von ihm war der Anstoß zur Gründung des BDF ausgegangen (Erl. 13,27). Die Vorbereitung des Kongresses in Berlin wurde von mehreren Komitees geleistet. A. Salomon gehörte als Vorstandsmitglied des BDF dem Organisationskomitee an. Das Kongressprogramm ist veröffentlicht in: Handbuch für die III. Generalversammlung des Internationalen Frauenbundes in Berlin vom 6.-11. Juni 1904, Berlin [1904]; der Verlauf des Kongresses ist dokumentiert in: Der Internationale Frauen-Kongreß in Berlin 1904. Bericht mit ausgewählten Referaten, hrsg. v. M. Stritt, Berlin [1904] **229,20** *Sektionen:* A. Salomon war Vorsitzende der Sektion II. „Frauen-Erwerb und -berufe". **229,35** *Alle Kulturstaaten hatten studierte Frauen:* Aus den USA referierten die Predigerin, Reverend A.H. Shaw, und die Advokatin, Mrs. M.L. Carr. In den USA, England, der Schweiz, Belgien u.a. wurden Frauen seit den letzten Jahrzehnten des 19. Jh.s zunehmend zum Studium bzw. zur Ablegung akademischer Prüfungen zugelassen. In den USA studierten 28.000 Frauen, im Unterschied zu Deutschland, wo Frauen erst 1908 das Recht zur Immatrikulation erhielten (Erl. 311,13). **229,41** *Ausstellungen im Lettehaus und im Pestalozzi-Fröbelhaus:* Beide Einrichtungen zeigten Arbeiten ihrer Schülerinnen, das Lettehaus (Erl. 31,13) aus den Bereichen der Bildenden Künste, des Kunstgewerbes und der Photographie, das Pestalozzi-Fröbelhaus (Erl. 5,11 u. 5,12) selbstgefertigtes Spielzeug u.a. sowie Arbeiten der Kinder aus dem Kindergarten und -hort. **230,29** *die deutschen Arbeiterinnen ... durch politische Gegensätze:* zum Konflikt zwischen bürgerlicher und sozialdemokratischer Frauenbewegung in der Sicht von A. Salomon s. im vorl. Bd. S. 36-42, 233-240, 315-317 **230,34** *Diskussion über die Dienstbotenfrage:* Referate hielten Regine Deutsch, Vorsitzende des „Vereins für die Interessen der Hausangestellten" zur „Dienstbotenfrage in Deutschland", und die Ehrenpräsidentin des amerik. Nationalvereins der farbigen Frauen, M.Ch. Terrell. **231,3** *von der badischen Fabrikinspektorin:* M. Baum (Erl. 270,20) **231,5** *eine englische Sanitätsinspektorin:* M.L. O'Kell **231,7** *von Seiten einer deutschen Sozialdemokratin:* L. Braun (Erl. 158,18), Der Internationale Frauen-Kongreß ..., a.a.O., S. 519f. u. 549 **231,9** *einer schweizerischen Arbeiterin:* Frau Adam aus Bern **231,25** *rechtliche Stellung des unehelichen Kindes* und seiner Mutter: Referat der Münchener Juristin F. Duensing; a.a.O., S. 434-444 **231,28** *eine weibliche Abgeordnete:* aus den USA referierte M.S. Horne über „The possibilities of the Woman Legislator", a.a.O., S. 547, in einigen amerik. Staaten hatten die Frauen bereits das volle politische Wahlrecht. **231,33** *„Frauenlöhne":* Die Leitung dieser Abendveranstaltung hatte A. Salomon, Vorträge hielten: M. Lang (Wien): „Die unbewertete Arbeit der Hausfrau", Lady Aberdeen (England): „Gleicher Lohn für gleiche Leistung" u.a.; s. Handbuch, a.a.O., S. 100; s. im vorl. Bd. auch S. 280-296 **231,33** *„das Verhältnis der Frauenbewegung zu den politischen und konfessionellen Parteien":* Vorträge hielten M.W. Sewall (1844-1920, amerik. Pädagogin und Frauenrechtlerin, 1899-1904 Präsidentin des ICW) und I. Freudenberg (Erl. 399,37); s. a.a.O., S.100; s. im vorl. Bd. auch S. 195-201 **232,22** *Einer eigenartigen Veranstaltung:* Für diese Veranstaltung war A. Salomon verantwortlich, es sprachen: G. Bäumer „Neue geistige Entwicklungsmöglichkeiten", L. Dröscher „Beruf und Lebensinhalt"; B. Pappenheim „Soziale Hilfsarbeit"; s. a.a.O., S.95 **233,1** *Schlußversammlung des Kongresses:* Es sprach Ch.P. Gilman (Erl. 417,12): „Eine neue Theorie der Frauenfrage"; s. Der Internationale Frauen-Kongreß ..., a.a.O., S. VII; zu Ch. P. Gilmans Theorie s. im vorl.

Bd. S. 417-420. **233**,2 *„Nicht die gleiche Rechtsstellung ...“:* vgl. H. Lange, Das Endziel der Frauenbewegung, in: a.a.O., S. 611 u. 615

Sozialdemokratie und Frauenbewegung
Siehe hierzu im vorl. Bd. auch S. 36-43 u. 315-318

233,21 *Versammlung des deutsch-evangelischen Bundes:* 5. Generalversammlung des Deutsch-Evangelischen Frauenbundes vom 14.-16.9.1904 in Hameln; Berichte in: Evangelische Frauenzeitung, 5.1904, Nr. 1-7; zum Deutsch-Evangelischen Frauenbund s. Erl. 199,35 **233**,22 *Konferenz der sozialistischen Frauen:* 17.-18.9.1904 in Bremen; s. „Bericht über die 3. sozialdemokratische Frauenkonferenz in Bremen“ in: Protokoll über d. Verhandl. d. Parteitages d. SPD in Bremen 1904, Berlin 1904, S. 328-374 **235**,16 *Klara Zetkin*, 1857-1933, geb. Eißner, Führerin der sozialdemokratischen Frauenbewegung; nach Besuch des Lehrerinnensemnimars von A. Schmidt (Erl. 91,5) in Leipzig 1872-78, arbeitete sie als Erzieherin. Sie nahm an Sitzungen des Allgemeinen Deutschen Frauenvereins teil und gewann gleichzeitig Kontakt zur Arbeiterbewegung. Nach Erlaß der Sozialistengesetze 1878 ging sie zunächst nach Zürich als Mitarbeiterin des illegalen „Sozialdemokrat“, später nach Paris, wo sie mit dem russischen Emigranten, Ossip Zetkin, mit dem sie zwei Söhne hatte, bis zu dessen Tod 1889 zusammenlebte. 1889 vertrat sie auf dem internationalen Arbeiterkongreß in Paris zum ersten Mal ihr Konzept zum Zusammenhang von Frauenfrage und sozialer Frage und wurde nach Aufhebung der Sozialistengesetze 1890 maßgebliche Organisatorin und Theoretikerin der sozialdemokratischen Frauenbewegung in Deutschland, deren publizistisches Organ „Die Gleichheit“ sie von 1892-1917 herausgab. Sie bekleidete viele auch internationale Funktionen. 1917 wurde sie wegen ihrer Antikriegspolitik aus der SPD ausgeschlossen, trat der USPD, 1919 der KPD bei und war 1920-1933 Mitglied des Reichstags. Seit den 20er Jahren hielt sie sich häufig in der UdSSR auf, auch zum Zeitpunkt der NS-Machtübernahme. Schr. u.a.: Die Arbeiterinnen und die Frauenfrage, 1889; Rosa Luxemburg und Karl Liebknecht, 1919 **235**,26 *„Wenn das Ziel der Erziehung ...“:* Bericht über die 3. sozialdemokr. Frauenkonferenz, a.a.O., S. 370 (geringe Differenzen. Das Schiller-Zitat *„Der Menschheit Würde ...“* (Die Künstler, in: Gedichte von Friederich Schiller, 2. Teil, Leipzig 1805) ist in dem Konferenzprotokoll nicht enthalten; dort (a.a.O., S. 362) findet sich jedoch der Anfang des Gedichts: C. Zetkin führte aus, daß das Ziel der Erziehung der Mensch sein solle, „wie ihn Schiller an der Weltwende der Emanzipation der kontinentalen Bourgeoisie in visionärer Begeisterung geschaut und in seinem unsterblichen Gedicht ‘Die Künstler’ gefeiert hat. ‘Wie schön, o Mensch, mit Deinem Palmenzweige / Stehst Du an des Jahrhunderts Neige / In edler, stolzer Männlichkeit,/ Mit aufgeschlossnem Sinn, mit Geistesfülle,/ Voll milden Ernsts, in tatenreicher Stille,/ Der reifste Sohn der Zeit.’“) **236**,33 *Internationale Frauenkongreß*: 12.-18.6.1904 in Berlin; s. im vorl. Bd. S. 228-233 u. Erl. 228,14 **236**,35 *Dr. Robert Michels*, 1876-1936, Nationalökonom und Soziologe; 1905 Dozent an der Universiät Brüssel, 1906-14 an der Universität Turin, 1914-28 Prof. an der Universität Basel, ab 1928 in Perugia und Florenz. Er ist bes. durch seine Arbeiten zur Parteiensoziologie hervorgetreten. Schr. u.a.: Soziologisches über die deutsche Sozialdemokratie, 1905; Die Grenzen der Geschlechtsmoral, 1910 **236**,36 *„Ich begreife den Standpunkt durchaus ...“:* Bericht über d. 3. sozialdemokr. Frauenkonferenz, a.a.O., S. 343 (geringe Differenzen) **236**,42 *der Heimarbeiterschutz-Kongreß:* 7.-9.3.1904 in Berlin; s. Erl. 300,27 **237**,8 *Das „Gewissen der bürgerlichen Frauen ...“:* ebd. **237**,10 *auch in diesem Blatt ausgeführt:* s. hierzu im vorl. Bd. S. 230 **237**,39 *Zietz,* Louise, 1865-1922, sozialdemokratische Politikerin; arbeitete zunächst in der Wollwirkerei ihres Vaters, dann als Kindermädchen. Seit 1896 engagierte sie sich in der Arbeiterbewegung und der sozialistischen Frauenbewegung, zu deren bedeutendsten Vertreterinnen sie neben C. Zetkin zählt. 1908 wurde sie Mitglied des Parteivorstands der SPD (als erste Frau in Deutschland), 1917 trat sie der USPD bei, die sie 1919-1922 im Reichstag vertrat. **238,1** *„daß die berufenste Vertreterin ...“:* Bericht über d. 3. sozialdemokr. Frauenkonferenz, a.a.O., S. 344 (geringe Differenzen); K. Schirmacher hatte auf dem Internationalen Frauenkongreß ein Referat „Der praktische Nutzen des Frauenstimmrechts“ gehalten. In der anschließenden Diskussion, in der es zu heftigen Auseinandersetzungen u.a. mit L. Braun kam, wies K. Schirmacher auf „gewisse Schattenseiten des allgemeinen Stimmrechts in Frankreich“ hin (Der Internationale Frauenkongreß in Berlin 1904, Berlin [1904], S. 549). **238,2** *Dr. Schirmacher,* Käthe, 1865-1930, Frauenrechtlerin und Sozialpolitikerin; nach Besuch eines Lehrerinnenseminars studierte sie romanische Sprachen in Paris und Zürich und promovierte 1895. Sie nahm 1893 am internationalen Frauenkongreß in Chicago teil, gehörte 1896 zu den Gründerinnen des BDF und war 1899 an der Gründung des Bundes fortschrittlicher Frauenvereine beteiligt, 1902 des Deutschen Vereins für Frauenstimmrecht sowie des Weltbundes für Frauenstimmrecht (Erl. 238,19). 1913 trat sie aus den Frauenstimmrechtsvereinen aus und nahm 1919 als Deligierte der konservativen Deutsch-Nationalen Volkspartei (DNVP) an der Nationalversammlung teil; Schr. u.a.: Voltaire, 1897; Die Frauenbewegung, 1904; Das Rätsel Weib, 1911; Die Ostmark, 1913 **238,19** *Tagung des Weltfrauenbundes:* III. Generalversammlung des Internationalen Frauenbundes (ICW) in Berlin v. 6.-11.6.1904, auf der der Kampf für die politischen Rechte der Frau in das Programm des ICW aufgenommen wurde. – Die hier angesprochenen Differenzen spielten auch auf der Gründungskonferenz des Weltbundes für Frauenstimmrecht eine Rolle, die v. 3.-4.6., unmittelbar vor dem Internationalen Frauenkongreß, stattfand. Auf dieser Konferenz trat die Vorsitzende des BDF, M. Stritt, ebenfalls für das uneingeschränkte Wahlrecht ein, wie in der Zs. Sozialistische Monatshefte, 1904, Nr. 6 (S. 673) hervorgehoben wurde. **238,20** *Stritt,* Marie, geb. Bacon, 1855-1928, erfolgreiche Schauspielerin, prominente Vertreterin der Frauenbewegung; nach Aufgabe ihrer Bühnenlaufbahn 1889 engagierte sie sich in der Frauenbewegung, gründete 1894 den ersten Rechtsschutzverein für Frauen, war von 1899-1910 Vorsitzende des BDF (währenddessen A. Salomon Schriftführerin war) und redigierte bis 1921 das „Centralblatt des BDF“. Sie war gleichzeitig führendes Mitglied im Bund für Mutterschutz, der nicht in den BDF aufgenommen wurde, und versuchte zwischen den Flügeln der bürgerlichen Frauenbewegung zu vermitteln. 1919 gehörte sie zu den Gründungsmitgliedern der Deutschen Demokratischen Partei. **238,24** *„sie betrachte es als eine Herabwürdigung ...“:* Bericht über d. 3. sozialdemokr. Frauenkonferenz, a.a.O., S. 344. (geringe Differenzen) **238,40** *Frau Ruben ... „auf der äußersten Linken ...“:* a.a.O., S. 346 **239,Fußn.1** *Generalversammlung* des BDF in Hamburg, 2.-6.10.1898; hier war es zum Konflikt über die Neuformulierung des § 2 der Statuten des BDF gekommen, in dem als Zielsetzung festgelegt wurde: „die Förderung des Gemeinwohls und die Hebung des weiblichen Geschlechts auf geistigem und wirtschaftlichem, rechtlichem und sozialem Gebiet“. Die Vertreterinnen der fortschrittlichen oder radikalen Fraktion kritisierten, daß nirgends von Fraueninteressen, Frauenrechten und Frauenbewegung die Rede war; zur ursprünglichen Fassung des § 2 s. Erl. 13,27. **239,Fußn.1** *Petition ... betr. Revision des Gemeindewahlrechts:* s. Parlamentarische Angelegenheiten und Gesetzgebung (Beilage der Zs. „Frauenbewegung“), Nr. 2, 15.1.1901 **239,Fußn.1** *Anita Augspurg*: s. Erl. 416,17 **239,9** *Dieser Schritt ... von bürgerlichen Frauen:* Eine der bekanntesten ist L. Braun (Erl. 158,18), die unter dem Namen ihres ersten Mannes G. v. Gicycki in der Deutschen Gesellschaft für Ethische Kultur mitgearbeitet und sich im Verein Frauenwohl engagiert hatte, bevor sie 1896 der SPD beitrat. Auch H. Fürth (Erl. 143,1) trat 1896 der SPD bei. **239,18** *„Die bürgerlichen Frauen wollen damit ...“:* Bericht über d. 3. sozialdemokr. Frauenkonferenz, a.a.O., S. 348 (geringe Differenzen)

Arbeitsverhältnisse in den Schokoladenfabriken

241 * Soziale Praxis, s. Erl. 86* **241,9** *Jugendliche:* nach § 135 RGO Arbeiterinnen und Arbeiter vom vollendeten 14.-16. Lebensjahr; s. Erl. 65,4 **241,16** *den üblichen Löhnen:* zum ungefähren Vergleich einige Wochenlöhne in Berlin: Arbeiterinnen in der Papierindustrie: 13,50 Mk. - 20 Mk., in der Zigarrenindustrie: 10 Mk. - 20 Mk., während der Wochenlohn von Schlossern, Klempnern und Bäckern etwa zwischen 22 Mk. u. 30 Mk. lag (Statist. Jb. d. Stadt Berlin 1903, S. 196-199). **243,1** *Einführen „weißer Listen“:* Am 25.2.1907 konstituierte sich der „Berliner Käuferbund“ infolge der Heimarbeitsausstellung vom Jan. 1906 (s. im vorl. Bd. S. 297-309). Den Vorsitz hatten die Frau des preuß. Staatsministers v. Bethmann-Hollweg und E. Francke (Erl. 300,20), zum Vorstand gehörten u.a. G. Dyhrenfurth (Erl. 305,23), E. Lüders. Der Bund gab „weiße Listen“ heraus, die Firmen mit günstigen Arbeitsbedingungen nannten, deren Produkte von den Käuferinnen bevorzugt werden sollten. Ein Schwerpunkt des Vereins war die Verbesserung der Arbeitsverhältnisse in der Konfitürenfabrikation, der Bekleidungsindustrie und für die Handelsangestellten. Bereits im Dez. 1906 hatte der vorbereitende Ausschuß ein Flugblatt „An die Frauen Berlins“ mit der Aufforderung, ihre Weihnachtseinkäufe rechtzeitig zu tätigen, herausgegeben. Zur Frage der Käufermoral s. im vorl. Bd. S. 138-141

Ausbildung zur sozialen Hilfsarbeit

243,6 *die Mädchen- und Frauengruppen:* s. im vorl. Bd. S. 79-86, 208-211 u. Erl. 210,18 **243,19** *Neben der inneren Mission ...:* s. Erl. 75,15 u. 352,18; in Frankfurt/M. führte die Zentrale für private Fürsorge (vorher: Deutsche Gesellschaft für Ethische Kultur) seit 1903 regelmäßige Kurse für ihre Mitarbeiter (Männer und Frauen) durch; der Deutsch-Evangelische Frauenverein eröffnete im Oktober 1905 in Hannover die einjährige „Christlich-soziale Frauenschule für Frauen und Mädchen gebildeter Stände“. Dazu detailliert: A. Salomon, Die Ausbildung zur sozialen Hilfsarbeit, in: Dies., Soziale Frauenbildung, Leipzig u. Berlin 1908, S. 35-86 **244,7** *„Grau, teurer Freund ...“:* J.W. v. Goethe, Faust, 1. Teil (Goethes Werke. Weimarer Ausgabe [WA] 1/14, Weimar 1887, S. 95) **244,21** *„Denken und Tun ...“:* einem Gespräch zwischen Wilhelm Meister und dessen Freund Jarno/Montan in der „Pädagogischen Provinz“ entnommen: J.W. v. Goethe, Wilhelm Meisters Wanderjahre, 2,9 (WA 1/25.1, Weimar 1895, S. 30) (Kürzungen) **245,33** *„Allem Leben, allem Tun ...“:* Erziehungsmaximen, die Wilhelm Meister für seinen Sohn Felix empfohlen werden: J.W. v. Goethe, Wilhelm Meisters Wanderjahre, 1,12 (WA 1/24, Weimar 1894, S. 227); s. auch Erl. 108,33 **246,16** *„die Hausfrömmigkeit reicht nicht ...“:* Brief des „Abbé an Wilhelm“: J.W. v. Goethe, Wilhem Meisters Wanderjahre, 2,7 (a.a.O., S. 378) (Kürzungen); s. im vorl. Bd. auch S. 391

Zum sozialen Frieden

247,27 *die Gründung des Hamburger Volksheims* erfolgte im Juni 1901; s. dazu: Bericht des Vereins Volksheim über das erste Geschäftsjahr 1901/1902, Hamburg [1902] **247,30** *Toynbee-Hall:* s. im vorl. Bd. S. 75-85 u. S. 113-116 **248,1** *„Herstellung persönlicher Beziehungen ...“:* Satzung des Vereins Volksheim, in: Bericht des Vereins Volksheim, a.a.O., Anhang u. Kap. I. „Die Entstehung des Volksheims“ **248,9** *„hinein ins Arbeiterviertel“:* a.a.O., S. 6 **248,38** *„Hier zeigt sich ...“:* Das Volksheim in Hamburg. Bericht über das dritte Geschäftsjahr 1903/1904, Hamburg [1904], S. 6f. (Kürzungen u. Umstellungen) **250,10** *„Unsere radikalen Frauenrechtlerinnen ...“*: a.a.O., S. 17 **250,15** *Bebels Buch von der Frau:* s. Erl. 427,18 **250,16** *Ludwig Richter,* 1803-1884, Maler; besonders als Landschaftsmaler bekannt, z.B. Der Watzmann, und als Zeichner volkstümlicher biedermeierlicher Illustrationen zu Märchen u.a. **251,2** *„Sie sind zum Lachen ...“*: a.a.O., S. 27 **251,5** *Böcklins Fabelwelt:* Arnold Böcklin, 1827-1901, schweizer. Maler; er malte Landschaften mit mythologischen Gestalten, Personifikationen von Ideen, Begriffen, Stimmungen; seine Bilder hängen in Baseler und Münchener Museen. **251,14** *„Allerdings gibt es ...“*: a.a.O., S. 31f. **252,16** *Putzmacherin:* s. Erl. 89,1

Die Entfaltung der Persönlichkeit und die sozialen Pflichten der Frau

253 * Der Artikel geht auf einen Vortrag zurück, den A. Salomon unter dem Titel „Die Entfaltung der Persönlichkeit“ auf einer „geselligen Versammlung“ der Mädchen- und Frauengruppen für soziale Hilfstätigkeit am 31.5.1905 in Berlin gehalten hat. Er wurde mehrfach abgedruckt; in: A. Salomon, Was unser Leben an Pflichten fordert und an Glück verheißt. - Die Entfaltung der Persönlichkeit und die sozialen Pflichten der Frau, Leipzig 1907, 2. Aufl. 1911; sowie in: A. Salomon, Was wir uns und anderen schuldig sind. Leipzig, Berlin 1912, 2. Aufl. 1918 **255,22** *„Kein Mensch soll nur Mittel ...“*: Der von A. Salomon zitierte Satz entspricht einer der Grundmaximen von Schleiermachers Ethik und Pädagogik; vgl. F.E.D. Schleiermacher, Ethik (1812/13), Hamburg 1990 (= Ph. Bibl. 335), S. 173ff. u. Ders., Pädagogische Schriften, Hg.: C. Platz, 3. Aufl. 1902. Friedrich E.D. Schleiermacher, 1768-1834, ev. Theologe, Philosoph und Pädagoge; 1796-1802 Prediger an der Charité in Berlin, 1804-06 Prof. für Theologie in Halle, ab 1807 in Berlin bereitete er zusammen mit W. v. Humboldt die Gründung der Universität vor, an der er ab 1810 lehrte; gleichzeitig war er Prediger an der Dreifaltigkeitskirche. Schleiermachers Versuch, Theologie und Philosophie miteinander zu verbinden, übte nachhaltigen Einfluß auf die protestantische Theologie des 19. Jh.s aus. Für die Frauenbewegung war vor allem seine frühe, im Rahmen der romantischen Bewegung 1798 verfaßte Schrift „Katechismus der Vernunft für edle Frauen“ von Bedeutung, die eine höhere Frauenbildung bejaht, ohne die rechtliche Stellung der Frau verändern zu wollen. **255,33** *Ellen Key,* 1849-1926, schwedische Schriftstellerin u. Frauenrechtlerin; war Dozentin am Stockholmer Arbeiterinstitut, engagierte sich in der Frauenbewegung (u.a. auch im Bund für Mutterschutz in Deutschland), in der sie zu den Vertreterinnen eines radikalen Individualismus zählte und unternahm zahllose Vortragsreisen auch ins Ausland. Sie verfaßte zahlreiche Romane und Schriften zur Frauenemanzipation, die in viele Sprachen übersetzt wurden: u.a. Mißbrauchte Frauenkraft, 1895; Das Jahrhundert des Kindes, 1900; Liebe und Ehe, 5. Aufl. 1905; s. im vorl. Bd. auch S. 393-437, bes. S. 429-431. **255,33** *Ellen Key ... hat das selbst einmal ausgesprochen:* vgl. E. Key, Selbstbehauptung und Selbstaufopferung (1893-1894), in: Dies., Die Wenigen und die Vielen, Neue Essays, Berlin 1901, S. 82f. **256,14** *daß die Wenigen ... die Vielen vergessen:* spielt an die oben zit. Essaysammlung von E. Key an. **256,39** *„Die Millionen müssen ackern ...“*: H. v. Treitschke, Der Socialismus und seine Gönner, in: Preuß. Jahrbücher, 34.1874, S. 82 **256,41** *„Die Tragödien des Sophokles ...“*: a.a.O., S. 105; Treitschkes Aufsatz leitete einen nachhaltig wirkenden Streit um die Position der Kathedersozialisten ein; er war eine scharfe Replik gegen einen Artikel, den G. Schmoller (Erl. 257,1) unter dem Titel „Die sociale Frage und der preußische Staat“ in den Preußischen Jahrbüchern (33.1874, S. 323-342) veröffentlicht hatte. Die Kontroverse führte zu einer deutlichen Trennung zwischen Treitschke und den sozialreformerischen „Kathedersozialisten“. Heinrich v. Treitschke, 1834-1896, Historiker und politischer Publizist, dessen konservative Geschichtsschreibung großen Einfluß auf das Bürgertum und die Geschichtswissenschaft in Deutschland hatte; Prof. u.a. in Freiburg, Heidelberg und ab 1874 in Berlin. 1886 wurde er als Nachfolger L. v. Rankes zum Historiographen des preußischen Staates ernannt. 1866-89 gab er die Preußischen Jahrbücher heraus und gehörte 1871-84 dem Reichstag an. 1872 unterstützte er noch die Gründung des „Vereins für Socialpolitik" als Mittel gegen den Sozialismus, für dessen rigorose Bekämpfung er eintrat. Nach der Auseinandersetzung mit den Kathedersozialisten 1874-75 entfachte er 1879 den Berliner Antisemitismusstreit und trat für eine Stärkung des obrigkeitlichen Staates ein. Schr. u.a.: Deutsche Geschichte im 19. Jahrhundert, 1879-1896 **256,41** *Sophokles,* um 496-406 v. Chr., klass. griech. Tragiker; *Phidias,* ca. 460-430 v. Chr. tätig, bedeutender klass. Bildhauer Athens **257,1** *man müsse solche Aussprüche frivol nennen:* G. Schmoller, Über einige Grundfragen des Rechts und der Volkswirtschaft. Ein offenens Sendschreiben an Herrn Professor Dr. Heinrich von Treitschke, Jena 1875, S. 106: „Sie [Treitschke] sehen in der Sklaverei eine rettende That der Kultur; die Tragödien des Sophokles und der Zeus des Phidias sind Ihnen nicht zu theuer erkauft um den Preis des Sklavenelends von Millionen. Bei andern würde man das frivol nennen, Ihnen wird Niemand, der Sie näher kennt, diesen Vorwurf machen, aber jeder wird Ihnen zurufen, sehen Sie doch nicht ausschließlich auf die eine Seite." Gustav Schmoller, 1838-1917, Nationalökonom, Mitbegründer der historischen Schule der deutschen Nationalökonomie, auch jüngere oder neue Nationalökonomie, und Wegbereiter der verstehenden Soziologie Max Webers; er setzte sich für soziale Reformen auf wissenschaftlicher Grundlage ein. Die Gründung des „Vereins für Socialpolitik" 1872 geht auf seine Initiative zurück. Er war Mitglied des Gründungskomitees der Mädchen- und Frauengruppen für soziale Hilfsarbeit 1893. Nach Professuren in Halle 1867 und Straßburg lehrte er ab 1882 Staatswissenschaften an der Universität Berlin. A. Salomon besuchte seine Seminare und Vorlesungen 1902-1905. Er verfaßte grundlegende Schriften zur Nationalökonomie wie Wirtschafts- und Sozialgeschichte und gab ab 1881 die „Jahrbücher für Gesetzgebung, Verwaltung und Volkswirtschaft (= Schmollers Jahrbücher) heraus sowie seit 1878 die Reihe „Staats- und sozialwissenschaftliche Forschungen", in der u.a. die Dissertationen von H. Simon (Erl. 360,17) und A. Salomon erschienen sind. **258,7** *„daß seit 1789 in Europa die Mühlsteine ...":* E. Key, Die Wenigen und die Vielen, a.a.O., S. 12 (Umstellungen) **258,37** *Ellen Key hat ... den Nachsatz angefügt:* vgl. E. Key, a.a.O., S. 78 **259,25** *Gregor der Große:* Gregor I., um 540-604, Papst (590-604) und Kirchenlehrer **260,3** *Harnack,* Adolf v., 1851-1930, ev. Theologe und Wissenschaftsorganisator; nach Professuren in Leipzig, Gießen und Marburg war er seit 1888 Prof. für Kirchen- und Dogmengeschichte an der Universität Berlin, 1903-1911 Vorsitzender des Evangelisch-Sozialen Kongresses und 1911-1930 Präsident der „Kaiser-Wilhems-Gesellschaft zur Förderung der Wissenschaften" (heute „Max-Planck-Gesellschaft"), die auf seine Initiative hin gegründet worden war. Er versuchte, Christentum und Wissenschaft zu verbinden und das Evangelium als die alleinige Grundlage aller sittlichen Kultur zu erweisen. Dieser Ansatz wirkte nachhaltig auf A. Salomon, die zwischen 1902-1905 Harnacks Vorlesungen besuchte. Schr. u.a.: Lehrbuch der Dogmengeschichte, 1886-1890 **260,13** *„mit beiden Armen ein Weg ...":* E. Key, Die Wenigen und die Vielen, a.a.O., S. 71 (Umstellungen) **260,21** *„Mich reut mein allzu spät erkanntes Amt ...":* Conrad Ferdinand Meyer, Huttens letzte Tage. Eine Dichtung; Abschn. 53 („Die Beichte"): in: Ders., Sämtl. Werke in zwei Bänden, Bd. 2, Hg.:. E. Laaths, München (1968), S. 435, dort heißt die letzte Zeile abweichend: „Daß nicht ich Hutten stets gewesen bin!" C. Zetkin zitierte auf der Sozialdemokratischen Frauenkonferenz 1903 ebenfalls aus der „Beichte“, wählte allerdings andere Verse und Formulierungen: „Mich reut die Stunde, die nicht Harnisch trug,/ Mich reut die Stunde, die nicht Wunden schlug,/ Mich reut, ich sag' es mit zerknirschtem Sinn,/ Daß ich nicht dreifach kühn gewesen bin.“

Soziale Arbeit und persönliches Glück

261 * Der Artikel ist auch als Sonderdruck erschienen und in der Aufsatzsammlung: A. Salomon, Was wir uns und anderen schuldig sind, Leipzig, Berlin 1912, 2. Aufl. 1918; er geht auf den Vortrag „Unsere Arbeit“ zurück, den A. Salomon am 13.10.1905 auf der Eröffnungsversammlung der Mädchen- und Frauengruppen für soziale Hilfsarbeit für das Arbeitsjahr 1905-06 hielt. **261,**32 *nicht für das tägliche Brot arbeiten:* Die soziale Hilfsarbeit, wie sie von den Mädchen- und Frauengruppen ausgeführt wurde, war freiwillige, ehrenamtliche und unbesoldete Arbeit. Parallel entwickelte sich die besoldete Sozialarbeit von Frauen wie z.B. die der Gewerbeinspektorinnen; s. u.a. im vorl. Bd. S. 171-183. **263,**16 *„Von unten herauf dienen ...“:* Unterrichtsmaximen, die Wilhelm Meister für seinen Sohn Felix empfohlen werden: J.W. v. Goethe, Wilhelm Meisters Wanderjahre, 1,4 (Goethes Werke, WA 1/24, Weimar 1894, S. 51): „von unten hinauf zu dienen ist überall nöthig.“; s. auch Erl. 245,33 **263,**21 *„Alles, worin der Mensch sich ernstlich einläßt, ist ein Unendliches.“:* Bemerkung eines die endlosen Differenzierungen des menschlichen Skeletts nachbildenden Bildhauers zu Wilhelm Meister: J.W. v. Goethe, Wilhelm Meisters Wanderjahre, 3,3 (WA 1/25.1, Weimar 1895, S. 90) **264,**21 *„Wohl schafft die Arbeit Lust ...“:* A. Harnack, Das Wesen des Christentums. Sechzehn Vorlesungen vor Studierenden aller Facultäten im Wintersemester 1899/1900, 2. Aufl. Leipzig 1900, S. 76 **265,**22 *„Im Schweiße deines Angesichts ...“:* 1. Mose, 4 **267,**13 *Malwida von Meysenbug,* 1816-1903, Schriftstellerin; lebte ab 1848 in London als Erzieherin im Hause Alexander Herzens, dessen Memoiren sie ins Deutsche übersetzte. Sie ergriff für die Arbeiter und die Frauenemanzipation Partei und wurde 1852 aus Berlin ausgewiesen wegen ihrer Verbindung zur revolutionären Bewegung. Seit 1870 lebte sie in Rom. Sie war mit G. Garibaldi, R. Roland, R. Wagner, Fr. Nietzsche befreundet. Bekannt wurde sie durch die 1876 anonym erschienenen „Memoiren einer Idealistin“, weitere Schr. u.a.: Der Lebensabend einer Idealistin, Berlin 1898

Die Bekämpfung der Säuglingssterblichkeit

Im Nov. 1905 war bereits in der Zeitschrift „Die Nation“ ein ähnlicher, weniger anschaulicher Artikel von A. Salomon erschienen.

268,17 *im Sinne der Darwinschen Auslese:* Charles Darwin, 1809-1882, brit. Naturforscher, Begründer der Evolutionstheorie; seine Theorie der natürlichen Auslese infolge des ständigen Existenzkampfes, Selektionstheorie, bestimmte nachhaltig das wissenschaftliche und politische Denken (Sozialdarwinismus) des 19. und 20. Jh.s. Hauptwerk: On the origin of species by means of natural selection, or preservation of favoured races in the struggle for life, 1859 **268,**29 *der Malthusschen Lehre:* Thomas Robert Malthus, 1766-1843, brit. Nationalökonom und Sozialphilosoph, führender Theoretiker der klassischen Nationalökonomie; verfaßte 1789 den „Essay on the Principle of Population“, in dem er seine einflußreiche Darstellung der biologischen These zur Erklärung von Bevölkerungsprozessen formulierte, wie sie von A. Salomon hier knapp zusammengefaßt wird. Zu den sg. positiven Hemmnissen der Überbevölkerung wurden auch Krieg, Hungersnöte, Krankheiten etc. gezählt. Malthus' Bevölkerungstheorie richtete sich gegen die sozialistische Auffassung, nach der die Veränderung der Eigentumsverhältnisse zu einer harmonischen Entwicklung führen würde. Der Streit um die These bestimmte die Literatur zur Bevölkerungsfrage im 19. Jh. **268,**34 *die neuere Nationalökonomie* vertritt im Unterschied zu dem individual-psychologischen und auf die Gesetze der Güterproduktion beschränkten Ansatz der klassischen Nationalökonomie einen historischen und sozialwissenschaftlich-empirischen Ansatz; zu ihren Vertretern gehören in Deutschland besonders G. Schmoller (Erl. 257,1) und W. Sombart (Erl. 305,24) sowie der von ihnen gegründete Verein für Sozialpolitik (Erl. 43,12). **269,15** *1901 ... zwei Millionen Kinder ...:* Brugger, Die Bekämpfung der Säuglingssterblichkeit. Hauptbericht, in: Schr. d. Dt. Ver., H. 74, Leipzig 1905, S. 3 **270,5** *Der deutsche Verein für Armenpflege ...:* s. Erl. 92,34 **270,7** *letzten Generalversammlung:* Stenogr. Bericht über d. Verhandl. d. 25. Jahresversammlung d. deutschen Vereins f. Armenpflege u. Wohltätigkeit, Sept.1905 in Mannheim, (= Schr. d. Dt. Ver., H. 75), Leipzig 1905. Die Jahresversammlungen wurden durch umfangreiche Berichte zu den Verhandlungsthemen vorbereitet. **270,12** *Brugger:* Die Bekämpfung der Säuglingssterblichkeit, a.a.O., S. 1-48 **270,16** *Dr. med. Heinrich Finkelstein:* Die Bekämpfung der Säuglingssterblichkeit. Ärztlicher Bericht, in: Schr. d. Dt. Ver., H. 74, a.a.O., S. 49-87; H. Finkelstein, 1885-1942, Kinderarzt und Reformer; 1899 für Pädiatrie an der Universität Berlin habilitiert, war er ab 1901 ärztlicher Leiter des Berliner Kinderasyls, ab 1906 Prof. und ab 1918 Direktor des städtischen Kaiser- und Kaiserin-Friedrich-Kinderkrankenhauses. 1935 erhielt er Praxisverbot, emigierte 1939 nach Chile und praktizierte dort bis zu seinem Tod 1942. Er widmete sich bes. den Aufgaben der kommunalen Säuglingspflege. Schr. u.a.: Die Waisensäuglinge Berlins und ihre Verpflegung im städtischen Kinderasyl, 1904 **270,20** *Marie Baum:* Die Bekämpfung der Säuglingssterblichkeit. Mitbericht, in: Schr. d. Dt. Ver., H. 74, a.a.O., S. 89-122; Marie Baum, 1874-1954, Chemikerin und Sozialpolitikerin; studierte 1897-1899 Chemie und Biologie am Polytechnikum Zürich und promovierte 1899, 1902-1906 war sie nach E. Jaffé-Richthofen (Erl. 182,33) eine der ersten Gewerbeinspektorinnen in Baden, 1907-1916 Leiterin des Verbandes für Säuglings- und Wohlfahrtspflege in Düsseldorf, 1917-1919 zusammen mit G. Bäumer Leiterin der Sozialen Frauenschule in Hamburg, 1919 Abgeordnete der Deutschen Demokratischen Partei in der Nationalversammlung, 1920-21 im Reichstag, 1919-1931 im engeren Vorstand des BDF, vor 1933 und nach 1945 Dozentin an der Universität Heidelberg. Schr. u.a.: Grundriß der Säuglingskunde und -fürsorge (zus. m. K. Engel), 1912; Familienfürsorge, 1927; Das Familienleben der Gegenwart. 182 Familienmonographien (zus. mit A. Salomon u.a.) 1927 **270,36** *in Aachen im Durchschnitt ...:* Brugger, a.a.O., S. 3f. **271,18** *70-80 Prozent aller Todesfälle ...:* Finkelstein, a.a.O., S. 51 **271,40** *Ungunst der sozialen Verhältnisse ...:* a.a.O., S. 52f. **272,14** *Gestaltung der Pflege ...:* a.a.O., S. 53 **272,23** *eine Statistik aus Kopenhagen ...:* a.a.O., S. 54 **273,3** *In Sachsen, wo 32 Prozent ...:* M. Baum, a.a.O., S. 98 **273,38** *Lise Lenel:* der Beitrag ist in: Stenogr. Bericht über d. Verhandl. ..., a.a.O. (s. Erl. 270,7), nicht dokumentiert. **274,4** *uneheliche Geburt:* s. hierzu im vorl. Bd. S. 318-330 **274,35** *nach den Ausführungen von Frl. Baum ...:* M. Baum, a.a.O., S. 104 **275,33** *Verbot der Beschäftigung von Wöchnerinnen ...:* s. im vorl. Bd. S. 157-170 u. 466-468 **276,10** *„Wer öfters Gelegenheit hat ...“:* M. Baum, a.a.O., S. 109 **276,24** *„Das Arbeitsverbot für Wöchnerinnen ...“:* Wilhelm II. in einer Rede zur Internationalen Arbeiterschutzkonferenz in Berlin vom 15.-30.3.1890 (Protokolle der Internationalen Arbeiterschutzkonferenz, Leipzig 1890). Diese von Wilhelm II. im Februar initiierte und eilig organisierte Konferenz hatte zwar nicht zu konkreten Ergebnissen geführt, war aber zusammen mit den Februar-Erlassen (Erl. 125,14) für die Reformbewegung von großer Bedeutung. **276,35** *„Da ist zunächst die Besorgnis ...“:* Das stenographische Protokoll des Referats von Finkelstein enthält diese Passage nicht. Dokumentiert ist jedoch der Satz: „Wir wissen durch exakte Beobachtungen, daß 85-90% aller Mütter ihrer Pflicht genügen können, wenn sie nur ernstlich wollen, und es gereicht nicht gerade zur großen Ehre unseres heutigen Geschlechts, daß nach einwandsfreien Erhebungen die Mehrzahl aller Frauen nicht stillt nicht aus zwingenden, sondern aus völlig nichtigen Gründen." (Stenogr. Bericht über d. Verhandl. ..., a.a.O., S. 41) **278,18** *Gründung von vier Fürsorgestellen:* Der Verwaltungsbeschluß der Armendirektion v. 26.4.1905 zu den Kompetenzen der Säuglings-Fürsorgestellen sowie Erfahrungsberichte in: Finkelstein, a.a.O., S. 84-86 **279,4** *Neu-Malthusianismus:* Ansätze zur Begrenzung des Bevölkerungswachstums durch Empfängnisverhütung, etwa durch Enthaltsamkeit, Freigabe des Schwangerschaftabbruchs, später durch Antikonzeptiva.

Die Ursachen der ungleichen Entlohnung von Männer- und Frauenarbeit, Einleitung

280 * Die Dissertation erschien 1906 als Heft 122 der von G. Schmoller und M. Sering hrsg. Staats- und sozialwissenschaftlichen Forschungen. Mit Genehmigung der Phil. Fakultät der Friedrich-Wilhelms-Universität zu Berlin war bereits ein auszugsweiser Vorabdruck erschienen: Die Ursachen der ungleichen Entlohnung von Männer- und Frauenarbeit, (Kap. I u. II, 1. Teil). Inaugural-Dissertation zur Erlangung der Doktorwürde, genehmigt von der philosophischen Fakultät der Friedrich-Wilhelms-Universität zu Berlin, von Alice Salomon aus Berlin. Tag der Promotion: 14. Juli 1906, o.o., o.J. Die Prüfung fand am 5. März 1906 statt. Die Genehmigung ihrer Dissertation durch die Fakultät erhielt A. Salomon erst im 2. Anlauf, obgleich sie von ihren Professoren A. Weber und M. Sering zu promovieren aufgefordert worden war. Der Dekan legte den Antrag der Fakultät zunächst nicht vor, formell wegen der fehlenden Reifeprüfung. Nachdem auf Intervention der Prüfer das Ministerium die Behandlung des Antrags durch die Fakultät erwirkt hatte, lehnte diese ab. Die notwendige Einstimmigkeit war nicht zustandegekommen. Erst mit der Neuzusammensetzung der Fakultät wurde A. Salomon zur Promotion zugelassen. – In dem Geleitwort zur Buchausgabe von 1906 schrieb sie: „Die Anregung zu einer Untersuchung über die Bestimmungsgründe der ungleichen Entlohnung von Männer- und Frauenarbeit gab mir die Beschäftigung mit der Grenznutzentheorie. Ich glaubte, darin die Erklärungsmöglichkeit für eine Tatsache zu finden, welche in ihrer allgemeinen Verbreitung gewiß nicht auf 'Willkür' zurückgeführt werden kann. Daß ich die Arbeit der Berliner Universität als Doktordissertation einreichen durfte, verdanke ich dem freundlichen und fördernden Interesse, das meine Lehrer - vor allem Herr Professor Sering - ihr entgegenbrachten. In gewissem Umfang hat sich die Annahme, daß das Gesetz des Grenznutzens die Ursachen der ungleichen Entlohnung von Mann und Frau bei gleicher Arbeit erhellen würde, als zutreffend erwiesen. Darüber hinaus wurden weitere Erklärungsreihen für die geringere Entlohnung der Frauen festgestellt. Es handelt sich um Vorgänge, die für die heutige Frauengeneration einen schweren Druck bedeuten, deren Ursachen aber zum Teil in den Frauen selbst zu suchen sind. Um so notwendiger erscheint es mir, sie auszusprechen. Denn wie bei allem sozialen Geschehen, so sind auch in bezug auf die Entlohnung der Frauen die letzten Ursachen in Willensentschließungen lebendiger Menschen zu finden. Es liegt wesentlich in der Hand der Frauen selbst und ihrer Erziehung, die Motive ihres Handelns, die Zwecke, unter die sie bisher ihre Arbeit gestellt haben, zu ändern. Möge diese Schrift dazu beitragen, einer jungen Frauengeneration die rechten Wege dafür zu weisen." – Siehe hierzu auch den Artikel „Gleicher Lohn für gleiche Leistung" (im vorl. Bd. S. 344-348), in dem A. Salomon die Folgerungen aus ihrer Untersuchung für ein breiteres Frauenpublikum zusammenfaßt. – Die Dissertation umfaßt neben den im vorl. Bd. abgedruckten Einleitungs- und Schlußkapitel fünf weitere: 2. „Die Ursachen der Lohnunterschiede in der Industrie" 3. „Feststellung der Lohnunterschiede in der Landwirtschaft und ihre Ursachen", 4. „Feststellung der Gehaltsunterschiede im Handelsgewerbe", 5. „Feststellung der Gehaltsunterschiede bei Postbeamten", 6. „Feststellung der Gehaltsunterschiede im Lehrerstand". **280**,6 *Einleitung:* Für das Einleitungskapitel sind im Inhaltsverzeichnis Gliederungsstichworte angegeben, die im Text nicht aufgeführt sind: „Zunahme der Frauenarbeit. Zweifache Bedeutung der Frauenlöhne. Das Problem der ungleichen Entlohnung. Methode der Untersuchung." **281**,2 *nach der letzten Berufszählung:* Am 14.6.1895 wurde die zweite Berufszählung (zusammen mit der Gewerbezählung) in Deutschland durchgeführt. Sie erfaßte 207 Berufe gegenüber 163 der 1. Berufszählung von 1882. Die Veröffentlichung des tabellarischen Zahlenmaterials umfaßt 9 Bände (ersch. 1896-97) und u.a. den zusammenfassenden Band, aus dem A. Salomon zitiert: Die berufliche und soziale Gliederung des Deutschen Volkes. Nach der Berufszählung vom 14. Juni 1895. (= Statistik des Deutschen Reichs, NF, Bd. 111), Berlin 1899. **281**,6 *Es waren 1895 beschäftigt:* s. a.a.O., S. 204 **282**,5 *Von 1000 Personen der verschiedensten Altersklassen:* H. Rauchberg, Die Berufs- und Gewerbezählung im Deutschen Reich vom 14. Juni 1895, Berlin 1901, S. 226; Heinrich Rauchberg, 1860-1939, österr. Statistiker u. Jurist, 1896-1930 Prof. für Statistik u. Verwaltungslehre an der Universität Prag. **282**,34 *F. Zahn:* Friedrich Zahn, 1869-1946, leitete die Berufs- und Gewerbezählung 1895 und führte die wissenschaftliche Bearbeitung durch; er war ab 1900 Mitglied des Kaiserl. Statistischen Amtes, ab 1902 Prof. der Staatswissenschaften an der Universität Berlin, 1907 Direktor des Bayerischen Statistischen Amtes und Mitglied zahlreicher wissenschaftlicher Akademien. **284**,10 *Spinnmaschine und Webstuhl:* Die Spinnmaschine wurde in England 1738 von Wyatt und dem Barbier Arkwright (water-frame-machine), 1767 von dem Weber Hargreaves (die berühmte Jenny) und 1775 von Crompton (die Mule-Jenny) entwickelt, sodaß schließlich von einem Spinner das 200fache der vorherigen Menge produziert werden konnte. Den mechanischen Webstuhl, mit dem das 40fache eines Handwebers hergestellt werden konnte, erfand 1785 der Landpfarrer Cartwright. **285**,Fußn.7 *Das erste Vierteljahrhundert des Allgem. Deutschen Frauenvereins*, gegr. am 18. Okt. 1865 in Leipzig. Auf Grund der Protokolle zusammengestellt von L. Otto-Peters, Leipzig 1890, S. 56: Die Forderung „Gleiche Löhne für gleiche Arbeit" wurde auf den Generalversammlungen des Allgemeinen Deutschen Frauenvereins in Lübeck (5.-7.Okt.1881) und in Leipzig (27.-29.9.1885) erhoben. Zu L. Otto-Peters s. Erl. 91,4 **285**,Fußn.7 *Die Frauenbewegung*, Revue für die Interessen der Frauen, erschien 1895-1919, mit den Beilagen „Parlamentarische Angelegenheiten und Gesetzgebung" und „Zeitschrift für Frauenstimmrecht"; sie war Organ des radikalen Flügels der bürgerlichen Frauenbewegung. Zu M. Cauer s. Erl. 118,19 **285**,Fußn.8 *Auf dem Gothaer Parteitag* von 1896 hielt C. Zetkin das Grundsatzreferat zum Tagesordnungspunkt 9 „Frauenagitation" mit dem zentralen Satz „Wir haben nicht spezielle Frauenagitation, sondern sozialistische Agitation unter den Frauen zu treiben." (Protokoll über d. Verhandl. d. Parteitages d. SPD in Gotha 1896, Berlin 1896, S. 165). Der Parteitag verabschiedete eine „Resolution zur Frauenagitation", die die von A. Salomon zitierte Forderung enthält.

Die Ursachen der ungleichen Entlohnung von Männer- und Frauenarbeit, Schluß

288 * Im Inhaltsverzeichnis sind für das Schlußkapitel Gliederungsstichworte angegeben, die im Text nicht aufgeführt sind: „Ergebnis der Lohnunterschiede. Ungleicher Lohn bei gleicher Leistung. Anderer Maßstab. Gründe: Leistung (Veranlagung, Ausbildung, Alter, Berufsdauer), Mangel an Familienbedarf, niedriger Individualbedarf (Zuschuß, Provisorium). Nivellierung der Preisbildung. Angebot. Übertragung der Ursachen. Zunahme der Erwerbsarbeit der Frauen. Mangelnde Organisation. Unentwickeltes Stadium der Frauenarbeit. Ungleicher Lohn - kein Naturgesetz. Entwicklungsmöglichkeiten." **290,Fußn.7:** Die Fußn. enthält einen Verweis auf die Seiten 56 und 57 der Diss. (Kap. II, 2: Die Ursachen der Lohnunterschiede in der Industrie; Untersuchung der Gründe), wo auf die besondere Situation in Lancashire näher eingegangen wird. **291,15** *„die Frau habe eben ...":* S. u. B. Webb, Problems of modern Industry, London 1902 S. 78f. **291,24** *Personen, die rechtlich nicht in der Lage sind:* § 1354, Abs. 1 BGB, v. 18. Aug. 1896 (RGBl. S. 195) „Dem Manne steht die Entscheidung in allen das gemeinschaftliche eheliche Leben betreffenden Angelegenheiten zu; er bestimmt insbesondere Wohnort und Wohnung." **295,Fußn.10, Z.6** *Eine Umfrage der Redaktion:* s. den Artikel: Mangel an weiblichen Arbeitskräften, in: Der Arbeitsmarkt, 7,9.1904, Sp. 161. Die Fußn. enthält einen Verweis auf S. 62 der Diss. (Kap. II, 3: Die Ursachen der Lohnunterschiede in der Industrie; Ergebnis), wo auf den Zusammenhang zwischen wirtschaftlichem Aufschwung und Frauenarbeit eingegangen wird. **295,Fußn.13, Z.2** Hier findet sich ein Verweis auf Fußn.1 von S. 38 der Diss., in der heißt es: „Eine Beziehung zwischen verschiedenen Lohngruppen besteht nur insofern, als bei günstiger Konjunktur in einem Berufszweig mit hohen Löhnen das Angebot so groß wird, daß schlechter entlohnte Berufsgruppen dadurch entlastet werden und Gelegenheit zu einer Lohnsteigerung erhalten." **295,Fußn.13, Z.2** *Diurnisten:* Aus dem Italienischen übernommene Bezeichnung für „Diätarius", Beamter im Vorbereitungsdienst, der kein festes Gehalt erhält, sondern durch Tagegelder entschädigt wird.

Wir und die Heimarbeiterinnen

297,3 *Marie von Ebner-Eschenbach,* 1830- 1916, österr. Dichterin, realistische Heimaterzählerin und Aphoristikerin; sie gilt als die Schriftstellerin des Habsburger Reiches. Nach zunächst erfolglosen Dramen hat sie ein umfangreiches Roman- und Erzählwerk geschaffen und wurde mit vielen Ehrungen ausgezeichnet, u.a. der Ehrendoktorwürde der Universität Wien; Schr. u.a.: Lotti die Uhrmacherin, 1879 (erste erfolgreiche Erzählung); Dorf- und Schloßgeschichten, 1884; Aphorismen, 3. Aufl. 1893; Das Gemeindekind, 1887; zum Thema Mutter: Der Erstgeborene, 1910; Ihr Beruf, 1910 **297,4** *nicht von „fremdem Leid" sprechen:* Das Zitat von M. v. Ebner-Eschenbach findet sich als Motto auch bei O. Olberg, Das Elend in der Hausindustrie der Konfektion, Leipzig 1896, S. 2 **297,11** *Das Losungswort:* „Alle für Eine und Eine für Alle! ist unsere Losung." (s. Zweck und Wirksamkeit des Allgemeinen deutschen Frauenvereins, hrsg. v. Allgemeinen deutschen Frauenverein, 1872, Schlußwort; zit. n. L. Otto-Peters, Das erste Vierteljahrhundert des Allgemeinen deutschen Frauenvereins, Leipzig 1890. S. VII) **297,19** *in Deutschland die Sozialdemokratie:* zum Verhältnis zwischen sozialdemokratischer und bürgerlicher Frauenbewegung in der Sicht von A. Salomon s. im vorl. Bd. bes. S. 233-240 u. 315-317 **298,26** *„Wer es vermöchte ...":* O. Olberg, Das Elend in der Hausindustrie der Konfektion, a.a.O., S. 47; Oda Olberg-Lerda, 1872-1955, Journalistin und Sozialdemokratin; zog 1896 nach Italien und heiratete den italienischen Sozialisten Giovanni Lerda, sie schrieb für verschiedene sozialistische Zeitungen (Vorwärts, Berlin; Arbeiter-Zeitung, Wien; Die neue Zeit; Sozialistische Monatshefte). Nach Machtantritt der italienischen Faschisten war sie Repressalien ausgesetzt, ging zunächst nach Wien, 1934 nach Buenos Aires und arbeitete u.a. an der Zeitung „Das Andere Deutschland" mit. Schr. u.a.: Das Elend in der Hausindustrie, 1896; Das Weib und der Intellectualismus, 1902; Der Faschismus in Italien, 1923; Nationalsozialismus, 1932; s. im vorl. Bd. auch S. 410-413 **299,18** *Kommission für Arbeiterinnenschutz:* Sie wurde 1898 unter dem Namen „Kommission für weibliche Gewerbeaufsicht" gegründet, den Vorsitz hatte J. Schwerin, die Schriftführung A. Salomon, die nach Anna Simson von 1902 bis 1906 selber Vorsitzende war. **299,19** *Schutz der Heimarbeiterinnen* *durch Petitionen:* „Petition betreffend Ausdehnung der Arbeiterschutzgesetze auf Hausindustrie" an den Reichstag im Nov. 1899; s. im vorl. Bd. auch S. 122-130, 147-152 u. 300-309. **299**,21 *Enquêten über die Lage der Heimarbeiterinnen:* z.B. wurde 1899 eine Kommission aus der Leipziger Ortsgruppe des Allgemeinen Deutschen Frauenvereins, aus dem Frauengewerbeverein und dem Frauenbildungsverein gebildet, um eine Enquête über die Lage der Pelznäherinnen durchzuführen. In Berlin wurde eine Untersuchung über die Lage der Pelz- und Mützenarbeiterinnen durchgeführt. **299**,25 *von einem Kuratorium veranstaltet:* in dem Kuratorium arbeitete A. Salomon selber mit; s. im vorl. Bd. auch S. 304-309.

Home, sweet home!

300 * Die Nation, s. Erl. 138* **300**,17 *der alten Kunstakademie:* in Berlin Mitte, Unter den Linden; es war die letzte Ausstellung in dem 200jährigen Gebäude vor dessen Abriß und dem Umzug der Kunstakademie an den Pariser Platz. Begleitend zu der Ausstellung erschien ein Heft mit Schilderungen des Heimarbeitsalltags in verschiedenen Branchen: Bilder aus der deutschen Heimarbeit, Hg.: Literarische Kommission der deutschen Heimarbeitsausstellung (= Sozialer Fortschritt, Nr. 63/64) Leipzig 1906 **300**,20 *Professor Francke*, Ernst, 1852-1923, Journalist und Sozialpolitiker; nach Hauslehrertätigkeit in St. Petersburg war er als Journalist beim Fränkischen Kurier und 1881-93 bei den Münchener Neuesten Nachrichten tätig und studierte Nationalökonomie. 1901 gründete er das „Bureau für Soziale Politik" der „Gesellschaft für Soziale Reform" (Erl. 362,19), deren Generalsekretär und ab 1920 Vorsitzender er war. Im 1. Weltkrieg war er u.a. Vorsitzender des Ausschusses der Kriegerwitwen- und -waisenfürsorge, Stadtrat von (Berlin-) Schöneberg, 1919 Mitglied des Reichswirtschaftsrates und stellvertr. Vorsitzender der Sozialisierungskommission. Von 1897-1921 gab er die Zeitschrift „Soziale Praxis" heraus. Schr. u.a.: Der internationale Arbeiterschutz, 1903; zahlreiche Aufsätze in: Soziale Praxis **300**,22 *Johannes Sassenbach,* 1866-1940, Gewerkschafter; nach Sattlerlehre und Wanderschaft engagierte er sich in der Gewerkschaftsbewegung, war 1898-1922 Geschäftsführer des Gewerkschaftshauses in Berlin, 1902-22 Mitglied der Generalkommission der Gewerkschaften Deutschlands bzw. des Bundesvorstands des ADGB, 1905-19 Stadtverordneter und Stadtrat in Berlin, 1927-31 Generalsekretär des Internationalen Gewerkschaftsbundes. **300**,27 *Heimarbeiterschutzkongreß:* 7.-9. März 1904 in Berlin unter dem Vorsitz von E. Francke und dem Gewerkschafter C. Legien. Gemeinsam mit Else Conrad nahm A. Salomon als Vertreterin des BDF teil. Sie gehörte außerdem wie auch C. Zetkin der 12köpfigen „Kommission zur Ausarbeitung der Kongreßresolution" an (s. Protokoll d. Verhandl. d. 1. allgemeinen Heimarbeiterschutz-Kongresses, Berlin 1904). A. Salomon schrieb über den Kongreß und die Ausstellung: „Die Ausstellung war eine Illustration des Wortes [...]: 'Man kann die Schäden und Übel dieses Systems garnicht übertreiben.' Professor Werner Sombart faßte denn auch die Ergebnisse des Kongresses dahin zusammen, daß die größte Leistung entschieden in der Ausstellung gelegen hat. 'Wer sie studiert hat, dem hat sich eine neue Welt erschlossen. Man sollte die Ausstellung nach Berlin W. bringen und sie dort allen Kreisen zugänglich machen. Das würde die beste Agitation gegen die Heimarbeit sein.'" (Centralblatt d. BDF, 5.1903/04, S. 186). **302**,25 *Zurückbleiben hinter den ... Fabriklöhnen:* s. Erl. 241,16 **302**,36 *Portefeuille-Industrie:* Herstellung von Lederwaren, wie Taschen, Notizbücher, Portemonnaies, unter Verwendung feiner Lederarten und Stoffe, wie Samt und Seide

Was lehrt die Heimarbeit-Ausstellung?

304,5 *Constantin Meunier*, 1831-1905, belg. Maler und Bildhauer, schuf heroisierende Darstellungen des arbeitenden Menschen, vor allem Bronze- und Steinplastiken von Bergleuten, Bauern, Fabrikarbeitern u.a. in naturalistischer Werkskleidung, doch idealistischer, antiker Haltung. **305**,17 *Professor Francke:* s. Erl. 300,20 **305**,19 *die christlichen Gewerkvereine:* s. Erl. 124,11 **305**,22 *Professor Schmoller:* s. Erl. 257,1 **305**,23 *Molkenbuhr:* s. Erl. 50,17 **305**,23 *Göhre*, Paul 1864-1928, Pfarrer, Schriftsteller und sozialdemokratischer Politiker; nach Theologie- und Nationalökonomiestudium arbeitete er als Fabrikarbeiter und verfaßte darüber ein erfolgreiches Buch. Er war Sekretär des Evangelisch-Sozialen Kongresses und gründete mit F. Naumann den Nationalsozialen Verein. 1900 trat er zur SPD über und brach 1906 mit der Kirche. 1919-23 war er Staatssekretär für religiöse Angelegenheiten. Schr. u.a.: Drei Monate Fabrikarbeiter, 1891; Die evangelisch-soziale Bewegung, 1896 **305**,23 *Gertrud Dyhrenfurth:* s. Erl. 334,16 **305**,24 *Friedrich Naumann*, 1860-1919, ev. Theologe und Sozialpolitiker, Vorkämpfer eines sozialen Liberalismus; war seit 1883 Mitarbeiter des Rauhen Hauses in Hamburg, 1886-1890 Pfarrer, 1890-1894 Vereinsgeistlicher der Inneren Mission in Frankfurt/M. Danach lebte er als freier Schriftsteller und Herausgeber der von ihm gegründeten Zeitschrift „Die Hilfe“ in Berlin, enge Zusammenarbeit mit G. Bäumer. 1896 gründete er den National-Sozialen Verein, war seit 1907 Mitglied des Reichstags, 1919 führendes Mitglied der Deutschen Demokratischen Partei und der Nationalversammlung. Schr. u.a.: Demokratie und Kaisertum, 1900; Gotteshilfe, 1903; Neudeutsche Wirtschaftspolitik, 1906; s. im vorl. Bd. auch S. 423-427 **305**,24 *Margarete Behm*, 1860-1929, Gewerkschafterin; nach Besuch eines Lehrerinnenseminars war sie 1879-1905 Lehrerin, ab 1884 an einer Berliner Gemeindeschule. Sie engagierte sich in der Frauengruppe der Freien kirchlich-sozialen Konferenz (A. Stöcker) und seit 1899 in der Organisierung der Heimarbeiterinnen, war Vorsitzende des Christlichen Gewerkvereins der Heimarbeiterinnen Deutschlands, Vorstandsmitglied des Gesamtverbandes der christlichen Gewerkschaften ebenso wie der Gesellschaft für Soziale Reform u. des Deutsch-Evangelischen Frauenbundes. Ab 1919 war sie Abgeordnete der Deutschnationalen Volkspartei in der Nationalversammlung und im Reichstag. Sie war Ehrendoktorin der Universität Greifswald. **305**,24 *Professor Sombart*, Werner, 1863-1941, Nationalökonom; ab 1890 Prof. in Breslau, ab 1906 in Berlin, entwickelte in der Weiterführung der Historischen Schule und unter dem Einfluß von Marx' eine Wirtschaftssystemtheorie, die später in eine geisteswissenschaftliche Anthropologie mündete. Vom linken Kathedersozialisten, der K. Marx als bedeutenden Sozialphilosophen anerkannte und den sozialdemokratischen Revisionismus mitbegründete, entwickelte er sich zum Gegner des Marxismus in den 20er Jahren und zum sozialkonservativen Wegbereiter des NS. Er war Vorsitzender der Deutschen Gesellschaft für Soziologie und des Vereins für Sozialpolitik bis zu deren Auflösung 1933 bzw. 1936. Schr. u.a.: Sozialismus und soziale Bewegung im 19. Jh., 1896; Der moderne Kapitalismus, 1902 **305**,28 *von Elm,* Adolph, 1857-1916, Sozialdemokrat und Gewerkschafter; war 1878-82 als gelernter Zigarrensortierer tätig, 1882-91 infolge der Sozialistengesetze in Nord-Amerika, ab 1891 Geschäftsführer des Vereins der Zigarrensortierer und der Tabak-Arbeiter-Genossenschaft, 1894-1907 Reichstagsabgeordneter. **305**,28 Katzenstein, Simon, 1868-1945, Journalist und Politiker; Bruder von H. Fürth (Erl. 143,1); war seit 1889 Mitglied der SPD und wurde als solcher 1893 aus dem hessischen Justizdienst enlassen. Er hielt 1893 Vorträge in den Mädchen- und Frauengruppen für soziale Hilfsarbeit in Berlin, war in verschiedenen sozialdemokratischen Redaktionen und im Genossenschaftswesen tätig; 1915-18 Stadtverordneter in Berlin, 1919-

1920 Mitglied der Nationalversammlung; 1933 emigierte er ins Saargebiet, 1935 über verschiedene Stationen nach Schweden; Schr. u.a.: Heimarbeit und Genossenschaftswesen, 1906; Anarchismus und Arbeiterbewegung, 1908 **306**,7 *Portefeuille-Industrie:* s. Erl. 302,36 **308**,13 *Galanteriewaren:* Luxusartikel zum Schmücken, z.B. kleine Tücher, Handschuhe, Fächer, seidene Bänder u.a. **309**,1 *Bismarck*, Graf Otto v., 1815-1898, preuß. Ministerpräsident 1862-1890 und dt. Reichskanzler 1871-1890

Die Forderung der Frau

309 * Das Blaubuch. Wochenschrift für öffentliches Leben, Literatur und Kunst, begr. v. Albert Kalthoff, erschien 1906-1911 und ist dann in die 1872-1931 erscheinende Zeitschrift „Die Gegenwart" aufgegangen. In der Zeitschrift veröffentlichten u.a.: G. Landauer, M. Maeterlinck, R.M. Rilke, P. Rosegger, B. Shaw. **309**,19 *Resolution ... in Seneca Falls:* 1848 hatten E.C. Stanton zusammen mit anderen nach Konflikten um das öffentliche Auftreten von Frauen in der Anti-Sklaverei- und der Mäßigkeitsbewegung eine Frauenversammlung in Seneca Falls (NY) organisiert, die mit der dort verabschiedeten Deklaration Ausgangspunkt der amerikanischen Frauenbewegung wurde. In der Einleitung der Deklaration heißt es: „Wir halten das Folgende für selbstverständliche Wahrheiten: daß alle Männer und Frauen gleich geschaffen sind; daß sie von ihrem Schöpfer mit gewissen anererbten Rechten ausgestattet worden sind; daß Leben, Freiheit und Streben nach Glück zu diesen gehören; daß zur Sicherung dieser Rechte Regierungen eingesetzt sind, die ihre berechtigte Macht aus der Einwilligung der Regierten herleiten." (zit.n. M. Strinz, Die Geschichte der Frauenbewegung in den Vereinigten Staaten von Nordamerika, in: Handbuch der Frauenbewegung, Bd. 1, Berlin 1901, S. 462f.) **310**,10 *Die hervorragendsten Gelehrten:* z.B. P.J. Möbius, s. im vorl. Bd. S. 410 u. Erl. 410,11 und E. Albert, s. S. 462 u. Erl. 462,2 **310**,22 *Frauenerwerbsvereine:* nach dem Muster des 1866 gegründeten Lettevereins (Erl. 31,13) wurde eine Vielzahl von Frauenerwerbsvereinen gegründet. 1869 fand die erste Konferenz der deutschen Frauenbildungs- und Erwerbsvereine statt. Da in ihnen auch Männer Vorstandsfunktionen übernehmen konnten, wurden diese Vereine nicht in den Allgemeinen Deutschen Frauenverein aufgenommen, arbeiteten aber häufig mit diesem zusammen. **310**,23 *aus privaten Mitteln Gymnasialkurse:* Die ersten Gymnasialkurse wurden 1893 von H. Lange veranstaltet; s. Erl. 9,13 **310**,24 *Frauen an ausländische Universitäten:* dort studierten z.B. die ersten deutschen Ärztinnen F. Tiburtius, A. Bluhm (Erl. 162,11), die Juristin A. Augspurg (Erl. 416,17), die Chemikerin M. Baum (Erl. 270,20), die Nationalökonomin H. Simon (Erl. 360,17). **311**,10 *eine Fülle von Berufen:* in einer 16teiligen Artikelserie „Die Frau im modernen Wirtschaftsleben" (in: Neue Bahnen, 1908-09) geht A. Salomon auf verschiedene Berufszweige näher ein. **311**,13 *die Tore der Universitäten aufgetan:* seit Mitte der 90er Jahre konnten Frauen z.B. in Berlin und Leipzig als Gasthörerinnen mit besonderer Genehmigung studieren; 1900 erhielten sie in Baden das Recht zur Immatrikalution, 1908 folgten schließlich Preußen und das Deutsche Reich insgesamt; s. Erl. 393,3 **311**,15 *Frauen zu öffentlichen Ämtern:* s. hierzu im vorl. Bd. S. 90-94 (Armenpflege), S. 58-64 (Waisenpflege), S. 184-189 (Vormünderin) **311**,28 *Erörterung von Prinzipienfragen:* s. hierzu den zwei Jahre später verfaßten und breiter angelegten Artikel „Zur Theorie der Frauenbewegung", im vorl. Bd. S. 400-453 **312**,41 *der Individualismus der jüngeren:* s. im vorl. Bd. S. 261-267 u. 429-431 **313**,13 *die Sanktion ... für die uneheliche Mutterschaft:* s. im vorl. Bd. S. 318-330 **313**,18 *„persönliche Glücksbedürfnisse nicht maßgebend ...":* Vgl. G. Bäumer, Die Frau in der Kulturbewegung der Gegenwart, Wiesbaden 1904, S. 17 **314**,13 *eine Herabminderung der Arbeitszeit:* s. im vorl. Bd. S. 212-228 u. 361-372

Antwort an Frau Emily Altschul

315,4 Der offene Brief v. Emily Altschul an A. Salomon (in: Centralblatt d. BDF, 7,22 v. 15.2.1906, S. 173 f.): Bournemouth, England. Liebes Fräulein Salomon! Ihren Artikel im Centralblatt „Wir und die Heimarbeiterinnen" [s. im vorl. Bd. S. 297-300] erhielt ich verspätet. Wie Sie sehen, bin ich im Auslande. Ich las ihn mit der größten Aufmerksamkeit, wie alles, was Ihren Namen trägt; aber einzelne Stellen darin erweckten in mir ein unbehagliches Gefühl, als befände ich mich nicht in völliger Übereinstimmung mit Ihnen, und mit manchen Menschen stimmt man doch so gern überein! Mit dem eigentlichen Gegenstand Ihres Artikels, dem Hinweis auf die Ausstellung von Produkten der Hausindustrie, stehen die Bedenken, die mir kamen, freilich in keinem Zusammenhange. Wie sehr teile ich vielmehr Ihren Wunsch, daß dieselbe das Interesse weiter Kreise für die traurige Lage der Heimarbeiterinnen wecken möge! Was ist es also, was mich beunruhigt? Nun, wenn ich es in aller Kürze sagen soll, so ist es das „Wir" und das „bürgerliche" in Ihrem Artikel; es ist der Nachdruck, den Sie auf dies letztere Wort legen, die Deutung, die Sie ihm geben: „Denn wir Frauen der bürgerlichen Kreise erkennen die geschichtlich gewordene Gesellschaftsordnung an und glauben nur durch ihre allmälige Fortbildung bessere soziale Zustände erreichen zu können. Die Anhängerinnen der Sozialdemokratie aber wollen in bewußter Weise den Umsturz dieser kapitalistischen Gesellschaftsordnung herbeiführen." [im vorl. Bd. S. 297] – Ich würde es auf's tiefste bedauern, wenn die von Ihnen gekennzeichnete Stellungnahme zur heutigen Gesellschaftsordnung zur stillschweigenden Voraussetzung für die Zugehörigkeit zur bürgerlichen Frauenbewegung angenommen würde. Ich gehöre 4 Bundesvereinen an; soweit mir aber bekannt ist, enthalten die Statuten derselben absolut nichts, was irgend welche derartige Voraussetzungen rechtfertigen könnte, vielmehr betonen sie alle, daß sie *politisch neutral* sind. Bisher nahm ich - wie es scheint, irrtümlicherweise - an, daß der Ausdruck „bürgerliche Frauenbewegung", wenn wir ihn brauchen, nichts anderes bezeichnen solle, als diejenige Bewegung zur Befreiung des weiblichen Geschlechtes aus willkürlich auferlegten Fesseln, die aus den bürgerlichen Kreisen hervorgegangen ist. Sie aber geben dieser Bezeichnung eine politische Deutung, da das „Wir bürgerlichen Frauen" u.s.w. in dem Zusammenhang, in dem Sie die Worte gebrauchen, eine ganz bestimmte Stellungnahme zu der heutigen Gesellschaftsordnung voraussetzt. – Vielleicht, daß meine Bedenken dagegen mir nicht so klar zum Bewußtsein gekommen wären, wenn ich nicht vor kurzem durch einen anderen Artikel im Centralblatt stutzig gemacht worden wäre, der sich in ähnlicher Richtung zu bewegen schien. Dort hieß es: die bürgerliche Frauenbewegung könne sich zur Durchführung der von ihr gewünschten Reformen nur an liberale, nicht an sozialdemokratische Abgeordnete wenden, weil die letzteren (leider habe ich die betreffende Nummer nicht zur Hand und muß aus dem Gedächtnis zitieren) nicht auf dem Boden der heutigen Gesellschaftsordnung stehen, oder so ähnlich. - Wenn nun die bürgerliche Frauenbewegung, die der Bund repräsentiert, politisch neutral ist, wie ich bisher annahm, so erscheint mir eine Schlußfolgerung wie die oben bezeichnete einfach unverständlich. Es könnte sich doch dann für uns einzig und allein darum handeln, welche Partei unsere Forderungen am entschiedensten unterstützen würde, aber nicht im allergeringsten darum, welche Stellung dieselbe der heutigen Gesellschaftsordnung gegenüber einnimmt. – Dies scheint ein Spiel mit Worten, ist es aber nicht; es handelt sich vielmehr um eine sehr ernsthafte Sache. Als ich, den eben genannten Artikel noch in Gedanken, Ihre Ausführungen las, glaubte ich mit einem Male ganz deutlich die feinen Züge einer zu früh Dahingeschiedenen vor mir zu sehen, ihr helles, etwas ironisches Lachen zu hören. Sie kannten die Gräfin Oriola doch auch, die Feuerseele? Bestand ein innerer Widerspruch zwischen ihrer Zugehörigkeit zur bürgerlichen Frauenbewegung (sie war sogar Vorstandsmitglied mehrerer Bundesvereine) und ihrer Zugehörigkeit zur sozialdemokratischen Partei? Wie sie die erstere auffaßte, gewiß nicht. Ich erinnere mich sehr genau unserer Gespräche darüber. Wir verstanden unter der Frauenbewegung, die der „Bund" repräsentiert, diejenige von den bürgerlichen Kreisen ausgegangene Bewegung, die alle für das weibliche Geschlecht in Betracht kommenden Reformen anstrebt, die in absehbarer Zeit durchführbar sind - die also als praktisches Aktionsgebiet das in Angriff nimmt, was Goethe „die Forderung des Tages" nennt, die Frage aber durchaus offen läßt, ob ihre idealen und weitgehenden letzten Ziele innerhalb dieser Gesellschaftsordnung zu erreichen sind oder nicht. Die bürgerliche Bewegung, so betrachtet, läßt den einzelnen in seiner politischen Zugehörigkeit vollständig unbeeinflußt, und es ist kein Grund vorhanden, warum auf solchem neutralen Boden die sozialdemokratischen Frauen nicht vertreten sein sollten, da sie ja doch auch, wie andere Angehörige von Bundesvereinen, nur in denjenigen Fragen gebunden wären, denen „alle von Herzen zustimmen". – Daß diese Vertretung und gemeinschaftliche Arbeit zur Zeit von führender sozialdemokratischer Seite nicht gewünscht wird, kann an der Sache selbst nichts ändern, daß in dem Moment, wo die bürgerliche Frauenbewegung sich politisch festlegt, selbstverständlich auch die Möglichkeit einer solchen Mitarbeit aufhört. Dann kennen eben auch wir nur ein „Hüben und Drüben", und das wäre, so scheint es mir, auf's tiefste zu bedauern. – Ob diese Bedenken gerechtfertigt sind oder nicht - ich weiß es nicht; nach anderthalbjähriger Abwesenheit von Deutschland kann ich leicht die Fühlung etwas verloren haben. Also liebes Fräulein Salomon, wie steht die Sache? Ist die bürgerliche Frauenbewegung neutral oder nicht? Mit herzlichem Gruße, Emily Altschul" **315**,14 *Vereinsgesetz:* s. Erl. 40,24 **316**,28 *Vortrag von Frau Zetkin:* s. Erl. 285,Fußn.8 **317**,12 *Ich habe auch lange Zeit geglaubt:* s. im vorl. Bd. S. 36-42

Die soziale Bedeutung der unehelichen Mutterschaft

318 * Deutschland, Monatsschrift für die gesamte Kultur, erschien 1902-1906/07, Mitarbeiter waren u.a. Otto Pfleiderer, Ferdinand Tönnies **318**,2 *Helene Böhlau,* Das Recht der Mutter, Roman, 5. Aufl. Berlin 1906; Helene Böhlau, 1859-1940, Schriftstellerin; aus einer Weimarer Akademikerfamilie kommend, reiste sie viel ins Ausland, heiratete den zum Islam konvertierten Omar al Raschid Bey und lebte längere Zeit in Konstantinopel, später in München. Sie publizierte zahlreiche Novellen und Romane, die sich im Namen der Kultur des alten Weimar gegen die verbürgerlichte Zeit wenden, gegen das geringe Ansehen und die Rechtlosigkeit der Frauen; weitere Schr. u.a.: Halbtier, 1899; Sommerbuch. Altweimarische Geschichten, 1903 **318**,14 *nach einer „neuen Ethik":* Engagiertester Vertreter war der 1905 gegründete Bund für Mutterschutz (Erl. 476,3). Zu A. Salomons Einschätzung der neuen Ethik s. im vorl. Bd. S. 427-432 **320**,11 *weil „persönliche Glücksbedürfnisse ...":* vgl. G. Bäumer, Die Frau in der Kulturbewegung der Gegenwart, Wiesbaden 1904, S. 17 **320**,27 *Zentrale für private Fürsorge:* sie führte ab 1907 die Auskunftsstelle der Deutschen Gesellschaft für Ethische Kultur weiter; s. im vorl. Bd. S. 11 u. Erl. 11,6 **320**,34 *Militärstammrollen:* von den Kommunalbehörden aufgrund jährlicher Berichte der Standesämter geführt, enthalten Auszüge aus den Geburtsregistern des jeweiligen wehrpflichtigen Jahrgangs (um 1900 17 Jahre zurück) sowie Personenstandsänderungen der Mutter. **321**,29 *Nach den Frankfurter Feststellungen ...:* O. Spann, Untersuchungen über die uneheliche Bevölkerung in Frankfurt, Dresden, 1905, S. 163; Othmar Spann, 1878-1950, Soziologe und Volkswirt; ab 1919 Professor für Gesellschaftslehre und Volkswirtschaft an der Universität Wien. Er vertrat später ein an die deutsche Romantik anknüpfendes antidemokratisches, ständisches Staatskonzept. **322**,28 *In Frankfurt mußte die Hälfte ...:* s. a.a.O., S. 168-171 **323**,8 *ein beträchtlicher Teil der Kinder ...:* s. a.a.O., S. 129 **323**,11 *Eine Berliner Untersuchung:* H. Neumann, Die unehelichen Kinder in Berlin, Jena 1900; Hugo Neumann, 1858-1912, Kinderarzt und Sozialhygieniker; gründete aus eigenen Mitteln eine Poliklinik für Kinderkrankheiten, das „Kinderhaus" und setzte sich bes. für Säuglingsschutz ein. 1893-95 gab er Kurse in den Mädchen- und Frauengruppen für soziale Hilfsarbeit (Erl. 210,18); weitere Schr. u.a.: Öffentlicher Kinderschutz, 1895; Über die Behandlung der Kinderkrankheiten und Briefe an einen jungen Arzt, 1899 **323**,12 *Kinder in Haltepflege:* H. Neumann, a.a.O., S. 29; Haltepflege ist gegen Entgelt geleistete Pflege von Kindern durch Pflegemütter, die Haltefrauen. Sie benötigten seit 1899 für die Pflege von unter 4jährigen Kindern die Erlaubnis des Polizeipräsidiums und unterstanden polizeilicher Aufsicht. **323**,18 *Boeckh,* Richard, 1824-1907, Jurist und Statistiker; war maßgeblich an der Entwicklung moderner Statistik beteiligt, ab 1874 Direktor des Statistischen Amtes der Stadt Berlin, 1877-1902 Herausgeber des Statistischen Jahrbuches, ab 1891 Prof. an der Universität Berlin **324**,8 *Zentralstelle für Jugendfürsorge ... teilt ... Fälle mit:* Tätigkeitsbericht der Zentralstelle für Jugendfürsorge in Berlin. 1904/05, [Berlin 1905], S. 5-9 u. 13; Die Zentralstelle für Jugendfürsorge in Berlin wurde 1901 gegr. und 1907 mit dem Deutschen Zentralverein für Jugendfürsorge vereinigt zu: Deutsche Zentrale für Jugendfürsorge; der Verein bezweckte „Bestrebungen jeder Art und Richtung auf dem Gebiet der Jugendfürsorge einen fördernden und einigenden Mittelpunkt zu bilden" durch Propaganda und vorbildliche praktische Arbeit. **324**,28 *fast die Hälfte aller Pflegeväter ...:* O. Spann, a.a.O., S. 151 **324**,40 *Sterblichkeit der unehelichen Kinder:* s. im vorl. Bd. S. 268-280 **325**,4 *Sterblichkeit ... im späteren Kindesalter ...:* s. O. Spann, a.a.O., S. 31-35 **325**,7 *Eine Berliner Statistik ergibt ...:* s. H. Neumann, Die jugendlichen Berliner unehelicher Herkunft, in: Jahrbücher f. Nationalökonomie u. Statistik, III./8 , Jena 1894, S. 536-549, S. 538 **325**,**Fußn.3** s. Erl. 325,7 **326**,27 *die Kriminalität der Unehelichen ...:* s. O. Spann, a.a.O., S. 89f. und H. Neumann, a.a.O., S.,544 **329**,14 *„Nur der Vater ...":* G. Bäumer, a.a.O., S. 17f. (geringe Abweichung)

Die Frauenfrage auf dem Lande

331,40 *dem ganzen Problem kaum interessiert:* in der Textvorlage heißt es: „... und die Besitzenden als Arbeitgeber dem ganzen Problem kaum *uninteressiert* gegenüberstehen können." Diese Formulierung irritiert, da unmittelbar zuvor gerade von einem Mangel 'objektiv interessierter' Persönlichkeiten auf dem Land gesprochen wird. Es könnte sich hier um einen Druckfehler handeln. Eine andere, aber nicht befriedigende Lesart der Textstelle könnte lauten: „und die Besitzenden als Arbeitgeber dem ganzen Problem kaum *uninteressiert - nur im eigenen Interesse* - gegenüberstehen können." **333**,17 *bei den letzten Zolltarifverhandlungen:* 1902 waren die niedrigen Getreidezölle der 1890er Jahre erhöht worden, 1905 wurden auf der Grundlage dieses Zolltarifs alle wesentlichen Handelsverträge neu abgeschlossen; zu den Konflikten s. Erl. 195,7 u. 368,24. **333**,27 *auf dem Internationalen Frauenkongreß:* Unter dem Thema „Die Frau als Landwirtin, Landarbeiterin und Gärtnerin" wurden vier Vorträge von Referentinnen aus England, Rußland und Deutschland, u.a. von M. Wegner, gehalten; s. Der Internationale Frauen-Kongreß in Berlin 1904, Berlin [1904], S. 159-165 (s. Erl. 228,14). Den Mangel an „Fachleuten" führte A. Salomon auf die fehlende Organisation von Landarbeiterinnen zurück. **333**,30 *Marie Wegner* hatte bereits einen Artikel „Frauenarbeit auf dem Lande" in: Centralblatt d. BDF, 3.1901/02 veröffentlicht. Die von A. Salomon zitierte Broschüre erschien 1905: M. Wegner, Die Lage der Landarbeiterinnen (= Sozialer Fortschritt, Nr. 52/53), Leipzig 1905.

Marie Wegner, 1859- 1920, war Vorsitzende des Schlesischen Frauenverbandes, Herausgeberin der Zs. „Die Frau der Gegenwart“, Chefredakteurin der Zs. „Die Frau im Osten“, Verfasserin sozialpolitischer Schriften. **333**,33 *was Wilbrandt schon:* R. u. L. Wilbrandt, Die deutsche Frau im Beruf, (= Handbuch der Frauenbewegung, Bd. 4), Berlin 1902; Robert Wilbrandt, 1875-1945, Nationalökonom; war 1904-1908 Privatdozent an der Universität Berlin, zusammen mit seiner ersten Frau Lisbeth, geb. Roller, verfaßte er den Bd. „Die deutsche Frau im Beruf“. Ab 1908 war er Prof. der Volkwirtschaftslehre an der Universität Tübingen. Weitere Schr. u.a.: Arbeiterinnenschutz und Heimarbeit, 1906; Die Frauenarbeit. Ein Problem des Kapitalismus, 1906 **333**,34 *Schriften des Vereins für Sozialpolitik:* Der Verein für Sozialpolitik hatte 1891/92 eine Enquête zu den Verhältnissen der Landarbeiter in Deutschland durchgeführt, die auf einer Befragung der ländlichen Arbeitgeber beruhte. Die Ergebnisse sind veröffentlicht unter dem Titel: Die Verhältnisse der Landarbeiter in Deutschland (= Schr. d. Vereins f. Soziapolitik, Bd. 53-55), Leipzig 1892 **333**,35 *Kärgers Sachsengängerei:* K. Kaerger, Die Sachsengängerei, Berlin 1890. Der Begriff Sachsengängerei bezeichnet die saisonale Wanderarbeit auf sächsischen Gütern während der Erntezeit; s. auch A. Salomon, Die Ursachen der ungleichen Entlohnung von Männer- und Frauenarbeit, 3. Kap. „Feststellung der Lohnunterschiede in der Landwirtschaft“, [Diss.] Leipzig 1906, S. 64-69. Karl Kaerger, 1858-1903, war Privatdozent an der landwirtschaftlichen Hochschule in Berlin und landwirtschaftlicher Sachverständiger im Dienste des Auswärtigen Amtes des Dt. Reiches. **333**,5 *sozialistische Literatur:* u.a. sind folgende Titel von M. Wegner zitiert: A. Bebel, Die Frau und der Sozialismus; K. Kautsky, Die Agrarfrage; K. Marx, Das Kapital, Bd. 1 **334**,16 *Gertrud Dyhrenfurth,* Nationalökonomin; studierte an der Universität Berlin, 1919 erhielt sie den Ehrendoktor der Universität Tübingen. Schr. u.a.: Die Lage der hausindustriellen Arbeiterinnen in der Berliner Blusen-, Unterrock-, Schürzen- und Trikot-Konfektion, 1898; Ein schlesisches Dorf und Rittergut, 1906; Ergebnisse einer Untersuchung über die Arbeits- u. Lebensverhältnisse der Frauen in der Landwirtschaft, 1916 **335**,3 *Einkommen einer Lohngärtnerfamilie:* G. Dyhrenfurth, Ein schlesisches Dorf und Rittergut. Geschichte und soziale Verfassung (= Staats- u. sozialwiss. Forschungen H. 117), Leipzig 1906, S. 78f. **335**,8 *Einkommen einer alleinstehenden Magd:* a.a.O., S. 80 **336**,5 *„Man bedenke, was eine Jahreseinnahme ...“:* a.a.O., S.87 **336**,14 *„Der größte Teil des Bareinkommens ...“:* vgl. a.a.O., S. 90-92 (Zusammenfass. mit wörtl. Zitaten) **336**,33 *„Sie ist beim Verlassen der Schule ...“:* a.a.O., S. 93f. **338**,8 *„In keinem Stande ist die Frau ...“:* A. Grunenberg, Die Landarbeiter in den Provinzen Schleswig-Holstein und Hannover östlich der Weser, sowie in dem Gebiete des Fürstentums Lübeck und der freien Städte Lübeck, Hamburg und Bremen (= Die Landarbeiter i. d. ev. Gebieten Norddeutschlands. H. 2, Hg.: Max Weber) Tübingen 1899, S. 149. Diese Reihe geht auf eine Erhebung des Evangelisch-Sozialen Kongresses zurück, die M. Weber und P. Göhre initiiert hatten und die auf einer Befragung evangelischer Pfarrämter beruhte. Sie sollte ein Korrektiv sein zu der Erhebung des Vereins für Sozialpolitik, bei der nur Arbeitgeber befragt worden waren (Erl. 333,34). – Das Zitat A. Salomons ist Teil des Berichts des Plöner Pfarramtes. M. Weber hat an dem Heft nur noch geringfügig mitgearbeitet. **338**,22 *„Ununterbrochen hatten sie ...“:* G. Dyhrenfurth, a.a.O., S. 99 (Kürzungen) **339**,21 *„Doch man gebe dem Lande ...“:* a.a.O., S. 101 **340**,4 *„Man kann es nicht bloß mit Geduld ...“:* a.a.O., S. 114 **341**,4 *„Es fragt sich nur ...“:* a.a.O., S. 140 **341**,17 *„Die Stellenbesitzersgattin ...“:* a.a.O., S. 141 **341**,40 *„keine verdienstlose Zeit ...“:* a.a.O., S. 146 **342**,2 *„in dem dauernden Zusammensein ...“:* a.a.O., S. 146f. **342**,4 *„Und es fehlt dem Triebleben ...“:* a.a.O., S. 147 **342**,13 *„Über rein persönliche*

Beziehungen ....": a.a.O., S. 154 **343,3** *„daß in der städtischen Gesellschaft ...":* a.a.O., S. 149 **343,16** *„Das Bewußtsein für seine Klassenlage ...":* ebd.

Gleicher Lohn für gleiche Leistung

Siehe im vorl. Bd. auch S. 280-296

344 * Das Blaubuch, s. Erl. 309* **344,2** *Thomas Hood:* The song of the shirt (1843); s. Erl. 142,10 **344,15** *die Arbeit die Quelle allen Reichtums:* Der Satz geht auf den brit. Nationalökonomen und Philosophen Adam Smith (1723-1790) zurück, dessen gegen den Merkantilismus gerichtetes Werk „An Enquiry into the Nature and Causes of the Wealth of Nations (1776, dt. Der Wohlstand der Nationen) wesentlich zur Entwicklung der liberalen Ökonomie im 19. Jh. beitrug. **344,28** *„gleicher Lohn für gleiche Leistung":* s. hierzu im vorl. Bd. S. 285-287

Gesundheitsfürsorge für Arbeiterinnen

349 * In einer redaktionellen Anmerkung heißt es: „Mit Erlaubnis der Verfasserin bringen wir in folgendem den zweiten Teil des von ihr im Auftrag des Bundes deutscher Frauenvereine erstatteten, der letzten Vorstandskonferenz des I.C.W. in Paris vorgelegten Berichtes über 'die Bestrebungen zur Hebung der Volksgesundheit in Deutschland' zum Abdruck." **349,15** *die Arbeitszeit von Fabrikarbeiterinnen:* § 137 RGO in der Fassung v. 1. Juni 1891, s. Erl. 38,16 und 41,14 **349,20** *Wöchnerinnen dürfen:* § 137, Abs. 5 RGO, s. auch Erl. 159,11 **349,22** *Jugendliche Arbeiterinnen:* § 135 RGO **349,30** *Gewerbeaufsichtsbeamte:* s. im vorl. Bd. S. 43-45 u. 171-183 **350,6** *Heimarbeiterinnen:* s. im vorl. Bd. S. 147-152 u. 297-309 **350,11** *Krankenversicherungsgesetz:* s. Erl. 159,13; Nov. v. 25. Mai 1903 (RGBl. S. 233) **350,42** *Invalidenversicherungsgesetz:* s. Erl. 169,15 **352,2** *Bewegung zur Errichtung von Heimen für Arbeiterinnen:* s. im vorl. Bd. S. 64-70 **352,18** *Pastor Zimmer,* Friedrich, 1855-1919, ev. Theologe und Pädagoge, Prof. der Theologie; setzte sich für eine Verknüpfung von 'Frauenfrage' und Diakonie ein, indem er Ausbildung und berufsmäßige Ausübung der Krankenpflege in der Diakonie förderte. Er gründete 1894 den ev. Diakonieverein, der anders als die diakonischen Mutterhäuser den Diakonissinnen persönliche Freiheit und Bezahlung ihrer Arbeit gewährte, ferner das erste Diakonieseminar und den ev. Frauendienst sowie das erste ev. Töchterheim („Zimmersche Töchterheime", Erziehungsanstalten für Fabrikarbeiterinnen). 1898-1906 war er Direktor des ev. Diakonievereins mit Sitz in Zehlendorf b. Berlin. Schr. u.a.: Der ev. Diakonieverein, 1895, Die ev. Zimmerschen Töchterheime, 1907 **352,24** *Volksküchen:* s. Erl. 112,32 **352,34** *vaterländische Frauenvereine* vom Roten Kreuz: gegründet im deutsch-dänischen Krieg 1866 von der preuß. Königin (der späteren Kaiserin Augusta, Ehefrau Wilhelms I.) zur Organisierung und Qualifizierung der Verwundetenpflege; Vorläufer waren die von der preuß. Königin Luise in den Befreiungskriegen 1813-1815 initiierten Frauenvereine. Sie entwickelten sich zur größten deutschen Frauenorganisation (eine halbe Million Mitglieder gegenüber ca. 330.000 des BDF vor dem 1. Weltkrieg). Ihr Zweck war: „1. in Friedenszeiten innerhalb des Verbandes außerordentliche Notstände zu lindern, sowie für die Förderung und Hebung der Krankenpflege Sorge zu tragen, 2. in Kriegszeiten an der Fürsorge für die im Feld Verwundeten und Kranken Teil zu nehmen und die hierzu dienenden Einrichtungen zu unterstützen." (A. Salomon, in: Handbuch der Frauenbewegung, Bd. 2, Berlin 1901, S. 23) **353,4** *der Badische Frauenverein:* 1859 gegründet von Großherzogin Luise von Baden, Landesverband des Vaterländischen Frauenvereins zum Roten Kreuz **353,33** *Hauspflegevereinen:* s. Erl. 12,22 **354,30** *Poliklinik für Frauen:* s. Erl. 162,11

Die Arbeiterinnenfrage - eine Frauenfrage

357* Die Nation, s. Erl. 138* **357,12** *Luise Otto:* Siehe L. Otto-Peters (Erl. 91,5) **357,13** *„Adresse eines Mädchens“:* L. Ottos „Adresse eines deutschen Mädchens“, v. 20. Mai 1848, erschien in vielen Zeitungen und Zeitschriften, u.a. unter der Überschrift „Für die Arbeiterinnen“ in der von L. Otto seit 1849 hrsg. „Frauen-Zeitung“, 1849, Nr. 20. – Arbeiterkommissionen wurden von den Regierungen unter dem Druck der Märzrevolution 1848 eingerichtet. **358,15** *seit ... 1900 ... wiederkehrende Konferenzen:* s. Erl. 233,22; A. Salomon hat sich wiederholt mit dem Verhältnis zu den sozialdemokratischen Frauen befaßt; s. im vorl. Bd. S. 36-42, 233-240 u. 315-317. **360,6** *Konferenz zur Förderung der Arbeiterinneninteressen:* A. Salomon gehörte dem vorbereitenden Komitee an und hielt ein Referat über die Ursachen der geringen Entlohnung der Frauenarbeit, das mit dem Fazit endete: „Nicht die schlechtbezahlte Arbeit wird von Frauen gemacht, sondern die von Frauen gemachte Arbeit wird schlecht bezahlt.“ Zit. n. G. Bäumer, Die erste deutsche Konferenz zur Förderung der Arbeiterinneninteressen, in: Die Frau, 14.1906/07, S. 385-393 (einschl. der Resolutionen, die auf der Konferenz verabschiedet wurden). **360,17** *Helene Simon,* 1862-1947, Nationalökonomin und Sozialpolitikerin; studierte 1895-97 in London, war Mitglied der Fabian Society und setzte ihr Studium in Berlin bei G. Schmoller fort. Sie war publizistisch und sozialpolitisch tätig und engagierte sich in der Frauenbewegung. Seit 1907 gehörte sie dem Ständigen Ausschuß für Arbeiterinnen-Interessen an, seit 1911 der Gesellschaft für soziale Reform und seit 1913 dem Deutschen Verein für Armenpflege und Wohltätigkeit. 1914-18 arbeitete sie im Nationalen Frauendienst mit, trat 1919 der SPD bei und beteiligte sich am Aufbau der Arbeiterwohlfahrt. Sie erhielt 1922 die Ehrendoktorwürde der Universität Heidelberg. 1938 emigierte sie nach London. Schr. u.a.: Mutterschaft und geistige Arbeit, 1901 (zus. mit Adele Gerhard); Robert Owen, 1905; Aufgaben und Ziele der neuzeitlichen Wohlfahrtspflege, 1922; Elisabeth Gnauck-Kühne, 2 Bde., 1928 u. 1929 **360,18** *Dr. Elisabeth Jaffé-Richthofen:* s. Erl. 182,33. Sie referierte zu dem Thema „Das Wahlrecht der Arbeiterinnen zu den Gewerbegerichten“, abgedr. in: Die Frau, 14.1906/07, S. 577-581. **360,18** *Dr. Marie Baum:* s. Erl. 270,20; *Dr. Margarete Bernhard,* war 1919 Vorsitzende des Reichsfrauenausschusses und Mitglied der Deutschen Demokratischen Partei. **360,19** *Frau v. Gordon,* Emy, geb. Freiin v. Beulwitz, 1843-1909, Schriftstellerin; war Vorsitzende des Katholischen Frauenbunds und Redakteurin der Zeitschriften „Die praktische Hausfrau“, Beilage zum „Frankfurter Volksblatt“, und „Frauenarbeiten“. Schr. u.a.: Pflicht eines Dienstmädchens, 1892; Ratgeber für Erwerb suchende Frauen und Mädchen besserer Stände, 1893; Fingerzeige für die katholische Frauenbewegung, 1905 **360,19** *Professor Harms,* Ch. Bernhard, 1876-1939, Nationalökonom; ab 1906 Prof. für Volkswirtschaft an der Landwirtschaftlichen Hochschule Hohenheim, ab 1908 an der Universität Kiel. 1911 gründete und leitete er dort das Institut für Weltwirtschaft und Seeverkehr. Schr. u.a.: Deutsche Arbeitskammern, 1906; Der Maximalarbeitstag, 1907 **360,19** *Professor Mayet,* Carl Heinrich Paul, 1846-1920, Statistiker und Sozialpolitiker; war 1876-1893 als Lehrer und Berater in verschiedenen Ministerien in Japan tätig, untersuchte die landwirtschaftlichen Versicherungen und die Lage der Reisbauern. Ab 1894 war er im Kaiserl. Statistischen Amt in Berlin tätig. Er engagierte sich für die Einführung des Mutterschutzes, gründete zusammen mit anderen 1905 die Gesellschaft für soziale Medizin, Hygiene und Medizinalstatistik und war deren erster Vorsitzender. Schr. u.a.: Krankheits- und Sterblichkeitsverhältnisse in der Ortskrankenkasse für Leipzig und Umgebung, 1911; Der Schutz von Mutter und Kind durch reichsgesetzliche Mutterschafts- und Familienversicherung, 1911

Frauenforderungen zum sozialpolitischen Programm des deutschen Reichstags

361,3 *Generalversammlung des Allgemeinen Deutschen Frauenvereins in Hamburg:* 3.-5.10.1907; s. auch Erl. 91,4 u. 91,6 **361**,24 *in den Lazaretten:* s. Erl. 352,34 **361**,30 *Verleihung des allgemeinen Wahlrechts:* mit der Verfassung des Deutschen Reiches vom 16. April 1871; wahlberechtigt waren alle männlichen Staatsbürger über 25. J., gewählt wurde alle 3 Jahre (ab 1890 alle 5 Jahre) der Reichstag. Für die einzelnen Bundesstaaten, insgesamt 25, galten diese Regelungen nicht. Das in Preußen seit 1850 geltende Dreiklassenwahlrecht, das, kombiniert mit einem Zweistufensystem, die Teilnahme am politischen Leben auf eine reiche Minderheit beschränkte, blieb bestehen. **361**,33 *die Kaiserliche Botschaft* vom 17. Nov. 1881 [Wilhelm I. (dt. Kaiser 1871-1888) an den Reichstag zur Eröffnung der 5. Legislaturperiode]: Stenogr. Berichte über d. Verhandl. d. Reichstages, Bd. 67, S. 1-3; ebenfalls in: Zs. f. Sozialreform 27.1981, S. 730-735; zur sozialpolitischen Bedeutung und Vorgeschichte der „Botschaft" s. a.a.O., S. 657-710 **362**,19 *Verein zur Förderung der Sozialreform:* Das ist die Deutsche Gesellschaft für soziale Reform. Bei deren Gründung am 6.1.1901 kam es zum Konflikt über den Satzungsentwurf, der die Aufnahme von Frauen aufgrund der Vereinsgesetze in Preußen, Bayern und Sachsen untersagte. Man einigte sich, die Frage in der Satzung offen zu lassen. Die Gesellschaft war die Deutsche Sektion der Internationalen Vereinigung für gesetzlichen Arbeiterschutz, die im Juli 1900 auf dem Internationalen Kongreß für Arbeiterschutz in Paris gegründet worden war. An deren Generalversammlung nahmen u.a. A. Salomon, H. Simon (Erl. 360,17) als Gäste teil und wurden als Korrespondentinnen aufgeführt. **365**,10 *der elfstündige Maximalarbeitstag:* § 137 RGO in der Fassung v. 1. Juni 1891, s. auch Erl. 38,16 und 41,14. Zur Forderung nach dem Zehnstunden- und Achtstundentag s. im vorl. Bd. S.100, 212-228, 234f. **365**,26 *Zeit großzügiger sozialpolitischer Initiative:* Aufbau des für seine Zeit beispielhaften Sozialversicherungssystems: 1883 Kranken-, 1884 Unfall-, 1889 Alters- und Invalidenversicherung, 1890-91 Arbeiterschutzgesetze. Nachdem die Reformpolitik nicht die erwartete Integration der Arbeiter bewirkt hatte, sondern SPD und Gewerkschaften ihre Stellung stärken konnten, wurde die Politik Wilhelms II. zunehmend repressiver; s. auch Erl. 125,14. **365**,30 *Enquête über die Fabrikarbeit verheirateter Frauen:* s. im vorl. Bd. S. 32-35 u. 142-145 **365**,30 *Enquête über die Arbeitszeit:* Die Ergebnisse der von Reichskanzler v. Bülow angeordneten Erhebungen der Gewerbeaufsichtsbeamten wurden für Preußen veröffentlicht: Arbeitszeit der Arbeiterinnen über 16 Jahre in Fabriken und diesen gleichgestellten Anlagen n. d. Erhebungen d. Königl. preuß. Gewerbeaufsichtsbeamten u. Bergbehörden im Jahre 1902, Berlin 1903; danach hatten 38% der Arbeiterinnen eine längere als 10stündige Arbeitszeit, die anderen zum Teil erheblich kürzere Arbeitszeiten. **365**,34 *die englischen Arbeiterinnen:* In England wurde 1847 der Zehnstundentag für Frauen und Jugendliche und 1850 allgemein eingeführt, nachdem bereits 1833 das 1. Fabrikgesetz die Kinderarbeit auf 8 Stunden begrenzt und das Zulassungsalter auf 9 Jahre festgelegt hatte. **366**,4 *Vorlage betreffend den Zehnstundentag:* „Entwurf eines Gesetzes, betreffend die Abänderung der Gewerbeordnung", nach Beschluß durch den Bundesrat wurde er am 16. Dez. 1907 dem Reichstag zugeleitet, mit dem Ges. v. 28. Dez. 1908 (RGBl. S. 667) wurde 'die zulässige Arbeitsdauer für Arbeiterinnen auf 10 Stunden, an den Vorabenden der Sonn- und Festtage auf 8 Stunden, längstens bis 5 Uhr nachmittags' (§ 137, Abs. 2) beschränkt . **367**,4 *Schutz der Frau zur Zeit der Mutterschaft:* s. im vorl. Bd. S. 157-170, 462-479; erst das Gesetz über die Wochenhilfe und Fürsorge v. 26. Sept. 1919, ergänzt durch die Gesetze vom 30. Apr. 1920, 29. Sept. 1921 u. 14. Dez. 1921 schuf Rechtsansprüche und ermöglichte eine einheitliche Fürsorge für verheiratete und ledige

Wöchnerinnen. **367**,37 *Forderung nach einem Heimarbeiterschutzgesetz:* s. im vorl. Bd. S. 147-152 u. 304-309; ein entsprechendes Gesetz, das „Hausarbeitergesetz", wurde erst am 20. Dez. 1911 erlassen (RGBl. S. 976), das allerdings den wichtigsten Punkt, die Einrichtung von Lohnämtern zur Festlegung von Mindestlöhnen unberücksichtigt ließ; erst die Gesetze vom 27. Dez. 1919 (RGBl. S. 2) und 10. Febr. 1921 (RGBl. S. 169) schufen die hierzu nötigen Voraussetzungen. **368**,24 *Einführung der Witwen- und Waisenversicherung:* Der Hinweis in Fußn.1 bezieht sich auf den Artikel von A. Salomon, Das Problem der Witwen- und Waisenversorgung, in: Die Frau, 14.1906/07, S. 330-342. Im Rahmen der neuen Reichsversicherungsordnung (RVO) vom 19. Juli 1911 wurde auch eine Hinterbliebenenversicherung als Teil der Invalidenversicherung (RVO, IV. Buch) eingeführt. **368**,25 *Kampf um das Zolltarifgesetz:* Am 5. März 1901 erklärte Reichskanzler v. Bülow im Reichstag, daß „Mehreinnahmen speziell aus den Zöllen auf Lebensmittel, im wesentlichen zur Hebung der Wohlfahrtseinrichtungen im Reich und zum Besten der weniger günstig gestellten Klassen der Bevölkerung" verwendet werden sollten. Das Zolltarifgesetz vom 25.12.1902 enthielt in § 15 (RGBl. S. 303) eine Bestimmung, daß Mehreinnahmen für eine Witwen- und Waisenversicherung aufgespart werden müßten, die spätestens bis 1910 eingeführt werden sollte. **369**,8 *„Wenn in einer Familie ...":* Vgl. Sophie Sussmann, Zur Hinterbliebenen Versorgung der Arbeiter. in: Soziale Praxis, 13. 1903/04, Sp. 36f. (sinngemäßes Zitat). **370**,Fußn.1 *Elisabeth Jaffé-Richthofen*, Das Wahlrecht der Arbeiterinnen zu den Gewerbegerichten, nach einem auf der 'ersten deutschen Konferenz für die Interessen der Arbeiterinnen' gehaltenen Referat, in: Die Frau, 14.1906/07, S. 577-581 (s. im vorl. Bd. S. 357-360). – Die Frauen erhielten das Wahlrecht für die Gewerbe- und Kaufmannsgerichte erst durch die Weimarer Verfassung. Das Arbeitsgerichtsgesetz vom 23. Dez. 1926 (RGBl. I S. 507) löste das Gewerbegerichtsgesetz vom 29. Sept. 1890 (RGBl. S.141) und Nov. v. 30. Juni 1901 (RGBl. S. 249) ab. **371**,28 *zu den Frauen Hamburgs:* das Hamburger Vereinsgesetz machte keine geschlechtsspezifischen Einschränkungen, genauso wenig wie das badische u.a. **371**,35 *im Segment:* Nachdem Frauen auch als Zuschauerinnen auf den Tribünen bei politischen Versammlungen von der preuß. Polizei häufig nicht geduldet wurden, Versammlungen, wenn sich die Frauen nicht fügten, aufgelöst wurden, erklärte sich das Berliner Polizeipräsidium im April 1902 bereit, Frauen als Zuhörerinnen in deutlich abgegrenzten Segmenten zu dulden. **371**,40 *gegen die Erhöhung des Nähgarnzolles,* die eine Existenzbedrohung für viele Heimarbeiterinnen darstellte, trat in den 80er Jahren besonders Gertrud Guillaume-Schack (1845-1903) in vielen Protestversammlungen auf. 1885 initiierte sie die Gründung des Vereins zur Vertretung der Interessen der Arbeiterinnen. Der Berliner Verein wurde 1886 geschlossen, die Arbeiterinnenversammlungen verboten, G. Guillaume-Schack als Schweizerin ausgewiesen. Die Führerinnen des Arbeiterinnenvereins, Marie Hofmann, Pauline Staegemann, Emma Ihrer u.a. wurden angeklagt und 1887 vom Reichsgericht wegen Verletzung des preußischen Vereinsgesetzes verurteilt (s. U. Gerhard, Unerhört, Reinbek 1992). **371**,39 *für die Abschaffung der Gesindeordnung:* die preuß. Gesindeordnung von 1810, der u.a. die Dienstmädchen unterstanden, blieb bis 1918 gültig. **372**,6 *daß ... einer Kollegin verboten wurde:* Helene Simon auf der 1. Generalversammlung der Gesellschaft für Soziale Reform im Febr. 1902. Der Vortrag ist veröffentlicht in: Schr. d. Ges. f. Soziale Reform, H. 8, Jena 1902. **372**,21 *„zu dem Geschlecht, das aus dem Dunklen ins Helle strebt":* Aus einer Buchbesprechung Goethes: „Der Verfasser [F.Ch. Schlosser] gehört zu denjenigen, die aus dem Dunkeln in's Helle streben, ein Geschlecht, zu dem auch wir uns bekennen." J.W. v. Goethe, Schriften zur Literatur. Kurze Anzeigen III (Goethes Werke, Weimarer Ausgabe 1/41.2, Weimar 1903, S. 210)

Die soziale Ausbildung in der „Frauenschule"

373,* Der Text, Die soziale Ausbildung in der „Frauenschule", ist aus einem Vortrag im Berliner Lehrerinnenverein 1907 hervorgegangen und 1908 zusammen mit der Abhandlung „Die Ausbildung zur sozialen Hilfsarbeit" veröffentlich worden. Im Vorwort, vom Februar 1908 datiert, erläutert A. Salomon den Kontext der preußischen Mädchenschulreform, die neben der allgemeinbildenden, zum Universitätsstudium führenden „Studienanstalt" für Mädchen eine besondere Frauenschule als Fortbildungsschule für Mädchen zwischen dem 17. und 20. Lebensjahr vorsah. A. Salomon schrieb, daß ihr Beitrag „in dem Augenblick, in dem eine neue Schulform geschaffen werden soll, daran erinnern [will], daß Frauen unsrer Zeit eine Bildung brauchen, die sie nicht nur fähig macht eine reiche ästhetische Kultur mit Verständnis zu genießen, in der Familie die immer schwieriger werdenden Aufgaben - als Frau und Mutter - zu erfüllen; sondern daß unsere Zeit die Frauen auch zu sozialer Pflichterfüllung ruft, und daß die Schule der Frau für diese neuen Aufgaben auch neue Bildungsmöglichkeiten bieten muß." Beide Abschnitte des Buches „wollen helfen, die Frauen zur Erfüllung ihrer Bürgerpflichten fähig zu machen, die eigentlich nichts anderes als ihre 'Menschenpflichten' sind. - Wir leben in einer Welt, in der Wissen und äußere Kultur von Jahr zu Jahr zunehmen. Aber wir können uns nicht verhehlen, daß die Kultur der Persönlichkeiten, daß die sittliche Kultur nicht gleichen Schritt mit der Zunahme der materiellen Güter hält!; daß unser vermehrtes Wissen nicht immer zu besserem Handeln führt, nicht einmal für weite Kreise des Volks genützt und wertvoll gemacht wird. [...] Das kleine Buch will deshalb das Interesse der Frauen auf solche Bildungselemente lenken, die sie nicht nur für sich, sondern auch für andre werten können". **373,**3 *die Frauenschule:* Kern der preußischen Mädchenschulreform vom 18. Aug. 1908 war die Gabelung der „höheren Mädchenschule" in die zum Abitur führende „Studienanstalt" und das „Lyzeum" als „Weiterführung der allgemeinen Frauenbildung" mit anschließender zweijähriger „Frauenschule", auch Oberlyzeum genannt, ohne Abiturabschluß. Die Studienanstalt, untergliedert in altsprachlichen, neusprachlichen und mathematisch-naturwissenschaftlichen Zweig, war im ganzen den Gymnasien für Jungen gleichgestellt. Während die Frauenschule des Lyzeums, sowohl hinsichtlich des Abschlusses, des Lehrplans, der Qualifikation der Lehrkräfte als auch der Einbindung in die Schulverwaltung noch keine Gleichstellung mit der Höheren Schule für Jungen, die mit der Obersekundareife abschloß, bedeutete. (Allgemeine Bestimmungen über die Höheren Mädchenschulen und die weiterführenden Bildungsanstalten für die weibliche Jugend, Berlin 1908) **373,**21 *„an jedem geringsten" tun:* Matthäus 25,40 („Vom Weltgericht") **373,**27 *John Stuart Mill,* 1806-1873, brit. Philosoph und Nationalökonom; seine Schrift, Grundsätze der politischen Ökonomie (1848), wurde zu einem Standardwerk der Nationalökonomie. Er begründete den Utilitarismus, wonach der moralische Wert einer Handlung an ihren Folgen zu messen sei (Utilitarianism, 1863). In der Frauenbewegung fand vor allem seine Schrift für das Frauenstimmrecht, Subjection of Women (1869, dt. Die Hörigkeit der Frau) Beachtung. Ein Großteil seiner Schriften sind das Ergebnis der Zusammenarbeit mit Helen Taylor, seiner späteren Frau. Ihr ist die Schrift für die Meinungsfreiheit, Essay on Liberty, gewidmet. **373,**28 *„Für den bürgerlichen Verkehr ...":* J.St. Mill, Die Freiheit (Essay on Liberty, 1859); übers. von E. Wentscher (= Philos. Bibl., 202), Leipzig 1928, S. 56f. (abweichende Übersetzung u. Kürzungen) **384,**2 *Freiherr von Stein,* Karl, 1757-1831, preuß. Minister, dessen Reformen (Bauernbefreiung und kommunale Selbstverwaltung) zur Überwindung des absolutistischen Staates beitrugen. **384,**30 *Plato(n),* 428/7-348/7 v. Chr., griech. Philosoph, Schr. u.a.: Vom Staat **384,**32 *Augustinus*, Aurelius, hl.,

354-430, abendl. Kirchenvater, Schr. u.a.: De civitate Dei, 413-426; *Thomas von Aquino, hl.*, 1225/26-1274, scholastischer Theologe und Philosoph, Schr. u.a.: Summa theologica, 1266-73 **384**,36 *Machiavelli*, Niccolò, 1469-1527, ital. Staatstheoretiker, Schr. u.a.: Il Principe, dt. Der Fürstenstaat; *Thomas Morus*, 1478(?)-1535, engl. Staatsmann und Philosoph, Schr. u.a.: Utopia, 1516 **385**,24 *Luther,* Martin, 1483-1546, Reformator, Schr. u.a.: Von der Freiheit eines Christenmenschen, 1520 **385**,35 *Ludwig XIV.*, 1636-1715, frz. König 1643/61-1715 **385**,36 *Friedrich der Große*: Friederich II., 1712-1786, König von Preußen 1740-1786 **385**,36 *Montesquieu*, Charles de Secondat, Baron de la Brede et de, 1689-1755, frz. Schriftsteller und Staatstheoretiker; hat mit der Lehre von der Gewaltenteilung großen Einfluß auf die Herausbildung des modernen Verfassungsstaates ausgeübt. Schr. u.a.: Vom Geist der Gesetze, 1748 **385**,37 *Rousseau,* Jean Jacques, 1712-1778, frz. Philosoph und Schriftsteller, Schr. u.a.: Le contrat social; s. auch Erl. 175,24 **385**,42 *historische Rechtsschule:* sie wurde in Entgegensetzung zur 'philosophischen Schule Hegels' von C.F. v. Savigny (1779-1865) begründet und für die Nationalökonomie von G. Schmoller (Erl. 257,1) erneuert. **386**,2 Spencer, Herbert, 1820-1903, engl. Philosoph, Vertreter des Empirismus und Utilitarismus, der die Evolution biologischer Arten auf die Entwicklung von Kultur, sozialen Systemen und Staatsformen übertrug. Spencer war u.a. Lehrer von Beatrice Webb. Schr. u.a.: System der synthetischen Philosophie, 1855-96; Erziehungslehre, 1861 **385**,42 *Marx,* Karl, 1818-1883, politischer Philosoph und Nationalökonom, Schr. u.a.: Der 18. Brumaire des Louis Bonaparte, 1851 **386**,35 *„Es ist heutzutage ...":* G. Bäumer, Zur Methodik der sozialen Erziehung in der Frauenschule, in: Frauenbildung, 6.1907, S. 148f. **387**,4 *Ibsen,* Henrik, 1828-1906, norweg. Dichter; mit dem Stück „Stützen der Gesellschaft", dt. 1878, schuf er die Form des modernen Dramas; er enthüllt an Stoffen aus dem Alltag die verdeckte Brüchigkeit menschlicher Beziehungen und nimmt psychoanalytische Erkenntnisse vorweg. Schr. u.a.: Nora oder ein Puppenheim, dt. 1880; Rosmersholm, dt. 1887; Hedda Gabler, 1891 **387**,40 *Bäumer in den Gruppen:* Kursus 1906/07 „Soziales Denken und soziale Pflichten als Weltanschauungsfrage"; s. Erl. 210,18; über den Kurs berichtet G. Bäumer in dem oben (Erl. 386,35) zitierten Aufsatz. **387**,42 *Sokrates,* um 470-399 v. Chr., griech. Philosoph; *Plato,* (Erl. 384,30); *Aristoteles*, 384-322 v. Chr., griech. Philosoph, Schr. zu Ethik und Politik u.a.: Nikomachische Ethik **387**,43 *Stoiker:* griech. Philosophenschule, etwa zw. 300 v. Chr. - 250 n. Chr., die einen strikten Rationalismus, jedoch mit Betonung der Ethik vertritt. Oberster Grundsatz: in Übereinstimmung mit der Natur und sich selbst zu leben und vernunftwidrige Neigungen zu bekämpfen. **388**,11 *Lektüre einiger bedeutender Sozialethiker:* Dazu konkretisierte G. Bäumer: „Die sozialpolitischen Anschauungen Fichtes wurden aus den drei Schriften 'Der geschlossene Handelsstaat', 'Die Grundzüge des gegenwärtigen Zeitalters' und 'Die Reden an die deutsche Nation' zusammengestellt. [...] ein Referat über Carlyle als Sozialreformer [ist] aus seinen Schriften über den 'Chartismus', 'Present and Past' und den 'Latter Day Pamphlets' und an der Hand der Charakteristik Carlyles in dem Buch von Schulze-Gaevernitz 'Zum sozialen Frieden' gemacht worden. Auch Ruskin ist in dieser Weise im Anschluß an seine eigenen sozialreformatorischen Schriften und die Biographie von Charlotte Broicher behandelt." (G. Bäumer, a.a.O., S. 151); s. auch Erl. 202,2 u. 190,20 **390**,12 *Eisenbahn:* in den 1820er Jahren wurden die ersten Eisenbahnstrecken in England, den USA und Frankreich eröffnet, 1835 in Deutschland (Strecke Nürnberg - Fürth und 1839 Leipzig - Dresden). 1852 war Berlin mit den größten deutschen Städten verbunden; das Streckennetz wuchs von ca. 6.000 km (1850) auf ca 20.000 km (1870) und ca. 50.000 km (1900) an, davon waren knapp 40% doppelgleisig. Der Personenverkehr versechsfachte sich 1870-1907 (von 4,5 Millionen Personenkilometer auf 30 Mio.), der Güterverkehr wuchs um das Achtfache (von ca. 6 Millionen Tonnenkilometer auf 48 Mio.). **390,13** *Nähmaschine:* 1755 erfand Ch.F. Weisenthal die erste maschinelle Vorrichtung zum Zusammennähen von Textilien, 1840 gelang J. Madersperger die noch heute übliche maschinelle Benutzung von 2 Fäden für die Herstellung einer Naht (Doppelstichnaht), zur selben Zeit erfand B. Thimotier die Kettenstichmaschine und etwas später E. Howes die Schiffchentechnik für den Unterfaden, 1851 verbesserten M. Singer und A.B. Wilson die Technik des Stofftransports. **390,17** *Schlacht bei Marat[h]on:* 490 v. Chr., Sieg der Griechen über die Perser, begründete Athens politische Großmachtstellung **390,18** *Solons Gesetzgebung:* Solon, um 640 - um 560 v. Chr., athenischer Dichter und Politiker, der durch seine Gesetzgebung der athenischen Demokratie den Weg bereitete. Er ist einer der sieben Weisen des antiken Griechenland. **391,33** *„unsere rebellisch-menschlichen Gesinnungen ...":* J.W. Goethe, Wilhelm Meisters Wanderjahre, 2,7 (Goethes Werke, WA 1/24, Weimar 1894, S. 378) (einige Umstellungen und Ergänzungen; in der Quelle heißt es: „unsere redlich menschlichen Gesinnungen") **391,36** *Hausfrömmigkeit ...:* s. ebd.

Die Entwicklung der Theorie der Frauenbewegung

393 * Die Zeitschrift „Archiv für Sozialwissenschaft und Sozialpolitik", zugl. N.F. des „Archivs für soziale Gesetzgebung und Statistik" (häufig als Brauns Archiv zitiert, nach dem ersten Hg. Heinrich Braun), erschien 1886-1933, weitere Hgg. waren u.a. Max Weber sowie Werner Sombart. **399,20** *der Marholmschen Auffassung:* Laura Marholm (Erl. 158,4) **399,22** *„mißbrauchte Frauenkraft":* s. das gleichnamige Buch: E. Key, Mißbrauchte Frauenkraft. Ein Essay, Berlin 1897, 4. Aufl. 1911 **399,37** *Gertrud Bäumer:* s. Erl. 190,20; *Marianne Weber:* s. Erl. 409,12 **399,37** *Anna Pappritz*, 1861-1939, führende Abolitionistin; setzte sich seit Mitte der 90er Jahre für die Abschaffung der staatlichen Reglementierung der Prostitution und die Straffreiheit von Prostituierten ein. Sie förderte die Einrichtung einer Gefährdeten- und Gefangenenfürsorge, gründete 1899 den Zweigverein der „Internationalen Abolitionistischen Föderation", später „Bund für Frauen- und Jugendschutz", und gab die Zeitschrift „Der Abolitionist" heraus. 1902-1914 gehörte sie dem engeren Vorstand des BDF an. Schr. u.a.: Die wirtschaftlichen Ursachen der Prostitution, 1902; Herrenmoral, 1903; Handbuch der amtlichen Gefährdetenfürsorge, 1924 **399,37** *Ika Freudenberg*, 1859-1912, war Vorsitzende des Münchener Vereins für geistige Interessen der Frau (ab 1900 Münchener Verein für Fraueninteressen) und des Münchener Kellnerinnenvereins, der erste in Deutschland, sowie des Hauptverbandes bayerischer Frauenvereine, und bekleidete verschiedene Funktionen im BDF. 1904 leitete sie auf dem Internationalen Frauenkongreß in Berlin die Veranstaltung „Das politische Wahlrecht der Frau". Schr. u.a.: Weshalb wendet sich die Frauenbewegung an die Jugend, 1907 sowie zahlreiche Artikel in Frauenzeitschriften **399,40** *in den „intellektuellen Linien":* H. Lange, Intellektuelle Grenzlinien zwischen Mann und Frau, Berlin 1897 (auch in: dies., Kampfzeiten - Aufsätze und Reden aus vier Jahrzehnten, 1928); zu H. Lange s. Erl. 9,13 **400,1** *Frau Gnauck-Kühne in ihrer Arbeit:* E. Gnauck-Kühne, Die Deutsche Frau um die Jahrhundertwende. Statistische Studie zur Frauenfrage, Berlin 1904 **400,Fußn.1** *In einem ... Vortrag:* E. Gnauck-Kühne, Die soziale Lage der Frauen, in: Bericht über d. Verhandl. d. 6. Ev.-Sozialen Kongresses, Berlin 1895. Es war der erste Vortrag einer Frau auf den seit 1889 stattfindenden Evangelisch-Sozialen Kongressen (Erl. 403,27) und wurde mit „anhaltendem, stürmischen Beifall und lauten Bravorufen" aufgenommen. Zu E. Gnauck-Kühne s. Erl. 112,33 **400,5** *Gertrud Bäumer leitet in ihrer Arbeit:* G. Bäumer, Die Frau in der Kulturbewegung der Gegenwart, Wiesbaden 1904 (= Grenzfragen d. Nerven- und Seelenlebens, H. 22), S. 8: *„So heiß und ...“* (400,16); *„Nach den Anschauungen ...“* (wörtl. ab *Frondienst*) (400,25); *„Unter dem Gesichtspunkt...“* (400,31); S. 8-9: *„Denn wenn man ...“* (401,1); S. 9: *„Nur indem man ...“* (kleine Veränderungen) (401,10); S. 13: *„Auch die fanatischste ...“* (Kürzungen u. Umstellungen) (401,37); S. 16: *„Je feiner die Frau ...“* (402,12); *„Ob sie in der ...“* (402,16); S. 44-45: *„Die Menschenrechte sind ...“* (403,8); S. 45: *„Wo etwa - wie ...“* (403,18) **400,17** *Olympe de Gouges,* d.i. Marie Aubry, 1748-1793, frz. Revolutionsheldin und Schriftstellerin; gab in Paris die Zeitung „L'Impatient“ heraus, gründete die „Société populaire des femmes“ und verfaßte 1789 die Erklärung der Frauenrechte „Déclaration des droits de la femme et de la citoyenne“. Sie erhob Anklage gegen Ludwig XVI. und war eine scharfe Kritikerin von Robespierre, der sie wegen ihrer Schrift „Pronostic de Monsieur de Robespierre par un animal amphibie“ verhaften und hinrichten ließ. Neben ihren politischen Schriften verfaßte sie Theaterstücke und soziale Romane. **400,17** *Mary Wollstonecraft,* 1759-1797, engl. Frauenrechtlerin; neben ihrer Tätigkeit als Lehrerin und Lektorin trat sie für die Menschenrechte und die politische Gleichberechtigung der Frau ein. Sie verfaßte 1790 den offenen Brief an den Historiker E. Burke „A Vindication of the Rights of Men“ und 1792 die Schrift „A Vindication of the Rights of Women“ (dt. 1899). 1792 studierte sie die Revolution in Paris, kehrte 1795 nach England zurück und heiratete den Philosophen und Freidenker W. Godwin. Sie starb bei der Geburt ihrer zweiten Tochter. Weitere Schr. u.a.: Thoughts on the Education of Daughters, 1787; Original Stories from Real Life, 1788. **400,34** *Resolution ... Seneca Falls:* s. Erl. 309,19 **403,25** *In einer andern ... Arbeit:* G. Bäumer, Die sozialen Forderungen der Frauenbewegung im Zusammenhang mit der wirtschaftlichen Lage der Frau, in: Die Verhandl. d. 17. Ev.-Sozialen Kongresses, Göttingen 1906, S. 119: *„Wir stehen wie ...“* (404,38); S. 126: *„Hier verliert das ...“* (405,8); *„das Gewicht und ...“* (405,11); *„Und sie haben ...“* (405,15); S. 119: *I. Forderungen ...* (weitgehend wörtl. Wiedergabe, s. dazu auch ausführlicher: a.a.O., S. 129-134) (405,34); S. 119: *„Die beiden Sphären ...“* (406,18). **403,32** *schon früher besprochenen - Schrift:* Elisabeth Gottheiner, Soziale Literatur über die Frauenfrage, in: Arch. f. Sozialwiss. u. Sozialpol., 21.1905 **403,27** *des Evangelisch-sozialen Kongresses:* im Zusammenhang der christlich-sozialen Bewegung von dem Theologen A. Stöcker, dem Nationalökonomen A. Wagner u.a. 1890 gegr. Verein, der jährliche Kongresse veranstaltete zu Themen der Arbeiter- und Frauenfrage sowie des Verhältnisses von Protestantismus und Sozialdemokratie und dazu Untersuchungen (s. Erl. 338,8) durchführte. 1897 trat der rechte Flügel unter A. Stöcker aus und gründete die „Kirchlich-soziale Konferenz“. 1902-1911 leitete A. v. Harnack (Erl. 260,6) den Evangelisch-Sozialen Kongreß, der nach 1945 eine Fortsetzung im Ev. Kirchentag und in den Ev. Akademien fand. **404,3** *von den erwerbstätigen Frauen:* Vgl. E. Gnauck-Kühne, a.a.O., 2. Aufl., S. 95f. **406,22** *in einer Abhandlung:* Marianne Weber, Beruf und Ehe, in: Dies., Beruf und Ehe. Die Beteiligung der Frau an der Wissenschaft. Zwei Vorträge, Berlin 1906, S. 6: *„Denn der Hauptposten ...“* (Umstellungen u. Kürzungen) (407,1); vgl. S. 8: *„seelisch und sittlich ...“* (407,12); S. 11: *„weil es für die Masse ...“* (407,28); S. 13: *„Als Teilchen des ...“* (407,41); *„hier bedeutet ...“* (Kürzungen, kl. Veränderungen) (408,5); S. 13: *„Wo immer dies ...“* (408,11); S. 14: *„Denn es bedeutet ...“* (408,18); S. 15: *„Dadurch würde dem ...“* (kl. Umstellung) (408,32); S. 17: *„jene straffe Disziplinierung ...“* (kl. Veränderungen) (409,1); S. 17: *„Durchkreuzt auch die ...“* (409,5). **409,12** *Marianne Weber ... in einer kleineren ... Abhandlung:* M. Weber, Die Beteiligung der Frau an der Wissenschaft, in: Dies., a.a.O., S. 23: *„Denn die Eigenart ...“* (geringe Kürzungen) (409,23); S. 25: *„daß das Wachstum ...“* (Kürzungen u. Umstellungen) (409,37); S. 25: *„Trügen die Frauen ...“* (geringe Kürzungen) (410,3). Beide Vorträge sind auch in dem Sammelband enthalten: Dies.,

Frauenfragen und Frauengedanken, Tübingen 1919. Marianne Weber, geb. Schmitger, 1870-1954, Nationalökonomin und Frauenpolitikerin, seit 1893 mit Max Weber verheiratet; studierte Nationalökonomie und engagierte sich seit den 90er Jahren in der Frauenbewegung, bes. im Bereich von Rechts- und Sittlichkeitsfragen. Sie war Vorsitzende des Vereins „Frauenbildung - Frauenstudium" und 1919-1921 des BDF. Ab 1919 gehörte sie als Mitglied der Deutschen Demokratischen Partei dem baden-württembergischen Landtag an. Weitere Schr. u.a.: Fichtes Sozialismus und sein Verhältnis zur Marx'schen Doktrin, 1900; Ehefrau und Mutter in der Rechtsentwicklung, 1907 – Eine gesonderte Rezension hatte A. Salomon zu M. Weber, „Ehefrau und Mutter in der Rechtsentwicklung" veröffentlicht, darin schrieb sie: „Marianne Weber, deren Buch [...] dem Leserkreis der 'Hilfe' durch diese Zeilen zum Studium empfohlen werden soll, gehört zu den stärksten Persönlichkeiten der deutschen Frauenwelt. Jede ihrer Äußerungen pflegt mit Spannung erwartet, mit intensivstem Interesse aufgenommen und dankbarer Bewunderung belohnt zu werden. Ihr neues Buch ist [...] das Ergebnis jahrelanger Forschung und Konzentration. Seine Bedeutung für uns Frauen kann nicht hoch genug eingeschätzt werden [...] solange wir noch das Terrain wissenschaftlicher Betätigung zu erobern haben, fällt von einer außergewöhnlichen Leistung auf das ganze Geschlecht ein Schein. Darüber hinaus aber hat das Buch für die Anhänger der Frauenbewegung wie für den Politiker praktischen Wert. Man wird an ihm nicht vorbeigehen können, wo auch man Wege und Ziele für die Entwicklung der Beziehungen von Mann und Frau zu finden sucht - mag es sich nun um die Ordnung rechtlicher, wirtschaftlicher oder sittlicher Beziehungen handeln."(in: Die Hilfe, 14.1908, S. 3) **410**,9 *Oda Olberg in einer etwas älteren Arbeit* : O. Olberg, Das Weib und der Intellektualismus, Berlin, Bern 1902, S. 46: *„Nicht als eine vereinzelte ..."* (410,33); S. 62: *„Im Gegensatz zu ..."* (411,8); S. 65: *„Denn das Gesellschaftsleben ..."* (kl. Veränderungen)(411,24); S. 95: *„nach einem schönen Wort Nietzsches ..."* (s. F. Nietzsche, Also sprach Zarathustra)(411,35); S.109: *„Alles sei Männerwerk ..."* (O. Olberg zit. hier E. Albert, s. Erl. 462,2)(411,12); S. 110: *„Aber jeder Mann ..."* (kl. Veränderung)(411,13); S. 110: *„In der Theorie ..."* (geringe Kürzung)(412,19); zu O. Olberg s. Erl. 286,26 **410**,11 *Möbius*, P.J., Über den physiologischen Schwachsinn des Weibes, Halle/Saale 1900, 8. Aufl. 1907 (= Samml. zwangloser Abhandl. aus d. Gebiete d. Nerven- u. Geisteskrankheiten, Bd. 3,3); Paul Julius Möbius, 1853-1907, Nervenarzt; nach Theologie- und Philosphiestudium studierte er Medizin und arbeitete als Arzt und Privatgelehrter. Er war Anhänger des frz. Nervenarztes Charcot, befaßte sich besonders mit der Hysterie als Psychose und setzte sich für die Einrichtung von Nervenheilanstalten und Therapie durch Arbeit ein. Er verfaßte eine Vielzahl von Pathographien bedeutender Personen, z.B. über Rousseau, Goethe, Schopenhauer, Nietzsche. **413**,9 *Anna Pappritz:* s. Erl. 399,37 **413**,9 *Anna Edinger,* 1863-1919, engagierte sich in der Frauenbewegung und der Wohlfahrtspflege; von 1904-1913 war sie Schatzmeisterin des BDF, befaßte sich mit der Ausbildung gewerblicher Arbeiterinnen, dem Arbeiterinnenschutz und der Alkoholfrage. In den 20er Jahren war sie Mitglied der Internationalen Frauenliga für Frieden und Freiheit sowie im Bund für Mutterschutz. **413**,9 *Käthe Schirmacher:* s. Erl. 238,2; *Elsbeth Krukenberg:* s. Erl. 461,22 **413**,12 *Helene Simon:* s. Erl. 360,17; *Gertrud Dyhrenfurth:* s. Erl. 395,23; *Dr. Elisabeth Jaffé-Richthofen:* s. Erl. 182,33 **413**,13 *Dr. Marie Baum:* s. Erl. 270,20; *Dr. Elisabeth Altmann-Gottheiner,* 1874-1930, Nationalökonomin und Sozialpolitikerin; studierte in London, Berlin und Zürich, wo sie 1902 promovierte. Sie war an der Gründung der Sozialen Frauenschule in Mannheim beteiligt und Dozentin an der Handelsschule Mannheim, 1919 habilitierte sie sich als eine der ersten Frauen in Deutschland und erhielt 1925 den Professorentitel. Sie forschte auf dem Gebiet der Frauenarbeit und engagierte sich in der

Frauenbewegung. 1910-1924 war sie Schatzmeisterin des BDF, Vorstandsmitglied im Allgemeinen Deutschen Frauenverein und gehörte mehreren internationalen Frauenorganisationen an. 1909-1919 gab sie die Blätter für soziale Arbeit und 1912-1920 das Jahrbuch des BDF heraus. Schr. u.a.: Studien über die Wuppertaler Textilindustrie und ihre Arbeiter, Diss. Zürich 1903 **413,31** *Dr. Joseph Mausbach,* Die Stellung der Frau im Menschheitsleben. Eine Anwendung katholischer Grundsätze auf die Frauenfrage. M. Gladbach 1906, (= Apologetische Tagesfragen, Nr. 5), S. 35f: *„Der irdische Beruf ...“* (kl. Veränderungen) (414,1); S. 65: *„Die Möglichkeit eines ...“* (414,11); S. 66: *„die kostbarer sind ...“* (414,21); S. 67: *„in die Herrlichkeit ...“* (414,25); *„Vor der Größe ...“* (414,26); S. 48: *„daß das Recht ...“* (414,40); S. 75: *„Platz in der religiösen ...“* (415,2). Joseph Mausbach, 1861-1931, kath. Moraltheologe; zunächst Priester und Lehrer, ab 1892 Prof. für kath. Moraltheologie an der Universität Münster. Er befürwortete und organisierte das Theologiestudium für Frauen (auch Ordensfrauen). 1919-20 war er als Zentrumsabgeordneter Mitglied der Weimarer Nationalversammlung. Schr. u.a.: Katholische Moraltheologie, 1915-18 **416,16** *Marie Stritt:* s. Erl. 238,20; *Maria Lischnewska,* Volksschullehrerin und Frauenrechtlerin; war an der Gründung des Landesvereins Preußischer Volksschullehrerinnen 1894 beteiligt, Mitglied im Vorstand des 1899 gegr. Verbandes fortschrittlicher Frauenvereine sowie im Bund für Mutterschutz, zu dessen Gründerinnen sie neben H. Stöcker, M. Stritt u.a. zählte. Schr.: Die deutsche Stimmrechtsbewegung zwischen Krieg und Frieden, 1915 **416,17** *Dr. Anita Augspurg,* 1857-1943, prominente Vertreterin der radikalen Frauenbewegung; betrieb nach Lehrerinnenausbildung und Schauspielunterricht das erfolgreiche Fotoatelier „Hof-Atelier Elvira“ in München (wo auch von A. Salomon ein Foto gemacht wurde). Von 1893-97 studierte sie Jura in Zürich. Seit 1891 war sie in der Frauenbewegung engagiert, redigierte Beilagen der Zeitschrift „Die Frauenbewegung“, gehörte zum Vorstand des Verbandes Fortschrittlicher Frauenvereine, gründete den Deutschen Verein für Frauenstimmrecht und engagierte sich 1918 für die Münchener Räterepublik. 1919-1933 gab sie zusammen mit ihrer Lebensgefährtin Lida Gustava Heymann die feministisch-pazifistische Zeitschrift „Die Frau im Staat“ heraus. 1933 emigrierten sie in die Schweiz. Schr. u.a.: Gesegnete Mahlzeit, Praktische und billige Kochanleitung, 1892; Die ethische Seite der Frauenbewegung, 1894; Über die Entstehung und Praxis der Volksvertretung in England, Diss. München 1898 **416,17** *Minna Cauer:* s. Erl. 118,19; *Dr. Helene Stöcker:* s. Erl. 428,4 **417,12** *Charlotte Perkins Stetson,* Women and Economics. A Study of the Economic Relation Between Men and Women as a Factor in Social Evolution, Boston 1898 (Reprint New York 1970). Das Buch wurde von M. Stritt übersetzt. In ihrem Vorwort schreibt sie: „Englische und amerikanische Kritiken bezeichneten 'Women and Economics' als ein 'standard work' der Frauenfrage und stellten es mit John Stuart Mills 'Hörigkeit der Frau' auf eine Stufe.“ (S. 4) An der Übersetzung hat A. Salomon mitgearbeitet. Ch. Perkins Stetson, Mann und Frau. Die wirtschaftlichen Beziehungen der Geschlechter als Hauptfaktor der socialen Entwicklung, Dresden u. Leipzig [1901], S. 12: *„Die Auffassung, daß ...“* (417,19); S. 14: *„in diesem Sinne ...“* (417,23); S. 16-17: *„dann müßte die Mutterschaft ...“* (geringe Kürzung) (417,29); S. 36: *„einen Gatten anzulocken“; „was bei keinem andren ...“* (417,37); S. 137: *„als Geschlechtsfunktionen des Mannes“; „Die Begriffe männlich ...“* (418,7); S. 157: *„beschwerlicher, krankhafter, unregelmäßiger ...“* (418,22); *„Vom rein animalischen ...“* (418,24); S. 245: *„daß wir die Menschheit ...“* (418,36); S. 125: *„Solange es ein organisches ...“* (419,39); S. 267: *„Diese Umwandlung ist nicht ...“* (420,3). Charlotte Gilman, geb. Perkins, 1860-1935, amerik. Frauenrechtlerin und Schriftstellerin; in erster Ehe mit C.W. Stetson, in zweiter mit G.H. Gilman verheiratet; bildete sich vor allem durch eigene Lektüre aus, schrieb und referierte über soziale und ökonomische Themen und hielt zahlreiche Vorträge auch in Deutschland. **420,23** *Lily Brauns Buch:* Die Frauenfrage (1901), Repr. Berlin, Bonn 1979, S. 283: *„Verderblich wirkt auch die Arbeit ...“* (421,18); S. 461: *„es gehört um so mehr ...“* (421,22). Zu L. Braun s. Erl. 158,18 **423,7** *Friedrich Naumann,* Neudeutsche Wirtschaftspolitik, Berlin 1907, S. 30: *„Jedes Mädchen, das ...“* (423,19); S. 35: *„Denn wie kann jemand ...“* (424,11); S. 39: *„Arbeit und Mutterschaft! ...“* (424,21); S. 41: *„Die Textilarbeiterin ist ...“* (424,37); S. 43: *„Wie die Frau ...“* (425,3). Zu F. Naumann s. Erl. 305,24 **426,4** *In den Verhandlungen:* Auf dem Evangelisch-Sozialen Kongreß 1906 hielt F. Naumann zum Vortrag von G. Bäumer das gleichnamige Korreferat: Ders., Die sozialen Forderungen der Frauenbewegung im Zusammenhang mit der wirtschaftlichen Lage der Frau, in: Verhandl. d. 17. Ev.-Sozialen Kongresses, Göttingen 1906, S. 136-151; S. 145: *„Der Mann sieht ...“* (im 2. Satz des Zitates heißt es bei Naumann statt „Die Frau aber soll ...“ „Die Frau aber will Mutter sein ...“) (426,13); S. 145: *„Die Gruppe Mutter ...“* (426,15). **427,18** *Bebels Frau:* A. Bebel, Die Frau und der Sozialismus, 1878. Das Buch erschien in verschiedenen Aufl. illegal während der Sozialistengesetze unter dem Titel „Die Frau in der Vergangenheit, Gegenwart und Zukunft“ und in zahllosen Aufl. nach Aufhebung der Sozialistengesetze 1890. August Bebel, 1840-1913, Vorsitzender der in Eisenach 1869 gegründeten Sozialistischen Arbeiterpartei und - nach deren Vereinigung mit dem Allgemeinen Deutschen Arbeiterverein unter Führung Ferdinand Lassalles in Gotha 1875 - Vorsitzender der Sozialdemokratischen Partei **428,12** *Helene Stöcker,* Bund für Mutterschutz (= Moderne Zeitfragen, Nr. 4), Berlin 1905, S. 7: *„Denn durch falsche Sittlichkeitsbegriffe ...“* (Umstellungen) (428,4); S. 18: *„Wohl soll das dauernde Zusammenleben ...“* (kl. Umstellung) (428,10); S. 18: *„Fast immer war die Frau ...“* (428,17); Helene Stöcker, 1869-1943, radikale Frauenrechtlerin, Sexualreformerin und Pazifistin; nach Lehrerinnenausbildung und Besuch der Gymnasialkurse v. H. Lange studierte sie Literaturgeschichte, Philosophie und Nationalökonomie an der Universität Berlin und promovierte 1901 in Bern. Sie lebte als freie Schriftstellerin und hielt Vorlesungen an der Lessinghochschule. Seit dem Studium in der Frauenbewegung engagiert, gehörte sie u.a. dem Vorstand des Verbands fortschrittlicher Frauenvereine an und gründete 1904 zusammen mit Maria Lischnewska u.a. den Bund für Mutterschutz. Im 1. Weltkrieg und in den 20er Jahren arbeitete sie in pazifistischen Initiativen und Organisationen. 1933 emigrierte sie über zahlreiche Zwischenstationen in die USA. Schr. u.a.: Von Winkelmann bis Wackenroder. Zum Kunstverständnis der Romantik (Diss.), Bern 1901; Nietzsche und die Frauen; Die Liebe und die Frauen, 1906; Erotik und Altruismus, 1924 **429,10** *Ellen Key, die Verfasserin der „mißbrauchten Frauenkraft“:* s. Erl. 255,33; Dies., *Über Liebe und Ehe,* Essays, Berlin 5. Aufl 1905, S. 399: *„irgendwelche abstrakten Theorien ...“* (429,27); S. 435: *„als Wunsch“* (430,21); S. 450-451: *„Das Gesetz soll ...“* (kl. Veränderungen) (430,35). Zu E. Key s. Erl. 255,33 **431,12** *Jacques Mesnil,* d.i. Jean-Jacques Dwelshauvers, 1872-1940, belg. Journalist und Kunsthistoriker, Anarchist, später (libertärer) Kommunist; nach dem Medizinstudium in Italien wandte er sich unter dem Einfluß von Malatesta u.a. dem Anarchismus zu und studierte zusammen mit Aby Warburg die Kunst des Quatrocento. Er unterstütze die russische Revolution, später den trotzkistischen und antifaschistischen Widerstand und publizierte unter dem Pseudonym J. Mesnil in italienischen und französischen Zeitschriften. Schr. u.a.: Le mouvement anarchiste, 1897; Mariage Libre, (dt. 1904); Botticelli, 1938 **431,12** *Edward Carpenter,* Wenn die Menschen reif zur Liebe werden. 9. Aufl. Leipzig [ca. 1905], S. 193 f.: *„Wenn wir ein Ding ...“* (431,33); S. 217: *„die angebliche Heiligkeit ...“* (431,39); S. 245: *„Eigentums-Sklaven“; „Eigentums-Ehe“; „die menschlichen Verbindungen endlich ...“* (431,41). Edward Carpenter, 1844-1929, engl. Schriftsteller; gab eine kirchliche Laufbahn auf und wurde zum Propagandisten sozialistischer und demokratischer Ziele. Schr. u.a.: Towards Democracy, 1883-1902; Civilisation. Its Case und Cure, 1899; Love's coming of Age, 1906 **432,5** *Max Thal,* d.i. M. Rosenthal, Mutterrecht. Frauenfrage und Weltanschauung, Breslau 1903, S. 151: *„eine freie, einzig und allein ...“* (432,15); *„Durch keinerlei fremde Rücksichten ...“* (432,17). Max Rosenthal, 1859-?, Rechtsanwalt, Schriftsteller und Publizist in Breslau; schrieb zu Themen der Frauenfrage und Sexualwissenschaft und engagierte sich im Bund für Mutterschutz. Schr. u.a.: Die Liebe, ihr Wesen und ihr Wert, 1912; Mutterschutz und Sexualreform, 1912; Der Deutsche Bund für Mutterschutz 1910-1924, in: Neue Generation 1930 **433,13** *Rosa Mayreders bedeutendes Buch:* Zur Kritik der Weiblichkeit. Essays, Jena und Leipzig (1907), 3. Aufl. 1910, S. 64: *„In allen Zeiten hat ...“* (kl. Umstellungen) (433,41); S. 65: *„In der christlichen Welt ...“* (kl. Veränderungen) (434,3); S. 66: *„Nur eine Zeit wie die Gegenwart ...“* (kl. Veränderung) (434,18); S. 71: *„denn die Natur hat ...“* (kl. Veränderung) (434,23); S. 295: *„Für hochgestimmte Seelen ...“* (434,28); S. 296: *„nur eine Umsetzung ...“* (434,35); *„daß in seiner teleologischen Geschlechtsbeschaffenheit ...“* (kl. Veränderungen) (434,39). Rosa Mayreder, geb. Obermayer, 1858-1938, österr. Schriftstellerin und Frauenrechtlerin; nach einer Ausbildung als Malerin wandte sie sich dem Schreiben zu. Sie gründete mit anderen den Allgemeinen Österreichischen Frauenverein und war bis 1903 dessen Vizepräsidentin, ab 1919 Vorsitzende der Internationalen Frauenliga für Frieden und Freiheit. Sie erforschte bes. die ethisch-psychologischen Ursachen der Frauenbewegung, war u.a. mit Rudolf Steiner und Hugo Wolf, für den sie Opernlibretti schrieb, befreundet und verfaßte neben politisch-philosophischen Texten auch Romane, Novellen und Lyrik. Weitere Schr. u.a.: Der typische Verlauf sozialer Bewegungen; Die Frau und der Internationalismus, 1921

Mütter und Töchter

437 * Der Artikel geht auf einen Vortrag zurück, den A. Salomon am 12.10.1906 auf der Eröffnungsversammlung des Jahreskurses 1906/07 der Mädchen- und Frauengruppen für soziale Hilfsarbeit in Berlin gehalten hat. Er ist mit geringfügigen Änderungen in der Reihe „Neue Lebensziele“, H. 5, hrsg. v. G. Bäumer, Leipzig 1909 erschienen. **437,5** *„Eine Mutter denkt ...“:* H. Lachmann, Erwartung, in: Dies., Gesammelte Gedichte. Eigenes und Nachdichtungen, hrsg. v. Gustav Landauer, Potsdam 1919, S. 52 (kl. Abweichungen); Hedwig Lachmann, 1865-1918, Lyrikerin und Übersetzerin; legte 1880 das Sprachlehrerinnenexamen ab und arbeitete ab 1882 als Erzieherin in England, ab 1885 in Dresden, ab 1887 in Budapest. Seit 1889 lebte sie in Berlin als Schriftstellerin und Übersetzerin und trat besonders mit ihren Übersetzungen von E.A. Poe, O. Wilde, H. Balzac hervor. Sie war seit 1901 mit dem Anarchisten G. Landauer (Münchener Räterepublik) verheiratet. Weitere Schr. u.a.: Im Bilde, 1902 **437,10** *Turgenieff:* I.S. Turgenjew, Väter und Söhne, 1862, dt. 1869. Iwan S. Turgenjew, 1818-1883, russ. Schriftsteller, neben Tolstoi und Dostojewski einer der bedeutenden Vertreter des russischen Realismus des 19. Jh.s **437,16** *„Jung-Rußland“:* vermutl. Analogiebildung zu „Junges Deutschland“ u. „Junges Italien“ zur Bezeichnung der Protestbewegung der revolutionären Jugend gegen das autokratische, repressive und rückständige Regime Nikolaus I. (1825-55) und Alexanders II. (1855-81) für ein freies russisches Volk, Verfassung, Bauernbefreiung und Landaufteilung. **438,13** *Maeterlinck ... in einer seiner ... Schriften:* M. Maeterlinck, Die sieben Prinzessinnen, in: Ders., Drei mystische Spiele, Leipzig 1900, S. 5-35; S. 10: *„Sie sind nicht glücklich ...“.* (Die Formulierung durchzieht in verschiedenen Variationen das gesamte Stück). Maurice Maeterlinck, 1862-1949, belg. Lyriker und Dramatiker, einer der bedeutendsten Vertreter des Symbolismus; erhielt 1911 den Nobelpreis; in seinem frühen dramatischen Werk zeigt er den Menschen in einer Situation, in der er einem blinden Schicksal hilflos ausgeliefert ist. Weitere Schr. u.a.: Prinzessin Maleine, 1889, dt. 1892 **442,1** *dem übertriebenen Individualismus:* s. hierzu im vorl. Bd. S. 253-260 u. 261-267 **444,11** *Kapotthüte:* schlichte krempenlose Hüte mit Schute und einem Band unter dem Kinn gebunden, die vor allem älteren Frauen zum Zusammenhalten der Frisur dienten. **446,30** *Lou Andreas Salome,* Ma. Ein Portrait, Stuttgart 1901, S. 169f.: *„Alles hatte sie ihren Kindern ..."* (geringe Kürzung und Ergänzung; der 1. Satz ist eine Zusammenfassung des Kontextes.) Der Roman spielt in Moskau und handelt von der Beziehung zwischen einer alleinstehenden Mutter und ihren heranwachsenden, sich emanzipierenden Töchtern. Lou Andreas-Salomé, 1861-1937, Schriftstellerin; Tochter eines russ. Generals franz. Herkunft, studierte in Zürich Religionsgeschichte und Philosophie. Sie hatte Beziehungen zu P. Rée, F. Nietzsche, R.M. Rilke. 1912 war sie zu einem psychoanalytischen Studienjahr bei S. Freud in Wien und betrieb seit dem ersten Weltkrieg eine psychoanalytische Heilpraxis. Schr. u.a.: Henrik Ibsens Frauengestalten, 1892; Friedrich Nietzsche in seinen Werken, 1894; Im Zwischenland. Fünf Geschichten aus dem Seelenleben halbwüchsiger Mädchen, 1902; R.M. Rilke, 1928; Mein Dank an Freud, 1931 **446,42** *Anselma Heine,* Mütter. Roman, Braunschweig 1905. Selma Heine, 1855-1930, Pseud. Anselm bzw. Anselma Heine, Schriftstellerin; sie stammte aus einem akademischen jüdischen Bonner Elternhaus, lebte ab 1899 in Berlin und war Vorstandsmitglied im 1905 gegr. Deutschen Lyceumclub. In ihren Romanen und Novellen beschrieb sie vor allem psychologische Probleme und schilderte Volk und Natur Finnlands; „Mütter" war ihr erfolgreichster Roman. Weitere Schr. u.a.: Maeterlinck, 1904; Aus Somiland, 1904; Bis ins dritte, vierte Glied, 1905 **447,34** *Auguste Hauschner,* geb Sobotka, 1853- 1924, Schriftstellerin; Gegenstand ihrer naturalistischen Romane und Erzählungen sind das soziale Leben, besonders des jüdischen Bürgertums ihrer Geburtsstadt Prag, und die Stellung der Frau, sie stand G. Landauer nahe. Schr. u.a.: Frauen unter sich, 1901; Zwischen den Zeiten, 1906; Die Familie Lowositz, 1908 **448,5** *wie Malwida von Meysenbug sagt:* Das Zitat findet sich auch bei R. Mayreder, Mutterschaft und Kultur, in: Dies., Zur Kritik der Weiblichkeit, Leipzig u. Jena 1910, S. 84; zu M. v. Meysenbug, s. Erl. 267,12 **448,10** *„Lebt doch auch euer eigenes Leben ...":* R. Mayreder, a.a.O., S. 78; zu R. Mayreder s. Erl. 433,13 **449,41** *M. v. Ebner-Eschenbach:* s. Erl. 297,3

Frauen als Arbeitgeberinnen

451 * Baltische Frauenzeitschrift, erschien 1906/07-1908/09, unter dem Titel „Leben und Wirken" wurde sie ab 1909/10 weitergeführt. **451,2** *Berufsmöglichkeiten für Frauen:* s. Erl. 311,10 **452,6** *Putzmacher-Ateliers:* Endherstellung von Hüten aus den verschiedenen Halbfabrikaten: Strohhüte, Filzhüte, künstliche Blumen, Federn; auch Herstellung von Modellhüten; sie sind eine Form der Putzmacherei, zu der auch Putzläden und die zu Hause allein arbeitenden Kleinmeisterinnen zählen. Davon zu unterscheiden ist die Putzindustrie, die die verschiedenen Branchen zur Herstellung der Halbfertigprodukte umfaßt. **452,8** *In der deutschen Reichsstatistik:* Die berufliche und soziale Gliederung des deutschen Volkes (= Statistik d. Deutschen Reichs, NF. Bd. 111) Berlin 1899, bes. die Absch. 4, 10 u. 11 (s. Erl. 281,2) sowie die Bände: Gewerbestatistik für das Reich im Ganzen (= a.a.O., Bd. 113) Berlin 1898, S. 142-157 und: Gewerbe und Handel im Deutschen Reich (= a.a.O., Bd. 119) Berlin 1899, bes. Abschn. 3, V. - Am 12. Juni 1907 wurde die 3. Berufs- und Gewerbezählung im Deutschen Reich durchgeführt, deren Ergebnisse jedoch erst ab 1909 veröffentlicht wurden. **452,16** *Abdeckereien:* Entsorgung und Verarbeitung von Tierkadavern **452,25** *Posamentiergeschäfte:* Läden für Borten, Tressen, Schnüre, Quasten, Fransen u.ä. zum Verzieren von Kleidung, Textilien, Wand- u. Fensterdekorationen sowie Polstermöbeln **452**,29 *Niederlagen:* auswärtige Auslieferungslager für Waren eines Herstellers **453**,30 *Arbeiterinnen in Wasch- und Plättanstalten:* s. hierzu: A. Salomon, Frauen vor dem Gewerbegericht, in: Die Frau, 8.1900/01, S. 20-22, in dem die Situation der Wäscherinnen und Plätterinnen und deren erfolgreiches Zusammengehen vor dem Gewerbegericht dargestellt wird. **454**,4 *Marie Baum*, Drei Klassen von Lohnarbeiterinnen in Industrie und Handel der Stadt Karlsruhe, 1906, in einem gleichnamigen Artikel hat A. Salomon das Buch rezensiert, in: Die Frau, 14.1906/07. Zu M. Baum s. Erl. 270,20

Was sollen wir mit unseren Töchtern anfangen?

455 * Die Gartenlaube, illustierte belletristische Familien-Wochenzeitschrift, gegründet 1853 von dem liberalen, im Vormärz engagierten Journalisten Ernst Keil (1812-1878), war sie zunächst allgemein national und liberal orientiert und erreichte hohe Auflagen (ca. 350.000). Zu den populärsten Autorinnen zählte H. Courths-Mahler. Die Zeitschrift erschien bis 1944, seit 1938 unter dem Titel „Die neue Gartenlaube". – In einer redaktionellen Anmerkung zum Artikel von A. Salomon heißt es: „Diese Arbeit erhielt bei unserem Preisausschreiben den ersten Preis". **455**,23 *Rosegger,* Peter, 1843-1918, österr. Schriftsteller, Ahnherr der affirmativ-verharmlosenden Heimatkunst; in seinen vielgelesenen Romanen wandte er sich gegen „moderne Sittenlosigkeit", gründete 1876 die Zeitschrift „Heimgarten". Schr. u.a.: Die Schriften des Waldschulmeisters, 1875; Der Gottsucher, 1883; Als ich noch der Waldbauernbub war, 1902

Der Kampf gegen die Animierkneipen
Siehe im vorl. Bd. auch S. 46-50

459,2 *Der Deutsche Verein gegen den Mißbrauch geistiger Getränke:* gegr. 1883; über die Konferenz wurde ein stenographisches Protokoll veröffentlicht, mit dem A. Salomons Angaben weitgehend übereinstimmen: Deutscher Verein gegen den Mißbrauch geistiger Getränke (Hg.), Bericht über d. Konferenz z. Bekämpfung d. Animierkneipen 1908, Berlin 1908 **459**,7 *eine offizielle Delegierte:* A. Salomon vertrat den BDF auf der Konferenz. **459**,32 *Kommerzienrat Münsterberg,* Otto, 1854-1915, Mitglied der Freisinnigen Vereinigung (Erl. 122,27) und des Preuß. Abgeordnetenhauses von 1903-08 und 1912-15 **459**,33 *Fräulein Leonhardt,* Hedwig, Mitglied des Bezirksvereins Stettin gegen den Mißbrauch geistiger Getränke **460**,9 *Münsterbergs Vorschläge:* O. Münsterberg hatte den Vortrag ähnlich bereits 1907 auf der Jahresversammlung des Vereins gegen den Mißbrauch geistiger Getränke gehalten und publiziert: Bekämpfung der Animierkneipen, Berlin 1908. In einer Redaktionsfußn. zu A. Salomons Artikel wird die Broschüre den Frauenvereinen empfohlen. **460**,3 *Mädchen täglich ... 20-30 Glas Bier ...:* Bericht über d. Konferenz ..., a.a.O., S. 14 **460**,6 *ein Stellenvermittler ... 19.449 M einnahm:* die Vermittlungsgebühren wurden allein von den stellungsuchenden Frauen gefordert: a.a.O., S. 12 **460**,12 *§ 33 Reichsgewerbeordnung:* § 33 Abs. 2 u. 3 und § 33a Abs. 2 regelte die Erteilung der Schankerlaubnis, § 53 Abs. 2 die Zurücknahme der Konzession. **460**,13 *„daß der Nachweis des Bedürfnisses ...":* Bericht über d. Konferenz ..., a.a.O., S. 17 **460**,19 *„1. Der § 41 ...":* a.a.O., S. 24f. **460**,38 *Die Korreferentin* [Hedwig Leonhardt] *fügte ... hinzu:* a.a.O., S. 33f. **461**,3 *Leonhardt sprach ein Wort aus:* vgl. a.a.O., S. 30 **461**,9 *während der Referent der Meinung Ausdruck gab:* s. a.a.O., S. 60 **461**,22 *gab Frau Krukenberg ... Antwort:* a.a.O., S. 50; Elsbeth Krukenberg, geb. Conze, 1867-1945; in der Frauenbewegung engagierte Schriftstellerin; besuchte Privat-Mädchenschulen in Wien und Berlin und wurde durch ihre Lehrerin, H. Lange, in die Ideen der Frauenbewegung eingeführt. 1895-1906 gab sie das Organ des Allgemeinen Deutschen Frauenvereins „Neue Bahnen" heraus. Sie gründete den Rheinisch-Westfälischen Frauenverband und war dessen langjährige Leiterin. Schwerpunkte ihres Engagements lagen auf den Gebieten der Mädchenbildung, des Hebammen- und Krankenpflegerinnenwesens. Sie war Mitarbeiterin des Deutschen Vereins gegen Geschlechtskrankheiten. Schr. u.a.: Frieden (Gedichte), 1900; Die Frauenbewegung, ihre Ziele und ihre Bedeutung, 1905 [s. dazu die Bespr. v. A. Salomon in: Die Nation, 23.1905/06]; Jugenderziehung und Volkswohlfahrt, 1911

Mutterschutz und Mutterschaftsversicherung
Siehe im vorl. Bd. auch S. 157-170 u. Erl. 158*

462 * In ihrem Vortrag vor der Generalversammlung des deutschen Vereins für Armenpflege und Wohltätigkeit bezieht sich A. Salomon auf Leitsätze, die der Versammlung vorlagen. Sie sind Teil des umfangreichen Berichts, den sie zur Vorbereitung der Versammlung verfaßt hatte: A. Salomon, Mutterschutz und Mutterschaftsversicherung (= Schr. d. Dt. Ver. H. 84), Leipzig 1908. Neben Marie Baum, die 1905 zum Thema Säuglingssterblichkeit referiert hatte (s. im vorl. Bd. S. 270-276), war A. Salomon die zweite Frau, die in dem Verein einen Vortrag hielt und die erste, die den vorbereitenden Bericht und das Hauptreferat erstattete. Die Leitsätze (a.a.O., S. 89-91) lauten:
„Leitsätze: I. Die Mutterschaft macht die Frau für bestimmte Zeiten wirtschaftlich abhängig und schutzbedürftig. Da die besitzlosen Klassen dies Bedürfnis der Frauen nach Schonung und Pflege nicht aus eigener Kraft befriedigen können, und da die Schutzlosigkeit der Mutter schwere gesundheitliche, soziale und sittliche Gefahren für die beteiligten Mütter und ihre Angehörigen, aber auch für die Gesamtheit des Volkes herbeiführt; ist es Aufgabe von Staat und Gesellschaft, von Rechtsordnung und Wohlfahrtspflege, die Mütter in wirksamer Weise zu schützen. – II. Die Schutzmaßregeln, die bisher durch die Rechtsordnung, durch die öffentliche Armenpflege und durch kirchliche und private Wohlfahrtspflege den Müttern gewährleistet wurden, haben sich als ungenügend erwiesen. Die gesetzlichen Bestimmungen sind vielfach zu eng gefaßt; die von der Wohlfahrtspflege angewendeten Mittel zu gering. Es ist deshalb ein weitergehender gesetzlicher Schutz, eine umfassendere Fürsorge durch die öffentliche und private Armenpflege, sowohl für verheiratete wie für ledige Mütter anzustreben. – III. Dem Mangel an Schonung und Pflege zur Zeit der Niederkunft ist in erheblichem Umfange nur durch die *soziale Gesetzgebung und Versicherung* abzuhelfen, durch eine Mutterschaftsversicherung, die allen Frauen der besitzlosen Klassen die nötige Pflege, der Arbeiterin einen Ersatz für die Einbuße an Lohn sichert, die sie durch die Arbeitsruhe erleidet. Es ist zu fordern: 1. Ausdehnung der gesetzlichen Fürsorge auf alle in Handel, Gewerbe, Haus- und Landwirtschaft tätigen Schwangeren und Wöchnerinnen, durch allgemeine Einführung einer Ruhezeit von acht Wochen, von denen zwei Wochen vor, volle sechs Wochen nach der Entbindung liegen sollten. (Fußn.: Die Arbeit müßte von Schwangeren eingestellt werden, wenn Arzt oder Hebamme erklären, daß die Entbindung in 14 Tagen zu erwarten ist.) 2. Ein Ausbau der Krankenversicherung durch: a) Ausdehnung des Versicherungszwanges auf alle unter 1. genannten Arbeiter unter Beibehaltung der Verteilung der Beiträge auf Arbeitgeber und Arbeiter, wo die männlichen und weiblichen Arbeiter mit gleichem Prozentsatz des Lohnes heranzuziehen sind, b) obligatorische Einführung der Familienversicherung, c) Gewährung des Rechts auf Selbstversicherung für Frauen, die außerhalb des Versicherungszwanges stehen, speziell für die Wöchnerinnenversicherung. 3. Erhöhung der Leistungen der Krankenversicherung, und zwar auf: a) Unterstützung während der Dauer der gesetz-

lichen Arbeitsruhe für weibliche Mitglieder in voller Höhe des Lohnbetrages, für den die Beiträge entrichtet werden, b) freie Gewährung der Hebammendienste und der ärztlichen Behandlung der Schwangerschaftsbeschwerden, der Medikamente; ferner freie Gewährung von Hauspflege im Bedarfsfalle nach Ermessen des Kassenvorstandes, sowie freie Verpflegung in einem Wöchnerinnenasyl, sofern die Entbindung nach Ansicht der Hebamme oder des Arztes nicht in der Wohnung vorgenommen werden kann, für Mitglieder und Angehörige. c) Die Kassen sollen berechtigt sein, Mittel darzuleihen oder aufzuwenden zur Erhaltung von Wöchnerinnenheimen und Mütterberatungsstellen. – IV. Solange die Arbeiterschutz- und Versicherungsgesetzgebung die unter III. gestellten Forderungen nicht erfüllt, ist dem Schutzbedürfnis der Mütter in stärkerem Maße als bisher durch die öffentliche Armenpflege Rechnung zu tragen. Es ist anzustreben: 1. Unentgeltliche Bereitstellung der Geburtshilfe für alle bedürftigen Mütter, im Bedarfsfall Verabreichung von Wäsche; falls erforderlich, auch Gewährung freier Hauspflege oder der Verpflegung in einem Wöchnerinnenheim, ohne daß diese Hilfe die mit anderen Unterstützungen verbundenen öffentlich-rechtlichen Folgen nach sich zieht. 2. Unterstützung von Schwangeren und Wöchnerinnen durch die offene Armenpflege mit Beträgen, die ihnen die zur Wiederherstellung ihrer Gesundheit notwendige Schonung und Pflege ermöglichen; ferner Unterstützung von arbeitenden Müttern, falls ihre Erwerbsfähigkeit durch das Stillen eines Kindes beeinträchtigt wird. 3. Errichtung oder ausreichende Unterstützung von Schwangeren- und Wöchnerinnenheimen, Subventionierung von Hauspflegevereinen, Mütterberatungsstellen, sowie von Krippen und Kindergärten. – V. In Ergänzung der Leistungen der öffentlichen Armenpflege ist als Aufgabe der kirchlichen und privaten Wohlfahrtspflege zu betrachten: 1. Die Organisation der Hauspflege. 2. Die Errichtung von Schwangeren- und Wöchnerinnenheimen, die a) verheiratete Mütter für die Zeit der Entbindung aufnehmen, und ihnen ein Asyl gewähren, falls und solange für sie ein Aufenthalt in der eigenen Häuslichkeit ungeeignet ist, b) ledigen Müttern in den letzten Monaten der Schwangerschaft und nach der Niederkunft bis zur Herstellung ihrer Erwerbsfähigkeit eine Zuflucht gewähren. 3. Die Gründung von Versorgungshäusern sowie von Mütterheimen und Mütterberatungsstellen zum Schutz lediger Mütter. – VI. Die Errichtung von Mutterschaftskassen von seiten industrieller Betriebe oder auf Anregung der Arbeiterorganisationen ist als wünschenswert zu betrachten. – VII. Unabhängig von den Bestrebungen, die den Müttern materielle Hilfe durch Versicherungszwang, durch öffentliche und private Armenpflege gewährleisten sollen, ist eine bessere rechtliche Stellung der verheirateten und der ledigen Mutter anzustreben. Es ist zu fordern: 1. Landesgesetzliche Zulassung des armenpolizeilichen Arbeitszwangs gegen Familienhäupter, die sich böswillig ihrer Nährpflicht entziehen, für alle Bundesstaaten, in denen die Gesetzgebung dieser Forderung nicht entspricht. 2. Ausdehnung des Schutzes des § 361,10 des Strafgesetzbuchs und der unter 1. geforderten Landesgesetze auf die ledigen Mütter für den Fall, daß der außereheliche Vater sich seiner Alimentationspflicht entzieht. 3. Abänderung des § 1717 B.G.B., und zwar Beseitigung der Zulässigkeit der „Einrede mehrerer Zuhälter" gegen die Alimentationspflicht." **462**,3 *„Wenn ich an meinem geistigen Auge...":* E. Albert, Die Frauen und das Studium der Medizin, Wien 1895. Das Zitat ist eine Zusammenfassung des Abschn. I., der als fiktiver Sermon über die produzierten Dinge und Ordnungen der Menschen geschrieben ist und mit dem Satz beginnt: „Alles Menschenwerk, das Du um Dich herum siehst, haben die Männer geschaffen." und dessen einzelne Betrachtungen in die sich wiederholende Feststellung münden: „Alles Männerwerk.". Eduard Albert, 1841-1900, österr. Chirurg und Hochschullehrer, ab 1873 in Innsbruck und ab 1881 in Wien, der als bedeutender Diagnostiker galt. **462**,5 *Eine bekannte Frauenrechtlerin:* O. Olberg, Das

Weib und der Intellectualismus, Berlin, Bern 1902, S. 110: „Gewiß, alles ist Männerwerk ..." (kl. Abweichungen); zu O. Olberg s. Erl. 298,26 **465,15** *Schutz der Säuglinge ...:* Die Bekämfung der Säuglingssterblichkeit. (= Schr. d. Dt. Ver., H. 74), Leipzig 1905; s. im vorl. Bd. auch S. 268-279 **467,39** *Bestimmungen des Gesetzes:* A. Salomon, Mutterschutz und Mutterschaftsversicherung (= Schr. d. Dt. Ver., H. 84), a.a.O., S. 9-20; s. auch Erl. 159,11 u. 159,13 **468,28** *von privaten Mutterschaftskassen:* s. Erl. 162,13 **469,40** *Verhandlungen über diese Frage:* s. E. Hirschberg u.a., Zwangsmaßregeln gegen nährpflichtige Angehörige (Schr. d. Dt. Ver., H. 36), Leipzig 1898, S. 33; uneinheitlich war die Rechtsprechung hinsichtlich der Frage, ob diese Strafgesetze auch auf uneheliche Väter anzuwenden seien (s. A. Salomon, Mutterschutz und Mutterschaftsversicherung, a.a.O., S. 19f.). **471,2** *„exceptio plurium":* Als Vater eines unehelichen Kindes galt nach § 1715 BGB, „wer der Mutter innerhalb der Empfängniszeit beigewohnt hat", diese Definition galt nicht, wenn der von der Mutter benannte Erzeuger die „Einrede des Mehrverkehrs" (exceptio plurium) gegen sie erhob. Erst 1969 wurde ein neues Unehelichenrecht verabschiedet. **471,28** *Spann hat in seinen Untersuchungen:* O. Spann, Untersuchung über die uneheliche Bevölkerung in Frankfurt a.M., Frankfurt/M. 1905, s. Erl. 321,29 **472,30** *Beispiel von Hamburg und Mannheim:* s. A. Salomon, Mutterschutz und Mutterschaftsversicherung, a.a.O., S.22f. **472,32** *Hauspflegeeinrichtungen:* vgl. Die heutigen Anforderungen an die öffentliche Armenpflege (= Schr. d. Dt. Ver., H. 73), Leipzig 1905, S. 52-54; s. auch Erl. 12,22 **473,22** *der ledigen Mutter:* s. hierzu im vorl. Bd. bes. S. 318-329 **476,3** *Bund für Mutterschutz:* 1905 von H. Stöcker (Erl. 428,12) und M. Lischnewska (Erl. 416,16) gegründet. Dem Gründungskomitee gehörten neben Vertreterinnen unterschiedlicher Richtungen der Frauenbewegung, wie M. Stritt, H. Fürth, L. Braun; Sozialwissenschaftler, wie W. Sombart; Vertreter der Neuen Ethik, wie M. Rosenthal; und der entstehenden Sexualwissenschaft, Sozial- und Rassenhygiene sowie Eugenik an. Der Bund setzte sich auch praktisch für den Mutterschutz, bes. der ledigen Mütter, für Freigabe der Abtreibung und eine neue geschlechtliche Sittlichkeit, wie die freie Ehe, ein. Hrsg. v. H. Stöcker erschien 1905-1933 die Zeitschrift „Mutterschutz. Zeitschrift zur Reform der sexuellen Ethik", seit 1908 unter dem Namen „Neue Generation". **476,21** *„die Mutterschaft eine Würde ...":* M. Lischnewska [Ansprache auf der ersten öffentlichen Versammlung des Bundes für Mutterschutz am 26.2.1905], in: H. Stöcker, Bund für Mutterschutz, Berlin 1905, S.26 **477,28** *Sittlichkeitsvereine:* 1889 gründete Hanna Bieber-Böhm (1851-1910) den „Verein Jugendschutz", 1899 A. Pappritz (Erl. 399,37) in Berlin den Zweigverein der „Internationalen Abolitionistischen Föderation" (1875 von Josephine Butler gegr.). Beiden ging es um die Abschaffung der staatlich reglementierten Prostitution und die Bekämpfung der doppelten Moral, in der Wahl der Mittel nahmen sie jedoch konträre Positionen ein. H. Bieber-Böhm plädierte für Strafverfolgung, schärfere Gesetze, Zwangserziehung von Prostituierten und Anzeigepflicht der Ärzte, die Abolitionistinnen verwarfen die staatliche Reglementierung mit den einseitig gegen die Frauen gerichteten strafrechtlichen Bestimmungen.

Zur Eröffnung der Sozialen Frauenschule

480 * Eine redakt. Fußn. verweist auf einen Artikel v. A. Salomon, in dem sie über die Schulgründung schrieb: „Als ich im Winter, einem Auftrag des Berliner Frauenvereins und des Berliner Lehrerinnenvereins folgend, einen Plan für die soziale Ausbildung in der 'Frauenschule' darlegte und auseinandersetzte, welche sozialen Bildungselemente zweckmäßig in die Fortbildungsanstalten für junge Mädchen aufgenommen werden sollten, hoffte ich kaum, daß diese Vorschläge und Pläne in absehbarer Zeit in der von mir gewünschten Form zur Ausführung kommen würden. Dem Vorstand des Berliner Vereins für Volkserziehung (Pestalozzi-Fröbel-Haus) ist es zu danken, daß er die Mädchen- und Frauengruppen für soziale Hilfsarbeit bald darauf aufforderte, in Gemeinschaft mit dem Pestalozzi-Fröbel-Haus eine soziale Frauenschule zu eröffnen und dadurch den Anlaß dazu gab, lange vorbereitete Pläne in die Wirklichkeit umzusetzen. Seit die Gruppen für soziale Hilfsarbeit bestehen, seit nunmehr fünfzehn Jahren, war der Gedanke, die theoretischen Kurse der Gruppen zu einer Wohlfahrtschule nach dem Muster der amerikanischen 'Schools of Philanthropy' auszubauen, immer wieder erörtert worden.“ (A. Salomon, Eine soziale Frauenschule, in: Die Frau 15.1907/08, S. 605; s. auch Erl. 373*) – Die Soziale Frauenschule war eine Privatschule, deren Ausbildung 1918/20 staatlich anerkannt wurde. **480,4** *über der Tür unserer Schule:* Die Soziale Frauenschule war Gast des Pestalozzi-Fröbel-Hauses in Berlin-Schöneberg, Kyffhäuserstr. (heute: Karl-Schrader-Str. 7-8), in dem sie Räume nutzte, bis sie 1914 in ein, auf dem Gelände des PFH neuerrichtetes, eigenes Gebäude ziehen konnte (Barbarossastr. 58), in dessen Eingangshalle das Carlyle Zitat angeschrieben war. Die Planung und Finanzierung des Neubaus hatte A. Salomon weitgehend selber organisiert. Er ist bis heute Zentrum der Alice-Salomon-Fachhochschule für Sozialarbeit und Soziapädagogik, der Nachfolgeeinrichtung der Sozialen Frauenschule. 1998 wird die Fachhochschule jedoch aus dem zu klein gewordenen Areal ausziehen in den Berliner Bezirk Hellersdorf. **480,7** *"Gesegnet, wer seine Arbeit ...":* Thomas Carlyle, Past and Present (1843), Book III, Ch. XI „Labour“ (The Works of Thomas Carlye, Hg.: H.D. Traill, Bd. 10., London 1897, Nachdr. 1974, S. 197). Der Originaltext: „Blessed is he who has found his work; let him ask no other blessedness.“; s. Erl. 76,7 **481,7** *schlimmer als das geplagteste Tier:* A. Salomon hat Schicksale proletarischer Hausfrauen und Mütter eindringlich in dem Artikel „Stumme Märtyrerinnen“ dargestellt; s. Bd. 2 der vorl. Ausg. **482,35** *unserm Lehrplan:* Die Stundenpläne für das erste Jahr nach: 1. Jahresbericht der sozialen Frauenschule, o.O., o.J. [Berlin 1909], S. 2-3:

Vorbereitungsklasse

<table>
<tr><th>Zeit</th><th>Montag</th><th>Dienstag</th><th>Mittwoch</th><th>Donnerstag</th><th>Freitag</th><th>Sonnabend</th></tr>
<tr><td>8 – 9</td><td>Erziehungslehre</td><td></td><td>Vorbereit. z. Kindergarten</td><td>Kinderpflege</td><td></td><td></td></tr>
<tr><td>9 – 10</td><td>Handfertigkeit</td><td rowspan="3">Kindergarten resp. Hauswirtschaft</td><td rowspan="4">Kindergarten resp. Hauswirtschaft</td><td>Erziehungslehre</td><td rowspan="3">Kindergarten resp. Hauswirtschaft</td><td rowspan="4">Kindergarten resp. Hauswirtschaft</td></tr>
<tr><td>10 – 11</td><td>Handfertigkeit</td><td>Bürgerkunde</td></tr>
<tr><td>11 – 12</td><td>Soziale Arbeit</td><td>Hygiene</td></tr>
<tr><td>12 – 1</td><td>Stenographie</td><td>Volkswirtschaftslehre</td><td>Stenographie</td><td>Soziale Lietratur</td></tr>
</table>

I. Fachklasse

Zeit	Montag	Dienstag	Mittwoch	Donnerstag	Freitag	Sonnabend
8 – 9		Sozialpolitik		Bürgerkunde		Jugendfürsorge
9 – 10		Armenpflege		Jugendfürsorge		Armenpflege
10 – 11		Soziale Arbeit		Bürgerkunde		Verwaltungs-lehre
11 – 12		Soziale Arbeit		Hygiene		Familienrecht
12 – 1		Berufskunde Volksbildung		Pädagogik		
5 – 6			Buchführung			
6 – 7			Sozialethik			

II. Fachklasse

Zeit	Montag	Dienstag	Mittwoch	Donnerstag	Freitag	Sonnabend
5 – 6			Vereinskunde		Probleme der Frauenarbeit	
6 – 7			Volkswirtsch. Theorien		Wohlfahrts-pflege	
7 – 8	Berufskunde		Hygiene			

482,39 *Reform unseres Mädchenschulwesens:* s. Erl. 373,3 **482**,41 *„in das Werden und Wesen ...“:* H. Lange, Die preußische Mädchenschulreform, in: Die Frau, 16.1908/09, S. 11 (kl. Veränderung) **483**,5 *Studienanstalt:* s. Erl. 373,3 **483**,24 *Eltern, die ihre Töchter nicht:* s. hierzu im vorl. Bd. auch S. 437-450 **485**,8 *wir Lehrer:* dazu zählten G. Bäumer, die Ärztin Dr. Frida Corssen-Busch, die Leiterin des Kindergärtnerinnenseminars des PFH L. Dröscher, die Juristin Dr. Frieda Duensing, der Schöneberger Stadtrat und Leiter der Berliner Armendirektion Emil Münsterberg, die Oberlehrerin Margarete Treuge u.a.

Personen

Kurzbiographien finden sich jeweils auf der nach dem Semikolon angegebenen Seite.

Abarbanell, Jeannette ♦ Schwerin, J.
Agahd, Conrad 142, 145-147; 560
Albert, Eduard ; 606
Altmann-Gottheiner, Elisabeth 413; 599
Altschul, Emily 315, 317
Andreas-Salomé, Lou 446; 602
Aquino, Thomas v. 384; 595
Aristoteles 387; 595
Augspurg, Anita 200, 239, 416; 599
Augustinus 384; 595

Barnardo, Thomas John 27; 538
Barnett, Samuel Augustes 80, 114; 548
Basedow, Johann Bernhard 192; 565
Baum, Marie 270, 272-274, 276, 279, 360, 413, 454; 579
Bäumer, Gertrud 190, 197f., 229, 329f., 386-388, 393, 399-406, 408, 432; 565
Bebel, August 127, 250, 427; 600
Behm, Margarete 305; 584
Bernhard, Margarete 360; 591
Besant, Walter 75-79, 86, 90; 546
Bismarck, Otto v. 309, 384; 585
Black, Clementina 136; 558
Bluhm, Agnes 162; 562
Böckh, Richard 323; 588
Böcklin, Arnold 251; 576
Bode, Wilhelm 138; 559
Böhlau, Helene 318; 588
Böhmert, Viktor 226f.; 571
Booth, Charles 51-53, 56f.; 543
Braun, Lily 158, 160-163, 165, 168, 393, 420-423, 430; 561
Breden, Christiane ♦ Christen, A.
Brentano, Lujo 128; 557
Bridel 36
Brooks, John Graham 139; 559
Brugger 270
Buddha, Gautama 110
Büchner, Louise 91, 192; 549
Butler, Josephine 112; 553

Campe, Joachim Heinrich 192; 565
Carlyle, Thomas 76, 110, 388, 480f.; 546
Carpenter, Edward 393, 431; 601
Cauer, Minna 416; 554
Christen, Ada (d. i. Breden, Chr. v.) ; 567
Conrad, Else 413

Darwin, Charles R. 268; 578
Deison, Edward 114
Dilke, Lady Emilia Francis 112; 554
Disraeli, Benjamin 109; 552
Dollfuß, Johann (a. Dollfus[s], Jean) 162, 167, 182; 562
Dwelshauvers, Jean Jacques (Pseud. J. Mesnil) 393, 431; 601
Dyhrenfurth, Gertrud 305, 334-336, 338-343, 413; 589

Ebner-Eschenbach, Marie v. 297, 449; 582
Edinger, Anna 413; 599
Elm, Adolph v. 305; 585

Fichte, Johann Gottlieb 202, 388; 567
Finkelstein, Heinrich 270f., 273, 276f.; 579
Fliegenschmidt 72
Francke, Ernst 300, 305; 583
Frank, Louis 159, 161, 165, 167f.; 562
Freudenberg, Ika 399; 597
Friedrich II. (a. Friedrich der Große) 385; 595
Friedrich III. (a. Kaiser Friedrich) 3f.; 533
Fröbel, Friedrich 5f., 229; 533
Fry, Elisabeth 112; 553
Fürth, Henriette 142-145, 160, 162-164; 559

Gelert, Johannes Sophus 17; 537
Gennat 73f.
Gilman, Charlotte, geb. Perkins, verw. Stetson 393, 417-419; 600
Gnauck-Kühne, Elisabeth 112, 205, 400, 413; 552
Göhre, Paul 305; 584
Goethe, Johann Wolfgang v. 211, 246, 263, 372
Goldbeck, Carl 8; 534
Goldschmidt, Henriette 91, 112; 549
Gordon, Emy v. 360; 591
Gouges, Olympe de 400; 597
Gregor der Große 259; 577

Gruber, Max v. 223; 571
Gutmann, D. 47

Hansson, Laura ♦ Marholm, L.
Harms, Bernhard 360; 592
Harnack, Adolf v. 260, 264; 577
Hauschner, Auguste 447; 603
Heine, Anselm (d.i. Selma Heine) 446; 602
Henschke, Ulrike 192; 565
Herkner, Heinrich 122, 204, 206; 555
Hewins, Willian Albert Samuel 51; 543
Heydt, August v. d. 184; 564
Heyl, Hedwig 4; 533
Heyl zu Herrnsheim, C. Wilhelm v. 129; 557
Hill, Oktavia 112; 553
Hitze, Franz 129; 557
Homberg, Tinette 192; 566
Hood, Thomas 146; 559

Ibsen, Henrik 387; 595

Jack der Aufschlitzer (Jack the Ripper) 114
Jaffé-Richthofen, Elisabeth 182, 360, 370, 413; 564

Kaerger, Karl 333; 589
Katzenstein, Simon 305; 585
Kaiserin Friedrich ♦ Viktoria, Kronprinzessin
Kelley, Florence 112; 554
Key, Ellen 255-258, 393, 399, 429-431; 576
Kingsley, Charles 80, 114, 206; 547
Krohne, Karl 74f.; 546
Kronprinzessin ♦ Viktoria
Krukenberg, Elsbeth 413, 461; 604

Lachmann, Hedwig 437; 602
Lange, Helene 9, 190, 193, 229, 233, 399, 483; 535
Lenel, Lise 273
Leonhardt, Hedwig 459, 461; 604
Liebknecht, Wilhelm 127; 557
Lischnewska, Maria 416, 420, 427; 599
Ludwig XIV. 385; 595
Lueger, Karl 198; 566
Luther, Martin 385; 595

Machiavelli, Niccolò 384f.; 595
Maeterlinck, Maurice 438; 602
Maingie, Louis 159, 161, 167
Malthus, Thomas R. 268, 279; 578
Marholm, Laura (d.i. L. Hansson) 158, 168, 399; 561
Martin, Rudolf 212, 222; 570
Marx, Karl 317, 386; 595
Mausbach, Josef 393, 413f.; 599
Mayet, Carl Heinrich Paul 360; 592
Mayreder, Rosa 393, 433-435, 448; 601
Mesnil, Jaques ♦ Dwelshauvers, Jean J.
Meunier, Constantin 304; 584
Meysenbug, Malwida v. 448; 578
Michaelis de Vasconcellos, Caroline 9; 535
Michels, Robert 236f.; 573
Mill, John Stuart 373; 595
Möbius, Paul Julius 410; 599
Molkenbuhr, Hermann 50, 305; 543
Montesquieu, Charles de Secondat 385; 595
Morgenstern, Lina 112; 554
Morus, Thomas 384f.; 543
Münsterberg, Otto 459f.; 604

Naumann, Friedrich 305, 393, 423-427; 584
Neumann, Hugo 325f.; 588
Nietzsche, Friedrich 235, 411
Nightingale, Florence 112; 553

Olberg, Oda 127, 173, 298, 393, 410-413, 419, 435; 583
Orzeszko[wa], Eliza 77; 547
Otto-Peters, Louise 91, 104, 357; 548

Pappritz, Anna 399, 413; 596
Pearson, Karl 159, 170; 562
Perkins-Stetson, Charlotte ♦ Gilman, Ch.
Pernerstorffer, Engelbert 34; 540
Pestalozzi, Johann Heinrich 5, 128, 229; 534
Phidias 256; 577
Philippovich v. Phillipsberg, Eugen 128; 557
Platon 384, 387; 595

Rauchberg, Heinrich 282; 581
Reeves, Mrs. W. P. (d. i. Magdalen Stuart R.) 148; 560
Richter, Ludwig 250; 575

Roscher, Karl 227; 571
Rosegger, Peter 455; 604
Rosenthal, Max (Pseud. M. Thal) 393, 432; 601
Rousseau, Jean-Jaques 175, 385; 563
Ruben, Frau 238f.
Rüdiger, R. 48
Ruskin, John 76, 80, 114, 206, 381, 388; 547

Sassenbach, Johannes 300; 584
Schiff, Paolina 159, 168; 562
Schiller, Friedrich v. 12, 235
Schirmacher, Käthe 413; 574
Schleiermacher, Friedrich 255; 576
Schmidt, Auguste 91; 549
Schmoller, Gustav 257, 305; 577
Schrader-Breymann, Henriette 4; 533
Schreiner, Olive 98; 550
Schulze-Gaevernitz, Gerhard v. 79; 547
Schwerin, Ernst 9
Schwerin, Jeannette 7-9, 10-12, 14, 16, 44, 91, 112, 210; 7-16
Schwiedland, Eugen 125f., 128f.; 556
Sieveking, Amalie 112; 554
Simon, Helene 360, 413; 591
Sokrates 387; 595
Solon 390; 595
Sombart, Werner 305, 308; 585
Sophokles 256; 577
Spann, Othmar 320, 322, 471; 588
Spencer, Herbert 386; 595
Staake, G. 47, 49
Stein, Karl Freiherr v. 384; 594
Stevens, Alzina Parson 17, 20, 23f.; 537
Stöcker, Helene 393, 416, 428f., 431; 601
Strauss, Elsa 68; 545
Stritt, Marie 238, 393, 416, 420, 427; 574
Stumm-Halberg, Carl Ferdinand v. 122; 555
Susman, Sophie 369

Thal, Max ♦ Rosenthal, M.
Toynbee, Arnold 80f., 114-116, 248; 548
Treitschke, Heinrich v. 256f.; 576
Tuckwell, Gertrude 136; 558
Turgenjew, Iwan 437; 602

Viebig, Clara 76; 547
Victoria, Königin v. England 78; 547
Viktoria, Kronprinzessin (a. Kaiserin Friedrich) 3f., 6; 533

Ward, Mrs. Humphry, d. i. Mary Augusta W. 131-133; 558
Waugh, Benjamin 188; 564
Webb, Beatrice (a. Mrs. Sidney W.) 112, 131, 133f., 137, 148, 205; 543
Webb, Sidney 291; 543
Webb, Sidney u. Beatrice 51, 53-56, 213, 289f.
Weber, Alfred 125, 127; 556
Weber, Marianne 393, 399, 406-409; 598
Weber, Mathilde 91; 549
Weber, Max 210, 338; 568
Wegner, Marie 333; 589
Wilbrandt, Robert 123, 128, 333; 589
Wilhelm I. 361; 592
Wilhelm II. 125, 276; 556
Willard, Francis 112; 553
Witt, E. M. v. 31; 538
Woer[r]ishofer, Friedrich 127; 557
Wollstonecraft, Mary 400; 597

Zadek, Ignaz 160-162
Zahn, Friedrich 282; 581
Zetkin, Clara 235, 239, 316; 573
Zietz, Louise 237f.; 573
Zimmer, Friedrich 352; 590

Orte

Aachen 270
Altwasser 103
Amerika 20, 24, 26, 29, 43, 81f., 112f., 115, 117f., 124, 126, 139, 141
Amsterdam 15
Arnsberg 355
Aschersleben 354
Australien 43, 124, 126, 148, 150, 185

Baden 43, 59, 72, 182, 216, 352, 355
Barmen 61, 103, 270
Bautzen 179
Bayern 24, 43, 59, 171, 269, 356
Belgien 18, 158f., 215
Bergisches Land 100
Berlin 3, 8, 11, 15, 27, 31, 34, 46f., 49, 58, 61f., 68, 70, 74, 82f., 93, 118, 122, 146, 152f., 172f., 200, 228, 239, 241, 243, 244, 277, 289, 293, 297, 299, 300, 304, 315, 324-326, 333, 335, 352-355, 357, 360, 377, 459, 461, 478
Beuthen 61
Bielefeld 354
Bolkenhain 175
Bologna 168
Bonn 15, 61, 93
Bornim 4
Bornstedt 3, 4
Boston 116, 141
Bremen 15, 82, 93, 118, 234-236, 238f., 352
Breslau 15, 61, 99, 300
Bromberg 354

Cambridge 77
Cassel ♦ Kassel
Celle 354
Charlottenburg 61-63, 93, 146, 354f.
Chicago 17, 21, 116, 126
Cottbus 354
Crimmitschau 212-218, 222f., 226f.

Danzig 40, 61, 93, 459
Dortmund 61-63, 93, 103
Dresden 15, 68, 352
Duisburg 61
Düren 354
Düsseldorf 61, 103, 173, 354

Elberfeld 93, 103, 354
Elbing 103
England 13, 18, 27, 29, 38f., 43f., 51, 66f., 82, 94, 112f., 117f., 126, 132, 137f., 158f., 184-189, 196, 206, 217, 269, 385, 388
Erfurt 61, 93, 400
Erzgebirge 301
Eupen 100
Exeter 97

Frankfurt a. M. 12, 48, 82, 93, 118, 243, 320, 352-354, 471
Frankfurt a.O. 15, 61f., 93, 99
Frankreich 18, 38, 43f., 158f., 168, 185, 269, 277, 365, 388
Grantham 97
Greifswald 61

Hagen 101
Halle 61, 89, 355
Hamburg 15, 62, 82, 93, 118, 251, 300, 355, 361, 472
Hameln 234
Hanau 61, 354
Hannover 48, 62, 146, 354, 356, 462
Harburg 100
Heidelberg 15, 352
Hemmoor 103
Herford 103
Hessen 43, 59, 171, 273
Hildesheim 61

Illinois 17, 20, 23, 126
Irland 269, 271
Italien 158f., 168, 269, 385

Karlsruhe 352, 454
Kassel 13, 15, 72, 93, 354f.
Kiel 61, 93
Kolmar 93
Köln 15, 62, 93
Königsberg 40, 61f., 82, 93, 118
Kopenhagen 272
Kottbus ♦ Cottbuss
Krefeld 93

Lancashire 290, 293
Landeshut 103

Leipzig 47, 62, 68, 82, 93, 118, 138
Liegnitz 354
Linden 352
London 37f., 51f., 56, 65, 76f., 81, 86-88, 114-116, 136, 138, 247

Magdeburg 61, 93
Mainz 93
Mannheim 15, 82, 93, 118, 472
Marat[h]on 390
Marburg 236
Marienwerder 101
Massachusettes 127
Meiningen 93
Melbourne 149
Merseburg 61f.
Mönchen-Gladbach 354
München 15, 105, 352, 354, 476
München-Gladbach ♦ Mönchen-Gl.
Münster 61, 413

Naumburg 61
Neu-Seeland 126-128, 148, 150f.
New York 116, 127
Niederbayern 175-177, 271
Niederfranken 271
Nordamerika ♦ Amerika
Nordhausen 61
Norwegen 269, 271
Nürnberg 15, 62, 71, 93

Ober-Kauffung 103
Oberammergau 302
Oberbayern 176
Offenbach 302
Oppeln 99
Osnabrück 61
Österreich 185, 189, 198, 200, 269, 288
Ost-London 52, 76, 78, 90
Oxford 80, 88, 114

Paris 3, 168, 278
Pforzheim 182, 352
Posen 48f., 61-63, 93, 354
Potsdam (a. Sanssouci) 3, 61f.,
Preußen 43f., 75, 99f., 146, 171, 187, 252, 269, 272, 315, 325, 356, 362

Quedlinburg 68

Remscheid 61
Reuß 43
Rheinland 216
Rom 259
Rostock 15
Ruhrort 103
Rumänien 269
Rußland 18, 269, 437

Saarbrücken 271, 354
Sachsen 171, 178, 180, 269, 273, 325, 353, 355
Sachsen-Altenburg 43, 355
Sachsen-Meiningen 353
Schlesien 8, 301
Schopfheim 352
Schweden 271
Schweidnitz 15, 62
Schweiz 160, 181, 194, 269
Siegen 61, 93, 174
Skandinavien 269
Sonneberg 146
Spandau 61
Spessart 301f., 308
Stettin 270, 459
Stolp 93, 354
Stuttgart 15, 352, 354

Thorn 100
Trier 354
Turin 168

Unterwesterwaldkreis 353

Vereinigte Staaten ♦ Amerika
Victoria (Australien) 126, 128, 148f., 150f.

Waldenburg 356
Whitechapel 77f.
Wien 82, 118, 198
Wiesbaden 93, 355
Worms 62, 93
Württemberg 35, 43, 353, 356
Würzburg 48

Yorkshire 132

Zehlendorf 352
Zeitz 61
Zürich 15, 34, 127
Zwickau 48

Sachwörter

Absolutismus 385
Achtstundentag ♦ Arbeitstag
Agitation 15, 36, 58, 64, 91, 94, 106f., 113, 118, 129, 139, 147, 165, 195-200, 234, 240, 349, 357f., 395, 415, 437, 476
Agrarpolitik ♦ Politik
Alimente 324, 470f., 474
Alkoholismus (a. Trunksucht) 186f., 204, 352
Altruismus 259, 388
Angestellte ♦ Handel
Animierkneipe 48, 459-461
Animiermädchen 459-461
Arbeit
  Erwerbs- (a. Erwerbstätigkeit) 21, 27, 41, 83, 120f., 145, 157f., 164, 212, 231, 272, 276f., 280-283, 287, 290-293, 296, 346f., 358, 365, 398, 402-407, 416, 420-424, 427, 430, 436, 451, 453, 462f., 465, 477
  ♦ Heim-
  ♦ Kinder-
  Lohn- 22, 26f., 145, 281
  Nacht- 18, 101, 137, 184, 349, 372
  ♦ Pflege-
  ♦ Soziale Arbeit
  Über- (a. Überstunde) 100, 140, 151, 175, 241f., 250, 252
  ungelernte 136, 306, 325, 359
  weibliche ♦ Frauenarbeit
Arbeiter 17, 19, 22, 25, 34, 38f., 50-52, 57, 80, 87, 95-100, 103, 113, 122, 124-137, 149-151, 169-179, 204, 212-227, 238-251, 264, 286-290, 299-306, 324-326, 334-342, 349f., 357-370, 388, 419, 453-455, 481f.
  Akkord- 219
  Bedürfnis des 125, 248
- bevölkerung 67, 79-81, 116f., 147
- bewegung 36f., 114, 216, 225
  Fabrik- 65, 221, 272, 307
- familie 77, 219, 221f., 225, 250
- frau 3f., 103, 195, 222, 341, 353
  Gleichberechtigung des 125
  Industrie- 99, 439
  jugendliche 18f., 23f., 28, 47, 64-67, 149, 242
- klasse (a. Arbeiterkreise) ♦ Klasse
  Konfektions- 122f., 129
  Kontraktfreiheit des 214
  ♦ Land-
  Lohn- 17, 34, 134f., 338, 341
- schutz 27, 38, 46, 50, 124, 131, 133, 135f., 148, 169f., 204
- schutzgesetze 14, 20, 26, 43, 96, 125, 130f., 137, 147f.
- schutzgesetzgebung 18, 39f., 44f., 130f., 133, 148
- schutzkongreß 15, 34, 127
  ungelernter 25, 40, 217, 290, 324-327, 345, 419, 422
- verein 15, 81, 115, 219, 300
- versicherung 123, 405
- wohnung ♦ Wohnung
Arbeiterin, -nen 14, 20, 29, 33-35, 39f., 43, 47, 55, 69, 101f., 136, 143, 158f., 162f., 169f., 174, 179-181, 219, 224, 231, 239, 275f., 298, 302f., 306-308, 323, 331, 337, 351, 353, 364, 403f., 426f., 452, 468-470
  alleinstehende 69, 173, 338, 454
  Bedürfnis der 44, 69, 358
- bewegung 34, 36f., 421
  ♦ Fabrik-
- frage 14, 32, 36, 69, 237, 357-359
- heim ♦ Heim
  ♦ Heim-
  Industrie- 39, 136, 295, 339f., 404
  jugendliche 232, 241, 349
- klub ♦ Klub
  Konfektions- 120, 122
  ♦ Land-
  Landaufenthalt für 353
  Lohn- 20, 135, 346
  Schokoladen- 242
- schutz ∩ Arbeiterschutz 15, 36-39, 41, 102, 112, 135-137, 139, 142, 144f., 178, 239, 299, 405, 413
- schutzgesetze ∩ Arbeiterschutzgesetze 36f., 40, 398, 453
  Selbsthilfe der 14, 98, 104, 124, 128, 135f., 139, 141, 144, 151, 349, 351, 360, 364, 370
  Textil- 100, 289, 398f., 424
  Zigarren- 23
Arbeitgeber 18f., 21f., 25, 44, 47, 49, 78, 100, 102f., 128, 134, 144, 148-151, 164, 167, 169, 171, 175-177, 180f., 213-216, 218-220, 226f., 249, 331, 342, 345, 363, 451f., 454f., 460, 466

Arbeitgeberin (a. Unternehmerin) 451-455
Arbeits-
- bedingungen 34, 39, 95, 134-136, 139f., 150, 170, 217, 241, 292, 299, 349, 351, 364
- haus 470
- kampf 214, 218, 221
- lohn ♦ Lohn
- lose, -r 17, 146, 151, 282, 284
- markt 33, 39, 99, 150, 169f., 281, 284-286, 289, 292, 295f., 345-347, 358, 369, 421
- nachweis 66f., 108, 118, 282, 295
- ordnung 123, 144, 182, 241f.
Arbeitstag 18, 46, 136, 350, 404
    Maximal- 46, 100, 214, 234, 365
    3stündiger 303
    5stündiger 436
    6stündiger 19
    8stündiger (a. Achtstundentag) 149
    10stündiger (a. Zehnstundentag) 19, 100, 137, 200, 213f., 219f., 221f., 227, 234f., 365f., 368
    11stündiger 41, 100, 365
    12stündiger 177, 302
    15stündiger 302
    16stündiger 46
Arbeitsteilung (a. Arbeitszerlegung) 206, 264, 284, 296, 306, 345, 375, 379, 383
    fortschreitende 345f., 366, 378, 481
    naturgemäße 296
    zw. Mann u. Frau ♦ Geschlechter
- verhältnis 38f., 46, 102, 122, 127, 139, 148, 150f., 156, 172, 241, 301, 357, 370, 455
- vertrag 125, 134f., 147f., 169
- zeit 18, 21, 34, 38, 47, 49, 65, 95, 98, 120, 123, 132, 136-138, 140, 144f., 151, 176-178, 181, 184, 213f., 216, 218, 223f., 226, 230, 241, 251f., 273, 290, 293, 302f., 305, 307, 314, 338f., 349-351, 359, 365-367
- zwang 470
Arme(n)
Armengesetzgebung 82
    Unterricht in 82
Armenpflege 3, 10, 12, 15, 27, 60, 81, 83f., 91-93, 108, 112f., 118, 120f., 152f., 155f., 204, 210, 243, 245, 248, 268, 376, 384, 463, 465, 468, 470f., 476f.
    gesetzliche 90
    offene 152, 472
    öffentliche 13, 15, 27, 61, 91-93, 115, 17f., 152, 154f., 471-473
    kommunale 90
- pfleger 61, 66, 71, 91f., 93, 152-157
- pflegerin 92-94, 153, 155f., 299
- pflegeverein 81-83, 118
- verwaltung 60-62, 82, 91f., 467, 472f.
Armenwesen 91
    Unterrichtskurse über 119
Armut 52, 78, 86, 251, 340, 472
Aufklärung(s)
- arbeit 141, 187, 277, 305, 355
- epoche 202, 309, 388
- hygienische 357
Ausbeutung ∩ Kinderarbeit 34, 46, 98, 131, 133, 135, 158, 230, 280, 364, 402
Ausbildung(s) 19, 26-28, 54, 65, 78, 82, 106, 117, 119, 257, 286-289, 293, 312, 326, 332, 341, 345, 347f., 370, 373, 378, 387, 398, 409, 414, 416, 448, 452, 458, 480, 483
- anstalt 406
    hauswirtschaftliche (a. Haushaltungsunterricht) 27, 103, 229, 275, 359, 389, 405
    in Krankenpflege (a. für Krankenpflegerinnen) 112, 356
    pädagogische 388, 482
    soziale ∩ Soziale Arbeit 223, 243, 373, 379-382, 389f.
    theoretische 11, 246
    zur Gefägnisbeamtin 75
- zeit 27, 33, 325, 451
Aussperrung 151, 213, 215-217, 219f.

Barmherzigkeit 204, 376
Barnardo'sche Anstalten 27
Bauer 338, 385
Bauernbefreiung 383, 437
Bäuerin 339, 404
Bedürfnisse
    des Trieblebens 478
    elementare 266, 378
    geistige 203
    materielle 377
    persönliche (a. individuelle) 454, 483
    primitive 377f.
    soziale 42, 166
Begabung 10, 16, 57, 63, 299, 310, 345, 395, 416, 420, 457, 475
Bekleidungsindustrie ♦ Industrie
Berliner Gruppen für soziale Hilfsarbeit ♦ Mädchen
Beruf, -e 27, 65, 71, 73, 75, 80, 82, 88

außerhäusliche 323, 404, 408
industrielle 79, 175
hauswirtschaftliche 359
Berufsarbeit ∩ Berufstätigkeit der Frau 4, 27, 30, 83f., 87, 110, 115f., 120f., 207, 230, 259, 266, 282, 348, 363, 412, 417, 419, 421, 424f., 427, 432, 458, 483
als Provisorium 454, 347
als Übergangsstadium 164, 291, 347
außerhäusliche 272, 280, 405
besoldete 480
landwirtschaftliche 339
Berufsarbeiterin 261f., 273, 406, 459
- bildung (a. Berufsausbildung) 77, 110, 121, 292f., 323, 327, 398, 444
- frage 397, 408
- kreise 71, 81, 89
- organisation 14f., 50, 100, 124f., 135f., 348, 351
- pflicht 404, 408f.
Besitzende 76, 80, 109f., 114, 218, 240, 247f., 331, 371, 377f., 480
Besitzlose 110, 248, 317, 377f.
Bevölkerung(s)
arbeitende 81, 114, 149, 218, 294, 368
besitzende 218
industrielle 333
- zunahme 279, 294, 423f.
Beziehungen
patriarchalische 388, 455
Bildung(s)
- anstalt 80, 116, 207, 310, 374, 378
Bedürfnis nach 190, 192
Fach- 205, 360, 341
Fort- 65, 88, 297, 316, 341, 370, 381, 415f., 429, 436, 483
- frage 203, 332
- möglichkeit 69, 78, 87, 89, 192-194, 196, 203, 286, 310, 386
soziale 373, 378-380
⬧ Volks-
- wesen 190, 193, 206
wissenschaftliche 202f., 206-208
Blinde(n) 83
- anstalt 83, 118
- pflege 210
Brüderlichkeit 258
Buchhalterin 457
Bürger 22, 42, 81, 113, 132, 161, 196, 234, 361, 464
Bürgerin 83, 92, 111, 166, 196, 210, 372, 382
- kunde 119, 382f.
- pflicht 81, 119, 121, 192, 362
Bürgerliches Gesetzbuch 58f., 61, 156, 384, 469-471

Centrumspartei ⬧ Partei
Christentum 10, 258, 373, 375, 388, 393, 414

Darwinsche Auslese 268
Dasein 78, 83, 110, 120, 209, 265-268, 303f., 325, 366, 370, 484
menschenwürdiges 154, 236
menschenunwürdiges 76
Denken
soziales 110, 209, 381f., 387, 455
nationales 384
Deutscher Reichstag ⬧ Reichstag
Dienst-
- bote 272, 455
- botenfrage 230
- botenschutz 368
- mädchen 4, 29, 48, 156, 230, 276, 321-323, 470
Disziplin 458

Egoismus 56, 100, 120, 250, 255, 259, 386
Ehe 9, 34, 327, 393, 395, 397f., 402, 404-409, 414, 416-419, 424-433, 436, 439f.
- frau 164, 276, 291, 294, 313, 335, 338, 398
freie 431, 476
- gesetz 429
Versorgungs- 456
Einheitsschule ⬧ Schule
Einkommen ⬧ Lohn
Einzelne, -r ∩ Individuum 28f., 40, 42, 52, 69, 84, 88, 106, 108, 110, 112f., 169f., 210, 224f., 246, 256, 258, 263, 266, 269, 314, 318, 320, 327, 329, 343, 385, 391, 397, 400, 402, 405, 408f., 418f., 429, 412, 415, 433f., 478,
Elend 19, 52f., 76, 78, 110, 114, 120, 122, 205, 240, 244, 256, 275, 298, 300f., 304f., 373, 376, 464, 477, 479
⬧ Massen-
Eltern 4, 6, 19, 21f., 26, 64, 86, 110, 118, 120, 146, 154f., 164, 168, 184-191, 223, 251, 262, 265, 272, 279, 319f., 326, 341, 347, 361, 372f., 410, 442, 445, 449, 478, 480, 483
- rechte 184f.
- pflichten 166, 274, 279

Emanzipation(s)
der Frau 104, 198, 358, 399f., 444, 462
ökonomische 407
- programm 401
Enquête(n) 32-35, 50-54, 57, 112, 139, 143, 299, 365
Methode der ♦ Methode
Entbindung(s) 103, 156, 162, 269, 272, 274-276, 340, 359, 367, 470, 477
- anstalt 276, 469, 474
Entlohnung ∩ Lohn 123, 222, 241, 285, 291, 296, 302, 334f., 346, 348
Entwicklung
geistige 480
industrielle ♦ Industrie
kapitalistische 420f.
kulturelle ♦ Kultur
persönliche ♦ Persönlichkeit
wirtschaftliche 294, 330, 366, 383, 394, 421-423, 479, 480f.
Entzweiung
von Subjekt u. Objekt 482
Erholungsheim ♦ Heim
Erotik 417, 430, 432
Erwerbsarbeit (a. Erwerbstätigkeit) ♦ Arbeit
Erziehung(s) 6, 8, 21f., 62, 77, 82, 108-110, 121, 136, 154, 163, 165f., 174, 184, 186-190, 192, 205, 229, 235, 250f., 253, 255, 275, 294, 303, 310-312, 320-324, 326, 329, 341, 379, 388, 391, 397, 399, 411, 414, 416, 418, 424, 427, 428, 432, 440, 443, 447f., 455, 457f., 461, 473-475, 478
Anstalts- 321
der ♦ Frau
der ♦ Jugend
der ♦ Mutter
hauswirtschaftliche 278, 427
♦ Kinder-
- lehre 381
♦ Mädchen-
Ethik
neue 318f., 327, 427-429, 475f.
♦ Sozial-

Fabrik,- en ∩ Gewerbe 17-20, 24f., 33, 100f., 124-127, 132f., 143-145, 149-151, 161, 176-181, 215, 219, 222-224, 241f., 307, 345f., 352, 359, 364, 366, 422, 453, 467
Mühlhausener (a. Dollfuß) Fabrik 182
Fabrikarbeit 18, 26, 33, 103, 150, 161, 163, 212, 307, 359
verheirateter Frauen 32f., 142-144, 272, 359, 365, 421
Verbot der eheweiblichen 34, 40, 144
- arbeiterin 39, 65, 68, 103, 137, 143-145, 231, 241, 273, 298, 339, 349, 365, 368, 421
Fabrikaufsicht ∩ Gewerbeaufsicht 117
weibliche 172
- gesetz 39, 128, 172
- gesetzgebung ∩ Arbeiterschutz 125, 133, 136, 150f.
- inspektor 17, 20, 44, 127
- inspektorin 17, 18f., 22, 44, 171, 231, 270
- krippe 103, 106
Fabrikant 18, 25, 100, 103, 137, 140f., 161, 173, 212, 214, 218f., 221-227, 243, 286, 352
Frau des ♦ Frau
Fabrikantenverein 218f., 226
Fachbildung ♦ Bildung
Familie(n) 4, 6, 8, 9, 28f., 32-34, 37, 41, 52, 55, 62, 77, 83, 91, 96, 119, 143, 151f., 154, 163, 166f., 178, 201, 204, 213, 222-224, 227, 245f., 251, 253f., 268, 272, 279, 291, 293-295, 301f., 307, 314, 318f., 322, 324, 332, 335f., 340f., 346, 352-356, 358, 363-369, 377f., 383, 386, 394-398, 401f., 405-408, 410, 414f., 417-419, 421, 424-426, 429, 432f., 442-445, 449f., 453-455, 463-466, 472, 478, 482-484
- angehöriger 155, 166, 202, 224, 282
- aufgabe 364, 368, 443
Auflösung der 396, 398, 405, 417, 422, 427, 432, 436
- bedarf 290, 292, 295, 347, 404, 407
Bedürfnis der 143, 369, 425
- egoismus 166, 254, 419, 427, 432
- einkommen 336, 340, 347, 359, 469
- funktion 166, 396, 416, 419
- heim 189
- kreis 244, 254, 341, 374
- leben 33, 67, 105, 127, 132, 142, 144, 147, 165, 184, 228, 245, 250, 341, 359, 420f., 461, 466
- lohn 222, 302, 307
- mutter 178, 272, 398
- ordnung 318f.
♦ Pflege-
- pflichten 230, 255, 280, 359, 367, 369, 398, 404, 406f., 417, 453, 465f.

- rechte 13, 245
Stief- 321, 323, 325f.
- unterhalt 33, 222, 290, 331, 347, 336
- vater 146, 178, 204, 222, 224, 336
- versicherung 467, 469
♦Wirtschafts-
Feminismus 157, 161-163, 199, 312, 397f., 431
Forschung(s) 51, 53f., 56, 155, 331, 439, 466
- methode 396
Fortbildung ♦ Bildung
Fortbildungsschule ♦ Schule
Französische Revolution 309, 385, 400
Frau
alleinstehende 28, 31, 82, 117, 155, 484
als ♦ Arbeitgeberin
als ♦ Geschlechtswesen
als Gesetzgeberin 231
als Leiterin 4, 6, 82, 108, 117, 137, 175, 396, 452
als Vernunftswesen 400
als Wissenschaftlerin (a. wissenschaftlich geschulte/gebildete u. wissenschaftliche Leistung von) 194, 203f., 207f., 311, 314, 395, 409, 415
arbeitende 3, 28, 31, 33, 37, 40, 76, 98, 104, 120, 131, 135, 159, 165, 230, 239, 289, 295, 306, 311, 347, 349f., 354, 363-366, 370f., 451f., 469
besitzende 120, 366
besitzlose 370, 464
Bedürfnis der 28, 36, 40, 74, 104, 158, 163, 234, 296, 368
Berufstätigkeit der 28, 31, 78, 83, 120, 195, 231, 266f., 291, 312-314, 332, 346, 359, 398, 402, 406-408, 427, 429, 439, 448, 451, 474
Bestimmung der 192, 358
bürgerliche 37, 82, 117, 196, 230, 236-240, 297, 298f., 420f.
des Bauern 331, 338
des Fabrikanten 224
des Gutsbesitzers 331f., 342
des Großgrundbesitzers 332
des Lohnarbeiters 338
des Tagelöhners 339
Doppelbelastung der 33, 41, 230, 251, 273, 280, 314, 359, 364f., 404f., 407f., 425, 479
Eigenart der 81, 111, 208, 256, 312, 358, 369, 397, 399, 409, 417, 435f., 444
♦ Emanzipation der
erotische Bedürfnisse (a. Forderungen) der 318, 430
erwerbstätige (a. lohnarbeitende) 103, 164, 276, 281, 283, 352, 371, 398, 404, 467
Erziehung der 119f., 315, 423, 428, 432, 436, 479
Gleichberechtigung der 13, 42, 157, 169f., 200, 286, 309, 310-314, 345, 371, 394f., 397, 398-403, 414, 416, 431f., 427, 436
Gleichwertigkeit der 207, 407
individuelle Lebensgestaltung der 446
moderne 29, 31, 311, 443, 445, 448
neuer Typ der 398
ökonomische Unabhängigkeit (a. Selbständigkeit) der 33, 37, 39, 42, 310-313, 397f., 406, 402, 408, 417-422, 424f., 427-430, 436, 451, 471
proletarische 230, 236f., 280, 358
Rechte der 201, 239, 398
Schmutzkonkurrenz der 40, 217
Schwangerschaft der 72, 144, 160-164, 167-169, 181, 187, 269, 275f., 279, 340, 350f., 358, 367, 473, 470, 479
sexuelle Bestimmung der 401
sozialdemokratische 200, 231, 239, 240, 297f., 360, 315-317, 358, 420
soziale Mission der 208
verheiratete ♦ Fabrikarbeit
♦ Vereins- u. Versammlungsfreiheit der
♦ Vereins- u. Versammlungsrecht der
♦ Vereins- u. Versammlungsverbot der
♦ Wahlrecht der
wirtschaftliche Abhängigkeit der 37, 202, 309, 417f., 428f.
Frauen-
Frauenarbeit (a. weibliche Arbeit) 39-42, 54, 71, 94f., 99, 115, 142, 161, 163, 170, 178, 217, 230, 280-286, 289-296, 300, 334, 339, 344-348, 359, 403-406, 409, 420
außerhäusliche 163, 314, 359, 367, 406, 422, 463
geistige 409
in der ♦ Gefangenenpflege
industrielle (a. hausindustrielle) 41, 123, 170, 358, 359
lohndrückende Tendenz der 170
soziale 267
ungelernte 289, 347
- befreiung 7, 29f. 37, 41, 94, 104, 158, 199, 201-203, 315, 417, 420, 422, 428, 434

- berufe 229f., 287, 291f., 404, 457
Frauenberufsarbeit ∩ Berufsarbeit 293, 348
Bewertung/Bezahlung der 231f., 285f., 295, 346f., 407
Frauenbewegung 7, 13-16, 30, 36f., 51, 58, 71-75, 91f., 108, 120f., 157, 166, 169, 190-196, 199-203, 208, 228-235, 238f., 285f., 297, 299, 306, 309-319, 327-334, 349f., 358, 360-363, 393-405, 408, 412- 421, 424, 427f., 431, 433, 435f., 438, 440, 448-451, 459, 477
ältere Richtung der 396, 415f.
bürgerliche 34, 36, 117, 199, 231, 234-239, 297f., 316f.
deutsche 7, 13, 91, 200-203, 234, 310, 314, 350, 352, 357, 399, 401, 413, 418
evangelische 415
jüngere Richtung der 394, 397, 399, 413, 425-428, 431f., 435
katholische 400, 413-415
konfessionelle 414f.
♦ Konflikt in der
neutrale 316f.
organisierte 200, 315f., 327, 400, 420
österreichische 198f.
proletarische 117, 231
radikale 429
sozialdemokratische 14, 238
Theorie der 393, 436
- bildung 190f., 193, 203, 229, 234, 386
- entlohnung ∩ Frauenlohn 223, 241, 288, 292, 344
Frauenerwerbsarbeit 281, 292-294, 296, 313f., 341, 348, 398, 406, 427, 436, 463
außerhäusliche 273, 277, 294, 396, 421f., 430, 465
- erwerbsverein 310
- fabrikarbeit ♦ Fabrikarbeit
- forderungen 197-199, 201, 362f., 399
Frauenfrage 12, 36, 49, 71, 119, 158, 170, 192, 196, 199, 280, 286, 313, 332, 339, 358, 394f., 400, 402, 405f., 409, 413, 416f., 420, 423, 432f., 435, 479
Konflikt der 41, 266, 313
- frageliteratur 285, 394
- klub ♦ Klub
Frauenkonferenz
sozialdemokratische (a. sozialistische) 200, 233-235, 238, 358
- leben 21, 397, 403, 407, 451, 479
Frauenlohn ∩ Frauentlohnung 150, 212, 223, 231, 285, 287f., 335, 339, 344
ungleicher ♦ Lohnunterschied
- lohnfrage 286
- not 75, 250, 396
- partei 199, 317
- pflicht 11, 210, 381, 458
- -Poliklinik 354
- recht 250, 334
- rechtlerin 199f., 250, 399, 414, 417, 429, 459, 462
Frauenschule 373, 378-382, 387-391, 482f.
soziale ♦ Soziale Frauenschule
- schutz 38f.
- schutzgesetze 39, 132
- -Settlement 81, 115f.
Frauenstimmrecht ∩ Wahlrecht 97, 196-198, 201, 231, 238
- stimmrechtsbewegung 13
- verein 29f., 35, 51, 58, 60-64, 68f., 71, 75, 108, 139, 141, 196, 198, 231, 234, 239, 242, 246, 277, 299f., 316, 344, 351-355, 467
- zeitung 58, 381
Freiheit 3, 8, 39, 98, 126, 135, 154, 163, 230, 254, 261, 313, 338, 342, 386, 400, 414, 416, 419, 428-432, 435, 442f., 446, 448, 476, 478, 483
bürgerliche 385
des Arbeitsvertrages 169
des Individuums (a. individuelle) 201, 385
der Persönlichkeit (a. persönliche) 20, 131, 133, 135, 147f., 163, 214, 430, 448
geistige 195
sexuelle 428
Vereins- u. Versammlungs- ♦ Frau
Freiheitskrieg 22
Frieden 226f., 259f., 264, 266, 361f., 372, 378, 440, 449
industrieller 151
sozialer 30, 76, 249, 450, 485
Fröbelsche Beschäftigungen 5f.
Fürsorge 3, 11f., 58f., 64f., 79, 82, 103, 121, 153, 159-161, 163, 167f., 170, 173, 191, 251, 270, 272, 299, 318, 320, 323-326, 329, 349, 353, 355, 362, 368, 388, 391, 406, 423, 466, 473f., 476
- erziehungsgesetz 187, 475
- heim 474
hygienische 269
♦ Jugend-
♦ Kinder-

kirchliche 465, 472
öffentliche 465
private 465, 472
soziale 270, 327
Staats- 165, 349
- stelle 278
Fürsorgetätigkeit 71, 79, 82f.
staatliche 104, 275

Gastwirt(s) 92, 459
- gehilfe, -in 47, 49f.
- gewerbe 46-49
Gattung 313, 318, 320, 402, 410, 418f., 423, 433
Geburt(s) ∩ Niederkunft 76, 144, 147, 156, 269, 276f., 279, 321-323, 340, 367, 419, 463-470, 474, 479
- hilfe 473
uneheliche 174, 274, 320
Gefangene, -r 67, 71-73
Straf- 73f.
Gefangenenaufsicht 413
Gefangenenpflege 71, 112, 120f.
Frauen in der 71f., 74f., 112
Gefängnis 71, 73, 155, 187f.
Gefängnisbeamter, - in (a. Gefängnisaufseher,- in) 67, 72, 75
- strafe 186f.
Gemeinde 9, 11, 20, 27, 58-60, 64, 91f., 105f., 134, 141, 155, 161f., 164, 191, 200, 236, 336, 370, 383f.
- ämter 12, 59, 105, 12
- verwaltung 58-60, 81f.
Gemeindewaisenrat 59f.
Zulassung der Frau zum 59
Gemeinschaft(s) 10, 16, 60, 80, 113, 131, 257f., 266f., 300, 343, 353, 358, 376-379, 383, 386, 388, 412, 442
- leben 373, 380, 382, 387, 390, 393, 421, 480, 482
Gemeinsinn 30f., 98, 106f., 111, 119, 197, 253-255, 259, 455
Gemeinwesen 42, 81, 83, 111, 134
Gemeinwohl 58, 80, 83, 85, 91, 110f., 113, 152, 196, 200, 202, 207, 239
Genossenschaft(s) 29, 96-98
- bewegung 94, 96-98
Produktiv- 78
Gerechtigkeit 8, 14f., 80, 92, 114, 151, 229, 286, 344f., 362, 376, 378, 387, 394, 412

Gericht,- e
Amts- 156
• Gewerbe-
Kaufmanns- 364, 370f., 406
Reichs- 172
Vormundschafts- 59
Gesamtheit 8, 11, 29, 84, 100, 105f., 110, 112, 114, 119, 201, 204, 362, 378, 383, 385, 406, 418
Geschäft(s) 23, 138f., 140f., 150, 186, 215, 213, 225, 262, 404, 452-454
- inhaber, -in 138-140, 174, 454
Geschichte 9, 14, 91, 96, 131, 137, 147f., 190, 197, 213, 252, 334, 359, 381, 384, 386f., 390, 394, 401, 407
Menschheits- 253
Welt- 133
Wirtschafts- 258
Geschichtsauffassung
ökonomische 407
Geschlecht, -er 8, 14, 30, 37f., 40, 43, 139, 153, 163, 169, 173, 192f., 201f., 233, 235, 283, 296, 311, 337, 358, 371f., 407, 418, 433-435, 444, 462, 477
Arbeitsteilung der 345, 368
Differenzierung der 433
Erziehung der 416, 418
Gleichartigkeit der 36f., 287, 309, 311, 358, 395, 420
Gleichberechtigung der 36f.
Gleichheit der 258, 385, 419
Gleichstellung der 13, 396
Gleichwertigkeit der 36, 287, 288, 309, 394, 398, 414, 428, 436
männliches 364, 471, 478
Verschiedenartigkeit (a. Verschiedenheit) der 358, 364, 395f., 409, 414, 416, 428, 431, 478
weibliches 36, 239, 273, 280, 310, 364, 369, 372, 471
Zusammenarbeit der 331, 342
Geschlechts-
- befriedigung 418
- bewegung 36f.
- beziehung 321, 327, 417, 427, 429, 431
- charakter 411f., 417, 433f.
- genosse, -in 45, 71, 74, 104f., 108, 170, 217, 310, 330, 368, 371, 399, 428, 450, 461
- krankheit 357
- moral 320, 395, 431

- natur 433-435
- teleologie 434
Geschlechtsverkehr 427f., 431
außerehelicher 328, 476f.
vorehelicher 341
Geschlechtswesen 417, 428f., 434, 459
Dienste der Frau als 459
Gesellschaft(s) 19, 23, 40, 42, 52, 65, 79, 84, 105, 142, 166, 184, 186, 204f., 210, 233, 239, 240, 246, 256, 259, 265, 268, 313, 318-320, 327-330, 373, 376, 380, 385f., 394, 410f., 424, 427-431, 434, 444, 462-464, 471, 480
Atomisierung der 375
bürgerliche 239
industrielle 317
kapitalistische 240
kommunistische 329
- leben 22, 106, 236, 255, 411, 412
- ordnung 236, 240, 246, 297f., 315-317, 431, 435
sozialistische 236
städtische 343
Struktur der 482
Gesellschaftstheorie
naturrechtliche 400
Gesetz(es) 12f., 17, 19f., 24, 26, 30, 32-35, 37-39, 42, 44, 46, 58-60, 101f., 105, 109, 111f., 122f., 128, 132, 144, 148f., 151, 153, 156, 159, 161, 169f., 178, 181, 184-187, 204, 227, 235, 238, 245, 340, 364, 469, 470
der Freizügigkeit 91, 384
des Unterstützungswohnsitzes 91
♦ Fürsorgeerziehungs-
- geber 27, 111, 123f., 126, 130, 141, 187, 221, 365, 394
♦ Krankenversicherungs-
- kunde 84, 117, 245
Reichs- 129, 147, 349, 371f.
♦ Sozialisten-
♦ Vereins-
Zolltarif- 368
Gesetzgebung 19, 26f., 36, 38, 59, 64, 121f., 124-126, 129, 136, 138f., 141, 151, 160, 162, 184f., 197, 201, 235, 383f., 467
Armen- 20, 38, 82, 91, 275
♦ Heimarbeiter-
♦ Krankenversicherungs-
soziale (a. Sozialgesetzgebung) 142, 159, 206, 276f., 278, 333, 349, 365, 372, 384, 468, 471
♦ Versicherungs-
Gesundheit(s) (a. Gesundheitszustand) 19, 21, 23, 38, 43f., 47, 68, 125, 135-137, 140, 142, 146, 149, 151, 153, 155, 158, 161, 175, 177, 181, 183f., 228, 301, 308, 340, 349f., 352f., 363, 365, 368, 412, 423, 456f., 463, 471-473
- attest 45, 159, 176, 349, 367, 467
- lehre 381
- pflege 120, 154, 204, 356, 384
♦ Volks-
Gewerbe ∩ Fabrik 15, 38, 46, 134, 282-284, 289, 295, 302, 383, 424, 452, 457, 469
Gewerbeaufsicht ∩ Gewerbeinspektion u. Fabrikaufsicht 27, 43, 45, 123, 339
weibliche 43, 180, 183
- aufsichtsbeamter, -in 19f., 24, 32, 35, 43, 101, 104, 130, 349
- freiheit 383
- gericht 129, 206, 214, 360, 364, 406, 453
- gesetzgebung 127
- hygiene ♦ Hygiene
Gewerbeinspektion(s) ∩ Gewerbeaufsicht 15, 102, 123, 129
- -Assistentin 44f., 104
- inspektor 24, 33, 126, 301, 365
- inspektorin 14, 45, 171, 174f., 177f.
- ordnung 18, 39, 45, 123, 384, 460, 467
- rat 99, 127
Gewerkschaft, -en 14, 20, 95, 124, 135f., 299f., 305, 351, 371,
Gewerkverein, -e ∩ Vereine 151
Gewissenhaftigkeit 63, 237, 245, 259, 458
Glaube 373, 388
Glück 7, 16, 65, 85, 255-257, 259, 261, 264, 266f., 296, 301, 313, 320, 324, 361, 372, 378, 387, 392, 402, 405, 440, 445-447, 449f., 475, 483f.,
Großindustrie ♦ Industrie
Gymnasium ♦ Schule

Haltepflege ♦ Kind
Hamburger Volksheim 247f.
Handelsangestellte 31, 138f., 149, 230, 287, 351, 404
gesetzlicher Schutz der 149
Handwerk 26f., 452f., 457, 463, 468
Haus-
- arbeit (a. hauswirtschaftliche Tätigkeit) 129, 203, 275, 366, 398, 404–407

Bezahlung (a. Bewertung) der 174, 436, 346
Hausfrau 85, 95, 103, 119f., 131, 230, 232, 273, 331, 353, 398, 406, 408, 455f., 458
- genossenschaft 430
- mutter 69f., 72f., 408
- pflege ♦ Pflege
- pflegerin ♦ Pflegerin
- tochter 347, 456, 470
- wesen 99, 339, 346, 354, 363f., 366, 368f.
Hauswirtschaft 202, 283, 403-405, 416, 421, 455, 458, 463
♦ Ausbildung in
Hebamme 466f., 469, 472f.
Heim 4, 66-70
Abend- 68, 352
Arbeiterinnen- 68, 116f., 173, 339, 352
Erholungs- 65, 67f.
für alleinstehende Mädchen 77
Kinder- 3f., 6, 174
Mütter- 475, 477
Rekonvaleszenten- 350
Säuglings- 175, 275
Wöchnerinnen- 103, 163, 322, 328, 469, 472f., 477
Heimarbeit(s) 33f., 41, 123-125, 127-129, 137, 140, 148-50, 177, 300f., 303, 305-309, 367f., 398, 422, 468
- ausstellung 303f.
- Hygiene in der ♦ Hygiene
- industrie (a. Hausindustrie) ♦ Industrie
Mißstände in 299
- produkte 300f.
Reform der 307
Heimarbeiter, -in 34, 122-128, 130, 145, 149-152, 273, 276, 297-299, 301, 303, 305-308, 323, 339, 350f., 367f., 421
- elend 298, 300f., 305, 309
- gesetzgebung 122, 125f., 368
gesetzlicher Schutz des / der 35, 125f., 128, 130, 134f., 149, 299, 305
Löhne der 150, 303, 368
- schutzgesetz 140, 300, 367, 398
- schutzkongreß 236, 300
- verein 125
Versicherungsgesetz für 129
- wohnung ♦ Wohnung
Heilstätte 350, 354
Lungen- 355
Volks- 354f.
Helfer, -in 11, 57, 59, 62, 66, 68, 83f., 118, 208-210, 245, 250, 252, 261-263, 368
freiwillige 70, 83, 118, 261f., 355f., 483
waisenrätliche 62
Hilfe (a. Hilfeleistung) 8, 12, 60, 83, 116, 118, 176, 362, 376, 466f.
- suchende 10, 154
Hilfsarbeit (a. Hilfstätigkeit) 61, 75, 112, 118, 245, 261, 320, 389, 391, 477, 480f.
soziale ♦ Soziale Arbeit
Hilfsbedürftige 12, 71, 75, 91, 93, 83, 329, 462, 484
- bedürftigkeit 391, 464, 466, 480
Historische Rechtsschule 385
Hygiene 45, 69, 78, 82, 96, 117, 274, 377, 413
in der Heimarbeit 350

Ideal 395f., 407, 414, 419, 423, 428-431, 431, 434-437, 445-447, 449f., 485
sittliches 392, 429, 476, 479
soziales 437
Idealismus 414, 429
naturrechtlicher 401
Individuum ∩ Einzelne, -r 40, 42, 52, 169f., 256, 295, 385, 391, 405, 409, 418, 424, 434, 436
Individualismus 157, 166, 253f., 256, 258f., 293, 312, 385f., 388, 442
Individualität 258, 435, 445, 484
Individualbedarf 290, 292f., 295, 347
Individualpädagogik ♦ Pädagogik
Industrie 18, 22, 34, 39, 50, 54, 95, 99, 101, 129, 133-136, 144, 148f., 175, 178, 182, 184, 212-215, 226, 242, 269, 273, 281, 283f., 287-290, 294, 301f., 305f., 345, 359, 365, 372, 383, 451, 453f.
- betrieb 397, 468
- bezirk 132, 147, 184, 212, 421
Entwicklung der 133, 158f., 304, 359, 375, 463
Groß- 184, 284, 375, 383, 407, 452
Hausindustrie (a. Heimarbeits-) 34f., 123f., 127f., 149f. 161, 173, 176, 297, 301f., 421
Erzeugnisse der 127f., 140, 299f.
Schwitz- ∩ Schwitzsystem 134
Spielwaren- 301, 307f.
- staat 376, 383
Textilindustrie 99, 101, 135, 212, 214f., 290, 293

Crimmitschauer 222
Zigarren- 178, 288, 290
- zweig 39, 51, 57, 87, 99, 125, 143, 150, 214, 283, 289
Industrialismus 426
Industrieller 110, 161, 375

Jüdin 10
Jugend (a. Jugendliche u. Jugendalter) 9, 11f. 19, 23, 27, 65, 67f., 70, 76, 79f. 97, 103, 109, 120f., 136, 143, 145, 193, 232, 241, 243, 254, 257, 265-267, 301, 319f., 336, 341, 350, 358, 374, 386f., 390-392, 441-444, 447-449, 461, 478, 483
- bund 387
- -Genossenschaftsklub 97
Jugendfürsorge 64, 112, 206, 243, 251, 324, 388
Zentralstelle für 327
- schutzverein 476f.
- verein 251

Kapitalismus 377
Kapitalist, -in 37, 248, 337
Käufer, -in 94-97, 138-141, 242, 299
Käuferinnenverein 138-140
- moral 138
- vereinigung 138
Kellnerin, -nen 46-50, 459-461
- frage 46-48, 234
Schutz der 48f., 460
Verbot der Beschäftigung von 48
Kind, -er
arbeitende (a. Lohnarbeit der) 14, 19f., 22, 24-26, 65, 133, 145f.
Bedürfnis der 63, 167, 170, 312, 430
erwerbende (a. Erwerbstätigkeit der) 19, 142, 146, 184
Fabrikarbeit der 19f., 22
Heimarbeit der 26
Haltepflege der 323
in Ziehe (a. Ziehkinder) 61f., 108, 121, 223, 328
mißhandelte 324
Mißhandlung der 184-189
Schutz vor 184f., 187, 189
Recht der 19, 184
uneheliche 156, 187, 272-275, 279, 320-326, 432
Verpflegung der 175, 223, 430
Kinder-
Kinderarbeit 17f., 20, 26, 142, 145f., 155, 223
Abschaffung der 21
Ausbeutung der 19, 27, 145f., 184, 369
gewerbliche 14, 145
landwirtschaftliche 147
Verbot der 25, 123
- asyl 270
- -Bewahranstalt 3f., 6, 103, 175
- erziehung 96, 116, 155, 251, 321, 363, 368, 421, 430, 445
- fürsorge 64, 82-84, 164, 210, 223, 324, 357, 369
- garten 3, 83, 118, 144, 165, 193, 244, 381, 388f., 473, 477
Kindergarten-Settlement 116
- gärtnerin 4f., 83, 457
- heim ♦ Heim
- hort 83, 115, 118, 144, 175, 244, 299, 388f.
Kost- 58, 93, 121
- krippe 3f., 83, 118, 144, 161, 163, 165, 175, 244, 299, 328, 473, 477
- mädchen 4f.
- schutz (a. Gesetz zum Schutz der) 15, 19f., 23-25, 27f., 120, 142, 145, 147, 149, 155, 234f.
- schutzverein 187, 189
- sterblichkeit 4f., 188, 268f., 271f., 279, 324f., 340, 423
Kindheit 21, 418, 481
Kirche(n) 232, 341, 385, 388, 413f.
Klasse(n) (a. Kreise u. Stände)
arbeitende (a. lohnarbeitende) 36-38, 50, 52, 67, 76f., 79, 88, 103f., 109, 114-119, 121, 129, 132, 135, 143, 148f., 164, 179, 193, 200, 205, 211, 213, 236, 248, 265, 275, 277, 279, 284, 285, 288, 315, 332, 353, 364, 377, 421f., 466, 468, 472
besitzende (a. wohlhabende) 11, 65, 70, 76, 85, 110, 119f., 205f., 248, 250, 253, 255, 264, 268, 308, 374f., 379f., 439, 437, 448, 453, 482
besitzlose 65, 157, 203, 261, 265, 268, 314, 317, 323, 331, 361, 363, 374-376, 464-468, 475, 480f.
- bewegung 36f.
bürgerliche 116f., 195, 217-219, 221, 236, 239f., 280, 297, 420, 422, 438, 478
- gegensatz 358

- kampf 216, 224, 240, 315f. 362, 422
proletarische 195, 205, 333, 357, 422
♦ Volks-
Klub 64-68, 89f., 115, 248
Arbeiterinnen- 70, 82, 137
Diskutier- 89
Frauen- 28-31
- idee 28, 31
Knaben- 70
Mädchen- 65-67
Männer- 30
Knecht(s) 335f., 342
- familie 335
Knechtschaft 423
Kochkurs (a. Koch-Unterricht) 27, 103
Wander- 353
Kochkiste 352f.
Kommunistisches Manifest 420
Konfektion(s)
- industrie 122, 124, 126, 129, 291, 303, 306
- geschäft 172, 182, 252, 452
- streik 15
Konflikt 163, 195, 199, 240, 246, 249, 253-255, 370, 400, 425, 432, 437-439, 443f., 446, 448
zw. Beruf u. Ehe 408, 416
zw. der älteren u. der jüngeren Frauengeneration 437
Konkubinat 156
Konkurrenz 33, 40, 46, 71, 134f., 139f., 170, 172, 212, 215, 221, 281, 288, 332, 339, 426, 444
- fähigkeit 133, 216
- kampf 169f., 284, 286
Konsum 225, 336
- genossenschaft 95-97, 132, 141
- liga 139
- verein 96f. 128, 351
- verband 141
Konsument, -in 95, 122, 126, 134, 141, 302f.
Konsumentenmoral 138, 141
Konsumtionsgemeinschaft 395f., 463
Kranke, -r 79, 126, 153, 168f., 354f., 472
Kranken-
- anstalt 121
Krankenbesucherin 356
Ausbildung zur 356
- fürsorge 341
- geld 160, 169, 350, 467
- haus 118, 174, 312, 350-354
- kasse 42, 55, 102, 144, 159f., 167-169, 177, 276, 339, 350f., 354, 357, 360, 470
- kost 354
- küche 354, 381
Krankenpflege 72, 104, 112, 204, 356, 457f.
Kriegs- 112
Krankenpflegerin 80, 112, 116, 121, 230, 277, 355f., 457
Ausbildung zur 112, 356
- unterstützung 160, 168, 467
- versicherung 162, 167f., 275, 350, 468, 470
- versicherungsgesetz 159f., 168, 177, 350, 354, 367f., 467f.
- versicherungszwang 351
- versorgung 169, 335
Krankheit (a. Krankheitsfall) 4, 16, 20f., 67, 102, 116, 129, 167f., 217, 273, 278, 298, 319, 350, 353-355, 465
Krise 99, 107, 285, 298
Baumwoll- 359
Kultur 114, 142, 158, 191-194, 206, 210, 240, 252f., 256, 259, 304, 308f. 311f., 366, 378-380, 390, 392, 395, 399, 401-403, 406-414, 420, 426, 433, 436, 443, 450, 462
Kulturarbeit 314, 358, 403, 406, 415, 436, 437, 443
mütterliche 443
- bewegung 400, 405
der Familie 388
der Persönlichkeit 391f., 405, 410
- entwicklung 330, 409, 411
- errungenschaft (a. Kulturgut) 79, 114, 362, 397, 410
- fortschritt 158, 207, 232
industrielle 426
- land 43, 148, 190, 229, 231, 236, 415
- leben 208, 236, 415
Kulturleistung 314, 410
der Frau 407
Männer- (a. männl. Kulturideale) 395, 433
- prozess 366, 482
- staat 184, 229, 281, 371
technische 426
Kulturwert 229, 397
weiblicher 409, 426
weibliche 228
- wissenschaft ♦ Wissenschaft
Kunst 50f., 78, 88, 108, 244f., 312, 386, 390, 457

Ladenschluß 138
Ladnerin ∩ Verkäuferin 140f., 276
Land 132, 274, 278, 330-332, 334-336, 339, 341-343, 356, 465
- arbeiter 276, 334f., 338, 343, 350
Landarbeiterin 144, 230, 292, 331, 333f., 336, 338, 340, 350, 353, 356, 367
Schutz der 368
- arbeiter(innen)frage 334, 342
- arbeiterstand 343
Landbevölkerung 331f.
besitzende 341, 343
gebildete 341
- flucht 332, 335, 338, 342f.
- frau 339f.
- krankenpflegerin 356
Landwirtschaft 145f., 281, 283f., 287-289, 331f., 368, 383, 404, 424, 457, 468f.
Magd in 335
Landesverein Preußischer Volksschullehrerinnen ♦ Verein
Leben(s)
- freude 447, 456-458
- glück 264, 441
korporatives 343
- unterhalt 3, 19, 23, 33, 42, 91, 104, 121, 156, 202, 274, 280, 336, 344, 375, 378, 401, 417, 455
- verhältnisse 95, 98, 108, 113, 114, 118, 128, 212f., 273, 327, 375, 380, 394, 453f.
Lehranstalt 88, 378
Lehrerin 31, 69, 83, 191-194, 288f., 291-293, 311f., 346, 348, 353, 451, 454, 457
Lehrplan 192, 379, 382, 387, 482
Leiterin ♦ Frau
Lettehaus 31, 229
Liberalismus 197, 201
Liebe(s) 7, 78, 165, 247, 258, 267, 312f., 319, 323f., 343, 346, 348, 374, 399, 402, 412, 428f., 432, 446, 448-450, 454, 462, 475, 482, 484
freie 165, 313, 318f., 398, 402, 417, 427
Liebesarbeit
kirchliche 473
- fähigkeit 267, 312, 484
- leben 313, 402, 429, 431
- problem 402, 429, 432
- tätigkeit 12, 91, 168
Lohn ∩ Entlohnung 18f., 23, 30, 34, 40, 42, 95, 97, 122, 134-137, 139, 145f., 149-151, 159-161, 177, 204, 211-213, 222f., 232, 241f., 267, 285-296, 299, 301-303, 306-309, 334-337, 339f., 344-348, 350, 367, 378, 454
Akkord- 289
- amt 149f.
- ausfall 182, 213, 275, 367
- bildung 287, 291, 347
- druck 285, 295f., 299, 359
- drückerin 100, 170, 289, 344f.
Durchschnitts- 25, 307, 242, 285
- erhöhung 137, 213, 219, 303, 351
- forderung 292f., 306, 345-347
Lohnfrage 151, 231f., 307, 334, 360
♦ Frauen-
- gestaltung 288
- gruppe 290, 295f.
- höhe 212, 222, 224
- kampf 213
- klasse 287
Männer- 150, 212, 285-287, 288, 295, 335
- maßstab 290
Minimal- (a. Mindestlohn) 128, 148f., 136, 150f., 307, 368
- politik 291, 307
Stunden- 301-304, 306-308
- summe (a. Lohnsatz) 151, 213, 222
Lohnunterschied 289
von Mann u. Frau (a. ungleiche Entlohnung) 40, 170, 280, 285-287, 289, 294-296, 345-347
- verhältnis 128, 230, 287, 346, 301
Lumpensortieranstalt 101, 174
Luxus 301, 308, 482
Lyzeum ♦ Schule

Macht 36f., 94f., 105, 151, 185f., 199, 218, 220, 232, 362, 371f., 385, 388, 407, 413, 420, 455
- frage 214, 218, 224, 226
Mädchen- und Frauen-Gruppen für soziale Hilfsarbeit (a. Berliner Gruppen für soziale Hilfsarbeit) ♦ Vereine
Mädchen 8, 11, 21-23, 25, 27, 49, 66f., 69f., 76f., 82-85, 102, 108, 110f., 117f., 120f., 137, 143, 146, 156, 164f., 173f., 181, 190-192, 194, 208, 210, 229, 234, 241f., 244, 250, 252-256, 261-264, 275, 294f., 306, 314, 327, 337, 339, 341f., 347, 352, 357, 359, 365, 374, 379-382, 386f., 389-392, 398, 406, 421, 423, 425, 438-442, 447f., 456-460, 475, 480, 482f.

alleinstehende 70, 77, 341
◆ Heim für
Mädchenbildung 110f., 190f., 391f., 482
höhere 192
Geschichte der 190
- bund 252
- erziehung 77, 111, 190
- klub ◆ Klub
Mädchenschule 190-192, 379, 483
höhere 191-193, 204, 232
Mädchenschulwesen 482
Reform des 482
Magd ◆ Land
Malthusianismus (a. Malthussche Lehre) 268, 279
Manchestertum 131
Männerarbeit 40, 63, 280f., 284f., 295f., 302, 306, 348
- beruf 287, 457
- klub ◆ Klub
- lohn ◆ Lohn
Masse, -n 65, 76, 134, 157, 218, 249, 287, 297f., 310, 317, 364, 366f., 372, 374f., 385, 397, 402, 407f., 425f., 433, 451, 476
- elend 122, 210, 261, 263, 305, 382
Maximalarbeitstag ◆ Arbeitstag
Menschenrecht 41, 113, 385, 400, 403
Menschenwürde 202, 363, 400
Methode, -n
der Enquete 32, 51
der persönlichen Beobachtung 55f.
der sozialen Arbeit ◆ Soziale Arbeit
des Experiments 55
des Interviews 56f.
◆ Untersuchungs-
wissenschaftliche 395, 441
Militär
- pflichtige 325f.
- tüchtigkeit (a. Militärtauglichkeit) 268, 325
Mißstand 19, 26, 41, 46, 92, 94, 111, 122, 128, 137, 144, 146, 148, 173, 178f., 181, 307f., 331, 341, 343, 431, 459, 463, 466
gesellschaftlicher 112, 204, 310
hygienischer 176, 351
sittlicher 176
sozialer 204
wirtschaftlicher 111, 138
Monogamie 395, 428, 432
Mülhausener Fabriken ◆ Fabrik
Mündel 59, 62
Mutter 3f., 6 8f., 12, 14, 34f., 38, 42f., 67, 83, 85, 103, 112, 120f., 126, 142-145, 151, 155-170, 175, 187f., 204, 217, 223, 227, 251, 254f., 262, 267-279, 307, 318-328, 330, 339f., 359, 361, 367-369, 372, 396, 398, 400, 403, 411f., 417-430, 433, 436-450, 455-458, 462-481
alleinstehende 321, 323
arbeitende 158, 273, 473
Erziehung der 418, 473
Kulturarbeit der ◆ Kultur
- liebe 112, 175
◆ Pflege-
- pflicht 23, 42, 103, 379, 408, 423, 429, 433, 479
- Recht der 251, 432
Schutz der 41f., 83, 158f., 161, 163, 275, 367, 402, 433, 462, 464-469, 471-473, 476-479
- schutzgesetze 274, 469f.
- -Tochter-Verhältnis ◆Tochter
uneheliche (a. ledige) 156, 164f., 275, 313, 318-323, 325, 327-330, 425, 428, 465f., 470-477, 479
Mutterschaft(s) 39, 42, 157-159, 163, 165-170, 208, 311-314, 319, 329f., 358, 367, 399, 402, 405, 407, 410-414, 417-420, 424, 428, 433f., 445f., 462-466, 475f., 479
- funktion 443, 464
- kasse 144, 157-159, 163-168, 468
Recht auf 318-320, 328f., 330, 402, 427
Vereinbarkeit mit Erwerbsarbeit 360, 367, 397f., 420f., 424
- versicherung 157-162, 164, 167-169, 319, 328, 367f., 462, 465, 468f.
Mütterberatungsstelle 473, 477
- generation 443f., 449, 457
- heim ◆ Heim
Mütterlichkeit 63, 407, 411, 447, 448

Nächstenhilfe 139, 349, 352
- liebe 6, 113, 206, 373, 376, 414
Nachtarbeit ◆ Arbeit
Näherin 76, 78, 126, 136, 146, 340, 344
Nation 35, 109, 131f., 134, 184, 202, 253, 311, 341, 343, 375, 423f.
Nationalökonomie ∩ Volkswirtschaftslehre 9, 51, 116, 205f., 268, 382, 390
Nationalökonomin 131, 413
Nationalvermögen 134, 216

Niederkunft ∩ Geburt 102, 159-162, 167-170, 176, 181, 322, 340, 349
Not 4, 26, 76, 82, 109-111, 120, 141, 143, 158, 164, 178, 187, 189, 195, 209f., 213, 215f., 221, 223, 225, 244, 258f., 265, 272, 275, 297f., 305, 322, 331f., 334, 341, 346, 367, 376f., 381, 391, 461, 464, 466, 474f., 480f.
soziale 84, 119, 121, 159, 203, 209f., 252, 362, 373, 376, 440
- stand (a. Notlage) 52, 153, 245, 275f., 305, 357, 466, 470, 471-474

Pädagogik 82, 117, 382, 387-389, 485
Individual- 389
Sozial- ♦ Sozialpädagogik
Theorie der 389
Unterricht in 82
Partei
bürgerliche 195f., 316
Centrums- (a. Zentrum) 32f., 40f., 143, 413
christlich-soziale 40, 198
freisinnige Volks- 122
liberale 197, 201
klerikale 198
konservative 197
sozialdemokratische 34, 195, 200, 233, 236, 239f., 285, 297f., 315-317, 350f., 357, 416
Parteitag der ∩ Frauenkonferenz 1896 in Gotha 285, 316
Persönlichkeit(s) 170, 183, 204, 210, 235, 248, 256-260, 294, 312, 329, 341, 359, 402f., 407, 413, 428, 433-435, 437, 447f.
- entfaltung 233, 236, 253f., 256f., 312, 431, 479
- entwicklung 230, 255, 258, 329, 416, 434
Freiheit der ♦ Freiheit
- gefühl 258, 443
- wert 363, 408f., 415, 436
Pestalozzi-Fröbel-Haus 5, 229, 480
Pflege 6, 26, 62
- arbeit (a. Pflegetätigkeit) 71, 79, 83, 153, 355
des ♦ Säugling
- eltern 60
- familie 324
- geld 60, 62, 155, 324
Halte- ♦ Kind
Haus- 12, 276, 353f., 472f.
Hauspflegeverein 118, 275, 353, 472f.
- kind (a. Pflegling) 60, 62f., 275, 323
- mutter 278, 324
- vater 324
Wochen- 356
Pflegerin 4, 60f., 277
Haus- 103, 354, 469, 472
Pflicht, -en
kommunale 81, 115
politische 195
soziale 58, 110f., 113, 115f., 118-121, 165, 205, 210, 253, 256, 260, 371, 373f., 386, 388f., 406
Pflichterfüllung
soziale 111, 117
Pflichtgefühl
soziales 14, 114, 388, 391
Philanthrop 51, 113, 158
Philanthropie 29, 117
Poliklinik ♦ Frau
Politik 148, 197, 201, 305, 343, 371, 384, 386
Agrar- 339
♦ Sozial-
Wirtschafts- 423, 426
Zoll- 99
Politiker 77, 129, 305, 423, 471
♦ Sozial-
Polizei 73, 216, 242, 460
- aufsicht 129f.
- beamte 180, 186
- behörde 18, 216
Sitten- 48f.
- verordnungen 147, 460
Privateigentum 236, 431
Produktion(s) 28, 95, 135, 215f., 241, 284, 301, 308, 314, 369, 383, 397, 403, 407, 420, 423
außerhäusliche 284, 463
- gemeinschaft 395, 463
- kosten 17, 134, 140, 289
- verhältnisse 38, 41
Proletariat 200, 205, 239, 358
Proletarier, - in 113, 205, 331, 420
Propaganda 13, 15, 58, 96, 186, 277, 352, 356
- tätigkeit 106, 108
Prostitution 291, 327, 433
Putzfrau 273, 339
Putzmacherei 89
Putzmacherin 252

Rasse 132, 276, 319, 410f., 418
Rationalismus 400
Recht(s) 30, 39, 58, 61, 75, 90-93, 111, 115, 120, 152, 166, 170, 245, 251, 312f., 318, 362, 370, 383, 394-398, 403, 406, 415, 430, 436
auf Arbeit 37, 104, 195, 230, 232, 280, 298, 401
auf Berufsfreiheit 397, 399
auf Bildung 193, 232
auf Mutterschaft ♦ Mutter
- bewußtsein 184
der ♦ Kinder
freier Selbstbestimmung (a. Selbtsbehauptung) 201, 255, 430, 447
- gleichheit 396
♦ Menschen-
Natur- 385
- pflege 383f.
- schutz 206
- schutzstelle 102, 108, 477
Staats- ♦ Staat
- system 427
♦ Vereins-
♦ Vereins- u. Versammlungs-
Verwaltungs- 45
Reform 31, 47, 60, 111f., 139, 141, 149, 152, 154, 171, 190, 192f., 197, 211, 230, 235f., 239f., 270, 327f., 379, 398, 427, 460
- arbeit 240, 317
des Mädchenschulwesens ♦ Mädchen
- forderung 86, 236f., 239, 334, 358
soziale ♦ Sozialreform
Reformation 190f., 385
Reichsgewerbeordnung 18f., 24, 38, 42, 65, 174, 349, 367, 370, 467f., 470
Reichstag 46, 122, 124, 127, 129, 160, 200, 227, 299, 362f., 365, 372, 384
Reichstagsverhandlung 145
Rekonvaleszentenheim ♦ Heim
Religion(s) 10, 191, 201, 374-376
- freiheit 385
- unterricht 235, 373-376, 386
Revolution
♦ Französische

Säugling(s) 4, 157, 160f., 175, 268-274, 278f., 357, 367, 465, 475
- heim ♦ Heim
- nahrung 271f.
- pflege 144, 277, 411
- sterblichkeit ∩ Kindersterblichkeit 144, 162, 268-279, 359
Schmutzkonkurrenz ♦ Frau
Schneiderin 78, 123, 252, 457
Schulaufsicht 81f., 115, 117, 207
Schule, -n
Einheits- 194, 235
Fortbildungs- 22, 27, 65, 81, 115, 381, 405f.
Frauenschule ♦ Frau
soziale ♦ Soziale Frauenschule
Gymnasium 193, 379, 483
Haushaltungs- 82, 103
Lyzeum 482
Mädchen- ♦ Mädchen
Staats- 194
Studienanstalt 483
Volksschule 18, 21f., 26f., 78, 87f., 103, 191, 235, 275, 374, 375, 405
Volksschullehrerin 58, 348
Schulpflicht 27, 191
Schwangerschaft ♦ Frau
Schwitzsystem 76, 95, 98, 135f., 140, 149
Selbständigkeit 192, 313, 407f., 436, 439, 451
Selbstbehauptung (a. Selbstbestimmung) 170, 254f., 258, 447
Selbsthilfe ♦ Arbeiterin
Settlement(s) 80-82, 113-117, 206
♦ Frauen-
♦ Kindergarten-
Sexualität 313, 394, 427f.
Sittlichkeit(s) 23, 41, 50, 68, 125, 181, 183, 313, 342, 429, 431f., 471, 477f.
- begriffe 320, 428
- forderung 427
- verein 49, 477
Sklave 78, 256, 132, 431, 401
Sklaverei 37, 163
Solidarität 100, 216f., 293, 297, 306, 371, 398, 412f.
Sozial-
- demokratie ♦ Partei
- ethik 382, 386-388
- gesetzgebung ♦ Gesetzgebung
- pädagogik 382, 389
- politik 125, 362f., 367, 370, 380
- politiker, -in 124, 148, 158, 199, 205, 221, 270, 299, 300, 303-305, 360, 459, 463
- reform (a. soziale Reform) 14, 26, 80, 112, 114, 119f., 138, 195, 204, 270, 317, 331, 360-362, 383, 467

- reformer, -in 86, 104, 131, 205, 217, 317, 376
- wissenschaft ♦ Wissenschaft
Soziale Arbeit 76, 82, 84, 112, 115-119, 204-208, 243f., 248, 252, 259, 261f., 265-267, 342, 381, 442, 483
(a. soziale Frauenarbeit) 112, 202f., 205, 207
(a. soziale Hilfsarbeit) 11, 71, 79-85, 111f., 118, 120, 203-205, 208, 211, 243-247, 261, 263, 299, 381, 387f., 391
(a. soziale Hilfstätigkeit) 109, 201, 381, 483
Ausbildung zu (a. Schulung in u. Kurse für) 11f., 80, 84, 111, 113, 118f., 243, 245, 381, 483, 483f.
Methoden der 11, 80f., 113-115, 119, 156, 231
Technik der 485
Soziale Frauenschule 480
Unterrichtsmethoden der 380, 389
Sozialismus 157, 163, 166, 316, 385, 388
Sozialistengesetz 384
Soziologie 55
Untersuchungsmethode der ♦ Untersuchung
Staat(s) 14, 19f., 23, 26, 29, 34f., 38f., 41f., 58, 64, 73, 91, 105f., 111, 121, 123, 125, 128f., 134, 136, 144, 146f., 149, 155, 161-170, 182-184, 191, 193f., 199-205, 207, 227, 232, 236, 246, 253, 268f., 275, 286, 290-292, 295, 307, 319, 343, 345f., 363f., 375, 383-385, 388, 404, 430, 464, 467, 470
- fürsorge ♦ Fürsorge
hilfe 11, 111, 319
- idee 384f.
- lehre 382- 385
- recht 45
Standesamt 277, 321, 467
Stillen 274, 276f., 278f., 340, 473
Stimmrecht ♦ Frau
Strafanstalt(s)
- beamter, -in 71, 74
Strafanstaltsdienst
Frau im 72f.
Weiber- 73
Strafgesetzbuch 469, 471
Strafrecht 251
Strafsystem 242
Streik 122, 129f., 151, 166, 213, 215f., 219f., 295, 453
- brecher 215, 217
♦ Konfektions-

Tagelöhner 272, 343f.
♦ Frau des
Technik 78, 87f., 283f., 288, 304, 383, 386, 408
der sozialen Arbeit ♦ Soziale Arbeit
Telephonistin 457
Theorie 37, 56, 94, 131, 229, 244, 339, 381, 385, 387, 397, 402, 405, 412f., 425, 429, 433, 435f., 444, 476, 480
der ♦ Frauenbewegung
der ♦ Pädagogik
des Substitutionsnutzens 289
♦ Gesellschafts-
marxistische 317, 386
naturrechtliche 385
politische 384
Verbindung mit Praxis 119, 209
Vertrags- 385
wirtschaftspolitische 423
Tochter 76, 85, 126, 121, 255, 274, 284, 303, 332, 339, 341, 347, 377, 387, 438, 423, 437, 438-449, 455-458, 483
♦ Haus-
höhere 77, 110, 379
- -Mutter-Verhältnis (a. Konflikt im) 437-439, 442, 444, 448
Töchterpensionat 243
Toynbee-Hall 80f., 114-116, 248
Trunksucht ♦ Alkoholismus
Tuberkulose 355, 357

Übermensch 268, 327
Umwälzungen 178, 331, 339, 390, 400, 444
soziale 41, 50
wirtschaftliche 28, 192, 293, 372, 401
Unabhängigkeit 98, 165, 249, 293, 342, 401
der ♦ Frau
Ungerechtigkeit 12, 285, 287, 344, 373, 395
Unglück 3, 113, 324, 424, 475
Universität(s) 14, 80, 87f., 116, 193f., 310f., 413
-Ausdehnung 81, 206
- niederlassung 80, 114, 116
Unsittlichkeit 49, 101, 204
Unterdrücker 309, 401
Unterdrückung 195, 309, 363f.
sexuelle 428

Unterhalt(s) 65, 88, 135, 137, 155, 222f., 283, 303, 347f., 367, 377, 430, 465f., 470, 477
- pflicht 469
Unternehmer 17, 23, 37, 51, 95, 102f., 123, 126, 128f., 134f., 137, 140, 144, 146, 148, 150f., 161, 172, 182, 213-217, 226f., 249, 287, 345, 358, 363, 421, 452f.
Kontraktfreiheit des 214
- profit 227, 453
- verband 88, 129
Unternehmerin ♦ Arbeitgeberin
Untersuchung 15, 20, 46, 51-57, 139, 143, 145f. 148, 177, 189, 270, 286f., 301, 320-323, 326-328, 339f., 471
amtliche 122, 148
Untersuchungsmethode 55, 286
der Soziologie 51, 53, 55
der Urkunden 56

Vater 8, 10f., 77, 110, 133, 156, 164-166, 170, 251, 321-324, 328-330, 361, 369, 426, 428, 430, 432, 438, 470f., 479
♦ Pflege-
- schaft 165f., 471
Stief- 323
unehelicher (a. lediger) 471, 476
Verarmung 134, 443

Vereine
Allgemeiner Deutscher Frauenverein 91, 361f.
Anti-Mißhandlungsverein 184f.
Badischer Frauenverein 353, 355f.,
Berliner Frauenverein 12f., 15, 75
Berliner Handwerkerverein 8, 11
Bund deutscher Frauenvereine 15, 43, 45, 158, 160, 200, 238, 299, 333
Bund für Mutterschutz 393, 428, 476
Caritasverband 356
Centralverein zur Fürsorge für die schulentlassene Jugend 65
Charlottenburger Hauspflegeverein 353
Christlicher Gewerkverein der Heimarbeiterinnen 124, 353
Deutsch-Evangelischer Frauenbund 199, 233f., 243, 415
Deutsche Gesellschaft für Ethische Kultur 10, 11, 83
Deutscher Verein für Armenpflege und Wohltätigkeit (heute: Deutscher Verein für öffentliche und private Fürsorge) 92, 270, 469
Deutscher Verein für Frauenstimmrecht 200
Deutscher Verein für öffentliche Gesundheitspflege 356
Deutscher Verein für Volkshygiene 352, 356
Evangelisch-Sozialer Kongreß 403, 426
Evangelischer Diakonieverein 75
Gesellschaft für Soziale Reform 362
Frauengenossenschafts-Gilde 94-96
Hirsch-Dunkersche Gewerkvereine 124
Internationale Abolitionistische Föderation 477
Internationaler Frauenbund (a. Weltfrauenbund) 16, 238
Katholische Ordensgenossenschaft 80
Katholischer Frauenbund 413, 415
Landesverein Preußischer Volksschullehrerinnen 58
Mädchen- und Frauen-Gruppen für soziale Hilfsarbeit (a. Berliner Gruppen für soziale Hilfsarbeit) 11, 80, 82f., 118, 208, 243, 261
Vaterländischer Frauenverein 342, 353, 356
Verein Frauenhülfe 356
Verein Frauenwohl 13, 239
Verein für häusliche Gesundheitspflege 12
Verein für Sozialpolitik 34f., 43, 129, 333
Verein für Wohlfahrtspflege auf dem Lande 342
Verein zum Schutz der Kinder vor Mißhandlung 188
Verein zur Errichtung von Arbeiterheimen 353
Verein zur Förderung der Blumenpflege unter den Schulkindern 12
Verein zur Fürsorge für die weibliche Jugend 68
Verein zur Vertretung der Interessen der Arbeiterinnen 122
Women's Liberal Federation (a. Liberale Frauenförderation Englands) 197, 200
Women's Primrose League 197

Vereins- u. Versammlungsfreiheit 40, 235, 343, 371
Vereins- u. Versammlungsrecht 196, 221
Vereins- u. Versammlungsverbot 216, 221
Vereinsgesetz 235, 315, 360, 362, 364, 371
- recht 234

Verkäuferin ∩ Ladnerin 139, 289, 351, 457
Verkehr 281-283, 287, 332, 372, 383, 457
Versicherung(s) 67, 157f., 164f., 167, 169, 227, 276, 340, 350, 367, 468
- anstalt 162, 350
- gesetz 129, 350, 361, 368
- gesetzgebung 162, 338, 468, 469
Invaliden- 169, 350, 368
♦ Mutterschutz-
- zwang (a.Versicherungspflicht) 159, 164, 468
Verwaisung 326
Volk(s) 26, 76, 131, 134f., 142, 145, 184, 190, 192, 195, 205, 210, 213, 216, 227, 232, 269, 275, 277, 294, 305, 308f., 320, 342f., 361-363, 368, 371f., 377-379, 382f., 389-391, 405, 423f., 471, 479-481
- bildung 79, 81, 86f., 90, 112, 206, 229, 277
- bildungsbewegung 11, 204, 206
- gesundheit 33, 35, 38, 102, 146, 206, 268, 350, 352-357, 363
- heilstätten ♦ Heilstätte
- heim 77-79, 90, 247-252
- heimbewegung 75, 77
- klasse 4, 40, 80-82, 84, 268, 382
Volkskreise (a. Volksschicht) 78, 80, 109-111, 113, 123f., 152, 183, 188, 213, 262, 277, 286, 305, 308, 311, 379, 389
studierte 206
- küche 83, 352, 354
- leben 40, 80, 111f., 119, 204, 248, 253, 382, 463
- palast 78, 86-90, 234
- schule ♦ Schule
- schullehrerin ♦ Schule
- seuche 206
- unterhaltungsbestrebung 89, 250
- vertretung 38, 196
- wirtschaft 131, 158, 264, 282, 294f., 380
- wirtschaftslehre ∩ Nationalökonomie 82, 84, 117, 119, 245, 287, 381f.
- willen 139, 141, 362
- wohl 204, 207, 239, 252
Vormund 21, 58f., 245, 311
Vormundschaft 59, 328

Wahlrecht ∩ Frauenstimmrecht 97, 200, 238f., 360, 371, 384, 406
allgemeines 195, 238, 361
der Arbeiter 238
kommunales 105
staatliches 105
Waise(n) 58, 64f., 83, 93, 325f., 375
- amt 61f.
- deputation 62
- erziehung 321
- ordnung 60-62
- pflege 58, 59, 60, 61-64, 92, 108, 233, 245, 336
- pflegerin 58-63, 243, 277, 311
- rat 59-63
- versicherung 368f.
- verwaltung 58-63
Waschfrau 339
Weltanschauung, -en 8, 16, 41, 201, 206, 211, 218, 226, 233, 236, 246, 266, 293, 382, 386f., 394, 432, 436
idealistische 436
katholische 413f.
materialistische 419f., 436
philosophische 415
religiöse 415
soziale 166, 257, 202
Weltmarkt 131, 133f., 216
Werkstatt 35, 41, 124, 151f., 368
- arbeiter 127, 150
- arbeiterin 129, 150
Wert, -e
geistige 378
gesellschaftliche 42, 296
indivduelle (a. persönliche) 329, 414
kulturelle 343, 423
objektive 414, 436
sittliche 153, 359, 407, 474
sozialer 39, 153
weibliche 395
Wettbewerb 45, 88, 131f., 134, 170, 207, 283, 370, 375, 395, 414
Wirtschaft(s) 390
- familie 29
Forst- 281
- führung 28f.
Geld- 338
- genossenschaft 29, 407, 421f.
- leben 103, 213, 215, 231, 294, 377, 382f., 390, 424, 451
Natural- 338

Wirtschaftsordnung (a. wirtschaftliche Verhältnisse) 14, 29, 33, 95, 163, 202, 270, 286, 293f., 310, 313, 394, 403, 419, 462, 478f.
kapitalistische 315, 420, 422
- system 427
♦ Volks-
Welt- 104
Wissenschaft 78f., 87, 125, 132, 148, 202, 205, 208, 244, 269, 270, 310, 312, 377, 382, 409, 427, 457
Beteiligung der Frau an ♦ Frau
hygienische 269
Natur- 78, 381
Kultur- 409, 427
Sozial- 389f.
Witwe 27, 33, 153, 155, 299, 335f., 347, 369, 404, 452
Wöchnerin, -nen 42, 102, 158-162, 164, 167-169, 176-178, 275-278, 322, 340, 349-351, 367, 472f.
- asyl 103, 144, 275, 276
- heim ♦ Heim
- schutz 35, 39, 42, 102, 144, 159f., 177f., 181, 275, 340, 405
- verein 275
Wohlfahrt(s) 25, 180, 196, 381, 385
- anstalten 66, 68, 82f., 174
- bestrebung 11, 13, 79, 81, 103, 115
Wohlfahrtseinrichtung 10f., 103, 118f., 178, 275
Auskunftsstelle für 10, 83
Auskunftsbuch über 11
Wohlfahrtspflege 11f., 64, 83f., 118, 152, 251, 332, 356, 407
Ausbildungskurse für 243
Frauenarbeit in 84
- verein 26
Wohltätigkeit(s) 79, 204f., 278, 469, 471
- anstalt 77, 114, 276
Privat- 64, 189
- verein 115, 117, 356, 453
Wohnung(s) 4, 83, 97, 126, 128, 130, 132, 152-154, 173, 181, 205, 221f., 251, 265, 272, 278, 284, 322, 354f., 376f., 380, 453, 474, 479
Arbeiter- 97, 173, 273
- elend 377, 478
Heimarbeiter- 126, 301
- reform 98
- verhältnisse 120, 172, 272, 307, 355

Zehnstundentag ♦ Arbeitstag
Ziehkinder ♦ Kind
Zentrumspartei ♦ Partei